JN441534

定本 朱子語類小分（二）

31~66卷

宋時烈 외 편

충북대학교 우암연구소
우암자료집성및정본화사업팀 표점・교감

심산

* 이 책은 2007년~2010년까지 3년간 한국연구재단(구 한국학술진흥재단)의 기초연구과제지원사업(토대연구)으로 연구비를 지원받아 수행된 〈우암자료 집성 및 정본화 사업〉(과제번호: KRF-2007-322-A00036)의 연구결과물입니다.

차 례

『朱子語類』卷第三十一

「『論語』十三」

「雍也篇二」

「子華使於齊章」

31:1 ▲[1]問: "冉子請粟, 聖人不與之辨, 而與之益之." 曰: "聖人寬洪, '可以予, 可以無予', 予之亦無害, 但不使傷惠耳."【木之】

31:2 "冉子[2]與之粟五秉", 聖人亦不大段責他. 而原思辭祿, 又謂: "與爾鄰里鄕黨", 看來聖人與處卻寬.【恪】

31:3 "▲[3] 雖是小處, 也莫不恰好, 便是'一以貫之'處."【夔孫 ○義剛錄云: "聖人於小處也 區處得恁地盡, ▲[4] 聖人做事着地頭."】

31:4 "范氏曰: '夫子之道, 循理而已, 故周急, 不繼富, 以爲天下之通義, 使人可繼也.' 游氏曰: '餼廩稱事, 所以食功也. 今原思爲之宰, 而辭祿不受, 則食功之義廢矣. 蓋義所當得, 則雖萬鍾不害其爲廉. 借使有餘, 猶可以及鄰里鄕黨.' 蓋鄰里鄕黨有相周[5]之義[6]. 尹氏曰: '赤

---

1) ▲: 子升
2) 冉子: 徽州本에서는 이 앞에 行夫問冉子請粟曰이 더 들어 있다.
3) ▲: 張子曰: '於斯二者, 可見聖人之用財.'
4) ▲: 便是一以貫之處.
5) 周: 成化本·賀本에서는 賙로 되어 있다.

之適齊也, 乘肥馬, 衣輕裘, 而冉求乃資之. 與之釜者, 所以示不當與也. 求不達其意, 而請益, 與之五秉, 故夫子非之.' 又曰: '原思之辭常祿, 使其苟有餘, 則分諸鄰里鄕黨者, 凡取予一適於義而已.' 第四章凡七說, 今從范氏・游氏・尹氏之說. 伊川謂: '師使弟子, 不當有所請.' 其說雖正, 然恐非本意. 據冉求乃爲其母請, 其意欲資之也. 使冉求爲子華請, 則猶可責之以弟子之禮, 若爲其母請, 則止欲附益之, 故責之以繼富. 恐或外生一意, 非夫子責冉求之意. 范氏第二說與楊氏・謝氏之說, 大率以辭受取舍順理合義爲文, 只說大綱. 其間曲折詳備, 則不如尹氏之深切. 呂氏曰: '富而與人分之, 則廉者無辭於富.' 造語未盡, 不能無差. 向使不義之富可以分人, 廉者所必辭也. 富之可辭與不可辭, 在於義不義, 而不在於分人與不分人也. 謝氏曰: '與之釜, 與之庾, 意其祿秩所當得者.' 此說恐未穩. 使祿秩當得, 夫子不待冉子之請而與之. 祿有常數, 夫子何心輕重於其間哉! '爲其母請粟', 觀其文勢, 非祿秩也明矣." 曰: "爲其母請, 卽爲子華請也. 呂氏說, 只據原思辭祿而言, 非謂不義之富也."【榦】

「子謂仲弓章」

31:5 問: "▲[7] 伊川謂多一'曰'字, 意以仲弓爲犂牛子也. 考之『家語』, 仲弓生於不肖之父. 其說可信否?" 曰: "聖人必不肯對人子說人父不善."【謨】 31:6 "犂牛之子", 范氏・蘇氏得之.【榦】 31:7 問: "此章前後, 作用人不以世類. 南軒以仲弓言'焉知賢才'之故, 故孔子教之用人. 此說牽合, 然亦似有理脈." 曰: "橫渠言: '大者苟立, 雖小未純, 人所不棄也.' 今欽夫此說無他, 只是要回互, 不欲說仲弓之父不肖爾[8]. 何不虛心平氣與他看, 古人賢底自賢, 不肖底自不肖. 稱其賢,

---

6) 蓋鄰里鄕黨有相周之義: 賀本에서는【蓋鄰里鄕黨有相賙之義.】로 되어 있다.
7) ▲: 子謂仲弓曰: '犂牛之子, 騂且角.'
8) 爾: 賀本에서는 耳로 되어 있다.

可以爲法, 語其不肖, 可以爲戒." 或曰: "恐是因仲弓之父不肖, 而微其辭." 曰: "聖人已是說了, 此亦何害. 大抵人被人說惡不妨, 但要能改過. 過而能改, 則前愆頓釋. 昔人[9]是▲[10]不好底人, 今日自[11]好. 事自不相干, 何必要回互. 然又要除卻'曰'字. 此'曰'字, 留亦何害. 如'了謂顏淵曰: 〈吾見其進也〉.' 不成是與顏淵說! 況此一篇, 大率是論他人, 不必是與仲弓說也. 只蘇氏卻說此乃論仲弓之德, 非是與仲弓言也."【大雅】

「子曰回也章」

31:8 ▲[12]"仁與心本是一物. 被私欲一隔, 心便違仁去, 卻爲二物. 若私欲旣無, 則心與仁便不相違, 合成一物. 心猶鏡, 仁猶鏡之明. 鏡本來明, 被塵垢一蔽, 遂不明. 若塵垢一去, 則鏡明矣. 顏子三箇月之久無塵垢. 其餘人或日一次無塵垢, 少間又暗, 或月一次無塵垢, 二十九日暗, 亦不可知."【南升】

31:9 ▲[13] 非謂三月後必違也. 此言顏子能久於仁爾, 雖念慮之間間有不善處, 卻能'知之而未嘗復行也.'"【去僞】[14]

31:10 問: "'三月不違▲[15]?" 曰: "畢竟久亦有間斷." 曰: "這間斷亦甚微否?" 曰: "是. 如'不貳過', 過便是違仁. 非禮勿視聽言動四句, 照管不到便是過."【淳】

---

9) 人:『朱子語類』에서는 日로 되어 있다.
10) ▲: 箇
11) 自: 賀本·萬曆本에서는 有로 되어 있다.
12) ▲: 問"三月不違仁." 曰:
13) ▲: 問"三月不違仁." 曰: "三月, 只是言久爾,
14)【去僞】: 徽州本에서는【祖道·謨錄同.】으로 되어 있다.
15) ▲: 仁', 三月後亦有違否

31:11 ▲[16] "日至, 是一日一次至此, 月至, 是一月一次至此, 言其疏也. 閑時都思量別處." ▲[17]問: "思量事不到不好, 然卻只是閑事, 如何?" 曰: "也不是. 視便要思明, 聽便思聰. 總思量便要在正理上, 如何可及閑事!"【銖】

31:12 ▲[18] "某舊說, 其餘人有一日不違仁, 有一月不違仁者. 近思之, 一日不違仁, 固應有之, 若一月不違, 似亦難得. 近得一說: 有一日一番見得到, 有一月一番見得到. 此[19]之一日, 猶勝如一月之遠. 若顏子方能三月不違, 天理純然, 無一毫私僞間雜, 夫子所以獨稱之."【寓】[20]

31:13 義剛說: "▲[21]天生一人, 只有一心. 這腔子裏面更無些子其他物事, 只有一箇渾全底道理, 更無些子欠缺, 所謂仁也." 曰: "莫只將渾全底道理說, 須▲[22]教那仁親切始得."【義剛】

31:14 "顏子三月不違, 只是此心常存, 無少間斷. 自三月後, 卻未免有毫髮私意間斷在. 但顏子纔間斷便覺, 當下便能接續將去. 雖當下便能接續, 畢竟是曾間斷來. 若無這些子, 卻便是聖人也. '日月至焉', 看得來卻是或一日一至, 或一月一至, 這亦難說. 今人若能自朝至暮, 此心洞然, 表裏如一, 直是無纖毫私意間斷, 這地位豈易及! ▲[23] 橫渠內外賓主之說極好. '三月不違', 那這[24]是主人, 是長[25]在家裏坐底,

---

16) ▲: 問"日月至焉." 曰:
17) ▲: 又
18) ▲: 問: "如何是日至月至?" 曰:
19) 此: 『朱子語類』에서는 比로 되어 있다.
20)【寓】: 徽州本에서는【賀孫】으로 되어 있다.
21) ▲: '回也, 其心三月不違仁.' 『集注』云: '仁者, 心之德.' 竊推此義, 以爲
22) ▲: 看
23) ▲: 惟實曾去下工夫, 方自見得.
24) 這: 『朱子語類』에서는 箇로 되어 있다.
25) 長: 賀本에서는 常으로 되어 있다.

三月後或有一番出去, 卻便會歸來. '日月至焉', 那箇是客, 是從外面到底. 然亦是徹底曾到一番, 卻不是髣髴[26]見得箇恁地. 或日一到這裏, 或月一到這裏, 便又出去. 以月較日, 又疏到了."

31:15 正卿問: "『集注』'不知其仁也'云: '雖顏子之賢, 猶不能不違於三月之後.' 如何?" 曰: "不是三月以後一向差去. 但於這道理久後, 略斷一斷, 便接續去. 只是有些子差, 便接了. 若無些子間斷, 便全是天理, ▲[27] 所以與聖人一間者, 以此. 舊說只做有一月至者, 有一日至者, 與顏淵三月至者有次第. 看來道理不如此. 顏子地位比諸子煞有優劣, 如'賜也聞一以知二, 回也聞一以知十', 此事爭多少! 此是十分爭七八分. 張子云【云云】[28], 這道理譬如一屋子, 是自家爲主, 朝朝夕夕時時只在裏面. 如顏子三月不能不違, 只是略暫出去, 便又歸在裏面, 是自家常做主. 若日至者, 一日一番至, 是常在外爲客, 一日一番暫入裏面來, 又便出去. 月至亦是常在外爲[29]◇[30], 一月一番入裏面來, 又便出去." 又云: "'三月不違'者, 如人通身都白, 只有一點子黑. '日月至焉'者, 如人通身都黑, 只有一點白." 又云: "顏子一身, 已自不見其身, 日用之間, 只見許多道理."【賀孫 ○今『集注』"不知其仁"章無此說.】

31:16 問: "如今之學者, 一日是幾遍存省. 當時門人乃或日一至焉, 或月一至焉, 不應如是疏略. 恐仁是渾然天理, 無纖毫私欲處. 今▲[31]之學者雖曰存省, 亦未到這境界. 他孔門弟子至, 便是至境界否?" 曰: "今人能存得, 亦是這意思. 但觸動便不得, 被人叫一聲便走了. 他當那至時, 應事接物都不差. 又不知至時久近如何, 那裏煞有曲折. 日至

26) 髴: 賀本에서는 佛로 되어 있다.
27) ▲: 便是聖人.
28) 云【云云】: 英祖刊本・賀本에서는 云云으로 되어 있다.
29) 外爲: 【頭注】"外爲"下, 疑有"客"字.
30) ◇: 客
31) ▲: 日

者卻至得頻數, 恐不甚久. 月至者或旬日, 或一二日, 皆不可知." 又問: "橫渠云云[32], ▲[33]竊謂'三月不違'者, 天理爲主, 人欲爲賓, '日月至焉'者, 人欲爲主, 天理爲賓. 學者工夫只得勉勉循循, 以克人欲存天理爲事. 其成與不成, 至與不至, 則非我可必矣." 曰: "是如此."【文蔚】

31:17 ▲[34] "'三月不違', 是自家已有之物, 三月之久, 忽被人借去, 自家旋卽取回了. '日月至焉', 是本無此物, 暫時問人借得來, 便被人取去了."【大雅】

31:18 ▲[35]以屋喩之: '三月不違'者, 心常在內, 雖間或有出時, 然終是在外不穩便, 纔出卽便入. 蓋心安於內, 所以爲主. '日月至焉'者, 心常在外, 雖間或有入時, 然終是在內不安, 纔入卽便出. 蓋心安於外, 所以爲賓. ▲[36] 不違者, 心常存, 日月至者, 有時而存. 此無他, 知有至未至, 意有誠未誠. 知至矣, 雖驅使爲不善, 亦不爲. 知未至, 雖軋勒使不爲, 此意終迸出來. 故貴於見得透, 則心意勉勉循循, 自不能已矣. '過此幾非在我者', 猶言'過此以往, 未之或知.' 言過此則自家着力不得, 待他自長進去." ▲[37] 今須且將此一段反覆思量, 渙然冰釋, 怡然理順, 使自會淪肌浹髓. 夫子謂'君子上達, 小人下達', 只在這些子. 若拗不轉, 便下達去了." ▲[38] "此正如'誠意'章相似. 知善之可好而好之極其篤, 知不善之可惡而惡之極其深, 以至於慊快充足, 方始是好

---

32) 云云: 徽州本에서는 云: 始學之要當知三月不違與日月至焉, 內外賓主之辨, 使心意勉勉循循而不能已. 過此幾非在我者로 되어 있다.

33) ▲: 文蔚

34) ▲: 問: "伊川言不違是有纖毫私欲, 橫渠言要知內外賓主之辨." 曰: "前後說是如此." 劉仲升云: "與久而不息者, 氣象迥別." 大雅云: "久而不息, 自是聖人事." 曰:

35) ▲: 至之問: "橫渠言, 始學之要, 當知'三月不違'止, 過此, 幾非在我者." 曰: "且

36) ▲: 日至者, 一日一至此, 月至者, 一月一至此, 自外而至也.

37) ▲: 又曰: "'三月不違'之'違', 猶白中之黑, '日月至焉'之'至', 猶黑中之白.

38) ▲: 又曰:

處."【道夫】

31:19 問▲[39] "心是知覺底, 仁是理." 曰: "耳無有不聽, 目無有不明, 心無有不仁. 然耳有時不聽, 目有時不明, 心有時不仁." 問: "莫是心與理合而爲一?" 曰: "不是合, 心自是仁. 然私欲一動, 便不仁了. 所以'仁, 人心也.' 學, 理會甚麽事? 只是理會這些子." 又問: "▲[40] 莫是'三月不違'者, 是仁常在內, 常爲主, '日月至焉'者, 是仁常在外, 常爲賓?" 曰: "此倒說了. 心常在內, 常爲主, 心常在外, 常爲客. ▲[41]." 問: "如此則心不違▲[42]者, 是心在仁內?" 曰: "不可言心在心[43]內, 略略地是恁地意思." ▲[44] 問: "'▲[45]非在我者', ▲[46]" 曰: "不用着力, 如決江河, 水至而舟自浮. 如說學, 只說到說處住, 以上不用說. 至說處, 則自能尋將上去. 不到說處, 是不曾時習. ▲[47] 則相將自然說." ▲[48]."
【節】

31:20 ▲[49] 聖人便常在屋裏坐. 顏子也常[50]在屋裏, 只有時誤行出門外, 然便覺不是他住處, 便回來. 其他卻常在外面, 有時入來, 不是他活處, 少間又自出去了. 而今人硬把心制在這裏, 恰似人在路上做活計, 百事都安在外, 雖是他自屋舍, 時暫入來, 見不得他活處, 亦自

39) ▲: "三月不違仁." 先生曰: "如何是心? 如何是仁?" 曰:
40) ▲: 張子之說,
41) ▲: 如這一間屋, 主常在此居, 客雖在此, 不久著去
42) ▲: 仁
43) 心: 『朱子語類』에서는 仁으로 되어 있다.
44) ▲: 又曰: "便是難說."
45) ▲: 過此幾
46) ▲: 如何?
47) ▲: 時習,
48) ▲: 又曰: "人只是一箇不肯學. 須是如喫酒, 自家不愛喫, 硬將酒來喫, 相將自然要喫, 不待强他. 如喫藥: 人不愛喫, 硬强他喫
49) ▲: 問: "橫渠說內外賓主之辨. 若以顏子爲內與主, 不成其他門人之所學便都只在外." 曰: "他身己是都在道外, 恰似客一般. 譬之一箇屋,
50) 常: 賀本에는 없다.

不安, 又自走出了[51]. 雖然, 也須漸漸把捉, 終不成任他如何." ▲[52)]【賀孫】

31:21 ▲[53)]問"幾非在我者." 曰: "舍三月不違去做工夫, 都是在我外, 不在我這裏了."【謙之】

31:22 ▲[54)]非在我者', 謂學者但當勉勉循循做工夫而已, 舍是則他無所事也."【必大】

31:23 ▲[55)]'三月不違'底是仁爲主, 私欲爲客. ▲[56)]'日月至焉'▲[57)]是私欲爲主, 仁只爲客. ▲[58)] 佛經中貧子寶珠之諭[59)]亦當."

31:24 "▲[60)] 仁猶屋, 心猶我. 常在屋中則爲主, 出入不常爲主, 則客也. '▲[61)]非在我者', 如水漲船行, 更無着力處."【銖】

---

51) 了: 『小分』에서는 來를 了로 고쳤다.【頭注】"來"卽"了"之誤.

52) ▲: 又曰: "'日月至焉'者, 是有一日得一番至, 有一月得一番至."

53) ▲: 問"日月至焉"一句. 曰: "看得來, 日卻是久底, 月卻是暫時底." 因說橫渠內外賓主之辨, 曰: "顏子一似主人, 長在家裏, 三月以後或有出去時節, 便會向歸. 其餘是賓, 或一日一至, 或一月一至. 以日較月, 月又卻疏." 又曰: "不違者, 是在內, 至焉者, 是在外來." 又

54) ▲: 問橫渠內外賓主之說. 曰: "主是仁, 賓卻是己身. 不違仁者, 己住在此屋子內了. '日月至焉'者, 時暫到此又出去, 是乃賓也." 後數日, 又因一學者舉此段爲問, 而曰: "仁, 譬如此屋子. 顏子在此裏面住, 但未免間有出去時. 他人則或入來住得一日, 或入來住得一月, 不能久處此, 此卽內外賓主之辨. '過此幾

55) ▲: 或問: "橫渠'內外賓主之辨'一段云: '仁在內而我爲主, 仁在外而我爲客.' 如何?" 曰: "此兩句又是後人解橫渠之語. 蓋

56) ▲: 諸子

57) ▲: 者,

58) ▲: 譬如人家主人常在屋中, 出外時少, 便出去, 也不久須歸來. '日月至焉'者, 則常常在外做客, 暫時入屋來, 又出去. 出去之時多, 在屋之時少, 或一月一番至, 或一日一番至, 終是不是主人, 故常在外. 然那客亦是主人, 只是以其多在外, 故謂之客. 敬則常在屋中住得, 不要出外, 久之亦是主人. 旣是主人, 自是出去時少也.

59) 諭: 賀本에서는 喩로 되어 있다.

60) ▲: '三月不違'者, 我爲主而常在內也, '日月至焉'者, 我爲客而常在外也.

31:25 ▲[62]

31:26 ▲[63]

31:27 問: "內外賓主之辨[64]." 曰: "'不違仁'者, 仁在內而爲主, 然其未熟, 亦有時而出於外. '日月至焉'者, 仁在外而爲賓, 雖有時入於內, 而不能久也."【廣】

31:28 ▲[65]

31:29 ▲[66] "'日月至焉'底, ▲[67]是我被那私欲挨出在外面, 我勝那私欲不得▲[68]不能已." ▲[69] 是爲了又爲, 爲得好後, 只管爲, 如'欲罷不能'相似." ▲[70]仲默云: "如'生則惡可已也'之類." 曰: "是."【義剛】

31:30 ▲[71] "仁卽是心. 心如鏡相似, 仁便是箇鏡之明. 鏡從來自明, 只爲有少間隔, 便不明. 顏子之心已純明了, 所謂'三月不違', 只緣也

---

61) ▲: 過此幾

62) ▲: 問橫渠內外之說. 曰: "譬如一家有二人, 一人常在家, 一人常在外. 在家者出外常少, 在外者常不在家, 間有歸家時, 只是在外多."【謨】

63) ▲: "三月不違仁", 是在屋底下做得主人多時. "日月至焉", 是有時從外面入來屋子底下. 橫渠所謂內外賓主之辨者是也. 又曰: "學者須是識得屋子是我底, 始得."【僩用】

64) 問內外賓主之辨: 徽州本에서는 張子謂: 始學之要, 當知三月不違與日月至焉, 內外賓主之辨. 如何是로 되어 있다.

65) ▲: "三月不違", 主有時而出"日月至焉", 賓有時而入. 人固有終身爲善而自欺者. 不特外面, 蓋有心中欲爲善, 而常有一箇不肯底意, 便是自欺.【從周】

66) ▲: 叔器未達"內外賓主之辨"一句. 曰:

67) ▲: 便

68) ▲: ." 又問"使心意勉勉循循

69) ▲: 曰: "不能已,

70) ▲: 蔡

71) ▲: 問"三月不違仁." 曰:

曾有間隔處." ▲72) "學者▲73)勉勉循循而不能已. 才能如此, 便後面雖不用大段着力, 也自做去. 如推箇輪車相似, 才推得轉了, 他便滔滔自去. 所謂'學而時習之, 不亦說乎'者, 正謂說後不待着力, 而自不能已也."【時學】

31:31 ▲74)非在我", 謂過"三月不違", 非工夫所能及. 如"末由也已", 眞是着力不得. ▲75) 須是眞箇到那田地, 實知得那滋味, 方自不能已, 要住不得, 自然要去. '過此, 幾非在我', 言不由我了. ▲76)【明作】

31:32 ▲77)非在我▲78) 如『易傳』▲79)說'過此以往, 未之或知也'之意. ▲80)【廣 ○南升錄別出.】

31:33 ▲81) 如種樹一般, 初間栽培灌溉, 及旣成樹了, 自然抽枝長葉, 何用人力."【南升】

31:34 ▲82) "韓退之·蘇明允作文, 只是學古人聲響, 盡一生死力爲

---

72) ▲: 又問: "張子謂'使心意勉勉循循而不能已, 過此幾非在我者', 是如何?" 曰:

73) ▲: 只要

74) ▲: 張子言"勉勉循循而不能已", 須是見得此心自不能已, 方有進處. "過此幾

75) ▲: 又云: "勉勉循循之說,

76) ▲: 如推車子相似, 才著手推動輪子了, 自然運轉不停. 如人喫物, 旣得滋味, 自然愛喫. '日月至焉'者, 畢竟也是曾到來, 但不久耳."

77) ▲: 或問張子"幾非在我者." 曰: "旣有循循勉勉底工夫, 自然住不得. '幾

78) ▲: 者', 言不待用力也.

79) ▲: 中

80) ▲: 爲學正如推車子相似, 才用力推得動了, 便自轉將去, 更不費力. 故『論語』首章只說箇'學而時習之, 不亦說乎'! 便言其效驗者, 蓋學至說處, 則自不容已矣."

81) ▲: 問"幾非在我"之義. 曰: "非在我, 言更不著得人力也. 人之爲學, 不能得心意勉勉循循而不已. 若能如是了, 如車子一般, 初間著力推得行了, 後來只是滾將去. 所謂'學而時習之, 不亦說乎'! 若得說了, 自然不能休得.

82) ▲: 味道問: "'過此, 幾非在我者', 疑橫渠止謂始學之要, 唯當知內外賓主之辨, 此外非所當知." 曰: "不然. 學者只要撥得這車輪轉, 到循循勉勉處, 便無著力處, 自會長進去. 如『論語』首章言學, 只到'不亦說乎'處住, 下面便不說學了. 蓋到說時,

之, 必成而後止. 今之學者爲學, 曾有似他下工夫到豁然貫通處否?”【可學】

31:35 ▲[83)]

31:36 ▲[84)]

31:37 ▲[85)]淺深. 只理會這裏工夫, 使[86)]內外賓主之辨常要分曉, 使心意勉勉循循不已. 只如此而已, 便到顔子‘旣竭吾才, 如有所立卓爾’之地. ‘雖欲從之, 末由也已’, 也只恁地.”【淳】

31:38 “過此幾非在我者”, 到此則進進不能已, 亦無着力處.【拱壽】

31:39 ▲[87)]問: “▲[88)] 莫是過此則[89)]聖人之意否?” 曰: “不然. 蓋謂工夫到此, 則非我所能用其力, 而自然不能已. 如車已推而勢自去, 如船已發而纜自行. 若不能辨內外賓主, 不能循循不已, 則有時而間斷矣. 孟子所謂‘夫仁, 亦在乎熟之而已矣’, 此語說得盡了.”【木之】

此心便活.” 因言:

83) ▲: 周貴卿問“幾非在我者.” 曰: “如推車子樣, 初推時須要我著力. 及推發了後, 卻是被他車子移將去, 也不由在我了. 某嘗說‘學而時習之, 不亦說乎’, 若是做到這裏後, 自不肯住了, 而今人只是不能得到說處.”【義剛】

84) ▲: 問“過此幾非在我者.” 曰: “過此, 卽是‘過此以往, 未之或知’底意思. 若工夫到此, 蓋有用力之所不能及, 自有不可已處. 雖要用力, 亦不能得.” 又問“內外賓主之辨.” 曰: “‘三月不違’爲主, ‘日月至焉’爲賓. 主則常在其中, 賓則往來無常, 蓋存主之時少, 在外之時多. ‘日月至焉’, 爲其時暫而不能久. 若能致其賓主之辨而用其力, 則工夫到處自有不可息者.”【寓】

85) ▲: 問: “何謂‘幾非在我者’?” 曰: “此卽‘過此以往, 未之或知’之意. 蓋前頭事皆不由我, 我不知前面之分寸, 也不知前面之

86) 使: 賀本에서는 便으로 되어 있다.

87) ▲: 子升

88) ▲: ‘過此幾非在我’,

89) 則: 賀本에서는 到로 되어 있다.

31:40 ▲[90] 這箇工夫入頭都只在窮理, 只這道理難得便會分明." ▲[91] "看得道理透, 少間見聖賢言語, 句句是爲自家身己設." ▲[92]

31:41 問: "'三月不違仁', 伊川擧'得一善則拳拳服膺.' 仁乃全體, 何故以善稱?" 曰: "仁是合衆善. 一善尙不棄, 況萬善乎!"【可學 ○『集義』】

31:42 ▲[93] "'得一善則服膺弗失', 便是'三月不違仁'處." ▲[94] "所謂善者, 卽是收拾此心之理. 顔子'三月不違仁', 豈直恁虛空湛然, 常閉門合眼靜坐, 不應事, 不接物, 然後爲不違仁也! 顔子有事亦須應, ▲[95]飮食, 須接賓客, 但只是無一毫私欲耳."【道夫】

31:43 問: "▲[96] '日月至▲[97], 與▲[98]不息者, ▲[99]全然別, 伊川言'略相似', 何也?" 曰: "若論到至處, 卻是與久而不息底一般. 只是日月

---

90) ▲: 問: "'過此幾非在我者', 莫只見許多道理, 不見自身己, 如何?" 曰: "這只是說循循勉勉, 便自住不得, 便自不由自身己. 只是這箇關難過, 纔過得, 自要住不得, 如顔子所謂'欲罷不能.'

91) ▲: 又云: "今學者多端: 固有說得道理是, 卻自不著身, 只把做言語用了. 固有要去切己做工夫, 卻硬理會不甚進者." 又云:

92) ▲: 又云: "內外賓主, 只是如今人多是不能守得這心. 譬如一間屋, 日月至焉者, 是一日一番入裏面來, 或有一月一番入裏面來, 他心自不著這裏, 便又出去了. 若說在內, 譬如自家自在自屋裏作主, 心心念念只在這裏, 行也在這裏, 坐也在這裏, 睡臥也在這裏. '三月不違', 是時復又暫出外去, 便覺不是自家屋, 便歸來. 今擧世日夜營營於外, 直是無人守得這心. 若能收這心常在這裏, 便與一世都背馳了. 某嘗說, 今學者別無他, 只是要理會這道理. 此心元初自具萬物萬事之理, 須是理會得分明."【賀孫】

93) ▲: 問: "'不違仁', 是此心純然天理, 其所得在內. '得一善則服膺而弗失', 恐是所得在外?" 曰:

94) ▲: 又問: "是如何?" 曰:

95) ▲: 須

96) ▲: 伊川謂:

97) ▲: 焉

98) ▲: 久而

99) ▲: 所見規模雖略相似, 其意味迥別.' 看來日月至與不息者

至者, 至得不長久, 不息者, 純然無間斷.” 【寓】

31:44 問: “▲[100]此章▲[101]若曰, 能久不違仁而已. 其餘‘日月至焉’者, 亦▲[102]曰, 至於仁而不久而已. 若以爲顔子‘三月不違’, 既過三月則違之, 何以爲顔子? 此呂氏之說爲未安. 楊氏亦此意. 伊川·侯氏·尹氏▲[103] 亦與呂氏·楊氏相類, 特不顯言之耳. 故愚以三月特以其久, 不必泥‘三月’字. 顔子視孔子爲未至者, 聖人則不思不勉, 顔子則思勉也. 諸子視顔子爲未至者, 則以久近不同耳. 若謂顔子三月則違, 恐未安. 伊川第三說與橫渠同, 皆說學者事. 但橫渠‘內外賓主’四字, 不知如何說. 恐只是以‘三月不違’者爲有諸己, 故曰內, 曰主, ‘日月至焉’者若存若亡, 故曰外, 曰賓[104]否? 游氏說‘仁’字甚切, 恐於本文不甚密.” ▲[105]曰: “能久不違仁, 不知能終不違耶, 亦有時而違耶? 顔子若能終不違仁, 則又何思勉之有! 『易傳』復之初九爻下有論此處, 可更思之. 游氏引‘仁, 人心也’, 則仁與心一物矣, 而曰‘心不違仁’, 何

100) ▲: 伊川曰: ‘三月言其久, 天道小變之節.’ 蓋言顔子經天道之變, 而爲仁如此, 其終久於仁也. 又曰: ‘〈三月不違仁〉, 蓋言其久, 然非成德事.’ 范氏曰: ‘回之於仁, 一時而不變, 則其久可知. 其餘則有時而至焉, 不若回愈久而弗失也. 夫子之於仁, 愼其所以取與人者至矣. 〈有能一日用其力於仁矣乎〉 猶不得見焉. 惟獨稱顔子三月不違, 其可謂仁也已.’ 謝氏曰: ‘回之爲人, 語其所知, 雖出於學, 然鄰於生知矣. 語其成功, 雖未至於從容, 亦不可謂勉强矣. 〈三月不違仁〉, 仁矣, 特未可以語聖也, 亦未達一間之稱耳. 三月, 特以其久故也. 古人〈三月無君則弔〉, 去國三月則復, 詩人以〈一日不見, 如三月兮〉, 夫子聞韶, 〈三月不知肉味〉, 皆久之意.’ 右第六章, 凡九說, 今從伊川·范氏·謝氏之說. 伊川第一說以‘得一善則服膺弗失’, 作‘三月不違仁’, 未甚切. 第二說曰: ‘三月言其久, 過此則聖人也.’ 呂氏亦曰: ‘以身之, 而未能信性, 久則不能不懈.’ 又曰: ‘至於三月之久, 猶不能無違.’ 又曰: ‘至於三月之久, 其氣不能無衰, 雖欲勉而不違仁, 不可得也.’ 楊氏曰: ‘〈三月不違仁〉, 未能無違也.’ 侯氏亦曰: ‘〈三月不違仁〉, 便是不遠而復也. 過此則通天通地, 無有間斷.’ 尹氏亦曰: ‘三月言其久, 若聖人, 則渾然無間矣.’ 此五說皆同, 而有未安, 惟呂氏爲甚. 竊謂

101) ▲: 論顔子‘三月不違仁’, 其立言

102) ▲: 若

103) ▲: 之說,

104) 賓: 徽州本에서는 이 뒤에 未審然이 더 들어 있다.

105) ▲: 先生

也?"【榦】

「季康子問仲由章」

31:45 問: "求[106]之藝▲[107]" 曰: "看他旣爲季氏聚斂, 想見是有藝." 問: "龜山『解』, 以爲'知禮樂射御書數, 然後謂之藝.'" 曰: "不止是禮樂射御書數." 【寓】

31:46 "求也藝", 於細微上事都理會得. 緣其材如此, 故用之於聚斂, 必有非他人所及者. 惜乎, 其有才而不善用之也! 【謍】

31:47 問: "『集注』以從政例爲大夫, 果何所據? 然則子游爲武城宰, 仲弓爲季氏宰之類, 皆不可言政歟?" 曰: "冉子退於季氏之朝, 夫子曰: '其事也. 如有政, 雖不吾以, 吾其與聞之.' 亦自可見." 【壯祖】

31:48 "呂氏曰: '果則有斷, 達則不滯, 藝則善裁, 皆可使從政也.' 右第七章, 凡六說, 凡[108]從呂說. 伊川曰: '人各有所長, 能取其長, 皆可用也.' 尹氏亦用此意. 若謂從政, 則恐非人人可能. 范氏惟說三子之失, 恐就本文解, 則未須說失處. 謝氏論季氏之意, 以謂'陋儒所短正在此', 亦恐季氏未必有此意. 其問至於再三, 乃是有求人才之意. 使季氏尙疑其短, 則其問不必至反覆再三也. 楊氏論果·藝·達三德, 不如呂氏謹嚴." 曰: "此段所說得之. 但破范說非是." 【榦】

31:49 ▲[109] "人固有病, 然不害其爲可用, 其材固可用, 然不掩其爲

---

106) 求: 徽州本에서는 이 앞에 季康子問仲由從政, 由之果·賜之達可見, 不知가 더 들어 있다.

107) ▲: 可得而聞否?

108) 凡: 成化本에서는 □로 되어 있고, 英祖刊本·賀本·萬曆本·徽州本에서는 今으로 되어 있다.

有病.” 必大曰: “范氏之說, 但舉三子具臣貨殖之病, 卻不言其材之爲可用者.” 曰: “范氏議論多如此, 說得這一邊, 便忘卻那一邊. 『唐鑑』如此處甚多. 以此見得世間非特十分好人難得, 只好書亦自難得.” 【必大】

31:50 問謝氏“三子於克己獨善, 雖季氏亦知其有餘”之說. 曰: “世間固有一種號爲好人, 然不能從政者. 但謝氏言‘克己獨善’, 說得太重. 當云‘修己自好’, 可也.” 【必大】

「季氏使▲[110]子騫爲費宰章」

31:51 ▲[111]問: “閔子不仕季氏, 而由・求仕之.” 曰: “仕於大夫家爲僕. 家臣不與大夫齒, 那上等人自是不肯做. 若論當時侯國皆用世臣, 自是無官可做. 不仕於大夫, 除是終身不出, 如曾・閔, 方得.” 【燾】

31:52 ▲[112]

31:53 謝氏說得也麤[113]. 某所以寫放這裏, 也是可以警那懦底人. 若是常常記得這樣在心下, 則可以廉頑立懦不至倒了. 今倒了底也多. 【義剛】

「伯牛有疾章」

109) ▲: 正淳問范氏解“季康子問三子可使從政”章, 曰:
110) ▲: 閔
111) ▲: 或
112) ▲: “第八章五說, 今取謝氏之說. 伊川・范・楊・尹氏四說大率皆同, 只略說大綱.” 曰: “謝氏固好, 然辭氣亦有不平和處.” 【榦】
113) 麤: 賀本에서는 粗로 되어 있다.

31:54 "侯氏曰: '夫子嘗以德行稱伯牛矣. 於其將亡也, 宜其重惜之, 故再歎曰: 〈亡之, 命矣夫! 斯人也, 而有斯疾也! 斯人也, 而有斯疾也!〉 言非可愈之疾, 亦不幸短命之意.' 尹氏曰: '牖, 牖下也. 包氏謂有惡疾, 不欲人知, 恐其不然也.' 右第九章, 五說, 今從尹氏・侯氏之說. 范氏曰: '冉伯牛盡其道而死, 故曰命.' 楊氏亦曰: '不知謹疾, 則其疾有以致之而至者, 伯牛無是也, 故曰: 〈命矣夫!〉' 此說於義理正當. 但就本文看, 說'命矣夫'較深. 聖人本意只是惜其死, 歎之曰命也, 若曰無可柰何而安之命爾. 方將問人之疾, 情意悽愴, 何暇問其盡道與否也? 況下文以爲'斯人有斯疾', 則以爲不當有此疾也. 豈有上文稱其盡道而死, 下文復歎其不當疾而疾? 文勢亦不相聯屬. 謝氏同. 尹氏謹嚴." 先生曰: "此說非是, 更思之."【榦】

「賢哉回也章」

31:55 ▲114) "顏子私欲克盡, 故樂, 卻不是專樂箇貧. 須知他不干貧事, 元自有箇樂, 始得."【時舉】

31:56 ▲115)問: "顏子之樂, ▲116) 只▲117)平日所學118)之事是矣. 見得既分明, 又無私意於其間, 自然而樂, ▲119)" 曰: "▲120)見得既盡, 行之又順, 便有樂底滋味."【螢】

31:57 問: "▲121)到這地位, 則私意脫落, 天理洞然, 有箇樂處否?"

114) ▲: 問: "顏子'不改其樂', 莫是樂箇貧否?" 曰:
115) ▲: 伯豐
116) ▲: 不是外面別有甚事可樂,
117) ▲: 顏子
118) 學: 徽州本에서는 樂으로 되어 있다.
119) ▲: 是否?
120) ▲: 顏子
121) ▲: 顏子樂處, 恐是工夫做

曰: "未到他地位, 則如何便能知得他樂處! 且要得就他實下工夫處做, 下梢亦須會到他樂時節."【寓】

31:58 ▲[122]問: "▲[123] 莫是樂天知命, 而不以貧窶累其心▲[124]" 曰: "也不干那樂天知命事, 這四字也拈不上."【淳錄云: "又加卻'樂天知命'四字, 加此四字又壞了這樂. 顏子胸中自有樂地, 雖在貧窶之中而不以累其心, 不是將那不以貧窶累其心底做樂."】 義剛問: "這樂, 正如'不如樂之者'之'樂.'" 曰: "那說從樂天知命上去底固不是了, 這說從'不如樂之'上來底也不知那樂是樂箇什[125]麽物事. '樂'字只一般, 但要人識得, 這須是去做工夫, 涵養得久, 自然見得." 因言: "『通書』數句論樂處也好. 明道曰: '百官萬務, 金革百萬之衆, 曲肱飮水, 樂亦在其中.' 觀它有「扈游山詩」, 是甚麽次第!" 陳安卿云: "它那時[126]也未甚有年." 曰: "也是有箇見成底樂."【義剛 ○淳錄此下云: "'樂只是恁地樂, 更不用解. 只去做工夫, 到那田地自知道.' 讀一小集, 見李偲祭明道文, 謂明道當初欲著樂書而不及. 因笑曰: '旣是樂, 何用書說甚!'"】 31:59[127] ▲[128] 此一[129]下未可便知, 須是窮究萬理要極徹." 已而曰: "程子謂: '將這身來放在萬物中一例看, 大小大快活!' 又謂: '人於天地間並無窒礙, 大小大快活!' 此便是顏子樂處. 這道理在天地間, 須是直窮到底, 至纖至悉, 十分透徹, 無有不盡, 則與[130]萬物爲一無所窒礙, 胸中泰然, 豈有不樂!"【淳】

31:60 ▲[131] "周子所謂至富至貴, 乃是對貧賤而言. 今引此說, 恐

---

122) ▲: 叔器
123) ▲: 顏子樂處,
124) ▲: 否?
125) 什: 英祖刊本·賀本에서는 甚으로 되어 있다.
126) 時: 賀本에서는 日로 되어 있다.
127) 31:59: 『小分』에서는 31:58에 이어져 한 항목으로 편집되어 잇다.
128) ▲: 問: "顏子之樂, 只是天地間至富至貴底道理, 樂去求之否?" 曰: "非也.
129) 一: 英祖刊本·賀本에서는 以로 되어 있다.
130) 與: 賀本에서는 於로 되어 있다.
131) ▲: 問: "顏子'不改其樂', 是私欲旣去, 一心之中渾是天理流行, 無有止息. 此乃

淺. 只是私欲未[132]去, 如口之於味, 耳之於聲, 皆是欲. 得其欲, 卽是私欲, 反爲所累, 何足樂! 若不得其欲, 只管求之[133], ◇[134]心亦不樂. 惟是私欲旣去, 天理流行, 動靜語黙日用之間無非天理, 胸中廓然, 豈不可樂! 此與貧窶自不相干, 故不以此而害其樂." 直卿云: "與浩然之氣如何?" 曰: "也是此意. 但浩然之氣說得較麤[135]." 又問: "'說樂道, 便不是', ▲[136]" 曰: "才說樂道, 只是冒罩說, 不曾說得親切." 又云: "伊川所謂'其字當玩味', ▲[137]" 曰: "是元有此樂." 又云: "'見其大, 則心泰', 周子何故就見上說?" 曰: "見便是識此味."【南升】[138]

31:61 問: "'不改其樂'與'樂在其中矣', 二者輕重如何?" 曰: "不要去孔・顏身上問, 只去自家身上討."【敬仲 ○以下論孔・顏之樂.】

31:62 ▲[139] "聖人都忘了身, 只有箇道理. 若顏子, 猶照管在."【恪】

31:63 ▲[140] "夫子自言▲[141] 樂在其中, 其樂只一般否?" 曰: "雖同此樂, 然顏子未免有意, 到聖人則自然."【賀孫】

31:64 ▲[142] "孔・顏之樂, 大綱相似, 難就此分淺深. 唯是顏子止說

至富至貴之理, 擧天下之物無以尙之, 豈不大有可樂!" 曰:

132) 未: 『小分』에서는 來를 未로 고쳤다.【頭注】"來"卽"未"之誤.

133) 求之:【頭注】"求之"下, 脫"於"字.

134) ◇: 於

135) 麤: 賀本에서는 粗로 되어 있다.

136) ▲: 是如何?

137) ▲: 是如何?

138)【南升】: 徽州本에서는【螢】으로 되어 있다.

139) ▲: 恭父問: "孔・顏之分固不同. 其所樂處莫只一般否?" 曰:

140) ▲: 行夫問"不改其樂." 曰: "顏子先自有此樂, 到貧處亦不足以改之." 曰:

141) ▲: 疏食飮水,

142) ▲: 子善謂: "夫子之樂, 雖在飯疏食飮水之中, 而忘其樂. 顏子不以簞瓢陋巷改其樂, 是外其簞瓢陋巷." 曰:

'不改其樂', 聖人卻云'樂亦在其中.' '不改'字上, 恐與聖人略不相似, 亦只爭些子. 聖人自然是樂, 顏子僅能不改. 如云得與不失, 得是得了, 若說不失, ▲143) 則僅能不失耳, 終不似'得'字是得得隱. 此亦有內外賓主之意." ▲144)問: "與'不違仁'如何?" 曰: "僅能不違."【賀孫】

31:65 ▲145) 所謂樂之深淺, 乃在不改上面. 所謂不改, 便是方能免得改, 未如聖人從來安然. 譬之病人方得無病, 比之從來安樂者, 便自不同. ▲146)."【時擧】

31:66 ▲147)問: "'不改其樂'與'不能改其樂'如何分?" 曰: "'不改其樂'者, 僅能不改其樂而已. '不能改其樂'者, 是自家有此樂, 它無柰自家何. ▲148)"【義剛】

31:67 聖人之樂, 且粗言之, 人之生, 各俱149)此理. 但是人不見此理, 這裏都黑窣窣地. 如猫150)子狗兒相似, 飢便求食, 困便思睡. 一得富貴, 便極聲色之娛, 窮四體之奉, 一遇貧賤, 則憂戚無聊. 所謂樂者, 非其所可樂, 所謂憂者, 非其所可憂也. 聖人之心, 直是表裏精粗, 無不昭徹, 方其有所思, 都是這裏流出, 所謂德盛仁熟, "從心所欲, 不踰矩", 莊子所謂"人貌而天." 蓋形體151)雖是人, 其實是一塊天理, 又焉

143) ▲: 亦只是得. 但說不失,
144) ▲: 或
145) ▲: 呈"回也不改其樂"與"樂在其中矣"一段問目. 先生曰: "說得雖巧, 然子細看來, 不須如此分亦得. 向見張欽夫亦要如此說, 某謂不必如此.
146) ▲: 如此看其深淺, 乃好
147) ▲: 叔器
148) ▲: 以此見得聖賢地位. 某嘗謂: '明道之言, 初見便好, 轉看轉好, 伊川之言, 初看似未甚好, 久看方好.' 某作六先生贊, 伯恭云: '伊川贊尤好.' 蓋某是當初見得箇意思恁地, 所謂'布帛之文, 菽粟之味, 知德者希, 孰識其貴'也. 被伯恭看得好." 又云: "伯恭欽夫二人使至今不死, 大段光明!
149) 俱: 『朱子語類』에서는 具로 되어 있다.
150) 猫: 賀本에서는 貓로 되어 있다.
151) 體: 英祖刊本·賀本·萬曆本·徽州本에서는 骸로 되어 있고, 孝宗刊本·成化本에

得而不樂! 又曰: "聖人便是一片赤骨立底天理. 顏子早是有箇物包裹了, 但其皮薄, 剝去容易. 聖人一爲指出這是天理, 這是人欲, 他便洞然都得了."【夔孫】

31:68 ▲[152] "顏子之樂, 亦如曾點之樂. 但孔子只說顏子是恁地樂, 曾點卻說許多樂底事來. 點之樂, 淺近而易見, 顏子之樂, 深微而難知. 點只是見得如此, 顏子是工夫到那裏了. 從本原上看, 方得."【賜】

31:69 "顏子之樂平淡, 曾點之樂已勞穰[153]了. 至邵康節云'眞樂攻心不奈[154]何', 樂得大段顚蹶." 或曰: "顏子之樂, 只是心有這道理便樂否?" 曰: "不須如此說, 且就實處做工夫."【學蒙】

31:70 問"▲[155]"自"字. 曰: "'自'字對'簞瓢陋巷'言. 言簞瓢陋巷非可樂, 蓋自有其樂耳."【節 ○『集注』】

31:71 問: "周子令程子尋顏子所樂何事, 而周子・程子終不言. 不審先生以爲所樂何事." 曰: "人之所以不樂者, 有私意耳. 克己之私, 則樂矣."【節】

31:72 問: "▲[156]孔・顏之學, 固非若世俗之著於物者. 但以爲▲[157]樂在於樂道, 則是孔・顏與道終爲二物. 要之孔・顏之樂, 只是私意淨盡, 天理昭[158]融, 自然無一毫繫累耳." 曰: "然. 但今人說樂道, 說

서는【猷】로 되어 있다.

152) ▲: 問顏子樂處. 曰:

153) 穰: 『朱子語類』에서는 攘으로 되어 있다.

154) 奈: 孝宗刊本·賀本에서는 柰로 되어 있다.

155) ▲: 自有其樂"之

156) ▲: 程子云: '周茂叔令尋顏子・仲尼樂處, 所樂何事.' 竊意

157) ▲: 孔・顏之

158) 昭: 賀本에서는 照로 되어 있다.

得來淺了. 要之說樂道, 亦無害.” 道夫曰: “觀周子之問, 其爲學者甚切.” 曰: “然.” ▲[159] “程子云: ‘人能克己, 則心廣體胖, 仰不媿[160], 俯不怍, 其樂可知, 有息則餒矣.’” 【道夫】

31:73 ▲[161] “先賢到樂處, 已自成就向上去了, 非初學所能求. 況今之師, 非濂溪之師, 所謂友者, 非二程之友, 所以說此事卻似莽廣, 不如且就聖賢着實用工處求之. 如‘克己復禮’, 致謹於視聽言動之間, 久久自當純熟, 充達向上去.” 【寓】 31:74[162] 義剛說: “▲[163] 夫天理之流行, 無一毫間斷, 無一息停止, 大而天地之變化, 小而品彙之消息, 微而一心之運用, 廣而六合之彌綸, 渾融通貫, 只是這一箇物事. 顏子博文約禮, 工夫縝密, 從此做去, 便能尋得箇意脈. 至於竭盡其才, 一旦豁然貫通, 見得這箇物事分明, 只在面前, 其樂自有不能已者.” 曰: “▲[164] 道是箇公共底道理, 不成真箇有一箇物事在那裏, 被我見得! 只是▲[165] 萬事萬物皆是理, 但是安頓不能得恰好. 而今顏子便是向前見不得底, 今見得, 向前做不得底, 今做得, 所以樂. 不是說把這一箇物事來恁地快活.” 【義剛】

31:75 ▲[166]問: “▲[167]注, ‘克己復禮’, 改作‘博文約禮’, 如何?” 曰: “說博文時, 和前一段都包得. ‘克己復禮’, 便只是約禮事. 今若是不博文時便要去約, 也如何約得住!” 【義剛】

---

159) ▲: 頃之, 復曰:
160) 媿: 『朱子語類』에서는 愧로 되어 있다.
161) ▲: 問: “濂溪教程子尋孔·顏樂處, 蓋自有其樂, 然求之亦甚難.” 曰:
162) 31:74: 『小分』에서는 31:73에 이어져 한 항목으로 편집되어 있다.
163) ▲: 程子曰: ‘周子每令求顏子樂處, 所樂何事.’
164) ▲: 也不要說得似有一箇物事樣.
165) ▲: 這箇道理,
166) ▲: 堯卿
167) ▲: ‘不改其樂’

31:76 ▲168) "叔器▲169)" 曰: "兩日▲170)思量顏子樂處." 先生疾言曰: "不用思量他! 只是'博我以文, 約我以禮'後, 見得那天理分明, 日用間義理純熟後, 不被那人欲來苦楚, 自恁地快活. 你而今只去博文約禮, 便自見得. 今卻去索之於杳冥無朕之際, 你去何處討! 將次思量得人成病. 而今一部『論語』說得恁分明, 自不用思量, 只要着實去用工. ▲171)

31:77 鮮于侁言, 顏子以道爲樂. 想侁必未識道是箇何物, 且如此莽莽對, 故伊川答之如此.【必大 ○『集義』】

31:78 問: "▲172)鮮于侁問於伊川曰: '顏子不改其樂, 不知所樂者何事.' 伊川曰: '尋常道顏子所樂者何事?' 曰: '不過說顏子所樂者道.' 伊川曰: '若有道可樂, 便不是顏子.' 豈非顏子工夫至到, 道體渾然, 與之爲一, 顏子之至樂自默存於心, 人見顏子之不改其樂, 而顏子不自知也?" 曰: "正謂世之談經者, 往往有前所說之病: 本卑, 而抗之使高, 本淺, 而鑿之使深, 本近, 而推之使遠, 本明, 而必使之至於晦. 且如'伊尹耕於有莘之野, 由是以樂堯・舜之道', 未嘗以樂道爲淺也. 直謂顏子爲樂道, 有何不可."【蓋卿】

31:79 ▲173)問: "程先生不取樂道之說, 恐是▲174) 猶與道爲二物否?" 曰: "不消如此說. 且說不是樂道, 是樂箇甚底? 說他不是, 又未

168) ▲: 問:
169) ▲: 看文字如何?
170) ▲: 方
171) ▲: 如前日所說人心道心, 便只是這兩事. 只去臨時思量那箇是人心, 那箇是道心. 便顏子也只是使得人心聽命於道心後, 不被人心勝了道心. 你而今便須是常揀擇敎精, 使道心常常在裏面, 如箇主人, 人心如客樣. 常常如此無間斷, 則便能'允執厥中.'"【義剛】
172) ▲: 昔鄒道卿論伊川所見極高處, 以爲
173) ▲: 或
174) ▲: 以道爲樂,

可爲十分不是. 但只是他語拙, 說得來頭撞. 公更添說與道爲二物, 愈不好了. ▲175)."【燾 ○去僞錄云: "謂非以道爲樂, 到底所樂只是道. 非道與我爲二物, 但熟後便樂也."】

31:80 ▲176)"樂道之言不失, 只是說得不精切, 故如此告之. 今便以爲無道可樂, 走作了." 問: "鄒侍郎聞此, 謂'吾今始識伊川面', 已入禪去." 曰: "大抵多被如此看." ▲177)【可學】

31:81 ▲178)問: "伊川▲179)又卻云: '顔子所樂者仁而已.' 不知道與仁何辨?" 曰: "非是樂仁, 唯仁故能樂爾. 是他有這仁, 日用間無些私意, 故能樂也. 而今卻不要如此論, 須求他所以能不改其樂者是如何. 緣能'非禮勿視, 非禮勿聽, 非禮勿言, 非禮勿動', 這四事做得實頭工夫透, 自然至此180)."

31:82 ▲181) "顔子之樂, 非是自家有箇道, 至富至貴, 只管把來弄後樂. 見得這道理後, 自然樂. 故曰'見其大, 則心泰, 心泰, 則無不足, 無不足, 則富貴貧賤處之一也.'"【節】

31:83 問: "明道曰: '簞瓢陋巷非可樂, 蓋自有其樂耳. 〈其〉字當玩味, 自有深意.' 伊川曰: '顔子之樂, 非樂簞瓢陋巷也. 不以貧窶累其心 ▲182) 又曰: '天下有至樂, 惟反身▲183)得之, 而極天下之欲不與存焉.'

---

175) ▲: 而今且只存得這意思, 須是更子細看, 自理會得, 方得

176) ▲: 問: "伊川謂'使顔子而樂道[1], 不足爲顔子', 如何?" 曰:

177) ▲: 因擧張思叔問"子在川上", 曰: "便是無窮?" 伊川曰: "如何一箇'無窮'便了得他?" 曰: "'無窮'之言固是. 但爲渠道出不親切, 故以爲不可."

178) ▲: 劉黻

179) ▲: 以爲'若以道爲樂, 不足爲顔子.'

180) 此: 徽州本에서는 이 뒤에 【辛】이 더 들어 있다.

181) ▲: 問: "程子謂: '使顔子以道爲樂, 則非顔子.' 『通書』「顔子」章又卻似言以道爲樂." 曰:

182) ▲: 而改其所樂也, 故夫子稱其賢.'

又曰: '▲184)簞瓢非樂也, 忘也.' 呂氏曰: '禮樂悅心之至, 不知貧賤富貴可爲吾之憂樂.' 右185)◇186), 八說, 今從明道·伊川·呂氏之說. 明道第二說, 伊川第二·第三·第七說, 范氏說, 皆是推說, 於本文未甚密. 伊川第四說答鮮于侁曰: '使顏子以道爲樂而樂之, 則非顏子矣.' 竊意伊川之說, 謂顏子與道爲一矣. 若以道爲可樂, 則二矣. 不知然否? 謝氏曰: '回也心不與物交, 故無所欲.' 不與物交, 恐說太深. 游氏用伊川說. 楊氏之說亦穩, 但無甚緊要發明處. 尹氏謂'不以衆人之所憂改其樂', 不如伊川作'不以貧窶累其心▲187).' 蓋聖人本意, 在簞瓢陋巷上見得顏子賢處. '人不堪其憂', 特輔一句. 伊川之說, 乃其本意. 而尹氏乃取其輔句, 說顏子賢處未甚緊." 曰: "所論答鮮于侁語, 大概得之, 而未子細. ▲188) '心不與物交', 非謂太深, 蓋無此理, 雖大聖人之心, 亦不能不交物也."【榦】

183) ▲: 者
184) ▲: 顏子
185) 右:【頭注】"右"下恐有"第十章"三字.
186) ◇: 第十章
187) ▲: 而改其所樂
188) ▲: 更就實事上看,

『朱子語類』卷第三十二

「『論語』十四」

「雍也篇三」

「冉求曰非不說子之道章」

32:1 問: "力[1]不足者, 非干志否?" 曰: "雖非志, 而志亦在其中. 所見不明, 氣質昏弱, 皆力不足之故. 冉求乃自畫耳. 力不足者, 欲爲而不能爲, 自畫者, 可爲而不肯爲."【寓】

32:2 "力不足者, 中道而廢." ▲[2] 是好學而不能進之人, 或是不會做工夫, 或是材質不可勉者. ▲[3] 畫, 是自畫, 乃自謂材質不敏而不肯爲學者.【必大】

32:3 中道而廢, 與半途而廢不同. 半途是有那懶而不進之意, 中道是那只管前去, 中道力不足而止. 他這中道說得好.【高】

32:4 ▲[4] "如駑駘之馬, 固不可便及得騏驥, 然且行向前去, 行不得死了, 沒柰何. 卻不行, 便甘心說行不得, 如今如此者多." 問: "自畫與

---

1) 力: 徽州本에서는 이 앞에 夫子告冉求云: '力不足者, 中道而廢, 今汝畫', 所謂가 더 들어 있다.

2) ▲: 廢,

3) ▲: "今女畫."

4) ▲: 問冉求自畫. 曰:

自棄▲5)?" 曰: "▲6)只是一般. 只自畫是就進上說, 到中間自住了, 自棄是全不做."【賀孫】

32:5 "伊川曰: ▲7) 夫子告以爲學爲己, 未有力不足者. 所謂力不足者, 乃中道而自廢耳. 今汝自止, 非力不足也.'【自廢與自止, 兩"自"字意不同. 自廢則罪不在己, 自止乃己之罪.】 謝氏曰: '欲爲而不能爲, 是之謂力不足, 能爲而不欲爲, 是之謂畫. 以畫爲▲8)不足, 其亦未知用力與! 使其知所以用力, 豈有力不足者. ▲9) 使其知10)說夫子之道, 豈肯畫也.' ◇11)六說. 伊川・謝氏之說, 范氏・楊氏之說, 亦正, 但無甚緊切處. 呂氏發明伊川之說, 以中道而廢作'不幸'字, 甚親切, '廢'字作'足廢', 大鑿. 不知伊川只上一'自'字, 便可見. 尹氏用伊川之說, 但於'廢'字上去一'自'字, 便覺無力." 曰: "伊川兩'自'字恐無不同之意. 觀其上文云'未有力不足者', 則是所謂力不足者, 正謂其人自不肯進爾, 非眞力不足也. 此說自與本文不合, 而來說必令牽合爲一, 故失之耳. 謝氏與伊川不同, 卻得本文之意."【榦】

「子謂子夏曰章」

32:6 ▲12) 不就己分上做工夫, 只要說得去, 以此欺人, 便是小人儒."【南升】

---

5) ▲: 如何
6) ▲: 也
7) ▲: '冉求言: 〈非不說子之道, 力不足也〉.
8) ▲: 力
9) ▲: 其亦未知說夫子之道與!
10) 知:【頭注】"知"下恐有"第十一章"四字.
11) ◇: 第十一章凡
12) ▲: 問: "'女爲君子儒, 無爲小人儒.' 君子於學, 只欲得於己, 小人於學, 只欲見知於人." 曰: "今只就面前看, 便見. 君子儒小人儒, 同爲此學者也. 若

32:7 ▲[13] "子夏是▲[14]細密謹嚴▲[15]人, ▲[16] 於小小事上不肯放過, 便有委曲周旋人情·投時好之弊, 所以能[17]流入於小人之儒也. ▲[18]

32:8 問: "謝氏說: '子夏之學[19]雖有餘, 意其遠者大者或昧焉.' 「子張」篇中載子夏言語如此, 豈得爲'遠者大者或昧'?" 曰: "上蔡此說, 某所未安. 其說道子夏專意文學, 未見箇遠大處, 看只當如程子'君子儒爲己, 小人儒爲人'之說." 問: "或以夫子敎子夏爲大儒, 毋爲小儒, 如何?" 曰: "不須說子夏是大儒小儒, 且要求箇自家使處. 聖人爲萬世立言, 豈專爲子夏說[20]? 今看此處, 正要見得箇義與利分明. 人多於此處含糊去了, 不分界限. 君子儒上達, 小人儒下達, 須是見得分曉始得, ▲[21] 今自道己會讀書, 看義理, 做文章, 便道別人不會, 自以爲說得行, 便謂强得人, 此便是小人儒. 毫釐間便分君子小人, 豈謂子夏! 決不如此." ▲[22] "今人於義利處皆無辨, 只恁鶻突去. 是, 須還他是, 不是, 還他不是. 若都做得是, 猶自有淺深[23], 況於不是?" 【寓 ○『集義』】

---

13) ▲: 問: "孔子誨子夏, '勿爲小人儒.'" 曰:
14) ▲: 箇
15) ▲: 底
16) ▲: 中間忒細密,
17) 能: 英祖刊本·賀本에서는 或으로 되어 있다.
18) ▲: 子游與子夏絶不相似. 子游高爽疏暢, 意思闊大, 似箇蕭散底道人. 觀與子夏爭'洒掃應對'一段可見. 如爲武城宰, 孔子問: '女得人焉爾乎?' 他卻說箇澹臺滅明. 及所以取之, 又卻只是'行不由徑, 未嘗至於偃之室'兩句, 有甚干涉? 可見這箇意思好. 他對子夏說: '本之則無, 如之何?' 他資稟高明, 須是識得這些意思, 方如此說." 又問: "子張與子夏亦不同." 曰: "然. 子張又不及子游. 子游卻又實. 子張空說得箇頭勢太大了, 裏面工夫都空虛, 所以孔子誨之以'居之無倦, 行之以忠', 便是救其病. 子張較聒噪人, 愛說大話而無實."
19) 學: 賀本에서는 文學으로 되어 있다.
20) 說: 『朱子語類』에서는 設로 되어 있다.
21) ▲: 人自是不覺察耳.
22) ▲: 問: "五峰言: '天理人欲, 同體而異用, 同行而異情.' 先生以爲'同體而異用'說未穩, 是否?" 曰: "亦須是實見此句可疑, 始得." 又曰:
23) 淺深: 賀本에서는 深淺으로 되어 있다.

32:9 "▲[24]凡五說, 今從謝氏之說. 伊川・尹氏以爲爲人爲己, 范氏以爲擧內徇外, 治本務末, 楊氏以義利爲君子小人之別, 其說皆通. 而於淺深之間, 似不可不別. 竊謂小人之得名有三, 而爲人, 爲利, 徇外務末, 其過亦有淺深. 蓋有直指其爲小人者, 此人也, 其陷溺必深. 有對大人君子而言者, 則特以其小於大人君子[25], 而得是名耳, 與溺[26]者不同. 雖均於爲人爲利, 均於徇外務末, 而過則有淺深也. 夫子告子夏以'無[27]爲小人儒', 乃對君子大人而小者耳. 若只統說, 則與世俗之眞小人者無異, 尙[28]何以儒爲哉?" 曰: "伊川意可包衆說. 小人固有等第, 然此章之意卻無分別." 【榦】

「子游爲武城宰章」

32:10 聖人之言寬緩, 不急迫. 如"焉爾乎"三箇字, 是助語. 【節】

32:11 ▲[29] "公事不可知. 但不以私事見邑宰, 意其鄕飮・讀法之類也." 【南升】

32:12 問: "▲[30]子游爲▲[31]宰, 縱得人, 將焉用之!' ▲[32]." 曰: "古者士人爲吏, ▲[33] 更爲政而得人講論, 此亦爲政之助. 恁地說, 也說得通." 【節】

---

24) ▲: 第十二章
25) 大人君子: 賀本에서는 君子大人으로 되어 있다.
26) 溺: 賀本에서는 陷溺으로 되어 있다.
27) 無: 賀本에서는 毋로 되어 있다.
28) 尙: 賀本에서는 而로 되어 있다.
29) ▲: 問"子游爲武城宰"章. 曰:
30) ▲: 楊氏曰: '爲政以人才爲先. 如
31) ▲: 武城
32) ▲: 似說不通
33) ▲: 恁地說, 也說得通.

32:13 問[34]: "『集注』▲[35]二事之小, 而正大之情可見矣.'" 曰: "看這氣像[36], 便不恁地猥碎." 問: "非獨見滅明如此, 亦見得子游胸懷也恁地開廣, 故取得這般人." 曰: "子游意思高遠, 識得大體." 問: "與琴張·曾皙·牧皮相類否?" 曰: "也有曾皙氣象. 如與子夏說[37]: '抑末也, 本之則無, 如之何!' 此一著固是失了, 只也見得這人是曠闊底. 人[38]如問孝, 則答以'今之孝者, 是謂能養, 不敬, 何以別.' 見得他於事親愛有餘而敬不足. 又如說'事君數, 斯辱矣, 朋友數, 斯疏矣', 與'喪至[39]乎哀而止', 亦見得他不要如此苦切. 子之武城聞絃歌, 子游擧'君子學道愛人'等語, 君子是大人, 小人是小民. 昨日丘子服出作論題, 皆曉不得子游意. 謂君子學道, 及其臨民則愛民, 小民學道, 則知分知禮, 而服事其上. 所以絃歌教武城, 孔子便說他說得是. 這也見子游高處." 賀孫問: "「檀弓」載子游·曾子語, 多是曾子不及子游." 曰: "人說是子游弟子記, 故子游事詳." 問: "子游初間甚高, 如何後來卻不如曾子之▲[40]守約底工夫實. ▲[41]這般人, 卻怕於中間欠工夫." 問: "▲[42]子夏煞緊小, 故夫子恐其不見大道, 於義利之辨有未甚明." 曰: "子游與子夏全相反. 只子夏洒掃應對事, 卻自是切己工夫. ▲[43] 如子游說: '抑末也, 本之則無, 如之何!' 是他見得大源頭, 故不屑屑於此. ▲[44]." 【賀孫】

34) 問: 徽州本에서는 이 뒤에 子游喜滅明이 더 들어 있다.
35) ▲: 取楊氏說云: '觀其
36) 像: 賀本에서는 象으로 되어 있다.
37) 說: 賀本에서는 言으로 되어 있다.
38) 人: 賀本에서는 又로 되어 있다.
39) 至: 賀本에서는 致로 되어 있다.
40) ▲: 守約?" 曰: "
41) ▲: 如子游
42) ▲: 子謂子夏曰: '女爲君子儒, 無爲小人儒.' 看
43) ▲: 如子夏促狹.
44) ▲: 如孔子答問孝於子夏曰: '色難.' 與子游全是兩樣. 子夏能勤奉養, 而未知愉色婉容之爲美

32:14 問: "▲45) 凡五說.【伊川兩說.】伊川·尹氏解'行不由徑'作'動必從正道', 楊氏謂'直道而行', 皆是疑'行不由徑'爲非中理. 竊意滅明之爲人未至成德, 但有一節一行可取. 如非公事不至偃室, 自成德者觀之, 此特其一行爾, 而子游尙稱之, 則'行不由徑', 亦但以其不欲速而遵大路可知也. 伊川兩說, 蓋權時者之事也. 范氏乃就推人君說." 曰: "來說得之."【榦】

「孟之反不伐章」

32:15 ▲46) "孟之反資稟也高, 未必是學. 只世上自有這般人, 不要爭功. 胡先生說: '『莊子』所載三子云: 孟子反·子桑戶·子琴張. 子反便是孟之反. 子桑戶便是子桑伯子, ▲47) 子琴張便是琴張, ▲48) 但莊子說得怪誕.' 但他是與這般人相投, 都自恁地沒檢束."【賀孫】

32:16 ▲49) "人之矜伐, 都從私意上來. 才有私意, 便有甚好事, 也做不得. 孟之反不伐, 便是克·伐不行, 與顔子無伐善施勞底意思相似. 雖孟之反別事50)未知如何, 只此一節, 便可爲法. 人之私意多端. 聖人所以言此者, 正提起與人看, 使人知所自克也."【時擧】

32:17 問: "凡人所以矜伐者, ▲51) 只爲有欲上人之心. 才有欲上人之心, 則人欲日長, 天理日消, 凡可以矜己夸52)人者, 無所不至. 故學者當去其欲上人之心, 則天理自明矣." 曰: "欲上人之心, 便是私欲.

45) ▲: 謝氏曰云云. 右第十三章,
46) ▲: 問"孟之反不伐." 曰:
47) ▲: 可也簡底.
48) ▲: 孔子所謂狂者也.
49) ▲: 立之問此章. 曰:
50) 事: 『小分』에서는 字를 事로 고쳤다.【頭注】"字"疑"事"字誤.
51) ▲: 其病根在甚處?
52) 夸: 賀本에서는 誇로 되어 있다.

聖人四方八面提起向人說, 只要人去得私欲. ▲[53)]."【南升】

32:18 問: "▲[54)]伐心固難克, 然若非先知得是合當做底事, 則臨事時必消磨不去. 諸葛孔明所謂'此臣所以報先帝而忠陛下之職分也.' 若知凡事皆其職分之所當爲, 只看做得甚麽樣大功業, 亦自然無伐心矣." 曰: "也不是恁地. 只得箇心地平底人, 故能如此. 若使其心地不平, 有矜伐之心, 則雖十分知是職分之所當爲, 少間自是走從那一邊去, 遏捺不下. 少間便說, 我卻盡職分, 你卻如何不盡職分! 便自有這般心. 孟之反只是箇心地平, 所以消磨容得去."【僩】

32:19 ▲[55)] "此與馮異之事不同. 蓋軍敗以殿爲功, 殿於後, 則人皆屬目其歸[56)]. 他若不恁地說, 便是自承當這箇殿後之功. 若馮異乃是戰時有功, 到後來事定, 諸將皆論功, 它卻不自言也."【時擧】

32:20 問: "呂氏謂人之不伐, 能不自言而已. 孟之反不伐, 則以言以事自揜其功, 加於人一等矣. ◇[57)]凡[58)]六說, 今從呂說. 范・楊・侯・尹論其謙讓不伐, 只統說大綱, 於聖人▲[59)]意有未盡, 不如呂氏說得'馬不進也'之意出. 謝氏說學者事甚緊切, 於本文未密." 曰: "若不自揜, 卽是自居其功矣. 恐不必如呂氏說."【榦】

「不有祝鮀之佞章」

53) ▲: 孟之反其他事不可知, 只此一事, 便可爲法也
54) ▲: 孟之反不伐. 人之
55) ▲: 讀"孟之反不伐"章, 曰:
56) 歸: 賀本에서는 歸地로 되어 있다.
57) ◇: 第十四章
58) 凡: 【頭注】"凡"上疑脫"第十四章"四字.
59) ▲: 所稱孟之反之

32:21 ▲[60)]

32:22 "凡[61)]七說.【伊川三說.】 今從伊川此說. 伊川第二第三說, 呂·范·尹之說, 皆▲[62)], 與伊川第一說同. 范氏曰: '有朝之令色, 無鮀之巧言, 猶難免於當世.' ▲[63)]主意, 乃在疾時之好佞, 故曰'猶難免於當世.' 非加一'猶'字, 則其說不通, ▲[64)] 謝氏曰: '善觀世之治亂者如此.' 乃推說. 侯氏曰: '〈而〉字, 疑爲〈不〉字說.' 恐未必是文錯, 或文勢如此." 曰: "當從伊川說."【榦】

「誰能出不由戶章」

32:23 ▲[65)]

32:24 ▲[66)]不合理處, 便是不由道."

32:25 問: "▲[67)] 伊川'事必由其道'一句未粹, ▲[68)]." 曰: "此言人不能出不由戶, 何故卻行不由道? 怪而歎之之辭▲[69)]. 伊川雖不如此說, 然'事必由其道'一句, 不見其失, 不可輕議, ▲[70)]."【榦】

---

60) ▲: 問此章. 曰: "此孔子歎辭也. 言衰世好諛悅色, 非此不能免, 蓋深傷之. 當只從程先生之說."【謨】

61) 凡:【頭注】"凡"上疑有"第十五章"四字.

62) ▲: 一意

63) ▲: 據范氏

64) ▲: 文意恐不如此.

65) ▲: "誰能出不由戶!" 何故人皆莫由此道也?【振】

66) ▲: 問: "何莫由斯道也"? 曰: "但才

67) ▲: 呂氏曰: '出而不能不由戶, 則何行而非達道也哉!' 楊氏曰: '道無適而非也, 孰不由斯乎? 猶之出必由戶也, 百姓日用而不知耳.' 尹氏曰: '道不可離, 可離非道, 猶出入必由戶也.' 第十六章凡六說, 今從呂·楊·尹之說. 伊川·范氏·謝氏皆正. 但

68) ▲: 范·謝說稍寬

69) ▲: 也

「質勝文則野章」

32:26 史, 掌文籍之官. 如"二公及王乃問諸史", 幷『周禮』諸屬, 各有史幾人. 如內史・御史, 皆掌文籍之官. 秦有御史大夫, 亦掌制度文物者▲71) 【僩】

32:27 ▲72) 是不可以相勝. 纔勝, 便不好. 龜山云: "則可以相勝." "則"字怕▲73) 當作"不"字. 【賀孫】

32:28 夫子言"文質彬彬", 自然停當恰好, 不少了些子意思. 若子貢"文猶質, 質猶文", 便說得□74)了! 【端蒙】

32:29 問: "▲75) 史無與儀容事. 楊氏自'質之勝文'以下, 皆推▲76), 與本文不類. 尹氏曰: '史文勝而理不足.' '理'字未安. 如此, 則野可謂之理勝也. 旣謂之勝, 則理必不足. 野與史, 皆可謂之理不足也." 曰: "史旣給事官府, 則亦習於容止矣. 謝說之失不在此. 卻是所說全以觀人爲言, 無矯揉着力處, 失卻聖人本旨. 楊說推得卻有功. '文勝則理不足', 亦未有病. 野, 固理勝而文不足也." 【榦】

「人之生也直章」

---

70) ▲: 更宜思之
71) ▲: 也.
72) ▲: "質勝文則野, 文勝質則史",
73) ▲: 誤,
74) □: 賀本에서는 偏으로 되어 있다.
75) ▲: 伊川曰: '君子之道, 文質得其宜也.' 范氏曰'凡史之事'云云. 第十七章凡七說, 今從伊川・范氏之說. 伊川第二說, 呂氏說論'史'字, 皆通. 謝氏專指儀容說, 恐未當. 大綱且論文質, 故有野與史之別. 若專以爲儀容, 則說'史'字不通,
76) ▲: 說

32:30 ▲77)

32:31 "罔78)之生也"之"生", 與上面"生"字微有不同. 此▲79)是生存之"生." 人之絶滅天理, 便是合死之人. 今而不死, 蓋幸免也.【人傑】

32:32 ▲80) "人之生, 元來都是直理. 罔, 便是都背了直理, 當仁而不仁, 當義而不義, 皆是背了直理. 旣如此, 合是死. 若不死時, 便是幸而免."【燾】

32:33 天地生生之理, 只是直. 纔直, 便是有生生之理. 不直, 則是枉天理, 宜自屈折也, 而亦得生, 是幸而免耳. 如木方生, 須被折了, 便不直, 多應是死. 到得不死, 幸然如此.【賀孫】

32:34 ▲81)問: "如何是'生理本直'?" 曰: "如父子, 便本有親, 君臣, 便本有義."【南升】

32:35 "'人之生也直', 如飢食渴飮, 是是非非, 本是曰直, 自無許多周遮. 如'敬以直內', 只是要直." ▲82) 如見孺子入井, 便自有怵惕之心.【時擧錄▲83): "卽便是直."】 見不義底事, 便自有羞惡之心. 是本有那箇當爲之理. 若是內交要譽, 便是不直."【時擧錄▲84) 便是曲了."】

---

77) ▲: 生理本直. 人不爲直, 便有死之道, 而卻生者, 是幸而免也.【夔孫】
78) 罔: 徽州本에서는 이 앞에 程明道曰: "生理本直. 罔, 不直也, 而亦生者, 幸而免"이 더 들어 있다.
79) ▲: "生"字
80) ▲: 或問"人之生也直." 曰:
81) ▲: 問"人之生也直." 曰: "'生理本直.' 順理而行, 便是合得生, 若不直, 便是不合得生, 特幸而免於死耳." 亞夫
82) ▲: 又曰: "只看'生理本直'四字.【時擧錄云: "只玩味此四字, 便自有味."】
83) ▲: 云
84) ▲: 云: "才有內交要譽之意,

32:36 ▲[85] "如水有源便流, 這只是流出來, 無阻滯處. 如見孺子將入井, 便有箇惻隱之心. 見一件可羞惡底事, 便有箇羞惡之心. 這都是本心自然恁地發出來, 都遏不住. ▲[86] 若▲[87]見入井後不惻隱, 見可羞惡而不羞惡, 便是拗了這箇道理, 這便是罔."【義剛】

32:37 罔, 只是脫空作僞, 做人不誠實, 以非爲是, 以黑爲白. 如不孝於父, 卻與人說我孝, 不弟於兄, 卻與人說我弟, 此便是罔. 據此等人, 合當用死, 卻生於世, 是幸而免耳. 生理本直, 如耳之聽, 目之視, 鼻之臭, 口之言, 心之思, 是自然用如此. 若纔去這裏著些屈曲支離, 便是不直矣." ▲[88]

○[89] "凡人解書, ▲[90]一箇麤[91]近底道理, 不須別爲高遠之說. ▲[92] 若論不直, 其麤[93]至於以鹿爲馬, 也是不直, 其細推至一念之不實, 惡惡不'如惡惡臭', 好善不'如好好色', 也是不直. ▲[94]."【僩】

32:38 問: "▲[95] '上〈生〉字爲始生之生, 下〈生〉字爲生存之生. ▲[96] 義實相足.' 何也?" 曰: "後日生活之生, 亦是保前日之生. 所以人死時, 此生便絶."【節】

---

85) ▲: 林恭甫說"生理本直"未透. 曰:
86) ▲: 而今若順這箇行, 便是.
87) ▲: 是
88) ▲: 又云:
89) ○: 『朱子語類』의 32:37을 『小分』에서는 별도의 항목으로 나누었다.
90) ▲: 只是這
91) 麤: 賀本에서는 粗로 되어 있다.
92) ▲: 如云不直, 只是這箇不直. 卻云不是這箇不直, 別有箇不直, 此卻不得. 所謂淺深者, 是人就這明白道理中, 見得自有粗細. 不可說這說是淺底, 別求一箇深底.
93) 麤: 賀本에서는 粗로 되어 있다.
94) ▲: 只是要人自就這箇粗說底道理中, 看得越向裏來教細耳, 不是別求一樣深遠之說也
95) ▲: 或問云:
96) ▲: 雖若不同, 而

32:39 問: "明道云: '民受天地之中以生, 天命之謂性也. 〈人之生也直〉, 亦是此意.' 莫微有差別否?" 曰: "如何有差別! 便是這道理本直. 孔子卻是爲欲說'罔之生也', 所以說箇'直'字, 與'民受天地之中', 義理一般." 【僴 ○『集義』】

32:40 問: "伊川曰: '人類之生, 以直道也, 欺罔而免者, 幸耳.' 謝氏曰云云[97]. ◇[98]凡[99]九說, 【楊氏兩說.】 今從伊川·謝氏之說. 明道曰: '生理本直.' 范氏曰: '人之性善, 故其生直.' 尹氏曰: '直, 性也.' 此三說者, 皆以生字作始生之生, 未安. 據此章, 正如『禮』所謂'失之者死, 得之者生', 乃生存之生. 若以爲生本直, 性本直, 則是指人之始生言之. 人之始生, 固可謂之直, 下文又不當有始生而罔者. 下句若作生存之生, 則上句不應作始生之生. 橫渠解'幸而免', 似鑿. 本文上句卻無吉凶莫非正之意. 呂氏曰: '罔, 如網, 無常者也.' '罔'字, 只對'直'字看, ▲[100]似不必深說. 游氏[101]雖說有未盡, 大綱亦正. 楊氏曰: '人者, 盡人道者.' 其意以'人'字作一重字解, 似對'罔'字言之, 未當. '人'字只大綱說. ▲[102]." 曰: "▲[103] 當以明道之說求之, 則得之矣." 【榦】

「知之者不如好之者章」

32:41 "知之者不如好之者." 人之生, 便有此理. 然被物欲昏蔽, 故知此理者已少[104]. 好之者是知之已至, 分明見得此理可愛可求, 故心

---

97) 云云: 徽州本에서는 皆文勝質者也. 失其義, 陳其數者, 史也. 國有史記, 主於文而已, 無取於質也. 野人則曰: "質而已矣, 何以文爲?" 故野與史, 文質之反也. 庶人之在官亦曰史, 則與野人異矣. 不野不史, 然後謂之君子.로 되어 있다.

98) ◇: 第十八章

99) 凡: 【頭注】"凡"上疑有"第十八章"四字.

100) ▲: 便可見,

101) 游氏: 徽州本에서는 謝氏로 되어 있다.

102) ▲: 第二說大略

103) ▲: 此兩'生'字, 上一字是始生之'生', 下一字是生存之'生.'

誠好之[105]. 樂之者是好之已至, 而此理已得之於己. 凡天地萬物之理皆具足於吾身, 則樂莫大焉. ▲[106]【南升】

32:42 問: "若是眞知, 安得不如好之? 若是眞好, 安得不如樂之?" 曰: "▲[107] 只是知得未極至, 好得未極至. 如數到九數, 便自會數過十與十一去, 數到十九數, 便自會數過二十與二十一去. 不著得氣力, 自然如此. 若方數得六七, 自是未易過十, 數得十五, 自是未易過二十數, 這都是未極至處. 如行到福州, 須行到福州境界極了, 方到興化界, 這邊來, 也行盡福州界了, 方行到南劍界. 若行未盡福州界, 自是未到得別州境界. '樂則生矣, 生則惡可已'也."【賀孫】

32:43 問: "明道曰: '篤信好學, 未如自得之樂. 好之者, 如游他人園圃, 樂之者, 則己物耳. 然只能信道, 亦是人之難能也.' 伊川曰: '非有所得, 安能樂之?' 又曰: '知之者, 在彼, 而我知之也. 好之者, 雖篤, 而未能有之. 至於樂之, 則爲己之所有.' ◇[108] 凡[109]七說,【伊川三說.】今從明道・伊川之說. 伊川第二說, 推說敎人事, 曰: '知之必好之, 好之必求之, 求之必得之. 古人此箇學, 是終身底事. 果能造次顚沛必於是, 豈有不得之理?' 范氏曰'樂則生矣', 呂氏亦曰'樂則不可已', 皆推說樂以後事. 若原其所以樂, 則須如伊川之說. 呂氏曰: '知之則不惑.' 據此章'知'字, 只謂好學者耳, 未到不惑地位, ▲[110] 楊氏曰: '夫婦之愚, 可以與知焉, 則知之非艱矣.' 此說'知'字又太淺. 人而知學者亦不易得. 夫婦之知, 習之而不察者耳, 未足以爲知. 二說正相反, 呂氏過, 楊氏不及. 謝氏曰: '樂則無欣厭取舍.' 謂之無厭無舍則可, 若謂之無

---

104) 少: 徽州本에서는 이 뒤에 及能知之又不如好之者가 더 들어 있다.
105) 之: 徽州本에서는 이 뒤에 雖能好之然又不如樂之者가 더 들어 있다.
106) ▲: 知之者, 如五穀之可食, 好之者, 是食而知其味, 樂之者, 是食而飽.
107) ▲: 不說不是眞知與眞好,
108) ◇: 第十九章
109) 凡: 【頭注】"凡"上疑有"第十九章"四字.
110) ▲: 其說稍深.

所欣, 無所取, 則何以謂之樂? 尹氏大綱與伊川同意, 但以'安'字訓'樂'字, 未緊." 曰: "所論'知'字, 甚善. 但此亦謂知義理之大端者耳. 謝說大抵太過."【榦】

「中人以上章」

32:44 ▲[111]問: "中▲[112]上下是資質否?" 曰: "且不粧定恁地. 或是它工夫如此, 或是它資質如此. 聖人只說'中人以上・中人以下'時, 便都包得在裏面▲[113] 中人以下, 不可將那高遠底說與它, 怕它時下無討頭處. 若是就它地位說時, 理會得一件, 便是一件, 庶幾漸漸長進, 一日强似一日, 一年强似一年. 不知不覺, 便也解到高遠處."【剛義】[114]

32:45 問: "聖人▲[115] 未有不先之淺近, 而後及其高深. 今中人以上之資, 遽以上焉者語之, 何也?" 曰: "他本有這資質, 又須有這工夫, 故聖人方以上者語之. 今人旣無這資質, 又無這工夫, 所以日趨於下流."【寓】

32:46 ▲[116]問: "'中人以下, 不可以語上', 是使之下學而未可語以上達否?" 曰: "如此, 則下學・上達分而爲二事矣. 況上達亦如何說▲[117]與他! 須是待他自達. 此章只是說智識未理會得此義理者, 語之無益爾."【必大】

32:47 ▲[118] "理只是一致. 譬之水, 也有把與人少者, 有把與人多

111) ▲: 叔器
112) ▲: 人
113) ▲: 了. 聖人說
114) 【剛義】: 賀本에서는【義剛】으로 되어 있다.
115) ▲: 敎人, 不問智愚高下,
116) ▲: 正淳
117) ▲: 得

者. 隨其質之高下而告之, 非謂理有二致也."【時擧】

32:48 ▲119) "正如告顏淵以'克己復禮', 告仲弓以'持敬行恕', 告司馬牛以言之訒. 蓋淸明剛健者自是一樣, 恭黙和順者自是一樣, 有病痛者自是一樣, 皆因其所及而語之也."【僩】

32:49 問: "謝氏旣以分言, 又以操術言, 豈非謂貴賤異等, 執業不同, 故居下者不可語之以向上者之事否?" 曰: "也只是論學術所至之淺深而已."【必大 ○『集義』】

32:50 問: "明道曰: '上智高遠之事, 非中人以下所可告, 蓋踰涯分也.' 橫渠曰云云120). 【此說得之呂監廟所編, 其說似正, 不知載在何集錄.】◇121) 凡122)六說. 【伊川兩說. 橫渠說在外.】 伊川第二說曰: '中人以上, 中人以下, 皆謂才也.' 第一說與尹氏之說同此意. 謂之才者, 以爲稟受然爾. 楊氏亦曰: '有中人上下者, 氣稟異也.' 此三說皆以其上中下爲係所稟受. 范氏則曰: '由學與不學故也.' 謝氏亦曰: '特語其操術淺深, 非不移之品.' 此二說, 又以其上·中·下爲係於學術. 五說正相反. 據本文, 只大綱論上中下, 初未嘗推原其所以然也. 若推原其所以然, 則二者皆有之. 或以其稟受不同, 或以其學術有異, 不可偏擧." 曰: "伊川第二說, 已具二者之意矣."【榦】

---

118) ▲: 行夫問此章. 曰:

119) ▲: 或問此一段. 曰:

120) 云云: 徽州本에서는 中人以上可與語上, 中人以下不可以語上, 此只就上中下而言也. 語, 告語之語. 上只謂上等之事. 下愚者不可以語上, 則是人生有不可勉者乎? 何有是也! 乃若其情則可以爲善矣, 其人心願爲善, 斯善矣. 所以不語上者, 爲躐等也. 下愚進至於中人, 由中人然後可以語上也.로 되어 있다.

121) ◇: 第二十章

122) 凡: 【頭注】"凡"上疑有"第二十章"四字.

「樊遲問知章」

32:51 問: "'務民之義, 敬鬼神▲[123]." 曰: "此兩句恐是一意. 民者, 人也, 義者, 宜也. 如『詩』所謂'民之秉彝', 卽人之義也. 此則人之所宜爲者, 不可不務也. 此而不務, 而反求之幽冥不可測識之間, 而欲避禍以求福, 此豈謂之智者哉! '先難後獲', 卽仲舒所謂'仁人明道不計功'之意. 呂氏說最好, 辭約而義甚精." 【去僞】

32:52 問: "▲[124] 若方從事於克己, 而便欲天下之歸仁, 則是有爲而爲之, 乃先獲也. 若有先獲之心, 便不可以爲仁矣." 曰: "何故有先獲之心, 便不可以爲仁?" 曰: "方從事於仁, 便計較其效之所得, 此便是私心." 曰: "▲[125]說得是. 克己, 正是要克去私心, 又卻計其效之所得, 乃是私心也. 只此[126]私心, 便不是仁." ▲[127] "'務民之義', 只是就分明處用力, 則一日便有一日之效. 不知'務民之義', 褻近鬼神, 只是枉費心力. 今人褻近鬼神, 只是惑▲[128] 如臧文仲居蔡. 古人非不用卜筮, 今乃褻瀆如此, 便是不知. 呂氏'當務之爲急', 說得好, '不求於所難知'一句, 說得鶻突." 【南升】

32:53 問: "'敬鬼神而遠之', 莫是知有其理, 故能敬, 不爲他所惑, 故能遠?" 曰: "人之於鬼神, 自當敬而遠之. 若見得那道理分明, 則須著如此. 如今人信事浮屠以求福利, 便是不能遠也. 又如卜筮, 自伏羲・堯・舜以來皆用之, 是有此理矣. 今人若於事有疑, 敬以卜筮決之, 有

---

123) ▲: 而遠之', 諸家皆作兩事說

124) ▲: 樊遲問知, 當專用力於人道之所宜, 而不惑於鬼神之不可知, 此知者之事也. 若不務人道之所宜爲, 而褻近鬼神, 乃惑也. 須是敬而遠之, 乃爲知. '先難而後獲', 謂先其事之所難, 而後其效之所得, 此仁者之心也.

125) ▲: 此一句

126) 此: 賀本에서는 是로 되어 있다.

127) ▲: 又曰:

128) ▲: 於鬼神, 此之謂不知,

何不可? 如義理合當做底事, 卻又疑惑, 只管去問於卜筮, 亦不能遠也. 蓋人自有人道所當爲之事. 今若不肯自盡, 只管去諂事鬼神, 便是不智." 因言, 夫子所答樊遲問仁知一段, 正是指中間一條正當路與人. 人[129)]於[130)]所當做者, 卻不肯去做, 才去做時, 又便生箇計獲之心, 皆是墮於一偏. 人能常以此提撕, 則心常得其正矣."【廣】

32:54 ▲[131)] "此鬼神是指正當合祭祀者. 且如宗廟山川, 是合當祭祀底, 亦當敬而不可褻近泥著. 才泥著, 便不是. 且如卜筮用龜, 所不能免. 臧文仲卻爲山節藻梲之室以藏之, 便是不智也."【銖】

32:55 ▲[132)] 如天地山川之神與夫祖先, 此固當[133)]◇[134)]. 至如世間一種泛然之鬼神, 果當敬否?" 曰: "他所謂'敬鬼神', 是敬正當底鬼神. '敬而遠之', 是不可褻瀆, 不可媚. ▲[135)]."【節】

32:56 問: "▲[136)] 如孔子告樊遲, 乃是正鬼神. 如說今人信不信, 又別是二[137)]項, ▲[138)]" 曰: "雖是有異, 然皆不可不敬遠."【可學】

32:57 "先難後獲", 只是無期必之心.【時學】

32:58 ▲[139)] 學者之於仁, ▲[140)]. 但先爲人所難爲, 不必有期望之

129) 人: 徽州本에서는 이 앞에 大凡이 더 들어 있다.
130) 於: 賀本에는 없다.
131) ▲: 問"敬鬼神而遠之." 曰:
132) ▲: 問: "'敬鬼神而遠之',
133) 當:【頭注】"富"下脫"敬"字.
134) ◇: 敬
135) ▲: 如卜筮用龜, 此亦不免. 如臧文仲山節藻梲以藏之, 便是媚, 便是不知
136) ▲: 程子說鬼神,
137) 二: 英祖刊本 · 成化本 · 賀本에서는 一로 되어 있다.
138) ▲: 如何滾同說?
139) ▲: 問"仁者先難而後獲." 曰: "獲, 有期望之意,

心, 可也."【去僞】

32:59 ▲[141]

32:60 "先難後獲", 仁者之心如是, 故求仁者之心亦當如是. 32:61 須"先難而後獲." 不探虎穴, 安得虎子! 須是捨身入裏面去, 如搏寇讎, 方得之. 若輕輕地說得, 不濟事.【方子】

32:62 問: "▲[142] 難者, 莫難於去私欲. 私欲旣去, 則惻然動於中者, 不期見而自見." 曰: "仁畢竟是箇甚形狀?" 曰: "仁者與天地萬物爲一體." 曰: "此只是旣仁之後, 見得箇體段如此. 方其初時, 仁之體畢竟是如何? 要直截見得箇仁底表裏. 若不見它表裏, 譬猶此屋子, 只就外面貌得箇模樣, 縱說得著, 亦只是籠罩得大綱, 不見屋子裏面實是如何. 須就中實見得子[143]細, 方好." 又問: "就中間看, 只是惻然動於中者, 無所係累昏塞, 便是否?" 曰: "此是已動者. 若未動時, 仁在何處?" 曰: "未動時流行不息, 所謂那活潑潑底便是." 曰: "諸友所說仁, 皆是貌模. 今且爲老兄立箇標準, 要得就這上研磨, 將來須自有箇實見得處. 譬之食糖, 據別人說甛, 不濟事. 須是自食, 見得甛時, 方是眞味."【大雅】

32:63 ▲[144] "常人之所謂知, 多求知人所不知. 聖人之所謂知, 只知其所當知而已. ▲[145] 此兩事若不足以爲知. 然果能專用力於人道之宜, 而不惑於鬼神之不可[146]◇[147], 卻眞箇是知."【燾 ○『集注』】

---

140) ▲: 工夫最難
141) ▲: 只是我合做底事, 便自做將去, 更無下面一截. 才有計獲之心, 便不是了.【恪】
142) ▲: '仁者先難而後獲.'
143) 子: 賀本에서는 仔로 되어 있다.
144) ▲: 或問此章. 曰:
145) ▲: 自常人觀之,

32:64 ▲[148] "'務民之義, 敬鬼神', 是就事上說. '先難後獲', 是就處心積慮處說. '仁'字說較近裏, '知'字說較近外."【夔孫】

32:65 ▲[149]問『集注』心與事之分. 曰: "▲[150] '務民之義, 敬鬼神 ▲[151] 這是事. '先難後獲', 這是仁者處心如此. 事也是心裏做出來, 但心是較近裏說. 如一間屋相似, 說心底是那房裏, 說事底是那廳上."【義剛】[152]

32:66 問: "▲[153] '後'▲[154] 如'▲[155]後其君'之'後'否?" 曰: "是." 又問: "此只是教樊遲且做工夫, 而程子以爲仁, 如何?" 曰: "便是仁. ▲[156] 外面恁地, ▲[157]裏面通透, 也無界限. 聖人說話, 有一句高, 一句低底, 便有界限. 若是儱[158]侗說底, 才做得透, 便是. 如'克己復禮', ▲[159]只是爲仁之事, 做得透便是. 又如'我欲仁, 斯仁至矣', 才欲仁, 便是仁." 因言: "先儒多▲[160]言'後有所得', 說得都輕.【淳錄云: "'後'字說得輕了."】 唯程先生說得恁地重, 這便煞爭[161]事說得有力. 如'事君敬其事而後其食', '先事後得'之類, 皆是此例." ▲[162]【義剛 ○淳同.】

---

146) 可:【頭注】"可"下有"知"字.
147) ◇: 知
148) ▲: 問『集注』"仁之心, 知之事." 曰:
149) ▲: 叔器
150) ▲: 這箇有甚難曉處? 事, 便是就事上說, 心, 便是就裏面說.
151) ▲: 而遠之',
152) 上."【義剛】: 賀本에는 없다.
153) ▲: '仁者先難而後獲',
154) ▲: 字,
155) ▲: 未有義而
156) ▲: 這一般,
157) ▲: 然
158) 儱: 賀本에서는 隴으로 되어 있다.
159) ▲: 便不必說
160) ▲: 只是
161) 煞爭: 賀本에서는 是事로 되어 있다.
162) ▲: 義剛言: "若有一毫計功之心, 便是私欲." 曰: "是."

32:67 問: "明道曰: '先難, 克己也.' 伊川曰: '以所難爲先, 而不計所獲, 仁也.' 又曰: '民, 亦人也. 務人之義, 知也. 鬼神不敬, 則是不知, 不遠, 則至於瀆. 敬而遠之, 所以爲知.' 又曰: '有爲而作, 皆先獲也, 如利仁是也. 古人惟知爲仁而已, 今人皆▲[163]獲也.' ▲[164] 凡七說[165], 【明道三說. 伊川四說.】 今從明道・伊川之說. 明道第一說曰: '民之所宜者, 務之. 所欲, 與之聚之.' 第三說亦曰: '務民之義, 如項梁立義帝, 謂從民望者, 是也.' 伊川第一說亦曰: '能從百姓之所義[166]者, 知也.' 尹氏用伊川說. 此三說, 皆以'務民之義', 作從百姓之所宜, 恐解'知'字大[167]寬. 問知, 而告以從百姓之所宜, 恐聖人告樊遲者, 亦不至如是之緩. 竊意'民'字不當作'百姓'字解. 只伊川第二說曰'民, 亦人也', 似穩. 所謂'知'者, 見義而爲之者也. 不見義, 則爲不知. '務', 如'齊不務德'之'務.' 然必曰'民之義'者, 己亦民也. 通天下只一義耳, 何人我之別! 所謂'務民之義'者, 與▲[168]己之義無異. 孟子曰'居天下之廣居', 則亦與己之廣居無異. 故伊川謂'民亦人也', 恐有此意. 若以'民'字作'百姓'字解, 復以'義'字作'宜'字, 恐說'知'字太緩. 伊川第三說鬼神事. 范作'振民育德', 其說寬. 振民之意, 亦與明道・伊川從百姓之所宜之意同, 皆恐未穩否? 呂氏曰: '當務爲急, 不求所難知.' 似將'務民之義, 敬鬼神而遠之'作一句解. 看此兩句, 正與'非其鬼而祭之, 諂也. 見義不爲, 無勇也'相類. 兩句雖連說, 而文意則異. 謝氏曰: '敬鬼神而遠之, 知鬼神之情狀也.' 伊川第三說似未須說到如此深遠, 正以其推言之耳. 楊氏曰: '樊遲學稼圃[169], 務民之事而已, 非義也.' 莫非事也, 而曰事而非義, 則不可. 但有義・不義之異, 事與義本無異." 曰: "民之義, 謂人道之所宜也, 來說得之. 但所謂'居天下之廣居, 與己之廣

---

163) ▲: 先
164) ▲: 右第二十一章,
165) 說: 【頭注】"說"下脫"第二十一章"五字.
166) 義: 英祖刊本・賀本에서는 宜로 되어 있다.
167) 大: 賀本에서는 太로 되어 있다.
168) ▲: 務
169) 圃: 賀本에서는 固로 되어 있다.

居無異', 則天下只有此一廣居, 何必更說無人我之異乎? 呂氏說, 詞約而義甚精. 但伊川說'非其鬼而祭之', 兩說相連, 卻費力. 若如范氏說, 則可以相因矣. 楊氏所引, 本無意義, 然謂事卽是義, 則不可. 且如物, 還可便謂之理否?"【榦】

「知者樂水章」

32:68 ▲[170] "聖人▲[171] 有淺說底, 有深說底, 這處只是淺說. 仁只似而今重厚底人, 知似而今靈[172]利底人, 然亦在人看."【淳 ○義剛錄▲[173]問: '仁是指全體而言▲[174]', 曰: '聖人說仁, 固有淺深, 這箇也[175]是大概說'▲[176]."】

32:69 ▲[177]問: "▲[178]與'仁者安仁, 知者利仁', 有高下否?" 曰: "此'仁知'二字, 亦說得淺, 不可與'安仁利仁'較優劣. 如『中庸』說'知仁勇', 這箇'仁知'字, 說得煞大."【賀孫】

32:70 問: "▲[179] 是就資質上說, 就學上說?" 曰: "也是資質恁地. 但資質不恁地底, 做得到也是如此. 這只說箇仁知地位, 不消得恁地分. 資質好底固是合下便恁地, 若是資質不好, 後做得到時, 也只一般."【義剛】

---

170) ▲: 胡問此章. 曰:
171) ▲: 之言,
172) 靈: 英祖刊本・賀本에서는 伶으로 되어 있다.
173) ▲: 云: "胡
174) ▲: 否?
175) 也: 賀本에는 없다.
176) ▲: 云云
177) ▲: 正卿
178) ▲: '知者樂水, 仁者樂山', 是以氣質言之, 不知
179) ▲: '知者樂水, 仁者樂山',

32:71 "▲[180] 不是兼仁知而言, 是各就其一體而言. 如'仁者見之謂之仁, 知者見之謂之知.'" ▲[181]問: "'樂'字之義, 釋曰'喜好.' 是知者之所喜好在水, 仁者之所喜好在山否?" 曰: "且看水之爲體, 運用不窮, 或淺或深, 或流或激, 山之安靜篤實, 觀之儘有餘味." 某謂: "如仲尼之稱水曰: '水哉! 水哉!' 子在川上曰: '逝者如斯夫!' 皆是此意否? 舊看伊川說'非體仁知之深者, 不能如此形容之', 理會未透. 自今觀之, 眞是如此." 曰: "不必如此汎濫. 且理會樂水樂山, 直看得意思窮盡, 然後四旁莫不貫通. ▲[182]." 【人傑】

32:72 ▲[183] "看聖人言, 須知其味. 如今只看定'樂山樂水'字, 將仁知來此[184]類, 湊合聖言而不知味也. 譬如喫饅頭, 只喫些皮, 元不曾喫餡, 謂之知饅頭之味, 可乎? 今且以知者樂水言之, 須要子[185]細看這水到隈深處時如何, 到峻處時如何, 到淺處時如何, 到曲折處時如何. 地有不同, 而水隨之以爲態度, 必至於達而後已, 此可見知者處事處. '仁者樂山', 亦以此推之." 【洽】

32:73 惟聖人兼仁知, 故樂山樂水皆兼之. 自聖人而下, 成就各有偏處.

32:74 ▲[186] 只▲[187]理會得如何是仁, 如何是知. 若理會這兩箇字通透, 如動・靜等語自分曉." 【賀孫】

---

180) ▲: '知者樂水, 仁者樂山',
181) ▲: 人傑
182) ▲: 苟先及四旁, 卻終至於與本說都理會不得也
183) ▲: 子善問"知者樂水, 仁者樂山." 曰:
184) 此: 『朱子語類』에서는 比로 되어 있다.
185) 子: 賀本에서는 仔로 되어 있다.
186) ▲: 魏問此章. 曰: "此一章,
187) ▲: 要

32:75 問: "'知[188]者動, 仁者靜', 動是運動周流, 靜是安靜不遷, 此以成德之體而言也. 若論仁知之本體, 知則淵深不測, 衆理於是而斂藏, 所謂'誠之復', 則未嘗不靜, 仁者包藏發育, 一心之中生理流行而不息, 所謂'誠之通', 則未嘗不動[189]." 曰: "知者動意思常多, 故以動爲主, 仁者靜意思常多, 故以靜爲主. 今夫水淵深不測, 是靜也, 及滔滔而流, 日夜不息, 故主於動. 山包藏發育之意, 是動也, 而安重不遷, 故主於靜. 今以椀盛水在此, 是靜也, 畢竟它是動物. 故知動仁靜, 是體段模樣意思如此也, 當[190]以心體之便見."【南升】

32:76 問: "▲[191] 與陰陽動靜之說同否?" 曰: "莫管他陽動陰靜, ▲[192] 大抵看理只到這處便休, 又須得走過那邊看, 便不是了. 然仁主於發生, 其用未嘗不動, 而其體卻靜. 知周流於事物, 其體雖動, 然其用深潛縝密, 則其用未嘗不靜. 其體用動靜雖如此, 卻不須執一而論, 須循環觀之. 蓋仁者一身混然全是天理, 故靜而樂山, 且壽, 壽是悠久之意, 知者周流事物之間, 故動而樂水, 且樂, 樂是處得當理而不擾之意. 若必欲以配陰陽, 則仁配春, 主發生, 故配陽動, 知配冬, 主伏藏, 故配陰靜. 然陰陽動靜, 又各互爲其根, 不可一定求之也. 此亦在學者默而識之."【祖道】

32:77 ▲[193]問: "▲[194] 如『太極圖說』, 則知爲靜而仁爲動, ▲[195]" 曰: "且自體當到不相礙處, 方是."【儒用錄▲[196]且就當下玩索▲[197], 不須

188) 知: 徽州本에서는 이 앞에 智者淵深不測而周流無滯, 有似於水, 故樂水; 仁者包藏發育而安重不遷, 有似於山, 故樂山. 各以類相合也.가 더 들어 있다.
189) 動: 徽州本에서는 이 뒤에 今此言智者動仁者靜, 是就君子成德之體而言也. 動而不括, 自是樂; 靜而有常, 則有必得其壽之理. 此以效言也.가 더 들어 있다.
190) 當: 賀本에서는 常으로 되어 있다.
191) ▲: 仁知動靜之說,
192) ▲: 公看得理又過了.
193) ▲: 或
194) ▲: '知者動, 仁者靜.'
195) ▲: 如何?

如此牽引, 反生枝蔓."】 良久, 曰: "這物事直看一樣, 橫看一樣. ▲198) 子貢說學不厭爲知, 教不倦爲仁. 子思知199)言成己爲仁, 成物爲知. 仁固有安靜意思, 然施行卻有運用之意." 又云: "知是伏藏【池200)錄作'潛伏'】淵深底道理, 至發出則有運用. 然至於運用各當其理而不可易處, 又不專於動."【人傑】

32:78 仁靜知動. 『易』中說"仁者見之", 陽也, "知者見之", 陰也. 這樣物事大抵有兩樣. 仁配春, 知配冬. 『中庸』說: "成己, 仁也, 成物, 知也." 仁在我, 知在物. 『孟子』說: "學不厭, 知也, 教不倦, 仁也." 又卻知在我, 仁在物. 見得這樣物事皆有動靜.【泳】

32:79 ▲201) 自仁之靜, 知之動而言, 則是"成己, 仁也, 成物, 知也." 自仁之動, 知之靜而言, 則是"學不厭, 知也, 教不倦, 仁也."【恪】

32:80 "仁者靜", 或謂寂然不動爲靜, 非也. 此言仁者之人, 雖動亦靜也. 喜怒哀樂, 皆動也, 仁者之人豈無是數者哉! 蓋202)於動之中未嘗不靜也. 靜, 謂無人慾之紛擾, 而安於天理之當然耳. 若謂仁有靜而不動, 則知者203)亦常動而不靜乎!【謨】

32:81 ▲204)問: "仁知動靜, 合二者如何?" 曰: "何必合? 此亦言其多耳. 不成仁者便愚, 知者便一向流蕩! 要之, 安靜中自有一箇運動之

196) ▲: 云: "觀書
197) ▲: 文意
198) ▲:【儒用錄云: "道理不可執著, 且逐件理會."】
199) 知: 英祖刊本・成化本・賀本에서는 卻으로 되어 있다.
200) 池: 賀本에서는 祖로 되어 있다.
201) ▲: 仁知動靜.
202) 蓋: 【頭注】"蓄"乃"蓋"之誤.
203) 者: 賀本에는 없다.
204) ▲: 通老

理, 運動中自有一箇安靜之理, ▲[205]."【可學】

32:82 知便有箇快活底意思, 仁便有箇長遠底意思. 故曰: "知者樂, 仁者壽."

32:83 問: "▲[206] 這三截, 卻倒. 似動靜是本體, 山水是說其已發, 樂壽是指其效." 曰: "然. 倒因上二句說到他本體上. '知者動', 然他自見得許多道理分明, 只是行其所無事, 其理甚簡, 以此見得雖曰動, 而實未嘗不靜也. '仁者靜', 然其見得天下萬事萬理皆在吾心, 無不相關, 雖曰靜, 而未嘗不動也. 動, 不是恁地勞攘紛擾, 靜, 不是恁地塊然死守. 這與'樊遲問仁知'章相連, 自有互相發明處." ▲[207] 問是如何. 曰: "專去理會人道之所當行, 而不惑於鬼神之不可知, 便是見得日用之間流行運轉, 不容止息, 胸中曉然無疑, 這便是知者動處. 心下專在此事, 都無別念慮繫絆, 見得那是合當做底事, 只恁地做將去, 是'先難後獲', 便是仁者靜. 如今人不靜時, 只爲一事至, 便牽惹得千方百種思慮. 這事過了, 許多夾雜底卻又在這裏不能得了. 頭底已自是過去了, 後面帶許多尾不能得了. 若是仁者, 逐一應去, 便沒事. 一事至, 便只都在此事上." ▲[208] 問: "先生初說'仁者樂山', 仁者是就成德上說, 那'仁者先難後獲', 仁者是就初學上說." 曰: "也只一般, 只有箇生熟. 聖賢是已熟底學者, 學者是未熟底聖賢." ▲[209]

---

205) ▲: 方是
206) ▲: '知者樂水'一章, 看
207) ▲: 朱蜚卿
208) ▲: 蜚卿
209) ▲: 蜚卿問: "'先難後獲', 意如何?" 曰: "後, 如'後其君, 後其親'之意. '哭死而哀, 非爲生者, 經德不回, 非以干祿, 言語必信, 非以正行', 這是熟底'先難後獲', 是得仁底人. '君子行法以俟命', 是生底'先難後獲', 是求仁底人." 賀孫問: "上蔡所說'先難, 謂如射之有志, 若跣之視地, 若臨深, 若履薄', 皆其心不易之謂." 曰: "說得是. 先難是心只在這裏, 更不做別處去. 如上嶺, 高峻處不能得上, 心心念念只在要過這處, 更不思量別處去. 過這難處未得, 便又思量到某處, 這便是求獲."【賀孫】

32:84 問: "▲210) 『集注』說頗重疊." 曰: "只欠轉換了一箇'體'字. ▲211) 仁者雖有動時, 其體只自靜, 知者雖有靜時, 其體只自動."【賀孫 ○『集註』】

32:85 ▲212) "'以體言', 是就那人身上說."【燾】

32:86 ▲213) 知對仁言, 則仁是體, 知是用. 只就知言, 則知又自有體・用. 如'乾道成男, 坤道成女', 豈得男便都無陰? 女便都無陽? 這般須相錯看. ▲214)大抵仁都是箇體, 知只是箇用."【淳】

32:87 知者動而不靜, 又如何處動? 仁者靜而不動, 又死殺了. 是則有交互之理. ▲215)【明作】

32:88 伊川▲216)言"動靜皆其體也." 此只言體段, 非對用而言.【端蒙 ○『集義』】

32:89 "仁者壽", 是有壽之理, 不可以顏子來揷看. 如"罔之生也幸而免", 罔亦是有死之理.【淳】

32:90 ▲217) "世間自有一般渾厚底人, 一般通曉底人, 其終亦各隨

210) ▲: 仁知動靜,
211) ▲: 若論來,
212) ▲: 或問: "'動靜以體言', 如何?" 曰:
213) ▲: 問: "'知者動', 『集注』以動爲知之體, '知者樂水', 又曰: '其用周流而不窮', 言體・用相類, 如何?" 曰: "看文字須活著意思, 不可局定.
214) ▲: 然
215) ▲: 但學者且只得據見在看, 便自見得不要如此紛紛也. 所擧程子曰"非禮仁知之深者, 不能如此形容", 此語極好看. 儘用玩味, 不是常說. 如"子語魯太師樂處", 亦云"非知樂之深者不能言", 皆此類也. 極用仔細玩味看!
216) ▲: "樂山樂水"處,
217) ▲: 問謝氏仁知之說. 曰:

其材有所成就. 夫子以仁者・知者對而言之, 誠是各有所偏. 如曰'仁者安仁, 知者利仁', 及所謂'好仁者, 惡不仁者', 皆是指言兩人. 如孔門, 則曾子之徒是仁者, 子貢之徒是知者. 如此章, 亦只[218]是泛說天下有此兩般人耳[219]." 【必大】

32:91 問: "伊川曰: '樂, 喜好也. 知者樂於運動, 若水之流通, 仁者樂於安靜, 如山之定止. 知者得其樂, 仁者安其常也.' 【"樂喜"・"樂於", 恐皆去聲.】 又曰: '知者樂, 凡運用處皆樂, 仁者壽, 以靜而壽.' 又曰: '樂山樂水, 氣類相合.' 范氏曰: '知者運而不息, 故樂水, 仁者安於止[220], 故樂山. 動則能和, 故樂, 【動則自樂, 恐不必將"和"作"樂"字.】 靜則能久, 故壽. 非深於仁知者, 不能形容其德.' ▲[221]凡七說[222], 【伊川四說.】 今從伊川・范氏之說. 伊川第二說曰: '樂水樂山, 與夫動靜, 皆言其體也.' 第三章[223]亦曰: '動靜, 仁知之體也.' '體'字只作形容仁知之體段則可, 若作體用之體則不可. 仁之體可謂之靜, 則知之體亦可謂之靜. 所謂體者, 但形容其德耳. 呂氏乃以爲'山水言其體, 動靜言其用', 此說則顯然以爲體用之體. 旣謂之樂山樂水, 則不專指體, 用亦在其中. 動可謂之用, 靜不可謂之用. 仁之用, 豈宜以靜名之! 謝氏曰: '自非聖人, 仁知必有所偏, 故其趨向各異, 則其成功亦不同也.' 據此章, 乃聖人形容仁知以敎人, 使人由是而觀, 亦可以知其所以爲仁知也. 謝氏以爲指知仁之偏, 恐非聖人之意. 謝氏又曰: '以其成物, 是以動, 以其成己, 是以靜.' 楊氏曰: '利之, 故樂水, 安之, 故樂山. 利, 故動, 安, 故靜.' 竊謂聖人論德, 互有不同. 譬如論日, 或曰如燭, 或曰如銅盤. 說雖不同, 由其一而觀之, 皆可以知其爲日. 然指銅盤而謂

218) 只: 賀本에는 없다.
219) 耳: 賀本에서는 爾로 되어 있다.
220) 止: 成化本・賀本에서는 山으로 되어 있다.
221) ▲: 右第二十二章
222) 說: 【頭注】 "說"下脫"第二十二章"五字.
223) 章: 賀本에서는 說로 되어 있다.

之燭, 指燭而謂之銅盤, 則不可. 聖人論仁知, 或以爲'成己・成物', 或以爲'安仁・利仁', 或以爲'樂山・樂水', 各有攸主, 合而一之, 恐不可也. 游氏推說仁壽, 尹氏曰[224]伊川, 故不錄." 曰: "所論體・用甚善. 謝氏說未有病, 但末後句過[225]高不實耳. '成己・成物', '安仁・利仁', '樂山・樂水', 意亦相通. 如'學不厭, 敎不倦'之類, 則不可强通耳." 【榦】

224) 曰: 孝宗刊本・英祖刊本・賀本에서는 同으로 되어 있고, 成化本에서는 問으로 되어 있다.
225) 句: 徽州本에서는 이 앞에 數가 더 들어 있다.

『朱子語類』卷第三十三

「『論語』十五」

「雍也篇四」

「齊一變至於魯章」

33:1 ▲[1] 變便能至魯?" 曰: "功利變了, 便能至魯. 魯只是大綱好, 然裏面遺闕處也多."【淳】

33:2 ▲[2] "太公之封於齊也, 擧賢而尙功, 孔子曰: '後世必有簒弑之臣.' 周公治魯, 親親而尊尊, 孔子曰: '後世寖微矣!' 齊自太公初封, 已自做得不大段好. 至▲[3]威[4]公・管仲▲[5]大變亂拆壞一番. 魯雖是衰弱不振, 元舊底卻不大段改換. 欲變齊, 則須先整理了已壞底了, 方始如魯, 方可以整頓起來, 這便隔了一重. 變魯, 只是扶衰振弱而已. 若論魯, 如『左傳』所載, 有許多不好事, 只是恰不曾被人拆壞. 恰似一間屋, 魯只如舊弊之屋, 其規模只在, 齊則已經拆壞了. 這非獨是聖人要如此損益, 亦是道理合當如此."【賀孫】

33:3 齊經小白, 法度盡壞. 今須一變, 方可至魯, 又一變, 方可至道.

---

1) ▲: 問: "齊尙功利, 如何一
2) ▲: 行父問"齊一變至魯, 魯一變至道." 曰:
3) ▲: 後
4) 威: 英祖刊本・成化本・賀本에서는 桓으로 되어 있다.
5) ▲: 出來, 乃

魯卻不曾變壞, 但典章廢墜而已. 若得人以修擧之, 則可以如王道盛時也.【謨】

33:4 "'齊▲[6]是他功利[7]◇[8]深. 管仲稱伯[9], 齊法盡壞[10], 功利自此盛. 然太公治齊尙功時, 便有些小氣象, 尙未見得, 只被管仲大段壞了." ▲[11] "管仲非不尊周攘夷, 如何不是王道? 只是功利駁雜其心耳."【明作】

33:5 ▲[12] "齊生得威[13]公·管仲出來, 它要'九合諸侯, 一正[14]天下', 其勢必至變太公之法. 不變, 便做不得這事. 若聖人變時, ▲[15] 只是興其滯, 補其弊而已. 如祖[16]庸調變爲彍騎長征之兵, 皆是變得不好了. 今日變時, 先變熙·豐之政, 以復祖宗忠厚之意, 次變而復於三代也."【桓】

33:6 ▲[17]魯自威[18]公以來, 閨門無度, 三君見弑, 三家分裂公室, 昭公至於客死, 以至不視朔, 不朝聘, 與夫稅畝·丘甲·用田賦, 變亂如此, 豈得是周公法制猶存乎?" 曰: "齊·魯初來氣象, 已自不同. ▲[19] 桓公·管仲出來, 又不能遵守齊之初政, ▲[20] 一向盡在功利上. 魯卻

---

6) ▲: 一變至於魯',
7) 利:【頭注】"利"下脫"俗"字.
8) ◇: 俗
9) 伯: 賀本에서는 霸로 되어 있다.
10) 盡壞: 賀本에서는 壞盡으로 되어 있다.
11) ▲: 又云:
12) ▲: 語及"齊一變至於魯", 因云:
13) 威: 英祖刊本·成化本·賀本에서는 桓으로 되어 있다.
14) 正: 賀本에서는 匡으로 되어 있다.
15) ▲: 自有道理. 大抵聖賢變時,
16) 祖: 賀本에서는 租로 되어 있다.
17) ▲: 問: "伊川謂: '齊自桓公之霸, 太公遺法變易盡矣. 魯猶存周公之法制.' 看來
18) 威: 英祖刊本·成化本·賀本에서는 桓으로 되어 있다.
19) ▲: 看太公自是與周公別. 到

只是放倒了，畢竟先世之遺意尙存．如哀公用田賦，猶使人來問孔子．他若以田賦爲是，更何暇問．惟其知得前人底是，所以來問．若桓公·管仲卻無這意思，自道他底是了，一向做去不顧．"【寓 ○『集注』】[21]

33:7 問："注謂[22]'施爲緩急之序'，▲[23]?" 曰："齊自伯政行，其病多．魯則其事廢墜不擧耳．齊則先須理會他許多病敗了，方可及魯．魯則修廢擧墜▲[24] 便可復周公之道．" 問："孔子治齊，則當於何處下手?" 曰："莫須先從風俗上理會去．然今相去遠，亦不可細考．但先儒多不信『史記』所載太公·伯禽報政事．然細考來，亦恐略有此意，但傳者過耳．"【廣】

33:8 問『集注』云云．曰："不獨齊有緩急之序，魯亦有緩急之序．如齊功利之習所當變，便是急處．魯紀綱所當振，便是急處．" ▲[25] "太公合下便有這意思，如'擧賢而尙功'，可見．"【恪】

33:9 ▲[26] 如變齊，則至魯在所急，而至道在所緩．至魯，則成箇樸子，方就上出光采．"【淳】

33:10 ▲[27] 如齊功利之習，若不速革，而便欲行王化，魯之不振，若不與之整頓，而卻理會甚[28]功利之習，便是失其緩急之序．如貢禹·

---

20) ▲: 卻全然變易了，
21)【寓 ○『集注』】: 賀本에는 없다.
22) 注謂: 徽州本에서는 先生謂二國之俗唯聖人能變之而不得試．然卽其言而考之，則其施爲緩急之序可知矣．敢問으로 되어 있다.
23) ▲: 如何
24) ▲: 而已，
25) ▲: 或問: "功利之習，爲是經桓公·管仲所以如此否?" 曰:
26) ▲: 問: "'施爲緩急之序'如何?" 曰: "齊變只至於魯，魯變便可至道." 問: "如此則是齊變爲緩，而魯變爲急否?" 曰: "亦不必恁分.
27) ▲: 讀"齊魯之變"一章，曰: "各有緩急.
28) 甚: 賀本에서는 其로 되어 있다.

諫元帝令節儉, 元帝自有這箇, 何待爾說! 此便是不先其所急者也." 【時擧】

33:11 問: "伊川曰▲[29] '此只說風俗.' 以'至於道'觀之, 則不專指風俗, 乃論當時政治, 風俗固在其中. 然又別一節事. 又▲[30]曰: '言魯國雖衰, 而君臣父子之大倫猶在.' 以魯觀之, 其大倫之不正久矣. 然『禮記』「明堂位」以魯爲君臣未嘗相弑, 而注家譏其近誣, 則此說亦恐未穩. ▲[31] 范氏曰: '齊一變可使如魯之治時.' 其意謂齊・魯相若, 故以謂治時. 齊之氣象乃伯政, 魯近王道, 不可疑其相若. 看魯秉周禮, 可見." 曰: "所疑范氏說, 亦無病." 【榦】

「觚不觚章」

33:12 古人之器多有觚. 如酒器, 便如今花瓶中間有八角者. 木簡是界方而六面, 卽漢所謂"操觚之士"者也. 今淮上無紙, 亦用木寫字, 數[32]小兒讀, 但卻圓了, 所謂"觚不觚." 古人所以恁地方時, 緣是頓得穩. 【義剛】

33:13 ▲[33] 伊川・范氏謂不合法制, 呂氏・楊氏謂失其名, 其實一也. 失其制, 則失其名可知矣. 謝氏是推說學者事. 【榦 ○無答語[34].】

29) ▲: '夫子之時, 齊强魯弱'云云. 呂氏曰: '齊政雖修, 未能用禮. 魯秉周禮, 故至於道. 第二十三章凡八說, 伊川三說. 今從伊川・呂氏之說. 伊川第二說曰:

30) ▲: 第三說

31) ▲: 橫渠・謝・游・楊・尹大抵同伊川, 故不錄.

32) 數: 英祖刊本・成化本・賀本에서는 敎로 되어 있다.

33) ▲: 第二十四章凡六說, 伊川兩說. 今從尹氏之說. 尹氏乃合伊川二說而爲一說. 范・呂・楊氏說亦正.

34) 無答語: 徽州本에서는 謝曰: "猶學者一不中節, 雖賢者猶爲過之也." 則非禮之禮·非義之義, 雖禮非禮也, 雖義非義也!로 되어 있다.

「井有仁焉章」

33:14 問: "'可欺'是繼'可逝'而言, '不可罔'是繼'不可陷'而言否?" 曰: "也是如此. 但'可逝不可陷', 是就這一事說, '可欺不可罔', 是總說. 不特此事▲35) 他事皆然."【義剛】

33:15 叔器曰: "宰我只知有箇公共底道理, 卻不知有義." 曰: "不惟不曉義, 也不曉那智了. 若似他說, 卻只是箇獃人." ▲36) "宰我見聖人之行, 聞聖人之言, 卻尚有這般疑, ▲37) 緣自前無人說這箇物事, 到夫子方說出來, 所以時下都討頭不著. 似而今學者時, 便無這般疑了." 叔器又云: "聖人只說下學, 不說上達, 所以學者不曉." 曰: "這也無難曉處. 這未是說到那性命之微處, 只是宰我鈍. 如子貢便是箇曉了通達底, 所以說從那高遠處去."【義剛】

33:16 問: "伊川曰: '宰我問, 仁者好仁, 不避難, 雖告之以赴井爲仁, 亦從之乎? 夫子謂, 不然. 君子可使之有往, 不可陷於不知, 可欺以其方, 不可罔以非其道.' 呂氏曰: '井有仁焉, 猶言自投陷穽38)以施仁術也. 己已自陷, 仁術何施! 當是時也, 君子可往以思救, 不能自陷以求救, 可欺之以可救, 不可罔之使必救.' ▲39) 明道曰: '知井有仁者, 當下而從之否?' 此說恐未當. 君子雖不逆詐, 而事之是非曉然者未嘗不先見也. 豈有仁者而在井乎? 雖有之, 君子不往也. 范氏亦曰: '井有仁, 則將入井而從之.' 蓋此意也. '其從之也', 只合作從或者之言, 不宜作從井中之仁也. 謝氏謂宰我疑仁者之用心. 觀宰我之言, 亦足以見其好仁之切, 不宜深責之也. 楊氏謂宰我疑君子之不逆詐, 故問. 觀

---

35) ▲: 如此,
36) ▲: 因云:
37) ▲: 是怎生地?
38) 穽: 賀本에서는 阱으로 되어 있다.
39) ▲: 第二十五章凡七說.【明道兩說.】

宰我之意, 好仁之切, 以謂仁者好仁, 雖患難不避, 故問. 非謂疑其不逆詐也. ▲40) 范氏解'逝'字極未安, 與下句'可欺也'不類." 【謂君子見不善, 可逝而去.】 曰: "所論得之. 但此章文義, 諸先生說不甚明, ▲41)." 【榦】

「君子博學於文章」

33:17 ▲42) 考究時自是頭項多. 到得行時, 卻只是一句, 所以爲約. 若博學而不約之以禮, 安知不畔於道? 徒知要約而不博學43), ◇44)所謂約者, 未知是與不是, 亦或不能不畔於道也. 【僩】

33:18 ▲45) 就這上進去, 只管是長進. 蓋根脚已是了, 所以不畔道. 【燾】 46)

33:19 ▲47) "博文條目多, 事事着去理會. 禮卻只是一箇道理, 如視也是這箇禮, 聽也是這箇禮48), ◇49) 動也是這箇禮. 若博文而不約之以禮, 便是無歸宿處. 如讀『書』, 讀『詩』, 學『易』, 學『春秋』, 各自有一箇頭緖. 若只去許多條目上做工夫, 自家身己都無歸着, 便是離畔於道也." 【恪】

---

40) ▲: 尹氏用伊川說, 故不錄.
41) ▲: 更詳考之爲佳
42) ▲: "博學於文",
43) 學: 【頭注】 "學"下脫"則"字.
44) ◇: 則
45) ▲: 博文約禮,
46) 【燾】 : 賀本에는 없다.
47) ▲: 行夫問"博文約禮." 曰:
48) 禮: 【頭注】 "禮"下脫"言也是這箇禮"六字.
49) ◇: 言也是這箇禮,

33:20 ▲[50] "禮是歸宿處. 凡講論問辨, 亦只是要得箇正當道理而有所歸宿爾."【銖】

33:21 ▲[51] 學須博, 求盡這箇道理. 若是約, 則不用得許多說話, 只守這一箇禮. 日用之間, 禮者便是, 非禮者便不是."【恪】

33:22 "'博文約禮', 聖門之要法. 博文所以驗諸事, 約禮所以體諸身. 如此用工, 則博者可以擇中而居之不偏, 約者可以應物而動皆有則. 如此, 則內外交相助, 而博不至於汎濫無歸, 約不至於流遁失中矣."【大雅】

33:23 ▲[52] 聖人教人, 只是說箇大綱. 顏子是就此上做得深, 此處卻[53]說得淺.【夔孫】

33:24 ▲[54] "『詩』·『書』·六藝, 固文之顯然者. 如眼前理會道理, 及於所爲所行處審別是否, 皆是."【必大】

33:25 ▲[55] 博文是多聞, 多見, 多讀. 及收拾將來, 全無一事, 和"敬"字也沒安頓處.【夔孫】 33:26[56] 博學, 亦非謂欲求異聞雜學▲[57] 博之與約, 初學且只須作兩途理會. 一面博學, 又自一面持敬守約, 莫令兩下相靠. 作兩路進前用工, 塞斷中間, 莫令相通. 將來成時, 便自會有通處. 若如此兩下用工, 成甚次第!【大雅】

---

50) ▲: 問"博學於文, 約之以禮." 曰:
51) ▲: 國秀問"博文約禮." 曰: "如講明義理, 禮樂射御書數之類, 一一著去理會.
52) ▲: "君子博學於文, 約之以禮."
53) 卻: 成化本·賀本에서는 知로 되어 있다.
54) ▲: 問: "'博學於文', 文謂『詩』·『書』·『六藝』之文否?" 曰:
55) ▲: 只是"博文約禮"四字.
56) 33:26: 『小分』에서는 33:25에 이어져 한 항목으로 편집되어 있다.
57) ▲: 方謂之博.

33:27 博文上欠工夫, 只管去約▲[58]上求, 易得生煩. 【升卿】

33:28 孔子之教人, 亦"博學於文", 如何便約得? 【謍】

33:29 ▲[59] "此是古之學者常事, 孔子教顔子亦只是如此. 且如'行夏之時'以下, 臨時如何做得, 須是平時曾理會來. 若'非禮勿視'等處, 方是約之以禮. 及他成功, 自又[60]別有說處." 【大雅】

33:30 博文工夫雖頭項多, 然於其中尋將去, 自然有箇約處. 聖人教人▲[61] 未有不先於博者. 孔門三千, 顔子固不須說, 只曾子・子貢得聞一貫之誨. 謂其餘人不善學固可罪. 然夫子亦不叫來罵一頓, 教便省悟, 則夫子於門人, 告之亦不忠矣! 是夫子亦不善教人, 致使宰我・冉求之徒後來狼狽也! 要之, 無此理. 只得且待他事事理會得了, 方可就上面欠闕處告語之. 如子貢亦不是許多時只教他多學, 使他枉做工夫, 直到後來方傳以此秘妙. 正是待他多學之功到了, 可以言此耳. 【必大】[62]

33:31 ▲[63]問: "▲[64]與顔子所謂▲[65]如何?" 曰: "此只是一箇道理, 但工[66]夫有淺深耳. 若自此做功夫到深處, 則亦顔子矣." 【燾】

33:32 ▲[67] "『論語』中'博約'字, 是'踐履'兩字對說. 『孟子』中'博約'

58) ▲: 禮
59) ▲: 或問"君子博學於文, 約之以禮." 曰:
60) 自又: 『朱子語類』에서는 又自로 되어 있다.
61) ▲: 有序,
62) 【必大】: 徽州本에서는 【伯豐】으로 되어 있다.
63) ▲: 或
64) ▲: '博之以文, 約之以禮, 亦可以弗畔',
65) ▲: '博我以文, 約我以禮',
66) 工: 賀本에서는 功으로 되어 있다.
67) ▲: 問: "'博學於文, 約之以禮', 與'博我以文, 約我以禮', 固有淺深不同. 如孟子字, 皆主見而言. 且如學須要博, 旣博學, 又詳說之, 所以如此者, 將以反說約也. 是如此後, 自然卻說得約. 謂如博學詳說, 方有貫通處, 下句當看'將以'字. 若'博學於文, 約之以禮', 與'博我以文, 約我以禮', 聖人之言本無甚輕重, 但人所造自有淺深. ▲[68]及至顏子做到'欲罷不能'▲[69] 亦只是這箇'博文約禮.' 如梓匠輪輿但能斲削者, 只是這斧斤規矩[70], 及至削鐻之神, 斲輪之妙者, 亦只是此斧斤規矩[71]." 【螢】

33:33 ▲[72] "博文而不約禮, 只是徒看得許多, 徒記得許多, 無歸宿處." 【節 ○以下『集註[73]』·『集義』.】

33:34 問: "明道言: '▲[74] 所謂"約之以禮"者, 能守禮而由於規矩[75]也, 未及知之也.' 旣能守禮而由規矩[76], 謂之未及於知, 何也?" 曰: "某亦不愛如此說. 程子說'博我以文, 約我以禮'爲已知, 不須將知說, 亦可. ▲[77] 問: "約禮, 只是約其所博者否?" 曰: "亦不須如此說. 有所未知, 便廣其知, 須是博學. ▲[78] 到約禮, 更有何事? 所守在此理耳." 【寓】

33:35 ▲[79] "博學是致知, 約禮則▲[80] 乃是踐履之實. 明道謂此▲[81]

'博學而詳說之, 將以反說約也', 似又一義, 如何?" 曰:

68) ▲: 若只是'博學於文', 能'約之以禮', 則可以弗畔於道, 雖是淺底,

69) ▲: 工夫,

70) 矩: 『朱子語類』에서는 矩로 되어 있다.

71) 矩: 『小分』에서는 矩을 矩로 고쳤다.

72) ▲: 問: "博文不約禮, 必至於汗漫, 如何?" 曰:

73) 註: 『朱子語類』에서는 注로 되어 있다.

74) ▲: "博學於文", 而不"約之以禮", 必至於汗漫.

75) 矩: 『小分』에서는 矩을 矩로 고쳤다.

76) 矩: 『小分』에서는 矩을 矩로 고쳤다.

77) ▲: 顏子亦只是這箇博文約禮. 但此說較粗, 顏子所說又向上, 然都從這工夫做來. 學者只此兩端, 旣能博文, 又會約禮."

78) ▲: 學旣博, 又須當約禮.

79) ▲: 或問"博學於文, 約之以禮, 亦可以弗畔." 曰:

與顏子說博文約禮處不同, 謂顏子約禮是知要, 恐此處偶見得未是. 約禮蓋非但知要而已也. 此兩處自不必分別."【時擧】

33:36 問: "伊川言: '▲[82] 此言善人君子'多識前言往行', 而能不犯非禮者爾, 非顏子所以學於孔子之謂▲[83] 曰: "某曉他說不得, 恐記錄者之誤." 正叔曰: "此處須有淺深." 曰: "畢竟博只是這博, 約只是這約, 文只是這文, 禮只是這禮, 安得不同!"【文蔚】

33:37 問: "橫渠謂: '博學於文, 只要得習坎心亨.' ▲[84]" 曰: "難處見得事理透, 便處斷無疑, 行之又果決, 便是▲[85] 凡事皆如此. 且以看文字一節論之, 見這說好, 見那說又好. 如此說有礙, 如彼說又有礙, 便是險阻處. 到這裏須討一路去方透, 便是'▲[86]心亨.'"【淳】

33:38 "博學於文", 又要得"習坎心亨." 如應事接物之類皆是文, 但以事理切磨講究, 自是心亨. 且如讀書, 每思索不通處, 則翻來覆去, 倒橫直豎, 處處窒塞, 然其間須有一路可通. 只此便是許多艱難險阻, 習之可以求通, 通處便是亨也.【謨】

33:39 ▲[87] "習坎心亨." 不特▲[88]文義. ▲[89]如▲[90]這一件物事, 未學時, 心裏不曉, 旣學得了, 心下便通曉得這一事. 若這一事曉不得,

80) ▲: 非徒知而已,
81) ▲: 一章
82) ▲: "博學於文, 約之以禮",
83) ▲: 也.' 恐博文約禮只是一般, 未必有深淺."
84) ▲: 何也?
85) ▲: '習坎心亨.'
86) ▲: 習坎
87) ▲: "博學於文", 只是要
88) ▲: 有
89) ▲: 且
90) ▲: 學

於這一事上心便黑暗.【僩】

33:40 問: "橫渠曰: '▲[91] 由至著入至簡, 故可使不得畔而去.' ▲[92] 范氏亦曰: '博學▲[93]而不約之以禮, 猶農夫之無疆埸也, 其不入於異端邪說者鮮矣.' 楊氏▲[94]曰: '博學於文而不知所以裁之, 則或畔矣.' 此三說, 皆推不約禮之失. 謝氏曰: '不由博而經[95]欲趨約者, 恐不免於邪道[96]▲[97] 伊川▲[98]曰: '博學而守禮.' ▲[99] '約'字恐不宜作'守'字[100]訓, 若作'守禮', 則與博學成二事. 非博文則無以爲約禮, 不約禮則博文爲無用. 約禮云者, 但前之博而今約之使就於禮耳. 伊川之說, 文自文, 禮自禮, 更無一貫說. 看'博約'字與'之以'字有一貫意. 伊川又說: '顏子博約, 與此不同.' 亦似大過. 博文約禮, 本無不同. 始乎由是以入德, 斯可以不畔, 終乎由是以成德, 欲罷而不能. 顏子與此不同處, 只在'弗畔'與'欲罷不能'上, ▲[101] 伊川以顏子之約爲知要, 以此章之約作約束之'約', 恐未安. 此'約'字亦合作知要. ▲[102] 曰: "此說大概多得之. 但此'約'字與顏子所言'約'字, 皆合只作約束之意耳. 又看顏子'博我以文, 約我以禮', 旣連著兩'我'字, 而此章'之'字亦但指其人而言, 非指所學之文而言也."【榦】

---

91) ▲: 博文約禮,

92) ▲: 尹氏曰: '博學於文, 約之以禮, 亦可以弗畔違於道.' 第二十六章凡八說, 伊川三說. 今從橫渠・尹氏之說. 明道曰: '博學於文, 而不約之以禮, 必至於汗漫.'

93) ▲: 於文

94) ▲: 亦

95) 經: 賀本에서는 徑으로 되어 있다.

96) 道: 『朱子語類』에서는 遁으로 되어 있다.

97) ▲: 也.' 此則不博文之失. 二者皆不可無, 偏擧則不可. 明道又曰: '所謂〈約之以禮〉者, 能守禮而由於規矩也.'

98) ▲: 第一說

99) ▲: 第二說曰: '此言善人君子多識前言往行, 而能不犯非禮.'

100) '守'字: 【附箋紙】"守"字下"字"字, 恐衍.

101) ▲: 博約本無異.

102) ▲: 伊川第三說與第一第二說同, 但說大略耳."

「子見南子章」

33:41 “諸先生皆以‘矢’爲‘陳’, ‘否’爲否塞之‘否’, 如此亦有甚意思! ▲103)且當從古注▲104): ‘矢, 誓也.’” 或問: “若作誓說, 何師生之間不相信如此?” 曰: “只爲下三句有似古人誓言, 如左氏言‘所不與舅氏’之說, 故有誓之氣象.” 【謨】

33:42 ▲105)子路性直, 見子▲106)見南子, 心中▲107) 便不說. 夫子似乎發呪模樣. 夫子大故激得來躁, 然夫子卻不當如此. 古書如此等曉不得處甚多. 古注亦云可疑.” 祖道曰: “橫渠▲108) 以爲‘予所否厄者, 是天厭棄之.’ ▲109)” 曰: “大抵後來人講經, 只爲要道聖人必不如此, 須要委曲遷就, 做一箇出路, 卻不必如此. 橫渠論看詩, 教人平心易氣求之. 到他說『詩』, 又卻不然.” 【祖道】

33:43 問: “▲110)子路不說, 何發於言辭之間如此之驟?” 曰: “這般所在難說. 如聖人須要見南子是如何, 想當時亦無必皆見之理. 如‘衛 靈公問陳’, 也且可以款款與他說, 又卻明日便行. 齊 景公欲‘以季・孟之間待之’, 也且從容不妨, 明日又便行. 季桓子受女樂, 也且可以教他不得受, 明日又便行. ▲111) 聖人▲112)其去甚果. 不知於南子須欲見之, 到子路不說, 又費許多說話, 又如此113)指誓. 只怕當時如這般去

103) ▲: 孔子見南子,
104) ▲: 說
105) ▲: 或問此章. 曰: “且依『集注』說. 蓋
106) ▲: 去
107) ▲: 以爲不當見,
108) ▲: 說,
109) ▲: 此說如何?
110) ▲: 夫子欲見南子, 而
111) ▲: 看
112) ▲: 這般所在,
113) 此: 賀本에는 없다.

就, 自是時宜. 聖人旣以爲可見, 恐是道理必有合如此. '可與立, 未可與權.' 吾人見未到聖人心下, 這般所在都難說." ▲114)問: "伊川以'矢'字訓'陳', 如何?" 曰: "怕不是如此. 若說陳, 須是煞鋪陳敎分明, 今卻只恁地直指數句而已. 程先生謂'予所以否而不見用, 乃天厭斯道', 亦恐不如此."【賀孫】

33:44 ▲115) "此是聖人出格事, 而今莫要理會▲116). 向有人問尹彥明: '今有南子, 子亦見之乎?' 曰: '不敢見.' 曰: '聖人何爲見之?' 曰: '能磨不磷, 涅不緇117), 則見之不妨.'"【夔孫】

33:45 仕於其國, 有見其小君之禮. 當夫子時, 想是無人行, 所以子路疑之. 若有人行時, 子路也不疑了. 孟子說"仲尼不爲已甚", 這樣處便見.【義剛 ▲118)○『集注』】

33:46 問: ▲119) 惟聖人道大德全, 方可爲此." 曰: "今人出去仕宦, 遇一惡人, 亦須下門狀見之. 它自爲惡, 何與我事. 此則人皆能之, 何必孔子." 子善云: "此處當看聖人心. ▲120) 非爲利祿計, 特以禮不可不見. 聖人本無私意." 曰: "如此看, 也好."【南升 ○植錄▲121): "▲122) 子善答云: '▲123) 無一毫冀望之心. 他人則有此心矣.' ▲124)."】

---

114) ▲: 或
115) ▲: 問"子見南子." 曰:
116) ▲: 它
117) 緇: 賀本에서는 淄로 되어 있다.
118) ▲: 夔孫錄云: "孟子說'仲尼不爲已甚', 說得好."
119) ▲: "'予所否者, 天厭之!' 謂不合於禮, 不由於道, 則天實厭棄之." 曰: "何以謂不合於禮, 不由於道?" 曰: "其見惡人, 聖人固謂在我者有可見之禮, 而彼之不善, 於我何與焉.
120) ▲: 聖人之見南子,
121) ▲: 云
122) ▲: 先生難云: '子見南子, 旣所謂合於禮, 由其道, 夫人皆能, 何止夫子爲然?'
123) ▲: "子見南子",
124) ▲: 曰: '看得好'

33:47 "第[125]二十七章凡七說,【伊川六說, 楊氏二說.】 今從謝氏之說. 伊川▲[126]曰: '子路以夫子之被强也, 故不說.' 第二說曰: '子路▲[127]以孔子本欲見衛君行道, 反以非禮見迫.' 竊謂夫人有見賓之禮, 孔子之見南子, 禮也, 子路非不知也. 子路之不說, 非以其不當見, 特以其不足見耳. 使其不當見, 夫子豈得而迫哉? 被强見迫, 恐未穩. 伊川第三說曰: '孔子之見南子, 禮也. 子路不說, 故夫子矢之.' ▲[128] 竊謂南子, 妾也, 無道也, 衛君以爲夫人. 孔子不得不見, 其辱多矣! 子路以其辱也, 故不說. 夫子矢之曰: '使予之否塞至此者, 天厭之也!' 使天不與否, 則衛君將致敬盡禮, 豈敢使夫子以見夫人之禮而見其無道之妾哉! 則子路不說之意, 蓋以其辱夫子, 非以其禮不當見也. 使子路以南子之不當見, 則更須再問, 何至坐視夫子之非禮! 雖不說, 何益. 而夫子告之, 亦須別有說, 豈有彼以非禮問, 而此獨以天厭告! 則夫子受非禮之名而不辭, 似不可也. 蓋子路知其禮所當見, 特以其辱夫子也, 故不說. 謝氏以爲'浼夫子'之說極正. 伊川第四說設或人之問曰: '子路不說, 孔子何以不告之曰〈是禮也〉, 而必曰〈天厭之〉乎?' 曰: '使孔子而得志, 則斯人何所容也!' 楊氏兩說亦然, 恐非聖人意. 聖人但傷道之否在於衛君不能致敬盡禮, 未必有欲正之之意, 恐成別添說. 伊川第五說穩, 但說大略. 橫渠亦只說大略. 范氏以矢爲誓, 非聖人氣象. 呂氏大意亦通, 但以爲'使我不得見賢小君, 天厭乎道也', 此亦非聖人意. 合只作'使我見無道之小君, 天厭乎吾道也', 卻穩. ▲[129] 曰: "以文義求之, 當如范氏之說. 但諸公避呪誓之稱, 故以'矢'訓'陳'耳. 若猶未安, 且闕以俟他日."【榦】

125) 第: 徽州本에서는 이 앞에 問: 謝氏曰: "南子在當時君臣宣淫, 豈以爲非禮. 在子路之意, 直以爲浼夫子, 是以不說. 孟子嘗謂夫子於衛靈公有際可之任, 至於此則行道之意其亦已矣, 故於子路不說也直其理而語之曰: '我之所否者非人也, 天地所厭者.' 胡爲不悅哉? 樂天而已矣!"가 더 들어 있다.

126) ▲: 第一說

127) ▲: 不說,

128) ▲: 第四說・第六說同.

129) ▲: 尹氏同伊川, 故不辨."

「中庸之爲德章」

33:48 ▲[130] "'中庸'之'中', 是指那無過・不及底說. 如『中庸』曰: '君子之中庸也, 君子而時中.' 時中便是那無過不及之'中.' ▲[131]庸是箇常然之理, 萬古萬世不可變易底. 中只是箇恰好道理. 爲見[132]不得是, 亘古今不可變易底, 故更著箇'庸'字." 【燾】

33:49 "中庸之爲德", 此處無過・不及之意多. 庸是依本分, 不爲怪異之事. 堯・舜・孔子只是庸. 夷・齊所爲, 都不是庸了. 【夔孫】

33:50 ▲[133] "只是不知理, 隨他偏長處做將去: 謹愿者則小廉曲謹, 放縱者則跌蕩不羈, 所以中庸說'道之難明', 又說'人莫不飲食, 鮮能知味', 只爲是不知." 【植】

33:51 問: "▲[134] 尹氏曰: '▲[135] 人知擇乎中庸, 而不能期月守也, 故曰〈民鮮久矣〉.' ▲[136] 謝氏曰: '中不可過, 是以謂之至德.' 楊氏▲[137]曰: '出乎中則過, 未至則不及, 故惟中爲至.' ▲[138]皆以'至'字對'過・不及'說. 謂無過不及, 則爲至也. '過・不及', 只對'中庸'說, 不可

---

130) ▲: 問: "中庸之爲德其至矣乎?." 曰:

131) ▲: 本章之意是如此." 又問: "'中者天下之正道, 庸者天下之定理', 恐道是總括之名, 理是道裏面又有許多條目. 如天道又有日月星辰・陰陽寒暑之條理, 人道又有仁義禮智・君臣父子之條理." 曰: "這二句緊要在'正'字與'定'字上. 蓋

132) 見: 賀本에서는 是로 되어 있다.

133) ▲: 問"中庸之爲德其至矣乎"章. 曰:

134) ▲: 此章,

135) ▲: 中庸天下之正理, 德合乎中庸, 可謂至矣.

136) ▲: 右第二十八章, 凡七說, 【伊川兩說. 楊氏三說.】 今從尹氏之說. 伊川第一說說'久'字不出. 第二說雖盡, 而非本章意. 尹氏合而解之. 范氏說'久'字不出. 呂氏說寬.

137) ▲: 第三說亦

138) ▲: 第一第二說同. 謝氏・楊氏之説

對'至'字說. '至'字只輕說, ▲[139] 楊氏▲[140]推說高明・中庸處, 亦不能無疑. ▲[141] 曰: "當以伊川解爲正: '中庸, 天下之正理也. 德合乎中庸, 可謂至矣. 自世教衰, 民不興於行, 鮮有中庸之德也.' '自世教衰', 此四字正是說'久'字. 意謝・楊皆以'過・不及'對'中'字, 而以中爲至耳, 恐非如來說所疑也. 所破楊氏'高明・中庸', 亦非是, ▲[142]." 【榦】

「子貢曰如有博施於民章」

33:52 子貢問仁, 是就功用籠罩說, 孔子是就心上答. 【可學】

33:53 "博施濟衆", 便喚做仁, 未得. 仁自是心. 【端蒙】

33:54 "何事於仁", 猶言何待於仁. "必也聖乎"連下句讀. 【謙之錄云: "便見得意思出."】 雖堯・舜之聖, 猶病其難遍. 【德明】

33:55 "何事於仁", 猶言那裏更做那仁子[143]. 【僩】

33:56 ▲[144] "'博施濟衆', 何消得更說仁." 【節】

33:57 ▲[145] "只▲[146]作'何止於仁.' ▲[147] 被子貢說得▲[148]高似於

---

139) ▲: 如曰'其大矣乎', 不宜說太深.
140) ▲: 第二第三說
141) ▲: 侯氏說大略."
142) ▲: 當更思之
143) 子: 成化本・賀本에서는 了로 되어 있다.
144) ▲: 問: "'何事於仁', 先生以爲恰似今日說'何消得恁地'一般." 曰:
145) ▲: 問: "'何事於仁'作'何止於仁', 是如何?" 曰:
146) ▲: 得
147) ▲: 今人文字如此使者甚多. 何事, 亦如何爲之意.
148) ▲: '博施濟衆'

仁▲149) 是▲150)不親切. 若如子貢之說, 則天下之爲仁者少矣. 一介之士, 無復有爲仁之理. '夫仁者, 己欲立而立人, 己欲達而達人.' 己才欲立, 便也立人, 己才欲達, 便也達人. 立是存立處, 達則發用處. 於此純是天理, 更無些子私意, 便是仁之體. 若'能近取譬', 則私欲日消, 天理日見, 此爲仁之方也."【南升】

33:58 ▲151)仁以道理言, 聖以地位言, ▲152) 如'博施濟衆'爲仁, ▲153)小小者亦謂之仁. 仁是直看, 直上直下只一箇道理. '聖'字便橫看, 有衆人, 有賢人, 有聖人, 便有節次, ▲154)."【罃】

33:59 ▲155) '必也聖乎', 語意未是殺處, 當急連下文讀去. 仁以理言, 聖以事業言. ▲156)'博施濟衆', 必有聖人之德, 有天子之位, 而後可以當此, 堯·舜▲157)尙以爲病. 仁本切己事, 大小都用得他▲158)."【寓】

33:60 ▲159)

---

149) ▲: 了, 故孔子言: '何爲於仁! 必也聖人乎! 堯·舜其猶病諸!'
150) ▲: 子貢問得
151) ▲: "'何事於仁', 只作豈但於仁." 罃謂: "'必也聖乎', 聖如堯·舜, 其尙有不足於此." 曰: "薛士龍『論語』解此亦是如此, 只是渠遣得辭澀. 蓋
152) ▲: 自是不同.
153) ▲: 而利物愛人
154) ▲: 只豈但於仁. 蓋'博施濟衆', 雖聖如堯·舜, 猶以爲病耳
155) ▲: 問: "子貢問'博施濟衆', 恐仁之極處, 與聖之功用本不可分大小. 今言'何止於仁', 則仁·聖若有大小之分." 曰: "此處不恁地讀.
156) ▲: 子貢所問
157) ▲: 恁地
158) ▲: 問得空浪廣不切己了, 卻成疏闊. 似此看'仁'字, 如何用得? 如何下得工夫? 中間看得一句, 常人固是做不得, 雖聖人尙以此爲病. 此須活看
159) ▲: 周兄問"何事於仁, 必也聖乎." 曰: "'必也聖乎'是屬下文. 仁通乎上下. 聖是行仁極致之地. 言'博施濟衆'之事, 何止於仁! 必是行仁極致之人, 亦有不能盡, 如堯·舜猶病諸, 是也. '必也聖乎', 蓋以起下."【銖】

33:61 ▲[160] 如堯・舜, 雖曰'比屋可封', 然在朝亦有四凶之惡. 又如孔子設教, ▲[161] 豈不欲人人至於聖賢之極? 然[162]而人人亦各自皆有病痛."【燾】

33:62 ▲[163] 仁者之心雖無窮, 而仁者之事則有限, 自是無可了之理. 若要[164]就事上說, ▲[165]儘無下手處."【時舉】

33:63 ▲[166]問: "欲立, 立人, 欲達, 達人[167]. 苟有此心, 便有'博施濟衆'底功用." 曰: "'博施濟衆', 是無了期底事, 故▲[168] '堯・舜▲[169]猶病▲[170]' 然若得果無私意, 已有此心. 仁則自心中流出來, 隨其所施之大小自可見矣."【時舉】

33:64 ▲[171] 也不是離了仁而爲聖, 聖只是行仁到那極處. ▲[172] 不是仁上面更有箇聖. ▲[173] 有聖人之仁, 有賢人之仁, 有衆人之仁, ▲[174]以言'通乎上下.' '仁'字直, '聖'字横. ▲[175] 義剛言: "此章也是三

---

160) ▲: 問"必也聖乎, 堯・舜其猶病諸." 曰: "此兩句當連看. 蓋云, 便是聖人, 也有做不得處. 且
161) ▲: 從游者甚衆, 孔子
162) 然: 賀本에는 없다.
163) ▲: 亞夫問此章. 曰: "'博施濟衆', 是無盡底地頭, 堯・舜也做不了. 蓋
164) 要: 賀本에서는 欲으로 되어 있다.
165) ▲: 便
166) ▲: 敬之
167) 欲立, 立人, 欲達, 達人: 徽州本에서는 己欲立而立人己欲達而達人으로 되어 있다.
168) ▲: 曰:
169) ▲: 其
170) ▲: 諸!
171) ▲: 衆朋友說"博施濟衆"章. 先生曰: "'仁以理言', 是箇徹頭徹尾物事, 如一元之氣. '聖以地言',
172) ▲: 仁便是這理, 聖便是充這理到極處,
173) ▲: 而今有三等: 有聖人, 有賢人, 有衆人. 仁是通上下而言,
174) ▲: 所

節: 前面說仁之功用, 中間說仁之體, 後面說仁之方." 曰: "是如此. '己欲立而立人, 己欲達而達人', 仁者之存心常如此, 便未'博施濟衆'時, 這物事也自在裏面." ▲[176]問: "此兩句也是帶下面說否?" 曰: "此是兩截. 如黃毅然適間說是三節, 極是. ▲[177]." 【義剛】

33:65 ▲[178]

33:66 ▲[179] 先生以"何事於仁"爲一節, 以"必也聖乎, 堯・舜其猶病諸"爲一節. ▲[180] 以謂: "'博施濟衆', 此固是仁, 然不是人人皆能做底事. ▲[181]堯・舜亦嘗以此爲病. 此非是言堯・舜不能盡仁道, 蓋勢有所不能爾. 人之所能者, 下二節事是也: ▲[182]欲立, 便立人, ▲[183]欲達, 便達人. 此仁者之事也. '能近取譬', 此爲仁之方也. 今人便以'▲[184]欲立, ▲[185]欲達'爲'能近取譬', 則誤矣. 蓋'▲[186]欲立▲[187]立人, ▲[188]欲達▲[189]達人', 此不待施諸己而後加諸人也. '能近取譬', 卻是施諸己之意. 故上二句直指仁者而言, [190]下一句則止以爲'仁之方.'" 【謨】

175) ▲: '博施濟衆', 是做到極處, 功用如此."
176) ▲: 叔器
177) ▲: '夫仁者', 分明是喚起說. '己欲立而立人, 己欲達而達人', 是仁者能如此. 若是能近取譬, 則可以爲仁之方. 子貢也是意思高遠, 見得恁地, 卻不知剗地尋不著
178) ▲: 仁就心上說, 如一事仁也是仁, 如一理仁也是仁, 無一事不仁也是仁. 聖是就地位上說. 聖卻是積累得到這田地, 索性聖了. 【佐】
179) ▲: "子貢問博施濟衆"章,
180) ▲: 其說
181) ▲: 若必以聖人爲能之, 則
182) ▲: 己
183) ▲: 己
184) ▲: 己
185) ▲: 己
186) ▲: 己
187) ▲: 而
188) ▲: 己
189) ▲: 而

33:67 "博施濟衆", ▲191)是盡人之道, 極仁之功, 非聖人不能. 然聖人亦有所不足在.【仁固能博施濟衆, 然必得時得位, 方做得這事. 然堯·舜雖得時得位, 亦有所不足.】 ▲192)欲立, 便立人, ▲193)欲達, 便達人, 此▲194)者之心自然如此不待安排, 不待勉强. "能近取譬", 則以己之欲立, 譬人之欲立, 以己之欲達, 譬人之欲達, 然後推己所欲以及於人, 使皆得其立, 皆得其達, 這便是爲仁之術.【立是立得住, 達是行得去.】此是三節, ▲195)

33:68 ▲196)

33:69 ▲197) 但克去己私, 復得天理, 便是仁, 何必博施而後爲仁. 若必待如此, 則有終身不得仁者矣! 孔·顔不得位, 不成做不得! 山林之士, 更無緣得仁也. 欲立欲達, 即絜矩之義. 子貢凡三問仁, 聖人三告之以推己度物. 想得子貢高明, 於推己處有所未盡. ▲198)欲立, 自然立人, 欲達, 自然達人, 如"無加諸人", 更不待199)譬. ▲200)【明作】

---

190) ▲: 而
191) ▲: 這箇
192) ▲: 己
193) ▲: 己
194) ▲: 仁
195) ▲: 須逐節詳味, 看教分明.
196) ▲: 林問: "'己欲立而立人', 與'己所不欲, 勿施於人', 地位如何?" 曰: "且看道理, 理會地位作甚麽! 他高者自高, 低者自低, 何須去比並." 問"博施濟衆." 曰: "此是仁者事. 若把此爲仁, 則是'中天下而立'者方能如此, 便都無人做得仁了. 所以言'己欲立而立人', 使人人皆可盡得道理. '必也聖乎', 當連下句說, 意在'猶病'上. 蓋此何但是仁, 除是聖人方做得. 然堯·舜猶病, 尙自做不徹."【寓】
197) ▲: "夫仁者, 己欲立而立人, 己欲達而達人", 分明喚起"仁者"字, 自是仁者之事. 若下面"能近取譬", 方是由此而推將去, 故曰"仁之方." "何事於仁, 必也聖乎", 不是聖大似仁. 仁只是一條正路, 聖是行到盡處. 欲立欲達, 是仁者之心如此, "能近取譬", 是學做仁底如此, 深淺不同. 仁通上下,
198) ▲: 仁者
199) 更不待: 【附箋紙】"更不待"下小註"譬"字, 乃"大"字之誤.
200) ▲: 下截方言求仁之方, 蓋近取諸身以爲

33:70 問: ▲[201] '立・達'二字, 以事推之如何?" 曰: "二者皆兼內外而言. 且如修德, 欲德有所成立, 做▲[202]事, 亦欲成立. 如讀書, 要理會得透徹, 做事, 亦要做得行." 又曰: "立是安存底意思, 達是發用底意思."【植】

33:71 "▲[203]己欲立而立人, 己欲達而達人", 與"我不欲人之加諸我, 吾亦欲無加諸人"意思一般, 學者須是强恕而行.【燾】

33:72 "▲[204]欲立▲[205]立人, ▲[206]欲達▲[207]達人", 是以己及人, 仁之體也. "能近取譬", 是推己及人, 仁之方也.【德明】

33:73 致道說: "'▲[208]▲[209]欲立▲[210]立人, ▲[211]欲達▲[212]達人.' ▲[213] 與'我不欲人加諸我, 吾亦欲無加諸人'一般, ▲[214]." 曰: "然."【賀孫】

33:74 凡己之欲, 卽以及人, 不待譬彼而後推之者, 仁也. 以我之不

201) ▲: "'己欲立而立人, 己欲達而達人',
202) ▲: 一件
203) ▲: 仁者
204) ▲: 己
205) ▲: 而
206) ▲: 己
207) ▲: 而
208) ▲: 仁者
209) ▲: 己
210) ▲: 而
211) ▲: 己
212) ▲: 而
213) ▲: 己纔要立, 便立別人, 己纔要達, 便達別人, 這更無甚著力. 下云: '能近取譬, 可謂仁之方.' 這又是一意, 煞著比方安排, 與仁者異. '己欲立而立人, 己欲達而達人',
214) ▲: 都是以己及物事. '能近取譬, 可謂仁之方', 與'己所不欲, 勿施於人'一般, 都是推己及物事

欲譬之, 而知其亦不欲者, 恕也.【端蒙】

33:75 問: "只仁之方, 亦可謂之仁否?" 曰: "▲[215] 便是仁. 若循循做去, 到得至處. 回頭看前日所爲, 亦喚做仁."【人傑】

33:76 ▲[216]問: "▲[217]子貢馳騖高遠, 不從低處做起, 故孔子敎之從恕上求仁▲[218]." 曰: "▲[219]亦是如此, 但語意有病. 且試說子貢何故揀這箇來問?" 或云: "恐是子貢見孔子說仁多端, 又不曾許一箇人是仁, 故揀箇大底來說否?" 曰: "然. 然而夫子答子貢曰: '己欲立而立人, 己欲達而達人.' 至於答顏子, 則曰: '克己復禮爲仁.' 分明一箇仁, 說兩般. 諸公試說, 這兩般說是如何?" 或曰: "恐'克己復禮'占得地位廣否?" 曰: "固是包得盡, 須知與那箇分別, 方得." 或曰: "一爲心之德, 一爲愛之理." 曰: "是如此. 但只是一箇物事, 有時說這一面, 又有時說那一面. 人但要認得是一箇物事.【枅錄云: "▲[220] 自[221]顏子說, 則▲[222]克己爲仁. 此處又以立人達人爲仁. 一自己上說, 一自人上說. 須於這裏看得一般, 方可."】 如'▲[223]欲立▲[224]立人, ▲[225]欲達▲[226]達人', 便有那'克己復禮'底意思, '克己復禮', 便包那'▲[227]欲立▲[228]立人, ▲[229]欲達

215) ▲: 看得透時,
216) ▲: 或
217) ▲: '博施濟衆'一章, 言
218) ▲: 之方
219) ▲: 理
220) ▲: 孔子說仁, 亦多有不同處.
221) 自: 『朱子語類』에서는 向으로 되어 있다.
222) ▲: 以
223) ▲: 己
224) ▲: 而
225) ▲: 己
226) ▲: 而
227) ▲: 己
228) ▲: 而
229) ▲: 己

▲[230]達人'底意思. 只要人自分別而已. ▲[231]問"立"字・"達"字▲[232]義. 曰: "此是兼巃[233]細說. 立是自家有可立, 達是推將去. 聖人所謂'立之斯立, 動之斯來, 綏之斯和[234]', 亦是這箇意▲[235]. 凡事, 不出立與達而已. 謂如在此住得穩, 便是立, 與[236]行便要到, 便是達. 如身要成立, 亦是立, 學要通達, 亦是達. 事事皆然." ▲[237]問: "'博施・濟衆'▲[238]?" 曰: "'博施', 是施之多, 施之厚, '濟衆', 是及之廣." 【燾】

33:77 ▲[239] "一事之仁也是仁, 全體之仁也是仁, 仁及一家也是仁, 仁及一國也是仁, 仁及天下也是仁. 只是仁及一家者是仁之小者, 仁及天下者是仁之大者. 如孔子稱管仲之仁, ▲[240] 只是仁之功." 復問: "上是大, 下是小?" 曰: "只是高低." 又曰: "這箇是兼愛而言, 如'博施濟衆', 及後面說手足貫通處." 復問貫通處. 曰: "才被私意截了, 仁之理便不行." 【節 ○『集註』】

33:78 ▲[241] 仁如酒好, 聖如酒熟." 問: "仁是全體, 如'日月至焉'乃是偏." 曰: "當其至時, 亦備." ▲[242] 問: "管仲仁之功▲[243]" 曰: "匡天下亦仁者之事. 如趙韓王一言, 至今天下安. 謂韓王爲仁則不可, 然其所作乃仁者之功." 【可學】

---

230) ▲: 而
231) ▲: 然此亦是因子貢所問而說." 又
232) ▲: 之
233) 巃: 賀本에서는 粗로 되어 있다.
234) 動之斯來, 綏之斯和: 賀本에서는 綏之斯來, 動之斯和로 되어 있다.
235) ▲: 也
236) 與: 『朱子語類』에서는 如로 되어 있다.
237) ▲: 又
238) ▲: 如何分別
239) ▲: 問"仁以理言, 通乎上下." 曰:
240) ▲: 亦是仁,
241) ▲: 問仁通上下而言. 曰: "有聖人之仁, 有賢人之仁.
242) ▲: 問: "孟武伯問三子, 卻說其才, 何意?" 曰: "只爲未仁."
243) ▲: 如何?

33:79 ▲[244]

33:80 問: "▲[245]一事上仁, 亦可謂之仁, ▲[246] 其與全體之仁, 無乃不相似?" 曰: "此一事純於仁, 故可謂之仁. 殷有三仁, 亦未見其全體. 只是於去就之際, 純乎天理, ▲[247]." 【可學】

33:81 問: "仁通上下▲[248]" 曰: "▲[249] 仁▲[250]如水, 有一杯水, 有一溪水, 有一江水. 聖便是大海水." 【僩】

33:82 ▲[251]

33:83 或問: "'博施濟衆'▲[252] 程子作一統說, 先生作二段, ▲[253]" 曰: "▲[254]程子▲[255]說足以包某之說. 程子▲[256]說如大屋一般, 某之說如在大屋之下, 分別廳堂房室一般, 初無異也. 公且道子貢所問, 是大小大氣像[257]! 聖人卻只如此說了. 如是爲仁必須'博施濟衆', 便使

244) ▲: 子上問: "仁通上下, 如何?" 曰: "仁就處心處說. 一事上處心如此, 亦是仁. 商三仁未必到聖人處, 然就這處亦謂之仁. '博施濟衆', 何止於仁! 必聖人能之, 然堯·舜尚自有限量, 做不得. 仁者誠是不解做得此處, 病在求之太遠. '己欲立而立人, 己欲達而達人', 只教他從近處做." 【淳】
245) ▲: 仁通上下, 如何?" 曰: "聖是地位, 仁是德." 問: "如此, 則
246) ▲: 此之謂'通上下.'
247) ▲: 故夫子許之
248) ▲: 而言, 聖造其極而言否?
249) ▲: 仁或是一事仁, 或是一處仁.
250) ▲: 者
251) ▲: "仁者己欲立而立人"一章, 某當初也只做一統看. 後來看上面說'夫仁者', 下面說'可謂仁之方', 卻相反, 方分作兩段說. 【燾】
252) ▲: 一段,
253) ▲: 如何?
254) ▲: 某之說, 非異於程子, 蓋
255) ▲: 之
256) ▲: 之
257) 像: 賀本에서는 象으로 되어 있다.

‘中天下而立, 定四海之民’ 如堯·舜, 也做不得, 何況蓽門圭竇之士! 聖人所以提起‘夫仁者己欲立而立人, 己欲達而達人’, 正指仁之本體. 蓋己欲立, 則思處置他人也立, 己欲達, 則思處置他人也達. 放開眼目, 推廣心胸, 此是甚氣象! 如此, 安得不謂仁之本體! 若‘能近取譬’者以我之欲立, 而知人之亦欲立, 以己之欲達, 而知人之亦欲達, 如此, 則止謂之仁之方而已. 此爲仁則同, 但‘己欲立而立人, 己[258]欲達而達人’, 是已到底, 能取譬, 是未到底, 其次第如此. 彼子貢所問, 是就事上說, 卻不就心上說. 龜山云: ‘雖〈博施濟衆〉, 也須自此始.’ 某甚善其說.” ▲[259]【祖道 ○賜錄云: “問: ‘博施濟衆, 程子全做仁之體, 先生卻就上面分出[260]箇體用, 便有用力處.’ 曰: ‘某說非破程子之說, 程子之說卻兼得某說. ▲[261)]】

33:84 ▲[262] “子貢所問, 以事功而言, 於本體初無干涉, 故聖人擧此

---

258) 己: 賀本에는 없다.

259) ▲: 先生曰: “又某所說過底, 要諸公有所省發, 則不枉了. 若只恁地聽過, 則無益也.”【朋錄云: “說許多話, 曉得底自曉得. 不曉得底, 是某自說話了.”】 久之, 云: “如釋氏說如標月指, 月雖不在指上, 亦欲隨指見月, 須恁地始得.” 久之, 云: “二三子以我爲隱乎? 吾無隱乎爾. 吾無行而不與二三子者, 是丘也.” 又云: “天有四時, 春夏秋冬, 風雨霜露, 無非敎也. 地載神氣, 神氣風霆, 風霆流形, 庶物露生, 無非敎也.” 久之, 又曰: “昔有人問話於一僧, 僧指面前花示之, 曰: ‘是甚麽?’ 其人云: ‘花也.’ 僧云: ‘吾無隱乎爾.’ 此不是他無見處, 但見說得來粗了. 孔子所謂‘吾無隱乎爾’者, 居鄕黨, 便恂恂, 在宗廟朝廷, 便便便唯謹, 與上大夫言, 便誾誾, 與下大夫言, 便侃侃, 自有許多實事可見.” 又曰: “程子說: ‘莊子說道體, 儘有妙處, 如云在谷滿谷, 在坑滿坑. 不是他無見處, 只是說得來作怪.’ 大抵莊老見得些影, 便將來作弄矜詫.” 又曰: “‘黃帝問於廣成子’云云, ‘吾欲官陰陽以遂群生.’ 東坡注云云. 是則是有此理, 如何便到這田地!” 久之, 又云: “昔在一山上坐看潮來, 凡溪澗小港中水, 皆如生蛇走入, 無不通透, 甚好看! 識得時, 便是一貫底道理.” 又曰: “‘日月有明, 容光必照焉’, 如日月, 雖些小孔竅, 無不照見. 此好識取.”

260) 出: 賀本에서는 別로 되어 있다.

261) ▲: 程說似渾淪一箇屋子, 某說如屋下分間架爾. 仁之方, 不是仁之體, 還是什麽物事! 今且看子貢之言, 與夫子之言如何地.’” 餘同而略.

262) ▲: 林聞一問“博施濟衆”章. 曰: “‘博施濟衆’, 無下手處, 夫子故與之言仁. ‘夫仁者己欲立而立人, 己欲達而達人’, 是能以己之所欲立者而立他人, 以己之所欲

心之全體大用以告之. 以己之欲立者立人, 以己之欲達者達人, 以己及物, 無些私意. 如堯之'克明俊德, 以親九族, 九族旣睦, 平章百姓, 百姓昭明, 協和萬邦, 黎民於變時雍', 以至於'欽若昊天, 曆象日月星辰, 敬授人時', 道理都擁出來." 又曰: "如『周禮』一書, 周公所以立下許多條貫, 皆是廣大心中流出. 某自十五六時, 聞人說這道理, 知道如此好, 但今日方識得. 如前日見人說鹽鹹. 今日食之, 方知是鹹, 說糖甛, 今日食之, 方知是甛."【人傑】

33:85 ▲[263)]

33:86 問: "▲[264)] 注▲[265)]: '於此可以得仁之體.' 是此處見得人與己相關甚切, 便是生意相貫處否?" 曰: "亦是. 只無私意, 理便流通. 然此處也是己對人說, 便恁地. 若只就自己說, 此又使不得, 蓋此是仁之發出處. 若未發之前, 只一念之私, 便不是仁."【淳】

33:87 問: "『遺書』中取醫家言仁. 又一段云: '醫家以不識痛癢爲不仁.' 人[266)]以不知覺·不認義理爲不仁, 又卻從知覺上說." 曰: "覺是

達者而達他人, 其所爲出於自然, 此乃是仁之體. '能近取譬'者, 近取諸身, 知己之欲立欲達, 則亦當知人之欲立欲達, 是乃求仁之方也. 伊川全擧此四句而結之曰: '欲令如是觀仁, 可以得仁之體.' 亦可以如此說, 與某之說初不相礙. 譬之於水, 江海是水, 一勺亦是水. 程先生之說譬之一片大屋, 某卻是就下面分出廳堂房室, 其實一也." 又云:

263) ▲: 問: "'己欲立而立人, 己欲達而達人', 所謂'以己及人', '能近取譬', '近取諸身', '己所不欲, 勿施於人', 所謂'推己及人', 如何?" 曰: "夫子分明說'夫仁者', 則是言仁之道如此, '可謂仁之方也已', 則是言求仁當如此. 若以爲滾說, 則旣曰'夫仁者'矣, 不當以'可謂仁之方'結之也." 又問: "程子說: '仁至難言', 至'欲令如是觀仁, 可以得仁之體'一段, 卻是滾說." 曰: "程子雖不曾分說, 然其意亦無害. 大抵'己欲立而立人, 己欲達而達人', 是自然工夫. 至於'能近取譬', 則是著力處, 所以不同."【人傑】

264) ▲: '己欲立而立人, 己欲達而達人',

265) ▲: 云

266) 人: 英祖刊本·賀本에서는 又로 되어 있다.

覺於理.” 問: “與上蔡說同異?” 曰: “異. 上蔡說覺, 纔見此心耳.” 問: “南軒云: ‘上蔡說覺, 與佛家不同.’ 如何?” 曰: “上蔡云: ‘自此心中流出.’ 與佛亦不大段異. 今說知痛癢, 能知覺, 皆好. 只是說得第二節, 說得用. 須當看, 如何識痛癢? 血脈從何而出? 知覺從何而至?” 某云: “若不究見原本, 卻是不見理, 只說得氣.” 曰: “然. 伊川言穀種之性一段, 最好.” 【可學】

33:88 “明道云: ‘認得爲已, ▲[267]’ 認得箇什麽? 夫▲[268] 己欲立, 便立人, 己欲達, 便達人, 此卽仁之體也. ▲[269] ‘博施濟衆’固是仁, 但那[270]見孺子將入井時有怵惕惻隱之心, 亦便是仁. 此處最好看.” 【道夫】

33:89 ▲[271]問: “‘仁者以天地萬物爲一體’, 此卽人物初生時驗之可見. 人物均受天地之氣而生, 所以同一體, 如人兄弟異形而皆出父母胞胎, 所以皆當愛. 故推老老之心, 則及人之老, 推幼幼之心, 則及人之幼. 惟仁者其心公溥, 實見此理, 故能以天地萬物爲一體否?” 曰: “不須問他從初時, 只今便是一體. 若必用從初說起, 則煞費思量矣. 猶之水然, 江河池沼溝渠, 皆是此水. 如以兩椀[272]盛得水來, 不必教去尋討這一椀[273]是那裏酌來, 那一椀[274]是那裏酌來. 旣都是水, 便是同體, 更何待尋問所從來. 如昨夜莊仲說人與萬物均受此氣, 均得此

267) ▲: 何所不至!
268) ▲: 仁者,
269) ▲: ‘能近取譬’, 則是推己之恕, 故曰‘可謂仁之方.’ ‘夫仁者’與‘可謂仁之方’正相對說.” 明道云: “欲令如是觀仁, 可以得仁之體.” 先生再三擧似, 曰: “這處極好看仁.” 又曰: “‘博施濟衆’, 固仁之極功, 譬如東大洋海同是水. 但不必以東大洋海之水方爲水, 只瓶中傾出來底, 亦便是水.
270) 那: 賀本에는 없다.
271) ▲: 林安卿
272) 椀: 賀本에서는 碗으로 되어 있다.
273) 椀: 賀本에서는 碗으로 되어 있다.
274) 椀: 賀本에서는 碗으로 되어 있다.

理, 所以皆當愛, 便是不如此. '愛'字不在同體上說, 自不屬同體事. 他那物事自是愛. 這箇是說那無所不愛了, 方能得同體. 若愛, 則是自然愛, 不是同體了方愛. 惟其同體, 所以無所不愛. 所以愛者, 以其有此心也, 所以無所不愛者, 以其同體也."【僩】

33:90 問: "明道曰'醫書以手足痿痺爲不仁'云云[275], '可以得仁之體.' 又曰: '〈能近取譬〉, 反身之謂也.' 又曰: '〈博施濟衆〉, 非聖人不能, 何干仁[276]事! 故特曰夫仁者立人達人, 能近取譬, 可謂仁之方也已. 使人求之自反, 便見得也. 雖然, 聖人豈不盡仁? 然教人不得如此指殺.' 或問'堯·舜其猶病諸.' 伊川曰: '聖人之心, 何時而已?' 又曰: '聖乃仁之成德. 謂仁爲聖, 譬如雕木爲龍. 木乃仁也, 龍乃聖也, 指木爲龍, 可乎! 故〈博施濟衆〉, 乃聖人之事. 擧仁而言之, 則〈能近取譬〉是也.' 謝氏曰: '〈博施濟衆〉, 亦仁之功用. 然仁之名, 不於此得也. 子貢直以聖爲仁, 則非特不識仁, 併與聖而不識. 故夫子語之曰: 〈必也聖乎!〉 又擧仁之方也. 〈己欲立而立人, 己欲達而達人〉, 亦非仁也, 仁之方所而已. 知方所, 斯可以知仁. 猶觀天地變化, 草木蕃, 斯可以知天地之心矣.' ▲[277] 凡[278]八說, 【明道五說. 伊川十七說.】 ▲[279] 明道第五說與伊川第二第十三說, 皆以恕爲仁之方, 大意皆正, ▲[280] 伊川第一說曰: '惟聖人能盡仁道, 然仁可通上下而言. 故曰何事於仁! 必也聖乎!' 又第五說曰: '聖則無小大, 至於仁則兼上下小大而言之.' 又第八說曰: '孔子見子貢問得來事大, 故曰何止於仁! 必也聖乎! 蓋仁可以通上下

275) 云云: 徽州本에서는 此言最善名狀. 仁者以天地萬物爲一體, 莫非己也. 認得爲己, 何所不至! 若不屬己, 自不與己相干. 如手足不仁, 氣已不貫, 皆不屬己. 故博施濟衆, 乃聖人之功用. 仁之難言, 故止曰: "己欲立而立人, 己欲達而達人, 能近取譬, 可謂仁之方也已." 欲令如是觀仁.으로 되어 있다.

276) 仁: 『小分』에서는 政을 仁으로 고쳤다. 【頭注】 "政"乃"仁"誤

277) ▲: 第二十九章

278) 凡: 【頭注】 "凡"上疑脫"第二十九章"五字.

279) ▲: 今從明道·伊川. 謝氏之說大意與第一說同, 故不錄.

280) ▲: 但非解本文, 故不錄.

言之, 聖則其極也.' 又第十二說曰: '博施而能濟衆, 固仁也, 而仁不足以盡之, 故曰必也聖乎!' 又第十四說曰: '仁在事, 不可以爲聖.' 此五說, 皆以'何事於仁'作'何止於仁', 故以仁爲有小大上下. 若旣是有小大上下, 則以此章爲子貢指其大與上者問之, 亦可也, 又何以答之曰'何事於仁'乎? 若聖人以仁爲未足以盡'博施濟衆', 則下文[281]當別有說. 今乃論爲仁之方, 恐上下意不貫. 伊川五說, 只說得到'其猶病諸'處住, 則下文論仁之方不相接, 不如木龍之說, 卻與明道之意合. 明道以'何事於仁'只作'何干仁事', 則下文仁之方自相貫, 又'功用'字分明. ▲[282] 伊川第九・第十壹[283]說, 皆論仁之方, 與謝氏方所之說相類. 此章, 聖人恐子貢便指作仁看, 故但以爲若能由此而求之, 乃可以知仁, 故曰'仁之方.' ▲[284] 橫渠曰: '必聖人之才能弘其道.' 恐本文無能弘其道之意. 范氏曰: '以大爲小.' 是以仁爲小, 聖爲大也, 恐未穩. 餘說亦寬. 呂氏以博施爲仁, 濟衆爲聖, 未當. 楊氏▲[285]謂'仁者何事於博施濟衆', 又恐太過. 則明道所謂'教人不得如此指殺'者, 但以仁・聖須分說, 方見仁之體, 非以仁無與於聖也. ▲[286]." 曰: "'何事於仁', 何止於仁也. '必也聖乎, 堯・舜其猶病諸.' 此兩句相連讀, 言雖聖人亦有所不能也. '己欲立而立人, 己欲達而達人', 仁也, '能近取譬', 恕也."【榦 ○『集義』】

33:91 問: "▲[287] '謂仁爲聖, 譬猶雕木爲龍. 木乃仁也, 龍乃聖也, 指木爲龍, 可乎!'▲[288]" 曰: "亦有理. 木可雕爲龍, 亦可雕而爲狗, 此

281) 文: 賀本에서는 又로 되어 있다.
282) ▲: 伊川第三說・第四說・第五・第六說・第十五說, 皆推說'博施濟衆猶病', 卽聖人之心何時而已之意, 故不錄.
283) 壹: 賀本에서는 一로 되어 있다.
284) ▲: 伊川第十七說乃統說'仁'字大意, 與明道第一說同, 故不錄.
285) ▲: 之說亦正, 但
286) ▲: 尹氏與伊川餘說同, 故不辨
287) ▲: 程子曰:
288) ▲: 比喻如何?

仁所以可通上下而言者也. 龍乃物之貴者, 猶聖人爲人倫之至也."【必夫[289)]】

289) 夫: 英祖刊本·成化本·賀本에서는 大로 되어 있다.

『朱子語類』 卷第三十四

「『論語』十六」

「述而篇」

「述而不作章」

34:1 ▲[1]問:▲[2] 是制作之'作'乎?" 曰: "是. 孔子未嘗作一事, 如刪『詩』, 定『書』, 皆是因『詩』·『書』而刪定." 又問: "▲[3]聖人得時得位時, 更有制作否?" 曰: "看聖人告顏子四代禮樂, 只是恁地, 恐不大段更有制作. 亦因四代有此禮樂, 而因革之, 亦未是作處." 又問: "▲[4]'作『春秋』'? 恐是作否?" 曰: "'其事則齊桓·晉文, 其文則史, 其義則丘竊取之矣.' 看來是寫出『魯史』, 中間微有更改爾. 某嘗謂『春秋』難看, ▲[5]所以不敢說着. 如何知得上面那箇是『魯史』舊文, 那箇是夫子改底字? 若不改時, 便只依『魯史』, 如何改[6]作『春秋』做甚?" 先生徐云: "'知我者其惟『春秋』乎! 罪我者其惟『春秋』乎!' 又『公羊』·『穀梁傳』云: '其辭, 則丘有罪焉耳.' 這是多少擔負! 想亦不能不是作, 不知是如何."【賀孫錄. ○意同.】

---

1) ▲: 徐兄
2) ▲: "'述而不作',
3) ▲: 聖人不得時得位, 只如此.
4) ▲: 如何
5) ▲: 平生
6) 改: 『朱子語類』에서는 更으로 되어 있다.

34:2 ▲[7] "旣信古, 又好古. 今人多是信而不好, 或好而不信. 如好之者, 則曰: '他也且恁地說.' 信之者雖知是有箇理恁地, 畢竟多欠了箇篤好底意思."【道夫】

34:3 ▲[8] "雖說道其功倍於作者, 論來不知所謂刪者, 果是有刪否. 要之, 當時史官收詩時, 已各有編次, 但到孔子時已經散失, 故孔子重新整理一番, 未見得刪與不刪. 如云: '吾自衛反魯, 然後樂正, 雅頌各得其所.' 云'各得其所', 則是還其舊位."【賀孫 ○『集注』】

「默而識之章」

34:4 ▲[9] "此雖非聖人極致, 然豈易能? '默而識之', 若不是心與理契, 念心[10]不忘者不能. '學不厭', 如人之爲學有些少[11]間斷時, 便是厭. '敎不倦', 如以他人之事爲不切於己, 便是倦. 今學者須是將此三句時時省察, 我還能默識否? 我學還不厭否? 我敎還不倦否? 如此乃好."【時擧】

34:5 ▲[12] 是三節. 雖非聖人之極致, 在學者亦難. 如平時講貫, 方能記得. 或因人提撕, 方能存得. 若"默而識之", 乃不言而存諸心, 非心與理契, 安能如此! "學不厭", 在學者久亦易厭. 視人與己若無干涉, 誨之安能不倦! 此三者亦須是心無間斷, 方能如此.【植】

34:6 問"默而識之." 曰: "是得之於心, 自不能忘了, 非是聽得人說

---

7) ▲: 蜚卿問"信而好古." 曰:
8) ▲: 行夫問"述而不作"章. 曰:
9) ▲: 宜久問"默而識之"章. 曰:
10) 心:【頭註】念.
11) 少: 『朱子語類』에서는 小로 되어 있다.
12) ▲: "默而識之", 至"誨人不倦",

後記得."【節】

34:7 ▲[13] "如顔子'得一善則拳拳服膺而弗失', 猶是執捉在. 這箇卻是'聞一善言, 見一善行', 便如己有而弗失矣."【燾】

34:8 "黙而識之"▲[14] 不言而此物常在也. 今人但說着時在, 不說時不在. "非禮勿視", 要和[15]根株取, 不是只禁你不看. 聽・言・動皆然.【祖道】

34:9 ▲[16]問"何有於我▲[17]." 曰: "此語難說. 聖人是自謙, 言我不曾有此數者. 聖人常有慊然不足之意. 衆人雖見他是仁之至熟, 義之至精, 它只管自見得有欠闕處."【賀孫】

34:10 ▲[18] "此必因人稱聖人有此, 聖人以謙辭答之. 後來記者卻失上面一節, 只做聖人自話記了. '黙而識之', 便是得之於心, '學不厭', 便是更加講貫, '誨不倦', 便是施於人也."【時舉】

34:11 ▲[19] 如達巷黨人所言如此, 故▲[20]曰: '吾何執? ▲[21] 吾執御矣.' 今此章卻只▲[22]記▲[23]夫子之語耳. 如曰: '二三子以我爲隱乎?

13) ▲: 問"黙而識之." 曰:
14) ▲: 者, 黙不言也,
15) 和:【附箋紙】"和", 或是"知"字繆.
16) ▲: 鄭
17) ▲: 哉
18) ▲: 讀"黙而識之"章, 曰:
19) ▲: 問: "'何有於我哉', 恐是聖人自省之辭. 蓋聖人以盛德之至, 猶恐其無諸己而自省如此, 亦謙己以勉人之意." 曰: "此等處須有上一截話. 恐是或有人說夫子如何, 故夫子因有此言.
20) ▲: 夫子
21) ▲: 執御乎? 執射乎?
22) ▲: 是
23) ▲: 錄

吾無隱乎爾.' 亦必因門人疑謂有不盡與他說者, 故夫子因有是言也."【必大】

「德之不修章」

34:12 ▲[24) "須實見得▲[25)? 德是甚麽物事? 如何喚做脩? 如何喚做不脩? 人而無欲害人之心, 這是德, 得之於吾心也. 然害人之心, 或有時而萌者, 是不能脩者也. 德者, 道理得於吾心之謂, 修者, 好好[26)修治之謂, 更須自體之. 須把這許多說話做自家身上說[27), ▲[28) 問: "'徙義'與'改不善'▲[29) 意似合掌." 曰: "聖人做兩項說在. 試剖析令分明. 徙義, 是做這件事未甚合宜, 或見人說, 見人做得恰好, 自家遷在合宜處, ◇[30) 便是全然不是, 這須重新改換◇[31)."【賀孫】

34:13 ▲[32)問: "'德之不脩', 可以包下三句否?" 曰: "若恁地, 夫子但說一句便了, 何用更說四句? 徙義改過, 略似脩德裏面事, 然也別是箇頭項. ▲[33)致知・格物是講學, 誠意・正心・脩身是脩德, 博學・審問・謹[34)思・明辨是講學, 篤行是脩德. 若徙義・改不善, 如何地分?" 叔器未及對. 曰: "不善, 是自家做得淫邪非僻底事. 徙義, 是雖無過惡, 然做得未恰好, 便是不合義. 若聞人說如何方是恰好, 便當徙而從之. 聖人說這幾句, 淺深輕重盡在裏面. '聞義不能徙'底罪小, '不善不

---

24) ▲: 或問此章. 曰:
25) ▲: 是如何
26) 好好: 賀本에서는 言好로 되어 있다.
27) 身上說: 【附箋紙】"身上說"下, 印本有"不是爲別人說"六字.
28) ▲: 不是爲別人說."
29) ▲: 兩句,
30) ◇: 【頭註】不善.
31) ◇: 方得
32) ▲: 叔器
33) ▲: 講學自是講學, 修德自是修德. 如
34) 謹: 賀本에서는 愼으로 되어 있다.

能改'底罪大. 但聖人不分細大, 都說在裏面[35), ▲36)【義剛】

34:14 此四句, 修德是本. 爲要修德, 故去講學. 下面徙義・改過, 卽脩德之目也.【螢】

34:15 ▲37)問: "先知德不可不脩, 方知學不可不講. 能講學, 方能徙義, 能徙義, 方能改不善. 如此看, 如何?" 曰: "脩德是本. 脩德, 恰似說'入則孝, 出則悌38), 謹而信, 汎39)愛衆而親仁.' 學不可不講, 恰似說'行有餘力, 則以學文.'" ▲40)問徙義・改不善▲41) 曰: "徙義不是說元初做不是. 元初本心自是好, 但做得錯了, 做得不合宜, 如所謂'皆以善爲之, 而不知其義.' 才移敎合義理, 便是全好. 若不善, 則是元初便做得不是, 須都改了方得. 徙義是過失, 不善是罪犯."【賀孫 ○愘錄別出.】

34:16 ▲42) "須先理會孝悌43)忠信等事, 有箇地位, 然後就這裏講學. '聞義不能徙', 這一▲44)事已是好事, 但做得不合義. 見那人說如此方是義, 便移此之不義, 以從彼之義. 不善, 則已是私意了. 上面是過失, 下面是故犯."【愘】

34:17 "德之不脩", 如有害人之心, 則仁之德不修, 有穿窬之心, 則義之德不修. 仁之德修, 則所言無不仁之言, 所行無不仁之行, 義之德

35) 裏面:【附箋紙】"裏面"下, 印本有"學者皆當着工夫"七字.
36) ▲: 學者皆當著工夫."
37) ▲: 行父
38) 悌: 賀本에서는 弟로 되어 있다.
39) 汎: 成化本에서는 泛으로 되어 있다.
40) ▲: 或
41) ▲: 之別.
42) ▲: 行父問"德之不修"一段. 曰:
43) 悌:『朱子語類』에서는 弟로 되어 있다.
44) ▲: 件

修, 則所言無不義之言, 所行無不義之行.【淵錄云: "實得仁於心, 則發出來爲仁之言, 做出來爲仁之行, 實得義於心, 則發出來爲義之言, 做出來爲義之行."】 "聞義不能徙, 不善不能改", 二句雖似合掌, 卻有輕重深淺[45]. 聞義▲[46]不能徙, 是見得自家事未合宜, 及聞合宜事, 便徙而就之. 不善, 則是有過惡了. 如此說, 方不合掌.[47] 【南升】[48]

34:18 ▲[49]

34:19 ▲[50] "遷善・改過, 是脩德中緊要事. 蓋只脩德而不遷善・改過, 亦不能得長進." ▲[51]『通書』▲[52]云: '君子乾乾不息於誠.' 便是修德▲[53] 下面便▲[54]接說遷善・改過▲[55]事, 意正相類."【燾】

34:20 ▲[56] "德是理之既得於吾心者, ▲[57] 更須日日磨礱, 勿令間斷, ▲[58] 問: "此四句▲[59]連續看, 如何?" 曰: "才要連續, 便是說文字,

---

45) 深淺: 賀本에서는 淺深으로 되어 있다.
46) ▲: 者, 尙非有過, 但不能徙義耳. 至於不善, 則是有過而不能改, 其爲害大矣!
47) 不能徙 … 方不合掌.': 『朱子語類』에는 없다.
48) 【南升】: 『朱子語類』에는 【植 ○南升錄別出.】로 되어 있다.
49) ▲: "德之不修", 如無害人之心, 則仁之德修, 無穿窬之心, 則義之德修. "聞義不能徙", 是見得自家事未合宜, 及聞合宜事, 便徙而就之. 不善, 則是有過惡了. 如此說, 方不合掌.【南升】
50) ▲: 或問"德之不修"一章. 曰:
51) ▲: 又曰: "遷善・改過是兩項, 不是說改其過而遷於善. 遷善便是有六七分是, 二三分不是. 自家卻見得那二三分是處, 卽遷而就之, 要敎十分是著. 改過則是十分不好, 全然要改. 此遷善・改過之別. 如
52) ▲: 中
53) ▲: 底事.
54) ▲: 是
55) ▲: 底
56) ▲: 立之問此章. 曰:
57) ▲: 便已是我有底物事了.
58) ▲: 始得. 徙義與改不善, 一似合掌. 然須著與他分別, 蓋義是事之宜處. 我做這一件事, 覺得未甚合宜, 便著徙令合宜, 此卻未見得有不善處. 至不善, 便是有過惡, 須著速改, 始得. 此所以有輕重之別." 又

不是要▲60)做工夫. 若着實做工夫, 便一句自是一句."【時學】

34:21 ▲61)

34:22 ▲62) "此▲63)四句. 若要合說, 便是德須着修於己, 講學便更進其德. 到徙義·改過, 始是見之於行事, 時須時64)要點檢. 如此說, 卻相連續也."【時學】

34:23 ▲65)

34:24 ▲66) 這雖是聖人以此敎人, 然"▲67)不厭"之意多見於此. 使有一毫自以爲聖, 任其自爾, 則雖聖而失其聖矣.【賀孫】

34:25 ▲68) 聖人固無是四者之憂, 所以然者, 亦自貶以敎人之意."【謨】

「子之燕居章」

---

59) ▲: 若要
60) ▲: 著實
61) ▲: 李問此章. 曰: "此四句是四件事, 不可一滾說了. 下面兩句, 粗看只是一件事一般, 然此兩句自有輕重. 蓋'見義不能徙', 此只是些子未合宜處, 便當徙而從宜. '不善不能改', 則大段已是過惡底事, 便當改了. 此一句較重."【雉】
62) ▲: 讀"德之不修"章, 曰:
63) ▲: 自是
64) 時須時: 成化本에서는 須時로 되어 있고, 賀本에서는 須時時로 되어 있다.
65) ▲: 問: "'聞義不能徙, 不善不能改.' 先生云有輕重, 其意如何?" 曰: "義, 宜也. 事須要合宜. 不能徙, 未爲不是, 卻不合宜. 那不善底卻重, 須便打幷了." 叔重云: "'聞義不能徙'較輕." 曰: "那箇大體卻無邪惡." 又曰: "'聞義不能徙', 較密於'不善不能改', '不善不能改', 較重於'聞義不能徙.'"【節】
66) ▲: "德之不修"至"是吾憂也",
67) ▲: 學
68) ▲: 又曰: "此是聖人自憂也.

34:26 ▲[69] "申申, 是言其不局促, 是心廣體胖後, 恁地申申舒泰. 夭夭, 好貌. 觀'桃之夭夭'是少好之貌, 則此亦是恁地. 所謂色愉, 只是和悅底意思. 但此只是燕居如此, 在朝及接人又不然."【義剛】

34:27 問: "'申申・夭夭', 聖人得於天之自然. 若學者有心要收束, 則入於嚴厲, 有心要舒泰, 則入於放肆. 惟理義以養其氣, 養之久, 則自然到此否?" 曰: "亦須稍嚴肅, 則可. 不然, 則無下手處." 又曰: "但得身心收斂, 則自然和樂." ▲[70]"不是別有一箇和樂. ▲[71]【恪】[72]

「甚矣吾衰章」

34:28 ▲[73] "甚矣, 吾衰也"是一句, "久矣, 吾不復夢見周公"是一句. 惟其久不夢見, 所以見得是衰. 若只是初不夢見時, 也未見得衰處. 此也無大義理, 但文勢當是如此.【義剛】

34:29 ▲[74]固不應常常夢見周公. 然亦必[75]曾夢見來, 故如此說. 然其所以如此說之意, 卻是設詞.【必大】

34:30 ▲[76]問: "孔子夢周公, 若以聖人欲行其道而夢之耶, 則是心猶有所動. 若以壯年道有可行之理而夢之耶, 則又不應虛有此兆朕也." 曰: "聖人曷嘗無夢, 但夢得定耳. 須看他與周公契合處▲[77] 不然, 又

69) ▲: 叔器問"申申・夭夭"之義. 曰:
70) ▲: 又曰:
71) ▲: 才整肅, 則自和樂."
72)【恪】: 徽州本에는【季札】로 되어 있다.
73) ▲: 據文勢時,
74) ▲: 孔子
75) 亦必: 『小分』에서는 必亦을 교정부호로 바로잡았다.
76) ▲: 蜚卿
77) ▲: 如何.

不見別夢一箇人也. 聖人之心, 自有箇勤懇惻怛不能自已處, 自有箇脫然無所繫累處, 要亦正是以此卜吾之盛衰也."【砥】

34:31 問: "夢周公, 是眞夢否?" 曰: "當初思欲行周公之道時, 必亦是曾夢見." 曰: "恐涉於心動否?" 曰: "心本是箇動物, 怎敎他不動. 夜之夢, 猶寤之思也. 思亦是心之動處, 但無邪思, 可矣. 夢得其正, 何害! 心存這事, 便夢這事. 常人便胡夢了."【寓錄此下云: "孔子自言老矣, 以周公之道不可得行, 思慮亦不到此, 故不復夢. 甚歎其衰如此."】 居甫擧莊子言"至人無夢." 曰: "淸淨者愛恁地說. 佛·老家亦說一般無夢底話."【淳 ○寓同.】

34:32 "'吾不復夢見周公', 自是箇徵兆如此. 當聖人志慮未衰, 天意難定, 八分猶有兩分運轉, 故他做得周公事, 遂夢見之, 非以思慮也. 要之, 聖人精神血氣與時運相爲流通. 到鳳不至, 圖不出, 明王不興, 其徵兆自是恁地. 胡文定公謂『春秋』絶筆於獲麟, 爲'志一則動氣', 意思說得也甚好. 但以某觀之, 生出一箇物事爲人所斃, 多少是不好, 是亦一徵兆也." 道夫問: "設當孔子晩年, 時君有能用之, 則何如?" 曰: "便是不衰[78], 如[79]孔子請討陳恒時, 已年七十一, 到此也做得箇甚!" ▲[80]【道夫】

34:33 ▲[81] "不是孔子衰, 是時世衰." ▲[82] "與天地相應. 若天要用孔子, 必不敎他衰. 如太公·武王皆八九十歲. 夫子七十餘, 想見纍垂."【節】

---

78) 衰: 成化本에서는 衰가 없다.

79) 如: 成化本에서는 且如로 되어 있다.

80) ▲: 又問: "程子謂孔子之志, 必將正名其罪, 上告天子, 下告方伯, 而率與國以討之. 不知天子果能從乎?" 曰: "當時惟在下者難告." 問: "果爾, 則告命稽違, 得無有不及事之悔乎?" 曰: "使哀公能從, 則聖人必一面行將去, 聞於周王, 使知之耳."

81) ▲: 問"甚矣吾衰也." 曰:

82) ▲: 又曰:

34:34 戴少望謂: "顔淵·子路死, 聖人觀之人事, '鳳鳥不至, 河不出圖', 聖人察之天理, '不復夢見周公', 聖人驗之吾身, 夫然後知斯道之果不可行, 而天之果無意於斯世也." 曰: "這意思也發得好."【道夫】

34:35 "夢周公", "忘肉味", "祭神如神在", 見得聖人眞一處. 理會一事, 便全體在這◇[83).]【可學】[84)]

34:36 問: "▲[85)]夢周公, 卻是思." 曰: "程先生如此說, 意欲說孔子不眞見周公. 然見何害."【可學】

34:37 問: "伊川以爲▲[86)] 只是夢寐常存行周公之道耳. ▲[87)] 曰: "想是有時而夢見. 旣分明說'夢見周公', 全道不見, 恐亦未安." 又問: "夫子未嘗識周公, 夢中烏得而見之?" 曰: "今有人夢[88)]見平生所不相識之人, 卻云是某人▲[89)] 夫子之夢, 固與常人不同, 然亦有是理耳."【壯祖 ○『集注』·『集義』】

34:38 問: ▲[90)] 伊川▲[91)]言不曾夢見, ▲[92)] 曰: "聖人不應日間思量底事, 夜間便夢見. 如高宗夢傅說, 卻是分明有箇傅說在那裏, 高宗不知. 所以夢見, 亦是朕兆先見者如此. 孔子夢奠兩楹事, 豈是思慮後方夢見. 此說甚精微. 但於此一章上說不行, 今且得從程子說."【去僞】[93)]

---

83) ◇:【頭註】一事.
84)【可學】:『朱子語類』에는【道夫】로 되어 있다.
85) ▲: 孔子
86) ▲: 不是夢見人,
87) ▲:『集注』則以爲如或見之. 不知果是如何?"
88) 夢: 徽州本에서는 이 앞에 夜間이 들어 있다.
89) ▲: 某人者, 蓋有之.
90) ▲: "此章曰, 孔子未衰以前, 常夢見周公矣.
91) ▲: 卻
92) ▲: 何也?"

「志於道章」

34:39 ▲[94] "思量講究, 持守踐履, 皆是志. 念念不舍, 卽是總說, 須是有許多實事."【夔孫】

34:40 ▲[95] 不是只守箇空底見解. 須是至誠懇惻, 念念不忘. 所謂道者, 只是日用當然之理. 事親必要孝, 事君必要忠, 以至事兄而弟, 與朋友交而信, 皆是道也. '志於道'者, 正是謂志於此也."【時擧】[96]

34:41 這[97]理也是一箇有條理底事物[98], 不是鶻淪[99]一物, 如老·莊所謂恍惚者. "志於道", 只是存心於所當爲之理, 而求至於所當爲之地, 非是欲將此心繫在一物之上也.【端蒙】

34:42 "志於道", 如講學力行, 皆是. "據於德", 則是這箇物事已成箇坯璞子了.【義剛】

34:43 ▲[100] 據於德, 乃是得這基址在這裏."【植】

34:44 ▲[101] 德者, 得之於身. 然旣得之, 守不定, 亦會失了. 須常照管, 不要失了. ▲[102]【明作】

---

93)【去僞】: 徽州本에는【祖道 ○謨錄同.】으로 되어 있다.
94) ▲: 問"志於道." 曰:
95) ▲: 吉甫說"志於道"處. 曰: "'志於道',
96)【時擧】: 徽州本에는【銖 ○時擧錄同.】으로 되어 있다.
97) 這: 『朱子語類』에서는 道로 되어 있다.
98) 事物: 『朱子語類』에서는 物事로 되어 있다.
99) 鶻淪: 賀本에서는 囫圇으로 되어 있다.
100) ▲: 問"據於德." 曰: "如孝, 便是自家元得這孝道理, 非從外旋取來.
101) ▲: "據於德."
102) ▲: 須是據守, 方得.

34:45 ▲103) "德者, 吾之所自有, 非自外而得也. 以仁義禮智觀之, 可見. 韓退之云: '德, 足乎己, 無待乎外.' 說得也好."【南升】

34:46 道者, 人之所共由, 如臣之忠, 子之孝, 只是統擧理而言. 德者, 己之所獨得, 如能忠, 能孝, 則是就做處言也. 依仁, 則又所行處每事不違於仁.【端蒙】

34:47 "志於道", 方有志焉. "據於德", 一言一行之謹, 亦是德. "依於仁", 仁是衆善總會處.【德明】

34:48 道, 是日用常行合做底. 德, 是眞箇有得於己. 仁, 謂有箇安頓處.【季札】

34:49 ▲104) "只做立志, 便虛了. 聖人之說不如此, 直是有用力處. 且如孝於親, 忠於君, 信於朋友之類, 便是道. 所謂志, 只是如此知之而已, 未有得於己也. 及其行之盡於孝, 盡於忠, 盡於信, 有以自得於己, 則是孝之德, 忠之德, 信之德. 如此, 然後可據. 然只志道據德, 而有一息之不仁, 便間斷了, 二者皆不能有. 卻須'據於德'後, 而又'依於仁.'" 正淳謂: "這箇仁, 是據發見說." 曰: "旣見於德, 亦是發見處. 然仁之在此, 卻無隱顯皆貫通, 不可專指爲發見."【螢 ○人傑錄: "'志於道', 道是君臣父子夫婦兄弟朋友之道. 明得此理, 得之於身, 斯謂'據於德.' 然而不'依於仁', 則二者皆爲無用矣. 依仁不止於發見. 凡內外隱顯, 莫非仁也."】

34:50 ▲105) "'志於道', 猶是兩件物事. '據於德', 謂忠於君則得此忠, 孝於親則得此孝, 是我之得於己者也, 故可據. 依仁, 則是平日存主處, 無一念不在這裏, 又是據於德底骨子."【時擧】

---

103) ▲: 問"據於德"云云. 曰:
104) ▲: 先生問正淳: "曾聞陸子壽'志於道'之說否?" 正淳謂: "子壽先令人立志." 曰:
105) ▲: 正卿問"志道, 據德, 依仁." 曰:

34:51 ▲106) “德, 是自家心下得這箇道理, 如欲爲忠而得其所以忠, 如欲爲孝而得其所以孝. 到得‘依▲107)仁’, ▲108) 則是此理常存於心, 日用之間常常存在. 據德・依仁, 雖有等級, 不比志道與據德・依仁, 全是兩截. 志▲109)是心之所之, 與有所據・有所依不同也.”【賀孫】

34:52 ▲110) “德只是做這一件事底意思, 據而勿失. 仁又親切.” ▲111)問: “仁是全體, 德只是一事之德否?” 曰: “然.” 又曰: “事父母則爲孝德, 事兄長則爲悌德. 德是有得於心112), 是未事親從兄時, 已渾全是孝悌之心. 此之謂德.”【必大】

34:53 ▲113) “德是逐件上理會底, 仁是全體大用, 當依靠處.” ▲114) “據德, 是因事發見底,【如因事父有孝, 因事君有忠.】 依仁, 是本體不可須臾離底. 據德, 如着衣喫飯, 依仁, 如鼻之呼吸氣.”【僩】

34:54 德是道之實, 仁是德之心.【道夫】

34:55 ▲115) “‘志於道’, 方是要去做, 方是事親欲盡其孝, 事兄欲盡其悌116), 方是恁地. 至‘據於德’, 則事親能盡其孝, 事兄能盡其弟, 便自有這道理了, 卻有可據底地位. ▲117)是就事上逐件理會. 若是不依

---

106) ▲: 正卿問“志道・據德・依仁.” 曰:
107) ▲: 於
108) ▲: 則又不同. 依仁,
109) ▲: 只
110) ▲: 問“據於德, 依於仁.” 曰:
111) ▲: 又
112) 於心: 『小分』에서는 心於를 교정부호로 바로잡았다.
113) ▲: 先生問學者: “據德, 依仁, 如何分別?” 學者累日說皆不合. 乃曰:
114) ▲: 又曰:
115) ▲: 行夫問“志道, 據德, 依仁, 游藝.” 曰:
116) 悌: 『朱子語類』에서는 弟로 되어 있다.
117) ▲: 才說盡其孝, 便是據於孝. 雖然如此, 此只

於仁, 不到那事親事兄時, 此心便沒頓放處. '依於仁', 則自朝至暮, 此心無不在這裏. 連許多德, 總攝貫穿都活了. '志於道', 方要去做. '據於德', 則道方有歸着. ▲118) 猶是在事上. '依於仁', 則德方有本領. 雖然, 藝亦不可不去理會. 如禮樂射御書數, 一件事理會不得, 此心便覺滯礙. 惟是一一去理會, 這道理脈絡方始一一流通, 無那箇滯礙. 因此又卻養得這箇道理. 以此知大則道無不包, 小則道無不入. 小大精粗, 皆無滲漏, 皆是做工夫處. 故曰: '語大, 天下莫能載, 語小, 天下莫能破.'"【恪】

34:56 ▲119) "志者, 心之所之. 道者, 當爲之理, ▲120) '志於道'者, 留心於此理而不忘也. 德者, 得也. 旣得之, 則當據守而弗失. 仁者, 人之本心也. 依, 如'依乎中庸'之依, 相依而不捨之意. 旣有所據守, 又當依於仁而不違, 如所謂'君子無終食之間違仁'是也. '游於藝'一句, 比上三句稍輕, 然不可大段輕說. 如上蔡云'有之不害爲小人, 無之不害爲君子', 則是太輕了. 古人於禮樂射御書數等事, 皆至理之所寓. 游乎此, 則無心所放, 而日用之間本末俱121)擧, 而內外交相養矣." 或言: "'志於道', 正如顏子仰高鑽堅, 以求至乎聖人之地否?" 曰: "若如此說, 便是要將此心寄在道裏面底說話. 道只是人所當行之道, 自有樣子. 如'爲人父, 止於慈, 爲人子, 止於孝.' 只從實理上行, 不必向渺茫中求也."【謨】

34:57 叔器說▲122) "知得▲123)道理, 從而志之." 曰: "不特是知得時方志, 便未知而有志於求道124), ▲125) 德, 是行其道而有得於心. 雖是

118) ▲: 雖有歸著,
119) ▲: "志於道, 據於德, 依於仁, 游於藝." 先生曰:
120) ▲: 爲君有君之理, 爲臣有臣之理.
121) 俱: 『朱子語類』에서는 具로 되어 있다.
122) ▲: "志於道"云:
123) ▲: 這箇
124) 有志於求道: 【附箋紙】 □下, 印本有"也是志"三字.

有得於心126)◇127)▲128) 然也須長長執守, 方不失. 如孝, 行之已得, 則固不至於不孝, 若不執守, 也有時解走作. 如忠, 行之已得, 則固不至於不忠, 若不執守, 也有時解有脫落處. 這所以下一'據'字. 然而所以據此德, 又只要存得這心在. 存得這心在時, 那德便自在了, 所以說'依於仁.' 工夫到這裏, 又不遺小物, 而必'游於藝.'" ▲129) "射, 如今▲130)自是不曉. 御, 是而今無車. 書, 古人皆理會得, 如便旁義理皆曉, 這也是一事. 數, 是算數, 而今人皆不理會. 六者皆實用, 無一可缺. ▲131) 【義剛】

34:58 ▲132) "德是行來行去, 行得熟, 已成箇物事了. 惟這箇物事已得於我, 故孝也是這物事流出來做孝, 忠也是這物事流出來做忠. ▲133) 德是得這物事於我, 故事親必孝, 必不至於不孝, 事君必忠, ▲134) 若今日孝, 明日又不孝, 今日忠, 明日又不忠, 是未有得於我, 不可謂之德. 惟德是有得於我者, 故可據守之也. ▲135)問: "此是成德否?" 曰: "▲136)恁地說, 也不得. 若做這物事未成就時, 一箇物事是一箇物事

125) ▲: 也是志.
126) 於心: 【附箋紙】"於心"下, 印本有"而不失"三字.
127) ◇: 而
128) ▲: 不失,
129) ▲: 叔器因言: "禮樂射御書數, 自秦·漢以來皆廢了." 曰:
130) ▲: 秀才
131) ▲: 而今人是從頭到尾, 皆無用. 小兒子教他做詩對, 大來便習舉子業, 得官, 又去習啓事·雜文, 便自稱文章之士. 然都無用處, 所以皆不濟事. 漢時雖不以射取士, 然諸生卻自講射, 一年一次, 依『儀禮』上說, 會射一番, 卻尙好. 今世以文取士, 如義, 若教它依經旨去說些道理, 尙得. 今卻只是體貼字句, 就這兩三句題目上說去, 全無義理! 如策, 若是著實論些時務, 也尙得. 今卻只是虛說, 說得好底, 剗地不得!" 包顯道言: "向前義是先引傳·注數條, 後面卻斷以己意, 如東坡數條, 卻尙得." 先生然之.
132) ▲: 或問"志道, 據德, 依仁, 游藝." 曰:
133) ▲: 若只說爲子盡孝, 爲臣盡忠, 這只說得盡, 說德不得. 蓋
134) ▲: 必不至於不忠.
135) ▲: 若是未有得於我, 則亦無可據者." 又
136) ▲: 便

在, 孝只是孝, 忠只是忠. 惟做來做去, 湊足成就一箇物事貫通時, 則千頭萬件, 都只是這一箇物事流出來. 道家所謂'安養成胎', 蓋德是百行之胎也. 所以君子以成德爲行. ▲137) 仁是箇主, 卽心也. '依於仁', 則不失其本心. 旣不失其本心, 則德亦自然有所據. 若失其本心, 則與那德亦不見矣. ▲138)三句是箇主腦, 藝卻是零碎底物事. 做那箇, 又來做這箇, 是游來游去之謂也. 然亦不可游從別處去, 須是'游於藝', 方得."【又云: "說行時, 只可言'志於道', 不可謂之德." 又云: "成德, 只是要成此德." ○燾】

34:59 問: "自'志於道'到'依於仁', 工夫到這處縝密, 較易些否?" 曰: "似恁地都是難." 問: "此是顏子不違仁地位否?" 先生問: "如何知得顏子能如此, 它人不能?" 曰: "顏子亞聖之資, 固易爲力. 若它人用工深, 亦須到這處." 曰: "這處先要就'志於道'上理會. '志於道', 便恁地利, 恁地好. 這須知是箇生死路頭." 因以手指分作兩邊去, 云: "這一邊是死路, 那一邊去是生路. 這去便善, 那去便惡. 知得此路是了, 只管向此路去, 念念不忘. 處已也139)在是, 接人也在是, 講論也在是, 思索也在是. 今人把捉不定, 要做這邊去, 又要做那邊去, 一出一入, 或東或西. 以夫子'十五志于140)學, 三十而立, 四十而不惑, 五十而知天命', 皆是從志學做來着工夫, 須看141)得聖人'志于學'處是如何. 這處見得定, 後去節節有下工夫處. '據於德.' ▲142) 固是有得於心, ▲143) 然亦恐怕有走作時節. 其所存主處, 須是'依於仁', 自得於心, 不可得而離矣. 到

---

137) ▲: '依於仁',

138) ▲: '游於藝', 蓋上

139) 已也: 『小分』에서는 也已를 교정부호로 바로잡았다.

140) 于: 賀本에서는 於로 되어 있다.

141) 着: 【頭註】看.

142) ▲: 德者, 得也, 便是我自得底, 不是徒恁地知得便住了. 若徒知得, 不能得之於己, 似說別人底, 於我何干. 如事親能孝, 便是我得這孝, 事君能忠, 便是我得這忠. 說到德, 便是成就這道, 方有可據處. 但'據於德',

143) ▲: 是甚次第,

游藝, 猶言學文, 雖事未甚要緊, 然亦少不得. ◇[144] 亦所以助其存主也."【寓】

34:60 問: ▲[145] '據▲[146]德', 則得寸守寸, 得尺守尺. 若▲[147]'依▲[148]仁', 則▲[149]是指全體▲[150] 如何便解依得▲[151]" 曰: "所謂'據▲[152]德', 亦須是眞箇有是德, 方可據守. ▲[153]非初學遽可及也. 依仁, 只是此心常在, 不令少有走作也." 因言: "『周禮』先說'知仁聖義中和, 孝友睦姻任衈[154]', 此是教萬民底事. 又說教國子以三德, 曰: '至德以爲道本, 敏德以爲行本, 孝德以知逆惡.' 至德, 謂德之全體, 天下道理皆由此出, 如所謂[155]存心養性之事▲[156] 故以此教上等人. 若次▲[157]等人, 則教以敏德▲[158] 敏, 是强敏之謂. 以敏德教之, 使之見善必遷, 有過必改, 爲學則强力, 任事則果決, 亦是▲[159]特立獨行之人. 若又次▲[160]等, 則教以孝德▲[161] 使它就孝上做將去, 熟於孝, 則知逆惡[162]之不可爲. ▲[163]是三者必相兼. 若能至德, 則自兼那兩事, 若自

---

144) ◇: 須知那箇先, 那箇後, 始得,
145) ▲: "若是'志於道, 據於德', 則雖初學便可如此下功. 且如
146) ▲: 於
147) ▲: 是
148) ▲: 於
149) ▲: 仁
150) ▲: 而言,
151) ▲: 它?
152) ▲: 於
153) ▲: 如事親時自無不孝, 方是有孝之德, 其餘亦然, 亦
154) 衈: 成化本에서는 恤로 되어 있다.
155) 爲: 【頭註】謂.
156) ▲: 是也,
157) ▲: 一
158) ▲: 爲行本.
159) ▲: 一等
160) ▲: 一
161) ▲: 以知逆惡,
162) 逆惡: 『小分』에서는 惡逆을 교정부호로 바로잡았다.
163) ▲: 夫

下做去, 亦可以到至德▲164), 若只理會箇至德, 而無下二者, 則空疏去." ▲165) "自'志▲166)道'至'依167)▲168)仁', 是從麤入精, 自'依▲169)仁'至'游▲170)藝', 是自本兼末. 能'依▲171)仁', 則其游▲172)藝也, 蓋無一物之非仁▲173)橫渠▲174)云: "'天體物而不遺, 猶仁體事無不在▲175) "禮儀三百, 威儀三千", 無一物之非仁▲176) "昊天曰明, 及爾出王, 昊天曰旦, 及爾游衍." 無一物之不體▲177) 此是橫渠赤心片片說與人. 如荀・揚, 何嘗有這樣說話."【廣】

34:61 ▲178) '志'▲179)字, 不徒是知, 已是心中放它不下. '據▲180)德', 是行道而得之於己. 然此▲181)就事上說. 至'依▲182)仁', 則無物欲之累, 而純乎天理, 道至此亦活, 德至此亦活, 卻亦須'游▲183)藝.'" 問: "小學禮樂射御書數▲184) 是藝否?" 曰: "此雖小學, 至▲185)仁'既

164) ▲: 處
165) ▲: 又曰:
166) ▲: 於
167) 做:【頭註】依.
168) ▲: 於
169) ▲: 於
170) ▲: 於
171) ▲: 於
172) ▲: 於
173) ▲: 矣." 因舉
174) ▲: 語
175) ▲: 也.
176) ▲: 也.
177) ▲: 也.'
178) ▲: "'志於道',
179) ▲: 之一
180) ▲: 於
181) ▲: 都且
182) ▲: 於
183) ▲: 於
184) ▲: 之文,
185) ▲: '依於

熟後, 所謂小學者, ▲[186]方得他用." 【夔孫】

34:62 ▲[187] "'志▲[188]道, 據▲[189]德', 說得尙粗. 到'依▲[190]仁', 方是▲[191]細密. '游▲[192]藝'▲[193] 又▲[194]養之以小物." 【植】

34:63 "據▲[195]德", 有時▲[196]失了. 必"依▲[197]仁", 此心常存, ▲[198]能守是德矣. "游▲[199]藝", ▲[200] 所謂"庸言之信, 庸行之謹"也. 【夔孫】

34:64 ▲[201]

34:65 ▲[202] "藝是小學工夫. 若說先後, 則藝爲先, 而三者爲後. 若說本末, 則三者爲本, 而藝其末, 固不可徇末而忘本. ▲[203] 【木之】

---

186) ▲: 至此
187) ▲: "'據於德.' 德, 謂得之於心, 有這箇物事了, 不待臨時旋討得來. 且如仁義禮智有在這裏, 不待臨時旋討得來." 又曰: "德是自家有所得處在這裏. 且如事親孝, 則孝之理得, 事兄弟, 則弟之理得, 所謂在這裏, 但得有淺深." 又曰:
188) ▲: 於
189) ▲: 於
190) ▲: 於
191) ▲: 工夫
192) ▲: 於
193) ▲: 者, 乃是做到這裏,
194) ▲: 當
195) ▲: 於
196) ▲: 也會
197) ▲: 於
198) ▲: 則照管得到,
199) ▲: 於
200) ▲: 似若無緊切底事. 然能如此, 則是工夫大故做得到了,
201) ▲: 讀書, 須將聖賢言語就自家身上做工夫, 方見事事是實用. 如"志道, 據德, 依仁, 游藝", 將來安排放身上看. 看道是甚麽物事? 自家如何志之? 以至"據德, 依仁, 游藝", 亦莫不然, 方始有得. 【道夫】
202) ▲: 子升問: "上三句皆有次序, 至於藝, 乃日用常行, 莫不可後否?" 曰:

34:66 ▲[204]問: ▲[205] 玩物適情, 安得爲善?" 曰: "游於藝'▲[206]是三字, 公卻只說得一字."【人傑 ○『集注』】

「自行束脩章」

34:67 古人空手硬不相見. 束脩是至[207]不直錢底, 羔雁是較直錢底. 眞宗時, 講筵說至此, 云: "聖人教人也要錢."【義剛】

「不憤不啓章」

34:68 ▲[208] "此雖聖人教人之語, 然亦學者用力處."【敬仲】

34:69 學者至憤悱▲[209] 其心已略略通流. 但心已喩而未甚信, 口欲言而未能達, ▲[210] 擧一隅, 其餘三隅須是學者自去理會. ▲[211]【謨】

34:70 ▲[212] 若不待憤悱而啓發之, 不以三隅反而復之, 則彼不惟不理會得, 且聽得亦未將做事.【燾】

34:71 "悱, 非▲[213]全不曉▲[214], 也曉得三五分, 只是說不出." 問:

---

203) ▲: 習藝之功固在先. 游者, 從容潛玩之意, 又當在後. 文中子說: '聖人志道, 據德, 依仁, 而後藝可游也.' 此說得自好."
204) ▲: 或
205) ▲: "'游者, 玩物適情之謂.'
206) ▲: 一句
207) 是至: 『小分』에서는 至是를 교정부호로 바로잡았다.
208) ▲: 問"憤悱." 曰:
209) ▲: 時,
210) ▲: 故聖人於此啓發之.
211) ▲: 擧一隅而不能以三隅反, 是不能自用其力者, 孔子所以不再擧也.
212) ▲: 憤悱是去理會底.
213) ▲: 是

"伊川謂: '必待誠至而後告之.'" 曰: "憤悱, 便是誠意到, 不憤悱, 便是誠不到." 【節】

34:72 ▲[215] 若不能以三隅反, ▲[216]於這一隅, 亦恐未必理會得在.

34:73 ▲[217] 凡方者, ▲[218]皆有四隅." 【植】

34:74 ▲[219]問: "程子▲[220]沛然▲[221] 曰: "此正所謂時雨之化. 譬如種植之物, 人力▲[222]已加, ▲[223]欲發生未發生之際, ▲[224] 忽然得這些子雨來, 生意豈可禦也!"

「子食於有喪者之側章」

34:75 ▲[225]未嘗飽▲[226]哭則不歌", 此是聖人天理. 【燾】

34:76 問: "▲[227]以其哀傷之極, 足以感動人心, 自不能飽也." 曰: "哀, 是哀死者, 不干生人事. 所謂'哭死而哀, 非爲生者也.' 若喪家極哀, 又能使人愈哀耳. 又有喪家人全不以死者爲念, 視之若無, 反使人

---

214) ▲: 底
215) ▲: 凡物有四隅, 擧一隅, 則其三隅之理可推.
216) ▲: 則
217) ▲: "擧一隅以三隅反, 只是告往知來否?" 曰: "只是.
218) ▲: 一物
219) ▲: 或
220) ▲: 曰: '待憤悱而後發, 則沛然矣.' 如何是
221) ▲: 底意思?"
222) ▲: 隨分
223) ▲: 但正當那時節
224) ▲: 卻欠了些子雨.
225) ▲: "子食於有喪者之側
226) ▲: ", "子於是日
227) ▲: 食於有喪之側而未嘗飽, 亦

爲之悲哀者!"【同[228]元德記 ○燾】

34:77 ▲[229] 有食不下咽之意.【謨】

34:78 ▲[230]哭則不歌", 不要把一箇"誠"字包卻. 須要識得聖人自然重厚·不輕浮底[231]意思.【時舉】

34:79 問: "博文亦可以學道. 而上蔡解'哭則不歌', 謂: '能識聖人之情性, 然後可以學道.'" 曰: "聖人情性便是理." 又曰: "博文約禮, 亦是要識得聖人情性. '思曰睿', 只是思會睿."【節 ○『集義』】

34:80 "'子於是日哭則不歌', 上蔡說得亦有病. 聖人之心, 如春夏秋冬, 不遽寒燠, 故哭之日, 自是不能遽忘." 又曰: "聖人終不成哭了便驟去歌得! 如四時, 也須漸漸過去.【道夫錄云: "其變也有漸."】 且如古者喪服, 自始死至終喪, 中間節次漸漸變輕. 不似如今人直到服滿, 一頓除脫了, 便着華采衣服."【賀孫 ○道夫同.】

34:81 ▲[232]

「子謂顏淵曰章」

34:82 ▲[233] "專在'則'字上, 如'可以仕則仕, 可以久則久'之類▲[234]

228) 同: 成化本에서는 司로 되어 있다.
229) ▲: "子食於有喪之側, 未嘗飽也",
230) ▲: "子於是日
231) 底: 賀本에서는 底가 없다.
232) ▲: 問謝氏之說. 曰: "謝氏之學大抵習忘, 如以'三月不知肉味'反是病, 和『韶』樂都忘之方是."【必大】
233) ▲: 讀"用之則行, 舍之則藏"章, 曰:
234) ▲: 是也."

【時擧】

34:83 此八字, 極要人玩味. 若他人, 用之則無可行, 舍之則無可藏. 惟[235]孔子與顏淵先有此事業在己分內, 若用之, 則見成將出來行, 舍之, 則藏了, 它人豈有是哉! 故下文云: "唯我與爾有是夫." "有是"二字, 當如此看.【謨】

34:84 問: "尹氏曰: '命不足道▲[236] 曰: "如常人, '用之則行', 乃所願, '舍之則藏', 非所欲. ▲[237] 是自家命恁地, 不得已, 不奈何. 聖人無不得已底意思. ▲[238] 無不柰何底意思, 何消更言命." ▲[239]【節】

34:85 ▲[240] "到無可柰何處, 始言命. 如云'道之將行也與, 命也, 道之將廢也與, 命也', 此爲子服景伯說.【時擧錄云: "聖人說命, 只是爲中人以下說. 聖人欲曉子服景伯, 故以命言."】 如曰'有命', 是爲彌子瑕說. 聖人▲[241] 未嘗到那無可柰何處, ▲[242]說命! 如一等人不知有命. 又一等人知有命, 猶自去計較. 中人以上, 便安於命. 到得聖人, 便不消得言命."【夔孫】

34:86 ▲[243] "聖人於用舍▲[244] 沒些子緊要▲[245] 如晴乾則着鞋, 雨下則赤脚. ▲[246]

---

235) 惟:『朱子語類』에서는 唯로 되어 있다.
236) ▲: 也.'"
237) ▲: '舍之則藏',
238) ▲: 聖人用我便行, 舍我便藏,
239) ▲: 又曰: "'命不足道也', 命不消得更說." 又曰: "知命不足道也."
240) ▲: 問"命不足道也." 曰:
241) ▲: '用之則行, 舍之則藏',
242) ▲: 何須
243) ▲: 問"用舍行藏"章. 曰:
244) ▲: 甚輕,
245) ▲: 做. 用則行, 舍則藏,

34:87 ▲[247]問: “這命, ▲[248]是‘君子不謂命也’之‘命’否?” 曰: “是.” 【義剛】

34:88 ▲[249]只看義理如何, 都不問那命▲[250] 雖使前面做得去, 若義去不得, 也只不做, 所謂‘殺一不辜, 行一不義而得天下, 有所不爲.’ 若中人之情, 則見前面做不得了▲[251] 方委之於命, 若使前面做得, 它定不肯已, 所謂‘不得已而安之命’者也. 此固賢於世之貪冒無耻[252]者, 然實未能無求之之心▲[253] 聖人更不問命, 只看義如何. 貧富貴賤, 惟義所在, 謂安於所遇也. 如顏子之安於陋巷, 它那曾計較命▲[254] 陶淵明說盡萬千言語, 說不要富貴, 能忘貧賤, 其實是大不能忘, 它只是硬將這箇抵拒將去. 然使它做那世人之所爲, 它定不肯做, 此其所以賢於人也.” ▲[255]

34:89 ▲[256] 未說到用舍行藏處, ▲[257]先看箇‘毋意 · 毋必’底意. 此

246) ▲: 尹氏云: ‘命不足道.’ 蓋不消言命也.” 【植】

247) ▲: 義剛曰: “用舍係乎道之盛衰, 行藏以道而舒卷. 己之窮達非所計, 故曰‘命不足道.’” 曰: “用舍是由在別人, 不由得我, 行藏是由在那人, 用舍亦不由得我.” 仲默

248) ▲: 只

249) ▲: “‘用舍無預於己, 行藏安於所遇, 命不足道也.’ 蓋

250) ▲: 了.

251) ▲: 方休,

252) 耻: 英祖刊本 · 賀本에서는 恥로 되어 있다.

253) ▲: 也.

254) ▲: 如何.

255) ▲: 或云: “看來, 淵明終只是晉 · 宋間人物.” 曰: “不然. 晉 · 宋間人物, 雖曰尙淸高, 然箇箇要官職, 這邊一面淸談, 那邊一面招權納貨. 淵明卻眞箇是能不要, 此其所以高於晉 · 宋人也.” 或引伊川言“晉 · 宋淸談, 因東漢節義一激而至此”者. 曰: “公且說節義如何能激而爲淸談?” 或云: “節義之禍, 在下者不知其所以然, 思欲反之, 所以一激而其變至此.” 曰: “反之固是一說. 然亦是東漢崇尙節義之時, 便自有這箇意思了. 蓋當時節義底人, 便有傲睨一世, 汙濁朝廷之意. 這意思便自有高視天下之心, 少間便流入於淸談去. 如皇甫規見雁門太守曰: ‘卿在雁門, 食雁肉, 作何味?’ 那時便自有這意思了. 少間那節義淸苦底意思, 無人學得, 只學得那虛驕之氣. 其弊必至於此.” 【僩】

是▲258) 渾然是箇天理. 尹氏謂'命不足道', 此本未有此意, ▲259)知命者, 不得已之辭. 人要做這事, 及至做不得, 則曰命, 是心裏猶不服它. 若聖賢▲260)不消▲261)說命. ▲262)'臨事而懼, 好謀而成'▲263) 某嘗謂聖人之言, 好如荷葉上水珠, 顆顆圓. 這'臨事而懼', 便是戒謹恐懼底心. 若有所恐懼, 心驚膽畏, 便不得了. 孟子說: '禹惡旨酒, 而好善言, 湯立賢無方, 文王望道而未之見, 武王不泄邇, 不忘遠, 周公思兼三王.' 許多事, 皆是聖人事, 然有小▲264)不同, 如'惡旨酒', 乃是事之小者, '思兼三王', 乃是事之大者. 然亦都是一箇戒謹恐懼底心. 人心多縱弛, 便都放去. 若是聖人行三軍, 這便是不易之法. 非特行軍如此, 事事皆然. 『莊子』庖丁解牛神妙, 然每到族, 心必怵然爲之一動, 然後解去. 心動, 便是懼處, 豈是似醉人恣意胡亂做去! 韓文「鬪雞聯句」云: '一噴一醒然, 再接再礪乃!' 謂都困了, 一以水噴之, 則便醒. "一噴一醒', 所謂懼也. 此是孟郊語, 也說得好." 又問: "觀此處, 則夫子與顏子一般了." 曰: "到此地位, 大節也同▲265) 如孟子說伯夷·伊尹與夫子'是則同'處. 看伯夷·伊尹與夫子, 豈是一樣人! 但是此大節處同. 若此處不同, 則不足爲聖人矣." 【夔孫 ○▲266)】

34:90 ▲267) 如孟子▲268)說▲269) 得之有命', 此卻是爲中才發,

256) ▲: 問"用舍行藏." 曰: "此有數節, 最好仔細看.
257) ▲: 且
258) ▲: 甚底心?
259) ▲: 亦不可不知也. 蓋
260) ▲: '用之則行, 舍之則藏', 更
261) ▲: 得
262) ▲: 到說
263) ▲: 八字, 雖用舍行藏地位遠了, 然就此地頭看, 也自好.
264) ▲: 大
265) ▲: 了.
266) ▲: 義剛錄別出.
267) ▲: 叔器說"用之則行"章. 曰: "命, 是有箇必得底意, 及不得, 則委之於命. 聖人只是'用之則行, 舍之則藏.'
268) ▲: 所

▲[270]此▲[271]是尹氏添此一脚, 本文非有此意. '臨事而懼, 好謀而成', 此[272]'用▲[273]行, 舍▲[274]藏', 固是大相遠, 但這裏面道理也自完具, 無欠無剩. 某嘗說, 聖人言語如荷葉上水珠子, 一顆一顆圓." ▲[275] 又曰: "這一章, 有四五節道理."【義剛】

34:91 子路說: "子行三軍, 則誰與?" 雖無私意, 然猶有固必之心.【人傑】

34:92 ▲[276]誰與?" 宜作相與之"與", 非許與之"與." ▲[277] 人固有好謀者, 然疑貳不決, 往往無成者多矣. 孔子行三軍, 其所與共事者, 必"臨事而懼, 好謀而成者也."【謨】

34:93 ▲[278] "三軍要勇, 行三軍者要謀. 既好謀, 然須要成事. 蓋人固有好謀而事不成者, 卻亦不濟事." 時舉▲[279]云: "謀在先, 成在後. 成非勇亦不能決." 曰: "然."【時舉】

34:94 ▲[280] 既謀了, 須是果決去做教成. 若徒謀而不成, 何益▲[281]

---

269) ▲: '求之有道,
270) ▲: 聖人自是不論到這裏. 然
271) ▲: 只
272) 此: 『朱子語類』에서는 比로 되어 있다.
273) ▲: 之則
274) ▲: 之則
275) ▲: 叔器問: "顔子與聖人同否?" 曰: "大節目也同. 如孟子說伯夷・伊尹・孔子'得百里之地而君之, 皆能以朝諸侯, 有天下, 行一不義, 殺一不辜而得天下, 皆不爲也, 是則同.' 這便是大節目處皆同. 若是這箇不同時, 便不喚做聖人了. 只是纖細縝密論來, 卻有不同處."
276) ▲: "子行三軍, 則
277) ▲: "好謀而成",
278) ▲: 亞夫問"子行三軍, 則誰與." 曰:
279) ▲: 因
280) ▲: "好謀而成",
281) ▲: 於事?

所謂“作舍道旁, 三年不成”者也. “臨事而懼”, ▲[282]閑時已自思量都是了, 都曉得▲[283] 到臨事時又更審一審. 這“懼”字, 正如“安而後能慮”底“慮”▲[284]相似. 又曰: “而今只是據本子看, 說行三軍是如此. 試把數千人與公去行看, 好皇恐!” 【僴】

34:95 問: “‘用▲[285]行, 舍▲[286]藏’, ▲[287]漆雕·曾·閔亦能之.” 曰: “‘舍之則藏’易, ‘用之則行’難. 若開, 用之未必能行▲[288] 聖人規模大, 藏時不止藏他一身, 煞藏了事. 譬如大船有許多器具寶貝, 撑去▲[289]都住了, 衆人便沒許多[290]力量. ▲[291]聖人行藏, 自是脫然無所係累. 救世之心雖切, 然得做便做, 做不得便休. 他人使有此, 若未用時則切切於求行, 舍之則未必便藏. 耿直之向有書云: ‘三代禮樂制度盡在聖人, 所以用之則有可行.’ 某謂此固其可行之具, 但本領更全在無所係累處. 有許多[292]本領, 則制度點化出來, 都成好物, 故在聖人則爲事業. 衆人沒那本領, 雖盡得他禮樂制度, 亦只如小屋收藏器具, 窒塞都滿, 運轉都不得.” 【砥】

34:96 問: “楊氏曰: ‘“樂則行之, 憂則違之”, 孔·顏之所同, “天下文明”, 則孔子而已▲[293] 曰: “龜山解經, 常有箇纏底病. ▲[294] 【必大

---

282) ▲: 是臨那事時, 又須審一審. 蓋
283) ▲: 了,
284) ▲: 字
285) ▲: 之則
286) ▲: 之則
287) ▲: 竊意
288) ▲: 也.
289) ▲: 則許多物便
290) 多: 孝宗刊本·成化本에서는 大로 되어 있다.
291) ▲: 然
292) 多: 『朱子語類』에서는 大로 되어 있다.
293) ▲: 矣.’ 其義如何?”
294) ▲: 如解‘苗而不秀’章云: “‘必有事焉, 而勿正, 勿忘, 勿助長”, 則苗斯秀, 秀斯實矣.’ 初亦不曉其說, 徐觀之, 乃是因‘苗’字牽引上‘揠苗’, 又纏上‘勿忘·勿助’耳.

—[295] ○『集義』】

「富而可求章」

34:97 ▲[296] "須▲[297]子[298]細看'富而可求也'一句. 上面自是虛意. 言'而可求', 便是富本不可求矣." 因擧"君子贏得做君子, 小人枉了做小人"之說, 又云: "此章最見得聖人言語渾成底氣象, ▲[299]【時擧】

「子在齊聞『韶』章」

34:98『史記』: "子在齊聞『韶』音, 學之三月, 不知肉味." "三月"當作一點. 蓋是學『韶』樂三月耳, 非三月之久不知肉味也.【去僞】[300]

34:99 夫子之心與『韶』樂相契, 所以不知肉味, 又有習之三月之說.【泳】

34:100 ▲[301] 今正好看其忘肉味處. 這裏便見得聖人之樂, 如是之美, 聖人之心, 如是之誠." 又曰: "聖人聞『韶』, 須是去學, 不解得只恁休了, 學之亦須數月方熟. 三月, 大約只是言其久, 不是眞箇足頭九十日, 至九十一日便知肉味. 想見『韶』樂之美, 是能感動人, 是能使人視端而行直. 某嘗謂, 今世人有目不得見先王之禮, 有耳不得聞先王之樂, 此大不幸也!"【道夫】

此章取易來如此比並, 固亦可通. 然於本旨無所發明, 卻外去生此議論."

295) 一: 『朱子語類』에는 없다.

296) ▲: 讀"富而可求"章, 曰:

297) ▲: 要

298) 子: 賀本에서는 仔로 되어 있다.

299) ▲: 須要識得."

300)【去僞】: 徽州本에는【祖道 ○謨錄同.】으로 되어 있다.

301) ▲: "子聞『韶』音, 學之三月, 不知肉味. '學之'一節, 不知如何,

34:101 問: ▲302) 若常人如此, 則是'心不在焉', 而聖人如此, 何也?" 曰: "此其所以爲聖人也, 公自思量看." ▲303) "衆人如此, 則是溺於物欲之私, 聖人則是誠一之至, 心與理合, 不自知其如此." 又問: "聖人存心如此之切, 所以至於忘味." 曰: "也不是存心之切, 恁地又說壞了聖人. 它亦何嘗切切然存心, 要去理會這事. 只是心自與那道理契合, 只覺得那箇好, 自然如此耳." 【僩】

34:102 ▲304)問: ▲305) 不知肉味. 聖人殆亦固滯不化, 當食之時, 又不免'心不在焉'之病, ▲306) 曰: "'主一無適', 是學者之功. 聖人行事, 不可以此求之▲307)樂盡善盡美, 而孔子聞之, 深有所契于308)心者, 所謂'得志行乎中國, 若合符節', 是以學之三月, 而不自知其忘味也." 【壯祖 ○建別錄下見.309)】

34:103 ▲310)問: "'心不在焉, 則食而不知其味', 是心不得其正也. ▲311) 曰: "也有時如此. 所思之事大, 而飮食不足以奪其心也. 且如'發憤忘食', '吾嘗終日不食', 皆非常事. 以其所憤所思之大, 自不能忘也." 【壯祖】

34:104 先生嘗讀它傳云: "孔子居齊, 聞『韶』音, 見齊國之人亦皆視端而形聳, 蓋正音所感如此." 【升卿】

---

302) ▲: "孔子聞『韶』, 學之三月, 不知肉味.
303) ▲: 久之, 又曰:
304) ▲: 吳伯英
305) ▲: "孔子聞『韶』, 學之三月,
306) ▲: 若何?"
307) ▲: 也. 更是舜之
308) 于: 賀本에서는 於로 되어 있다.
309) 建別錄下見: 『朱子語類』에서는 建別錄見下로 되어 있다.
310) ▲: 吳伯英
311) ▲: 然夫子聞『韶』, 何故三月不知肉味?"

34:105 ▲[312]問: "齊何以有『韶』[313]?" 曰: "人說公子完帶來, 亦有甚據?"

○[314] ▲[315]問: "伊川以'三月不知肉味'爲聖人[316]滯於物. 今添'學之'二字, 則此意便無妨否?" 曰: "是." ▲[317] 須看『韶』是甚麼音調, 便使得人如此, 孔子是如何聞之便恁地. 須就舜之德・孔子之心處看." 【淳 ○『集義』】

34:106 問: "伊川疑'三月'卽是'音'字, ▲[318] 曰: "▲[319]最要看他'不知肉味'處, 最有意思. 蓋夫子知『韶』之美, 一聞之, 則感之至深, 學之三月, 故至於不知肉味. 若道一聞之便三月不知肉味, 恐無此道理, 伊川疑得自是. 但『史記』上有'學之'二字, 伊川恐適不曾考▲[320]耳. ▲[321]【時舉】

34:107 ▲[322] 上蔡只要說得泊然處, 便有些莊・老. 某謂正好看▲[323]忘▲[324]味處, 始見聖人之心如是之誠, 『韶』樂如是之美." ▲[325]『史記』載孔子至齊, 促從者行, 曰: "『韶』樂作." 從者曰: "何以知之?"

---

312) ▲: 石丈
313) 齊何以有『韶』: 徽州本에서는 子在齊聞『韶』로 되어 있다.
314) ○: 『朱子語類』 34:105를 『小分』에서 별도의 항목으로 나누었다.
315) ▲: 淳
316) 人: 徽州本에서는 이 뒤에 不應滯가 더 들어 있다.
317) ▲: 石丈引"三月"之證. 曰: "不要理會'三月'字.
318) ▲: 如何?"
319) ▲: 此處
320) ▲: 到此
321) ▲: 觀此處須見得夫子之心與舜之心分明爲一, 感之至深, 故盡心以學之, 念念在此而自不能忘也."
322) ▲: "'子在齊聞『韶』, 學之三月, 不知肉味.'
323) ▲: 聖人
324) ▲: 肉
325) ▲: 又擧

曰: "吾見童子視端而行直." "雖是說得異, 亦容有此理." 【賀孫】

「冉有曰夫子爲衛君乎章」

34:108 ▲326) "若使子貢▲327)徑問輒事, 不唯夫子或不答, 便做答時, 亦不能如此詳盡. ▲328)只問: '伯夷·叔齊何人也?' 曰: '古之賢人也.' 亦未見分曉. 所謂賢人, 如'君子而不仁者有矣', 亦如何便見得出處一時皆當, 豈無怨悔處? 只再問'怨乎'? 便見得子貢善問. 才說道'求仁而得仁, 又何怨'! 便見得夷·齊兄弟所處, 無非天理, 蒯·輒父子所向, 無非人欲. 二者相去, 奚啻珷玞·美玉, 直截天淵矣!" 【管】329)

34:109 ▲330) "一箇是父子爭國, 一箇是兄弟讓國, 此是, 則彼非可知." 問: "何故又問'怨乎'?" 曰: "此又審一審. 所以夫子言'求仁得仁', 是就心上本原處說. 凡讓出於不得已, 便有怨. 夷·齊之讓, 是合當恁地, 乃天理之當然, 又何怨! 大綱衛君底固爲不是, 到此越見得衛君沒道理." 又問: "子欲正名, 是公子郢否?" 曰: "此又是第二節事. 第一節須先正輒父子之名." 問: "輒尚在, 則如何正?" 曰: "上有天子, 下有方伯, 它不當立, 如何不正!" 【寓331)】

34:110 ▲332) 若只言以子拒父, 自不須疑而問. 今冉子疑夫子爲衛君者, 以常法言之, 則▲333)輒亦於義當立▲334) 以輒當立, 故疑夫子

---

326) ▲: 論子貢問衛君事, 曰:
327) ▲: 當時
328) ▲: 若
329) 【管】: 『朱子語類』에는 【螢】으로 되어 있다.
330) ▲: 問: "子貢欲知爲衛君, 何故問夷齊?" 曰:
331) 寓: 徽州本에서는 이 뒤에 小注로 淳錄略同이 더 들어 있다.
332) ▲: "夫子爲衛君乎?'
333) ▲: 衛公
334) ▲: 者也,

必助之. '求仁而得仁', 此只是不傷其本心而已. 若伯夷·叔齊, 不讓而於心終不安. 人之心本仁, 纔[335]傷著本心, 則便是不仁矣."【謨】

34:111 問: "子貢有'怨乎'之問, ▲[336] 曰: "夫子謂夷·齊是賢人. 恐賢者亦有過之者, 於是問以決之, ▲[337] 如其不必讓而讓之, 則未必無怨悔之心矣. 夫子告以'求仁而得仁'者, 謂是合恁地. 若不恁地, 是去仁而失仁矣. ▲[338]【夔孫】

34:112 夫子說: "古之賢人也." 賢人固有做得間不恰好處, 便未知得夷·齊之讓是與不是. 若是, 不必遜, 則終未免有怨悔, 若有怨悔, 則讓便未得爲是. 如此, 則未見得夫子不爲輒. 所以更問"怨乎." 夫子說: "求仁而得仁, 又何怨?" 恁地便是要讓, 讓方是合這道理. 旣是以讓爲合理, 則始知夫子之不爲輒.【義剛】

34:113 只"伯夷·叔齊古之賢人也"一句, 便可知得夫子不爲衛君矣. 何故更要問"怨乎"這一句? 卻煞有說話. 子貢也是會問.【義剛】

34:114 安卿以書問夷·齊, ▲[339] 曰: "大槪是如此. 但更於'求仁而得仁'上看." 道夫問: "'安'字, 莫便是此意否?" ▲[340] "然. 但見他說得來不大段緊切, 故教他更於此上看." 曰[341]: "伯夷不敢安嫡長之分, 以違君父之命, 叔齊不敢從父兄之命, 以亂嫡庶之義, 這便是'求仁.' 伯夷安於逃, 叔齊安於讓, 而其心擧無隉杌之慮, 這便是'得仁'否?" 曰: "然. ▲[342]【道夫】

---

335) 纔: 英祖刊本·賀本에서는 才로 되어 있다.
336) ▲: 何也?"
337) ▲: 看這事是義理合如此否.
338) ▲: 若衛君事, 則大不然矣, 子貢所以知其必不爲也."
339) ▲: 辯論甚悉.
340) ▲: 曰:
341) 曰: 徽州本에서는 이 앞에 道夫가 더 들어 있다.

34:115 孔子論伯夷, 謂: “求仁而得仁, 又何怨?” 司馬遷作『伯夷傳』, 但見得伯夷滿身是怨. 蘇子由『伯夷論』卻好, 只依孔子說. 【文蔚】

34:116 問: “子貢‘衛君’之問, 與‘去兵・去食’之問, 皆非尋常問者所及, 程子固常稱之, 而又曰: ‘孔門學者, 獨顏子爲善問.’ 何也?” 曰: “顏子之問, 又須親切. 如此事在顏子, 又自理會得, 亦不必問也.” 【必大】

34:117 ▲[343] 程子所因[344]諫伐事, 『或問』論非此章答問本意, ▲[345] 今『集注』全載其說, ▲[346]何也?” 曰: “諫伐而餓, 固非此章本意, 然亦是伯夷不怨底事, 故程子同引來說.” 【必大 ○『集注』】

34:118 子貢▲[347]問, 意只主讓國. 諫伐之事, 卻在裏面事. 如聖人, 卻是泛說. 【燾】

34:119 ▲[348]問: ▲[349]‘孤竹君’, 當時或無中子之可立, 則二子將奈何?” 曰: “縱二子不立, 則其宗社之有賢子弟, 立之可也.” 【壯祖】

34:120 ▲[350]問: ▲[351] 使無中子, 則二子不成委先君之國而棄之! ▲[352] 曰: “伊川說, 叔齊當立. 看來立叔齊雖以父命, 然終非正理, 恐

---

342) ▲: 衛君便是不能求仁耳.”
343) ▲: 問: “‘夫子爲衛君’章,
344) 因: 『朱子語類』에서는 引으로 되어 있다.
345) ▲: 當矣.
346) ▲: 不刪此語,
347) ▲: 之
348) ▲: 吳伯英
349) ▲: “夷齊讓國而去, 一以父命爲尊, 一以天倫爲重, 要各得其本心之正, 而盡乎天理之公矣. 所謂
350) ▲: 或
351) ▲: “伯夷・叔齊之讓,
352) ▲: 必有當立者.”

只當立伯夷." 或曰: "伯夷終不肯立, 奈何?" 曰: "若國有賢大臣, 則必請於天子而立之, 不問伯夷情願矣. 看來二子立得都不安. 但以正理論之, ▲[353]分數稍優耳. 胡文定『春秋』解這一段也好, ▲[354]34:121[355]
因說記錄之難, 如劉質夫記明道說, 輒據位而拒父, 則衛之臣子去之可也, 輒去之而從父, 則衛之臣子拒蒯聵可也. 是以蒯聵爲得罪於父, 亦不當立也. 後胡文定公引在『春秋』中說, 如上句說卻是, 但下句卻云輒去而從父, 則衛之臣子當輔輒以拒蒯聵, 則是錯了. 後來胡致堂卻說立郢爲是, 乃是救文定▲[356]之錯. 至若楊文靖說此段, 尤不可曉. 文靖之意只欲破王元澤說'善兄弟之遜, 必惡父子之爭', 遂有此病. 要之, 元澤此二句自好▲[357] 【燾 ○『集義』】

34:122 胡家說夷・齊所爲, 全性命之理. 若他人謂其全性命之理猶可, 若謂夷・齊要全性命之理, 而後如此爲之, 此大害義理! "殺身成仁", 亦只是義當殺身, 卽是成仁. 若爲成仁而殺身, 便只是利心. 【揚】

「飯疏食章」

34:123 ▲[358] "這有三十來箇字, 但看那箇字是先. 只'樂'字是先. 他是先理會得那樂後, 方見得'不義而富且貴, 於我如浮雲.' 呂與叔數句說得如[359], 非是有所見, 如何道得到!" 【義剛】

---

353) ▲: 則伯夷
354) ▲: 說吳季札讓國事, 聖人不取之, 牽引四五事爲證. 所以『經』只書'吳子使札來聘', 此何異於楚子使椒來聘之事耶? 但稱名, 則聖人貶之深矣云云. 但近世說『春秋』皆太巧, 不知果然否也." 【僩】
355) 34:121: 『小分』에서는 34:120에 이어져 한 항목으로 편집되어 있다.
356) ▲: 前說
357) ▲: 也."
358) ▲: 義剛說"樂在其中"一章. 先生曰:
359) 如: 『朱子語類』에서는 好로 되어 있다.

34:124 ▲360) "正要理會聖人之心如何得恁地. 聖人之心更無些子查361)滓. 故我之心淘來淘去, 也要知聖人之心."【恪】

34:125 ▲362) 此樂與貧富自不相干, 是別有樂處. 如氣壯底人, 遇熱亦不怕, 遇寒亦不怕. 若氣虛, 則必爲所動矣.【閎祖】

34:126 叔器▲363) 引"博文約禮." 曰: "顔子自是顔子樂, 與夫子也不干事. 這說得不相似."【義剛】

34:127 問: "『或問』謂: '夫子樂在其中, 與顔子之不改者, 又有間矣.' 豈非謂顔子非樂於簞瓢, 特不以是而改其心之所樂? 至於夫子, 則隨所寓而樂存焉. 一曰'不改', 一曰'亦在', 文意固自不同否? 然程子則曰: '非樂疏食飮水也. 雖疏食飮水, 不能改其樂也.' 卻似無甚異於所以論顔子者. 今『集注』乃載其說, 何耶?" 曰: "孔・顔之樂亦不必分. '不改', 是從這頭說入來, '在其中', 是從那頭說出來."【必大 ○『集注』. 餘見『顔樂章』】

34:128 問: "上蔡云: '義而得富得貴, 猶如浮雲, 況不義乎!'" 曰: "這是上蔡說得過當. 此只說不義之富貴, ▲364)如浮雲, 不以彼之輕, 易吾之重. 若義而得富貴, 便是當得, 如何掉脫得. 如舜・禹有天下, 固說道'不與', 亦只365)恁地安處之. 又如'所以長守貴也, 所以長守富也', 義當得之, 亦自當恁地保守. 堯命舜云: '天之曆數在爾躬, 允執366)其中. 四海困窮, 天祿永終!' 豈是不要保守!"【賀孫 ○『集義』】

---

360) ▲: 問: "'樂亦在其中', 聖人何爲如是之樂?" 曰:
361) 查: 賀本에서는 渣로 되어 있다.
362) ▲: "樂亦在其中",
363) ▲: 說"樂在其中",
364) ▲: 視之
365) 亦只: 『小分』에서는 只亦을 교정부호로 바로잡았다.
366) 允執: 【附箋紙】"允持", "持", "執"字之誤.

「加我數年章」

34:129 ▲[367] "聖人▲[368] 於天地萬物之理, 吉凶悔吝, 進退存亡, 皆見得盡, 自然無差失. 聖人說此數句, 非是謾▲[369]必是見得是如此, 方如此說." 【謙之】

34:130 文[370]振問"五十以學『易』." 曰: "也只就卦爻上占考其理合如何. 他書一事是一理, 『易』卻說得闊也[371]. 有底事說在裏, 未有底事也說在裏." 又曰: "『易』須錯綜看, 天下甚麼事, 無一不出於此. 如善惡是非得失, 以至於屈伸消長盛衰, 看是甚事, 都出於此. 伏羲以前, 不知如何占考. 至伏羲將陰陽兩箇畫卦以示人, 使人於此占考吉凶禍福. 一畫爲陽, 二畫爲陰, 一畫爲奇, 二畫爲耦, 遂爲八卦, 又錯綜爲六十四卦, 凡三百八十四爻. 文王又爲之象[372]・『象』以釋其義, 無非陰陽消長盛衰伸屈之理. 聖人之所以學者, 學此而已. 把乾卦一卦看, 如: '乾, 元亨利貞.' 人要做事, 若占得乾卦, 乾是純陽, 元者, 大也, 亨者, 通也, 其爲事必大通. 然而雖說大亨, 若所爲之事不合正道, 則亦不得其亨. 故雖云大亨, 而又利於貞[373]. 卦內六爻, 都是如此. 如說'潛龍勿用', 是自家未當出作之時, 須是韜晦方始無咎. 若於此而不能潛晦, 必須有咎. 又如上九云: '亢龍有悔.' 若占得此爻, 必須以亢滿爲戒. 如這般處, 最是『易』之大義. 『易』之爲書, 大抵於盛滿時致戒. 蓋陽氣正長, 必有消退之漸, 自是理勢如此." 又云: "當極盛之時, 便須慮其亢. 如當堯之時, 須交付與舜. 若不尋得箇舜, 便交付與他, 則堯

367) ▲: 問"五十學『易』"一段. 曰:
368) ▲: 學『易』,
369) ▲: 然且恁地說. 聖人
370) 文: 徽州本에서는 이 앞에 鄭이 더 들어 있다.
371) 也: 徽州本에서는 이 뒤에 已가 더 들어 있다.
372) 『象』: 『朱子語類』에서는 『彖』으로 되어 있다.
373) 貞: 成化本・賀本에서는 正으로 되어 있다.

之後, 天下事未可知." 又云: "康節所以見得透, 看他說多以盛滿爲戒. 如云: '飮酒愛微醺, 不成使酩酊.'" 又云: "康節多於消長之交看." 又云: "許多道理, 本無不可知之數, 惟是康節體得熟. 只管體來體去, 到得熟後, 看是甚麼事理, 無不洞見."【賀孫】

34:131 ▲[374] "『易』只有'陰陽'兩字分奇偶. 一畫是陽, 兩畫是陰, 從此錯綜, 推爲六十四卦, 三百八十四爻. 後來文王卻就畫繫之以辭. 看來『易』元初只是畫." 又曰: "天地只是一箇陰, 一箇陽, 把來錯綜. 大抵陽則多吉, 陰則多凶, 吉爲善, 凶爲惡. 又看所處之位, 逐爻看之, 陽有時而凶, 陰有時而吉." 又曰: "如他經, 先因其事, 方有其文. 如『書』言堯·舜·禹·成·湯·伊尹·武王·周公之事. 因有許多事業, 方說到那裏, 若無那事, 亦不說到那裏. 『易』則是箇空底物事, 未有是事, 預先說是理, 故包括得盡許多道理. 看人做甚事, 皆撞着也." ▲[375] "'『易』, 無思也, 無爲也.' 『易』是箇無情底物事, 故'寂然不動.' 占之者吉凶善惡隨事著見, 乃'感而遂通.'" ▲[376] "『易』中多言'正[377]', 如'利正[378]', '正[379]吉', '利永正[380]'之類, 皆是要人守正." ▲[381] "『易』如占得一爻, 須是反觀諸身, 果盡得那道理否? 如坤六二: '直方大, 不習無不利.' 須看自家能直, 能方, 能大, 方能'不習無不利.' 凡皆類此." 又曰: "所謂'大過', 如當潛而不潛, 當見而不見, 當飛而不飛, 皆是過." ▲[382] "乾之一卦, 純乎陽, 固是好. 如'元亨利貞', 蓋大亨之中, 又須知利在正, 非正則過矣." ▲[383] "如坤之初六, 須知履霜有堅冰之漸, 要

374) ▲: 因學者問"學『易』無大過"章, 曰:
375) ▲: 又曰
376) ▲: 又云:
377) 正: 英祖刊本·成化本에서는 貞으로 되어 있다.
378) 正: 英祖刊本·成化本에서는 貞으로 되어 있다.
379) 正: 英祖刊本·成化本에서는 貞으로 되어 있다.
380) 正: 英祖刊本·成化本에서는 貞으로 되어 있다.
381) ▲: 又云:
382) ▲: 又曰:
383) ▲: 又曰:

人恐懼修省. 不知恐懼修省, 便是過. 『易』大概欲人恐懼修省." ▲[384] "文王『繫辭』, 本只是與人占底書. 至孔子作『十翼』, 方說'君子居則觀其象而玩其辭, 動則觀其變而玩其占." ▲[385] "夫子讀『易』, 與常人不同. 是他胸中洞見陰陽剛柔·吉凶消長·進退存亡之理. 其贊『易』, 卽就胸中寫出這箇理." 【植】

34:132 問: ▲[386] 聖人何以有過?" 曰: "只是聖人不自足之意. 聖人此般話, 也如'道者三, 我無能', '聖仁吾豈敢', 不是聖人能如此, 更誰能如此! 程子謂'學『易』者無大過', 文勢不然. 此章'五十'字誤. 然章之大旨在'無大過', 不在'五十'上." 【淳】

34:133 ▲[387] "是時孔子年老, 已及七十, 欲贊『易』, 故發此語. 若作'五十以學『易』', 全無意思." 問: "孔子少年不學『易』, 到老方學『易』乎?" 曰: "作『彖』·『象』·『文言』以爲『十翼』, 不是方讀『易』也." 問: "伊川以『八索』爲過處, 如何?" 曰: "某不敢如此說." 【寓】

34:134 問: "伊川前一說[388], 則大過在『八索』之類, 後一說, 則大過在弟子之學『易』者, ▲[389] 曰: "『史記』'加'作'假', 古本'五十'作'卒'字.

---

384) ▲: 又曰:

385) ▲: 又曰:

386) ▲: "'學『易』無大過',

387) ▲: 問"五十以學『易』"章, 先生擧『史記』, 云:

388) 問: "伊川前一說: 徽州本에서는 問: "伊川이 없다. 다만 별도로 '子曰: "加我數年, 五十而學『易』, 可以無大過矣." 伊川曰: "此未贊『易』時話也. 更加我數年, 五十以學『易』, 『易』之道可無大過, 如『八索』之類皆過也." 又曰: "前此學『易』者衆說多過矣. 聖人使弟子候其贊『易』而後學之, 其過鮮矣." '라고 되어 있다.

389) ▲: 俱未有定據." 徽州本에서는 이 구절 뒤에 若曰孔子自五十歲後始學『易』, 可以無大過, 則大害義理. 是未學『易』之前, 聖人嘗有過也. 伊川後來自不取此說. 竊謂天下之人凡所云爲至於大過而不知止者, 皆『易』道不明於天下故也. 聖人之意, 謂候我贊『易』之後, 庶幾『易』道大明, 而天下之人皆有所省覺, 雖不免有小小過失, 然可以保其無大過矣. 蓋不特爲『八索』與弟子之學『易』者言之. 不知是否가 더 들어 있다.

'加'·'假'聲相近, '五十'與'卒'字相似, 而併誤也. 此孔子繫『易』之時, 自謂'假我數年, 卒[390]以學『易』, 可以無大過'者, 爲此自謙之辭, 以教學者, 深以見『易』之道無窮也."【謨】

「子所雅言章」

34:135 ▲[391]"古之爲儒者, 只是習詩書禮樂. 言'執禮', 則樂在其中. 如『易』則掌於太卜, 『春秋』掌於史官, 學者兼通之, 不是正業. 只這詩書, 大而天道之精微, 細而人事之曲折, 無不在其中, 禮則節文法度. 聖人教人, 亦只是許多事."【僩】

34:136 "子▲[392] 未常及『易』. ▲[393]常所教人, 只是如此, 今人便先爲一種玄妙之說.【德明】

34:137 "伊川云: '夫子雅素之言, 止於如此. 若〈性與天道不可得而聞〉者, 則在〈默而識之〉.' 不知性與天道, 便於『詩』·『書』·執禮中求之乎?" 曰: "語意不如此. 觀子貢說'夫子之言性與天道', 自是有說時節, 但亦罕言之." 恭父云: "觀子貢此處, 固足以見子貢方聞性天道之妙. 又如說: '天何言哉? 四時行焉, 百物生焉, 天何言哉?' 這是大段警悟他處." 曰: "這般處是大段分曉." 又云: "若實能'默而識之', 則於'『詩』·『書』·執禮'上, 自見得性與天道. 若不實能默識得, 雖聖人便說出, 也曉不得." 賀孫問: "'執禮', '執'字, 恐當時自以'執'字目其禮, 非夫子方爲是言?" 曰: "『詩』·『書』, 只是口說得底, 惟禮要當執守, 故孔子常說教人執禮. 故云: '詩·書·執禮, 皆雅言也.' 不是當時自有此名."【賀孫 ○『集注』】

---

390) 卒: 徽州本에서는 五十으로 되어 있다.
391) ▲: 問"子所雅言詩·書·執禮." 曰:
392) ▲: 所雅言詩·書·執禮",
393) ▲: 夫子

「葉公問孔子於子路章」

34:138 ▲[394] 聖人不是有所因爲[395]甚事▲[396]如此, 只是意思有所憤發, 便至於忘食, 樂, 便至於忘憂, 至於不知老之將至. 聖人不肯半上落下, 直是做到底. 雖是聖人若自貶下之辭, 其實超詣, 却非聖人做不得. 憤[397], 是感之極深, 樂, 是樂之極至. ▲[398] 便與聞『韶』不知忘[399]味之意相似."【螢】 34:139[400] ▲[401] 泛說若是謙辭. 然聖人之爲人, 自有不可及處, 直要做到底, 不做箇半間不界底人. 非是有所因, 眞箇或有所感, 發憤而至於忘食, 所樂之至而忘憂. 蓋有不知其然, 而不自知其老之將至也. 又如"好古敏以求之", 自是謙詞[402]. "學不厭, 教不倦", 亦是謙詞[403]. 當時如公西華・子貢自能窺測聖人不可及處. 蓋聖人處己之謙若平易, 而其所以不可及者亦在其中矣. 觀聖人若甚慢, 只是你赶[404]他不上.【人傑 ○螢錄云: "子貢・公西華亦自看得破."】

34:140 ▲[405] "聖人全體極至, ▲[406]做事, 如所聞[407]'一棒一條痕, 一摑一掌血', 直是恁地!"【燾】

---

394) ▲: "'發憤忘食, 樂以忘憂, 不知老之將至云爾.'
395) 因爲: 『小分』에서는 爲因을 교정부호로 바로잡았다.
396) ▲: 了
397) 憤: 【附箋紙】"慣", "憤"字之誤.
398) ▲: 聖人不是胡亂說, 是他眞箇有'發憤忘食, 樂以忘憂'處." 次日再問. 曰: "如今不必說是爲甚發憤, 或是有所感, 只理會他忘食忘憂. 發憤便至於忘食, 樂便至於忘憂,
399) 忘: 『朱子語類』에서는 肉으로 되어 있다.
400) 34:139: 『小分』에서는 34:138에 이어져 한 항목으로 편집되어 있다.
401) ▲: "發憤忘食, 樂以忘憂, 不知老之將至云爾."
402) 詞: 英祖刊本・賀本에서는 辭로 되어 있다.
403) 詞: 英祖刊本・賀本에서는 辭로 되어 있다.
404) 赶: 成化本・賀本에서는 趕으로 되어 있다.
405) ▲: 問"發憤忘食, 樂以忘憂." 曰:
406) ▲: 沒那不間不界底事. 發憤便忘食, 樂便忘憂, 直恁地極至. 大概聖人
407) 聞: 『朱子語類』에서는 謂로 되어 있다.

34:141 ▲408) "要知他發憤也不得. 只是聖人做事超越▲409) 便做到極處, ▲410) 若他人, 發憤未必能忘食, 樂處未必能忘憂. 聖人直是脫灑, 私欲▲411)惹不着. 這兩句雖無甚利害, 細看來, 見得聖人超出乎萬物之表!"【寓412)】

34:142 ▲413) 曰: "觀天地之運, 晝夜寒暑, 無須臾停. 聖人爲學, 亦是從生至死, 只是如此, 無止法也."【僩】

34:143 爲學要剛毅果決, 悠悠不濟事. 且如"發憤忘食, 樂以忘憂", 是甚麽樣精神! 甚麽樣骨肋414)!【因說胡李隨415). ○學蒙】416)

34:144 ▲417) 與"不怨天, 不尤人, 下學而上達, 知我者其天乎", ▲418)固不出乎略無人欲・渾然天理之意. 要各隨其頭面, 看他意思如何. 譬之皆金也, 做盞時是一樣, 做釵時是一樣. 須是隨其意思, 見得分明方好. ▲419) 發憤便能忘食, ▲420)樂便能忘憂, 更無些小係累, 無所不用其極, 從這頭便默到那頭, 但見義理之無窮, 不知身世之可憂, 歲月之有變也. 衆人縱如何發憤, 也有些無緊要心在, 雖如何樂, 終有些係累在乎中. "不怨天, 不尤人", 樂天安土, 安於所遇, 無一毫之私意. "下學上達", 是天人事理, 洞然透徹, 無一毫之間隔. 聖人所謂上

---

408) ▲: 問: "'發憤忘食', 未知聖人發憤是如何?" 曰:
409) ▲: 衆人,
410) ▲: 發憤便忘食, 樂便忘憂.
411) ▲: 自是
412) 寓: 賀本에서는 螢으로 되어 있다.
413) ▲: 因說"發憤忘食, 樂以忘憂",
414) 肋: 賀本에서는 力으로 되어 있다.
415) 胡李隨: 『朱子語類』에서는 胡季隨로 되어 있다.
416)【因說胡李隨. ○學蒙】: 徽州本에서는 正卿으로 되어 있다.
417) ▲: "其爲人也, 發憤忘食, 樂以忘憂, 不知老之將至云爾",
418) ▲: 二章
419) ▲: 不然, 亦只鶻突而已. "發憤忘食", 是
420) ▲: "樂以忘憂", 是

達, 只是一擧便都在此, 非待下學後旋上達也. 聖人便是天, 人則不能如天. 惟天無人許多病敗, 故獨能知之. 天非眞有知識能知, 但聖人有此理, 天亦有此理, 故其妙處獨與之契合. 釋氏亦云: "惟佛與佛, 乃能知之." 正此意也. 【伯羽】

34:145 ▲[421]其事皆造極, 脫然無所係累, 但見義理無窮, 不知歲月之有改. "莫我知"之歎, 見其樂天安土, 無入而不自得, 天人事理, 洞然無毫髮之間. 苟有一毫之私, 則無以窺此境之妙, 故曰: "知我者其天乎!" 【道夫】

34:146 ▲[422]

34:147 ▲[423]

34:148 問橫渠"仲尼憤一發而至於聖"之說. 曰: "聖人緊要處, 自生知了. 其積學者, 卻只是零碎事, 如制度文爲之類, 其本領不在是. 若張子之說, 是聖人全靠學也. 大抵如所謂'我非生而知之, 好古敏以求之', 皆是移向下一等說以敎人. 亦是聖人看得地步廣闊, 自視猶有未十全滿足處, 所以其言如此. 非全無事實, 而但爲此詞也." 【必大 ○『集注』】

421) ▲: 對葉公之問, 見

422) ▲: "學者做得事不是, 須是悔, 悔了, 便不要做始得. 若悔了, 第二番又做, 是自不能立志, 又干別人甚事?" 因問: "『集注』有'未得則發憤忘食'之說." 曰: "聖人未必有未得之事, 且如此說. 若聖人便有這般事, 是他便發憤做將去. 學者當悔時, 須是學聖人, 始得. 豈可自道我不似聖人, 便休卻!" 【明作 ○『集注』】

423) ▲: 叔器問: "'發憤忘食, 樂以忘憂', 何以便見'全體至極, 有非聖人不能及者'?" 曰: "這樣處也難說, 可以意曉. 但是見得聖人事事透徹, 事事做到那極致處." 叔器問: "看聖賢說話, 也須先識聖人是甚麽樣人, 賢人是甚麽樣人, 方見得他說得淺深." 曰: "夫子說'聖人・君子・善人・有恒', 等級甚分明. 要見等級, 只是孟子'六謂'之說. 如'可欲之謂善', 便是那善人, 如'充實之謂美'等, 便皆是那賢人事, 如'大而化之'以上, 方是聖人事." 【義剛】

34:149 ▲[424] 東坡云: "實言則不讓, 貶言則非實, 故常略言之, 而天下之美莫能加焉." 此說非不好, 但如此, 則是聖人已先計較, 方爲此說, 似非聖人之意. 聖人言語雖是平易, 高深之理卽便在這裏. 學者就中庸處看, 便見得高明處. 【夔孫】

「我非生而知之者章」

34:150 問: ▲[425] 聖人之敏亦[426], 固止於禮樂名數. 然其義理之精熟, 亦敏求之乎?" 曰: ▲[427]人於義理, 合下便恁地. '固天縱之將聖, 又多能也.' 敏求, 則多能之事耳. 其義理完具, 禮樂等事, 便不學, 也自有一副當, 但力可及, 故亦學之. 若孟子於此等, 也有學得底, 也有不曾學得底, 然亦自有一副當, 但不似聖人學來尤密耳." 仲思問: "何以言之?" 曰: "如班爵祿・井田・喪禮之類, 只是說得大概. 然亦是去古遠, 無可考處. 但他大綱正, 制度雖有不備處, 亦不妨." 【伯羽】

34:151 "好古敏以求之", 聖人是生知而學者. 然其所謂學, 豈若常人之學也! "聞一知十", 不足以盡之. 【義剛】

「子不語怪力亂神章」

34:152 問: ▲[428] 『集注』言: '鬼神之理, 難明易惑, 而實不外乎人事.' 鬼神之理, 在人事中如何見得?" 曰: "鬼神只是二氣之屈伸往來. 就人事中言之, 如福善禍淫, 便可以見鬼神道理. 『論語』中聖人不曾

---

424) ▲: "發憤忘食"章,
425) ▲: "'我非生而知之者, 好古敏以求之者.'
426) 亦: 『朱子語類』에서는 求로 되어 있다.
427) ▲: "不然. 聖
428) ▲: "'子不語怪・力・亂・神.'

說此." 寓問: "如動靜語默, 亦是此理否?" 曰: "固是. 聖人全不曾說這話與人, 這處無形無影, 亦自難說. 所謂'敬鬼神而遠之', 只恁地說." 【『集注』舊文 ○寓】

「三人行章」

34:153 聖人之學, 異夫常人之學. 才略擧其端, 這裏便無不昭徹. 然畢竟是學. 人若以自修爲心, 則擧天下萬物, 凡有▲[429]乎前者, 無非足以發吾義理之正. 善者固可師, 不善者這裏便恐懼修省, 恐落在裏面去, 是皆吾師也. 【夔孫】

「天生德於予章」

34:154 ▲[430] "纔[431]做聖人自反無愧說時, 便小了聖人. 須知道天生德於聖人, 桓魋如何害得! 故必其不能違天害己也." 【時擧】

34:155 ▲[432]問: ▲[433]當時聖人見其事勢不可害己, 還以理度其不能害耶?" 曰: "若以勢論, 則害聖人甚易, 唯聖人自知其理有終不能害者." 【賀孫】

34:156 問: ▲[434] 孔子旣如此說▲[435] 卻又微服而過宋者, 乃是天理·人事之交盡否?" 曰: "然. 所謂'知命者不立乎巖牆[436]之下.' 若知命

---

429) ▲: 感
430) ▲: 讀"天生德於予"一章, 曰:
431) 纔: 英祖刊本에서는 才로 되어 있다.
432) ▲: 恭父
433) ▲: "'必不能違天害己', 不知
434) ▲: "'天生德於予, 桓魋其如予何!'
435) ▲: 了,
436) 牆: 成化本에서는 墻으로 되어 있다.

者, 便立乎巖牆437)之下, 也何害! 卻又不立. 而今所謂知命者, 只是捨命."【燾】

34:157 ▲438)問: ▲439) 使其能爲我害, 亦天也.' ▲440) 曰: "這說是聖人必其不能害己, 如: '匡人其如予何!' 皆是斷然害聖人不得. 聖人說出, 自恁地直截. 如說: '道之將行也與? 命也, 道之將廢也與? 命也. 公伯寮其如命何!' 這是未定之辭. 如孟子說: '吾之不遇魯侯, 天也. 臧氏之子焉能使予不遇哉!' 遇不遇, 看天如何, 亦是未定之辭."【賀孫】

「二三子以我爲隱乎章」

34:158 ▲441) "要緊▲442) 都在'吾無行而不與二三子'處, 須▲443)認聖人無不與二三子處在那裏. ▲444) 凡日用飮食居處之間, 認得聖人是如何, 自家今當如何." ▲445)問: "「鄕黨」所得, 亦足以見聖人之動靜." 曰: "'與上大夫言, 誾誾如也'之類, 這亦可見. 但夫子所以與二三子又不止此, 須是實認得意思▲446)【賀孫】

34:159 夫子嘗言: "中人以下, 不可以語上也", 而"言性與天道, 則不可得而聞." 想是不曾得聞者疑其有隱. 而不知夫子之坐作語默, 無不是這箇道理. "風霆流形, 庶物露出447), 無非敎也." 聖人雖敎人灑掃應

437) 牆: 成化本에서는 墻으로 되어 있다.
438) ▲: 魏
439) ▲: "謝氏云: '聖人不敢必其不我害也.
440) ▲: 是如何?"
441) ▲: 子善說: "'吾無隱乎爾.' 此在弟子自見得如何. 如顔子只見得'所立卓爾', 冉子自見得'力不足, 中道而廢.' 聖人以學者不能自去用力, 故以此警之." 曰:
442) ▲: 意思,
443) ▲: 去仔細
444) ▲:【時擧錄云: "須要看聖人如何是'無行不與二三子'處."】
445) ▲: 或
446) ▲: 是如何."

對, 這道理也▲[448]裏面.【義剛】

34:160 問: "伊川言: '聖人教人常俯就. 若是掠下一着教人, 是聖人有隱乎爾.' ▲[449] 曰: "道有大小精粗. 大者・精者, 固道也, 小者・粗者, 亦道也. 觀『中庸』言'大哉聖人之道! 洋洋乎發育萬物, 峻極于天', 此言道之大處, '優優大哉! 禮儀三百, 威儀三千', 是言道之小處. 聖人教人, 就其小者近者教人, 便是俯就. 然所謂大者精者, 亦只在此, 初無二致. 要在學者下學上達, 自見得耳, 在我則初無所隱也."【銖】

「子以四教章」

34:161 教人之道, 自外約入向裏去, 故先文後行. 而忠信者, 又立行之方也.【謨】

34:162 子善說: ▲[450] 當先博以文, ▲[451] 方教之忠信." 曰: "此是表裏互說▲[452] 不是當學文修行時, 不教之存忠信. ◇[453]教人, 當從外說入." ▲[454] "學者初來, 須是先與他講說. 不然, 是行箇甚麼? 忠是甚初[455]事? 信是甚物事? 到得爲忠爲信時, 自是說不得. 若平日講說▲[456]忠信, 且只是文. 到得盡此◇[457]二節, 全在學者自去做. 如講說如何是孝, 如何是弟, 這都只是文. 去行其所謂孝, 所謂弟, 方始是實

447) 出: 『朱子語類』에서는 生으로 되어 있다.
448) ▲: 在
449) ▲: 何也?"
450) ▲: "'文行忠信', 恐是教人之序,
451) ▲: 使之躬行,
452) ▲: 在這裏,
453) ◇: 在
454) ▲: 又云:
455) 初: 『朱子語類』에서는 物로 되어 있다.
456) ▲: 到
457) ◇: 忠信

事."【賀孫】

34:163 ▲458) 如說事親是如此, 事兄是如此, 雖是行之事, 也只是說話▲459) 須是▲460)體此而行之, 方是行, 蘊之於心無一毫不實處, 方是忠信. 可傳者只是這文. ▲461) 若不理會得這箇道理, 不知是行箇甚麽, 忠信箇甚462)麽, 所以文爲先. 如"入孝, 出悌463), 謹信, 泛464)愛, 親仁", ▲465) 以前亦教他讀書, 理會許多道理. ▲466) 又曰: "到這裏, 却好讀書."

34:164 ▲467) "其初須是講學. 講學既明, 而後修於行. 所行雖善, 然更須反之於心, 無一毫不實處, 乃是忠信."【時學】

34:165 ▲468) 教不以文, 無由入. 說與事理之類, 便是文. 小學六藝, 皆一469)也.

34:166 ▲470) 如小學, 子能食食, 教以右手, 能言, 教之男唯女兪. 是先教他做箇伎倆, 這都是文471)底事. 而後教他識義理.【夔孫】

---

458) ▲: "文行忠信",
459) ▲: 在.
460) ▲: 自家
461) ▲: 若"行・忠・信", 乃是在人自用力始得. 雖然,
462) 箇甚: 『小分』에서는 甚箇를 교정부호로 바로잡았다.
463) 悌: 『朱子語類』에서는 弟로 되어 있다.
464) 泛: 孝宗刊本・英祖刊本・賀本에서는 汎으로 되어 있다.
465) ▲: 非謂以前不可讀書.
466) ▲: 但必盡得這箇, 恰好讀書."
467) ▲: 讀"子以四教", 曰:
468) ▲: "文行忠信."
469) 一: 『朱子語類』에서는 文으로 되어 있다.
470) ▲: "子以四教." 且
471) 文: 賀本에서는 行으로 되어 있다.

34:167 問: "'文行忠信', 恐是'博文約禮'之意?" 曰: "然. 忠信只是約禮之實." 【燾】

34:168 問: "行是就身上說, 忠信是就心上說否?" 曰: "是." 【義剛】

34:169 問: "'文行爲先, 忠信爲次'之說如何?" 曰: "世上也自有◇[472]難曉底人, 便把忠信與說, 又教如何理會! 也須且教讀書, 漸漸壓伏這箇身心教定, 方可與說." 問: "'行有餘力, 則以學文', 是如何?" 曰: "讀書最不要如此比並. 如上說怕人卒急難理會, 須先將文開發他, 如『詩』·『書』禮樂, 射御書數, 都是文, 這自是說務本意不同." 【賀孫】

34:170 ▲[473] "文便是窮理, 豈可不見之於行. 然旣行矣, 又恐行之有未誠實, 故又敎之以忠信也. 所以伊川言以忠信爲本, 蓋非忠信, 則所行不成故耳." ▲[474]問: "'行[475]有餘力, 則以學文', 何也?" 曰: "彼將敎子弟, 而使之知大槪也, 此則敎學者深切用工也." 問: "然則彼正合小學之事歟?" 曰: "然." 【壯祖】

34:171 ▲[476] "'文行忠信', 是從外做向內, '則以學文', 是從內做向外. 聖人言此類者, 多要人逐處自識得." ▲[477]問: "『中庸』末章自'衣錦'說至'◇[478]無臭', 是從外做向內, 首章自'天命之性'說至'萬物育', 是從內做向外." 曰: "不特此也. '惟天下聰明睿知', 說到'溥博淵泉', 是從內說向外, '惟[479]天下至誠, 經綸天下之大經', 至'肫肫其仁', '聰明聖

472) ◇: 初間
473) ▲: 先生因或者講"子以四敎", 問何以有四者之序. 或者旣對, 先生曰:
474) ▲: 因
475) 行: 徽州本에서는 이 앞에 然則學而所謂가 더 들어 있다.
476) ▲: 或問: "此章是先文而後行. '行有餘力, 則以學文', 是先行而後文. 何以不同?" 曰:
477) ▲: 銖因
478) ◇: 無聲

智達天德', 是從外說向內. 聖人發明內外本末, 小大巨細, 無不周徧, 學者當隨事用力也."【銖】

「聖人吾不得而見之章」

34:172 聖人也只是這箇道理. 但是他理會得爛熟後, 似較聖樣, 其實只是這道理. 君子是事事做得去, 所謂"君子不器." 善人則又不及君子, 只是知得有善有惡, 肯爲善而不肯爲惡耳. 有常者又不及善人, 只是較依本分.【義剛】

34:173 問: "善人是資質大故粹美, 其心常在於善道, 所以自不至於有惡. 有常者, 則是箇確實底人否?" 曰: "是. 有常底也不到事事做得是, 只是有志於爲善, 而不肯爲惡耳. 善人則從來恁地好, 事事依本分. 但人多等級. 善人雖是資質好, 雖是無惡, 然'不踐迹, 亦不入於室.' 緣不甚曉得道理, 不可以到聖人, 只是恁地便住了."【義剛】

34:174 善人是資質自好底人, 要做好事, 而自然無惡者也. 有恒, 則只是把捉得定, 又未到善人自然好處在. 善人, 正如上文所謂聖人, 有恒, 正如所謂君子. 然而善人・有恒者, 皆未知學文[480]者也.【僩】

34:175 ▲[481] "善人已無惡, 但不入道. 有恒者惟守常分而已. 『論語』中此等皆泥[482]問, 非切於日用之急[483]者. 此等皆置之後面, 前面自有緊切處. 若緊切處通, 餘處自理會得."【賀孫】

---

479) 惟: 成化本에서는 推로 되어 있다.
480) 文: 『朱子語類』에서는 問으로 되어 있다.
481) ▲: 問善人・有恒者之別. 曰:
482) 泥: 孝宗刊本・英祖刊本・賀本에서는 汎으로 되어 있고, 成化本에서는 泛으로 되어 있다.
483) 急: 徽州本에서는 이 앞에 最가 더 들어 있다.

34:176 ▲[484]問: ▲[485] 天下事大概旣是有恒, 方做得成. 嘗觀分水嶺之水, 其初甚微, 行一兩日, 流漸大, 至到建陽, 遂成大溪. 看來爲學亦是有恒方可至於聖人." 曰: "最是古人斷機, 譬喩最切. 緣是斷時易, 接時難, 一斷▲[486], 便不可接."【泳】

34:177 ▲[487] "正謂此皆虛夸之事, 不可以久, 是以不能常, 非謂此便是無常也."【壯祖】

34:178 問: "'亡而爲有'等, 與'難乎有恒矣'不相似." 曰: "蓋如此則不實矣. 只是外面虛張做, 安能有常乎!"【寓】[488]

34:179 "亡而爲有, 虛而爲盈, 約而爲泰", 此是說無恒以前事. ▲[489] 如我窮約, 卻欲作富底擧止, 縱然時暫做得, 將來無時又做不得[490], 如此便是無常. 亡對有而言, 是全無. 虛是有, 但少. 約是就用度上說.【義剛】

34:180 ▲[491] "這不是說他無常. 只是這人恁地有頭無尾了, 是難乎有常矣, ▲[492]

484) ▲: 寶
485) ▲: "'善人有恒'一章, 有恒者之去聖人, 高下固懸絶矣. 然未有不自有恒而能至於聖人者.
486) ▲: 了
487) ▲: 吳伯英解"亡而爲有"章. 曰:
488) 寓: 徽州本에서는 이 뒤에 伯羽錄同이 더 들어 있다.
489) ▲: 若是以亡爲有, 以虛爲盈, 以約爲泰, 則不能常. 謂
490) 得: 賀本에서는 要로 되어 있다.
491) ▲: 問"難乎有恒矣." 曰:
492) ▲: 是不會有常.【卓錄云: "此等人不可謂有常之人矣."】 言此三病皆受於無常之前." 又曰: "如說'居上不寬, 爲禮不敬, 臨喪不哀, 吾何以觀之哉'! 不是不去觀他, 又不是不足觀. 只爲他根源都不是了, 更把甚麽去觀他! 重在'以'字上." 又云: "將甚底物事去看他居上寬, 爲禮敬, 臨喪哀? 就裏面方可看他箇深淺過不及.【卓錄云: "如有其寬, 有其敬, 有其哀時, 卽觀其深淺當否如何. 今旣無此,

「蓋有不知而作之者章」

34:181 ▲[493]問: ▲[494] 作是述作? 或只是凡所作事?" 曰: "只是作事." 又問: "'多聞, 擇其善者而從之, 多見而識之', 不知可以作'多聞而識之, 多見, 擇其善者而從之', 得否?" 曰: "聞・見大略爭不多. 較所聞畢竟多. 聞須別識善惡而從. 見則見得此爲是, 彼爲非, 則當識之, 他日行去不差也." 【寓】

34:182 ▲[495] "聞是聞前言往行, 見是見目今所爲. 聞之, 須要擇其善者而從之, 必有得於己. 不是聞詳見略, 亦不是聞淺見深, 不須如此分'聞・見'字." 【蓋卿】

34:183 ▲[496] "聞, 是都聞得好說話了. 從之, 是又擇其尤善者而從之. 見, 只是汎汎[497]見得, 雖未必便都從他, 然也着記他終始首尾得失." 【燾】

34:184 多聞, 已聞得好話了, 故從中又揀擇. 多見, 只是平日見底事, 都且記放這裏. 【燾】

34:185 "多見而識之." 見, 又較切實.

則吾復以何者而觀之! 言更不可觀之矣."】 他都無這箇了, 更將何以觀之! 如考試一般, 若文字平平, 尙可就中看好惡. 若文理紕繆, 更將甚麼去考得. 『論語』如此處多. 今人都只粗淺滾說過, 也自說得, 只是聖人本意不如此. 只是看得熟了, 少間自分別得出." 【賀孫 ○卓錄少異.】

493) ▲: 楊

494) ▲: "'不知而作',

495) ▲: 或問此章之義. 曰:

496) ▲: 問多聞多見之別. 曰:

497) 汎汎: 成化本에서는 泛泛으로 되어 있다.

34:186 ▲498) 要緊卻在"多聞, 擇善而從之." 如今人卻只要多識, 卻無擇善一着.【賀孫 ○因坐客雜記而言.】 34:187499) ▲500) "聞·見亦是互相發明."【此下見"干祿"章. ○時擧】

34:188 問"◇501)聞." ▲502) 只是聞人說底, 己亦未理會得." 問: "知, 有聞見之知否?" 曰: "知, 只是一樣知, 但有眞不眞, 爭這些子, 不是後來又別有一項知. 所知亦只是這箇事, 如君止於仁, 臣止於敬之類. 人都知得此, 只後來便是眞知."【淳】

34:189 ▲503) "未擇時則未辯504)善惡, 擇了則善惡別矣. 譬如一般物, 好惡來雜在此, 須是擇出那好底, 擇去那惡底. 擇來擇去, 則自見得好惡矣."【燾】

34:190 "知之次也", 知以心言. 得於聞見者次之.【謨】

34:191 問: ▲505) 多見506)如何不擇? 呂氏說'聞愈於見, 從愈於識, 知愈於從', 如何?" 曰: "多聞, 便有所當行, 故擇而行之. 多見雖切, 然未必當行, 姑識在."【賀孫】

「仁遠乎哉章」

---

498) ▲: 多見, 姑且識之. 如沒要緊底語言文字, 謾與他識在, 不識也沒要緊.
499) 34:187: 『小分』에서는 34:186에 이어져 한 항목으로 편집되어 있다.
500) ▲: 讀"多聞擇其善者而從之"章, 云:
501) ◇: 多
502) ▲: 曰: "聞,
503) ▲: 問: "'擇善而從之', 是已知否?" 曰:
504) 辯: 『朱子語類』에서는 辨으로 되어 있다.
505) ▲: "多聞多見, 不同如何?" 曰: "聞是耳聞, 見是目見." 問: "'多聞, 擇其善者而從之',
506) 問多見: 【附箋紙】 "問多見", "多見"上有"多聞, 擇其善者而從之."

34:192 ▲[507]孔門許多弟子, 聖人竟不曾以仁許之? 雖以顏子之賢, 而尙或違於三月之後, 而聖人乃曰: "我欲斯至!" 盍亦於日用體驗我若欲仁, 其心如何? 仁之至, 其意又如何? 又如說非禮勿視聽言動, 盍亦每事省察, 何者爲禮, 何者爲非禮, 而吾又何以能勿視勿聽? 若每日如此讀書, 庶幾看得道理自我心而得, 不爲徒言也.【壯祖】

34:193 ▲[508]

34:194 吳伯英▲[509]引"有能一日用其▲[510]於仁矣乎"以證之. 且曰: "如先生固嘗注曰: '仁本固有, 欲之則至. 志之所至, 氣亦至焉.'" 先生曰: "固是. 但是解'一日用力'而引此言, 則是說進數步. 今公言'欲仁仁至', 而引前言, 則是放退數步地也." 以此觀先生說經, 大率如此.

34:195 ▲[511] "今人非不知利祿之不可求, 求之必不可得, 及至得底, 皆是非用力所至. 然而有至終身求之而不止者. 如何得人皆欲仁! 所以後來聖賢不出, ▲[512]【螢】

507) ▲: 人之爲學也是難. 若不從文字上做工夫, 又茫然不知下手處. 若是字字而求, 句句而論, 而不於身心上著切體認, 則又無所益. 且如說: "我欲仁, 斯仁至矣!" 何故

508) ▲: 或問"我欲仁, 斯仁至矣." 曰: "凡人讀書, 只去究一兩字, 學所以不進. 若要除卻這箇道理, 又空讀書. 須把自身來體取, 做得去, 方是無疑. 若做不去, 須要講論. 且如欲仁斯仁至, 如何恁地易? 至於顏子'三月不違仁', 又如何其餘更不及此? 又怎生得恁地難? 『論語』似此有三四處. 讀『論語』, 須是恁地看, 方得."【銖】

509) ▲: 講"我欲仁, 斯仁至矣." 因

510) ▲: 力

511) ▲: 因正淳說"我欲仁, 斯仁至矣." 曰:

512) ▲: 盡是庸凡, 便是無肯欲仁者. 如何得箇道理, 使人皆好仁? 所以孔子謂: '吾未見好仁者.' 所謂'好德如好色', 須是眞箇好德如好色時方可. 如今須是自於這裏著意思量道: '如何不欲仁, 卻欲利祿? 如何不好德, 卻只好色?' 於此猛省, 恐有箇道理."

34:196 ▲[513)]

「陳司敗問昭公章」

34:197 問: "昭公娶同姓之事, 若天王擧法, 則如何斷?" 曰: "此非昭公故爲之事也.[514)] 當時吳盛强, 中國無伯主. 以齊景公, 猶云: '旣不能令, 又不受命!' '涕出而女於吳.' 若昭公亦是藉其勢, 不得已之故, 非貪其色而然也. 天王[515)]擧法, 則罪固不免, 亦須原情自有處置. 況不曰'孟姬', 而曰'吳孟子', 則昭公亦已自知其非矣." 【淳】

「子與人歌而善章」

34:198 ▲[516)] 今世間人與那人說話, 那人正說得好, 自家便從中截斷, 如云已自理會得, 不消說之類. 以此類看, 聖人是甚氣象! 與人歌, 且教他自歌一終了, 方令再歌而後和之. 不於其初歌便和, 恐混雜他, 不盡其意. 此見聖人與人爲善. 【賀孫】

34:199 若不待其反而後和, 則他有善亦不得而知. ▲[517)] 【義剛】

---

513) ▲: 問"我欲仁." 曰: "才欲, 便是仁在這裏. 胡子『知言』上或問'放心如何求', 胡子說一大段, 某說都不消恁地. 如孟子以雞犬知求爲喩, 固是. 但雞犬有時出去, 被人打殺煮喫了, 也求不得. 又其求時, 也須遣人去求. 這箇心, 則所係至大, 而不可不求, 求之易得, 而又必得. 蓋人心只是有箇出入, 不出則入, 出乎此, 則入乎彼. 只是出去時, 人都不知不覺. 才覺得此心放, 便是歸在這裏了. 如戒愼恐懼, 才恁地, 便是心在這裏了." 又問: "程子'以心使心', 如何?" 曰: "只是一箇心, 被他說得來卻似有兩箇. 子細看來, 只是這一箇心." 【夔孫】

514) 爲之事也: 『朱子語類』에서는 爲之也로 되어 있다.

515) 王: 賀本·萬曆本에서는 子로 되어 있다.

516) ▲: "子與人歌而善, 必使反之, 而後和之."

517) ▲: 今必使之反之而後和之, 便是聖人不掩人善處.

34:200『集注』說▲518) "不掩人善", 蓋他歌旣善, 使他復歌, 聖人未遽和以攙雜之. 如今人見人說得一話好, 未待人了, 便將話來攙他底, 則是掩善.【植】

34:201 問: "伊川云: '歌必全章, 與〈割不正不食〉同意.' ▲519) 曰: "是直候歌者徹章, 然後再從頭和之, 不是半中間便和. 恐是此意."【螢】

「文莫吾猶人也章」

34:202 "文, 莫吾猶人也." 莫是疑辭, 猶今人云: "莫是如此否?" 言文則吾與人一般, 如云"聽訟, 吾猶人也." 若"躬行君子, 則吾未之有得", 此與"君子之道四, 丘未能一焉"之意同.【謨】

「若聖與仁章」

34:203 夫子固多謙辭, 到得說"抑爲之不厭, 誨人不倦", 公西華便識得. 所以有"正唯弟子不能學也"之說, 便說道聖人有不讓處.【泳】

34:204 ▲520)若不是公西華親曾去做來, 親見是恁地, 如何解恁地說!【義剛】

34:205 ▲521)

518) ▲: "子與人歌",

519) ▲: 如何?"

520) ▲: 其他人爲之, 誨人不能無厭倦時, 惟聖人則不厭・不倦. "正唯弟子不能學也", 言正是弟子不能學處. 這

521) ▲: "爲之不厭, 誨人不倦", 他也不曾說是仁聖. 但爲之, 畢竟是爲箇甚麽? 誨人, 畢竟是以甚麽物事誨人? 這便知得是, 爲之是爲仁聖之道, 誨之是以仁聖之道誨

34:206 ▲522) "大而化之之謂聖", 若大而未化之, 只可謂之仁. 此其所以異. 【明作】

「子疾病章」

34:207 ▲523) "在臣子則可, 在我則不可. ▲524) 【時學】

34:208 ▲525) 子曰: 〈有諸?〉'要知子路所以請禱之意是如何, 審一審, 看他意思着落, 再說來, 卻轉動不得, 方好說與他." ◇526)問: "有禱之理否?" 曰: "子路說'禱爾于上下神祇', 便是有此理. 子路若要禱, 但在我不用禱耳."

34:209 ▲527)夫子疑子路禱之非正, 故以'有諸'叩之. 及子路擧『誄』, 聖人知非淫祀, 乃云, 我無所事禱." 【時學】

34:210 ▲528)聖人▲529) 待子路說了, 然後從容和緩答他. 今人才到請禱處便截了, 聖人皆不如此. "必使反之, 而後和之", 亦然.

34:211 ▲530) 伊川云: "無過可悔, 無善可遷." 此是解"素行合於神

人. 【義剛】

522) ▲: 仁之與聖所以異者:

523) ▲: 讀此章, 曰:

524) ▲: 聖人也知有此理, 故但言我不用禱, 而亦不責子路之非也."

525) ▲: "'子路請禱.

526) ◇: 或

527) ▲: 或問子路請禱處. 曰: "子路若不當請, 聖人何不直拒之, 乃問'有諸', 何也?" 立之對云: "聖人不直拒子路, 故必問之, 而後以爲無所事禱." 曰: "不然. 蓋

528) ▲: "子路請禱. 子曰: '有諸?'"

529) ▲: 不直截截他,

530) ▲: 病而禱, 古亦有此理, 但子路不當請之於夫子. 其曰: "丘之禱久矣!"『注』云: "孔子素行合於神明." 是也.

明"一句.【謨】

34:212 ▲[531]問: ▲[532]『注』▲[533]是兩箇意思模樣." 曰: "是. 但『士喪禮』那意卻只是箇小意思." 良久, 云: ▲[534] 若▲[535]他人, 便須叫喚罵詈, 聖人卻問'有諸', 待他更說, 卻云是'禱久矣.' 這如'與[536]人歌而善, 必反之▲[537]後和之'樣. 卻不是他心裏要恁子[538]細, 聖人自是恁地子[539]細, 不恁地失枝落節, 大步跳過去說."【義剛】

34:213 問: "疾病而禱, ▲[540]自典禮之亡, 世旣莫知所當致禱之所, 緇黃巫覡始以其說誣民惑衆, 而淫祀日繁. 今欲一切屛絶, 則於君父之疾, 無所用力之際, 不一致禱, 在臣子之心必有慊然不足者. 欲姑隨世俗而勉焉爲之, 然吾心旣不以爲然, 亦必不能於此自致其誠, 況於以所賤事君親歟! ▲[541] 曰: "今自是無所可禱. 如『儀禮』五祀之類, 今人尋常皆不曾祀. 又尋常動是越祭, 於小小神物, 必以爲祭之無益. 某向爲郡禱旱時, 如舊例醮祭之類, 皆嘗至誠爲之. 但纔見張天師, 心下便不信了."【必大】

「奢則不孫章」

---

531) ▲: 叔器
532) ▲: "'子路請禱',
533) ▲: 下
534) ▲: "聖人便是仔細.
535) ▲: 其
536) 與: 徽州本에서는 이 앞에 子가 더 있다.
537) ▲: 而
538) 子: 賀本에서는 仔로 되어 있다.
539) 子: 賀本에서는 仔로 되어 있다.
540) ▲: 古人固行之矣. 然
541) ▲: 然則如之何而可?"

34:214 ▲[542] 那奢底人便有驕敖底意思, 須必至於過度僭上而後已. ▲[543) 【燾】

34:215 問: "奢非止謂僭禮犯上之事, 只是有夸張侈大之意, 便是否[544]?" 曰: "是[545]." 【義剛】

「君子坦蕩蕩章」

34:216 ▲[546] 只是意誠, "心廣體胖"耳.

「子溫而厲章」

34:217 ▲[547]厲, 便自有威底意思, 不猛, 便自有溫底意思. ▲[548]曰溫', 曰'威', 曰'恭', 三字是主, 曰'厲', 曰'不猛', 曰'安', 是帶說[549]. ▲[550] "聖人德盛, 自然尊嚴." ▲[551] "謝氏以此說夷・惠過處, 頗是." 【賀孫】

34:218 ▲[552] "此雖是說聖人之德容自然如此, 然學者也當如此學

---

542) ▲: 或問"奢則不孫." 曰: "才奢, 便是不孫, 他自是不戢斂也. 公且看奢底人意思, 儉底人意思.

543) ▲: 然卻又是一節在."

544) 否: 成化本에서는 不로 되어 있다.

545) 是: 成化本에서는 勿是로 되어 있다.

546) ▲: "君子坦蕩蕩",

547) ▲: "'子溫而厲, 威而不猛, 恭而安.' 須看

548) ▲: 大抵

549) 帶說: 【附箋紙】"帶說", 此下印本有"上下二句易理會." 存此七字, 如何?

550) ▲: 上下二句易理會. 諸公且看聖人威底氣象是如何." 久之, 云:

551) ▲: 又云:

552) ▲: 叔器說"子溫而厲"章. 曰:

偏[553]而補弊. 蓋自舜之命夔已如此, 而皐陶陳九德亦然, 不可不知."【義剛】

34:219 問: ▲[554] 是總言聖人容貌, 「鄉黨」是逐事上說否?" 曰: "然. 此是就大體上看聖人."【燾】

34:220 問: "張子言[555]: '十五年學箇〈恭而安〉不成.'" 曰: "'恭而安', 如何學得成? 安便不恭, 恭便不安, 這箇使力不得, 是聖人養成底事. 顏子若是延得幾年, 便是聖人. 不是到此更用着力, 只是養底工夫了. 顏子工夫至到, 只是少養. 如煉丹火氣已足, 更不添火, 只以暖氣養教成就耳."【明作】

34:221 ▲[556]問: "橫渠言: '十五年學〈恭而安〉不成.' 明道曰: '可知是學不成, 有多少病在.' 莫是如伊川說: '若不知得, 只是覷卻堯·舜[557]他行事, 無堯許多聰明睿智, 怎生得似他動容周旋中禮?'" 曰: "也是如此, ▲[558] 問: "橫渠只是硬把捉, 故不安否?" 曰: "他只是學箇恭, 自驗見不曾熟. 不是學箇恭, 又學箇安."【賀孫】

553) 徧:『朱子語類』에서는 偏으로 되어 있다.
554) ▲: "'子溫而厲'一章,
555) 言:『朱子語類』에서는 云으로 되어 있다.
556) ▲: 魏
557) 堯·舜:『朱子語類』에서는 堯學으로 되어 있다.
558) ▲: 更有多少病在." 良久, 曰: "人便是被氣質局定. 變得些子了, 又更有些子, 變得些子了, 又更有些子." 又云: "聖人發憤便忘食, 樂便忘憂, 直是一刀兩段, 千了百當! 聖人固不在說, 但顏子得聖人說一句, 直是傾腸倒肚, 便都了, 更無許多廉纖纏擾, 絲來線去."

『朱子語類』卷第三十五

「『論語』十七」

「泰伯篇」

「泰伯其可謂至德章」

35:1 泰伯得稱"至德", 爲人所不能爲. 【可學】

35:2 ▲[1] "這是於'民無得而稱焉'處見, 人都不去看這一句[2]. 如此, 則夫子只說'至德'一句便了, 何必更下此六箇字? ▲[3] 煞有意思." 義剛言: "夫子稱泰伯以至德, 稱文王亦以至德, 稱武王則曰未盡善. 若以文王比武王, 則文王爲至德, 若以泰伯比文王, 則泰伯爲至德. 文王'三分天下有其二', 比泰伯已是不得全這一心了." 曰: "是如此." 義剛又言: "泰伯若居武王時, 牧野之師也自不容已. 蓋天命人心, 到這裏無轉側處了." 曰: "卻怕泰伯不肯恁地做. ▲[4] 雖是說他心只是一般, 然也有做得不同處." ▲[5]問: "文王如何?" 曰: "似文王也自不肯恁地做[6]了. 縱使文王做時, 也須做得較詳緩. 武王做得大故麤暴. 當時紂

---

1) ▲: 問"泰伯可謂至德." 曰:
2) 人都不去看這一句: 徽州本에서는 이 앞에 而今이 더 들어 있다.
3) ▲: 公更仔細去看這一句,
4) ▲: 聖人之制行不同. '或遠或近, 或去或不去.'
5) ▲: 范益之
6) 恁地做: 【附箋紙】"恁地做", 此下印本有"聖人之制行不同. '或遠或近, 或去或不去.'" 此十六字存之如何?

既投火了, 武王又卻親自去斫他頭來梟起. 若文王, 恐不肯恁地. 這也難說. 武王當時做得有未盡處, 所以東坡說他不是聖人, 雖說得太過, 然畢竟是有未盡處." 義剛曰: "武王既殺了紂, 有微子賢, 可立, 何不立之? 而必自立, ▲[7] 先生不答[8], 但蹙眉, 再言[9]: "這事也難說!" 【義剛】

35:3 陳仲亨說▲[10] 引義剛前所論者爲疑. 曰: "也不是不做這事, 但他做得較雍容和緩, 不似武王樣暴. 泰伯則是不做底, 若是泰伯當紂時, 他也只是爲諸侯. 太王翦商, 自是他用[11]恁地說. 若無此事, 他豈肯自誣其祖! 左氏分明說'泰伯不從', 不知不從甚麽事. 東坡言: '"三分天下有其二", 文王只是不管他.' 此說也好. 但文王不是無思量, 觀他戡黎・伐崇之◇[12]時, 也顯然是在經營." 又曰: "公劉時得一上做得盛, 到大[13]王被狄人苦楚時, 又衰了. 大[14]王又旋來那岐山下做起家計. 但岐山下卻亦是商經理不到處, 亦是空地. 當時邠也只是一片荒凉[15]之地, 所以他去那裏輯理起來." 【義剛】

35:4 問: "泰伯之讓, 知文王將有天下而讓之乎, 抑知大[16]王欲傳之季歷而讓之乎?" 曰: "泰伯▲[17] 只見大[18]王有翦商之志, 自是不合他意, 且度見自家做不得此事, 便掉了去. 『左傳』謂'泰伯不從, 是以不

7) ▲: 何也?"
8) 先生不答: 徽州本에서는 生 뒤에 自가 더 들어 있고, 答 뒤에 無說이 더 들어 있다.
9) 再言: 徽州本에서는 曰로 되어 있다.
10) ▲: "至德",
11) 用: 成化本・賀本에서는 周로 되어 있다.
12) ◇: 類
13) 大: 成化本・賀本에서는 太로 되어 있다.
14) 大: 成化本・賀本에서는 太로 되어 있다.
15) 凉: 賀本에서는 涼으로 되어 있다.
16) 大: 成化本・賀本에서는 太로 되어 있다.
17) ▲: 之意, 卻不是如此.
18) 大: 成化本・賀本에서는 太로 되어 있다.

嗣', 不從, 卽是不從大[19]王翦商事耳. 泰伯旣去, 其勢只傳之季歷, 而季歷傳之文王. 泰伯初來意思, 正是相反, 至周得天下, 又都是相成就處. 看周內有泰伯・虞仲, 外有伯夷・叔齊, 皆是一般所見, 不欲去圖商."【寓】

35:5 ▲[20] "泰伯惟是不要大[21]王有天下." ▲[22]問: "大[23]王有翦商之志, 果如此否?" 曰: "『詩』裏分明說'實始翦商.'" 又問: "恐『詩』是推本得天下之由如此." 曰: "若推本說, 不應下'實始翦商.' ▲[24] 他無所據, 只是將孔子稱'泰伯可謂至德也已矣', 是與稱文王一般. 泰伯・文王・伯夷・叔齊是'行一不義, 殺一不辜, 而得天下不爲'底道理. 大[25]王・湯・武是弔民伐罪, 爲天下除殘賊底道理. 常也是道理合如此, 變也是道理合如此, 其實只是一般." 又問: "堯之讓舜, 禹之傳子, 湯放桀, 武王伐紂, 周公誅管・蔡, 何故聖人所遇都如此?" 先生笑曰: "後世將聖人做模範, 卻都如此差異, 信如公問. 然所遇之變如此, 到聖人處之皆恁地, 所以爲聖人, 故曰'遭變事而不失其常.' 孔子曰: '可與適道, 未可與立▲[26] 未可與權.' 公且就平平正正處看[27]."【賀孫】

35:6 ▲[28]問: "泰伯▲[29] 固足以遂其所志, 其如父子之情何?" 曰: "到此卻顧恤不得. 父子君臣, 一也. 大[30]王▲[31]有翦商之意, 亦至公之心

---

19) 大: 成化本・賀本에서는 太로 되어 있다.
20) ▲: 問: "泰伯知大王有取天下之志, 而王季又有聖子, 故讓去." 曰:
21) 大: 成化本에서는 太로 되어 있다.
22) ▲: 或
23) 大: 成化本・賀本에서는 太로 되어 있다.
24) ▲: 看左氏云'泰伯不從, 是以不嗣', 這甚分明. 這事也難說.
25) 大: 成化本・賀本에서는 太로 되어 있다.
26) ▲: , 可與立,
27) 公且就平平正正處看: 徽州本에서는 公 뒤에 今이 더 들어 있다.
28) ▲: 吳伯英
29) ▲: 知大王欲傳位季歷, 故斷髮文身, 逃之荊蠻, 示不復用,
30) 大: 成化本・賀本에서는 太로 되어 있다.

也. 至於泰伯, 則惟知君臣之義, 截然不可犯也, 是以不從. 二者各行其心之所安, 聖人未嘗[32]說一邊不是, 亦可見矣. 或曰: '斷髮文身, 乃仲雍也, 泰伯則端委以治吳.' 然吳之子孫, 皆仲雍之後, 泰伯蓋無後也."【壯祖】

35:7 ▲[33] "這事便是難. 若論有德者興, 無德者亡, 則天命已去, 人心已離, 便當有革命之事. 畢竟人之大倫, 聖人且要守得這箇. 看聖人反覆歎詠泰伯及文王事, 而於武又曰'未盡善', 皆是微意."【夔孫】

35:8 ▲[34] "今人纔有些子讓, 便惟恐人之不知."

35:9 ▲[35]問: ▲[36]大[37]王爲有心於圖商也." 曰: "此▲[38]難說. 『書』亦云: '大[39]王肇基王跡[40].'" 又問: "大[41]王方爲狄人所侵, 不得已而遷岐, 當時國勢甚弱, 如何便有意於取天下?" 曰: "觀其所[42]遷底規模, 便自不同. 規模才立, 便張大. 如文王伐崇, 伐密, 氣象亦可見. 然文王猶服事商, 所以爲至德."【螢 ○『集注』】

35:10 ▲[43]"其心卽夷・齊之心, 而事之難處有甚焉者", 不是說遜國

---

31) ▲: 見商政日衰, 知其不久, 是以
32) 嘗: 賀本에서는 常으로 되어 있다.
33) ▲: 問泰伯事. 曰:
34) ▲: 因說泰伯讓, 曰:
35) ▲: 伯豐
36) ▲: "『集注』云: '大王因有翦商之志.' 恐「魯頌」之說, 只是推本之辭, 今遂據以爲說, 可否?" 曰: "『詩』中分明如此說." 又問: "如此則
37) 大: 成化本・賀本에서는 太로 되어 있다.
38) ▲: 是
39) 大: 孝宗刊本・成化本에서는 太로 되어 있다.
40) 跡: 『朱子語類』에서는 迹으로 되어 있다.
41) 大: 成化本에서는 太로 되어 있다.
42) 所: 『朱子語類』에서는 初로 되어 있다.
43) ▲: "泰伯"章所引

事. 自是說夷·齊諫武王, 不信便休, 無甚利害. 若泰伯▲[44] 卻是一家內事, ▲[45] 所以謂之難處, ▲[46]『集注』說亦未分曉耳.【明作】[47]

35:11 "泰伯之心, 卽伯夷叩馬之心, 大[48]王之心, 卽武王·孟津之心, 二者'道並行而不相悖.' 然聖人稱泰伯爲至德, 謂武▲[49]未盡善, 亦自有抑揚. 蓋泰伯·夷·齊之事, 天地之常經, 而大[50]王·武王之事, 古今之通義, 但其間不無些子高下. 若如蘇氏用三五百字罵武王非聖人, 則非矣. 於此二者中, 須見得'道並行而不悖'處, 乃善." ▲[51] 問: ▲[52]'事之難處▲[53] 曰: "夷·齊處君臣間, 道不合則去. 泰伯處父子之際, 又不可露形跡[54], 只得不分不明且去. 某書謂大[55]王有疾, 泰伯採藥不返, 疑此時去也."【銖】

35:12 問: "泰伯▲[56]夷·▲[57]齊▲[58] 其事相類. 何故夫子一許其得仁, 一許其至德, ▲[59]豈有優劣耶?" 曰: "亦不必如此. 泰伯初未嘗無仁, 夷·齊初未嘗無德."【壯祖】[60]

---

44) ▲: 不從翦商之志,
45) ▲: 與諫武王不同,
46) ▲: 非說遜國事也.
47)【明作】: 徽州本에는【處謙】으로 되어 있다.
48) 大: 成化本·賀本에서는 太로 되어 있다.
49) ▲: 爲
50) 大: 成化本·賀本에서는 太로 되어 있다.
51) ▲: 因
52) ▲: "泰伯與夷·齊心同, 而謂
53) ▲: 有甚焉者', 何也?"
54) 跡:『朱子語類』에서는 迹으로 되어 있다.
55) 大: 成化本·賀本에서는 太로 되어 있다.
56) ▲: 讓天下, 與伯
57) ▲: 叔
58) ▲: 讓國,
59) ▲: 二者
60)【壯祖】: 徽州本에서는 이 뒤에 또 한 절이 더 들어 있다. 問: "泰伯不從, 事見『春秋傳』, 不知『春秋傳』如何說?" 曰: "只說泰伯不從, 是以不祀而已"【廣】

35:13 問: "'三以天下讓', 程言: '不立, 一也, 逃之, 二也, 文身, 三也.' ▲[61] 曰: "據前輩說, 亦難考. 他當時或有此三節, 亦未可知. 但古人辭, 讓必至再三, 想此只是固讓."【寓 ○『集注』】

「恭而無禮章」

35:14 禮, 只是理, 只是看合當恁地. 若不合恭後, 卻必要去恭, 則必勞. 若合當謹後, 謹則不葸, 若合當勇後, 勇則不亂. 若不當直後, 卻須要直, 如證羊之類, 便是絞.【義剛】

35:15 問: ▲[62]人皆有此仁義之心. 篤於親, 是仁之所發, 故我篤於親, 則民興仁, 篤故舊, 是義之發, 故不遺故舊, 則民興義. ▲[63]否?" 曰: ▲[64]'不偷'字, ▲[65]又似仁, 大概皆是厚底意思. ▲[66]不偷也是厚, 卻難把做義說[67]."【義剛】

35:16 問[68]: ▲[69] 橫渠說[70]▲[71] 曰: ▲[72]這說, 且與存在, 某未敢決以爲定. 若做一章說, 就橫渠說得似好. 他就大處理會, 便知得品節如此." 問: "橫渠說▲[73] 先處是'篤於親'與'故舊不遺.'" 曰: "然." 問: "他

61) ▲: 不知是否?"
62) ▲: "'故舊不遺, 則民不偷', 蓋
63) ▲: 是如此
64) ▲: "看
65) ▲: 則
66) ▲: 不遺故舊固是厚, 這
67) 卻難把做義說: 徽州本에서는 卻 뒤에 說이 더 들어 있고, 義는 仁으로 되어 있다.
68) 問: 徽州本에서는 恭而無禮則勞云云寓看으로 되어 있다.
69) ▲: "'君子篤於親', 與恭・謹・勇・直處意自別.
70) 橫渠說: 徽州本에서는 說 뒤에 謂人道知所先後則恭不勞, 愼不畏, 勇不亂, 直不絞, 民化而德厚矣. 此說이 더 들어 있다.
71) ▲: 如何?"
72) ▲: "橫渠

卻將恭愼等處, 入在後段說, 是如何?" 曰: ▲74) 人能'篤於親'與不遺故舊, 他大處自能篤厚如此, 到75)節文處必不至大段有失. 他合當恭而恭, 必不至於勞, 謹愼, 必不至於畏縮, 勇直處, 亦不至於失節. 若不知先後, 要做便做, 更不問有大76)親眷屬, 便是證父攘羊之事."【寓 ○『集注』】77)

35:17 鄭齊卿問『集注』擧橫渠說之意78). 曰: "他要合下面意, 所以如此▲79) 蓋有禮與▲80)親・不遺故舊在先, 則不意81)・不勞・不亂・不絞, 與興仁・不偸之效在後耳. 要之, 合分爲二章." 又問: "直而無禮則絞." 曰: "絞如繩兩頭絞得緊, 都不寬舒, ▲82)【木之】

35:18 張子▲83)84), 謂先且'篤於親', 不遺故舊, 此其大者, 則恭・愼・勇・直不至難用力. 此說固好, 但不若吳氏分作兩邊說▲85)【明作】

35:19 ▲86)

---

73) ▲: '知所先後',
74) ▲: "就他說,
75) 到: 賀本에서는 到가 없다.
76) 大: 英祖刊本・成化本・賀本에서는 六으로 되어 있다.
77)【『集注』】: 徽州本에는【淳錄同】으로 되어 있다.
78) 鄭齊卿問『集注』擧橫渠說之意: 徽州本에서는 問 뒤에 恭而無禮則勞章이 더 들어 있다.
79) ▲: 說.
80) ▲: 篤
81) 意: 『朱子語類』에서는 葸로 되어 있다.
82) ▲: 則有證父攘羊之事矣."
83) ▲: 之說
84) 張子之說: 徽州本에서는 이 뒤에 君子篤於親集注所載張子知所先後之說이 더 들어 있다.
85) ▲: 爲是.
86) ▲: 問: "橫渠'知所先後'之說, 其有所節文之謂否?" 曰: "橫渠意是如此: '篤於親', '不遺故舊', 是當先者, 恭愼之類卻是後."【必大】

「曾子有疾謂門弟子章」

35:20 ▲[87] "曾子奉持遺體, 無時不戒謹[88]恐懼, 直至啓手足之時, 方得自免[89]. 這箇身己, 直是頃刻不可不戒◇[90]恐懼. 如所謂孝, 非止是尋常奉事已而[91]. 當念慮之微有毫髮差錯, 便是悖理傷道, 便是不孝. 只看一日之間, 內而思慮, 外而應接事物, 是多多少少! 這箇心略不撿[92]點[93], 便差失了. ▲[94]世間◇[95] 至危者無如人之心. 所以曾子常常恁地'戰戰兢兢, 如臨深淵, 如履薄氷.'" 【賀孫】

35:21 ▲[96] "此只是戒謹[97]恐懼, 常恐失之. 君子未死之前, 此心常恐保不得, 便見得人心至危. 且說世間甚物事似人心危! 且如一日之間, 內而思慮, 外而應接, 千變萬化, 劄眼中便走失了! 劄眼中便有千里萬里之遠! 所謂'人心惟危, 道心惟微.' 只理會這箇道理分曉, 自不危. '惟精惟一', 便是守在這裏, '允執厥中', 便是行將去." 【恪】

35:22 ▲[98] 此乃敬之法. 此心不存, 則常昏矣. 今人有昏睡者, 遇身有痛痒[99], 則蹶然而醒. 蓋心所不能已, 則自不至於忘. 『中庸』戒謹[100]恐懼, 皆敬之意. 【洽】

---

87) ▲: 正卿問"曾子啓手足"章. 曰:
88) 謹: 孝宗刊本·賀本에서는 愼으로 되어 있다.
89) 免: 『小分』에서는 勉을 免으로 고쳤다.
90) ◇: 謹
91) 已而: 『朱子語類』에서는 而已로 되어 있다.
92) 撿: 成化本·賀本에서는 檢으로 되어 있다.
93) 撿點: 賀本에서는 點檢으로 되어 있다.
94) ▲: 看
95) ◇: 是多少事,
96) ▲: 問曾子戰兢. 曰:
97) 謹: 賀本에서는 愼으로 되어 있다.
98) ▲: 曾子曰: "戰戰兢兢, 如臨深淵, 如履薄冰."
99) 痒: 成化本·賀本에서는 癢으로 되어 있다.
100) 謹: 賀本에서는 愼으로 되어 있다.

35:23 ▲[101]

「曾子有疾孟敬子問之章」

35:24 問: "'正顔色, 斯近信矣.' 此其形見於顔色者如此之正, 則其中之不妄可知, 亦可謂信實矣, 而只曰近信, 何故?" 曰: "聖賢說話也寬, 也怕有未便恁地底."【義剛】

35:25 ▲[102] "近, 是其中有這信[103], 與行處不違背[104]. 多有人見於顔色自恁地, 而中卻不恁地者. 如'色厲而內荏', '色取仁而行違', 皆是外面有許多模樣, 所存卻不然, 便與信遠了. 只將不好底對看, 便見."【寓[105]】

35:26 "出辭氣, 斯遠鄙倍", 是"修辭立其誠"意思.【賀孫】

35:27 "出辭氣", 人人如此, 工夫卻在下面. 如"非禮勿視, ▲[106]聽", 人人皆然, 工夫卻在"勿"字上.【泳】

35:28 ▲[107] 暴, 是麤厲, 慢, 是放肆. 蓋人之容貌少得和平, 不暴則慢. 暴◇[108]是寬柔者之過. 鄙是凡淺, 倍是背理. 今人之議論◇[109]雖

---

101) ▲: 時舉讀問目. 曰: "依舊有過高傷巧之病, 切須放令平實. 曾子啓手足是如此說, 固好. 但就他保身上面看, 自極有意思也."【時舉】

102) ▲: 問: "'正顔色, 斯近信.' 如何是近於信?" 曰:

103) 近, 是其中有這信: 徽州本에서는 近 뒤에 只가 더 들어 있고, 信은 便으로 되어 있다.

104) 與行處不違背: 徽州本에서는 行이 實로 되어 있고, 不 뒤에 相이 더 들어 있다.

105) 寓: 徽州本에서는 淳으로 되어 있다.

106) ▲: 非禮勿

107) ▲: 毅父問"遠暴慢"章. 曰: "此章'暴慢・鄙倍'等字, 須要與他看.

無甚差錯, 只是淺近者, 此是鄙. 又有說得甚高, 而實背於理者, 此是倍. 不可不辯[110]也."【時擧】

35:29 ▲[111] "暴慢底是大故麤. '斯近信矣', 這須是裏面正後, 顏色自恁地正, 方是近信. 若是'色取仁而行違', 則不是信了. 倍, 只是倍於理. 出辭氣時, 須要看得道理如何後方出, 則不倍於理." 問: "三者也似只一般樣." 曰: "是各就那事上說." 又問: "要恁地, 不知如何做工夫?" 曰: "只是自去持守."【池錄作"只是隨事去持守." ○義剛】

35:30 ▲[112]一章, 是成就處.【升卿 ○以下總論.】

35:31 ▲[113] 此三句說得太快, 大概是養成意思較多.【賜】

35:32 ▲[114]只看那'所貴'二字. ▲[115] 如籩豆之事, 亦是道, 但非所貴. ▲[116] 人之容貌, 只有一箇暴慢, 雖淺深不同, 暴慢則一. 如人狠[117]戾, 固是暴, 稍不溫恭, 亦是暴. 如人倨肆, 固是慢, 稍或怠緩, 亦是慢. ▲[118] 信, 實也. 正顏色, 便須近實. 鄙, 便是說一樣卑底說話. 倍, 是逆理. 辭氣只有此二者[119]." 因曰: "不易. 孟敬子當時寫[120]

108) ◇: 是剛者之過, 慢
109) ◇: 有見得
110) 辯: 『朱子語類』에서는 辨으로 되어 있다.
111) ▲: 仲蔚說"動容貌"章. 曰:
112) ▲: "君子所貴乎道者三"
113) ▲: "君子所貴乎道者三",
114) ▲: 陳寅伯問"君子所貴乎道者三." 曰: "且
115) ▲: 莫非道也.
116) ▲: 君子所貴, 只在此三者. '動容貌, 斯遠暴慢矣', '斯'字來得甚緊. 動容貌, 便須遠暴慢, 正顏色, 便須近信, 出辭氣, 便須遠鄙倍.
117) 狠: 賀本에서는 很으로 되어 있다.
118) ▲: 正顏色而不近信, 卻是色莊.
119) 者: 賀本에서는 病으로 되어 있다.
120) 寫: 賀本・萬曆本에서는 焉으로 되어 있다.

得如此好!" 或云: "想曾子病亟, 門人多在傍者." 曰: "恐是如此." ▲121) 某初看此, 都安排不成. 按得東頭西頭起, 按得前面後面起. 到熟後, 全不費力. 要緊▲122)卻在▲?123)閑字上. 此一段, ▲124)只有尹和靜125) 看得出. ▲126) 35:33127) ▲128) 要此129), 須是從前做工夫."【植】

35:34 ▲130)學者, 則雖未能◇131)此, 當思所以如此. 然此亦只是說效驗. 若作工夫, 則在此句之外."【雉】

35:35 ▲132)"只是就容貌辭色之間用工, 更無別法. 但上面臨時可做, 下面臨時做不得, 須是熟後能如此. ▲133)【寓 ○淳錄▲134) "辭是言語, 氣是聲音, 出是從這裏出去, ▲135)】

35:36 ▲136) 須知得工夫在未動容貌, 未正顏色, 未出辭氣之前." 又

---

121) ▲: 因說: "看文字, 須是熟後, 到自然脫落處方是.
122) ▲: 處
123) ▲: 那'斯'字・'矣'字這般
124) ▲: 程門
125) 尹和靜: 英祖刊本・賀本에서는 尹和靖으로 되어 있다.
126) ▲: 孔子曰: '學而時習之, 不亦說乎!' 若熟後, 眞箇使人說! 今之學者, 只是不深好後不得其味, 只是不得其味後不深好."【文蔚】
127) 35:33: 『小分』에서는 35:32에 이어져 한 항목으로 편집되어 있다.
128) ▲: 敬之問此章. 曰: "'君子所貴乎道者三', 是題目一句. 下面要得動容貌, 便能遠暴慢, 要得正顏色, 便近信, 出辭氣, 便遠鄙倍.
129) 要此: 徽州本에서는 要如此로 되어 있다.
130) ▲: 問"君子所貴乎道者三." 曰: "此言君子存養之至, 然後能如此. 一出辭氣, 便自能遠鄙倍, 一動容貌, 便自能遠暴慢, 正顏色, 便自能近信, 所以爲貴. 若
131) ◇: 如
132) ▲: 楊問: "'君子所貴乎道者三', 若未至此, 如何用工?" 曰:
133) ▲: 初間未熟時, 雖【蜀本淳錄作"須"字.】是動容貌, 到熟後自然遠暴慢, 雖是正顏色, 到熟後自然近信, 雖是出辭氣, 到熟後自然遠鄙倍."
134) ▲: 此下云:
135) ▲: 三者是我身上事要得如此. 籩豆雖是末, 亦道之所在, 不可不謹. 然此則有司之事, 我亦只理會身上事."
136) ▲: "'動容貌, 斯遠暴慢, 正顏色, 斯近信, 出辭氣, 斯遠鄙倍.' 須要會理如何得

云: "正顏色, 若要相似說, 合當着得箇遠虛僞矣. 動·出都說自然, 惟正字, 卻似方整頓底意思. 蓋緣是正顏色亦有假做恁地, 內實不然者. 若容貌之動, 辭氣之出, 卻容僞不得."【賀孫】

35:37 ▲137)三者只有'非禮勿視, ▲138)聽, ▲139)言, ▲140)動.'" ▲141)問: "要之, 三者以涵養爲主." 曰: "涵養便是. 只這三者, 便是涵養地頭. 但動容貌·遠暴慢便是, 不遠暴慢, 便不是, 正顏色近信便是, 不近信, 便不是."【燾】

35:38 ▲142) 或云: "▲143)工夫持久, 方能得如此144)▲145) 曰: "不得146). 人之資稟各不同, 資質好者, 纔知得便把得定, 不改變, 資質遲慢者, 須大段着力做工夫, 方得." ▲147)徐仲車148)從胡安定學. 一日, 頭容少偏, 安定忽厲聲云: "頭容直!" 徐仍149)思, 不獨頭容直, 心亦要直, 自此不敢有邪心. 又舉小南和尚偶靠倚而坐, 其師見之, 厲聲叱之曰: "恁地無脊梁骨!" 小南聞之聳然, 自此終身不靠倚▲150) "這樣人, 都是資質美, 所以一撥便轉, 終身不爲."【僩】

動容貌, 便會遠暴慢, 正顏色, 便會近信, 出辭氣, 便會遠鄙倍. 須知得曾子如此說, 不是到動容貌, 正顏色, 出辭氣時, 方自會恁地.

137) ▲: 問"君子所貴乎道者三." 曰: "看來
138) ▲: 非禮勿
139) ▲: 非禮勿
140) ▲: 非禮勿
141) ▲: 又
142) ▲: "君子所貴乎道者三."
143) ▲: 須是
144) 方能得如此: 徽州本에서는 得如此가 없다.
145) ▲: 否?"
146) 不得: 徽州本에서는 如此說也不得으로 되어 있다.
147) ▲: 因舉
148) 徐仲車:【附箋紙】"徐仲車", 此上印本有"因舉"二字. 存之如何?
149) 仍: 『朱子語類』에서는 因으로 되어 있다.
150) ▲: 坐.

35:39 問: "▲151)暴慢·鄙倍, 皆▲152)指在我者言否?" 曰: "然." 曰: ▲153) 工夫皆在先歟?" 曰: "此只大綱言人▲154) 固是要平日曾下工夫, 然卽今亦須隨事省察, 不令間斷."【廣】

35:40 叔京▲155)云: "正·動·出時, 也要整齊, 平時也要整齊." 方云: "乃是敬貫動靜." 曰: "到156)頭底人, 言語無不貫動靜者."【方】

35:41 ▲157)問: "遠與近▲158) 曰: "曾子臨終, 何嘗又安排下這字如此? 但聖賢言語自如此耳. 不須推尋不要緊處."

35:42 ▲159)籩豆之事, 雖亦▲160)道之所在, 然須先擇切己者爲之. 如有「關雎」·「麟趾」之意, 便可行「周官」法度, 又如盡得"皇極"之五事, 便有庶證之應. 以"籩豆▲161)告▲162)敬子, 必▲163)有以煩碎爲務者.【謨】

35:43 ▲164) "斯"字, 只是自然意思. 龜山解此一句165), 引曾子修容

151) ▲: 所謂
152) ▲: 是
153) ▲: "所以動容貌而暴慢自遠者,
154) ▲: 合如此.
155) ▲: 來問"所貴乎道者三." 因
156) 到: 賀本에서는 恁으로 되어 있다.
157) ▲: 或
158) ▲: 意義如何?"
159) ▲: "動容貌, 斯遠暴慢", 是爲得人好, "正顔色, 斯近信", 是顔色實, "出辭氣, 斯遠鄙倍", 是出得言語是. 動·正·出三字, 皆是輕說過. 君子所貴於此者, 皆平日功夫所至, 非臨事所能捏合.
160) ▲: 莫非
161) ▲: 之事"
162) ▲: 孟
163) ▲: 其所爲
164) ▲: "君子所貴乎道者三", 言道之所貴者, 有此三事, 便對了. 道之所賤者, 籩豆之事, 非不是道, 乃道之末耳. 如"動容貌, 正顔色, 出辭氣", 須是平日先有此等

闇人避之事, 卻是他人暴慢, 全說不着.【人傑】

35:44 ▲[166)]

35:45 ▲[167)] 今人於制度文爲一一致察, 未爲不是, 然卻於大體上欠闕, 則是棄本而求末也.【人傑】

35:46 ▲[168)] "近來學者多務高遠, 不自近處着工夫." 有對者曰: ▲[169)] 有問伊川: '如何是道?' 伊川曰: '行處是.' 又問明道: '如何是道?' 明道令於父子・君臣・兄弟上求. 諸先生▲[170)] 初不曾有高遠之說." 曰: "明道之說固如此. 然父子・兄弟・君臣之間, 各有一箇當然之理, 是道也."【謙之[171)]】

35:47 ▲[172)]不可無先後之序, ▲[173)]但只揀得幾件去做, 那小底都不照管, 也不得." 義剛▲[174)]言: ▲[175)]古人事事致謹, 如所謂'克勤小物',

---

工夫, 方如此效驗. "動容貌, 斯遠暴慢矣", 須只做一句讀.

165) 龜山解此一句: 萬曆本에서는 龜 앞에 楊이 더 들어 있다.

166) ▲: 問"君子所貴乎道者三"至"籩豆之事則有司存." 曰: "以道言之, 則不可謂此爲道, 彼爲非道. 然而所貴在此, 則所賤在彼矣, 其本在此, 則其末在彼矣."【人傑】

167) ▲: "君子所貴乎道者三", 乃是切於身者. 若籩豆之事, 特有司所職掌耳.

168) ▲: 問"君子所貴乎道者三." 曰: "學者觀此一段, 須看他兩節, 先看所貴乎道者是如何, 這箇是所貴所重者, 至於一籩一豆, 皆是理, 但這箇事自有人管, 我且理會箇大者. 且如今人講明制度名器, 皆是當然, 非不是學, 但是於自己身上大處卻不曾理會, 何貴於學!" 先生因言:

169) ▲: "近來學者誠有好高之弊.

170) ▲: 言如此,

171) 謙之: 徽州本에서는 希遜으로 되어 있다.

172) ▲: 義剛說"君子所貴乎道者三"一章畢, 因曰: "道雖無所不在, 而君子所重則止此三事而已. 這也見得窮理則不當有小大之分, 行己則不能無緩急先後之序." 先生曰: "這樣處也難說. 聖賢也只大概說在這裏. 而今說

173) ▲: 固是,

174) ▲: 因

豈是盡視爲小而不管?” 曰: “這但▲176)說此三事爲最重耳. ▲177)其他, 也不是不管. ▲178) 若全不理會, 將見以籩爲豆, 以豆爲籩, ▲179) 田子方謂魏文侯曰: ‘君明樂官, 不明樂音.’ 此說固好. 但某思之, 人君若不曉得那樂, 卻如何知得那人可任不可任! ▲180)須曉得, ▲181) 方不被他謾. 如籩豆▲182) 若不曉, ▲183)籩裏盛有汁底物事, 豆裏盛乾底物事, ▲184)須着曉始得, ▲185) 【義剛】

35:48 ▲186)

35:49 ▲187)問: “正顏色之正字, 獨重於動與出字, ▲188) 曰: “前輩▲189)都將三字重了. 若從今說, 便三字都輕, ▲190) “三句最是‘正顏色,

---

175) ▲: “義剛便是也疑, 以爲
176) ▲: 是
177) ▲: 若是
178) ▲: 只是說人於身己上事都不照管, 卻只去理會那籩豆等小事, 便不得. 言這箇有有司在, 但責之有司便得.
179) ▲: 都無理會了.
180) ▲: 這也
181) ▲: 方解去任那人,
182) ▲: 之類,
183) ▲: 如何解任那有司! 若
184) ▲: 自是不得, 也
185) ▲: 但所重者是上面三事耳.”
186) ▲: 舜功問“君子所貴乎道者三.” 曰: “動容貌, 則能遠暴慢, 正顏色, 則能近信, 出辭氣, 則能遠鄙倍. 所貴者在此. 至於籩豆之事, 雖亦道之所寓, 然自有人管了, 君子只修身而已. 蓋常人容貌不暴則多慢, 顏色易得近色莊, 言語易得鄙而倍理. 前人愛說動字・出字・正字上有工夫, 看得來不消如此.” 【璘】
187) ▲: 正卿
188) ▲: 何如?”
189) ▲: 多就動・正・出三字上說, 一向
190) ▲: 卻不可於中自分兩樣. 某所以不以彼說爲然者, 緣看文勢不恁地. ‘君子所貴乎道者三’, 是指夫道之所以可貴者爲說, 故云道之所以可貴者有三事焉, 故下數其所以可貴之實如此. 若禮文器數, 自有官守, 非在所當先而可貴者. 舊說所以未安者, 且看世上人雖有動容貌者, 而便辟足恭, 不能遠暴慢, 雖有正顏色者, 而‘色取仁而行違’, 多是虛僞不能近信, 雖有出辭氣者, 而巧言飾辭, 不能遠鄙

斯近信'見得分明."【賀孫】

35:50 ▲[191]

35:51 某病中思量, 曾子當切[192]告▲[193]敬子"人之將死, 其言也善", 只說出三事. ▲[194]當時有多少好話, 到急處都說不辯[195], 只撮出三項如此. ▲[196]這三事上更做得工夫, ▲[197]又大段長進. 便不長進, 也做得箇聖賢坯模, 雖不中不遠矣.【恪】

35:52 ▲[198] 李先生云: "曾子臨死, 空洞中只餘此念."【方】

35:53 或講"所貴乎道者三." 曰: "不必如此說得巧. 曾子臨死時話說, 必不暇如此委曲安排."【必大】

35:54 ▲[199] "粗, 不精細也."【節 ○『集注』】

倍, 這便未見得道之所以可貴矣. 道之所以可貴者, 惟是動容貌, 自然便會遠暴慢, 正顏色, 自然便會近信, 出辭氣, 自然便會遠鄙倍, 此所以貴乎道者此也." 又云:

191) ▲: 或問: "'君子所貴乎道者三', 如何?" 曰: "'動容貌, 正顏色, 出辭氣', 前輩不合將做用工處, 此只是涵養已成效驗處. '暴慢・鄙倍・近信', 皆是自己分內事. 惟近信不好理會. 蓋君子才正顏色, 自有箇誠實底道理, 異乎'色取仁而行違'者也. 所謂'君子所貴乎道者三', 道雖無乎不在, 然此三者乃修身之效, 爲政之本, 故可貴. 容貌, 是舉一身而言, 顏色, 乃見於面顏者而言." 又問: "三者固是效驗處, 然不知於何處用工?" 曰: "只平日涵養便是."【去僞】

192) 切: 『朱子語類』에서는 初로 되어 있다.

193) ▲: 孟

194) ▲: 曾子

195) 辯: 『朱子語類』에서는 辨으로 되어 있다.

196) ▲: 這三項是最緊要底. 若說

197) ▲: 上面

198) ▲: "所貴乎道者三."【禮亦是道. 但道中所貴此三者在身上.】

199) ▲: "『注』云: '暴, 粗厲也.' 何謂粗厲?" 曰:

35:55 問[200]: "▲[201]舊解, 以三者爲▲[202]驗, ▲[203] 後來改本以'驗'爲'要', '非其'以下, 改爲'學者所當操存省察, 而不可有造次頃刻之違▲[204] 如此, 則工夫卻在'動・正・出'三字▲[205] 某疑'動・正・出'三字, 不可以爲做工夫字. '正'字尙可說. '動'字・'出'字, 豈可以爲工夫耶?" 曰: "這三字▲[206]便是做工夫處. ▲[207] 舊▲[208]解以爲效驗, 語似有病, 故改從今說. 蓋若專以爲平日莊敬持養, 方能如此, 則不成未莊敬持養底人, 便不要'遠暴慢, 近信, 遠鄙倍'! 便是舊說'效驗'字太深, ▲[209]【僩】

35:56 ▲[210]

35:57 ▲[211]

---

200) 問: 徽州本에서는 이 뒤에 君子所貴乎道者三이 더 들어 있다.

201) ▲: 先生

202) ▲: '修身之

203) ▲: 爲政之本, 非其平日莊敬誠實存省之功積之有素, 則不能也', 專是做效驗說. 如此, 則'動・正・出'三字, 只是閑字.

204) ▲: 者也.'

205) ▲: 上, 如上蔡之說, 而不可以效驗言矣.

206) ▲: 雖不是做工夫底字, 然

207) ▲: 正如著衣喫飯, 其著其喫, 雖不是做工夫, 然便是做工夫處. 此意所爭, 只是絲髮之間, 要人自認得.

208) ▲: 來

209) ▲: 有病."

210) ▲: "'君子所貴乎道者三'以下三節, 是要得恁地, 須是平日莊敬工夫到此, 方能恁地. 若臨時做工夫, 也不解恁地." 植因問: "明道'動容周旋中禮, 正顏色則不妄, 出辭氣, 正由中出', 又仍是以三句上半截是工夫, 下半截是功效." 曰: "不是. 所以恁地, 也是平日莊敬工夫."【植】

211) ▲: 問: "動也, 正也, 出也, 不知是心要得如此? 還是自然發見氣象?" 曰: "上蔡諸人皆道此是做工夫處. 看來只當作成效說, 涵養莊敬得如此. 工夫已在前了, 此是效驗. 動容貌, 若非涵養有素, 安能便免暴慢! 正顏色, 非莊敬有素, 安能便近信! 信是信實, 表裏如一. 色, 有'色厲而內荏'者, 色莊也, '色取仁而行違者.' 苟不近實, 安能表裏如一乎!" 問: "正者, 是著力之辭否?" 曰: "亦著力不得. 若不到近實處, 正其顏色, 但見作僞而已." 問: "'遠'之字義如何?" 曰: "遠, 便是無復有這氣象." 問: "正顏色旣是功效到此, 則宜自然而信, 卻言'近信', 何也?" 曰:

35:58 ▲[212)]

35:59 ▲[213)] 問: "'其言也善', 何必曾子? 天下自有一等人臨死言善. 通老云: '聖賢臨死不亂.'" 曰: "聖賢豈可以不亂言? 曾子到此愈極分明, 易簀事可見. 然此三句, 亦是由中以出, 不是外向鬪撰得成[214)]." 【可學】

35:60 "動容貌, 出辭氣." 先生云: "只伊川語解平平說, 未有如此張筋弩力意思." 【謂上蔡語 ○方】

「曾子曰[215)]以能問於不能章」

35:61 ▲[216)] "想是顏子自覺得有未能處, ▲[217)]不比常人十事曉得九事, 那一事便不肯問人. 觀顏子'無伐善, 無施勞', 看他也是把此一件做工夫." ▲[218)] 【義剛】

35:62 ▲[219)]問"犯而不校." 曰: "不是着意去容他, 亦不是因他犯而遂去自反. 蓋其所存者廣大, 故人有小小觸犯處, 自不覺得, 何暇與之校

"這也是對上'遠'字說." 【寓 ○『集義』】

212) ▲: 問: "'君子道者三'章, 謝氏就'正·動·出'上用工. 竊謂此三句, 其要緊處皆是'斯'字上. 蓋斯者, 便自然如此也. 才動容貌, 便自然遠暴慢, 非平昔涵養之熟, 何以至此! 此三句乃以效言, 非指用功地步也." 曰: "是如此." 【柄】

213) ▲: 舜功問: "'動容貌', 如何'遠暴慢'?" 曰: "人之容貌, 非暴則慢, 得中者極難, 須是遠此, 方可. 此一段, 上蔡說亦多有未是處."

214) 不是外向鬪撰得成: 成化本에서는 鬪가 鬬로 되어 있고, 賀本에서는 不是向外鬬撰成得으로 되어 있다.

215) 曰: 賀本에는 없다.

216) ▲: 陳仲亨說"以能問於不能"章. 曰:

217) ▲: 但

218) ▲: 又問: "'君子人與', 是才德出衆之君子?" 曰: "'託六尺之孤, 寄百里之命', 才者能之, '臨大節而不可奪', 則非有德者不能也."

219) ▲: 擧

耶!"【時擧】

35:63 "不校", 是不與人比校强弱勝負, 道我勝你負, 我弱你强[220]. 如上言"以能問於不能"之類, 皆是不與人校也.【燾】

35:64 ▲[221]問: "'犯而不校', 恐是且點檢自家, 不暇問他人." 曰: "不是如此. 是他力量大, 見有犯者, 如蚊虫·蝨子一般, 何足與校! 如'汪汪萬頃之波[222], 澄之不淸, 撓[223]之不濁.'" 亞夫問: "黃叔度是何樣底人?" 曰: "當時亦是衆人扛得如此, 看來也只是篤厚深遠底人. 若是有所見, 亦須說出來. 且如顔子是一箇不說話底人, 有箇孔子說他好. 若孟子, 無人印證他, 他自發出許多言語. 豈有自孔·孟之後至東漢 黃叔度時, 已是五六百年, 若是有所見, 亦須發明出來, 安得言論風旨全無聞!" 亞夫云: "郭林宗亦主張他." 曰: "林宗何足憑! 且如元德秀在唐時也非細. 及就『文粹』上看, 他文章乃是說佛."【南升】[224]

35:65 "▲[225]犯而不校", 是成德事. 孟子"三自反", 卻有着力處. 學者莫若且理會自反, 卻見得自家長短. 若遽學不校, 卻恐儱侗, 都無是非曲直, 下梢於自己分卻恐無益.【端蒙】

35:66 ▲[226]問: ▲[227]常持不校之心, 如何?" 曰: "此只看一箇公私大小, 故伊川云: '有當較者, 順理而已.'"【方子】

---

220) 我弱你强: 英祖刊本·成化本·賀本에서는 我强你弱으로 되어 있고, 孝宗刊本에서는 我弱你弱으로 되어 있다.

221) ▲: 子善

222) 波: 成化本에서는 陂로 되어 있다.

223) 撓: 成化本에서는 橈로 되어 있다.

224) 亞夫問 …【南升】: 徽州本에는 없다.

225) ▲: 顔子

226) ▲: 或

227) ▲: "'犯而不校.' 若

35:67 ▲[228]丈夫當容人, 勿爲人所容.【▲[229] ○子蒙】

35:68 問: "如此, 已是無我了. 『集注』曰'非幾於無我者不能', 何也?" 曰: ▲[230]顔子▲[231]但是不以我去壓人, ▲[232]尙有箇人與我相對在. 聖人和人我都無."【義剛】

35:69 問: ▲[233]'幾'字, 莫只是就'從事'一句上可見耶, 抑倂前五句皆可見耶? '犯而不校', 則亦未能無校, 此可見非聖人事矣." 曰: "顔子正在着力·未着力之間, 非但此處可見, 只就'從事'上看, 便分明, 不須更說無校也."

「曾子曰可以託六尺之孤章」

35:70 聖人言語自渾全溫厚. 曾子便恁地剛, 有孟子氣象. 如"可以託六尺之孤, 可以寄百里之命, 臨大節而不可奪"等語, 見得曾子直是峻厲!【淳】

35:71 問: ▲[234] 不知可見得伊·周事否?[235]" 曰: "伊·周亦未足道此. 只說有才志氣節如此, 亦可爲君子之事." 又問: "下此一等, 如平·勃之入北軍, 迎代王, 霍將軍之擁◇[236], 立宣, 可當此否?" 曰: "這

---

228) ▲: 大
229) ▲: "顔子犯而不校."
230) ▲: "聖人則全是無我,
231) ▲: 卻
232) ▲: 卻
233) ▲: "'幾於無我',
234) ▲: "'可以託六尺之孤'云云,
235) 不知可見得伊·周事否?: 徽州本에서는 이 앞에 『注』言其才輔幼君, 攝國政, 其節至於死生之際不可奪, 此處가 더 들어 있다.
236) ◇: 昭

也隨人做. 聖人做出, 是聖人事業, 賢人做出, 是賢人事業, 中人以上, 是中人以上事業. 這通上下而言. '君子◇[237]與? 君子人也.' 上是疑詞. 平[238]平・勃當時, 這處也未見得. 若誅諸呂不成, 不知果能死節否? 古人這處怕亦是幸然如此. 如欒殺許后事, 光後來知, 卻含胡過. 似這般所在, 解'臨大節而不奪'否, 恐未必然." ▲[239]

35:72[240] ▲[241]問: ▲[242] 此本是兼才節說, 然緊要處卻在節操上." 曰: "不然. 三句都是一般說. 須是才節兼全, 方謂之君子. 若無其才而徒有其節, 雖死何益. 如受人託孤之責, 自家雖無欺之之心, 卻被別人欺了, 也是自家不了事, 不能受人之託矣. 如受人百里之寄, 自家雖無竊之之心, 卻被別人竊了, 也是自家不了事, 不能受人之寄矣. 自家徒能'臨大節而不可奪', 卻▲[243]只是箇枉死漢! 濟得甚事! 如晉之荀息是也. 所謂君子者, 豈是斂手並[244]脚底村人耶! 故伊川說: '君子者, 才德出衆之名.' 孔子曰: '君子不器.' 既曰君子, 須是事事理會得方可.

---

237) ◇: 人
238) 平: 『朱子語類』에서는 如로 되어 있다.
239) ▲: 因言: "今世人多道東漢名節無補於事. 某謂三代而下, 惟東漢人才, 大義根於其心, 不顧利害, 生死不變其節, 自是可保. 未說公卿大臣, 且如當時郡守懲治宦官之親黨, 雖前者既爲所治, 而來者復蹈其跡, 誅殛竄戮, 項背相望, 略無所創. 今士大夫顧惜畏懼, 何望其如此! 平居暇日琢磨淬厲, 緩急之際, 尙不免於退縮. 況遊談聚議, 習爲軟熟, 卒然有警, 何以得其仗節死義乎! 大抵不顧義理, 只計較利害, 皆奴婢之態, 殊可鄙厭!" 又曰: "東坡議論雖不能無偏頗, 其氣節直是有高人處. 如說孔北海・曹操, 使人凜凜有生氣!" 又曰: "如前代多有幸而不敗者. 如謝安, 桓溫入朝, 已自無策, 從其廢立, 九錫已成, 但故爲延遷以俟其死. 不幸而病小甦, 則將何以處之! 擁重兵上流而下, 何以當之! 於此看, 謝安果可當仗節死義之資乎?" 寓曰: "坦之倒持手板, 而安從容閑雅, 似亦有執者." 曰: "世間自有一般心膽大底人. 如廢海西公時, 他又不能拒, 廢也得, 不廢也得, 大節在那裏!"【寓 ○砥錄略.】
240) 35:72: 『小分』에서는 항목을 표시하는 ○을 가필하여 넣었다.
241) ▲: 正卿
242) ▲: "'可以託六尺之孤', 至'君子人也',
243) ▲: 不能了得他事, 雖能死, 也
244) 並: 賀本에서는 束으로 되어 있다.

若但有節而無才, 也喚做好人, 只是不濟得事."【僴[245]】

35:73 ▲[246] "'百里之命', 只是命令之'命.' ▲[247] "霍光亦當得上面兩句, 至如許后之事, 則大節已奪了." ▲[248]"資質高底, 也都做得, 學問到底, 也都做得. 大抵是上兩句易, 下一句難. 譬如說'有猷, 有爲, 有守', 託孤寄命是有猷・有爲, '臨大節而不可奪', 卻是有守. 霍光雖有爲, 有猷矣, 只是無所守."【恪】

35:74 "託六尺之孤, 寄百里之命", 是才, "臨大節不可奪", 是德. 如霍光可謂有才, 然其毒許后事, 便以愛奪了. 燕 慕容恪是慕容暐之霍光, 其輔幼主也好. 然知慕容評當去而不去之, 遂以亂國, 此也未是. 惟孔明能之.【賜 ○夔孫同.】

35:75 ▲[249] "所謂君子, 這三句都是不可少◇[250] 若論文勢, 卻似'臨大節▲[251]'一句爲重. 然[252]須▲[253]有▲[254]'託六尺之孤, 寄百里之命', 卻'臨大節而不可奪', 方足以爲君子. 此所以有結語也."【燾】

35:76 ▲[255]問: ▲[256] 如荀息之徒, 僅能死節而不能止難, 要亦不可

245) 僴: 徽州本에서는 恪으로 되어 있다.

246) ▲: 正卿問"託六尺之孤"一章. 曰:

247) ▲: '託六尺之孤', 謂輔幼主, '寄百里之命', 謂攝國政." 曰: "如霍光當得此三句否?" 曰:

248) ▲: 曰: "託孤寄命, 雖資質高者亦可及, '臨大節而不可奪', 非學問至者恐不能." 曰:

249) ▲: 問"君子人與? 君子人也." 曰:

250) ◇: 底.

251) ▲: 不可奪

252) ▲: 而

253) ▲: 是

254) ▲: 上面

255) ▲: 問: "'可以託六尺之孤, 可以寄百里之命', 又能'臨大節而不可奪', 方可謂之君子. 是如此看否?" 曰: "固是." 又

謂之君子." 曰: "也是不可謂之君子."【義剛】

35:77 問: "胡文定以荀息爲'可以託六尺之孤, 寄百里之命, 臨大節而不可奪', 如何?" 曰: "荀息▲[257]是不可以託孤寄命了." 問: "聖人書荀息, 與孔父·仇牧同辭, 何也?" 曰: "聖人也且是要好[258]得箇君臣大義."【夔孫】

35:78 ▲[259] "有德而有才, 方見於用. 如有德而無才, 則不能爲用, 亦何足爲君子."【▲[260] ○燾】

「曾子曰士不可以不弘毅章」

35:79 ▲[261] '弘'雖是寬廣, ▲[262]只把做度量寬容看了, 便不得. ▲[263]如'執德不弘'之'弘', 便見此'弘'字, 謂如[264]人有許多道理. 及至學來, 下梢卻做得狹窄了, 便是不弘. 蓋緣只以己爲是, 凡他人之言, 便做說得天花亂墜, 我亦不信, 依舊只執己是, 可見其狹小, 何緣得弘? 須是不可先以別人爲不是, 凡他人之善, 皆有以受之. 集衆善之謂弘." 伯豐問: "是'寬以居之'否?" 曰: "然. 如'人能弘道', 卻是以弘爲開廓, '弘'字卻是作用."【螢 ○專論"弘."】

35:80 ▲[265] "弘是寬廣, 事事着得. 道理也着得, 事物也着得, 事物

---

256) ▲: "若徒能'臨大節不可奪', 而才力短淺, 做事不得,
257) ▲: 便
258) 好: 『朱子語類』에서는 存으로 되어 있다.
259) ▲: 問"君子才德出衆之名." 曰:
260) ▲: "君子人與"章伊川說
261) ▲: "'弘毅'二字,
262) ▲: 卻被人
263) ▲: 且
264) 如: 賀本에서는 爲로 되어 있다.

逆來也着得, 順來也着得, 富貴也着得, 貧賤也着得. 看甚麽物事來, 掉在裏面, 都不見形影了."【僩】

35:81 "弘"字, 只對[266]"隘"字看[267], ▲[268] 如看文字◇[269], 只執一說, 見衆說皆不復取, 便是不弘. 若是弘底人, 便包容衆說, 又非是於中無所可否. 包容之中, 又爲判別, 此便是弘.【植】[270]

35:82 弘, 有耐意[271]. 如有一行之善, 便道我善了, 更不要進, 能些小好事, 便以爲只如此足矣, 更不向前去, 皆是不弘之故. 如此其小, 安能擔當得重任!【淳】

35:83 ▲[272] 不但是放令公平寬大, 容受得人, 須是容受得許多衆理. 若執着一見, 便自以爲是, 他說更入不得, 便是滯於一隅, 如何得弘. 須是容受軋捺得衆理, 方得."【謙之】

35:84 ▲[273]問: "弘是心之體? 毅是心之力?" 曰: "心體是多少大! 大而天地之理, 纔要思量, 便都在這裏. 若是世上淺心私己底人, 有一兩件事, 便着不得."【賀孫】

35:85 問: "▲[274]弘?" 曰: "計較小小利害, 小小得失, 褊隘, 如公欲執

265) ▲: 問"'弘毅'之'弘.'" 曰:
266) 對: 賀本에서는 將으로 되어 있다.
267) "弘"字, 只將"隘"字看: 徽州本에서는 "弘" 앞에 先生又云이 더 들어 있다.
268) ▲: 便見得.
269) ◇: 相似
270)【植】: 徽州本에는【時學錄略同.】으로 되어 있다.
271) 弘, 有耐意: 徽州本에서는 "弘" 앞에 問『集注』非弘不能勝其重曰이 더 들어 있다.
272) ▲: 所謂"弘"者,
273) ▲: 恭甫
274) ▲: 如何是

兩事終身行之, 皆是不弘. 說道自家不敢承當, 說道且據自己所見, 皆是不弘."【節】

35:86 ▲275)曾子一箇人, 只恁地, 他肚裏卻着得無限. 今人微有所得, 欣然自以爲得.【祖道】

35:87 毅, 是立脚處堅忍强厲, 擔負得去底意.【升卿 ○以下兼論"毅."】

35:88 ▲276)問: ▲277)毅, 是勝得箇重任." 曰: "弘乃能勝得重任, 毅便是能擔得遠去. 弘而不毅, 雖勝得任, 卻恐去前面倒了."【時擧】

35:89 ▲278)不是寬容人, 乃寬容得義理耳. 毅字279), 曾子以任重言之. 人之狹隘者, 只守得一義一理, 便自足. 旣滯一隅, 卻如何能任重. 必能容納呑受得衆理, 方是弘也."【必大】

35:90 ▲280) "弘, ▲281) 如無底之谷, 擲一物於中, 無有窮盡. 若有滿足之心, 便不是弘. 毅, 是忍耐持守, 着力去做."【義剛】

35:91 問"弘毅." 曰: "弘是寬廣耐事, 事事都着得. 道理也著得多, 人物也著得多. 若著得這一箇, 著不得那一箇, 便不是弘. 且如有兩人相爭, 須是寬著心都容得, 始得. 若便分別一人是, 一人非, 便不得. 或兩人都是, 或兩人都非, 或是者非, 非者是, 皆不可知. 道理自是箇

---

275) ▲: "士不可以不弘毅." 這
276) ▲: 敬之
277) ▲: "弘, 是容受得衆理,
278) ▲: 問: "弘是寬容之義否?" 曰: "固是. 但
279) 毅字: 『朱子語類』에서는 弘字로 되어 있다.
280) ▲: 仲蔚問"弘毅." 曰:
281) ▲: 不只是有度量・能容物之謂, 正是'執德不弘'之'弘.' 是無所不容, 心裏無足時, 不說我德已如此便住.

大底物事, 無所不備, 無所不包. 若小著心, 如何承載得起. 弘了卻要毅. 弘則都包得在裏面了, 不成只恁地寬廣. 裏面又要分別是非, 有規矩, 始得. 若只恁地弘, 便沒倒斷了. '任重', 是擔子重, 非如任天下之'任.'"【又曰: "若纔小著這心, 便容兩箇不得. 心裏只著得一箇, 這兩箇便相柱[282]礙在這裏, 道理也只著得一說, 事事都只著得一邊."[283] ○僩】

35:92 問: "▲[284]弘毅▲[285] 不知爲學工夫久, 方會恁地, 或合下工夫便著恁地?" 曰: "便要恁地. 若不弘不毅, 難爲立脚." 問: "人之資稟偏駁, 如何便要得恁地?" 曰: "旣知不弘不毅, 便警醒令弘毅, 如何討道理教他莫恁地! 弘毅處固未見得, 若不弘不毅處, 亦易見. 不弘, 便急迫狹隘, 不容物, 只安於卑陋. 不毅, 便倒[286]東倒西, 旣知此道理當恁地, 旣不能行, 又不能守, 知得道理不當恁地, 卻又不能割捨. 除卻不弘, 便是弘, 除了不毅, 便是毅. 這處亦須是見得道理分曉, 磊磊落落. 這箇都由我處置, 要弘便弘, 要毅便毅. 如多財善賈, 須多蓄得在這裏, 看我要買也得, 要賣也得. 若只有十文錢在這裏, 如何處置得去!" 又曰: "聖人言語自渾全溫厚, 曾子便有圭角. 如'士不可以不弘毅', 如'可以託六尺之孤'云云, 見得曾子直是恁地剛硬! 孟子氣象大抵如此." 【寓 ○▲[287]】

---

282) 柱: 『朱子語類』에서는 拄로 되어 있다.
283) 又曰: "若纔小著這心 … 事事都只著得一邊": 賀本에서는 본문으로 되어 있다.
284) ▲: 曾子
285) ▲: 處,
286) 倒: 『朱子語類』에서는 傾으로 되어 있다.
287) ▲: 淳錄云: "徐問: '弘毅是爲學工夫久方能如此? 抑合下便當如此?' 曰: '便要弘毅, 皆不可一日無.' 曰: '人之資稟有偏, 何以便能如此?' 曰: '只知得如此, 便警覺那不如此, 更那裏別尋討方法去醫治他! 弘毅處亦難見, 不弘不毅卻易見. 不弘, 便淺迫, 便窄狹, 不容物, 便安於卑陋. 不毅, 便倒東墜西, 見道理合當如此, 又不能行, 不能守, 見道理不當如此, 又不能捨, 不能去. 只除了不弘, 便是弘, 除了不毅, 便是毅. 非別討一弘毅來. 然亦須是見道理極分曉, 磊磊落落在這裏, 無遁惰病痛來, 便都由自家處置, 要弘便弘, 要毅便毅. 如多財善賈, 都蓄在這裏, 要買便買, 要賣便賣. 若止有十文錢在此, 則如何處置得!' 砥錄云: "居父問: '士不可不弘毅. 學者合下當便弘毅, 將德盛業成而後至此?' 曰: '合下便當弘毅,

35:93 ▲[288] "弘是事事著得, 如進學也要弘, 接物也要弘, 事事要弘. 若不弘, 只是見得這一邊, 不見那一邊, 便是不弘. 只得些了便自足, 便是不弘. 毅卻是發處勇猛, 行得來强忍, 是他發用處." 問: "後面只說'仁以爲己任', 是只成就這箇仁否?" 曰: "然. 許多道理也只是這箇仁, 人也只要成就這箇仁, 須是擔當得去." 又問: "'死而後已', 是不休歇否?" 曰: "然. 若不毅, 則未死已前, 便有時倒了. 直到死方住." 又曰: "古人下字各不同. 如'剛・毅・勇・猛'等字, 雖是相似, 其義訓各微不同, ▲[289]【僩】

35:94 ▲[290] 須是認得箇仁, 又將身體驗之, 方眞箇知得這擔子重, 眞箇是難. 世間有兩種. 有一種全不知者, 固全無摸索處, 又有一種知得仁之道如此大, 而不肯以身任之者. 今自家全不曾擔著, 如何知得他重與不重. 所以學不貴徒說, 須要實去驗而行之, 方知.【僩】

35:95 ▲[291] "曾子之學, 大抵如孟子之勇. 觀此弘毅之說, 與夫'臨大節不可奪', 與▲[292]'彼以其富, 我以吾仁'之說, 則其勇可知. 若不勇, 如何主張得聖道住! 如『論語』載▲[293] '以能問於不能', 則見曾子弘處, 又言'臨大節不可奪', 則見他毅處. 若孟子只得他剛處, 卻少弘大底氣象."【謨】

35:96 弘而不毅, 如◇[294]龜山之學者, 其流與世之常人無以異. 毅

不可一日無也.' 又問: '如何得弘毅?' 曰: '但只去其不弘不毅, 便自然弘毅. 弘毅雖難見, 自家不弘不毅處卻易見, 常要檢點. 若卑狹淺隘, 不能容物, 安於固陋, 便是不弘. 不毅處病痛更多. 知理所當爲而不爲, 知不善之不可爲而不去, 便是不毅.' 又曰: '孔子所言, 自渾全溫厚, 如曾子所言, 便有孟子氣象.'"

288) ▲: 問"士不可以不弘毅." 曰:
289) ▲: 如適間說'推'與'充'相似."
290) ▲: "仁以爲己任, 不亦重乎! 死而後已, 不亦遠乎!"
291) ▲: "士不可以不弘毅", 毅者, 有守之意. 又云:
292) ▲: 孟子
293) ▲: 曾子之言先一章云,

而不弘, 如胡氏門人, 都恁地撐腸拄肚, 少間都沒頓着處.【賀孫】

35:97 ▲[295] 毅, 强忍也, 如云"擾而毅", 是馴擾而卻毅, 强而有守底意思. "弘"字, 如今講學, 須大著箇心, 是者從之, 不是者也且寬心去究. 而今人才得一善, 便說道自家底是了, 別人底都不是, 便是以先入爲主了, 雖有至善, 無由見得. 如"執德不弘", 須是自家要弘, 始得. 若容民蓄衆底事, 也是弘, 但是外面事. 而今人說"弘"字, 多做容字說了, 則這"弘"字裏面無用工處. ▲[296] "弘是開闊周遍."【夔孫 ○『集注』】

35:98 程子▲[297]"寬廣", 最說得好. 此[298]是儘耐得, 工夫不急迫. 如做一事[299], 今日做未得, 又且耐明日做.【夔孫】

35:99 問: "毅訓'强忍.' 粗而言之, 是硬擔當著做將去否? 楊氏作力行說, 正此意, ▲[300]說得不猛厲明白, 若不足以形容'毅'字氣象. 至程子所謂'弘而無毅, 則無規矩而難立', 其說固不可易. 第恐'毅'字▲[301]非可以有規矩言之, ▲[302] 曰: "毅有忍耐意思. 程子所云無規矩, 是說目今, 難立, 是說後來."【必大】

35:100 ▲[303] "重擔子, 須是硬着脊梁骨, 方擔荷得去!"【燾】

294) ◇: 近世
295) ▲: 弘, 寬廣也, 是事要得寬闊.
296) ▲: 可以此意推之. 又云:
297) ▲: 說"弘"字曰
298) 此: 賀本에서는 毅로 되어 있다.
299) 事: 賀本에서는 件으로 되어 있다.
300) ▲: 但
301) ▲: 訓義,
302) ▲: 如何?"
303) ▲: "士不可以不弘毅." 先生擧程先生語曰:

「興於『詩』章」

35:101 ▲[304] "'興於『詩』', 便是箇小底 , '立於禮,[305] 成於樂', 便是箇大底. '興於『詩』', 初間只是因他感發興起得來, 到成處, ▲[306]自然▲[307]恁地." ▲[308] "古人自少時習樂, 誦『詩』, 學舞, 不是到後來方始學『詩』, 學禮, 學樂. 如云: '興於『詩』, 立於禮, 成於樂', 非是初學有許多次第, 乃是到後來方能如此, 不是說用工夫次第, 乃是得效次第如此." ▲[309] "到得'成於樂', 是甚次第, 幾與理爲一. 看有甚放僻邪侈, 一齊都滌盪得盡, 不留些子. '興於『詩』', 是初感發這些善端起來, 到'成於樂', 是刮來刮去, ▲[310]毫髮不善, 都盪滌得盡了, 這是甚氣象!" ▲[311] "後世去古旣遠, 禮樂蕩然, 所謂'成於樂'者, 固不可得. 然看得來只是讀書理會道理, 只管將來涵泳, 到浹洽貫通熟處, 亦有此意思." 致道云: "讀『孟子』熟, 儘有此意." 曰: "也是. 只是『孟子』較感發得麤, 其他書都是如此." 賀孫因云: "如『大學傳』'知止'章及'齊家'章引許多『詩』語, 涵泳得熟, 誠有不自已處." 【賀孫】

35:102 ▲[312] "『詩』·禮·樂, 初學時都已學了. 至得力時, 卻有次第. 樂者, 能動盪人之血氣, 使人有些小不善之意都着不得, 便純是天理, 此所謂'成◇[313].' 譬如人之服藥, 初時一向服了, 服之旣久, 則耳聰目明, 各自得力. 此興『詩』·立禮·成樂所以有先後也." 【時擧】

---

304) ▲: 或問"興於『詩』, 立於禮, 成於樂." 曰:

305) '立於禮,: 孝宗刊本·英祖刊本에서는 成於樂으로 되어 있고, 徽州本에는 없다.

306) ▲: 卻是

307) ▲: 後

308) ▲: 又曰:

309) ▲: 又曰:

310) ▲: 凡有

311) ▲: 又曰:

312) ▲: 亞夫問此章. 曰:

313) ◇: 於樂

35:103 古人學樂, 只是收斂身心, 令入規矩, 使心細而不麤, 久久自然養得和樂出來. ▲314) "『詩』·禮·樂, ▲315) 本一齊去學了, 到成就得力處, 卻有先後. 然'成於樂', 又見無所用其力."【升卿】

35:104 ▲316) 聖人做出這一件物事來, 使學者聞之, 自然歡喜, 情願上這一條路去, 四方八面攛掇他去這路上行.【廣】

35:105 ▲317)問: "'興於『詩』, 立於禮, 成於樂', 覺得和悅之意多." 曰: "先王教人之法, 以樂官爲學校之長, 便是教人之本末都在這裏."【時擧】

35:106 ▲318) "到得'成於樂', ▲319)是大段極至."【賀孫】

35:107 只是這一心, 更無他說. "興於『詩』", 興此心也, "立於禮", 立此心也, "成於樂", 成此心也. 今公讀『詩』, 是興起得箇甚麽?【僩】

35:108 ▲320) "樂有五音六律, 能通暢人心. 今之樂雖與古異, 若無此音律, 則不得以爲樂矣." 力行因擧『樂記』云: "耳目聰明, 血氣和平." 曰: "須看所以聰明·和平如何, ▲321)【力行】

35:109 ▲322) "而今作俗樂聒人, 也聒得人動. 況先王之樂, 中正平

314) ▲: 又曰:
315) ▲: 古人學時,
316) ▲: "興於『詩』, 立於禮, 成於樂."
317) ▲: 敬之
318) ▲: 正卿說"興於『詩』, 立於禮, 成於樂." 曰:
319) ▲: 自不消恁地淺說. '成於樂'
320) ▲: 或問"成於樂." 曰:
321) ▲: 不可只如此說過."
322) ▲: "成於樂." 曰:

和, 想得足以感動人!"【燾】

35:110 問: ▲[323] 禮尙可依禮經服行. 『詩』・樂皆廢, 不知興『詩』成樂, 何以致之." 曰: "豈特『詩』・樂無! 禮也無. 今只有義理在, 且就義理上講究. 如分別得那是非邪正, 到感慨處, 必能興起其善心, 懲創其惡志, 便是'興於『詩』'之功. 涵養德性, 無斯須不和不樂, 直恁地和平, 便是'成於樂'之功. 如禮, 古人這身都只在禮之中, 都不由得自家. 今旣無之, 只得硬做些規矩, 自恁地收拾. 如『詩』, 須待人去歌誦. 至禮與樂, 自抨[324]定在那裏, 只得自去做. 荀子言: '禮樂法而不說.' 更無可說, 只得就他法之而已. ▲[325]此語甚好." 又問: "'志於道, 據於德, 依於仁', 與此相表裏否?" 曰: "也不爭多, 此卻有游藝一脚字[326]." 【寓○▲[327]】

35:111 "興於『詩』", 此二[328]句上一字, 謂成功而言也, 非如'志於道'

---

323) ▲: "'立於禮',
324) 抨: 賀本에서는 稱으로 되어 있다.
325) ▲: 荀子
326) 字: 『朱子語類』에서는 子로 되어 있다.
327) 淳錄云: "徐問: '〈立於禮〉, 猶可用力. 詩今難曉, 樂又無, 何以興成乎?' 曰: '今旣無此家具, 只有理義在, 只得就理義上講究. 如分別是非到感慨處, 有以興起其善心, 懲創其惡志, 便是〈興於『詩』〉之功也. 涵養和順, 無斯須不和不樂, 恁地和平, 便是〈成於樂〉之功也. 如禮, 今亦無, 只是便做些規矩, 自恁地收斂. 古人此身終日都在禮之中, 不由自家. 古人〈興於『詩』〉, 猶有言語以諷誦. 禮, 全無說話, 只是恁地做去. 樂, 更無說話, 只是聲音節奏, 使人聞之自然和平. 故孔・荀子曰: 〈禮樂法而不說〉.' 曰: '此章與〈志於道〉相表裏否?' 曰: '彼是言德性道理, 此是言事業功夫. 此卻是〈游於藝〉脚子.'" 道夫錄云: "居父問: '〈立於禮〉猶可用力. 『詩』・樂旣廢, 不知今何由興成之?' 曰: '旣無此家具, 也只得以義理養其心. 若精別義理, 使有以感發其善心, 懲創其惡志, 便是〈興於『詩』〉. 涵養從容, 無斯須不和不樂, 便是〈成於樂〉. 今禮亦不似古人完具, 且只得自存箇規矩, 收斂身心. 古人終日只在禮中, 欲少自由, 亦不可得.' 又曰: '詩猶有言語可諷誦. 至於禮, 只得夾定做去. 樂, 只是使他聲音節奏自然和平, 更無說話. 荀子又云: 〈禮樂法而不說〉. 只有法, 更無說也.' 或問: '此章與〈志道・據德・依仁・游藝〉如何?' 曰: '不然. 彼就德性上說, 此就工夫上說, 只是游藝一脚意思.'"

四句上一字, 以用功而言也.【椿】

35:112 ▲[329]問: "'興於『詩』'與'游於藝', 先後不同, ▲[330] 曰: "'興・立・成', 是言其成, '志・據・依・游', 是言其用功處. ▲[331] 但『詩』較感發人, 故在先. 禮則難執守, 這須常常執守是[332]得. 樂則如太史公所謂'動盪血氣, 流通精神'者, 所以涵養前所得也." 問: "'消融查[333]滓'▲[334] 曰: "查[335]滓是他勉强用力, 不出於自然, 而不安於爲之之意, 聞樂則可以融化了. ▲[336]【義剛】

35:113 子壽言: ▲[337]'興於『詩』.' ▲[338] '『詩』, 可以興.' 蓋『詩』者, 古人所以詠歌情性, 當時人一歌詠[339]其言, 便能了其義, 故善心可以興起. 今人須加訓話[340], 方理會得, 又失其歌詠之律, 如何一去看看[341], 便能興起善意? 以今觀之, 不若熟理會『論語』, 方能興起善意也."【大雅】

35:114 問: ▲[342]聲音節奏之末, 如何便能使'義精仁熟, 和順於道德'?" 曰: "人以五聲十二律爲樂之末, ▲[343] 若不是五聲十二律, 如何

---

328) 二: 英祖刊本・成化本・賀本에서는 三으로 되어 있다.
329) ▲: 仲蔚
330) ▲: 如何?"
331) ▲:【夔孫錄云: "'志・據・依', 是用力處, '興・立・成', 是成效處."】
332) 是: 賀本에서는 始로 되어 있다.
333) 查: 賀本에서는 渣로 되어 있다.
334) ▲: 如何?"
335) 查: 賀本에서는 渣로 되어 있다.
336) ▲: 然樂, 今卻不可得而聞矣."
337) ▲: "『論語』所謂
338) ▲: 又云:
339) 詠: 賀本에서는 咏으로 되어 있다.
340) 話: 英祖刊本・成化本・賀本은 詁로 되어 있다.
341) 看: 英祖刊本・成化本・賀本은 著로 되어 있다.
342) ▲: "『注』言'樂有五聲十二律'云云, '以至於義精仁熟, 而自和順於道德', 不知

見得這樂? 便是無樂了. ▲[344] 五聲十二律, 皆有自然之和氣. 古樂▲[345]聲律今亦難見. 然今之歌曲, 亦有所謂五聲十二律, 方做得曲, 亦似古樂一般. 如彈琴亦然. 只他底是邪, 古樂是正, ▲[346] 又問: "五聲十二律, 作者非一人, 不知如何能和順道德?" 曰: "如金石絲竹, 匏土革木, 雖▲[347]有許多, 卻打成一片. 淸濁高下, 長短小大[348], 更唱迭和, 皆相應, 渾成一片, 有自然底和氣, ▲[349] 不是各自爲節奏. 歌者, 歌此而已, 舞者, 舞此而已. 所以聽之可以和順道德者, 須是先有興『詩』·立禮工夫, 然後用樂以成之." 問: "古者'十有三年學樂誦『詩』, 二十▲[350] 始學禮', 與這處不同, ▲[351] 曰: "這處是大學終身之所得. 如十歲學幼儀, 十三學樂·誦『詩』, 從少[352]時皆學一番了, 做箇骨子在這裏. 到後來方得他力. 禮, 小時所學, 只是學事親事長之節, 乃禮之小◇[353]到二十, 所學乃是朝廷·宗廟之禮, 乃禮之大者. 到'立於禮', 始得禮之力. 樂, 小者[354]亦學了. 到'成於樂'時, 始得樂之力. ▲[355] 『詩』, 卻是初間便得力, 說善說惡卻易曉, 可以勸, 可以戒. 禮只捉住在這裏, 樂便難精. 【淳錄云: "直是工夫至到, 方能有成."】 『詩』有言語可讀, 禮有節文可守. 樂是他人作, 與我有甚相關? 如人唱曲好底, 凡有聞者, 人人皆道好. 樂雖作於彼, 而聽者自然竦動感發, 故能

---

343) ▲:【淳錄云: "不可謂樂之末."】
344) ▲:【淳錄云: "周旋揖遜, 不可謂禮之末. 若不是周旋揖遜, 則爲無禮矣, 何以見得禮?"】
345) ▲: 不可見, 要之
346) ▲: 所以不同."
347) ▲: 是
348) 小大: 賀本에서는 大小로 되어 있다.
349) ▲:【淳錄云: "所以聽之自能'義精仁熟, 和順於道德.' 樂於歌舞, 不是各自爲節奏. 樂只是此一節奏, 歌亦是此一節奏, 舞亦是此一節奏."】
350) ▲: 而冠,
351) ▲: 如何?"
352) 少: 『朱子語類』에서는 小로 되어 있다.
353) ◇: 者. 年
354) 者: 『朱子語類』에서는 時로 되어 있다.
355) ▲: 不是大時方去學.

義精仁熟, 而和順道德. 舜命夔曲樂, '教胄子, 直而溫, 寬而栗, 剛而無虐, 簡而無傲', 定要教他恁地. 至其教之之具, 又卻在於'詩言志, 歌永言, 聲依永, 律和聲'處. 五聲十二律不可謂樂之末, 猶揖遜周旋, 不可謂禮之末. 若不是揖遜周旋, 又如何見得禮▲356) 又問: "成於樂處, 古人之學有可證者否?" 曰: "不必恁地支離. 這處只理會如何是'興於『詩』', 如何是'立於禮', 如何是'成於樂.' 律呂雖有十二, 用時只用七箇, ◇357) 如邊頭寫不成字者, 即是古之聲律. 若更添一聲, 便不成樂." 【寓 ○『集注』】

35:115 ▲358) "『書』所謂'聲依永, 律和聲', 蓋人聲自有高下, 聖人制五聲以括之. 宮聲洪濁, 其次爲商, 羽聲輕清, 其次爲徵, 清濁洪纖之中爲角, 此五聲之別, 以括人聲之高下. 聖人又制十二律以節五聲, 故五聲中又各有高下, 每聲又分十二等. 謂如以黃鍾爲宮, 則是太簇爲商, 姑洗爲角, 林鍾爲徵, 南呂爲羽. 還至無射爲宮, 便是黃鍾爲商, 太簇爲角, 中呂爲徵, 林鍾爲羽. 然而無射之律只長四寸六七分, ▲359)黃鍾長九寸, 太簇長八寸, 林鍾長六寸, 則宮聲概下面商・角・羽三聲不過. 故有所謂四清聲, 夾鍾・大呂・黃鍾・太簇是也. 蓋用其半數, 謂如黃鍾九寸只用四寸半, 餘三律亦然. 如此, 則宮聲可以概之, 其聲和矣. 不然, 則其聲不得其和. 看來十二律皆有清聲, 只說四者, 意其取數之甚多者言之, 餘少者尙庶幾焉. 某人取其半數爲子聲, 謂宮律之短, 餘則用子聲. 某人又破其說曰: '子聲非古有也.' 然而不用子聲, 則如何得其和? 畢竟須着用子聲. 想古人亦然, 但無可考耳. 而今俗樂多用夾鍾爲黃鍾之宮, 蓋向上去聲愈淸故也." 又云: "今之琴, 第六七絃360)是淸聲. 如第一二絃361)以黃鍾爲宮, 太簇爲商, 則第

356) ▲: 在那裏!"

357) ◇: 自皇鍾下生至姑洗, 便住了. 若更要揷一箇, 便拗了. 如今之作樂, 亦只用七箇.

358) ▲: 問: "『注』云'樂有五聲十二律, 更唱迭和', 恐是迭爲賓主否?" 曰:

359) ▲: 而

六七絃[362]卽是黃鍾·太簇之淸, 蓋只用兩淸聲故也."【燾】

35:116 ▲[363]問: "謝氏謂'樂則存養其善心, 使義精仁熟, 自和順於道德, 遺其音而專論其意', 如何?" 曰: "'樂'字內自括五音六律了. 若無五音六律, 以何爲樂?"【必大 ○『集注』】

「民可使由之章」

35:117 問"民可使由之." 曰: "所謂[364]'雖是他自有底, 卻是聖人使之由.' 如'道之以德, 齊之以禮', '敎以人倫, ▲[365] 豈不是'使之由.'" 問"不可使知之." 曰: "不是愚黔首, 是不可得而使之知也. 呂氏謂'知之未至, 適所以啓機心而生惑志', 說得是." 問: "此不知與'百姓日用不知'同否?" 曰: "彼是自不知, 此是不能使之知."【淳】

35:118 植云: "民可使之仰事俯育, 而不可使之知其父子之道爲天性, 可使之奔走服役, 而不可使之知其君臣之義爲當然." ▲[366] 先生云: ▲[367]看得▲[368]無甚走作."【植】

35:119 ▲[369]問"民可使由之, 不可使知之." 曰: "聖人只使得人孝, 足矣, 使得人弟, 足矣, 卻無緣又上門逐箇與他解說所以當孝者是如

---

360) 絃: 賀本에서는 弦으로 되어 있다.
361) 絃: 賀本에서는 弦으로 되어 있다.
362) 絃: 賀本에서는 弦으로 되어 있다.
363) ▲: 正淳
364) 謂: 成化本에서는 由로 되어 있다.
365) ▲: 父子有親, 君臣有義, 夫婦有別, 長幼有序, 朋友有信',
366) ▲: 及諸友擧畢,
367) ▲: "今晩五人
368) ▲: 都
369) ▲: 或

何, 所以當弟者是如何, 自是無緣得如此. 頃年張子韶之論, 以爲: '當事親, 便當體認取那事親者是何物, 方識所謂仁, 當事兄, 便當體認取那事兄者是何物, 方識所謂義.' 某說, 若如此, 則前面方推這心去事親, 隨手又便去背後尋摸取這箇仁, 前面方推此心去事兄, 隨手又便著一心去尋摸取這箇義, 是二心矣. 禪家便是如此, 其爲說曰: '立地便要你究得, 坐[370]地便要你究得.' 他所以撐眉努眼, 使棒使喝, 都是立地便拶教你承當識認取, 所以謂之禪機. 若必欲使民知之, 少間便有這般病. 某嘗擧子韶之說以問李先生曰: '當事親, 便要體認取箇仁, 當事兄, 便要體認取箇義. 如此, 則事親事兄卻是沒緊要底事, 且姑借此來體認取箇仁義耳.' 李先生笑曰: '不易, 公看得好.'" ▲[371]問: "上蔡愛說箇'覺'字, 便是有此病了." 曰: "然. 張子韶初間便◇[372]上蔡之說, 只是後來又展上蔡之說, 說得來放肆無收殺耳[373]." 或曰: "南軒初間也有以覺訓人[374]之病." 曰: "大概都是自上蔡處來." ▲[375] "呂氏▲[376] 云: '◇[377], 非以愚民, 蓋知之不至, 適以起機心而生惑志▲[378]亦自好. 所謂機心, 便是張子韶與禪機之說. 方纔做這事, 便又使此心去體認, 少間便啓人機心. 只是聖人說此語時, 卻來[379]有此意在. ▲[380]姑擧之『或問』, 不欲附『集注』." 或曰: "王介甫以爲'不可使知', 蓋[381]聖人愚民之意." 曰: "申·韓·莊·老之說, 便是此意, 以爲聖人置這許多仁義禮樂, 都是殃考人. 『淮南子』有一段說, 武王問太公曰:

---

370) 坐: 賀本에서는 㘸으로 되어 있다.
371) ▲: 或
372) ◇: 是
373) 耳: 賀本에서는 了로 되어 있다.
374) 人: 『小分』에서는 仁을 人으로 고쳤다.
375) ▲: 又曰:
376) ▲: 解'民可使由之, 不可使知之',
377) ◇: 〈不可使知〉
378) ▲: 也.' 此說
379) 來: 『朱子語類』에서는 未로 되어 있다.
380) ▲: 向
381) 蓋: 賀本에서는 盡으로 되어 있다.

‘寡人伐紂, 天下謂臣殺主, 下伐上. 吾恐用兵▲[382] 爭鬪[383]不已, 爲之奈何?’ 太公善王之問, 敎之以繁文滋禮, 以持天下, 如爲三年之喪, 令類不蕃, 厚葬久喪, 以亶【音丹】其家. 其意大概說, 使人行三年之喪, 庶幾生子少, 免得人多爲亂之意, 厚葬久喪, 可以破産, 免得人富以啓亂之意. 都是這般無稽之語!”【僩】

35:120 ▲[384] 舊取楊氏說, 亦未精審. 此章之義, 自與『盤』·『誥』之意不同. 商『盤』只說遷都, 周『誥』只言代商, 此不可不與百姓說令分曉. 況只是就事上說, 聞者亦易曉解. 若義理之精微, 則如何說得他曉!【必大】

「好勇疾貧章」

35:121 “好勇疾貧”, 固是作亂. 不仁之人, 不能容之, 亦必致亂, 如東漢之黨錮.【泳】

「如有周公之才之美章」

35:122 “周公之才之美”, 此是爲有才而無德者言. 但此一段曲折, 自有數般意思, 驕者必有吝, 吝者必有驕. 非只是吝於財, 凡吝於事, 吝於爲善, 皆是. 且以吝財言之, 人之所以要吝者, 只緣我散與人, 使他人富與我一般, 則無可矜誇於人, 所以吝. 某嘗見兩人, 只是無緊要閑事, 也抵死不肯說與人. 只緣他要說自會, 以是驕誇人, 故如此. 因曾親見人如此, 遂曉得這“驕吝”兩字, 只是相匹配得在, 故相靠得在. ▲[385]

---

382) ▲: 不休,
383) 鬪: 『朱子語類』에서는 鬭로 되어 있다.
384) ▲: “民可使由之”一章,

35:123 驕吝, 是挾其所有, 以誇其所無. 挾其所有, 是吝, 誇其所無, 是驕. 而今有一様人, 會得底不肯與人說, 又卻將來驕人.【僩】

35:124 ▲386): "驕卻是枝葉發露處, 吝卻是根本藏蓄處. 且以淺近易見者言之. 如說道理, 這自是世上公共底物事, 合當大家說出來. 世上自有一般人, 自恁地吝惜, 不肯說與人. 這意思是如何? 他只怕人都識了, 卻沒詫異, 所以吝惜在此. 獨有自家會, 別人都不會, 自家便驕得他, 便欺得他. 如貨財也是公共底物事, 合使便着使. 若只恁地吝惜, 合使不使, 只怕自家無了, 別人卻有, 無可强得人, 所以吝惜在此. 獨是自家有, 別人無, 自家便做大, 便欺得他." 又云: "爲是要驕人, 所以吝."【賀孫】

35:125 ▲387) "驕是傲於外, 吝是靳惜於中. 驕者, 吝之所發, 吝者, 驕之所藏."【祖道】

35:126 某昨見一箇人, 學得些子道理, 便都不肯向人說. 其初只是吝, 積蓄得這箇物事在肚裏無柰何, 只見我做大, 便要淩人, 只此是驕.【恪】

35:127 聖人只是平說云, 如有周公之才美而有驕吝, 也連388)得才美功業壞了, 況無周公之才美而驕吝者乎! 甚言驕吝之不可也. 至於程子云: "有周公之德, 則自無驕吝", 與某所說驕吝相爲根本枝葉, 此又是發餘意. ▲389)【賀孫】

385) ▲:【池錄作: "相比配, 相靠在這裏." ○義剛】
386) ▲: 正卿問: "驕如何生於吝?" 曰
387) ▲: 或問"驕吝." 曰:
388) 連:【附箋紙】"連有", "連"字, 未詳.
389) ▲: 解者先說得正意分曉, 然後卻說此, 方得.

35:128 先生云: “一學者來問: ‘伊川云: “驕是氣盈, 吝是氣歉.” 歉則不盈, 盈則不歉, 如何卻云“使驕且吝”?’ 試商量看.” 伯豐對曰: “盈是加於人處, 歉是存於己者. 粗而喩之, 如勇於爲非, 則怯於[390]遷善, 明於責人, 則暗於恕己, 同是一箇病根.” 先生曰: “如人曉些文義, 吝惜不肯與人說, 便是要去驕人. 非驕, 無所用其吝, 非吝, 則無以爲驕.” 【螢】

35:129 ▲[391] “驕與吝是一般病, 只隔一膜. 驕是放出底吝, 吝是不放出底驕. 正如人病寒熱, 攻注上則頭目疼[392], 攻注下則腰腹痛. 熱發出外似驕, 寒包縮在內似吝.” 因擧顯道「克己詩」: “試於淸夜深思省, 剖破藩籬卽大家!” 問: “當如何去此病?” 曰: “此有甚法? 只莫驕莫吝, 便是剖破藩籬也. 覺其爲非, 從源頭處正. 我要不行, 便不行, 要坐, 便還▲[393]坐, 莫非由我, 更求甚方法!” 【寓】

35:130 『集注』▲[394]其勢常相因.” ▲[395] “孔子之意未必如此. 某見近來有一種人如此, 其說又有所爲也.” 【炎】

35:131 ▲[396]

35:132 ▲[397] 是吝爲主. 蓋吝其在我, 則謂我有你無, 便是驕人也. 【燾】

390) 於: 賀本에서는 所로 되어 있다.
391) ▲: 問: “‘驕氣盈, 吝氣歉.’ 氣之盈歉如何?” 曰:
392) 疼: 賀本에서는 痛으로 되어 있다.
393) ▲: 我
394) ▲: 云: “驕吝雖不同, 而
395) ▲: 先生云:
396) ▲: “驕者, 吝之枝葉, 吝者, 驕之根本.” 某嘗見人吝一件物, 便有驕意, 見得這兩字如此. 【泳】
397) ▲: “吝者, 驕之根本, 驕者, 吝之枝葉”,

35:133 ▲398) “亦是相爲先後.”【時學】

「三年學章」

35:134 問: ▲399)以‘至’爲‘及’字說, 謂不暇及於祿, 免改爲‘志’, ▲400)否?” 曰: “某亦只是疑作‘志’, 不敢必其然. 蓋▲401) 作‘志’則略通. 不可又就上面撰, 便越不好了.” 或又引程子說. 曰: “說不行, 不如莫解, 解便不好, 如解白爲黑一般.”【淳】

35:135 問: ▲402) 是無所爲而爲學否?” 曰: “然.”【燾】

「篤信好學章」

35:136 學者須以篤信爲先.【劉子澄說. ○端蒙】

35:137 篤信, 故能好學, 守死, 故能善道. 惟善道, 故能守死, 惟好學, 故能篤信. 每推夫子之言, 多如此.【德明】

35:138 ▲403) 善, 如“善吾生, 善吾死”之“善”, 不壞了道也. 然守死生於篤信, 善道由於好學. 徒篤信而不好學, 則所信者或非所信, 徒守死而不能推以善其道, 則雖死無補.【升卿】

35:139 ▲404)

---

398) ▲: 讀“驕吝”一段, 云:
399) ▲: “‘不至於穀’, 欲
400) ▲: 得
401) ▲: 此處解不行,
402) ▲: “三年學而不至於穀,
403) ▲: 惟篤信, 故能好學, 惟守死, 故能善道.

35:140 "危邦不入[405]", 是未仕在外, 則不入, "亂邦不居", 是已仕在內, 見其紀綱亂, 不能從吾之諫, 則當去之. 【淳】

35:141 "危邦不入", 舊說謂已在官者, 便無可去之義. 若是小官, 恐亦可去, 當責任者, 則不容去也. 【必大】

35:142 ▲[406]問: "危邦固是不可入, 但或有見居其國, 則當與之同患難, 豈復可去?" 曰: "然. 到此, 無可去之理矣. 然其失, 則在於不能早去. 當及其方亂未危之時去之, 可也." 【僩】

35:143 天下無道, 譬如天之將夜, 雖未甚暗, 然此自只向暗去. 知其後來必不可支持, 故亦須見幾而作, 可也. 【時學】

「不在其位章」

35:144 ▲[407]問▲[408] 不謀其政." 曰: "▲[409]各有分限. 田野之人, 不得謀朝廷之政. 身在此間, 只得守此. 如縣尉, 豈可謀他主薄事! 纔不守分限, 便是犯他疆界." 馬曰: "如縣尉, 可與他縣中事否?" 曰: "尉, 佐官也. 既以佐名官, 有繁難, 只得伴他謀, 但不可侵他事權." 【大雅】

---

404) ▲: 篤信, 須是好學, 但要好學, 也須是篤信. 善道, 須是守死, 而今若是不能守死, 臨利害又變了, 則亦不能善道. 但守死須是善道, 若不善道, 便知守死也無益, 所以人貴乎有學. 篤信, 方能守死, 好學, 方能善道. 【義剛 ○恪錄云: "此兩句相關, 自是四事. 惟篤信, 故能守死, 惟好學, 故能善道."】

405) 危邦不入: 徽州本에서는 이 앞에 篤信而不好學, 是非不辨, 其害卻不小. 既已好學, 然後能守死以善其道. 問: "如下文所言, 莫是篤信之力否?" 曰: "是. 其信得過, 危邦便不入, 亂邦便不居, 天下有道便不隱, 天下無道便不見, 決然是恁地做" 【驤】 가 더 들어 있다.

406) ▲: 或

407) ▲: 馬莊甫

408) ▲: "不在其位,

409) ▲: 此

「師摯之始章」

35:145 ▲[410]問: "「關雎」之亂', ▲[411] 曰: "自'關關雎鳩'至'鍾鼓樂之', 皆是亂. 想其初必是已作樂, 只無此詞. 到此處便是亂."【淳】

35:146 ▲[412]問: ▲[413] 亂何以訓終?" 曰: "旣'奏以文', 又'亂以武.'"【節】

35:147 "亂曰"者[414], 亂乃樂終之雜聲也. 亂出『國語』·『史記』. 又曰: "「關雎」恐是亂聲, 前面者恐有聲而無辭."【楊[415]】

「狂而不直章」

35:148 狂, 是好高大, 便要做聖賢, 宜直, 侗, 是愚模樣, 不解一事底人, 宜謹愿, 悾悾, 是拙模樣, 無能爲底人, 宜信. ▲[416]【泳】

35:149 問: ▲[417]不直'之'狂', 恐不可以進取之'狂'當之. 欲目之以輕率, 可否?" 曰: "此'狂'字固卑下, 然亦有進取意思. 敢爲大言, 下梢卻無收拾, 是也."【必大】

---

410) ▲: 徐
411) ▲: 何謂'樂之卒章'?"
412) ▲: 或
413) ▲: "'「關雎」之亂',
414) "亂曰"者: 徽州本에서는 이 단락이 없고 별도로 다음의 내용이 더 들어 있다. 亂者, 樂之卒章也, 故『楚辭』有亂. 曰: "是也. 前面須更有, 但今不可考耳."【南升】
415) 楊: 『朱子語類』에서는 揚으로 되어 있다.
416) ▲: 有是德, 則有是病, 有是病, 必有是德. 有是病而無是德, 則天下之棄才也!
417) ▲: "'狂而

35:150 問: "侗者[418], 同也, 於物同然一律, 無所識別之謂. 悾者, 空也, 空而又空, 無一長之實之謂." 先生以爲: "此亦因舊說, 而以字義音訓推之, 恐或然爾. 此類只合大概看, 不須苦推究也."

「學如不及章」

35:151 ▲[419] 如今學者卻恁地慢了. 譬如捉賊相似, 須是着起氣力精神, 千方百計去趕捉他, 如此猶恐不獲. 今卻只在此安坐熟視他, 不管他, 如何柰得他何! 只收[420]時起來行得三兩步, 懶時又坐, 恁地如何做得事成![421]

「巍巍乎章」

35:152 看"巍巍乎舜·禹之有天下"至"禹, 吾無間然"四章. ▲[422]云: "舜·禹與天下不相關, 如不曾有這天下相似, 都不曾把一毫來奉己. 如今人纔富貴, 便被他勾惹. 此乃爲物所役, 是自卑了. 若舜·禹, 直是高! 首出庶物, 高出萬物之表, 故夫子稱其'巍巍.'" ▲[423] "堯與天爲一處, 民無能名. 所能名者, 事業禮樂法度而已."【植[424]】

35:153 ▲[425]問: ▲[426] 莫是物各付物, 順天之道否?" 曰: ▲[427] 只是

418) 侗者: 徽州本에서는 이 앞에 曰切意가 더 들어 있다.
419) ▲: "學如不及, 猶恐失之",
420) 收: 英祖刊本에서는 快로 되어 있고, 孝宗刊本·成化本·賀本에서는 忺으로 되어 있다.
421) 恁地如何做得事成!: 徽州本에서는 이 뒤에【燾】가 더 들어 있다.
422) ▲: 先生
423) ▲: 又曰:
424) 植: 徽州本에서는 이 뒤에 時擧錄同이 더 들어 있다.
425) ▲: 正卿
426) ▲: "舜·禹有天下而不與,

崇高富貴不入其心, ▲428) 巍巍, 是至高底意思. 大凡人有得些小物事, 便覺累其心. 今富有天下, 一似不曾有相似, 豈不是高!”【恪】

35:154 不與, 只是不相干之義. 言天下自是天下, 我事自是我事, 不被那天下來移着.【義剛】

35:155 正淳論: ▲429) 恐不特舜·禹爲然.” 曰: “不必如此說. 如孟子論禹·湯一段, 不成武王不執中, 湯卻泄邇·忘遠! 此章之旨, 與後章禹無間然之意同, 是各擧他身上一件切底事言之.”【必大】

35:156 ▲430) 且玩味本文, 看他語意所重落向何處. 明道說得義理甚闊, 『集注』卻說得小. 然觀經文語意落處, 卻恐『集注』得之.”【必大】

「大哉堯之爲君章」

35:157 ▲431) 只是尊堯之詞. 不必謂獨堯能如此, 而他聖人不與也.【淳】

35:158 ▲432) “雖蕩蕩無能名, 也亦有巍巍之成功可見, 又有煥乎之文章可覩.”【謨】

35:159 ▲433) 炎謂: “吳才老『書解』說驩兜·共工輩在堯朝, 堯卻能

---

427) ▲: “據本文說,
428) ▲: 雖有天下而不與耳.
429) ▲: “‘不以位爲樂’,
430) ▲: 因論“舜·禹有天下而不與”之義, 曰: “此等處,
431) ▲: “惟天爲大, 惟堯則之”,
432) ▲: “惟堯則之”一章. 曰:

容得他, 舜便容他不得, 可見堯之大處, 舜終是不若堯之大." 曰: "吳『解』亦自有說得好處. 舜自側微而興, 以至卽帝位, 此三四人終是有不服底意, 舜只得行遣. 故◇434) '四罪而天下咸服.'" 【炎】

「舜有臣五人章」

35:160 ▲435)問: "『集注』▲436)'惟唐・虞之際乃盈於此', 此恐將'舜有臣五人'一句閑了." 曰: "寧可將上一句存在這裏. 若從元注說, 則是'亂臣十人', 卻多於前, 於今爲盛. 卻是舜臣五人, 不得如後來盛!" 【賀孫】

35:161 ▲437) 天命人心歸之, 自可見其德之盛▲438) 然▲439)猶且不取, 乃見其至處." 【雉】

35:162 問: "'三分天下有其二, 以服事商', 使文王更在十三四年, 將終事紂乎, 抑爲武王 牧野之擧乎?" 曰: "看文王亦不是安坐不做事底人. 如『詩』中言: '文王受命, 有此武功. 旣伐于崇, 作邑于豐, 文王烝哉!' 武功皆是文王做來. 『詩』載武王武功卻少, 但卒其伐功耳. 觀文王一時氣勢如此, 度必不終竟休了. 一似果實, 文王待他十分黃熟自落下來, 武王卻是生拍破一般." 【寓】

35:163 ▲440)問▲441)文王不死, ▲442) 不俟▲443)征伐, 而天下自歸

---

433) ▲: "大哉堯之爲君!"
434) ◇: 曰:
435) ▲: 魏
436) ▲: 云
437) ▲: 李問"至德." 曰: "'三分天下有其二',
438) ▲: 了.
439) ▲: 如此而
440) ▲: 或

▲[444] 曰: "自家心如何測度得聖人心! 孟子曰: '取之而燕民不悅, 則勿取, 古之人有行之者, 文王是也.' 聖人已說底話尙未理會得, 何況聖人未做底事, 如何測度▲[445]!" 後再有問者, 先生乃曰: "若紂之惡極, 文王未死, 也只得征伐救民." 【僩】

35:164 問: "文王受命是如何?" 曰: "只是天下歸之." 問: "太王翦商, 是有此事否?" : "此不可考矣. 但據『詩』云: '至于太王, 實始翦商.' 『左傳』云: "泰伯不從, ▲[446] 要之, 周自日前積累以來, 其勢日大, 又當商家無道之時, 天下趨周, 其勢自爾. 至文王三分有二, 以服事殷, 孔子乃稱其'至德.' 若非文王, 亦須取了. 孔子稱'至德'只二人, 皆可爲而不爲者也. 周子曰: '天下, 勢而已矣. 勢, 輕重也.' 周家基業日大, 其勢又[447]重, 民又日趨之, 其勢愈重. 此重則彼自輕, 勢也." 【璘】

35:165 因說文王事商, 曰: "文王但是做得從容不迫, 不便去伐商太猛耳. 東坡說, 文王只是依本分做, 諸侯自歸之." ▲[448]問: "此有所據否?" 曰: "這也見未得▲[449]. 但是文王伐崇·戡黎等事, 又自顯然. 『書』說'王季勤勞王家', 『詩』云太王翦商, 都是他子孫自說, 不成他子孫誣其父祖! 『春秋』分明說'泰伯不從', 是不從甚底事? 若泰伯居武王之世, 也只是爲諸侯. 但時措之宜, 聖人又有不得已處. 橫渠云: '商之中世, 都棄了西方之地, 不管他, 所以戎狄復進入中國, 大[450]王所以遷於岐.' 然岐下也只是箇荒涼之地, 大[451]王自去立箇家計如此." 【夔孫】

441) ▲: 以爲: "文王之時, 天下已二分服其化. 使
442) ▲: 數年天下必盡服.
443) ▲: 武王
444) ▲: 之矣."
445) ▲: 得
446) ▲: 是以不嗣.'
447) 又: 『朱子語類』에서는 已로 되어 있다.
448) ▲: 或
449) ▲: 在
450) 大: 英祖刊本·成化本·賀本에서는 太로 되어 있다.

35:166 問: ▲452)本意, 只是說文王. 『或問』中載胡氏說, 又兼武王而言, 以爲武王之間以服事商, 如何?" 曰: "也不消如此說, 某也謾載放那裏, 這箇難說. 而今都回互箇聖人, 說得忒好, 也不得. 如東坡罵武王不是聖人, 又也無禮. 只是孔子便說得來平, 如'武未盡善.' 此等處未消理會, 且存放那裏."【僩】

「禹吾無間然章」

35:167 ▲453)問: "五峰說▲454)'禹以鯀遭殛死, 而不忍享天下之奉', ▲455) 曰: "聖人自是薄於奉己, 而重於宗廟朝廷之事. 若只恁地說, 則較狹了. 後來看456)『知言』, 也不曾如此說."【義剛】

35:168 黻, ▲457) 以韋爲之. 韋, 熟皮也. 有虞氏以革, 夏后氏以山, "殷火, 周龍章." 祭服謂之黻, 朝服謂之韠. 『左氏』: "帶裳韠舄."【泳】

---

451) 大: 英祖刊本・成化本・賀本에서는 太로 되어 있다.
452) ▲: "文王'三分天下有其二'一段, 據
453) ▲: 范益之
454) ▲: '禹無間然矣'章, 云是
455) ▲: 此說如何?"
456) 看: 英祖刊本・賀本은 著로 되어 있다.
457) ▲: 蔽膝也,

『朱子語類』卷第三十六

「『論語』十八」

「子罕篇上」

「子罕言利章」

36:1 ▲1) "罕言者, 不是不言, ◇2)不▲3)多言, ▲4) 蓋凡做事只循這道理做去, 利自在其中矣. 如'利涉大川', '利用行師', 聖人豈不言利. 但所以罕言者, 正恐人求之則害義矣. ▲5) 凡吉凶禍福皆是命. 若儘言命, 恐人皆委之於命, 而人事廢矣, ▲6) 罕言仁者, 恐人輕易看了, 不知切己上做工夫. 然聖人若不言, 則人又理會不得如何是利, 如何是命, 如何是仁, 故不可不言. 但雖不言利, 而所言者無非利, 雖不言命, 而所言者無非命, 雖不言仁, 而所言者無非仁."【恪7)】

36:2 ▲8) "這'利'字是箇監【平聲】界鏖糟的物事. 若說全不要利, 又不成特地去利而就害. 若纔說著利, 少間便使人生計較, 又不成模樣. 所以孔子於『易』, 只說'利者義之和', 又曰'利物足以和義', 只說到這裏

---

1) 行夫問"子罕言利, 與命, 與仁." 曰:
2) ◇: 又
3) ▲: 可
4) ▲: 特罕言之耳. 罕言利者,
5) ▲: 罕言命者,
6) ▲: 所以罕言.
7) 恪: 徽州本에서는 個으로 되어 있다.
8) ▲: 問"子罕言利, 與命, 與仁." 曰:

住." ▲9) "只認義和處便是利, 不去利上求利了. 孟子只說箇仁義, '未有仁而遺其親, 未有義而後其君.' 只說到箇'義'字時, 早是掉了那'利'字◇10). 緣他是箇裏外牽連底物事, 纔牽着這一邊, 便動那一邊, 所以這字難說. '命'字亦是如此, 也是箇監界物事. 孔子亦非不說, 如云'不知命'之類. 只是都不說着, 便又使人都不知箇限量, 若只說着時, 便又使人百事都放倒了, 不去做. 只管說仁之弊, 於近世胡氏父子見之. 踢着脚指頭便是仁, 少間都使人不去窮其理是如何, 只是口裏說箇'仁'字, 便有此等病出來." 【僩11)】

36:3 ▲12) 利, 誰不要. 才專說, 便一向向利上去. 命, 不可專恃, 若專恃命, 則一向胡做去. 仁, 學者所求, 非不說, 但不常常把來口裏說. 【泳】

36:4 ▲13) 利不是不好. 但聖人方要言, 恐人一向去趨利, 方不言, 不應是教人去就害, 故但罕言之耳. 蓋'利者義之和', 義之和處便利. 老蘇嘗以爲義剛而不和, 惟有利在其中, 故和. 此不成議論, 蓋義之和卽是利, 卻不是因義之不和, 而遂用◇14)利以和之. 後來東坡解『易』亦用此說, ◇15) 【時舉】

36:5 問: ▲16) 孔子自不曾說及利, 豈但罕言而已?" 曰: "大『易』一書所言多矣. ▲17) 若只管說與人, 未必曉得'以義爲利'之意, 卻一向只管

---

9) ▲: 又曰:
10) ◇: 不說了
11) 僩: 徽州本에서는 恪으로 되어 있다.
12) ▲: "子罕言利, 與命, 與仁." 非不言, 罕言之爾.
13) ▲: 問"子罕言利." 曰: "利最難言.
14) ◇: 些少
15) ◇: 更不成議論也."
16) ▲: "'子罕言利',
17) ▲: 利, 只是這箇利.

營營貪得計較. 孟子曰: '未有仁而遺其親, 未有義而後其君.' 這箇是說利, 但人不可先計其利. 惟知行吾仁, 非爲不遺其親而行仁, 惟知行吾義, 非爲不後其君而行義."【賀孫】

36:6 ▲[18]命, 有以理言者, 有以氣言者. 天之所以賦與人者, 是理也, 人之所以壽夭窮通者, 是氣也. 理精微而難言, 氣數又不可盡委之而至於廢人事, 故聖人罕言之也. 仁之理至大, 數言之, 不惟使人躐等, 亦使人有玩之之心. 蓋擧口便說仁, 人便自不把當事了."【時擧】

36:7 "命有二. '天命'之'命'固難說. 只貴賤得喪委之於命, 亦不可. 仁在學者力行. 利亦不是不好底物事, 才專說利, 便廢仁[19]."【泳】

36:8 問: ▲[20]『論語』▲[21]說仁亦多?" 曰: "聖人也不容易說與人, 只說與幾箇上向底[22]."【淳】[23]

36:9 問: ▲[24]范・楊・尹氏皆以'盡性'・'知性'爲言, ▲[25] 曰: "命, 只是窮通之命."【必大 ○『集義』】

36:10 問: "或曰: ▲[26]利〉, 是何等利?' 楊氏曰'一般'云云. 竊謂夫子罕言者, 乃'放於利▲[27]之'利.' 若'利用出入', 乃義之所安處, 卻不可以爲一般." 曰: "'利用出入'之'利', 亦不可去尋討. 尋討着, 便是'放於利'

---

18) ▲: 文振問"子罕言利, 與命, 與仁." 曰: "命只是一箇
19) 仁: 賀本에서는 義로 되어 있다.
20) ▲: "子罕言仁,
21) ▲: 何以
22) 上向底: 『朱子語類』에서는 向上底로 되어 있다.
23) 【淳】: 徽州本에서는 【寓 ○淳錄同.】으로 되어 있다.
24) ▲: "子所罕言之命, 恐只是指夫人之窮通者言之. 今
25) ▲: 不求之過否?"
26) ▲: '〈罕言
27) ▲: 而行'

之'利.' 如言'利物足以和義', 只去利物, 不言自利." ▲[28]'元亨利貞'之'利', 亦不可計較, 計較着卽害義. 爲義之人, 只知有義而已, 不知利之爲利."【必大】

36:11 ▲[29]問: "龜山'都一般'之說[30]▲[31][32]." 曰: "『易』所言'利'字, 謂當做底. 若'放於利▲[33]之'利', 夫子誠罕言. 二'利'字豈可做一般!"【罃】

36:12 ▲[34] "尹氏'命'字之說誤. 此只是'不知命無以爲君子'之'命.' 故曰'計利則害義, 言命則廢事'也."【必大】

「麻冕禮也章」[35]

36:13 ▲[36] 八十縷, 四十抄也.【泳】

36:14 ▲[37]

「子絶四章」

36:15 "絶四"是徹上徹下. 36:16[38] ▲[39]"意"▲[40] 正是計較底私意.

---

28) ▲: 又曰: "只
29) ▲: 或
30) 一般之說:【附箋紙】"一般之說", 此下印本有"似可疑"三字. 存之如何?
31) ▲: 似可疑
32) 問: "龜山'都一般'之說似可疑: 徽州本에서는 이 뒤에 "或問龜山: "子罕言利, 是如何利?" 曰: "都一般. 如利用出入之利皆是. 此說似可疑"가 더 들어 있다.
33) ▲: 而行'
34) ▲: 正淳問尹氏『子罕』一章. 曰:
35) 「麻冕禮也章」:徽州本에서는 이 장 앞에 達巷黨人章이 있다. 장 뒤에서는 吾執御只是謙詞【德明】으로 되어 있다.
36) ▲: 麻冕, 緇布冠也, 以三十升布爲之. 升八十縷, 則其經二千四百縷矣.
37) ▲: "純, 儉", 絲也. 不如用絲之省約.【泳】

【僩】

36:17 ▲[41] “凡事順理, 則意自正. ‘毋意’者, 主理而言. 不順理, 則只是自家私意.” 【可學】

36:18 ▲[42]

36:19 ▲[43]固, 在事後. 如做一件事不是了, 卽[44]管固執, 道我做得是. 【植】

36:20 ▲[45]

36:21 ▲[46]問“意・必・固・我”[47]. 曰: “意, 是要如此[48]. 聖人只看理當爲便爲, 不當爲便不爲, 不曾道我要做, 我不要做. 只容一箇‘我’, 便是意◇[49].” 曰[50]: “必・固之私輕, 意・我之私重否?” 曰: “意・必・固・我, 只一套去. 意是初創如此[51], ▲[52], 便到那必處, 必, 便到固

---

38) 36:16: 『小分』에서는 36:15에 이어져 하나의 항목으로 편집되어 있다.
39) ▲: 這
40) ▲: 字,
41) ▲: 問: “意如何毋得?” 曰:
42) ▲: 必, 在事先, 固, 在事後. 固, 只是滯不化. 【德明】
43) ▲: 必, 在事先,
44) 卽: 英祖刊本・賀本에서는 只로 되어 있다.
45) ▲: 意, 私意之發. 必, 在事先, 固, 在事後. 我, 私意成就. 四者相因如循環. 【閎祖】
46) ▲: 徐
47) 徐問意・必・固・我: 徽州本에서는 問意是有所爲而爲否로 되어 있다.
48) 意, 是要如此: 徽州本에서는 意是我要去主張那事要恁地로 되어 있다.
49) ◇: 了
50) 曰: 成化本에서는 問으로 되어 있다.
51) 如此: 【附箋紙】 “如此”, 此下印本有“有私意”三字. 存之, 似好.
52) ▲: 有私意

滯不通處, 固, 便到有我之私處. 意, 是我之發端, 我, 是意之成就." 曰[53]: "我, 是有人己之私否?" 曰: "人自是人[54], 己自是己, 不必把人對說. 我, 只是任己私去▲[55], 便於我者則做, 不便於我者則不做. 只管就己上計較利害, 與人何相開[56]. 人多要人我合一[57], 人我如何合得[58]! 呂銘[59]曰: '立己與物, 私爲町畦.' 他門[60]都說人己合一[61]. 克己, 只是克去己私, 如何便說到人己爲一處! 物我自有一等差. 只是仁者做得在這裏了, 要得人也如此, 便推去及人. 所以'親親而仁民, 仁民而愛物.' 人我只是理一[62], 分自不同."【淳 ○寓同.】[63]

36:22 ▲[64]必之時淺, 固之時長. 譬如士人赴試, 須要必得, 到揭榜後, 便已必不得了. 但得則喜, 喜不能▲[65]化, 不得則慍, 慍亦不能▲[66]化, 以此知固時久也. 意是始, 我是終, 必・固在中間, 亦是一節重似一節也." 又云: "'言必信, 行必果.' 言自合着信, 行自合着果, 何待安排. 才有心去必他, 便是不活, 便不能久矣." 又云: "意是絲毫, 我是成一山嶽也."【時擧[67]】

---

53) 曰: 成化本에서는 又問으로 되어 있다.
54) 人自是人: 徽州本에서는 이 앞에 不必說人己가 더 들어 있다.
55) ▲: 做
56) 開: 賀本・徽州本에서는 關으로 되어 있고, 成化本에서는 聞으로 되어 있다.
57) 人多要人我合一: 徽州本에서는 要 뒤에 將이 있다.
58) 得: 徽州本에서는 一로 되어 있다.
59) 呂銘: 徽州本에서는 呂與叔說로 되어 있다.
60) 門: 賀本에서는 們으로 되어 있다.
61) 他們都說人己合一: 徽州本에서는 他們都將人己合說로 되어 있다.
62) 人我只是理一: 徽州本에서는 人我只一理로 되어 있다.
63)【淳 ○寓同.】: 徽州本에는【寓 ○陳淳錄同】으로 되어 있다.
64) ▲: 余國秀問"毋意・必・固・我." 曰: "意, 是發意要如此, 必, 是先事而期必, 固, 是事過而執滯, 到我, 但知有我, 不知有人.
65) ▲: 得
66) ▲: 得
67) 時擧: 賀本에서는 時라고 되어 있다.

36:23 ▲[68] 意是爲惡先鋒, 我是爲惡成就. 正如四德, 貞是好底成就處, 我是惡底成就處.【人傑】

36:24 ▲[69]

36:25 ▲[70]

36:26 ▲[71] "須知四者之相生. 凡人做事, 必先起意, 不問理之是非, 必期欲事成而已. 事既成, 是非得失已定, 又復執滯不化, 是之謂固. 三者只成就得一箇我. 及至我之根源愈大, 少間三者又從這裏生出. 我生意, 意又生必, 必又生固, 又歸宿於我. 正如'元・亨・利・貞', 元了亨, 亨了又利, 利了又貞, 循環不已."【僩】

36:27 ▲[72] "四者始於我, 而終於我. 人惟有我, 故任私意, 既任私意, ▲[73] 做事未至, 而有期必之心, 事既過[74], 則有固滯之患. 凡若此者, ▲[75]只是成就一箇我耳."【壯祖】

36:28 ▲[76]

---

68) ▲: "意・必・固・我", 亦自有先後. 凡起意作一事, 便用必期之望. 所期之事或未至, 或已過, 又執滯而留於心, 故有有我之患.

69) ▲: 意者, 有我之端, 我, 則意之效. 先立是意, 要如此而爲之, 然後有必, 有固, 而一向要每事皆己出也. 聖人作事, 初無私意. 或爲, 或不爲, 不在己意, 而惟理之是從, 又何固・必・有我哉!【力行】

70) ▲: 問: "'意, 私意也. 我, 私己也.' 看得來私己是箇病根, 有我則有意." 曰: "意是初發底意思, 我則結撮成箇物事矣. 有我則又起意, 展轉不已. 此四事一似那'元・亨・利・貞', 但'元・亨・利・貞'是好事, 此是不好事."【廣】

71) ▲: 吳仁父問"意・必・固・我." 曰:

72) ▲: 吳伯英問"意・必・固・我." 曰:

73) ▲: 百病俱生.

74) 事既過: 賀本에서는 事既有過로 되어 있다.

75) ▲: 又

76) ▲: "絶四." 先生曰: "此四者亦是相因底始於有私意. 有私意, 定是有期必, 既期

36:29 無"意・必・固・我"而凝然中立者, 中也.【端蒙】

36:30 ▲[77]

36:31 問[78]: "橫渠謂: '四者有一焉, ▲[79] 曰: "人之爲事, 亦有其初未必出於私意, 而後來不能化去者. 若曰絶私意則四者皆無, 則曰'子絶一'便得, 何用更言'絶四'? 以此知四者又各是一病也."【時擧】

36:32 問: ▲[80] 有無次第?" 曰: ▲[81]似有終始次序. 必者, 迎之於前, 固者, 滯之於後. ▲[82] 又問: "'敬則無己可克.' 若學之始, 則須▲[83]絶四去, ▲[84] 曰: "敬是成己[85]之敬, 可知無己可克. 此四者, 雖始[86]學亦須便要絶去之." 又問"復於喜・怒・哀・樂未發之前." 曰: "此語, 尹子已辯[87]之, 疑記錄有差處." 又問: "'意・必・固・我旣亡之後, 學者所宜盡心', ▲[88] 曰: "此[89]謂'學者所宜盡心', 於此事▲[90] 非謂意

必, 又生固滯, 卻結裏做箇有我出來."【炎】

77) ▲: 必, 在事先, 固, 在事後. 有意・必・固三者, 乃成一箇我. 如道是我恁地做, 蓋固滯而不化, 便成一箇我. 橫渠曰: "四者有一焉, 則與天地不相似."【植 ○『集注』】

78) 問: 徽州本에서는 이 뒤에 子絶四一章이 더 들어 있다.

79) ▲: 則與天地不相似.' 略有可疑."

80) ▲: "意・必・固・我,

81) ▲: "意, 是私意始萌, 旣起此意. 必, 是期要必行. 固, 是旣行之後, 滯而不化. 我, 是緣此後便只知有我. 此四者

82) ▲: 此四者正與'元・亨・利・貞'四者相類. '元者, 善之長', 貞是箇善底成就處. 意是造作始萌, 我是箇惡底成就處."

83) ▲: 從

84) ▲: 如何?"

85) 成己: 成化本에서는 己成으로 되어 있다.

86) 雖始: 孝宗刊本・英祖刊本・成化本에서는 雖是로 되어 있고, 賀本에서는 須是始로 되어 있다.

87) 辯: 英祖刊本・賀本에서는 辨으로 되어 있다.

88) ▲: 如何?"

89) 此: 賀本・萬曆本에서는 所로 되어 있다.

90) ▲: 而學之,

・必・固・我既亡之後, 始盡心耳.” 又問: “橫渠云: ‘四者既亡, 則〈以直養而無害〉.’” 曰: “此‘直’字說得重了. 觀孟子所說處, 說得觕. 直, 只是‘自反而縮.’ 後人求之太深, 說得來[91]忒夾細了.”【螢 ○『集義』】

36:33 問: ▲[92] 在於意・必・固・我既亡之後, 而復於喜・怒・哀・樂未發之前’, ▲[93]” 曰: “不然. 尹和靖一段好. 意・必・固・我是要得無. 未發之前, 衆人俱有, 卻是要發而中節, 與此不相類.” 又問: “若自學者而言, 欲絶意・必・固・我. 到聖人地位, 無此四者, 則復於未發之前. ▲[94] 蓋全其天理耳.” 曰: “固是如此. 但發時豈不要全?” 因命敬之取『和靖語錄』來檢看. 又云: “他意亦好, 卻說不好.”【可學】

36:34 ▲[95] “‘意・必・固・我既亡之後’, 盡心於學, 所[96]言是也. 喜・怒・哀・樂自有發時, 有未發時. 各隨處做工夫, 如何强復之於未發? 尹氏[97]『語錄』中辨此甚詳.”【必大】

36:35 “‘求之於喜・怒・哀・樂未發之前, 而體之於意・必・固・我既亡之後.’ 如此說著, 使害義理. 此二句不可相對說. 喜・怒・哀・樂未發之前, 固無可求, 及其既發, 亦有中節・不中節之異. 發若中節者, 有何不可. 至如意・必・固・我, 則斷不可有, 二者烏[98]得而對語哉! 橫渠謂‘意・必・固・我, 自始學至成德, 竭兩端之敎’者, 謂夫子敎人絶此四者, 故皆以‘毋’字爲禁止之辭.”. 或謂“意・必・固・我既亡

---

91) 來: 賀本에서는 없다.
92) ▲: “‘君子之學,
93) ▲: 如何?
94) ▲: 復於未發之前,
95) ▲: “‘君子之學, 在意・必・固・我既亡之後, 而復於喜・怒・哀・樂未發之前’, 何也?” 曰:
96) 所: 孝宗刊本・英祖刊本・成化本에서는 此로 되어 있다.
97) 尹氏: 成化本에서는 尹子로 되어 있다.
98) 烏: 賀本에서는 焉으로 되어 있다.

之後, 必有事焉"者. 曰: "意・必・固・我旣亡, 便是天理流行, 鳶飛魚躍, 何必更任私意也!"【謨】

36:36 問: ▲[99] 所謂'有事[100]'▲[101] 曰: "橫渠亦有此說. 若旣無此, 天理流出, 亦須省着."【可學】

36:37 問: "意・必・固・我, 伊川以'發而當者, 理也, 發而不當者, 私意也.' ▲[102] 曰: "不是如此. 所謂'毋意'者, 是不任己意, 只看道理如何. 見得道理是合當如此做, 便順理做將去, 自家更無些子私心, 所以謂之'毋意.' 若才有些安排布置底心, 便是任私意. 若元不見得道理, 只是任自家意思做將去, 便是私意. 縱使發而偶然當理, 也只是私意, 未說到當理在. 伊川之語, 想是被門人錯記了, ▲[103]【僩】

36:38 張子曰: "意, 有思也." 未安. 意卻是箇有爲底意思. 爲此一事, 故起此一意也.【必大】

36:39 ▲[104]

36:40 ▲[105]問: "橫渠說: '絶四之外, 心可存處, 必有事焉, 聖不可知也.'" 曰: "這句難理會. 舊見橫渠『理窟』, 見他裏面說有這樣大意. 說無是四者了, 便當自有箇所嚮, 所謂'聖不可知', 只是道這意思難說. 橫渠儘會做文章, 如『西銘』及應用之文, 如「百碗燈詩」, 甚敏. 到說話, 卻如此難曉, 怕是關西人語言自是如此."【賀孫】

---

99) ▲: "'意・必・固・我旣亡之後, 必有事焉',
100) 有事: 【附箋紙】"有事", 此下印本有"者如何"三字. 存之如何?
101) ▲: 者如何?"
102) ▲: 此語是否?"
103) ▲: 不可知."
104) ▲: "我, 有方也." 方, 所也, 猶言有限隔也.【端蒙】
105) ▲: 守約

36:41 問: "張子曰云云. ▲[106]'語意簡奧, 若不可曉.' 竊以張子下數條語考之, 似以'必有事焉'爲義理[107]之精微處. 其意大抵謂善不可以有心爲, 雖夷淸惠和, 猶爲偏倚, 未得謂之精義. 故謂'絶四'之外, 下頭有一不犯手勢自然◇[108]道理, 方眞是義. 孟子之言, 蓋謂下頭必有此道理, 乃'聖而不可知'處. 此說於孟子本意殊不合, 然未審張子之說是如此否?" 曰: "橫渠此說, 又拽退孟子數重, 自說得深. 古聖賢無此等議論. 若如此說, 將使讀者終身理會不得, 其流必有弊."【必大】

36:42 橫渠之意[109], ▲[110] 是言聖人將這四者使學者禁絶而勿爲. ▲[111] 故曰: ▲[112] 竭兩端之敎也." ▲[113]【道夫】

36:43 ▲[114]問: "張子曰: '毋意・必・固・我, 然後能範圍天地之化.'" 曰: "固是如此. 四者未除, 如何能範圍天地! 但如此說話, 終是稍寬耳."【螢】

「子畏於匡章」

36:44 "文不在茲乎!" 言"在茲", 便是"天未喪斯文."【淳】

36:45 "後死者[115]", 夫子自謂也. ▲[116]對"沒"字.【泳】[117]

106) ▲: 『或問』謂此條
107) 義理: 『朱子語類』에서는 理義로 되어 있다.
108) ◇: 底
109) 橫渠之意: 徽州本에서는 이 앞에 仲尼絶四가 더 들어 있다.
110) ▲: 以"絶"爲禁止之辭.
111) ▲: "毋"字亦是禁止之意.
112) ▲: "自始學至成德,
113) ▲: 必, 是事之未來處, 固, 是事之已過處.
114) ▲: 伯豐
115) 後死者: 徽州本에서는 이 앞에 後死者不得與於斯文이 더 들어 있다.
116) ▲: "死"字

36:46 問: ▲118) 文卽是道否?" 曰: "旣是道, 安得有喪・未喪! 文亦先王之禮文. 聖人於此, 極是留意. 蓋古之聖人旣竭心思焉, 將行之萬世而無弊者也, 故常恐其喪失而不可考."【大雅】

36:47 "後死者"是對上文"文王"言之. 如曰"未亡人"之類, ▲119) 與"天生德於予"意思一般. 斯文旣在孔子, 孔子便做着天在. 孔子此語, 亦是被匡人圍得緊後, 方說出來. 又問: "孔子萬一不能免匡人之難時, 如何?" 曰: "孔子自見得了."【螢】

36:48 ▲120)夫子平日不曾如此說, 往往多謙抑, 與此不同." 先生笑云: "此卻是眞箇事急了, 不覺說將出來."【炎】

36:49 ▲121)問: "明道: '〈舍我其誰〉, 是有所受命之辭. 〈匡人其如予何〉, 是聖人自做着天裏. 孟子是論世之盛衰, 己之去就, 故聽之於天. 孔子言道之興122)衰, 自應以己任之.' ▲123)此說如何?" 曰: ▲124) 明道這說話, 固是說未盡. 如孔子云'天之將喪斯文', '天之未喪斯文', 看此語也只看天如何. 只是要緊不在此處. 要緊是看聖賢所以出處大節."【賀孫】

36:50 問: "程子云125): '夫子免於匡人之圍, 亦苟脫126)也.' ▲127)"

117)【泳】: 徽州本에서는 이 앞에 文王旣沒이 더 들어 있다.
118) ▲: "'天之將喪斯文', '未喪斯文',
119) ▲: 此孔子自謂也.
120) ▲: "'子畏於匡'一節, 看來
121) ▲: 敬之
122) 興: 賀本에서는 盛으로 되어 있다.
123) ▲: 未審
124) ▲: "不消如此看.
125) 程子云: 徽州本에서는 明道云으로 되어 있다.
126) 脫: 徽州本에서는 免으로 되어 있다.
127) ▲: 此言何謂?

曰: "謂當時或爲匡人所殺, 亦無十成." 某云: "夫子自言'匡人其如予何', 程子謂'知其必不能違天害己', 何故卻復有此說?" 曰: "理固如是, 事則不可知." 【必大】

36:51 問: "呂氏云: '文者, 前後聖之所修, 道則出乎天而已. 故孔子以道之廢興付之命, 以文之得喪任諸己.'" 曰: "道只是有廢興, 卻喪不得. 文如三代禮樂制度, 若喪, 便掃地." 【㽦】

「太宰問於子貢章」

36:52 先生曰: "太宰云: '夫子聖者歟! 何其多能也?' 是以多能爲聖也. 子貢對以夫子'固天縱之將聖, 又多能也.' 是以多能爲聖人餘事也. 子曰: '吾少也賤, 故多能鄙事. 君子多乎哉? 不多也.' 是以聖爲不在於多能也. 三者之說不同, 諸君且道誰說得聖人地位▲128)?" 諸生多主夫子之言. 先生曰: "太宰以多能爲聖, 固不是. 若要形容聖人地位, 則子貢之言爲盡. 蓋聖主於德, 固不在多能, 然聖人未有不多能者. 夫子以多能不可以律人, 故言君子不多, 尙德而不尙藝之意, 其實聖人未嘗不多能也." 【柄】

36:53 ▲129)子貢說得聖人本分底. 聖人所說乃謙辭." 【植】

36:54 "太宰知我乎"以下, 煞有曲折意思. 聖人不直謂太宰不足以知我, 只說太宰也知我, 這便見聖人待人恁地溫厚." 又曰: "聖人自是多能. 今若只去學多能, 則只是一箇雜骨董底人, 所以說: '君子多乎哉? 不多也.'" 【義剛】

---

128) ▲: 著

129) ▲: 問: "太宰初以多能爲夫子之聖. 子貢所答方正說得聖人體段. 夫子聞之數語, 卻是謙辭, 及有多能非所以率人之意." 曰: "固是

36:55 ▲130) "聖人本領大, 故雖是材藝, 他做得自別. 只如禮, 聖人動容周旋, 俯仰升降, 自是與它人不同. 如射亦然. 天生聖人, 氣稟清明, 自是與他人不同. 列子嘗言聖人力能拓關, 雖未可信, 然要之, 聖人本領大後, 事事做得出來自別."【銖】

36:56 問"吾不試, 故藝." 曰: "想見聖人事事會, 但不見用, 所以人只見它小小技藝. 若使其得用, 便做出大功業來, 不復有小小技藝之可見矣." 問: "此亦是聖人賢於堯・舜處否?" 曰: ▲131)賢於堯・舜處, 卻在於收拾累代聖人之典章・禮樂・制度・義理, 以垂於世, ▲132)此等小小處. 此等處, 非所以論聖人之優劣也. 橫渠便是如此說, 以爲孔子窮而在下, 故做得許多事. 如舜三十便徵庸了, 想見舜於小事, 也煞有不會處. 雖是如此, 也如此說不得. 舜少時133)耕稼陶漁, 也事事去做來, 所以人無緣及得聖人. 聖人事事從手頭更歷過來, 所以都曉得. 而今人事事都不會. 最急者是禮樂, 樂固不識了, 只是日用常行吉凶之禮, 也都不曾講得!"【僩】

36:57 ▲134) "天放縱聖人做得恁地, 不去限量他." 問: "如此, 愚不肖是天限量之乎?" 曰: "看氣象, 亦似天限量它▲135) 如這道理, 聖人知得盡▲136), 愚不肖要增進一分不得, 硬拘定在這裏."【寓 ○『集注』.137)】

36:58 "將聖", 殆也. 殆, 庶幾也, 如而今說"將次." "將"字訓大處多. 『詩』中"亦孔之將"之類, 多訓"大." 『詩』裏多叶韻, 所以要如此等字使.

---

130) ▲: 問: "夫子多材多藝, 何故能爾?" 曰:
131) ▲: "也不須如此說. 聖人
132) ▲: 不在
133) 時: 『朱子語類』에서는 年으로 되어 있다.
134) ▲: 問: "'天縱之將聖.' '縱, 猶肆也, 言不爲限量', 何如?" 曰:
135) ▲: 一般.
136) ▲: 得
137) 『集注』: 徽州本에서는 淳錄同으로 되어 있다.

若『論語』中, 只是平說. 【泳】

「吾有知乎哉章」

36:59 問: "'吾有知乎哉'與'吾無隱乎爾'意一般否?" 曰: "那箇說得闊, 這箇主答問而言." 或曰: "那箇兼動靜語默說了." 曰: "然." 【燾】

36:60 ▲[138]'空空'是指鄙夫言. 聖人不以其無所有而略之, 故下句更用'我'字喚起." 【義剛】

36:61 問: "竭兩端處, 疑與'不憤不啓'一段相反. ▲[139] 曰: "兩端, 執[140]一事而言. 說這淺近道理, 那箇深遠道理也便在這裏. 如擧一隅, 以四角言. 這桌子擧起一角, 便有三角在. 兩端, 以兩頭言之. 凡言語, 便有兩端. ▲[141]聖人謙辭, 未有無因而發者. 這上面必有說話, 門人想記不全, 須求這意始得. 如達巷黨人稱譽聖人'博學而無所成名', 聖人乃曰: '吾執御矣.' 皆是因人譽己, 聖人方承之以謙. 此處想必是人稱道聖人無所不知, 誨人不倦, ▲[142] 聖人方道是我無知識, 亦不是誨人不倦, 但鄙夫來▲[143], 我則盡情向他說. 若不如此, 聖人何故自恁地謙? 自今觀之, 人無故說謙話, 便似要人知模樣." 【寓】

36:62 問: "伊川謂: ▲[144]降而自卑, ▲[145]引而自高, ▲[146] 曰: "聖人

---

138) ▲: 林恭甫問此章. 曰: "這
139) ▲: '不憤不啓', 聖人待人自理會, 方啓發他. 空空鄙夫, 必著竭兩端告之, 如何?"
140) 執: 『朱子語類』에서는 就로 되어 있다.
141) ▲: 文字不可類看, 這處與那處說又別, 須是看他語脈. 論這主意, 在'吾有知乎哉? 無知也.' 此聖人謙辭, 言我無所知, 空空鄙夫來問, 我又盡情說與他. 凡
142) ▲: 有這般意思.
143) ▲: 問
144) ▲: '聖人之言必
145) ▲: 不如此則人不親, 賢人之言必

極其高大, 人自難企及, 若更不俯就, 則人愈畏憚而不敢進. 賢人有未熟處, 人未甚信服, 若不引而自高, 則人也[147)]必以爲淺近不足爲. 孟子, 人皆以爲迂闊, 把做無用. 使孟子亦道我底誠迂闊無用, 則何以起人慕心! 所以與他爭辨, 不是要人尊己, 直使人知斯道之大, 庶幾竦動, 着力去做. 孔子嘗言: '如有用我者, 期月而已可也.' 又言: '吾其爲東周乎!' 只作平常閑說. 孟子言: '如欲平治天下, 當今之世, 舍我其誰!' 便說得廣, 是勢不得不如此." 又問: "如程子說話, 亦引而自高否?" 曰: "不必如此又生枝節. ▲[148)]【淳 ○寓錄▲[149)]孟子▲[150)]說得恁地奢遮, 其勢不得不如此. ▲[151)]】

36:63 ▲[152)]問: "'執兩端'與'竭兩端', ▲[153)] 曰: "兩端也只一般, 猶言頭尾也. 執兩端, 方識得一箇中, 竭兩端, 言徹頭徹尾都盡也." 問: "只此是一言而盡這道理, ▲[154)] 曰: "有一言而盡者, 有數言而盡者. 如樊遲問仁, 曰: '愛人.' 問知, 曰: '知人.' 此雖一言而盡, 推而遠之, 亦無不盡. 如子路正名之論, 直說到'無所措手足.' 如子路問政, 哀公問政,

---

146) ▲: 不如此則道不尊.' 此是形容聖人氣象不同邪? 抑據其地位合當如此?"

147) 也: 賀本에는 없다.

148) ▲: 且就此本文上看一段, 須反覆看來看去, 要爛熟, 方見意味快樂, 令人都不欲看別段, 始得."

149) ▲: 云: "程子曰: 〈聖人之言, 必降而自卑, 不如此則人不親, 賢人之言, 則引而自高, 不如此則道不尊〉. 不審這處形容聖・賢氣象不同, 或據其地位合著如此耶?' 曰: '地位當如此. 聖人極其高大, 人皆疑之, 以爲非我所能及, 若更不恁地俯就, 則人愈畏憚而不敢進. 孟子於道雖已見到至處, 然做處畢竟不似聖人熟, 人不能不疑其所未至, 若不引而自高, 則人必以爲淺近而不足爲. 孟子, 人皆以爲迂闊, 把他無用了. 若

150) ▲: 也道是我底誠迂闊無用, 如何使得? 所以與人辨, 與人爭, 亦不是要人尊己, 只要人知得斯道之大, 庶幾使人竦動警覺. 夫子常言: '如有用我者, 期月而已可.' 又言: '吾其爲東周乎!' 只平常如此說. 孟子便道: '如欲平治天下, 當今之世, 舍我其誰也!' 便

151) ▲: 這話, 從來無人會如此說. 非他程先生見得透, 如何敢鑿空恁地說出來!"

152) ▲: 正淳

153) ▲: 如何?"

154) ▲: 如何?"

皆累言而盡. 但只聖人之言, 上下本末, 始終小大, 無不兼擧."【端蒙】

「鳳鳥不至章」

36:64 "鳳鳥不至." 聖人尋常多有謙詞, 有時亦自諱不得.【泳】

「子見齊衰者章」

36:65 ▲155) "作與趨固是敬, 然敬心之所由發則不同. 見冕衣裳者, 敬心生焉, 而因用其敬, 見齊衰者・瞽者, 則哀矜之心動于156)中, 而自加敬也. 「呂刑」所謂'哀敬折獄', 正此意也."【蓋卿 ○震錄疑聞同.】

36:66 ▲157) 須▲158)看這敬心所從發159)▲160). 如見齊衰, 是敬心生於哀, 見瞽者, 是敬心生於閔."【震】

36:67 問: "作與趨, 如何見得聖人哀矜▲161) 曰: "只▲162)變容動色, 便是哀矜之, 豈眞涕泣而後謂之哀矜也!"【燾】

「顏淵喟然嘆章」

36:68 ▲163)只消理會. 顏子因何見得到這裏? 是見箇甚麽物事?" 衆

---

155) ▲: 康叔臨問: "作與趨者, 敬之貌也, 何爲施之於齊衰與瞽者?" 曰:

156) 于: 賀本에서는 於로 되어 있다.

157) ▲: 叔臨問: "'雖少必作, 過之必趨', 欲以'作'字・'趨'字說做敬, 不知如何." 曰: "固是敬,

158) ▲: 是

159) 從發: 【附箋紙】"從發", "發"字下, 印本有"處"字. 存之, 似好.

160) ▲: 處

161) ▲: 之心?"

162) ▲: 見之, 過之, 而

無應者. 先生遂曰: "要緊只在'夫子循循然善誘人, 愽[164]我以文, 約我以禮'三句上. ▲[165] 要緊只在'格物・致知', '克己・復禮.' 這箇窮理, 是開天聰明, 是甚次第!" 【賀孫】

36:69 ▲[166] 自堯・舜以來, 便自如此說. "惟精"便是愽[167]文, "惟一"便是約禮. 【義剛[168]】

36:70 ▲[169] 約禮▲[170]工夫深, 則愽[171]文▲[172]工夫愈明, 愽[173]文▲[174]工夫至, 則約禮▲[175]工夫愈密. 【廣】

36:71 ▲[176] 愽[177]文工夫固多, 約禮只是這些子. 如此是天理, 如此是人欲. 不入人欲, 則是天理. "禮者, 天理之節文." 節謂等差, 文謂文采. 等差不同, 必有文以行之. 「鄉黨」一篇, 乃聖人動容周旋皆中禮處. 與上大夫言, 自然誾誾, 與下大夫言, 自然侃侃. 若與上大夫言卻侃侃, 與下大夫言卻誾誾, 便不是. 聖人在這地位, 知這, 則指[178]莫不中節. 今人應事, 此心不熟, 便解忘了. ▲[179] "聖賢於節文處描畫出這

---

163) ▲: 學者說"顏子喟然嘆曰"一章. 曰: "公
164) 愽: 英祖刊本・成化本・賀本에서는 博으로 되어 있다.
165) ▲: 須看夫子'循循然善誘'底意思是如何. 聖人教人,
166) ▲: 夫子教顏子, 只是博文・約禮兩事.
167) 愽: 『朱子語類』에서는 博으로 되어 있다.
168) 義剛: 徽州本에서는 寓로 되어 있다.
169) ▲: "博我以文, 約我以禮", 聖門教人, 只此兩事, 須是互相發明.
170) ▲: 底
171) 愽: 英祖刊本・成化本・賀本에서는 博으로 되어 있다.
172) ▲: 底
173) 愽: 『朱子語類』에서는 博으로 되어 있다.
174) ▲: 底
175) ▲: 底
176) ▲: "博我以文, 約我以禮", 聖人教人, 只此兩事.
177) 愽: 孝宗刊本・成化本・賀本에서는 博으로 되어 있다.
178) 指: 『小分』에서는 様을 指로 고쳤다. 英祖刊本・賀本에서는 様으로 되어 있고 成化本에서는 揁으로 되어 있다. 『考異』에서는 様을 指로 바로잡았다.

樣子, 令人依本子去學. 譬如小兒學書, 其始如何便寫得好. 須是一筆一畫都依他底, 久久自然好去." 又云: "天理・人欲, 只要認得分明. 便喫一盞茶時, 亦要知其孰爲天理, 孰爲人欲."【人傑】

36:72 ▲[180]問: "愽[181]文是求之於外, 約禮是求之於內否?" 曰: "何者爲外? 愽[182]文也是自內裏做出來. 我本來有此道理, 只是要去求. 知須是致, 物須是格. 雖是說愽[183], 然求來求去, 終歸於一理, 乃所以約禮也. 『易』所謂'尺蠖之屈, 以求伸也, 龍蛇之蟄, 以存身也, 精義入神, 以致用也, 利用安身, 以崇德也', 而今尺蠖蟲子屈得一寸, 便能伸得一寸來許, 他之屈, 乃所以爲伸. 龍蛇於冬若不蟄, 則凍殺了, 其蟄也, 乃所以存身也. '精義入神', 乃所以致用也, '利用安身', 乃所以崇德也. '欲罷不能', 如人行步, 左脚起了, 不由得右脚不起. 所謂'過此以往, 未之或知也.' 若是到那'窮神知化', 則須是'德之盛也'方能. 顏子其初見得聖人之道尙未甚定, 所以說'彌高, 彌堅, 在前, 在後.' 及愽[184]文・約禮工夫旣到, 則見得'如有所立, 卓爾.' 但到此卻用力不得了, 只待他熟後, 自到那田地."【義剛】

36:73 ▲[185]問: ▲[186] 格物・致知, 是教顏子就事物上理會. '克己復禮', 卻是顏子有諸己." 曰: "格那物, 致吾之知也, 便是會有諸己."【賀孫】

36:74 ▲[187] "固是要就書冊上理會. 然書冊上所載者是許多, 書冊

179) ▲: 又云:
180) ▲: 安卿
181) 愽: 成化本・賀本에서는 博으로 되어 있다.
182) 愽: 英祖刊本・成化本・賀本에서는 博으로 되어 있다.
183) 愽: 英祖刊本・成化本・賀本에서는 博으로 되어 있다.
184) 愽: 英祖刊本・成化本・賀本에서는 博으로 되어 있다.
185) ▲: 國秀
186) ▲: "所以博文・約禮,

載不盡底又是多少, 都要理會."【僩】

36:75 ▲[188] "'瞻之在前, 忽然在後', 是沒捉摸處, ▲[189] '如有所立, 卓爾', 是聖人已到顏子未到處."【螢 ○以下總論.】

36:76 ▲[190]喟然歎▲[191]是顏子見得未定, 只見得一箇大物事, 後奈不何[192].【節】

36:77 ▲[193]彌高, ▲[194]彌堅, ▲[195]在前, ▲[196]在後", 不是別有箇物事. 只是做來做去, ▲[197]不到聖人處. 若做得緊, 又太過了, 若放慢做, 又不及. 聖人則動容周旋, 都是這道理.【義剛】

36:78 ▲[198]鑽仰前後, 只得[199]摸索不着意思. 及至盡力以求之, 則有所謂卓然矣. 見聖人氣象, 大概如此. 然到此時工夫細密, 從前篤學力行底麤[200]工夫, 全無所用. 蓋當此時只有些子未安樂, 但須涵養將去, 自然到聖人地位也."【力行】

---

187) ▲: 因論"博我以文", 曰:
188) ▲: 正淳問"顏淵喟然歎曰"一段. 曰: "吾人未到他地位, 畢竟未識說箇甚麼." 再問, 乃曰:
189) ▲: 是他顏子見得恁地.
190) ▲: 顏淵
191) ▲: 處
192) 後奈不何: 賀本에서는 沒奈他何로 되어 있다.
193) ▲: 顏子"仰之
194) ▲: 鑽之
195) ▲: 瞻之
196) ▲: 忽然
197) ▲: 只管
198) ▲: 或問顏子鑽仰. 曰: "顏子
199) 只得: 徽州本에서는 得이 是로 되어 있다.
200) 麤: 賀本에서는 粗로 되어 있다.

36:79　仰▲201)鑽▲202)　瞻▲203)忽▲204)，　此猶是見得未親切▲205)　"如有所立，卓爾"，方始親切. "雖欲從之，末由也已"，只是脚步未到，蓋不能得似聖人從容中道也.【閎祖】

36:80　▲206)天理自然底，不待安排. 所以着力不得▲207)　蓋爲安排着便不自然，便與他底不相似. 這箇"卓爾"，事事有在裏面，亦如"一以貫之"相似.【佐】

36:81　▲208)　"此是顔子當初尋討不着時節，瞻之卻似在前，及到着力趕上，又卻在後，及鑽得一重了，又卻有一重，及仰之，又卻煞高，及至上得一層了，又有一層. 到夫子教人者，又卻'循循善誘'，▲209)　慱210)之以文，▲211)　是事事物物皆窮究，約之以禮，是使之復禮，卻只如此教我循循然去下工夫，久而後見道體卓爾立在這裏，此已見得親切處. 然'雖欲從之'，卻又'末由也已'，此是顔子未達一間時，此是顔子說己當初捉摸不着時事." ▲212)問: "顔子此說亦是立一箇則例與學者求道用力處，故程子以爲學者須學顔子，有可依據，孟子才大難學者也." 曰: "然."【祖道】

36:82　▲213)問: "顔子合下何不便做慱214)文・約禮工夫?" 曰: "顔子

201) ▲: 高
202) ▲: 堅,
203) ▲: 前
204) ▲: 後
205) ▲: 在.
206) ▲: "瞻之在前，忽然在後"是猶見得未定. 及"所立卓爾"，則已見得定，但未到爾. 只是
207) ▲: 時,
208) ▲: 或問"瞻前忽後"章. 曰:
209) ▲: 旣
210) 慱: 英祖刊本・成化本・賀本에서는 博으로 되어 있다.
211) ▲: 又約之以禮. 博之以文,
212) ▲: 祖道

氣稟高明, 合下見得聖人道大▲215) 未肯便向下學中求. 及其用力之久, 而後知其眞不外此, 故只於此處着力爾." 【銖216)】

36:83 ▲217) "只爲夫子愽218)之以文, 約之以禮, 所以'欲罷不能.'" 問: "瞻忽前後, 是初見時事, 仰高鑽堅, 乃其所用力處." 曰: "只是初見得些小, 未能無礙, 奈何他不得. 夫子又只告以愽219)文・約禮, 顏子便服膺拳拳弗失. 緊要是愽220)文・約禮." 問: "顏子▲221)所立卓爾', 何故又曰'雖欲從之, 末由也已'?" 曰: "到此亦無所用力. ▲222) 【德明】

36:84 問: "顏子喟然▲223)處, 莫▲224)是未達一間之意? 夫顏子無形顯之過, 夫子稱其'三月不違仁.' 所謂違仁, 莫是有纖毫私欲發見否?" 曰: "『易傳』中說得好, 云: '旣未能"不勉而中", "所欲不踰矩", 是有過也.' ▲225)纔有不順意處, 有要着力處, 便是過." 【人傑】

36:85 ▲226) 至於▲227)所立卓爾"▲228) 只欠箇熟. 所謂"過此以往,

---

213) ▲: 周元興問: "顏子當鑽仰瞻忽時, 果何所見?" 曰: "顏子初見聖人之道廣大如此, 欲向前求之, 轉覺無下手處, 退而求之, 則見聖人所以循循然善誘之者, 不過博文約禮. 於是就此處竭力求之, 而所見始親切的當, 如有所立卓爾在前, 而歎其峻絶著力不得也." 又
214) 愽: 成化本・賀本에서는 博으로 되어 있다.
215) ▲: 如此,
216) 銖: 徽州本에서는 이 뒤에 潘錄同이 더 들어 있다.
217) ▲: 問: "顏子瞻忽事, 爲其見得如此, 所以'欲罷不能'?" 曰:
218) 愽: 英祖刊本・成化本・賀本에서는 博으로 되어 있다.
219) 愽: 成化本・賀本에서는 博으로 되어 있다.
220) 愽: 成化本・賀本에서는 博으로 되어 있다.
221) ▲: 後來用力, 見得'如有
222) ▲: 只是博文・約禮, 積久自然見得."
223) ▲: 歎
224) ▲: 正
225) ▲: 瞻前忽後, 是顏子見聖人不可及, 無捉摸處. '如有所立卓爾', 卻是眞箇見得分明." 又曰: "顏子

未之或知也. 窮神知化, 德之盛也."【人傑】

36:86 ▲[229] "'仰鑽瞻忽'四句是一箇關. '如有所立卓爾'處又是一箇關. 不是夫子循循善誘, 博[230]文・約禮, 便雖見得高堅前後, 亦無下手處. 惟其如此, 所以過得這一關. '欲罷不能', 非止是約禮一節, 博[231]文一節處, 亦是'欲罷不能.' 博[232]文了, 又約禮, 約禮了, 又 博[233]文. 恁地做去, 所以'欲罷不能.' 至於'如有所立'去處, 見得大段親切了. 那'末由也已'一節, 卻自着力不得. 着力得處, 顏子自着力了, 博文・約禮, 是着力得處也." 又曰: "顏子爲是先見得這箇物事了, 自高堅前後做得那卓爾處, 一節親切如一節▲[234]【植】

36:87 ▲[235] 此處顏子非是都不曾見得. 顏子已是到這裏了, 比他人都不曾到." 問: "聖人▲[236]先博[237]文而後約禮, 橫渠先以禮教人, 何也?" 曰: "學禮中也有博文. 如講明制度文爲, 這都是文, 那行處方是約禮也."【夔孫】

36:88 ▲[238] 惟"欲罷不能", 故"竭吾才." 不惟見得顏子善學聖人, 亦見聖人曲盡誘掖之道, 使他喜歡[239], 不知不覺得到氣力盡處. 如人飲

---

226) ▲: 夫子之教顏子, 只是博文・約禮二事.
227) ▲: "欲罷不能, 旣竭吾才, 如有
228) ▲: 處,
229) ▲: 問"顏淵喟然歎"章. 曰:
230) 博: 英祖刊本・成化本・賀本에서는 博으로 되어 있다.
231) 博: 英祖刊本・成化本・賀本에서는 博으로 되어 있다.
232) 博: 成化本・賀本에서는 博으로 되어 있다.
233) 博: 英祖刊本・成化本・賀本에서는 博으로 되어 있다.
234) ▲: 了. 如今學者元不曾識那箇高堅前後底是甚物事, 更怎望他卓爾底!"
235) ▲: 問"瞻之在前"四句. 曰: "此段有兩重關.
236) ▲: 教人
237) 博: 英祖刊本・成化本・賀本에서는 博으로 되어 있다.
238) ▲: "欲罷不能", 是住不得處.
239) 喜歡: 賀本에서는 歡喜로 되어 있다.

酒, 飮得一盃好, 只管飮去, 不覺醉郎當了.【夔孫】

36:89 ▲[240]到那田地, 自見得, 都不▲[241]如此去贊詠想象[242]籠罩.【燾】

36:90 ▲[243] 問: "此是聖人不思不勉, 從容自中之地. 顔子▲[244] 歎不能到." 曰: ▲[245] 初是捉摸不着. 夫子不就此啓發▲[246] 只博之以文, 約之以禮, 令有用功處. 顔子做這工夫, 漸見得分曉, 至於'欲罷不能', 已是住不得. 及夫旣竭吾才, 如此精專, 方見得夫子動容周旋無不中處, 皆是天理之流行, 卓然如此分曉. 到這裏, 只有箇生熟了. 顔子些小未能渾化如夫子, 故曰'雖欲從之, 末由也已.'"【德明】

36:91 ▲[247] "顔子竭才, 便過之." 問: "如何過?" 曰: "才是思勉, 便過, 不思勉, 又不及. 顔子勉而後中, 便有些小不肯底意, 心知其不可, 故勉强擺回. ▲[248]【德明】

36:92 ▲[249]問: "顔子平日深潛沉粹, 觸處從容, 只於喟然之歎見得他煞苦切處. 揚子云'顔苦孔之卓', 恐也是如此. 到這裏, 見得聖人直

---

240) ▲: 大率看文字, 且看從實處住. 如"喟然歎"一章, 且看到那欲罷不能處. 如後面, 只自家工夫
241) ▲: 必
242) 象: 賀本에서는 像으로 되어 있다.
243) ▲: 問: "'如有所立卓爾', 只是說夫子之道高明如此, 或是似有一物卓然可見之意否?" 曰: "亦須有箇模樣."
244) ▲: 鑽仰瞻忽, 旣竭其才,
245) ▲: "顔子鑽仰瞻忽,
246) ▲: 顔子,
247) ▲: 問: "'如有所立卓爾', 是聖人不思不勉, 從容自中處. 顔子必思而後得, 勉而後中, 所以未至其地." 曰:
248) ▲: 此等意義, 懸空逆料不得, 須是親到那地位方自知." 問: "『集注』解'瞻之在前, 忽然在後', 作'無方體.'" 曰: "大概亦是如此."
249) ▲: 恭父

是峻極, 要進這一步不得, 便覺有懇切處." 曰: "顔子到這裏, 也不是大段着力. 只他自覺得要着力, 自無所容其力."【賀孫 ○恪錄▲250)茲苦也, 茲其所以爲樂也.'"】

36:93 程子曰: ▲251) 又大段着力不得." ▲252) 賢者若着力要不勉不思, 便是思勉了, 此所以說"大段着力不得", 今日勉之, 明日勉之, 勉而至於不勉. 今日思之, 明日思之, 思而至於不思. 自生而至熟, 正如寫字一般. 會寫底固是會, 不會寫底, 須學他寫, 今日寫, 明日寫, 自生而至熟, 自然寫得.【泳 ○『集注』】

36:94 ▲253) 如孔子'六十而耳順, 七十而從心254)', 這處如何用力得255)! 只熟了, 自然恁地去. 橫渠曰256): '大可爲也, 化不可爲也, 在熟之而已257). 〈過此以往258), 未之或知也. 窮神知化, 德之盛也〉.'"【淳 ○寓錄同.259) 治260)錄云: "到這裏有261)待他自熟. 且如熟, 還可着力否?"】

---

250) ▲: 云: "恭父問: '顔子平日深潛純粹, 到此似覺有苦心極力之象. 只緣他工夫到後, 視聖人地位, 卓然只在目前, 只這一步峻絶, 直是難進. 故其一時勇猛奮發, 不得不如此. 觀揚子雲言〈顔苦孔之卓〉, 似乎下得箇〈苦〉字亦甚親切. 但顔子只這一時勇猛如此, 卻不見迫切. 到〈末由也已〉, 亦只得放下.' 曰: "看他別自有一箇道理. 然

251) ▲: "到此地位工夫尤難, 直是峻絶,

252) ▲: 所以著力不得, 緣聖人"不勉而中, 不思而得"了.

253) ▲: 問: "程子曰'到此地位', 至'著力不得', 何謂也?" 曰: "未到這處, 須是用力. 到這處, 自要用力不得.

254) 從心: 徽州本에서는 이 뒤에 所欲不踰矩가 더 들어 있다.

255) 這處如何用力得: 徽州本에서는 이 구절이 如這耳順處如何用力으로 되어 있다.

256) 橫渠曰: 徽州本에서는 因學橫渠로 되어 있다.

257) 在熟之而已: 徽州本에서는 이 앞에 自然恁地去가 더 들어 있다.

258) 過此以往: 徽州本에서는 이 앞에 又曰이 더 들어 있다.

259) 淳 ○寓錄同: 徽州本에서는 寓錄同으로 되어 있다.

260) 治: 英祖刊本・成化本・賀本에서는 洽으로 되어 있다.

261) 有: 成化本・賀本에서는 直으로 되어 있다.

36:95 問: ▲262) 高堅前後, 可形容否?" 曰: "只是說難學, ▲263) 問: "程子言'到此大段着力不得', 胡氏又曰'不怠所從, 必欲至乎卓立之地', 何也?" 曰: "'末由也已', 不是到此便休了不用力. 但工夫用得細, 不似初間用許多麤264)氣力, 如'慱265)學・審問・謹266)思・明辯・篤行'之類. 這處也只是循循地養將去. 顏子與聖人大抵爭些子, 只有些子不自在. ▲267) 明道謂: '賢毋謂我不用力, 我更着力!'【淳錄云: "明道謂: '賢看顥如此, 顥煞用工夫!'"】 人見明道是從容. 然明道卻自有着力處, 但細膩了, 人見不得."【寓】

36:96 ▲268)問『集注』▲269) 不用程子而用張子之說. 曰: "此章經文自有次第. 若不如張子說, 須移'如有所立卓爾'向前, 始得."【必大】

36:97 ▲270)問: "慱271)約之說, 程子或以爲知要, 或以爲約束, 如何?" 曰: "'慱272)我以文, 約我以禮'與'慱273)學以274)文, 約之以禮'一般. 但'慱275)學於文, 約之以禮', 孔子是汎言▲276)顏子則更深於此耳. 侯

262) ▲: "'顏淵喟然歎'一段,
263) ▲: 要學聖人之道, 都摸索不著. 要如此學不得, 要如彼學又不得, 方取他前, 又見在後. 這處皆是譬喻如此. 其初恁地難, 到'循循善誘', 方略有箇近傍處." 吳氏以爲卓爾亦不出乎日用行事之間. 問: "如何見得?" 曰: "是他見得恁地定, 見得聖人定體規模. 此處除是顏子方見得."
264) 麤: 成化本・賀本에서는 粗로 되어 있다.
265) 慱: 英祖刊本・成化本・賀本에서는 博으로 되어 있다.
266) 謹: 賀本에서는 愼으로 되어 있다.
267) ▲: 聖人便'不勉而中, 不思而得', 這處如何大段著力得! 才著力, 又成思勉去也. 只恁地養熟了, 便忽然落在那窠窟裏.
268) ▲: 正淳
269) ▲: "顏子喟然而歎"一章,
270) ▲: 蜚卿
271) 慱: 『朱子語類』에서는 博으로 되어 있다.
272) 慱: 英祖刊本・成化本・賀本에서는 博으로 되어 있다.
273) 慱: 英祖刊本・成化本・賀本에서는 博으로 되어 있다.
274) 以: 賀本에서는 於로 되어 있다.
275) 慱: 英祖刊本・成化本・賀本에서는 博으로 되어 있다.

氏謂慱[277]學[278]是'致知・格物', 約禮是'克己復禮', 極分曉. 而程子卻作兩樣說, ▲[279]某▲[280]曉他▲[281]不得. 孟子曰'慱[282]學而詳說之, 將以反說約也', 這卻是知要. 蓋天下之理, 都理會透, 到無可理會處, 便約. 蓋慱[283]而詳, 所以方能說到要約處. 約與要同." 道夫曰: "『漢書』'要求'字讀如'約束.'" 曰: "然." ▲[284] 復曰: "'知崇禮卑', ▲[285] 如何說到那地位?" 道夫曰: "知崇便是慱[286], 禮卑便是約否?" 曰: "慱[287]然後崇, 卑[288]然後約[289]. 物理窮盡, 卓然於事物之表, 眼前都欄自家不住, 如此則所謂崇. 戒謹[290]恐懼, 一擧一動, 一言一行, 無不着力, 如此則是卑." 問"卑法地." 曰: "只是極其卑爾." 又問: "知崇如天, 禮卑如地, 而後人之理行乎?" 曰: "知禮成性, 而天理行乎其間矣."【道夫 ○『集義』】

36:98 問: "橫渠說顏子三段, 卻似說顏子未到中處." 曰: "可知是未到從容中道. 如'瞻之在前, 忽焉在後', 便是橫渠指此做未能及中. 蓋到這裏, 又着力不得, 才緊着便過了, 稍自放慢便遠了. 到此不爭分毫間, 只是做得到[291]了, 卻只涵養. '旣竭吾才, 如有所立卓爾', 便是未

---

276) ▲: 人能慱文而又能約禮, 可以弗畔夫道, 而
277) 慱: 英祖刊本・成化本・賀本에서는 博으로 되어 있다.
278) 學:『朱子語類』에서는 文으로 되어 있다.
279) ▲: 便是
280) ▲: 有時
281) ▲: 老先生說話
282) 慱: 成化本・賀本에서는 博으로 되어 있다.
283) 慱: 成化本・賀本에서는 博으로 되어 있다.
284) ▲: 頃之,
285) ▲: 聖人這箇'禮'字,
286) 慱: 成化本・賀本에서는 博으로 되어 있다.
287) 慱: 成化本・賀本에서는 博으로 되어 있다.
288) 卑: 賀本에서는 約으로 되어 있다.
289) 約: 賀本에서는 卑로 되어 있다.
290) 謹: 賀本에서는 愼으로 되어 있다.
291) 得到:『小分』에서는 到得을 교정부호로 바로잡았다.

到'不思而得'處, '雖欲從之, 末由也已', 便是未到'不勉而中'處."【罃】

36:99 問橫渠說▲[292]發歎處. 曰: "'高明不可窮', 是說'仰之彌高', '慱[293]厚不可極', 是說'鑽之彌堅', '中道不可識', 則'瞻之在前, 忽焉[294]在後.' 至其'欲罷不能, 旣竭吾才', 則方見'如有所立卓爾.' 謂之'如', 則是於聖人中道所爭不多. 才着力些, 便過, 才放慢些, 便不及, 直是不容着力."【人傑】

36:100 "所謂'瞻[295]▲[296] 忽▲[297] 這只是箇'中庸不可能.' 蓋聖人之道, 是箇恰好底道理, 所以不可及. 自家纔着意要去做, 不知不覺又蹉過了. 且如'恭而安', 這是聖人不可及處. 到得自家纔着意去學時, 便恭而不安了, 此其所以不可能. 只是難得到恰好處, 不着意又失了, 纔着意又過了, 所以難. 橫渠曰: '高明不可窮, 慱[298]厚不可極, 則中道不可識, 蓋顏子之歎也.' 雖說得拘, 然亦自說得好." 或曰: "伊川過・不及之說, 亦是此意否?" 曰: "然. 蓋方見聖人之道在前, 自家要去趕着他, 不知不覺地蹉過了, 那聖人之道又卻在自家後了." 所謂'忽然在後', 也只是箇'中庸不可能.' '夫子循循然善誘人', 非特以慱[299]文・約禮分先後次序, 慱[300]文中亦自有次序, 約禮中亦自有次序, 有箇先後深淺[301]. '欲罷不能', 便只是就這慱[302]文・約禮中做工夫. 合下做時,

292) ▲: 顏子
293) 慱: 成化本・賀本에서는 博으로 되어 있다.
294) 焉: 賀本에서는 然으로 되어 있다.
295) "所謂'瞻: 徽州本에서는 이 뒤에 或問仰之彌高, 鑽之彌堅, 瞻之在前, 忽然在後. 先生擧橫渠語云: 高明不可窮, 博厚不可極, 則中道不可識, 蓋顏子之歎也.【蓋卿】가 더 들어 있다.
296) ▲: 之在前,
297) ▲: 然在後',
298) 慱: 英祖刊本・成化本・賀本에서는 博으로 되어 있다.
299) 慱: 成化本・賀本에서는 博으로 되어 있다.
300) 慱: 成化本・賀本에서는 博으로 되어 있다.
301) 深淺: 『朱子語類』에서는 淺深으로 되어 있다.
302) 慱: 英祖刊本・成化本・賀本에서는 博으로 되어 있다.

便是下這十分工夫去做. 到得這歎時, 便是'欲罷不能'之效. 衆人與此異者, 只是爭這箇'欲罷不能.' 做來做去, 不知不覺地又住了. 顔子則雖欲[303]罷而自有所不能, 不是勉强如此, 此其所以異於人也." 又曰: "顔子工夫到此, 已是七八分了. 到得此, 是滔滔地做將去, 所以'欲罷不能.' 如人過得箇關了, 便平地行將去."【僩】

36:101 ▲[304]問: "顔子求'龍德正中', 而未見是'庸言之信, 庸行之謹, 閑邪存其誠', 聖人從容中道地位否?" 曰: "然." 又問: "'極其大而後中可求', 如何?" 曰: "此言'執其兩端, 用其中於民', 正如程子室中・廳中・國中之說. 不極其大, 則不得其中也." 又問: "'止其中而後大可有', 如何?" 曰: "在中間, 便盡得四邊. 若偏向這一邊, 卽照管那一邊不得. 張子此語甚好. 若云'未見其止', 卻使得不是. '未見其止', 只是不息, 非'得其所止'之'止.'"【螢】

「子疾病章」

36:102 問: "'久矣▲[305]行詐! ▲[306] 曰: "是指從來而言." 問: "人苟知未至, 意未誠, 則此等意慮時復發露而不自覺?" 曰: "然."【廣】

36:103▲[307]子路要尊聖人, 耻於無臣而爲之, 一時不能循道理, 子路本心亦不知其爲詐. 然而子路尋常亦是有不明處, 如死孔悝之難, 是至[308]死有見不到. 只有一毫不誠, 便是詐也."【饒本作: "子路平日强其所不知以爲知, 故不以出公爲非." ○螢】

---

303) 欲: 賀本에는 없다.
304) ▲: 伯豐
305) ▲: 哉, 由之
306) ▲: '是不特指那一事言也."
307) ▲: 問: "'由之行詐', 如何?" 曰: "見
308) 至: 賀本에서는 致로 되어 있다.

36:104 ▲309) "世間有一種事, 分明是不好, 人也皆知其不好. 謂如子路使門人爲臣, 此等事, 未有不好, 亦未爲欺天. 但子路見不透, 卻把做好事去做了, 不知其實卻不是了."【燾】

「子貢曰有美玉章」

36:105 子貢只是如此設問, 若曰"此物色是只藏之, 惟復將出用之"耳, 亦未可議其言之是非也.【必大】

「子欲居九夷章」

36:106 問: ▲310) 使聖人居之, 眞有可變之理否?" 曰: "然." ▲311)問: "九夷, 前輩或以箕子爲證, 謂朝鮮之類, 是否?" 曰: "此亦未見得. 古者中國亦有夷・狄, 如魯有淮夷, 周有伊雒之戎是也." 又問: "此章與'乘桴浮海', 莫是戲言否?" 曰: "只是見道不行, 偶然發此歎, 非戲言也." 因言: "後世只管說當時人君不能用聖人, 不知亦用不得. 每國有世臣把住了, 如何容外人來做! 如魯有三桓, 齊有田氏, 晉有六卿, 比比皆然, 如何容聖人插手!"【雉】

「出則事公卿章」

36:107 "喪事不敢不勉, 不爲酒困." 此等處, 聖人必有爲而言.【燾】

36:108 ▲312) "『語』有兩處如此說, 皆不可曉. 尋常有三般說話, 一

309) ▲: 問"子路使門人爲臣"一章. 曰:
310) ▲: "子欲居九夷,
311) ▲: 或
312) ▲: 問"不爲酒困, 何有於我哉." 曰:

以爲上數事我皆無有, 一說謂此數事外我皆復何有, 一說云於我何有, 然皆未安, 某今闕之."【去僞 ○『集注』今有定說.】[313]

36:109 ▲[314]問: ▲[315]范氏以'燕而不亂'爲'不爲酒困', ▲[316] 曰: "此說本卑, 非有甚高之行, 然工夫卻愈精密, 道理卻愈無窮. 故曰'知崇·禮卑', 又曰'崇德·廣業.' 蓋德知雖高, 然踐履卻只是卑則愈廣." 又曰: "'德言盛, 禮言恭, 謙也者, 致恭以存其位者也.' 此章之義, 似說得極低, 然其實則說得極重. 范氏似以'不爲酒困'爲不足道, 故以燕飮不亂當之, 過於深矣."【必大】

「子在川上章」

36:110 ▲[317] "逝只訓往. '斯'字方指川流處[318]."【植】

36:111 ▲[319] "古說是見川流, 因歎. 大抵過去底物不息, 猶天運流行不息如此, 亦警學者要當如此不息. 蓋聖人之心'純亦不已', 所以能見之."【去僞】[320]

36:112 問: ▲[321]反而求之身心, 固生生而不息, 氣亦流通而不息. 二者皆得之於天, 與天地爲一體者也. 然人之不能不息者有二. 一是

313)【去僞 ○『集注』今有定說.】: 徽州本에는【祖道 ○謨錄同.】으로 되어 있다.
314) ▲: 正淳
315) ▲: "'出則事公卿'一段, 及
316) ▲: 如何?"
317) ▲: 問"逝者如斯." 曰:
318) '斯'字方指川流處: 徽州本에서는 處가 없고, 流 뒤에 曰是가 더 들어 있다.
319) ▲: 或問: "子在川上曰: '逝者如斯夫, 不舍晝夜!'" 曰:
320)【去僞】: 徽州本에서는【祖道 ○謨錄同.】으로 되어 있다.
321) ▲: "『注』云: '天地之化, 往者過, 來者續, 無一息之停, 乃道體之本然也. 其可指而易見者, 莫如川流, 故於此發以示人.' 其

不知後行不得, 二是役於欲後行不得. 人須是一[322]窮理工夫, 使無一理之不明, 下克己工夫, 使無一私之或作. 然此兩端[323]工夫皆歸在敬上, 故明道云: '其要只在謹[324]獨.'" 曰: "固是. 若不謹[325]獨, 便去隱微處間斷了. 能謹[326]獨, 然後無間斷. 若或作或輟, 如何得與天地相似!" 【廣 ○士毅錄云: "此只要常常相續, 不間斷了." ○『集注』】

36:113 ▲[327]

36:114 ▲[328] "此是形容道體. 伊川所謂'與道爲體', 此一句最妙. 某嘗爲人作「觀瀾詞」, 其中有兩[329]句云: '觀川流之不息兮, 悟有本之無窮.'" 又問: "明道曰: '其要只在謹[330]獨.' 如何?" 曰: "能謹[331]獨, 則無間斷, 而其理不窮. 若不謹[332]獨, 便有欲來參入裏面, 便間斷了也, 如何卻會如川流底意!" 又問: "明道云: '自漢以來, 諸儒皆不識此', 如何?" 曰: "是他不識, 如何卻要道他識. 此事除了孔・孟, 猶是佛・老見得些形象. 譬如畫人一般, 佛・老畫得些模樣. 後來儒者於此全無相着, 如何教他兩箇不做大!" 祖道曰: "只爲佛・老從心上起工夫, 其學雖不是, 然卻有本. 儒者只從言語文字上做, 有知此事是合理會者, 亦只做一場話說過了, 所以輸與他." 曰: "彼所謂心上工夫本不是, 然

322) 一: 『朱子語類』에서는 下로 되어 있다.
323) 端: 『朱子語類』에서는 段으로 되어 있다.
324) 謹: 賀本에서는 愼으로 되어 있다.
325) 謹: 賀本에서는 愼으로 되어 있다.
326) 謹: 賀本에서는 愼으로 되어 있다.
327) ▲: 或問: "'天地之化, 往者過, 來者續, 此道體之本然也.' 如何?" 曰: "程子言之矣, '天運而不已, 日往則月來'云云, '皆與道爲體.' '與道爲體', 此句極好. 某常記得舊作「觀瀾記」兩句云: '觀湍流之不息, 悟有本之無窮.'" 【人傑 ○祖道錄別出.】
328) ▲: 或問"子在川上." 曰:
329) 兩: 賀本에서는 二로 되어 잇다.
330) 謹: 賀本에서는 愼으로 되어 있다.
331) 謹: 賀本에서는 愼으로 되어 있다.
332) 謹: 賀本에서는 愼으로 되어 있다.

卻勝似儒者多. 公此說卻是."【祖道】

36:115 問: "『注』▲[333] '此道體之本然也.' ▲[334]又曰: '皆與道爲體.' 向見先生說: '道無形體, 卻是這物事盛, 載那道出來, 故可見. 〈與道爲體〉, 言與之爲體也. 這〈體〉字較粗.' 如此, 則與本然之體微不同." 曰: "也便在裏面. 只是前面'體'字說得來較闊, 連本末精粗都包在裏面, 後面'與道爲體'之'體', 又說出那道之親切底骨子. 恐人說物自物, 道自道, 所以指物以見道. 其實這許多物事湊合來, 便都是道之體, 道之體[335], 便在這許多物事[336]上, 只是水上較親切易見."【僩】

36:116 ▲[337]問: ▲[338] '體'字是'體用'之'體'▲[339] 曰: "只是這箇'體道'之'體', 只是道之骨子."【節】

36:117 ▲[340] 這體字卻麤[341], 只是形體." 問: "猶云'性者道之形體'否?" 曰: "然."【僩】

36:118 問: ▲[342]與道爲體.' '與'字, 其義如何?" 曰: ▲[343] 是與那道爲體. 道不可見, 因從那上流出來. 若無許多物事, 又如何見得道? 便是許多物事與那道爲體. 水之流而不息, 最易見者. 如水之流而不息, 便見得道體之自然. ▲[344]

---

333) ▲: 云:
334) ▲: 後
335) 道之體: 賀本에는 없다.
336) 事: 成化本・賀本에는 없다.
337) ▲: 公晦
338) ▲: "'子在川上'注,
339) ▲: 否?"
340) ▲: 問: "如何是'與道爲體'?" 曰: "與那道爲形體.
341) 麤: 賀本에서는 粗로 되어 있다.
342) ▲: "『注』云: '此道體也.' 下面云: '是皆
343) ▲: "此等處要緊. '與道爲體',

36:119 ▲345)物生水流, 非道之體, 乃與道爲體也.【學蒙】

36:120 ▲346)"道無形體可見. 只看日往月來, 寒往暑來, 水流不息, 物生不窮, 顯顯者乃是'與道爲體.'"【過】

36:121 ▲347) "'形而上者謂之道, 形而下者謂之器', 道本無體. 此四者, 非道之體也, 但因此則可以見道之體耳. 那'無聲無臭'便是道. 但尋從那'無聲無臭'處去, 如何見得道? 因有348)此四者, 方見得那'無聲無臭'底, 所以說'與道爲體.'" ◇349)用之曰: "如炭與火相似." 曰: "也略是如此."【義剛】

36:122 ▲350) "日月寒暑等不是道. ▲351) 然無這道, 便也無這箇了. 惟有這道, 方始有這箇. 旣有這箇, 則就上面便可見得道. 這箇是與道做骨子." 問: "張思叔說: '此便是無窮.' ◇352) 然須看因甚恁地無窮. 須見得所以無窮處, 始得. 若說天只是高, 地只是厚, 便也無說了. 須看所以如此者是如何."【淳 ○寓同.】

36:123 ▲353)問: ▲354)'體'字▲355) 曰: "是體質. 道之本然之體不可見, 觀此則可見無體之體, 如陰陽五行爲太極之體." 又問: "太極是體,

---

344) ▲: 此等處, 閑時好玩味."【炎】
345) ▲: "與道爲體", 此四字甚精. 蓋
346) ▲: 先生擧程子"與道爲體"之語示過, 言:
347) ▲: 問: "伊川曰'此道體也. 天運而不已', 至'皆與道爲體', 如何?" 曰:
348) 因有: 『小分』에서는 有因을 교정부호로 바로잡았다.
349) ◇: 劉
350) ▲: 徐問: "程子曰'日往則月來', 至'皆與道爲體', 何謂也?" 曰:
351) ▲:【寓錄云: "日往月來, 寒往暑來, 水流不息, 物生不窮不是道."】
352) ◇: 伊川曰: '一箇〈無窮〉, 如何便了得!' 何也?" 曰: "固是無窮,
353) ▲: 周元興問"與道爲體." 曰: "天地日月, 陰陽寒暑, 皆'與道爲體.'" 又
354) ▲: "此
355) ▲: 如何?"

二五是用?" 曰: "此是無體之體." 叔重曰: "如'其體則謂之易'否?" 曰: "然." 又問: "有天德便可語王道." 曰: "有天德, 則便是天理, ▲356) "無天德, 則是私意, 是計較. 後人多無天德, 所以做王道不成." 【節】

36:124 ▲357) 道是虛底▲358) 因這箇物事上面方看見. 如曆家說二十八宿爲天之體. 天高遠, 又更運轉不齊, 不記這幾箇經星, 如何見得他. "經禮三百, 曲禮三千", 無一事之非仁. 經禮・曲禮, 便是與仁爲體. 【高】

36:125 ▲359)問: ▲360)便是'純亦不已'意思否?" 曰: "固是. 然此句在吾輩作如何使?" 楊曰: "學者當體之以自强不息." 曰: "只是要得莫間斷. 程子謂: ▲361) 其要只在謹362)獨.' ▲363) 只少有不謹364), 便斷了."【寓】

36:126 ▲365) "天理流行之妙, 若少366)有私欲以間之, 便如水被些障塞, 不得恁滔滔地流去." 問: "程子謂: ▲367) 儒者皆不識此義.'" 曰: "是不曾識得. 佛氏卻略曾窺得上面些箇影子." 【儒368)】

---

356) ▲: 便做得王道, 無天德, 則做王道不成." 又曰:
357) ▲: 伊川說: "水流而不息, 物生而不窮, 皆與道爲體." 這箇"體"字, 似那形體相似.
358) ▲: 道理,
359) ▲: 至之
360) ▲: "'逝者如斯夫, 不舍晝夜!'
361) ▲: '此天德也. 有天德, 便可語王道,
362) 謹: 賀本에서는 愼으로 되어 있다.
363) ▲: 愼獨與這裏何相關?
364) 謹: 賀本에서는 愼으로 되어 있다.
365) ▲: 又曰:
366) 少: 徽州本에는 없다.
367) ▲: '自漢以來,
368) 儒: 英祖刊本・成化本・賀本에서는 儒用으로 되어 있고, 萬曆本에서는 元秉으로 되어 있다.

36:127 ▲[369]

36:128 ▲[370] 人多於獨處間斷.【泳】

36:129 ▲[371]說此章, 問曰: "今不知吾之心與天地之化是兩箇物事, 是一箇物事? 公且思量." 良久, 乃曰: "今諸公讀書, 只是去理會得文義, 更不去理會得意. 聖人言語, 只是發明這箇道理. 這箇道理, 吾身也在裏面, 萬物亦在裏面, 天地亦在裏面. 通同只是一箇物事, 無障蔽, 無遮礙. 吾之心, 卽天地之心. 聖人卽川之流, 便見得也是此理, 無往而非極致. 但天命至正, 人心便邪, 天命至公, 人心便私, 天命至大, 人心便小, 所以與天地不相似. 而今講學, 便要去得與天地不相似處, 要與天地相似." ▲[372] "虛空中都是這箇道理, 聖人便隨事物上切[373]出來." ▲[374] "如今識得箇大原了, 便見得事事物物都從本根上發出來. 如一箇大樹, 有箇根株, 便有◇[375]芽櫱枝葉, 牽一箇則[376]千百箇皆動."【夔孫】

36:130 ▲[377] 問: "明道曰: '天地設位, 而易行乎其中, 只是敬也. 敬則無間斷.' 也是這意思?" 曰: "固是天地與聖人一般, 但明道說得寬."【夔孫】

36:131 問: "'見大水, 必觀焉', 是何意?" 曰: "只川上之歎, 恐是夫子

369) ▲: 問『注』中"有天德而後可以語王道." 先生云: "只是無些子私意."
370) ▲: "子在川上"一段注: "此道體之本然也. 欲學者時時省察, 而無毫髮之間斷." 才不省察, 便間斷, 此所以"其要只在愼獨."
371) ▲: 因
372) ▲: 又曰:
373) 切: 賀本에서는 做로 되어 있다.
374) ▲: 又曰:
375) ◇: 許多
376) 則: 成化本에서는 別로 되어 있다.
377) ▲: 因說"子在川上"章,

本語. 孟·荀之言, 或是傳聞之訛."【必大】

「吾[378]未見好德如好色章」

36:132 ▲[379]問: "'好德如好色', 此卽『大學』'如好好色'之意, 要得誠如此. 然『集注』載衛靈公事, 與此意不相應, ▲[380] 曰: ▲[381] 除了靈公事, 便有何發明? 存靈公事在那上, 便有何相礙? 此皆沒緊要. 聖人當初只是恁地歎未見好德如那好色者. 自家當虛心去看, 又要反求思量, 自己如何便是好德, 如何便是好色, 方有益. ▲[382] 『大學』之說, 自是『大學』之意, 『論語』之說, 自是『論語』之意. 『論語』只是說過去, 尾重則首輕, 這一頭低, 那一頭昂. 『大學』只將兩句平頭說去, 說得尤力. 如何要合兩處意來做一說得!"【淳 ○蜀錄作"林一之問", 文少異.】

36:133 ▲[383]問: "▲[384]招搖?" 曰: "如翺翔."【節】

「語之而不惰章」

36:134 ▲[385]"惟於行上見得他不惰."【時擧】

36:135 ▲[386] "如'得一善, 則拳拳服膺, 而弗[387]失之矣', '欲罷不能',

378) 吾: 賀本에서는 我로 되어 있다.
379) ▲: 至之
380) ▲: 何也?"
381) ▲: "書不是恁地讀.
382) ▲: 若只管去校量他, 與聖人意思愈見差錯. 聖人言語, 自家當如奴僕, 只去隨他, 教住便住, 教去便去. 今卻如與做師友一般, 只去與他校, 如何得!
383) ▲: 叔重
384) ▲: 何謂
385) ▲: 讀"語之而不惰", 曰:
386) ▲: 陳仲亨問: "'語之而不惰', 於甚處見得?" 曰:

皆是其不惰處."【義剛】

36:136 ▲[388]"顏子聽得夫子說話, 自然住不得. 若他人聽過了, 半疑半信, 若存若亡, 安得不惰!"【雉】

36:137 ▲[389]'不惰', 只是不說沒緊要底話, 蓋是那時也沒心性說得沒緊要底話了."【燾】

「子謂顏淵章」

36:138 ▲[390]橫渠▲[391] 以爲止是止於中, 亦說得, 但死而不活. 蓋▲[392]顏子未到那極[393]處, 未到那成就結果處. 蓋顏子一箇規模許多大, 若到那收因結果, 必有大段可觀者也."【燾】

「苗而不秀章」

36:139 ▲[394] "皆是勉人進學如此. 這箇道理難當, 只管恁地勉强去. '苗而不秀, 秀而不實', 大槪只說物有生而不到長養處, 有長養而不到成就處."【淳】

36:140 苗須是秀, 秀須是實, 方成. 不然, 何所用? 學不至實, 亦何所用?

---

387) 弗: 『朱子語類』에서는 不로 되어 있다.
388) ▲: 問: "如何是不惰處?" 曰:
389) ▲: 問: "語之不惰." 曰: "看來
390) ▲: 問: "未見其止." 曰: "如
391) ▲: 之說,
392) ▲: 只是
393) 極: 賀本에는 없다.
394) ▲: 徐問: "'苗而不秀, 秀而不實', 何所喩?" 曰:

「後生可畏章」

36:141 問:[395] "'後生可畏', 是方進者也, '四十五十而無聞', 是中道而止者也." 曰: "然."【燾】

---

395) 問: 賀本에는 없다.

『朱子語類』卷第三十七

「『論語』十九」

「子罕篇下」

「法語之言章」

37:1 ▲[1] 巽, 謂巽順. 與他說, 都是教他做好事, 如"有言遜于汝志." 重處在"不改・不繹." ▲[2]謂如此等人, 與他說得也不濟事, 故曰: "吾末如之何也已!" 【端蒙】

37:2 植說: ▲[3]注』云: '法語, 人所敬憚, 故必從. 然不改, 則面從而已.' 如漢 武帝見汲黯之直, 深所敬憚, 至帳中可其奏, 可謂從矣. 然黯論武帝'內多慾而外施仁義', 豈非面從! 『▲[4]注』云: '巽言無所乖忤, 故必悅. 然不繹, 又不足以知其微意之所在.' 如孟子論▲[5]好色・好貨, 齊王豈不悅. 若不知繹, 則徒知古人所謂好色, 不知其能使'內無怨女, 外無曠夫', 徒知古人所謂好貨, 不知其能使'居者有積倉, 行者有裹糧.'" 先生因曰: "『集注』中舉楊氏說, 亦好." 【植】

「三軍可奪帥章」

---

1) ▲: "法語之言", "巽與之言",
2) ▲: 聖人
3) ▲: "此章『集
4) ▲: 集
5) ▲: 太王

37:3 志若可奪, 則如三軍之帥被人奪了. 做官奪人志. 志執得定, 故不可奪, 執不牢, 也被物欲奪去. 志眞箇是不可奪!【泳】

「衣敝緼袍章」

37:4 ▲6)

37:5 "衣敝緼袍", 也有一等人資質自不愛者. 然如此人亦難得.【泳】

37:6 ▲7)"李閎8)祖云: '忮, 是疾人之有, 求, 是恥己之無.' 呂氏之說亦近此意. 然此說又分曉."【榦】

37:7 ▲9)自有一般人, 著破衣服在好衣服中, 亦不管者. 子路自10)是不把這般當事." ▲11)問: "子路卻是能克治12). 如'願車馬, 衣輕裘, 與朋友共, 敝之而無憾.'" 曰: "子路自是恁地人, 有好物事, 猶要與衆人共用了. 上蔡『論語』中說管仲小器13)處一段, 極好."【榦】

37:8 問: "'▲14)終身誦之', ▲15)此便是'願車馬, 衣輕裘, 與朋友共, 敝之而無憾'底意思. 然他將來自誦, 便是'無伐善・施勞'意思."

---

6) ▲: "衣敝緼袍", 是裏面夾衣, 有綿作胎底.【義剛】
7) ▲: 先生曰:
8) 閎: 徽州本에서는 相으로 되어 있다.
9) ▲: 問"子路終身誦之." 曰: "是
10) 自: 徽州本에서는 曰로 되어 있다.
11) ▲: 榦
12) 治: 徽州本에서는 己로 되어 있다.
13) 小器: 賀本에서는 器小로 되어 있다.
14) ▲: 子路
15) ▲: 此子路所以不及顔淵處. 蓋

曰: ▲16) 亦不是他矜伐. 只是將這箇做好底事, '終身誦之', 要常如此, 便別無長進矣." ▲17) "世間人見富貴底, 不是心裏妬嫉他, 便羨慕 ▲18) 【僴】

37:9 ▲19)問: ▲20) 夫子何以見得終其身也?" 曰: "只是以大勢恁地. 這處好, 只不合自擔當了, 便止於此, 便是自畫. 大凡十分好底事, 纔自擔, 便也壞了, 所謂'有其善, 喪厥善.'" 【淳】

37:10 道怕擔了. 【"何足以臧!" ○可學】

「知者不惑章」

37:11 ▲21) 眞見得分曉, 故不惑. 【泳】

37:12 ▲22) "仁者通體是理, 無一點私心. 事之來者雖無窮, 而此之應者各得其度. 所謂'建諸天地而不悖, 質諸鬼神而無疑, 百世以俟聖人而不惑', 何憂之有!" ▲23)

37:13 ▲24) 私欲不萌, 而天下之公在我, 何憂之有! 【泳】

37:14 ▲25)問: ▲26) 但不憂, 似亦未是仁." 曰: "今人學問百種, 只是

---

16) ▲: "所謂'終身誦之',
17) ▲: 又問呂氏"貧與富交, 强者必忮, 弱者必求"之語. 曰:
18) ▲: 他, 只是這般見識爾!"
19) ▲: 謝教
20) ▲: "'子路終身誦之',
21) ▲: "知者不惑."
22) ▲: 道夫問"仁者不憂." 曰:
23) ▲: 【驤】
24) ▲: "仁者不憂." 仁者, 天下之公.

要'克己復禮.' 若能克去私意, 日間純是天理, 自無所憂, 如何不是仁."【義剛】

37:15▲27)仲亨▲28) 云: "此非仁體, 只是說夫子之事." ▲29)曰: ▲30)恁地, 則那兩句也須▲31)添一說, 始得. 這只是統說. 仁者便是不憂."【義剛】

37:16 ▲32)氣足以助道義, 故不懼. 故孟子說: "配義與道, 無是, 餒也." 今有見得道理分曉而反懾怯者, 氣不足也.【泳】

37:17 ▲33) 擧程子"明理可以治懼"之說. 曰: "明理固是能勇, 然便接那'不懼'未得, 蓋爭一節在, 所以聖人曰: '勇者不懼.'"【燾】

37:18 ▲34)問: "『論語』▲35)不懼'處, 作'有主則不懼.' 恐'有主'字明36) '勇'字不出." 曰: "也覺見37)是如此. 多是一時間下字未穩, 又且恁地備員去." ▲38) 【卓】

---

25) ▲: 或
26) ▲: "'仁者不憂',
27) ▲: 陳
28) ▲: 說"仁者不憂",
29) ▲: 先生
30) ▲: "如何又生出這一項情節!
31) ▲: 恁地
32) ▲: "勇者不懼."
33) ▲: 或問"勇者不懼",
34) ▲: 李閎祖
35) ▲: 所說'勇者
36) 明: 成化本에서는 因으로 되어 있다.
37) 見: 成化本에서는 是로 되어 있다.
38) ▲: 因云: "前輩言, 解經命字爲難. 近人解經, 亦間有好處, 但是下語親切, 說得分曉. 若前輩所說, 或有不大故分曉處, 亦不好. 如近來耿氏說『易』'女子貞不字.' 伊川說作'字育'之'字.' 耿氏說作'許嫁笄而字'之'字', 言'女子貞不字'者, 謂其未許嫁也, 卻與昏媾之義相通, 亦說得有理." 又云. "伊川『易』亦有不分曉處甚多. 如

37:19 ▲39)勇是一箇果勇必行之意, 說‘不懼’也易見. ▲40) 知是一箇分辨不亂之意, 說‘不惑’也易見. 惟是仁如何會不憂? 這須思之.” 行夫云: “仁者順理, 故不憂. 若只順這道理做去, 自是無憂.” 曰: “意思也是如此, ▲41) 行夫復云云. 曰: ▲42)也說得麤. ▲43) 仁者之心便是一箇道理. 看是甚麽事來, 不問大小, 改頭換面來, 自家此心各各是一箇道理應副去. 不待事來, 方始安排, 心便是理了. 不是方見得道理合如此做, 不是方去恁地做.”【賀孫 ○恪錄別出.】

37:20 ▲44)仁者如何會不憂.” 蔡云: “莫只是無私否?”【方子錄▲45)樂天而不憂.”】 曰: “固是無私. 然所以不憂者, 須看得透, ▲46)至之云: “是人欲淨盡, 自然樂否?” 曰: “此亦只是貌說.” ▲47)問: “先生說是如何?” 曰: “仁者心便是理, 看有甚事來, 便有道理應他, 所以不憂. ▲48)恪錄一▲49) 看甚麽事來, 自有這道理在處置他, 自不煩惱.”】 人所以憂者, 只是卒然遇事, 未有一箇道理應他, 便不免有憂.” ▲50)【恪】

‘益之, 用凶事’, 作凶荒之‘凶’, 直指刺史・郡守而言. 在當時未見有刺史・郡守, 豈可以此說. 某謂‘益之, 用凶事’者, 言人臣之益君, 是責難於君之時, 必以危言鯁論恐動其君而益之, 雖以中而行, 然必用圭以通其信. 若不用圭而通, 又非忠以益於君也.”

39) ▲: 行夫說“仁者不憂”一章. 曰: “‘勇者不懼’,
40) ▲: ‘知者不惑’,
41) ▲: 更須細思之.” 久之,
42) ▲: “畢竟
43) ▲: 仁者所以無憂者, 止緣
44) ▲: 蔡行夫問“仁者不憂”一章. 曰: “知不惑, 勇不懼, 卻易理會. ‘仁者不憂’, 須思量
45) ▲: 云: “或曰: ‘仁者無私心, 故
46) ▲: 方得.” 楊
47) ▲: 洪慶
48) ▲: 【方子錄云: “仁者理卽是心, 心卽是理. 有一事來, 便有一理以應之, 所以無憂.”
49) ▲: 作: “仁者心與理一, 心純是這道理.
50) ▲: 【恪錄一作: “今人有這事, 卻無道理, 便處置不來, 所以憂.” 從周錄云: “人所以有憂者, 只是處未得.”】

37:21 ▲[51] "也有人明理而不能去私欲[52]者. 然去私慾, 必先明理. 無私慾, 則不屈於物, 故勇. 惟聖人自誠而明, 可以先言仁, ▲[53] 至於教人, 當以知爲先."【銖 ○時擧少異.】

37:22 ▲[54] "惟不惑不憂, 便生得這勇來."【植】

37:23 ▲[55] "有仁・知而後有勇, 然而仁・知又少勇不得. 蓋雖曰'仁能守之', 只有這勇, 方能守得[56]到頭, 方能接得去. 若無這勇, 則雖有仁・知・少間亦恐會放倒了. 所以『中庸』說'仁・知・勇三者.' 勇, 本是箇沒緊要底物事. 然仁・知不是勇, 則做不到頭, 半塗而廢."【燾】

37:24 ▲[57]問: ▲[58] 何以與前面'知者不惑, 仁者不憂, 勇者不懼', 次序不同?" 曰: ▲[59] 此誠而明, 明而誠也." "『中庸』言三德之序如何?" 曰: "亦爲學者言也." 問: "何以勇皆在後?" 曰: "末後做工夫不退轉, 此方是勇."【銖】

37:25 ▲[60]問: "人之所以憂・惑・懼者, 只是窮理不盡, 故如此. 若窮盡天下之理, 則何憂何懼之有? 因其無所憂, 故名之曰仁, 因其無所惑, 故名之曰◇[61], 因其無所懼, 故名之曰勇. ▲[62] 曰: "仁者隨所寓

---

51) ▲: 方毅父問: "'知者不惑', 明理便能無私否?" 曰:
52) 欲: 『朱子語類』에서는 慾으로 되어 있다.
53) ▲: 後言知.
54) ▲: 先生說"知者不惑"章:
55) ▲: 問"知者不惑"章. 曰:
56) 守得: 『小分』에서는 得守를 교정부호로 바로잡았다.
57) ▲: 或
58) ▲: "'仁者不憂, 知者不惑, 勇者不懼',
59) ▲: "成德以仁爲先, 進學以知爲先,
60) ▲: 或
61) ◇: 知
62) ▲: 不知二說孰是."

而安, 自是不憂, 知者所見明, 自是不惑, 勇者所守定, 自是不懼. ▲[63) 【去僞】[64)

37:26 問: ▲[65)知是致知・格物, 仁是存養, 勇是克治之功." 先生首肯, 曰: "是. 勇是持守堅固." 問: "『中庸』'力行近乎仁', 又似'勇者不懼'意思." 曰: "交互說, 都是. 如'或生而知之, 或學而知之, 或困而知之', 三知都是知, '或安而行之, 或利而行之, 或勉强而行之', 三行都是仁, '好學近乎知, 力行近乎仁, 知恥近乎勇', 三近都是勇."【寓】[66)

「可與共學章」

37:27 "可與共學", 有志於此, "可與適道", 已看見略[67)脈, "可與立", 能有所立, "可與權", 遭變事而知其宜, 此只是大綱如此說.【可學】

37:28 ▲[68) 學時, 須便教可適道, 適道, 便更教立去, 立, 便須敎權去."【植】

37:29 ▲[69)問: "'可與立', 是如'嫂叔不通問', '可與權', 是'嫂溺援之以手'?" 曰: "然."【燾】

---

63) ▲: 夫不憂・不惑・不懼, 自有次第." 或曰: "勇於義, 是義理之勇. 如孟施舍・北宮黝, 皆血氣之勇."【人傑錄云: "或曰: '勇是勇於義, 或是武勇之勇?' 曰: '大概統言之, 如孟施舍・北宮黝, 皆血氣之勇.'"】 曰: "三者也須窮理克復, 方得. 只如此說, 不濟事."

64)【去僞】: 徽州本에서는【祖道 ○謨錄同】으로 되어 있다.

65) ▲: "'知者不惑', 『集注』: '知以知之, 仁以守之, 勇以終之.' 看此三句, 恐

66) 寓: 賀本에서는 宙로 되어 있다.

67) 略: 『朱子語類』에서는 路로 되어 있다.

68) ▲: 問"可與適道"章. 曰: "這箇只說世人可與共學底, 未必便可與適道, 可與適道底, 未必便可與立, 可與立底, 未必便可與權.

69) ▲: 或

37:30 問: "權, 地位如何?" 曰: "大賢已上." 【可學】

37:31 權, 是稱量[70]教子細着. 【閎祖】

37:32 問: "權便是義否?" 曰: "權是用那義底." 問: "中便是時措之宜否?" 曰: "以義權之, 而後得中. 義似稱, 權是將這稱去稱量, 中是物得其平處." 【僩】

37:33 經自經, 權自權. 但經有不可行處, 而至於用權, 此權所以合經也, 如湯・武事, 伊・周事, 嫂溺則援事. 常如風和日暖, 固好, 變如迅雷烈風. 若無迅雷烈風, 則都旱了, 不可以爲常. 【泳】

37:34 ▲[71] 聖人之權, 雖異於經, ▲[72]亦是事體到那時, 合恁地做, 方好." 【植 ○時擧同.】[73]

37:35 ▲[74]須是聖人, 方可與權. 若以顏子之賢, 恐也不敢議此. "磨而不磷, 涅而不緇." 而今人才磨便磷, 才涅便緇, 如何更說權變? 所謂"未學行, 先學走"也. 【僩】

37:36 ▲[75] 權處是道理上面更有一重道理. 如▲[76] 君子固當用, 小人固當去. 然方當小人進用時, 猝乍要用君子, 也未得. 當其深根固蒂

---

70) 量: 徽州本에서는 星으로 되어 있다.
71) ▲: 蘇宜久問"可與權." 曰: "權與經, 不可謂是一件物事. 畢竟權自是權, 經自是經. 但非漢儒所謂權變・權術之說.
72) ▲: 其權
73) 【植 ○時擧同.】: 徽州本에서는 植이 宜久로 되어 있고, 時擧 아래에 略이 있다.
74) ▲: "可與立, 未可與權", 亦是甚不得已, 方說此話. 然
75) ▲: 先生因說: "'可與立, 未可與權',
76) ▲: 君子小人,

時, 便要去他, 適[77]爲所害. 這裏須斟酌時宜, 便知箇緩急淺深[78], 始得." 或言: "本朝人才過於漢・唐, 而治效不及者, 緣漢・唐不去攻小人, 本朝專要去小◇[79], 所以如此." 曰: "如此說, 所謂'內君子, 外小人', 古人且胡亂恁地說, 不知何等議論! 永嘉學問專去利害上計較, 恐出此." 又曰: "'正其義[80]不謀其利, 明其道不計其功.' 正其義[81], 則利自在, 明其道, 則◇[82]. 專去計較利害, 定未必有利, 未必有功." 【寓】

37:37 ▲[83]問: "程子云: ▲[84] 何物以爲權? 義是也. 然也只是說到義. 義以上更難說, ▲[85] 此義[86]▲[87] 曰: "此如有人犯一罪, 性之剛者以爲可誅, 性之寬者以爲可恕, 槪之以義, 皆未是合宜. 此則全在權量之精審, 然後親切[88]不差. 欲其權量精審, 是他平日涵養本原, 此心虛明純一, 自然權量精審. 伊川嘗[89]云: '敬以直內, 則義以方外, 義以爲質, 則禮以行之.'" 【時學】

37:38 ▲[90] "經與權, ▲[91]中央有▲[92]界分. ▲[93] 程先生'權卽經'之

---

77) 適: 賀本에서는 卽으로 되어 있다.
78) 淺深: 賀本에서는 深淺으로 되어 있다.
79) ◇: 人
80) 義: 賀本에서는 誼로 되어 있다.
81) 義: 賀本에서는 誼로 되어 있다.
82) ◇: 功自在
83) ▲: 叔重
84) ▲: '權者, 言稱錘之義也.
85) ▲: 在人自看如何.'
86) 義: 『朱子語類』에서는 意로 되어 있다.
87) ▲: 如何看?"
88) 切: 賀本에서는 審으로 되어 있다.
89) 嘗: 賀本에서는 常으로 되어 있다.
90) ▲: 問經・權之別. 曰:
91) ▲: 須還他
92) ▲: 箇
93) ▲: 如程先生說, 則無界分矣.

說, 其意蓋恐人離了經, 然而[94]袞[95]來袞[96]去, 則經與權都鶻突沒理會了." ▲[97]"稱得平, 不可增加些子, 是經, 到得物重衡昂, 移退是權, 依舊得平, 便是合道, 故反經亦須合道也." 【燾】

37:39 ▲[98] "權者, ▲[99]到這地頭, 道理合當恁地做, 故雖異於經, 而實亦經也. 且如冬月使[100]合着綿向火, 此是經. 忽然一日暖[101]), 則亦須使扇, 當風坐, 此便是權. 伊川謂'權只是經', 意亦如此. 但說'經'字太重, 若偏了. 漢儒'反經合道'之說, 卻說得'經・權'兩字分曉. 但他說權, 遂謂反了經, 一向流於變詐, 則非矣." 【義剛】

37:40 ▲[102]問: ▲[103] 反經▲[104]合於道', 此語亦好." 曰: "若淺說, 亦不妨. 伊川以爲權便是經. 某以爲反經而合於道, 乃所以爲經. 如征伐視揖遜, 放廢視臣事, 豈得是常事? 但終是正也." 【賀孫】

37:41 ▲[105] 漢儒語亦未十分有病, 但他意卻是橫說, 一向▲[106]胡做了." ▲[107] 公羊就宋人執祭仲處, 說得權又怪異了." ▲[108]"經是已

---

94) 而: 賀本에서는 一로 되어 있다.
95) 袞: 成化本・賀本에서는 滾으로 되어 있다.
96) 袞: 成化本・賀本에서는 滾으로 되어 있다.
97) ▲: 又問: "權是稱錘也. 稱衡是經否?" 曰: "這箇以物譬之, 難得親切." 久之, 曰:
98) ▲: 問經・權. 曰:
99) ▲: 乃是
100) 使: 賀本에서는 便으로 되어 있다.
101) 暖: 賀本에서는 煖으로 되어 있다.
102) ▲: 用之
103) ▲: "'權也者,
104) ▲: 而
105) ▲: 或問: "伊川云: '權卽是經.' 漢儒云: '反經合道.' 其說如何?" 曰: "伊川所說權, 是說這處合恁地做, 便是正理, 須是曉得他意.
106) ▲: 不合道理,
107) ▲: 又曰: "'男女授受不親', 是常經合恁地. '嫂溺, 援之以手', 亦是道理合恁地, 但不是每常底道理了. 譬如冬月衣裘附火, 是常理也. 忽然天氣做熱, 便須衣夾揮扇, 然便不是每常底常理了.

定之權, 權是未定之經."【義剛】

37:42 ▲109)伊川見漢儒只管言反經▲110) 恐後世無忌憚者皆得借權以自飾, 因有此論耳. ▲111)問: "某欲以'義'字言權, 如何?" 曰: ▲112) 權固是宜, 經獨不宜乎?"【壯祖】

37:43 ▲113)權▲114) 大概不可用時多." ▲115) "權是時中, 不中, 則無以爲權矣."【賜】

37:44 ▲116) 經者, 道之常▲117), 權者, 道之變▲118) 道是箇統體, 貫乎經與權. 如程先生之說, 則鶻突了. ▲119)【燾】

37:45 ▲120) 如湯放桀, 武王伐紂, 伊尹放太甲, ▲121) 若日日時時用之, 則成甚世界了!" 或云: "權莫是中否?" 曰: "是此一時之中. 不中, 則無以爲權矣. 然舜・禹之後六七百年方有湯, 湯之後又六七百年方有武王. 權也是難說. ▲122)地位太煞高了▲123)."【祖道】

---

108) ▲: 又曰:

109) ▲: 吳伯英問: "伊川言'權卽是經', 何也?" 曰: "某常謂不必如此說. 孟子分明說: '男女授受不親, 禮也, 嫂溺援之以手者, 權也.' 權與經豈容無辨! 但是

110) ▲: 是權,

111) ▲: 然經畢竟是常, 權畢竟是變." 又

112) ▲: "義者, 宜也.

113) ▲: 問: "經・權不同, 而程子云: '權卽經也.'" 曰: "固是不同: 經是萬世常行之道,

114) ▲: 是不得已而用之,

115) ▲: 又曰:

116) ▲: 或問: "'反經合道'之說, 程先生不取, 乃云'不必說權, 權卽是經', 如何?" 曰: "某常以爲程先生不必如此說, 是多說了.

117) ▲: 也

118) ▲: 也.

119) ▲: 所謂經, 衆人與學者皆能循之, 至於權, 則非聖賢不能行也."

120) ▲: 或有書來問經・權. 先生曰: "程子固曰: '權卽經也.' 人須著子細看, 此項大段要子細. 經是萬世常行之道, 權是不得已而用之, 須是合義也.

121) ▲: 此是權也.

37:46 ▲124)正甫謂125): "'權・義擧而皇極立', 權・義只相似." 曰: "義可以總括得經・權, 不可將來對權. 義當守經, 則守經, 義當用權, 則用權, 所以謂義可以總括得經・權. ▲126) 伊川曰: '惟義無對.' ▲127) 【恪】

37:47 ▲128) "立, 是見得那正當底道理分明了, 不爲事物所遷惑." ▲129) 觀聖人此意, 畢竟是未許人用'權'▲130) 如朝廷之上, ▲131) 君子則進之, 小人則去◇132), 此▲133)是正當▲134)道理. 今人▲135) 卻說小人亦不可盡去, 須放他一路, 不爾, 反能害人. 自古固有以此而濟事者, 但終非可常行之理. 若是君子小人常常並進, 則豈可也?" 【廣】

37:48 ▲136) 如人之病, 熱病者當服凉藥, 冷病者當服熱藥, 此是常

---

122) ▲: 故夫子曰: '可與立, 未可與權.' 到得可與權時節, 也是
123) ▲: 也
124) ▲: 或問經與權之義. 曰: "公羊以'反經合道'爲權, 伊川以爲非. 若平看, 反經亦未爲不是. 且如君臣兄弟, 是天地之常經, 不可易者. 湯・武之誅桀・紂, 卻是以臣弑君, 周公之誅管・蔡, 卻是以弟殺兄, 豈不是反經! 但時節到這裏, 道理當恁地做, 雖然反經, 卻自合道理. 但反經而不合道理, 則不可. 若合道理, 亦何害於經乎!" 又曰: "合於權, 便是經在其中."
125) 正甫謂: 徽州本에서는 余正甫謂로 되어 있다.
126) ▲: 若可權・義並言, 如以兩字對一字, 當云'經・權擧'乃可.
127) ▲: 伊川所謂'權便是經', 亦少分別. 須是分別經・權自是兩物, 到得合於權, 便自與經無異, 如此說乃可."
128) ▲: 問: "'可與立', 如何是立?" 曰:
129) ▲: 又問: "程子謂'權只是經', 先生謂: '以孟子援嫂之事例之, 則權與經亦當有辨.' 莫是經是一定之理, 權則是隨事以取中, 旣是中, 則與經不異否?" 曰: "經, 是常行道理. 權, 則是那常理行不得處, 不得已而有所通變底道理. 權得其中, 固是與經不異, 畢竟權則可暫而不可常. 如堯・舜揖遜, 湯・武征誅, 此是權也, 豈可常行乎!
130) ▲: 字. 學者須當先理會這正底道理. 且
131) ▲: 辨別君子小人,
132) ◇: 之
133) ▲: 便
134) ▲: 底
135) ▲: 不去理會此,

理. 然有時有熱病, 卻用熱藥去發他病者, 亦有冷病, 卻用冷藥去發他病者, 此皆是不可常用[137]者. 然須是下得是方可. 若有毫釐之差, 便至於殺人, 不是則劇. 然若用得是, 便是少他不得, 便是合用這箇物事. 旣是合用, 玆[138]權也, 所以爲經也. 大抵漢儒說權, 是離了箇經說, 伊川說權, 便道權只在經裏面. 且如周公誅管蔡, 與唐 太宗殺建成・元吉, 其推刃於同氣者雖同, 而所以殺之者則異. 蓋管・蔡與商之遺民謀危王室, 此是得罪於天下, 得罪於宗廟, 蓋不得不誅之也. 若太宗, 則分明是爭天下. 故周公可以謂之權, 而太宗不可謂之權. 孟子曰: '有伊尹之志則可, 無伊尹之志則簒也.' ▲[139]【時擧】

37:49 ▲[140] 伊川又云: '權是經所不及者.' 此說方盡. ▲[141] 莊子曰: '小變而不失其大常.'" 或曰: "莊子意思又別." 曰: "他大概亦是如此, 但未知他將甚做大常."【文蔚 ○ 僩錄別出.】 37:50[142] ▲[143]龜山云: '權

---

136) ▲: 亞夫問"可與立, 未可與權." 曰: "漢儒謂'反經合道'爲權, 伊川說'權是經所不及者.' 權與經固是兩義, 然論權而全離乎經, 則不是. 蓋權是不常用底物事.

137) 用: 賀本에서는 論으로 되어 있다.

138) 玆: 賀本에서는 此로 되어 있다.

139) ▲: 故在伊尹可以謂之權, 而在他人則不可也. 權是最難用底物事, 故聖人亦罕言之. 自非大賢以上, 自見得這道理合是恁地, 了不得也."

140) ▲: 因論"經・權"二字, 曰: "漢儒謂'權者, 反經合道', 卻是權與經全然相反, 伊川非之, 是矣. 然卻又曰'其實未嘗反經', 權與經又卻是一箇, 略無分別. 恐如此又不得. 權固不離於經, 看'可與立, 未可與權', 及孟子'嫂溺援之以手事', 毫釐之間, 亦當有辨." 文蔚曰: "經是常行之理, 權是適變處." 曰: "大綱說, 固是如此. 要就程子說中分別一箇異同, 須更精微." 文蔚曰: "權只是經之用. 且如稱衡有許多星兩, 一定而不可易. 權往來稱物, 使輕重恰好, 此便是經之用." 曰: "亦不相似. 大綱都是, 只爭些子.

141) ▲: 經只是一箇大綱, 權是那精微曲折處. 且如君仁臣忠, 父慈子孝, 此是經常之道, 如何動得! 其間有該不盡處, 須是用權. 權卽細密, 非見理大段精審, 不能識此. '可與立', 便是可與經, 卻'未可與權', 此見經權毫釐之間分別處.

142) 37:50: 『小分』에서는 37:49에 이어져 하나의 항목으로 편집되어 있다.

143) ▲: 經與權之分, 諸人說皆不合. 曰: "若說權自權, 經自經, 不相干涉, 固不可. 若說事須用權, 經須權而行, 權只是經, 則權與經又全無分別. 觀孔子曰'可與立, 未可與權', 孟子曰'嫂溺援之以手', 則權與經須有異處. 雖有異, 而權實不離乎經也. 這裏所爭只毫釐, 只是諸公心粗, 看不子細. 伊川說: '權只是經', 恐也未

者, 經之所不及.' 這說卻好. 蓋經者只是存得箇大法, 正當底道理而已. 蓋精微曲折處, 固非經之所能盡也. 所謂權▲144) 於精微曲折處曲盡其宜, 以濟經之所不及耳. 所以說'中之爲貴145)者權', 權者146)卽是經之要妙處也. ▲147) 孔子曰: '可與立, 未可與權.' 立便是經. '可與立', 則能守箇經, 有所執立矣, 卻說'未可與權.' 以此觀之, 權乃經之要妙微密處. 非見道理之精密·透徹·純熟者, 不足以語權也." ▲148) 問: "'子莫執中.' 程子之解經便是權, 則權字又似海說. 如云'時措之宜', 事事皆有自然之中, 則似事事皆用權. 以『孟子』'嫂溺援之以手'言之, 則'權'字須有別." 曰: "'執中無權', 這'權'字稍輕, 可以如此說. '嫂溺援之以手'之權, 這'權'字卻又重, 亦有深淺也."【僩】

37:51 ▲149) 某之說, 非是異程子之說, 只是須與他分別, 經是經, 權是權. 且如'冬日則飮湯, 夏日則飮水', 此是經也. 有時天之氣變, 則冬日須着飮水, 夏日須着飮湯, 此是權也. 權是礙着經行不得處, 方始150)用得, 然卻依前是常理, 只是不可數數用. 如'舜不告而娶', 豈不是怪差事? 以孟子觀之, 那時合如此處. 然使人人不告而娶, 豈不亂大倫? 所以不可常用."【賜 ○夔孫錄詳, 別出.】

盡. 嘗記

144) ▲: 者,

145) 貴: 成化本에서는 實로 되어 있다.

146) 權者: 成化本에서는 權 뒤에 之가 더 들어 있다.

147) ▲: 如漢儒說'反經合道', 此語亦未甚病. 蓋事也有那反經底時節, 只是不可說事事要反經, 又不可說全不反經. 如君令臣從, 父慈子孝, 此經也. 若君臣父子皆如此, 固好. 然事有必不得已處, 經所行不得處, 也只得反經, 依舊不離乎經耳, 所以貴乎權也.

148) ▲: 又曰: "莊子曰'小變而不失其大常', 便是經權之別." 或曰: "恐莊子意思又別." 曰: "他大槪亦是如此, 只不知他把甚麽做大常." 又云: "事有緩急, 理有小大, 這樣處皆須以權稱之." 僩

149) ▲: 問: "伊川謂'權只是經', 如何?" 曰: "程子說得卻不活絡. 如漢儒之說權, 卻自曉然. 曉得程子說底, 得知權也是常理, 曉不得他說底, 經權卻鶻突了.

150) 始: 賀本에서는 使로 되어 있다.

37:52 ▲151) 卻說得死了, 不活. ▲152) 曉得底卻知得權也是常理, 曉不得底卻鶻突了. ▲153)

37:53 問: ▲154)'權'字亦有兩樣. 伊川以權只是經155), 蓋每日事事物物上稱量箇輕重處置, 此權▲156)不離乎經也. 若論堯・舜禪遜, 湯・武放伐, 此又是大底權, 是所謂'反經合道'者也." 曰: "只一般, 但有小大之異耳. 如堯・舜之禪遜是遜, 與人遜一盆水也是遜, 湯・武放伐是爭, 爭一箇彈丸也是爭. 康節詩所謂'唐・虞玉帛煙光紫, 湯・武干戈草色萋', 大小不同而已矣. '堯夫非是愛吟詩', 正此意也. 伊川▲157)將經做箇大底物事, ▲158)卻包得那箇權, 此說本好. 只是據聖人說'可與立, 未可與權', 須是還他是兩箇字, ▲159) 若如伊川說, 便用廢了那'權'字始得. ▲160) 權只是經之變. ▲161)須是曉得孔子說, 又曉伊川之說, 方得. 若相把做一說, 如兩脚相併, 便行不得. 須還他是兩隻脚, 雖是兩隻, 依舊是脚." ▲162) 【僩】

---

151) ▲: 問經・權. 曰: "'冬日則飮湯, 夏日則飮水', 此是經也. 有時行不得處, 冬日須飮水, 夏日則飮湯, 此是權也. 此又依前是經. 但經是可常之理, 權是礙著經行不得處, 方始用權. 然當那時卻是常理. 如"舜不告而娶", 是箇怪差底事. 然以孟子觀之, 卻也是常理. 只是不可常用. 如人人不告而娶, 大倫都亂了!【因推說湯・武事.】 伊川說'權卻是經',

152) ▲: 如某說, 非是異伊川說, 卽是須爲他分別, 經是經, 權是權. 如漢儒反經之說, 卻經・權曉然在眼前. 伊川說,

153) ▲: 如大過卦說: '道無不中, 無不常. 聖人有小過, 無大過.' 某謂不須恁地說, 聖人旣說有大過, 直是有此事. 但云'大過亦是常理', 則得. 因擧晉州蒲事, 云: "某舊不曉文定之意. 後以問其孫伯逢. 他言此處有意思, 但難說出. 如左氏分明有稱晉君無道之說. 厲公信有罪, 但廢之可也. 欒書 中行偃直殺之則不是. 然畢竟厲公有罪, 故難說出. 後必有曉此意者."【夔孫】

154) ▲: "'可與立, 未可與權', 看來

155) 伊川以權只是經: 徽州本에서는 伊川 뒤에 先生曰이 더 들어 있다.

156) ▲: 也, 權而

157) ▲: 說'經・權'字,

158) ▲: 經

159) ▲: 經自是經, 權自是權.

160) ▲: 只是雖是權, 依舊不離那經,

161) ▲: 如冬日須向火, 忽然一日大熱, 須著使扇, 這便是反經. 今

37:54 ▲163) "'可與立'者, 能處置得常事, '可與權'者, 卽能處置得變事. 雖是處變事, 而所謂處置常事, 意思只在'井以辨義, 巽以行權.' 此說義與權自不同. 漢儒有反經之說, 只緣將▲164)下文'偏其反而'誤作一章▲165) 故其說相承曼衍. ▲166)『集義』中諸▲167)說, 莫不連下文. 獨是范純夫不如此▲168) 蘇氏亦不如此說, 自以'唐棣之華'爲下截. 程子所說漢儒之誤, 固是如此. 要之, '反經合道'一句, ▲169)亦通. 緣'權'字與'經'字對說. ▲170) 便是變卻那箇, 須謂之反可也. 然雖是反那經, 卻不悖於道, 雖與經不同, 而其道一也. 因知道伊川之說, 斷然經自是經, 權亦是經, 漢儒反經之說不是. ▲171) 然▲172) 其言亦無害, ▲173) '義'字大, 自包得經與權, 自在經與權過接處. 如事合當如此區處, 是常法▲174) 固是經, ▲175) 亦是義當守其常. 事合當如此區處, 卻變了常法▲176) 固是權, ▲177) 亦是義當通其變. 文中子云: '權義擧而皇極立.' 若云'經・權擧', 則無害. 今云'權・義擧', 則▲178) 不知經自是義, 權亦是義, '義'字兼經・權而用之. 若以義對經, 恰好179)將一箇包兩物之物, 對着包一物之物." 行夫云: "經便是權." 曰: "不是▲180)經便是

---

162) ▲: 又曰: "若不是人聖賢用權, 少間出入, 便易得走作."
163) ▲: 恭父問"可與立, 未可與權." 曰:
164) ▲: 『論語』
165) ▲: 解,
166) ▲: 且看
167) ▲: 儒之
168) ▲: 說,
169) ▲: 細思之
170) ▲: 纔說權,
171) ▲: 此說不可不知.
172) ▲: 細與推考,
173) ▲: 此說亦不可不知.
174) ▲: 如此,
175) ▲: 若合當如此,
176) ▲: 恁地區處,
177) ▲: 若合當恁地,
178) ▲: '義'字下不得. 何故? 卻是將義來當權.
179) 好: 『朱子語類』에서는 似로 되어 있다.

權. ▲[181] 但是雖反經而能合道, 卻無背於經. 如人兩脚相似, 左脚自是左脚, 右脚自是右脚, 行時須一脚先, 一脚後, 相待而行, 方始行得. 不可將左脚便喚做右脚, 右脚便喚做左脚. 「繫辭」既說‘井以辨義’, 又說‘井居其所而遷.’ 井是不可動底物事, 水卻可隨所汲而往. 如道之正體卻一定於此, 而隨事制宜, 自莫不當. 所以說‘井以辨義’, 又云: ‘井居其所而遷.’” 【賀孫】

「唐棣之華章」

37:55 ▲[182] 此逸詩, 不知當時詩人思箇甚底. 東坡謂‘思賢而不得之詩’, 看來未必是思賢. ▲[183]夫子▲[184]止是取下面兩句云: ‘人但不思, 思則何遠之有!’ ▲[185] 【去僞】[186]

37:56 ▲[187] 時學因云: “人心放之甚易, 然反之亦甚易.” 曰: “反之固易, 但恐不能▲[188]久存爾.” 【時學】

---

180) ▲: 說
181) ▲: 經自是經, 權自是權.
182) ▲: 問“唐棣之華, 偏其反而.” 曰: “此自是一篇詩, 與今「常棣」之詩別. 常, 音裳. 『爾雅』: ‘棣, 栘, 似白楊, 江東呼夫栘. 常棣, 棣, 子如櫻桃可食.’ 自是兩般物.
183) ▲: 但
184) ▲: 大概
185) ▲: 初不與上面說權處是一段. ‘唐棣之華’而下, 自是一段. 緣漢儒合上文爲一章, 故誤認‘偏其反而’爲‘反經合道’, 所以錯了. 「晉書」於一處引‘偏’字作‘翩’, ‘反’作平聲, 言其花有翩反飛動之意. 今無此詩, 不可考據, 故不可立爲定說.”
186) 【去僞】: 徽州本에는 【祖道□□謨錄同.】 으로 되어 있다.
187) ▲: 或問“未之思也, 夫何遠之有”一章.
188) ▲: 得他

『朱子語類』 卷第三十八

「『論語』二十」

「鄕黨篇」

「總論」

38:1 「鄕黨」記聖人動容周旋, 無不中禮.【泳】

38:2 如「鄕黨」說聖人容色處, 是以有事觀聖人, 如言'燕居申申·夭夭', 是以無事時觀聖人. 學者於此, 又知得聖人無時無處而不然.【燾】

38:3 「鄕黨」一篇, 自"天命之謂性"至"道不可須臾離也", 皆在裏面. 許多道理, 皆自聖人身上迸出來. 惟聖人做得甚分曉, 故門人見之熟, 是以紀之詳也.

38:4 ▲[1]

38:5 問賀孫: "讀「鄕黨」已終, 覺得意思如何?" 曰: "見得段段都是道理合着如此, 不如此定不得. 纔有些子不如此, 心下便不安." 曰: "聖賢一句是一箇道理, 要得敎人識着, 都是要人收拾已放之心. 所謂'學

---

1) ▲: 問: "看『論語』, 及「鄕黨」之半." 曰: "覺公看得淺, 未甚切己. 終了「鄕黨篇」, 更須從頭溫一過. 許多說話, 盡在『集注』中."【賀孫】

問之道無他, 求其放心而已', 非是學問只在求放心, 非把求放心爲學問工夫, 乃是學問皆所以求放心. 如'詩三百, 一言以蔽之, 曰〈思無邪〉', 大要皆欲使人'思無邪'而已."【賀孫】

「第一節」【鄕黨・宗廟・朝廷言貌不同.】

38:6 看「鄕黨▲[2]」, 須以心體之. ▲[3] 如何是"似不能言者"? ▲[4] 如何是"便便言唯謹"? ▲[5] 如何是"侃侃"? 如何是"誾誾"?【義剛錄云: "看「鄕黨」一篇, 須是想象[6]他恂恂是如何, 誾誾是如何, 不可一衮[7]看."】 38:7[8] 問: "先生解'侃侃・誾誾'四字, 不與古注同. 古注以侃侃爲和樂, 誾誾爲中正." 曰: "'衎'字乃訓和樂, 與此'侃'字不同. 『說文』以侃爲剛直. 『後漢書』中亦云'侃然正色.' 誾誾是'和說而諍', 此意思甚好. 和說則不失事上之恭, 諍則又不失自家義理之正."【廣】

38:8 ▲[9]

38:9 問: ▲[10] 或有大是非利害, 似不可不說. 所謂'似不能言者', 恐但當以卑遜爲主, 所以說'似不能言.'" 曰: "不是全不說. 但較之宗廟・朝廷, 爲不敢多說耳." 問: "'其在宗廟・朝廷', ▲[11] 禮法之所在.' 在

---

2) ▲: 篇
3) ▲: "孔子於鄕黨, 恂恂如也, 似不能言者."
4) ▲: "宗廟・朝廷, 便便言, 唯謹."
5) ▲: "朝, 與下大夫言, 侃侃如也, 與上大夫言, 誾誾如也."
6) 象: 賀本에서는 像으로 되어 있다.
7) 衮: 成化本・賀本에서는 滾으로 되어 있다.
8) 38:7: 孝宗刊本・英祖刊本・成化本에서는 38:6에 이어져 한 항목으로 편집되어 있다.
9) ▲: 或問「鄕黨」如恂恂侃侃之類. 曰: "如此類, 解說則甚易. 須是以心體之, 眞自見箇氣象始得."【士毅】
10) ▲: "'孔子於鄕黨, 恂恂如也, 似不能言者.'
11) ▲: 『集注』云: '宗廟,

宗廟則'每事問', 固是禮法之所在, 不知聖人還已知之而猶問, 還以其名物制度之非古而因訂之?" 曰: ▲[12]這處, 某嘗道是孔子初仕時如此. 若初來問一番了, 後番番來, 番番問, 恐不如此. '孰謂鄹人之子知禮乎?' 呼曰'鄹人之子', 是與孔子父相識者有此語, 多應是孔子初年." 【賀孫】

「第二節」【在朝廷事上·接下不同.】

38:10 ▲[13] "侃侃, 是剛直貌. 以其位不甚尊, 故吾之言可得而直遂. 至於上大夫之前, 則雖有所諍, 必須有含蓄不盡底意思, 不如侃侃之發露得盡也. '閔子侍側'一章, 義亦如此." 【時舉】

38:11 問[14]: ▲[15] 不知諍意思如何?" 曰: "說道和悅, 終不成一向放倒了. 到合辨別處, 也須辨別, 始得. 內不失其事上之禮, 而外不至於曲從. 如古人用這般字, 不是只說字義, 須是想象[16]意思是如此. 如'恂恂', 皆是有此意思, 方下此字. 如『史記』云: '魯道之衰, 洙·泗之間齗齗如也.' 【"齗"·"誾", 字同.】 這正見'和悅而諍'底意思. 當道化盛時, 斑白者不提挈, 不負戴於道路, 少壯者代其事. 到周衰, 少壯者尚欲執其任, 而老者自不肯安, 爭欲自提挈, 自負戴, 正此[17]是'和悅而諍.'" 【賀孫】

38:12 "'誾誾', 『說文』云: '和悅而諍.' 看得字義是一難底字, 緣有爭義. 『漢志』'洙·泗之間齗齗', 義一同兩齒相斷." 【泳】

---

12) ▲: "便是
13) ▲: 亞夫問"朝, 與下大夫言, 侃侃如也, 與上大夫言, 誾誾如也." 曰:
14) 問: 徽州本에서는 賀孫問與下大夫言侃侃如也章集으로 되어 있다.
15) ▲: "『注』云: '侃侃, 剛直.' '誾誾', 是'和悅而諍.'
16) 象: 賀本에서는 像으로 되어 있다.
17) 正此: 『朱子語類』에서는 此正으로 되어 있다.

38:13 『漢書』, 諸尚書爭一件事, 其中有云: "誾誾侃侃, 得禮之容. 緘黙邪心, 非朝廷福."【泳】

「第三節」【爲君擯相.】

38:14 問"賓不顧矣." 曰: "古者賓退, 主人送出門外, 設兩拜, 賓更不顧而去. 國君於列國之卿大夫亦如此."【燾】

38:15 ▲[18] "古者擯介之儀甚煩. 如九命擯五人, 介則如命數, 是九人. 賓主相見, 自擯以下列兩行, 行末相近. 如主人說一句, 主人之擯傳許多擯者訖, 又交過末介傳中介, 直至賓之上介, 方聞之賓."【賀孫】

38:16 古者相見之禮, 主人有擯, 賓有介. 賓傳命於上介, 上介傳之次介, 次介傳之末介, 末介傳之末擯, 末擯傳之次擯, 次擯傳之上擯, 上擯傳之主人, 然後賓主方相見. 又曰: "看來古人大故淳樸[19]. 人君出命不甚會說話, 所以着人代他說話."【燾】

38:17 植▲[20]云[21]: ▲[22] 揖右[23]人, 傳命出也, 揖左[24]人, 傳命入也." 曰: "然."【植】

38:18 『▲[25]注』▲[26] 謂孔子無使擯執圭之事. 正淳曰: "定公十年夾

18) ▲: 問: "'君召使擯', 擯如其命數之半. 如上公九命, 則擯者五人, 以次傳命." 曰:
19) 朴: 成化本・賀本에서는 樸으로 되어 있다.
20) ▲: 擧『注』
21) 云: 徽州本에서는 이 뒤에 植侍坐, 擧「鄕黨」'君召使擯'至'朝服', 而立於階說: '左右手'注云이 더 들어 있다.
22) ▲: "'揖左人, 則左其手, 揖右人, 則右其手.'
23) 右: 賀本에서는 左로 되어 있다.
24) 左: 賀本에서는 右로 되어 있다.

谷之會, 孔子相, 恐卽擯相之相." 曰: "相自是相, 擯自是擯. 相是相其禮儀. 擯是傳道言語, 故擯用命數之半, 以次傳說."【必大 ○今『集注』無.】

「第四節」【在朝之容.】

38:19 "立不中門, 行不履閾."『注』云"棖闑之間, 由闑右, 不踐閾", 只是自外入. 右邊門邊[27], 乃君出入之所. 闑, 如一木拄門, 如今人多用石墩當兩門中. 臣傍闑右邊出入.【此"右"字, 自內出而言. ○賀孫】

38:20 棖, 如今衮頭相似. 闑, 當中礙門者, 今城門有之. 古人常揜左扉. 人君多出在門外見人, 所以當棖闑之間爲君位.【泳】

38:21 問: ▲[28]『或問』謂'門之左右扉各有中', 其制可考否?" 曰: "門之中有闑, 扉之兩旁有棖. 棖・闑之間, 卽中. 古人常闔左扉, 所謂中門者, 謂右扉之中也."【必大】

38:22 ▲[29] "古今之制不同, 今之朝儀, 用秦制也. 古者朝會, 君臣皆立, 故『史記』謂'秦王一旦捐賓客, 而不立朝.' 君立於門屛之間. 屛者, 乃門間蕭牆也. 今殿門亦設之. 三公九卿以下, 設位於廷中, 故謂之'三槐・九棘'者, 廷中有樹處, 公卿位當其下也."【雉】

38:23 "過位."『注』云: "君之虛位, 謂門屛之間." 曰: "如今人廳門之內, 屛門之外, 似『周禮』所謂'外朝'也."【植】

---

25) ▲: 集
26) ▲: 引晁氏說,
27) 邊: 賀本에서는 中으로 되어 있다.
28) ▲: "'立不中門.'
29) ▲: 蕭問: "'過位, 色勃如也.' '位, 謂門屛之間, 人君宁立之處.'" 曰:

38:24 問"復其位, 踧踖如也."[30] 曰: "此是到末梢又結算[31]則箇. 若衆人到末梢, 便撒了. 聖人則始乎敬, 終乎敬, 故到末梢, 又整頓則箇."【燾】

「第五節」【爲君聘[32].】

38:25 "上如揖, 下如授", 舊說亦好. 但此方說升堂時, 其容如此. 旣升堂納圭於君前, 卽不復執之以下, 故說做下堂不得, 所以只用平衡之說▲[33]. 上下, 謂執圭之高低也.【必大】

38:26 ▲[34] 上如揖, 下如授." 前輩多作上階之"上", 下階之"下." 其實旣下則已不用笏, 往往授介者. 只是高不過於揖, 故如揖, 下不低於授, 故如授.【賀孫】

38:27 ▲[35] "聘但以圭. 至享, 則又[36]用圭璧·庭實."【植】

38:28 ▲[37] 聘, 是以命圭通信. 少間, 仍舊退還命圭. 享, 是獻其圭璧琮璜, 非命圭也. 幣皮輿馬之類, 皆拜跪以獻, 退而又以物獻其夫

---

30) 問"復其位, 踧踖如也.": 徽州本에서는 이 앞에 今官員笏最無道理. 笏者, 只是君前記事, 恐事多, 須以紙粘笏上, 記其頭緖, 或在君前不可以手指人物, 須以笏指之. 此笏常只挿在腰間, 不執在手中. 夫子'攝齊升堂', 何曾手中有笏? '攝齊'者, 是畏謹, 恐上階時踏著裳, 有顚仆之患. '執圭'者, 圭自是贄見之物, 只是捧至君前, 如執笏. 所以執圭時便足縮縮如有循, 緣手中有圭, 不得攝齊, 亦防顚仆.【明作】가 더 들어 있다.
31) 算: 孝宗刊本·英祖刊本에서는 筭으로 되어 있다.
32) 爲君聘: 徽州本에서는 爲君聘於鄰國之禮로 되어 있다.
33) ▲: 言之
34) ▲: "執圭,
35) ▲: "享禮有容色." 曰:
36) 又: 『朱子語類』에서는 更으로 되어 있다.
37) ▲: 問聘享之禮. 曰: "正行聘禮畢, 而後行享禮.

人, 凡三四次方畢. 所獻之物皆受, 但少間別有物回之." 又問庭實. 曰: "皮幣輿馬, 皆陳之於庭實. 私覿, 是所遣之大夫, 旣以君命行聘享之禮畢, 卻行私禮參見他國之君也."【燾】

38:29 ▲[38] "聘是初見時, 故其意極於恭肅. 旣聘而享, 則用圭璧以通信, 有庭[39]實以將其意, 比聘時漸紓也."【「聘禮篇」. ○廣】

38:30▲[40] 私覿, 則聘使亦有私禮物, 與所聘之國君及其大臣."【植】

「第六節」【衣服之制.】

38:31 ▲[41] 今反以紅紫爲朝服.【賀孫】

38:32 紺是[42]而今深底鴉青色.[43]【義剛】

38:33 ▲[44]揚赤色." 揚, 浮也.【植】

38:34 問: ▲[45] 練服是小祥後喪服, 如何用絳色以爲飾?" 曰: "便是不可曉. 此箇制度差異. ▲[46]紺▲[47] 如今之閃青也."【廣】

---

38) ▲: "'饗禮有容色', 『儀禮』謂'發氣滿容', 何故如此?" 曰:
39) 庭: 孝宗刊本 · 英祖刊本 · 成化本에서는 廷으로 되어 있다.
40) ▲: "私覿愉愉." 曰: "聘者享禮, 乃其君之信.
41) ▲: "君子不以紺緅飾, 紅紫不以爲褻服."
42) 是: 『小分』에서는 而을 是로 고쳤다.
43) 紺是而今深底鴉青色.: 徽州本에서는 是 앞에 只가 더 들어 있고, 鴉青色은 雅青樣色으로 되어 있다.
44) ▲: "紺深青
45) ▲: "'緅以飾練服', 緅是絳色.
46) ▲: 絳是淺紅色,
47) ▲: 是青赤色,

38:35 問: ▲[48]古之婦人女子亦多以紅紫爲服否?" 曰: "此亦不可知, 但據先儒如此說耳." 【廣】

38:36▲[49] 一入爲蒨, 再入爲纁, 三入爲絳, 四入爲朱. 【子蒙】

38:37 "當暑袗絺綌, 必表而出之", 與"蒙彼縐絺", 有兩說. 【泳】

38:38 "裘, 乃純用獸皮, 而加裏衣, 如今之貂裘." ▲[50]問狐白裘. 曰: "是集衆狐爲之." 【植】

「第七節」【謹齋事.】

38:39 "明衣"卽是箇布衫. "長一身有半", 欲蔽足爾. 又曰[51]: "卽浴衣也[52]. 見『玉藻注』[53]." 【植】

38:40 問: ▲[54]今之致齋者有酒, 何也?" 曰: "飮酒非也. 但『禮』中亦有'飮不至醉'之說." 【廣】

38:41 ▲[55] "葷, 是不食五辛." 【嵤】

「第八節」【飮食之制.】

48) ▲: "紅紫'且近於婦人女子之服.' 不知
49) ▲: 蒨纁絳朱, 此紅之染數,
50) ▲: 或
51) 又曰: 徽州本에서는 又 앞에 植이 더 들어 있다.
52) 卽浴衣也: 徽州本에서는 也 뒤에 賀孫이 더 들어 있다.
53) 見『玉藻注』: 徽州本에는 없다.
54) ▲: "'〈變食〉, 謂不飮酒, 不茹葷.' 而
55) ▲: 問"齋必變食." 曰:

38:42 一言一語, 一動一作, 一坐一立, 一飮[56]一食, 都有是非. 是底便是天理, 非底便是人欲. 如孔子"失飪不食, 不時不食, 割不正不食, 不多食", 無非天理. 如口腹之人, 不時也食, 不正也食, 失飪也食, 便都是人慾, 便都是逆天理. 如只喫得許多物事, 如不當喫, 纔去貪喫不住, 都是逆天理. 看道理只管進, 只管細, 便好. 只管見上面, 只管有一重, 方好. 如一物相似, 剝一重, 又剝一重, 又有一重, 又剝一重, 剝到四五重, 剝得許多皮殼都盡, 方見眞實底. 今人不是不理會道理, 只是不肯子細, 只守着自底便了, 是是非非, 一向都沒分別. 如詖淫邪遁之辭, 也不消得辨, 便說道是他自陷, 自蔽, 自如此, 且恁地和同過, 也不妨. 【賀孫】

38:43 問: "'割不正不食', 與'席不正不坐', 此是聖人之心純正, 故日用間纔有不正處, 便與心不相合, 心亦不安." 曰: "聖人之心, 無毫釐之差. 謂如事當恁地做時, 便硬要恁地做. 且如'不得其醬不食', 這一物合用醬而不得其醬, 聖人寧可不喫, 蓋皆欲得其當然之則故也." 又問: "『注』云: '精, 鑿也.'" 曰: '是捕教那米白著.' 【燾】

38:44 "不得其醬▲[57] "其"字正緊要. "其醬", 如"魚膾芥醬"之類. 【閎祖】

38:45 ▲[58]醬", 非[59]今所謂醬. 如『禮記』「內則」▲[60]有數般醬, 隨所用而不同. 【植】

38:46 "肉雖多, 不使勝食氣." 非特肉也, 凡蔬果之類, 皆不可勝食

---

56) 飮: 成化本에서는 飯으로 되어 있다.
57) ▲: 不食."
58) ▲: "不得其
59) 非: 賀本에서는 如로 되어 있다.
60) ▲: 中

氣.【泳】

「第十節」【居鄉.】

38:47 問: "'鄉人儺, ▲61)『▲62)注』云: '庶其依己而安.' 或云, 存室神, 蓋五祀之屬. 子孫之精神, 卽祖考之精神, 故祖考之精神依於己. 若門・行・戶・竈之屬, 吾身朝夕之所出處, 則鬼神亦必依己而存." 曰: "然. 一家之主, 則一家之鬼神屬焉, 諸侯守一國, 則一國鬼神屬焉, 天子有天下, 則天下鬼神屬焉. 看來爲天子者, 這一箇神明是大小63)大, 如何有些子差忒得! 若縱欲無度, 天上許多星辰, 地下許多山川, 如何不變怪!" 蔡云: "子陵足加帝腹, 便見客星侵帝座." 曰: "'殷之未喪師, 克配上帝.' 紂未做不好時, 便與天相配, 是甚細事!"【賀孫】

「第十一節」【與人交之誠意.】

38:48 ▲64)問"問人於他邦, 再拜而送之." 曰: "古人重此禮, 遣使者▲65)主人▲66), 從背脊後拜." 潘子善因言: "浙中若納婦嫁娶盛禮時, 遣人入傳語婚姻之家, 亦拜送之. 至反命, 則不拜也."【植】

38:49 問: "'康子饋藥, 拜而受之.' ▲67) 見聖人應接之間, 義理發見, 極其間68)密." 曰: "這般所在, 卻是龜山看得子細, 云: '大夫有賜, 拜而受之, 禮也, 未達不敢嘗, 所以愼疾, 必告之, 直也. 直而有禮, 故其

---

61) ▲: 朝服而立於阼階.'
62) ▲: 集
63) 大小: 賀本에서는 多少로 되어 있다.
64) ▲: 蘇實
65) ▲: 問人於他邦, 則
66) ▲: 拜而送之
67) ▲: 看此一事,
68) 間: 『朱子語類』에서는 周로 되어 있다.

直不絞.' 龜山爲人粘泥, 故說▲[69]較密."【賀孫】

「第十二節」【事君之禮.】

38:50 ▲[70] 尋常則主人延客祭, 如世俗出生之類. 今侍食於君, 君祭則臣先自喫飯, 若爲君嘗食然, 不敢當客禮也. 饍人取那飮食來, 請君祭.【泳】

38:51 ▲[71] "常時多東首, 亦有隨意臥時節. 如『記』云: '請席何向, 請衽何趾.' 這見得有隨意向時節. 然多是東首, 故『玉藻』云'居常當戶, 寢常東首'也. 常寢於北牖下, 君問疾, 則移南牖下."【賀孫】

38:52 ▲[72]就北牖下安床[73]睡. 因君來, 故遷之南牖下, 使以南面視己耳."【義剛】

「第十三節」【交朋友之義.】

38:53 問: "'朋友死, 無所歸, 曰: "於我殯." 朋友之饋, 非祭肉不拜.' 朋友之義, 固當如此. 後世同志者少, 而汎[74]然交處者多, 只得隨其淺深厚薄, 度吾力量爲之, 寧可過厚, 不可過薄." 曰: "朋友交游固有淺深. 若泛然之交, 一一要周旋, 也不可. 於自家情分稍厚, 自着如此. 須是情文相稱, 若汎汎[75]施之, 卻是曲意徇物. 古人於這般所在自分

---

69) ▲: 之
70) ▲: "君祭先飯."
71) ▲: 問: "'疾, 君視之', 方東首. 常時首當在那邊? 『禮記』自云寢常當東首矣. 平時亦欲受生氣, 恐不獨於疾時爲然." 曰:
72) ▲: 問病者居北牖之義. 曰: "是
73) 床: 『朱子語類』에서는 牀으로 되어 있다.
74) 汎: 成化本에서는 泛으로 되어 있다.
75) 汎汎: 成化本에서는 泛泛으로 되어 있다.

明. 如'交友稱其信也, 執友稱其仁也', 自有許多樣. 又如, 於[76]'師, 吾哭諸寢, 朋友, 哭諸寢門之外, 所知, 哭於野', 恩義自有許多節." 【賀孫】

「第十四節」【容貌之變.】

38:54 問[77]: ▲[78]不如此, 定是不安. 但有終日之雷, 終夜之雨, 如何得常如此?" 曰: "固當常如此, 但亦主於疾風·迅雷·甚雨. 若平平底雷風雨, 也不消如此." 問: "當應接之際, 無相妨否?" 曰: "有事也只得應." 【賀孫】

「第十五節」【升車之容.】

38:55 ▲[79] "'立視五雟, 式視馬尾.' 蓋雟是車輪一轉之地, 車輪高六尺, 圍三徑一, 則闊丈八, 五轉則正爲九丈矣. 立視雖遠, 亦不過此." 【時擧[80]】

---

76) 如於: 『小分』에서는 於如를 교정부호로 바로잡았다.
77) 問: 徽州本에서는 問 앞에 賀孫이 더 들어 있고, 問 뒤에 迅雷風烈必變이 더 들어 있다.
78) ▲: "『記』云: '若有疾風·迅雷·甚雨, 雖夜必興, 衣服冠而坐.' 看來
79) ▲: 立之說"車中不內顧"一章. 曰:
80) 時擧: 徽州本에서는 이 뒤에 植錄同이 더 들어 있다.

『朱子語類』卷第三十九

「『論語』二十一」

「先進篇上」

「先進於禮樂章」

39:1 ▲[1] “禮, 只是一箇禮, 用得自不同. 如升[2]降揖遜, 古人只是誠實依許多威儀行將去, 後人便自做得一般樣式好看了. 古人只是正容謹節, 後人便近於巧言令色. 樂, 亦只是一箇樂, 亦是用處自不同. 古樂不可得而見矣. 只如今人彈琴, 亦自可見. 如誠實底人彈, 便雍容平淡, 自是好聽. 若弄手弄脚, 撰出無限不好底聲音, 只見繁碎耳.” 因論樂: “黃鍾之律最長, 應鍾之律最短, 長者聲濁, 短者聲淸. 十二律旋相爲宮, 宮爲君, 商爲臣. 樂中最忌臣陵君, 故有四淸聲. 如今響板子有十六箇, 十二箇是正律, 四箇是四淸聲. 淸聲是減一律之半. 如應鍾爲宮, 其聲最短而淸. 或蕤賓爲商, 則是商聲高似宮聲, 是爲臣陵君, 不可用, 遂乃用蕤賓律減半爲淸聲以應之. 雖▲[3]減半, 然只是此律, 故亦自能相應也. 此是『通典』載此一項. 徽宗朝作大晟樂, 其聲是一聲低似一聲, 故其音緩散. 太祖英明不可及. 當王朴造樂時, 聞其聲太急, 便令減下一律, 其聲遂平.” 【時擧】

39:2 問: ▲[4] 此禮樂還說宗廟・朝廷以至州・閭・鄕・黨之禮樂?”

1) ▲: 立之問: “先進・後進, 於禮樂文質何以不同?” 曰:
2) 升: 英祖刊本에서는 陞으로 되어 있다.
3) ▲: 然

曰: "也不止是這般禮樂. 凡日用之間, 一禮一樂, 皆是禮樂. 只管文勝去, 如何合殺! 須有箇變轉道理. 如今日事, 都恁地侈靡. 某在南康時, 通上位書啓, 只把紙封. 後來做書盝, 如今盡用紫羅背盝, 內用真紅. 事事都如此, 如何合殺!" 問: "孔子又云: '吾從周.' 只是指周之前輩而言?" 曰: "然. 聖人窮而在下, 所用禮樂, 固是從周之前輩. 若▲5)達而在上, 所用禮樂, 須更有損益, ▲6) 若答顏子爲邦之問, 則告以四代之禮樂." 問: "如孔子所言: '禮, 與其奢也寧儉, 喪, 與其易也寧戚.' 又云: '禮云禮云, 玉帛云乎哉! 樂云樂云, 鍾鼓云乎哉!' 此皆欲損過就中之意." 曰: "固是. 此等語最多." ▲7) "觀聖人意思, 因見得事事都如此, 非獨禮樂. 如『孟子』後面說許多鄕原・狂狷, 亦是此意. 鄕原直是不好, 寧可是狂底・狷底. 如今人恁地文理細密, 倒未必好, 寧可是白直麤疎8)底人." 【賀孫】

39:3 ▲9) 今觀禮書所載燕饗之禮, 品節太繁, 恐亦難用. 不若只如今人宴集, 就中刪修, 使之合義. 如鄕飮酒禮, 向來所行, 眞成彊人, 行之何益! 所以難久. 不若只就今時宴飮之禮中刪改行之, 情意卻須浹洽. 【必大】

「從我於陳・蔡章」

39:4 ▲10)明道. 謂▲11) 思其相從於患難, 而言其不在此耳. 門人記之, 因歷數顏子而下十人, 幷12)目其所長云耳." 【謨】

---

4) ▲: "'先進於禮樂',
5) ▲: 聖人
6) ▲: 不止從周之前輩.
7) ▲: 又云:
8) 疎: 成化本・賀本에서는 疏로 되어 있다.
9) ▲: 夫子於禮樂欲從先進.
10) ▲: 問"從我於陳・蔡者皆不及門." 曰: "此說當從
11) ▲: 此時適皆不在孔子之門,

39:5 問: "德行, 不知可兼言語・文學・政事否?" 曰: ▲[13] 自就逐項上看. 如顏子之德行, 固可以備, 若他人, 固有德行而短於才者." ▲[14] "冉伯牛・閔子之德行, 亦不多見. 子夏・子游兩人成就自不同. 胡五峰說, 不知『集注』中載否. 他說子夏是循規守矩, 細密底人, 子游卻高朗, 又欠細密工夫. 荀子曰: '第作其冠, 神[15]譚禫[16]其辭, 禹行而舜趨, 是子張氏之賤儒也, 正其衣冠, 齊其顏色, 嗛然而終日不言, 是子夏氏之賤儒也, 偸懦憚事, 無廉恥而嗜飮食, 必曰: 〈君子固不用力〉, 是子游氏之賤儒也.' 如學子游之弊, 只學得許多放蕩疎[17]闊意思." 賀孫因舉如"喪至乎哀而止", "事君數, 斯辱, 朋友數, 斯疏", 皆是子游之言. 如"小子當洒[18]掃[19]應對進退"等語, 皆是子夏之言. 又如子游能養而不能敬, 子夏能敬而少溫潤之色, 皆見二子氣象不同處. 曰: "然." 【賀孫】

39:6 ▲[20] "德行是箇兼內外・貫本末・全體底物事, 那三件, 各是一物見於用者也."

39:7 德行, 得之於心而見於行事者也.

「回也非助我者也章」

39:8 ▲[21] 李先生云: "顏子於聖人根本有默契處, 不假枝葉之助也.

12) 幷: 成化本에서는 並으로 되어 있다.
13) ▲: "不消如此看,
14) ▲: 因云:
15) 神: 英祖刊本에서는 种으로 되어 있다.
16) 禫: 賀本에서는 譚으로 되어 있다.
17) 疎: 成化本・賀本에서는 疏로 되어 있다.
18) 洒: 英祖刊本에서는 灑로 되어 있다.
19) 掃: 賀本에서는 埽로 되어 있다.
20) ▲: 問"德行・言語・政事・文學"之別. 曰:

如子夏, 乃枝葉之助[22]." 【祖道】

「南容三復白圭章」

39:9 ▲[23] "不是一旦讀此, 乃是日日讀之, 玩味此詩而欲謹於言行也. 此事見『家語』, 自分明." 【時學】

「顔路請子之車章」

39:10 ▲[24]問: ▲[25] 孔子旣不與之車, 若有錢, 還亦與之否?" 曰: "有錢亦須與之, 無害." 【淳】

39:11 問: "『注』以爲命車, ▲[26] 曰: "『禮記』言, 大夫賜命車." 【節】

「門人厚葬章」

39:12 "門人▲[27] 是顔子之門人. "不得視猶子", 以有二三子故也, 嘆[28]不得如葬鯉之得宜. 此古注說得甚好, 又簡徑. 【明作】

「季路問事鬼神章」

---

21) ▲: 舊曾問李先生, 顔子非助我者處.
22) 助: 賀本에서는 功으로 되어 있다.
23) ▲: 先生令接讀問目"南容三復白圭." 云:
24) ▲: 鄭
25) ▲: "顔淵死,
26) ▲: 何以驗之?"
27) ▲: 厚葬",
28) 嘆: 英祖刊本・賀本에서는 歎으로 되어 있다.

39:13 "事人・事鬼", 以心言, "知生・知死", 以理言.【泳】

39:14 ▲[29] "事君親盡誠敬之心, 卽移此心以事鬼神, 則'祭如在, 祭神如神在.' 人受天所賦許多道理, 自然完具無欠闕. 須盡得這道理無欠闕, 到那死時, 乃是生理已盡, 亦[30]安於死而無媿[31]."【時擧[32]】

39:15 ▲[33] "不須論鬼爲已死之物. 但事人須是誠敬, 事鬼亦要如此. 事人, 如'出則事公卿, 入則事父兄', 事其所當事者. 事鬼亦然. 苟非其鬼而事之, 則諂矣."【去僞】[34]

39:16 ▲[35] "人且從分明處理會去. 如誠敬不至, 以之事人, 則必不能盡其道, 況事神乎! 不能曉其所以生, 則又焉能曉其所以死乎!"【廣】

39:17 ▲[36]氣聚則生, 氣散則死, 才說破[37], 則人便都理會得. ▲[38]須知道人生有多少道理, 自稟五常之性以來, 所以'父子有親, 君臣有義'者, 須要一一盡得這生底道理, 則死底道理皆可知矣. 張子所謂'存吾順事, 沒吾寧也', 是也."【時擧】

---

29) ▲: 或問"季路問鬼神"章. 曰:
30) 亦: 賀本에는 없다.
31) 媿: 成化本・賀本에서는 愧로 되어 있다.
32) 時擧: 徽州本에서는 이 뒤에 植錄同 이 더 들어 있다.
33) ▲: 或問: "二氣五行, 聚則生, 散則死, 聚則不能不散, 如晝之不能不夜. 故知所以生, 則知所以死. 苟於事人之道未能盡, 焉能事鬼哉?" 曰:
34)【去僞】: 徽州本에는【祖道 ○謨及人傑錄同.】으로 되어 있다.
35) ▲: 問: "人鬼一理. 人能誠敬, 則與理爲一, 自然能盡事人・事鬼之道. 有是理, 則有是氣. 人氣聚則生, 氣散則死, 是如此否?" 曰:
36) ▲: 亞夫問"未知生, 焉知死." 先生曰: "若曰
37) 說破: 『小分』에서는 破說을 교정부호로 바로잡았다.
38) ▲: 然

39:18 問: "天地之化, 雖生生不窮, 然而有聚必有散, 有生必有死. 能原始而知其聚而生, 則必知其後必散而死. 能知其生也, 得於氣化之日, 初無精神寄寓於太虛之中, 則知其死也, 無氣而俱散, 無復更有形象尙留於冥漠之內." 曰: "死便是都散無了."

39:19 ▲[39] "世間無有聚而不散, 散而不聚之物. 聚時是這模樣, 則散時也是這模樣. 若道孔子說與子路, 又不全與他說, 若道不說, 又也只是恁地."【義剛】

39:20 ▲[40] 曾以一時趨平原者言之: "我於人之不當事者, 不妄事, 則於鬼神亦然. 所以程子云: '能盡事人之道, 則能盡事鬼之道, 一而二, 二而一.'"【過】

39:21 問: "伊川謂'死生人鬼, 一而二, 二而一', 是兼氣與理言之否?" 曰: "有是理, 則有是氣, 有是氣, 則有是理. 氣則二, 理則一."【賀孫】

39:22 ▲[41]問: "『集注』云'鬼神不外人事', ◇[42]人事中, 何以見?" 曰: "鬼神只是二氣屈伸往來. 在人事, 如福善禍淫, 亦可見鬼神道理. 『論語』少說此般話." 曰: "動靜語默, 亦是此理否?" 曰: "亦是. 然聖人全不曾說這般話與人, 以其無形無影, 固亦難說. 所謂'敬鬼神而遠之', 只如此說而已."【淳 ○今『集注』無.】

「閔子侍側章」

39:23 ▲[43] "閔子純粹, 冉有 · 子貢便較粗了. 侃侃, 便有盡發見在

39) ▲: 或問"季路問鬼神"章. 曰:
40) ▲: 先生說"未能事人, 焉能事鬼",
41) ▲: 徐
42) ◇: 在

外底氣象. 閔子則較近裏些子."【雄】

39:24 ▲[44] 閔子▲[45]氣象便自深厚. 冉有・子貢便都發見在外."[46]

39:25 "冉有・子貢, ▲[47] 不必泥事迹, 以二子氣象觀之. 賜之達, 求之藝, 皆是有才底人. 大凡人有才, 便自暴露, 便自然有這般氣象. 閔子純於孝, 自然有誾誾氣象.【端蒙】

39:26 誾誾, 是深沉底, 侃侃, 是發露圭角底, 行行, 是發露得粗底.【夔孫】[48]

39:27 問: "'誾誾・行行・侃侃', 皆是剛正之意. 如冉求平日自是個退遜之人, 如何也▲[49]有此意思?" 曰: "三子皆▲[50]大同小異. 求・賜則微見其意, 子路則全體發在外, 閔子▲[51]又全不外見, 然此意思亦自在. 三子者, 皆有疑必問, 有懷必吐, 無有遮覆含糊之意." 曰: "豈非以卑承尊, 易得入於柔佞卑諂, 三子各露其情實如此, 故夫子樂之?" 曰: "都無那委曲回互底意思."【廣】

39:28 ▲[52] "閔子於和悅中, 卻有剛正意思. ▲[53]問"子路不得其死

---

43) ▲: 問閔子誾誾, 冉有・子貢侃侃, 二者氣象. 曰:
44) ▲: 問: "'冉有・子貢侃侃如也.' 這'侃侃'字, 只作剛直說, 如何?" 曰: "也只是剛直.
45) ▲: 騫
46) 外: 成化本에서는 이 뒤에【賀孫】이 더 들어 있다.
47) ▲: 侃侃如也." 侃侃, 剛直之貌,
48)【夔孫】: 徽州本에서는【賜】로 되어 있다.
49) ▲: 解
50) ▲: 意思
51) ▲: 則
52) ▲: 問"誾誾・行行・侃侃." 曰:
53) ▲: 仲由一於剛正. 閔子深厚, 仲由較表露."

然.” 曰: “‘然’者, 未定之辭. 聖人雖謂其‘不得其死’, 使子路能變其氣習, 亦必有以處死.” 【賀孫】

39:29 ▲54) 問▲55): “由之死, 疑其甚不明於大義. 豈有子拒父如是之逆, 而可以仕之乎?” 曰: “然. 仲由之死, 也有些沒緊要. 然誤處不在致死之時, 乃在於委質之始. 但不知夫子旣教之以正名, 而不深切言其不可仕於衛, 何歟? 若冉有・子貢則能問夫子爲衛君與否, 蓋不若子路之麤率.” 【壯祖】

39:30 ▲56)問: “子路死▲57) 曰: ▲58) 自是死得數. 出公豈可仕也!” 又問: “若仕於孔悝, 則其死爲是否?” 曰: “未問死孔悝是不是, 只合下仕於衛, 自不是了. 況孔悝亦自是不好底人, 何足仕也. 子路只見得可仕於大夫, 而不知輒之國非可仕之國也.” 問: “孔門弟子多仕於列國之大夫者, 何故?” 曰: “他別無科闕, 仕進者只有此一門, 舍此則無從可仕, 所以顏・閔寧不仕耳.” 【僩】

39:31 ▲59)死孔悝之難, 未爲不是, 只是他當初事孔悝時錯了, 到此不得其死. 【饒本作: “到此不60)得死.”】 衛君不正, 冉有・子貢便能疑而問之, 有思量, 便不去事他. 若子路粗率, 全不信聖人說話. “必也正名”, 亦是教子路不要事61)衛. 他更說夫子之迂. “若由也, 不得其死!” 聖人已見得他錯了, 但不如鳴鼓攻之, 責得求之深. 雖有不得其死及正名之說, 然終不分曉痛說與他, 使之知不要事孔悝. 此事不可曉, 不

---

54) ▲: 吳伯英講“由也不得其死”處,
55) ▲: 曰
56) ▲: 或
57) ▲: 於孔悝之難, 死得是否?”
58) ▲: “非是,
59) ▲: 子路
60) 不: 『朱子語類』에서는 只로 되어 있다.
61) 事: 孝宗刊本・英祖刊本・成化本에서는 仕로 되어 있다.

知聖人何故不痛責之?【明作】

39:32 子路爲人麤, 於精微處多未達. ▲[62] 悝卽出公之黨. ▲[63] 夫子欲先正名, 他遂以爲迂, 可見他不以出公爲非. 故其事悝, 蓋自以爲善而爲之, 而不知其非義也.【㽦】

「子貢問師與商也章」

39:33 問: ▲[64]過與[65]不及處, 莫只是二子知見上欠工夫?" 曰: "也不獨知見上欠, 只▲[66]合下資質是這模樣. 子張便常要將大話蓋將去, 子夏便規規謹守. 看『論語』▲[67]所載子張說話, 及夫子告子張處, 如'多聞闕疑, 多見闕殆'之類. 如子張自說: '我之大賢歟, 於人何所不容? 我之不賢歟, 人將拒我, 如之何其拒人也!' 此說話固是好, 只是他地位未說得這般話. 這是大賢以上, 聖人之事, 他便把來蓋人, 其踈[68]曠多如此. 孔子告子夏, 如云'無爲小人儒', 又云'無欲速, 無見小利', 如子夏自言'可者與之, 其不可者拒之', '小子當洒[69]掃[70]應對進退'之類, 可見." 又問: "'參也, 竟以魯得之.' 魯, 卻似有不及之意. 然曾參雖魯, 而規模志向自大, 所以終能傳夫子之道. 子夏合下淺狹, 而不能窮究道體之大全, 所以終於不及." 曰: "魯, 自與不及不相似. 魯是質樸渾厚意思, 只是鈍, 不及底恰似一箇物事欠了些子."【賀孫】

62) ▲: 其事孔悝, 蓋其心不以出公爲非故也.
63) ▲: 何以見得他如此? 如"衛君待子爲政",
64) ▲: "'師也過, 商也不及.' 看
65) 與: 『小分』에서는 及을 與로 고쳤다.
66) ▲: 二子
67) ▲: 中
68) 踈: 成化本・賀本에서는 疏로 되어 있다.
69) 洒: 英祖刊本・成化本에서는 灑로 되어 있다.
70) 掃: 賀本에서는 埽로 되어 있다.

39:34 問: "伊川謂師・商過・不及, 其弊爲楊・墨[71]." 曰: "不似楊・墨. 墨氏之學, 萌櫱已久, 晏子時已有之兼[72]. 師・商之過・不及, 與兼愛・爲我不關事."【必大】

「季氏富於周公章」

39:35 ▲[73] "不問季氏貧富. 若季氏雖富, 而取於民有制, 亦何害. 此必有非所當取而取之者, 故夫子如此說."【義剛】

39:36 問: "冉求聖門高弟, 親炙聖人, 不可謂無所見. 一旦仕於季氏, '爲之聚斂而附益之.' 蓋緣他工夫間斷, 故不知不覺做到這裏, 豈可不時時自點檢!" 曰: "固是. 只緣箇公私義利界分不明, 所以如此. 若是常在界分內做, 自然不到如此. 纔出界分去, 則無所不至矣."【廣】

39:37 ▲[74] 先生令學范氏之說, 歎美久之. 云: "人最怕資質弱. 若過於剛, 如子路雖不得其死, 百世之下, 其勇氣英風, 尚足以起頑立懦! 若冉有之徒, 都自扶不起. 如云'可使足民', 他豈不知愛民, 而反爲季氏聚斂. 如范氏云: '其心術不明.' 惟是心術不明, 到這般所在, 都不自知." 又云: "'以仕爲急.' 他只緣以仕爲急, 故從季氏. 見他所爲如此, 又拔不出, 一向從其惡." 賀孫因云: "若閔子'善爲我辭'之意, 便見得煞高." 曰: "然." 因云: "謝氏說閔子處最好." 因令賀孫擧讀全文. 曰: "冉求路頭錯處, 只在急於仕. 人亦有多樣, 有一等人合下只是要求進, 又有一等人心性自不要如此, 見此事自匹似閑, 又有一等人雖要求進, 度其不可, 亦有退步之意."【賀孫】[75]

---

71) 其弊爲楊・墨: 徽州本에서는 이 뒤에 過則漸至於兼愛, 不及則便至於爲我. 其源同出於儒者, 其末遂至於楊・墨. 失之毫釐, 謬以千里가 더 들어 있다.

72) 兼: 賀本에서는 矣로 되어 있다.

73) ▲: 問: "以季氏之富, '而求也爲之聚斂.'" 曰:

74) ▲: 問"季氏富於周公"一章.

「柴也愚章」

39:38 ▲[76] 他是箇謹厚底人，不曾見得道理，故曰愚.【明作】

39:39 ▲[77]伯英問▲[78] "柴嘗避難於衛，不徑不竇. 使當時非有室可入，則柴必不免，此還合義否?" 曰: "此聖人所以言其愚也. 若夫子畏於匡，微服過宋，料須不如此."【壯祖】

39:40 ▲[79]問▲[80]子羔不竇不徑▲[81]. 曰: "怕聖人須不如此. 如不徑不竇，只說平安無事時節. 若當有寇賊患難，如何專守此以殘其軀，▲[82] 聖人'微服而過宋.' 微服，是著那下賤人衣服. 觀這意如此，只守不徑不竇之說不得. 如途中萬一遇大盜賊，也須走避，那時如何要不由小徑去得! 然子羔也是守得定. 若更學到變通處，儘好，▲[83] 問: "學到時，便如曾子之易簀?" 曰: "易簀也只是平常時節." 又曰: "'子路

---

75) 【賀孫】: 徽州本에서는 이 뒤에 謝氏云: 學者能少知內外之分，皆可以樂道而忘人之勢，況閔子得聖人爲之依歸! 彼其視季氏不義之富貴，不啻犬彘. 從而臣之，豈其心哉! 居亂邦見惡人，在聖人則可，自聖人以下，剛則必取禍，柔則必取辱. 閔子豈不能早見而豫待之乎! 如由也不得其死，求也爲季氏附益，豈其本心哉? 蓋旣無先見之知，又無克亂之才故也.가 더 들어 있고，또 徽州本에서는 이 뒤에 두 절이 더 들어 있다. 즉，問: "冉求聖門高弟，親炙聖人，不可謂無所見. 一旦仕於季氏，爲之聚斂而附益之. 蓋緣他工夫間斷，故不知不覺做到這裏，豈可不時時自點檢?" 先生曰: "固是. 只緣個公私義利界分不明，所以如此. 若是常在界分內做，自然不到如此. 纔出界分去，則無所不至矣!"【廣】 또，問"以季氏之富而求也爲之聚斂." 曰: "不問季氏貧富. 若季氏雖富而取於民有制，亦何害? 此必有非所當取而取之者，故夫子如此說."【剛義】

76) ▲: "柴也愚."

77) ▲: 吳

78) ▲: "柴也愚"，因說:

79) ▲: 用之

80) ▲: 高

81) ▲: 事

82) ▲: 此柴之所以爲愚.

83) ▲: 止緣他學有未盡處."

使子羔爲費宰. 子曰: 〈賊夫人之子!〉'不可爲政者, 正緣他未能應變, 他底卻自正." 問: "子路之死, 與子羔事如何?" 曰: "子路事更難說." ▲[84)]【賀孫】

39:41 ▲[85)] 曾子只緣魯鈍, 被他不肯放過, 所以做得透. 若是放過, 只是魯而已.【恪】

39:42 ▲[86)]曾子資質自得便宜了. 蓋他以遲鈍之故, 見得未透, 只得且去理會, 終要洞達而後已. 若理會不得, 便放下了, 如何得通透, ▲[87)]【時擧】

39:43 ▲[88)] 曾子魯鈍難曉, 只是他不肯放過, 直是捱得到透徹了方住, 不似別人, 只略綽見得些小了便休. 今一樣敏底見得容易, 又不能堅守, 鈍底捱得到略曉得處, 便說道理止此, 更不深求. 惟曾子不肯[89)]放舍, 若這事看未透, 眞[90)]是捱得到盡處, 所以竟得之.【僩】

39:44 ▲[91)] 有一等伶俐人見得雖快, 然只是從皮膚上略過, 所以不

---

84) ▲: 又曰: "如聖節, 就祝壽處拜四拜. 張忠甫不出仕, 嘗曰: '只怕國忌·聖節, 去拜佛不得.' 這也如不賓不徑相似." 因說: "國家循襲這般禮數, 都曉不得. 往往拜佛之事, 始於梁 武帝, 以私忌設齋, 始思量聖節要寓臣子之意, 又未有箇所在奉安." 又曰: "尊號始於唐 德宗, 後來只管循襲. 若不是人主自理會得, 如何說. 當神宗時, 群臣上尊號, 司馬溫公密撰不允詔書, 勸上不受, 神宗便不受. 這只是神宗自見得, 雖溫公也要如此不得. 且如三年喪, 其廢如此長遠, 壽皇要行便行了, 也不見有甚不可行處."
85) ▲: "參也魯." 魯, 是魯鈍.
86) ▲: 讀"參也魯"一段, 云: "只
87) ▲: 則是終於魯而已."
88) ▲: "參也, 竟以魯得之."
89) 不肯: 賀本에서는 更不로 되어 있다.
90) 眞: 徽州本에서는 直으로 되어 있다.
91) ▲: 明道謂曾子"竟以魯得之." 緣他質鈍, 不解便理會得, 故著工夫去看, 遂看得來透徹, 非他人所及.

如他. 且莫說義理, 只如人學做文章, 非是只恁地讀前人文字了, 便會做得以[92]他底, 亦須是下工夫, 始造其妙. 觀韓文公與李翊書, 老蘇與歐陽公書, 說他學做文章時, 工夫甚麼細密! 豈是只恁從冊子上略過, 便做得如此文字也. 【士毅略】

39:45 ▲[93]

39:46 ▲[94] 魯鈍則無造作. 【賀孫 ○"參也, 竟以魯得之." 不說須要魯. 魯卻正是他一般病, 但卻尙是箇好底病. 就他說, 卻是得這箇魯底力. ○義剛】[95]

39:47 ▲[96]魯鈍之人, 卻能守其心專一. 明達者每事要入一分, 半上落下, 多不專一. 【端蒙】

「回也其庶乎章」

39:48 ▲[97]顏子不以貧窶動其心, 故聖人見其於道庶幾. 子貢不知貧富之定命, 而於貧富之間不能無留情, 故聖人見其平日所講論者多出億度而中." 曰: "據文勢也是如此. 但顏子於道庶幾, 卻不在此. 聖人謂其如此, 益見其好. 子貢不受命, 也在平日, 聖人亦不因其貨殖而言." ▲[98]問: ▲[99] 若顏子不處貧賤困窮之地, 亦不害其爲樂." 曰: "顏子不處貧賤, 固自樂, ▲[100]處貧賤, 只恁地更難, 所以聖人於此數數

---

92) 以: 孝宗刊本・成化本・賀本에서는 似로 되어 있다.

93) ▲: "參也, 竟以魯得之." 不說須要魯. 魯卻正是他一般病, 但卻尙是箇好底病. 就他說, 卻是得這箇魯底力. 【義剛】

94) ▲: "參也, 竟以魯得之."

95) ○"參也, 竟以魯得之." … ○義剛】: 『朱子語類』 39:45이다.

96) ▲: 曾子以魯得之, 只是

97) ▲: 敬之問: "'回也, 其庶乎, 屢空.' 大意謂

98) ▲: 賀孫因

99) ▲: "『集注』云, 顏回, 言其樂道, 又能安貧. 以此意看,

拈掇不[101]來."【賀孫】

39:49 ▲[102]

39:50 問: "'屢空', 前輩及南軒皆作空無說, 以爲'無意・必・固・我'之'無.' 但顔子屢空, 未至於聖人之皆無而純然天理也. ▲[103] 曰: "經意當如此. 不然, 則連下文子貢作二段事. 空無之說, 蓋自何晏有此解. 晏, 老氏淸淨之學也. 因其有此說, 後來諸公見其說得新好, 遂發明之. 若顔子固是意・必・固・我之屢無, 只是此經意不然. 顔子不以貧乏改其樂而求其富. 如此說, 下文見得子貢有優劣."【寓】

39:51 問: "呂曰[104]: '貨殖之學, 聚所聞見以度物, 可以屢中, 而不能悉中[105].' 嘗記[106]前輩一說曰: '自太史公・班固列子貢於貨殖, 下與馬醫・夏畦同科, 謂其〈所至, 諸侯莫不分庭抗禮〉, 天下後世無不指子貢爲豎賈之事. 子貢, 孔門高弟[107], 豈有聖人之門, 而以賈豎爲先乎! 屢空, 無我者也, 其學則自內而求. 貨殖, 自外而入, 非出於己之所自得也. 特其自[108]高, 凡接於見聞者莫不解悟, 比之屢空者爲有

---

100) ▲: 到他

101) 不:『朱子語類』에서는 出로 되어 있다.

102) ▲: 顔子屢空, 說作"空中", 不是.『論語』中只有"空空如也", 是說無所得, 別不見說虛空處.【可學】

103) ▲: 及先生所解, 卻作屢空乏而自樂, 何也?"

104) 問: "呂曰: 徽州本에서는 問이 없다. 또 이 뒤에 아래의 구절이 더 들어 있다. 즉, 回也其庶乎, 屢空. 賜不受命, 而貨殖焉. 億則屢中. 明道先生曰: "顔子虛心受道, 子貢不受天命而貨殖, 億則屢中, 役聰明億度而知此子貢始時事." 伊川先生曰: "屢空兼兩意, 惟其能虛中, 所以能屢空, 貨殖便生計較, 便不受命."

105) 而不能悉中: 徽州本에서는 이 뒤에 謝曰: "子貢非轉販者, 要之於貨殖不能忘意爾." 楊曰: "所謂貨殖, 非若後世之營營, 特於物未能忘爾." 四先生之說, 皆以貨殖爲財貨. 呂與叔以爲聚聞見而未詳其說焉.가 더 들어 있다.

106) 記:『小分』에서는 見을 記로 고쳤다.

107) 孔門高弟: 徽州本에서는 이 뒤에 聞一而知二, 可與從政. 至言性與天道, 則其所至蓋不在諸子之後.가 더 들어 있다.

間矣[109].'" 曰: "比[110]說乃觀文・葉公所作, 審是集中之語, 蓋呂與叔之遺意也. 乍看似好, 而道理恐不如是. 蓋屢中[111]者, '空乏其身'也. 貨殖, 則對屢空而言, 不能不計較者是也. ▲[112]【謨】

「子張問善人之道章」

39:52 ▲[113] 所謂善人者, 是天資渾全[114]一箇好人, 他資質至善而無惡, 即'可欲之謂善.' 他所行底事, 自然皆善, 不消得按本子, 自不至於惡. 若是常人, 不依本子, 便有[115]不能盡善流而爲惡. 但他[116]旣天資之善, 故不必循塗守轍, 行之皆善. 卻緣只是如此而無學, 故不能入聖人閫室. 橫渠之解極好."【塗轍, 猶言規矩尺度. ○螢】

39:53 ▲[117]古人所做底事恁地好. 雖不曾學▲[118]做得來也恁地好. ▲[119]

39:54 ▲[120] 迹是舊迹, 前人所做過◇[121]樣子, 是成法也. 善人

---

108) 自: 『朱子語類』에서는 才로 되어 있다.

109) 比之屢空者爲有間矣: 徽州本에서는 이 뒤에 此其所以爲億則屢中. 億則以爲測, 而非眞知者也. 然則呂曰聚聞見者, 蓋得其旨, 而言之未盡然, 不審然可從否?가 더 들어 있다.

110) 比: 英祖刊本・成化本・賀本에서는 此로 되어 있다.

111) 中: 『朱子語類』에서는 空으로 되어 있다.

112) ▲: 范氏曰: '顔子簞食瓢飮屢絶, 而不改其樂, 天下之物豈有能動其心者!' 此說爲得之."

113) ▲: 問"善人之道." 曰: "'善人之道', 只是箇善人底道理.

114) 全: 賀本에서는 然으로 되어 있다.

115) 有: 賀本에는 없다.

116) 但他: 『小分』에서는 他但을 교정부호로 바로잡았다.

117) ▲: 味道問: "善人只是好資質, 全未曾學." 曰: "是." 又問: "不踐跡." 曰: "是

118) ▲: 古人已做底事,

119) ▲: '循塗守徹', 猶言循規守矩云耳."

120) ▲: "踐跡",

121) ◇: 了底

▲[122]所爲亦自與暗合, ▲[123]【恪】

39:55 ▲[124]問: "一[125]室是[126]神化地位否?" 曰: "非也. 室只是深奧處."【寓[127]】

39:56 ▲[128]

39:57 ▲[129]

39:58 ▲[130]

39:59 ▲[131] 如樂正子, 自'可欲'之善入[132]去, 自可到'美・大・聖・神'地位."【去僞】[133]

39:60 問: ▲[134] 此可見美質有限, 學問無窮否?" 曰: "然."【廣】

---

122) ▲: 雖不曾知得前人所做樣子, 效他去做, 但
123) ▲: 但未能到聖人深處.
124) ▲: 施問"不踐跡." 曰: "是他資質美, 所爲無箇不是, 雖不踐成法, 卻暗合道理. 然他也自不能曉會, 只暗合而已. 又卻不曾學問, 所以'亦不入於室.'" 林
125) 一: 『朱子語類』에서는 不入으로 되어 있다.
126) 室是: 『朱子語類』에서는 室, 室是로 되어 있다.
127) 寓: 徽州本에서는 空格으로 되어 있고, 이 뒤에【陳淳錄同】이 있다.
128) ▲: 問"不踐跡." 曰: "善人質美, 雖不學樣子, 卻做得是. 然以其不學, 是以不入室, 到聖人地位不得."【謙之】
129) ▲: 善人乃是天資自然有善者, 不待循常跡, 而自然能有其善. 然而不能加學, 則亦不足以入聖人之室.【震】
130) ▲: 謝教問"不踐跡." 曰: "資質美, 只是暗合, 不依本子做. 橫渠說得好. 然亦只是終於此而已."【淳】
131) ▲: 問: "'不踐跡, 亦不入於室', 莫是篤行之而後可以入善之閫奧否?" 曰: "若如此言, 卻是說未爲以前事. 今只說善人只是一箇好底資質, 不必踐元本子, 亦未入於室. 須是要學, 方入聖賢之域. 惟橫渠云: '志於仁而無惡.' 此句最盡.
132) 入: 賀本에서는 人으로 되어 있다.
133)【去僞】: 徽州本에는【祖道 ○謨 ○人傑錄略同.】으로 되어 있다.

39:61 ▲135) "善人者以其心善, 故不假成法, 而其中自能運用, 故曰'不踐迹.' ▲136)善人未有進意."【治】137)

39:62 ▲138)◇139) 如漢 文帝是140)也."【大雅】

39:63 ▲141) "如所謂'雖曰未學, 吾必謂之學矣'之類." ▲142)問: "如太史公贊文帝爲善人, 意思▲143) 曰: "然. 只爲他截斷, 只到這裏, 不能做向上去, 所以▲144)不能入聖人之室." 又問: "文帝好黃・老, 亦不免有慘酷處. 莫是纔好淸淨, 便至於法度不立, 必至慘酷而後可以服人?" 曰: "自淸淨至慘酷, 中間大有曲折, ▲145)是自家好淸淨, 便一付之法. 有犯罪者, 都不消問自家, 但看法何如. 只依法行, 自家這裏更不與你思量得, 此所以流而爲慘酷." 伯謨曰: "黃・老之教, ▲146)不爲刑名, 只要理會自己, 亦不說要慘酷, 但用之者過耳." 曰: "緣黃・老之術, 凡事都先退一着做, 教人不防他. 到得逼近利害, 也便不讓別人, 寧可我殺了你, 定不容你殺了我. 他術多是如此, 所以文・景用之如此. 文帝猶善用之, 如南越反, 則卑詞厚禮以誘之, 吳王不朝, 賜以几杖等事. 這退一着, 都是術數. 到他教太子, 晁錯爲家令, 他謂太子

---

134) ▲: "善人莫是天資好人否? 故雖不必循守舊人塗轍, 而自不爲惡. 然其不知學問, 故亦不能入於聖人之室.

135) ▲: 問: "尋常解'踐跡', 猶踏故步. '不踐跡'者, 亦有所進, '亦不入於室'者, 所進不遠也. 今『集注』解'踐跡', 不循樣轍之意, 如何?" 曰:

136) ▲: 據此, 止說

137) 【治】: 英祖刊本・賀本에서는【洽】으로 되어 있다.

138) ▲: 問: "不踐跡何以爲善人?" 曰:

139) ◇: "不循習前人已試之法度, 而亦可以爲善,

140) 文帝是也: 【附箋紙】"文帝是也", 如上印本有"不循"至"爲善"云云, 當存, 似好.

141) ▲: 魏才仲問"善人之道"一章. 曰:

142) ▲: 又

143) ▲: 也是?"

144) ▲: 說道不依樣子, 也自不爲惡, 只是

145) ▲: 卻如此說不得. 唯

146) ▲: 本

亦好學, 只欠識術數, 故以晁錯傳之. 到▲147)七國之變, 弄成一場紛亂. 看文・景許多慈祥豈弟處, 都只是術數. 然景帝用得不好, 如削之亦反, 不削亦反."【賀孫】

「子畏於匡章」

39:64 ▲148)問: "'▲149)何敢死', 伊川改'死'爲'先', ▲150) 曰: "伊川此說151), 門人傳之恐誤, 其間前後有相背處. ▲152)謂孔子旣得脫禍, 吾可以不死矣. 若使孔子遇害, 則顔子只得以死救之▲153)." ▲154)問: "顔路在, 顔子許人以死, 何也?" 曰: "事偶至此, 只得死. 此與不許友以死之意別. 不許以死, 在未處難以前乃可. 如此處已遇難, 卻如此說不得."【去僞】155)

---

147) ▲: 後來
148) ▲: 或
149) ▲: 回
150) ▲: 是否?"
151) 說: 賀本에서는 話로 되어 있다.
152) ▲: 今只作'死'字說. 其曰'吾以汝爲死矣'者, 孔子恐顔回遇害, 故有此語. 顔子答曰'子在, 回何敢死'者, 顔子
153) ▲: 也
154) ▲: 或
155)【去僞】: 徽州本에는【祖道 ○去僞 ○謨錄同.】으로 되어 있다.

『朱子語類』卷第四十

「『論語』二十二」

「先進篇下」

「季子然問仲由·冉求章」

40:1 問: ▲[1]冉求未必可保, 仲由終是不屈." 曰: "不要論他氣質. 只這君臣大義, 他豈不知. 聖人也是知他必可保. 然死於禍難是易事, 死於不可奪之節是難事. 纔[2]出門去事君, 這身己便不是自家底, 所謂'事君能致其身'是也. 如做一郡太守, 一邑之宰, 一尉之任, 有盜賊之虞, 這不成休了! 便當以死守之, 亦未爲難. 惟卒遇君臣大變, 利害之際只爭些子, 這誠是難. 今處草茅, 說這般事, 似未爲切己. 看史策所載, 簒易之際, 直是難處. 簒弑之賊, 你若不從他, 他便殺了你, 你從他, 便不死. 旣是貪生惜死, 何所不至!" 【賀孫】[3]

40:2 ▲[4] "只仕, 便是病了. 儘高底便不肯仕, 如閔子·曾子是也. 但當時不仕則已, 仕則必出於季氏. 蓋當時魯君用舍之權, 皆歸於季氏也." ▲[5]問: "子路未易屈者, 當時亦仕於季氏, 蓋他雖不能行其道,

---

1) ▲: "據賀孫看來, 仲由·冉求氣質不同, 恐

2) 纔: 賀本에서는 才로 되어 있다.

3) 【賀孫】: 徽州本에서는 이 뒤에 問"閔子不仕仕季氏而由·求仕焉." 曰: "仕於大夫家爲僕家臣, 不與大夫齒, 那上等人自是不肯做. 若論當時, 侯國宗臣世臣自是無官可做, 不仕於大夫, 除是終身不出如曾·閔, 方得."가 더 들어 있다.

4) ▲: 問: "孔門弟子如由·求皆仕於季氏, 何也?" 曰:

5) ▲: 又

亦稍知尊敬之." 曰: "說道他尊敬不得. 才不當仕時, 便教他尊敬, 也不當仕." ▲6)又曰:▲7)說尊敬話, 這處認不得, 當下便做病. 而今說被他敬, 去仕他. 若是箇賊來尊敬自家, 自家還從他不從他! 但看義如何耳."【夔孫】

40:3 ▲8) "仕於季氏之門者, ▲9) 亦未是叛臣. 只是乘魯之弱, 招權聚財歸己而已. 然終不敢簒如曹操. 故昭公出許多時, 季氏卒不敢取. 至於三卿分晉, 亦必俟天子之命乃安. 只是當時魯君自做不行. 弱則常如此, 強則爲昭公. 若孔子處之, 則必有道矣. 如墮三都, 是乘他要墮而墮之, 三都墮而三家之所恃者失矣, 故其勢自弱. 如羅崇勳殺牙兵, 初惡其爲亂, 既殺之, 又自弱." 璘因言: "三家自不相能, 如鬪鷄之事可見." 曰: "三家, 急之則合, 緩之, 又自不相能."【璘】

40:4 問: ▲10)事君, 不可則止', '忠告▲11) 不可則止.' 張子韶解此, 謂: '當其微有不可, 則隨卽止之, 無待其事之失過之形, 而後用力以止之也.'" 曰: "子韶之說▲12) 與上下文義不相貫. 近世學者多取此說, 愛其新奇, 而不察其不當於理. 此甚害事, ▲13)【謨】

「子路使子羔爲費宰章」

40:5 ▲14) "子路當初使子羔爲▲15)宰, 意▲16) 本不是如此, 只大言

6) ▲: 次日見先生, 先生
7) ▲: "夜來
8) ▲: 因說:
9) ▲:【仲弓爲季氏宰.】
10) ▲: "'以道
11) ▲: 而善道之,
12) ▲: 不通,
13) ▲: 不可不知也."
14) ▲: 問"何必讀書, 然後爲學." 曰:

來答, 故孔子惡其佞." ▲[17]須是講學, 方可如此做. 『左傳』子産說'學而後從政, 未聞以政學'一段, 說得好. 如子路, 卻是以政學者也." 【淳】[18]

「子路·曾晳·冉有·公西華侍坐章」

40:6 ▲[19]子路說: '比及三年, 可使有勇.' 冉有云: '可使足民.' 不知如何施設得便如此. 曾晳▲[20]固是高遠, 須是看他如何得如此. 若子細體認得這意思分明, 令人消得無限利祿鄙吝之心. ▲[21]【時擧】

40:7 冉求·公西赤▲[22]皆退讓, 卻是見子路被哂後, 計較如此說. 子路是眞. 此四人氣象好看. 【升卿[23]】

40:8 曾點▲[24] 如鳳凰翔于[25]千仞之上, 故其言曰: "異乎三子者之撰." 【道夫】

40:9 曾點▲[26]道理大原了, 只就眼前景致上說將去[27]. 其行有不掩

15) ▲: 費
16) ▲: 不知如何.
17) ▲: 問: "此恐失之偏否?" 曰: "亦
18) 【淳】: 徽州本에서는 이 뒤에 事見『左傳』襄公三十一年이 작은 글자로 더 들어 있다.
19) ▲: 讀"曾晳言志"一章, 曰: "此處正要理會. 如
20) ▲: 意思
21) ▲: 須如此看, 方有意味."
22) ▲: 言
23) 升卿: 徽州本에서는 處謙으로 되어 있다.
24) ▲: 之志,
25) 于: 賀本에서는 於로 되어 있다.
26) ▲: 是見他箇
27) 只就眼前景致上說將去: 徽州本에서는 이 뒤에 如暮春以下是也가 더 들어 있다.

者, 是他先見得大了, 自然是難掩.【廣】

40:10 曾點見得事事物物上皆是天理流行. 良辰美景, 與幾箇好朋友行樂. 看他[28]那▲[29]箇說底功名事業, 都不是了. 他看見日用之間, 莫非天理, 在在處處, 莫非可樂. 他自見得那"春服旣成, 冠者五六人, 童子六七人, 浴乎沂, 風乎舞雩, 詠而歸"處, 此是可樂天理.【植】

40:11 ▲[30] "想當時也眞是去浴. 但古人上巳祓禊, 只是盥濯手足, 不是解衣浴也."【義剛】

40:12 ▲[31] "曾點意思, 與莊周相似, 只不至如此跌蕩. 莊子見處亦高, 只不合將來玩弄了."【時擧】

40:13 ▲[32] "都不待着力說. 只是他見得許多自然道理流行發見, 眼前觸處皆是, 點但擧其一事而言之耳. 只看他'鼓瑟希, 鏗爾, 舍瑟而作', 從容優裕悠然自得處, 無不是這箇道理. 此一段都是這意思. 今人讀之, 只做等閑[33]說了. 當時記者亦多少子細. 曾點見子路·冉有·公西華幾箇所對, 都要着力出來做, 他肚裏自覺得不足爲. 若以次對, 當於子路對後便問他. 聖人見他瑟鼓[34], 意思恁地自得, 且問從別人上去, 待都說了, 卻問他." 又曰: "這道理處處都是. 事父母, 交朋友, 都是這道理, 接賓客, 是接賓客道理, 動靜語黙, 莫非道理, 天地

---

28) 看他: 『朱子語類』에서는 他看으로 되어 있다.
29) ▲: 幾
30) ▲: 林恭甫問浴沂事. 曰:
31) ▲: 恭甫問: "曾點'詠而歸', 意思如何?" 曰: "曾點見處極高, 只是工夫疏略. 他狂之病處易見, 卻要看他狂之好處是如何. 緣他日用之間, 見得天理流行, 故他意思常恁地好. 只如'莫春浴沂'數句, 也只是略略地說將過." 又曰:
32) ▲: 敬之又問"曾點"章. 曰:
33) 等閑: 『小分』에서는 閑等을 교정부호로 바로잡았다.
34) 瑟鼓: 『朱子語類』에서는 鼓瑟로 되어 있다.

之運, 春夏秋冬, 莫非道理. 人之一身, 便是天地, 只緣人爲人欲隔了, 自看此意思不見. 如曾點, 卻被他超然看破這意思, 夫子所以喜之. ▲35)【賀孫】

40:14 ▲36) 觀夫子"不知所以裁之"之語, 則夫子正欲共他理會在.【道夫】

40:15 ▲37)夫子▲38)見他說幾句索性話, 令人快意, 所以與之. 其實細密工夫卻多欠闕, 便似莊・列. 如季武子死, 倚其門而歌, 打曾參仆地, 皆有些狂怪.【人傑】

40:16 ▲39)問: ▲40) 恐是他已前實事, 因舉以見志." 曰: "他只是說出箇意思要如此. 若作已前事說, 亦不可知. ▲41) 緣他資質明敏, 洞然自見得斯道之體, 看天下甚麽事能動得他! 他大綱如莊子. ▲42)【賀孫】

40:17 ▲43) "曾點▲44)若做時, ▲45)煞有事在." ▲46)問: "如何煞有

---

35) ▲: 日月之盈縮, 晝夜之晦明, 莫非此理."
36) ▲: 曾點之志, 夫子當時見他高於三子, 故與之. 要之,
37) ▲: 曾點言志, 當時
38) ▲: 只是
39) ▲: 恭父
40) ▲: "曾點說'詠而歸'一段,
41) ▲: 人只見說曾點狂, 看夫子特與之之意, 須是大段高.
42) ▲: 明道亦稱莊子云: '有大底意思.' 又云: '莊子形容道體, 儘有好處.' 邵康節晚年意思正如此, 把造物世事都做則劇看. 曾點見得大意, 然裏面工夫卻疏略. 明道亦云: '莊子無禮, 無本.'"
43) ▲: 或問: "'如或知爾, 則何以哉?' 待諸子以可用對, 而曾點獨不答所問, 夫子乃許之, 何也?" 曰:
44) ▲: 意思見得如此, 自與諸子別. 看他意思
45) ▲: 上面
46) ▲: 或

事?" 曰: ▲47)子路·冉求·公西華之所爲, 曾點爲之有餘." ▲48)問: "曾點是實見得如此, 還是偶然說看49)?" 曰: "這也只是偶然說得如此. 他也未到得便做莊·老, 只怕其流入於莊·老." 又問: "東萊說'曾點只欠〈寬以居之〉', ▲50) 曰: "他是太寬了, 卻是工夫欠細密." 因舉明道說康節云: "堯夫豪傑之士, 根本不貼貼地." 又曰: "今人卻怕做莊·老, 卻不怕做管·商, 可笑!" 【賀孫】

40:18 ▲51)

40:19 ▲52)聖人與點, 又以進諸子. 如告子路"何足以臧", 亦此意. 【端蒙】

40:20 ▲53) 曾點與漆雕開, 只是爭箇生熟. 曾點說得驚天動地, 開較穩貼. 三子▲54)豈是全不理會義理. 只是較粗, 不如曾點之細." 又曰: "子路使民, 非若後世之孫·吳, 冉有足民, 非若後世之管·商." 【賜】55)

40:21 子路品格甚高, 若打疊得些子過, 【謂麁56)暴.】 便是曾點氣象. 【升卿】57)

---

47) ▲: "曾點見得如此時, 若
48) ▲: 又曰: "只怕曾點有莊·老意思." 或
49) 看: 孝宗刊本·成化本에서는 着으로 되어 있고, 英祖刊本·賀本에서는 著로 되어 있다.
50) ▲: 這是如何?"
51) ▲: 問: "夫子令四子言志, 故三子皆言用. 夫子卒不取, 而取無用之曾點, 何也?" 曰: "三子之志趣, 皆止於所能, 而曾點氣象又大, 志趣又別, 極其所用, 當不止此也." 又曰: "曾點雖是如此, 於用工夫處亦欠細密." 【卓】
52) ▲: 子路·冉有等言志, 觀其所對, 只住在所做工夫上, 故
53) ▲: 問四子言志. 曰: "曾點與三子, 只是爭箇粗細.
54) ▲: 在孔門
55) 【賜】: 賀本에는 없다.
56) 麁: 英祖刊本·成化本·賀本에서는 粗로 되어 있다.

40:22 曾點於道, 見其遠者大者, 而視其近小皆不足爲. 故其言超然, 無一毫作爲之意, 惟[58]欲樂其所樂, 以終身焉耳.【道夫】

40:23 ▲[59]

40:24 ▲[60]

40:25 問: ▲[61]浴沂氣象, 與顏子樂底意思相近否?" 曰: "顏子底較恬靜, 無許多事. 曾點是自恁說, 卻也好, 若不已, 便成釋·老去, 所以孟子謂之狂. 顏子是孔子稱他樂, 他不曾自說道我樂. 大凡人自說樂時, 便已不是樂了."【淳】

40:26 ▲[62]問: ▲[63] 曾晳行又不掩, 何也?" 曰: "程子說: '曾點·漆雕開已見大意.' 他只是見得這大綱意思, 於細密處未必便理會得. 如千兵萬馬, 他只見得這箇, 其中隊伍未必知. ▲[64]

40:27 ▲[65]

---

57)【升卿】: 徽州本에는【處謙 ○升卿錄同.】으로 되어 있다.

58) 惟: 『朱子語類』에서는 唯로 되어 있다.

59) ▲: 敬之問: "曾點言志, 見得天理流行, 獨於其間認取這許多, 作自家受用." 曰: "不用恁地說. 曾點只是見得許多都是道理發見, 觸處是道理, 只緣這道理本來到處都是."【賀孫】

60) ▲: 或問: "曾點之言如何?" 曰: "公莫把曾點作面前人看, 縱說得是, 也無益. 須是自家做曾點, 便見得曾點之心."【學蒙】

61) ▲: "曾點

62) ▲: 或

63) ▲: "曾晳言志, 旣是知得此樂, 便如顏子之樂同.

64) ▲: 如佛氏, 不可謂他無所見, 但他只見得箇大渾淪底道理, 至於精細節目, 則未必知. 且君臣父子夫婦兄弟, 他知道理發出來. 然至'爲人君, 止於仁, 爲人臣, 止於敬, 爲人子, 止於孝'之類, 卻未必知也."【植】

65) ▲: 林正卿問: "曾點只從高處見破, 卻不是次第做工夫來." 曰: "某以爲頗與莊·列之徒相似, 但不恁地跌蕩耳." 又問: "'曾點·漆雕開已見大意', 開卻實用工夫."

40:28 ▲66)

40:29 ▲67) "是他見得到日用之間, 無非天理流行. ▲68) 便是孔子'老者安之, 朋友信之, 少者懷之'意思. 聖賢做出, 便只是這箇物事, 更不用安排. ▲69) 學者固當尋向上去, 只是向上去, 便怕易差. 只吾儒與禪家說話, 其深處止是毫忽之爭. 到得不向上尋, 又只晝住在淺處. 須是就源頭看. 若理會得, 只是滔滔地去. 如操舟, 尋得大港水脈, 便一直溜去, 不問三尺船也去得, 五尺船也去得, 一丈二丈船也去得. 若不就源頭尋得, 只三五尺船子, 便只閣在淺處, 積年過代, 無緣得進."【賀孫】

40:30 ▲70)江西・嚴時亨・歐陽希遜問目, 皆問"曾點言志"▲71) 以爲學之與事, 初非二致, 學者要須涵養到"淸明在躬, 志氣如神"之地, 則無事不可爲▲72)曰: "此都說得偏了. 學固着學, 然事亦豈可廢也! 若都不就事上學, 只要便如曾點樣快活, 將來卻恐狂了人◇73). 學者要須常有三子之事業, 又有曾點襟懷, 方始不偏. 蓋三子是就事上理會, 曾點是見得大意. 曾點雖見大意, 卻少事上工夫, 三子雖就事上學, 又無曾點底脫洒74)意思. ▲75)【時學】

曰: "開覺得細密."【恪】

66) ▲: 漢卿學叔重疑問曰: "曾點'已見大意.' 或謂點無細密工夫, 或謂點曾做工夫而未至, 如何?" 曰: "且只理會曾點如何見得到這裏. 不須料度他淺深, 徒費心思也."【人傑】

67) ▲: 或問曾晳曰:

68) ▲: 如今便是不能得恁地. 充其見,

69) ▲: 如今將文字看, 也說得是如此, 只是做不能得恁地." 漢卿再請: "前所問'必有事焉', 蒙教曰: '人須常常收斂此心, 但不可執持太過, 便倒塞了. 然此處最難, 略看差了, 便是禪.' 此意如何?" 曰: "這便是難言." 正淳謂云云. 先生曰: "固是如此, 便是難.

70) ▲: 先生令叔重讀

71) ▲: 一段.

72) ▲: 也. 先生

73) ◇: 去也

40:31 ▲76)問▲77) 程子云云. ▲78)曰: "『集注』內載前輩之說於句下者, 是解此句文義, 載▲79)於章後者, 是說一章之大旨及反覆此章之餘意. 今曾點說底不曾理會得, 又如何理會得後面底!" 【雉 ○以下『集注』】

40:32 所謂"天理流行"一句, 須是先自盡於一心, 然後及物, 則能隨寓而樂. 如曾點, 只是他先自分內見得箇道理, 如"莫春"以下是無可說, 只就眼前境界, 便說出來也得. ▲80) "曾點·曾參父子卻相背. 曾點是先見得大了, 曾參卻細. 孔子見他着細工夫到, 遂告以一貫, 那時參言下一唯, 見得都實. 如曾點則行有不掩. 是他先見得大了, 自然是難掩." 【士毅】

40:33 問: ▲81) 日用之間, 皆人所共.' 曾點見處, 莫是於飢食渴飲·冬裘夏葛以至男女居室之類, 在曾點見則莫非天理, 在他人則只以濟其嗜欲?" 曰: "固是. 同是事, 是者便是天理, 非者便是人欲. 如視聽言動, 人所同也. 非禮勿視聽言動, 便是天理, 非禮而視聽言動, 便是人欲." 植曰: "即是五峰所謂'天理人欲, 同行異情'否?" 曰: "是." 【植】

40:34 ▲82)問: "先生教人, 每令就下學上用功, 而▲83) 乃云'某84)視

74) 洒: 英祖刊本·成化本·賀本에서는 灑로 되어 있다.

75) ▲: 若曾子之學, 卻與曾點全然相反. 往往曾點這般說話, 曾子初間卻理會不得他. 但夫子說東便去學東, 說西便去學西, 說南便去學南, 說北便去學北. 到學來學去, 一旦貫通, 卻自得意思也."

76) ▲: 蕭

77) ▲: "曾點言志"章,

78) ▲: 先生

79) ▲: 前輩之說

80) ▲: 又曰:

81) ▲: "『集注』云: '曾點之學, 有以見乎日用之間, 莫非天理流行之妙,

82) ▲: 周貴卿

83) ▲: '子路·曾皙·冉有·公西華侍坐'一章,

84) 某: 孝宗刊本·成化本·賀本에서는 其로 되어 있다.

三子區區於事爲之末者有間矣', 如何?" 曰: "三子於事爲上也見不曾透. 如'爲國以禮', 他正緣見那'爲國以禮'底道理未透, 所以後來恁地. 今觀三子雖不可盡見, 然大概也可知. 如子路, 便是那些子客氣未消磨得盡. 冉求畢竟有才, 要做事爲仕[85]意重. 公西華較細膩得些子, 但也見不透." ▲[86] "某嘗說, 曾晳不可學. 他是偶然見得如此, 夫子也是一時被他說得恁地也快活人, 故與之. 今人若要學他, 便會狂妄了. 他父子之學正相反. 曾子是一步一步踏着實地去做, 直到那"參乎! 吾道一以貫之." 曾子曰: "惟[87]." ▲[88] 然他到這裏, 也只是唯而已, 也不曾恁地差異. 從此後, 也只是穩穩帖帖恁地去. 到臨死, 尙曰'而今而後, 吾知免夫▲[89]'! 也依舊是戰戰兢兢, 不曾恁地自在. 【夔孫錄▲[90] 豈曾如此狂妄顚蹶!"】 曾晳不曾見他工夫, 只是天資高後自說着. 如夫子說'吾黨之小子狂・簡, 斐然成章, 不知所以裁之', 這便是狂・簡. 如莊・列之徒, 皆是他自說得恁地好, ▲[91] 所以夫子要歸裁正之. 若是不裁, 只管聽他恁地, 今日也浴沂詠歸, 明日也浴沂詠歸, 卻做箇甚麼合殺!" 【義剛 ○夔孫略.】

40:35 夫子與點, 以其無所係著, 無所作爲, 皆天理之流行. "夫何爲哉? 恭己正南面而已." "天敘有典, 勅我五典五惇哉! 天秩有禮, 自我五禮有[92]庸哉! 天命有德, 五服五章哉! 天討有罪, 五刑五用哉!" 卽此氣象. 夫子以其所見極高明了, 所以與之. 如今人見學者議論拘滯, 忽有一箇說得索性快活, 亦須喜之. 然未見得其做事時如何. 若只如此忽略, 恐▲[93] 其流卽莊・老耳. 如季武子之死, 倚門而歌▲[94], 及『家

---

85) 仕: 賀本에서는 底로 되어 있다.
86) ▲: 又問: "曾晳似說得高遠, 不就事實?" 曰:
87) 惟: 孝宗刊本・成化本・賀本에서는 唯로 되어 있다.
88) ▲: '方是. 【夔孫錄作: "已是得了."】
89) ▲: 小子
90) ▲: 云: "未死以前, 戰戰兢兢, 未嘗少息.
91) ▲: 【夔孫錄云: "也是他見得如此."】
92) 有: 孝宗刊本・賀本에서는 五로 되어 있다.

語』所載芸[95]瓜事, 雖未必然, 但如此放曠, 九[96]伯[97]事何故都當【入聲】. 在他身上? 所以孟子以之與琴張・牧皮同稱"狂士." 又莊子載子桑戶・孟子反・子琴張事, 雖是寓言未足憑, 然何故不別言一人? 孔門如曾點, 只見識高, 未見得其後成就如何. ▲[98] 程子論"三子言志自是實事"一段甚好, 及論"夫子與點"一段, 意卻少異, ▲[99]『集注』兩載之.【必大】

40:36 "孔子與點, 與聖人之志同"者, 蓋都是自然底道理. 安老・懷少・信朋友, 自是天理流行. 天理流行, 觸處皆是. 暑往寒來, 川流山峙, "父子有親, 君臣有義"之類, 無非這理. 如"學而時習之", 亦是窮此理, "孝弟仁之本", 亦是實此理. 所以貴乎格物者, 是物物上皆有此理. 此聖人事, 點見得到. 蓋事事物物, 莫非天理, 初豈是安排得來! 安排時, 便湊合不着. 這處更有甚私意來? 自是着不得私意. 聖人見得, 只當閑事, 曾點把作一件大事來說. 他見得這天理隨處發見, 處處皆是天理, 所以如此樂.【植】

40:37 ▲[100] 明道云: "蓋與聖人之志同." 先生詰云: ▲[101]與聖人志同在那裏?" 植云: ▲[102] 與聖人安老・懷少・信朋友, 使萬物各遂其性處同." 曰: "也未湊盡得." ▲[103]只爭這些子." 潘子善以爲: "點只是樂其性分而已. 日用間見得天理流行, 才要着私意去安排, 便不得."

---

93) ▲: 卻是病,
94) ▲: 事
95) 芸: 成化本에서는 蕓으로 되어 있다.
96) 九: 英祖刊本・賀本에서는 凡으로 되어 있다.
97) 伯: 英祖刊本・成化本・賀本에서는 百으로 되어 있다.
98) ▲: 如曾參, 卻是篤實細密, 工夫到.
99) ▲: 所以
100) ▲: 植學曾點言志,
101) ▲: "曾點
102) ▲: "曾點浴沂詠歸, 樂而得其所,
103) ▲: 因座中諸友皆不合, 先生曰: "立之底

曰: "他不是道我不要着私意[104]安排, 私意自着不得. 這箇道理, 是天生自然, 不待安排. 蓋道理流行, 無虧無欠, 是天生自然如此. 與聖人安老・懷少・信朋友底意思相似. 聖人見老者合安, 便安之, 朋友合信, 便信之, 少者合懷, 便懷之. 惟曾點見得到這裏, 聖人做得到這裏."【植 ○時擧略.】

40:38 問: ▲[105] 如何是有'堯・舜氣象?" 曰: "明道云: '萬物各遂其性.' 此一句正好看'堯・舜氣象.' 且看莫春時物態舒暢如此, 曾點情思又如此, 便是各遂其性處. 堯・舜之心, 亦只是要萬物皆如此爾. 孔子之志, 欲得'老者安之, 少者懷之, 朋友信之', 亦是此意." 又問: "上蔡云: '子路・冉有・公西華皆未免有意・必之心, 曾點卻不願仕, 故孔子與之.' ▲[106] 曰: "亦是. 但此意逼窄爾." ▲[107]【謨】

40:39 曾點之志, 所謂"達可行於天下而後行之." ▲[108] 爲他見處大, 故見得世間細小功業, 皆不足以入其心.【道夫】

40:40 ▲[109] "曾點卻只是見得, 未必能做得堯・舜事. ▲[110] 如莊子亦見得堯・舜分曉." ▲[111]問天王之用心何如, 便說到"'天德而出寧, 日月照而四時行, 若晝夜之有經, 雲行而雨施.' 以是知他見得堯・舜氣象出. 曾點▲[112] 見得此理洞然, 只是未曾下得工夫. ▲[113]點如此高明, 參▲[114]魯鈍, 一向低頭捱▲[115]去, ▲[116]方到曾點地位, 然而規

104) 私意: 賀本에서는 意私로 되어 있다.
105) ▲: "曾點言志,
106) ▲: 此說如何?"
107) ▲: 又問: "曾點之狂如何?" 曰: "他雖知此理, 只是踐履未至."
108) ▲: 程子謂"便是堯・舜氣象."
109) ▲: 問: "程子謂'便是堯・舜氣象', 如何?" 曰:
110) ▲: 孟子所謂'狂士', '其行不掩焉者也.' 其見到處, 直是有堯・舜氣象.
111) ▲: 或
112) ▲: 見識儘高,
113) ▲: 曾點・曾參父子正相反. 以

模氣象又別." 【寓】

40:41 問: "『集注』謂曾點'氣象從容', 便是鼓瑟處, 詞意洒[117]落, 便是下面答言志, '雖堯·舜事業亦優爲之'處否?" 曰: "且道堯·舜是甚麽樣事? 何不說堯·舜之心, 恰限說事業, 蓋'富有之謂大業', 至如'平章百姓', 明目達聰, 納大麓, 皆是事也. 此分明說事業. 緣曾點見得道理大, 所以'堯·舜事業優爲之', ▲[118] 是他見得聖人氣象如此, 雖超乎事物之外, 而實不離乎事物之中. 是箇無事無爲底道理, 卻做有事有爲之[119]功業. 天樣大事也做得, 針樣小事也做得, 此所謂大本, 所謂忠, 所謂一者, 是也. 點操得柄欛, 據看[120]源頭, 諸子則從支派上做工夫. 諸子底做得小, 他底高大. ▲[121] 是他合下一見便了, 於細微節目工夫卻有欠闕, ▲[122] 所以聖人但說'吾與點'而已, 若傳道, 則還曾子也. ▲[123]又曰: "只看'異乎三子者之撰'一句, 便是從容洒[124]落處 ▲[125] "諸子之欲爲國, 也是他實做得, 方如此說." 【明作 ○『集注』非定本.】 40:42[126] ▲[127] "曾點但開口說一句'異乎三子者之撰'時, 便自高

---

114) ▲: 卻
115) ▲: 將
116) ▲: 直到一貫, 方始透徹. 是時見識
117) 洒: 英祖刊本·成化本·賀本에서는 灑로 되어 있다.
118) ▲: '視三子規規於事爲之末', 固有間矣.
119) 之: 英祖刊本·賀本에서는 底로 되어 있다.
120) 看: 賀本에서는 著로 되어 있다.
121) ▲: 曾點合下便見得聖人大本是如此, 但於細微工夫卻不曾做得, 所以未免爲狂. 緣他資稟高, 見得這箇大, 不肯屑屑做那小底工夫.
122) ▲: 與後世佛·老近似, 但佛·老做得忒無狀耳." 又云: "曾參·曾點父子兩人絶不類. 曾子隨事上做, 細微曲折, 做得極爛熟了, 才得聖人指撥, 一悟卽了當. 點則不然, 合下便見得如此, 卻不曾從事曲折工夫.
123) ▲: 學者須是如曾子做工夫, 點自是一種天資, 不可學也. 伊川說'曾點·漆雕開已見大意.' 點則行不掩, 開見此箇大意了, 又卻要補塡滿足, 於'未能信'一句上見之. 此與一貫兩處是大節目, 當時時經心始得."
124) 洒: 『朱子語類』에서는 灑로 되어 있다.
125) ▲: 了." 又曰:
126) 40:42: 成化本에서는 40:41에 이어져 한 항목으로 편집되어 있다.

了. 蓋三子所志者雖皆是實, 然未免局於一君128)一國129)之小, 向上更進不得. 若曾點所見, 乃是大根大本. 使推而行之, 則將無所不能, 雖其功用之大, 如堯・舜之治天下, 亦可爲矣. 蓋言其所志者大, 而不可量也. 譬之於水, 曾點之所用力者, 水之源也, 三子之所用力者, 水之流也. 用力於派分之處, 則其功止於一派, 用力於源, 則放之四海亦猶是也. 然使點遂行其志, 則恐未能掩其言, ▲130) 某嘗謂, ▲131) 曾點天資高明, ▲132) 故能先見其本, ▲133) 是徒見其忠之理, 而不知其恕之理也. 曾子▲134)隨事用力, ▲135)先於恕上得之, 而忠之理則其初蓋未能會也. 然而一唯之後, 本末兼該, 體用全備, 故其傳道之任, 不在其父, 而在其子. 則其虛實之分, 學者其必有以察之!"【壯祖】

40:43 問▲136)堯・舜事業▲137)優爲之." 曰: "曾點爲人高爽, 日用之間, 見得這天理流行之妙, 故堯・舜事業亦不過自此做將去. 然▲138) 堯・舜便是實有之, 踏實做將去, 曾點只是偶然綽見在. 譬如一塊寶珠, 堯・舜便實有在懷中, 曾點只看見在, 然他人又139)不曾見得. ▲140) 【燾】

---

127) ▲: 吳兄問曾晳言志一段. 先生曰: "何謂'視其氣象, 雖堯・舜事業亦可爲'?" 吳兄無對. 先生曰:
128) 君: 賀本에서는 國으로 되어 있다.
129) 國: 賀本에서는 君으로 되어 있다.
130) ▲: 故以爲狂者也.
131) ▲: 曾點父子爲學, 每每相反.
132) ▲: 用志遠大,
133) ▲: , 往往於事爲之間, 有不屑用力者焉.
134) ▲: 一日三省, 則
135) ▲: 而一貫之說, 必待夫子告之而後知. 是
136) ▲: "曾點言志, 雖
137) ▲: 亦
138) ▲: 有不同處.
139) 又: 賀本에서는 亦으로 되어 있다.
140) ▲: 某嘗謂曾點父子正相拗. 曾子先未曾見得箇大統體, 只是從事上積累做將去, 後來方透徹. 曾點都未曾去做, 卻先曉得了, 更教他如曾子恁地細密做將去, 何可比也? 只緣他見得快後不當事, 所以只見得了便休. 故他言志, 亦不是要去做

40:44 ▲141)

40:45 ▲142) 曾點只是箇高爽底人, 他意思偶然自見得, 只見得了便休, 堯·舜則都見得了, 又都踏着這箇物事行, 此其不同處耳. ▲143) 問: "程子云: '子路只緣曉不得爲國以禮底道理. 若曉得, 便是此氣象.' 如公西·冉求▲144)亦自謙遜, 可謂達禮者矣, 何故卻無曾點氣象?" 曰: "二子只是曉得那禮之皮膚, 曉不得那裏面微妙處. ▲145)須見得'天高地下, 萬物散殊, 而禮制行矣, 流而不息, 合同而化, 而樂興焉'底自然道理矣. 曾點卻有時見得這箇氣象, 只▲146) 緣他見得快, 所以不將當事. 他若見得了, 又從頭去行, 那裏得來! ▲147) 世間自有一樣人如此高洒148), 見得▲149), 學不得也. ▲150)須是學曾子▲151)問: "子路氣象須較開闊如二子." 曰: "然." ▲152) 【僩】

事底, 只是心裏要恁地快活過日而已." 又云: "學者須如曾子逐步做將去, 方穩實."

141) ▲: 或問曾點氣象. 曰: "曾點氣象, 固是從容灑落. 然須見得他因甚得如此, 始得. 若見得此意, 自然見得他做得堯·舜事業處." 【銖】

142) ▲: 廖子晦·李唐卿·陳安卿共論三子言志, 及顏子喟然之歎, 錄其語質諸先生. 先生曰: "覺見諸公都說得枝蔓. 此等處不通如此說, 在人自活看方得. 若云堯·舜事業非曾點所能, 又逐一稱說堯·舜來比並, 都不是如此.

143) ▲: 要之, 只說得箇見得天理明, 所以如此. 只說得到此住, 已上說不去了, 要人自見得. 只管推說, 已是枝蔓." 或

144) ▲: 二子, 語言之間

145) ▲: 他若曉得, 便

146) ▲: 是他見得了便休.

147) ▲: 曾參則元來未見這箇大統體, 先從細微曲折處行都透了, 見得箇大體. 曾氏父子二人極不同.

148) 洒: 『朱子語類』에서는 灑로 되어 있다.

149) ▲: 底

150) ▲: 學者

151) ▲: 逐步做將去, 方穩實." 又

152) ▲: 又曰: "看來他們都是合下不曾從實地做工夫去, 卻只是要想像包攬, 說箇形象如此, 所以不實. 某嘗說, 學者只是依先儒注解, 逐句逐字與我理會, 著實做將去, 少間自見. 最怕自立說籠罩, 此爲學者之大病. 世間也只有這一箇方法路徑, 若才不從此去, 少間便落草, 不濟事. 只依古人所說底去做, 少間行出來便是我底, 何必別生意見. 此最是學者之大病, 不可不深戒!"

40:46 ▲[153] "子路所言底, 他亦是無私意, 但是不遜讓時, 便不是也. 曾點見處豈不曰'與堯・舜同', 但是他做不得此事. 如今人在外看屋一般, 知得有許大許高, 然其中間廊廡廳館, 戶牖房闥, 子細曲折, 卻是未必看得子細也. 然看到此, 也是大故難."▲[154] 點合下見得大處, 卻不肯去做小底, 終不及他兒子也."【祖道 ○賜錄一條見"漆雕開"章, 疑同聞.】

40:47 問[155]: "使子路知禮, 如何便得似曾晳氣象?" 曰: "此亦似乎隔驀, 然亦只爭箇知不知・見不見耳. 若達得, 則便是這氣象也. 曾點只緣他見得箇大底意思了. 據他所說之分, 只得如此說. 能如此, 則達而在上, 便可做得堯・舜事業, 隨所在而得其樂矣." ▲[156] 廣云: "點▲[157] 都不爲事物所累." 曰: "亦不必說不爲事物所累. 只是緣他高明, 自見得箇大底意思." 曰: "旣見得這意思, 如何卻行有不掩?" 曰: "緣他見得了, 不去下工夫, 所以如此. 譬如人須以目見, 以足行, 見得方能行得. 然亦有見得了不肯行者, 亦有未見得後强力以進者. 如顏子, 則見與行皆到也." ▲[158]【廣】

---

153) ▲: 問: "『論語』只有箇顏子・曾子傳聖人之學, 其大概旣得聞命矣. 敢問: '曾點浴沂處, 注云"有堯・舜氣象", 夫子固於此與點矣, 而子路'爲國以禮'處, 亦注云'達得時便是這氣象', 如何?" 曰:

154) ▲: 或曰: "程子云: '曾點・漆雕開已見得大意', 如何?" 曰: "曾點見得較高. 開只是朴實, 其才雖不及點, 然所見也是不苟." 或曰: "曾點旣見得天理流行, 胸中灑落矣, 而行有不掩, 何也?" 曰: "蓋爲他天資高, 見得這物事透徹, 而做工夫卻有欠闕. 如一箇大屋樣, 他只見得四面牆壁, 高低大小都定, 只是裏面許多間架, 殊不見得. 如漆雕開, 見大意則不如點, 然卻是他肯去做. 點雖見得, 卻又不肯去做到盡處. 且如邵康節, 只緣他見得如此, 便把來做幾大作弄, 更不加細密工夫. 某嘗謂, 曾子父子正相反. 曾參初頭都不會, 只從頭自一事一物上做去, 及四方八面都做了, 卻到大處. 及他見得大處時, 其他小處, 一一都了也.

155) 問: 徽州本에서는 이 뒤에 子路曾晳冉有公西華侍坐章, 程子曰子路只緣不達爲國以禮道理故夫子哂之若達卻便是這氣象也政이 더 들어 있다.

156) ▲: 又曰: "公且更說曾點意思."

157) ▲: 是已見得大意, 其所言者無非天理之流行,

158) ▲: 又曰: "曾點父子, 學問卻如此不同. 曾點是未行而先見得此意思者. 曾子其初卻都未能見, 但一味履踐將去. 到得後來眞積力久, 夫子知其將有所得, 始告

40:48 問: ▲[159] 莫是子路無曾點從容意思否?" 曰: "子路見處極高, 只是有些麤. 緣他勇, 便麤. 若不是勇, 又不會變得如此快, 這勇卻不曾去得. 如人得這箇藥去病, 卻不曾去得藥毒. 若去得盡, 得[160]達'爲國以禮'道理." 顧文蔚曰: "子路與冉有・公西華如何?" ▲[161] "只是小大不同." 曰: "二子終無子路所見." 問: "何以驗之?" 曰: "觀他平日可見." 【文蔚】

40:49 ▲[162] "子路地位高, 品格亦大故高, 但其病是有些子麤. 緣如此, 所以便有許多麤暴疎[163]率處. 他若能消磨得這些子去, 卻能恁地退遜, 則便是這箇氣象了. 蓋是他資質大段高, 不比冉求・公西華, 那二子雖如此謙退, 然卻如何及得子路? 譬之如一箇坑, 跳不過時, 只在這邊, 一跳過, 便在那邊. ▲[164] '求也退, 故進之.' 冉求之病, 乃是子路底藥, 子路底病, 乃是冉求底藥." 【義剛】

40:50 ▲[165]問: ▲[166]禮是天理, 子路若識得, 便能爲國, 合得天理?" 曰: "固是. 只更有節奏難說. 聖人只爲他'其言不讓', 故發此語. 如今看來, 終不成纔[167]會得讓底道理, 便與曾點氣象相似! 似未會如此. 如今且平看, 若更去說程子之說, 卻又[168]是說上添說. 子思言'鳶飛魚

之以一貫之說, 曾子方領略得. 然緣他工夫在先, 故一見便了, 更無窒礙處. 若是曾晳, 則須是更去行處做工夫始得, 若不去做工夫, 則便入於釋・老去也. 觀季武子死, 曾點倚其門而歌, 他雖未是好人, 然人死而歌, 是甚道理! 此便有些莊・老意思. 程子曰: '曾點・漆雕開已見大意.' 看得來漆雕開爲人卻有規矩, 不肯只恁地休, 故曰'吾斯之未能信.'"

159) ▲: "'子路若達, 便是曾點氣象.'
160) 得: 『朱子語類』에서는 卽으로 되어 있다.
161) ▲: 文蔚曰:
162) ▲: 陳仲亨說: "'子路只是不達爲國以禮道理'數句, 未明." 先生曰:
163) 疎: 成化本・賀本에서는 疏로 되어 있다.
164) ▲: 若達那'爲國以禮'道理, 便是這般氣象, 意正如此.
165) ▲: 李守約
166) ▲: "'子路達時, 便是此氣象.' 意謂
167) 纔: 賀本에서는 才로 되어 있다.

躍', 與孟子言'勿忘・勿助長', 此兩處皆是喫緊爲人處. 但語意各自別. 後人因'喫緊爲人'一句, 卻只管去求他同處, 遂至牽合."【木之】

40:51 ▲[169] "到'爲國以禮'分上, 便是理明, 自然有曾點氣象."【可學】

40:52 ▲[170]

40:53 ▲[171] "此一段, 唯上蔡見得分曉. 蓋三子只就事上見得此道理, 曾點是去自己心性上見得那本原[172]頭道理. 使曾點做三子事, 未必做得. 然曾點見處, 雖堯・舜事業亦不過以此爲之而已. 程子所說意思固好, 但所錄不盡其意. 看得來上面須別有說話在. 必先說曾點已見此道理了, 然後能如此, 則體用具備. 若如今恁地說, 則有用無體, 便覺偏了." ▲[173] 問: "先生謂三子從事上見得此道理, ▲[174]程子▲[175]謂'▲[176]子路不達爲國以禮道理, 若達, 則便是這氣象'▲[177] 三子皆是去事上見得此道理, 而子路之言不讓, 則便是不知不覺違了這

---

168) 卻又: 『小分』에서는 又卻을 교정부호로 바로잡았다.

169) ▲: 問: "孔子語子路'爲國以禮', 只是以子路不遜讓, 故發此言. 程先生云云, 如何?" 曰:

170) ▲: 伊川謂"子路之志亞於曾點." 蓋子路所言, 卻是實地. 二子卻鑒他子路爲夫子所哂, 故退後說.【道夫】

171) ▲: 問: "再看'浴沂'章, 程子云: '曾點, 狂者也, 未必能爲聖人之事, 而能知夫子之志. 故曰〈浴乎沂, 風乎舞雩, 詠而歸〉, 言樂而得其所也. 孔子之志在於〈老者安之, 朋友信之, 少者懷之〉, 使萬物莫不遂其性. 曾點知之. 故孔子喟然歎曰: 〈吾與點也!〉' 若如程子之說看, 則事皆切實. 若只從曾點見得箇大底意思看, 恐易入於虛無." 先生曰:

172) 原: 賀本에서는 源으로 되어 있다.

173) ▲: 因說: "一貫之旨, 忠恕之說, 程先生門人中, 亦只上蔡領略得他意思, 餘皆未曉. '浴沂'一章解, 向來亦曾改過, 但令尋未見在."

174) ▲: 必如此說, 然後見得

175) ▲: 所

176) ▲: 只緣

177) ▲: 之說.

箇道理處, ▲178)夫子哂之也." 曰: "然. ▲179)【廣】

40:54 上蔡說"鳶飛魚躍", 因云: "知'勿忘, 勿助長', 則知此, 知此, 則知夫子與點之意. 看來此一段好, 當入在『集注』中'舞雩'後."【僩 ○以下『集義』】

40:55 問: ▲180) '鳶飛魚躍'與曾點浴沂一事同. ▲181)曰: "曾點見日用之間莫非天理." 問: "何以見曾點見日用之間莫非天理?" 曰: "若非見得日用之間無非天理, 只恁地空樂, 也無意思." 又曰: "諸子有安排期必, 至曾點, 只以平日所樂處言之. 曾點不說道欲做那事, 不做那事." 又曰: "曾點以樂於今日者對, 諸子以期於異日者對." 又曰: "某今日見得又別." 節次日問: "節取先生所注一段看, 不見與昨日之說異." 曰: "前日不曾說諸子有安排期必, 至曾點無之."【節】

178) ▲: 故
179) ▲: 二子亦因夫子之哂子路, 故其言愈加謙讓, 皆非其自然, 蓋有所警也."
180) ▲: "前輩說,
181) ▲: 不知曾點之事何緣與子思之說同?"

『朱子語類』卷第四十一

「『論語』二十三」

「顏淵篇上」

「顏淵問仁章」

41:1 顏子生平, 只是受用"克己復禮"四箇字.【不遷, 不貳. 三月不違. 不改其樂. ○道夫】

41:2 顏子克己, 如紅爐上一點雪!【道夫】

41:3 "克己復禮", 間不容髮. 無私便是仁.【道夫】

41:4 "克己復禮", 如通溝[1]渠壅塞, 仁乃水流也.【可學】

41:5 "克己復禮", "如火烈烈, 則莫我敢遏"!【若海】

41:6 克己亦別無巧法, 譬如孤軍猝遇强敵, 只得盡力舍死向前而已, 尚何問哉!【謨】

41:7 ▲[2]鄭伯說: "克去己私後, 卻方復禮." 曰: "'克己復禮', 一如將

---

1) 溝: 『小分』에서는 渠를 溝으로 고쳤다

2) ▲: 龔

水去救火相似. 又似一件事, 又似兩件事."【時擧 ○植同[3].】

41:8 克己, 則禮自復, 閑邪, 則誠自存. 非克己外別有復禮, 閑邪外別有存誠.【賀孫 ○此非定說.】

41:9 ▲[4] 所以言禮者, 謂有規矩則防範自嚴, 更不透漏.【必大】

41:10 "克己復禮爲仁", 與"可以爲仁矣"之"爲", 如"謂之"相似, 與"孝悌[5]爲仁之本", "爲仁由己"之"爲"不同.【節】

41:11 一於禮之謂仁. 只是仁在內, 爲人欲所蔽, 如一重膜遮了. 克去己私, 復禮乃見仁. 仁・禮非是二物.【可學】

41:12 問: "'克己復禮', '如見大賓'之時, 指何者爲仁?" 曰: "存得心之本體."【節】

41:13 因說克己, 或曰: "若是人欲則易見. 但恐自說是天理處, 卻是人欲, 所以爲難." 曰: "固是如此. 且從易見底克去, 又卻理會難見底. 如剝百合, 須去了一重, 方始去那第二重. 今且將'義利'兩字分箇界限, 喫[6]緊走從這邊來. 其間細碎工夫, 又一面理會. 如做屋柱一般, 且去了一重麤皮, 又慢慢出細. 今人不曾做得第一重, 便要做第二重工夫去. 如『中庸』說'戒謹[7]乎其所不睹, 恐懼乎其所不聞. 莫見乎隱, 莫顯乎微, 故君子謹[8]其獨.' 此是尋◇[9]工夫都做了, 故又說出向上一層工

---

3) 植同: 徽州本에서는 植錄同으로 되어 있다.
4) ▲: "克己復禮."
5) 悌: 『朱子語類』에서는 弟로 되어 있다.
6) 喫: 『朱子語類』에서는 緊으로 되어 있다.
7) 謹: 賀本에서는 愼으로 되어 있다.
8) 謹: 賀本에서는 愼으로 되어 있다.
9) ◇: 常

夫, 以見義理之無窮耳. 不成'十目所視, 十手所指'處不謹[10], 便只去謹[11]獨! 無此理也."【雉】

41:14 ▲[12]問: "克去己私, 最是難事. 如今且於日用間每事尋箇是處. 只就心上驗之, 覺得是時, 此心便安. 此莫是仁否?" 曰: "此又似說義, 卻未見得仁. 又況做事只要靠着心. 但恐己私未克時, 此心亦有時解錯認了. 不若日用間只就事上子細思量體認, 那箇是天理, 那箇是人欲. 着力除去了私底, 不要做, 一味就理上做去[13], 次第漸漸見得, 道理自然純熟, 仁亦可見. 且如聖賢千言萬語雖不同, 都只是說這道理. 且將聖賢說底看, 一句如此說, 一句如彼說, 逐句把來湊合[14], 次第合得, 都是這道理." 或說: "如今一等非理事, 固不敢做. 只在書院中時, 亦自有一般私意難識. 所謂'孜孜爲善, 孜孜爲利', 於善利之中, 卻解錯認." 曰: "且做得一重, 又做一重, 大概且要得界限分明." 遂以手畫扇中間云: "這一邊是善, 這一邊是利. 認得善利底界限了, 又卻就這一邊體認纖悉不是處克將去. 聖人所以下箇'克'字, 譬如相殺相似, 定要克勝得地[15]! 大率克己工夫, 是自着力做底事, 與他人殊不相干. 緊緊閉門, 自就身上子細體認, 覺得才有私意, 便克去, 故曰: '爲人[16]由己, 而由人乎哉!' 夫子說得大段分曉. 呂與叔「克己銘」卽[17]有病. 他說須於與物相對時克. 若此, 則是併物亦克也. 己私可克, 物如何克得去! 己私是自家身上事, 與物不[18]相干在."【明作】

---

10) 謹: 賀本에서는 愼으로 되어 있다.
11) 謹: 賀本에서는 愼으로 되어 있다.
12) ▲: 元翰
13) 做去: 賀本에서는 去做로 되어 있다.
14) 合: 『朱子語類』에서는 看으로 되어 있다.
15) 地: 『朱子語類』에서는 他로 되어 있다.
16) 人: 『朱子語類』에서는 仁으로 되어 있다.
17) 卽: 『朱子語類』에서는 卻으로 되어 있다.
18) 不: 『朱子語類』에서는 未로 되어 있다.

41:15 ▲[19]問: "克復工夫, 全在'克'字上. 蓋是就發動處克將去, 必因有動, 而後天理・人欲之幾始分, 方知所決擇而用力也." 曰: "如此, 則未動以前不消得用力, ▲[20] 次早問: "看得如何?" 林擧『注』中程子所言"'克己復禮'乾道, 主敬行恕坤道"▲[21]對. 曰: "這箇也只是微有些如此分. 若論敬, 則自是徹頭徹尾要底. 如公昨夜之說, 只是發動方用克, 則未發時, 不成只在這裏打瞌睡懞憧, 等有私欲來時, 旋捉來克! ▲[22]否[23]?" ▲[24] "若待發見而後克, 不亦晚乎! 發時固是用克, 未發時也須致其精[25]明, 如烈火之不可犯, 始得." 【僩】

41:16 ▲[26]問: "克己之私有三. 氣稟, 耳目鼻口[27]之欲, 及人我是也. 不知那箇是夫子所指者?" 曰: "三者皆在裏. 然非禮勿視聽言動, 則耳目口鼻之欲較多." 又問: "'克者, 勝也', 不如以克訓治較穩." 曰: "治字[28]緩了. 且如捱得一分, 也是治, 捱得二分, 也是治. 勝, 便是打疊殺了他." 【學蒙】

41:17 或曰: ▲[29]勝己之私之謂克否?" 曰: "然." 曰: "如何知得是私後克將去?" 曰: "隨其所知者, 漸漸克去." 或曰: "南軒作「克己齋銘」, 不取子雲之說, 如何?" 曰: "不知▲[30]何故如此▲[31]. 恐▲[32]是一時信

---

19) ▲: 林安卿
20) ▲: 只消動處用力便得. 如此得否? 且更子細."
21) ▲: 爲
22) ▲: 如此得
23) 克否: 【附箋紙】"克否", 印本云"克! 如此得否?", 添入, 如何?
24) ▲: 又曰:
25) 其精: 『小分』에서는 붓으로 칠해져서 보이지 않으나 『朱子語類』에 따라 보충한다.
26) ▲: 或
27) 口: 『小分』에서는 붓으로 칠해져서 보이지 않으나 『朱子語類』에 따라 보충한다.
28) 字: 『小分』에서는 붓으로 다시 써넣은 글자로 보이는데, 加筆의 형식은 아니다.
29) ▲: "克己, 是

筆寫將去, 殊欠商量." 曰: "聞學中今已開石." 曰: "悔不及矣!"【去僞】33)

41:18 ▲34) 不可將'理'字來訓'禮'字. 克去己私, 固卽能復天理. 不成克己後, 便都沒事. 惟是克去己私了, ▲35)好着精細▲36)工夫, 故必又復禮, 方是仁. 聖人卻不只說克己爲仁, 須說'克己復禮爲仁.' 見得禮, 便事事有箇自然底規矩準則."

41:19 ▲37)問: "非天理, 便是人欲. 克盡人欲, 便是天理. 如何卻說克己了, 又須着復於禮?" 曰: "固是克了己便是理. 然亦有但知克己而不能復於禮, 故聖人對說在這裏. 卻不只道'克己爲仁', 須着箇'復禮', 庶幾不失其則. 下文云: '非禮勿視, ▲38)聽, ▲39)言, ▲40)動.' 緣本來只有此禮, 所以克己是要得復此禮. 若是佛家, 儘有能克己者, 雖謂之無己私可也, 然卻不曾復得禮也. 聖人之教, 所以以復禮爲主. 若但知克己, 則下梢必墮於空寂, 如釋氏之爲矣." ▲41) "如'坐如尸, 立如齊', 此是理, 如箕踞跛倚, 此是非理. 去其箕踞跛倚, 宜若便是理. 然未能'如尸如齊', 尚是己私."【賀孫 ○此下三條, 疑聞同錄異, 而植錄尤詳.】

41:20 ▲42) "今人但說克己, 更不說復禮. 夫子言非禮勿視聽言動,

---

30) ▲: 南軒
31) ▲: 說
32) ▲: 只
33)【去僞】: 徽州本에는【祖道 ○謨 ○人傑同.】으로 되어 있다.
34) ▲: "'克己復禮',
35) ▲: 到這裏恰
36) ▲: 底
37) ▲: "克己, 須著復於禮." 賀孫
38) ▲: 非禮勿
39) ▲: 非禮勿
40) ▲: 非禮勿
41) ▲: 亞夫又問. 曰:

卽是'克己復禮'之目也. 顏子會問, 夫子會答, 答得來包括得盡. '己'字與'禮'字正相對說. 禮, 便有規矩準繩. 且以坐立言之, 己便是箕踞, 禮便是'坐如尸', 己便是跛倚, 禮便是'立如齊.' 但如此看便見." ▲43) "克己是大做工夫, 復禮是事事皆落腔窠. 克己便能復禮, 步步皆合規矩準繩, 非是克己之外, 別有復禮工夫也. 釋氏之學, 只是克己, 更無復禮工夫, 所以不中節文, 便至以君臣爲父子, 父子爲君臣, 一齊亂了. 吾儒克己便復禮, 見得工夫精細. 聖人說得來本末精粗具擧. 下面四箇'勿'字, 便是克與復工夫皆以禮爲準也. '克己復禮', 便是捉得病根, 對證下藥. 仲弓主敬行恕, 是且涵養將去, 是非猶未定. 涵養得到, 一步又進一步, 方添得許多見識. '克己復禮', 便剛決克除將去."【南升】

41:21 ▲44)問: "'克己▲45)後▲46)復禮還又是一重工夫否?" 曰: "己與禮對立. 克去己後, 必復於禮, 然後爲仁. 若克去己私便無一事, 則克之後, 須落空去了. 且如坐當如尸, 立當如齊, 此禮也. 坐而倨傲, 立而跛倚, 此己私也. 克去己私, 則不容倨傲而跛倚, 然必使之如尸如齊, 方合禮也. 故克己者必須復此身於規矩準繩之中, 乃所以爲仁也." 又問: "若以禮與己對看, 當從禮說去. 禮者, 天理之節文, 起居動作, 莫非天理. 起居動作之間, 莫不渾全是禮, 則是仁. 若皆不合節文, 便都是私意, 不可謂仁." 曰: "不必皆不合節文. 但才有一處不合節文, 便是欠闕. 若克去己私, 而安頓不着, 便是不入他腔窠. ▲47) 若把君臣做父子, 父子做君臣, 便不是禮." 又問"克己復禮"與"主敬行恕"之別. 曰: "仲弓方始是養在這裏, 中間未見得如何. 顏子'克己復禮', 便規模大, 精粗本末, 一齊該貫在這裏." 又問: "'克己復禮'如何分精粗?"

---

42) ▲: 亞夫問"克己復禮"章. 曰:
43) ▲: 又曰:
44) ▲: 亞夫
45) ▲: 復禮', 疑若克己
46) ▲: 便已是仁, 不知
47) ▲: 且如父子自是父子之禮, 君臣自是君臣之禮.

曰: “若以克去己私言之, 便克己是精底工夫, 到禮之節文有所欠闕, 便是粗者未盡. 然克己又只是克去私意, 若未能有細密工夫, 一一入他規矩準繩之中, 便未是復禮. 如此, 則復禮卻乃是精處.” 時擧因問: “夜來先生謂‘坐如尸, 立如齊’是禮, 倨傲跛倚是己. 有知倨傲跛倚爲非禮而克之, 然乃未能‘如尸如齊’者, 便是雖已克己而未能復禮也.” 曰: “跛倚倨傲, 亦未必盡是私意, 亦有性自坦率者. 伊川所謂‘人雖無邪心, 苟不合正理, 乃邪心也.’ 佛氏之學, 超出世故, 無足以累其心, 不可謂之有私意. 然只見他空底, 不見實理, 所以都無規矩準繩.” 曰: “佛氏雖無私意, 然源頭是自私其身, 便是有箇大私意了.” 曰: “他初間也未便盡是私意, 但只是見得偏了.” 時擧曰: “先生向所作「克齋記」云[48]: ‘克己者, 所以復禮, 非克己之外, 別有所謂復禮之功.’ 是如何?” 曰: “便是當時也說得忒快了. 明道謂: ‘克己則私心去, 自能復禮[49], 雖不學▲[50]文, 而禮意已得.’ 如此等語, 也說忒高了. 孔子說‘克己復禮’, 便都是實.” 曰: “如此, 則‘克己復禮’, 分明是兩節工夫.” 曰: “也不用做兩節看. 但不會做工夫底, 克己了, 猶未能復禮, 會做工夫底, 才克己, 便復禮也.” ▲[51) 【時擧】

41:22 ▲[52] “人只有天理・人欲兩途, 不是天理, 便是人欲. 即無不屬天理, 又不屬人欲底▲[53]. 且如‘坐如尸’是天理, 跛倚是人欲. 克去跛倚而未能如尸, 即是克得未盡, 卻不是未能如尸之時, 不係人欲也. 須是立箇界限, 將那未能復禮時底都把做人欲斷定.” ▲[54] “禮是自家本有底, 所以說箇‘復’, 不是待克了己, 方去復禮. 克得那一分人欲去,

---

48) 先生向所作「克齋記」云: 徽州本에서는 克 앞에 石先生이 더 있다.

49) 自能復禮: 徽州本에서는 이 뒤에 便是實如曰이 더 있다.

50) ▲: 禮

51) ▲: 先生因言: “學者讀書, 須要體認. 靜時要體認得親切, 動時要別白得分明. 如此讀書, 方爲有益.”

52) ▲: 憂淵問“克己復禮.” 曰:

53) ▲: 一節

54) ▲: 先生又曰:

便復得這一分天理來, 克得那二分己去, 便復得這二分禮來. 且如箕踞非禮, 自家克去箕踞, 稍稍端坐, 雖未能如尸, 便復得這些箇來." ▲[55]問: "如磨昏鏡相似, 磨得一分塵埃去, 復得一分明." 曰: "便是如此. 然而世間卻有能克己而不能復禮者, 佛・老是也. 佛・老不可謂之有私欲. 只是他元無這禮, 克己私了, 卻空[56]蕩蕩地. 他是見得這理元不是當. 克己了, 無歸着處." 又問: "所以喚做禮, 而不謂之理者, 莫是禮便是實了, 有準則, 有着實處?" 曰: "只說理, 卻空去了. 這箇禮, 是那天理節文, 教人有準則處. 佛・老只爲元無這禮, 克來克去, 空了. 只如曾點見處, 便見這意思." 又問: "曾點見得了, 若能如顏子實做工夫去, 如何?" 曰: "曾點與顏子見處不同: 曾點只是見他精英底, 卻不見那粗底. 顏子天資高, 精粗本末一時見得透了, 便知得道合恁地下學上達去. 只是被他一時見透, 所以恁地[57]將去. ▲[58] 㬊再學"未能至於復禮以前, 皆是己私未盡克去." 曰: "這是旋克將去." ▲[59]

---

55) ▲: 又

56) 空: 『小分』에서는 地를 空으로 고쳤다.

57) 地: 『朱子語類』에서는 做로 되어 있다.

58) ▲: 曾點但只見得這向上底道理, 所以胸中自在受用處從容." 因問: "曾點資質, 莫是與顏子相反?" 曰: "不是與顏子相反, 卻與曾參相反. 他父子間爲學大不同. 曾參是逐些子推將去, 曾點是只見他向上底了, 便不肯做." 又問: "子路若達'爲國以禮'道理, 如何便是這氣象?" 曰"若達時, 事事都見得是自然底天理. 旣是天理, 無許多費力生受." 又問: "子路就使達得, 卻只是事爲之末, 如何比得這箇?" 曰"理會得這道理, 雖事爲之末, 亦是道理. '暮春者, 春服旣成', 何嘗不是事爲來." 又問: "三子皆事爲之末, 何故子路達得便是這氣象?" 曰: "子路才氣去得, 他雖粗暴些, 纔理會這道理, 便就這箇'比及三年, 可使有勇且知方'上面, 卻是這箇氣象. 求赤二子雖似謹細, 卻只是安排來底, 又更是他才氣小了. 子路是甚麽樣才氣!" 先生又曰: "曾點之學, 無聖人爲之依歸, 便是佛・老去. 如琴張・曾晳, 已做出這般事來." 又曰: "其克己, 往往吾儒之所不及, 但只他無那禮可復."

59) ▲: 㬊因說: "夜來說'浴乎沂'等數句, 意在言外. 本爲見得此數句, 只是見得曾點受用自在處, 卻不曾見得曾點見那道理處. 須當分明先從這數句上體究出曾點所以如此灑落, 因箇甚麽." 曰: "這數句, 只是見得曾點從容自在處, 見得道理處卻不在此, 然而卻當就這看出來." 又曰: "只爲三子見得低了, 曾點恁地說出來, 夫子所以與之. 然而終不似說顏子時. 說他只說是狂者, 正爲只見得如此, 做來卻不恁地." 又曰: "'爲國以禮'之'禮', 卻不只是繁文末節." 㬊問: "莫便是那'克己復禮'之'禮'?" 曰: "禮是那天地自然之理. 理會得時, 繁文末節皆在其中. '禮儀三百,

問: "這'禮'字恁地重▲60)?" 曰: ▲61)這箇道理, 有說得開朗底, 有說得細密底. '復禮'之'禮', 說得較細密. '博文・約禮', '知崇・禮卑', '禮'字都說得細密. 知崇是見得開朗, 禮卑是要確守得底." 又曰: "早間與亞夫說得那'克己復禮', 是克己便是復禮, 不是克己了, 方待復禮, 不是做兩截工夫. 就這裏克將去, 這上面便復得來. 明道說那'克己則私心去, 自能復禮, 雖不學禮文, 而禮意已得.' 這箇說得不相似." 又曰: "'克己復禮', 是合掌說底." 【植】

41:23 孔子告顏淵, 只說"克己復禮", 若是克得己, 復得禮, 便自見仁分曉. 如往長安, 元不曾說與長安有甚物事如何. 但向說向西去, 少間他到長安, 自見得." 【夔孫】

41:24 ▲62) 洽歎曰: "爲學之艱, 未有如私欲之難克也!" 先生曰: "有奈他不何時, 有與他做一片時." 【洽 ○謙之錄云: "有言私欲難去. 曰: '難. 有時忘了他, 有時便與人63)爲一片了!.'" 】

41:25 ▲64)

41:26 ▲65) "'克己復禮'當下便是仁, 非復禮之外別有仁也. ▲66) 若

威儀三千', 卻只是這箇道理. 千條萬緒, 貫通來只是一箇道理. 夫子所以說'吾道一以貫之', 曾子曰'忠恕而已矣', 是也. 蓋爲道理出來處, 只是一源. 散見事物, 都是一箇物事做出底. 一草一木, 與他夏葛冬裘, 渴飮飢食, 君臣父子, 禮樂器數, 都是天理流行, 活潑潑地. 那一件不是天理中出來! 見得透徹後, 都是天理. 理會不得, 則一事各自是一事, 一物各自是一物, 草木各自是草木, 不干自己事. 倒是莊・老有這般說話. 莊子云: '言而足, 則終日言而盡道, 言而不足, 則終日言而盡物.'" 㝃因

60) ▲: 看

61) ▲: "只是

62) ▲: 因論"克己復禮",

63) 人: 賀本에서는 他로 되어 있다.

64) ▲: 非禮卽己, 克己便復禮. "克己復禮", 便是仁. "天下歸仁", 天下以仁歸之. 【閎祖】

眞箇一日打倂得淨潔, 便是仁. 如昨日病, 今日愈, 便不是病."【伯羽】

41:27 ▲[67]

41:28 ▲[68] "'一日克己復禮', 使天下於此皆稱其仁." ▲[69] "非是一日便能如此, 只是有此理."【節】

41:29 ▲[70] 一日克己復禮, 天下人來點檢他, 一日內都是仁底事, 則天下都以仁與之, 一月能克己復禮, 天下人來點檢他, 一月內都無不仁底事, 則一月以仁與之. 若今日如此[71], 明日不如此, 便不會以仁與之也."【銖】

41:30 ▲[72]

41:31 ▲[73] "呂氏說得兩句最好云: '一日有是心, 則一日有是德.' 蓋一日眞箇能克己復禮, 則天下之人須道我這箇是仁, ▲[74] 若一日之內事事皆仁, 安得天下不以仁歸之!"【雉 ○祖道錄云: "事事皆仁, 故曰'天下歸仁.'"】

---

65) ▲: 問: "'克己復禮'即仁乎?" 曰:
66) ▲: 此間不容髮. 無私便是仁, 所以謂'一日克己復禮, 天下歸仁.'
67) ▲: 一日"克己復禮", 則一日"天下歸仁", 二日"克己復禮", 則二日"天下歸仁."【夔孫】
68) ▲: 或問"天下歸仁." 曰:
69) ▲: 又問: "一日之間, 安能如此?" 曰:
70) ▲: 或問: "'一日克己復禮', 天下何故以仁與之?" 曰: "今
71) 此: 英祖刊本에서는 比로 되어 있다.
72) ▲: 問: "'一日克己, 天下歸仁.' 若是聖人, 固無可克, 其餘則雖是大賢, 亦須著工夫. 如何一日之間便能如此? 雖顏子亦須從事於'四勿.'" 曰: "若是果能'克己復禮'了, 自然能如此. 呂氏曰: '一日有是心, 則一日有是德.'"【廣】
73) ▲: 因問"一日克己復禮", 曰:
74) ▲: 始得.

41:32 ▲75)

41:33 問: ▲76) 天下皆以仁之名歸之, 與前說不同, ▲77) 曰: "所以'克己復禮'者, 是先有爲仁之實, 而後人以仁之名歸之也." 【卓】

41:34 ▲78) "若眞能一日'克己復禮', 則天下有歸仁之理. 這處亦如'在家無怨, 在邦無怨'意思. '在家無怨', 一家歸其仁, '在邦無怨', 一邦歸其仁. 就仲弓告, 止於邦家. 顔子79)體段如此, 便以其極處告之." 又曰: "歸, 猶歸重之意." 【寓】 80)

41:35 ▲81)'克己復禮', 如以刀割物. 刀是自己刀, 就此便割物, 不須更借別人刀也. '天下歸仁', 天下之人以仁稱之也. 解釋經義, 須是實歷其事, 方見著實. 如說'反身而誠, 樂莫大焉', 所謂誠者, 必須實能盡得此理. 仁義禮智, 無一些欠闕他底, 如何不樂! 旣無實得, 樂自何而生? 天下歸仁之義, 亦類此. 旣能'克己復禮', 豈更有人以不仁見稱之理?" 【謨】

41:36 ▲82)問"'克己復禮', 則事事皆仁." 曰: "人能克己, 則日間所行, 事事皆無私意而合天理耳."

---

75) ▲: "一日存此心, 則一日有此德." "一日克己復禮, 天下歸仁", 不是恁地略用工夫, 便一日自能如此, 須是積工夫到這裏. 若道是"一日克己復禮", 天下便一向歸其仁, 也不得. 若"一日克己復禮", 則天下歸其仁, 明日若不"克己復禮", 天下又不歸仁. 【賀孫】

76) ▲: "'天下歸仁', 先生言一日能'克己復禮',

77) ▲: 何也?"

78) ▲: 問: "'一日克己復禮', 如何使天下便能歸仁?" 曰:

79) 邦家. 顔子: 【附箋紙】 "邦家. 顔子"當連書.

80) 【寓】: 徽州本에는 【淳錄同.】 으로 되어 있다.

81) ▲: 問"克己復禮爲仁." 曰: "克去己私, 復此天理, 便是仁. 只

82) ▲: 或

41:37 問: ▲83)用力只在'勿'字上." 曰: "亦須是要睹當得是禮與非禮."【文蔚】

41:38 ▲84)『說文』謂'勿'字似旗脚. 此旗一麾, 三軍盡退, 工夫只在'勿'字上. 纔見非禮來, 則以'勿'字禁止之, 纔禁止, 便克己, 纔克去, 便能復禮." 又云: "顏子力量大, 聖人便就他一刀截斷. 若仲弓, 則是閉門自守, 不放賊入來底, 然敬恕上更好做工夫."【明作】

41:39 ▲85) "目不視邪色, 耳不聽淫聲, 如此類工夫卻易. '視遠惟明', 才不遠, 便是不明, '聽德惟聰', 才非德, 便是不聰, 如此▲86)工夫卻難. 視聽言動, 但有些箇不循道理處, 便是非禮."

41:40 ▲87) "姦聲亂色, 不留聰明, 淫樂慝禮, 不接心術." 非是耳無所聞, 目無所視.【寓】

41:41 ▲88)問: ▲89) 看來都在視上." 曰: "不專在視上, 然聽亦自不好. 只緣先有視聽, 更90)引惹得言動, 所以先說視聽, 後說言動. 佛家所謂視聽, 甚無道理. 且謂物雖視前, 我元不曾視, 與我自不相干. 如此, 卻是將眼光逐流入鬧可也. 聽亦然, 天下豈有此理!" 坐間舉佛書亦有克己底說話. ▲91)曰: "所以不可行者, 卻無'復禮'一段事. 既克己, 若不復禮, 如何得? 東坡說'思無邪', 有數語極好, 他說: '纔有思, 便有

83) ▲: "顏淵問仁, 孔子對以'克己復禮.' 顏淵請問其目, 則對以'非禮勿視聽言動.' 看得
84) ▲: "'非禮勿視',
85) ▲: 或問"非禮勿視聽言動." 曰:
86) ▲: 類
87) ▲: "非禮勿視, 勿聽",
88) ▲: 元翰
89) ▲: "非禮勿視聽言動,
90) 更: 『朱子語類』에서는 便으로 되어 있다.
91) ▲: 先生

邪, 無思時, 又只如死灰. 卻要得無思時不如死灰, 有思時卻不邪[92].'"【明作】

41:42 ▲[93]問: "上面'克己復禮[94]', 是要克盡己私, 下面'四勿', 是嚴立禁制, 使之用力." 曰: ▲[95]'非禮勿視', 便是要在視上'克己復禮', '非禮勿聽', 是要在聽上'克己復禮', '非禮勿言', 是要在言上克己復禮, '非禮勿動', 是要在動上克己復禮. 前後反復, 只說這四箇字. 若如公說, 卻是把做兩截意思看了!"【時舉】

41:43 問: ▲[96] 嘗見南軒云: "'勿'字雖是禁止之辭, 然中須要有主宰, 始得. 不然, 則將見禁止於西, 而生於東, 禁止於此, 而發於彼, 蓋有力不暇給者矣. 主宰云何? 敬而已矣.'" 先生曰: "不須更添字, 又是兩沓了." ▲[97]【祖道】

41:44 問: ▲[98] 孔子未告以'克己復禮', 當如何用工夫?" 曰: "如'博我以文, 約我以禮'等, 可見." 又問云云. 曰: "只消就'克己復禮'上理會便了, 只管如此說甚麼!"【賀孫】

41:45 問: ▲[99]先是問仁, 先是問爲邦?" 曰: ▲[100]有這'克己復禮'底

---

92) 有思時卻不邪: 徽州本에서는 이 뒤에 此數語亦自好가 더 있다.
93) ▲: 敬之
94) 上面'克己復禮: 徽州本에서는 上面 앞에 克己復禮一章謂가 더 있다.
95) ▲: "此一章, 聖人說只是要他'克己復禮.' '一日克己復禮, 則天下歸仁', 是言'克己復禮'之效. '爲仁由己, 而由人乎哉'! 是言'克己復禮'工夫處, 在我而不在人. 下面'請問其目', 則是顏子更欲聖人詳言之耳. 蓋
96) ▲: "顏淵問仁, 子曰非禮勿視聽言動.
97) ▲: 先生問祖道曰: "公見南軒如何?" 曰: "初學小生, 何足以窺大賢君子!" 曰: "試一言之." 曰: "南軒大本完具, 資稟粹然, 卻恐玩索處更欠精密." 曰: "未可如此議之. 某嘗論'未發之謂〈中〉'字, 以爲在中之義, 南軒深以爲不然. 及某再書論之, 書未至, 而南軒遺書來, 以爲是. 南軒見識純粹, 踐行誠實, 使人望而敬畏之, 某不及也."
98) ▲: "顏淵,

工夫後, 方做得[101]那四代禮樂底事業."【卓】

41:46 "顏子問[102]'克己復禮', 又問其目, 直是詳審. 曾子一惟[103]悟道, 直是直截. 如何?" 曰: "顏子資質固高於曾子. 顏子問目卻是初學時, 曾子一唯, 年老成熟時也."【謨 ○年老疑當作積久, 蓋曾子於孔子沒時年三十疑記者之誤.[104]】

41:47 人須會問始得. ▲[105] 聖門顏子也是會問. 他問仁, 曰: "克己復禮爲仁." 聖人恁地答他. 若今人到這裏, 須問如何謂之克己, 如何謂之復禮. 顏子但言請問其目. 到聖人答他"非禮勿視, ▲[106]聽, ▲[107]言, ▲[108]動", 他更不再問非禮▲[109]如何, 勿視▲[110], ▲[111]聽▲[112], ▲[113]言・▲[114]動又是如何, 但言"回雖不敏, 請事斯語矣." 這是箇答問底樣子. 到司馬牛問得便乖. 聖人答他問仁處, 他說: "'其言也訒', 斯謂之仁已[115]乎?" 他心都向外去, 未必將來做切己工夫, 所以問得如此. 又謂"'不憂不懼', 斯謂之君子已[116]乎?" 恰似要與聖人相拗底說

---

99) ▲: "『論語』顏淵問仁, 與問爲邦, 畢竟
100) ▲: "看他自是
101) 做得: 『小分』에서는 得做를 교정부호로 바로잡았다.
102) 問: 成化本・賀本에서는 聞으로 되어 있다.
103) 惟: 『朱子語類』에서는 唯로 되어 있다.
104) 年老疑當作積久, 蓋曾子於孔子沒時年三十疑記者之誤: 『朱子語類』에는 없다.
105) ▲: 【祗錄作"學須善."】
106) ▲: 非禮勿
107) ▲: 非禮勿
108) ▲: 非禮勿
109) ▲: 是
110) ▲: 是如何
111) ▲: 勿
112) ▲: 是如何
113) ▲: 勿
114) ▲: 勿
115) 已: 賀本에서는 矣로 되어 있다.
116) 已: 賀本에서는 矣로 되어 있다.

話.【砥錄▲117): “卻不向裏思量, 只管問出外來. 正明道所謂‘塔前說塔’也.”】這處亦是箇不會問118)▲119). 【寓】

41:48 孔門▲120)如“仁”字“義”字之說, 已各各自曉得▲121)不曾問▲122)如何是仁, 只問如何行仁, 夫子答之, 亦不曾說如何是仁, 只說▲123)如何可以至仁. 如顏子之問, ▲124)答以“克己復禮”, 仲弓之問, ▲125)答以“出門如▲126)賓, 使民如▲127)祭, ▲128) 司馬牛之問, ▲129)答以“仁者其言也訒”, 樊遲之問, ▲130)答以“居處恭, 執事敬, ▲131) 想是“仁”字都自解理會得, 但要如何做.【賀孫】

41:49 ▲132)問: ▲133)‘克己復禮’▲134), 最是言▲135)仁之全體否?” 曰: “聖人告人, 如‘居處恭, 執事敬, 與人忠’之類, 無非言仁. 若見得時, 則何處不是全體? 何嘗見有半體底仁! 但‘克己復禮’▲136), 卻尤親切.”【時學】

117) ▲: 云
118) 會問:【附箋紙】“會問”, 印本云“不會問樣子”, “樣子”, 存之如何?
119) ▲: 樣子
120) ▲: 弟子
121) ▲: 文義. 但看答問中
122) ▲: 道
123) ▲: 道
124) ▲: 孔子
125) ▲: 孔子
126) ▲: 見大
127) ▲: 承大
128) ▲: 己所不欲, 勿施於人”,
129) ▲: 孔子
130) ▲: 孔子
131) ▲: 與人忠.”
132) ▲: 國秀
133) ▲: “聖人言仁處, 如
134) ▲: 一句
135) ▲: 得
136) ▲: 一句

41:50 ▲[137]問: "'一日克己復禮', 便是仁否?" 曰: "今日'克己復禮', 是今日事, 明日'克己復禮', 是明日事. '克己復禮'有幾多工夫在, 須日日用工. 聖人告顏淵如此, 告仲弓如此, 告樊遲, 又曰: '居處恭, 執事敬, 與人忠.' 各隨人說出來, 須着究竟. 然大概則一聖人之意, 千頭萬緒, 終歸一理[138]."

41:51 ▲[139]問: "夫子答顏淵▲[140]爲仁'之問, 說得細密. 若其他弟子問, 多是大綱說, ▲[141] "以某觀之, 夫子答群弟子卻是細密, 答顏淵[142]者卻是大綱. 蓋顏子純粹, 無許多病痛, 所以大綱告之. 至於'請問其目'答以'四勿', 亦是大綱說. 使答其他弟子者如此, 必無入頭處. 如答司馬牛以'其言也訒', 是隨其病處使之做工夫. 若能訒言, 卽牛之'克己復禮'也. 至於答樊遲, 答仲弓之類, 由其言以行之, 皆'克己復禮'之功也."【人傑】

41:52 ▲[143]問: "仁之全體, 在克己上?" 曰: "若論全體, 是處可見. 且如'其言也訒', 若於此理會得透徹, 亦見得全體. 須是知得那親切處. 如'求生以害仁, 殺身以成仁', 須理會得害箇甚麽, 成箇甚麽." 趙師夏云: "莫只要不失這道理, 而滿足此心?" 先生曰: "如'求生以害仁', 言身雖生, 已是傷壞了這箇心, '殺身以成仁', 身雖死, 這箇心卻自完全得在."【賀孫】

41:53 ▲[144]"克己復禮", 語雖切, ▲[145]不似告樊遲"居處恭, 執事敬,

137) ▲: 曹
138) 終歸一理: 徽州本에서는 이 뒤에 辛이 더 있다.
139) ▲: 林正卿
140) ▲: '克己復禮
141) ▲: 如語仲弓以'己所不欲, 勿施於人'之類." 先生大不然之, 曰:
142) 淵: 『朱子語類』에서는 子로 되어 있다.
143) ▲: 或
144) ▲: 孔子告顏子以

與人忠", 更詳細. 蓋爲樊遲未會見得箇己是甚, 禮是甚, 只分曉說教恁地做去. 顔子便理會得, 只未敢便領略, 卻問其目. 待說得上下周匝了, 方承當去.【賀孫】

41:54 子壽言: "孔子▲146) 隨其材答之, 不使聞其不能行之說, 故所成就多. 如'克己復禮爲仁', 唯以分付與顔子, 其餘弟子不得與聞也. 今教學者, ▲147)便令'克己復禮', 幾乎以顔子望之矣! 今釋子接人, 猶能分上中下三根, 云: '我則隨其根器接之.' 吾輩卻無這箇." ▲148)曰: "此說固是. 如克己之◇149), 卻緣衆人皆有此病, 須克之乃可進, 使肯相從, 卻不誤他錯行了路. 今若教他釋子輩來相問, 吾人使之'克己復禮', 他還相從否?" 子壽云: "他不從矣." 曰: "然則彼所謂根器接人者, 又如何見得是與不是? 邂逅150)卻錯了, 不可知."【大雅】

41:55 ▲151)問顔子"克▲152)復▲153)." 曰: "公且未要理會顔子如何▲154), 且要理會自家身己如何須着'克己復禮.' 這也有時須曾思量到這裏, 顔子如何若死要'克己復禮'? 自家如何不要'克己復禮'? ▲155)這處須有病根, 先要理會這路頭, 方好理會所以克之之方. ▲156) 須是見得些小功名利達眞箇是輕, '克己復禮'事眞箇是重! 眞箇是不恁地不

145) ▲: 看見
146) ▲: 答群弟子所問,
147) ▲: 說著
148) ▲: 先生
149) ◇: 說
150) 邂逅: 成化本·賀本에서는 解後로 되어 있다.
151) ▲: 或
152) ▲: 己
153) ▲: 禮
154) ▲: '克己復禮'
155) ▲: 如今說時, 也自說得儘通, 只是不曾關自家事. 也有被別人只管說, 說來說去, 無奈何去克己, 少間又忘了. 這裏須思量顔子如何心肯意肯要'克己復禮'? 自家因何不心肯意肯去'克己復禮.'
156) ▲: 須是識得這病處,

得!”[157]

41:56 ▲[158] “莫問顏子‘克己復禮’, 且就自家己身上說. 顏子當時卻不▲[159]做別事, 只恁地‘克己復禮’作甚? 顏子聞一知十, 又不是箇不聰明底人. 而今須是獨自做工夫, 說要自家己身見得. 便如上蔡聞程先生之言, 自然面赤汗流. 卻是見得他從前不是處, 而▲[160]卻能遷善改過, 這箇便是透處.” 【卓】

41:57 ▲[161]問: “有人一日之中‘克己復禮’, 安得天下便歸仁?” 曰: “只爲不曾‘克己復禮.’ ‘一日克己復禮’, 卽便有一日之仁. 顏子‘三月不違仁’, 只是‘拳拳服膺而弗失.’ ‘惟聖罔念作狂, 惟狂克念作聖.’ 今日克念, 卽可作聖, 明日罔念, 卽爲狂矣.” 曰: “到顏子地位, 其德已成, 恐不如此.” 曰: “顏子亦只是‘有不善未嘗不知, 知之未嘗復行.’ 除是夫子‘七十而從心所欲, 不踰矩’, 方可說此.” 【德明】

41:58 問: “顏子已是知非禮▲[162], 又[163]如何聖人更恁地向他說?” 曰: “也只得恁地做.” 【榦】

41:59 黃達子[164]問: “顏子如何尙要克己?” 先生厲聲曰: “公而今去何處勘驗他不用克己! 旣是夫子與他說時, 便是他要這箇工夫, 卻如何硬道他不用克己! 這只是公那象山先生好▲[165]說道, ‘顏子不似他人

---

157) 眞箇是不恁地不得: 徽州本에서는 이 뒤에 【賀孫】이 더 있다.
158) ▲: 梁謙問“克己復禮.” 曰:
159) ▲: 解
160) ▲: 今
161) ▲: 問: “‘一日克己復禮, 天下歸仁.’ 向來徐誠叟說, 此是克己工夫積習有素, 到得一日果能‘克己復禮’, 然後‘天下歸仁.’ 如何?” 曰: “不必如此說, 只是一日用其力之意.”
162) ▲: 人
163) 又: 成化本・賀本에는 없다.
164) 子: 『朱子語類』에서는 才로 되어 있다.

▲166)有偏處, 要克, 只是心有所思', 便不是了. 嘗見他與某人一書說道: '才是要克己時, 便不是了.' 這正是禪家之說, 如杲老說'不可說, 不可思'之類. 他說到那險處▲167), 又卻不說破, 卻又將那虛處說起來. 如某所說克己, 便是說外障, 如他說, 是說裏障. 他所以嫌某時, 只緣是某捉着他緊處. 別人不曉禪, 便被他謾, 某卻曉得禪, 所以被某看破了. 夫子分明說: '非禮勿視, ▲168)聽, ▲169)言, ▲170)動.' 顏子分明是'請事斯語', 卻如何恁地說得?" ▲171)問: "上蔡'先從偏處克將去', 其說如何?" 曰: "也不特恁地. 夫子說非禮勿視聽言動, 便盡包得了. 如偏底固是要克, 也有不偏而事爲有不穩當底, 也當克. 且如偏於嚴, 克而就寬, 那寬中又有多少不好處要克. 今看顏子說: ▲172) 博我以文, 約我以禮.' ▲173) 博文又是前一段事. 博文須是窮究得箇事理都明, 方解去'克己復禮.' 若不博文, 則自家行得是與不是, 皆不知. 所以『大學』先要致知・格物, 方去正心・誠意. '博學之, 審問之, 謹174)思之, 明辨之, 篤行之.' 前面四項, 只是理會這物事, 理會得後, 方去行. 今若不博文, 只要撮箇尖底, 也不解說得親切, 也只是大概綽得, 終不的當." ▲175) 【義剛】

41:60 問: ▲176) 『集註177)』▲178)天下皆與其仁. 後面卻載伊川語

165) ▲: 恁地
166) ▲: 樣
167) ▲: 時
168) ▲: 非禮勿
169) ▲: 非禮勿
170) ▲: 非禮勿
171) ▲: 又
172) ▲: '夫子循循然善誘人,
173) ▲: 便是也要博文.
174) 謹: 賀本에서는 愼으로 되어 있다.
175) ▲: 又問"天下歸仁." 曰: "只是天下稱其仁. 而今若能'克己復禮', 天下自是稱他是仁人, 這也不須理會, 只去理會那頭一件. 如喫飯相似, 只管喫, 自解飽, 若不去喫, 只想箇飽, 也無益."
176) ▲: "'天下歸仁',

▲[179], 謂'事事皆仁', 恰似兩般, 如何?" 曰: "爲其'事事皆仁', 所以'天下歸仁.'"【文蔚 ○『集注』】

41:61 問: ▲[180] 這'爲'字, ▲[181]與子路'爲仁'之'爲'字同否?" 曰: "然." 又問: "程先生云: '須是克盡己私, 皆歸於禮, 方始是仁.' 恐'是仁'字與'爲仁'字意不相似." 曰: "克去那箇, 便是這箇. 蓋克去己私, 便是天理, '克己復禮'所以爲仁也. 仁是地頭, '克己復禮'是工夫, 所以到那地頭底." ▲[182]【燾】

41:62 問: "程先生云: ▲[183]事事皆仁, 故曰天下歸仁. ▲[184] 曰: ▲[185]他更有一說云, '一日克己復禮, 則天下稱其仁[186]'◇[187]." 【大雅】

41:63 ▲[188]克己復禮'了, 雖無一事, 亦不害其爲'事事皆仁', 雖不見一人, 亦不害其爲天下歸仁."【植】

---

177) 註: 賀本에서는 注로 되어 있다.
178) ▲: 云: '歸, 猶與也.' 謂
179) ▲: '天下歸仁'
180) ▲: "'克己復禮爲仁',
181) ▲: 便
182) ▲: 又問"天下歸仁." 曰: "自家旣事事是仁, 則天下之人見自家事事合仁, 亦皆曰是仁. 若自家設有一事未是仁, 有一箇人來說不是仁時, 便是天下不曾皆與以仁在." 又問: "孔子答問仁之說甚多, 惟此說'克己復禮', 恐是【僩錄作"說得."】 仁之全體." 曰: "只見得破, 做得徹, 都是全體. 若見不破, 做不徹時, 便是'克己復禮', 也是閑說."【僩錄云: "若眞見得, 則孔子所答無非是全體, 若見不得, 雖是'克己復禮', 也只沒理會."】
183) ▲: '克己復禮, 則
184) ▲: '如何?"
185) ▲: "不若
186) 稱其仁: 【附箋紙】"稱其仁", 印本云"稱其仁爲是", "爲是"二字, 添存, 如何?
187) ◇: 爲是
188) ▲: 問: "程子曰: '事事皆仁, 故曰〈天下歸仁〉.' 一日之間, 如何得事事皆仁?" 曰: "'一日

41:64 ▲[189]伊川說"天下歸仁", 只作天下之人以仁與之. 此是微言, 惟顏子足以當之.【浩】

41:65 問: "謝氏說: ▲[190]性偏難克處▲[191].' 此性是氣質之性否?" 曰: "然. 然亦無難易. 凡氣質之偏處, 皆須從頭克去. 謝氏恐人只克得裏面小小不好底氣質, 而忘其難者, 故云然."【僩】

41:66 問"勿者, 勝私復禮之機." 曰: "主在'勿'字上. 纔覺非禮意思萌作, 便提卻這'勿'字, 一刀兩段, 己私便可去. 私去, 則能復禮而仁矣. 都是自用着力, 使他人不着, 故曰'爲仁由己, 而由人乎哉'!" ▲[192]問: "顏子地位, 有甚非禮▲[193] 曰: "只心術間微有些子非禮處, 也須用淨盡截斷了. 他力量大, 聖人便教他索性克去. 譬如賊來, 顏子是進步與之厮殺. 教仲弓以敬恕, 是教他堅壁淸野, 截斷路頭, 不敎賊來." ▲[194]

○[195] 通老云: "伊川云: '敬則無己可克.'" 曰: "孔門只有箇顏子, 孔子且使之克己, 如何便會不?"【可學】

○[196] ▲[197]問: "'克己復禮', 乾道也, 主敬行恕, 坤道也. 乾道是健決意, 坤道是確守意?" 曰: "顏子是近前與他一刀兩斷. 仲弓是一面自

189) ▲: 聖人說話甚實, 不作今人談空. 故
190) ▲: '克己, 須從
191) ▲: 克將去
192) ▲: 或
193) ▲: 處? 何待下此'四勿'工夫?"
194) ▲: 問: "'克己復禮', 乾道也, 主敬行恕, 坤道也. 乾道是健決意, 坤道是確守意?" 曰: "顏子是近前與他一刀兩斷, 仲弓是一面自守, 久而賊自遁去. 此亦只是一箇道理. 聖人敎人, 因其資之高下, 故不同. 要之, 用功成德則一耳." 先生因曰: "今人只爭箇'勿'字. 常記胡侍郎云: '我與顏子, 只爭一箇〈勿〉字. 顏子非禮便勿視, 我非禮亦視, 所以不及顏子.'
195) ○: 『朱子語類』 78:222의 일부이다.
196) ○: 『朱子語類』 41:66을 『小分』에서는 별도의 항목으로 나누었다.
197) ▲: 銖因

守, 久而賊自遁去. 此亦只是一箇道理. ▲198) 要之, 用功成德則一耳." ▲199) 常記胡侍郎云: '我與顏子, 只爭一箇〈勿〉字. 顏子非禮便勿視, 我非禮亦視, 所以不及顏子.' ▲200)

41:67 問伊川四箴. 曰: "這箇須着子細去玩味." 因言: "工夫也只恁地做將去, 也別無道理拘迫得他. 譬如做酒, 只是用許多麴, 時日到時, 便自迸酒出來. ▲201) 【時擧】

41:68 "由乎中而應乎外", 這是勢之自然, "制於外所以養其中", 這是自家做工夫處. 【道夫】

41:69 "'由乎中而應乎外, ▲202)是說視聽言動皆由中出, 【螢錄作: "自此心形見."】 ▲203) 問: "須是識別得如何是禮, 如何是非禮?" 曰: "固是▲204). 然緊要在'勿'字上, ▲205) 【閎祖 ○螢略.】

41:70 ▲206) '克己復禮', 便似'着誠去僞'之類. 蓋己私旣克, 無非天理, 便是禮. 大凡才有些私意, 便非禮. 若截爲兩段, 中間便有空闕處. 【必大錄此云: "'着誠去僞', 不彼卽此. 非克己之後, 中間又空一節, 須用復禮也."】 ▲207)尹彦明書四箴, 卻云: '由乎中所以應乎外.' 某向見傳本,

198) ▲: 聖人教人, 因其資之高下, 故不同.
199) ▲: 先生因曰: "今人只爭箇'勿'字.
200) ▲: 因擧『說文』云, '勿'字勢似旗. 旗是揮止禁止之物. 勿者, 欲人揮止禁約其私欲也." 【銖】
201) ▲: 凡看文字, 只要'溫故知新.' 只溫箇故底, 便新意自出. 若捨了故底, 別要討箇新意, 便不得也."
202) ▲: 制於外所以養其中.' 上句
203) ▲: 下句是用功處." 【螢錄作: "卽是克己工夫."】
204) ▲: 用分別得
205) ▲: 不可放過."
206) ▲: 讀伯豐「克己復禮爲仁說」, 曰: "只克己, 便是復禮.
207) ▲: 伊川說'由乎中而應乎外', 是說視聽言動四者皆由此心, '制乎外所以養其中', 卻是就視聽言動上克去己私做工夫. 【必大錄此云: "上句言其理, 下句是工夫."】

上句初無'所以'字."【<u>螢</u>】

41:71 先生顧<u>炎</u>曰: "<u>程子</u>曰'制於外所以養其中', 這一句好看."【<u>炎</u>】

41:72 ▲208)問: "'制於外所以養其中', 此是說仁之體而不及用?" 曰: "'制於外', 便是用." ▲209) "視聽自外入, 言動自內出, 聖人言語緊密如此. ▲210)【<u>道夫</u>】

41:73 問: ▲211)'克己工夫從內▲212)做去, 反說'制於外', 如何?" 曰: "制卻在內." 又問: "「視箴」何以特說心?「聽箴」何以特說性?" 曰: "互換說, 也得. 然諺云: '開眼便錯.' 視所以就心上說. '人有秉彝, 本乎天性.' 道理本自好在這裏, 卻因雜得外面言語來誘▲213), 聽所以就理上說."【<u>植</u>】

41:74 ▲214)人之視聽言動, 視最在先, 爲操心之準則. 此兩句未是不好. 至"蔽交於前", 方有非禮而視, 故"制之於外, 以安其內", 則克己而復禮也. 如是工夫無間斷, 則久而自從容不勉矣, 故曰"久而誠矣."【<u>端蒙</u>】

41:75 ▲215)問: ▲216)'制之於外, ▲217) 卻是與'克伐怨欲不行'▲218)

如
208) ▲: <u>直卿</u>
209) ▲: 又曰:
210) ▲: 聖人於<u>顏子</u>・<u>仲弓</u>都是就綱領處說, 其他則是就各人身上說."
211) ▲: "'由乎中而應乎外, 制於外所以養其中.
212) ▲: 面
213) ▲: 化
214) ▲: "操之有要, 視爲之則", 只是
215) ▲: 或
216) ▲: "非禮勿視聽言動, <u>程子</u>以爲
217) ▲: 以安其內',

相似.” 曰: “克己工夫, 其初如何便得會自然! 也須着禁制始得. 到養得熟後, 便私意自漸漸消磨去矣. 今人須要揀易底做, 卻不知若不自難處入, 如何得到易處. 所謂‘非禮勿’者, 只要勿爲耳. 眼前道理, 善惡是非, 阿誰不知, 只是自冒然去做. 若於眼前底識得分明, 旣不肯去做, 便卻旋旋見得細密底道理. 蓋天下事有似是而實非者, 亦有似非而實是者, 這處要得講究. 若不從眼前明白底做將來, 這箇道理又如何得會自見.” 【時擧】

41:76 ▲[219]問: ▲[220] 顏子心齋坐忘[221], 都無私意, 似更不必制於外.” 曰: “顏子若便恁地, 聖人又何必向他說‘克己復禮’! 便是他也更有些私意. 莫把聖人▲[222]做一箇人看, 便只是這樣人. ‘如有周公之才之美, 使驕且吝’, 若驕吝, 便不是周公. ‘惟聖妄[223]念作狂.’ 若使堯・舜爲桀・紂之行, 便狂去, 便是桀・紂!” 【賀孫】

41:77 ▲[224] “視是將這裏底引出去, 所以云‘以安其內’, 聽是聽得外面底來, 所以云‘閑邪存誠.’” ▲[225]問: “四者還有次第否?” 曰: “視爲先, 聽次之.” 又曰: “‘哲人知幾, 誠之於思’, 此是動之於心, ‘志士勵行, 守之於爲’, 此是動之於身.” 【雉】

41:78 問: ▲[226]可以改‘聽’字作「視箴」用◇[227]否?” 曰: “看他「視箴」

218) ▲: 底
219) ▲: 李
220) ▲: “伊川云: ‘制乎外以安其內.’
221) 顏子心齋坐忘: 徽州本에서는 이 앞에 看이 더 있다.
222) ▲: 另
223) 妄: 孝宗刊本・英祖刊本・成化本에서는 罔으로 되어 있다.
224) ▲: 問四箴. 曰:
225) ▲: 又
226) ▲: “聽箴‘人有秉彝’云云, 前面亦大概說. 至後兩句言‘閑邪存誠, 非禮勿聽’, 不知
227) ◇: 得

說又較力. 視最在先, 開眼便是, 所以說得力. 至於聽處, 卻又較輕也."【寓】

41:79 問: "'知誘物化, ▲[228] 這◇[229]知是如何?" 曰: "『樂記』云: '人生而靜, 天之性也, 感於物而動, 性之欲也. 物至知知, 然後好惡形焉. 好惡無節於內, 知誘於外, 不能反躬[230], 天理滅矣!' 人莫不有知, 知者, 所當有也. 物至, 則知足以知之而有好惡, 這是自然如此. 到得'好惡無節於內, 知誘於外', 方始不好去."【賀孫】

41:80 ▲[231] "四箴意思都該括得盡. ▲[232] 有說多底, 有說少底, 多底減不得, 少底添不得. 如「言箴」◇[233], 也是人口上有許多病痛. 從頭起, 至'吉凶榮辱, 惟其所召', 是就身上謹, '傷易則誕', 至'出悖來違', 是當謹於接物間, 都說得周備. ▲[234] 哲人只於思量問[235], 便見得合做與不合做, 志士便於做出了, 方見得. 雖則是有兩樣, 大抵都是順理便安裕, 從欲便危險. 『集注』所錄, 都說得意思盡了, 此外亦無可說. ▲[236]問: "視聽之間, 或明知其不當視, 而自接乎目, 明知其不當聽, 而自接乎耳, 這將如何?" 曰: "視與看見不同, 聽與聞不同. 如非禮之色, 若過目便過了, 只自家不可有要視之之心, 非禮之聲, 若入耳也過了, 只自家不可有要聽之之心. ▲[237] 古人於這處, 亦有以禦之. 如云:

---

228) ▲: 遂忘其正',
229) ◇: 箇
230) 躬: 英祖刊本에서는 窮으로 되어 있다.
231) ▲: 賀孫說"顏淵問仁"章『集注』之意. 曰: "如此只就上面說, 又須自家肚裏實理會得, 始得. 固是說道不依此說, 去外面生意不可. 若只誦其文, 而自不實曉認得其意, 亦不可." 又曰: "且依許多說話, 常常諷詠, 下梢自有得." 又曰:
232) ▲: 四箇箴,
233) ◇: 說許多
234) ▲: '哲人知幾, 誠之於思, 志士勵行, 守之於爲.' 這說兩般人.
235) 問: 孝宗刊本 · 英祖刊本 · 成化本에서는 間으로 되어 있다.
236) ▲: 只是須要自實下工夫, 實見是如何. 看這意思, 都說去己私. 無非禮之視, 無非禮之聽, 無非禮之言, 無非禮之動, 這是甚麽氣象! 這便是渾然天理, 這便是仁, 須識認得這意思." 賀孫

‘姦聲亂色, 不留聰明, 淫樂慝禮, 不接心術.’”【賀孫】

41:81 問: ▲238)「言箴」▲239) 曰: “上四句是就身上最緊要處須是不操240)妄, 方始靜專. 纔不靜專, 自家這心自做主一241)不成, 如何去接物! 下云‘矧是樞機, 興戎出好’四句, 都是說謹言底道理. 下四句卻說四項病: ▲242)問: “如今所以難克, 也是習於私欲之深. 今雖知義理, 而舊所好樂, 未免沉伏於方寸之間, 所以外物纔誘, 裏面便爲之動, 所以要緊只在‘克’字上. 克者, 勝也. 日用之間, 只要勝得他. 天理纔勝, 私欲便消, 私欲纔長, 天理便被遮了. 要緊最是勝得去. 始得.” 曰: “固是如此. 如權衡之設, 若不低便昂, 不昂便低. 凡天地陰陽之消長, 日月之盈縮, 莫不皆然.” 又云: “這‘克己復禮’, 事體極大. 非顏子之聰明剛健, 不足以擔當, ◇243)獨以告顏子. ▲244) ◇245): ▲246)『集義』247)

---

237) ▲: 然這般所在也難.

238) ▲: “承誨,

239) ▲: 自‘人心之動, 因言以宣’至‘吉凶榮辱, 惟其所召’, 是謹諸己, 以下是說接物許多病痛.”

240) 操: 『朱子語類』에서는 躁로 되어 있다.

241) 一: 『朱子語類』에는 없다.

242) ▲: ‘傷易則誕, 傷煩則支’, 己肆則物忤, 出悖則來違.” 賀孫

243) ◇: 故

244) ▲: 若其他所言, 如‘出門如見大賓, 使民如承大祭’, 如‘仁者其言也訒’, 又如‘居處恭, 執事敬’, 都是克己事, 都是爲仁事. 但且就一事說. 然做得工夫到, 也一般.” 問“仲弓問仁”一章. 曰: “看聖人言, 只三四句, 便說得極謹密. 說‘出門如見大賓, 使民如承大祭’, 下面便又說‘己所不欲, 勿施於人’, 都無些闕處. 尋常人說話, 多是只說得半截.” 問: “看此意思, 則體・用兼備.” 曰: “是如此. 自家身己上常是持守, 到接物又如此, 則日用之間無有間隙, 私意直是何所容! 可見聖人說得如此極密.” 問: “『集注』云: ‘事斯語而有得, 則固無己之可克矣.’ 此固分明. 下云: ‘學者審己而自擇焉, 可也.’ 未審此意如何?” 曰: “看自家資質如何. 夫子告顏淵之言, 非大段剛明者不足以當之. 苟爲不然, 只且就告仲弓處著力. 告仲弓之言, 只是淳和底人皆可守. 這兩節一似易之乾, 一似易之坤. 聖人於乾說‘忠信, 所以進德也, 修辭立其誠, 所以居業也’, 說得煞廣闊. 於坤, 只說‘敬以直內, 義以方外.’ 只緣乾是純剛健之德, 坤是純和柔之德.”

245) ◇: 又曰

246) ▲: “看

247) 『集義』: 【附箋紙】“集義”上, 印本有“又曰”, 添存, 似可. 此蓋別段.

▲[248], 除程先生外, 更要揀幾句在『集注』裏, 都拈不起. ▲[249] 除是上蔡說得猶似. 如游・楊說, 直看不得!"【賀孫】

41:82 問: "'哲人▲[250]志士▲[251] 此是兩般人否?" 曰: "非也. 只是'誠之於思'底, 卻覺得速, '守之於爲'者, 及其形於事爲, 早是見得遲了. 此卻是覺得有遲速, 不可道有兩般, 卻兩脚做工夫去."【端蒙】

41:83 ▲[252]問: "'哲人▲[253]志士▲[254]莫有優劣否?" 曰:【寓錄云: "只是兩項."】"思是動之微, 爲是動之著. 這箇是該動之精粗. 爲處動, 思處亦動, 思是動於內, 爲是動於外. 蓋思於內, 不可不誠, 爲於外, 不可不守. 然專誠於思, 而不守於爲, 不可, 專守於爲, 而不誠於思, 亦不可." 又曰: "看文字須是得箇骨子. 諸公且道這「動箴」那句是緊要?" 道夫云: "'順理則裕', 莫是緊要否?" 曰: "更連'從欲則危', 兩句都是. 這是生死路頭!" 又曰: "四者惟視爲切, 所以先言視, 而「視箴」之說, 尤重於聽也."【道夫】[255]

41:84 "程子曰: '人能克己, 則仰不愧, 俯不怍, 心廣體胖, 其樂可知. 有息, 則餒矣.' 如今見得直如此說得好!"【儒用 ○閎祖錄云: "此說極有味."『集義』】

41:85 問: ▲[256]『外書』有曰: '不能克己, 是爲楊氏之爲我, 不能復

---

248) ▲: 聚許多說話
249) ▲: 看諸公說,
250) ▲: 知幾, 誠之於思,
251) ▲: 勵行, 守之於爲',
252) ▲: 尹叔
253) ▲: 知幾, 誠之於思,
254) ▲: 勵行, 守之於爲', 四句
255)【道夫】: 徽州本에는【道夫 ○寓同.】으로 되어 있다.
256) ▲: "'克己復禮'章,

禮, 是爲墨氏之兼愛. 故曰: 〈親親而仁民, 仁民而愛物[257]〉.'" 曰: "'克己復禮', 只是一事. 『外書』所載, 殊覺支離, 此必記錄之誤. 向來所以別爲一編而目之曰'外書'者, 蓋多類此故也. ▲[258) 【謨】

41:86 ▲[259)問: "程子曰: '禮卽理也. 不是天理, 便是人欲.' 尹氏曰: '禮者, 理也. 去人欲, 則復天理.' 『或問』不取尹說, 以爲失程子之意, 何也?" 曰: "某之意, 不欲其只說復理而不說'禮'字. 蓋說復禮, 卽說得着實, 若說作理, 則懸空, 是箇甚物事? 如謝氏曰: '以我視, 以我聽, 以我言, 以我動.' 夫子分明說是'非禮勿視聽言動', 謝氏卻以'以我'言之, 此則自是謝氏之意, 非夫子所以告顏淵者矣. 又曰[260)游氏曰: '顏淵事斯語, 至於〈非禮勿動〉, 則不離於中, 其誠不息而可久.' 將幾箇好字總聚在此, 雖無甚病, 終不是本地頭話." 問: "游氏專說'非禮勿動', 遺卻視・聽・言三事." 曰: "此卻只是提此一語, 以概其餘." ▲[261)問: "謝氏前篇謂'曾點胸中無一事', 此章乃云: '仁者心與事一, 無一忘一助之失.'" 曰: "'心與事一', 只是做此一事, 則主在此一事, 如此說亦無礙. 惟其'心與事一', 故能'胸中無一事'也." 【必大】

41:87 聖人只說做仁, 如"克己復禮爲仁", 是做得這箇模樣, 便是仁. 上蔡卻說"知仁", "識仁", 煞有病. 【節】

41:88 ▲[262)謝與范, 只管就見處, 卻[263)不若行上做工夫. 只管

257) 仁民而愛物: 徽州本에서는 이 뒤에 則所謂復禮爲仁, 其不爲墨氏兼愛之仁乎? 不知是否?가 더 있다.

258) ▲: 伊川嘗曰: '非禮處, 便是私意. 旣是私意, 如何得仁! 須是克盡己私, 皆歸於禮, 方始是仁.' 此說最爲的確."

259) ▲: 正淳

260) 曰: 『朱子語類』에서는 如로 되어 있다.

261) ▲: 又

262) ▲: 問"天下歸仁." 曰: "只是天下以仁稱之." 又問: "謝說如何?" 曰: "只是他見得如此. 大抵

263) 卻: 『小分』에서는 若을 卻으로 고쳤다.

杠[264), 扛得大, 下梢直是沒著處. 如夫子告顔子'非禮勿視聽言動', 只是行上做工夫."【去僞】[265)

41:89 "天下歸仁", ▲[266)楊氏以爲"天下皆在吾之度內", 則是謂見得吾行[267)之大如此, 而天下皆囿於其中, 則說得無形影. 呂氏「克己銘」, 如'洞然八荒, 皆在我闥'之類同意."【端蒙】

41:90 問: ▲[268) 南軒謂: ▲[269) 天下歸仁者, 無一物之不體也. 故「克己銘」謂〈洞然八荒, 皆在我闥〉.' 近得先生『集注』卻云: ▲[270)天下之人皆與其仁.' 似與諸公之意全不相似. 程子曰: '〈克己復禮〉, 則事事皆仁, 故曰: 〈天下歸仁〉.' 此意又是如何?" 曰: "某向日也只同欽夫之說, 看得來文義不然, 今解卻是從伊川說. 孔子直是以二帝三王之事許顔子. 此是微言, 自可意會. 孔子曰: '雍也可使南面.' 當其問仁, 亦以'在邦無怨, 在家無怨'告之."【浩】

41:91 ▲[271) 己私旣克, 天理自復. 譬如塵垢旣去, 則鏡自明, 瓦礫旣掃, 則室自淸. 如呂與叔「克己銘」, 則初未嘗說克去己私. ▲[272)只說物我對立, 須用克之. 如此, 則只是克物, 非克己也."【枅】

41:92 「克己銘」不合以己與物對說.【謨】

---

264) 杠: 『朱子語類』에서는 扛으로 되어 있다.
265) 【去僞】: 徽州本에는 【祖道】로 되어 있다.
266) ▲: 言天下皆與其仁. 伊川云"稱其仁", 是也. 此卻說得實. 至
267) 行: 『朱子語類』에서는 仁으로 되어 있다.
268) ▲: "'克己復禮, 天下歸仁.'
269) ▲: '克盡己私, 天理渾然, 斯爲仁矣.
270) ▲: '〈一日克己復禮〉, 則
271) ▲: 某解"顔淵問仁"章畢, 先生曰: "克, 是克去己私.
272) ▲: 大意

41:93 "呂▲[273]說克己, 從那己・物對處克. 此說雖好, 然不是夫子與顏子說底意. 夫子說底, 是說未與物對時. 若與物對時方克他, 卻是自家已倒了幾多. 所謂己, 只是自家心上不合理底便是, 不待與物對方是." ▲[274]「克己銘」只說得一邊."【佐】

41:94 包詳道言: "克去勝心・忌心." ▲[275]曰: "克己有兩義. 物我亦是己, 私欲亦是己. ▲[276]【方子】

41:95 問: "公便是仁否?" 曰: "非公便是仁, 盡得公道所以爲仁耳. 求仁處, 聖人說了. '克己復禮▲[277] 須是克盡己私, 以復乎禮, 方是公, 公, 所以能仁." 問: "「克己銘」'痒痾疾痛, 擧切吾身.' ▲[278] 曰: "某見前輩一項論議說忒高了, 不只就身上理會, 便說要與天地同其體, 同其大, 安有此理! 如'初無吝驕, 作我蟊賊'云云, 只說得克己一邊, 卻不說到復禮處. 須先克己私, 以復于[279]禮, 則爲仁. 且仁譬之水, 公則譬之溝渠, 要流通此水, 須開浚▲[280]渠, 然後水方流行也."【寓】

41:96 問: "『或問』深論「克己銘」之非, ▲[281] 曰: "'克己'之'己', 未始[282]對人物言, 只是對'公'字說, 猶曰私耳. ▲[283]極口稱揚, 遂以'己既不立, 物我並觀', 則雖天下之大, 莫不皆在於吾仁之中, 說得來恁大, 故人皆喜其快. 纔不恁說, 便不滿意, 殊不知未是如此." 道夫云:

---

273) ▲: 與叔
274) ▲: 又曰: "呂與叔
275) ▲: 先生
276) ▲: 呂與叔作「克己銘」, 只說得一邊."
277) ▲: 爲仁.'
278) ▲: 不知是這道理否?"
279) 于: 賀本에서는 於로 되어 있다.
280) ▲: 溝
281) ▲: 何也?"
282) 始: 『朱子語類』에서는 是로 되어 있다.
283) ▲: 呂與叔

“如此, 則與叔之意與下文克己之目全不干涉. 此自是自修之事, 未始[284]道著外面在.” 曰: “須是恁地思之. 公且道, 視聽言動干人甚事!” 又問“天下歸仁.” 曰: “‘克己復禮’, 則事事皆是, 天下之人問[285]之見之, 莫不皆與其爲仁也.” ▲[286) 【道夫】

41:97 ▲[287) “‘痒痾疾痛, 擧切吾身’, 只是存想‘天下歸仁.’ 恁地, 則不須克己[288], 只坐定◇[289]想月十日, 便自‘天下歸仁[290]’, 豈有此理!” ▲[291] 【時擧】

41:98 ▲[292]問: ▲[293] ‘痒痾疾痛, 擧切吾身.’ ▲[294] 曰: “聖人尋常不曾有這般說話. 近來人被佛家說一般大話, 他便做這般底話去敵▲[295]. ▲[296]‘天下歸仁’, 與‘在邦無怨, 在家無怨’一般, 此兩句便是歸仁樣子.” 又問: “怨, 是人怨己怨?” 曰: “人怨.” 【恪】

41:99 ▲[297] 揚子雲曰: ‘勝己之私之謂克.’ ‘克’字本虛, 如何專以‘勝

284) 始: 『朱子語類』에서는 是로 되어 있다.
285) 問: 『朱子語類』에서는 聞으로 되어 있다.
286) ▲: 又曰: “有幾處被前輩說得來大, 今收拾不得. 謂如‘君子所過者化’, 本只言君子所居而人自化, ‘所存者神’, 本只言所存主處便神妙. 橫渠卻云: ‘性性爲能存神, 物物爲能過化.’ 至上蔡便道: ‘唯能〈所存者神〉, 是以〈所過者化〉.’ 此等言語, 人皆爛熟, 以爲必須如此說. 纔不如此說, 便不快意矣.”
287) ▲: 林正卿問“天下歸仁.” 曰:
288) 己: 『小分』에서는 克을 己로 고쳤다.
289) ◇: 存
290) 便自‘天下歸仁: 徽州本에서는 仁 뒤에 歐陽錄止此라는 注가 더 있다.
291) ▲: 時擧問程先生曰: “事事皆仁, 故曰‘天下歸仁.’ 是如何?” 曰: “‘事事皆仁’, 所以‘天下歸仁.’ 於這事做得恁地, 於那事亦做得恁地, 所以天下皆稱其仁. 若有一處做得不是, 必被人看破了.”
292) ▲: 林正卿
293) ▲: “呂與叔云:
294) ▲: 不知此語說‘天下歸仁’如何?”
295) ▲: 他
296) ▲: 此

己之私'爲訓? '鄭伯克段于鄢', 豈亦勝己之私耶!" 【閎祖】

41:100 上蔡說"先難", 便生受. 如伊川, 便說"制之於外, 以安其內", 其說平. 【方】

41:101 "以我視, 以我聽." 若以爲心先有主, 則視聽不好事亦得, 大不便也. 【方】

41:102 "以我視, 以我聽", 恐怕我也沒理會. 【方】

41:103 游定夫有『論語要旨』, "天下歸仁", 引龐居士云云. 黃簡肅親見其手筆. 【閎祖】

41:104 曾天游見陳幾叟, 曰: "'克己復禮', 舊曉不得. 因在京師委巷中下轎涉泥看謁, 方悟有箇快活處. 後舉以問薛丈. 【薛昂, 曾之外甥.】薛云: '情盡性復, 正是如此.'" 陳曰: "又問薛丈做甚?" 曾又曰: "又嘗以問游丈, 亦以爲然." 陳復曰: "又更問那游丈." 蓋定夫以"克己復禮"與釋氏一般, 只存想此道理而已. 舊南本游氏『語解』中全用佛語解此一段, 某已削之. 若只以想像言克復, 則與下截"非禮勿視"四句有何干涉! 【營】

○[298] 如克己復禮 亦是古語. 【燾】

297) ▲: 問: "「克己銘」只說得公底意思?" 曰: "「克己銘」不曾說著本意.
298) ○: 『朱子語類』 60:101의 일부이다.

『朱子語類』卷第四十二

「『論語』二十四」

「顔淵篇下」

「仲弓問仁章」

42:1 文振說▲[1] “上四句是主敬行恕, 下兩句是以效言.” 曰: “此六句, ▲[2]須作一片看▲[3] 若▲[4]以下兩句作效驗說, 卻幾乎閑了這兩句. 蓋內外無怨, 是箇應處, 到這裏方是充足飽滿. 如上章說‘天下歸仁’, ▲[5]天下或有一人不許以仁, 便是我爲仁工夫有所未至. 如此看, 方見‘出門・使民’兩句綴箇‘己所不欲, 勿施於人’兩句, 這兩句, 又便綴着箇‘無怨’兩句, 上下貫通, 都無虧欠, 方始見得告顔淵・仲弓問仁規模. 只依此做工夫, 更不容別閑用心矣.” 【時擧 ○植同.】

42:2 “己所不欲, 勿施於人”, 緊接着那“出門・使民”, “在邦無怨, 在家無怨”, 緊接着那“己所不欲, 勿施於人.” 直到這裏, 道理方透徹. 似一片水流注出來, 到這裏方住, 中間▲[6]斷不得. 效驗到這處, 方是做得透徹, 充足飽滿, 極道體之全而無虧欠. 外內間纔有一人怨它, 便是

---

1) ▲: “仲弓問仁”, 謂:
2) ▲: 又
3) ▲: 始得.
4) ▲: 只
5) ▲: 亦是如此. 蓋
6) ▲: 也間

未徹. ▲[7] "內外無怨, 便是應處. 如「關雎」之仁, 則有「麟趾」之應, 「鵲巢」之仁, 則有「騶虞」之應. 問仁者甚多, 只答顏子·仲弓底, 說得來大." ▲[8] 【植】

42:3 ▲[9] "'推己及物', 便是'己所不欲, 勿施於人', 然工夫卻在前面. '出門如見大賓, 使民如承大祭', 須是先主於敬, 然後能行其恕." ▲[10] 問: "未出門·使民之前, 更有工夫否?" 曰: "未出門·使民之時, 只是如此. 惟是到出門·使民時易得走失, 故愈着用力也." 【時舉】

42:4 問: "'己所不欲, 勿施於人', 如己欲爲君子, 則欲人皆爲君子, 己不欲爲小人, 則亦不欲人爲小人." 曰: "此兩句亦是大剛[11]說. 如富壽康寧, 人之所欲, 死亡貧苦, 人之所惡. 所欲者必以同於人, 所惡者不以加於人." 【必大】

42:5 先生自唐石歸, 曰: "路上有人問: '〈己所不欲, 勿施於人〉, 是恕. 如以刑罰加人, 豈其人之所欲! 便是不恕, 始得.' 且說如何." 衆人各以意對. 先生曰: "皆未分明. 伊川云: '〈恕〉字, 須兼〈忠〉字說.' 此說方是盡[12]. 忠是盡己也, 盡己而後爲恕. 以刑罰加人, 其人實有罪, 其人[13]亦自以爲當然, 故以刑加之, 而非强之以所不欲也. 其不欲被刑者, 乃其外面之私心. 若其眞心, 旣已犯罪, 亦自知其當刑矣. 今人只爲不理會忠, 而徒爲恕, 其弊只是姑息. 張子韶『中庸』有云: '聖人因己之難克, 而知天下皆可恕之人', 卽此論也. 今人只爲不能盡己, 故謂人亦只消如此, 所以泛然亦不責人, 遂至於彼此皆自恕而已." 【璘

7) ▲: 便如"天下歸仁"底, 纔有一箇不歸仁, 便是有未到處. 又云:
8) ▲: 又曰: "顏子天資明, 便能於幾微之間, 斷制得天理人欲了."
9) ▲: 或問"推己及物之謂恕." 曰:
10) ▲: 或
11) 剛: 『朱子語類』에서는 綱으로 되어 있다.
12) 盡: 孝宗刊本·英祖刊本·成化本에서는 蓋로 되어 있다.
13) 人: 『朱子語類』에서는 心으로 되어 있다.

○可學錄云[14]: "'如刑人殺人之事, 己亦不欲, 到其時爲之則傷恕, ▲[15] 可學云: '但觀其事之當理, 則不欲變爲欲.' 曰: '設如人自犯罪, 至於死. 到刑時, 其心欲否?' 諸友皆無以答. 曰: '此當合忠字看. 忠者, 盡己之謂. 若看得己實有是罪, 則外雖不欲, 而亦知其當罪. 到此, 則不欲字使不著. 若不看忠字, 只用一恕字, 則似此等事放不過, 必流而爲姑息. ▲[16]】

42:6 問: "恕[17], 是屬己? 屬人?" 曰: "如何▲[18]做在己之恕[19])! 聖人言語, 只要平看. 儒者緣要切己, 故在外者, 多拽入來做內說, 在身上者, 又拽來就心上說."【必大】

42:7 問"在家無怨, 在邦無怨." 曰: "此以效驗言. 若是主敬行恕, 而在家在邦皆不能無怨, 則所謂'忠[20]恕'者未是敬恕." 問: "怨有是有非, 如何都得他無怨?" 曰: "此且[21]說怨得是這[22], 未說到不是底."【雉】

42:8 ▲[23]告顏淵▲[24]'天下歸仁', 告仲弓▲[25]'在邦無怨, 在家無怨.' 此皆以效言, 特其效有小大之異耳."【去僞】[26]

---

14) 云: 孝宗刊本・英祖刊本・成化本에서는 云云으로 되어 있다.
15) ▲: 如何?'
16) ▲: 張子韶解『中庸』云:〈以己之難克, 而知天下皆可恕之人.〉因我不會做, 皆使天下之人不做, 如此則相爲懈怠而已. 此言最害理!'"
17) 恕: 孝宗刊本・英祖刊本・賀本에서는 在家・在邦之怨로 되어 있다.
18) ▲: 說得
19) 恕: 『朱子語類』에서는 怨으로 되어 있다.
20) 忠: 『朱子語類』에서는 敬으로 되어 있다.
21) 此且: 『小分』에서는 且此를 교정부호로 바로잡았다.
22) 這: 『朱子語類』에서는 底로 되어 있다.
23) ▲: 問: "'在邦無怨, 在家無怨', 或以爲其怨在己, 或以爲其怨在人." 曰: "若以爲己自無怨, 卻有甚義理? 此言能以敬爲主而行之恕, 則人自不怨也. 人不我怨, 此仁之效. 如孔子
24) ▲: 克己, 則言
25) ▲: 以'己所不欲, 勿施於人', 則言
26)【去僞】: 徽州本에는【祖道 ○謨同.】으로 되어 있다.

42:9 ▲[27] “此是各就它資質上說. 然持敬行恕, 便自能克己, 克己, 便自能持敬行恕, 亦不必大段分別.” 【時擧 ○以下通論二章.】

42:10 ▲[28] 譬如服藥, 克己者, 要一服便見效, 忠[29]恕者, 漸漸服藥, 磨去其病也.” 【人傑】

42:11 持敬行恕, 雖不曾着力去“克己復禮”, 然卻與“克己復禮”只一般[30]. 蓋若是把這箇養來養去, 那私意自是着不得. “出門如見大賓, 使民如承大祭”時, 也着那私意不得, “己所不欲, 勿施於人”時, 也着那私意不得. 【義剛】

42:12 ▲[31] “‘克己復禮’, 是截然分別箇天理人欲, 是則行之, 非則去之. 敬恕, 則猶是保養在這裏, 未能保它無人欲在. 若將來保養得至, 亦全是天理矣. ‘克己復禮’, 如撥亂反正, 主敬行恕, 如持盈守成, 二者自有優劣.” 【雉】

42:13 “‘克己復禮’, 如內修政事, 外攘夷狄, ‘出門·使民’, 如上策莫如自治.” 問: “程先生說: ‘學質美者, 明得盡, 查[32]滓▲[33]渾化, 其次惟莊敬持養. 及其成功, 一也.’ 此可以分顏子·仲弓否?” 曰: “不必如此說.” 【賀孫】[34]

---

27) ▲: 希遜問夫子答顏子·仲弓問仁之異. 曰:
28) ▲: 曰: “‘克己復禮’, 是剛健勇決, 一上便做了. 若所以告仲弓者, 是教他平穩做去, 慢慢地消磨了.
29) 忠: 『朱子語類』에서는 敬으로 되어 있다.
30) 雖不曾著力去“克己復禮”, 然卻與“克己復禮”只一般: 徽州本에서는 雖不曾이 若是로 되어 있고, 去克己復禮가 去做로, 卻이 亦으로 되어 있다.
31) ▲: 問: “克己工夫與主敬行恕如何?” 曰:
32) 查: 賀本에서는 渣로 되어 있다.
33) ▲: 便
34) 【賀孫】: 徽州本에는 【賀 ○傑】로 되어 있다.

42:14 仲弓"出門如見大賓"爲仁, 如把截江・淮, 顔子"克己爲仁", 便如欲復中原! 【燾】

42:15 ▲[35]

42:16 ▲[36] 告顔子▲[37], 是本領已自堅固了, 未免有些私意, 須一向克除敎盡. 告仲弓▲[38], 是本領未甚周備, 只是敎他防捍疆土, 爲自守計." 【賀孫】

42:17 問: "▲[39]答顔淵・仲弓▲[40], 旨同否?" 曰: "不爭多, 大概也相似. 只答顔子處是就心上說, 工夫較深密爲難." 問: "二條在學者則當並行不悖否?" 曰: "皆當如此做. 當'克己', 則須'克己', 當'出門如▲[41]賓', 則須'出門如▲[42]賓.' ▲[43] 【淳】

35) ▲: "讀書, 須要將聖賢言語體之於身. 如'克己復禮'與'出門如見大賓', 須就自家身上體看我實能克己與主敬行恕否? 件件如此, 方始有益." 又因晞遜問"克己復禮", 曰: "人之私意, 有知得便克去者, 有忘記去克他者, 有不獨是忘記去克他, 卻反與他爲朋者!" 【時擧】

36) ▲: 問朱蜚卿: "讀書何所疑?" 曰: "『論語』切要處在言仁. 言仁處多, 某未識門路. 日用至親切處, 覺在告顔子一章. 答仲弓又卻別. 『集注』云: '仲弓未及顔子, 故特告以操存之要.' 不知告顔子者亦只是操存否?" 曰: "這須子細玩味. 所告二人氣象自不同." 顧問賀孫: "前夜曾如何說?" 賀孫擧先生云: "告仲弓底是防賊工夫, 告顔淵底是殺賊工夫." 蜚卿問: "如何?" 曰: "且子細看, 大意是如此.

37) ▲: 底意思

38) ▲: 底意思

39) ▲: 孔子

40) ▲: 問仁處

41) ▲: 見大

42) ▲: 見大

43) ▲: '克己復禮', 不是克己了, 又復禮. 只克去己私, 便是禮. 有是有非, 只去了非, 便是是. 所以孔子只說非禮勿視聽言動. 只克去那非, 便是禮." 曰: "呂銘'痒痾疾痛, 皆切吾身'句, 是否?" 曰: "也說得. 只是不合將己對物說, 一篇意都要大同於物. 克, 只是克這箇. 孔子當初本意, 只是說克自己私欲."

42:18 ▲[44]問: "持敬・克己, ▲[45]相資相成否▲[46]?" 曰: "做處則一. ▲[47] 若不敬, 則此心散漫, 何以能克己. 若不克己, 非禮而視聽言動, 安能爲敬." 仲思問: "'敬則無己可克', 如何?" 曰: "鄭子上以書問此." 因示鄭書, 曰: "說得也好."【鄭書云: "孔子惟顏子・仲弓, 實告之以爲仁之事, 餘皆因其人而進之. 顏子地位高, 擔當得克己矣, 故以此告之. 仲弓未至此, 姑告以操存之方, 涵養之要. 克己之功難爲, 而至仁也易, 敬恕之功易操, 而至仁也難. 其成功則一. 故程氏[48]云'敬則無己可克', 是也. 但學者爲仁, 如謝氏云'須於性偏處勝之', 亦不可緩. 特不能如顏子深於天理人欲之際, 便可至仁耳. 非只敬恕而[49]不克己也."】又曰: "鄭言學者克己處, 亦好. 大底告顏子底便體用全似仲弓底. 若後人看不透, 便只倒[50]歸裏去, 做仲弓底了, 依舊用做顏子底. 克己, 乾道也, 敬恕, 坤道也. '忠信進德', '修辭立誠', 表裏通徹, 無一毫之不實, 何更用直內. 坤卦且恁地守. 顏子如將百萬之兵, 操縱在我, 拱揖指揮如意. 仲弓且守本分. 敬之至, 固無己可克, 克己之至, 亦不消言敬. '敬則無己可克'者, 是無所不敬, 故不用克己. 此是大敬, 如'聖敬日躋', '於緝熙敬止'之'敬'也."【伯羽 ○道夫略.】

42:19 ▲[51]問: "▲[52] 伊川只說作敬, 先生便說'敬以持己, 恕以及物.' ▲[53]須如此說, 方全." 曰: "程子不是就經上▲[54], 是偶然摘此兩句, 所以只說▲[55]敬." 又問: "伊川曰: '孔子言仁, 只說〈出門如見大賓, 使民如承大祭〉, 觀此[56]氣象, 便須〈心廣體胖〉, 〈動容周旋中禮〉自然.'

44) ▲: 伯羽
45) ▲: 工夫
46) ▲: 乎
47) ▲: 但孔子告顏子・仲弓, 隨他氣質地位而告之耳.
48) 氏: 『朱子語類』에서는 子로 되어 있다.
49) 而: 賀本에서는 他로 되어 있다.
50) 倒: 賀本에서는 到로 되어 있다.
51) ▲: 李時可
52) ▲: 仲弓問仁, 孔子告之以'出門如見大賓'云云.
53) ▲: 看來
54) ▲: 說
55) ▲: 做

看來孔子方是教仲弓就敬上下工夫. 若是言仁, 亦未到得這處." 曰: "程子也不是就經上說, ▲[57] 但且就▲[58]這二句上, 看其氣象是如何." ▲[59]問: ▲[60]'克己復禮▲[61].' 若不是敬, 也如何克得己, 復得禮?" 曰: "▲[62] 聖人說話, 隨人淺深. 克己工夫較難, 出門・使民較易. 然工夫到後, 只一般, 所謂'敬則無己可克'也."【賀孫 ○『集注』】

42:20 ▲[63] 問: "孔子告仲弓, 方是持敬底事. 程子如此說, 豈不有自然勉强之異乎?" 曰: "程子之言, 擧敬之極致而言也." 又程子云: "'敬以直內, 義以方外', 仁也." 問: "言敬義內外, 方是[64]做工夫, 而程子又何以遽言仁也?" 曰: "此亦言'敬以直內', 則無一毫私意, 仁自在其中爾. 大抵這般處要寬看, 識得他意, 不可迫切求之."【端蒙】

42:21 ▲[65]問: "伊川云: '孔子言仁, 只說〈出門〉云云, 至〈中禮〉[66], 惟謹[67]獨便是守之之法.'" 曰: "亦須先見得箇意思, 方謹[68]獨以守之." 又曰: "此前面說敬而不見得. 此便是見得底意思, 便是見得敬之氣象功效恁地. 若不見得, 卽黑淬淬地守一箇敬, 也不濟事."【賀孫】

---

56) 此: 『朱子語類』에서는 其로 되어 있다.
57) ▲: 公今不消得恁地看.
58) ▲: 他
59) ▲: 又
60) ▲: "孔子告顔淵以
61) ▲: 爲仁
62) ▲: 不必如此說.
63) ▲: 程子言仁, 只說: "'出門如見大賓, 使民如承大祭', 看其氣象, 便須'心廣體胖', '動容周旋中禮.'"
64) 是: 賀本에는 없다.
65) ▲: 或
66) 只說〈出門〉云云, 至〈中禮〉: 徽州本에서는 云云, 至가 없고, 별도로 如見大賓, 使民如承大祭, 觀其氣象, 便須心廣體胖, 動容周旋이 더 있다.
67) 謹: 賀本에서는 愼으로 되어 있다.
68) 謹: 賀本에서는 愼으로 되어 있다.

42:22 問: "程先生說云云, ▲69) 曰: "自這裏做去, 方能如此. 只是常能存得此心, 便能如此." ▲70) 【燾】

42:23 "或問伊川: '未出門, 未使民時如何?' 曰: '此〈儼若思〉時也.' 聖人之言, 得他恁地說, 也好. 但使某答那人, 則但云: '公且去▲71) 自是當敬. 不成未出門・使民時不敬, 卻待出門時, 旋旋出門如見大賓, 使民時, 旋旋如承大祭, 卻成甚擧止! 聖人所以只直說'出門如見大賓, 使民如承大祭', 更不說那未出門・使民時如何. 如今恁地說, 卻較淡了." 【義剛 ○夔孫錄▲72) "伊川答此問固好, □足以明聖人之說, 見得前面有一段工夫. 但當初正不消恁地答他, 卻好與他說: '今日就出門・使民時做去. 若是出門使民時果能如見大賓, 承大祭, 則未出門, 使民以前, 自住不得了.'"】

42:24 ▲73)

42:25 ▲74)

42:26 ▲75) "乾道奮發而有爲, 如'庸言之信, 庸行之謹', '閑邪存其誠'之類是也. '忠信, 所以進德, 修辭立其誠, 所以居業.' 坤道靜重而

69) ▲: '看其氣象, 便須〈心廣體胖〉, 〈動容周旋中禮〉.' 看來也是平日用功, 方能如此. 非一旦'出門如見大賓, 使民如承大祭', 便能如此."

70) ▲: 又問: "'克己復禮'乾道, '主敬行恕'坤道." 曰: "乾道者是見得善惡精粗分明, 便一刀兩段斬截了. 坤道便順這一邊做將去, 更不犯著那一邊." 又云: "乾道是創業之君, 坤道是繼體守成之君."

71) ▲: 〈出門如見大賓, 使民如承大祭〉." 因曰: "那未出門・使民時,

72) ▲: 云:

73) ▲: 子升問: "'〈克己復禮〉, 乾道也.' 此莫是知至已後工夫否?" 曰: "也不必如此說. 只見得一事, 且就一事上克去, 便是克己. 終不成說道我知未至, 便未下工夫! 若以『大學』之序言之, 誠意固在知至之後, 然亦須隨事修爲, 終不成說知未至, 便不用誠意・正心! 但知至已後, 自不待勉强耳." 【木之】

74) ▲: 袁子節問: "'克己復禮', 何以謂之乾道? '主敬行恕', 何以謂之坤道?" 曰: "乾道奮發而有爲, 坤道靜重而持守." 【一作"有守." ○時學】

75) ▲: 或問: "'克己復禮'者乾道, 莊敬持守者坤道, 如何分別?" 曰:

持守, 如'敬以直內, 義以方外'之類是也. 觀夫子告二子氣象, 各有所類."【洽】

42:27 ▲76) "顔子是奮發而有爲, 冉子是謙退而持守. 顔子高明强毅, ▲77)敎以'克己復禮'▲78) 冉子溫厚靜重, 故以持敬行恕告行79)."【必大】

42:28 ▲80) 顔子之於仁, 剛健果決, 如天旋地轉, 雷動風行做將去! 仲弓則斂藏嚴謹做將去. 顔子如創業之君, 仲弓如守成之君. 顔子如漢 高祖, 仲弓如漢 文帝. 伊川曰: '質美者明得盡, 査81)滓便渾化, 卻與天地同體. 其次惟莊敬以持養.' 顔子則是明得盡者也, 仲弓則是莊敬以持養之者也, 及其成功一也." 潛夫曰: "舊曾聞先生說: '顔·冉二子之於仁, 譬如捉賊, 顔子便赤手擒那賊出! 仲弓則先去外面關防, 然後方敢下手去捉他.'"【廣】

42:29 ▲82) "乾道是'見群龍無首吉.' 旣變則成坤, 故'先迷失道, 後順得常, 西南得朋, 東北喪朋.' 坤則都無頭, 但'利牝馬之貞'而已. 所以乾卦自'君子進德修業', 以至於'知至至之, 可與幾也, 知終終之, 可與存義也', 從知處說來. 如坤, 則但說'敬以直內, 義以方外', 只就持守處說, 只說得一截. 如顔子'克己復禮'工夫, 卻是從頭做起來, 是先要見得後卻做去, 大要着手脚. 仲弓卻只是據見成本子做, 只是依本畫葫蘆, 都不問着那前一截了. 仲弓也是和粹, 但精神有所不及. 顔子是

---

76) ▲: 或問: "顔·冉之學, 何以有乾道·坤道之別?" 曰:
77) ▲: 夫子故就其資質而
78) ▲: 之學.
79) 告行: 『朱子語類』에서는 敎之로 되어 있다.
80) ▲: 問: "'〈克己復禮〉, 乾道, 主敬行恕, 坤道', 如何?" 曰: "仲弓資質溫粹, 顔子資質剛明. '克己復禮, 天下歸仁. 爲仁由己, 而由人乎哉!'
81) 査: 賀本에서는 渣로 되어 있다.
82) ▲: 周貴卿問"'克己復禮'乾道, '持敬行恕'坤道." 曰:

大故通曉. 向時陸子靜嘗說, 顏子不如仲弓. 而今看着, 似乎是'克己復禮'▲83)較不如那'持敬行恕'底較無事, 但'克己復禮'工夫較大.▲84)【義剛 〇夔孫錄云: "坤是箇無頭底. 其「繇辭」曰: '▲85)牝馬之貞, 先迷後得.' 乾爻皆變而之坤, 其「辭」曰: '見群龍无首吉.' 乾變86)從知處說起, 故云: '知至至之, 知終終之.' 坤只是從持守處說, 故▲87): '敬以直內, 義以方外.' '克己88)復禮', 也是有知底工夫在前. 主敬行恕, 只是□▲89)見定依本分做將去. 或說仲弓勝似顏淵, 謂'出門如見大賓, 使民如承大祭', 勝如克己底費脚手. 然而顏子譬如創業底, 仲弓是守成底. 顏子極聰明警悟, 仲弓儘和粹."】

42:30 問: "▲90) 看來仲弓才質勝似顏子." 曰: "陸子靜▲91)也道仲弓勝似顏子, 然卻不是. 蓋'克己復禮', 乾道也, 是喫一服藥便效. 主敬行恕, 坤道也, 是服藥調護92), 漸漸消磨去. 公看顏子大小93)大力量, 一'克己復禮'便了! 仲弓只是循循做將去底, 如何有顏子之勇!" 祖道曰: "▲94)仲弓好做中人一箇準繩. 至於95)顏子, ▲96)力量打不到, 不如且學仲弓." 曰: "不可▲97) 推第一等與別人▲98). 顏子雖是勇, 然其着力

83) ▲: 底

84) ▲: 顏子似創業之君, 仲弓似守成之君. 仲弓不解做得那前一截, 只據見在底道理持守將去."【又一條云: "'克己復禮', 是要見得天理後, 方做將去. 仲弓卻只是據見在持將去."】 又問: "'仲弓寬洪簡重', 如何見得?" 曰: "也只想得是恁地. 夫子許他南面, 非如此不可. 如'不佞'等處, 也見得他簡重. 而今觀他說'居敬行簡'之類, 見得仁工夫也大故細密."

85) ▲: 利

86) 變: 英祖刊本・賀本에서는 便으로 되어 있다.

87) ▲: 云

88) 克己: 『小分』에서는 己克을 교정부호로 바로잡았다.

89) ▲: 據

90) ▲: 顏子問仁與仲弓問仁處,

91) ▲: 向來

92) 調護: 『小分』에서는 護調를 교정부호로 바로잡았다.

93) 大小: 賀本에서는 多少로 되어 있다.

94) ▲: 雖是如此, 然

95) 於: 『朱子語類』에서는 如로 되어 있다.

96) ▲: 學者

97) ▲: 如此立志,

下手處也可做." 因擧釋氏云, 有一屠者放下屠刀, 立地成佛底事. ▲[99]

42:31 問: "▲[100] 伊川謂: '大賓・大祭, 只是敬也.' 今若專主於大賓・大祭之心, 而不容其私欲之害, 亦可爲仁否?" 曰: "下一節所謂'不欲・勿施'與'無怨', 此乃以接物而言. 敬是此心, 接物亦以此心."【佐 ○『集義』】

42:32 ▲[101] 問: "呂氏之說卻是仁在外?" 曰: "說得未是." 又問: "只用敬否?" 曰: "世有敬而不能恕底人, 便只理會自守, 卻無溫厚愛人氣象. 若恕而無敬, 則無以行其恕." ▲[102]問: "伊川謂恕在己. ▲[103] 曰:

---

98) ▲: 做

99) ▲: 或曰: "如'不遷・不貳', 卻是學者難做底." 曰: "重處不在怒與過, 只在'遷'與'貳'字上看. 今不必論怒與過之大小, 只看'不遷・不貳'是甚模樣." 又云: "貳, 不是一二之'二', 是長貳之'貳.' 蓋一箇邊又添一箇, 此謂之貳." 又問: "'守之也, 非化之也', 如何?" 曰: "聖人則卻無這箇. 顏子則疑於遷貳與不遷貳之間." 又問: "先生適說: '〈克己復禮〉, 是喫一服藥便效.' 可以著力下手處, 更望力爲開發." 曰: "非禮勿視・勿聽・勿言・勿動處, 便是克己. 蓋人只有天理人欲. 日間行住坐臥, 無不有此二者, 但須自當省察. 譬如'坐如尸, 立如齋', 此是天理當如此. 若坐欲縱肆, 立欲跛倚, 此是人欲了. 至如一語一默, 一飮一食, 盡是也. 其去復禮, 只爭這些子. 所以禮謂之'天理之節文'者, 蓋天下皆有當然之理. 今復禮, 便是天理. 但此理無形無影, 故作此禮文, 畫出一箇天理與人看, 敎有規矩可以憑據, 故謂之'天理之節文.' 有君臣, 便有事君底節文, 有父子, 便有事父底節文, 夫婦長幼朋友, 莫不皆然, 其實皆天理也. 天理人欲, 其間甚微. 於其發處, 子細認取那箇是天理, 那箇是人欲. 知其爲天理, 便知其爲人欲. 旣知其爲人欲, 則人欲便不行. 譬如路然, 一條上去, 一條下去, 一條上下之間. 知上底是路, 便行, 下底差了, 便不行. 此其所操豈不甚約, 言之豈不甚易! 卻是行之甚難. 學者且恁地做將去, 久久自然安泰. 人旣不隨私意, 則此理是本來自有底物, 但爲後來添得人欲一段. 如'孩提之童, 無不知愛其親, 及長, 無不知敬其兄', 豈不是本來底. 卻是後來人欲肆時, 孝敬之心便失了. 然而豈眞失了? 於靜處一思念道, 我今日於父兄面上孝敬之心頗虧, 則此本來底心便復了也. 只於此處牢把定其功, 積久便不可及."【祖道】

100) ▲: '出門如見大賓, 使民如承大祭',

101) ▲: 問"仲弓問仁." 曰: "能敬能恕, 則仁在其中."

102) ▲: 問: "'在家・在邦無怨', 諸說不同." 曰: "覺得語脈不是." 又

"只是處己旣能敬, 而接人又能恕, 自然是在邦・在家人皆無得而怨之. 此是爲仁之驗, 便如'天下歸仁'處一般."【罃】

「司馬牛問仁章」

42:33 ▲[104] "仁者常存此心, 所以難其出[105]. 不仁者已不識痛痒[106], 得說便說, 如[107]人夢寐中讛語, 豈復知是非善惡! 仁者只知'爲之難', '言之得無訒乎'!"【寓】

42:34 ▲[108] "仁者心常醒在, 見▲[109]事來, 便知道須要做得合箇道理, 不可輕易, 便是知得道'爲之難', 故自不敢輕言. 若不仁底人, 心常如瞌睡底相似, 都不▲[110]見箇事理, 便天來大事, 也敢輕輕做一兩句說了."【時擧】[111]

42:35 ▲[112]問: "▲[113] 只是'訥於言'意思否?" 曰: "'訥於言而敏於行.' 是怕人說得多後, 行不逮其言也. 訒, 是說持守得那心定後, 說出來自是有斟酌, 恰似肚裏先商量了方說底模樣. 而今人只是信口說, 方說時, 它心裏也自不知▲[114]."【義剛】

---

103) ▲: 卻是自家心中之怨?"
104) ▲: 或問"仁者其言也訒." 曰:
105) 出: 成化本에서는 言으로 되어 있다.
106) 痒: 成化本에서는 癢으로 되어 있다.
107) 說如: 『小分』에서는 如說을 교정부호로 바로잡았다.
108) ▲: 宜久問"仁者其言也訒." 曰:
109) ▲: 箇
110) ▲: 曾
111) 【時擧】: 徽州本에는 【時擧 ○植同.】으로 되어 있다.
112) ▲: 仲蔚
113) ▲: '仁者其言也訒',
114) ▲: 得

42:36 仁者之▲[115], 言自然訒. 在學仁者, 則當自謹言語中, 以操持此心. 且如而今人愛胡亂說話, 輕易言語者, 是他此心不在, 奔馳四出, 如何有仁!【明作】

42:37 ▲[116] 這是司馬牛身上一病. 去得此病, 方好將息充養▲[117].【道夫】

42:38 ▲[118] 心存, 則自是不敢胡亂說話. 大率說得容易底, 便是他心放了, 是實未嘗爲之也. 若不敢胡亂做者, 必不敢容易說, 然亦是存得這心在."【或曰: "言行常相表裏." 又曰: "人到得少說話時, 也自是心細了"[119]. ○燾 ○僩錄▲[120].】

42:39 問: "▲[121]'其言也訒', ▲[122]通上下言否?" 曰: "就他身上說, 又較親切. 人謹得言語不妄發, 卽求仁之端. 此心不放, 便存得道理在這裏[123]."

42:40 學者千章萬句, 只是理會一箇心. 且如"仁者其言也訒", 察其言, 便可知其本心之存與不存, 天理人欲之勝負.【端蒙】

42:41 ▲[124]問: "顔子・仲弓・司馬牛問仁, 雖若各不同, 然克己工

---

115) ▲: 人
116) ▲: "仁者其言也訒."
117) ▲: 耳
118) ▲: "爲之難, 言之得無訒乎"!
119) 或曰: "言行常相表裏." 又曰: "人到得少說話時, 也自是心細了": 賀本에서는 본문으로 되어 있다.
120) ▲: 略
121) ▲: 聖人答司馬牛
122) ▲: 此句
123) 便存得道理在這裏: 徽州本에서는 이 뒤에 萬淳同이라는 注가 더 있다.
124) ▲: 或

夫, 也是主敬, '其言也訒', 也是主敬." 曰: "司馬牛如何做得顏子▲[125]工夫. 須是逐人自理會. 仁譬之屋, 克己是大門, 打透便入來, 主敬行恕是第二門, 言訒是箇小門. 雖皆可通, 然小門便迂迴得些, 是它病在這裏. 如'先難後獲', 亦是隨它病處說."【銖】

「司馬牛問君子章」

42:42 "不憂不懼", 司馬牛將謂是塊然頑然, 不必憂懼. 不知夫子自說是"內省不疚", 自然憂懼不來.【明作】

42:43 爲學須先尋得一箇路逕[126], 然後可以進步, 可以觀書. 不然, 則書自書, 人自人. 且如孔子說"內省不疚, 夫何憂何懼"! 須觀所以"不憂不懼", 由"內省不疚." 學者又須觀所以"內省不疚"如何得來.【可學】

「司馬牛憂曰章」

42:44 "死生有命", 是合下稟得已定, 而今着力不得. "富貴在天", 是你着力不得.【僩】

42:45 "富貴在天", 非我所與, 如有一人爲之主宰然.【升卿】

42:46 ▲[127]子夏之意, 只是說[128]死生是稟於有生之初, 不可得而移, 富貴是服[129]下有時適然遇着, 非我所能必. 若推其極, 固是都稟於有生之初." ▲[130]問伊川・橫渠命・遇之說. 曰: "所謂命者, 如天子命我

125) ▲: ・仲弓底
126) 逕: 成化本에서는 徑으로 되어 있다.
127) ▲: "'死生有命, 富貴在天.'
128) 是說: 『朱子語類』에서는 說是로 되어 있다.
129) 服: 『朱子語類』에서는 眼으로 되어 있다.

作甚官, 其官之閑易繁難, ▲131) 甚處做不得, 便都是一時命了, 自家只得去做. 故孟子只說'莫非命也', 卻有箇正與不正. 所謂正命者, 蓋天之始初命我, 如事君忠, 事父孝, 便有許多條貫在裏. 至於有厚薄淺深, 這卻是氣稟了, 然不謂之命不得, 只不是正命. 如'桎梏而死', 喚做非命不得. 蓋緣它當時稟得箇乖戾之氣, 便有此, 然謂之'正命'不得. 故君子戰兢, 如臨深履薄, 蓋欲'順受其正'者, 而不受其不正者. 且如說當死於水火, 不成便自赴水火而死! 而今只恁地看, 不必去生枝節, 說命說遇, 說同說異也." 【夔孫】

42:47 問"敬而無失." 曰: "把捉不定, 便是失." 【雉】

42:48 或言: "司馬牛所憂, 人當兄弟如此, 也是處不得." 曰: "只是如子夏說'敬而無失, 與人恭而有禮.' 若大段着力不得, 也不奈何. 若未然底可諫, 尙可着力, 做了時, 也不奈何得." 【明作】

42:49 問: ▲132) 胡氏謂'意圓語滯', 以其近於二本否?" 曰: "子夏當初之意, 只謂在我者'敬而無失', 與人又'恭而有禮', 如此則四海之內皆親愛之, 何患乎無兄弟! 要去開廣司馬牛之意. 只不合下箇'皆兄弟'字, 便成無差等了." 【淳】

「子張問明章」

42:50 ▲133) "譖, 是譖人, 是不干己底事. 才說得驟, 便不能入他, 須是閑言冷語, 掉放那裏, 說教來不覺. 愬, 是逆, 是切己底事. 方說得緩慢, 人便不將做事, 須是說得緊切, 要忽然間觸動他, 如被人罵,

130) ▲: 因
131) ▲: 甚處做得,
132) ▲: "'四海皆兄弟',
133) ▲: 問"浸潤之譖, 膚受之愬." 曰:

便說被人打, 被人打, 便說人要殺. 蓋不如此, 不足以觸動他▲[134]." 也[135]問: "明而遠, 是見得到否?" 曰: "是. '明'字說不足, 又添箇'遠'字贊之." 【燾】

42:51 ▲[136]問: ▲[137] 若他父兄有急難, 其事不可緩, 來愬時, 便用周他. 若待我審究得▲[138], 已失事了, 此當如何?" 曰: "不然. 所以說明, 又說遠, 須是眼裏識箇眞僞始得. 若不[139]識箇眞僞, 安得謂之明遠! 這裏自有道理, 見得過他眞僞, 卻來瞞我不得. 譬識藥材, 或將假藥來賣, 我識得過, 任他說千言萬語, 我旣見破僞了, 看如何說也不買. 此所以謂之明遠. 只是這些子." 【明作】

42:52 ▲[140] 想得子張是箇過高底資質, 於此等處有不察, 故夫子語之否?" 曰: "然." 【廣】

「子貢問政章」

42:53 ▲[141]此只是因足食・足兵而後民信, 本是兩項事, 子貢卻做三項事認了. '信'字便是在人心不容變底事也." 【時擧】

42:54 問: "▲[142] 是民自不立, 是國不可立?" 曰: "是民自不立. 民不立, 則國亦不能以立矣." 問: "民如何是不立?" 曰: "有信則相守而死.

134) ▲: 也
135) 也: 『朱子語類』에서는 又로 되어 있다.
136) ▲: 或
137) ▲: "膚受之愬', '切近灾也.'
138) ▲: 實
139) 若不: 『小分』에서는 不若을 교정부호로 바로잡았다.
140) ▲: 問: "浸潤・膚受之說,
141) ▲: 文振問"足食・足兵, 民信之矣." 曰: "看來
142) ▲: '民無信不立',

無信, 則相欺相詐, 臣棄其君, 子棄其父, 各自求生路去."【淳】

「棘子成曰章」

42:55 ▲[143] "此▲[144]君子, 與▲[145]'其爭也君子'同, 蓋說得話來也君子."【熹】

42:56 問: "惜乎! 夫子之說, 君子也. 古注只作一句說, 先生作兩句說, ▲[146]" 曰: "若作一句說, 則'惜乎'二字無着落."【廣】

42:57 問: "▲[147] 如何以文觀人?" 曰: "無世間許多禮法, 如何辨得君子小人? 如老·莊之徒, 絶滅禮法, 則都打箇沒理會去. 但子貢之言似少差別耳, 如孔子說'禮與其奢也寧儉', '與其不遜也寧固', 便說得好."【雉】

42:58 ▲[148] 子貢全說文以矯子成, 又錯. 若虎皮·羊皮, 雖除了毛, 畢竟自別, 事體不同. 使一箇君子與一箇屠販之人相對立[149], 並不以文見, 畢竟兩人好惡自別. 大率固不可無文, 亦當以質爲本, 如"寧儉·寧戚"之意.【明作】

「哀公問於有若章」

---

143) ▲: 問"惜乎! 夫子之說, 君子也." 曰:
144) ▲: 說
145) ▲: 說
146) ▲: 如何?
147) ▲: '文猶質也, 質猶文也, 虎豹之鞹, 猶犬羊之鞹.'
148) ▲: 棘子成全說質, 固未盡善,
149) 立: 『朱子語類』에서는 坐로 되어 있다.

42:59 ▲[150] "徹, 是八家皆通出力合作九百畝田, 收則計畝均收, 公取其一, 如助, 則八家各耕百畝, 同出力共耕公田, 此助・徹之別也." 【燾】

42:60 ▲[151] "'未有府庫財非其財者也.' 百姓既足, 不成坐視其君不足, 亦無此理. 蓋'有人斯有土, 有土斯有財.' 若百姓不足, 君雖厚斂, 亦不濟事." 【雉】

42:61 ▲[152] "今之州郡, 盡是於正法之外, 非泛誅取. 且如州郡倍契一項錢, 此是何名色! 然▲[153]州縣無這箇, 便做不行. 當初經・總制錢, 本是朝廷去賴取百姓底, 州郡又去瞞經・總制錢, 都不成模樣! 然不如此, 又便做不行." 或曰: "今州郡有三項請受, 最可畏. 宗室・歸正・添差使臣也." 曰: "然. 歸正人今卻漸少, 宗室則日盛, 可畏. 小使臣猶不見得, 更有那班裏換受底大使臣, 這箇最可畏, 每人一月自用四五百千結裹它!" 【僩】

「子張問崇德辨惑章」

42:62 ▲[154] "'主忠信'者, 每事須要得忠信. 且如一句話不忠信, 便是當得沒這事了. '主'字須重看. 喚做'主', 是要將這箇做主. '徙義', 是自家一事未合義, 遷徙去那義上, 見得又未甚合義, 須更徙去, 令都合義. '主忠信', 且先有本領了, 方'徙義', 恁他便德會崇. 若不先'主忠信', 卽空了, 徙去甚處? 如何會崇! '主忠信'而不'徙義', 卻又固執." 【植】

---

150) ▲: 問"盍徹乎." 曰:
151) ▲: 問"百姓足, 君孰與不足." 曰:
152) ▲: 或問有若對哀公"盍徹乎"之說云云. 曰:
153) ▲: 而
154) ▲: 問"主忠信, 徙義." 曰:

42:63 "主忠信"是箚脚處, "徙義"是進步處. 漸漸進去, 則德自崇矣. 【方子】

42:64 問: "『易』只言'忠信所以進德', 而孔子答子張▲155)問, 又及於'徙義'者, 是使學者於所存・所行處兩下都做工夫否?" 曰: "忠信是箇基本, '徙義'又是進處. 無基本, 徙進不得, 有基本矣, 不'徙義', 亦無緣得進."【廣】

42:65 ▲156)

「齊景公問政章」

42:66 問: "▲157)當時陳氏厚施於國, 根株盤據▲158)使孔子爲政, 而欲正其君臣父子, 當於何處下手?" 曰: "此便是難. 據晏子之說, 則曰: '惟禮可以已其亂.' 然當時擧國之人皆欲得陳氏之所謀成, 豈晏子之所謂禮者可得而已之! 然此豈一朝一夕之故? 蓋其失在初, 履霜而至堅氷, 亦末如之何也▲159)

42:67 ▲160)景公問政'與'待孔子'二章, 想是一時說話. ▲161) 見得景

155) ▲: 崇德之
156) ▲: 問: "子張問'崇德・辨惑', 孔子旣答之矣, 末又引'我行其野'之詩以結之. '誠不以富, 亦祇以異.' 伊川言: '此二句當冠之〈齊景公有馬千駟〉之上, 後之傳者因齊景公問政而誤之耳.' 至范氏則以爲人之成德不以富, 亦祇以行異於野人而已. 此二說如何?" 曰: "如范氏說, 則是牽合. 如伊川說, 則是以'富'言'千駟', '異'言夷・齊也. 今只得如此說."【謨】
157) ▲: 齊景公問政, 孔子告以'君君, 臣臣, 父父, 子子.' 然
158) ▲: 如此. 政
159) ▲: 已. 如孔子相魯, 欲墮三家, 至成則爲孟氏所覺, 遂不可墮. 要之, 三家孟氏最弱, 季・叔爲强. 强者墮之, 而弱者反不可墮者, 强者不覺, 而弱者覺之故也." 問: "成旣不可墮, 夫子如何別無處置了便休?" 曰: "不久夫子亦去魯矣. 若使聖人久爲之, 亦須別有箇道理."【廣】

公▲[162]年老志衰, 苟且度日, 不復有遠慮底人." 曰: "景公平日自是箇無能爲底人, 不待老也."【廣】

「子路無宿諾章」

42:68 ▲[163] "子路許了人, 便與人去做這事. 不似今人許了人, 卻掉放一壁不管."【雉】

「子張問政章」

42:69 ▲[164] "'居之無倦', 在心上說, '行之以忠', 在事上說. '居之無倦'者, 便是要此心長在做主, 不可放倒, 便事事都應得去. '行之以忠'者, 是事事要着實. 故某『集注』云: '以忠則表裡[165]如一.' 謂心[166]裏要如此, 便外面也如此, 事事靠實去做也."【時擧】

42:70 ▲[167] "若是有頭無尾底人, 便是忠也不久, 所以孔子先將箇無倦逼截它."【賀孫】

42:71 ▲[168] "所居, 是自己事, 要終始如一. '行之以忠', 是對人言之, 謂應接時恐有不誠處."【必大】

---

160) ▲: 問: "'齊
161) ▲: 觀此兩段,
162) ▲: 是箇
163) ▲: 問"子路無宿諾." 曰:
164) ▲: 亞夫問"居之無倦, 行之以忠." 曰:
165) 裡: 『朱子語類』에서는 裏로 되어 있다.
166) 心: 賀本에는 없다.
167) ▲: 問"居之無倦, 行之以忠." 曰:
168) ▲: 問"居之無倦, 行之以忠." 曰:

42:72 子張是箇有銳氣底人. 做[169]事初頭乘些銳氣去做, ▲[170]下梢, 多無殺合, 故告以"居之無倦." 又且不朴[171]實, 故告之以"行之以忠", 欲其盡心力也. 【燾】

42:73 ▲[172]問: "▲[173]行固是行其所居, 但不知居是居箇甚物事?" 曰: "常常惺地提省在這裏, 若有頃刻放倒, 便不得."【賀孫】

「君子成人之美章」

42:74 問: ▲[174] "'成'字只是'欲'字."【營】

「季康子患盜章」

42:75 問: "楊氏謂: '欲民之不爲盜, 在不欲而已.' 横渠謂[175]: '欲生於不足, 則民盜. 能使無欲, 則民自不爲盜. 假設以子不欲之物, 賞子使竊, 子必不竊. 故爲政在乎足民, 使無所欲而已.' 如横渠之說, 則是孔子當面以季康子比盜矣. 孔子於季康子雖不純於爲臣, 要之孔子必不面斥之如此. 聖人氣象, 恐不若是. 如楊氏所說, 只是責季康子之貪, 然氣象和平, 不如此之峻厲. 今欲且從楊說, 如何?" 曰: "善." 【謨】

169) 做: 孝宗刊本·英祖刊本·成化本에서는 이 앞에 它가 더 들어 있고, 賀本에서는 它作으로 되어 있다.

170) ▲: 少間做到

171) 朴: 成化本·賀本에서는 樸으로 되어 있다.

172) ▲: 亞夫

173) ▲: '居, 謂存諸心, 無倦, 謂始終如一. 行, 謂施諸事, 以忠, 謂表裏如一.' 此固分明. 然

174) ▲: "'君子成人之美, 不成人之惡.' '成'字如何?" 曰:

175) 横渠謂: 徽州本에서는 이 앞에 謝氏謂反身以善俗, 此與楊相類. 獨이 더 있다.

「季康子問政章」

42:76 ▲[176] "尹氏謂: '殺之爲言, 豈爲人上之語哉!' 此語固好. 然聖人只說'焉用殺'三字, 自是不用解了. 蓋上之人爲政欲善, 則民皆善, 自是何用殺. 聖人之言渾[177]成如此."【時擧】

「子張問士章」

42:77 ▲[178] "行得無窒礙謂之'達.' '在家必達, 在邦必達', 事君則得乎君, 治民則得乎民, 事親則孝, 事長則弟, 無所不達."【植錄▲[179] "如事親則得乎親, ▲[180]."】 ▲[181] "'色取仁而行違, 居之不疑', 正是指子張病痛處."【謙之】

42:78 ▲[182] "達, 是退一步底, 聞, 是近前一步做底. 退一步底卑遜篤實, 不求人知, 一旦工夫至到, 卻自然會達. 聞是近前一步做, 惟恐人不知, 故矜張夸[183]大, 一時若可喜, 其實無足取者."【雉】

42:79 ▲[184] "此▲[185] 非明達之'達.' 但聞只是求聞於人, 達卻有實, 實方能達."【㽦】

176) ▲: 或問"子爲政, 焉用殺." 曰:
177) 渾: 孝宗刊本・英祖刊本・成化本에서는 混으로 되어 있다.
178) ▲: 問"何如斯可謂之達." 曰:
179) ▲: 云:
180) ▲: 事君則得乎君之類
181) ▲: 又曰:
182) ▲: 周問聞・達之別. 曰:
183) 夸: 成化本・賀本에서는 誇로 되어 있다.
184) ▲: 問"達"字之義. 曰:
185) ▲: 是聞達之'達',

42:80 達者, 實有而不居, 聞者, 卻是要做這模樣.【端蒙】

42:81 "質直而好義", 便有箇觸突人底意思. 到得"察言觀色, 慮以下人", 便又和順底細, 不至觸突人矣. 慮, 謂思之詳審, 常常如此思慮, 恐有所不覺知也. 聖人言語, 都如此周徧[186]詳密.【僩】

42:82 ▲[187] "此是實要做工夫. 蓋察人之言, 觀人之色, 乃是要驗吾之言是與不是. 今有人自任己意說將去, 更不看人之意是信受佗, 還不信受佗. 如此, 則只是自高, 更不能謙下於人, 實去做工夫也. 大抵人之爲學, 須是自低下做將去, 才自高了, 便不濟事."【時舉】

42:83 問: "'察言觀色', 想是子張躐等, 爲大賢'於人何所不容'之事, 於人不辨別邪正與賢不肖, 故夫子言此以箴之." 曰: "子張是做箇大底意思包他人." 至之問: "'堂堂乎張也', 它是有箇忽略底意思否?" 曰: "他做箇大底意思包人, 便是忽略."【時舉】

42:84 "▲[188]取仁而行違", 這是占外面地位闊了, 裏面塡不足.【植】

42:85 ▲[189] "達者, 是自家實去做, 而收斂近裏底. 如'質直好義', 便是自去做. '察言觀色', 便是察人辭色而與之言. 又'慮以下人', 惟恐其不收斂也. 若是只據自家意只管說去, 更不問人聽與不聽, 便是不'察言觀色.' 然而能如此, 則德修於己, 而自孚於人, 所行自無窒礙矣, 故曰達. 聞者, 是箇做作底, 專務放出, 外求人知而已. 如'色取仁而行違', 便是不務實而專務外. '居之不疑', 便是放出外而收斂不得, 只得自擔當不放退. 蓋才放退, 則連前面都壞, 只得大拍頭居之不疑, 此其

186) 徧: 賀本에서는 遍으로 되어 있다.
187) ▲: 問"察言而觀色." 曰:
188) ▲: 色
189) ▲: 問子張問達與聞一章. 曰:

所以駕虛而無實行也. 某向來未曉'聞達'二字. 因見鄉中有人, 其傳揚說好者甚衆, 以至傳揚於外, 莫不皆然. 及細觀其所爲, 皆不誠實. 以此方見得聖人分達與聞之別意思, 如此段形容得達與聞極精." 又云: "'色取仁而行違', 不惟是虛有愛憐之態, 如'正顏色'而不'近信', '色厲而內荏', 皆'色取仁而行違'也."【燾】

42:86 問: "▲[190] 達是躬行實踐做出來底, 聞是沽名要譽底." 曰: "然. 達是常自貶損, 不求名而名自達者. 聞是向前求名底." ▲[191] "'慮以下人', 慮是子細思量, ▲[192]如做一事, 便思量惟恐有觸突▲[193]處." ▲[194] "'質直好義', 是質直好底. 有那質直麤底, 又不好義."【燾】

42:87 質, 是質實. 直又自是一字. 質, 就性質[195]上說, 直, 漸就事上說. 到得好義, 又多在事上. 直, 固是一直做去, 然至於好義, 則事事區處要得其宜. 這一項都是詳細收斂工夫. 如"色取仁而行違, 居之不疑", 這只是麤謾將去. 世上有此等人, 專以大意氣加人. 子張平日是這般人, 故孔子匡[196]救其病. ▲[197]一箇是名, 一箇是實.【賀孫】

42:88 問: "▲[198] 在邦必聞, 在家必聞', 與鄉原如何?" 曰: "卻不同. ▲[199]'在邦必聞, 在家必聞'底, 是大拍頭做, 要壓倒人. 鄉原卻是不做聲, 不做氣, 陰沈做罪過底人." 義剛言: "二者皆是要譽, 而天理都不存▲[200]." 曰: "固是▲[201]. 但一箇是向前去做, 一箇是退來做."【義剛】

190) ▲: 子張問聞與達一章,
191) ▲: 又云:
192) ▲: 謂
193) ▲: 人
194) ▲: 又云:
195) 質: 『朱子語類』에서는 資로 되어 있다.
196) 匡: 成化本・賀本에서는 匡으로 되어 있다.
197) ▲: 此章大意, 不出
198) ▲: '色取仁而行違, 居之不疑,
199) ▲: 那

42:89 問: "▲[202] 伊川以爲明達之'達', 上蔡以爲令聞四達之'達', 尹氏以爲'充於內而發於外爲達.' 三說如何?" 曰: "▲[203] 只是言所行要無窒礙. 如事君必得乎上, 治民必得乎下, 而無所不行, 無所不通, 與子張問行大抵相似. 呂氏謂'德孚於人者必達, 矯行求名者必聞', 此說卻是好."【去僞[204] ○『集注』】

42:90 ▲[205]問: "▲[206] 質直是質性之直, 或作兩件說." 曰: "質與直是兩件." "▲[207] 龜山▲[208]: '察言故不失口於[209]人, 觀色故不失色▲[210]人.' 如何?" 曰: "自家色如何觀得? 只是察人言, 觀人色. 若照管不及, 未必不以辭氣加人. ▲[211]只做自家工夫, ▲[212] '雖蠻貊之邦行矣.' ▲[213] 子張只去聞處着力, 聖人此語正中其膏肓. '質直好義'等處, 專是就實, '色取仁而行違', 專是從虛."【寓】

42:91 問[214]: "▲[215] 和靖謂'立志質直', ▲[216]" 曰: "▲[217]不須說立

---

200) ▲: 了
201) ▲: 如此
202) ▲: 子張以聞爲達,
203) ▲: 此所謂達者,
204) 去僞: 徽州本에서는 謨로 되어 있다.
205) ▲: 楊
206) ▲: '質直而好義',
207) ▲: '察言觀色',
208) ▲: 說
209) 口於: 『小分』에서는 於口를 교정부호로 바로잡았다.
210) ▲: 於
211) ▲: 此
212) ▲: 不要人知. 旣有工夫, 以之事親則得乎親, 以之事君則得乎君, 以之交朋友而朋友信,
213) ▲: 此是在邦・在家必達之理.
214) 問: 徽州本에서는 이 앞에 驤이 더 있다.
215) ▲: '質直而好義',
216) ▲: 如何?
217) ▲: 這箇莫

志質直, ▲[218]只是無華僞. 質是朴[219]實, 直是無偏[220]曲, 而所行又合宜. 觀人之言而察人之色, 審於接物, 慮以下人, 只是一箇謙. 如此便做得去. 達是做得去." ▲[221]問: "仁如何以顔色取?" 曰: "此處與前說相反, 只是顔色雖做仁者擧止, 而所行又卻不如此. 此恐是就子張身上說."【驤】[222]

「樊遲從遊舞雩之下章」

42:92 問: "如何'先事後得', 便可以崇德?" 曰: "人只有這一箇心, 不通着兩箇物事. 若一心做事, 又有一箇求得之心, 便於這上不專, 如何有積累之功! ▲[223] 且如今做一事, 一心在此做, 一心又去計較功勞, 這一件事定是不到頭, 不十分精緻. 若▲[224] 要做這箇, 又要做那箇, ▲[225] 雖二者皆出於善也不得, 況於不善者乎!"【賀孫】

42:93 ▲[226] "今人做事, 未論此事當做不當做, 且先計較此事有甚功效. 旣有計較之心, 便是專爲利而做, 不復知事之當爲矣. 德者, 理之得於吾心者也. 凡人若能知所當爲, 而無爲利之心, 這意思便自高遠. 才爲些小利害, 討些小便宜, ▲[227]便卑下了. 所謂崇者, 謂德自此而愈高起也."【時擧】[228]

---

218) ▲: 但
219) 朴: 成化本・賀本에서는 樸으로 되어 있다.
220) 偏: 孝宗刊本・賀本에서는 徧으로 되어 있다.
221) ▲: 又
222)【驤】: 徽州本에는【道夫】로 되어 있다.
223) ▲: 這一條心路只是一直去, 更無它歧, 纔分成兩邊, 便不得.
224) ▲: 是做一事, 只是做一事.
225) ▲: 便自不得.
226) ▲: 陳希眞問"先事後得, 非崇德與." 曰:
227) ▲: 這意思
228)【時擧】: 徽州本에는【時擧 ○希遜錄同.】으로 되어 있다.

42:94 ▲[229] 今做一件好事, 便望它功效, 則心便兩歧了. 非惟是功效不見, 連那所做底事都壞了. 而今一向做將去, 不望他功效, 則德何緣不崇!" 【時舉】

42:95 ▲[230] "正如韓信背水陣, 都忘了反顧之心, 戰必勝矣." ▲[231] "當思'先事後得', 如何可以崇德." 蓋不可有二心. 一心在事, 則德自崇矣." 【方子】[232]

42:96 ▲[233]問: "'先難而後獲', '先事後得', 莫是因樊遲有計較功利之心, 故如此告之?" 曰: "此是後面道理. ▲[234] 蓋做合做底事, 便純是天理. 才有一毫計較之心, 便是人欲. 若只循箇天理做將去, 德便自高[235]. 才有人欲, 便這裏做得一兩分, 卻那裏缺了一兩分, 這德便消削了, 如何得會崇. 聖人千言萬語, 正要人來這裏看得破." 【時舉】

42:97 "攻其惡, 無攻人之惡." 須是截斷了外面他人過惡, 只自檢點, 方能自攻其惡. 若纔[236]去檢點它人, 自家這裏便疎[237], 心便麤了. 【僴】

42:98 問: "子張・樊遲'崇德・辨惑'之問, ▲[238]答之不同?" 曰: "子張是矜張不實底人, 故夫子於崇德, 則告之以'主忠信, 徙義', 欲收斂着實做工夫. 常人之情, 好人惡人, 只是好之惡之而已, 未至於必欲其

229) ▲: 問"先事後得." 曰: "但做自家合做底事, 不必望他功效.
230) ▲: 論"先事後得", 曰:
231) ▲: 又云:
232) 【方子】: 徽州本에는 【可學】으로 되어 있다.
233) ▲: 亞夫
234) ▲: 而今且要知'先事後得'如何可以崇德.
235) 高: 『朱子語類』에서는 崇으로 되어 있다.
236) 纔: 賀本에서는 才로 되어 있다.
237) 疎: 成化本・賀本에서는 疏로 되어 있다.
238) ▲: 何故

生, 必欲其死處. 必是子張平日於喜怒之間用心過當, 故又告之以此. 樊遲爲人雖無所考, 以學稼・學圃及夫子答問觀之, 必是箇鄙俗麤暴底人, 故夫子告之以'先難後獲', 此又以'先事後得'告之. 蓋鄙俗則有近利之意, 麤暴則有因忿忘身之患, 皆因其失而救之▲239)." 【雉】

○240)『左傳』中亦引"克己復禮, 仁也." 如"崇德・修慝・辨惑", 亦是古語, 蓋是兩次問了. 【燾】

「樊遲問仁章」

42:99 ▲241)

42:100 ▲242)"愛人", ▲243)"知人." 有甚難曉處? 樊遲因甚未達? 蓋愛人則無所不愛, 知人則便有分別, 兩箇意思自相反, 故疑之, 只有曾吉甫說得好: "'擧直錯諸枉', 便是知人, '能使枉者直', 便是愛人." 曾解一部『論語』, 只曉得這一段244).

42:101 ▲245) 一箇是慈愛, 一箇是辨別, 各自向一路. 惟是'擧直錯諸枉, 能使枉者直', 方見得仁知合一處, 仁裏面有知, 知裏面有仁." 【僩】

---

239) ▲: 也
240) ○:『朱子語類』60:101의 일부이다.
241) ▲: 樊遲未達者, 蓋愛人且是汎愛, 知人則有所擇, 二者相反, 故疑之. 夫子曰: "擧直錯諸枉, 能使枉者直." "能使枉者直", 便是仁. 樊遲誤認二句只是知, 故見子夏而問之, 子夏遂言之. 至於"不仁者遠", 然後仁・知之義皆備. 【德明】
242) ▲: 樊遲問仁, 孔子答以
243) ▲: 問知, 答以
244) 只曉得這一段: 徽州本에서는 이 뒤에 辛이 더 있다.
245) ▲: 每常說: "仁知,

42:102 “愛人・知人”, 自相爲用. 若不論直與枉, 一例愛他, 也不得. 大抵惟先知了, 方能頓放得箇仁▲246). 聖人只此兩句, 自包上下. 後來再與子夏所言, 皆不出此兩句意, 所以爲聖人之言. 【時擧】

42:103 ▲247) “愛人・知人, 是仁・知之用. 聖人何故▲248) 卻不告之以▲249)體?” 文振云: “聖人說用, 則體在其中.” 曰: “固是. 蓋尋這用, 便可以知其體, 蓋用卽是體中流出也.” 【時擧】

42:104 ▲250)問: “▲251) 莫是仁知之體難言, 而樊遲未足以當之, 姑擧其用, 使自思其體?” 曰: “‘體’與‘用’雖是二字, 本未嘗相離, 用卽體之所以流行.” 【賀孫】

42:105 ▲252)

42:106 問: “▲253) 不惟治天下國家如此. 而今學者若在一家一鄕而處置得合義時, 如此.” 【如“不仁者遠矣”之類.】 曰: “▲254)辨別得分曉, 擧措255)得是當, 便是仁之事. 且如人在鄕曲處置得事是當, 敎一鄕之人不至於爭鬪256), 卽所以仁之也.” 【燾】

246) ▲: 也
247) ▲: 文振說“樊遲問仁, 曰: ‘愛人’”一節. 先生曰:
248) ▲: 但以仁・知之用告樊遲,
249) ▲: 仁・知之
250) ▲: 或
251) ▲: 愛人者, 仁之用, 知人者, 知之用. 孔子何故不以仁知之體告之? 乃獨擧其用以爲說.
252) ▲: 問: “‘不仁者遠矣’, 謂不仁者皆爲仁, 則不仁之事無矣.” 曰: “是.” 【雉】
253) ▲: ‘樊遲問仁・知’一章, 燾看來,
254) ▲: 這‘仁・知’兩字相須. 但
255) 措: 賀本에서는 錯으로 되어 있다.
256) 鬪: 賀本에서는 鬥로 되어 있다.

「子貢問友章」

42:107 ▲[257] "告之之意固是忠了, 須又敎道得善, 始得."【雉】

42:108 ▲[258] "'善道', 是以善道之. 如有人雖敢忠言, 未必皆合道理者, 則是未善也."【時學[259]】

---

257) ▲: 問"忠告善道." 曰:

258) ▲: 問"忠告善道." 曰:

259)【時學】: 徽州本에서는 이 뒤에 希遜同이 더 있고, 뒤에 한 단락이 더 들어 있다. 以道事君, 不可則止. '忠告而善道之, 不可則止.' 夫以道事君, 不可則止者, 謂道不合則去也. 以責善爲友, 不可則止者, 謂言不從則已也. 如是, 則聖人於事君・交友之間, 一有不可則去之, 已之而已, 恐非聖人所以盡君臣朋友之義也. 嘗記張子韶解此, 謂'不可則止者, 當其微有不可, 則隨而止之, 無待其事之失過之形而後用力以正之也.' 此說似廣大, 未審是否?. 曰: 子韶之說不通, 與上下文義自不相貫. 近世學者多取子韶之說, 愛其新奇, 而不審其不當於理. 此甚害事, 不可不知也.【謨】

『朱子語類』 卷第四十三

「『論語』二十五」

「子路篇」

「子路問政章」

43:1 問: ▲[1] '勞'字▲[2]有兩音, 有兩說否?" 曰: "勞之以身, 勤之以事, 亦須是自家喫些辛苦, 方能令得他. 『詩』所謂'星言夙駕, 說于桑田.' 古人戴星而入[3], 戴星而出[4], 必是自耐勞苦, 方能率[5]得人. 欲民之親其親, 我必先之以孝, 欲人[6]之事其長, 我必先之以弟. 子路請益, 聖人告之'無倦.' 蓋勞苦亦人之難事, 故以'無倦'勉之." 【寓】

43:2 問: "'勞之'恐是以言語勸勉他?" 曰: "如此說, 不盡得爲政之理. ▲[7] 亦不甚要緊, 亦是淺近事. 聖人自不用說, 亦不見得無倦底意. 勞是勤於事, 勤於事時, 便有倦底意, 所以教它勞. 東坡下'行'字與'事'字, 最好." 或問: "'愛之能勿勞乎', 有兩箇勞字?" 曰: "這箇'勞', 是使它勞." 【謙之】

---

1) ▲: "'先之, 勞之',
2) ▲: 既
3) 入: 『朱子語類』에서는 出로 되어 있다.
4) 出: 『朱子語類』에서는 入으로 되어 있다.
5) 率: 賀本에서는 說로 되어 있다.
6) 人: 『朱子語類』에서는 民으로 되어 있다.
7) ▲: 若以言語勸勉它,

43:3 ▲[8] "凡是以勞苦之事役使人, 自家須一面與它做, 方可率得它. 如勸課農桑等事, 也須是自家不憚勤勞, 親履畎畝, 【廣錄作"循行阡陌."】[9] 與他勾當, 方得." 【賀孫 ○『集注』】

43:4 問: "蘇說'勞'字未甚明." 曰: "先, 是率他, 勞, 是爲他勤勞." 【銖】

43:5 ▲[10] "橫渠云. '必身爲之倡[11], 且不愛其勞, 而又益之以不倦.' 此說好." ▲[12]問: "以身爲之倡[13]者果勞乎?" 曰: "非是之謂也. 旣以身爲之倡[14], 又更不愛其勞, 而終之以無倦, 此是三節事." 【去僞[15] ○『集義』】

「仲弓爲季氏宰章」

43:6 ▲[16]問"先有司." 曰: "凡爲政, 隨其大小, 各自有有司. 須先責他理會, 自家方可要其成. 且如錢穀之事, 其出入盈縮之事[17], 須是敎它自逐一具來, 自家方可考其虛實之成. 且如今做太守, 人皆以爲不可使吏人批朱. 某看來, 不批不得. 如詞訴反覆, 或經已斷, 或彼處未結絕, 或見在催追, 他埋頭又來下狀, 這若不批出, 自家如何與它判

---

8) ▲: 文振問: "『注』云: '凡民之事, 以身先之, 則雖勞不怨.' 如何?" 曰:

9) 【廣錄作"循行阡陌."】: 徽州本에서는 이 뒤에 다음의 글자가 더 있다. 或問: '子路問政'章, 『集解』取東坡'以身勞之'之說, 如何是'以身勞之'? 曰: 如循行阡陌, 勸課農桑之類. 【廣】

10) ▲: 問: "'先之, 勞之', 諸說孰長?" 曰:

11) 倡: 成化本에서는 唱으로 되어 있다.

12) ▲: 又

13) 倡: 成化本에서는 唱으로 되어 있다.

14) 倡: 成化本에서는 唱으로 되어 있다.

15) 去僞: 徽州本에서는 祖道 ○謨同으로 되어 있다.

16) ▲: 潘立之

17) 事: 『朱子語類』에서는 數로 되어 있다.

得? 只是要仿18)其弊. 若旣如此後, 或有人詞訴, 或自點檢一兩項, 有批得不實, 卽須痛治, 以防其弊." 【賀孫】

43:7 問: "程子曰: ▲19) 推此義, 一心可以興邦, 一心可以喪邦, ▲20) 曰: "仲弓只是見不到. 纔見不到, 便陷於私. 學者見程子說'興邦·喪邦', 說得甚險, 故多疑於此, 然程子亦曰推其義爾." 【必大 ○『集注』】

43:8 問: ▲21) 以此知'樂取諸人以爲善', 所以爲舜之聖, 而凡事必欲出乎己者, 眞成小人之私矣." 曰: "於此可見聖賢用心之大小. 仲弓只緣見識未極其開闊, 故如此. 人之心量本自大, 緣私故小. 蔽固之極, 則可以喪邦矣." 【廣】

43:9 問: "'先有司, 赦小過, 擧賢才', 各是一事. 蘇氏·楊氏乃相須而言▲22)." 曰: "『論語』中有一二處, 如'道千乘之國, 敬事而信, 節用而愛人, 使民以時', 雖各是一事, 然有相須之理." 【必大 ○『集義』】

「子路曰衛君待子章」

43:10 ▲23) "其初只是一箇'名不正', 便事事都做不得. '禮樂不興, 刑罰不中', 便是箇大底'事不成.'" 問: "'禮樂不興', 疑在'刑罰不中'之後, ▲24) 曰: "禮之所去, 刑之所取. 禮樂旣不興, 則刑罰宜其不中." 又曰: "禮是有序, 樂是和樂. 旣事不成, 如何得有禮樂耶?" 【時擧】

---

18) 仿: 『朱子語類』에서는 防으로 되어 있다.
19) ▲: '便見仲弓與聖人用心之大小.
20) ▲: 只在公私之間.' 所謂公私者, 豈非仲弓必欲人材皆由己擧, 聖人則使人各得而擧之否?"
21) ▲: "程子謂: '觀仲弓與聖人, 便見其用心之小大.'
22) ▲: 之
23) ▲: 亞夫問"衛君待子爲政"章. 曰:
24) ▲: 今何故卻云禮樂不興而後刑罰不中?"

43:11 ▲[25]問: "何以謂▲[26]'事不成則禮樂不興'?" 曰: "'事不成', 以事言, '禮樂不興', 以理言. 蓋事不成, 則事上都無道理了, 說甚禮樂!" ▲[27]問: "此是禮樂之實, 還是禮樂之文?" 曰: "實與文元[28]相離不得. 譬如影便有形, 要離那形說影不得." 【時擧】

43:12 ▲[29] 事, 只是說它做出底, 禮樂, 卻是那事底理. 禮樂只是一件物事. 安頓得濟濟[30]整整, 有次序, 便是禮, 無那乖爭底意思, 便是樂. 【植】

43:13 ▲[31] "大凡事須要節之以禮, 和之以樂. 事若不成, 則禮樂無安頓處. 禮樂不興, 則無序不和. 如此, 則用刑罰者安得不顚倒錯亂? 諸家說各有所長, 可會而觀之." 【去僞】[32]

43:14 ▲[33]問: "『註[34]』▲[35]: '言不順, 則無以考實而事不成.' 此句未曉." 曰: "實, 卽事也." 又問: "言與事, 似乎不相涉." ▲[36] 如一人被火, 急討水來救始得, 卻敎它討火來, 此便是'言不順', 如何濟得事. 又如▲[37]捉賊, 走東去, 合從東去捉, 卻敎它走從西去, 如何捉得. 皆言

---

25) ▲: 文振
26) ▲: 之
27) ▲: 亞夫
28) 元: 賀本에서는 原으로 되어 있다.
29) ▲: "事不成", 是粗說那事做不成. "禮樂不興", 是和這理也沒了.
30) 濟濟: 『朱子語類』에서는 齊齊로 되어 있다.
31) ▲: 或問: "如何是事不成後禮樂便不興? 禮樂不興後卻如何便刑罰不中?" 曰:
32) 【去僞】: 徽州本에는 【祖道 ○謨同】으로 되어 있고, 다음 글자가 더 있다. 衛輒, 子也, 蒯聵, 父也. 今也子以兵拒父, 以父爲賊, 是多少不順! 其何以爲國? 何以臨民? 事旣不成, 則顚倒乖亂. 禮樂如何而興? 刑罰如何而中? 程子所謂'一事苟, 則其餘皆苟', 正謂此也. 【道夫】
33) ▲: 楊
34) 註: 成化本·賀本에서는 注로 되어 있다.
35) ▲: 謂
36) ▲: 曰: "如何是不相涉?

不順做事不成. 若就衛論之, 輒, 子也, 蒯聵是父. 今也, 以兵拒父, 是以父爲賊, 多少不順! 其何以爲國, 何以臨民? 事旣不成, 則顚沛乖亂, 禮樂如何會興, 刑罰如何會中? 明道所謂'一事苟, 其餘皆苟', 正謂此也." 又問: "子路之死於衛, 其義如何?" 曰: "子路只見得下一截道理, 不見上一截道理. 孔悝之事, 它知道是'食焉不避其難', 卻不知食出公之食爲不義. 東坡嘗論及此." 問: ▲[38]它當初仕衛便不是?" 曰: "然." 【寓 ○『集注』總論】

43:15 問: "衛君欲召孔子爲政, 而孔子欲先正名. 孔子旣爲之臣, 復欲去出公, 亦豈人情?" 曰: "惟孔子而後可." 問: "靈公旣逐蒯聵, 公子郢辭不立, 衛人立輒以拒蒯聵. 論理, 輒合下便不當立, 不待拒蒯聵而後爲不當立也." 曰: "固是. 輒旣立, 蒯聵來爭必矣." 【僩】

43:16 ▲[39] 孔子若仕衛, 必先正其君臣父子之名. 如蒯聵不當立, 輒亦不當立, 當去輒而別立君以拒蒯聵. 晉 趙鞅欲立蒯聵. 聖人出時, 必須大與他剖判一番, 教它知箇是與不是." ▲[40]問: "論道理, 固是去輒, 使國人自拒蒯聵. 以事情論之, 晉人正主蒯聵, 勢足以壓魯[41], 聖人如何請于天子, 請于方伯? 天子旣自不奈何, 方伯又是晉自做, 如何得?" 曰: "道理自是合如此了. 聖人出來, 須自能使晉不爲蒯聵." ▲[42]問: "如請討陳常之事, 也只是據道理, 不論事情." 曰: "如這一兩件大事, 可惜聖人做不透. 若做得透, 使三綱五常旣壞而復興, 千條萬目自此而更新. 聖人年七八十歲, 拳拳之心, 終做不成." 【賀孫】

43:17 ▲[43]問: "若使夫子爲衛政, ▲[44]果能使出公出從蒯聵否?" 曰:

---

37) ▲: 人
38) ▲: "如此, 是
39) ▲: "'必也正名乎'!
40) ▲: 亞夫
41) 魯: 賀本에서는 衛로 되어 있다.
42) ▲: 賀孫因

"聖人行事, 只問義之合與不合, 不問其能與不能也. 若使每事只管計較其能與不能, 則豈不惑於常情利害之私乎? 此在學者尤宜用力, 而況聖人乎!"【壯祖】

43:18 問: "夫子得政於衛, 須有所廢立否?" 曰: "亦只是說與他, 令自爲去就, 亦難爲迫逐之."【必大】

43:19 故[45]文定說輒事, 極看得好.【可學】

43:20 問: "胡氏▲[46]說[47], ▲[48]爲政正名, ▲[49] 孔子旣爲之臣而爲政, 則此說亦可通否?" 曰: "聖人必不肯北面無父之人. 若輒有意改過遷善, 則孔子須先與斷約, 如此方與他做. 以姚崇猶先以十事與明皇約, 然後爲之相, 而況孔子乎! 若輒不能然, 則孔子決不爲之臣矣."【淳】

43:21 問: "胡氏云云. ▲[50] 曰: ▲[51] 使孔子仕衛, 亦必以此事告之出公. 若其不聽, 則去之耳."【廣】

43:22 "蒯聵與輒, 若有一人識道理, 各相避就去了. 今蒯聵欲入衛, 輒不動, 則所以處其事者當如何? 後世議者皆以爲當立郢, 不知郢不肯做. 郢之不立, 蓋知其必有紛爭也. 若使夫子爲政, 則必上告天子,

43) ▲: 吳伯英
44) ▲: 不知
45) 故: 『朱子語類』에서는 胡로 되어 있다.
46) ▲: 之
47) 說: 徽州本에서는 이 뒤에 다음의 글자가 더 있다. '正名'章, 謂: 必將具其事之本末告諸天王, 請於方伯, 命公子郢而立之, 則人倫正. 此
48) ▲: 只是論孔子
49) ▲: 事理合如此. 設若衛君用孔子,
50) ▲: 使孔子得政, 則是出公用之也, 如何做得此等事?"
51) ▲: "據事理言之, 合當如此做耳.

下告方伯, 拔郢而立之, 斯爲得正. 然夫子固不欲與其事也." 或謂: "『春秋』書'晉 趙鞅納世子蒯聵于戚.' 稱'世子'者, 謂其當立." 曰: "若不如此書, 當如何書之? 說『春秋』者多穿鑿, 往往類此."【人傑】

43:23 叔器問: "子郢不肯立, 也似不是." 曰: "只立輒時, 只是蒯聵一箇來爭. 若立它時, 則又添一箇來爭, 愈見事多. 人以千乘之國與[52]之而不肯受, 它畢竟是看得來惹手難做後, 不敢問[53]."【義剛】

「樊遲請學稼章」

43:24 樊遲學稼, 當時須自有一種說話, 如有爲神農之言許行'君民並耕'之說之類.【炎】

「誦『詩』三百章」

43:25 ▲[54]問: "'誦『詩』三百', 何以見其必達於政?" 曰: "其中所載可見. 如小夫賤隷閭巷[55]之間, 至鄙俚之事, 君子平日耳目所不曾聞見者, 其情狀皆可因此而知之. 而聖人所以修德於己, 施於事業者, 莫不悉備. 於其間所載之美惡, 讀誦而諷詠之, 如是而爲善, 如是而爲惡, 吾之所以自修於身者, 如是是合做底事, 如是是不合做底事. 待得施以治人, 如是而當賞, 如是而當罰, 莫不備見, 如何於政不達. 若讀『詩』而不達於政, 則是不曾讀也." 又問: "如何使於四方必能專對?" 曰: "於『詩』有得, 必是於應對言語之間, 委曲和平."【賀孫】

52) 與: 賀本에서는 讓으로 되어 있다.
53) 問:『朱子語類』에서는 做로 되어 있다.
54) ▲: 亞夫
55) 巷: 賀本에서는 黨으로 되어 있다.

「子謂衛 公子荊章」

43:26 問: "'公子荊善居室', 也無甚高處, 聖人稱善, 何也?" 曰: "公子荊所爲正合道理恰好處. 常人爲屋室, 不是極其華麗, 則墻[56]崩壁倒, 全不理會. 子荊自合而完, 完而美, 循循有序, ▲[57]又皆曰句[58]而已, 初不以此累其心. 在聖人德盛, 此等事皆能化了, 不足言. 在公子荊能如此, 故聖人稱之."【謙之 ○時擧錄小異[59].】

43:27 問: ▲[60] 夫子止稱其居室之善, 如何?" 曰: "此亦姑擧其一事之善而稱之, 又安知其他無所長乎?"【必大】

「子適衛章」

43:28 ▲[61] "古者敎人有禮樂, 動容周旋, 皆要合他節奏, 使性急底要快也不得, 性寬底要慢也不得, 所以養得人情性. 如今敎人旣無禮樂, 只▲[62]把兩冊文字敎它讀. 然而今未論人會學, ▲[63]自無人會敎. 所以明道欲得招致天下名儒, 使講明敎人之方, ▲[64]其德行最高者, 留以爲大學師, 卻以次分布天下, 令敎學者. 須是如此, 然後學校方成

56) 墻: 賀本에서는 牆으로 되어 있다.
57) ▲: 而
58) 句: 英祖刊本·成化本·賀本에서는 苟로 되어 있다.
59) 時擧錄小異: 徽州本에서는 時擧錄 뒤에 다음 글자가 더 있다. 正卿謂: '公子荊善居室'一段, 也無甚高處, 聖人稱善何也? 曰: 且如今人不治家, 則墻崩壁倒, 全不理會, 又有人專法治家, 則汲汲於致富. 惟公子荊自合而完, 完而美, 循循有序, 而又皆曰苟而已, 則又不以此累其心, 聖人所以美之.
60) ▲: "衛 公子荊,
61) ▲: 宜久說'子適衛'一章. 先生因言:
62) ▲: 得
63) ▲: 喫緊
64) ▲: 選

次第也."【時擧】

43:29 衣食不足, 則不暇治禮義, 而飽暖無敎, 則又近於禽獸, 故旣富而敎之.【燾】

「苟有用我章」

43:30 ▲[65] "聖人爲政, 一年之間, 想見以前不好底事都革得盡. 到三年, 便財足兵强, 敎行民服."【時擧】

43:31 ▲[66] 聖人做時, 須一切將許多不好底撤換了, 方做自家底. 所以伊川云, 紀綱布置, 必三年方可有成也.【賀孫[67]】

「善人爲邦章」

43:32 ▲[68]問: "『▲[69]注』▲[70] '民化於善, 可以不用刑殺.' 恐善人只是使風俗醇朴. 若化於善, 恐是聖君之事?" 曰: "大槪論功效是如此[71]. 其淺深[72]在人, 不必恁地粘皮着骨去說. 不成說聖人便得如此, 善人便不得如此! ▲[73] 善人是他做百年工夫, 積累到此, 自是能使人興善, 人自是不陷於刑辟. 如文・景恁地, 後來海內富庶, 豈不是'勝殘去殺.'

65) ▲: 立之說'苟有用我者'一章. 曰:
66) ▲: "如有用我者, 期月而已可也."
67) 賀孫: 徽州本에서는 이 뒤에 孔子之志在乎尊周, 然'苟有用我者', 亦視天命如何耳. 聖人胸中自有處置, 非可執定本以議之也.【人傑】가 더 있다.
68) ▲: 安卿
69) ▲: 集
70) ▲: 云:
71) 大槪論功效是如此: 徽州本에서는 大槪가 功效 뒤에 있다.
72) 淺深: 成化本・賀本에서는 深淺으로 되어 있다.
73) ▲: 不必恁地分別.

如漢循吏, 許多人才循良, 也便有效. 如陳太丘・卓茂・魯恭只是縣令, 也能如此. 不成說你▲[74]不是聖人, 如何做得這箇! 只看他功效處, 又何必較量道聖人之效是如此, 善人之效是如彼? 聖人比善人自是不同. 且如'綏之斯來, 動之斯和', '殺之而不怨, 利之而不庸, 民日遷善而不知爲之', 善人定是未能到這田地. 但是有這般見識, 有這般心胸, 積累做將去, 亦須有效. 且如而今寬刑薄賦, 民亦自能興起而不陷於刑. 聖人論功效亦是大槪如此. 只思量他所以致此效處如何便了, 何必較他優劣. 便理會得, 也無甚切己處."【義剛】[75]

43:33 問: "'善人爲邦百年', ▲[76]'敎民七年', ▲[77]'必世後仁', 期月[78]'可也, 三年有成'之義, ▲[79] 曰: "此須有聖人作用, 方得如些[80]. 今大槪亦自可見. 惟明道文集中一策答得甚詳, 與今人答策專是謾策題者甚別. 誠[81]讀之, 可見."【去僞】

「如有王者章」

43:34 ▲[82] "自一身之仁而言▲[83], 這箇道理浸灌透徹, 自天下言之, 擧一世之仁, 皆是這箇道理浸灌透徹."【植】

---

74) ▲: 便
75)【義剛】: 徽州本에는【義剛 ○淳同.】으로 되어 있다.
76) ▲: 又
77) ▲: 又
78) 期月: 英祖刊本에서는 與期月로 되어 있고, 賀本에서는 與로 되어 있다.
79) ▲: 如何?"
80) 些: 英祖刊本・成化本・賀本에서는 此로 되어 있다.
81) 誠: 『朱子語類』에서는 試로 되어 있다.
82) ▲: 或問: "'三年有成', '必世後仁', 遲速不同, 何也?" 曰: "伊川曰: '三年, 謂法度紀綱有成而化行也.' 漸民以仁, 摩民以義, 使之浹於肌膚, 淪於骨髓, 天下變化, 風移俗易, 民歸於仁, 而禮樂可興, 所謂仁也. 此非積久, 何以能致?" 又曰:
83) ▲: 之

「苟正其身章」

43:35 問: "范氏以先正其身, 爲王者以德行仁之事, 不能正其身而正人, 爲以力假仁之事." 曰: ▲[84] 緩而不切."【必大】

「定公問一言興邦章」

43:36 聖人說話, 無不子細, 磨稜合縫, 盛水不漏. 如說"以德報怨", 如說"一言興邦." 其他人便只說"予無樂乎爲君, 惟其言而莫予違也", 便可以喪邦, 只此一句便了. 聖人則須是恁地子細說, 方休. 如孟子說得便粗, 如"今之樂猶古之樂", 太[85]王・公劉好色好貨之類. 故橫渠說: "孟子比聖人自是粗. 顏子所以未到聖人, 亦只是心尙粗."【義剛】

「葉公問政章」

43:37 ▲[86]問: ▲[87]答葉公之問▲[88], 專言其效, 與答季康子・子夏等不同, ▲[89]" 曰: "此須有施爲之次第. 葉公老成, 必能曉解也."【人傑】

43:38 近者悅而遠者來, 則大小强弱, 非所論矣.【燾】

「樊遲問仁章」

84) ▲: "王者霸者, 只是指王霸之道. 范氏之說,
85) 太: 英祖刊本・成化本・賀本에서는 大로 되어 있다.
86) ▲: 曾
87) ▲: "'近者悅, 遠者來.' 夫子
88) ▲: 政者
89) ▲: 如何?

43:39 孔門敎人, 多以數語能使人自存其心. 如"居處恭", 纔恭, 則心不放 ▲[90]

43:40 ▲[91] "上二[92]句散着, 下一句方▲[93]得緊."【謙之】

43:41 ▲[94]"'道不可須臾離, 可離非道.' ▲[95] 若有間斷, 此心便死了. 在中國是這箇道理, 在夷狄也只是這箇道理." 子善云: "若'居處恭, 執事敬, 與人忠'時, 私心更無着處." 曰: "若無私心, 當體便是道理."【南升】

43:42 ▲[96]問: ▲[97]樊遲果能盡此否?" 曰: "此▲[98]須反求諸己, ▲[99] 若去樊遲身上討, 則與我不相干矣. 必當思之曰, 居處恭乎? 執事敬乎? 與人忠乎? ▲[100] 又須思'居處恭'時如何, 不恭時如何, '執事敬'時如何, 不敬時如何, '與人忠'時如何, 不忠時如何, 方知須用恭敬與忠也. 今人處於中國, 飽食煖[101]衣, 未至於夷狄, 猶且與之相忘, 而不知其不可棄, 而況之夷狄, 臨之以白刃, 而能不自棄者乎!"【履孫】

43:43 大凡讀書, 須是要自家日用躬行處着力, 方可. 且如"居處恭,

---

90) ▲: 也. 如此之類.
91) ▲: 問"雖之夷狄不可棄." 曰:
92) 二: 『朱子語類』에서는 三으로 되어 있다.
93) ▲: 孝宗刊本・英祖刊本에서는 攅으로 되어 있고, 賀本에서는 櫃으로 되어 있다.
94) ▲: 亞夫問: "如何'雖之夷狄不可棄'?" 曰:
95) ▲: 須是無間斷方得.
96) ▲: 或
97) ▲: "'樊遲問仁'一段, 聖人以是告之, 不知
98) ▲: 段
99) ▲: 方有工夫.
100) ▲: 不必求諸樊遲能盡此與否也.
101) 煖: 成化本에서는 暖으로 되어 있다.

執事敬, 與人忠, 雖之夷狄不可棄也", 與那"言忠信, 行篤敬, 雖蠻貊之邦行矣, ▲102) 此二事須是日日粘放心頭, 不可有些虧欠處. 此最是爲人日下急切處, ▲103)宜體之! 【椿】

43:44 ▲104) "這箇道理, 須要到處皆在, 使生意無少間斷, 方好. 譬之木然, 一枝一葉, 無非生意. 才有一毫間斷, 便枝葉有不茂處." ▲105) "大抵學問只要得箇門戶子入. 若入得門▲106)只要理會箇仁. ▲107) 不必只說道如何▲108) ▲109) 須▲110)要入去. 若只在外面說道如何, 也不濟事." 【時學】

43:45 ▲111)問: "胡氏謂: '樊遲問仁▲112) 此最先, ▲113) 曰: ▲114) 若未嘗告之以恭敬忠之說, 則所謂'先難'者, 將何從115)下手? 至於'愛人', 則又以發於外者言之矣." 【廣】

「子貢問士章」

43:46 問: "'行己有恥116), ▲117) 則足以成其身, 推是心以及職分, 則

102) ▲: 言不忠信, 行不篤敬, 雖州里行乎哉!"
103) ▲: 切
104) ▲: 亞夫問"居處恭, 執事敬"一章. 曰:
105) ▲: 時學云: "看來此三句, 動靜出處, 待人接物, 無所不該, 便私意自無容處." 因兼"仲弓問仁"一章說曰:
106) ▲: 了, 便
107) ▲: 其初入底門戶,
108) ▲: 如何.
109) ▲: 若纔得箇門戶子入,
110) ▲: 便
111) ▲: 或
112) ▲: 者三.
113) ▲: 〈先難〉次之, 〈愛人〉其最後乎!' 何以知其然?"
114) ▲: "雖無明證, 看得來是如此.
115) 何從: 賀本에서는 從何로 되어 있다.

'不辱君命', 又可以成其職分之所當爲." 曰: "'行己有耻[118]', 則不辱其身, '使於四方', 能盡其職, 則'不辱君命.'"【廣】

43:47 "宗族稱孝, 鄉黨稱弟", 是能守一夫之私行, 而不能廣其固有之良心.【賀孫】

43:48 文振擧程子▲[119] "子貢欲爲皎皎之行▲[120] 曰: "子貢平日雖有此意思, 然這一章卻是他大段平實了. 蓋渠見'行己有耻[121], 使於四方', 不是些小事, 故又問其次. 至'宗族稱孝, 鄉黨稱弟', 他亦未敢自信, 故又問其次. 凡此節次, 皆是他要放平實去做▲[122], 故每問皆下. 倒[123]下面問'今之從政者何如', 卻是問錯了. 聖人便去[124]'何足筭[125]也', 乃是爲他截斷了也. 此處更宜細看."【時擧】

43:49 子貢問士, 都是退後說. ▲[126]都不是易事, 又問其次. ▲[127]是▲[128]實見得那說底也難, 故所以再問其次. 這便是伊川所謂"子貢欲爲皎皎之行, 夫子告之皆篤實自得之事"底意.【植】

43:50 或說某人可奉使. 云: "子貢問士, 孔子告之云云. 伊川云'篤實

---

116) 耻: 英祖刊本・賀本에서는 恥로 되어 있다.
117) ▲: 使於四方, 不辱君命', 兩句似不連綴. 恐是'行己有恥',
118) 耻: 英祖刊本・賀本에서는 恥로 되어 있다.
119) ▲: 曰:
120) ▲: 聞於人者, 夫子告之皆篤實自得之事." 謂子貢發問節次正如此.
121) 耻: 賀本에서는 恥로 되어 있다.
122) ▲: 工夫
123) 倒: 『朱子語類』에서는 到로 되어 있다.
124) 去: 英祖刊本・成化本・賀本에서는 云으로 되어 있다.
125) 筭: 成化本・賀本에서는 算으로 되어 있다.
126) ▲: 子貢看見
127) ▲: 子貢
128) ▲: 著

自得之事.' 謂如有耻[129]不辱, 其次常行, 又其次雖小人亦可, 只是退步意思.【如'使乎使乎'】[130]意, 則是深厚足有爲者. ▲[131]

「不得中行而與之章」

43:51 狂者, 知之過, 狷者, 行之過.【僩】

43:52 ▲[132] "謹厚者雖是好人, 無益於事, 故有取於狂狷. 然狂狷者又各墮於一偏[133]. 中道之人, 有狂者之志, 而所爲精密, 有狷者之節, 又不至於過激, 此極難得."【時學】[134]

43:53 人須是氣魄大, 剛健有立底人, 方做得事成. 而今見面前人都恁地衰, 故[135]善都做不力, 便做惡, 也做不得那大惡, 所以事事不成. 故孔子歎"不得中行而與之, 必也狂狷乎"! 人須有些狂狷, 方可望.【僩】

43:54 ▲[136]狂狷者尙可爲. 若鄕原, 則無說矣. 今之人, 纔說這人不識時之類, 便須有些好處, 纔說這人圓熟識體之類, 便無可觀矣.【楊】

---

129) 耻: 英祖刊本・賀本에서는 恥로 되어 있다.

130)【如'使乎使乎'】: 英祖刊本에는【如'使乎使乎'意】로 되어 있고, 成化本・賀本에서는 본문으로 되어 있다.

131) ▲: 又如行三軍, '臨事而懼, 好謀而成', 此八字極有意. 然言之謙謙氣象, 正如出軍之'憂心悄悄'也. 若軒然自表於衆人之上, 安可爲將! 如孔明用兵如此, 然未嘗謂精. 又如曹公賞諫烏・桓者. 至如徐禧云'左縈右拂, 直前刺之, 一步三人', 則其死可見矣. 狄靑殺伐, 敗之而已. '至於太原', 出境而止. 段潁則不然."【方】

132) ▲: 問"不得中行而與之"一段. 曰:

133) 偏: 英祖刊本에서는 徧으로 되어 있다.

134)【時學】: 徽州本에는【時學 ○希遜同.】으로 되어 있다.

135) 故: 『朱子語類』에서는 做로 되어 있다.

136) ▲: 聖人不得中行而與之, 必求狂狷者, 以

43:55 問▲137)注』, ▲138) "善人胡爲亦不及狷者?" 曰: "善人只循循自守, 據見定, 不會勇猛精進, 循規蹈矩則有餘, 責之以任道則不足. 【淳錄下云: "故無可望."】 狷者雖非中道, 然▲139)終是有筋骨. 【淳錄作"骨肋."】 其志孤介, 知善之可爲而爲之, 知不善之不可爲而不爲, 直是有節操. 狂者志氣激昂. 聖人本欲得中道而與之, 晚年磨來磨去, 難得這般恰好底人, 如狂狷, 尙可因其有爲之資, 裁而歸之中道. ▲140) 且如孔門只一箇顏子如此純粹. ▲141) 到曾子, ▲142) 便過於剛, 與孟子相似. 世衰道微, 人欲橫流, 若不是剛介有脚跟底人, 定立不住. 漢文帝謂之善人, 武帝卻有狂底143)氣象. 陸子靜省試策: '世謂文帝過武帝, 愚謂武帝勝文帝.' 其論雖偏, 容有此理. 文帝天資雖美, 然止此而已. 【道夫錄▲144): "若責之以行聖人之道, 則必不能, 蓋他自安於此. 觀其言曰: '卑之, 無甚高論, 令今可行也.'"】 武帝▲145)天資高, 足以有爲. 使合下得眞儒輔佐它, 豈不大可觀! 惜夫146)輔非其人, 不能勝其多欲之私, 做從那邊去了. 末年天下虛耗, 其去亡秦無幾. 然它自追悔, 亦其天資高也. 如與衛青言: '若後世又如147)朕所爲, 是襲亡秦之迹. 太子厚重好靜, 欲求守文之主, 安有賢於太子者乎!' 見得它知過處. 胡氏謂: '武帝能以仲舒爲相, 汲黯爲御史太148)夫, 豈不善乎?'" 【寓 ○道夫錄·淳錄同.】

137) ▲: "狂狷"『集
138) ▲: 云:
139) ▲: 這般人
140) ▲: 【道夫錄云: "得聖人裁抑之, 則狂者不狂, 狷者不狷矣." 淳錄云: "末年無柰何, 方思得此等人, 可見道之窮矣. 問: '何謂狷?' 曰: '介然有守也.'"】
141) ▲: 【道夫錄作: "合下天資純粹."】
142) ▲: 【道夫錄有"氣質"字.】
143) 底: 賀本에는 없다.
144) ▲: 云
145) ▲: 多有病痛, 然
146) 夫: 賀本에서는 乎로 되어 있다.
147) 如: 賀本에서는 爲로 되어 있다.
148) 太: 『朱子語類』에서는 大로 되어 있다.

「南人有言章」

43:56 問“不占而已矣.” 曰: “如只是不讀書之意.”【螢】

43:57 ▲[149]問“或承之羞.” 曰: “承, 如承奉[150]之‘承’, 如人送羞辱與之也.”【燾】

「君子和而不同章」

43:58 問: “諸說▲[151]以▲[152]‘和羹’爲義, ▲[153] 曰: “不必專指對人說. 只君子平常自處亦自和, 自然不同. ▲[154] 和是公底同, 同是私底和. 如‘周而不比’, 亦然. ▲[155] 同一事而有公私. ▲[156]

43:59 ▲[157]問: “‘君子和而不同’, 如溫公與范蜀公議論不相下之類. 不知‘小人同而不和’, 卻如誰之類?” 曰: “如呂吉甫・王荊公是也. 蓋君子之心, 是大家只理會這一箇公當底道理, 故常和而不可以苟同. 小人是做箇私意, 故雖相與阿比, 然兩人相聚也便分箇彼己▲[158], 故有些少利害, 便至紛爭而不和也.”【時擧】

---

149) ▲: 或
150) 承奉: 『朱子語類』에서는 奉承으로 되어 있다.
151) ▲: 皆
152) ▲: ‘和’如
153) ▲: 如何?”
154) ▲: 大抵君子小人只在公私之間.【淳錄云: “君子小人只是這一箇事, 而心有公私不同. 孔子論君子小人, 皆然.”】
155) ▲: 周是公底比, 比是私底周,
156) ▲: 五峰云: ‘天理人欲, 同體異用, 同行異情.’ 以‘同行異情’, 卻是. 所謂同體者, 卻只是言同一事. 但既犯了‘體用’字, 卻成是體中亦有人欲. 五峰只緣錯認了性無善惡, 便做出無限病痛. 『知言』中節節如此.”【螢】
157) ▲: 立之
158) ▲: 了

「君子易事而難說章」

43:60 ▲[159] "君子無許多勞攘, 故易事. 小人便愛些便宜, 人便從那罅縫去取奉他, 故易說."【燾】

「君子泰而不驕章」

43:61 ▲[160] "泰是從容自在底意思, 驕便有私意. 數[161]負他無, 欺負他理會不得, 是靠我這些子, 皆驕之謂也. 如漢 高祖有箇麤底泰而不驕. 他雖如此胡亂罵人之屬, 卻無許多私意. 唐 太宗好作聰明與人辨[162], 便有驕底意思."【燾】

「剛毅木訥近仁章」

43:62 ▲[163] "剛是體質堅强, 如一箇便[164]物一般, 不軟不屈, 毅卻是有奮發作興底氣象."【寓】

43:63 仁之爲物▲[165], 只是箇惻隱・羞惡未發處. ▲[166] 能爲惻隱・羞惡, 能爲恭敬・是非. 剛毅木訥, 只是質朴[167]厚重, 守得此物, 故曰"近仁."【震】

---

159) ▲: 問"君子易事而難說." 曰:
160) ▲: 問"君子泰而不驕." 曰:
161) 數: 英祖刊本・賀本에서는 欺로 되어 있다.
162) 辨: 英祖刊本・成化本・賀本에서는 辯으로 되어 있다.
163) ▲: 問: "'剛毅木訥近仁', 剛與毅如何分別?" 曰:
164) 便: 『朱子語類』에서는 硬으로 되어 있다.
165) ▲: 難說
166) ▲: 這箇物事,
167) 朴: 成化本에서는 樸으로 되어 있다.

「子路問士章」

43:64 ▲[168)]

43:65 ▲[169)] "古[170)]人多下聯字去形容那事, 亦難大段解說, 想當時人必是曉得這般字. 今人只是想象[171)]其聲音, 度其意是如此耳. '切切偲偲', 胡氏說爲當. 懇到, 有苦切之意. 然一向如此苦切, 而無浸灌意思, 亦不可. 又須着詳細相勉, 方有相親之意."【寓】

「善人教民七年章」

43:66 ▲[172)] "如此等, 他須有箇分明界限. 如古人謂'三十年制國用, 則有九年之食', 至班固, 則推得出那三十年果可以有九年食處. 料得七年之類亦如此."【廣】

43:67 問: ▲[173)] 晉 文公自始入國至僖公二十七年, 教民以信, 以義, 以禮, 僅得四年, 遂能一戰而霸. 此豈文公加善人一等也耶?" 曰: "▲[174)]霸者尙權譎, 要功利, 此與聖人教民不同. 若聖人教民, 則須是七年."【謨】

---

168) ▲: 問"何如斯可謂之士"一段. 曰: "聖人見子路有粗暴底氣象, 故告之以'切偲怡怡.' 又恐子路一向和說去了, 又告之以'朋友切切偲偲, 兄弟則怡怡.' 聖人之言是恁地密."【謙之】

169) ▲: 問: "胡氏說: '切切, 懇到也, 偲偲, 詳勉也.' 如何是懇到詳勉意思?" 曰:

170) 古: 英祖刊本에서는 占으로 되어 있다.

171) 象: 賀本에서는 像으로 되어 있다.

172) ▲: 問: "'善人教民七年, 亦可以即戎矣.' 如何恰限七年?" 曰:

173) ▲: "孔子云: '善人教民七年, 亦可以即戎矣.'

174) ▲: 大抵

43:68 問: "『▲[175]註[176]』▲[177] 敎之孝弟[178]忠信.' 後又添入'務農講武▲[179]."' 曰: "古人政事, 大率本末兼具." 因說, 向來此間有盜賊之害, 嘗與諸[180]宰▲[181]起保伍, 彼時也商量做一箇計畫. 後來賊散, 亦不成行. 後來思之, 若成行, 亦有害. 蓋纔行此, 便着敎他習武事. 然這裡[182]人已是殺人底, 莫更敎得他會越要殺人. 如司馬溫公嘗行保伍之法, 春秋敎習, 以民爲兵. 後來所敎之人歸, 更不去理會農務生事之屬, 只管在家作鬧, 要酒物喫, 其害亦不淺. 古人兵出於民, 卻是先敎之以孝悌忠信, 而後驅之於此, 所以無後來之害.【燾】

「以不敎民戰章」

43:69 或疑: ▲[183]敎民▲[184], 固是敎之以孝弟[185]忠信, 不須兼戰法而敎之否?" 曰: "▲[186] 戰法自不用了. 孔子卻是爲見春秋時忒會戰, 故特說用敎之以孝弟[187]忠信之意."【伯羽】

175) ▲: 集
176) 註: 成化本·賀本에서는 注로 되어 있다.
177) ▲: 先只云: '敎民者,
178) 弟: 『朱子語類』에서는 悌로 되어 있다.
179) ▲: 之法
180) 諸: 『朱子語類』에서는 儲로 되어 있다.
181) ▲: 議
182) 裡: 『朱子語類』에서는 裏로 되어 있다.
183) ▲: "'不敎民戰.' 善人
184) ▲: 也七年
185) 弟: 賀本에서는 悌로 되어 있다.
186) ▲: 然,
187) 弟: 『朱子語類』에서는 悌로 되어 있다.

『朱子語類』卷第四十四

「『論語』二十六」

「憲問篇」

「憲問恥章」

44:1 問: "▲[1]"邦有道穀"之可恥[2], ▲[3]" 曰: "▲[4]有道之時, 不能有爲, 只小廉曲謹, 濟得甚事. 且如舊日秦丞相當國, 有人壁立萬仞, 和宮觀也不請, 此莫是世間第一等人! 及秦旣死, 用之爲臺諫, 則不過能論貪汚而已, 【治[5]錄▲[6] 此不免蹈[7]聖人所謂耻[8]也."】 於國家大計, 亦無所建立. 且如'子貢問士'一段, '宗族稱孝, 鄉黨稱弟'之人, 莫是至好, 而聖人必先之以'行己有恥[9], 不辱君命'爲上. 蓋孝弟之人, 亦只是守得那一夫之私行, 不能充其固有之良心. 然須是以孝弟爲本, 無那孝弟, 也做不得▲[10] 到有恥[11]・不辱君命處, 方是." 【謙之 ○治[12]錄▲[13]

---

1) ▲: 『集注』云: '憲之狷介, 其於"邦無道穀"之可恥, 固知之, 至於
2) 恥: 孝宗刊本・成化本에서는 耻로 되어 있다.
3) ▲: 恐未必知.' 何也?
4) ▲: 邦
5) 治: 英祖刊本・成化本에서는 洽으로 되어 있다.
6) ▲: 云: "爲侍從, 不過做得尋常事,
7) 蹈: 賀本에는 없다.
8) 耻: 英祖刊本・賀本에서는 恥로 되어 있다.
9) 恥: 孝宗刊本・成化本에서는 耻로 되어 있다.
10) ▲: 人, 有時方得恰好. 須是充那固有之良心,
11) 恥: 孝宗刊本・成化本에서는 耻로 되어 있다.
12) 治: 英祖刊本・成化本에서는 洽으로 되어 있다.
13) ▲: 云: "子貢問士, 必先答以'行己有恥, 使於四方不辱君命.' 自今觀之,

宗族鄉黨皆稱孝弟, 豈不是第一等人? 然▲[14]無益於人之國, 不足深責[15]也."】

44:2 問: "▲[16] 諸家只解下一脚▲[17], 上一句卻不曾說▲[18]. 豈非爲世之知進不知退者設耶?" 曰: "'穀'之一字, 要人玩味. 穀有食祿之義. 言有道無道, 只會食祿, 略無建明, 豈不可深恥[19]!"【謨】

「克伐怨欲不行章」

44:3 "克伐怨欲", 須從根上除治.【閎祖】

44:4 "▲[20]不行", 只是遏殺得在[21]. 此心不問存亡, 須是克己.【祖道】

44:5 "▲[22]不行", 所以未得爲仁者, 如面前有一事相觸, 雖能遏其怒, 畢竟胸中有怒在, 所以未得爲仁.【蓋卿】

44:6 ▲[23] "此譬如停賊在家, 豈不爲害. 若便趕將出去, 則禍根絶矣. 今人非是不能克去此害, 卻有與它打做一片者."【人傑】

44:7 ▲[24] "須是克己, 涵養以敬, 於其方萌卽絶之. 若但欲不行, 只

14) ▲: 聖人未以爲士之至行者, 僅能行其身無過, 而
15) 責: 『朱子語類』에서는 貴로 되어 있다.
16) ▲: '邦有道穀, 邦無道穀, 恥也.'
17) ▲: 爾
18) ▲: 著. 此言'邦有道穀, 邦無道穀', 而繼之以恥也者,
19) 恥: 孝宗刊本·成化本에서는 耻로 되어 있다.
20) ▲: 克伐怨欲
21) 在: 賀本에서는 住로 되어 있다.
22) ▲: 克伐怨欲
23) ▲: 晞遜問: "'克伐怨欲不行', 如何?" 曰:
24) ▲: 問: "'克代怨欲不行', 孔子不大段與原憲. 學者用工夫, 且於此不行焉亦可."

是遏得住, 一旦決裂, 大可憂[25]!"【可學】

44:8 ▲[26] "這箇也是他去做功夫, 只是用功淺在."【燾】

44:9 ▲[27] "不行, 只是遏在胸中不行耳, 畢竟▲[28]有這物在裡[29]. 才說無, 便是合下掃去, 不容它在裏. 譬如一株草, 剗去而留其根, 與連其根剗去, 此箇意思如何? 而今人於身上有不好處, 須是合下便剗去. 若只是在人面前不行, 而此箇根苗常留在裏, 便不得." ▲[30]問: "而今覺得身上病痛, 閑時自謂都無之, 才感物時便自發出, 如何除得?" 曰: "閑時如何會發? 只是感物便發. 當其發時, 便剗除去, 莫令發便了." 又問: "而今欲到無欲田地, 莫只是剗除熟後, 自會如此否?" 曰: "也只是剗除熟. ▲[31]常剗去之. 才發便剗, 自到熟處."【夔孫】

44:10 ▲[32]要見得那絕去根苗底是如何用功[33], 這禁制底是如何用功, 分別這兩般功夫是如何." 又問: "▲[34]絕去根苗▲[35], 如顏子克己否?" 曰: "如'勿'字, 也是禁止之. ▲[36]【燾】

曰:

25) 大可憂: 徽州本에서는 이 뒤에 又問: 可以爲難矣如何? 曰: 到此, 遏之極難.이 더 들어 있다.

26) ▲: 問"可以爲難矣." 曰:

27) ▲: 問"克伐怨欲不行." 曰:

28) ▲: 是

29) 裡: 孝宗刊本·成化本·賀本에서는 裏로 되어 있다.

30) ▲: 又

31) ▲: 而今人於身上不好處, 只是

32) ▲: 問: "'克伐怨欲不行', 此是禁制之, 未能絕去根苗也." 曰: "說也只是恁地說. 但

33) 用功: 『小分』에서는 功用을 교정부호로 바로잡았다.

34) ▲: 恐

35) ▲: 底

36) ▲: 公更去子細思量. 只恁地如做時文樣底說, 不濟事."

44:11 問: “▲[37] 先生前日令只看大底道理, 這許多病自無. ▲[38]莫是見得人己一體, 則求勝之心自無, 見得事事皆己當爲, 則矜伐之心自無, 見得‘死生有命, 富貴在天’, 則忿怨貪欲之心自無否[39]?” 曰: “固是如此, 這已是第二着▲[40].” 問: “莫是見得天地同然公共底道理否?” 曰: “這亦是如此, 亦是第二着. 若見得本來道理, 亦不待說與人公共·不公共. 見得本來道理只自家身己上, 是勝箇甚麽[41], 是伐箇甚麽? 是怨·欲箇甚麽? 所以夫子告顔子, 只是敎他‘克己復禮.’ 能恁地, 則許多病痛一齊退聽. ▲[42].”【賀孫】

44:12 “克己”底是一刀兩段, 而無‘克伐怨欲’▲[43]不行’▲[44], 則是忍着在內, 但不放出耳.【燾】

44:13 ▲[45]禁止不使之行, 其要行之心, 未嘗忘也. “克己▲[46]”, 便和那要行之心都除卻. ▲[47], 所以氣象迥別也.【枅】

44:14 ▲[48] “‘克己’者, 一似家中捉出箇賊, 打殺了便沒事. ▲[49]但禁制之, ▲[50] 猶關閉▲[51]賊▲[52]在家中, 只是不放出去外頭作過, 畢竟

37) ▲: ‘克伐怨欲’須要無.
38) ▲: 今看來
39) 則忿怨貪欲之心自無否: 徽州本에서는 否 앞에 不知如此看得이 더 들어 있다.
40) ▲: 了
41) 是勝箇甚麽: 賀本에서는 不是箇甚麽로 되어 있다.
42) ▲: ‘出門如見大賓, 使民如承大祭’, 這是防賊工夫. ‘克己復禮’, 這是殺賊工夫
43) ▲: 了. ‘克伐怨欲
44) ▲: 底
45) ▲: “克伐怨欲不行”, 只是
46) ▲: 復禮
47) ▲: 此“克己”與“克伐怨欲不行”
48) ▲: 問: “‘克伐怨欲不行’, 何以未足爲仁? 必‘克己復禮’乃得爲仁?” 曰:
49) ▲: 若有‘克伐怨欲’而
50) ▲: 使不發出來,
51) ▲: 所謂

窩藏."【必大】

44:15 ▲[53]

44:16 "克己", 如誓不與賊俱生, ▲[54] 如"薄伐玁狁, 至于大[55]原", 但逐出境而已.【僩】

44:17 ▲[56] 先生問▲[57]: "這箇禁止不行, 與那▲[58]勿視聽言動底'勿'字, 也只一般. 何故那箇便是爲仁? 這箇禁止卻不得爲仁? 必有些子異處, ▲[59]." 安卿對曰: "非禮勿視聽言動底是於天理人欲之幾, 既曉然判別得了, 便行從天理上去. '克伐怨欲不行'底, 只是禁止不行這箇人欲, 卻不知於天理上用功, 所以不同." 曰: "它本文不曾有此意. 公何據輒如此說?" 久之, 曰: "有一譬喻. 如一箇人要打人, 一人止之曰: '你不得打! 才打他一拳, 我便解你去官裏治你.' 又一人曰: '你未要打它.' 此二者便是'克己'與'不行'之分. '克己'是教它不得打底, 不行是教它未要打底, 教它不得打底,[60] 便是從根源上與他說定不得打. 未要打底是這裏未要打, 及出門去, 則有時而打之矣. 觀此, 可見'克己'者是從根源上一刀兩斷, 便斬絕了, 更不復萌, '不行'底只是禁制它不要出來, ▲[61] 如自家飢[62], 見餅餈在前, 心中要喫, 卻忍得不喫. 雖強忍

---

52) ▲: 者

53) ▲: 問"克己"與"克伐怨欲不行." 曰: "'克己'是拔去病根, '不行'是捺在這裏, 且教莫出, 然這病根在這裏. 譬如捉賊, '克己'便是開門趕出去, 索性與他打殺了, 便是一頭事了. '不行'是閉了門, 藏在裏面, 教它且不得出來作過."【謙之】

54) ▲: "克伐怨欲不行",

55) 大: 賀本에서는 太로 되어 있다.

56) ▲: 安卿說"克伐怨欲不行."

57) ▲: 曰

58) ▲: 非禮

59) ▲: 試說看

60) 不行是教它, 未要打底, 教它不得打底: 賀本에는 없다.

61) ▲: 它那欲爲之心未嘗忘也. 且如怨箇人, 卻只禁止說, 莫要怨它, 及至此心欲動, 又如此禁止. 雖禁止得住, 其怨之之心則未嘗忘也.

住, 然其欲喫之心未嘗忘. '克己'底, 則和那欲喫之心也打疊殺了."【僩】

44:18 ▲63) 德明▲64)曰: "'勿'者, 禁止之詞. 顏子工夫只是積漸克將去, 人欲漸少, 天理漸多, 久之則私意剝盡, 天理復全, 方是仁." 曰: "雖如是, 終是'勿'底意猶在, 安得謂之仁?" 再三請益. 曰: "到此說不得. 只合實下工夫, 自然私意留不住."【德明】

44:19 問: "'克伐'與'克復', 只是一箇'克'字, 用各不同. 切65)謂'克己'是以公勝私, '克伐'是有意去勝人." 曰: "只是箇出入意. '克己'是入來勝己, '克伐'是出去勝人." 問: "楊敬仲說: '〈克〉字訓能. 此己, 元不是不好底. 〈爲仁由己〉, 何嘗不好. 〈克己復禮〉, 是能以此己去復禮也.'" 曰: "艾軒亦訓克66)作能, 謂能自主宰. 此說雖未善, 然猶是着工夫. 若敬仲之言, 是謂無己可克也."【德明】

44:20 問: "▲67)憲是合下見得如此, 還是他氣昏力弱, 沒柰何如此?" 曰: "是他從來只把這箇做好了, 只要得不行便了, 此所以學者須要窮理. 只緣他見得道理未盡, 只把這箇做仁. 然較之世之沉迷私欲者, 他一切不行, 已是多少好. 惟聖道廣大, ▲68), 須着進向上去. '克伐怨欲', 須要無始得. ▲69) "這也未▲70)要藏蓄在. 只是▲71)說, 便不是了.

---

62) 飢: 賀本에서는 饑로 되어 있다.
63) ▲: 李閎祖問目中有"'克伐怨欲不行'及'非禮勿視聽言動'一段. 先生問德明云: "謂之'勿', 則與'不行'者亦未有異, 何以得仁?"
64) ▲: 對
65) 切: 英祖刊本·成化本·賀本에서는 竊로 되어 있다.
66) 克: 賀本에서는 是로 되어 있다.
67) ▲: '克伐怨欲'章, 不知原
68) ▲: 只恁地不濟事
69) ▲: 若藏蓄在這裏, 只是做病." 問: "原憲本也不是要藏蓄在這裏." 曰:
70) ▲: 見他
71) ▲: 據他

公▲[72]看. ▲[73]那箇是是, ▲[74]是不是. 聖人分明說底[75]箇不是仁, 公今只看合要無, 合要有▲[76]必定要無, 下梢猶恐未能盡去. 若合下只要不行便了, 下梢[77]如何?" 問: "孔子既云'不知其仁', 原憲卻不問仁, 何也?" 曰: "這便是它失問. 這也是他從來把自見做好了如此. 明道亦說: '原憲承當不得, 所以不復問.' 他非獨是這句失問, 如'邦有道穀, ▲[78], 也失問. 邦無道, 固不當受祿, 若有道, 如何也不可受祿? 當時未見得意思, 也須着較量. ▲[79]." 問: ▲[80]不是箇氣昏力弱底人, 何故如此?" 曰: "他直是有力. 看他孤潔節介, 卒未[81]易及, 只是見識自如此. 若子路見識較高, 他問時須問到底. 然敎原憲去爲宰從政, 未必如子路・冉求之徒. 若敎子路・冉求做原憲許多孤介處, 也做不得. 孟子曰: '人有不爲也, 而後可以有爲.' 原憲卻似只要不爲, 卻不理會有爲一節. 如今看道理, 也恁地漸漸看將去. 不可說道無所見, 無所得, 便放倒休了, 也不可道有些小所見, 有些小所得, 便自喜道: '只消如此.' 這道理直是無窮!" 【賀孫】

44:21 問: "▲[82]憲▲[83], 是去半路上做工夫, ▲[84]與告子相似. 觀其辭所以[85]合得之粟, 亦是此意." 曰: "憲是箇狷者. 傳中說憲介狷處亦

---

72) ▲: 不消如此
73) ▲: 只
74) ▲: 那箇
75) 底: 『朱子語類』에서는 這로 되어 있다.
76) ▲: 了不行. 若
77) 下梢: 孝宗刊本・成化本에서는 下梢 뒤에 道가 더 들어 있고, 賀本에서는 下梢는 없고 道만 있다.
78) ▲: 邦無道穀, 恥也'
79) ▲: 蓋邦無道而受祿, 固不可, 有道而苟祿, 亦不可
80) ▲: "原憲也
81) 未: 孝宗刊本・英祖刊本에서는 不로 되어 있다.
82) ▲: 原
83) ▲: 强制'克伐怨欲', 使之不行
84) ▲: 意思
85) 以: 『朱子語類』에는 없다.

多."【廣】

44:22 或說: "憲問仁, 是▲[86]有所感." 曰: "不必如此說. 凡觀書, 且論此一處文義如何, ▲[87]." 【可學】

「有德者必有言章」

44:23 問范氏之說. 曰: "以心譬仁, 以四肢譬勇, 此說亦無甚病. 若欲以勇爲義之屬, 則是夫子亦不合說'仁者必有勇'也. 范氏之失卻在首句所謂'仁之爲力, 舉者莫能勝'上. 蓋欲以此形容'勇'字, 卻不知其不類也." 【必大】

「南宮适問於孔子章」

44:24 南宮适大意是說德之可貴, 而力之不足恃. 說得也好, 然說不透, 相似說堯・舜賢於桀・紂一般. 故聖人不答, 也是無可說. 蓋他把做不好, 又說得是, 把做好, 又無可說, 只得不答而已. 亦見孔子不恁地作鬧, 得過便過. 【淳】

44:25 問: "如何見得以禹・稷比夫子?" 曰: "舊說如此. 觀夫子不答, 恐有此意, 但聞[88]得鶻突. 蓋▲[89]意喜[90]而言拙, 擬[91]人非其倫爾. 太史公亦以盜跖與伯夷並說. 『伯夷傳』乃史遷自道之意." 【必大】

86) ▲: 原憲
87) ▲: 不必它說
88) 聞: 『朱子語類』에서는 問으로 되어 있다.
89) ▲: 适
90) 喜: 英祖刊本・成化本・賀本에서는 善으로 되어 있다.
91) 擬: 英祖刊本・成化本에서는 儗로 되어 있다.

44:26 問: "明道謂适以禹·稷比夫子, 故夫子不答. 上蔡以爲首肯之意, 非直不答也. 龜山以爲禹·稷有天下不止躬稼, 夫子未盡然其言, 故不答. 三說孰是[92]?" 曰: "适之言亦不爲不是, 問得也疎[93]. 禹·稷是好人, 羿·奡自是不好底人, 何消恁地比並說. 夫子也只是不答, 緣問得騃. 正如仲尼賢如[94]盗跖, 這般說話, 豈不是騃! 然它意思卻好, 所以出而聖人稱美之曰: '君子哉若人! ▲[95]' 如孟子所謂'孳孳爲善者, 舜之徒也'云云, '不以舜之所以事堯事君'云云, 這般言語多少精密! 适之問如何似得這般話." 舉似某人詩云云: "何似仲尼道最良. 張僧·范寇如[96]何物? 卻與宣仲[97]較短長!"【寓】

44:27 問: ▲[98] "禹·稷之有天下, 羿·奡不得其死, 固是如此, 亦有德如禹·稷而不有天下者, 孔子終身爲旅人是也, 亦有惡如羿·奡而得其終者, 盗跖老死於牖下是也. 凡事應之必然, 有時而或不然. 惟夫子之聖, 所以能不答. 君子之心, 亦爲其所當爲, 而不計其效之在彼."【蜀錄云: "必然之中, 或有不然者存. 學者之心, 惟知爲善而已, 他不計也. 夫子不答, 固有深意, 非聖人不能如是."】 曰: "此意思較好."【過】

「君子而不仁者章」

44:28 問: "此君子莫只是輕說, 不是指那成德者而言否?" 曰: "'君子而不仁者有矣夫', 他只是用這般現成句."【義剛】

---

92) 三說孰是: 徽州本에서는 이 앞에 未知가 더 들어 있다.
93) 疎: 成化本·賀本에서는 疏로 되어 있다.
94) 如: 孝宗刊本·英祖刊本·成化本에서는 於로 되어 있다.
95) ▲: 尙德哉若人!
96) 如: 『朱子語類』에서는 知로 되어 있다.
97) 宣仲: 『朱子語類』에서는 宣尼로 되어 있다.
98) ▲: "夫子不答南宮适之問, 似有深意." 曰: "如何?" 過謂:

44:29 ▲[99] "君子譬如純白底物事, 雖有一點黑, 是照管不到處. 小人譬如純黑底物事, 雖有一[100]點白處, 卻當不得白也." 【燾】

「愛之能勿勞乎章」

44:30 ▲[101] "愛之而弗勞, 是姑息之愛也. 凡人之愛, 多失於姑息. 如近有學者持服而來, 便自合令他歸去. 卻念他涉千里之遠, 難爲使他徒來而徒去, 遂不欲卻他. 此便是某姑息處, 乃非所以爲愛也." 【時舉】

「爲命章」

44:31 ▲[102] "春秋之辭命, 猶是說道理. 及戰國之談說, 只是說利害[103], 說到利害的當處便轉." 【謙之】[104]

「或問子產章」

44:32 子產心主於寬, 雖說道"政尚嚴猛", 其實乃是要用以濟寬耳, 所以爲惠人. 【賀孫】

---

99) ▲: 問此章. 曰:

100) 一: 孝宗刊本・英祖刊本・成化本에서는 이 뒤에 兩이 더 들어 있다.

101) ▲: 至之問"愛之能勿勞乎." 曰:

102) ▲: 問"爲命, 裨諶草創之." 曰:

103) 只是說利害: 徽州本에서는 이 뒤에 而已가 더 들어 있다.

104) 【謙之】: 徽州本에서는 이 뒤에 다음의 구절이 더 들어 있다. 洪氏曰: 鄭, 小國也, 能謹重辭命而信任賢者如此. 爲天下者辭命宜益重矣, 而反輕之, 討論潤色宜益衆矣, 而獨任於一官. 何哉? 且古之賢者, 求辭命之善爾, 不有其己也. 故世叔討論, 而裨諶不以爲嫌, 子產潤色, 而子羽不以爲羞. 後世爲命者反是, 此辭命所以有愧於古也. 此說亦善. 子產爲政, 擇能而使之, 衆賢各盡其用者, 子產之功也.

44:33 "'問▲[105] 〈人也〉.' 范·楊皆以爲盡人道, 『集注』以爲'猶云, 此人也', ▲[106]" 曰: "古本如此說, 猶『詩』所謂'伊人', 『莊子』所謂'之人也.' 若作▲[107]人道▲[108], 除管仲是箇人, 他人便都不是人! 更管仲也未盡得人道在, ▲[109]." 問: "▲[110] 使二人從事於聖人之學, 則才德可以兼全否?" 曰: "若工夫做到極處, 也會兼全." 【寓】

44:34 問: "▲[111]奪伯氏邑, '沒齒無怨言', 此最難, 恐不但是威力做得." 曰: "固是. 雖然, 亦只是霸者事." 問: "武侯於廖立·李平是如何?" 曰: "看武侯事迹, 儘有駁雜去處, 然事雖未純, 卻是王者之心. 管仲連那心都不好. ▲[112] 【賀孫】

44:35 問: "『▲[113]注』▲[114] 其於聖人之道, 概乎其未有聞也.' ▲[115] 二子所成之事迹, ▲[116]誠未知聖人之學. 然觀管仲'非鬼神通之, 精神之極也'之語, 與子產論伯有事, 其精思察理如此, 恐亦未可謂全不知聖人之學." 曰: "大處他不知, 如此等事, 他自知之. 且使子路爲鄭國, 必須强似子產. 觀其自謂三年爲國, '可使有勇, 且知方也', 則必不爲强國所服屬矣." 【廣】

---

105) ▲: 管仲, 曰:
106) ▲: 如何?
107) ▲: 盡
108) ▲: 說
109) ▲: '奪伯氏·駢邑', 正謂奪爲己有
110) ▲: 『集注』言管仲·子產之才德.
111) ▲: 孔子所稱管仲
112) ▲: 程先生稱武侯'有王佐之才', 亦卽其心而言之, 事跡間有不純也. 然其要分兵攻魏, 先主將一軍入斜谷, 關羽將荊州之衆北向, 則魏首尾必不相應, 事必集矣. 蜀人材難得, 都是武侯逐旋招致許多人, 不似高祖·光武時雲合響應也."
113) ▲: 集
114) ▲: 云: '管仲之德, 不勝其才, 子產之才, 不勝其德,
115) ▲: 若據
116) ▲: 則

「貧而無怨章」

44:36 ▲117) "貧則無衣可着, 無飯可喫, 存活不得, 所以無怨難. 富則自有衣着, 自有飯喫, 但略知義理, 稍能守本分, 便是無驕, 所以易. 二者其勢如此."【燾】

44:37 "貧而無怨", 不及於"貧而樂"者, 又勝似"無諂"者.

「子路問成人章」

44:38 ▲118)問: "▲119) 曰'知', 曰'不欲', 曰'勇', 曰'藝.' 有是四德, 而'文之以禮樂', 固'可以爲成人.' 然聖人卻只擧臧武仲·公綽·卞莊子·冉求, 恐是就子路之所及而言." 曰: "也不是揀低底說, 是擧這四人, 要見得四項. 今有人知足以致知, 又無貪欲, 又勇足以決, 又有才能, 這箇亦自是甚麽樣人了! 何況又'文之以禮樂', 豈不足爲成人." 又問: "『集注』謂'才全德備, 渾然不見一善成名之迹, 粹然無復偏倚駁雜之弊', 雖聖人亦不過如此. 後面又說: '若論其至, 則非聖人盡人道不足以語此.' 然則聖人之盡人道, 事體似又別?" 曰: "若聖人, 則不用件件恁地說." 又問: "下面說: '見利思義, 見危授命, 久要不忘平生之言.' 覺見子路也盡得此三句, 不知此數語是夫子說, 是子路說?" 曰: "這一節難說. 程先生說'有忠信而不及於禮樂', 也偏." 至之云: "先生又存胡氏之說在後, 便也怕是胡氏之說是, 所以存在後."【僩 ○時擧錄略, 別出.】

44:39 ▲120) "有知而不能不欲, 則無以守其知, 能不欲而不能勇, 則

---

117) ▲: 問"貧而無怨難, 富而無驕易." 曰:

118) ▲: 至之

119) ▲: '子路問成人'一章,

120) ▲: 至之問"子路問成人"一章. 曰:

無以決其爲知. 不欲且勇矣, 而於藝不足, 則於天下之事有不能者矣. 然有是四者, 而又'文之以禮樂', 玆其所以爲成人也." ▲121)問: "若聖人之盡人道, 則何以加此?" 曰: "聖人天理渾全, 不待如此逐項說矣." 【時擧】

44:40 ▲122) 上面四人所長, 且把做箇樸素子, 唯'文之以禮樂', 始能取四子之所長, 而去四子之所短. 然此聖人方以爲'亦可▲123)爲成人', 則猶未至於踐形之域也." 【時擧】

44:41 ▲124) "這一章, 最重在'文之以禮樂'一句上. '今之成人者'以下, 胡氏以爲是子路之言, 恐此說卻是, 蓋聖人不應只說向下去. 且'見利思義'至'久要不忘平生之言'三句, 自是子路已了得底事, 亦不應只恁地說. 蓋子路以其所能而自言, 故胡氏以爲'有〈終身誦之〉之固'也." 亞夫云: "若如此, 夫子安得無言以繼之?" 曰: "恐是他退後說, 也未可知." 【時擧】

44:42 ▲125) 此言亦似子路模樣. 然子路因甚如此說? 畢竟亦未見得." 又問: "公綽不欲等, 可以事證否?" 曰: "亦不必證. 此只是集衆善而爲之, 兼體用・本末而言." 【淳】

「子問公叔文子章」

44:43 "時然後言"者, 合說底不差過它時節. 【植】

---

121) ▲: 又
122) ▲: 或問"文之以禮樂." 曰: "此一句最重.
123) ▲: 以
124) ▲: 亞夫問"子路成人"章. 曰:
125) ▲: 楊尹叔問: "'今之成人'以下, 是孔子言, 抑子路言?" 曰: "做子路說方順.

44:44 ▲126)'不厭'字意, 正如『孟子』所謂'文王之囿, 方七十里, 民猶以爲小'相似."【僩】

44:45 ▲127)問: "▲128) 當時亦未必是誇." 曰: "若是不129)誇, 便是錯說了. 只當時人稱之已過當, 及夫子問之, 而賈所言又愈甚, 故夫子不信."【可學】

44:46 "如'不言, 不笑, 不取', 似乎小, 卻難130). 若眞能如此, 只是一偏之行. 然公明賈卻說'以告者過也.' '時然後言, 樂然後笑, 義然後取', 似乎易, 卻說得大了. 蓋能如此, 則是'時中'之行也."【燾】

「晉文王131)譎而不正章132)」

44:47 ▲133) "威公134)是較本分得些子. 文公所爲事, 卻多有曲折處, 『左傳』所載可見, 蓋不持135)天王狩河陽一事而已."【義剛】

---

126) ▲: 問"子問公叔文子"章. 曰: "且說這三個'不厭'字意思看." 或云: "緣它'時然後言', '時然後笑', '時然後取', 所以人不厭之." 曰: "惟其人不厭之, 所以有'不言·不笑·不取'之稱也. 蓋其言合節拍, 所以雖言而人不厭之, 雖言而實若不言也. 這

127) ▲: 魏才仲

128) ▲: '子問公叔文子'一段,

129) 是不: 成化本·賀本에서는 不是로 되어 있다.

130) 似乎小, 卻難: 賀本에서는 似乎難, 卻小로 되어 있다.

131) 王: 『朱子語類』에서는 公으로 되어 있다.

132) 「晉 文公譎而不正章」: 徽州本에서는 이 장 앞에 臧武仲以防求爲後章이 있다. 내용은 다음과 같다. 或以爲時人以武仲能存祀爲賢, 故夫子正之. 曰: 味本文意, 但以時人不知其據邑有請之爲要君爾, 初不爲存先祀發也. 或又謂武仲恃齊以請, 亦非也. 夫子但言以防求爲後, 不言以齊求爲後也, 安得捨其據邑之顯罪, 而逆探其挾齊之微意乎?.

133) ▲: 因論桓·文譎正, 曰:

134) 威公: 英祖刊本·成化本·賀本에서는 桓公으로 되어 있다.

135) 持: 『朱子語類』에서는 特으로 되어 있다.

44:48 問: "▲[136] 諸家多把召王爲晉文之譎. 『▲[137]注』謂'伐衛以致楚師, 而陰謀以取勝', ▲[138]." 曰: "晉文擧事, 多是恁地, 不肯就正做去. 呂伯恭『愽[139]議』論此一段甚好, 然其說忒巧. 逐節看來, 卻都是如此. 晉文用兵, 便是戰國 孫·吳氣習."【寓】

44:49 『東萊愽[140]議』中論桓·文正譎甚詳, 然說亦有過處. ▲[141] "桓公雖譎, 卻是直拔行將去, 其譎易知. 如晉文, 都是藏頭沒尾, 也是蹺蹊."【驤】[142]

「子路曰桓公殺公子糾章」

44:50 周衰, 王道不振, 管仲乃能"九合諸侯, 不以兵車", 功被當時, 澤流後世, 誰得如他之仁! ▲[143], 夫子許其有仁之事功也.【砥】

44:51 ▲[144]問: "管仲, '如其仁', 顏漕說作管仲之仁如召忽, 是否?" 曰: "聖人於上面, 豈曾許召忽仁來. 聖人分明直許管仲云: '九合諸侯, 不以兵車, 管仲之力也. 如其仁!' '如其仁'者, 誰得似他這仁!" ▲[145] 聖人上面旣說得管仲如此大了, 後面卻如何只恁地小結殺得? ▲[146]

---

136) ▲: 晉文'譎而不正',
137) ▲: 集
138) ▲: 這說爲通
139) 愽: 英祖刊本·成化本·賀本에서는 博으로 되어 있다.
140) 愽: 英祖刊本·成化本·賀本에서는 博으로 되어 있다.
141) ▲: 又曰:
142)【驤】: 徽州本에는【道夫】로 되어 있다.
143) ▲: "如其仁"
144) ▲: 江彝叟
145) ▲: 又云: "公且仔細看他是許管仲, 不是許管仲?
146) ▲: 且如公做文字, 上面說幾句重了, 下面如何恁地輕去得?" 江兄又問: "顏漕之意, 以召忽之死爲仁, 而管仲似之." 曰: "聖人於上面已自說'自經於溝瀆'一項, 已結之矣, 豈得更如此?"

先生因說: "揚雄言: '爰變丹青, 如其智!' 這句便是不許多[147)]底說話. 且如『易』中所謂'又誰咎也', 自有三箇, 而其義則有兩樣: 如'不節之嗟'與'自我致寇'言之, 則謂咎皆由己, 不可咎諸人. 如'出門同人'言之, 則謂人誰有咎之者矣. 以此見古人立言, 有用字雖同而其義則不同."【卓○賀孫疑同聞, 別出.】

44:52 ▲[148)] 終不成便與許顏子底意相似. 管仲莫說要他'三月不違仁', 若要他三日, 也不會如此. 若子貢・冉求諸人, 豈不强得管仲!"【賀孫】

44:53 ▲[149)]問: "▲[150)]仲之心旣已不仁, 何以有仁者之功?" 曰: "如漢 高祖・唐 太宗, 未可謂之仁人. 然自周室之衰, 更春秋 戰國以至暴秦, 其禍極矣! 高祖一旦出來平定天下, 至文・景時幾致刑措. 自東漢以下, 更六朝五胡以至于[151)]隋, 雖曰統一, 然煬帝繼之, 殘虐尤甚, 太宗一旦埽除以致貞觀之治. 此二君者, 豈非是仁者之功耶! 若以其心言之, 本自做不得這箇功業. 然謂之非仁者之功, 可乎? 管仲之功, 亦猶是也."【時擧】

44:54 ▲[152)]問: "南軒解子路・子貢問管仲, 疑其'未仁', '非仁', 故擧其功以告之. 若二子問'管仲仁乎', 則所以告之者異. 此說如何?" 先生良久曰: "此說卻當."【可學】

---

147) 多: 『朱子語類』에서는 他로 되어 있다.
148) ▲: 江問: "'如其仁', 或說如召忽之仁." 曰: "公且道此是許管仲, 是不許管仲? 看上面如此說, 如何喚做不許他. 上面說得如此大了, 下面豈是輕輕說過. 舊見人做時文, 多做似仁說, 看上文是不如此. 公且道自做數句文字, 上面意如此, 下面意合如何? 聖人當時擧他許多功, 故云誰如得他底仁!
149) ▲: 亞夫
150) ▲: 管
151) 于: 賀本에서는 於로 되어 있다.
152) ▲: 才仲

44:55 問: "『▲153)注』▲154)忍心之'忍', 是殘忍之'忍'否? 方天理流行時, 遽遏絶之使不得行, 便是忍心害理矣." 曰: "傷其惻隱之心, 便是忍心, 如所謂'無求生以害仁', 害仁便是忍心也. 故謝子說'三仁'云: '三子之行, 同出於至誠惻怛之意.' 此說甚好." 【廣】

○155) 且如孺子入井, 有一人取得出來, 人且稱其仁, 亦未說到那'納交・要譽・惡其聲而然.'" 道夫問: "如此說, 則'如'字如何解?" 曰: "此直深許其有仁耳. 人多說是許其似仁而非仁, 以文勢觀之, 恐不恁地, 只是許其仁耳." 道夫云: "假之之事, 眞所謂'幽沉仁義', 非獨爲害當時, 又且流毒後世." 曰: "此孟子所以不道桓・文而卑管・晏也. 且如興滅繼絶, 誅殘禁暴, 懷諸侯而尊周室, 百般好事他都做, 只是無惻怛之誠心. 他本欲他事之行, 又恰有這題目入得, 故不得不擧行." 道夫云: "此邵子所以有'功之有, 罪之魁'之論." 曰: "他合下便是恁地." 【道夫】

「子貢曰管仲非仁者章」

44:56 ▲156)問: "伊川言: ▲157)同死, 可也. ▲158)圖後功, 亦可也.' 切159)謂天下無兩可之理, ▲160) 曰: "雖無兩可, 然前說亦是可. 但自免以圖後功, 則可之大者." 淳曰: "『孟子』'可以死, 可以無死', 是始者見其可以死, 後細思之, 又見其可以無死, 則前之可者爲不可矣." 曰: "卽是此意." ▲161)又問: "▲162) '王・魏▲163)' 只是論其罪則不須論其

153) ▲: 集
154) ▲: 說: '子路疑管仲忘君事讎, 忍心害理, 不得爲仁.' 此
155) ○: 『朱子語類』 60:137의 일부이다.
156) ▲: 安卿
157) ▲: '仲始與之同謀, 遂與之
158) ▲: 知輔之爭爲不義, 將自免以
159) 切: 英祖刊本・成化本・賀本에서는 竊로 되어 있다.
160) ▲: 一是則一非, 如兩可之說, 恐亦失之寬否?"

功, 論其功則不須論其罪否?" 曰: "是." ▲164)問: "管仲功可揜過否?" 曰: "他義不當死." ▲165) 又曰: "這般處也說得不分曉. 大抵後十篇不似前十篇. ▲166)【義剛 ○淳錄同.】

44:57 問: "▲167)人之大節已失, 其餘莫不足觀否?" 曰: "雖是大節已失, 畢竟他若有功時, 只得道他是有功, 始得."【廣】

44:58 管仲不死子糾, 聖人無說, 見得不當死. 後又有功可稱, 不是後功可以償前不死之罪也. 伊川有此意, 亦恐看得不曾子168)細. 魏鄭公則是前仕建成矣, 不當更仕太宗, 後卻有功. 溫公論嵇紹・王裒, 謂紹後有死節之功, 須還前不是. 後既策名委質, 只得死也, 不可以後功掩前過. 王・魏二公謂功可以補過, 猶可. 管仲則前無過而後有功也. 【楊】

44:59 "管仲, 孔子自有說他過處, 自有說他功處, 過不能以揜功. 如唐之王・魏亦然." 或問: "設有弒父弒君不可贖之罪, 雖有功, 亦在所不說矣." 曰: "如此, 則無可言者."【文蔚】

44:60 問: "聖人▲169)大管仲之功, 而孟子硬以爲卑, ▲170)" 曰: "孟

161) ▲: 安卿
162) ▲: 『集注』謂:
163) ▲: 先有罪而後有功, 不可以相揜.
164) ▲: 堯卿
165) ▲: 久之,
166) ▲: 如'子路問成人'處, 說得也粗." 安卿云: "只是臧武仲之知等, 皆不是十分底事." 曰: "是."
167) ▲: 『集解』云: '管仲有功而無罪, 故聖人獨稱其功. 王・魏先有罪而後有功, 則不以相掩可也.' 其視程子說, 固平實矣. 然
168) 子: 賀本에서는 仔로 되어 있다.
169) ▲: 分明是
170) ▲: 如何?

子是不肯做他底, 是見他做得那規模來低[171]." ▲[172] "若仲輔其君, 使佐周室以令天下, 卑[173]諸侯朝聘貢賦皆歸於王室, 而盡正名分, 致周之命令復行於天下, 已乃退就藩臣之列, ▲[174]乃是. 今仲▲[175] 雖▲[176]是尊王室, 然朝聘貢賦皆是歸己, 而命令皆由己出. 我要如此便如此, 初不稟命於天子. 不過▲[177]要自成霸業而已, 便是不是."【義剛】

「陳成子弒簡公章」

44:61 ▲[178] "哀公若委之孔子, ▲[179]須有計畫以處之, 必不空言而但已也.【謂須有後手.】 ▲[180] 必有道理以制三子, 但有些罅縫, 事便可成."【謂舉國不從, 而三子內一箇動, 便得.】 ▲[181]問: "程子云: ▲[182] 以魯之衆, 加齊之半, ▲[183] 此非孔子之言. ▲[184] 曰: "聖人舉事, 也不會只理會義理, 都不問些利害, 事也須是可行方得. 但云'以魯之衆, 加齊之半', 須是先得魯之衆, 方可用齊之半. 蓋齊之半雖未必難動, 而魯之衆卻未便得他從. 然此事聖人亦必曾入思慮, 但卻不專主此也."【燾】

171) 低: 英祖刊本・成化本에서는 底로 되어 있다.
172) ▲: 因云:
173) 卑: 孝宗刊本・英祖刊本・賀本에서는 俾로 되어 있다.
174) ▲: 如此
175) ▲: 糾合諸侯,
176) ▲: 也
177) ▲: 只是
178) ▲: 問"陳成子弒簡公"一章. 曰:
179) ▲: 孔子
180) ▲: 意孔子, 若哀公委之以權,
181) ▲: 又
182) ▲: '左氏記孔子之言曰: 〈陳恒弒其君, 民之不與者半.
183) ▲: 可克也.〉
184) ▲: 誠若此言, 是以力不以義也.'"

44:62 問: "▲185) '三子有無君之心, 夫子所以警之.'" 曰: "▲186) 夫子初告時, 眞箇是欲討成子, 未有此意. 後人自流泝源, 知聖人之言可以警三子無君之心, 非是聖人托討成子以警三子. 聖人心術, 不如此枉曲." 【雉】

「子路問事君章」

44:63 ▲187) "犯, 只是'有犯無隱'之'犯.' ▲188) 諫便是犯也." 【時擧】

44:64 ▲189)問: "▲190) 子路豈欺君者? 莫只是他勇, 便解恁地否?" 曰: "是恁地. 子路性勇, 凡言於人君, 要他聽, 或至於說得太過, 則近乎欺. 如唐人諫敬宗遊驪山, 謂驪山不可行, 若行必有大禍. 夫驪山固是不可行, 然以爲有大禍, 則近於欺矣. 要之, 其實雖不失爲愛君, 而其言則欺矣."

44:65 ▲191) "'無臣而爲有臣', 乃欺也." 【廣】

「君子上達章」

44:66 "君子上達", 一日長進似一日, "小人下達", 一日沈淪似一日. 【賀孫】

---

185) ▲: '陳成子弑簡公'章云:
186) ▲: 須先看得聖人本意.
187) ▲: 亞夫問"勿欺也, 而犯之." 曰:
188) ▲: 如'三諫不聽'之類,
189) ▲: 徐
190) ▲: '勿欺也, 而犯之.'
191) ▲: 問: "如何是欺?" 曰: "有意瞞人, 便是欺." 曰: "看得子路不是瞞人底人." 曰:

44:67 問: "『注』▲192) '究'字之義▲193)" 曰: "究者, 究竟之義, 言究竟至於極也. 此段本橫渠·呂與叔之言, ▲194)湊說, 語意方備. 小人徇人欲, 只管被它墜下去, 只見沈了, 如人墜水相似." 因又言究竟之義: "今人▲195). 初間只是差些子, 少間究竟將去, 越見差得多. 如說道理▲196). 初間錯些子, 少間只管去救, 救來救去, 越弄得大. 無不如此. 如人相訟, 初間本是至沒緊要底事, 喫不過, 胡亂去下一紙狀. 少間公吏追呼, 出入搔擾, 末梢計其所費, 或數十倍於所爭之多. 今人做錯一件事, 說錯一句話, 不肯當下覺悟便改, 卻只管去救其失, 少間救得過失越大. ▲197)." 【僩】

44:68 ▲198) "伊川之說爲至199), 其次則呂氏得之200). 達, 只是透向上去. 君子只管進向上, 小人只管向下. 橫渠說亦是201). 尹氏之所謂達, ▲202)只是說得'君子喻於義'之意, ▲203) 楊氏之說舜·跖, 卻是伊川之意. 謝氏之說大段遠了, 不干事. 范氏之說, 初是喻於義利, 次是達於上下, 其末愈上愈下, 卻有伊川之意. ▲204)

192) ▲: 云: '君子循天理, 故日進乎高明, 小人徇人欲, 故日究乎汚下.'
193) ▲: 如何?
194) ▲: 將來
195) ▲: 多是如此
196) ▲: 亦是如此
197) ▲: 無不是如此
198) ▲: 問"君子上達, 小人下達." 曰:
199) 伊川之說爲至: 徽州本에서는 伊川 뒤에 다음의 구절이 더 들어 있다. 君子爲善, 只有上達, 小人爲不善, 只有下達.
200) 其次則呂氏得之: 徽州本에서는 呂氏 뒤에 다음의 구절이 더 들어 있다. 君子日進乎高明, 小人日究乎汚下之說亦.
201) 橫渠說亦是: 徽州本에서는 說 뒤에 上達反天里下達徇人欲者歟가 더 들어 있다.
202) ▲: 卻
203) ▲: 卻只是喻曉之義.
204) ▲: 大抵范氏說多如此, 其人最好編類文字, 觀書多匆遽, 不仔細. 好「學而」首章, 說得亂董董地, 覺得他理會這物事不下. 大抵范氏爲人宏博純粹, 卻不會研窮透徹. 如「唐鑑」, 只是大體好, 不甚精密, 議論之間, 多有說那人不盡. 如孫之

「古之學者爲己章」

44:69 ▲[205] "此▲[206]是初間用心分毫之差耳. 所謂'上達・下達'者, 亦▲[207]是自此分耳. 下達者只因這分毫有差, 便一日昏蔽似一日. 如人入爛泥中行相似, 只見一步深似一步, 便渾身陷沒, 不能得出也. 君子之學旣無所差, 則工夫日進, 日見高明, 便一日高似一日也." 因言秦檜之事云云: "其所以與張魏公有隙之由, 乃因魏公不薦他作宰相, 而薦趙丞相. 故後面生許多怨惡, 蓋皆始於此耳."【時擧】

44:70 問: "伊川云: ▲[208] 爲人, 欲見知於人▲[209] 後又云: ▲[210] 〈今之學者爲人〉, 其終至於喪己.' 兩說不同, ▲[211]" 曰: "此兩段▲[212], 前段是低底爲人, 後段是好底爲人. 前爲人, 只是欲見知於人而已. 後爲人, 卻是眞箇要爲人. 然不曾先去自家身己上做▲[213]工夫, 非唯是爲那人不得, 末後和己也喪了!"【雉】[214]

翰「唐論」雖淺, 到理會一事, 直窮到底, 敎他更無轉側處."【謍】

205) ▲: 立之問"古之學者爲己, 今之學者爲人." 曰:

206) ▲: 只

207) ▲: 只

208) ▲: '爲己, 欲得之於己也,

209) ▲: 也.'

210) ▲: '〈古之學者爲己〉, 其終至於成物,

211) ▲: 何也?

212) ▲: 意思自別

213) ▲: 得

214)【雉】: 徽州本에서는 이 장에 별도로 일곱 단락이 더 들어 있다. 즉, 첫째 단락 學者只是不爲己, 故日間安頓此心在義理上時少, 安頓在閑事上時多, 於義理卻生, 於閑事卽熟.【方子】두번째 단락 學者須是爲己. 聖人敎人, 只在『大學』第一句明明德上. 以此立心, 則如今端容亦爲己也, 讀書窮理亦爲己也, 做得一件事是實亦爲己也. 聖賢敎人持敬, 只是須著從這裏地說去. 其實若知爲己後, 則自然著敬.【方子】세번째 단락 與馮德英說爲己爲人 曰: "若不爲己, 看做甚事都只是爲別人, 雖做得好, 亦不關己. 自家去從師, 也不是要理會身己, 自家去取友, 也不是自要理會身己. 自家只是漫恁地, 只是要人說道也曾如此, 只要人說道理好. 自家又識得甚麽人? 自家又有幾個朋友? 這都是徒然. 說道看

「蘧伯玉使人於孔子章」

44:71 問: "莊子▲215): '▲216)伯玉▲217)知▲218)非.' 此句固好. ▲219)化是如何?" 曰: "謂舊事都消忘了." ▲220) "此句亦說得不切實. 伯玉卻是箇向裏做工夫人, 莊子之說, 自有過當處."【廣】

44:72 ▲221)問"▲222)化." 曰: "只是消融了, 無固滯223)."【蓋卿】

道理不曾看自家身己, 如何會曉得世上如此. 爲學者多只看爲己底是如何, 它直是苦切, 事事都是自家合做底事, 如此方可. 不如此, 定是不可. 今有人苦學者, 他因甚恁底苦? 他只爲見這個物事是自家合做底事. 如人喫飯, 是緣自家肚饑, 定是要得喫. 又如人做家主要錢使, 他在外面百方做計, 壹錢也要將歸. 這是爲甚如此? 這只是爲自家自身上事. 若如此爲學, 如何會無所得?【賀孫】네번째 단락 行夫問: "南軒云: '爲己者, 無所爲而然也.' 這是見得凡事皆吾所當爲, 非求人知, 不求人譽, 無倚無靠之謂否?" 曰: "有所爲者, 是爲人也. 這須是見得天下之事實是己所當爲, 非吾性分之外所能有, 然後爲之, 則無爲人之弊耳. 且如哭死而哀, 非爲生者也. 今人弔喪, 以亡者平日與我善厚, 眞個可悼, 哭之發於中心, 此固出於自然者. 有一般人, 欲亡者家人知我如此哭, 便不是. 這便是爲人. 又如做一善事, 是自家自肯去做, 非待人敎自家做, 方勉强做, 此便不是爲人也. 다섯번째 단락 問"爲己." 答曰: "這須要自看. 逐日之間小事, 大事, 只是道我合當做, 便如此行, 這便是無所爲. 且如讀書, 只道自家合當如此讀, 合當如此理會身己. 才說要人知, 便是有所爲. 如世上人才讀書, 便安排這個好做時文, 此又爲人之甚者.【賀孫】여섯번째 단락 學者須是爲己. 譬如喫飯. 寧可逐些喫飯令飽爲是乎? 寧可鋪攤放門外報人道我家有許多飯爲是乎? 近來學者, 多是以自家合做底事報與人知, 又言此間學者多好高, 只是將義理略從肚裏過, 卻糊出許多說話. 舊見此間人做婚書, 亦說天命人倫. 男婚女嫁, 自是常事. 蓋緣有厭卑近之意, 亦須將日用常行底事裝荷起來. 如此者, 只是不爲己, 不求益, 只是好名, 圖好看, 亦聊以自誑. 如南越王黃屋左纛以自娛爾.【方子】일곱번째 단락 今人都是爲人而學. 某所以敎諸公讀『大學』, 且看古人爲學是如何? 是理會甚事? 諸公願爲古人之學乎. 願爲今人之學乎?【敬仲】

215) ▲: 說
216) ▲: 蘧
217) ▲: 行年五十, 而
218) ▲: 四十九年之
219) ▲: 又云: '行年六十而六十化.'
220) ▲: 又曰:
221) ▲: 李公晦

「君子耻[224]其言過其行章」

44:73 ▲[225] 過, 猶"行過恭, 喪過哀"之"過", 謂力行也. 【潘叔恭 ○端蒙】

「子貢方人章」

44:74 ▲[226] 學者須思量不暇箇甚麽, 須於自己體察方可見. 【友仁】

「不逆詐章」[227]

44:75 ▲[228] 曰: "雖是'不逆▲[229], 不億▲[230]', 然也須要你能先覺方是賢. 蓋▲[231] 先覺, ▲[232]是他詐與不信底情態已露見了, 自家▲[233]

---

222) ▲: 行年六十而六十

223) 無固滯: 徽州本에서는 이 뒤에 百神享之如祈晴得晴祈雨得雨之類과 다음의 한 구절이 더 들어 있다. 蘧伯玉使者之言極有味, 學者所宜熟玩而深省焉者. 范氏謂: 君子之患在於未能寡過. 能寡其過, 益莫大焉. 楊氏謂: 欲寡其過, 非克己能如是乎? 使者對之無溢辭, 而伯玉之賢益彰, 故夫子善之. 謝氏謂: 世蓋有欲言人之賢而未知所以言者, 使者以此稱伯玉, 亦可謂知言矣. 尹氏曰: 語謙卑而事美, 善稱其主者也. 胡氏謂: 未能寡過, 乃伯玉心事, 而使者知之, 雖伯玉克己日新之符著見於外, 而使者亦可謂知德而能言矣.

224) 耻: 英祖刊本에서는 恥로 되어 있다.

225) ▲: "君子恥其言而過其行."

226) ▲: "賜也賢乎哉! 夫我則不暇."

227) 「不逆詐章」: 徽州本에서는 이 장 앞에 不患人之不己知章이 더 있고, 다음의 구절이 들어 있다. 侯氏謂: 君子修己而已, 人知不知, 非所患也. 尹氏謂: 反求諸己, 不願乎其外也. 此二說得其要矣. 張敬夫之說亦善, 謂: 四端五典, 雖聖人不自以爲能盡也, 而況於學者, 其不能之患何有極乎! 而何所願乎外也? 若有一毫患人不己知之心萌於中, 則其害甚矣!.

228) ▲: 問"不逆詐"章.

229) ▲: 詐

230) ▲: 不信

231) ▲: 逆詐, 億不信, 是才見那人便逆度之.

便要先覺. 若▲234)都不覺時, 自家卻在這裏做什麽, 理會甚事? 便是昏昧呆底相似. 此章固是要人不得先去逆度, 亦▲235)要人自着些精采看, 方得." ▲236)問楊氏"誠則明矣"▲237) 曰: "此說大了, 與本文不相干. 如待誠而後明, 其爲覺也後矣. 蓋此章人於日用間便要如此."【燾】

44:76 ▲238) "聰明底人, 便自覺得. 如目動言肆, 便見得是將誘我. 燕王告霍光反, 漢 昭帝便知得霍光不反. 燕在遠, 如何知得? 便是它聰明見得, 豈非賢乎! 若當時便將霍光殺了, 安得爲賢!" ▲239)

44:77 ▲240)問: "南軒▲241), 引孔注: '先覺人情者, 是能爲賢乎!' 此說如何?" 曰: "不然. 人有詐・不信, 吾之明足以知之, 是之謂'先覺.' 彼未必詐, 而逆以詐待之, 彼未必不信, 而先臆242)度其不信, 此則不可. 周子曰: '明則不疑.' 凡事之多疑, 皆生於不明. 如以察爲明, 皆至暗也, 唐 德宗243)之流是也. 如放齊稱'胤子朱啓明', 而堯知其嚚, 堯之明有244)以知之, 是先覺也. 凡'抑'字, 皆是挑轉言語. 舊見南軒用'抑'字, 多未安."【可學】

「微生畝謂孔子章」

232) ▲: 卻
233) ▲: 這裏
234) ▲: 是在自家面前詐與不信, 卻
235) ▲: 是
236) ▲: 又
237) ▲: 之說.
238) ▲: 或問: "'不逆詐, 不億不信', 如何又以先覺爲賢?" 曰:
239) ▲: 【銖】
240) ▲: 才仲
241) ▲: 解'不逆詐'一段
242) 臆: 『朱子語類』에서는 億으로 되어 있다.
243) 唐 德宗: 賀本에서는 唐 高宗으로 되어 있다.
244) 有: 賀本에서는 是로 되어 있다.

44:78 微生畝蓋晨門之徒. 當時多有此般人, 如棘子成亦此類.【淳】

「驥不稱其力章」

44:79 問: "▲[245]'有德者必有才, ▲[246] 後世分才德爲二者, 恐失之." 曰: "世固有有才而無德者, 亦有有德而短於才者, 夫子亦自以德與力分言矣."【必大】

「以德報怨章」

44:80 ▲[247] "'以德報怨', 不是不好, 但上面更無一件可以報德. 譬如人以千金與我, 我以千金酬之, 便是當然. 或有人盜我千金, 而吾亦以千金與之, 卻是何理! 視與千金者更無輕重, 斷然是行不得也!"【時舉】

44:81 "以直報怨", 則無怨矣. "以德報怨", 亦是私.【璘】

44:82 ▲[248] "聖人答得極好. '以德報怨', 怨乃過德. 以怨報德, 豈是人情? '以直報怨', 則於彼合爲則爲, 是無怨也, 與『孟子』'三反'及'不校'同. 『禮記』云: '以德報怨, 寬身之仁也.' 言如此亦是寬身, 終不是中道." ▲[249]問: "『禮記注』改'仁'作'人.'" 曰: "亦不必改." ▲[250]問: "在官遇故舊, 有公事, 如何?" 曰: "亦權其輕重, 只看此心. 其事小, 亦可周旋, 若事大, 只且依公." 某問: "蘇章夜與故人飲, 明日按之, 此莫太不

245) ▲: '驥不稱其力'一章, 謂
246) ▲: 有才者不必有德.'
247) ▲: 亞夫問"以德報怨"章. 曰:
248) ▲: 問"以直報怨, 以德報德." 曰:
249) ▲: 可學
250) ▲: 通老

是?" 曰: "此是甚人? 只是以故人爲貨! 如往時秦檜當國, 一日招胡明仲飮極懽[251], 歸則章疎[252]下, 又送路費甚厚, 殷勤手簡. ▲[253] 【可學】

44:83 ▲[254] "'以德報德', 蓋它有德於我, 自是着饒潤它些子. 所謂公法行於上, 私義伸於下也. '以直報怨', 當賞則賞之, 當罰則罰之, 當生則生之, 當死則死之, 怨無與焉. 不說自家與它有怨, 便增損於其間." 問: "如此, 所以'怨有不讎, 德無不報.'" 曰: "然." 又云: "'以德報怨', 是着意要饒他. 如呂晦叔爲賈昌朝無禮, 捕其家人坐獄. 後呂爲相, 適值朝廷治賈事, 呂乃乞寬賈之罪, '恐渠以爲臣與有私怨.' 後賈竟以此得減其罪. 此'以德報怨'也. 然不濟事, 於大義都背了. 蓋賞罰出於朝廷之公, 豈可以己意行乎其間?" 又問: "'以德報怨, 寬身之仁也, 以怨報怨, 刑戮之民也.' 此有病否?" 曰: "此也似說得好. '以德報怨', 自家能饒人, 則免得人只管求怨自家, 故曰'寬身之仁也.' 如'以怨報怨', 則日日相搥鬪打, 幾時是了? 故曰'刑戮之民也.'" 【燾】

44:84 問: "▲[255]『注』▲[256]曲折反覆, 微妙無窮', ▲[257]" 曰: "'以德報怨'本老氏語. '以德報怨', 於怨者厚矣, 而無物可以報德, 則於德者不亦薄乎! 呂申公爲相, 曾與賈種民有怨, 卻與之郡職, 可謂'以德報怨', 厚於此人矣, 然那裏人多少被其害! 賈素無行, 元豐中在大理爲蔡確鷹犬, 申公亦被誣構. 及公爲相, 而賈得罪, 公復爲請知通利軍.

---

251) 懽: 『朱子語類』에서는 歡으로 되어 있다.
252) 疎: 『朱子語類』에서는 疏로 되어 있다.
253) ▲: 秦檜有數事, 往日親聞之胡侍郎及籍溪先生: '太上在河北爲虜騎所逐, 禱於崔府君廟, 歸而立其祠於郊壇之旁.' 檜一日奏事, 因奏: '北使將來, 若見此祠而問, 將何以對?' 遽命移於湖上."
254) ▲: 問"以德報德, 以直報怨." 曰:
255) ▲: '以德報怨'章,
256) ▲: 謂'旨意
257) ▲: 何也?

'以直報怨'則不然, 如此人舊與吾有怨, 今果賢邪, 則引之薦之, 果不肖邪, 則棄之絶之, 是蓋未嘗有怨矣. 老氏之言死定了. 孔子之言意思活, 移來移去都得. 設若不肖者後能改而賢, 則吾又引薦之矣."【淳】

「莫我知也夫章」

44:85 問: "▲[258] 子貢▲[259]不曾問, 夫子告之, 必有深意. 莫是警子貢否?" 曰: "『論語』中自有如此等處, 如告子路'知德者鮮', 告曾子'一以貫之', 皆是一類. 此是大節目, 要當自得. 這卻是箇有思量底事, 要在不思量處得."【文蔚】

44:86 ▲[260] "夫子忽然說這一句▲[261] 必有箇着落處. 當時不特門人知孔子是聖人, 其它亦有知之者, 但其知處不及門人知得較親切. 然孔子當是時說這話, 他人亦莫知着落. 惟是子貢便知得這話必有意思在, 於是問說: '是人皆知夫子是聖人, 何爲說道莫之知?' 夫子於是說出三句, 大抵都[262]是退後底說話, 這箇不喚不響. 在這裏但說是'不怨天', 於天無所▲[263], '不尤人', 於人無所忤. '下學而上達', 自在這裏做, 自理會得.[264] 如水無石, 如木無風, 貼貼地在這裏[265], 人亦無緣知得. 而今人所以知於人者, 都是兩邊作得來張眉弩眼, 大驚小怪. '知我者其天乎'! 便是人不及知, 但有天知而已, 以其與天相合也. 此與對葉公之語略相似, 都是放退一步說. 大槪聖人說話平易. 若孟子, 便早自不同."【夔孫 ○義剛錄▲[266] 便如'發憤忘食, 樂以忘憂', ▲[267]恁地平

258) ▲: 孔子告子貢曰'莫我知也夫'一段,
259) ▲: 又
260) ▲: 問"莫我知也夫." 曰:
261) ▲: 做甚?
262) 都: 成化本에서는 那로 되어 있다.
263) ▲: 怨
264) 自在這裏做, 自理會得: 徽州本에서는 是在這裏貼貼地理會로 되어 있다.
265) 貼貼地在這裏: 徽州本에는 없다.

說, ▲268)】

44:87 問: "▲269) 不尤人' ▲270)易, ▲271) 何以能'不怨天'?" 曰: "此是就二句上生出意. 看了▲272) 此段最難看. 若▲273)要解如何是'不怨▲274)', 如何是'不尤人', 如何是'下學', 如何是'上達', 便粘滯了. 天又無心無腸, 如何知得. 孔子須是看得脫灑, 始得. 此段只渾淪一意. 【寓錄云: "此段語意自是零亂星散, 難捉摸, 只渾淪一意."】 蓋孔子當初歎無有知我者, 子貢因問: '何爲莫知子?' 夫子所答辭只是解'何爲莫知子'一句. ▲275)不得乎天, ▲276) 亦不怨天, 不得乎人, 亦不尤人, ▲277) 方其下學人事之卑, 與衆人所共, 【寓錄云: "畢竟是尋常事, 人所能共."】 又無奇特聳動人處. 及其上達天理之妙, 忽然上達去, 人又捉摸不着, 如何能知得我. 知我者畢竟只是天理與我黙契耳. 以此見孔子渾是天理." 【伯羽錄▲278): "所謂下學人事者, 又不異常人, 而無可279)得知, 至上達天理處,

---

266) ▲: 云: "子曰: '莫我知也夫!' 當時不惟門人知夫子, 別人也知道是聖人. 今夫子卻恁地說, 是如何? 如子貢之聰明, 想見也大故知聖人. 但尙有知未盡處, 故如此說. 子貢曰: '何爲其莫知子也?' 子貢說是他不爲不知夫子, 所以怪而問之. 夫子便說下面三句. 這三句, 便似葉公問孔子於子路處樣, 皆是退後一步說. '不怨天', 是於天無所逆, '不尤人', 是於人無所違忤. '下學', 是只恁地去做, '上達', 是做後自理會得. 這箇不響不喚, 如水之無石, 木之無風, 只帖帖地在這裏, 宜其人不能知. 若似其他人撑眉弩眼, 恁地叫喚去做, 時人卻便知. 但聖人卻不恁地, 只是就平易去做. 只這平易, 便是人不能及處.

267) ▲: 看著只是

268) ▲: 但是人自不可及. 人旣不能知, 則只有天知. 所以只有天知者, 是道理與天相似也."

269) ▲: '不怨天,

270) ▲: 此二句, 體之於身, 覺見'不尤人'

271) ▲: '不怨天'難.

272) ▲: 且未論恁地, 且先看孔子此段本意, 理會得本意便了.

273) ▲: 須

274) ▲: 天

275) ▲: 大凡

276) ▲: 則怨天, 不得乎人, 則尤人. 我不得乎天,

277) ▲: 與世都不相干涉.

278) ▲: 云

而人又不能知. 以此兩頭蹉過了, 故人終不知, 獨有箇天理與聖人相契耳. 彼天畢竟知之."】 ▲280) 又曰: "聖人直是如此瀟洒281), 正如久病得汗, 引箭在手, 忽然破的也. 又曰: "孔子當初說這般話與子貢時, 必是子貢有堪語這道理模樣. 然孔子說了, 子貢又無以承之, 畢竟也未曉得.【寓錄云: "問: '『集註282)』言: "惜乎子貢猶有所未達也." 若子貢能達之, 如何?' ▲283) '他若達之, 必須有說, 惜乎見夫子如此說, 便自住了. 聖門自顏·曾以下, 惟子貢儘曉得聖人, 多是將這般話與子貢說. 他若未曉, 聖人豈肯說與, 但他只▲284)得箇頭耳."】 若曉得, 亦必有語. 如'予欲無言', '予一以貫之', 也只如此住了. 如曾子聞'一貫'語, 便曰'惟285).' 是他曉得." 童問: ▲286) "子貢後來聞性與天道, 如何?" 曰: "亦▲287)是方聞得, ▲288)也未見得透徹." 又曰: "▲289)這三句, 與'發憤忘食, 樂以忘憂, 不知老之將至'三句, 以爲夫子自譽, 則又似自貶, 以爲自貶, 則又似自譽."【淳 ○寓錄·伯羽錄少異. 饒錄殊略.】

44:88 問: "▲290)知, 恐是與天契合, 不是眞有箇知覺否?" ▲291) "又似知覺, 又不似知覺, 這裏也難說. '不怨天, 不尤人', 聖人都不與己相干. 聖人只是理會下學, 而自然上達. 下學是立脚只在這裏, 上達是見識自然超詣. 到得後來, 上達便只是這下學, 元不相離. 下學者, 下學此事, 上達者, 上達此理." 問: "聖人亦有下學, 如何?" 曰: "聖人雖是

279) 可: 賀本에서는 所로 되어 있다.
280) ▲: 久之,
281) 洒: 賀本에서는 灑로 되어 있다.
282) 註: 『朱子語類』에서는 注로 되어 있다.
283) ▲: 曰:
284) ▲: 知
285) 惟: 『朱子語類』에서는 唯로 되어 있다.
286) ▲: 【寓錄作"寓問." 伯羽錄作"仲思問."】
287) ▲: 只
288) ▲: 畢竟
289) ▲: '不怨天, 不尤人, 下學而上達'
290) ▲: '不怨天, 不尤人, 下學而上達, 知我者其天乎!'
291) ▲: 先生曰:

生知, 亦何嘗不學. 如'入太廟, 每事問', '吾十有五而志于學', 便是學也."【銖】

44:89 ▲[292] 每學必自下學去.【泳】

44:90 未到上達, 只有下學.【芝】

44:91 ▲[293] 雖是二事, 只是一理. 若下學得透徹[294], 上達便在這裏.【道夫】

44:92 ▲[295]眞能盡得下學之事, 則上達之理便在此.【道夫】

44:93 下學只是事, 上達便是理. 下學・上達, 只要於事物上見理, 使邪正是非各得[296]其辨. 若非子[297]細省察, 則所謂理者, 何從而見之.【謨】

44:94 下學是低心下意做. 到那做得超越, 便是上達.【佐】

44:95 道理都在我時, 是上達. 譬如寫字, 初習時是下學, 及寫得熟, 一點一畫都合法度, 是上達.【明作】

44:96 ▲[298] "學之至, 卽能上達, 但看着力不着力. 十五而志乎學, 下學也, 能立, 則是上達矣. 又自立而學, 能不惑, 則上達矣. 層層級

---

292) ▲: "下學而上達",
293) ▲: 下學・上達,
294) 徹: 成化本・賀本에는 없다.
295) ▲: 下學者, 事也, 上達者, 理也. 理只在事中. 若
296) 得: 成化本・賀本에서는 有로 되어 있다.
297) 子: 賀本에서는 仔로 되어 있다.
298) ▲: 問"下學而上達." 曰:

級達將去, 自然日進乎高明."【洽】

44:97 問: "▲[299] 聖人恐不自下學中來." 曰: "不要說高了聖人. 高後[300], 學者如何企及? 越說得聖人低, 越有意思."【季札】

44:98 ▲[301]問: "有一節之上達, 有全體之上達." 曰: "不是全體. 只是這一件理會得透, 那一件又理會得透, 積累多, 便會貫通. 不是別有一箇大底上達, 又不是下學中便有上達. 須是下學, 方能上達. 今之學者於下學便要求玄妙, 則不可. '洒[302]掃應對, 從此可到形而上, 未便是形而上', 謝氏說過了." 鄭曰: "今之學者, 多說文章中有性天道. 南軒亦如此說." 曰: "它太聰敏, 便說過了."【淳】

44:99 須是下學, 方能上達. 然人亦有下學而不能上達者, 只緣下學得不是當. 若下學得是當, 未有不能上達. 釋氏只說上達, 更不理會下學. 然不理會下學, 如何上達!【道夫】

44:100 問"不怨天"一段. 曰: "如此, 故天知."【可學】

44:101 問: "'知我者其天乎!' 只是孔子自知否?" 曰: "▲[303]然. 只是這一箇道理."【廣】

44:102 ▲[304] '不怨天, 不尤人, 下學'處, 聖人無異於衆人, 到那'上達'處不同, 所以衆人卻莫能知▲[305], 惟是天知." ▲[306] "『中庸』: '苟不

---

299) ▲: '下學上達',
300) 後: 賀本에서는 了로 되어 있다.
301) ▲: 蔡
302) 洒: 英祖刊本·賀本에서는 灑로 되어 있다.
303) ▲: 固
304) ▲: 問"莫我知也夫"一節. 曰: "此語乃是提撕子貢.
305) ▲: 得

固聰明聖知達天德者, 其孰能知之!' 古注云: '惟聖人能知聖人.' 此語自好. 所謂天知者, 但只是他理一般而已. 樂天, 便是'不怨天', 安土, 便是'不尤人.' 人事・天理間, 便是那下學・上達底." 【植】

44:103 ▲[307)]

44:104 問: "'莫我知▲[308)]'予欲無言'▲[309)], 子貢皆不能復問, 想是不曉▲[310)]." 曰: "非是不曉聖人語意, 只是無默契合處. 不曾有默地省悟, 觸動他那意思處. 若有所默契, 須發露出來, 不但已也." 【僩】

44:105 問: "'方其爲學, 雖上智不容於不下, 及其爲達, 雖下愚不容於不上.' 此與'上智下愚不移', 不相梗否?" 曰: "不干那事. 若恁地比並理會, 將間都沒理會了. 且看此處直[311)]意. 方其學時, 雖聖人亦須下學. 如孔子問禮, 問官名, 未識須問, 問了也須記. 及到達處, 雖下愚也會達, 便不愚了. 某以學者多不肯下學, 故下此語." 問: "何謂達?" 曰: "只是下學了, 意思見識, 便透過上面去." 【淳】

44:106 問: ▲[312)] 意在言表'", 曰: "▲[313)] 下學只是下學, 如何便會上達? 自是言語形容不得. ▲[314)]須[315)]是兩件理, 會得透徹厮[316)]各[317)],

306) ▲: 又曰:
307) ▲: 先生顧義剛云: "公前日看'知我者, 其天乎', 說得也未分曉. 這箇只管去思量不得, 須時復把起來看. 若不曉, 又且放下. 只管恁地, 久後自解曉得. 這須是自曉, 也十分著說不得." 【義剛】
308) ▲: 也夫'與
309) ▲: 二段
310) ▲: 聖人之意
311) 直: 賀本에서는 本으로 되어 있다.
312) ▲: "明道言: '〈下學而上達〉,
313) ▲: '意在言表', 如
314) ▲: 下學・上達
315) 須: 英祖刊本・成化本・賀本에서는 雖로 되어 있다.
316) 厮: 賀本에서는 冢으로 되어 있다.

▲[318]一件. 下學是事, 上達是理. 理在事中, 事不在理外. 一物之中, 皆具一理. 就那物中見得箇理, 便是上達, 如'大而化之之謂聖, 聖而不可知之之謂神.' 然亦不離乎人倫日用之中, 但恐人不能盡所謂學耳. 果能學, 安有不能上達者!"【寓】

44:107 ▲[319] "因其言以知其意, 便是'下學上達.'"【淳】

44:108 問: "'意在言表'▲[320]" 曰: "此亦無可說. 說那'下學上達', 便是'意在言表'了."【廣】

「公伯寮愬子路章」

44:109 ▲[321] "這'命'字, 猶人君命人以官職, 是交[322]你做這事. 天之命人, 亦是交[323]你去做這箇, 但做裏面自有等差."【燾】

44:110 聖人不自言命. 凡言命者, 皆爲衆人言也. "道之將行也與? 命也." 爲公伯寮愬子路言也. "天生德於予", 亦是門人促之使行, 謂可以速矣, 故有是說. "不知命無以爲君子", 亦是對衆人言.【燾】

44:111 問: "呂氏曰: '道出乎天, ▲[324] 無聖人, 則廢而已. 故孔子以道之廢興付之命, 以文之得喪任諸己.'" 曰: "道, 只是有廢興, 卻喪不得. 文, 如三代禮樂制度, 若喪, 便掃地."【螢】

---

317) 各: 『朱子語類』에서는 合으로 되어 있다.
318) ▲: 只
319) ▲: "程子曰'〈下學上達〉, 意在言表', 何也?" 曰:
320) ▲: 是如何?
321) ▲: 問"公伯寮其如命何." 曰:
322) 交: 賀本에서는 教로 되어 있다.
323) 交: 賀本에서는 教로 되어 있다.
324) ▲: 非聖人不興,

「賢者辟世章」

44:112 ▲[325] "凡古之隱者, 非可以一律看. 有可以其時之所遇而觀之者, 有可以其才德之高下而觀之者. 若長沮·桀溺之徒, 似有長往而不返之意. 然設使天下有道而出, 計亦無甚施設, 只是獨善其身, 如老·莊之徒而已. 大抵天下有道而見, 不必待其十分太平, 然後出來, 天下無道而隱, 亦不必待其十分大亂, 然後隱去. 天下有道, 譬如天之將曉, 雖未甚明, 然自此只向明去, 不可不出爲之用. 天下無道, 譬如天之將夜, 雖未甚暗, 然自此只向暗去, 知其後來必不可支持, 故亦須見幾而作, 可也." 【時舉】

44:113 "'賢者辟世', 浩然長往而不來, 擧世棄之而不顧, 所謂'遯世不見知而不悔'者也." 問: "沮·溺·荷蓧之徒, 可以當此否?" 曰: "可以當之." 或云: "『集注』以太公·伊尹之徒當之, 恐非沮·溺之徒可比也." 曰: "也可以當, 只是沮·溺之徒偏耳. 伊尹[326]平正." 【僩】

「子路宿於石門章」

44:114 問: "▲[327]聖人'無不可爲之時.' ▲[328]以人君言之, 堯之所以處丹朱而禪舜, 舜之處頑父·嚚母·傲弟之間, 與其所以處商均而禪禹, 以人臣言之, 伊尹之所以處太甲, 周公之所以處管·蔡, 此可見聖人無不可爲之時否?" 曰: "然." 【廣】

「子擊磬於衛章」

---

325) ▲: 問"賢者辟世"一章. 曰:
326) 伊尹: 『朱子語類』에서는 伊·呂으로 되어 있다.
327) ▲: '石門"章, 先生謂
328) ▲: 且

44:115 ▲[329] 先生云: "如何聞擊磬而知有憂天下之志?" 或▲[330]曰: "政如聽琴而知其心在螳螂捕蟬耳." ▲[331] 先生曰: "天下固當憂, 聖人不應只管憂. 如'樂亦在其中', 亦自有樂時." 或云: "聖人憂天下, 其心自然如此, 如天地之造化萬物, 而憂不累其心." 曰: "然則擊磬之時, 其心憂乎, 樂乎?" 對曰: "雖憂而未嘗無樂." 又有曰: "其憂世之心, 偶然見於擊磬之時." 先生皆不然之, 曰: "此是一箇大題目, 須細思之." 【拱壽】

44:116 ▲[332] "他▲[333]箇人煞高, 如古人於琴聲中知有殺心者耳." 因說, 泉州醫僧妙智大師後來都不切脈, 只見其人, 便知得他有甚病. 又後來雖不見其人, 只教人來說, 因其說, 便自知得. 此如'他心通'相似. 蓋其精誠篤至, 所以能知. 又問: "'硜硜乎'是指磬聲而言否?" 曰: "大約是如此." 【廣】

44:117 ▲[334] "荷蕢亦是出乎世俗數等底人, 在鄭 子產・晏平仲之上." ▲[335] 【燾】

44:118 ▲[336]問: "荷蕢・沮・溺之徒, 賢於世俗之人遠矣! 不知比蘧伯玉如何?" 曰: "▲[337] 高於子產・晏平仲▲[338], 而不及伯玉, 蓋伯玉知爲學者也." 【僩】

---

329) ▲: "子擊磬於衛."
330) ▲: 對
331) ▲: 久之,
332) ▲: 問: "荷蕢聞磬聲, 如何便知夫子之心不忘天下?" 曰:
333) ▲: 那
334) ▲: 問"子擊磬於衛"一章. 曰:
335) ▲: 或問: "如蘧伯玉, 又知學." 或曰: "蘧伯玉恐未爲知道." 曰: "謂之知道之全, 亦不可, 謂之全不知道, 亦不可."
336) ▲: 或
337) ▲: 荷蕢之徒,
338) ▲: 輩

「上好禮章」

44:119 "禮達而分定." 達, 謂達於下.【廣】

「子路問君子章」

44:120 ▲[339] "敬▲[340], 非但是外面恭敬而已, 須是要裏面無一毫不直處, 方是所謂'敬以直內'者是也."【時擧 ○或錄詳, 別出.】

44:121 ▲[341] "須看'敬以直內'氣象. 敬時內面一齊直, 徹上徹下, 更無些子私曲. 若不敬, 則內面百般計較, 做出來皆是私心. 欲利甲, 必害乙, 利乙, 必害丙, 如何得安!"

44:122 ▲[342]問: "修己▲[343]安人?" 曰: "▲[344]以一家言之, 一人不修己, 看一家人安不安!"【節】

44:123 "惟上下一於恭敬[345]", 這卻是上之人有以感發興起之. "體信"是忠, "達順"是恕. "體信"是無一毫之僞, "達順"是發而皆中節, 無一物不得其所. "聰明睿知[346]皆由此出", 這便是[347]自誠而明.【礪 ○賀孫錄▲[348] '達順'是使萬'體信'是眞實無妄 物各得其所[349]." ○『集注』】

---

339) ▲: 陳仲卿問"修己以敬." 曰:
340) ▲: 者
341) ▲: 陳仲卿問"修己以敬, 修己以安人, 修己以安百姓." 曰:
342) ▲: 或
343) ▲: 如何能
344) ▲: 且
345) 恭敬: 『小分』에서는 敬恭을 교정부호로 바로잡았다.
346) 知: 孝宗刊本・英祖刊本・賀本에서는 智로 되어 있다.
347) 便是: 賀本에서는 是로 되어 있다.
348) ▲: 云: "是自誠而明意思. '體信'是眞實無妄,

44:124 ▲350)問"上下一於恭敬."【上之人·下之人也. "同恭351)協恭"出.】"聖人之敬熏天炙地, 不是獨修於九重, 而天下之人侮慢自若也, 如漢廣之化可見."【方】

44:125 ▲352) "'體信', 是實體此道於身, '達順', 是發而中節, 推之天下而無所不通也."【燾】

44:126 ▲353) "如'忠·恕'二字之義."【廣】

44:127 ▲354) "信, 只是實理, 順, 只是和氣. '體信'是致中底意思, '達順'是致和底意思. ▲355) '聰明睿智由此出'者, ▲356) 自然心便開明."【銖】

44:128 ▲357) 問: "'聰明睿智皆由是出', ▲358)" 曰: "▲359)心常恭敬, 則常光明." 先生又贊▲360): "'修己以敬'一句, 須是如此. 這處差, 便見顚倒錯亂. 『詩』稱成湯'聖敬日躋.' 聖人所以爲聖人, 皆由這處來. 這處做得工夫, 直是有功."【寓 ○道夫錄略.】

---

349) '達順'是使萬'體信'是眞實無妄 物各得其所: 『朱子語類』에서는 "是自誠而明意思. '體信'是眞實無妄, '達順'是使萬物各得其所"로 되어 있다.
350) ▲: 因
351) 恭: 『朱子語類』에서는 寅으로 되어 있다.
352) ▲: 問"體信達順." 曰:
353) ▲: 問: "'體信'是體其理之實, '達順'是行其理之宜否?" 曰:
354) ▲: 問"體信達順." 曰:
355) ▲: 【燾錄云: "'體信達順', 如'致中和'之謂."】 此是『禮記』中語言, 能恭敬則能'體信達順.'
356) ▲: 言能恭敬,
357) ▲: 問: "如何是'體信達順'?" 曰: "'體信'只盡這至誠道理, 順卽自此發出, 所謂'和者天下之達道.' '體信達順'卽是'主忠行恕.'"
358) ▲: 是由恭敬出否?
359) ▲: 是
360) ▲: 言

44:129 ▲[361] 人之所以不聰不明, 止緣身心惰慢, 便昏塞了. 敬則虛靜, 自然通達."

○[362] ▲[363]問: "周子云'靜虛則明, 明則通', 是此意否?" 曰: "意亦相似."【賀孫】

44:130 ▲[364] "以此事天饗帝", "此", 卽敬也.【植】

44:131 程子曰君子"修己▲[365] 至"▲[366]事天享帝", 此語上下不難曉. 惟中間忽云"聰明睿智皆由此出", 則非容易道得, 是他曾因此出些聰明睿智來.【夔孫】[367]

44:132 ▲[368]問: "▲[369]程氏說▲[370]'聰明睿智皆由此出'?" 曰: "如此問, 乃見公全然不用工夫. '聰明睿智'如何不由敬出! 且以一國之君看之. 此心纔不專靜, 則姦聲佞辭雜進而不察, 何以爲聰? 亂色諛說之容交蔽而莫辨, 何以爲明? 睿智[371]皆出於心. 心旣無主, 則應事接物之間, 其何以思慮而得其宜? 所以此心常要肅然虛明, 然後物不能蔽." 又云: "'敬'字, 不可只把做一箇'敬'字說過, 須於日用間體認是如何. 此心常卓然公正, 無有私意, 便是敬, 有些子計較, 有些子放慢意思, 便

---

361) ▲: 亞夫問: "程先生說'修己以敬', 因及'聰明睿知皆由此出', 不知如何." 曰: "且看敬則如何不會聰明! 敬則自是聰明.
362) ○: 『朱子語類』44:129를 『小分』에서 별도의 항목으로 나누었다.
363) ▲: 賀孫因
364) ▲: "體信"是體這誠信, "達順"是通行順道. "聰明睿智皆由是出"者, 皆由敬出.
365) ▲: 以安百姓", "篤恭而天下平",
366) ▲: 以此
367) 【夔孫】: 徽州本에는 【儒用】으로 되어 있다.
368) ▲: 楊至之
369) ▲: 如何
370) ▲: 到'事天享帝'了, 方說
371) 智: 賀本에서는 知로 되어 있다.

是不敬. 故曰'敬以直內', 要得無些子偏邪." 又與文振說: "平日須捉[372]掇精神, 莫令頹塌放倒, 方可看得義理分明. 看公多恁地困漫漫地, '則不敬莫大乎是'!"【賀孫】

「原壤夷俟章」

44:133 原壤無禮法. 淳于髡是箇天魔外道, 本非學於孔・孟之門者, 陸子靜如何將來作學者並說得!【道夫】

44:134 問: "原壤登木而歌, 夫子爲弗聞也者, 而過之, 待之自好. 及其夷俟, 則以杖叩脛, 近於太過." 曰: "這裏說得却差. 如原壤之歌, 乃是大惡, 若要理會, 不可但已, 且只得休. 至於夷俟之時, 不可敎誨, 故直責之, 復叩其脛, 自當如此. 若如正淳之說, 則是不要管他, 却非朋友之道矣."【人傑】

「闕黨童子將命章」

44:135 "欲速成者", 是越去許多節次, 要到至處, 無是理也.【方】

372) 捉: 英祖刊本・成化本・賀本에서는 提로 되어 있다.

『朱子語類』卷第四十五

『論語』二十七

「衛靈公篇」

「衛靈公問陳章」

45:1 問: "▲[1]想見孔子都不計較, 所以絶糧." 曰: "若計較, 則不成行矣."【燾】

45:2 ▲[2] "固守其窮, 古人多如此說. 但以上文觀之, 則恐聖人一時答問之辭, 未遽及此. 蓋子路方問: '君子亦有窮乎?' 聖人▲[3]之曰: '君子固是有窮時, ▲[4]不如小人窮則濫爾.' 以'固'字答上面'有'字, 文勢乃相應."【雉】

「子曰賜也章」

45:3 孔子▲[5]恐子貢只以己爲多學, 而不知一以貫之▲[6]. 後人不會其意, 遂以爲孔子只是一貫, 元不用多學. 若不是多學, 卻貫箇甚底!

---

1) ▲: '明日遂行. 在陳絶糧.'
2) ▲: 周問: "'固窮'有二義, 不知孰長?" 曰:
3) ▲: 答
4) ▲: 但
5) ▲: 告子貢曰: "女以予爲多學而識之者與? 予一以貫之." 蓋
6) ▲: 之理

且如錢貫謂之貫, 須是有錢, 方貫得, 若無錢, 卻貫箇甚! 孔子實是多學, 無一事不理會過. 若不是許大精神, 亦呑不得許多. 只是於多學中有一以貫之耳.【文蔚】

45:4 ▲[7] "聖人▲[8]不是不理會慱[9]學多識. 只是聖人之所以聖, 卻不在慱[10]學多識, 而在'一以貫之.' 今人有慱[11]學多識而不能至於聖者, 只是無'一以貫之.' 然只是'一以貫之', 而不慱[12]學多識, 則又無物可貫."【夔孫】

45:5 ▲[13] "'一▲[14]貫▲[15]', 固是以心鑒照萬物而不遺. 然▲[16]須'多學而識之'始得, 未有不學而自能一貫者也."【時學】

45:6 ▲[17] 聖人說此一句, 不是▲[18]虛說. 故某嘗謂, 子貢曰: "然. 非與?" "然"字也是, "非與"也是. 而今只管懸想說道"一貫", ▲[19]不知貫箇甚麼. 聖人直是事事理會得, 如云"好古敏以求之", 不是驀直恁地去貫得它. 如曾子問許多曲折, 它思量一一問過, 而夫子一一告之, 末云: "吾聞諸老聃云." 是聖人當初都曾事事理會過. 如[20]天下之理[21]說

---

7) ▲: 問"子貢一貫"章. 曰:
8) ▲: 也
9) 慱: 英祖刊本·成化本·賀本에서는 博으로 되어 있다.
10) 慱: 英祖刊本·成化本·賀本에서는 博으로 되어 있다.
11) 慱: 英祖刊本·成化本·賀本에서는 博으로 되어 있다.
12) 慱: 英祖刊本·成化本·賀本에서는 博으로 되어 있다.
13) ▲: 問"子貢一貫"章. 曰:
14) ▲: 以
15) ▲: 之
16) ▲: 也
17) ▲: 夫子謂子貢曰: "女以予爲多學而識之者與?" 曰: "然. 非與?"
18) ▲: 且恁地
19) ▲: 卻
20) 如: 成化本에서는 知로 되어 있다.
21) 理: 賀本에서는 聖으로 되어 있다.

道事親, 事親中間有多少事, 說道事君, 事君中間有多少事. 而今正患不能一一見箇恰好處, 如何便說"一貫"? 近見永嘉有一兩相識, 只管去考制度, 卻都不曾理會箇根本. 一旦臨利害, ▲[22]都未有用處, 卻都不濟[23]事. 呂伯恭向來教人亦云: "『論語』皆虛言, 不如論實事." 便要去攷史. 如陸子靜又只說箇虛靜, 云: "全無許多事. 顏子不會學, '擇乎中庸, 得一善則拳拳勿失.' 善則一矣, 何用更擇? '子路有聞, 未之能行, 唯恐有聞.' 一聞之外, 何用再聞?" 便都與禪家說話一般了. 聖人道理, 都不恁地, 直是周徧. 【夔孫】

45:7 問: "謝氏謂'如天之於衆形[24], 非物刻而雕之', ▲[25]" 曰: "天只是一氣流行, 萬物自生自長, 自形自色, 豈是逐一粧點得▲[26] 聖人只是一箇大本大原裏發出, 視自然明, 聽自然聰, 色自然溫, 貌自然恭, 在父子則爲仁, 在君臣則爲義, 從大本中流出, 便成許多道理. 只是這箇一, 便貫將去. 所主是忠, 發出去無非是恕." 【寓 ○淳同.】

45:8 ▲[27] '多學而識之', 亦不是不是. 故子貢先曰'然', 又曰'非與.' 學者固有當'多學而識之'者, 然又自有箇一貫底道理. 但'多學而識之',

---

22) ▲: 那箇

23) 濟: 賀本에서는 將으로 되어 있다.

24) 謝氏謂'如天之於衆形: 徽州本에서는 이 앞에 한 구절이 더 들어 있다. 즉, 子貢尋常自知識而入道, 故夫子警之曰: 汝以予爲多學而識之者歟?. 對曰: 然. 非與?. 曰: 非也, 予一以貫之. 蓋言吾之多識, 不過一理爾. 曾子尋常自踐履人, 事親孝則眞個行此孝, 爲人謀則眞個忠, 朋友交則眞個信, 故夫子警之曰: 如平日之所行者, 皆一理耳. 惟曾子領略於片言之下, 故曰: 忠恕而已矣. 以吾夫子之道無出於此也, 我所得者忠, 誠卽此理, 安頓在事物上則爲恕, 無忠則無恕, 蓋本末體用也. 【祖道 ○去僞 ○謨同.】

25) ▲: 是如何?

26) ▲: 如此!

27) ▲: 問: "謝氏解云: '聖人豈務博者哉! 如天之於衆形, 匪物刻而雕之也. 故曰: 〈予一以貫之〉. 〈德輶如毛, 毛猶有倫, 上天之載, 無聲無臭, 至矣!〉 所以引此詩者, 莫只是贊其理之密否?" 曰: "固是. 到此則無可得說了. 然此須是去涵泳, 只恁地說過, 亦不濟事.

則可說, 到'一以貫之', 則不可說矣."【廣】

「子張問行章[28]」

45:9 "言忠信, 行篤敬."【夫[29]其不忠信篤敬者而已. ○方】

45:10 ▲[30] "篤者, 有重厚深沉之意. 敬而不篤, 則恐有拘道[31]之患."【時舉】

45:11 ▲[32]

45:12 ▲[33]問: "▲[34] '鞭辟'▲[35]" 曰: "此是洛中語, 一處說作'鞭約', 大抵是要鞭督面[36]裏去. 今人皆不是鞭督向裏, 心都向外. 明道此段下云云[37]▲[38] 何嘗有一句說做外面去. 學要愽[39], 志▲[40]要篤. 志篤, 問便切, 思便近, 只就身上理會. 伊川言: '〈仁在其中〉, 卽此是學.' 元

---

28) 「子張問行章」: 徽州本에서는 이 장 앞에 無爲而治章이 더 있다. 그 안에 한 단락이 있는데 다음과 같다. 老子所謂無爲, 只是間忽, 聖人所謂無爲, 卻是付之當然之理. 如曰: 無爲而治者, 其舜也與? 夫何爲哉? 恭己正南面而已. 這是甚麽樣本領, 豈可與老氏同日而語!【賀孫】

29) 夫: 英祖刊本·成化本·賀本에서는 去로 되어 있다.

30) ▲: 問"行篤敬." 曰:

31) 道: 『朱子語類』에서는 迫으로 되어 있다.

32) ▲: 忠信篤敬, "立則見其參前, 在輿則見其倚衡", 如此念念不忘. 伊川謂: "只此是學."【銖】

33) ▲: 至之

34) ▲: '學要鞭辟近裏',

35) ▲: 如何?

36) 向: 英祖刊本·賀本에서는 面으로 되어 있다.

37) 云云: 『朱子語類』에서는 云으로 되어 있다.

38) ▲: '〈切問近思〉, 〈言忠信, 行篤敬〉'云云,

39) 愽: 英祖刊本·成化本·賀本에서는 博으로 되어 있다.

40) ▲: 須

不曾在外, 這箇便是'近裏着己.' 今人皆就外面做工夫, 恰似一隻船覆在水中, 須是去翻將轉來, 便好, 便得使. 吾輩須勇猛着力覆將轉!" 先生轉身而言曰: "須是翻將轉來, 始得."【寓 ○『集注』.】

45:13 ▲[41] "辟, 如驅辟一般." ▲[42]問: "'▲[43]明得盡, 查[44]滓便渾化, 與天地同體', ▲[45]" 曰: "明得透徹, 查[46]滓自然渾化." 又問: "查[47]滓是甚麽?" 曰: "查[48]滓是私意人欲. 天地同體處, 是[49]義理之精英. 查[50]滓是私意人欲之未消者. 人與天地本一體, 只緣查[51]滓未去, 所以有間隔. 若無查[52]滓, 便與天地同體. '克己復禮▲[53]', 己是查[54]滓, 復禮便是天地同體處. '有不善未嘗不知', 不善處是查[55]滓. 顔子'三月不違仁', 旣有限, 此外便未可知. 如曾子'爲人謀而不忠, 與朋友交而不信, 傳而不習', 是曾子查[56]滓處. 漆雕開言'吾斯之未能信', 皆是有些查[57]滓處. 只是質美者, 也見得透徹, 那查[58]滓處都盡化了. 若未到此, 須當莊敬持養, 旋旋磨擦去教盡."【寓】

41) ▲: 楊問: "'學要鞭辟近裏', 何謂'鞭辟'?" 曰:
42) ▲: 又
43) ▲: 質美者
44) 查: 賀本에서는 渣로 되어 있다.
45) ▲: 是如何?
46) 查: 賀本에서는 渣로 되어 있다.
47) 查: 賀本에서는 渣로 되어 있다.
48) 查: 賀本에서는 渣로 되어 있다.
49) 是: 賀本에서는 如로 되어 있다.
50) 查: 賀本에서는 渣로 되어 있다.
51) 查: 賀本에서는 渣로 되어 있다.
52) 查: 賀本에서는 渣로 되어 있다.
53) ▲: 爲仁
54) 查: 賀本에서는 渣로 되어 있다.
55) 查: 賀本에서는 渣로 되어 있다.
56) 查: 賀本에서는 渣로 되어 있다.
57) 查: 賀本에서는 渣로 되어 있다.
58) 查: 賀本에서는 渣로 되어 있다.

45:14 問: "▲[59]顔子'克己復禮', 天理人欲便截然兩斷, 此所謂'明得盡, 查[60]滓便渾化.' 如仲弓'出門如▲[61]賓, 使民如▲[62]祭', 便▲[63]是'莊敬持養.'" 曰: "然. 顔子'克己復禮', 不是盲然做, 卻是他▲[64]見得分曉了. ▲[65]聖人說話渾然. 今'克己復禮'一句, 近下人亦用得. 不成自家未見得分曉, 便不克己! ▲[66]." 又曰: "知得後, 只是一件事. 如▲[67]'慱[68]學篤志, 切問近思', 亦只是本體上事. 又如'慱[69]我以文, 約我以禮', 亦是本體上事. 只緣其初未得, 須用如此做工夫, 及其旣得, 又只便是這箇." 文蔚曰: "▲[70], 人心自合要無▲[71]不知. 只爲而今未能如此, 須用慱[72]之以文." 曰: "人心固是無所不知, 若未能如此, 卻只是想像. 且如釋氏說心, 亦自謂無所不知. 他大故將做一箇光明瑩徹底物事看, 及其問他, 他便有不知處. 如程先生說窮理, 卻謂'不必盡窮天下之理, 只是理會得▲[73]後, 自然貫通去.' 某嘗因當官, 見兩家爭產, 各將文字出拖照. 其間亦有失卻一兩紙文字, 只將他見在文字推究, 便自互換見得出. 若是都無文字, 只臆度說, 兩家所競須有一曲一直, 便不得. 元不曾窮理, 想像說我這心也自無所不知, 便是如此." 【文蔚】

---

59) ▲: '學要鞭辟近裏', 至'莊敬持養.' 竊謂如
60) 查: 賀本에서는 渣로 되어 있다.
61) ▲: 見大
62) ▲: 承大
63) ▲: 且
64) ▲: 生
65) ▲: 便是
66) ▲: 只得克將去. 只是顔子事與此別
67) ▲: 適間說
68) 慱: 英祖刊本・成化本・賀本에서는 博으로 되어 있다.
69) 慱: 英祖刊本・成化本・賀本에서는 博으로 되어 있다.
70) ▲: 且如'博學於文'
71) ▲: 所
72) 慱: 英祖刊本・成化本・賀本에서는 博으로 되어 있다.
73) ▲: 多

45:15 ▲[74] 明得盡者, 一見便都明了, 更無查[75]滓. 其次惟是莊敬持養, 以消去其查[76]滓而已. 所謂持養, 亦非是作意去穿鑿以求其明. 但只此心常敬, 則久久自明矣. 【廣】

45:16 ▲[77] 洽曰: "尹和靖以'查[78]滓'二字不當有, ▲[79]" 曰: "和靖議論每如此. 所謂查[80]滓者, 私意也. ▲[81] 【洽】

45:17 問: ▲[82] '質美者明得盡, 查[83]滓便渾化, 與天地同體.' 求之古人, 誰可當之? 顔子·孔門高第, 猶或有違仁時, 不知已上別有人否?" 曰: "想須有之." 曰: "湯·武如何?" 先生卻問: "湯·武與顔子孰優?" 未及對. 先生徐曰: "呂與叔云: '論成德, 顔子不若湯·武之廣大, 論學, 則湯·武不若顔子之細密.' 湯·武功夫誠恐不若顔子細密. 如湯'聖敬日躋', 猶是密切處. 至武王, 並不見其切己事." 【必大】

「直哉史魚章」

45:18 ▲[84]問: "▲[85] 諸儒以爲史魚不及蘧伯玉, ▲[86]" 曰: "試將兩人對換說, 看如何? 直固是好, 然一向直, 便是偏, 豈得如蘧伯玉之君

---

74) ▲: "學要鞭辟近裏"一段.
75) 查: 賀本에서는 渣로 되어 있다.
76) 查: 賀本에서는 渣로 되어 있다.
77) ▲: 因歐兄問"質美者明得盡, 渣滓便渾化",
78) 查: 賀本에서는 渣로 되어 있다.
79) ▲: 如何?
80) 查: 賀本에서는 渣로 되어 있다.
81) ▲: 質美者明得盡, 所以渣滓一齊渾化無了."
82) ▲: "程子曰:
83) 查: 賀本에서는 渣로 되어 있다.
84) ▲: 正淳
85) ▲: '直哉史魚! 君子哉蘧伯玉!'
86) ▲: 如何?

子!"【必大】

「志士仁人章」

45:19 ▲[87] "仁者, ▲[88]是吾心之正理. ▲[89] 須知▲[90]求生害仁時, 雖以無道得生, 卻是抉破▲[91]我▲[92]心中之全理, 殺身成仁時, 吾身雖死, 卻得此理完全也."【時舉】

45:20 ▲[93]正叔謂: "殺身者, ▲[94]要成這仁." 曰: "若說要成這仁, 卻不是, 只是行所當行而已."【文蔚】

45:21 問: "▲[95] 要之, 工夫卻不全在那一節上. 學者須是於日用之間, 不問事之大少[96], 皆欲卽於義理之安, 然後臨死生之際, 庶幾不差. 若平常應事, 義理合如此處都放過, 到臨大節, 未有不可奪也." 曰: "然."【賀孫】

45:22 曾見人解"殺身成仁", 言殺身者, 所以全性命之理. 人當殺身時, 何暇更思量我是全性命之理! 只爲死便是, 生便不是, 不過就一箇是, 故伊川說"生不安於死." 至於全其性命之理, 乃是旁人看他說底話, 非是其人殺身時有此意也.【直卿云: "若如此, 則是經德不回, 所以干祿

87) ▲: 或問仁. 曰:
88) ▲: 只
89) ▲: '志士仁人無求生以害仁, 有殺身以成仁.'
90) ▲: 道
91) ▲: 了
92) ▲: 箇
93) ▲: 余
94) ▲: 只是
95) ▲: '無求生以害仁, 有殺身以成仁'一章, 思之, 死生是大關節,
96) 少: 『朱子語類』에서는 小로 되어 있다.

也!" ○方子】

「子貢問爲仁章」

45:23 ▲[97] "大夫必要事其賢者, 士必友其仁者, 便是要琢磨勉厲以至於仁. 如欲克己而未能克己, 欲復禮而未能復禮, 須要更相勸勉, 乃爲有益." ▲[98] 【時舉】

45:24 ▲[99]是箇入德之方." ▲[100]問: "事與友孰重?" 曰: "友爲親切. 賢, 只是統言, ▲[101] 徑指仁上說."【銖】

「顔淵問爲邦章」

45:25 "行夏之時", 行「夏小正」之事. 【德明】

45:26 ▲[102] "夏時, 人正也. 此時方有人, 向上人猶芒昧. 子時, 天正也. 此時天方開[103]. 丑時, 地正也, 言地方萌. 夫子以正[104]月人可施功, 故從其一[105], 此亦是後來自推度如此. 如曆家說, 則以爲子起於林[106]鍾, 寅起於太簇." ▲[107]問"輅"注云: "禮文有異." 曰: "有[108]制

97) ▲: 問"子貢問爲仁"章. 曰:
98) ▲: 因云: "時舉說文字, 見得也定, 然終是過高而傷巧. 此亦不是些小病痛, 須要勇猛精進, 以脫此科白, 始得." 又云: "且放令心地寬平, 不要便就文字上起議論."
99) ▲: 問: "子貢問爲仁, 何以答以'事其大夫之賢者, 友其士之仁者'?" 曰: "也
100) ▲: 又
101) ▲: 友,
102) ▲: 才仲問"行夏之時." 曰:
103) 此時天方開: 徽州本에서는 天 뒤에 門이 더 들어 있다.
104) 正: 賀本에서는 寅으로 되어 있다.
105) 一: 賀本에서는 時로 되어 있다.
106) 林: 賀本에서는 黃으로 되어 있다.
107) ▲: 又

度, 與車不同. 以前只謂之車, 今南郊五輅, 見說極高大." 問: "何不作車與行事官乘? 著法服騎馬亦不好看." 曰: "在中原時, 亦有乘車者. 若舊制, 亦有着法服騎馬, 如散騎常侍在於輅之左右是也." ▲[109)]【可學 ○璘錄略.】

45:27 ▲[110)] "前輩說多不同, 有說三代皆建寅, 又說只是建子與寅, 無建丑者. 劉和夫『書解』又說自五帝以來, 便迭建三正, 不止於三代, 其引證甚詳. 據『皇極經世』亦起於子. 他以幾萬幾千年爲一會, 第一會起於子, 第二會起於丑, 第三會起於寅, 至寅上方始注一'開物'字. 恐是天氣肇於子, 至丑上第二會處, 地氣方凝結, 至寅上第三會, 人物始生耳. 蓋十一月斗指於子, 至十二月斗雖指於丑, 而日月乃會於子, 故商正・周正皆取於此. 然以人事言之, 終不若夏正之爲善也."【雉】

45:28 ▲[111)] "康節說, 一元統十二會, 前面虛卻子丑兩位, 至寅位始紀人物, 云人是寅年寅月寅時生. 以意推之, 必是先有天, 方有地, 有天地交感, 方始生出人物來."【淳 ○"夏時"注.】

45:29 ▲[112)]『皇極經世』▲[113)]說, ▲[114)]寅上生物, 是到寅上方有人物

---

108) 有: 徽州本에서는 其로 되어 있다.

109) ▲: 因擧上蔡『論語』擧王介甫云: "'事衰世之大夫, 友薄俗之士, 聽淫樂, 視慝禮, 皦然不惑於先王之道, 難矣哉!' 此言甚好." 楊通老問: "旣如此言, 後來何故卻相背?" 曰: "只是把做文章做, 不曾反己求之.【璘錄云: "介甫此語, 只是做文字說去, 不曾行之於身. 聞其身上極不整齊, 所以明道對神宗'王安石聖人'之問, 引'赤舃几几.'"】 見說平日亦脫冠露頂地臥, 然當初不如此. 觀曾子固「送黃生序」, 以其威儀似介卿, 介卿, 渠舊字也, 故名其序曰'喜似.' 渠怪誕如此, 何似之有!【璘錄云: "恐介甫後生時不如此. 恐是後來學佛了, 禮法一時掃去."】 渠少年亦不喜釋・老. 晚年大喜, 不惟錯說了經書, 和佛經亦錯解了. '揭諦揭諦, 波羅僧揭諦', 此胡語也. 渠注云: '揭眞諦之道以示人.' 大可笑!"

110) ▲: 問"行夏之時." 曰:

111) ▲: 楊尹叔問: "'天開於子, 地闢於丑, 人生於寅', 如何?" 曰:

112) ▲: 問"天開於子, 地闢於丑, 人生於寅." 曰: "此是

113) ▲: 中

也, 有三元・十二會・三十運・十二世. 十二萬六百九十年[115]爲一元. 歲月日時, 元會運世, 皆自十二而三十, 自三十而十二. 至堯時會在巳・午之間, 今則及未矣. 至戌上說閉物, 到那裏則不復有人物矣." 問: "不知人物消靡盡時, 天地壞也不壞?" 曰: "也須一場鶻突. 旣有形氣, 如何得不壞? 箇[116]一箇壞了, 又有一箇."【廣】

45:30 ▲[117]『經世書』以元統會, 十二會爲一元, 一萬八百年爲一會, 初間一萬八百年而天始開, 又一萬八百年而地始成, 又一萬八百年而人始生. 初間未有物, 只是氣塞. 及天開些子後, 便有一塊查[118]滓在其中, 初則溶軟, 後漸堅實. 今山形自高而下, 便似滲【義剛錄[119]作"傾瀉."】 出來模樣." 淳曰: "每常見山形如水漾沙之勢, 想初間地未成質之時, 只是水. 後來漸漸凝結, 勢自如此. 凡物皆然. 如鷄子殼之類, 自氣而水, 水而質, 尤分曉." 曰: "是." ▲[120]問: "天有質否? 抑只是氣?" 曰: "只似箇旋風, 下面軟, 上面硬, 道家謂之'剛風.' 世說天九重, 分九處爲號, 非也. 只是旋有九重, 上轉較急, 下面氣濁, 較暗. 上面至高處, 至淸且明, 與天相接." ▲[121]問: "『晉志』論渾天, 以爲天外是水, 所以浮天而載地, ▲[122]" 曰: "天外無水, 地下是水載. 某五六歲時, 心便煩惱箇[123]天體是如何? 外面是何物?"【淳 ○義剛同.】

45:31 ▲[124] 子・丑・寅皆天地人之始, 故三代卽其始處建以爲正.

---

114) ▲: 今不可知. 他只以數推得是如此. 他說
115) 十二萬六百九十年: 賀本에서는 十二萬九千六百年으로 되어 있다.
116) 箇: 『朱子語類』에서는 但으로 되어 있다.
117) ▲: 至之問: "康節說'天開於子, 地闢於丑, 人生於寅', 是否?" 曰: "模樣也是如此.
118) 查: 賀本에서는 渣로 되어 있다.
119) 錄: 賀本에는 없다.
120) ▲: 淳
121) ▲: 淳
122) ▲: 是否?
123) 便煩惱箇: 徽州本에서는 便思量으로 되어 있다.

康節十二會以堯・舜時在午, 今在未, 至戌則人物消盡."【銖】

45:32 問: "▲125), 孔子只126)告之以四代之禮樂, 卻不及治國平天下之道. 莫是此事顔子平日講究有素, 不待夫子再言否?" 曰: "固是如此. ▲127)他▲128)'克己復禮', 陋巷簞瓢, 便只是這事. 窮時是恁地着衣喫飯, 達時亦▲129)是恁着衣喫飯. 他日用間是理會甚事, 想每日講論甚熟. 三代制度卻是不甚會說處, 卻是生處. 如堯・舜・禹卻只是就事上理會, 及到擧大事, 卻提起那本領處說."【▲130)"精一執中"等語.】

○131) ▲132)問: "聖人就四代中各擧一事, 亦只是立一箇則例, 教人▲133)否?" 曰: "固是. ▲134)."【文蔚】

45:33 ▲135) "顔子於道理上不消說, 只▲136)這制度尚有欠闕, 故夫子只與說這箇. ▲137)問得大, 答得大, 皆是大經大法. 莊周說顔子'坐忘', 是他亂說." ▲138) "顔子着力做將去, 如'克己復禮', 非禮勿視聽言動, 在他人看見是沒緊要言語, 它做出來多少大139)一件事!"【植】

---

124) ▲: 周問: "三正之建不同, 如何?" 曰: "'天開於子, 地闢於丑, 人生於寅.' 蓋至子始有天, 故曰'天正', 至丑始有地, 故曰: '地正', 至寅始有人, 故曰'人正.' 康節分十二會, 言到子上方有天, 未有地, 到丑上方有地, 未有人, 到寅上方始有人.

125) ▲: 顔子問爲邦

126) 只: 『朱子語類』에서는 止로 되어 있다.

127) ▲: 只是

128) ▲: 那

129) ▲: 只

130) ▲: 謂

131) ○: 『朱子語類』 45:32를 『小分』에서 별도의 항목으로 나누었다.

132) ▲: 又

133) ▲: 以意推之, 都要如此

134) ▲: 凡事皆要放此

135) ▲: 問"顔淵問爲邦." 曰:

136) ▲: 恐它

137) ▲: 他這箇

138) ▲: 又曰:

45:34 ▲[140] "顔淵爲政, ▲[141]如'敬事而信, 節用愛人', 與夫'居之無倦, 行之以忠'之類, 更不用說, 所以斟酌禮樂而告之也." 【時擧】

45:35 ▲[142] "顔子事事了得▲[143], 只欠這些子, 故聖人斟酌禮樂而告之. 近有學者欲主張司馬遷, 謂渠作『漢高祖贊』'黃屋左纛, 朝以十月', 是他惜高祖之不能'行夏之時, 乘商之輅', 謂他見識直到這裏, 與孔子答顔淵之意同. 某謂漢 高祖若行夏之時, 乘商之輅, 也只做得漢高祖, 卻如何及得顔子! 顔子平日是多少工夫! 今卻道漢 高祖只欠這一節, 是都不論其本矣." 【時擧】

45:36 ▲[144]問: "▲[145]使其得邦家時, 與聖人如何?" 曰: "終勝得孟子, 但不及孔子些." 問: "莫有'綏之斯來, 動之斯和'底意思否?" 曰: "亦須漸有這意思." 又問: "'文·武之道, 未墜於地', 此是孔子自承當處否?" 曰: "固是. 惟是孔子便做得, 它人無這本領, 當不得. 且如四代之禮樂, 惟顔子有這本領, 方做得. 若無這本領, 禮樂安所用哉! 所謂'行夏時, 乘商輅, 服周冕, 舞「韶」舞', 亦言其大略耳." 【恪 ○賀孫錄▲[146]問: '顔子涵養之功多, 曾子省察之功多.' 曰: '固不可如此說. 然顔子資稟極聰明, 凡是涵養得來都易. 如"聞一知十", 如"於吾言無所不說", 如"亦足以發", 如"聞[147]爲邦", 一時將許多大事分付與他, 是他大段了得. 看問爲邦, 而孔子便以四代禮樂告之, 想是所謂"夏時·商輅·周冕·「韶」舞"當"愽[148]我以文"之時都理會得了[149].'"】

---

139) 多少大: 徽州本에서는 大大로 되어 있다.
140) ▲: 問"顔淵問爲邦." 曰:
141) ▲: 其他
142) ▲: 亞夫問"顔淵問爲邦." 曰:
143) ▲: 了
144) ▲: 恭父
145) ▲: '顔淵問爲邦', 此事甚大, 不知
146) ▲: 又問以下不同, 云: "正卿
147) 聞: 『朱子語類』에서는 問으로 되어 있다.
148) 愽: 英祖刊本·成化本·賀本에서는 博으로 되어 있다.

45:37 ▲150)問: "孔子▲151), 欲用四代禮樂. 至論'郁郁乎文', 則曰'吾從周', 何故?" 曰: "此正適來說, 心小則物物皆病. 賢心中只着得上一句, 不着得下一句." 【可學】

45:38 ▲152)問: "'▲153), 程子謂發此心154)以爲之兆." 曰: "兆, 猶言準則也, 非謂爲邦之道, 盡於此四者. 略說四件事故155)一箇準則, 則餘事皆可依倣此而推行之耳." 【雉】

「子曰已矣乎章」

45:39 ▲156)問: "'好德如好色', 卽是『大學』'如惡惡臭, 如好好色', 要得誠如此. 然『集注』載衛靈公事, 與此意不相應, 恐未穩否?" 曰: "書都不恁地讀. 除了衛靈公, 便有何發明? 在衛靈公上便有何相礙? 此皆沒緊要, 較量他作甚? 聖人當初只是157)恁地歎未見好德如那好色者, 自家當虛心去看. 又要反來思量自己如何便是好德, 如何便是好色, 如此方有益. 若只官158)去較量他, 與聖人意思愈見差錯. 聖人言語, 自家當如奴僕, 只去隨他. 他教住便住, 他教去便去. 而今卻與他做師友, 只是159)較量他. 『大學』之說, 自是『大學』之意, 『論語』之說, 自是『論語』之意. 『論語』只是說過去, 尾重則首輕, 這一頭低, 那一頭便昂. 『大學』是將兩句平頭說得尤力, 如何合得來做一說?" 【淳 ○寓錄

---

149) 了: 賀本에는 없다.
150) ▲: 或
151) ▲: 答顏淵之問
152) ▲: 賜
153) ▲: 顏淵問爲邦'章
154) 心: 『朱子語類』에는 없다.
155) 故: 『朱子語類』에서는 做로 되어 있다.
156) ▲: 楊至之
157) 只是: 賀本에는 없다.
158) 官: 『朱子語類』에서는 管으로 되어 있다.
159) 只是: 孝宗刊本·英祖刊本·成化本에서는 只是 뒤에 去가 더 들어 있다.

少異.】

「躬自厚章」

45:40 問: "▲[160]厚, 莫是周備篤切意▲[161]否?" 曰: "▲[162]是自責得重, 責了又責, 積[163]而不已之意."【賀孫 ○或錄▲[164]: "只是責己要多, 責人要少."】

「子[165]曰如之何章」

45:41 ▲[166] "只是要再三反復思量. 若率意妄行, 雖聖人亦無奈何."【淳】

「君子義以爲質章」

45:42 ▲[167] "'義以爲質', 是制事先決其當否▲[168], 其問[169]節文次第須要皆具, 此是'禮以行之.' 然徒知盡其節文, 而不能'遜[170]以出之', 則亦不可. 且如人知尊卑之分, 須當讓他. 然讓之之時, 辭氣或不能婉順, 便是不能'遜[171]以[172]出之.' '信以成之'者, 是終始誠實以成此一事,

160) ▲: '躬自厚而薄責於人', 自責
161) ▲: 思
162) ▲: 厚
163) 責積: 『小分』에서는 積責을 교정부호로 바로잡았다.
164) ▲: 云
165) 子: 『朱子語類』에서는 不로 되어 있다.
166) ▲: 林問"不曰如之何." 曰:
167) ▲: 問"君子義以爲質"一章. 曰:
168) ▲: 了
169) 問: 『朱子語類』에서는 間으로 되어 있다.
170) 遜: 成化本・賀本에서는 孫으로 되어 있다.
171) 遜: 成化本・賀本에서는 孫으로 되어 있다.

却非是'遜[173]以出之'後, 方'信以成之'也."【時擧】

45:43 ▲[174] "義, 只是合宜. 義有剛決意思, 然不可直撞去. 禮有節文度數, 故用'禮以行之.' '遜[175]以出之', 是用'和爲貴.' 義不和, 用'禮以行之', 已自和. 然禮又嚴, 故'遜[176]以出之', 使從容不迫. 信是朴[177]實頭做, 無信則義禮遜[178]皆是僞." ▲[179]問: "行與出▲[180]" 曰: "行, 是當恁地行, 出, 是做處."【賀孫】

45:44 問: "▲[181]義以爲本, 必有下面三者, 方始成就得." 曰: "然. ▲[182]問: "以敬爲主, 則義爲用, 以義爲本, 則下面三者爲用." 曰: "然."【燾】

45:45 ▲[183]問: "▲[184]義則裁斷果決, 若不行之以節文, 出之以退遜, 則恐有忤於物." '信以成之', 這一句是繳上三句, 言若不誠實, 則義必不能盡, 禮必不能行, 而所謂遜[185], 特是詐僞耳." 曰: "也是恁地."【義剛】

45:46 ▲[186] "行是安排恁地行, 出是從此發出. 禮以[187]不遜, 則不

172) 以: 成化本에서는 而로 되어 있다.
173) 遜: 成化本・賀本에서는 孫으로 되어 있다.
174) ▲: 或問"君子義以爲質"一章. 曰:
175) 遜: 成化本・賀本에서는 孫으로 되어 있다.
176) 遜: 成化本・賀本에서는 孫으로 되어 있다.
177) 朴: 賀本에서는 樸으로 되어 있다.
178) 遜: 成化本・賀本에서는 孫으로 되어 있다.
179) ▲: 甘吉父
180) ▲: 何別?
181) ▲: '君子義以爲質'一章, 看來有
182) ▲: '義以爲質', 是應事處." 又
183) ▲: 周貴卿
184) ▲: 義是就事上說. 蓋
185) 遜: 成化本・賀本에서는 孫으로 되어 있다.

免矯世以威嚴加人."【拱壽】.

45:47 問: "'義以爲質'至'信以成之'▲[188], 如孔子之對陽貨, 孟子之不與王驩言, 莫全得此理否?" 曰: "然." 問: "行▲[189]出▲[190]" 曰: "行, 是大綱行是[191], 出, 則始自此出去也. 人固有行之合禮, 而出之不遜者."【廣】

45:48 ▲[192] '義以爲質', 便是自'義以方外'處說起來. 若無'敬以直內', 也不知義之所在."【時舉】

「君子矜而不爭章」

45:49 ▲[193] "矜是自把捉底意思, 故『書』曰: '不矜細行, 終累大德!'"【雉】

45:50 ▲[194]問: "'不矜細行', 與'矜而不爭'之'矜', ▲[195]" 曰: "相似是箇珍惜持守之意."【人傑】

「子貢問有一言可以終身行之章」

186) ▲: 問: "禮行孫出, 何以別?" 曰:
187) 以: 『朱子語類』에서는 而로 되어 있다.
188) ▲: 章
189) ▲: 與
190) ▲: 如何分?
191) 是: 『朱子語類』에서는 時로 되어 있다.
192) ▲: 至之問: "明道謂: '君子〈敬以直內〉, 則〈義以方外〉, 〈義以爲質〉, 則〈禮以行之, 遜以出之, 信以成之〉.'" 曰: "只是一箇義.
193) ▲: 問"矜而不爭." 曰:
194) ▲: 或
195) ▲: 如何?

45:51 “恕可以終身行之, 是行之無窮盡.” 問: “孔子言恕, 必兼忠, 如何此只言恕?” 曰: “不得忠時不成. 恕說[196]恕時, 忠在裏面了.” 【榦】

45:52 問: “▲[197]推到極處, 便是‘以己及物爲仁’▲[198]?” 曰: “這未說那一邊, 只說推在.” 【燾】

45:53 問: “▲[199] 絜矩▲[200], 是恕之端否?” 曰: “絜矩正是恕.” 【浩】

45:54 ▲[201] “分言忠恕, 有忠而後恕, 獨言恕, 則忠在其中. 若不能恕, 則其無忠可知. 恕是忠之發處, 若無忠, 便自做恕不出.” 問: “忠恕, ▲[202]是動靜底道理. 如靜是主處, 動是用處, ▲[203]” 曰: “聖人每就用處教人, 亦不是先有靜而後有動.” 問: “▲[204]主靜是做工夫處.” 曰: “雖說主靜, 亦不是棄事物以求靜. 旣爲人, 亦須着事君親, 交朋友, 綏妻子, 御僮僕. 不成捐棄了, 閉門靜坐, 事物來時也不去應接, ▲[205]又不可只茫茫隨他事物中走. 二者中須有箇商量倒斷, 始得. ▲[206] 【寓】

---

196) 恕說: 賀本에는 없다.
197) ▲: 可以終身行之之恕, 恐
198) ▲: 否
199) ▲: ‘終身行之, 其恕乎!’
200) ▲: 之道
201) ▲: 問: “‘終身行之, 其恕乎!’ 如何只說恕, 不說忠? 看得‘忠’字尤爲緊要.” 曰:
202) ▲: 看來也
203) ▲: 不知是否?
204) ▲: 看來
205) ▲: 云: ‘且待我去靜坐, 不要應.’
206) ▲: 這處正要著力做工夫, 不可皮膚說過去.” 又曰: “動靜亦不是截然動, 截然靜. 動時, 靜便在這裏. 如人來相問, 自家去答他, 便是動. 才答了, 便靜. 這裏旣靜, 到事物來便著去應接. 不是靜坐時守在這裏, 到應接時便散亂了去. 然動靜不出是一箇理. 知這事當做, 便順理做去, 便見動而靜底意思, 故曰‘知止而後有定, 定而後能靜.’ 事物之來, 若不順理而應, 則雖塊然不交於物, 心亦不能得靜. 惟動時能順理, 則無事時始能靜, 靜而能存養, 則應接處始得力. 須動時做

「吾之於人也章[207]」

45:55 ▲[208] “毁者, 那人本未有十分惡, 自家將做十分說他, 便是毁. 若是只據他之惡而稱之, 則不可謂之毁. 譬如一物本完全, 自家打破了, 便是毁. 若是那物元來破了, 則不可謂之毁. 譽亦是稱獎得來過當. ‘某[209]有所試矣’, 那人雖未有十分善, 自家卻逐知得他將來如此. 毁人則不可如此▲[210].”【燾】

45:56 ▲[211] 子合▲[212]曰: “三代之時, 公道行, 不妄毁譽人. 如有毁譽, 須先試得其實, 方言之.” 曰: “便是▲[213]錯了. 下面只言‘如有所譽▲[214]不說‘如有所毁’? 須知道是非與毁譽不同, ▲[215] 蓋當其實曰是非, 過其實曰毁譽. 當時公道行, 是言是, 非言非, 而無有[216]過其實者. 然亦[217]忠厚褒借而譽者, 容或有之, 然亦已試其實矣. 其過實而

工夫, 靜時也做工夫. 兩莫相靠, 莫使工夫間斷, 始得. 若無間斷, 靜時固靜, 動時心亦不動. 若無工夫, 動時固動, 靜時雖欲求靜, 亦不可得而靜矣. 動靜恰似船一般, 須隨他潮去始得. 浪頭恁地高, 船也隨他上, 浪頭恁地低, 船也隨他下. 動靜只是隨他去, 當靜還他靜, 當動還他動. 又如與兩人同事相似, 這人做得不是, 那人便著救他, 那人做得不是, 這人便著去救他. 終不成兩人相推, 這人做不是, 卻推說不干我事, 是那人做得如此, 那人做不是, 推說不干我事, 是他做得如此, 便不是相爲底道理.” 又曰: “所以程子言‘未有致知而不在敬者’, 又言‘涵養當用敬, 進學則在致知.’ 若不能以敬養在這裏, 如何會去致得知. 若不能致知, 又如何成得這敬.”

207) 吾之於人也章: 徽州本에서는 三代直道而行章으로 되어 있다.
208) ▲: 問: “吾之於人也, 誰毁誰譽? 如有所譽者, 其有所試矣.” 曰:
209) 某: 成化本・賀本에서는 其로 되어 있다.
210) ▲: 也
211) ▲: 先生忽問王子合曰: “‘吾之於人也, 誰毁誰譽? 如有所譽者, 其有所試矣. 斯民也, 三代之所以直道而行也.’ 尋常作如何說?”
212) ▲: 對
213) ▲: 看
214) ▲: 者, 其有所試’, 如何
215) ▲: 方說得.
216) 有: 賀本에서는 是로 되어 있다.
217) 亦: 賀本에서는 以로 되어 있다.

毀者, 必無也."【浩】

45:57 先生說"如有所譽▲218), 其有所試▲219) 季通▲220), 證曰: "'雍也可使南面'之類是也." 先生然之.【過】

45:58 "聖人之言, 與後世別. 如'斯民也, 三代之所以直道而行也', 有合下221)底字, 無, 乃便不成文, 此句全在'所以'上. 言三代之直道行於斯民也. 古亦此民, 今亦此民, 三代能行之耳. '誰毀誰譽'者, 凡人未至於惡而惡之, 故謂之毀, 未至於善而善之, 故謂之譽. 聖人於下又曰: "如有所譽, 其有所試矣." 此一句卻去了毀. 蓋以不得已而譽, 亦嘗試之. 此乃'善人之意長, 惡人之意短'之意." 可學問: "若到於合好惡處, 卻不用此二字." 先生曰: "然."【可學】

45:59 ▲222)問▲223)直道而行. 曰: "此緊要在'所以'字上. 民是指今日之民, 卽三代之民. 三代蓋是以直道行之於民, 今亦當以直道行之於民. 直是無枉, 不特不枉毀, 雖稱譽亦不枉也. 舊嘗有此意. 因讀班固作『景帝贊』引此數語起頭, 以明'秦·漢不易民而化'之意, 曰: '孔子稱"斯民也, 三代之所以直道而行也", 信哉!' 其意蓋謂, 民無古今, 周·秦網密文峻, 故姦軌不勝, 到文·景恭儉, 民便醇厚. 只是此民, 在所施何如耳, 此政得之."【㽦】

45:60 ▲224)

218) ▲: 者
219) ▲: 矣"數句.
220) ▲: 在坐
221) 下: 賀本에서는 上으로 되어 있다.
222) ▲: 伯豐
223) ▲: 三代
224) ▲: 問"斯民也, 三代之所以直道而行也." "斯民, 是指當時之人言之. 言三代所以直道而行, 只是此民. 言毀人固不可過實, 譽人亦不可過實. 言吾所以不敢妄

45:61 ▲[225]

45:62 ▲[226]

45:63 ▲[227]擧『漢景帝贊』所引處, 云: "意卻似不同."【時擧】

「巧言亂德章」

45:64 ▲[228] "'忍'字有兩說, 只是一意. '有忍乃有濟', 王介甫解作强忍之忍, 前輩解作慈忍之'忍.' 某謂忍, 是含忍不發之意. 如婦人之仁, 是不能忍其愛, 匹夫之勇, 是不能忍其忿, 二者只是一意."【雉】

45:65 ▲[229] 不能忍於忿, ▲[230], 如項羽是也."【夔孫 ○閎祖錄略.】[231]

「人能弘道章」

加毁譽之民, 只是三代行直道之民. 班固擧此贊漢 景帝, 甚好."【人傑】

225) ▲: 問"斯民." "是今此之民, 卽三代之時所以爲善之民, 如說'高皇帝天下'相似. 嘗怪景帝贊引此一句, 不曉他意. 蓋是說周・秦雖網密文峻, 而不勝其弊. 到文・景黎民醇厚, 亦只是此民也. 聖人說一句話, 便是恁地闊, 便是從頭說下來."【義剛】

226) ▲: 問: "'所以'字本虛, 然意味乃在此. 如云, 斯民也, 三代嘗以此行直道矣." "聖人知毁譽之非正, 於人無所毁, 而猶有所譽, 蓋將以試其人. 所以見聖人至公之道, 又以見聖人進人之爲善也."【璘】

227) ▲: 亞夫問三代直道而行. 曰: "此民也是三代時直道而行之民. 我今若有所毁譽, 亦不得迂曲而枉其是非之實." 且

228) ▲: 問"小不忍則亂大謀." 曰:

229) ▲: 問: "'小不忍', 如婦人之仁, 匹夫之勇, 似是兩意, 皆說得. 婦人之仁是姑息, 匹夫之勇是不能涵容." 曰: "只是一意. 婦人之仁, 不能忍於愛, 匹夫之勇,

230) ▲: 皆能亂大謀

231)【夔孫 ○閎祖錄略.】: 徽州本에서는 다음과 같이 되어 있다. 婦人之仁, 不忍其愛, 匹夫之勇, 不忍其忿. 皆小不忍也, 如項羽是也.【閎祖 ○處謙同.】

45:66 ▲[232] "道不可須臾離, 也[233]可離非道. 是故君子戒謹[234]乎其所不睹, 恐懼乎其所不聞. 莫見乎隱, 莫顯乎微, 故君子謹[235]其獨." 又曰: "'天下之達道五, 所以行之者三.' 君臣・父子・兄弟・夫婦・朋友, 古今所共底道理, 須是知知, 仁守, 勇決." 繼又曰: "'人者, 天地之心.' 沒這人時, 天地便沒人管."【植】

45:67 ▲[236] 先生以扇喻曰[237]: "道如扇, 人如手. 手能搖扇, 扇如何搖手?"【夔孫】[238]

「吾嘗終日不食章」

45:68 問: "聖人眞箇'終日不食, 終夜不寢, 以思'否?" 曰: "聖人也曾恁地來. 聖人說'發憤忘食', 卻是眞箇, 惟橫渠知得此意, 嘗言'孔子煞喫辛苦來!' 橫渠又言: '堯不曾喫辛苦, 舜喫辛苦. 但三十徵庸, 後來便享富貴. 孔子一生貧賤, 是[239]事都去理會過來.'" 問: "堯不曾喫辛苦做工夫, 依舊聰明聖知." 曰: "堯固是無聰明聖知, 無欠缺[240]. 但不如孔子於事理又周匝詳盡."【德輔】

45:69 ▲[241] 思, 是硬要自去做底, 學是依這本子去做, 便要小著心,

---

232) ▲: 問"人能弘道." 曰:
233) 也: 『朱子語類』에는 없다.
234) 謹: 成化本・賀本에서는 愼으로 되어 있다.
235) 謹: 成化本・賀本에서는 愼으로 되어 있다.
236) ▲: 問"人能弘道."
237) 先生以扇喻曰: 徽州本에서는 先生以手中扇子喻之曰로 되어 있다.
238)【夔孫】: 徽州本에는【賜】로 되어 있다.
239) 是: 賀本에서는 事로 되어 있다.
240) 依舊聰明聖知." 曰: "堯固 是無聰明聖知, 無欠缺: 賀本에서는 依舊聰明聖知, 無欠缺로 되어 있다.
241) ▲: "吾嘗終日不食, 終夜不寢, 以思, 無益, 不如學也." 某注云: "蓋勞心以必求, 不如遜志而自得."

隨順箇事理去做. 而今人都是硬去做, 要必得, 所以▲242)做不成. 須是軟着心, 貼就它去做. 孟子所謂"以意逆志", 極好. 逆, 是推迎它底意思.【僩】

45:70 問: "『注』▲243)遜志?" 曰: "▲244), 是卑遜其志, 放退一着, 寬廣以求之, 不忒恁地迫窄, 便要一思而必得."【雉】

「君子謀道不謀食章」

45:71 ▲245) "上面說▲246)'耕也, 餒在其中矣, 學也, 祿在其中矣.' ▲247)恐人錯認此意, 卻將學去求祿, 故下面又繳一句. 謂君子所以爲學者, 所憂在道耳, 非憂貧而學也."【雉】

45:72 學固不爲謀祿, 然未必不得祿, 如耕固不求餒, 然未必得食. 雖是如此, 然君子之心, 卻只見道不見祿. 如"先難後獲", "正義不謀利", 睹當不到那裏.【閎祖】

45:73 ▲248)

45:74 ▲249) "此一段, ▲250)專爲學者當謀道而設. 只說一句, 則似緩而不切, 故又反覆推明, 以至'憂道不憂貧'而止. 且君子之所急當先

242) ▲: 更
243) ▲: 云'遜志而自得', 如何是
244) ▲: 遜志
245) ▲: 問"君子謀道不謀食." 曰:
246) ▲: '君子謀道不謀食', 蓋以
247) ▲: 又
248) ▲:『論語』凡言"在其中矣", 當以"餒"字推之. 蓋言不必在其中而在焉者矣.【方】
249) ▲: 因言: "近來稍信得命及. 孔子說: '君子謀道不謀食, 憂道不憂貧.' 觀此一段, 則窮達當付之分定, 所當謀者惟道爾." 曰:
250) ▲: 不專爲有命, 蓋

義語義, 則命在其中. 如‘行一不義, 殺一不辜, 而得天下, 不爲’, 此只說義. 若不恤義, 惟命是恃, 則命可以有得, 雖萬鍾, 有‘不辨禮義而受之’矣. 義有可取, 如爲養親, 於義合取而有不得, 則當歸之命爾. 如‘澤無水, 困’, 則不可以有爲, 只得‘致命遂志’, 然後付之命可也.”【大雅】

「知及之章」

45:75 問“知及之, 仁能守之.” 曰: “此是說講學. ‘莊以蒞之’以後說爲政.”【時學】

45:76 ▲[251] “‘知及之, 仁能守之’, 是明德工夫, 下面是新民工夫.” 亞夫云: “▲[252], 到仁便是極了. 今卻又有‘莊以蒞之’與‘動之以禮’底工夫, ▲[253]如何?” 曰: “今曰[254]有此心純粹, 更不走失, 而於接物應事時, 少些莊嚴底意思, 闒闒茸茸底, 自不足以使人敬他, 此便是未善處.” ▲[255]問: “此便是要本末工夫兼備否?” 曰: “固是. 但須先有‘知及之, 仁能守之’做箇根本了, 卻方好生去點檢其餘, 便無處無事不善. 若根本不立, 又有何可點檢處.”【時學】

45:77 “知及之”, 如『大學』“知至”, “仁守之”, 如“意誠”, 蒞不莊, 動不以禮, 如所謂“不得其正”, 與所謂“敖惰而辟”之類. 到仁處, 大本已好, 但小節略略有些未善. 如一箇好物, 只是安頓得略傾側, 少正之則好矣, 不大故費力也.【夔孫】

45:78 ▲[256] “‘莊以蒞之’, 是自家去臨民. ‘動之不以禮’, 這‘動’字, 不

251) ▲: 亞夫問: “‘知及之, 仁不能守之’一章, 上下文勢相牽合不來相似.” 曰:
252) ▲: ‘克己復禮爲仁’
253) ▲: 是
254) 曰: 『朱子語類』에서는 自로 되어 있다.
255) ▲: 宜久

是感動之'動', 是使民底意思. 謂如使民去做這件事, 亦有禮, 是使之以禮, 下梢'禮'字歸在民身上." 又問: "是使他做事, 要他做得來合節柏[257]否?" 曰: "然." 又問: "是合禮底事, 便以使之, 不合禮底事, 便不以使之?" 曰: "然. 看那'動之'字, 便是指那民說. 使他向善, 便是'以禮', 不使他向善, 便是'不以禮.' 如古所謂'蒐苗獮狩', 就其中敎之少長有序之事, 便是使之以禮. 蓋是使他以此事, 此事有禮存也."【燾】

45:79 ▲[258] "此一章當以仁爲主. 所謂'知及之, 所以求吾仁, 蒞之, 動之, 所以持養吾仁'者, 得之矣."【謨】

45:80 ▲[259]問: "▲[260]注』以爲氣質之小疵." 曰: "固有生成底, 然亦不可專主氣質, 蓋亦有學底."【燾】

「君子不可小知章」

45:81 問: "'小知', 是小有才, '大受', 是大有德. 如盆成括小有才, 未聞大道, 是也." 曰: "卻如何說'可・不可'字義理? 且看他本文正意是如何說. 今不▲[261]先以一說橫着胸中, 便看不見."【必大】

「當仁不讓於師章」

45:82 ▲[262]問: "▲[263], 這'當'字, 是承當之'當'否?" 曰, "然. 亦是'任'

256) ▲: 問"知及之"一章. 曰:
257) 柏: 英祖刊本・成化本・賀本에서는 拍으로 되어 있다.
258) ▲: 或問此章. 曰:
259) ▲: 或
260) ▲: '不莊以蒞之'一章, 下兩句, 『集
261) ▲: 合
262) ▲: 或
263) ▲: '當仁不讓於師'

字模樣."【燾】

45:83 ▲[264]問: "直卿云: '〈當仁〉, 只似適當爲仁之事.' 『▲[265]注』似以'當'爲擔當之意." 曰: "如公說'當'字, 謂值爲仁則不讓. 如此, 恐不值處煞多, 所以覺得做'任'字說是. 恐這'仁'字是指大處·難做處說. 這般處須着擔當, 不可說道自家做不得, 是師長可做底事."【賀孫】

「君子貞而不諒章」

45:84 ▲[266] "貞者, 正而固也. 蓋見得道理是如此, 便須只恁地做, 所謂'知斯二者, 弗去是也.' 爲'正'字說不盡, 故更加'固'字, 如『易』所謂'貞固足以幹事.' 若諒者, 是不擇是非, 必要如此. 故貞者, 是正而固守之意, 諒則有固·必之心也."【時擧】

45:85 "'諒'字, 『論語』有三箇: '匹夫之諒', '貞而不諒', 是不好, '友諒'卻是好. 以貞對諒, 則諒爲不好. 若是友, 與其友無信之人, 又卻不如友諒也. 諒, 信之小者. 孟子所謂'亮', 恐當訓'明'字."【廣】

「辭達而已矣章」

45:86 "辭達而已矣", 也是難.【道夫】

---

264) ▲: 子善
265) ▲: 集
266) ▲: 亞夫問"貞而不諒." 曰:

『朱子語類』卷第四十六

「『論語』二十八」

「季氏篇」

「季氏將伐顓臾章」

46:1 ▲[1] "看'扶持'兩字, 恐▲[2]是相瞽者之義. 舊見一人亦如此說." 又問"相夫子"之義. 曰: "相, 亦是贊相之義. 瞽者之相, 亦是如此." 【螢】

46:2 問: "『▲[3]注』, 顓臾'在魯地七百里之中', 從『孟子』'百里'之說, 則魯安得七百里之地?" 曰: "七百里是『禮記』如此說, 封周公 曲阜之地七百里. 如『左傳』也有一同之說, 某▲[4]常疑此處. 若是百里, 無此間龍溪 漳浦縣地, 大[5]如何做得侯國, 如何又容得顓臾在其中? 所謂'錫之山川, 土田附庸', 其勢必不止於百里. 然此處亦難考究, 只得且依『禮記』恁地說." 【寓 ○砥錄▲[6]: "『周禮』·『國語』皆說五百里. 『禮記』說七百里. 若如『孟子』說百里, 則未若本[7]之一邑, 何以爲國? 又如何容得一箇顓臾在肚裏?."】

---

1) ▲: 問"焉用彼相." 曰:
2) ▲: 只
3) ▲: 集
4) ▲: 每
5) 大: 賀本에서는 又로 되어 있다.
6) ▲: 云
7) 本: 『朱子語類』에서는 今으로 되어 있다.

46:3 問: "諸家多把'虎兕'喻季氏, '龜玉'喻公室, ▲[8)]" 曰: "文義未有此意. 且是答他'二臣者皆不欲'之意. 虎在山上, 龜玉在他處, 不干典守者事. 今在柙中走了, 在櫝中毁了, 便是典守者之過. 上面冉求分疎[9)], 言'夫子欲之, 吾二臣者皆不欲也.' 孔子責他, 以此乃[10)]守者之過. 此伐顓臾, 實二子與謀之過. 答問間方且隨話恁地說, 未說到季氏·公室處, 不必又生枝蔓." ▲[11)]問: "獨責求, 何也?" 曰: "想他與謀較多, 一向倒在他身上去, 亦可知也." 【寓】[12)]

46:4 問: "'蕭墻[13)]', '蕭'字▲[14)]義▲[15)]" 曰: "也不曾考究. 但據舊說云, 諸侯至屛內, 當有肅敬之意, 亦未知是否." 【燾】

「益者三樂章」

46:5 問"樂節禮樂." 曰: "此說得淺, 只是去理會禮樂. 理會得時, 自是有益." 【燾】

46:6 ▲[16)] "惟宴樂最可畏, 所謂'宴安酖毒'是也." 【時擧】

46:7 問: "▲[17)] '佚遊則傲惰而惡聞善[18)]', 如何與'樂道人之善'相反?" 曰: "'樂道人之善', 則心常汲汲於好善. 若是佚遊, 則是放蕩閑[19)]過了

8) ▲: 是否?
9) 疎: 英祖刊本·成化本·賀本에서는 疏로 되어 있다.
10) 此乃: 賀本에서는 比典으로 되어 있다.
11) ▲: 仲思
12) 【寓】: 徽州本에는 【寓 ○陳淳同.】으로 되어 있다.
13) 墻: 賀本에서는 牆으로 되어 있다.
14) ▲: 爲
15) ▲: 如何?
16) ▲: 味道問"損者三樂." 曰:
17) ▲: '三者損益相反.'
18) 佚遊則傲惰而惡聞善: 徽州本에서는 이 앞에 驕樂則侈肆而無節이 더 있다.

日子, 雖所損稍輕, 亦非是小害." 又問: "'樂道人之善[20]', 則有勉思企及之意. 佚遊, 則一向懶惰, 無向善之心. 此所以見其相反." 曰: "三者如驕樂, 只是放恣侈靡最害事. 到得宴樂, 便是[21]狎近小人, 疎[22]遠君子."【賀孫】

「侍於君子有三愆章」

46:8 ▲[23] "'未見顏色', 是不能察言觀色." ▲[24] "向時范某每奏事, 未嘗看着聖容. 時某人爲宰相, 云: '此公必不久居此.' 未幾, 果以言不行而去. 人或問之. 云: '若看聖容, 安能自盡其言?' 自是說得好[25]. 但某思之, 不如此. 對人主言, 也須看他意思是如何, 或有至誠傾聽之意, 或不得已, 貌爲許可. 自家這裏也須察言觀色, 因而盡誘掖之方. 不可汎[26]然言之, 使汎[27]然受之而已. 固是有一般小人, 伺候人主顏色, 迎合趨湊, 此自是大不好. 但君子之察言觀色, 用心自不同耳. 若論對人主要商量天下事, 如何不看着顏色, 只恁地說將去便了!"【賀孫】

「君子有三戒章」

46:9 ▲[28] "血氣雖有盛衰, 君子常當隨其偏處警戒, 勿爲血氣所役

19) 閑: 孝宗刊本에서는 閒으로 되어 있다.
20) 善: 賀本에서는 害로 되어 있다.
21) 是: 『朱子語類』에서는 須로 되어 있다.
22) 疎: 成化本・賀本에서는 疏로 되어 있다.
23) ▲: 問: "'未見顏色而言謂之瞽', 莫是未見事實否?" 曰:
24) ▲: 曰: "如此, 則顏色是指所與言者." 曰:
25) 自是說得好: 徽州本에서는 이 앞에 看來가 더 들어 있다.
26) 汎: 成化本에서는 泛으로 되어 있다.
27) 汎: 成化本・賀本에서는 泛으로 되어 있다.
28) ▲: 或問君子三戒. 曰:

也." 因論血氣移人, 曰: "疾病亦能移人. 呂伯恭因病後讀'躬[29]自厚而薄責於人', 忽有見, 遂一意向這不[30]來."【大雅】

46:10 ▲[31] "到老而不屈者, 此是志氣."【時擧】

46:11 問: "▲[32] 謝曰: '簞食豆羹, 呼爾而與之, 有所不取[33], 蹴爾而與之, 有所不屑. 此非義心勝, 血氣壯故也.' 恐是義心之勝, 非血氣之壯. 謝又曰: '萬鍾[34]與不得則死, 遠矣. 有不辨禮義而受之者, 血氣衰故也.' 恐是不辨禮義則受, 奚必血氣之衰?" 曰: "謝說只是傷急, 闕三數字. 當云: '此非特義心自勝, 亦血氣之壯故也.' 蓋血氣助得義心記[35]來. 人之血氣衰時, 則義心亦從而衰. 夫子三戒, 正爲血氣而言." 又問: "謝氏以血氣爲氣質." 曰: "氣, 只是一箇氣. 便浩然之氣, 也只是這箇氣, 但只是以道義充養起來. 及養得浩然, 卻又能配助義與道也."【必大】

「君子有三畏章」

46:12 "畏天命"三字好. 是理會得道理, 便謹去做, 不敢違, 便是畏之也. 如非禮勿視聽言動, 與夫戒謹[36]恐懼, 皆所以畏天命也. 然亦須理會得天命是恁地, 方得.【燾】

46:13 ▲[37] "要緊全在知上. 纔知得, 便自不容不畏." 問: "知有淺

29) 躬: 英祖刊本에서는 躳으로 되어 있다.
30) 不: 英祖刊本・成化本・賀本에서는 下로 되어 있다.
31) ▲: 問『注』引范氏說血氣・志氣之辨. 曰:
32) ▲: '君子有三戒'章,
33) 取: 成化本・賀本에서는 就로 되어 있다.
34) 鍾: 英祖刊本・成化本에서는 鐘으로 되어 있다.
35) 記: 『朱子語類』에서는 起로 되어 있다.
36) 謹: 賀本에서는 愼으로 되어 있다.

深. 大抵纔知些道理, 到得做事有少差錯, 心也便惕然. 這便見得不容於不畏." 曰: "知固有淺深. 然就他淺深中, 各自有天然不容已者. 且如一件事是合如此, 是不合如此, 本自分曉. 頭[38]臨事又卻不如此, 道如此也不妨, 如此也無害, 又自做將去. 這箇是雖知之而不能行. 然亦是知之未盡, ▲[39], 所以如此. 聖人教人, 於『大學』中劈初頭便說一箇格物・致知. '物格而後知至', 最是要知得至. 人有知不善之不當爲[40], 及臨事又爲之, 只是知之未至. 人知烏喙之殺人不可食, 斷然不食, 是眞知之也. 知不善之不當爲, 而猶或爲之, 是特未能眞知▲[41]也. 所以未能眞知者, 緣於道理上只就外面理會得許多, 裏面卻未理會得十分瑩淨, 所以有此一點黑. 這不是外面理會不得, 只是裏面骨子有些見未破. 所以『大學』之教, 使人卽事卽物, ▲[42]外面看許多一一教周遍, 又須就自家裏面理會體驗, 教十分精切也."【賀孫 ○洛[43]錄[44]▲[45]: "味道問: '〈畏天命〉是箇摠[46]頭否?' 曰: '固是. 人若不畏這箇道理, 以下事無緣會做得.' 又問: '若不知得這箇道理, 如何會畏?' 曰: '須是先知得, 方會畏. 但知得有淺深[47], 工夫便隨深淺做去. 事事物物皆有箇天命. 若知得盡, 自是無所不畏, 惟恐走失▲[48].'"】

---

37) ▲: 問: "'大人', 是指有位者言之否?" 曰: "不止有位者, 是指有位・有齒・有德者, 皆謂之'大人.'" 問: "此三句, 要緊都在'畏天命'上." 曰: "然. 纔畏天命, 自是於大人・聖言皆畏之." 問: "固是當先畏天命, 但要緊又須是知得天命. 天命卽是天理. 若不先知這道理, 自是懵然, 何由知其可畏? 此小人所以無忌憚." 曰:
38) 頭: 成化本・賀本에서는 到로 되어 있다.
39) ▲: 知之未至
40) 人有知不善之不當爲: 徽州本에서는 이 앞에 今이 더 들어 있다.
41) ▲: 之
42) ▲: 就
43) 洛: 成化本에서는 恪으로 되어 있다.
44) 洛錄: 徽州本에서는 按林恪錄此略今附於下云으로 되어 있다.
45) ▲: 云
46) 摠: 成化本・賀本에서는 總으로 되어 있다.
47) 淺深: 孝宗刊本・英祖刊本・成化本에서는 深淺으로 되어 있다.
48) ▲: 了

「君子有九思章」

46:14 ▲[49] "不是雜然而思. 當這一件上, 思這一件."【螢】

46:15 ▲[50]問"▲[51]九思." 曰: "公且道, 色與貌, 可以要得▲[52]溫, 要得▲[53]恭. 若是視聽, 如何要得▲[54]聰明?" 曰: "▲[55]只是意誠▲[56], 自會如此." 曰: "若如公說, 都沒些事▲[57] 有物必有則. 只一箇物, 自各▲[58]有箇道理. 況耳目之聰明得之於天, 本來自合如此, 只爲私欲蔽惑而失其理. 聖人敎人, 不是理會一件, 其餘自會好. 須是逐一做工夫, 更反復就心上看, 方知得外面許多費整頓, 元來病根都在這裏. 這見聖人敎人, 內外夾持起來, 恁地積累成熟, 便會無些子滲漏. 如公所說意誠, 便都無事. 今有人自道心正▲[59], 外面任其箕踞無禮, 是得不得? 亦有人心下已自近正, 外面視聽擧止自大段有病痛, 公道如何視會明, 聽會聰? 也只是就視聽上理會. '視遠惟明, 聽德惟聰.' 如有一件可喜底物事在眼前, 便要看他, 這便被他蔽了. 到這時節, 須▲[60]知得有箇義理, 在所可喜, 此物在所不當視. 這便是見得道理, 便是見得遠, 不蔽於眼前近底, 故曰'視遠惟明.' 有無益之言, 無稽之言, 與夫諂諛甘美之言, 有仁義忠信之言. 仁義忠信之言, 須是將耳常常聽着, 那許多不好說話, 須莫敎他入耳, 故曰'聽德惟聰.'"【賀孫】

---

49) ▲: 問"九思." 曰:
50) ▲: 或
51) ▲: 君子有
52) ▲: 他
53) ▲: 他
54) ▲: 他
55) ▲: 這
56) ▲: 了
57) ▲: 了, 便是聖人敎人意思不如此.
58) ▲: 家
59) ▲: 了
60) ▲: 便

46:16 ▲[61]各專其一.'" 曰: "專一者, 非雜然而思也." 或曰: "是'主一'之義否?" 曰: "然." 又云: "▲[62]'一朝之忿, 亡[63]其身, 及其親', 此不思難之故也."【燾】

「見善如不及章」

46:17 ▲[64] 所行之義, 卽所達之道也. 未行, 則蘊諸中, 行, 則見諸事也.【燾】

46:18 ▲[65] "志, 是守所達之道, 道, 是行所求之志. 隱居以求之, 使其道充足. 行義, 是得時得位, 而行其所當爲. ▲[66] 以達其所求之志." ▲[67]問: "如孔明, 可以當此否?" 曰: "也是. 如'伊尹耕於有莘之野, 而樂堯・舜之道', 是'隱居以求其志.' 及幡然而起, '使是君爲堯・舜之君, 使是民爲堯・舜之民', 是'行義以達其道.'" 蜚卿曰: "如漆雕開之未能自信, 莫是求其志否?" 曰: "所以未能信者, 但以'求其志', 未說'行義以達其道.'" ▲[68]【驤】[69]

---

61) ▲: 問: "程子曰: '九者
62) ▲: '忿思難.' 如
63) 亡: 賀本에서는 忘으로 되어 있다.
64) ▲: "行義以達其道",
65) ▲: 問: "'行義以達其道', 莫是所行合宜否?" 曰:
66) ▲: 臣之事君, 行其所當爲而已. 行所當爲,
67) ▲: 又
68) ▲: 又曰: "須是篤信. 如讀聖人之書, 自朝至暮, 及行事無一些是, 則曰: '聖人且如此說耳!' 這卻是不能篤信. 篤信者, 見得是如此, 便決然如此做. 孔子曰: '篤信好學, 守死善道.' 學者須是篤信." 驤曰: "見若鹵莽, 便不能篤信." 曰: "是如此, 須是一下頭見得是. 然篤信又須好學, 若篤信而不好學, 是非不辨, 其害卻不小. 旣已好學, 然後能守死以善其道." 又問: "如下文所言, 莫是篤信之力否?" 曰: "旣是信得過, 危邦便不入, 亂邦便不居, 天下有道便不隱, 天下無道便不見, 決然是恁地做."
69)【驤】: 徽州本에는【道夫】로 되어 있다.

46:19 ▲[70)]

46:20 問: "楊氏引'達可行於天下'解'隱居以求其志, 行義以達其道', 『或問』以爲未穩, ▲[71)]" 曰: "解經當取易曉底句語解難曉底句, 不當反取難曉底解易曉者. '隱居以求其志, 行義以達其道', 此兩句本自易理會. 今引'達可行於天下'解之, 則所引之句反爲難曉. '天民者, 達可行於天下而後行之者也.' 橫渠所謂'必德覆生民而後出, 伊·呂是也', 若只是澤被一國, 道行一鄉, 此人亦不輕. 出謂之天民者, 蓋謂不是尋常之人, 乃天之民耳. 天民之云, 亦猶曰'天下之善士'云爾, 與'隱居以求其志, 行義以達其道'者人[72)]不同." 【必大】

70) ▲: 問: "'見善如不及, 見不善如探湯.' 上一截是進德之事, 下一截是成德之事. 兼出處有非人力所能爲者, 故曰'未見其人.'" 曰: "公只管要粧兩句恁地好, 做甚麽? 這段緊要卻不在'吾見其人', '未見其人'上. 若將'見善如不及, 見不善如探湯', 與'隱居以求其志, 行義以達其道'這幾句意思涵泳, 是有多少意思! 公看文字有箇病, 不只就文字裏面看, 卻要去別生閑意. 大抵看文字, 須是只就他裏面看, 儘有意思. 公今未見得本意是如何, 卻將一兩句好言語, 裹了一重沒理會在裏面, 此是讀書之大病. 須是且就他本文逐字剔碎了, 見這道理直透過, 無些子窒礙, 如此, 兩段淺深自易見." 【賀孫】

71) ▲: 何也?

72) 人: 『朱子語類』에서는 又로 되어 있다.

『朱子語類』卷第四十七

「『論語』二十九」

「陽貨篇」

「陽貨欲見孔子章」

47:1 ▲[1]問: "▲[2] 陽貨之瞯亡, ▲[3]不足責. 如孔子亦瞯亡而往, 則不幾於不誠乎?" 曰: "非不誠也, 據道理合當如此. 彼人瞯亡來, 我亦瞯亡往, 一往一來, 禮甚相稱. 但孔子不幸遇諸塗耳."【去僞】[4]

47:2 ▲[5]問: "楊[6]子雲▲[7]何以見聖人爲詘身處?" 曰: "陽貨是惡人, 本不可見, 孔子乃見之, 亦近於詘身. 卻不知聖人是禮[8]合去見他, 不爲詘矣. 到與他說話▲[9], 只把一兩字答他, 辭氣溫厚而不自失, 非聖人斷不能如此也."【時學】

「性相近章」

---

1) ▲: 或
2) ▲: 陽貨瞯亡以饋孔子, 孔子瞯亡而往拜之.
3) ▲: 此
4)【去僞】: 徽州本에는【人傑】로 되어 있다.
5) ▲: 亞夫
6) 楊: 英祖刊本・成化本・賀本에서는 揚으로 되어 있다.
7) ▲: 謂孔子於陽貨, '敬所不敬', 爲'詘身以信道', 不知渠
8) 禮: 賀本에서는 理로 되어 있다.
9) ▲: 時

47:3 “性相近”, 以氣質言, “性善”, 以理言. 【祖道】

47:4 ▲[10] 本然之性一般, 無相近. 程子曰: ‘性與聖, 不可一概論.’” 【節】

47:5 ▲[11] 喚做“近”, 便是兩箇物事, 這便是說氣質之性. 若是“降衷[12]”底, ▲[13]都只一般. 【佐】

47:6 “性相近”, 是通善惡智愚說, “上智・下愚”, 是就中摘出懸絶者說. 【僩】

47:7 問: “▲[14] 『書』▲[15]謂‘惟聖罔念作狂, 惟狂克念作聖’, 又有移得者[16], ▲[17]” 曰: “▲[18] 如狂作聖, 則有之. 旣是聖人, 決不到得作狂. 此只是言其人不可不學.” 又問: “▲[19] ‘人自不移耳.’ ▲[20]” 曰: “此亦未是. 有一般下愚底人, 直有不可移者.” 問: “‘雖愚必明’, 又是如何?” 曰: “那箇是做甚次第工夫. ‘人一能之, 己百之, 人十能之, 己千之.’” 【去僞】[21]

47:8 ▲[22] ‘性習遠近’與‘上智下愚’本是一章. ‘子曰’二字, 衍文也. 蓋

---

10) ▲: 問: “‘性相近’, 是本然之性, 是氣質之性?” 曰: “是氣質之性.
11) ▲: “性相近”,
12) 衷: 成化本에서는 重으로 되어 있다.
13) ▲: 便是沒那相近了, 箇箇
14) ▲: ‘性相近, 習相遠.’ ‘惟上智與下愚不移.’
15) ▲: 中
16) 又有移得者: 徽州本에서는 이 앞에 若如此가 더 들어 있다.
17) ▲: 如何?
18) ▲: 上智・下愚不移.
19) ▲: 或言:
20) ▲: 此說如何?
21) 【去僞】: 徽州本에는 【祖道】로 되어 있다.

習與性成而至於相遠, 則固有不移之理. 然人性本善, 雖至惡之人, 一日而能從善, 則爲一日之善人, 夫豈有終不可移之理! 當從伊川之說, 所謂'雖强戾如商辛之人, 亦有可移之理'是▲[23]." 【謨】

47:9 ▲[24]木之▲[25]曰: ▲[26] 先生與程子說, 未理會得合處." 曰: "▲[27]莫要只管求其合, ▲[28] 聖人所言, 各有他[29]頭. 孔子說'相近'至'不移', 便定是不移了. 人之氣質, 實是有如此者, 如何必說道變得! 所以謂之下愚. 而其所以至此下愚者, 是怎生? 這便是氣質之性. 孔子說得都渾成, 伊川那一段, 卻只說到七分, 不說到底, 孟子卻只說得性善, 其所言地頭各自不同. 正如今喫茶相似, 有喫得盡底, 有喫得多底・少底. 必要去牽合, 便成穿鑿去." 【木之】

47:10 問: "『▲[30]注』▲[31]一定而不可易者', ▲[32]程子'無不可移'之說, ▲[33]." 曰: "且看孔子說底. 如今卻自有不移底人, 如堯・舜之不可爲桀・紂, 桀・紂之不可使爲堯・舜. 夫子說底只如此, 伊川卻又推其說, 須知其異而不害其爲同." ▲[34]

---

22) ▲: 問此章. 曰: "此所謂性, 亦指氣質之性而言.
23) ▲: 也
24) ▲: 先生問
25) ▲: "前日所說氣質之性, 理會得未?" 對
26) ▲: "雖知其說, 終是胸中未見得通透. 兼『集注』'上智下愚'章,
27) ▲: 便是
28) ▲: 且看聖人所說之意.
29) 他: 『朱子語類』에서는 地로 되어 있다.
30) ▲: 集
31) ▲: 謂: '氣質相近之中, 又有
32) ▲: 復擧
33) ▲: 似不合
34) ▲: 因說: "氣化有不可曉之事. 但終未理會得透, 不能無疑. 釋氏之學, 只是定靜, 少間亦自有明識處." 或問: "他有靈怪處, 是如何?" 曰: "多是眞僞相雜. 人都貪財好色, 都重死生. 卻被他不貪財, 不好色, 不重死生, 這般處也可以降服得鬼神. 如六祖衣缽, 說移不動底, 這只是胡說. 果然如此, 何不鳴鼓集衆, 白晝發去? 卻夜間發去做甚麽?" 曰: "如今賢者都信他向上底說, 下愚人都信他禍福之說." 曰:

「子之武城章」

47:11 ▲[35] "'君子學道', 是曉得那'己欲立而立人, 己欲達而達人', 與'乾稱父, 坤稱母'底道理, 方能愛人. '小人學道', 不過曉得孝弟忠信而已, 故易使也."【燾】

「公山不[36]擾章」

47:12 ▲[37] 孔子之志在乎東周. 然苟有用我者, 亦視[38]天命如何爾. 聖人胸中自有處置, 非可執定本以議之也.【人傑】

47:13 問: "▲[39]聖人得行其志, 只是就齊·魯東方做起否?" 曰: "也只得就這裏做." 又問: "其如周何?" 曰: "這般處難說, 只看挨到臨時事勢如何. 若使天命人心有箇響合處, 也自不由聖人了. 使周家修其禮物, 作賓于王家, 豈不賢於赧王之自獻其邑而滅亡乎!" 問: "孔子猶說着周, 至孟子則都不說了." 曰: "然. 只是當時六國如此強盛, 各自抬夯[40]得箇身己如此大了, 勢均力敵, 如何地做! 不至[41]孟子柰何得下, 柰何不下? 想得也須滅[42]一兩箇, ▲[43]做得. 看來六國若不是秦始皇出來從頭打疊一番, 做甚合殺!" 問: "王者雖曰不'殺一不辜, 行一不

"最苦是世間所謂聰明之人, 卻去推演其說, 說到神妙處. 如王介甫·蘇東坡, 一世所尊尚, 且爲之推波助瀾多矣. 今若得士大夫間把得論定, 猶可耳."【木之】

35) ▲: 問"君子學道則愛人, 小人學道則易使." 曰:
36) 不: 『朱子語類』에서는 弗로 되어 있다.
37) ▲: 夫子曰: "吾其爲東周乎!" 興東周之治也.
38) 視: 賀本에서는 是로 되어 있다.
39) ▲: '吾其爲東周乎!' 使
40) 夯: 賀本에서는 擧로 되어 있다.
41) 至: 『朱子語類』에서는 知로 되어 있다.
42) 滅: 賀本에서는 減로 되어 있다.
43) ▲: 方

義', 事勢到不得已處, 也只得如此做." 曰: "然. 湯東征西怨, 南征北怨, 武王滅國五十, 便是如此. 只是也不喚做'殺不辜, 行不義.' 我這裏方行仁義之師, 救民於水火之中, 你卻抗拒不服, 如何不伐得. 聖人做處如此, 到得後來, 都不如此了. ▲[44] 【僩】

47:14 問: "諸家皆言不爲東周[45]. 『集注』卻言'興周道於東方', 何如?" 曰: "這是古注如此說. '其'字, '乎'字, 只是閑[46]字. 只是有用我者, 我便也要做些小事, 如釋氏言'竿木隨身, 逢場作戲'相似. 那處是有不爲東周底意? 這與'二十年之後, 吳其爲沼乎'辭語一般, 亦何必要如此翻轉? 文字▲[47] 【寓】

47:15 問: "公山弗擾果能用夫子, ▲[48]改過自新, 舍逆從順而已, 亦如何能興得周道?" 曰: "便是理會不得." 良久, 卻曰: "聖人自不可測. 且是時名分亦未定, 若謂公山弗擾旣爲季氏臣, 不當畔季氏, 所謂'改過'者, 不過令其臣順季氏而已. 此只是常法, 聖人須別有措置." 問: "如此, 則必大有所更張否?" 曰: "聖人做時, 須驚天動地. 然卒於不往

---

44) ▲: 如劉先主不取劉琮而取劉璋, 更不成舉措. 當初劉琮孱弱, 爲曹操奪而取之. 若乘此時, 明劉琮之孱弱, 將爲曹操所圖, 起而取之, 豈不正當! 到得臨了, 卻淬淬地去取劉璋, 全不光明了. 當初孔明便是教他先取荊州, 他卻不從." 或曰: "終是先主規模不大, 索性或進或退, 所以終做事不成." 曰: "然." 又曰: "唐 太宗殺諸盜, 如竇建德, 猶自得而殺之. 惟不殺王世充, 後卻密使人殺之, 便不成舉措. 蓋當初王世充立越王於東都, 高祖立代王於關中, 皆是叛煬帝, 立少主以輔之. 事體一般, 故高祖負愧而不敢明殺世充也. 此最好笑! 負些子曲了, 更抬頭不起." 又曰: "漢 高祖之起, 與唐 太宗之起不同, 高祖是起自匹夫取秦, 所以無愧, 唐卻是爲隋之官, 因其資而取之, 所以負愧也. 要之, 自秦·漢而下, 須用作兩節看. 如太宗, 都莫看他初起一節, 只取他濟世安民之志, 他這意思又卻多. 若要檢點他初起時事, 更不通看." 或曰: "若以義理看太宗, 更無三兩分人!" 曰: "然."

45) 問: "諸家皆言不爲東周: 徽州本에서는 問 뒤에 吾其爲東周乎가 더 들어 있다.

46) 閑: 英祖刊本에서는 閒으로 되어 있다.

47) ▲: 須寬看, 仔細玩味, 方見得聖人語言. 如'小人之中庸', 分明這一句是解上文. 人見他偶然脫一箇'反'字, 便恁地硬說去, 小人中庸做小人自爲中庸, 下面文勢且直解兩句. 未有那自以爲中庸底意, 亦何必恁地翻轉."

48) ▲: 夫子果往從之, 亦不過勸得他

者, 亦料其做不得爾. ▲[49)]【必大 ▲[50)]】

47:16 ▲[51)]問: "夫子欲從公山之召, ▲[52)]" 曰: "理會不得, 便是不可測度處." ▲[53)]【人傑】

○[54)] 孔子說: '有用我者, 吾其爲東周乎?' 不知如何地做? 從何處做起? 某實曉不得." 或曰: "相魯可見." 曰: "他合下只說得季威子透, 桓子事事信之, 所以做得. 及後來被公斂處父一說破了, 桓子便不信之,

---

49) ▲: 夫子爲魯司寇, 齊人來歸女樂, 夫子便行. 以人情論之, 夫子何不略說令分曉? 卻只黙黙而去, 此亦不可曉處. 且說齊人歸女樂, 夫子所以便行者, 何也? 說『論語』者謂, 受女樂則必怠於政事. 然以『史記』觀之, 又以夫子懼其讒毁而去, 如曰: '彼婦之口, 可以出走!' 是以魯仲連論帝秦之害, 亦曰: '彼又將使其子女・讒妾爲諸侯妃, 處梁之宮, 梁君安得晏然而已乎!' 想當時列國多此等事, 夫子不得不星夜急走." 又曰: "夫子墮三都, 亦是瞞著三家了做. 如季氏已墮術中, 及圍成, 公斂處父不肯, 曰: '若無成, 是無孟氏也!' 遂連季氏喚醒, 夫子亦便休. 且說聖人處事, 何故亦有做不成者?" 必大以"夫子之得邦家"爲對. 曰: "有土有民, 便伸縮在我. 若靠他人, 則只是羈旅之臣. 若不見信用, 便只得縮手而退." 又曰: "陽虎云: '吾欲張公室也.' 人曰: '家臣而欲張公室, 罪莫大焉!'" "此是當時一種議論."

50) ▲: ○人傑錄頗異, 別出.

51) ▲: 伯豐

52) ▲: 而曰: '如有用我者, 吾其爲東周乎!' 如何?

53) ▲: 人傑問: "墮三都事, 費・郈已墮, 而成不可墮, 是不用夫子至於此否?" 曰: "旣不用, 卻何故圍成? 當時夫子行事, 季孫三月不違, 則費・郈之墮, 出於不意. 及公斂處父不肯墮成, 次第喚醒了叔・季二家, 便做這事不成. 又齊人以女樂歸之, 遂行. 不然, 當別有處置也." 問: "女樂旣歸, 三日不朝, 夫子自可明言於君相之前, 討箇分曉然後去, 亦未晚. 何必匆遽如此?" 曰: "此亦難曉. 然據『史記』之說, 卻是夫子恐其害己, 故其去如此之速. 魯仲連所謂'秦將使其子女・讒妾爲諸侯妃', 則當時列國蓋有是事也." 又云: "夫子能墮費・郈, 而不能墮成, 雖聖人亦有做不成底事." 伯豐謂: "如'夫子之得邦家者, 所謂"立之斯立"'云云." 曰: "固是. 須是有土有民, 方能做得. 若羈旅之臣, 靠著他人, 便有所牽制, 做事不成." 又問: "是時三家衰微, 陪臣執命, 故陽虎奔齊, 有'吾欲張公室'之語. 或謂'家臣而欲張公室, 罪莫大焉'!" 曰: "便是當時有此一種議論, 視大夫專命, 以爲固然." 又問: "舊見人議論子產・叔向輩之賢, 其議論遠過先軫・舅犯之徒, 然事實全不及他." 曰: "如元祐諸臣愛說一般道理相似." 又云: "衛靈公最無道, 夫子何故戀戀其國, 有欲扶持之意? 更不可曉."

54) ○: 『朱子語類』 83:80의 일부이다.

孔子遂做不得矣. 孟子說五年七年可'爲政於天下', 知如何做, 孔子不甚說出來. 孟子自擔負不淺, 不知怎生做也."【僩】

「子張問仁章」

47:17 問: "恭寬信惠[55], 固是求仁之方, 但'敏'字於求仁功夫似不甚親切. 莫是人之爲事才悠悠, 則此心便間斷之時多, 亦易得走失. 若能動[56]敏去做, 便此心不至間斷, 走失之時少, 故敏亦爲求仁之一, 是如此否?" 曰: "不止是悠悠. 蓋不敏於事, 則便有怠忽之意. 才怠忽, 便心不存而間斷多, 便是不仁也."【時擧】

47:18 ▲[57] "任, 是人靠得自家. 如謂任俠者, 是能爲人擔當事也."【燾】

47:19 任[58], 是堪倚靠.【僩】

「佛肸召章」

47:20 "焉能繫而不食", 古注是.【謨】

47:21 夫子於佛肸之召, 但謂其不能浼我而已. 於公山之召, 卻眞箇要去做.【必大】

---

55) 問: "恭寬信惠: 徽州本에서는 問 뒤에 다음과 같은 글이 더 들어 있다. 子張問仁, 夫子令行五者於天下, 曰"恭寬信敏惠." 竊意.

56) 動: 『朱子語類』에서는 勤으로 되어 있다.

57) ▲: 或問"信則人任焉." 曰:

58) 任: 徽州本에서는 信則人任焉任으로 되어 있다.

47:22 ▲[59]問: "佛肸與公山弗擾召▲[60]" 則[61]: "此是二子一時善意, 聖人之心適與之契, 所以欲往. 然更思之, 則不往矣. 蓋二子暫時有尊賢向善之誠心, 故感得聖人欲往之意. 然違道叛逆, 終不能改, 故聖人亦終不往也. 譬如重[62]陰之時, 忽略開霽, 有些小光明, 又被重陰遮閉了." 曰: "陽貨欲見孔子, 卻終不許他, 是如何?" 曰: "陽貨全無善意, 來時便已不好了, 故亦不能略感聖人也."【時擧 ○賀孫錄詳, 別出.】

47:23 "聖人見萬物不得其所, 皆陷於塗炭, 豈不爲深憂, 思欲出而救之. 但時也要, 出不得, 亦只得且住. 聖人於斯世, 固不是苟且枉道以徇人. 然▲[63] 便謂聖人泊然不以入其心, 這亦不然. 如孔子云: '天下有道, 丘不與易也.' 這箇是十分要做不得, 亦有不能自已之意. 如說聖人無憂世之心, 固不可. 謂聖人視一世未治, 常恁戚戚憂愁無聊過日, 亦非也. 但要出做不得, 又且放下. 其憂世之心▲[64] 聖人愛物之仁. 至於天命未至, 亦無如之何. 如云: '君子之仕也, 行其義也. 道之不行, 已知之矣.' 若就[65]'道之不行, 已知之矣'上看, 恰似一向沒理會, 明知不可以行道, 且漫去做看, 說[66]便不得. 須看'行其義也', 便自是去就. 出處之大義, 亦在這裏." 賀孫因擧公山・佛肸之召, 皆欲往而終不往者, 度得是時終不可爲, 其人終不可與有爲. 如南軒云: "守身之常法, 體道之大權." 又云: "欲往者, 愛物之仁, 終不往者, 知人之智." 這處說得分明. 曰: "然. ▲[67]當他召聖人之時, 有這些好意來接聖人. 聖人▲[68]亦接他這些好意思, 所以欲往. 然他這箇人終是不好

59) ▲: 味道
60) ▲: 孔子, 孔子欲往, 此意如何?
61) 則: 『朱子語類』에서는 曰로 되어 있다.
62) 重: 徽州本에서는 雲으로 되어 있다.
63) ▲: 世俗一種說話,
64) ▲: 要出仕者,
65) 就: 賀本에서는 說로 되어 있다.
66) 說: 『朱子語類』에서는 這로 되어 있다.
67) ▲: 但聖人欲往之時, 是
68) ▲: 當時

底人, 聖人待得重理會過一番, 他許多不好又只在, 所以終於不可去. 如陰雨蔽翳, 重結不解, 忽然有一處略略開霽, 雲收霧斂, 見得青天白日, 這處自是好."【賀孫】

「子曰由也章」

47:24 問"▲[69], 其蔽也賊." 曰: "只爲不擇是, ▲[70]要恁地便恁地, 終是害事."【燾】

47:25 楊[71]問: "'好信不好學', 何故便到賊害於物處?" 曰: "聖人此等語, 多有相類, 如'恭而無禮則勞'處一般. 此皆是就子路失處正之. 昔劉大諫從溫公學, 溫公敎之誠, 謂'自不妄語始.' 劉公篤守其說. 及調洛州司法時, 運使吳守禮至州, 欲按一司戶贓, 以問劉公. 公對以不知, 吳遂去. 而公常心自不足, 謂此人實有贓, 而我不以誠告, 其違溫公敎乎! 後因讀『楊[72]子』'避礙通諸理', 始悟那處有礙, 合避以通之. 若只'好信不好學', 固守'不妄語'之說, 直說那人有贓, 其人因此得罪, 豈不是傷害於物?"【李謂: "亦有自賊之理." ○淳 ○道夫錄▲[73] '〈其父攘羊而子證之〉是也. 昔劉忠定云云[74].'"】

47:26 "六言・六蔽・五美"等話, 雖其意亦是, 然皆不與聖人常時言語一樣. 『家語』此樣話亦多. 大抵『論語』後數篇間不類以前諸篇[75].

---

69) ▲: 好信不好學
70) ▲: 我
71) 楊: 孝宗刊本・英祖刊本・成化本에서는 揚으로 되어 있다.
72) 楊: 孝宗刊本・英祖刊本・成化本에서는 揚으로 되어 있다.
73) ▲: 云: "問: '〈好信不好學〉, 如何便至於相賊害?' 曰:
74) 昔劉忠定云云: 徽州本에서는 云云이 없고, 별도로 다음의 글이 더 들어 있다. 公答部使者以'不聞司戶有贓.' 退而以爲有負溫公'不妄語'之戒. 既而讀『揚子』'避礙通諸理之說', 然後脫然無疑. 向非以'不聞'之說告之, 其不爲賊害者, 幾希矣.
75) 大抵『論語』後數篇間不類以前諸篇: 徽州本에서는 數와 諸가 十으로 되어 있고,

【淳】

47:27 問: “▲[76] ‘剛者, 勇之體, 勇者, 剛之發.’” 曰: “『春秋傳』云: ‘使勇而無剛者嘗寇’, 則勇者, 發見於外者也.” 人傑謂: “以五常揆之, 則專言勇者, 勇屬於義, 言剛柔, 則剛屬於仁.” 曰: “便是這箇物事, 看他用處如何, 不可以一定名之. 楊[77]子雲說: ‘君子於仁也柔, 於義也剛’, 亦只是一說.” 人傑謂: “以仁爲柔, 以義爲剛, 止說得箇情狀體段耳.” 曰: “然.” 【人傑】

「小子何莫學夫『詩』章」

○[78] “‘『詩』可以興’, 須是反覆熟讀, 使書與心相乳入, 自然有感發處.” 【閎祖】

47:28 ▲[79] “讀『詩』, 見其不美者, 令人羞惡, 見其美者, 令人興起.” 【節】

「子謂伯魚章」

47:29 ▲[80] “‘爲’字, 如‘▲[81]高叟▲[82]爲『詩』’之‘爲’, 只是謂講論爾.

類는 似로 되어 있고, 間과 以가 없다.

76) ▲: 『集注』云:

77) 楊: 『朱子語類』에서는 揚으로 되어 있다.

78) ○: 賀本에는 없다. 成化本에서는 이 항목이 47:28에 이어져 한 항목으로 되어 있다. 즉 ‘『詩』可以興’, 須是反覆熟讀, 使書與心相乳入, 自然有感發處. 問: “『詩』如何可以興?” 曰: “讀『詩』, 見其不美者, 令人羞惡, 見其美者, 令人興起.” 【節】로 되어 있다.

79) ▲: 問: “『詩』如何可以興?” 曰:

80) ▲: 問“爲「周南」·「召南」.” 曰:

81) ▲: 固哉

橫渠所謂'近試令家人爲「周南」·「召南」之事', 不知其如何地爲."【必大】

47:30 ▲[83]

47:31 ▲[84]"修身齊家, 自家最近底事, 不待出門, 便有這事. 去這箇上理會不得, 便似那當墻[85]立時, 眼旣無所見, 要動也行不去."【植】

47:32 ▲[86]若不知修身齊家, 則自然推不去, ▲[87]一身一家, 已自都理會不得, 又況其遠者乎!" 問: "此可見知與行相須之義否?" 曰: "然."【廣】

47:33 明道謂: "「二南」, 人倫之本, 王化之基. 苟不爲之, '其猶正墻[88]面而立.'" 是才出門, 便不知, 便錯了.【士毅】

「色厲內荏章」

47:34 問: "▲[89]比之'穿窬'?" 曰: "爲他意只在要瞞人, 故其心常怕人

---

82) ▲: 之

83) ▲: 亞夫問"不爲「周南」·「召南」, 其猶正牆面而立." 曰: "不知所以修身齊家, 則不待出門, 便已動不得了. 所以謂之'正牆面'者, 謂其至近之地亦行不得故也."【時擧】

84) ▲: 問"正牆面而立." 曰:

85) 墻: 英祖刊本·賀本에서는 牆으로 되어 있다.

86) ▲: 問: "先生解'正牆面而立', 曰: '言卽其至近之地, 而一物無所見, 一步不可行.' 人

87) ▲: 是'一步不可行'也. 如何是'一物無所見'?" 曰: "自家

88) 墻: 孝宗刊本·英祖刊本·賀本에서는 牆으로 되어 있다.

89) ▲: '色厲而內荏', 何以

知, 如做賊然."【大雅】

47:35 "不直心而私意如此, 便是穿窬之類."【又云: "裏面是如此, 外面卻不如此, 外面恁地, 裏面卻不恁地." ○燾】

「鄉原德之賊章」

47:36 ▲[90]孟子說得▲[91]好, 曰: '生斯世也, 爲斯民[92]也, 善斯可矣.' 此是鄉原本情."【雉】

47:37 ▲[93] "鄉原無甚見識. 其所謂愿, 亦未必眞愿, 乃卑陋而隨俗之人耳."

47:38 義剛云: "去冬請問鄉原比老子如何, 蒙賜教謂: '老子害倫理, 鄉原卻只是箇無見識底人.' 今春又問'色取仁而行違'比鄉原如何, 蒙賜教謂: '〈色取仁而行違〉底是大拍頭揮人, 鄉原是不做聲, 不做氣, 做罪過底人.' ▲[94] 無見識, 不顧理之是非, 一味諛人. 看時也似▲[95]好人, 然背地裏卻乖, 卻做罪過."【義剛】

47:39 ▲[96] "鄉原者, 爲他做得好, 便[97]人皆稱之, 而不知其有無窮之禍. 如五代 馮道者, 此眞鄉原也. 本朝范質, 人謂其好宰相, 只是欠爲世宗一死爾. 如范質之徒, 卻最敬馮道輩, 雖蘇子由議論亦未免此.

---

90) ▲: 李問"鄉原德之賊." 曰: "最是
91) ▲: 數句
92) 民: 賀本에서는 世로 되어 있다.
93) ▲: 或問: "鄉原引『荀子』愿愨之說, 何也?" 曰:
94) ▲: 深玩二說, 微似不同." 先生笑云: "便是世間有這一般半間不界底人,
95) ▲: 是箇
96) ▲: 敬之問"鄉原德之賊." 曰:
97) 便: 賀本에서는 使로 되어 있다.

本朝忠義之風, 卻是自范文正公作成起來也."【時擧】

47:40 ▲[98] "此章'賊'字・'棄'字, 說得重而有力. 蓋鄕原只知偸合苟容, 似是而非, 而人皆稱之, 故曰'德之賊.' 道聽道[99]說者纔聽來便說了, 更不能蓄. 旣不能有之於心, 不能行之於身, 是棄其德也, 故曰'德之棄.'"【必大】

「古者民有三疾章」

47:41 ▲[100] "廉, 是側邊廉隅. ▲[101]是那分處. 所謂廉者, 爲是分得那義利去處. 譬如物之側稜, 兩下分去."【植】

「惡紫之奪朱章」

47:42 問"紫之奪朱." 曰: "不但是易於惑人. 蓋不正底物事, 自常易得勝那正底物事. 且如以朱染紫, 一染了便退不得, 朱卻又[102]不能變得紫也. 紫本亦不是易惑人底, 只爲他力勢大了, 便易得勝. 又如孔子云: '惡莠之亂苗.' 莠又安能惑人? 但其力勢易盛, 故苗不能勝之耳. 且一邦一家, 力勢也甚大. 然被利口之人說一兩句, 便有傾覆之慮[103], 此豈不可畏哉!"【時擧】[104]

47:43 紫近黑色, 蓋過了那朱. 旣爲紫了, 便做朱不得, 便是奪了.

98) ▲: 問"鄕原"一章. 曰:
99) 道: 『朱子語類』에서는 塗로 되어 있다.
100) ▲: 問"古之矜也廉." 曰:
101) ▲: 這側
102) 又: 『朱子語類』에는 없다.
103) 慮: 賀本에서는 患으로 되어 있다.
104) 【時擧】: 徽州本에는 【時擧 ○潘仁同.】으로 되어 있다.

元只是一箇色做出來, 紫是過則箇. 「鄭」·「雅」也只是一箇樂, 雅較平淡, 「鄭」便過而爲淫哇. 蓋過了那雅, 便是"亂雅."【植】

47:44 問: "▲[105] 不正而勝者常多.'" 曰: "此當以時運言之. 譬如一日與人一生, 能有幾多好底時節!"【廣】

「予欲無言章」

47:45 問: "▲[106] 恐是言有所不能盡, 故欲無言否?" 曰: "不是如此. 只是不消得說, 蓋已都撒出來了. 如'四時行焉, 百物生焉', 天又更說箇甚底! 若是言不能盡, 便是有未盡處. 聖人言處也盡, 做處也盡, 動容周旋無不盡. 惟其無不盡, 所以不消得說了."【壽】

47:46 先生問▲[107]擇之: "'天何言哉? 四時行焉, 百物生焉', 此三句何句較好?" 對曰: "'四時行焉[108], 百物生'二句好." 先生因說: "擇之看得是. 只'四時▲[109], 百物生', 所謂'天何言哉', 者[110]已在其中矣."【德】

47:47 ▲[111]

「孺悲欲見孔子章」

105) ▲: 范氏謂: '天下之理, 正而勝者常少,
106) ▲: '予欲無言'一章,
107) ▲: 林
108) 焉: 孝宗刊本·成化本·賀本에는 없다.
109) ▲: 行
110) 者: 賀本에는 없다.
111) ▲: 問尹氏之說. 曰: "尹氏自說得不緊要了. 又辨其不緊要話, 愈更不緊要矣."【必大】

47:48 先生云: “南康一士人云: ‘聖賢亦有不誠處, 如取瑟而歌, 出弔東郭之類. 說誠不如只說中.” 某應之曰: “誠而中, ‘君子而時中’, 不誠而中, ‘小人之無忌憚.’” 【閎祖】

「宰我問三年之喪章」

47:49 問“鑽燧改火.” 直卿曰: “若不理會細碎, 更[112]無以盡精微之義. 若一向細碎去, 又無以致廣大之理.” 曰: “須是大細兼擧.” 【淳】

47:50 ▲[113] “必是他居喪時.” 問“成布.” 曰: “成布, 是稍細成布, 初來未成布也.” 問“縓緣.” 曰: “縓, 今淺絳色. 小祥以縓爲緣. 看古人小祥, 縓緣者不[114]入, 謂縓禮有‘四入’之說, 亦是漸漸加深色耳. 然古人亦不專把素色爲凶. 蓋古人常用皮弁, 皮弁純白, 自今言之, 則爲大凶矣.” 劉問布升數. 曰: “八十縷爲一升. 古尺一幅只闊二尺二寸, 算來斬衰三升, 如今網一般.” 又云: “如今漆布一般, 所以未爲成布也. 如深衣十五升布, 似如今極細絹一般, 這處升數又曉未得. 古尺大短於今尺, 若盡一十二百縷, 須是一幅闊不止二尺二寸, 方得如此. 所謂‘布帛精麤不中數, 不鬻[115]於市’, 又如何自要闊得? 這處亦不可曉.” 【寓】

47:51 ▲[116] “此處聖人責之至嚴. 【植錄云[117]: “聖人尋常未嘗輕許人以仁, 亦未嘗絶人以不仁.”】

---

112) 更: 『朱子語類』에서는 便으로 되어 있다.
113) ▲: 問: “‘宰我問三年之喪’, 爲自居喪時問, 或爲大綱問也?” 曰:
114) 不: 英祖刊本 · 成化本에서는 一로 되어 있다.
115) 鬻: 成化本 · 賀本에서는 粥으로 되어 있다.
116) ▲: 亞夫問宰我問短喪處. 曰:
117) 植錄云: 徽州本에 植의 기록이 본문으로 되어 있다. 즉, 亞夫問此章. 曰: 聖人言予之不仁. 聖人尋常未嘗輕許人以仁, 亦未嘗絶人以不仁, 今言予之不仁, 乃予良心死了也. 【植】

○[118] 所謂'子[119]之不仁'者，便謂他之良心已死了也. 前輩多以他無隱於聖人而取之. 蓋無隱於聖人，固是他好處，然卻不可以此而掩其不仁之罪也."【時擧】

「飽食終日章」

47:52 問: "▲[120] 心體本是運動不息. 若頃刻間無所用之，則邪辟[121]之念便生. ▲[122]'難矣哉'! 言其至危而難安也." 曰: "心若有用，則心有所主. 只看如今纔讀書，心便主於讀書，纔寫字，心便主於寫字. 若是悠悠蕩蕩，未有不入於邪僻."【賀孫】

「君子尙勇乎章」

47:53 子路之勇，夫子屢箴誨之，是其勇多有未是處. 若知勇於義，知大勇，則不如此矣. 又其勇有見得到處，便行將去. 如事孔悝一事，卻是見不到，蓋不以出公之立爲非，觀其謂正名爲迂，斯可見矣.【人傑 ○罃錄云[123][124]: "若是勇於義，以[125]不化[126]季氏."】

「君子亦有惡乎章」

118) ○:『朱子語類』47:51을『小分』에서 별도의 항목으로 나누었다.
119) 子:『朱子語類』에서는 予로 되어 있다.
120) ▲: '飽食終日，無所用心，難矣哉!'
121) 辟:『朱子語類』에서는 僻으로 되어 있다.
122) ▲: 聖人以爲
123) 云: 賀本에는 없다.
124) 罃錄云: 徽州本에서는 罃의 기록이 본문으로 되어 있다. 즉，讀『伯豊答問』，曰: "子路之勇，夫子尋常不住規責之，畢竟其勇亦有未是處. 若是勇於義，必不仕季氏. 樂正子二之中四之下，未必皆實有諸已者，故不免有失錯處."【罃】
125) 以: 賀本에서는 已로 되어 있다.
126) 化:『朱子語類』에서는 仕로 되어 있다.

47:54 ▲[127] "勇是以氣加人, 故易至於無禮. 果敢, 是率然敢爲. 蓋果敢而不窒, 則所爲之事必當於理. 窒而不果敢, 則於理雖不通, 然亦未敢輕爲. 惟果敢而窒者, 則不論是非而率然妄作, 此聖人所以惡之也."【時擧】

127) ▲: 問: "'惡勇而無禮者, 惡果敢而窒者.' 勇與果敢如何分?" 曰:

『朱子語類』卷第四十八

「『論語』三十」

「微子篇」

「微子去之章」

48:1 問: "箕子▲[1]徉[2]狂?" 曰: "他已爲囚奴, 做人不成了, 故只得徉[3]狂受辱." 又問: "若箕子地位尙可以諫, 想亦未肯住在. 必是旣已爲囚奴, 則不復可諫矣." 曰: "旣已爲囚奴, 如何更可以諫!" 【廣】

48:2 問: "殷有'三仁.'" 曰: "而今也難看. 或是孔子當時見他事實." 【子蒙】[4]

48:3 問: "▲[5] 如何同歸於仁?" 曰: "三子皆詣其至理, 故謂之仁. 如箕子亦是諫, 諫至於極有所不行, 故若此也." 【一之】

48:4 "三仁", ▲[6]只據他去就·死生論之. 然以此一事推及其他, 則其所爲之當理無私, 亦可知矣. 【閎祖】

---

1) ▲: 當時, 何必
2) 徉: 孝宗刊本·英祖刊本·成化本에서는 佯으로 되어 있다.
3) 徉: 孝宗刊本·英祖刊本·成化本에서는 佯으로 되어 있다.
4) 【子蒙】: 賀本에는 없다.
5) ▲: 或去, 或奴, 或諫不同,
6) ▲: 且

48:5 問: "'三仁', ▲[7]易地而施, 皆能遂其本心否?" 曰: "都自各就他分上做. 自今觀之, '微子去之', 尙在活地上, 如箕子之囚, 比干之死, 便是在死地上了, 較之尤難! 箕子雖不死, 然便死卻又到[8]了. 唯是被囚不死不活, 這地位如何處? 直是難! 看'三仁'惓惓憂國之心, 直是念念不斷. 若如避世之徒, 一齊割斷, 高擧遠引, 這卻無難. 故孔子曰: '果哉! 末之難矣.' 若果於忘世, 是不難." 【賀孫】

48:6 問: "'三仁'之事, 必不可偏廢否?" 曰: "▲[9] 只是微子是商之元子, 商亡在旦暮, 必看[10]去之以存宗祀. 若箕子·比干則自當諫. 其死與奴, 特適然耳." 又問: "當時若只有微子一人, 當如何?" 曰: "亦自着去." ▲[11]

48:7 問: "▲[12]箕子▲[13]爲之奴, 何以見惻怛之心?" 曰: "箕子與比干

7) ▲: 不知
8) 到: 成化本에서는 倒로 되어 있다.
9) ▲: 也不必如此看.
10) 看: 孝宗刊本·成化本에서는 着, 英祖刊本·賀本에서는 著로 되어 있다.
11) ▲: 吳仁甫問: "夷·齊之事, 如伯夷已逃去, 叔齊以父命與宗社之重, 亦自可立否?" 曰: "叔齊卻難處." 子升問: "使當時無中子可立, 國祀當如何?" 曰: "亦須自有宗室等人." 子升問: "令尹子文·陳文子之事, 『集注』云: '未知其心果出於天理, 而無人欲之私.' 又其他行事多悖於道理, 但許其忠淸, 而不許其仁. 若其心果出於天理之公, 而行事又不悖於道, 則可以謂之仁否?" 曰: "若果能如此, 亦可以謂之仁." 子升又問: "令尹子文·陳文子之事, 則原其心而不與其仁, 至管仲, 則以其功而許其仁, 若有可疑." 曰: "管仲之功自不可泯沒, 聖人自許其有仁者之功. 且聖人論人, 功過自不相掩, 功自還功, 過自還過. 所謂彼善於此, 則有之矣. 若以管仲比伊·周, 固不可同日語, 若以當時大夫比之, 則在所當取. 當是之時, 楚之勢駸駸可畏, 治之少緩, 則中國皆爲夷狄, 故曰: '微管仲, 吾其被髮左衽矣!' 如本朝趙韓王, 若論他自身, 煞有不是處. 只輔佐太祖, 區處天下, 收許多藩鎭之權, 立國家二百年之安, 豈不是仁者之功! 使聖人當時說管仲無'克·伐·怨·欲', 而一純於天理之仁, 則不可. 今亦不過稱其'九合諸侯, 一正天下'之事耳." 因說: "看文字, 不要般遞來說. 方說這一事未了, 又取那一事來比並說. 般來愈多, 愈理會不得. 少間便撰出新奇說話來說將去, 元不是眞實道理, 最不要如此." 【木之】
12) ▲: '三仁'皆出於至誠惻怛之公. 若

心只一般. 箕子也嘗諫紂, 偶不逢紂大怒, 不殺他. 也不[14]是要爲奴, 只被紂囚係[15]在此, 因徉[16]狂爲奴. 然亦不須必死於事. 蓋比干旣死, 若更死諫也無益, 適足長紂殺諫臣之罪, 故因得徉[17]狂. 然他處比[18]最難, 微子去卻易, 比干則索性死. 他在半上半下處, 最是難. 所以『易』中特說'箕子之明夷', '利艱貞, 晦其明也. 內難而能正其志.' 外雖徉[19]狂, 而心卻守得定."【淳 ○▲[20]】

48:8 ▲[21]問: "'比干不止是一事之仁', 先生嘗有此語. 莫是他分上大節目處看[22]得, 見做得徹頭徹尾, 與一時一事之仁不同, 但未可望聖人之全仁耳." 曰: "箕子·微子·夷·齊之仁, 亦是此類. 各隨它分上, 或去, 或奴, 或讓底, 亦皆可見其終身大體處." 又曰: "諸子之仁雖如此, 料得縝密工夫, 純粹體段, 未如顏子之仁是從實地上做來." 又曰: "曾子啓手足易簀時底心, 見得時, 便是曾子之仁. 更以求仁·害仁處參之, 便見'三仁'·夷·齊所以全其心德者. 而堯卿所問管仲之事, 亦可見矣."

---

13) ▲: 不死而
14) 也不: 『小分』에서는 不也를 교정부호로 바로잡았다.
15) 係: 成化本·賀本에서는 繫로 되어 있다.
16) 徉: 孝宗刊本·英祖刊本·成化本에서는 佯으로 되어 있다.
17) 徉: 孝宗刊本·英祖刊本·成化本에서는 佯으로 되어 있다.
18) 比: 英祖刊本·賀本에서는 此로 되어 있다.
19) 徉: 孝宗刊本·英祖刊本·成化本에서는 佯으로 되어 있다.
20) ▲: 寓錄云: "寓問: '『注』言: 〈三子之行不同, 而同出於至誠惻怛之意〉. 微子之去, 欲存宗祀, 比干之死, 欲紂改行, 可見其至誠惻怛處. 不知箕子至誠惻怛何以見?' 曰: '箕子·比干都是一樣心. 箕子偶然不衝著紂之怒, 自不殺他. 然他見比干恁地死, 若更死諫, 無益於國, 徒使人君有殺諫臣之名. 就他處此最難, 微子去卻易, 比干一向諫死, 又卻索性. 箕子在半上落下, 最是難處. 被他監繫在那裏, 不免佯狂. 所以『易』中特說〈箕子之明夷〉, 可見其難處. 故曰: 〈利艱貞, 晦其明也. 內難而能正其志, 箕子以之〉. 外雖狂, 心則定也.'"
21) ▲: 或
22) 看: 賀本에서는 有로 되어 있다.

48:9 觀鳳一羽, 則知五色之備.【"三仁" ○僩】

「柳下惠爲士師章」

48:10 ▲[23] "三黜非君子之所能免. 但不去, 便是他失於和處."【時擧】

48:11 ▲[24] "柳下惠瑩然處, 皆與伯夷一般. 伯夷如一顆寶珠, 只常要在水裏. 柳下惠亦如一寶珠, 在水裏也得, 在泥裏也得."【時擧[25]】

48:12 問: "柳下惠▲[26] 雖可以見其'必以其道而不失焉者', 然亦便有箇不恭底意思, 故記者以孔子兩事序於其後. 觀孔子之事, 則知▲[27]未得爲中道." 曰: "也是如此. 惟是孟子說得好, 曰: '聖人之行, 或遠或近, 或去或不去, 歸潔其身而已矣.' 下惠之行, 雖不比聖人合於中道, 然'歸潔其身'則有餘矣." 問: "'或遠或近', 是相去之遠近否?" 曰: "不然. 謂其去人有遠近. 若伯夷則直是去人遠矣!"【廣】

「齊景公待孔子章」

48:13 ▲[28]問: "▲[29]景公▲[30], 雖欲'以季・孟之間[31]', 乃以虛禮待之, 非擧國以聽▲[32]. 故曰: '吾老矣, 不能用也.' 遂行. 如齊人[33]欲以

---

23) ▲: 問"柳下惠爲士師." 曰:
24) ▲: 亞夫問柳下惠三黜. 曰:
25) 時擧: 徽州本에서는 이 뒤에 植同이 더 들어 있다.
26) ▲: '直道而事人, 焉往而不三黜, 枉道而事人, 何必去父母之邦'!
27) ▲: 柳下惠之事亦
28) ▲: 憂
29) ▲: 齊
30) ▲: 待孔子
31) 間: 賀本에서는 閒으로 되어 있다.

孟子爲矜式, 亦是虛禮, 非擧國以聽孟子.” 曰: “固是.”【植[34]】

「齊人歸女樂章」

48:14 問: “‘齊人歸女樂’, 季桓子纔受, 孔子不安, 便行. 孔子向來相定公, 做得許多事業, 亦是季桓子聽孔子之所爲, 方且做得.” 曰: “固是.” ▲[35] “當時若致膰胙, 孔子去得更從容. 惟其不致, 故孔子便行.”【植】

48:15 問: “『史記』載: ‘魯今且郊, 如致膰于大夫, 則吾可以止.’ 設若致膰, 則夫子果止否?” 曰: “也須去. 只是不若此之速, 必別討一事故去. 且如致膰, 亦不是大段失禮處, 聖人但因此且求去爾.”【寓[36]】

48:16 問: “今欲出來作事, 亦須成敗有命, 無必成之理.” 曰: “固是. 且[37]如孔子所作, 亦須見有必成處. 但有小人沮之, 則不可乃是▲[38]. 孔子當時在魯, 全屬季桓子. 其墮三都, 乃是乘其機而爲之, 亦是難.

---

32) ▲: 孔子
33) 人: 賀本에서는 王으로 되어 있다.
34) 植: 徽州本에서는 이 뒤에 다음의 글이 더 들어 있다. 子升問孔子仕季氏之義. 曰: “此亦自可疑, 有難說處.” 因言: “三家後來亦被陪臣撓, 也要得夫子來整頓. 孔子卻因其機而爲之, 如墮邑之事. 若漸漸掃除得去, 其勢亦自削弱, 可復正也. 孟氏不肯墮成, 遂不能成功.” 因說: “如今且據史傳所載, 亦多可疑處. 如魯國司徒, 司馬, 司空之官, 乃三家世爲之, 不知聖人如何得做司寇.” 又問: “群弟子皆仕家臣, 聖人亦不甚責之.” 曰: “當時列國諸臣皆世其官, 無揷手處, 故諸子不擇地而爲之耳.”【木子】
35) ▲: 又曰:
36) 寓: 徽州本에는【淳 ○寓同.】으로 되어 있다. 또한 徽州本에서는 이 뒤에 다음의 글이 더 들이 있다. 孔子於受女樂之後而遂行, 則言之似顯君相之過, 不言則己爲苟去. 故因膰肉不至而行, 則五之去國, 以其不致膰肉爲罪得於君耳.【人傑】
37) 且: 徽州本에서는 但으로 되어 있다.
38) ▲: 天

女樂事,『論語』所載與『史記』異. 若如『論語』所載, 似太匆遽. 魯是父母之國, 君・大夫, 豈得不且[39]告之? 告之不從而行, 亦未晩, 今乃▲[40]得如此其急. 此事未易輕議, 當闕."【可學】

「楚狂接輿章」

48:17 問: "楚狂接輿等, 伊川謂荷蓧稍高." 曰: "以其尙可告語. 若接輿, 則全不可曉." 問: "當亂世, 必如孔子之才可以救世而後可以出, 其他亦何必出?" 曰: "亦不必如此執定. '君子之仕, 行其義也', 亦不可一向滅迹山林. 然仕而道不行, 則當去耳."【可學】

「子路從而後章」

48:18 問: "不仕無義." 曰: "仕則可以行其義, 不仕則無以行其義, 便無這君臣之義了." ▲[41]問: "下文所謂'君臣之義', 即是這意[42]否?" 曰: "然."【燾】

48:19 ▲[43] 義, 便有進退去就在裏. 如丈人, 直是截斷, 只見一邊.【閎祖】

48:20 ▲[44] "這時雖大綱做, 行不得[45]亦自有小小從違處, 所謂義也. 如孟子'迎之致敬以有禮, 則就之, 禮貌衰, 則去之'之意, 不如長沮

---

39) 且: 英祖刊本・賀本에서는 直으로 되어 있다.
40) ▲: 去
41) ▲: 又
42) 意:『朱子語類』에서는 義로 되어 있다.
43) ▲: "君子之仕也, 行其義也."
44) ▲: 亞夫問: "君子之仕也, 行其義也." 曰:
45) 得: 賀本에서는 行으로 되어 있다.

・桀溺之徒, 纔見大綱行不得, 便去了."【植】

48:21 問: "『▲46)注』▲47)雖知道之不行, 而不可廢.' 末云: '亦非忘義徇祿也.' 此'義'字, 似有兩意." 曰: "▲48) 只是一意. 纔說義, 便是摠49)去・就都說. 道合則從, 不合則去, 卽此是義, 非但只說要出仕爲義. 然道合則從, 不合則去, 唯是出仕方見得. '不仕無義', 纔說不仕, 便都無了這義. 聖人憂世之心, 固是急▲50) 到得靈公問陳, '明日遂行', 景公▲51) 曰: 〈吾老矣, ▲52) 季桓子受女樂, '孔子行', 無一而非義."【賀孫】

48:22 ▲53) 曰: "舊時人說此段, 只說道合出仕纔仕, 便是義. 殊不知所謂仕, 不是埋頭一向只要仕. 如『孟子』說'所就三, 所去三', 與'孔子有見行可之仕, 有際可之仕, 有公養之仕', 雖是未嘗不欲仕, 亦未嘗不顧其義之如何."【賀孫54)】

「逸民章」

46) ▲: 集
47) ▲: 云: '仕所以行君臣之義, 故
48) ▲: 如何是有兩意?
49) 摠: 成化本에서는 總으로 되어 있다.
50) ▲: 欲得君行道.
51) ▲: '〈以季・孟之間待之〉.
52) ▲: 不能用也〉, 孔子行',
53) ▲: 亞夫問: "『集注』云: '謂之義, 則事之可否, 身之去就, 誠有不苟然者.'"
54) 賀孫: 徽州本에서는 이 뒤에 다음의 글이 더 들어 있다. 木之問: "看聖人汲汲皇皇沒身逃世, 只是急於救世, 不能廢君臣之義, 至於可與不可臨時, 依舊裁之以義." 曰: "固是. 但未須說急於救世, 自不可不仕." 又問: "若據'危邦不入, 亂邦不居, 有道則見, 無道則隱'等語, 卻似長沮・桀溺之徒做得是." 曰: "此爲學者言之. 聖人做作又自不同." 又問: "聖人亦明知世之不可爲否." 曰: "也不是明知不可. 但天下無不可爲之時. 苟可以仕, 則仕, 至不可處, 便止. 如今時, 節臺諫固不可做, 州縣也自做得. 到得居位守職, 卻教自家枉道廢法, 雖一簿, 尉也做不得, 便著去位!."【木之】

48:23 孔子論逸民, 先伯夷.【道夫】

『朱子語類』卷第四十九

「『論語』三十一」

「子張篇」

「執德不弘章」

49:1 ▲[1] "執德不弘." 曰: "言其不廣也. 纔狹隘, 則容受不得. 不特是不能容人, 自家亦自不能容. 故纔有片善, 必自矜, 見人之善, 必不善[2], 人告之以過, 亦不受. 從狹隘上生萬般病痛." 問: "▲[3]'焉能爲有, 焉能爲▲[4]', 世間莫更有不好人?" 曰: "渠德亦自執, 道亦自信, 只是不弘不篤, 不足倚靠耳." 通老云: "亦有人將此二句於道德上說." 曰: "不然. 先儒說弘字, 多只說一偏." 【可學】

49:2 執德須弘, 不可道已得此道理, 不信更有道理. 須是既下工夫, 又下工夫, 已理會, 又理會. 若只理會得三二分, 便謂只消恁地也得, 如此者, 非是無, 只是不弘. 故子張云: "焉能爲有, 焉能爲亡?" 弘, 便知道理儘有, 自家心下儘有地步, 寬闊着得[5]在! 【螢】

49:3 ▲[6] 弘是深潛玩味之意, 不弘是着不得. 明道云: "所貴者資.

---

1) ▲: 舜功問:
2) 善: 『朱子語類』에서는 喜로 되어 있다.
3) ▲: 子張以爲
4) ▲: 亡
5) 得: 徽州本에서는 이 뒤에 他가 있다.
6) ▲: "執德不弘",

便儇皎厲兮, 去道遠而!", 此說甚好.【可學】[7]

49:4 ▲[8] "子貢若只執'貧而無諂, 富而無驕'之德, 而不聞夫子樂與好禮之說, 子路若只執不恥縕袍之德, 而不聞夫子'何足以臧'之說, 則其志皆未免止於此. 蓋義理無窮, 心體無限."【賀孫】

49:5 ▲[9]

49:6 ▲[10] 曰: "▲[11] 此兩句似若相反. 蓋弘是廣大之意, 若'信道不篤', 則容受太廣後, 隨人走作, 反不能守正理. 信道篤而不弘, 則是確信其一說, 而或至於不通, 故須着下兩句. 弘篤, 猶言弘毅相似."【璘】

49:7 ▲[12] "各自是一箇病. 世固有自執其小善者, 然不害其爲信道之篤, ▲[13] 然卻有兼取衆善之意者, 自不相害也."【時擧】

49:8 問: "焉能爲有▲[14]亡?" 曰: "有此人亦不當【去聲】得是有, 無此人亦不當得是無, ▲[15]."【淳】

「子貢[16]之門人問交於子張章」

---

7)【可學】: 徽州本에는【明道語見程都公墓誌可學】으로 되어 있다.

8) ▲: 亞夫問: "如何是'執德不弘'底樣子?" 曰:

9) ▲: 信道篤. 如何得他信得篤? 須是你自去理會始得. 而今人固有與他說, 他信不篤者. 須要你自信始得.【僩】

10) ▲: 魏才仲問"執德不弘, 信道不篤."

11) ▲: 此須著下兩句.

12) ▲: 問: "'執德不弘, 信道不篤'一章, 還合看得否?" 曰:

13) ▲: 亦有信道不篤,

14) ▲: 焉能爲

15) ▲: 言皆不足爲輕重

16) 子貢: 『朱子語類』에서는 子夏로 되어 있다.

49:9 汎[17]交而不擇, 取禍之道. 故子張之言汎[18]交, 亦未嘗不擇. 蓋初無拒人之心, 但其間自有親疏厚薄爾. 和靖非以子張爲不擇也.【高】[19]

「雖小道必有可觀章」

49:10 小道▲[20] 如農圃・醫卜・百工之類, 卻有道理在. 只一向上面求道理, 便不通了. 若異端, 則是邪道, 雖至近亦行不得.【淳】

49:11 小道易行, 易見效. 漢文尚黃・老. 本朝李文靖便是以釋氏之學致治. 孔・孟之道規模大, 若有理會得者, 其致治又當如何!【廣】[21]

「日知其所亡章」

49:12 "知其所亡, 無妄[22]所能", 檢校之意.【方】

49:13 ▲[23] "▲[24]知其所亡, ▲[25]." ▲[26] "▲[27] 便是一日之間知得所未知, '月無忘其所能', 便是長遠後也記得在這裏. 而今學者, 今日知

17) 汎: 成化本에서는 泛으로 되어 있다.
18) 汎: 成化本에서는 泛으로 되어 있다.
19)【高】:『朱子語類』에는【鎬】로 되어 있다.
20) ▲: 不是異端, 小道亦是道理, 只是小.
21)【廣】: 徽州本에는【椿】으로 되어 있다.
22) 妄:『朱子語類』에서는 忘으로 되어 있다.
23) ▲: 問:
24) ▲: 日
25) ▲: 月無忘其所能
26) ▲: 曰:
27) ▲: '知其所亡',

得, 過幾日又忘了. 若不眞在此故[28]工夫, 如何會到一月後▲[29]!"【謙之】[30]

49:14 ▲[31]問: "'月無忘其所能', 還是溫故否?" 曰: "▲[32]不同. '溫故知新'是溫故之中而得新底道理, 此卻是因新知而帶得溫故."【雉】

49:15 問: "▲[33] 積累多, 則如何溫習?" 曰: "也須漸漸溫習. 如'得一善則拳拳服膺, 而弗失之矣', '子路有聞, 未之能行, 惟恐有聞', 若是如此, 則子路只做得一件事, 顏子只着得一件事." 節問: "旣恁地, 卻如何?" 曰: "且思量."【節】

49:16 子夏學煞高, ▲[34] 如'博學而篤志, 切問而近思', ▲[35]'日知其所亡, 月無忘其所能'等處可見.【泳】

「博學而篤志章」

49:17 ▲[36] "此全未是說仁處, 方是尋討箇求仁門路. 當從此去, 漸見效在其中, 謂有此理耳." 問: "明道言: '學者須先識仁.' 識得仁, 以敬養, 不須防檢." 曰: "未要看此, 不如且就'博學篤志, 切問近思'做去."【寓】

---

28) 故: 『朱子語類』에서는 做로 되어 있다.
29) ▲: 記得
30)【謙之】: 徽州本에는【希遜】으로 되어 있다.
31) ▲: 周
32) ▲: 此章與'溫故知新'意卻
33) ▲: '月無忘其所能',
34) ▲: 自曾子外說他. 看他答問處,
35) ▲: 如
36) ▲: 問: "博學而篤志, 切問而近思, 仁在其中矣." 曰:

49:18 ▲[37] "此四事只是爲學工[38]夫, 未是爲仁. 必如夫子所以語顔・冉者, 乃正言爲仁耳. 然人能'博學而篤志, 切問而近思', 則心不放逸, 天理可存, 故曰'仁在其中.'" 【必大 ○節錄云: "心存理得."】

49:19 ▲[39]'在其中', 只是言其可至耳. ▲[40]." 【可學】

49:20 ▲[41] 若能如此, 便是心在, 已是[42]有七八分仁了." 【南升】

49:21 ▲[43] 父子相爲隱, 非所以爲直, ▲[44]直在其中. '博學而篤志, 切問而近思', ▲[45]非所以爲仁, ▲[46] 仁亦在其中矣." 【去僞】[47]

49:22 ▲[48]

49:23 ▲[49]

---

37) ▲: 問: "'博學而篤志, 切問而近思', 何以言'仁在其中'?" 曰:
38) 工: 英祖刊本・成化本・賀本에서는 功으로 되어 있다.
39) ▲: 元昭問: "'博學而篤志, 切問而近思', 何以言'仁在其中'?" 曰: "只是爲學工夫, 反求之己. 必如'克己復禮', 乃正言爲仁. 『論語』言
40) ▲: 明道云: '學要鞭辟近裏'
41) ▲: 楊至之問博學篤志章. 曰: "明道常說: '學只要鞭辟近裏著己而已.'
42) 是: 賀本에서는 없다.
43) ▲: 問: "'博學而篤志, 切問而近思', 如何謂之仁?" 曰: "非是便爲仁. 大抵聖人說'在其中矣'之辭, 如'祿在其中'・'直在其中'意. 言行寡尤悔, 非所以干祿, 而祿在其中,
44) ▲: 而
45) ▲: 雖
46) ▲: 然學者用力於此,
47) 【去僞】: 徽州本에서는【祖道謨同】으로 되어 있다.
48) ▲: 問: "如何'切問近思', 則仁便在其中?" 曰: "這有四事: 博學, 篤志, 切問, 近思. 四者俱至, 本止是講學, 未是如'克己復禮', 然求仁而仁已在其中. 凡『論語』言'在其中', 皆是反說. 如'耕也', 則'餒在其中', 耕非能餒也, 然有旱乾水溢, 則餒在其中. '學也, 祿在其中', 學非干祿也, 然學則祿在其中. '父爲子隱, 子爲父隱', 本非直也, 而直已在其中. 若此類, 皆是反說." 【驤】
49) ▲: 問: "明道謂: '學者須當思而得之, 了此便是徹上徹下底道理.' 莫便是先生所

49:24 問: "▲50)徹上徹下▲51).' ▲52)是深說也恁地, 淺說也恁地否?" 先生首肯, 曰: "是. ▲53) 只是這箇道理, 深說淺說都恁地."【淳】

49:25 ▲54)問: "▲55)以類推▲56).'" 曰: "程子說得推字極好." ▲57)爲子▲58)當止於孝, 爲臣當止於忠, 自此節節推去. 然只一愛字雖出於孝, 畢竟千頭萬緒, 皆當推去須得."▲59)

49:26 ▲60)理會得一件, 逐件件推將去, 相次亦不難, 須是劈初頭要理會教61)分曉透徹. 且如煮物事, 合下便用熳火養, 便似煮肉, 卻煮得頑了, 越不能得軟. 政如義理, 只理會得三二分, 便道只恁地得了, 卻不知前面撞頭搕62)腦. 人心裏若是思索得到時, 遇事自亦63)難. 須是將心來一如鏖戰一番, 見了64)行陣, 便自然向前得去, 如何不教心經履這辛苦. 若是經一番, 便自知得許多路道, 方透徹.【螢】

49:27 ▲65) 只是就這裏近傍那曉得處挨將去. 如這一件事理會得透

謂'從事於此, 則心不外馳, 而所存自熟'之意?" 曰: "然. 於是四者中見得箇仁底道理, 便是徹上徹下道理也."

50) ▲: '〈博學而篤志, 切問而近思, 仁在其中矣〉. 了此便是
51) ▲: 道理
52) ▲: 此
53) ▲: 徹上徹下,
54) ▲: 蜚卿
55) ▲: 伊川謂, '近思, 只是
56) ▲: 去
57) ▲: 問: "比類, 莫是比這一箇意思推去否?" 曰: "固是. 如
58) ▲: 則
59) ▲:【驤】 *徽州本에는【道夫】로 되어 있다.
60) ▲: 有問伊川曰: "如何是近思?" 曰: "以類而推." 今人不曾以類而推, 蓋謂不曾先理會得一件, 卻理會一件. 若
61) 教: 徽州本에서는 이 뒤에 直得理會得이 더 들어 있다.
62) 搕: 成化本에서는 磕로 되어 있다.
63) 亦: 英祖刊本・成化本・賀本에서는 不로 되어 있다.
64) 了: 賀本에는 없다.

了, 又因這件事推去做那一件事, ▲[66] 如識得這燈有許多光, 便因▲[67]識得那燭亦恁地光. 如升階, 升第一級了, 便因這一級進到第二級, 又因第二級進到三級[68]. 只管恁地挨將去, 只管見易, 不見其難, 前面遠處只管會近. 若第一級便要跳到第三級, 擧步闊了便費力, 只管見難, 只管見遠. 如要去建寧, 須從第一鋪, 便去到柳營江, 柳營江便去到魚埔驛. 只管恁地去, 這處進得一程, 那處又減得一程. 如此, 雖長安亦可到矣. 不然, 只要一日[69]便到, 如何得. 如讀書, 讀第一段了, 便到第二段, 第二段了, 便到第三段. 只管挨將去, 次第都能理會得. 若開卷便要獵一過, 如何得?" ▲[70] 如理會得親親, 便推類去仁民, 仁民是親親之類. 理會得仁民, 便推類去愛物, 愛物是仁民之類. 如'刑于寡妻', 便推類去'至于兄弟', '至于兄弟', 便推類去'御于家邦.' 如修身, 便推去齊家, 齊家, 便推去治國. 只是一步了, 又一步. 「學記」謂: '善問者, 如攻堅木, 先其易者, 後其節目.' 此說甚好. 且如中央一塊堅硬, 四邊軟, 不先就四邊攻其軟, 便要去中央攻那硬處. 【寓錄在[71]: "其中堅硬, 被那軟處抨在這裏."】

○[72] 如何攻得. 枉費了氣力, 那堅硬底又只在. 須是先就四邊旋旋抉了軟處, 中央硬底自走不得. 兵書所謂'攻瑕則堅者瑕, 攻堅則瑕者堅', 亦是此意." 【寓錄▲[73]: "不會問底人, 先去節目處理會. 枉費了工夫, 這箇堅又只在."】

---

65) ▲: 楊問: "程子曰: '近思, 以類而推.' 何謂類推?" 曰: "此語道得好. 不要跳越望遠, 亦不是縱橫陡頓,
66) ▲: 知得亦是恁地.
67) ▲: 這燈推將去,
68) 又因第二級進到三級: 賀本에서는 又因第三級進到四級으로 되어 있다.
69) 日: 徽州本에서는 程으로 되어 있다.
70) ▲: 直卿問: "是理會得孝, 便推去理會得弟否?" 曰: "只是傍易曉底挨將去.
71) 在: 『朱子語類』에서는 云으로 되어 있다.
72) ○: 『朱子語類』 49:27을 『小分』에서 별도의 항목으로 나누었다.
73) ▲: 云

○[74] 問: "博學與近思, 亦不相妨否?" 曰: "博學是都要理會過, 近思是注心着力處. 博學是箇大[75]規摸[76], 近思是漸進工夫. 如'明明德於天下'是大規模, 其中'格物・致知・誠意・正心・修身・齊家'等便是次序[77]. ▲[78]." 問: "篤志, 未說到行處否?" 曰: "篤志, 只是至誠懇切以求之, 不是理會不得又掉了. 若只管汎汎[79]地外面去博學, 更無懇切之志, 反看這裏, 便成放不知求底心, 便成頑痲不仁底死漢了, 那得仁! 惟篤志, 又切問近思, 便有歸宿處, 這心便不汎[80]濫走作, 只在這坎窠裏不放了, 仁便在其中. 橫渠云: '讀書以維持此心. 一時放下, 則一時德性有懈.'"【淳 ○寓錄同. 道夫錄略】

49:28 ▲[81]如十五志學, 至四十不惑, 學者尙可以意會. 若自知命以上, 則雖苦思力索, 終模[82]索不着. 縱然說得, 亦只是臆度. 除是自近而推, 漸漸看將去, 則自然見得矣."【廣】

「百工居肆章」

49:29 ▲[83]居肆, 方能做得事成, 不居肆, 則做事不成. 君子學, 便可以致其道, 不學, 則不能致其道. 然而居肆亦有不能成其事, 如閑[84]

74) ○: 『朱子語類』 49:27을 『小分』에서 별도의 항목으로 나누었다.
75) 箇大: 『小分』에서는 大箇를 교정부호로 바로잡았다.
76) 摸: 『朱子語類』에서는 模로 되어 있다.
77) 次序: 徽州本에서는 次第處로 되어 있다.
78) ▲: 【寓錄云: "格物・正心・修身・齊家等, 循次序都著學. 豈可道是理會得一件, 其他皆不去理會! 然亦須理會一件了, 又去理會一件. 博學亦豈是一旦硬要都學得了?"】 如博學, 亦豈一日便都學得了? 亦是漸漸學去
79) 汎汎: 成化本에서는 泛泛으로 되어 있다.
80) 汎: 成化本에서는 泛으로 되어 있다.
81) ▲: 問: "'以類而推', 是如何?" 曰: "只是就近推將去." 曰: "如何是'就近推去'?" 曰: "且
82) 模: 『朱子語類』에서는 摸로 되어 있다.
83) ▲: 問: "『集注』所引二說, 云: '二說相須, 其義始備.'" 曰: "前說蓋謂
84) 閑: 英祖刊本에서는 閒으로 되어 있다.

坐打閧過日底. 學亦有不能致其道, 如學小道, 與夫'中道而廢'之類. 故後說云: 居肆必須務成其事, 學必須務致其道. 是皆各說得一邊, 故必相須而其義始備也."【燾】

49:30 ▲[85] "君子不學, 固不足以致道, 然亦有學而不知道者多矣. 此二說要合爲一, 又不欲拚先輩之名, 故姑載尹氏之本文."【雉】

「大德不踰閑章」

49:31 ▲[86] 大節是當, 小節無不可者. 若大節未是, 小節何緣都是!【謨】

49:32 '小德出入可也', 此自是'可與權'之事. 謂之出入, 則似有不得已之意, 非盛德[87]者不能. 如"嫂溺不援, 是豺狼也!" 嫂溺, 是所當援也, 更着'可也'字不得, 所以吳氏謂此章有弊.【道夫】

49:33 ▲[88] 大節旣定, 小節有差, 亦所不免. 然吳氏▲[89]此章不能無弊, 學者正不可以此自恕. 一以小差爲無害, 則於大節必將有枉尋而直尺者矣!"【謨】

49:34 問: "伊川謂小德如援溺之事, 更推廣之. 吳氏謂此章不能無弊, 如何?" 曰: "恁地推廣, 援溺事卻是大處. '嫂溺不援是豺狼', 這處是當做, 更有甚麽出入! 隨他門[90]說, 如湯・武征伐, '三分天下有其

---

85) ▲: 問: "'百工居肆', 二說合如何看?" 曰:
86) ▲: "大德不踰閑, 小德出入可也."
87) 盛德: 『朱子語類』에서는 德盛으로 되어 있다.
88) ▲: 問"大德・小德." 曰: "大德・小德, 猶言'大節・小節.'
89) ▲: 謂

二', 都將做可以出入. 恁地卻是大處, 非聖人不能爲, 豈得謂之小德? 乃是道之權也. 子夏之意, 只爲大節旣是了, 小小處雖未盡善, 亦不妨. 然小處放過, 只是力做不徹, 不當道是可也."【寓】

49:35 ▲[91] 如橫渠之說'時中', 卻是一串說. 如'小德出入', 亦把做好了. 若是'時中', 卻是合當如此, 如何卻只云'可也'? 只是且恁地也得之意. 且如'嫂溺援之以手', 亦是合當如此, 卻說道'可也'不得. 大抵子夏之說自有病, 只是他力量有行不及處. 然旣是有力不及處, 不免有些[92]小事放過者, 已是不是, 豈可謂之'可也'! 卻是垂訓於人, 敎人如此則甚不可耳. 蓋子夏爲人不及, 其質亦弱, 夫子亦每捉[93]他, 如'汝爲君子儒, 無爲小人儒'·'無欲速, 無見小利'之類. 子夏亦自知之, 故每亦要做夾細工夫. 只這子細, 便是他病處. 徐彦章以子夏爲狷介, 只是把論文[94]處說. 子夏豈是狷介? 只是弱耳.【罃】

「子夏之門人小子章」

49:36 孔門除曾子外, 只有子夏守得規矩定, 故敎門人皆先'洒掃應對進退', 所以孟子說: '孟施舍似曾子, 北宮黝似子夏.'【文蔚】

49:37 ▲[95]

49:38 ▲[96] "人只是將上達意思壓在頭上, 故不明▲[97]【祖道】

90) 門: 成化本·賀本에서는 們으로 되어 있다.
91) ▲: "大德不踰閑, 小德出入可也."
92) 些: 徽州本에서는 이 뒤에 子小가 더 들어 있다.
93) 捉: 徽州本에서는 提로 되어 있다.
94) 文: 『朱子語類』에서는 交로 되어 있다.
95) ▲: 君子之道, 孰以末爲先而可傳? 孰以本爲後而倦敎? 蓋學者之質不同, 如草木之區別耳.【德明】
96) ▲: 問"子夏門人洒掃應對進退"一段. 曰:

49:39 古人初學, 只是敎▲98)'洒掃應對進退'而已, 未便說到天理處. 子夏之敎門人, 專以此, 子游便要挿一本在裏面. '民可使由之, 不可使知之', 只是要他行矣而著, 習矣而察, 自理會得. 須是'匡之, 直之, 輔之, 翼之, 使自得之, 然後從而振德之.' 今敎小兒, 若不匡, 不直, 不輔, 不翼, 便要振德, 只是撮那尖利底敎人, 非敎人之法.【淳】

49:40 問: "'有始有卒', 乃竭兩端之敎否?" 曰: "此不是▲99)敎人事, 乃是聖人分上事. 惟聖人道頭便知尾, 下學便上達. 若敎學者, 則須循其序也."【必大】

49:41 ▲100) 區是分限, 自然有大小. ▲101)不必言人去畦分之.【方 ○『集注』】

49:42 問子夏之門人小子洒掃應對進退章. 曰: "某少時都看不出, 將謂無本末, 無大小. 雖如此看, 又自疑文義不▲102)如此. 後來在同安▲103)時, 因睡不着, 忽然思得, 乃知卻是有本末小大. 然不得明道說'君子敎人有序'四五句, 也無緣看得出. 聖人'有始有卒'者, 不是自始做到終, 乃是合下便始卒104)皆備. '洒掃應對', '精義入神'便都在這裏了. 若學者便須105)從始做去方得, 聖人則不待如此做也."【時擧】

49:43 問▲106)程子四條. 曰: "此最難看. 少年只管不理會得'理無大

---

97) ▲: 子夏之意. 但云君子之道孰爲當先而可傳? 孰爲可後而倦不傳? '譬諸草木, 區以別矣', 只是分別其小大耳. 小子之學但當如此, 非無本末之辨."

98) ▲: 他

99) ▲: 說聖人

100) ▲: 子夏門人小子一章, 明道說是.【『集注』第一條】

101) ▲: 自有分限, 也

102) ▲: 是

103) ▲: 作簿

104) 卒: 英祖刊本・成化本・賀本에서는 終으로 되어 있다.

105) 便須: 『小分』에서는 須便을 교정부호로 바로잡았다.

小'是如何. 此句與上條教人有序, 都相反了. 多問之前輩, 亦只似謝氏說得高妙, 更無捉摸處. 因在同安時, 一日差入山中檢視, 夜間忽思量得不如此. 其曰'理無小大', 無乎不在, 本末精粗, 皆要從頭做去, 不可揀擇, 此所以爲教人有序也. 非是謂'洒掃應對'便是'精義入神', 更不用做其他事也." 【雉】

49:44 ▲107) "某向來費無限思量, 理會此段不得. 如伊川門人, 都說差了. 且108)是不敢把他底做不是, 只管就他底解說, 解來解去, 只見與子夏之說相反, 常以爲疑. 子夏正說有本有末, 如何諸公都說成末卽是本? 後在同安, 出往外邑定驗公事, 路上只管思量, 方思量得透. 當時說與同官某人, 某人亦正思量此話起, 頗同所疑. 今看伊川許多說話時, 復又說錯了. 所謂'〈洒掃應對〉與〈精義入神〉, 貫通只一理. 雖〈洒掃應對〉, 只看所以然如何.' 此言'洒掃應對'與'精義入神'是一樣道理. '洒掃應對'必有所以然, '精義入神'亦必有所以然. 其曰'貫通109)只一理', 言二者之理只一般, 非謂'洒掃應對'便是'精義入神.' 固是'精義入神'有形而上之理, 卽'洒掃應對'亦有形而上之理." 亞夫問: "『集注』云: '始終本末, 一以貫之, 惟聖人爲然.' 此解得已分明. 但聖人事是甚麼樣子?" 曰: "如云'下學而上達', 當其下學時, 便上達天理, 是也." 【賀孫】

49:45 ▲110)問: "程子云云▲111)" 曰: "事有大小112), 理卻無小大. 合

106) ▲: 洒掃應對章

107) ▲: 亞夫問: "伊川云: '〈洒掃應對〉, 便是形而上者, 理無大小故也. 故君子只在愼獨.' 又曰: '聖人之道, 更無精粗. 從〈洒掃應對〉與〈精義入神〉, 貫通只一理. 雖〈洒掃應對〉, 只看所以然如何?" 曰:

108) 且: 徽州本에서는 이 앞에 當初가 더 들어 있다.

109) 貫通: 『朱子語類』에서는 通貫으로 되어 있다.

110) ▲: 齊卿

111) ▲: '故君子只在愼獨', 何也?

112) 大小: 『朱子語類』에서는 小大로 되어 있다.

當▲[113]會處, 便用與他理會, 故君子只在謹[114]獨. 不問大事小事, 精粗巨細, 盡用照管, 盡用理會. 不可說箇是相[115]底事不理會, 只理會那精底. 旣是合用做底事, 便用做去. 又不可說'洒掃應對'便是'精義入神.' '洒掃應對'只是粗底, '精義入神'自是精底. 然道理都一般, 須是從粗底小底理會起, 方漸而至於精者大者. 所以明道曰: '君子教人有序, 先傳以近者小者, 而後教以大者遠者. 非先傳以近小, 而後不教以遠大也.'" 或云: "'洒掃應對'非道之全體, 只是道中之一節." 曰: "合起來便是道之全體, 非大底是全體, 小底不是全體也." 問: "伊川言: '凡物有本末, 不可分作兩段.'" 曰: "須是就事上理會道理, 非事何以識理? '洒掃應對', 末也, '精義入神', 本也. 不可說這箇是末, 不足理會, 只理會那本, 這便不得. 又不可說這末便是本, 但學其末, 則本便在此也." 【僩】

49:46 '洒掃應對', '精義入神', 事有大小, 而理無大小. 【他[116]錄作精粗, 下同.】 事有大小, 故其教有等而不可躐, 理無大小, 故隨所處而皆不可不盡. 【他[117]錄作: '故惟其所在, 而皆不可不用其極.'】 謝氏所謂'不着此心如何做得'者, 失之矣. 【道夫[118]】

49:47 問: "▲[119]獨處少有不謹[120], 則形而上下便相間斷否?" 曰: "亦是. 蓋不能謹[121]獨, 只管理會大處, 小小底事便照管不到. ▲[122]理便不周匝." 【淳】

---

113) ▲: 理
114) 謹: 賀本에서는 愼으로 되어 있다.
115) 相: 英祖刊本·賀本에서는 粗로 되어 있다.
116) 他: 『朱子語類』에서는 池로 되어 있다.
117) 他: 『朱子語類』에서는 池로 되어 있다.
118) 道夫: 徽州本에서는 이 뒤에 此錄又自注云先生親筆以示諸生이 더 들어 있다.
119) ▲: 程子曰: '〈洒掃應對〉, 便是形而上者. 理無大小, 故君子只在愼獨.' 此只是
120) 謹: 賀本에서는 愼으로 되어 있다.
121) 謹: 賀本에서는 愼으로 되어 있다.
122) ▲: 理無小大, 大處小處都是理. 小處不到,

49:48 ▲[123]上下大小不同, 而其理則一也." 問: "莫只是盡此心而推之, 自小以至大否?" 曰: "謝顯道卻說要着心. 此自是說理之大小不同, 未可以心言也. '洒掃應對'是此理, 而其'精義入神'亦是此理. '洒掃應對'是小學事, '精義入神'是大學事. 精究其義以入神, 正大學用功以至于極致處也. 若子夏之門人, 止當爲'洒掃應對'而已, 以上又未暇也." ▲[124]問: "'洒掃應對是其然, 必有所以然者', 如何?" 曰: "所以然者, ▲[125]只是▲[126]也. 惟窮理, 則自知其皆一致. 此理惟延平之說【在『或問』格物中.】與伊川差合, 雖不顯言其窮理, 而皆體此意."【後先生▲[127]說▲[128]"洒掃應對"與"精義入神", 皆是"是其然, ▲[129])." "洒掃應對"與"精義入神", 皆有所以然之理.[130] ○寓】

49:49 問: "▲[131] 必有所以然. ▲[132]" 曰: "若無誠意, 如何'洒掃應對'!"【節】

49:50 ▲[133] 治心修身是本, '洒掃應對'是末, 皆其然之事也. 至於所以然, 則▲[134]無▲[135]本末, 皆是一貫.【升卿】

49:51 義剛▲[136]問目▲[137] "▲[138] 詳味先生之說, 則所謂'洒掃應對',

---

123) ▲: 問: "'洒掃應對'卽是'精義入神'之理, 此句如何?" 曰: "皆是此理, 其爲
124) ▲: 因
125) ▲: 亦
126) ▲: 理
127) ▲: 一番
128) ▲: 伊川"是其然", 爲伊川只舉得一邊在此, "是其然."
129) ▲: 必有所以然
130) 後先生說 … 皆有所以然之理: 賀本에서는 본문으로 되어 있다.
131) ▲: '洒掃應對'是其然,
132) ▲: 所以然者是如何?
133) ▲: "是其然, 必有所以然."
134) ▲: 理也. 理
135) ▲: 精粗
136) ▲: 呈

固便是'精義入神'事. 只知於'洒掃應對'上做工夫, 而不復深究'精義入神'底事, 則亦不能通貫而至於渾融也. 惟是下學之旣至, 而上達益加審焉, 則本末透徹而無遺矣[139]." 曰: "這是說洒掃應對, 也是這道理, 若要精義入神, 須是從這裏理會將去. 如公說, 則似理會▲[140]'洒掃應對'▲[141], 又須是去理會'精義入神', 卻不得. 程子說又便是子夏之說." 【義剛】

49:52 '先傳後倦', 明道說最好. 伊川與上蔡說, 須先理會得子夏意, 方看得. 【閎祖 ○『集義』】

49:53 ▲[142]問: "程子曰: '〈洒掃應對〉與佛家默然處▲[143]只▲[144]都無作用. 非是取其說, 但借彼明此. '洒掃應對'卽'無聲無臭'之理也." 【螢】

49:54 問: "'洒掃應對'與'盡性至命', 是一統底事, ▲[145] 在理固無本末精粗, 而事須有本末精粗否?" 曰: "是." 【淳】

49:55 一日夜坐, 聞子規聲. 先生曰: "舊爲同安簿時, 下鄉宿僧寺▲[146] 衾薄不能寐. ▲[147]思量子夏之門人小子章, 聞子規聲甚切. 【文

137) ▲: 云:
138) ▲: 子游知有本, 而欲棄其末. 子夏則以本末有先後之序. 程子則合本末以爲一而言之.
139) 則本末透徹而無遺矣: 徽州本에서는 이 뒤에 不審如此說得否가 더 들어 있다.
140) ▲: 了
141) ▲: 了
142) ▲: 伯豐
143) ▲: 合', 何也?" 曰: "默然處
144) ▲: 是
145) ▲: 無有本末精粗.
146) ▲: 中,
147) ▲: 是時正

蔚錄云: "思量此章, 理會不得. 橫解豎解, 更解不行, 又被杜鵑叫不住聲."】 今纔聞子規啼, 便記得是時."【當時亦不能問. 泳續檢尋『集註』此章, 乃是程子諸說, 多是明精粗本末, 分雖殊而理則一, 似若無本末, 無小大. 獨明道說'君子教人有序'四五句分曉[148]. 乃是有本末小大, 在學者則須由下學乃能上達, 惟聖人合下始終皆備耳. 此是一段[149]大統會, 當時必大有所省, 所恨愚闇不足以發師說[150]耳. ○胡泳】

「仕而優則學章」

49:56 ▲[151] "某嘗見一親戚說得好, 謂子夏此語, 蓋爲仕而不問學者設爾. 優, 當作暇字解."【去僞】[152]

49:57 ▲[153] "此爲世族子弟而設. 有少年而仕者, 元不曾大, 故學, 故職事之暇可以學. ▲[154] '學而優則仕', 無可說者."【謙之】[155]

49:58 ▲[156] "有一鄉人作縣尉, 請教於太守沈公云: '某欲修學, 先讀何書?' 沈答云: '公且去做了縣尉, 歸家去款款讀書.' 此說亂道! 居官豈無閒暇時可讀書? 且如轎中亦可看冊子, 但不可以讀書而廢居官之事耳." ▲[157]

「孟莊子之孝章」

148) 四五句分曉: 賀本에서는 等句分曉로 되어 있다.
149) 段: 『朱子語類』에는 없다.
150) 說: 『朱子語類』에서는 誨로 되어 있다.
151) ▲: 問"仕而優則學." 曰:
152)【去僞】: 徽州本에서는【祖道謨同】으로 되어 있다.
153) ▲: 問"仕而優則學." 曰:
154) ▲:【時擧錄云: "到職事了辦後, 也著去學."】
155)【謙之】: 徽州本에는【希遜】으로 되어 있다.
156) ▲: 問"仕而優則學." 曰:
157) ▲:【雉】

49:59 ▲[158]獻子自賢，渠卻能用父之人，守父之政而不變，夫子所以稱之.【端蒙】

49:60 問: “孟莊子[159]▲[160]難能?” 曰: “爲是人多不能，所以爲難. 然若用人立政未是，又不可以不改.”【銖】

49:61 ▲[161] 人固有用父之臣者，然稍拂他私意，便自容不得. 亦有行父之政者，於私欲稍有不便處，自行不得. 古今似此者甚多. 如唐太宗爲高宗擇許多人，如長孫無忌・褚遂良之徒，高宗因立武昭儀事，便不能用. 又季文子相三君，無衣帛之妾，無食粟之馬，到季武子便不如此，便是不能行父之政. ▲[162]孟莊子豈不爲難能!” ▲[163]【時舉 ○倪同】

「衛 公孫朝問於子貢章」

49:62 ▲[164] “未墜地，非掃地，掃地則無餘矣. 此只是說未墜落於

---

158) ▲: “孟莊子之孝，其他可能”，言其他只尋常. “是難能也”，這箇則不可及. 蓋莊子父

159) 孟莊子: 徽州本에서는 이 뒤에 不改父官與父之政이 더 들어 있다.

160) ▲: 之孝，當然事，何以爲

161) ▲: 問: “孟莊子，何以謂之難能?” 曰: “這箇便是難能處.

162) ▲: 以此知

163) ▲: 和之因問: “唐 太宗當初若立魏王 泰時如何? 魏王 泰當時也自英武.” 曰: “他當初卻有心傾太子承乾，只此心便不好，然亦未知果是賢與不賢. 且看隋 煬帝劈初如何? 下梢又如何?” 問: “‘爲天下得人謂之仁’，又有嫡長之說，此事不知如何處.” 曰: “所謂‘可與立，未可與權’，此事最要權輕重，若是聖賢便處得. 須是見他嫡長眞是不賢，庶眞賢，方得. 大賢以上，方了得此事，如太王立王季之事，是也. 如他人見不到，不如且守嫡長之說. 如晉 獻公溺於驪姬，要去申生，漢 高祖溺於戚姬，要立趙王 如意，豈是眞見得他賢否!”【倪錄云: “倪曰: ‘若嫡長不賢，便只得付之命.’ 先生曰: ‘是.’”】 先生又云: “兩漢而下，多有英武之資，爲用事者所忌，如淸河王是也.”

164) ▲: 或問: “‘文・武之道未墜於地’，是掃地否?” 曰:

地, 而猶在人. 且[165]賢者則能記其道之大者, 不賢者則能記其道之小者, 皆有文・武之道, 夫子皆師之也."【大雅】

49:63 ▲[166] 大者如『周禮』所載, 皆禮之大綱領是也. 小者如『國語』所載, 則只是零碎條目是也.【燾】

「叔孫武叔語大夫章」

49:64 ▲[167] 聖人固自難知. 如子貢在當時, 想是大段明辨果斷, 通曉事務, 歆動得人. 孔子自言: "達不如賜, 勇不如由."【賀孫】

49:65 ▲[168]問: "▲[169] 夫子之道高遠, 故不得其門而入▲[170]." 曰: "不然. 顏子得入, 故能'仰之彌高, 鑽之彌堅', 至于'在前在後, 如有所立, 卓爾.' 曾子得入, 故能言'夫子之道忠恕.' 子貢得入, 故能言'性與天道不可得聞, 文章可得而聞.' 他人自不能入耳, 非高遠也. 七十子之徒, 幾人入得? 譬如與兩人說話, 一人理會得, 一人理會不得, 會得者便是入得, 會不得者便是入不得. 且孔子之教衆人, 與教顏子何異? 顏子自入得, 衆人自入不得, 多少分明!"【大雅】

「陳子禽謂子貢章」

49:66 "▲[171] 如'五畝之宅, 樹之以桑'之類. ▲[172]此有以立之, 便自

165) 且: 徽州本에서는 耳로 되어 있다.
166) ▲: "賢者識其大者, 不賢者識其小者."
167) ▲: "子貢賢於仲尼."
168) ▲: 或
169) ▲: '夫子之牆數仞, 不得其門而入',
170) ▲: 也
171) ▲: '立之斯立',
172) ▲: 蓋

立得住也. ▲[173] 如'又從而振德之.' 振德, 有鼓舞之意. 【寓錄云: "使之歡喜踴躍, 遷善[174]遠罪而不自知."】 如舜之從欲以治, '惟勤否[175]應徯志', 便是動而和處[176]." 問: "伊川云: '〈夫子之言性與天道, 不可得而聞〉, 是就聖人聰明上說, 〈立斯立, 綏斯來〉, 是就德性上說.' 如何?" 曰: "聰明是言聖人見處高, 常人所不能測識. 德性是言其精粹純一, 本領深厚. 其間自如此." 【道夫 ○寓錄▲[177]: "'言性與天道', 是所見直恁地高, 人自描摸他不著, ▲[178]見得是聰明. 言德性, 是▲[179]本原處說. 根基深厚, 德盛仁熟, 便能如此, 便是'所過者化.'"】

173) ▲: '動之斯和',
174) 善: 賀本에서는 義로 되어 있다.
175) 勤否: 孝宗刊에서는 動否로 되어 있고, 本英祖刊本・成化本・賀本에서는 動丕로 되어 있다.
176) 便是動而和處: 徽州本에서는 이 뒤에 此言德盛仁熟本領深厚才做得出便自恁地가 더 들어 있다.
177) ▲: 云
178) ▲: 差
179) ▲: 就

『朱子語類』卷第五十

「『論語』三十二」

「堯曰篇」

「堯曰咨爾舜章」

50:1 ▲1)問: "『論語』記門人問答之辭, 而「堯曰」一篇乃記堯・舜・湯・武許多事, 何也?" 曰: "▲2) 嘗見說, 「堯曰」一篇是夫子誦述前聖之言, 弟子類記於此. 先儒亦只是如此說. 然道理緊要卻不在這裏." 【義剛】

50:2 ▲3)問: "▲4)簡?" 曰: "如天檢點數過一般. 善與罪, 天皆知之. 爾之有善, 也在帝心, 我之有罪, 也在帝心." 【寓】5)

50:3 問: "▲6) 他衆叛親離, 那裏有至親?" 曰: "▲7) 唯其衆叛親離, 所以不濟事. 故『書』謂'紂有億兆夷人, 離心離德', 是也." 【寓】8)

---

1) ▲: 林恭甫
2) ▲: 不消恁地理會文字.
3) ▲: 楊
4) ▲: '簡在帝心', 何謂
5) 【寓】: 徽州本에는 【淳・寓錄同】으로 되어 있다.
6) ▲: '雖有周親', 『注』: '紂之至親雖多.'
7) ▲: 紂之至親豈不多,
8) 【寓】: 徽州本에는 【淳・寓錄同】으로 되어 있다.

「子張問章」

50:4 ▲[9] "仁是我所固有, 而我得之, 何貪之有? 若是外物, 欲▲[10]則爲貪. 此正與'當仁不讓於師'同意." 曰: "於問政及之, 何也?" 曰: "治己治人, 其埋一也."【廣】

50:5 問: "▲[11] 出納之吝', ▲[12]在四惡之數?" 曰: "此一惡此[13]上三惡似輕, 然亦極害事. 蓋此人乃是箇多猜嫌疑慮之人, 賞不賞, 罰不罰, 疑吝不決, 正如唐 德宗是也."【大雅】

50:6 ▲[14] 問: "'出納之吝'▲[15] 所以謂之惡." 曰: "此吝字說得來又廣, 只是戒人遲疑不決底意思. 當賞便用賞, 當做便用做. 若遲疑怠忽之間, 澀縮靳惜, 便誤事機. 如李絳勸唐 憲宗速賞魏博將士, 曰: '若待其來請而後賞之, 則恩不歸上矣!' 正是此意. 如唐家藩鎭之患, 新帥當立, 朝廷不卽命之, 卻待軍中自請而後命之, 故人不懷恩, 反致敗事. 若是有司出納之間, 吝惜而不敢自專, 卻是本職當然. 只是人君爲政大體, 則凡事皆不可如此. 當爲處, 便果決爲之."【僩】

50:7 "興滅國, 繼絶世, 擧逸民", 此聖人之大賞, "兼弱攻昧, 取亂侮亡", 此聖人之大罰.

「不知命章」

---

9) ▲: 問: "'欲仁得仁, 又焉貪'? 如何?" 曰:
10) ▲: 之
11) ▲: '猶之與人也,
12) ▲: 何以
13) 此: 『朱子語類』에서는 比로 되어 있다.
14) ▲: "'猶之', 猶均之也. 均之, 猶言一等是如此. 史家多有此般字."
15) ▲: 是不好,

50:8『論語』首云: “學而時習之, 不亦說乎! 有朋自遠方來, 不亦樂乎! 人不知而不慍, 不亦君子乎!” 終云: “不知命, 無以爲君子也.” 此深有意. 蓋學者所以學爲君子者, 不知命則做君子不成. 死生自有定命, 若合死於水火, 須在水火裏死, 合死於刀兵, 須在刀兵裏死, 看如何逃不得. 此說雖甚麄, 然所謂知命者, 不過如此. 若這裏信不及, 才見利便趨, 見害便避, 如何得成君子!【閎祖】

『朱子語類』 卷第五十一

「『孟子』一」

「題辭」

51:1 陳丈言: "『孟子』, 趙岐所記者, ▲[1]好." 曰: "做得絮氣悶人. 東漢文章皆如此."【卓】

51:2 "解書難得分曉. 趙岐『孟子』, 拙而不明, 王弼『周易』, 巧而不明."

「梁惠王上」

「孟子見梁 惠王章」

51:3 ▲[2]"凡事不可先有箇利心, 才說着利, 必害於義. 聖人做處, 只向義邊做. 然義未嘗不利, 但不可先說道利, 不可先有求利之心. 蓋緣本來道理只有一箇仁義, 更無別物事. 義是事事合宜."【賀孫】

51:4 說義利處, 曰: "聖賢之言, ▲[3]只要向義邊一直去, 更不通思量第二着. 才說義, 乃所以爲利. 固是義有大利存焉, 若行義時便說道有

---

1) ▲: 卻做得
2) ▲: 希眞說孟子對梁 惠王以仁義章. 曰:
3) ▲: 所以要辨別教分明. 但

利, 則此心只邪▲[4]那邊去. 固是"未有仁而遺其親, 未有義而後其君." 纔於爲仁時, 便說要不遺其親, 爲義時, 便說要不後其君, 則是先有心於爲利. 聖賢要人止向一路做去, 不要做這一邊, 又思量那一邊. 仲舒所以分明說"不謀其利, 不計其功."【賀孫】

51:5 孟子大綱都剖析得分明. 如說義利等處, 如答宋牼處, 見得事只有箇是非, 不通去說利害. 看來惟是孟子說得斬釘截鐵.【賀孫】

51:6 ▲[5]問: "'仁者, 心之德, 愛之理. 義者, 心之制, 事之宜.' 德與理俱以體言, 制與宜俱以用言否?" 曰: "'心之德'是渾淪說, '愛之理'方說到親切處. '心之制'卻是說義之體, 程子所謂'處物爲義'是也. 揚雄言'義以宜之', 韓愈言'行而宜之之謂義.' 若只以義爲義[6], 則義有在外意. 須如程子言'處物爲宜[7]', 則是處物者在心, 而非外也." ▲[8]【賀孫 ○錄註別出. ○集註】[9]

51:7 或問: "'心之德, 愛之理', 以體言, '心之制, 事之宜', 以用言?" 曰: "也不是如此. 義亦只得如此說. '事之宜'雖若在外, 然所以制其義, 則在心也. 程子曰: '處物爲義.' 非此一句, 則後人恐未免有義外之見. 如'義者事之宜', '事得其宜之謂義', 皆說得未分曉. 蓋物之宜雖在外, 而所以處之使得其宜者, 則在內也." 曰: "仁言'心之德', 便見得可包四者. 義言'心之制', 卻只是說義而已." 曰: "然. 程子說'仁者, 天下之公,

---

4) ▲: 向
5) ▲: 正淳
6) 義: 『朱子語類』에서는 宜로 되어 있다.
7) 宜: 『朱子語類』에서는 義로 되어 있다.
8) ▲: 又云: "大概說道理只渾淪說, 又使人無捉摸處, 若要說得親切, 又卻局促有病. 如伊川說'仁者, 天下之公, 善之本也', 說得渾淪開闊無病. 『知言』說理是要親切, 所以多病."
9)【賀孫 ○錄註別出. ○集註】: 成化本에는【廣錄詳別出. ○集註】로 되어 있으며, 賀本에는【錄註別出. ○集註】는 없다.

善之本也'固是好. 然說得太渾淪, 只恐人理會不得. 大抵說得寬廣, 自然不受指點. 若說得親切, 又覺得意思局促, 不免有病. 『如[10]言』▲[11]是▲[12]不免有病者▲[13] 又曰: "也須說教親切." ▲[14]【廣】

51:8 ▲[15]問: "'心之德', 是就專言之統體上說, '義[16]之理', 是就偏言之一體上說, 雖言其體, 而用未嘗不包在其中. '心之制', 是說義之主於中, '事之宜', 是說義之形於外, 合內外而言之也." 曰: "'心之制', 亦是就義之全體處說. '事之宜', 是就千條萬緒各有所宜處說. '事之宜', 亦非是就在外之事說. 看甚麽事來, 這裏面便有箇宜處, 這便是義." 又擧伊川曰: "在物爲理, 處物爲義." 又曰: "義似一柄利刀, 看甚物來, 皆割得去. 非是刀之割物處是義, 只這刀便是義."【時擧錄略, 別出.】

51:9 ▲[17] "'事之宜', 也只[18]說在外底▲[19]. 但我才見箇事來, 便知這箇事合恁地處, 此便是'事之宜'也. 義如刀相似, 其鋒可以割制他物, 才到面前, 便割將去. 然鋒與刀, 則初未嘗相離也."【時擧】

51:10 ▲[20]事之宜, 方是指那事物當然之理, 未說到處置合宜處▲[21].【僩】

---

10) 如: 『朱子語類』에서는 知로 되어 있다.
11) ▲: 則
12) ▲: 要說得親切, 而
13) ▲: 也."
14) ▲: 因言: "漢·唐諸人說義理, 只與說夢相似, 至程先生兄弟方始說得分明. 唐人只有退之說得近旁, 然也只似說夢. 但不知所謂劉迅者如何." 曰: "迅是知幾之子. 據本傳說, 迅嘗注釋六經, 以爲擧世無可語者, 故盡焚之." 曰: "想只是他理會不得. 若是理會得, 自是著說與人."
15) ▲: 至
16) 義: 『朱子語類』에서는 愛로 되어 있다.
17) ▲: 至之問"義者, 心之制, 事之宜." 曰:
18) 只: 成化本·賀本에서는 是로 되어 있다.
19) ▲: 事之宜
20) ▲: "義者, 心之制, 事之宜." 所謂

51:11 問: "心之制▲22) ▲23) "莫是以制其心?" 曰: "心自有這制.【心自是有制】 制如快利刀斧, 事來劈將去, 可底從這一邊去, 不可底從那一邊去."【節】

51:12 梁 惠王問利國, 便是爲己, 只管自家國, 不管他人國. 義利之分, 其爭毫釐. 范氏只爲說不到聖賢地位上, 蓋"義者, 利之和也."【謨○『集義』】

○24) 因言: "孟子於義利間辯得毫釐不差, 見一事來, 便劈做兩片, 便分箇是與不是, 這便是集義處. 義是一柄刀相似, 才見事到面前, 便與他割制了."【時擧】

「王立於沼上章」

51:13 德修說"▲25)沼上▲26)雪宮"事, 云: "▲27)惠王其辭遜, ▲28)宣王其辭誇." 先生曰: "此說好." 又說: "寡人願安承教"一章, 有"和氣致祥, 乖氣致異"之說. 曰: "恐孟子之意未到此."【文蔚】

「寡人之於國章」

51:14 移民移粟, 荒政之所不廢也.【燾】

---

21) ▲: 也
22) ▲: 是裁制?"
23) ▲: 曰: "是裁制." 問:
24) ○:『朱子語類』56:27의 일부이다.
25) ▲: 王立於
26) ▲: 一章, 引齊宣王見孟子於
27) ▲: 梁
28) ▲: 齊

「晉國天下莫強焉章」

51:15 問: “▲[29]魏地迫近於秦, 無時不受兵, 割地求城無虛日. 孟子之言似大容易▲[30] 曰: “自是響應如此. 當時之人焦熬已甚, 率歡欣鼓舞之民而征之, 自是見效速. 後來公子無忌縞素一擧, 直擣至函谷關, 可見.”【德明】

51:16 孟子亦是作爲底人. 如云: “彼陷溺其民, 王往而征之, 夫誰與王敵!” 非不用兵也, 特其用兵, 不若當時戰國之無義理耳. 如“五畝之宅樹之以桑”而下, 爲政之實行之旣至, 則視當時無道之國, 豈可但已哉!【人傑】

「孟子見梁 襄王章」

51:17 問: “‘望之不似人君’, 此語孔子還道否?” 曰: “孔子▲[31]說. 孟子忍不住, 便說. 安卿煞不易, 他會看文字, 疑得都是合疑處. ▲[32]【伯羽】

「齊 宣王問齊桓·晉文之事章」

51:18 ▲[33] 如桓公霸諸侯, 一匡天下, 則誰不知! 至於經營霸業之事, 儒者未嘗言也.【謨】

---

29) ▲: 孟子告梁王, 省刑罰, 薄稅斂, 便可以撻秦·楚之甲兵. 夫
30) ▲: 否?”
31) ▲: 不
32) ▲: 若近思, 固不能疑. 蜚卿又疑得曲折, 多無事生出事.” 又曰: “公疑得太過, 都落從小路去了.”
33) ▲: “無道桓·文之事.” 事者, 營霸之事, 儒者未嘗講求.

51:19 ▲[34]所謂'無傷', 蓋能獲得齊王仁心發見處. '術', 猶方便也."【履孫】

51:20 ▲[35]將牛去殺, 是其仁心無可爲處了, 卻令以羊易之, 又卻存得那仁心, 此是爲其仁之術也.【振】

51:21 ▲[36]"術未必便是全不好. 且如▲[37]見牛之觳觫, 是仁心到這裏, 處置不得, 無術以處之, 是自家這仁心抑遏不得流行. 故以羊易之, 這是用術處. 有此術, 方得自家仁心流行."【植 ○時擧錄詳.】

51:22 ▲[38]"'術'字, 本非不好底字[39]. 只緣後來把做變詐看了, 便道是不好. ▲[40]天下事有難處▲[41], 須看[42]有箇巧底道理始得. 當▲[43]見牛之時, 惻隱之心已發乎中. 又見釁鍾事大似住不得, 只得以所不見者而易之, 乃是▲[44]旣周[45]旋得▲[46]事, 又不抑遏▲[47]這不忍之心, ▲[48]心乃得流行. 若當時無箇措置, 便抑遏了這不忍之心, 遂不得而流行矣. 此乃所謂術也."【時擧】

---

34) ▲: 或問: "'仁術'字當何訓?" 曰: "此是齊王見牛觳觫, 而不忍之心萌, 故以羊易之. 孟子
35) ▲: "仁術", 謂已
36) ▲: 陳晞周問"仁術." 曰:
37) ▲: 仁術,
38) ▲: 陳晞周問"仁術." 曰:
39) 字: 『朱子語類』에서는 事로 되어 있다.
40) ▲: 卻不知
41) ▲: 處
42) 看: 賀本에서는 著로 되어 있다.
43) ▲: 齊王
44) ▲: 他
45) 周: 賀本에서는 用으로 되어 있다.
46) ▲: 那
47) ▲: 了
48) ▲: 此

51:23 “▲49)未見羊也.” “未”字有意味. 蓋言其體, 則無限量, 言其用, 則無終窮. 充擴得去, 有甚盡時? 要都盡, 是有限量.” 【方】

51:24 ▲50) “本然之權度, 亦只是此心. 此心本然, 萬理皆具. 應物之時, 須是子細看合如何, 便是本然之權度也. 如齊 宣王見牛而不忍之心見, 此是合權度處. 及至‘興甲兵, 危士臣, 搆怨於諸侯’, 又卻忍爲之, 便是不合權度, 失其本心.” 又問: “莫只是無所爲而發者便是本心?” 曰: “固是. 然人又多是忘了.” 問: “如何忘了?” 曰: “當惻隱時, 卻不惻隱, 是也.” 問: “此莫是養之未至否?” 曰: “亦是察之未精.” 【廣】

51:25 ▲51) “物之輕重長短之差易見, 心之輕重長短之差難見, 物之差無害, 心之差有害, 故曰‘心爲甚.’” 又曰: “物易見, 心無形. 度物之輕重長短易, 度心之輕重長短難. 度物差了, 只是一事差, 心差了時, 萬事差, 所以‘心爲甚.’” 又曰: “以本然之權度度心.” ▲52) “愛物宜輕, 仁民宜重, 此是權度. 以此去度.” 【節】

51:26 問: “孟子論齊王事, 考之『史記』, ▲53)無一不效.” 曰: “雖是如此, 已是見得遲了. 須看他一部書, 見得句句的確有必然之效, 方是.” 【德明】

○54) 或曰: “孟子說得恁地, 想見做出來, 應是新人耳目.” 曰: “想亦只是從‘五畝之宅樹之以桑’起. 看他三四次, 只恁地說.” 又曰: “如那‘如其禮樂, 以俟君子’意思, 孟子都無, 這便是氣麁處.” 又曰: “未見得

---

49) ▲: 見牛
50) ▲: 問: “先生解‘物皆然, 心爲甚’, 曰: ‘人心應物, 其輕重長短之難齊, 而不可不度以本然之權度, 又有甚於物者.’ 不知如何是本然之權度?” 曰:
51) ▲: 黃先之問“物皆然, 心爲甚.” 曰:
52) ▲: 又曰:
53) ▲: 後來
54) ○: 『朱子語類』 73:29의 일부이다.

做得與做不得, 只說著, 敎人歡喜!"【胡泳】

51:27 ▲[55]孟子於義利之辨, 王霸之辨, 其剖判爲甚嚴. 至於顧鴻鴈麋鹿之樂, 與好世俗之樂, 此亦是人情之常, 故孟子順而導之以與民同樂之意. 至於誤認移民移粟以爲盡心, 而不能制民之産以行仁政, 徒有愛牛之心, 而不能推廣以行仁政, 以開導誘掖以先王之政, 可謂詳明. 至皆未見所疑處. 只伊川說: '孟子說齊・梁之君行王政. 王者, 天下之義主也. 聖賢亦何心哉? 視天命之改與未改爾.' 於此數句, 未甚見得明." 先生卻問▲[56]: "天命之改與未改, 如何見得?" 曰: "莫是周末時禮樂征伐皆不出於天子, 生民塗炭, 而天王不能正其權以救之否?" 曰: "如何三晉猶尙請命於周?" 曰: "三晉請命旣不是, 而周王與之亦不是. 如溫公所云云, 便是天王已不能正其權." 曰: "如何周王與之不是, 便以爲天命之改?" 曰: "至見得未甚明. 舊曾記得程先生說, 譬如一株花, 可以栽培, 則須栽培. 莫是那時已是栽培不得否?" 曰: "大勢已去了. 三晉請命於周, 亦不是知尊周, 謾假其虛聲耳, 大抵人心已不復有愛戴之實. 自入春秋以來, 二百四十年間, 那時猶自可整頓. 不知周之子孫, 何故都無一人能明目張膽出來整頓? 到孟子時, 人心都已去." 曰: "程子說'天命之改', 莫是大勢已去?" 曰: "然."【至 ○▲[57]】

「梁惠王下」

「莊暴見孟子章」

51:28 孟子開道時君, 故曰: "今之樂猶古之樂." 至於言百姓聞樂音欣欣然有喜色處, 則關閉得甚密. 如"好色・好貨", 亦此類也.【謨】

55) ▲: 至云: "看『孟子』, 已看到七八章. 見
56) ▲: 至云
57) ▲: 『集義』

「齊 宣王問文王囿章」

51:29 ▲[58] 問: "孟子謂'文王之囿, 方七十里', 先生以爲三分天下有其二以後事, 若只百里, 如何有七十里之囿! 然孟子所謂'傳有之'者, 如何?" 曰: "想他須有據. 但孟子此說, 其意亦只主在風齊宣王爾. 若文王之囿果然縱一切人往, 則雖七十里之大, 不過幾時, 亦爲赤地矣, 又焉得有林木鳥[59]獸之長茂乎? 周之盛時, 雖天下山林, 猶有厲禁, 豈有君之苑囿, 反縱芻獵恣往而不禁乎! 亦無是理. 漢 武帝規上林苑只有二三十里, 當時諸臣已皆以爲言, 豈有文王之囿反如是之大!"【廣】[60]

「問交鄰國有道章」

51:30 "湯事葛, 文王事昆夷." 昆夷不可考. 大抵▲[61]其本心▲[62]猶望其有悔惡[63]之心. 必待伐之, 豈得已哉? 亦所當然耳.【謨】

51:31 問: "▲[64]仁者之心寬洪惻怛, ▲[65]不恭, 亦撓他不動. ▲[66]智者見得利害甚明, 故秪[67]得事大." 曰: "也不特是見得利害▲[68] 小之事大, 弱之事强, 皆是道理合恁地." ▲[69]問: "▲[70]保天下, ▲[71]保其

---

58) ▲: "孟子言文王由百里興, 亦未必然."
59) 鳥: 賀本에서는 烏로 되어 있다.
60)【廣】: 賀本에서는 보이지 않는다.
61) ▲: 湯之事葛, 文王事昆夷,
62) ▲: 所以事之之時,
63) 惡: 賀本에서는 悟로 되어 있다.
64) ▲: '仁者爲能以大事小', 是
65) ▲: 便是小國
66) ▲: '智者爲能以小事大', 蓋
67) 秪: 『朱子語類』에서는 祇로 되어 있다.
68) ▲: 明, 道理自合恁地.
69) ▲: 至
70) ▲: 樂天者

國." 曰: "只是說其規模氣象如此."【時學錄作: "有大小耳." ○至】

51:32 ▲72) 孟子只是說▲73)聖賢氣象如此. 使智者當以大事小時, 也必以大事小, 使仁者當以小事大處, 也必以小事大. ▲74) 此自是兩層事. 孟子之說是前面一層, 又須▲75)看得後面一層. 所以貴乎'不以文害辭'者, 正是此類. ▲76)須見得言外意▲77)【去僞】

「問人皆謂我毁明堂章」

51:33 ▲78)兩事看來卻似易, ▲79)做時, 多少難! ▲80)

51:34 ▲81) "孔子不如此答, 但不知作如何答." 問: "▲82)梁王問利, 直掃除之, 此處又卻▲83)引導之." 曰: "此處亦自分義利, 特人不察耳."【可學】

---

71) ▲: 畏天者
72) ▲: 問"樂天畏天者." 曰: "樂天是聖人氣象, 畏天是賢人氣象,
73) ▲: 大概
74) ▲: 不可將太王・文王交互立說, 便失了聖賢氣象.
75) ▲: 是
76) ▲: 人
77) ▲: 好."
78) ▲: 問: "孟子以公劉・太王之事告其君, 恐亦是委曲誘掖之意." 曰: "這兩事卻不是告以好色・好貨, 乃是告以公劉・太王之事如此.
79) ▲: 待去
80) ▲: 大凡文字須將心體認看. 這箇子細看來, 甚是難. 如孟子又說: '子服堯之服, 誦堯之言, 行堯之行, 是堯而已矣.' 看來也是易, 這如何便得相似! 又如說: '徐行後長者謂之弟, 疾行先長者謂之不弟. 堯・舜之道, 孝弟而已矣.' 看來也似易."【賀孫】
81) ▲: 問: "孟子語好貨・好色事, 使孔子肯如此答否?" 曰:
82) ▲: 孟子答
83) ▲: 如此

「問湯放桀章」

51:35 "賊仁"者, 無愛心而殘忍之謂也. "賊義"者, 無羞惡之心之謂也. 【節】

51:36 ▲[84)]賊之罪重, 殘之罪輕. 仁義皆是心. 仁是天理根本處, 賊仁, 則大倫大法虧滅了, 便是殺人底人一般. ▲[85)] 一事上不合宜, 便是傷義. 似手足上損傷一般, 所傷者小, 尙可以補."【淳 ○▲[86)]】

51:37 ▲[87)] 力行曰: "譬之伐木, 賊仁乃是伐其本根, 賊義只是殘害其一枝一葉. 人而賊仁, 則害了本心." 曰: "賊仁便是將三綱五常, 天敘之典, 天秩之理, 一齊壞了. ▲[88)]賊義, 只是於此一事不是, 更有他事在."【力行】

51:38 問: "賊仁是'絶滅天理', 賊義是'傷敗彝倫.' 如臣弑君, 子弑父, 及齊 襄公鳥獸之行等事, 皆人倫大惡, 不審是絶滅天理? 是傷敗彝倫?" 曰: "傷敗彝倫只是小小傷敗常理. 若此等, 乃是切[89)]害天理了. 【義剛錄▲[90)] "傷敗彝倫, ▲[91)] 如'不以禮食'・'不親迎'之類. 若'紾兄之臂', '踰東家墻[92)]'▲[93)], 便是絶滅天理."】 『丹書』'怠勝敬者滅', 卽'賊仁者謂之賊'

84) ▲: 先生擧"賊仁者謂之賊, 賊義者謂之殘", 問何以別. 近思云: "賊仁, 是害心之理, 賊義, 是見於所行處傷其理." 曰: "以義爲見於所行, 便是告子義外矣. 義在內, 不在外. 義所以度事, 亦是心度之. 然此果何以別? 蓋
85) ▲: 義是就一節一事上言,
86) ▲: 寓錄同.
87) ▲: 問: "孟子言'賊仁・賊義', 如何?"
88) ▲: 義隨事制宜.
89) 切: 賀本에서는 絶로 되어 있다.
90) ▲: 云:
91) ▲: 只是小小傷敗常理,
92) 墻: 賀本에서는 牆으로 되어 있다.
93) ▲: 底

▲94), '欲勝義者凶', 卽'賊義者謂之殘'▲95). 賊義是就一事上說, 賊仁是就心上說. 其實賊義, 便卽是賊▲96)仁底, 但分而言之則如此." 【淳】 ▲97)

「爲巨室章」

51:39 問: "▲98)『▲99)注』▲100) '不敢自治, 而付之能者, ▲101) 治國家則不能用賢而徇私欲, 是愛國家不如玉也.' 此莫是餘意否?" 曰: "正意是如何?" 曰: "正意只是說玉人自會琢玉, 何消敎他? 賢者自有所學, 何用敎他舍其所學? 後譬只是申解前譬." 曰: "兩譬又似不相似, 不知如何做得恁地嵯峨."

「齊人伐燕勝之章」

51:40 齊人伐燕, 孟子以爲齊宣, 『史記』以爲湣王. 溫公平生不喜『孟子』, 及作『通鑑』, 卻不取『史記』而獨取『孟子』, 皆不可曉. 『荀子』亦云"'湣王伐燕', 然則非宣王明矣." 問: "『孟子』必不誤?" 曰: "想得湣王後來做得不好, 門人爲孟子諱, 故改爲宣王爾." 問: "湣王若此之暴, 豈能慚於孟子?" 曰: "旣做得不是, 說得他底是, 他亦豈不愧也! 溫公『通鑑』中自移了十年. 據『史記』, 湣王十年伐燕. 今溫公信『孟子』, 改爲宣王, 遂硬移進前十年. 溫公硬拗如此." 又云: "『史記』, 魏惠王三十六年, 惠王死, 襄王立. 襄王死, 哀王立. 今『汲冢竹書』不如此, 以

94) ▲: 意
95) ▲: 意
96) ▲: 邪
97) ▲: 【義剛錄同.】
98) ▲: '敎玉人彫琢玉',
99) ▲: 集
100) ▲: 云:
101) ▲: 愛之甚也.

爲魏 惠王先未稱王時, 爲侯三十六年, 乃稱王. 遂爲後元年, 又十六年而惠王卒. 卽無哀王. 惠王三十六年了, 便是襄王. 『史記』誤以後元年爲哀王立, 故又多了一哀王. 汲冢是魏 安釐王冢, 『竹書』記其本國事, 必不會錯. 溫公取『竹書』, 不信『史記』此一段, 卻是."【僩 ○此條有誤. 當從「春秋解後序」.】

51:41 ▲[102]問: "▲[103]文王豈有革商之念?" 曰: "此等難說. 孔子謂'可與立, 未可與權.' 到那時事勢, 自是要住不得. 後人把▲[104] 卻做一箇道行看着, 不做聲, 不做氣. 如此形容文王, 都沒情理. 以『詩』·『書』考之, 全不是如此. 如『詩』自從大[105]王·王季說來, 如云: '至于大[106]王, 實始翦商.' 如「下武」之詩, 「文王有聲」之詩, 都說文王做事. 且如伐崇一事, 是做甚麼? 又不是一項小小侵掠, 乃是大征伐. '詢爾仇方, 同爾兄弟, 以爾鉤援, 與爾臨衝, 以伐崇墉.' 此見大段動衆. 岐山之下與崇相去自是多少, 因甚如此? 這般處要做文王無意取天下, 【他錄作"出做事."】 都不得. 又如說'侵自阮疆, 陟我高岡. 無矢我陵, 我陵我阿, 無飮我泉, 我泉我池,' 這裏見都自據有其▲[107]地, 自是大段施張了." 或云[108]: "紂命文王得專征伐. 紂不得已命之, 文王不得已受之. 橫渠云: '不以聲色爲政, 不以革命有中國. 默順帝則, 而天下歸焉, 其惟文王乎!' 若如此說, 恰似內無純臣之義, 外亦不屬於商, 這也未必如此. 只是事勢自是不可已. 只當商之季, 七顚八倒, 上下崩頹, 忽於岐山下突出許多人, 也是誰當得? 文王之事, 惟孟子識之. 故七篇之中, 所以告列國之君, 莫非勉之以王道."【賀孫】

---

102) ▲: 居之
103) ▲: '取之而燕民悅, 則取之', 至'文王是也.' 竊疑
104) ▲: 文王說得忒恁地,
105) 大: 賀本에서는 太로 되어 있다.
106) 大: 賀本에서는 太로 되어 있다.
107) ▲: 土
108) 云: 賀本에서는 曰로 되어 있다.

「滕 文公問滕小國也章」

51:42 問: "孟子答滕 文公三段, 皆是無可奈何, 只得勉之爲善之辭. 想見滕國至弱, 都主張不起, 故如此." 曰: "只是如此. 只是'吾得正而斃焉'之意. 蓋滕是必亡, 無可疑矣. 況王政不是一日行得底事. 他又界在齊·楚之間, 二國視之, 猶太山之壓雞卵耳. 若教他粗成次第, 此二國亦必不見容也. 當時湯與文王之興, 皆在空閑之地, 無人來覷他, 故日漸盛大. 若滕, 則實是難保也." 立之云: "若敎他能擧國以聽孟子, 如何?" 曰: "他若能用得孟子至二三十年, 使'鄰國之民仰之若父母', 則大國亦想不能動他. 但世間事直是難得恰好耳. 齊·梁之國甚彊, 可以有爲, 而孟子與其君言, 恬然不恤. 滕 文公卻有善意, 又以國小主張不起, 以此知機會眞不易得也!" 【時擧】

「魯 平公將出章」

51:43 魯 平公極是箇衰弱底人, 不知孟子要去見他是如何. ▲[109)]

109) ▲: 孟子平生大機會, 只可惜齊宣一節. 這箇不相遇, 其他也應是無可成之理. 如見滕 文公說許多井田, 也是一場疏脫. 云"有王者起, 必來取法", 孟子也只是說得在這裏, 滕也只是做不得. 【賀孫】

『朱子語類』 卷之五十二

「『孟子』二」

「公孫丑上▲[1]」

「問夫子當路於齊章」

52:1 "'以齊王 ▲[2]', 不知置周王於何地?" 曰: "此難言, 可以意會, 如湯・武之事是也. 春秋 定・哀間, 周室猶得. 至孟子時, 天命人心已離矣." 【去僞】

「問夫子加齊之卿相章」

52:2 ▲[3]'雖由此霸王不異矣', 言從此爲霸, 爲王, 不是差異. 蓋布衣之權重於當時, 如財用甲兵[4]之類, 盡付與他." 【樂毅統六國之師, 長驅入齊. ○蓋卿】

52:3 ▲[5]

52:4 ▲[6]

---

1) ▲: 之上
2) ▲: 猶反手
3) ▲: 或問: "'雖由此霸王不異矣', 如何分句?" 曰: "只是
4) 甲兵: 『朱子語類』에서는 兵甲으로 되어 있다.
5) ▲: 公孫丑問孟子"動心否乎", 非謂以卿相當富貴動其心, 謂伯王事大, 恐孟子擔當不過, 有所疑懼而動其心也. 【閎祖】

52:5 德修問: "▲7)不動心, 是以富貴而動其心?" 先生曰: "▲8)丑雖不知孟子, 必不謂以富貴動其心. ▲9) 恐孟子了這事不得, ▲10)

52:6 先生問▲11) 公道那處是一章緊要處?" 趙舉"持其志無暴其氣"▲12). 曰: "不如此." 趙舉"集義所生"▲13). 曰: "然." ▲14)"欲養浩然之氣, 則在於直, 要得直, 則在於集義. 集義者, 事事要得合義也. 事事合義, 則仰不愧, 俯不怍." ▲15)

52:7 ▲16)擧北宮黝・孟施舍之勇也是不動. 然彼之所以不動者, 皆强制於外, 不是存養之功. 故又擧曾子之言云, 自反縮與不縮. 所以不

---

6) ▲: 孟子之不動心, 非如揚雄之說. "霸王不異矣", 蓋言由此可以行伯王之事. 公孫丑見其重大, 恐孟子或懼而動心. 【德明】

7) ▲: 公孫丑說

8) ▲: 公孫

9) ▲: 但謂霸王事大,

10) ▲: 便謂孟子動心, 不知霸王當甚閑事!" 因論"知言・養氣." 德修謂: "養氣爲急, 知言爲緩." 曰: "孟子須先說'我知言', 然後說'我善養吾浩然之氣.' 公孫丑先問浩然之氣, 次問知言者, 因上面說氣來, 故接續如此問. 不知言, 如何養得氣?" 德修云: "先須養. 有尺, 便量見天下長短." 曰: "須要識這尺." 【文蔚】

11) ▲: 趙丞: "看'不動心'章, 如何?" 曰: "已略見得分明." 曰: "公孫丑初問不動心, 只道加以卿相重任, 怕孟子心下怯慑了, 故有動心之問. 其意謂必有勇力擔當得起, 方敢不動其心, 故孟子下歷言所以不動心之故.

12) ▲: 爲對

13) ▲: 以爲對

14) ▲: 因言:

15) ▲: 趙又問: "'夫有所受之也', 是如何?" 曰: "公如此看文字不得. 且須逐項理會, 理會這一項時, 全不知有那一項, 始得. 讀『大學』時, 心只在『大學』上, 讀『論語』時, 心只在『論語』上, 更不可又去思量別項. 這裏一字理會未得, 且理會這一字, 一句理會未得, 且理會這一句. 如'不動心'一段, 更著仔細去看, 看著方知更有未曉處. 須待十分曉得, 無一句一字窒礙, 方可看別處去." 因云: "橫渠『語錄』有一段說: '讀書, 須是成誦. 不成誦, 則思不起.' 直須成誦, 少間思量起, 便要曉得, 這方是浹洽." 【賀孫】

16) ▲: 先生問周看"公孫丑不動心"章. 答云云. 先生曰: "公孫丑初間謂任此重事, 還動心不動心? 孟子答以不動心極容易底事, 我從四十已不動了. 告子又先我不動心. 公孫丑又問不動心有道理, 無道理, 孟子又告以有. 於是又

動只在方寸之間. 若仰不愧, 俯不怍, 看如何大利害, 皆不足以易之. 若有一毫不直, 則此心便索然. ▲17)

52:8 ▲18)問"不動心"▲19). 曰: "此一段爲被他轉換問, 所以答得亦周匝. 然止說20)前段看語脈氣象, 雖無後截, 亦自可見. 前一截已自見得後面許多意足."【賀孫】

52:9 問 告子▲21)不動心, ▲22) 曰: "▲23) 是麤法. 或强制不動, ▲24)不可知, 或臨大事而▲25)能不動, 亦未可知, 非若孟子酬酢萬變而不動也." 又問: "正如北宮黝之勇▲26)否?" 曰: "然."【謨 ○去僞同.】

52:10 ▲27)

52:11 ▲28)黝・▲29)舍只是粗勇, 不動心.【德明】

52:12 ▲30)舍・▲31)黝是不畏死而不動心, 告子是不認義理而不動

---

17) ▲: 公孫丑又問孟子所以不動者如何, 孟子遂答以'我知言, 我善養吾浩然之氣.' 若依序問, 當先問知言. 公孫丑只承孟子之言, 便且問浩然之氣."【賀孫】
18) ▲: 器之
19) ▲: 一條
20) 說: 『朱子語類』에서는 就로 되어 있다.
21) ▲: 之
22) ▲: 是否?
23) ▲: 告子之不動心,
24) ▲:【金錄作"脩身不能不動."】
25) ▲:【金錄作"不."】
26) ▲:【作"養勇."】
27) ▲: 告子不動心, 是硬把定.【閎祖】
28) ▲: 北宮
29) ▲: 孟施
30) ▲: 孟施
31) ▲: 北宮

心. ▲32)【德明】

52:13 ▲33)

52:14 問: "▲34)'子夏篤信聖人', ▲35)" 曰: "這箇雖無事實, ▲36) 但看他言語. 如'日知其所亡, 月無忘其所能', '博學而篤志, 切問而近思', ▲37) 又圯38)▲39)黝來比40), 便見他篤信聖人處." ▲41)

52:15 ▲42) "如▲43)黝・▲44)舍・▲45)賁, 只是就勇上言, 如子襄・曾子・告子, 就義理上言."【去僞】

52:16 問: "▲46)舍守約處?" 曰: "▲47)黝便勝人, ▲48)舍卻只是能無懼而已矣. ▲49)【去僞】

---

32) ▲: 告子惟恐動著他心.
33) ▲: 問: "『集注』云'施, 是發語聲', 何也?" 曰: "此是古注說. 後面只稱'舍'字, 可見." 問: "有何例可按?" 曰: "如孟之反・舟之僑・尹公之他之類."【德明】
34) ▲:『集注』云:
35) ▲: 何以言之?
36) ▲:【儒用錄云: "此因孟子說處文義推究, 亦無事實可指."】
37) ▲: 看他此處.【閎祖錄云: "便見得他有箇緊把定底意思."】
38) 圯:【附箋紙】"圯", "把"之誤.
39) ▲:『孟子』北宮
40) 比:【附箋紙】"北", 疑是"比"之誤.
41) ▲:【蘷孫 ○儒用錄云: "詳味之, 有篤信聖人氣象." ○閎祖略.】
42) ▲: 問: "孟施舍量敵慮勝, 似有懼也, 孟子乃曰'能無懼', 如何?" 曰: "此孟施舍譏他人之言. 舍自云: '我則能無懼而已.'" 問: "那是孟施舍守約處?" 曰: "孟施舍本與北宮黝皆只是勇夫, 比曾子不同.
43) ▲: 北宮
44) ▲: 孟施
45) ▲: 孟
46) ▲: 如何是孟施
47) ▲: 北宮
48) ▲: 孟施
49) ▲: 如曰'視不勝, 猶勝也', 此是孟施舍自言其勇如此. 若他人, 則'量敵而進, 慮勝

52:17 ▲[50]

52:18 曾子守約, 不是守那約, 言所守者約耳.【僴】

52:19 ▲[51] 言北宮黝之守氣, 不似孟施舍守氣之約, ▲[52]舍之守氣, 又不如曾子所守之約也. ▲[53]舍就氣上做工夫, 曾子就理上做工夫.【淳】

52:20 尋常人說"守約"二字極未穩. 如云"守氣不如守約", 分明將"約"字做一物, 遂以"約"字對"氣"字. 所謂"守約"者, 所守者約耳.【謨 ○去僞同.】

52:21 ▲[54]"曾子謂子襄"一段, 已自盡了. 只爲公孫丑問得無了期, 故有後面許多說話.【自修】

52:22 ▲[55]

52:23 "不得於言, 勿求於心, 不得於心, 勿求於氣", 此告子不動心之法. 告子只就心上理會, 堅持其心, 言與氣皆不理會. "不得", 謂失也. 有失於其言, 則曰無害於心. 但心不動, 言雖失, 不必問也. 惟失[56]之於心, 則就心上整理, 不復更求於氣.【德明】

而會, 是畏三軍者'爾. '豈能爲必勝哉? 能無懼而已矣.'"

50) ▲: 引曾子謂子襄之言, 以明不動心之由, 在於自反而縮. 下文詳之.【閎祖】

51) ▲: 今人把"守氣不如守約"做題目, 此不成題目. 氣是實物, "約"是半虛半實字, 對不得. 守約, 只是所守之約,

52) ▲: 孟施

53) ▲: 孟施

54) ▲: 孟子說

55) ▲: "不得於言", 只是不曉這說話. "言", 只似"道理"字.【淳】

56) 失: 賀本에서는 先으로 되어 있다.

52:24 "不得於言, 勿求於心", 此正孟子・告子不動心之差別處. 當看上文云: "敢問夫子之不動心, 與告子之不動心." 孟子卻如此答, 便見得告子只是硬做去, 更不問言之是非, 便錯說了, 也不省. 如與孟子論性, 說"性猶杞柳也", 旣而轉"性猶湍水也." 他只不問是非, 信口說出, 但[57]要硬把得心定. "不得於言", 謂言之失也, "勿求於心", 謂言之失非干心事也. 此其學所以與孟子異. 故孟子章末云: "我故曰: '告子未嘗知義, 以其外之也.'" 【端蒙】

52:25 ▲[58] 孟子謂言有所不能知, 正以心有所不明, 故"不得於言, 勿求於心, 不可." 其不得於心者, 固當求之心. 然氣不得所養, 亦反能動其心, 故"不得於心, 勿求於氣", 雖可而未盡也. 蓋知言只是知理. 告子旣不務知言, 亦不務養氣, 但只硬把定中間箇心, 要他不動. 孟子則是能知言, 又能養氣, 自然心不動. 蓋知言本也, 養氣助也. 三者恰如行軍, 知言則其先鋒, 知虛識實者, 心恰如主帥, 氣則卒徒也. 孟子則前有引導, 後有推助, 自然無恐懼紛擾, 而有以自勝. 告子則前後無引助, 只恁孤立硬做去, 所以與孟子不動心異也. "不得於言"以下, 但作如此看, 則此一章血脈貫通, 而於知言養氣, 蔽[59]・淫・邪・遁之辭, 方爲有下落也. 至於集義工夫, 乃在知言之後. 不能知言, 則亦不能集義. 【言, 如觀古聖賢之言, 與聽今人之言, 皆是. ○端蒙】

52:26 "不得於心, 勿求於氣"者, 不失其本, 則猶可也. 不得於言, 而不求於心以考其所失, 則其中頑然無所知覺, 無以擇其義之所安, 故斷之以"不可." 【端蒙】

52:27 "不得於言, 勿求於心", 是心與言不相干. "不得於心, 勿求於

---

57) 但: 賀本에서는 定으로 되어 있다.

58) ▲: "不得於言, 勿求於心, 不得於心, 勿求於氣." "不得", 猶曰失也. 謂言有所不知者, 則不可求之於心, 心有不得其正者, 則不可求之於氣.

59) 蔽: 賀本에서는 詖로 되어 있다.

氣", 是心與氣不相貫. 此告子說也. 告子只去守箇心得定, 都不管外面事. 外面是亦得, 不是亦得. 孟子之意, 是心有所失, 則見於言, 如肝病見於目相似. ▲60) 陸子靜卻說告子只靠外面語言, 更不去管內面. 以某看, 告子只是守著內面, 更不管外面. 【泳】

52:28 問: "▲61)'不得於言, ▲62) 是自己之言▲63), 是他人之言▲64)? 若要得後面知言處相貫, 則是他人之言." 曰: "這一段, 前後都相貫, 卽是一樣言語. 告子於此不達, 則不復反求其理於心. 嘗見陸子靜說這一段, 大段稱告子所見高. 告子固是高, 亦是陸子之學與告子相似, 故主張他. 然陸氏之學更鶻突似告子." 至云: "陸氏之學不甚教人讀書看文字, 與告子相似否?" 先生曰: "便是." 先生又謂: "養氣一段, 緊要處是'自反而縮', '以直養而無害', '是集義所生者.' 緊要處在此三句上看." 【至】

52:29 ▲65)

---

60) ▲: 陸子靜說: "告子亦有好處, 今人非但不識孟子, 亦不識告子, 只去言語上討不著."

61) ▲: 告子謂:

62) ▲: 勿求於心'

63) ▲: 耶

64) ▲: 耶

65) ▲: 林問"不得於言, 勿求於心." 曰: "此章文義節節相承, 須逐節次第理會. 此一節只言告子所以'先我不動心者', 皆是以義爲外, 故就告子所言以辯其是非爾." 又問: "浩然之氣, 便是『西銘』意思否?" 曰: "考論文義, 且只據所讀本文, 逐句逐字理會敎分明. 不須旁引外說, 枝蔓游衍, 反爲無益. 如論浩然之氣, 便直看公孫丑所問意思如何, 孟子所答如何, 一徑理會去. 使當時問答之意, 一一明白了, 然後卻更理會四旁餘意未晚. 今於孟子之意未能曉得, 又卻轉從別處去, 末梢都只恁休去." 又問: "詖・淫・邪・遁之意, 如何辨別?" 曰: "詖・淫・邪・遁雖是四般, 然纔有一般, 則其餘牽連而生, 大概多從詖上起. 詖只是偏, 才偏, 便自是一邊高一邊低, 不得其正. 如楊氏爲我, 則蔽於仁. 墨氏兼愛, 則蔽於義. 由其蔽, 故多爲蔓衍, 推之愈闊. 如爛物相似, 只管浸淫, 陷在一處, 都轉動不得. 如墨者夷之所謂'愛無差等, 施由親始', '愛無差等'是其本說, 又卻假托'施由親始'之言, 栽接以文其說是也. 淫辭如此, 自不知其爲邪. 如列子達生之論, 反以好色飮酒爲善

52:30 問"氣，體之充." 曰: "都是這一點母子上生出. 如人之五臟，皆是從這上生出來."【夔孫】

52:31 問: "血氣之氣與浩然之氣▲66)" 曰: "氣便只是這箇氣，所謂'體之充也'便是."【炎】

52:32 志乾，氣坤.【升卿】

52:33 ▲67) 曰: "志最緊，氣亦不可緩. '志至焉'，則氣便在這裏，是氣亦至了."【卓】

52:34 李問: "'志至▲68)，氣次▲69)'，此是說志氣之小大70)，抑志氣之先後?" 曰: "也不是先後，▲71)大小，只是一箇緩急底意思. 志雖爲至，然氣亦次▲72)，所爭亦不多. 蓋爲告子將氣忒放低說▲73)，故說出此話."【淳】

52:35 ▲74) 而今欲做一件事，這便是志. 持其志，便是養心，不是持

事，而不覺其離於道也. 及其說不行，又走作逃遁，轉從別處去. 釋氏毁人倫，去四大. 人謂其不可行，則曰: '雖不毁棄人倫，亦可以行吾說.' 此其所以必窮也." 又問: "性善之論與浩然之氣如何?" 曰: "性善自是性善，何與於此? 方理會浩然之氣，未有一些涯際，又卻說性善，又如適來『西銘』之問也. 譬如往一處所，在路留連濡滯，正所要往之地愈不能達. 何如且一徑直截去，到此處了，卻往他所，何害? 此爲學者之大病!"【謨】

66) ▲: 不同?

67) ▲: 問"志至焉，氣次焉."

68) ▲: 焉

69) ▲: 焉

70) 小大: 賀本에서는 大小로 되어 있다.

71) ▲: 也不是以

72) ▲: 那志

73) ▲: 了

74) ▲: 鄭太錫問"志至焉，氣次焉." 曰: "志最緊要，氣亦不可緩，故曰: '志至焉，氣次

志外別有箇養心." 問: "志與氣如何分別?" 曰: "此[75]以喜怒言之, 有一件事, 這裏便合當審處, 是當喜, 是當怒? 若當喜, 也須喜, 若當怒, 也須怒, 這便持其志. 若喜得過分, 一向喜, 怒得過分, 一向怒, 則氣便麤暴了, 便是'暴其氣', 志卻反爲所動. '今夫蹶者趨者是氣也.' 他心本不曾動, 只是忽然喫一跌, 氣打[76]一暴, 則其心▲[77]便動了." 【賀孫】

52:36 ▲[78] '持其志, 無暴其氣', 此是言養氣工夫, 內外須是交盡, 不可靠▲[79]自守其志, 便謂無事. 氣纔不得其平, 志亦不得其安, 故孟子以蹶趨形容之. ▲[80]'不得於心, 勿求於氣', 雖是未爲全論, 程子所以言'氣動志者什一', 正謂是爾." 曰: "然. 兩者相夾者[81], 方始'德不孤.'" 【胡泳】

52:37 ▲[82]

52:38 ▲[83]

52:39 ▲[84] 持其志, 只是輕輕地做得去, 無暴其氣, 只是不縱喜怒

焉', '持其志, 無暴其氣', 是兩邊做工夫. 志, 只是心之所向.

75) 此: 『朱子語類』에서는 且로 되어 있다.

76) 打: 賀本에서는 纔로 되어 있다.

77) ▲: 志

78) ▲: 或問: "'志至焉, 氣次焉', 此是說養氣次第. 志是第一件, 氣是第二件. 又云

79) ▲: 自己

80) ▲: 告子所謂

81) 者: 『朱子語類』에서는 著로 되어 있다.

82) ▲: "'志至氣次', 只是先後. 志在此, 氣亦隨之. 公孫丑疑只就志理會, 理會得志, 氣自隨之, 不必更問氣也, 故云." 又曰: "'持其志, 無暴其氣', 何也? 孟子下文專說氣, 云蹶趨之氣, 亦能動心." 【德明】

83) ▲: "持其志, 無暴其氣", 內外交相養. 蓋既要持志, 又須無暴其氣. 持志養氣二者, 工夫不可偏廢. 以"氣一則動志, 志一則動氣"觀之, 則見交相爲養之理矣. 【端蒙】

84) ▲: 旣持其志, 不必言"無暴其氣"可也. 然所以言者, 聖賢有這物, 使做這事. 公孫

哀樂. 凡人縱之.【節】

52:40 問: "▲85) 古人在車聞鸞和, 行則有86)佩玉, 凡此皆所以無暴其氣. 今人旣無此, ▲87)如何而爲無暴?" 曰: "凡人多動作, 多語笑, 做力所不及底事, 皆是暴其氣. 且如只行得五十里, 卻硬要行百里, 只擧得五十斤重, 卻硬要擧百斤, 凡此類皆能動其氣. 今學者要須事事節約, 莫教過當, 此便是養氣之道也."【時擧】

52:41 先生問: "▲88)'毋89)暴其氣', ▲90)" 鄭云: "只是喜怒哀樂之時, 持之不使暴戾." 曰: "此乃是'持其志.' ▲91) 持者, 把提教定. 當喜時, 也須喜, 當怒時, 也須怒, 當哀時, 也須哀, 當樂時, 也須樂. 審教定後, 發必中節, 這是持志. 若毋92)暴其氣, 又是下面一截事. 若不當喜而喜, 與喜之過分, ▲93) 不當哀樂而哀樂, 與哀樂之過其節者, 皆是暴其氣. 暴其氣者, 乃大段麤也."【卓】

52:42 ▲94)問: "人之氣有淸明時, 有昏塞時, 如何?" 曰: "▲95) 能持其志, 則氣當自淸矣. 然孟子旣說'持其志', 又說'無暴其氣', 聖賢之言不偏於一類, 如此. 蓋恐人專於志, 而略於氣故也. 正如說'必有事焉', 又說'勿正心', 說'勿忘', 又說'勿助長', ▲96)." 問: "伊川論持其志曰:

丑猶疑而問曰: "旣曰'志至焉, 氣次焉', 又曰'持其志, 無暴其氣'者, 何也?"

85) ▲: '持其志, 無暴其氣'處,

86) 有: 賀本에서는 鳴으로 되어 있다.

87) ▲: 不知

88) ▲: 公每讀

89) 毋: 賀本에서는 無로 되어 있다.

90) ▲: 如何?

91) ▲: 志者, 心之所向. 持志卻是養心, 也不是持志之外別有箇養心.

92) 毋: 賀本에서는 無로 되어 있다.

93) ▲: 不當怒而怒, 與怒之過分,

94) ▲: 或

95) ▲: 人當持其志.

'只這箇也是私, 然學者不恁地不得.'" 先生曰: "此亦似涉於人爲. 然程子之意, 恐人走作, 故又救之, 曰: '學者不恁地不得.'" 因▲[97]云: "學者爲習所奪, 氣所勝, 只可責志." ▲[98] "旣得後, 須放開. 不然, 卻只是守." 曰: "如'從心所欲, 不踰矩', 是也. 然此理旣熟, 自是放出, 但未能得如此耳." 【人傑】

52:43 ▲[99] "志動氣, 是源頭濁者, 故下流亦濁也. 氣動志者, 卻是下流壅而不泄, 反濁了上面也." 【蓋卿】

52:44 氣若併在一處, 自然引動著志, 古人所以動息有養也. 【升卿】

52:45 "『遺書』曰: '志一動, 則動氣, 氣一動, 則動志.' 『外書』曰: '志專一, 則動氣, 氣專一, 則動志.' 二說[100]孰是?" 曰: "此必一日之語, 學者同聽之, 而所記各有淺深, 類多如此. '志一動則動氣, 氣一動則動志', 此言未說'動氣動志', 而先言'志動氣動', 又添入一'動'字, 不若後說所記得其本旨. 蓋曰志專一, 則固可以動氣, 而氣專一, 亦可以動其志也." 【謨】

52:46 ▲[101] 如人於忙急之中, 理會甚事, 亦是氣未定也. 【卓】

52:47 問: "▲[102] 若是志養得堅定, ▲[103]蹶趨亦不能動得否?" 曰:

---

96) ▲: 皆此意也
97) ▲: 學程子
98) ▲: 又問:
99) ▲: 或疑氣何以能動志. 曰:
100) 說: 賀本에서는 者로 되어 있다.
101) ▲: "蹶者・趨者是氣也, 而反動其心." 今人奔走而來, 偶喫一跌, 其氣必逆而心不定, 是氣之能動其心.
102) ▲: 蹶趨反動其心.
103) ▲: 莫須

"▲[104] 人之奔走, 如何心不動得?" 曰: "蹶趨多遇於猝然不可支捂[105]之際, 所以易動得心." 曰: "便是."【淳】

52:48 知言, 知理也.【節】

52:49 ▲[106]

52:50 ▲[107] 先知得許多說話, 是非邪正【人傑錄□[108]"得失."】 都無疑後, 方能養此氣也.【□[109] ○人傑同.】

52:51 ▲[110] 緊要全在"知言"上. 所以『大學』許多工夫, 全在格物·致知.【僩】

52:52 知言養氣, 雖是兩事, 其實相關, 正如致知·格物·正心·誠意之類. 若知言, 便見得是非邪正. 義理昭然, 則浩然之氣自生.【人傑○去僞同.】

52:53 問: "▲[111] 知言似無工夫得做?" 曰: "豈不做工夫! 知言便是窮理. 不先窮理見得是非, 如何養得氣. 須是道理一一審處得是, 其氣方充大."【德明】

52:54 知言, 則有以明夫道義, 而於天下之事無所疑, 養氣, 則有以

104) ▲: 蹶趨自是動其心.
105) 捂: 賀本에서는 吾로 되어 있다.
106) ▲: 知言, 然後能養氣.【閎祖】
107) ▲: 孟子說養氣, 先說知言.
108) □: 『朱子語類』에서는 作으로 되어 있다.
109) □: 『朱子語類』에서는 螢으로 되어 있다.
110) ▲: 孟子論浩然之氣一段,
111) ▲: 養氣要做工夫,

配夫道義, 而於天下之事無所懼.【燾】

52:55 ▲112)丑既知告子之失, 而未知孟子之所以得, ▲113) 孟子能知人言之是非, 告子乃自以其言爲外, 而不復考其得失, 孟子▲114)養其氣, 而告子乃以爲末而不求, 其得失可見矣.【端蒙】

52:56 胡文定說: "知言, 知至也, 養氣, 誠意也." 亦自說得好.【木之】

52:57 胡氏云: "格物, 則能知言, 誠意, 則能養氣."【閎祖】

52:58 ▲115) 告子▲116) 雖言亦謂是在外事, 更不管着, 只强制其心." 問: "▲117)'不得於言', 是偶然失言, 非謂他人言也." 曰: "某向來亦如此說, 然與知言之義不同. 此是告子聞他人之言, 不得其義理, ▲118)古人之書, 有不得其言之義, 皆以爲無害事, 但心不動足矣. 不知言, 便不知義, 所以外義也. 如詖·淫·邪·遁, 亦只是他人言, ▲119), '其'字, 便是謂他人也." ▲120) "聖門以言語次於德行, 言語亦大難. 若非燭理洞徹, 胸次坦然, 卽酬酢應對, 蹉失多矣!"【因論奏事而言.】 ▲121)

112) ▲: "敢問夫子惡乎長?" 曰: "我知言, 我善養吾浩然之氣." 公孫
113) ▲: 敢問焉, 而孟子告之. "我知言"者, 能識群言之是非也. 浩然, 盛大流行之貌, 蓋天地之氣, 而吾之所得以充其體者也.
114) ▲: 善
115) ▲: 問: "知言在養氣之先, 如何?" 曰: "知是知得此理.
116) ▲: 便不理會, 故以義爲外. 如云'不得於言, 勿求於心',
117) ▲: 向看此段, 以告子
118) ▲: 又如讀
119) ▲: 故曰'生於其心'
120) ▲: 又言:
121) ▲: 問: "此須要記問熟, 方臨時一一擧得出?" 曰: "亦未說記問. 如沙中之事, 張良只云: '陛下不知乎? 此乃謀反耳!' 何嘗別有援引? 至借箸發八難, 方是援引古今." 問: "伊川·龜山皆言張良有儒者氣象, 先生卻以良爲任數." 曰: "全是術

52:59 ▲122) "言之所發, 便是道理. 人只將做言看, 做外面看. 且如▲123)對人說話, 人說許多, 自家對他, 便是自家己事, 如何說是外面事!" ▲124)

52:60 ▲125)

52:61 浩然之氣, ▲126)養得如此.【方子】

52:62 浩然之氣, 淸明不足以言之. ▲127) 便有箇廣大剛果意思, 如長江大河, 浩浩而來也. 富貴・貧賤・威武不能移屈之類, 皆低, 不可以語此. ▲128)丑本意, 只是設問孟子能擔當得此樣大事否, 故孟子所答, 只說許多剛勇, 故說出浩然之氣. 只就問答本文看之, 便見得子129)細.【謨】

52:63 ▲130)

52:64 問: "浩然之氣, 是稟得底否?" 曰: "只是這個氣. 若不曾養得, 剛底便粗暴, 弱底便衰怯." 又曰: "氣魄大底, 雖金石也透過了!"【夔

數." 問: "養虎自遺患等事, 竊謂機不可失." 曰: "此時便了卻項羽, 卻較容易. 然項羽已是無能爲, 終必就擒也."【德明 ○今按: "聞他人言"之說, 與『集注』異.】

122) ▲: 有問"知言." 先生曰:

123) ▲: 而今

124) ▲: 坐中有聶尉, 亦建昌人, 與謙言: "先生向日說: '傅子困是天理戰罷, 人欲宅眷.' 又云: '傅子困是擔著官綱擔子, 到處胡撞人, 胡把競人.'"【謙】

125) ▲: 氣, 一氣. 浩然之氣, 義理之所發也.【閎祖】

126) ▲: 是

127) ▲: 才說浩然,

128) ▲: 公孫

129) 子: 賀本에서는 仔로 되어 있다.

130) ▲: 氣, 只是一箇氣, 但從義理中出來者, 即浩然之氣, 從血肉身中出來者, 爲血氣之氣耳.【閎祖】

孫】

52:65 ▲[131]問: "孟子▲[132] 卻不分稟賦清濁說." 曰: "▲[133] 不是說氣稟, 只因說不動心, 衮[134]說到這處, 似今人說氣魄相似. 有這氣魄便做得這事, 無氣魄便做不得."

52:66 ▲[135] 人若有氣魄, 方做得事成, 於世間禍福得喪利害方敵得去, 不被他恐動. 若無氣魄, 便做人衰颯慴怯, 於世間禍福利害易得恐動. ▲[136] 他本只是答▲[137]'不動心', 纏來▲[138]去, 說出許多'養氣'・'知言'・'集義', 其實只是個'不動心.' ▲[139] 然▲[140]'不動心', 不在他求, 只在自家知言集義, 則此氣自然發生於中. 不是只行一兩事合義, 便謂可以掩襲於外而得之也. 孔子曰: '不得中行而與之, 必也狂狷乎!' 看來這道理, 須是剛硬, 立得脚住, 方能有所成. 只觀孔子晚年方得箇曾子, 曾子得子思, 子思得孟子, 此諸聖賢都是如此剛果決烈, 方能傳得這個道理. 若慈善柔弱底, 終不濟事. 如曾子之爲人, 『語』・『孟』中諸語可見. 子思亦是如此. 如云: '標[141]使者出諸大門之外.' 又云: '以德, 則子事我者也, 奚可以與我友!' 孟子亦是如此, 所以皆做得成. 學聖人之道者, 須是有膽志. 其決烈勇猛, 於世間禍福利害得喪不足以動其心, 方能立得脚住. 若不如此, 都靠不得. 況當世衰道微之時, 尤用硬着脊梁, 無所屈撓方得. 然其工夫只在自反常直, 仰不愧天, 俯不

131) ▲: 或
132) ▲: 說浩然之氣,
133) ▲: 文字須逐項看. 此章孟子之意,
134) 衮: 賀本에서는 滾으로 되어 있다.
135) ▲: 文振說浩然之氣. 曰: "不須多言, 這只是箇有氣魄・無氣魄而已.
136) ▲: 只是如此.
137) ▲: 公孫丑
138) ▲: 纏
139) ▲: 人若能不動心, 何事不可爲?
140) ▲: 其所謂
141) 標: 『朱子語類』에서는 摽로 되어 있다.

怍人, 則自然如此, 不在他求也." ▲142) "如今人多將顏子做箇柔善底人看. 殊不知顏子乃是大勇, 反是他剛果得來細密, 不發露. 如箇有大氣力底人, 都不使出, 只是無人抵得他. 孟子則攘臂扼腕, 盡發於外. 論其氣象, 則孟子麤似顏子, 顏子較小如孔子. 孔子則渾然無迹, 顏子微有迹, 孟子, 其迹盡見. 然學者則須自粗以入細, 須先143)剛硬有所卓立, 然後漸漸加功, 如顏子・聖人也."【僩】

52:67 問: "▲144) 卽是人所受於天地之正氣否?" 曰: "然." 又問: "與血氣如何?" 曰: "只是一氣. 義理附于其中, 則爲浩然之氣. 若不由義而發, 則只是血氣. 然人所稟氣亦自不同. 有稟得盛者, 則爲人强壯, 隨分亦有立作, 使之做事, 亦隨分做得出. 若稟得衰者145), 則委靡巽懦, 都不解有所立作. 唯是養成浩然之氣, 則卻與天地爲一, 更無限量!"【廣】

52:68 或問: "▲146) 是天地正氣, 不是粗厲底氣." 曰: "孟子正意, 只說人生在這裏, 便有這氣, 能集義以養之, 便可以充塞宇宙, 不是論其粗與細・正與不正. 如所謂'惻隱之心, 人皆有之', 只是理如此. 若論盜跖, 便幾於無此心矣. 不成孟子又說箇'有惻隱之心, 無惻隱之心.'"

52:69 ▲147) 孟子本說得來麤. 只看他一章本意, 是說箇不動心. 所謂'浩然之氣', 只似箇麤豪之氣. 他做工夫處雖細膩, 然其成也卻只似箇麤豪之氣, 但非世俗所謂麤豪者耳."【僩】

142) ▲: 又曰:
143) 先: 賀本에서는 見으로 되어 있다.
144) ▲: 浩然之氣,
145) 衰: 賀本에서는 弱로 되어 있다.
146) ▲: 浩然之氣
147) ▲: 問"浩然之氣." 曰: "這箇

52:70 ▲[148] 大意只是要"仰不愧於天, 俯不怍於人", 氣便浩然. 如"彼以其富, 我以吾仁, 彼以其爵, 我以吾義, 吾何慊乎哉"! 如"在彼者皆我所不爲也, 在我者皆古之制也, 吾何畏彼哉"! 自家有道理, 對着他沒道理, 何畏之有! 【閎祖】

52:71 "▲[149] 上面從▲[150]黝·▲[151]舍說將來, 只是箇不怕. 但二子[152]不怕得麤, 孟子不怕得細." ▲[153]問: "'合而有助', '助'字之訓▲[154]" 曰: "道義是虛底物, 本自孤單, 得這氣帖起來, 便自張王[155]【皆去聲.】無所不達. 如今人非不爲善, 亦有合於道義者. 若無此氣, 便只是一箇衰底人. 李先生曰: '〈配〉, 是襯貼[156]起來.' 又曰: '若說道〈襯貼〉, 卻是兩物. 氣與道義, 只是一衮[157]發出來, ▲[158] 說得道理好. '襯貼[159]'字, 說'配'字極親切[160]." ▲[161]

52:72 "浩▲[162]氣"一章, 孔子兩句盡之, 曰: "內省不疚, 夫何憂何

148) ▲: "浩然之氣"一章說得稍粗.
149) ▲: 孟子'養氣'一章, 大綱是說箇'仰不愧於天, 俯不怍於人.'
150) ▲: 北宮
151) ▲: 孟施
152) 子: 『小分』에서는 字를 子로 고쳤다.
153) ▲: 或
154) ▲: 如何?
155) 王: 賀本에서는 主로 되어 있다.
156) 貼: 賀本에서는 帖으로 되어 있다.
157) 衮: 賀本에서는 滾으로 되어 있다.
158) ▲: 思之.' '一滾發出來',
159) 貼: 賀本에서는 帖으로 되어 있다.
160) 親切: 【附箋紙】"親切"下"從周"二字, 當細書.
161) ▲: 【從周 ○蓋卿錄云: "先生因擧延平之言曰: '〈配〉是襯帖起來. 若道箇〈襯帖〉, 卻是兩物. 道義與氣, 只是一滾發出來, 思之.' '〈一滾發出來〉, 說得道理好. 〈襯帖〉字, 卻說得〈配〉字親切. 孟子分明說〈配義與道〉, 只是襯帖. 不是兩物相襯貼, 只是一滾發出來. 但道理得此浩然之氣襯貼起, 方有力量, 事可擔當. 若無是, 則餒矣.' 又曰: '義與道, 若無浩然之氣襯帖起, 縱有一二合於道義, 未免孤單.'" 後蓋卿錄·震錄記黎季成所問兩條, 疑同聞, 而有詳略.】
162) ▲: 然之

懼[163)]!"【僩】

52:73 問: "他書不說養氣▲[164)]" 曰: "這源流便在那'心廣體胖', '內省不疚, ▲[165)]'處來. ▲[166)]這一箇氣, 又不是別將箇甚底去養他. 但集義便是養氣, 知言便是知得這義. ▲[167)]

52:74 問: "'養氣'▲[168)]自『大學』'誠意'▲[169)]來." 曰: "不必說自那裏來, 只是▲[170)]說來說去, 自相湊着."【道夫】

52:75 ▲[171)]

52:76 ▲[172)] "仁義禮智充溢於中, 睟然見面盎背, 心廣體胖, 便自有▲[173)]浩然氣象." ▲[174)] "此說甚細膩, 然非孟子本意. 此段須從頭看來, 方見得孟子本意. 孟子當初如何便當大任而不動心? 如何便'過孟賁遠矣'? 如何便'自反而縮, 千萬人吾往矣'? 只此勇爲不懼, 便是有浩然之氣. 此說似粗而實精. 以程子說細考之, 當初不是說不及此, 只門人記錄緊要處脫一兩字, 便和全意失了. 浩然之氣, 只是這血氣之'氣',

163) 何憂何懼: 賀本에서는 何懼憂何로 되어 있다.
164) ▲: 只孟子言之, 何故?
165) ▲: 夫何憂何懼
166) ▲: 大抵只是
167) ▲: 人能仰不愧, 俯不怍時, 看這氣自是浩然塞乎天地之間!"【榦】
168) ▲: 一章, 皆
169) ▲: 一章
170) ▲: 此一箇道理
171) ▲: 問: "向看'誠意'章『或問』云: '孟子所論浩然之氣, 其原蓋出於此.' 道夫因誦其所謂浩然之說. 先生謂: '也是恁地, 只是不要忙.' 不知此語是爲始學者言養氣之理如此?" 曰: "不是恁地. 這工夫是忙不得, 他所以有'勿忘・勿助長'之論."【道夫】
172) ▲: 問: "浩然之氣如何看?" 曰:
173) ▲: 一般
174) ▲: 曰:

不可分作兩氣. 人之語言[175]動作所以充滿於一身之中者, 卽是此氣. 只集義積累到充滿[176]處, 仰不愧, 俯不怍, 這氣便能浩然." 問: "▲[177]'合而有助'▲[178]" 曰: "此語已精. 如有正將, 又立箇副將以配他, 乃所以助他. 天下莫强於理義. 當然是義, 總名是道. 以道義爲主, 有此浩然之氣去助他, 方勇敢果決以進. 如這一事合當恁地做, 是義也. 自家勇敢果決去做, 便是有這浩然之氣去助他. 有人分明知得合當恁地做, 又恧[179]▲[180]不敢去做, 便是餒了, 無此浩然之氣. 如君有過, 臣諫之, 是義也. 有到冒死而不顧者, 便是浩然之氣去助此義. 如合說此話, 卻恧縮不對, 便是氣餒, ▲[181] 只此[182]一氣餒了, 便成欿然之氣, 不調和, 便成忿厲之氣. 所以古人車則有和鸞, 行則有佩玉, 貴於養其氣." 問: "'氣一則動志', 這'氣'字是厲氣否?" 曰: "亦不必把作厲氣. 但動志, 則已是不好底氣了. ▲[183] 須是以志爲主, 無暴其氣. 孟子當初乃剩說此一句, 所以▲[184]丑復辯." 問: "集義到成此浩然之氣, 則氣與義爲一矣. 及配助義道, 則又恐成二物▲[185]" 曰: "氣與義自是二物. 只集義到充盛處, 則能强壯, ▲[186] 所以又反來助這道義[187]. ▲[188]."

○[189] 問: "▲[190]義集而後生. 莫是氣與道義兩相爲用否?" 曰: "是

---

175) 語言: 賀本에서는 言語로 되어 있다.
176) 滿: 『朱子語類』에서는 盛으로 되어 있다.
177) ▲: '配義'之'配', 何謂
178) ▲: 之意?
179) 恧: 【附箋紙】"恧"下"縮"字似脫.
180) ▲: 縮
181) ▲: 便是欿然之氣.
182) 此: 賀本에서는 是로 되어 있다.
183) ▲: '志動氣者什九, 氣動志者什一.'
184) ▲: 公孫
185) ▲: 否?
186) ▲: 此氣便自浩然,
187) 道義: 【附箋紙】"道義"·"義集", 似當通書.
188) ▲: 無是氣, 便餒而不充了
189) ○: 『朱子語類』 52:76을 『小分』에서 별도의 항목으로 나누었다.

兩相助底意. 初下工夫時, 便自集義, 然後生那浩然之氣. 及氣已養成, 又卻助道義而行."【淳】

52:77 ▲[191]問: "浩然之氣, 迫於患難方失." 曰: "是氣先歉, 故臨事不能支捂[192]. 浩然之氣與清明之氣自不同. 浩然, 猶江海浩浩."【可學】

52:78 浩然之氣▲[193]於剛果處見. 以前諸儒於此卻不甚說, 只上蔡云: "浩然, 是無虧欠處." 因擧屛山喜孫寶一段.【可學】

52:79 問: "▲[194]夜氣淸明, 以至平旦, 此氣無虧欠而得其正, 卽加'勿忘・勿助長'之功以存養之, 如何?" 曰: "夜氣者, 乃淸明自然之氣. 孟子示人要切處, 固當存養. 若浩然之氣, 卻當從'吾嘗聞大勇於夫子'之語觀[195]之, 至'配義與道, 無是餒也.' 於此得其正而無虧欠, 則其氣浩然, 天下大事何所做不得!" 又問: "浩然之氣, 原本在於至大至剛. 若用工處, 只在'必有事焉, 而勿正, 心勿忘, 勿助長'否?" 曰: "'勿忘・勿助長', 亦只是涵泳底意思. 用工全在集義."【佐】

52:80 信州刊李復『潏水集』有一段說: "浩然之氣, 只是要仰不愧, 俯不怍, 便自然無 怯惧[196]." 其言雖麄, 卻盡此章之意. 前輩說得太高, 如龜山爲某人作「養浩堂記」, 卻[197]說從別處去.【圀祖】

---

190) ▲: 配者, 助也. 是氣助道義而行. 又曰'集義所生', 是氣又因
191) ▲: 厚之
192) 捂: 賀本에서는 吾로 되어 있다.
193) ▲: 乃是
194) ▲: 上蔡嘗曰: '浩然之氣, 須於心得其正時識取.' 又曰: '浩然, 是無虧欠時.' 竊謂
195) 觀: 賀本에서는 看으로 되어 있다.
196) 惧: 『朱子語類』에서는 懼로 되어 있다.
197) 卻: 【附箋紙】"却", 似"都"之誤.

52:81 『孟子』"養氣"一段, 某說得字字甚子[198]細, 請子細看.

52:82 ▲[199] 須是識得分明, 自會養得成. 若不見得直是是, 直是非, 欲說不說, 只恁地含含胡胡, 依違鶻突, 要說又怕不是, 這如何得會浩然! 人自從生時受天地許多氣, 自恁地周足. 只緣少間見得沒分曉, 漸漸衰颯了. 又不然, 便是"行有不慊於心", 氣便餒了. 若見得道理明白, 遇事打併淨潔, 又仰不愧, 俯不怍, 這氣自浩然. 如豬胞相似, 有許多氣在裏面, 便恁地飽滿周遍, 若無許多氣, 便厭了, 只有許多筋膜. 這氣只論箇浩然與餒, 又不然, 只是驕吝. 有些善, 只是我自會, 更不肯向人說. 恁地包含, 這也只會餒[200], ▲[201] 非二.【賀孫】

52:83 兩箇"其爲氣也", 前箇是說氣之體段如此, 後箇是說這氣可將如此用.【僩】

52:84 問: "伊川以'至大至剛以直'爲絶句, 如何?" 曰: "此是趙岐說, 伊川從之. 以某觀之, 只將'至大至剛'爲絶句, 亦自意義分明." 煇曰: "如此卻不費力." 曰: "未可如此說, 更宜將伊川之說思之."【煇】

52:85 ▲[202] 若以'直'字爲句, 當言'至大至剛至直.' 又此章前後相應, ▲[203]. 先言'自反而縮', 後言'配義與道.' ▲[204]'以直養而無害', 乃'自反而縮'之意. 大抵某之解經, 只是順聖賢語意, 看其血脈通貫處爲之解釋, 不敢自以己意說道理也."【人傑】

---

198) 子: 賀本에서는 仔로 되어 있다.
199) ▲: 浩然之氣,
200) 餒:【附箋紙】"餒"下有"天地吾身之氣"六字. "與非"二字, 文義通耳.
201) ▲: 天地吾身之氣
202) ▲: 問: "程子以'直'字爲句, 先生以'以直'字屬下句." 曰: "文勢當如此說.
203) ▲: 皆是此意
204) ▲: 所謂

52:86 "▲[205] 今人說養氣, 皆謂在'必有事焉▲[206]'四句上. 要緊未必在[207]▲[208]. 欒[209]頭只在那'以直養而無害'及'集義'上. 這四句卻是箇炮炙鍛煉之法. 直, 只是無私曲, 集義, 只是事事皆直[210]. ▲[211] 而今只將自家心體驗到那無私曲處[212], ▲[213]問: "塞天地莫只是一箇無虧欠否?" 曰: "他本自無虧欠, 只爲人有私曲, 便欠卻他底. 且如'萬物皆備於我, 反身而誠, 樂莫大焉', 亦只是箇無虧欠. 君仁臣忠, 父慈子孝, 自家欠卻他底, 便不快活." ▲[214]德修云: "伊川卻將'至大至剛以直', 與「坤卦」'直方大'同說." 曰: "便是不必如此. ▲[215]只將『孟子』自看, 便見『孟子』說得甚麤, 『易』卻說得細."【文蔚】

52:87 ▲[216]直'字▲[217], 不是▲[218]氣體, 正是說用工處. 若只作'養而無害', 卻似禿筆寫字, 其話沒頭. 觀此語脈自前章'縮・不縮'來. 下章又云'是集義所生', 義亦是直意. ▲[219] 故知是道用工[220]夫處. '必有事焉, 而勿正心', '心'字連上句, 亦得. 但避『大學』'正心'字, 故▲[221]連

205) ▲: 古注及程氏皆將'至大至剛以直'做一句. 據某所見, 欲將'至大至剛'爲一句, '以直養而無害'爲一句.
206) ▲: 而勿正, 心勿忘, 勿助長
207) 未必在:【附箋紙】"未必在"下, 似脫"比"字.
208) ▲: 此
209) 欒:【附箋紙】"欒", 似是"欒"之誤.
210) 皆直:【附箋紙】"皆直"下存"仰不愧"以下十六字, 文義似恰好, 未知如何.
211) ▲: '仰不愧於天, 俯不怍於人', 便是浩然之氣.
212) 曲處:【附箋紙】"曲處"下存"自然有此氣", 恐字□問令以下, 文義始一串於通.
213) ▲: 自然有此氣象." 文蔚云: "所以上蔡說: '於心得其正時識取.'" 曰: "是." 文蔚
214) ▲: '反身而誠, 樂莫大焉', 無欠闕也. 以此見浩然之氣只是一箇'仰不愧於天, 俯不怍於人.'" 王
215) ▲: 且
216) ▲: 伯豐問"至大至剛以直"字自絶句. 曰: "古注如此, 程氏從之. 然自上下文推之, 故知'以
217) ▲: 屬下句
218) ▲: 言
219) ▲: 若'行有不慊於心, 則餒矣'
220) 工:『朱子語類』에서는 功으로 되어 있다.
221) ▲: 將'心'

下句. 然初不相干, 各自取義. 古注'正'字作'望'字解. 如將'心勿忘'屬上文, '勿助長'屬下文, 亦不須如此. 只是浩然之氣養之未至, 而望有之, 便是正. 如其正時, 只是望之而已. 至於助長, 則是强揠力取, 氣未能養, 遽欲加人力之私, 是爲揠苗而已."【螢 ○▲222)】

52:88 ▲223) "若於'直'字斷句, 則'養'字全無骨助224). ▲225)'自反而縮', 是'以直養而無害'也." 又問"配義與道." 曰: "道義在人. 須是將浩然之氣襯貼起, 則道義自然張王226)▲227)." 先生作而言曰: "此語若與孟子不合者, 天厭之! 天厭之!"【蓋卿】

52:89 黎季成問: "'至大, 至剛, 以直', 三者乃氣之本體, ▲228) '直'字尤切, ▲229)『▲230)注231)』卻似以直來養此氣." 曰: "不用直, 卻著甚底來養?" 黎云: "集義工夫是養." 曰: "義便是直. 此'直'字, 從▲232) 自反而縮'處說起. 後來又說'集義', 與此'以直養而無害', 皆一章緊切處. ▲233) 曰: "▲234)如何是合?" 曰: "浩然之氣, 與道義無間異." 曰: "如此

---

222) ▲: 饒錄云: "至于期望不得浩然時, 卻未能養. 遽欲强加力作弄, 要教浩然, 便是助長也."
223) ▲: 黎季成問: "伊川於'以直'處點句, 先生卻於'剛'字下點句." 曰:
224) 助: 【附箋紙】"助", 從月.
225) ▲: 只是
226) 王: 賀本에서는 主로 되어 있다.
227) ▲: 所謂'配合而助之'者, 乃是貼起來也
228) ▲: 闕一不可. 三者之中,
229) ▲: 今
230) ▲: 集
231) 注: 【附箋紙】"注"宜從言, "注"上"今集"二字, 宜存一字.
232) ▲: 曾子'聞大勇於夫子,
233) ▲: 所謂浩然之氣, 粗說是'仰不愧於天, 俯不怍於人', 無所疑畏. 故上面從北宮黝·孟施舍說來, 只是說箇不怕. 但二子不怕得粗, 曾子不怕得細膩." 黎又問: "'配義與道', 『集注』云'配者, 合而有助'之意. 竊疑'配'字, 罕有以助爲釋者." 曰: "公如何說? 正好商量." 曰: "浩然之氣, 集義而成者, 其用則無非義, 其體則道也."
234) ▲: 卻

則是無分別, 此一段都緩慢了. ▲235) 如以一椀236)水攙一椀237)水, 則剛果勇決, 無所疑憚 ▲238)" 又曰: "無此氣之扶持之, 仁或見困於不仁, 義或見陵於不義."【震】

52:90 "▲239)李端伯▲240)載明道所言, 以'至大至剛'爲句, 以'直養'二字屬下句. 及楊遵道錄伊川之言, 則曰: '先兄241)無此說, 斷然以"至大至剛以直"爲一句.' 二說正相抵牾." "▲242) 伊川嫌其以一物養一物, 故從趙『注』. 舊嘗用之, 後來反覆推究, 卻是'至大至剛'作一句, '以直養而無害'作一句者243), 爲得孟子之意. ▲244) 端伯所記明道語未必不親切, 但恐伊川又自主張得別, ▲245)."【謨】

52:91 問: "▲246) 伊川云: '先兄無此說.' 何也?" 曰: ▲247) "伊川爲人執, 便道是'先兄無此言'也."【枅】248)

---

235) ▲: 公歸去仰臥思量, 心必不安." 黎又云: "先生之意甚明切. 某所疑, '配'字非助." 曰: "此謂道義得浩然之氣助之, 方有張主."

236) 椀: 成化本에서는 碗으로 되어 있다.

237) 椀: 成化本에서는 碗으로 되어 있다.

238) ▲: 有以任重做得去. 若箇人做得一件半件事合道義, 而無浩然之氣來配助, 則易頹墮了, 未必不爲威武所屈, 貧賤所移, 做大丈夫不得." 又云: "'助'字, 釋'配'字乃得之." 李先生云: "助, 是陪貼底字." 先生又曰: "某解此段, 若有一字不是孟子意, 天厭之!

239) ▲: 『遺書』以

240) ▲: 所錄最精, 故冠之篇首. 然端伯

241) 兄: 賀本에서는 生으로 되어 있다.

242) ▲: 曰: '至大至剛以直', 趙臺卿如此解. '直養'之說,

243) 者: 賀本에서는 者가 없다.

244) ▲: 蓋聖賢立言, 首尾必相應. 如云'自反而縮', 便有直養意思. 『集義』之說亦然.

245) ▲: 故有此議論. 今欲只從明道之說也

246) ▲: 明道以'以直養而無害'爲句,

247) ▲: "看那一段意思, 明道說得似乎有理. 孟子所謂'以直'者, 但欲其無私意耳. 以前頭說'自反而縮, 自反而不縮'處, 都是以直養底意思. 氣之體段, 本自剛大, 自是能塞天地, 被人私意妄作, 一向蔽了他一箇大底體段. 故孟子要人自反而直, 不得妄有作爲, 以害其本體. 如明道所說, 眞箇見得孟子本意." 又云:

248)【枅】: 成化本에서는【初】로 되어 있다.

52:92 ▲249)"詖, 只是偏. 詖, 如人足跛相似, 斷行不得. 且楊・墨說'爲我'・'兼愛', 豈有人在天地間孑然自立, 都不涉着外人得! 又豈有視人如親, 一例兼愛得! 此二者皆偏而不正, 斷行不得, 便是蔽於此了. 至淫辭, 則是說得愈泛濫, 陷溺於中, 只知有此而不知有他也耶250). 邪辭, 則是陷溺愈深, 便一向離了正道. 遁辭, 則是說得窮後, 其理旣屈, 自知去不得, 便別換一箇話頭. 如夷之說'施由親始'之類, 這一句本非他本意, 只臨時撰出來也." ▲251) "'生於其心, 害於其政'者, 是才有此心, 便大綱已壞了. 至'發於其政, 害於其事', 則是小底節目都以次第而壞矣." 因云: "孟子是甚麽底資質! 甚麽底力量! 卻纖悉委曲, 都去理會, 直是要這道理無些子虧欠. 以此知學問豈是執一箇小小底見識便了得! 直是要無不周匝, 方是道理. 要須整頓精神, 硬着脊骨與他做將去, 始得."【時學 ○植同.】

52:93 "▲252) 伊川須要說是三箇, 何也?" 大雅云: "欲配'直・方・大'三德." 曰: "「坤」'直方', 自是要'敬以直內, 義以方外', '大', 自是'敬義立而德不孤.' 孔子說或三或五, 豈有定例. ▲253)

249) ▲: 問: "伊川作'以直'點如何?" 曰: "氣之體段, 若自剛大外更著一二字形容也得, 然工夫卻不在上面. 須要自家自反而直, 然後能養而無害也." 又問: "詖・淫・邪・遁." 曰:

250) 耶: 成化本・賀本에는 없다.【附箋紙】"耶", 疑衍.

251) ▲: 先生又云:

252) ▲: 王德修說: "浩然之氣, 大・剛・直, 是氣之體段, 實養處是'必有事焉'以下." 曰: "孟子浩然之氣, 要處只在集義. 集義是浩然之氣生處. 大・剛與直,

253) ▲: 據某看得, 孟子只說浩然之氣'至大至剛', 養此剛大, 須是直. '行有不慊於心', 是不直也, 便非所以集義, 浩然從何而生? 曾子說'自反而縮, 自反而不縮', 亦此類也. 如'必有事焉', 是事此集義也. '而勿正', 是勿必此浩然之生也. 正, 待也, 有期必之意. 「公羊」曰: '師出不正反, 戰不正勝.' 古語有然. '心勿忘', 是勿忘此義也. '勿助長', 是勿助此氣也. 四句是籠頭說. 若論浩然之氣, 只是剛大, 養之須是直. 蓋'以直'只是無私曲之心, 仰不愧, 俯不怍. 如此養, 則成剛大之實, 而充塞天地之間不難也. 所以必要集義, 方能直也. 龜山謂'嫌以一物養一物', 及他說, 又自作'直養.' 某所以不敢從伊川之說."【大雅】

52:94 氣雖有淸濁厚薄之不齊, 然論其本, 則未嘗異也. ▲254) 但人不能養之, 而反害之, 故其大者小, 剛者弱耳.【閎祖】

52:95 "以直養而無害", ▲255) 與『大學』"自慊"之意不同. 自慊者, "如好好色, 如惡惡臭", 皆要自己慊足, 非爲人也.【謨】

52:96 ▲256) 集義是歲月之功, 襲取是一朝一夕之事. 從而掩取, 終非己有也.【德明】

52:97 ▲257) 要養, 又要無害. 助長是害處. ▲258) "'必有事焉', 只是'集義.'"【炎】

52:98 "'至大至剛'氣之本體, '以直養而無害'是用功處, '塞乎天地'乃其效也." 問: "塞乎天地, 氣之體段本如此. 充養到浩然處, 然後全得箇體段, 故曰: '塞乎天地', ▲259)

52:99 問: "浩然之氣如何塞乎天地?" 曰: "塞乎天地之間, 是天地之正氣. 人之血氣有限, 能養之, 則與天地正氣亦同." ▲260)【去僞】

52:100 ▲261) 而今一樣人, 畏避退縮, 事事不敢做, 只是氣小. 有一

---

254) ▲: 所謂"至大至剛"者, 氣之本體如此.
255) ▲: 謂"自反而縮", 俯仰不愧, 故能養此氣也,
256) ▲: "以直養"是"自反而縮", "集義"是"直養." 然此工夫須積漸集義, 自能生此浩然之氣, 不是行一二件合義底事, 能博取浩然之氣也.
257) ▲: "養而無害."
258) ▲: 又曰:
259) ▲: 如但能之,【恐有誤字.】 所謂'推之天地之間, 無往而不利', 恐不然." 曰: "至塞乎天地, 便無往不可."【德明】
260) ▲: 又問: "塞, 莫是充塞否?" 曰: "是遍滿之意也."
261) ▲: 問"塞乎天地之間." 曰: "天地之氣無所不到, 無處不透, 是他氣剛, 雖金石也透過. 人便是稟得這箇氣無欠闕, 所以程子曰: '天人一也, 更不分別. 浩然之氣,

樣人未必識道理，然事事敢做，是他氣大. 如項羽'力拔山兮氣蓋世'，便是這樣氣. 人須是有蓋世之氣方得."【文蔚錄云: "塞天地，只是氣魄大，如所謂'氣蓋世.'"】 又曰: "如古人臨之以死生禍福而不變，敢去罵賊，敢去徇國，是他養得這氣大了，不怕他. 又也是他識道理，故能如此."

52:101 問: "▲[262]不疑其行，無往不利.' 何也?" 曰: "只爲有此體段，所以無往不利. 不然，須有礙處." 問: "程子'有物始言養，無物養箇甚?' 此只要識得浩然[263]體段否?" 曰: "只是說箇大意如此." ▲[264]

52:102 ▲[265] 才存此心在，此氣便塞乎天地之間.【泳】

52:103 問: "人能仰不愧，俯不怍，便有充塞天地底氣象否?" 曰: "然. 才有不慊於心，便是餒了."【廣】

52:104 ▲[266] "無是，餒也"，謂無浩氣，卽如饑人之不飮食而餒者也.【德明】

52:105 ▲[267] 有此氣，這[268]義便做得有力.【淳】

乃吾氣也，養而無害，則塞乎天地. 一爲私意所蔽，則慊然而餒，卻甚小也."" 又曰: "浩然之氣，只是氣大敢做.

262) ▲: '塞乎天地之間'，是元氣體段合下如此. 或又言: '只是

263) 然: 『朱子語類』에서는 氣로 되어 있다.

264) ▲: 問: "先生解「西銘」'天地之塞'作'窒塞'之'塞'，如何?" 曰: "後來改了，只作'充塞.' 橫渠不妄下字，各有來處. 其曰'天地之塞'，是用『孟子』'塞乎天地'，其曰'天地之帥'，是用'志，氣之帥也.'"【德明】

265) ▲: 氣，只是這箇氣.

266) ▲: 上章旣說浩然如此，又言"其爲氣也，配義與道"，謂養成浩然之氣以配道義，方襯貼得起. 不然，雖有道義，其氣懾怯，安能有爲!

267) ▲: 氣配道義.

268) 這: 【附箋紙】"這"無乃"道"之誤.

52:106 ▲[269] "若於氣上存養有所不足, 遇事之際, 便有十分道理, 亦畏怯而不敢爲." 鄭云: "莫是'見義而不爲, 無勇也'底意思否?" 曰: "亦是▲[270]

52:107 ▲[271]

52:108 ▲[272] 氣須是隨那道義. 如云地配天, 地須在天後, 隨而合之. 婦配夫亦然. 畢竟道義是本, 道義是形而上者, 氣是形而下者. 若道義別而言, 則道是體, 義是用. 體是擧他體統而言, 義是就此一事所處而言. 如父當慈, 子當孝, 君當仁, 臣當敬, 此義也. 所以慈孝, 所以仁敬, 則道也. 故孟子後面只說"集義."【端蒙】

52:109 ▲[273] "道義是公共無形影底物事, ▲[274]是自家身上底物. 道義無情, 若自家無這氣, 則道義自道義, 氣自氣, 如何能助得他." ▲[275] 若不善養, 則無理會, 無主宰, 或消滅不可知. 或使從他處去, 亦不可知."【夔孫】

---

269) ▲: 鄭問: "'配義與道', '配'是合否?" 曰: "'配'亦是合底意. 須思是養得這氣, 做得出, 方合得道義. 蓋人之氣當於平時存養有素, 故遇事之際, 以氣助其道義而行之. 配, 合也, 助也."

270) ▲: 這箇道理." 又曰: "所謂'氣'者, 非干他事. 只是自家平時仰不愧, 俯不怍, 存養於中, 其氣已充足飽滿, 以之遇事, 自然敢爲而無畏怯. 若平時存養少有不足, 則遇事之際, 自是索然而無餘矣."【卓 ○賀孫同.】

271) ▲: 或問"浩然之氣, 配義與道." 曰: "如今說得大錯, 不肯從近處說. 且如'配'字, 是將一物合一物. 義與道得此浩然之氣來貼助配合, 自然充實張主. 若無此氣, 便是餒了. '至大至剛', 讀斷. '以直養而無害', 以直, 方能養得, 便是前面說'自反而縮'道理. '是集義所生', 是氣是積集許多義理而生, 非是將義去外面襲取掩撲此氣來. 粗說, 只是中有主, 見得道理分明, 直前不畏爾. 孟施舍・北宮黝便粗糙, 曾子便細膩爾."【謙】

272) ▲: "配義與道", 配從而合之也.

273) ▲: 問"配義與道." 曰:

274) ▲: 氣

275) ▲: 又曰: "只有氣魄, 便做得出." 問: "氣是合下有否?" 曰: "是合下有.

52:110 ▲[276]人能勇於有爲, 莫非此氣. 苟非道義, 則亦强猛悍戾而已. ▲[277]氣以行之, 又如人要擧事, 而終於委靡不振者, 皆氣之餒也. "必有事焉而勿正", 趙氏以希望之意解"正"字, 看來正是如此, 但說得不甚分明. 今以爲期待之意, 則文理不重複. 蓋必有事於此, 然後心不忘於此. 正之不已, ▲[278]舍似曾子, ▲[279]黝似子夏." 數子所爲, 本不相侔, 只論養勇, 借彼喩此, 明其所養之不同爾. 正如▲[280]丑謂"夫子過孟賁遠矣!" 孟賁豈孟子之流! 只是言其勇爾.【謨】

52:111 ▲[281]

52:112 ▲[282]

52:113 ▲[283] 若輕易開口, 胡使性氣, 卻只助得客氣. 人纔養得純粹, 便助從道義好處去.【賜】

52:114 ▲[284] 道是體. 一事有一理, 是體, 到隨事區處, 便是義.【士毅】

52:115 ▲[285] 程子曰: '在物爲理, 處物爲義.' 道則是物我公共自然

---

276) ▲: "養氣"章, 道義與氣, 不可偏廢. 雖有此道義, 苟氣不足以充其體, 則歉然自餒, 道氣亦不可行矣. 如
277) ▲: 道義而非此
278) ▲: 然後有助長之患. 言意先後, 各有重輕. 孟施
279) ▲: 北宮
280) ▲: 公孫
281) ▲: 方集義以生此氣, 則須要勉强. 及到氣去配義與道, 則道義之行愈覺剛果, 更無凝滯, 尙何恐懼之有!【謨】
282) ▲: 問"配義與道." 曰: "此爲理會得道理底, 也須養得氣, 才助得它."【夔孫】
283) ▲: "配義與道", 只是說氣會來助道義.
284) ▲: "配義與道."
285) ▲: 問: "氣之所配者廣矣, 何故只說義與道?" 曰: "道是體, 義是用.

之理, 義則吾心之能斷制者, 所用以處此理者也."【廣】

52:116 "配義與道", 如云"人能弘道."【可學】

52:117 氣・義互相資.【可學】

52:118 問: "浩然之氣, 人人有之, 但不養則不浩然爾." 曰: "是." ▲[286] "非謂配便是助, 但養得那氣充, 便不餒. 氣充, 方合得那道義, 所以說有助之意."【義剛】

52:119 ▲[287]

52:120 ▲[288]

52:121 ▲[289] 世之理直而不能自明者, 正爲無其氣耳. 譬如利刀不可斬割, 須有力者乃能用之. 若自無力, 利刀何爲?"【力行】

52:122 ▲[290]

52:123 ▲[291] 氣由道義而有, 而道義復乘氣以行, 無異體也. 得其所養, 則氣與道義初不相離, 而道義之行, 得以沛然無所疑憚者. ▲[292]

---

286) ▲: 又問: "'配'字, 從前只訓'合', 先生以'助'意釋之, 有據否?" 曰:

287) ▲: "'配義與道', 『集注』云'配者, 合而有助'之謂." 炎謂: "此一句, 從來說不分曉. 先生作'合而有助', 便覺得賓主分曉, 工夫亦自有徑捷." 曰: "語意是如此. 氣只是助得道義."【炎】

288) ▲: 問"合而有助"之意. 曰: "若無氣以配之, 則道義無助."【煇】

289) ▲: 問"合而有助"之意. 曰: "氣自氣, 道義自道義. 若無此氣, 則道義亦不可見.

290) ▲: "其爲氣也, 配義與道, 無是, 餒也." 有一樣人, 非不知道理, 但爲氣怯, 更帖襯義理不起.【閎祖】

291) ▲: "其爲氣也, 配義與道, 無是, 餒也." 配, 合也. 義者, 人心節制之用, 道者, 人事當然之理. 餒, 不飽也.

道義之成質, 故必集義乃能生之. ▲293) 【端蒙】

52:124 ▲294) 如朝廷欲去這一小人, 我道理直了, 有甚怕他不敢動着. 知他是小人不敢去他, 只是有這氣自衰了. 其氣如此, 便是合下無工夫. ▲295) 春秋時欲攻這敵國, 須先遣問罪之詞. 我這裏直了, 將這箇去摧他勢, 他雖有些小勢力, 亦且消沮去了. 漢 高祖爲義帝發喪, 用董公言: "明其爲賊, 敵乃可服." 我這箇直了, 行去自不怕得它. 【寓】

52:125 ▲296)養▲297)氣, 本無形聲可驗. 惟於事物當然之理上有所裁制, 方始見得298)其行之勇, 斷之決. 緣這道義與那氣廝合出來, ▲299) "初間其氣由集義而生, 後來道義卻須那氣相助, 是以無所疑憚." 【胡泳】

52:126 ▲300) "伊川云: '旣生得此氣, 語其體, 則與道合, 語其用, 則

292) ▲: 若其無此, 則如食之不飽, 雖欲勉於道義, 而亦無以行矣. 氣者,

293) ▲: 集義, 猶言"積善."

294) ▲: "配義與道, 無是, 餒也." 將這氣去助道義, 方能行得去. 若平時不得養, 此氣衰颯了, 合當做底事, 也畏縮不敢去做.

295) ▲: 所謂"是集義所生者", 須是平時有集義工夫, 始得. 到行這道義時, 氣自去助他. 集義是平時積累工夫, "配義與道", 是卒然臨事, 氣配道義行將去. 此兩項, 各自有頓放處. 但將粗處去看, 便分曉.

296) ▲: 或問: "'配義與道', 蓋人之能

297) ▲: 是

298) 見得: 賀本에서는 得見으로 되어 있다.

299) ▲: 所以'無是, 餒也.'" 曰: "更須仔細. 是如此, 其間但有一兩字轉換費力, 便說意不出." 又問: "後面說'集義所生.' 這箇養氣底規模, 如何下手? 都由酬酢應接, 擧皆合義. 人旣如此俯仰無愧, 所以其氣自然盛大流行." 【燾錄云: "問養氣. 曰: '酬酢應接, 擧皆合義, 則俯仰並無愧怍. 故其氣自然盛大流行.'"】 曰: "這後方可說配義. 集義與配義, 是相向說."

300) ▲: 李問: "'無是, 餒也', 是指義, 是指氣?" 曰: "這是說氣." 曰: "下面如何便說'集義所生'?" 曰: "上截說須養這氣, 下再起說所以生此氣. 每一件事做得合義, 便會生這氣, 生得這氣, 便自會行這義."

莫不是義. 譬之以金爲器, 及其器成, 方命得此是金器.' '生'正[301]與'取'字相對說, 生是自裏面生出, 取是自外面取來. ▲[302] 天地浩然之氣, 到人得之, 便自有不全了, 所以須着將道理養到浩然處."【賀孫】

52:127 ▲[303]

52:128 孟子做義上工夫, 多大小大! 養氣只是一箇集義.

52:129 ▲[304]

52:130 ▲[305]問"集義." 曰: "只是無一事不求箇是而已矣."【恪】

52:131 ▲[306]

52:132 ▲[307]

52:133 ▲[308]如初一件合義了, 第二・第三件都要合義, 此謂之'集義.' 或問伊川: '義莫是中理否? 此理如何?' 曰: '如此說, 卻是義在外也.' 蓋有是有非, 而我有以處之, 故爲義."【端蒙】

---

301) 正: 賀本에서는 字로 되어 있다.

302) ▲: 且如今人有氣魄, 合做事, 便做得去. 若無氣魄, 雖自見得合做事, 卻做不去. 氣只是身中底氣, 道義是衆人公共底.

303) ▲: 問: "前賢云: '譬如以金爲器, 器成方得命爲金器.' 舊聞此說, 遂謂'無是, 餒也', '是'字指道義而言." 先生曰: "不知當時如何作如此說."【力行】

304) ▲: 孟子許多論氣處, 只在"集義所生"一句上.【去僞】

305) ▲: 或

306) ▲: 或問"集義." 曰: "集義, 只是件件事要合宜, 自然積得多."【蓋卿】

307) ▲: 或問"集義." 曰: "事事都要合道理, 才有些子不合道理, 心下便不足. 才事事合道理, 便仰不愧, 俯不怍." 因云: "如此一章, 初看道, 如何得許多頭緒, 恁地多? 後來看得無些子窒礙."【賀孫】

308) ▲: 問"集義." 曰: "集, 猶聚也. '處物爲義', 須是事事要合義. 且

52:134 ▲309)

52:135 ▲310) 大抵以坤配乾, 必以乾爲主, 以妻配夫, 必以夫爲主. 配, 作隨底意思. 以氣配道義, 必竟以道義爲主, 而氣隨之, 是氣常隨着道義.【謨】

52:136 ▲311)

52:137 ▲312) "人只怕人說氣不是本來有底, 須要說人生有此氣. 孟子只說'其爲氣也, 至大至剛, 以直養而無害', 又說'是集義所生者', 自不必添頭上一截說. 呂子約亦是如此數摺價說不了. 某直敢說, 人生時無浩然之氣, 只是有那氣質昏濁頽塌之氣. 這浩然之氣, 方是養得恁地. 孟子只謂此是'集義所生', 未須別說. 若只管謂氣與道義, 皆是我本來有底, 小313)間要行一步, 旣怕失了道義, 又怕失了氣. 恰似兩隻脚併著一隻袴, 要東又牽了西, 要西又牽了東, 更行不得."【胡泳】

52:138 ▲314) "本是浩然, 被人自少時壞了, 今當集義方能生." 曰: "有人不因集義, 合下來便恁地剛勇, 如何?" 曰: "此只是麤氣, 便是▲315)黝·▲316)舍之勇底, 亦終有餒時. ▲317)

---

309) ▲: "集義", 謂如十事有一事不合義, 則便有愧. 須是集聚衆義, 然後是氣乃生. "非義襲而取之", 非是於外求得是義, 而搏出此氣也.【震】

310) ▲: "養浩然之氣", 只在"集義所生"一句上. 氣, 不是平常之氣, 集義以生之者. 義者, 宜也. 凡日用所爲所行, 一合於宜, 今日合宜, 明日合宜, 集得宜多, 自覺胸中慊足, 無不滿之意. 不然, 則餒矣. "非義襲而取之", 非是外取其義以養氣也. "配義與道"者,

311) ▲: 或問"是集義所生者"一句. 曰: "'是集義'者, 言是此心中分別這是義了, 方做出來, 使配合得道義而行之, 非是自外而襲得來也. '生'字便是對'取'字而言."【卓】

312) ▲: 或問: "人有生之初, 理與氣本俱有. 後來欲動情流, 旣失其理, 而遂喪其氣. 集義, 則可以復其性而氣自全." 曰:

313) 小: 『朱子語類』에서는 少로 되어 있다.

314) ▲: 問: "此氣是當初稟得天地底來, 便自浩然, 抑是後來集義方生?" 曰:

52:139 ▲[318)]

52:140 ▲[319)] 問: "何以不言仁?" 曰: "▲[320)] 無一毫不快於心, 自生浩然之氣. 只合說得義. ▲[321)]." 【德明】

52:141 ▲[322)]一之 ▲[323)] 曰: "▲[324)]集義意思, ▲[325)] 如謹[326)]究書中道理, 便也要見得安穩." 曰: "此▲[327)]是窮理, 不是集義. 集義是行底工夫, ▲[328)] 窮理則在知言之前. 窮理, 是做知言工夫, 能窮理, 然後能知言." 【淳】

52:142 ▲[329)] "須是先知言. 知言, 則義精而理明, 所以能養浩然之氣. 知言正是格物・致知. 苟不知言, 則不能辨天下許多淫・邪・詖・遁. 將以爲仁, 不知其非仁, 將以爲義, 不知其非義, 則將何以集義而生此浩然之氣. 氣只是充乎體之氣, 元與天地相流通. 只是仰不愧,

---

315) ▲: 北宮

316) ▲: 孟施

317) ▲: 此章須從頭節節看來看去, 首尾貫通, 見得活方是, 不可只略獵涉說得去便是了." 【淳】

318) ▲: 問: "孟子養浩然之氣, 如所謂'集義', '勿忘勿助', '持其志, 無暴其氣', 似乎皆是等級." 曰: "他祇是集義. 合當做底便做將去, 自然塞乎天地之間. 今若謂我要養氣, 便是正, 便是助長. 大抵看聖賢文字, 須要會得他這意. 若陷在言語中, 便做病來." 【道夫】

319) ▲: "集義, 故能生浩然之氣."

320) ▲: 浩然之氣無他, 只是仰不愧, 俯不怍,

321) ▲: 義, 便事事合宜

322) ▲: 問

323) ▲: : "看浩然之氣處如何?"

324) ▲: 見

325) ▲: 是要得安穩.

326) 謹: 【附箋紙】"謹", "講"之誤.

327) ▲: 又

328) ▲: 只是事事都要合義.

329) ▲: 問: "浩然之氣, 集義是用功夫處否?" 曰:

俯不怍, 自然無恐無懼, 塞乎天地. 今人心中才有歉愧, 則此氣自然消餒, 作事更無勇銳. '配義與道'者, 配是相合而有助. 譬如與人鬪[330]敵, 又得一人在後相助, 自然愈覺氣勝. 告子▲[331] 只是一味勃然不顧義理. 如此養氣, 則應事接物皆去不得. 孟子是活底不動心, 告子是死底不動心. 如孟子自是沉潛積養, 自反而縮, 只是理會得道理是當. 雖加齊卿相, 是甚做不得? ▲[332]

52:143 ▲[333]

52:144 ▲[334]

52:145 ▲[335] 襲, 猶兵家掩襲之'襲', 出其不意, 如劫寨相似, 非順理

---

330) 鬪: 成化本・賀本에서는 鬭로 되어 있다.

331) ▲: '不得於言, 勿求於心, 不得於心, 勿求於氣',

332) ▲: 此章正要反覆子細看. 公孫丑如何問? 孟子如何答? 孟子才說'志至焉, 氣次焉, 持其志, 無暴其氣', 公孫丑便以志爲至, 以氣爲第二等事, 故又問何故又要無暴其氣? 孟子方告之以不特志能動氣, 而氣亦能動志也. 氣能動志, 須是尋常體察. 如飮酒固能動志, 然苟能持其志, 則亦不能動矣." 侍坐者有於此便問: "直・方・大如何?" 曰: "議論一事未分明, 如何隔向別處去. 下梢此處未明, 彼又不曉, 一切泛然無入頭處. 讀書理會義理, 須是勇猛徑直理會將去. 正如關羽擒顏良, 只知有此人, 更不知有別人, 直取其頭而歸. 若使旣要砍此人, 又要砍那人, 非惟力不給, 而其所得者不可得矣. 又如行路, 欲往一處所, 卻在道邊閑處留滯, 則所欲到處, 何緣便達. 看此一章, 便須反覆讀誦, 逐句逐節互相發明. 如此三二十過而曰不曉其義者, 吾不信也."【謨】

333) ▲: "養氣"一段, 緊要只在"以直養而無害", "是集義所生", "自反而縮"等處. 又曰: "'非義襲而取之', 其語勢如'人之有是四端, 猶其有四體', 卻不是說有無四體底人. 言此氣須是集義方生得, 不是一旦向義外面襲取得那氣來, 教恁地浩然."【植】

334) ▲: 問: "浩然之氣是'集義所生, 非義襲而取之也', 如何?" 曰: "此是反覆說, 正如所謂'仁義禮智, 非由外鑠我也, 我固有之也.' 是積集衆義所生, 非是行一事偶然合義, 便可掩襲於外而得之. 浩然之氣, 我所固有者也."【廣】

335) ▲: 問: "'集義', 是以義爲內, '義襲', 是以義爲外否?" 曰: "不必如此說. 此兩句是掉轉說, 如云: '我固有之也, 非由外鑠我也.' 蓋義本於心, 不自外至. 積集此義而生此氣, 則此氣實生於中. 如北宮黝・孟施舍之勇, 亦自心生." 又問: "『集注』云: '非由只行一事, 偶合於義, 便可以掩襲於外而得之.'" 曰: "集義是集衆義, 故

而行, 有積集工夫者也."【人傑】

52:146 ▲[336)]

52:147 ▲[337)]

52:148 ▲[338)]

52:149 ▲[339)] "若是本初清明, 自然行之無非是義, 此舜'由仁義行'者. 其他須用學知. ▲[340)] 如金溪之學, 向來包子只管說'集義, 襲義.' 某嘗謂之曰: '如此說『孟子』,『孟子』初無'襲義.' 今言'襲義', 卻是包子矣! 其徒如今只是將行得一事合義, 便指準將來長得多少精神, 乃是告子之意. 但其徒禁錮着, 不說出來."【螢】

52:150 ▲[341)]江西人只愛說"義襲", 不知如何襲? 只是說非以義掩取是氣. 蓋氣自內而生, 非由外而入.【蓋卿】

與只行一事相對說.

336) ▲: "非義襲而取之", 謂積集於義, 自然生得此氣, 非以浩然爲一物, 可以義襲取之也.【德明】

337) ▲: "是集義所生者, 非義襲而取之也." 須是積習持養, 則氣自然生, 非謂一事合宜, 便可掩取其氣以歸於己也.【閎祖】

338) ▲: 問"是集義所生者, 非義襲而取之也." 曰: "今說'集義', 如學者工夫, 須是於平日所爲之事, 求其合於義者而行之. 積集既久, 浩然氣自生. 若說'義襲', 則於一事之義勇而爲之, 以壯吾氣耳. 襲, 如用兵掩襲之'襲', 猶曰於一事一行之義, 勇而爲之, 以襲取其氣也."【人傑】

339) ▲: 正淳問: "'非義襲而取之', 如何?" 曰: "所謂'義襲而取之'者, 襲, 如用兵之襲, 有襲奪之意, 如掩人不備而攻襲之. 謂如才得行一件事合義, 便將來壯吾氣, 以爲浩然之氣可以攫拏而來, 夫是之謂襲. 若集義者, 自非生知, 須是一一見得合義而行."

340) ▲: 凡事有義, 有不義, 便於義行之. 今日行一義, 明日行一義, 積累既久, 行之事事合義, 然後浩然之氣自然而生.

341) ▲: "非義襲而取之", 見

52:151 ▲[342)]

52:152 ▲[343)]

52:153 ▲[344)]曰: '所行一有不合於義, 而自反不直, 則不足於心, 而體自有所不充.' 只是說所行不義, 則欿然而餒. 今說'蔽'字, 則是說知之意, 不知何如?" 曰: "蔽, 是遮隔之意. 氣自流通不息, 一爲私意所遮隔, 則便去不得. 今且以麤言之, 如項羽一箇意氣如此, 纔被漢王數其罪十, 便覺沮屈[345)]去不得了." 【廣】

52:154 ▲[346)] "告子直是將義屛除去, 只就心上理會." 固[347)]說: "陸子靜云: '讀書講求義理, 正是告子義外工夫.' 某以爲不然. 如子靜不讀書, 不求義理, 只靜坐澄心, 卻似告子外義." 【德明 ○『集注』非定本.】

52:155 養氣二項. "敬以直內, 【必有事.】 義以方外." 【『集義』 ○方】

52:156 孟子論養氣, 只全就已發處說, 程子論養志, 自當就未發處說, 【養志莫如"敬以直內."】 各是一義, 自不妨內外交養. 不可說孟子救告子義外之失, 而姑爲此言也.

52:157 "必有事焉", 是須把做事做. 如主敬, 也須是把做事去主, 如

---

342) ▲: 問: "無浩然之氣, 固是襯貼他義不起. 然義有欠闕, 卽氣亦餒, 故曰: '行有不慊於心, 則餒矣.' 竊謂氣與義必相須." 曰: "無義則做浩然之氣不成. 須是集義, 方成得浩然之氣." 【德明】

343) ▲: 浩然, 要事事合義. 一事餒, 便行不得. 【可學】

344) ▲: 問: "明道說浩然之氣, 曰: '一爲私意所蔽, 則欿然而餒, 知其小矣.' 據孟子後面說: '行有不慊於心, 則餒矣.' 先生解

345) 屈: 賀本에는 없다.

346) ▲: 問: "『集注』云: '告子外義, 蓋外之而不求, 非欲求之於外也.'" 曰:

347) 固: 『朱子語類』에서는 因으로 되어 있다.

求放心, 也須是把做事去求, 如窮理, 也須是把做事去窮.【僴】

52:158 ▲[348)]

52:159 ▲[349)] "仁者先難而後獲." 正心似[350)]先獲意思, ▲[351)]

52:160 ▲[352)] "正, 猶等待之意. 趙岐解▲[353)] '不可望其福.' 雖說意麤了, 其文義卻不錯. ▲[354)]

52:161 ▲[355)]

52:162 "必有事焉, 而勿正", 這裏是天命流行處.【謨】

52:163 "'勿正'所以爲預期者, 亦猶程子所謂'思而曰善, 然後爲之, 是正之之意'歟?" 曰: "程子此言稍寬. 今以正爲預期者, 卻有引據, 所

---

348) ▲: 鄭天禧問: "'必有事焉而勿正', 當作絶句否?" 曰: "元舊是恁地讀."【卓】

349) ▲: "必有事焉, 而勿正心", 此言"正心", 自與『大學』語脈不同. 此"正"字是期待其效之意.

350) 似: 賀本에서는 是로 되어 있다.

351) ▲: 先獲是先有求獲之心. 古人自有這般語. 『公羊傳』云: "師出不正反, 戰不正勝." 此"正"字, 與孟子說"正心"之"正"一般. 言師出不可必期其反, 戰不可必期其勝也.【賀孫】

352) ▲: 問"必有事焉而勿正"之義. 曰:

353) ▲: 云:

354) ▲: 此正如'師出不正反, 戰不正勝'之'正.' 古人用字之意如此, 言但當從事於此, 而勿便等待其效之意." 或問: "此便是助長否?" 曰: "'正', 未是助長, 待其效而不得, 則漸漸助之長矣. 譬之栽木, 初栽即是望其長, 望之之久而不如意, 則揠苗矣! 明道曰'下言之漸重', 此言卻是." 後因論"仁者先難而後獲", 洽曰: "先解'勿正'字, 頗有後獲之意." 曰: "頗有此意." 曰: "如此解, 則於用工處儘有條理." 曰: "聖賢之言, 條理精密, 往往如此. 但看得不切, 錯認了他文義, 則幷與其意而失之耳."【洽】

355) ▲: "必有事焉, 而勿正", 有事, 有所事也, 正, 預期也. 言人之養氣, 須是集義. 苟有未充, 不可預期其效, 而必强爲以助其長也.【端蒙】

謂‘戰不正勝’, 是也.”【謨】

52:164 ▲[356] 不要等待, 不要催促.【淳】

52:165 ▲[357]

52:166 “集義”, 如藥頭, “必有事▲[358]勿正, 心勿忘, 勿助長”, 如製度.【閎祖】

52:167 ▲[359]

52:168 ▲[360] 今日集得多少義, 又等他氣生, 明日集得多少義, 又等他氣生, 這都是私意, 只成得一箇助長. 恁地, 則不惟氣終不會生, 只[361]這所集之義已不得爲是了.”

52:169 ▲[362]

52:170 ▲[363] “助長”者, 無不畏之心, 而强爲不畏之形.【節】

---

356) ▲: “必有事焉, 而勿正, 心勿忘, 勿助長”, 是養氣中一節目, 饒本作: “集義中小節目.”
357) ▲: 事・正・忘・助相因. 無所事, 必忘, 正, 必助長.【閎祖】
358) ▲: 焉, 而
359) ▲: “必有事焉”, 謂有所事, 只是集義也. 正則有所待, 蓋必之之意. “勿忘, 勿助長”, 但勿忘, 則自然長. 助長, 則速之如揠苗者也.【德明】
360) ▲: 或問“必有事焉, 而勿正.” 曰: “正便是期必. 集義多, 則浩然之氣自生. 若著一箇意在這裏等待他生, 便爲害.
361) 只: 賀本에서는 없다.
362) ▲: 或問“必有事焉而勿正.” 曰: “正是等待之意. 如一邊集義, 一邊在此等待那氣生. 今日等不見, 明日又等不見, 等來等去, 便卻去助長.”【焘】
363) ▲: “勿正心”, 勿期其浩然也. “勿忘”者. 勿忘其下工夫也.

52:171 ▲[364] 勿正, 謂▲[365] 聽其自充也.【升 ○▲[366]】

52:172 "必有事焉, 而勿正, 心勿忘, 勿助長也." 下兩句, 非是覆解上兩句, 此自有淺深. 勿正, 是勿期必其如此, 勿助長, 是不到那地位了, 不可硬要充去. 如未能集義, 不可硬要浩然. 纔助長, 在我便有那欺僞之心, 施於事, ▲[367]梢[368]必不勝任, 譬如千[369]鈞之力而負千鈞. 故助長之害最大!【端蒙】

52:173 "▲[370] 四者初無與養氣事. 只是立此界至, 如東至某, 西至某, 其中間一段方是浩然處也."【必大】

52:174 ▲[371] 如種木焉, 自是生長, 不必日日看覷他. 若助長, 直是拔起令長. 如今說不怕鬼, 本有懼心, 强云不懼. 又如言不畏三軍者, 出門聞金鼓之聲, 乃震怖而死. ▲[372]

52:175 "養氣"一章在不動心, 不動心在勇, 勇在氣, 氣在集義. 勿忘・勿助長, 又是那集義底節度. 若告子, 則更不理會言之得失, 事之是非, 氣之有平不平, 只是硬制壓那心便[373]不動, 恰如說打硬修行一般.

---

364) ▲: "勿忘, 勿助長", 本連上文"集義"而言, 故勿忘, 謂勿忘集義也. 一言一動之間, 皆要合義, 故勿忘. 助長, 謂不待其充, 而强作之使充也. 如今人未能無懼, 卻强作之, 道我不懼, 未能無惑, 卻强作之, 道我不惑, 是助長也. 有事, 有事於集義也.
365) ▲: 勿預等待他,
366) ▲: 卿
367) ▲: 末
368) 梢:【附箋紙】"梢"上脫"末."
369) 如千:【附箋紙】"如千"之"千", 似誤.
370) ▲: "必有事焉", 謂集義. 正, 是期望, 忘, 是不把做事, 助長, 是作弄意思. 世自有此等人. 孟子之意, 只是如此粗言之. 要之,
371) ▲: 問: "預期其效如何?" 曰: "集義於此, 自生浩然之氣, 不必期待他.
372) ▲:【事見『孟子』注.】 須積習之功至, 則自然長, 不可助長也."【德明】
373) 便: 賀本에서는 使로 되어 있다.

【端蒙】

52:176 ▲[374]人能集義以養其浩然之氣，故事物之來，自有以應之，不可萌一期待之心. 少間期[375]之不得，則必出於私意有所作爲，而逆其天理矣，▲[376] 今人之於物，苟施種植之功，至於日至之時，則自然成熟. 若方種而待其必長，不長則從而拔之，其逆天害物也甚矣." 又云: "集養是養氣底丹頭，必有事便是集義底火法. 言必有事者，是養[377]氣之法度也. 養得這氣在此，便見得這箇自重，那箇自輕. 如▲[378]丑言'加齊卿相，得行道焉'，以爲孟子動心於此. 不知孟子所養在此，見於外者，皆由這裏做出來." 又曰: "孔子與顏淵'用之則行，舍之則藏，唯我與爾有是夫.' 這'有是夫'，言我有這箇道理在，不是言有用舍・行藏也." ▲[379]

52:177 ▲[380]有事▲[381]'，'勿忘'是論集義工夫，'▲[382]正'與'勿助長'是論氣之本體上添一件物事不得. 若是集義，便過用些力亦不妨，卻如何不着力得? 苗固不可揠，若灌溉耘治，豈可不盡力. 今謂克治則用嚴，養氣則不可助長，如此，則二事相妨，如何用▲[383]"【螢】

52:178 ▲[384]今學者先要把箇"勿忘，勿助長"來安排在肚裏了做工

---

374) ▲: 問"必有事焉而勿正"章. 曰: "'必有事焉'，孟子正說工夫處. 且從上面集義處看來，便見得'必有事焉'者，言養氣當必以集義爲事，'勿正'者，勿待也，'勿忘'者，勿忘其以集義爲事也，'助長'者，是待之不得，而拔之使長也. 言

375) 期: 『朱子語類』에서는 待로 되어 있다.

376) ▲: 是助之長也.

377) 養: 賀本에서는 義로 되어 있다.

378) ▲: 公孫

379) ▲: 又云: "心有所主宰，則氣之所向者無前，所謂'氣蓋世'之類是也. 有其心而無其氣，則雖十分道理底事，亦有不敢爲者，氣不充也."【卓】

380) ▲: 看「助長說」，曰: "『孟子』'必

381) ▲: 焉

382) ▲: 勿

383) ▲: 功!

夫, 卻不得.[385]

52:179 明道云: "'勿忘, 勿助長'之間, 正當處也." 此等語, 更宜玩味. 大凡觀書從東頭直築着西頭, 南頭築着北頭, 七穿八透, 皆是一理, 方是貫通. 古人所以貴一貫也.【必大】

52:180 "'必有事焉', 只消此一句, 這事都了. 下面'而勿正, 心勿忘, 勿助長', 恰似剩語. 卻被這三句撑控[386]夾持得不活轉, 不自在. 然活轉自在人, 卻因此三句而生. 只是纔喚醒, 這物事但[387]在這裏, 點着便動. 只此便是天命流行處, 便是'天命之謂性, 率性之謂道', 便是仁義之心, 便是'惟皇上帝降衷于下民.' 謝氏所謂'活潑潑地', 只是這些子, 更不待想象[388]尋求, 分明在這裏, 觸着便應. 『通書』中'元亨誠之通, 利貞誠之復'▲[389], 便是這意思. 見得這箇物事了, 動也如此, 靜也如此, 自然虛靜純一, 不待更去求虛靜, 不待體認, 只喚着便在這裏." 或曰: "吾儒所以與佛氏異者, 吾儒則有條理, 有準則, 佛氏則無此爾." 曰: "吾儒見得箇道理如此了, 又要事事都如此. 佛氏則說: '便如此做, 也不妨.' 其失正在此."【僩】

52:181 侯師聖說"必有事焉, 而勿正心", 伊川擧禪語爲況[390]曰: "事則不無, 擬心則差." 當時於此言下有省, 某甚疑此語引得不相似. "必有事"是須有事於此, "勿正心"是不須恁地等待. 今說"擬心則差", 是如何? 言須擬之而後言, 行須擬之而後動, 方可中節. 不成不擬不議, 只恁地去. 此語似禪, 某不敢編入『精義』.【義剛 ○可學錄云: "擬心則差, 是

384) ▲: "勿忘, 勿助長", 自是孟子論養氣到這裏, 不得不恁地說. 如
385) 今學者 … 卻不得:【附箋紙】此段存上一段, 語義尤似渾全, 未知如何.
386) 控:【附箋紙】"控"恐誤.
387) 但: 『朱子語類』에서는 便으로 되어 있다.
388) 象: 賀本에서는 像으로 되어 있다.
389) ▲: 一章
390) 況: 賀本에서는 說로 되어 있다.

借語."】

52:182 問: "'必有事焉, 而勿正, 心勿忘, 勿助長.' 據[391]『孟子』只是養氣節次. 近世諸儒之語, 把來作一段工夫, 莫無妨否?" 曰: "無妨. 只看大意如何." 曰: "諸儒如此說, 雖無害, 只是孟子意已走作. 先生解此卻好." 曰: "此一段, 趙岐『注』乃是就『孟子』說, 只是頗緩慢."【可學】

52:183 "'必有事焉, 而勿正', 卻似'鳶飛魚躍'之言. 此莫是順天理自然之意否?" 曰: "孟子之說, 只是就養氣上說. 程子說得又高. 須是看『孟子』了, 又看程先生說, 便見得孟子只說'勿忘, 勿助長', 程先生之言, 於其中卻有一箇自然底氣象."【去僞】

52:184 問"鳶飛魚躍"與"必有事焉"之意. 曰: "說着相似, 又不甚相似, 說不相似, 又卻相似. '必有事焉', 是才學這事理, 便在裏了. 如說話未斷, 理便在此了."【夔孫】

○[392] 孟子所謂有事, 只是集義, 勿正, 是勿望氣之生. 義集, 則氣自然生. 我只集義, 不要等待氣之生. 若等待, 便辛苦, 便去助氣使他長了. 氣不至於浩然, 便作起令張旺, 謂己剛毅, 無所屈撓, 便要發揮去做事, 便是助長."【淳】

52:185 韓退之詩云: "强懷張不滿, 弱念闕易盈." "無是, 餒也", 雖强支撐起來, 亦支撐不得, 所謂"揠苗"者也.【閎祖 ○雉錄見『語類』.】

52:186 ▲[393] 若不知言, 則自以爲義, 而未必是義, 自以爲直, 而未

391) 據: 賀本에서는 疑로 되어 있다.
392) ○:『朱子語類』96:17의 일부이다.【附箋紙】此段,『語類』元本無之.
393) ▲: 或問"知言養氣"一章. 曰: "此一章專以知言爲主.

必是直, 是非且莫辦[394]矣. 然說知言, 又只說知蔽[395]・淫・邪・遁之四者. 蓋天下事, 只有一箇是與不是而已. 若辨得那不是底, 則便識得那是底了. 謂如人說十句話, 有四句不是, 有六句是, 若辨得那四句不是, 則那六句便是是底了. 然非見得道理十分分明, 則不能辨得親切. 且如集義, 皆是見得道理分明, 則動靜出處, 皆循道理, 無非集義也. 而今人多見理不明, 於當爲者反以爲不當爲, 於不當爲者反以爲當爲, 則如何能集義也! 惟見理明, 則義可集, 義旣集, 則那'自反而縮', ▲[396] 自是在了." 又曰: "孟子先說知言, 後說養氣, 而▲[397]丑便問養氣. 某向來只以爲是他承上文方論氣而問, 今看得不然, 乃是▲[398]丑會問處. 留得知言在後面問者, 蓋知言是末後合尖上事. 如『大學』說'正心修身', 只合殺在'致知在格物'一句, 蓋是用工夫起頭處."【燾】

○[399] 某舊說, 孟子先說知言, 而▲[400]丑先問養氣者, 承上文方論志氣而[401]言也. 今看來, 他問得卻自有意思. 蓋知言是那後面合尖末梢頭處, 合當留在後面問, 如『大學』所論, 自修身・正心卻說到致知・格物. 蓋致知・格物是末梢尖處, 須用自上說下來, 方爲有序也.

○[402] 因論"知言・養氣." 德修謂: "養氣爲急, 知言爲緩." 曰: "孟子▲[403]先說'我知言', 然後說'我善養吾浩然之氣.' 公孫丑先問浩然之氣, 次問知言者, 因上面說氣來, 故接續如此問. 不知言, 如何養得氣?" 德修云: "先須養. 有尺, 便量見天下長短." 曰: "須要識這尺."【文蔚】

---

394) 辦:【附箋紙】"辦"宜從刂. 此, 下"辨"字之誤.
395) 蔽: 英祖刊本・成化本・賀本에서는 詖로 되어 있다.
396) ▲: 便不必說,
397) ▲: 公孫
398) ▲: 公孫
399) ○:『朱子語類』52:209의 일부이다.【附箋紙】此段與前段一般, 而印本無之.
400) ▲: 公孫
401) 而:『小分』에서는 言을 而로 고쳤다
402) ○:『朱子語類』52:5의 일부이다.【附箋紙】此段□, 而印本無之.
403) ▲: 須

52:187 "詖辭知其所蔽." 詖是偏詖, 只見得一邊. 此理本平正, 他只說得一邊, 那一邊看不見, 便是爲[404]物蔽了. 字凡從"皮", 皆是一邊意, 如跛是脚一長一短, 坡是山一邊斜.【淳】

52:188 "淫辭知其所陷." 陷, 是身溺在那裏. 如陷溺於水, 只是見水而不見岸也.【夔孫】

52:189 ▲[405]問: "▲[406]遁底模樣?" 曰: "如墨者夷之之說窮, 遂又牽引'古之人若保赤子'之說爲問. 如佛家初說剃除髭髮, 絶滅世事, 後其說窮, 又道置生産業自無妨礙."【賀孫】

52:190 ▲[407]

52:191 ▲[408] "詖辭, 偏詖之辭也. 見詖辭, 則知其人之蔽於一偏, 如楊氏蔽於'爲我', 墨氏蔽於'兼愛', 皆偏也. 淫辭, 放蕩[409]之辭也. 見淫辭, 則知其人之陷於不正, 而莫知省悟也. 見邪辭, 則知其人之離於道, 見遁辭, 則知其人之說窮而走也."【去僞】

52:192 ▲[410]

---

404) 爲: 賀本에서는 如로 되어 있다.
405) ▲: 陳正己
406) ▲: '詖·淫·邪·遁', 如何是
407) ▲: 孟子說"知言"處, 只有詖·淫·邪·遁四者. 知言是幾多工夫? 何故只說此四字? 蓋天地之理不過是與非而已. 旣知得箇非, 便識箇是矣. 且如十句言語, 四句是有詖·淫·邪·遁之病, 那六句便是矣.【僩】
408) ▲: 或問"詖·淫·邪·遁." 曰:
409) 蕩: 【附箋紙】"蕩", 宜從艹.
410) ▲: 問: "此四辭如何分別?" 曰: "詖辭, 乃是偏放一邊, 如楊氏之仁, 墨氏之義. 蔽者, 蔽於一而不見其二. 淫者, 廣大無涯, 陷於其中而不自知. 邪, 則已離於正道, 而自立一箇門庭. 遁辭, 辭窮無可說, 又卻自爲一說. 如佛家言治産業皆實相. 旣如此說, 怎生不出來治産業? 如楊朱云: '一毫何以利天下?' 此是且分解其說. 你且不拔一毫, 況其他乎? 大抵吾儒一句言語, 佛家只管說不休. 如莊周末

52:193 ▲411) 詖▲412) 如遮蔽相似. 到得就偏說中說得淫, 辭便廣闊. 至有所陷溺, 如陷在水中, 不見四旁矣, 遂成一家邪說, 離於正道. 到得後來說不通時, 便作走路, 所謂"遁辭"也. 如釋氏論理, 其初旣偏, 反復譬喩, 其辭非不廣矣. 然畢竟離於正道, 去人倫, 把世事爲幻妄. 後來亦自行不得, 到得窮處, 便說走路. 如云治生産業, 皆與實相不相違背, 豈非遁辭乎? 孟子知言, 只是從知其偏處始.【璘】

52:194 ▲413) 如楊氏本自不"拔一毛而利天下", 卻說天下非一毛所能利, 夷子本說"愛無差等", 卻說"施由親始", 佛氏本無父母, 卻說『父母經』, 皆是遁辭. ▲414)

52:195 ▲415) 如儀・秦・楊・墨・莊・列之說, 皆具四者.【德明】

52:196 ▲416)

52:197 ▲417)

篇說話亦此類. 今入與佛辨, 最不得便宜, 他卻知吾說而用之. 如橫渠『正蒙』乃是將無頭事與人作言語."【可學】

411) ▲: "詖辭知其所蔽"

412) ▲: 是偏詖之"詖." 偏於一邊, 不見一邊, 只是蔽耳,

413) ▲: 詖, 是偏詖, 說得來一邊長, 一邊短. 其辭如此, 則知其心有所蔽矣. 淫, 是放蕩, 旣有所蔽, 說得來漸次夸張. 其辭如此, 則知其心有所陷矣. 邪辭是旣陷後, 一向邪僻離叛將去. 遁詞是旣離後走脚底話.

414) ▲:【人傑 ○賜錄云: "詖辭是一邊長, 一邊短, 如人之跛倚. 緣它只見這一邊, 都不見那一邊, 是以蔽. 少間說得這一邊闊大了, 其辭放蕩, 便知他心陷在這裏. 邪說是一向遠了. 遁辭是走脚底話, 如墨者夷之"云云.】

415) ▲: 詖是險詖不可行, 故蔽塞. 淫是說得虛大, 故有陷溺. 邪則離正道. 遁則窮, 惟窮, 故遁.

416) ▲: 詖・淫・邪・遁, 蔽・陷・離・窮, 四者相因. 心有所蔽, 只見一邊, 不見一邊, 如"楊氏爲我, 墨氏兼愛", 各只見一邊, 故其辭詖而不平. 蔽則陷溺深入之義也, 故其辭放蕩而過. 陷則離, 離是開去愈遠也, 故其辭邪. 離則窮, 窮是說不去也, 故其辭遁. 遁, 如夷之之言是也.【閎祖】

417) ▲: 先之問: "詖・淫・邪・遁'四者相因'之說如何?" 曰: "詖辭, 初間只是偏了.

52:198 ▲[418] 然詖與淫, 只是見偏了, 猶自是道理在. 然只管淫而不正[419], 便失了那道理. 既是不正, 無緣立得住, 便至於遁. 遁則多討物理前來遮蓋."

52:199 ▲[420] 文蔚曰[421]: "如莊周放浪之言, 所謂'淫辭.'" 曰: "如此分不得. 只是心術不正, 便自節次生此四者. 如楊·墨自有楊·墨底詖·淫·邪·遁, 佛·老自有佛·老底詖·淫·邪·遁, 申·韓自有申·韓底詖·淫·邪·遁. 如近世言功利者, 又自有一種詖·淫·邪·遁. 不特是如此, 有一樣苟且底人, 議論不正, 亦能使是非反覆. 張安道說: '本朝風俗淳厚, 自范文正公一變, 遂爲崖異刻薄.' 後來安道門人和其言者甚衆, 至今士大夫莫能辨明, 豈不可畏!"【文蔚】

52:200 ▲[422] 如佛學者初有'桑下一宿'之說, 及行不得, 乃云'種種營生, 無非善法', 皆是遁也."【德明】

所以偏者, 止緣他蔽了一邊, 如被物隔了, 只見一邊. 初間是如此, 後來只管陷入裏面去, 漸漸只管說得闊了, 支蔓淫溢, 才恁地陷入深了. 於是一向背卻正路, 遂與正路相離了. 既離了正路, 他那物事不成物事, 畢竟用不得, 其說必至於窮. 爲是他說窮了, 又爲一說以自遁, 如佛家之說."【賀孫】

418) ▲: 或問詖·淫·邪·遁"四者相因"之說. 曰: "'詖'字, 是遮了一邊, 只見一邊. 如'陂'字, 亦是一邊高, 一邊低, '跛'字, 亦是脚一邊長, 一邊短, 皆是只有一邊之意. '淫辭知其所陷.' 淫, 便是就所詖處多了, 被他只看得這一邊, 都蓋了那一邊. 如人攧在水裏, 只見得那水, 更不見有平正底道理. 詖是少了那一邊, 淫是添了這一邊.

419) 正: 孝宗刊本·成化本·賀本에서는 止로 되어 있다.

420) ▲: 沈莊仲問詖·淫·邪·遁之辭.

421) 文蔚曰:【附箋紙】"文蔚曰", 何須不刪?

422) ▲: 問: "詖·淫·邪·遁之辭, 楊·墨似詖, 莊·列似淫, 儀·秦似邪, 佛似遁." 曰: "不必如此分別, 有則四者俱有, 其序自如此. 詖, 是偏詖不平, 譬似路一邊高, 一邊低, 便不可行, 便是蔽塞了一邊. 既蔽塞, 則其勢必至於放蕩而陷溺. 淫而陷溺, 必至於邪僻而叛道. 才問著, 便遁而窮. 且如楊·墨'爲我'·'兼愛'之說, 可謂是偏頗. 至於'摩頂放踵', '拔一毛利天下不爲', 便是不可行. 夷之云: '愛無差等, 施由親始', 不是他本意. 只爲被孟子勘破, 其詞窮, 遂爲此說, 是遁也.

○[423] 問: "詖・淫・邪・遁之意, 如何辨別?" 曰: "詖・淫・邪・遁雖是四般, 然纔有一般, 則其餘牽連而生, 大概多從詖上起. 詖只是偏, 才偏, 便自是一邊高一邊低, 不得其正. 如楊氏爲我, 則蔽於仁, 墨氏兼愛, 則蔽於義. 由其蔽, 故多爲蔓衍, 推之愈闊. 如爛物相似, 只管浸淫, 陷在一處, 都轉動不得. 如墨者夷之所謂'愛無差等, 施由親始.' '愛無差等'是其本說, 又卻假托'施由親始'之言, 栽接以文其說是也. 淫辭如此, 自不知其爲邪. 如列子達生之論, 反以好色飲酒爲善事, 而不覺其離於道也. 及其說不行, 又走作逃遁, 轉從別處去. 釋氏毀人倫, 去四大. 人謂其不可行, 則▲[424]: '雖不毀棄人倫, 亦可以行吾說.' 此其所以必窮也."

52:201 淫・邪辭相互.【可學】

52:202 孟子離此四病, 所以知人言有四病.【方】

52:203 問: "程子▲[425]所謂'在堂上'者, 莫只是喻心通於道者否?" 曰: "此只是言見識高似他, 方能辨他是非得失, 若見識與他一般, 如何解辨[426]得他!"【廣 ○▲[427]】

52:204 問: "孟子知言處, ▲[428] 先政而後事, 闢墨・楊[429]處說▲[430], 先事而後政." 曰: "先事而後政, 是自微而至著, 先政而後事,

423) ○:『朱子語類』52:29의 일부분이다.
424) ▲: 曰
425) ▲: 說: '孟子知言, 譬如人在堂上, 方能辨堂下人曲直.'
426) 辨:【附箋紙】"辨"
427) ▲: 士毅錄云: "纔高於衆人了, 方見得. 與衆人一般低, 立在堂下, 如何辨得人長短!"
428) ▲: '生於其心, 害於其政',
429) 墨・楊:『朱子語類』에서는 楊・墨으로 되어 있다.
430) ▲: '作於其心, 害於其事'

是自大綱而至節目."【雉】

52:205 ▲431)

52:206 問: "顏子'具體而微', 微是'微小'或'隱微'▲432)" 曰: "微, 只是小. 然文意不在'小'字上, 只是說體全與不全."【寓】

52:207 ▲433)

52:208 "具體而微", 伊川言"合下小", 是言氣稟. 如"三月不違", 則有乏處.【因五峰與張肅434)說. ○方】

52:209 問▲435)後面說伯夷·伊尹·孔子▲436) 曰: "後面自是散說出去, 不須更回引前頭. 這裏地位極高, 浩然之氣又不足言, 不須更說氣了. 有百里之地, 則足以有天下, 然'行一不義, 殺一不辜', 則有所不爲, 此是甚麽樣氣象! 大段是極至處了. 雖使可以得天下, 然定不肯將一毫之私來壞了這全體. 古之聖人其大根脚同處, 皆在此. 如伊尹'非其義也, 非其道也, 一介不以與人, 一介不以取諸人, 繫馬千駟, 祿之以天下弗視弗顧', 與此所論一般. ▲437)

○438) 又曰: "公孫丑善問, 問得愈密, 盛水不漏. 若論他會恁地問,

431) ▲: "孟子說知言·養氣處, 止是到'聖人復起必從吾言矣'住. 公孫丑疑孟子說知言·養氣忒擔當得大, 故引'我於辭命則不能'以詰孟子. 孟子對以'惡, 是何言也'! 丑又問: '昔者子夏·子游·子張皆得聖人之一體', 意欲以孟子比聖人. 故孟子推尊聖人, 以爲己不敢當, 遂云'姑舍是.'"【去僞】

432) ▲: 之'微'?

433) ▲: "顏子所知所行, 事事只與聖人爭些子, 所以曰'具體而微.'"【燾】

434) 肅: 賀本에는 없다.

435) ▲: "浩然之氣"

436) ▲: "是則同"處.

437) ▲: 聖人同處大概皆在此, 於此而不同, 則不足以言聖人矣.

則不當云'軻之死不得其傳.' 不知後來怎生不可曉. 或是孟子自作此書, 潤飾過, 不可知."【僩】

52:210 "得百里皆能朝諸侯", 是德之盛, "行一不義, 殺一不辜不爲[439]", 是心之正, 不肯將那小處害了那大處. ▲[440]

52:211 ▲[441] "行一不義, 殺一不辜, 而得天下, 不爲", 直是守得定!【閎祖】

52:212 問: "夷·惠[442]得百里之地, 果能朝諸侯, 有天下否?" 曰: "孟子如此說, 想是如此. 然二子必不肯爲." ▲[443] 問: "孟子亦有恁底意否?" 曰: "然. 孟子似伊尹."【僩】

52:213 問夷·惠. 曰: "伯夷格局更高似柳下惠." 道夫[444]曰: "看他伯夷有壁立萬仞之氣!" 曰: "然."【道夫】

52:214 ▲[445] "汙, 是汙下不平處, 或當時方言未可知, 當屬上文讀."【去僞】

52:215 古人之政不可得而見, 只是當時所制之禮, 便知得當時所施之政.【淳】

---

438) ○:『朱子語類』52:209를『小分』에서 별도의 항목으로 나누었다.
439) 不爲:『小分』에서는 爲不을 교정부호로 바로잡았다.
440) ▲: 亦如伊尹雖"祿之天下不顧, 千駟弗視", 到那一介處亦不輕取予.【燾】
441) ▲: 根本節目, 不容不同. "得百里之地而朝諸侯, 有天下", 此是甚次第! 又,
442) 惠: 成化本·賀本에서는 尹으로 되어 있다.
443) ▲: 問: "孟子比顏子如何?" 曰: "孟子不如顏子, 顏子較細."
444) 道夫:【附箋紙】"道夫", 何不刪?
445) ▲: 或問"宰我·子貢·有若智足以知聖人, 汙不至阿其所好." 曰:

52:216 ▲[446] 子貢之意, 蓋言見人之禮便可知其政, 聞人之樂便可知其德. 所以'由百世之後, 等百世之王', 莫有能違我之見者, 所以斷然謂'自生民以來, 未有孔子', 此子貢以其所見而知夫子之聖如此也. 一說夫子見人之禮而知其政, 聞人之樂而知其德. '由百世之後, 等百世之王', 莫有能逃夫子之見者, 此子貢所以知其爲生民以來未有也. 然不如前說之順."

446) ▲: 伯豐問: "'見其禮而知其政, 聞其樂而知其德', 是謂夫子, 是謂他人?" 曰: "只是大概如此說.

『朱子語類』卷第五十三

「『孟子』三」

「公孫丑上之下」

「以力假仁章」

53:1 ▲[1]行仁, 便自仁中行出, 皆仁之德. 若假仁, 便是恃其甲兵之强, 財賦之多, 足以欺人, 是假仁之名以欺其衆, 非有仁之實也. 故下文言'伯必有大國', 其言可見." 又曰: "成湯東征西怨, 南征北怨, 皆是極[2]民於水火之中, 此是行仁也. 齊威公[3]時, 周室微弱, 夷狄强大, 威公[4]攘夷狄, 尊王室, '九合諸侯, 不以兵車.' 這只是仁之功, 終無極[5]民塗炭之心, 謂之'行仁'則不可."【卓】

53:2 ▲[6] 仁與力是兩箇, '以德行仁', 仁便是德, 德便是仁." 問"霸"字之義. 曰: "霸卽伯也, 『漢書』引'哉生魄'作'哉生霸', 古者'霸・伯・魄'三字通用."【夔孫】

---

1) ▲: 彝叟問: "'行仁'與'假仁'如何?" 曰: "公且道如何是'行仁・假仁'?" 曰: "莫是誠與不誠否?" 曰: "這箇自分曉, 不須問得. 如'由仁義行, 非行仁義'處卻好問. 如
2) 極: 『朱子語類』에서는 拯으로 되어 있다.【附箋紙】"極"從扌.
3) 威公: 『朱子語類』에서는 桓公으로 되어 있다.
4) 威公: 『朱子語類』에서는 桓公으로 되어 있다.
5) 極: 『朱子語類』에서는 拯으로 되어 있다.
6) ▲: 問"以力假仁", "以德行仁." 曰: "'以力假仁',

53:3 ▲[7]德者, 非止謂有捄[8]民於水火之誠心. 這"德"字又說得闊, 是自己身上事都做得是, 無一不備了, 所以行出去便是仁.【僩】

53:4 ▲[9] "且如成湯'不邇聲色, 不殖貨利, 德懋懋官, 功懋懋賞, 用人惟己, 改過不吝, 克寬克仁, 彰信兆民.' 是先有前面底, 方能'彰信兆民', '救民於水火之中.' ▲[10] 武王'亶聰明, 作元后', 是亶聰明, 方能作元后, '救民於水火之中.' ▲[11]

「仁則榮章」

53:5 ▲[12] 此亦只是爲下等人言. 若是上等人, 他豈以榮辱之故而後行仁哉? 伊川『易傳』「比」〈彖辭〉有云: "以聖人之心言之, 固至誠求天下之比, 以安民也. 以後王之私言之, 不求下民之附, 則危亡至矣." 蓋且得他畏危亡之禍, 而求所以比附其民, 猶勝於全不顧者, 政此謂也.【僩】

「尊賢使能章」

53:6 ▲[13] 人君國都如井田樣, 畫爲九區. 面朝背市, 左祖右社, 中間一區, 則君之宮室. 宮室前一區爲外朝, 凡朝會藏庫之屬皆在焉. 後一區爲市, 市四面有門, 每日市門開, 則商賈百物皆入焉. 賦其廛者, 謂收其市地錢, 如今民間之舖面錢. 蓋逐末者多, 則賦其廛以抑之, 少

---

7) ▲: "以德行仁者王." 所謂
8) 捄: 『朱子語類』에서는 救로 되어 있다.
9) ▲: 問"以德行仁者王." 曰:
10) ▲: 若無前面底, 雖欲'救民於水火之中', 不可得也.
11) ▲: 若無這亶聰明, 雖欲救民, 其道何由?"【燾】
12) ▲: "仁則榮, 不仁則辱."
13) ▲: "市廛而不征." 問: "此市在何處?" 曰: "此都邑之市.

則不廛, 而但治以市官之法, 所以招徠之也. 市官之法, 如『周禮』司市平物價, 治爭訟, 譏察異服異言之類. 市中惟民乃得入, 凡公卿大夫有爵位及士者皆不得入, 入則有罰. 如'國君過市, 則刑人赦, 夫人過市, 則罰一幕, 世子過市, 則罰一帟[14], 命夫・命婦過市, 則罰一蓋・帷'之類. 左右各三區, 皆民所居. 而外朝一區, 左則宗廟, 右則社稷在焉. 此國君都邑規模之大概也."【僩】

53:7 ▲[15] "如漢之獄市・軍市之類, 皆是古之遺制. 蓋自有一箇所在以爲市, 其中自有許多事."【廣】

53:8 ▲[16] "伊川之說不可曉. 橫渠作二法, 其說卻似分明."【謨】

53:9 ▲[17]問: "鄭氏謂民無常業者, 罰之, 使出一夫百畝之稅, 一家力役之征. 如何罰得恁地重?" 曰: "後世之法與此正相反, 農民賦稅丁錢卻重, 而遊手浮浪之民, 泰然都不管他." 因說: "浙間農民丁錢之重, 民之彫困, 不可開眼!"【至】

「人皆有不忍人之心章」

53:10 "人皆有不忍人之心"者, 是得天地生物之心爲心也. 蓋無天地

---

14) 帟: 賀本에서는 欒으로 되어 있다.

15) ▲: 或問: "'法而不廛', 謂治以市官之法, 如何是市官之法?" 曰: "『周禮』自有, 如司市之屬平價, 治爭訟, 謹權量等事, 皆其法也." 又問: "'市, 廛而不征, 法而不廛.'" 曰: "'市, 廛而不征', 謂使居市之廛者, 各出廛賦若干, 如今人賃鋪面相似, 更不征稅其所貨之物. '法而不廛', 則但治之以市官之法而已, 雖廛賦亦不取之也." 又問: "'古之爲市者, 以其所有, 易其所無者, 有司者治之耳.' 此便是市官之法否?" 曰: "然.

16) ▲: "'市, 廛而不征, 法而不廛', 伊川之說如何?" 曰:

17) ▲: 問: "'廛無夫里之布.' 『周禮』: '宅不毛者有里布, 民無職事, 出夫家之征.' 鄭氏謂宅不種桑麻者, 罰之, 使出一里二十五家之布. 不知一里二十五家之布是如何?" 曰: "亦不可考." 又

生物之心, 則沒這身. 才有這血氣之身, 便具天地生物之心矣. 【燾】

53:11 ▲[18] 人自和氣中生, 所以有不忍人之心.

53:12 "天地以生物爲心." 天包着地, 別無所作爲, 只是生物而已. 亘古亘今, 生生不窮. 人物則得此生物之心以爲心, 所以箇箇肖他, 本不須說以生物爲心. 緣做箇語句難做, 着箇以生物爲心. 【僩】

53:13 ▲[19] "天地生物, 自是溫暖和煦, 這箇便是仁. 所以人物得之, 無不有慈愛惻怛之心." 又曰: "人物皆得此理, 只緣他上面一箇母子如此, 所以生物無不肖他." 又曰: "心如界方, 一面青, 一面赤, 一面白, 一面黑. 青屬東方, 仁也, 赤屬南方, 禮也, 白屬西方, 義也, 黑屬北方, 智也. 又如寅卯辰屬東方, 爲春, 巳午未屬南方, 爲夏, 申酉戌屬西方, 爲秋, 亥子丑屬北方, 爲冬. 寅卯辰是萬物初生時, 是那生氣方發, 這便是仁. 至巳午未, 則萬物長茂[20], 只是那生氣發得來盛. 及至申酉戌, 則那生氣到此生得來充足無餘, 那物事只有許多限量, 生滿了更生去不得, 須用收斂. 所以秋訓揫. 揫, 斂也, 揫斂箇什麽? 只是生氣到這裏都揫斂耳. 若更生去, 則無合殺矣. 及至彥[21]子丑屬冬. 冬, 終也, 終, 藏也. 生氣到此都終藏了, 然那生底氣早是在裏面發動了, 可以見生氣之不息也, 所以說'復, 見天地之心'也." 【胡泳】

53:14 "'天地以生物爲心.' 譬如甑蒸飯, 氣從下面衮[22]到上面, 又衮[23]下, 只管在裏面衮[24], 便蒸得熟. 天地只是包許多氣在這裏無出

---

18) ▲: "人皆有不忍人之心." 人皆自和氣中生. 天地生人物, 須是和氣方生. 要生這人, 便是氣和, 然後能生.
19) ▲: 問: "天地以生物爲心, 而所生之物, 因各得夫天地之心以爲心, 所以'人皆有不忍人之心.'" 曰:
20) 茂: 【附箋紙】"茂"□.
21) 彥: 【附箋紙】"彥", "亥"之誤.
22) 衮: 賀本에서는 滾으로 되어 있다.

處, 衮[25]一番, 便生一番物. 他別無勾當, 只是生物, 不似人便有許多應接. 所謂爲心者, 豈是切切然去做, 如云'天命之, 豈諄諄然命之'也? 但如磨子相似, 只管磨出這物事. 人便是小胞, 天地是大胞. 人首圓象天, 足方象地, 中間虛包許多生氣, 自是惻隱, 不是爲見人我一理後, 方有此惻隱. 而今便教單獨只有一箇人, 也自有這惻隱. 若謂見人我一理而後有之, 便是兩人相夾在▲[26]裏, 方有惻隱, 則是仁在外, 非由內也. 且如乍見孺子入井時有惻隱, 若見他人入井時, 也須自有惻隱在." ▲[27] 問: "怵惕▲[28]惻隱▲[29]?" 曰: "不知孟子怎生尋得這四箇字恁地好!" 【夔孫】

53:15 ▲[30]入井"章, 間架闊, 須恁地看. 【夔孫】

53:16 ▲[31] 只看孺子將入井時, 尤好體認. 【季札】

53:17 ▲[32] "見孺子將入井, 惻隱之心便發出來, 如何已得! ▲[33]若出於人力安排底, 便已得, 若已不得底, 便是自然底." 【祖道】

53:18 方其乍見孺子入井時, 也着脚手不得. 縱有許多私意, 要譽鄉黨之類, 也未暇思量到. 但更遲霎[34]▲[35], 則了不得也. 是非・辭遜・

---

23) 衮: 賀本에서는 滚으로 되어 있다.
24) 衮: 賀本에서는 滚으로 되어 있다.
25) 衮: 賀本에서는 滚으로 되어 있다.
26) ▲: 這
27) ▲: 【池錄作: "若未見孺子入井, 亦自是惻隱."】
28) ▲: 莫是動處? 因怵惕而後
29) ▲: 否
30) ▲: 『孟子』"赤子
31) ▲: 說仁,
32) ▲: 問: "如何是'發之人心而不可已'?" 曰:
33) ▲: 此樣說話, 孟子說得極分明. 世間事
34) 霎: 【附箋紙】"霎"下落"時"字.

羞惡, 雖是與惻隱並說, 但此三者皆自惻隱中發出來. 因有那[36]惻隱後, 方有此三者. 惻隱此[37]三者又較大得些子.【義剛】

53:19 "非惡其聲", 非惡其有不救孺子之惡聲也.【升卿】

53:20 ▲[38]惻隱, 天理之所發見, 而無所計較也. 惡其聲之念一形, 則出於人欲矣. 人欲隱於天理之中, 其幾甚微, 學者所宜體察."【燾】

53:21 ▲[39] 若內交・要譽・要[40]其聲之類一毫[41]萌焉, 則爲私欲蔽其本心矣. 學[42]南軒如此說,『集注』卻不如此說." 曰: "這當作兩截看. 初且將大界限看, 且分別一箇義利了, 卻細看. 初看, 惻隱便是仁, 若恁地殘賊, 便是不仁, 羞惡是義, 若無廉恥便是不義, 辭遜是禮, 若恁地爭奪, 便是無禮, 是非是知, 若恁地顚顚倒倒, 便是不知. 且恁地看了, 又卻於惻隱・羞惡上面看. 有是出於至誠如此底, 有不是出於本來善心底."【賀孫】

53:22 ▲[43]

53:23 如孺子入井, 如何不推得其他底出來, 只推得惻隱之心出來? 蓋理各有路. 如做得穿窬底事, 如何令人不羞惡! 偶遇一人衣冠而揖我, 我便亦揖他, 如何不恭敬! 事有是非, 必辨[44]別其是非. 試看是甚

---

35) ▲: 時
36) 那: 賀本에는 없다.
37) 此:【附箋紙】"此", "比"之誤.
38) ▲: 問: "惡其聲而然, 何爲不可?" 曰: "惡其聲, 已是有些計較. 乍見而
39) ▲: 或問: "非內交・要譽・惡其聲, 而怵惕惻隱形焉, 是其中心不忍之實也.
40) 要:『朱子語類』에서는 惡로 되어 있다.
41) 毫: 成化本에서는 豪로 되어 있다.
42) 學: 賀本에서는 據로 되어 있다.
43) ▲: 先生問節曰: "孺子入井, 如何不推得羞惡之類出來, 只推得惻隱出來?" 節應曰: "節以爲當他出來." 曰: "是從這一路子去感得他出來."【節】

麼去感得他何處, 一般出來.【節】

53:24 ▲[45] 怵惕惻隱"一段, ▲[46] 只是平平地說去, 自是好. 而今人做作說一片, 只是不如他. 又曰: "怵惕・惻隱・羞惡, 都是道理自然如此, 不是安排. 合下制這'仁'字, 纔是那傷害底事, 便自然惻隱. 合下制這'義'字, 纔見那不好底事, 便自然羞惡. 這仁與義, 都在那惻隱・羞惡之先. 未有那惻隱底事時, 已先有那愛底心了, 未有那羞惡底事時, 已先有那斷制裁割底心了." 又曰: "日用應接動靜之間, 這箇道理從這裏迸將出去. 如箇寶塔, 那毫光都從四面迸出去."【僩】

53:25 ▲[47] "此身軀殼謂之腔子. 而今人滿身知痛處可見."【銖 ○池錄作: "疾痛痾癢, 擧切吾身, 何處不有!"】

53:26 問"滿腔子是惻隱之心." 曰: "此身軀殼謂之腔子. 能於此身知有痛, 便見於應接, 方知有箇是與不是."【季札】

53:27 問: ▲[48]此心常存, 纔有一分私意, 便闕了他一分." 曰: "只是滿這箇軀殼, 都是惻隱之心. 纔築着, 便是這箇物事出來, 大感則大應, 小感則小應. 恰似大段痛傷固是痛, 只如針子略挑些[49]血也出, 也便痛. 故日用所當應接, 更無些子間隔. 癢痾疾痛, 莫不相關. 纔是有些子不通, 便是被些私意隔了."【賀孫】

53:28 問: "'滿腔子是惻隱之心', 或以爲京師市語'食飽時心動.'"【呂子約云】 曰: "不然, 此是爲'動'字所拘. 腔子, 身裏也, 言滿身裏皆惻

44) 辨:【附箋紙】"辧"
45) ▲: 孟子論"乍見孺子將入於井,
46) ▲: 如何說得如此好?
47) ▲: 或問"滿腔子是惻隱之心." 曰:
48) ▲: "'滿腔子是惻隱之心.' 只是
49) 些: 賀本에는 없다.

隱之心. 心在腔子裏, 亦如云心只是在身裏." 問: "心所發處不一, 便說惻隱, 如何?" 曰: "惻隱之心, 渾身皆是, 無處不發. 如見赤子有惻隱之心, 見一蟻子亦豈無此心!"【可學】

53:29 ▲[50] "腔, 只是此身裏虛處." ▲[51] 事有箇不穩處, 便自覺不穩, 這便是惻隱之心. 林擇之嘗說: '人七尺之軀, 一箇針箚着便痛.'" 問: "吾身固如此, 處事物亦然否?" 曰: "此心應物不窮. 若事事物物常是這箇心, 便是仁. 若有一事不如此, 便是這一處不仁了." 問: "本心依舊在否?" 曰: "如今未要理會在不在. 論着理來, 他自是在那裏. 只是這一處不恁地, 便是這一處不在了. 如'率土之濱, 莫非王臣.' 忽然有一鄉人自不服化, 稱王稱伯, 便是這一處無君, 君也只在那裏, 然而他靠不得. 不可道是天理只在那裏, 自家這私欲放行不妨. 王信伯在館中, 范伯達問: '人須是天下物物皆歸吾仁?' 王指牕欞[52]問范曰: '此牕還歸仁否?' 范默然. 某見之, 當答曰: '此牕不歸仁, 何故不打壞了?' 如人處事, 但箇箇處得是, 便是事事歸仁. 且如牕也要糊得在那裏教好, 不成沒巴鼻打壞了!" 問: "'仁者以萬物爲一體', 如事至物來, 皆有以處之. 如事物未至, 不可得而體者, 如何?" 曰: "只是不在這裏. 然此理也在這裏, 若來時, 便以此處之."【榦】

53:30 ▲[53] '腔子'乃洛中俗語." ▲[54] "惻隱之心, 固是人心之懿, 因物感而發見處. 前輩令以此操而存之, 充而達之. 不知如何要常存得此心?" 曰: "此心因物方感得出來, 如何强要尋討出? 此心常存在這裏, 只是因感時識得此體. 平時敬以存之, 久久會熟. 善端發處, 益見得分曉, 則存養之功益有所施矣." 又問: "要惻隱之心常存, 莫只是要得此

50) ▲: 問: "如何是'滿腔子皆惻隱之心'?" 曰:
51) ▲: 問: "莫是人生來惻隱之心具足否?" 曰: "如今也恁地看,
52) 欞: 『朱子語類』에서는 櫺으로 되어 있다.
53) ▲: 問: "'滿腔子是惻隱之心', 如何是滿腔子?" 曰: "滿腔子, 是只在這軀殼裏,
54) ▲: 又問:

心常有發生意否?" 曰: "四端中, 羞惡・辭讓・是非亦因事而發爾. 此心未當起羞惡之時, 而强要憎惡那人, 便不可. 如惻隱, 亦因有感而始見, 欲强安排敎如此, 也不得. 如天之四時, 亦因發見處見得. 欲於冬時要尋討箇春出來, 不知如何尋. 到那陽氣發生萬物處, 方見得是春耳. 學者但要識得此心, 存主在敬, 四端漸會廣[55]充矣." 【寓】

53:31 "滿腔子是惻隱之心." 不特是惻隱之心, 滿腔子是羞惡之心, 滿腔子是辭遜之心, 滿腔子是是非之心. 彌滿充實, 都無空闕處. "滿腔子是惻隱之心", 如將刀割著固是痛, 若將針箚著也痛, 如爛打一頓, 固是痛, 便輕掐一下, 也痛, 此類可見. 【僩】

53:32 "▲[56] 腔子, 猶言郢[57]郭. ▲[58]

53:33 ▲[59]頭是惻隱, 尾是羞惡・辭遜・是非. 若不是惻隱, 則三者都是死物. ▲[60] 【夔孫】

53:34 旣仁矣, 合惻隱則惻隱, 合羞惡則羞惡. 【節】

53:35 不成只管惻隱, 須有斷制. 【德明】

53:36 惻隱羞惡, 也有中節・不中節. 若不當惻隱而惻隱, 不當羞惡而羞惡, 便是不中節. 【淳】

---

55) 廣: 賀本에서는 擴으로 되어 있다.
56) ▲: '滿腔子是惻隱之心',
57) 郢: 【附箋紙】"郢", 恐誤.
58) ▲: 此是方言, 指盈於人身而言." 因論"方言難曉, 如橫渠『語錄』是呂與叔諸公隨日編者, 多陝西方言, 全有不可曉者." 【螢】
59) ▲: 惻隱之心, 頭尾都是惻隱. 三者則
60) ▲: 蓋惻隱是箇頭子, 羞惡・辭遜・是非便從這裏發來.

53:37 仁義禮智，性也，且言有此理. 至惻隱·羞惡·辭遜·是非，始謂之心.【德明】

53:38 惻隱·羞惡·辭讓·是非，情也. 仁義禮智，性也. 心，統情性者也. 端，緒也. 因情之發露，而後性之本然者可得而見.【季札】

53:39 四端本諸人心，皆因所寓而後發見.【季札】

53:40 王丈說: "『孟子』'惻隱之心'一段，論心不論性." 曰: "心性只是一箇物事，離不得. 孟子說四端處最好看. 惻隱是情，惻隱之心是心，仁是性，三者相因. 橫渠云'心統性情'，此說極好."【閎祖】

53:41 王德修▲[61]謂和靖言: "此只言心，不言性. 如'操則存，舍則亡，出入無時，莫知其鄉'，亦只是言心." 曰: "固是言心. 畢竟那仁義禮智是甚物? 仁義禮智是性，端便是情. 纔說一箇'心'字，便是着性情. ▲[62]【文蔚】

53:42 問: "▲[63]'端'，『集解』以爲端緒. 何[64]見▲[65]說'端乃尾'，如何?" 曰: "以體·用言之，有體而後有用，故端亦可謂之尾. 若以始終言之，則四端是始發處，故亦可以端緒言之. 二說各有所指，自不相礙也."【廣】

53:43 "四端未是盡，所以只謂之端. 然四端八箇字，每字是一意.

---

61) ▲: 解四端
62) ▲: 果判然是二截如何?"【此處疑有闕誤.】 德修曰: "固是'心統性情'，孟子於此只是說心."
63) ▲: '四端'之
64) 何: 『朱子語類』에서는 向으로 되어 있다.【附箋紙】"何見"上下，恐有誤.
65) ▲: 季通

惻, 是惻然有此念起, 隱, 是惻然之後隱痛, 此惻[66]是深, 羞者, 羞己之非, 惡者, 惡人之惡, 辭者, 辭己之物, 讓者, 讓與他人, 是・非自是兩樣分明. 但仁是總名. 若說仁義, 便如陰陽, 若說四端, 便如四時, 若分四端八字, 便如八節." ▲[67] "天地只是一氣, 便自分陰陽, 緣有陰陽二氣相感, 化生萬物, 故事物未嘗無對. 天便對地, 生便對死, 語默動靜皆然, 以其種如此故也. 所以四端只擧仁義言, 亦如陰陽. 故曰: '立天之道, 曰陰與陽, 立人之道, 曰仁與義.'" 【明作】

53:44 ▲[68] 惻隱本是說愛, 愛則是說仁. 如見孺子將入井而救之, 此心只是愛這孺子. 惻隱元在這心裏面, 被外面事觸起. 羞惡・辭遜・是非亦然. 格物便是從此四者推將去, 要見裏面是甚底物事. 【賜】

53:45 ▲[69]惻隱之端, 如水之動處. 蓋水平靜而流, 則不見其動. 流到灘石之地, 有以觸之, 則其勢必動, 動則有可見之端. 如仁之體存之於心, 若愛親敬兄, 皆是此心本然, 初無可見. 及其發而接物, 有所感動, 此心惻然, 所以可見, ▲[70] 【卓】

53:46 ▲[71] "看道理也有兩般, 看得細時, 卻見得義理精處, 看得粗時, 卻且見得大概處. 四端未見精細時, 且見得惻隱便是仁, 不惻隱而殘忍便是不仁, 羞惡便是義, 貪利無廉恥[72]便是▲[73]禮, 攘奪便是非禮, 是非便是智, 大段無知顚倒錯謬, 便是不智. 若見得細時, 雖有惻隱之心, 而意在於內交・要譽, 亦是不仁了. 然孟子之意, 本初不如

66) 此惻: 【附箋紙】"此惻"之"此", "比"之誤.
67) ▲: 又曰:
68) ▲: 四端皆是自人心發出.
69) ▲: 仁言
70) ▲: 如怵惕於孺子入井之類是也.
71) ▲: 或問"四端." 曰:
72) 廉恥: 【附箋紙】"廉耻"下, 恐多有脫誤.
73) ▲: 不義, 辭遜便是

此, 只是言此四端皆是心中本有之物, 隨觸而發. ▲[74] 初無許多涯涘."【卓】

53:47 "▲[75] 仁義禮智, 是未發底道理, 惻隱·羞惡·辭遜·是非, 是已發底端倪. 如桃仁·杏仁是仁, 到得萌第[76], 卻是惻隱." ▲[77] "緣是仁義禮智本體自無形影, 要捉模不著,【一作"得"】 只得將他發動處看, 卻自見得. 恰如有這般兒子, 便知得是這樣母. 程子云'以其惻隱, 知其有仁', 此八字說得最親切分明. 也不道惻隱便是仁, 又不道掉了惻隱, 別取一箇物事說仁. 譬如草木之萌芽, 可以因萌芽知得他下面有根. 也不道萌芽便是根, 又不道掉了萌芽別取一箇根." 又曰: "孟子說性, 不曾說着性, 只說'乃若其情, 則可以爲善.' 看得情善, 則性之善可知." 又曰: "惻隱羞惡, 多是因逆其理而見. 惟有所可傷, 這裏惻隱之端便動, 惟有所可惡, 這裏羞惡之端便動. 若是事親從兄, 又是自然順處見之." 又曰: "人須廣[78]而充之. 人誰無惻隱, 只是不能常如此. 能常如此, 便似孟子說'火之始然, 泉之始達, 苟能充之, 足以保四海.' 若不能常如此, 恰似火相似, 自去打滅了, 水相似, 自去淤塞了, 如草木之萌芽相似, 自去踏折了, 便是[79]了, 更無生意." 又曰: "孟子云: '仁義禮智根於心.' '心統性情', 故說心亦得."【賀孫】

○[80] 又問禮. 先生曰: "以其事物之宜之謂義, 義之有節文之謂禮.

---

74) ▲: 方孺子將入於井之時, 而怵惕惻隱之心便形於外,
75) ▲: 惻隱·羞惡, 是仁義之端. 惻隱自是情, 仁自是性, 性卽是這道理. 仁本難說, 中間卻是愛之理, 發出來方有惻隱, 義卻是羞惡之理, 發出來方有羞惡, 禮卻是辭遜之理, 發出來方有辭遜, 智卻是是非之理, 發出來方有是非.
76) 第: 『朱子語類』에서는 芽로 되어 있다.【附箋紙】"第", "芽"之誤.
77) ▲: 又曰: "分別得界限了, 更須日用常自體認, 看仁義禮智意思是如何." 又曰: "如今因孟子所說惻隱之端, 可以識得仁意思, 因說羞惡之端, 可以識得義意思, 因說恭敬之端, 可以識得禮意思, 因說是非之端, 可以識得智意思.
78) 廣: 賀本에서는 擴으로 되어 있다.
79) 是: 賀本에서는 死로 되어 있다.
80) ○: 『朱子語類』 98:104의 일부이다.

且如諸侯七廟, 大夫五廟, 士二, 這箇便是禮, 禮裏面便有義. 所以說: '天命之謂性, 率性之謂道, 修道之謂敎.' 如『中庸集略』呂與叔所云: '自是合當恁地.' 知得親之當愛, 子之當慈, 這便是仁, 至於各愛其親, 各慈其子, 這便是義. 這一箇物事分不得. 流出來底便是仁, 仁打一動, 便是義禮智信當來. 不是要仁使時, 仁來用, 要義使時, 義來用, 只是這一箇道理, 流出去自然有許多分別. 且如心・性・情, 而今只略略動着, 便有三箇物事在那裏, 其實只是一箇物. 虛明而能應物者, 便是心, 應物有這箇道理, 便是性, 會做出來底, 便是情, 這只一箇物事."【義剛】

53:48 問喜怒哀樂未發・已發之別. 曰: "未發時無形影可見, 但於已發時照見. 謂如見孺子入井, 而有怵惕惻隱之心, 便照見得有仁在裏面, 見穿窬之類, 而有羞惡之心, 便照見得有義在裏面. ▲[81] 譬如目屬肝, 耳屬腎. 若視不明, 聽不聰, ▲[82] 必是肝腎之氣無虧, 方能如此. 然而仁未有惻隱之心, 只是箇愛底心, 義未有羞惡之心, 只是箇斷制底心. 惟是先有這物事在裏面, 但隨所感觸, 便自是發出來. ▲[83] 入井便有惻隱之心, 見穿窬之類, 便有羞惡之心, 見尊長之屬, 便有恭敬之心, 見得是, 便有是之之心, 見得非, 便有非之之心, 從那縫罅裏迸將出來, ▲[84] "『孟子』此一章, 其初只是匹自閒容易說出來. 然說得來連那本末內外, 體用精粗, 都包在裏面, 無些欠闕處. 如孔子許多門弟, 都不曾恁地說得分曉. 相[85]是曾子・子思後來講求[86]講來講去講得精, 所以孟子說得來恁地. 若子思亦只說得箇大體分曉而已."【燾】

81) ▲: 蓋這惻隱之心屬仁, 必有這仁在裏面, 故發出來做惻隱之心, 羞惡之心屬義, 必有這義在裏面, 故發出來做羞惡之心.
82) ▲: 必是肝腎有病, 若視之明, 聽之聰,
83) ▲: 故見孺子
84) ▲: 恰似寶塔裏面四面毫光放出來." 又云:
85) 相:【附箋紙】"相"下宜從心.
86) 講求: 『朱子語類』에서는 없다.

53:49 問: "前面專說不忍之心, 後面兼說四端, 亦是仁包四者否?" 曰: "然."【道夫】

53:50 ▲[87] "惻隱便是初動時, 羞惡・是非・恭敬, 亦須是這箇先動一動了, 方會恁地只於動處便見. 譬如[88]▲[89]時, 若不是有春生之氣, 夏來長箇甚麼? 秋時又把甚收? 冬時又把甚藏?"【時舉】

53:51 惻隱是箇腦子, ▲[90] 53:52[91] ▲[92] "譬如一箇物, 自然有四界, 而仁則又周貫其中. 以四端言之, 其間又自有小界限, 各各是兩件事. 惻是惻然發動處, 隱是漸漸及着隱痛處, ▲[93]羞己[94]之非, 惡是惡人之惡, 辭是辭之於己, 遜是遜之於人, 是・非固是兩端."【雉】

53:53 問: "四端之根於心, 覺得一者纔動, 三者亦自次第而見." 曰: "這四箇界限自分明, 然亦有隨事相連而見者. 如事親孝是愛之理, 才孝, 便能敬兄, 便是義." 問: "有節文便是禮, 知其所以然便是智." 曰: "然." 問: "▲[95]看來多是相連而至者. 如惻隱於所傷, 便惡於其所以傷, 這是仁帶義意思, 惡於其所以傷, 便須惜其本來之未嘗傷, 這是義帶仁意思." 曰: "也是是[96]如此. 嘗思之. 孟子發明四端, 乃孔子所未發. 人只道孟子有闢楊・墨之功, 殊不知他就人心上發明大功如此. 看來此說那是[97]若行, 楊・墨亦不攻而自退. 闢楊・墨, 是扞邊境之功,

---

87) ▲: 問: "惻隱之心, 如何包得四端?" 曰:
88) 譬如:【附箋紙】"譬如"下脫"四."
89) ▲: 四
90) ▲: 羞惡・辭遜・是非須從這裏發來. 若非惻隱, 三者俱是死物了. 惻隱之心, 通貫此三者.【賜】
91) 53:52: 『小分』에서는 53:51에 이어져 한 항목으로 편집되어 있다.
92) ▲: 因說仁義禮智之別, 曰:
93) ▲: 羞是
94) 羞己:【附箋紙】"羞巳"上恐有脫.
95) ▲: 據
96) 是: 『朱子語類』에는 없다.

發明四端, 是安社稷之功. 若常體認得來, 所謂活潑潑地, 眞箇是活潑潑地!"【賀孫】

53:54 "伊川嘗[98]說: '如今人說, 力行是淺近事, 惟知爲上, 知最爲要緊.'『中庸』說'知仁勇', 祀[99]知做劈[100]初頭說, 可見知是要緊." 賀孫問: "『孟子』四端, 何爲以知爲後?" 曰: "孟子只循環說. 智本來是藏仁義禮, 惟是知恁地了, 方恁地, 是仁禮義都藏在智裏面. 如元亨利貞, 貞是智, 貞卻藏元亨利意思在裏面. 如春夏秋冬, 冬是智, 冬卻藏春生・夏長・秋成意思在裡[101]面. 且如冬伏藏, 都似不見, 到一陽初動, 這生意方從中出, 也未發露, 十二月也未盡發露. 只管養在這裡[102], 到春方發生, 到夏一齊都長, 秋漸成, 漸藏, 冬依舊都收藏了. 只是'大明終始'亦見得, 無終安得有始! 所以『易』言'先王以至日閉關, 商旅不行, 后不省方.'"【賀孫】

53:55 ▲[103]

53:56 ▲[104]

53:57 ▲[105]『孟子』說四端處兩段, 未發明一段處, 意思便與發明底同. 又不是安排, 須是本源有, 方發得出來, 着實見得皆是當爲底道理. 又不是外面事如此. 知得果性善, 便有賓有主, 有輕有重. 又惡[106]

---

97) 是:『朱子語類』에서는 時로 되어 있다.
98) 嘗: 賀本에서는 常으로 되어 있다.
99) 祀:【附箋紙】"祀", 無乃"把"字之誤耶?
100) 劈:『朱子語類』에서는 擗으로 되어 있다.
101) 裡: 英祖刊本・成化本・賀本에서는 裏로 되어 있다.
102) 裡: 英祖刊本・成化本・賀本에서는 裏로 되어 있다.
103) ▲:『孟子』四端處極好思索玩味, 只反身而自驗其明昧深淺如何.【升卿】
104) ▲: 著意讀『孟子』四端之類切要處, 其他論事處, 且緩不妨.
105) ▲: 仔細看
106) 又惡心:【附箋紙】"又惡心"上下, 多落誤.

心爲重[107], 心把得定, 人慾自然沒安頓處. 孟子言"仁人心也"一段, 兩句下只說心.【祖道】

53:58 ▲[108] "'知皆廣[109]而充之', 卽是苟能知去廣[110]充, 則此道漸漸生長, '如火之始然, 泉之始達.' 中間'矣'字, 文意不斷. 充, 是滿其本然之量, 卻就上有'廣[111]'字, 則是方知去推廣[112], 要充滿他, 所以'如火之始然, 泉之始達.'"

53:59 ▲[113]

53:60 ▲[114] 上帶'知皆廣[115]'字說, 下就能充滿說. 推廣[116]而後能充, 能充則不必說廣[117]也."【賀孫】

53:61 ▲[118] 要推廣充滿得自家本然之量, 不特是孺子入井便恁地,

107) 重: 『朱子語類』에서는 主로 되어 있다.
108) ▲: 至問: "'凡有四端於我者, 知皆擴而充之矣.' 莫是知得了, 方能擴而充之否?" 曰:
109) 廣: 賀本・徽州本에서는 擴으로 되어 있다.
110) 廣: 賀本・徽州本에서는 擴으로 되어 있다.
111) 廣: 賀本・徽州本에서는 擴으로 되어 있다.
112) 廣: 賀本・徽州本에서는 擴으로 되어 있다.
113) ▲: 問: "'知皆擴而充之矣', '知'字是重字? 還是輕字?" 曰: "不能擴充者, 正爲不知, 都只是冷過了. 若能知而擴充, 其勢甚順, 如乘快馬・放下水船相似."【文蔚】
114) ▲: 劉居之問: "'知皆擴而充之'章兩說'充'字, 寬夫未曉." 曰: "上只說'知皆擴而充之', 只說知得了, 要推廣以充滿此心之量, 下云'苟能充之, 足以保四海', 是能充滿此心之量.
115) 廣: 賀本・徽州本에서는 擴으로 되어 있다.
116) 廣: 賀本・徽州本에서는 擴으로 되어 있다.
117) 廣: 賀本・徽州本에서는 擴으로 되어 있다.
118) ▲: 劉居之問"人皆有不忍人之心"一節. 曰: "'隱之心, 仁之端也.' 乍見孺子入井, 此只是一件事. 仁之端, 只是仁萌芽處. 如羞惡・辭遜・是非, 方是義・禮・智之萌芽處.

其他事皆恁地. 如羞惡・辭遜・是非, 不特於一件事上恁地, 要事事皆然, 方是充滿慊足, 無少欠闕也. '知皆廣[119]而充之矣.' 知, 方且是知得如此. 至說到'苟能充之, 足以保四海', 卽掉了'廣[120]'字, 只說'充'字. 蓋'知'字與'始然・始達'字相應, '充'字與'保四海'相應. 才知得, 便自不能已. 若火始然, 便不可遏, 泉才達, 便涓涓流而不絶."【時擧】

53:62 ▲[121] "上面言'廣[122]而充之', 是方知要廣[123]充. 到下面'苟能充之', 便掉了箇'廣[124]'字. 蓋'充'字是充滿得了, 如[125]已到地底[126]相似, '廣[127]'字是方在箇路裡[128]相似."【時擧】

53:63 ▲[129] 南軒把知做重, 文勢未有此意. "知"字只帶"擴充"說. "知皆擴而充之", 與"苟能充之"句相應. 上句是方知去充, 下句是眞能恁地充.【淳】

53:64 ▲[130] "這處與'於止, 知其所止'語意略同. 上面知[131]在'知'字上, 下在'能'字上. 旣知得, 則皆當擴而充之. ▲[132] 今有一種人, 雖然知得, 又道是這箇也無妨. 而今未能理會得, 又且恁地. 如知這事做得

---

119) 廣: 賀本・徽州本에서는 擴으로 되어 있다.
120) 廣: 賀本・徽州本에서는 擴으로 되어 있다.
121) ▲: 問"知皆擴而充之." 曰:
122) 廣: 賀本・徽州本에서는 擴으로 되어 있다.
123) 廣: 賀本・徽州本에서는 擴으로 되어 있다.
124) 廣: 賀本・徽州本에서는 擴으로 되어 있다.
125) 如: 賀本에서는 知로 되어 있다.
126) 底: 『朱子語類』에서는 頭로 되어 있다.
127) 廣: 賀本・徽州本에서는 擴으로 되어 있다.
128) 裡: 英祖刊本・成化本・賀本에서는 裏로 되어 있다.
129) ▲: "知皆擴而充之",
130) ▲: 問"知皆擴而充之." 曰:
131) 知: 【附箋紙】"上面知"之"知", 疑衍.
132) ▲: 如惻隱之心是仁, 則每事皆當擴而爲仁, 羞惡之心是義, 則每事皆當擴而爲義. 爲禮爲知, 亦各如此.

不是, 得[133]人憎, 面前也自皇恐, 識得可羞, 又卻不能改. 如今人受人之物, 旣知是不當受, 便不受可也, 心裡[134]又要, 卻說是我且受去莫管, 這便是不能充. 但當於知之之初, 便一向從這裡[135]充將去, 便廣大▲[136] 如齊 宣王有愛牛之心, 孟子謂'是乃仁術也.' 若宣王能充著這心, 看甚事不可做! 只是面前見這一牛, ▲[137]便動, 那不曾見底, 便不如此了. 至於'興甲兵, 危士臣, 構怨於諸侯', 這是多少傷害! 只爲利心一蔽, 見得土地之美, 卻忘了這心. 故孟子曰: '不仁哉, 梁惠王也! 仁者以其所愛及其所不愛, 不仁者以其所不愛及其所愛.' 且如土地無情之物, 自是不當愛, 自家不必愛之, 愛他作甚. 梁惠王其始者愛心一萌, 糜爛其民以戰, 已不自[138]是了, 又恐不勝, 盡驅所愛子弟以循[139]之. 這是由其不愛之心, 反之以至害其所愛處, 這又是反著那心處."【子蒙】

53:65 ▲[140]四端之發, 甚有不整齊處. 有惻隱處, 有合惻隱而不惻隱處, 有羞惡處, ▲[141]有合羞惡而不羞惡處. 且如齊 宣不忍於一牛, 而卻不愛百姓. 呼爾之食, 則知惡而弗受, 至於萬鍾之祿, 則不辦[142]禮義而受之. 而今則要就這處理會.【夔孫】

---

133) 得: 賀本에서는 到로 되어 있다.

134) 裡: 英祖刊本・成化本・賀本에서는 裏로 되어 있다.

135) 裡: 英祖刊本・成化本・賀本에서는 裏로 되어 있다.

136) ▲: '如火之始然, 泉之始達.' 始然始達, 能有幾多. 於這裏便當擴開放出, 使四散流出去, 便是能擴. 如怵惕孺子入井之心, 這一些子能做得甚事. 若不能充, 今日這些子發了, 又過卻, 明日這些子發了, 又過卻, 都只是閒. 若能擴充, 於這一事發見, 知得這是惻隱之心, 是仁, 於別底事便當將此心充去, 使事事是仁. 如不欲害人, 這是本心, 這是不忍處. 若能充之於每事上, 有害人之處便不可做, 這也是充其惻隱.

137) ▲: 這心

138) 不自: 『朱子語類』에서는 自不로 되어 있다.

139) 循: 成化本・賀本에서는 徇으로 되어 있다.

140) ▲: "凡有四端於我者, 知皆擴而充之", 只是要擴而充之. 而今

141) ▲: 又

142) 辦: 『朱子語類』에서는 辨으로 되어 있다.

53:66 人於仁義禮智, 惻隱・羞惡・辭遜・是非此四者, 須當日夕體究, 令分曉精確. 此四者皆我所固有, 其初發時毫毛如也. 及推擴[143]將去, 充滿其量, 則擴[144]大無窮, 故孟子曰: "知皆擴而充之." 且如人有當惻隱而不惻隱, 當羞而不羞, 當惡而不惡, 當辭而不辭, 當遜而不遜, 是其所非, 非其所是者, 皆是失其本心. 此處皆當體察, 必有所以然也. 只此便是日用間做工夫處. 【廣】

53:67 ▲[145]四者, 是一[146]身綱[147]紐, ▲[148]當. 於其發處, 體驗擴充將去. ▲[149] 四者時時發動, 特有正不正耳. 如暴戾愚狠, 便是發錯了羞惡之心, 含糊不分曉, 便是發錯了是非之心, 如一種不遜, 便是發錯了辭遜之心. 日間一正一反, 無往而非四端之發. 【方子】

53:68 ▲[150]常常如此推擴[151], 少間便自會密, 自會闊. 到得無間斷, ▲[152]卻自打合作一片去." 【木之】

53:69 ▲[153]

53:70 ▲[154] 四端本是對着, 他後流出來, 恐不對窠臼子." 問: "不對窠臼子, 莫是爲私意隔了?" 曰: "也是私意, 也是不曉." ▲[155]問: "恭敬

143) 擴: 成化本・賀本에서는 廣으로 되어 있다.
144) 擴: 成化本・賀本에서는 廣으로 되어 있다.
145) ▲: 人只有箇仁義禮智
146) 一: 賀本에서는 此로 되어 있다.
147) 綱: 【附箋紙】"綱"宜從岡.
148) ▲: 其他更無
149) ▲: 惻隱・羞惡・是非・辭遜, 日間時時發動, 特人自不能擴充耳. 又言,
150) ▲: 子武問: "四端須著逐處擴充之?" 曰: "固是. 纔
151) 擴: 成化本・賀本에서는 廣으로 되어 있다.
152) ▲: 少間
153) ▲: 問: "如何擴而充之?" 曰: "這事恭敬, 那事也恭敬, 事事恭敬, 方是." 【節】
154) ▲: 問: "推四端而行, 亦無欠闕." 曰: "無欠闕, 只恐交加了. 合惻隱底不惻隱, 合羞惡底不羞惡, 是是非非交加了.

卻無當不當?" 曰: "此人不當拜他, 自家也去拜他, 便不是."【節】

53:71 ▲156) 充則塡得來滿了. 注水相似, 推是注下水去, 充則注得這一器滿了. 蓋仁義之性, 本自充塞天地. 若自家不能擴充, 則無緣得這箇殼子滿, 只是箇空殼子." 又曰: "充是占得這地位滿, 推是推【吐雷反】向前去."【僩】

53:72 ▲157) 人只是一箇心, 識得箇心, 卓然在這裏無走作, 雖不守, 亦自在, 學者且恁守將去."【賜】

53:73 ▲158) "此心之量, 本足以包括天地, 兼利萬物. 只是人自不能充滿其量, 所以推不去. 或能推之於一▲159)國, 而不足以及天下, 此皆是未盡其本然之量. 須是充滿其量, 自然足以保四海."【僩】

53:74 胡問擴充之義. 曰: "擴是張開, 充是放滿. 惻隱之心, 不是只見孺子時有, 事事都如此. 今日就第一件事上推將去, 明日又就第二件事上推將去, 漸漸放開, 自家及國, ▲160) 問: "擴充亦是盡己・推己否?" 曰: "只是擴而充之, 那曾有界限處! 如手把筆落紙, 便自成字, 不可道手是一樣, 字又是一樣. 孺子入井在彼, 惻隱之心在我, 只是一箇物事, 不可道孺子入井是他底, 惻隱之心是我底."【義剛】

53:75 問: "前日承教, 令於日用間體認仁義禮知意思. 且如朋友皆異鄉人, 一日會聚, 恩意便自相親, 這可見得愛之理形見處. 同門中或

155) ▲: 節又
156) ▲: 問"推"字與"充"字. 曰: "推, 是從這裏推將去, 如'老吾老以及人之老, 幼吾幼以及人之幼', 到得此,
157) ▲: 問: "推四端, 無出乎守." 曰: "學者須見得守底是甚底物事.
158) ▲: 問"知皆擴而充之, 若火之始然", 至"以事父母." 曰:
159) ▲: 家, 而不能推之於一國, 或能推之于一
160) ▲: 自國及天下, 至足以保四海處, 便是充得盡."

有做不好底事, 或有不好底人, 便使人惡之, 這可見得羞惡之理形見處. 每時升堂, 尊卑序齒, 秩然有序而不亂, 這可見得恭敬之理形見處. 聽先生教誨而能辨[161]別得眞是眞非, 這可見得是非之理形見處. 凡此四端, 時時體認, 不使少有間斷, 便是所謂擴充之意否?" 曰: "如此看得好, 這便是尋得路, 踏着了." 【賀孫】

53:76 ▲[162] 如朋友相親, 充之而無間斷, 則貧病必相卹, 患難必相死, 至於仁民愛物莫不皆然, 則仁之理得矣. 如朋友責善, 充之而無間斷, 則見惡必如惡惡臭, 以至於除殘去穢, 戢暴禁亂, 莫不皆然, 則義之理得矣. 如尊卑秩序, 充之而無間斷, 則不肯一時安於不正, 以至於正天下之大倫, 定天下之大分, 莫不皆然, 則禮之理得矣. 如是是非非充之而無間斷, 則善惡義利公私之別, 截然而不可亂, 以至於分別忠佞, 親君子, 遠小人, 莫不皆然, 則智之理得矣." ▲[163] 若常常恁地體認, 則日用之間, 匝匝都滿, 密拶▲[164]地." 問: "人心陷溺之久, 四端蔽於利欲之私, 初用工亦未免間斷." 曰: "固是. 然義理之心纔勝, 則利欲之念便消. 且如惻隱之心勝, 則殘虐之意自消, 羞惡之心勝, 則貪冒無恥之意自消, 恭敬之心勝, 則驕惰之意自消, 是非之心勝, 則含糊苟且頑冥昏謬之意自消." 【賀孫】

53:77 ▲[165]性之本體, 仁義之良心, 到戰國時, 君臣上下都一齊埋沒了. 孟子所以推明發見之端緒, 教人去體認擴充." 曰: "孟子高, ▲[166]都未有許多意思. 今說得一'體認'字, 蚤是遲鈍了孟子. 孟子大段見得敏, 見到快, 他說話, 恰似箇獅子跳躍相似. 且如他說箇惻隱之

161) 辦: 『朱子語類』에서는 辨으로 되어 있다.
162) ▲: 問: "體認四端擴充之意,
163) ▲: 曰: "只要常常恁地體認.
164) ▲: 拶
165) ▲: 楊至之云: "看『孟子』, 見得一箇大意, 是
166) ▲: 他

心, 便是仁之端, 羞惡之心, 便是義之端, 只他說在那裡[167]底便是. 似他說時, 見得聖賢大段易做, 全無許多等級, 所以程子云: '孟子才高, 學之無可依據.'"【道夫】

53:78 ▲[168] "人生本來合有許多好底, 到得被物遮蔽了, 卻把不好處做合着做這[169]事." 周云: "看孟子說性, 只是道順底是, 纔逆便不是." 曰: "止緣今人做不好事卻順." ▲[170]

53:79 ▲[171]惻隱羞惡, 實是惻隱羞惡, 便信在其中."【祖道】

53:80 問: "▲[172] 周子謂'五性動而善惡分.' 如信之未發時如何, 已發時如何?" 曰: "如惻隱眞箇惻隱, 羞惡眞箇羞惡, 此便是信." 曰: "此卻是已發時, 方有這信." 曰: "其中眞箇有此理."【賜】

53:81 問: "四端不言信, 如何?" 曰: "公潑了椀中飯, 卻去椀背拾!"【振】

---

167) 裡: 英祖刊本・成化本・賀本에서는 裏로 되어 있다.
168) ▲: 周季儼云: "在興化攝學事, 因與諸生說得一部『孟子』." 先生因問: "『孟子』裏面大綱目是如何?" 答云: "要得人充擴. 惻隱・羞惡・許多固要充擴, 如說無欲害人, 無穿窬之心, 亦要充擴." 先生曰:
169) 這: 『朱子語類』에서는 底로 되어 있다.
170) ▲: 因問: "孟子以下諸人言性, 誰說得庶幾?" 周云: "似乎荀子以爲惡, 卻索性. 只荀子有意於救世, 故爲此說." 先生久之曰: "韓公之意, 人多看不出. 他初便說: '所以爲性者五, 曰仁義禮智信, 所以爲情者七, 曰喜怒哀懼愛惡欲.' 下方說'三品.' 看其初語, 豈不知得性善? 他只欠數字, 便說得出." 黃嵩老云: "韓子欠說一箇氣稟不同." 曰: "然. 他道仁義禮知信, 自是了. 只說到'三品', 不知是氣稟使然, 所以說得不盡." 賀孫因云: "自孟子說, 已是欠了下意, 所以費無限言語." 先生卽舉程子之言: "論性不論氣, 不備, 論氣不論性, 不明." "若如說'性惡', '性善惡混', 都只說得氣. 如孟子・韓子之言, 便是不論氣, 所以不全."【賀孫】
171) ▲: 或問: "性中只有四端, 信是如何?" 曰: "且如
172) ▲: 四端不言信,

53:82 問: "四端便是明德?" 曰: "此是大者." 節問: "'明明德', 只是擴充得他去?" 曰: "不昏着他." 【節】

53:83 "四端是理之發, 七情是氣之發." 問: "看得來如喜怒愛惡欲, 卻似近仁義." 曰: "固有相似處." 【廣】

53:84 ▲[173]問: "孟子言四端處有二, 大抵皆以心爲言. 明道卻云: '惻隱之類, 皆情也.' 伊川亦云: '人性所以善者, 於四端之情可見.' 一以四端屬諸心, 一以四端屬諸情, 何也?" 曰: "心, 包情性者也, 自其動者言之, 雖謂之情亦可也." 【去僞 ○『集義』】

53:85 ▲[174]問: "仁兼四端▲[175]." 曰: "謝上蔡見明道先生, 擧史文成誦, 明道謂其'玩物喪志.' 上蔡汗流浹背, 面發赤色, 明道云: '此便見得惻隱之心.' 公且道上蔡聞得過失, 恁地慚皇, 自是羞惡之心, 如何卻說道'見得惻隱之心'? ▲[176]有惻隱之心, 方會動, 若無惻隱之心, 卻不會動. 惟是先動了, 方始有羞惡・▲[177]恭敬・▲[178]是非. ▲[179]處便是惻隱. 若不會動, 卻不成人. ▲[180] 天地生生之理, 這些動意未嘗止息, ▲[181]如何梏亡, 亦未嘗盡消滅, 自是有時而動, 學者只怕間斷了." 【賀孫】

53:86 ▲[182]仁, 專言則包四者, 是箇帶子. 無仁則麻痺死了, 安有羞

173) ▲: 或
174) ▲: 黃景申・嵩老
175) ▲: 意思, 理會不透
176) ▲: 公試思." 久之, 先生曰: "惟是
177) ▲: 方始有
178) ▲: 方始有
179) ▲: 動
180) ▲: 若不從動處發出, 所謂羞惡者非羞惡, 所謂恭敬者非恭敬, 所謂是非者非是非.
181) ▲: 看

惡恭敬是非之心! 仁則有知覺, 癢則覺得癢, 痛則覺得痛, 癢痛雖不同, 其覺則一也." ▲[183]問: "若指動言仁, 則近禪." 曰: "這箇如何占得斷! 是天下公共底. 釋氏也窺見些子, 只是他只知得這箇, 合惻隱底不惻隱, 合羞惡底不羞惡, 合恭敬底不恭敬." 又問: "他卻無惻隱・羞惡・恭敬・是非?" 曰: "然."【節】

53:87 ▲[184] 程云: "端如水之動處." 蓋水平靜則不見其動流. ▲[185]【卓 ○▲[186]】

53:88 ▲[187]

53:89 龜山答人問赤子入井, 令求所以然一段, 好.【方】

○[188] "且如惻隱・羞惡・辭遜・是非, 固是良心. 苟不存養, 則發不中節, 顚倒錯亂, 便是私心." 又問: "既加存養, 則未發之際不知如何?" 曰: "未發之際, 便是中, 便是'敬以直內', 便是心之本體." 又問: "於未發之際, 欲加識別, 使四者各有着落, 如何?" 曰: "如何識別? 也只存得這物事在這裏, 便恁地涵養將去. 既熟, 則其發見自不差."【道夫】

---

182) ▲: 問: "何謂惻隱?" 曰: "惻, 惻然也, 隱, 痛也." 又問: "明道先生以上蔡面赤爲惻隱之心, 何也?" 曰: "指其動處而言之, 只是羞惡之心. 然惻隱之心必須動, 則方有羞惡之心. 如肅然恭敬, 其中必動. 羞惡・恭敬・是非之心, 皆自仁中出. 故

183) ▲: 又

184) ▲: 仁言惻隱之端,

185) ▲: 愛親敬兄, 皆是此心本然, 初無可見. 及其發而接物, 有所感動, 此心惻然, 所以可見, 如怵惕於孺子入井之類是也.

186) ▲: 按『集義』不見程說.

187) ▲: 四端, 伊川云: "聖人無端, 故不見其心."【今按: 『遺書』中止云: "復非天地心, 復則見天地心. 聖人無復, 故未嘗見其心. 今云'無端', 義亦不通, 恐誤." ○閎祖】

188) ○: 『朱子語類』 87:170의 일부이다.

○[189] "所謂'四端'者, 皆情也. 仁是[190]▲[191]惻隱是情. 惻隱是仁發出來底端芽, 如一箇穀種相似, 穀之生是性, 發爲萌芽是情. 所謂性, 只是那仁義禮知四者而已. 四件無不善, 發出來則有不善, 何故? 殘忍便是那惻隱反底, 冒昧便是那羞惡反底."【植】

○[192] 寶問: "心中湛然淸明, 與天地相流通, 此是仁否?" 曰: "湛然淸明時, 此固是仁義禮智統會處. 今人說仁, 多是把做空洞底物看, 卻不得. 當此之時, 仁義禮智之苗脈已在裏許, 只是未發動. 及有箇合親愛底事來, 便發出惻隱之心, 有箇可厭惡底事來, 便發出羞惡之心. 禮本是文明之理, 其發便知有辭遜, 智本是明辨之理, 其發便智[193]有是非." 又曰: "仁是惻隱之母, 惻隱是仁之子. 又仁包義禮智三者, 仁似長兄, 管屬得義禮智, 故曰'仁者善之長.'"【德明 ○『集注』】

「矢人豈不仁於函人章」

53:90 問: "▲[194]生物之心, 得之最先. ▲[195]" 曰: "人得那生底道理, 所謂'心, 生道'也. 有是心, 斯具是形以生也."【廣】

53:91 "仁者如射", 但那發時毫釐不可差!

「子路人告以有過則喜章」

189) ○: 『朱子語類』 59:27의 일부이다.
190) 仁是: 【附箋紙】"仁是"下, 恐脫"性"字.
191) ▲: 性
192) ○: 『朱子語類』 59:155의 일부이다.
193) 智: 『朱子語類』에서는 知로 되어 있다.
194) ▲: '仁, 天之尊爵.' 先生解曰: '仁者, 天地
195) ▲: 如何是得之最先?

53:92 "禹聞善言則拜", 猶著意做. 舜與人同, 是自然氣象. 聖人之拜, 雖[196]出於誠意. 然拜是容貌間, 未見得行不行. 若舜, 則眞見於行事處, 己未善, 則舍己之未善而從人之善, 人有善, 則取人之善而爲己之善. 人樂於見取, 便是許助他爲善也. 【淳】

53:93 問: "▲[197] 當其取人之際, 莫未有助之之意否?" 曰: "然." 曰: "三者本意, 似只是取人, 但有淺深. 而'與人爲善', 乃是孟子再疊一意以發明之否?" 曰: "然." 【道夫】

53:94 大舜"樂取諸人以爲善", 是成己之善, ▲[198]人爲善, 也是著人之善. 【端蒙】

53:95 "與人爲善", 蓋舜不私己, 如爲人爲此善一般. 【升卿】

「伯夷非其君不事章」

53:96 ▲[199] "'不隱賢', 謂不隱避其賢, 如己當廉, 卻以利自汙, 己當勇, 卻以法[200]自處之類, 乃是隱賢, 是枉道也." ▲[201]

53:97 ▲[202] 人有所見, 不肯盡發▲[203], 尙有所藏, 便是枉道." 至云:

---

196) 雖: 成化本・賀本에서는 固로 되어 있다.
197) ▲: '是與人爲善',
198) ▲: 是與
199) ▲: 問"進不隱賢, 必以其道." 曰:
200) 法: 【附箋紙】"法", 恐"怯"之誤.
201) ▲: 又問: "所以不解作蔽賢, 謂其下文云'必以其道.' 若作不蔽賢說, 則下文不同矣." 曰: "然." 【人傑】
202) ▲: 至問: "『集注』云: '〈進不隱賢〉, 不枉道也.' 似少字." 曰: "'進不隱賢', 便是'必以其道.'
203) ▲: 出

“尋常看此二句, 只云進雖不敢自隱其賢, 凡有所蘊, 皆樂於發用, 然而卻不妄進, 二句做兩意看.” 曰: “恁地▲[204]也得.” 53:98[205] ▲[206]伯夷“雖有善其辭命而至者”, 亦不肯就, 而況不道而[207]▲[208] 固速去之矣. 世之所謂淸者, 不就惡人耳, 若善辭命[209]而來者, 固有時而就之. 惟伯夷不然, 此其所以爲聖之淸也. 柳下惠不屑之意亦然. 夷隘, 惠不恭, 不必言效之而不至者, 其弊乃如此. 只二子所爲, 已有此弊矣. 【僩】

53:99 ▲[210]

53:100 ▲[211]

53:101 問: “‘柳下惠▲[212]’, 是待人不恭否?” 曰: “是他玩世, 不把人做人看, 如‘袒裼裸裎於我側’, 是已. 邵堯夫正是這意思, 如『皇極經世[213]』書成, 封做一卷, 題云: ‘文字上呈堯夫.’” 【螢】

53:102 或問: “明道云: ‘此非瑕疵夷・惠之語, 言其弊必至於此.’ 今

204) ▲: 看
205) 53:98: 『小分』에서는 53:97에 이어져 한 항목으로 편집되어 있다.
206) ▲: 伯夷“不屑就已”, 『注』云: “屑, 潔也. 潔, 猶美也. 苟以其辭命禮意之美而就之, 是切切於是也.” 然
207) 而: 【附箋紙】“而”下, 恐有脫.
208) ▲: 無禮者,
209) 命: 『朱子語類』에서는 令으로 되어 있다.
210) ▲: “不屑去”, 『說文』說“屑”字云: “動作切切也.” 只是不汲汲於就, 不汲汲於去. “屑”字卻是重. 【必大錄云: “不以就爲重, 而切切急於就, 不以去爲重, 而切切急於去.” ○螢】
211) ▲: 問: “‘伯夷隘, 柳下惠不恭’, 莫是後來之弊至此否?” 曰: “伯夷自是有隘處, 柳下惠自是有不恭處. 且如‘雖袒裼裸裎於我側’, 分明是不將人做人看了!” 【去僞】
212) ▲: 不恭
213) 經世: 『小分』에서는 世經을 교정부호로 바로잡았다.

觀伯夷▲[214]果似隘者. ▲[215] 柳下惠果似不恭者, 豈得謂其弊必至於此哉?" 曰: "伯夷旣淸, 必有隘處, 柳下惠旣和, 必有不恭處. 道理自是如此. 孟子恐後人以隘爲淸, 以不恭爲和, 故曰: '隘與不恭, 君子不由也.'" 【去僞】

214) ▲: 與惡人處, '如以朝衣朝冠坐於塗炭', 則伯夷
215) ▲: 柳下惠'雖袒裼裸裎於我側, 爾焉能浼我哉!'

『朱子語類』卷第五十四

「『孟子』四」

「公孫丑下」

「天時不如地利章」

54:1 "孤虛", 以方位言, 如俗言向某方利, 某方不利之類. "王相", 指日時. 【『集注[1]』 ○僩】

「孟子將朝王章」

54:2 問: "▲[2] 莫是以齊王不合託[3]疾否?" 曰: "未論齊王託[4]疾. ▲[5] 他不合來召. 蓋在他國時, 諸侯無越境之禮, 只得[6]以幣來聘, 故賢者受其幣而往見之, ▲[7] 既至其國, 或爲賓師, 有事則王自來見, 或自往見王, 但召之則不可. 召之, 則有自尊之意, 故不往見也. 答陳代: '如不待其招而往, 何哉?' 此以在他國而言, 答萬章: '天子不召師, 而況諸侯乎!' 此以在其國而言." 【僩】

---

1) 注: 賀本에서는 說로 되어 있다.
2) ▲: '孟子將朝王', 齊王托疾召孟子, 孟子亦辭以疾,
3) 託: 賀本에서는 托으로 되어 있다.
4) 託: 賀本에서는 托으로 되어 있다.
5) ▲: 看孟子意, 只說
6) 得: 賀本에서는 因으로 되어 있다.
7) ▲: 所謂答禮行義是也. 如見梁惠王, 也是惠王先來聘之.

54:3 ▲[8] 要見孟子出處之義, 更兼陳代與公孫丑問不見諸侯處, 及天子不召師, 幷之齊不見平陸事一道看, 方見得孟子自有一箇方法在." 問: "孟子不去, 莫[9]亦兼惡其託疾不▲[10]實否?" 曰: "觀其終篇, 不如此說." 又問: "平陸大夫旣以幣交得不是, 何故又受他底?" 曰: "又恐他忽地自來."

54:4 "夫豈不義而曾子言之"! 文勢似"使管子而愚人也, 則可." ▲[11]

▲[12]

54:5 ▲[13]

---

8) ▲: 或問"孟子將朝王"一段. 曰: "賢者在異國, 諸侯可以使幣聘之. 若旣在本國, 賢者可以自去相見, 諸侯卻不當去召他了. 蓋異國則諸侯不能親往, 故可以聘. 在國, 則君自當去相見, 又豈可以召哉!

9) 莫: 賀本에는 없다.

10) ▲: 眞

11) ▲: 若是義理不是, 則曾子豈肯恁地說!

12) ▲: 「孟子之平陸章」

13) ▲: "'王之爲都.' 『左傳』: '邑有先君之廟曰〈都〉.' 看得來古之王者嘗爲都處, 便自有廟. 【賀孫錄云: "古人之廟不遷."】 如太王廟在岐, 文王廟在豐. 武王祭太王則於岐, 祭文王則於豐. 【賀孫云: "鎬京卻無二王之廟."】 '王朝步自周, 至于豐', 是自鎬至豐, 以告文王廟也. 又如晉 獻公使申生祭于曲沃. 武公雖自曲沃入晉, 而其先君之廟則仍在曲沃而不徙也. 又如魯祖文王, 鄭祖厲王, 則諸侯祖天子矣, 三桓祖桓公, 則大夫祖諸侯矣. 故「禮運」曰: '諸侯不得祖天子, 大夫不得祖諸侯. 公廟之設私家, 非禮也, 自三桓始也.' 是三桓各立桓公廟於其邑也." 又問: "漢原廟如何?" 曰: "原, 再也, 如'原蠶'之'原.' 謂旣有廟, 而再立一廟, 如本朝旣有太廟, 又有景靈宮." 又問: "此於禮當否?" 曰: "非禮也. 【賀孫云: "問郡國有原廟否?" 曰: "行幸處有之, 然皆非禮也."】 然以洛邑有文・武廟言之, 則似周亦有兩廟." 又問: "原廟之制如何?" 曰: "『史記』'月出衣冠遊之所', 【賀孫云: "漢之原廟, 是藏衣冠之所."】 謂藏高帝之衣冠於其中, 月一取其衣冠, 出遊於國中也. 古之廟制, 前廟後寢, 寢所以藏亡者之衣冠. 故『周禮』: '守祧, 掌守先王・先公之廟祧, 其遺衣服藏焉.' 至漢時卻移寢於陵, 所謂'陵寢', 故明帝於原陵見太后鏡奩中物而悲哀. 蔡邕因謂: '上陵亦古禮, 明帝猶有古之餘意.' 然此等議論, 皆是他講學不明之故, 他只是偶見明帝之事, 故爲是說. 然何不使人君移此意於宗廟中耶?" 又曰: "'王之爲都', 又恐是『周禮』所謂'都鄙'之'都.' 『周禮』: '四縣爲都.'" 【廣 ○錄同賀

「孟子爲卿於齊章」

54:6 ▲[14] "當時有所謂客卿者▲[15]. 大概尊禮之, 而不居職任事, 召之則不往, 又卻爲使出弔於滕."【木之】

「沈同以其私問章」

54:7 孟子答沈同▲[16], 誠爲未盡. "何以異於是"之下, 合更說是弔民伐罪・不行殘虐之主方可以伐之, 如此乃善. 又孟子居齊許久[17], 伐燕之事, 必親見之, 齊王乃無一語謀於孟子, 而孟子亦無一語諫之, 何也? 想得孟子亦必以伐之爲是, 但不意齊師之暴虐耳. 不然, 齊有一大事如此, 而齊王不相謀, 孟子豈可更[18]居齊耶! 『史記』云: "鄒人孟軻勸齊伐燕云: '此湯・武之擧也.'" 想承此誤, 然亦有不可曉者.【僩】

54:8 ▲[19] "孟子言伐燕處有四, 須合而觀之. 燕之父子君臣如此, 固有可伐之理. 然孟子不曾教齊不伐, 亦不曾教齊必伐, 但曰: '爲天吏, 則可以伐之.' 又曰'若殺其父兄, 係累其子弟', 則非孟子意也."【去僞】

「燕人畔章」

54:9 安卿問: "周公誅管・蔡, 自公義言之, 其心固正大直截, 自私恩言之, 其情終有自不滿處. 所以孟子謂: '周公之過, 不亦宜乎!'" 曰:

孫】

14) ▲: 問: "孟子賓師之禮如何?" 曰:

15) ▲: 是也

16) ▲: 伐燕一章

17) 久:【附箋紙】"久", 疑誤.

18) 更: 賀本에서는 便으로 되어 있다.

19) ▲: "勸齊伐燕如何?" 曰:

"▲[20] 但他豈得已哉! 莫到恁地較好. 看周公當初做這一事, 也大段疏脫, ▲[21]也▲[22] 本是怕武庚叛, 故遣管・蔡・霍叔去監他, 爲▲[23]至親可恃, 不知他反去與武庚同作一黨. 不知如何紂出得箇兒子也恁地狡猾! 想見他當時日夜去炒那管叔說道: '周公是你弟, 今卻欲簒爲天子, 汝是兄, 今卻只恁地!' 管叔被他炒得心熱, 他性又急, 所以便發出這件事來." ▲[24]問: "是時可調護莫殺否?" 曰: "他已叛, 只得殺, 如何調護得! 蔡叔・霍叔性較慢, 罪較輕, 所以只囚于[25]郭鄰, 降爲庶人. 想見當時被管叔做出這事來, 騷動許多百姓, 想見也怕人. '鴟鴞鴟鴞, 旣取我子, 毋毀我室!' 當是[26]也是被他害得猛. 如「常棣」一詩是後來制禮作樂時作. 這是先被他害, 所以當天下平定後, 更作此詩, 故其辭獨哀切, 不似諸詩和平." 義剛曰: "周公也豈不知管叔狡獪? 但當時於義不得不封他." 曰: "看來不是狡獪, 只是獃子."【義剛】

「孟子去齊章」

54:10 ▲[27]問: "▲[28] 『▲[29]註』引▲[30]'〈憂則違之〉, 而荷蕢所以爲果', ▲[31]" 曰: "孟子與荷蕢皆是'憂則違之.' 但荷蕢果於去, 不若孟子'遲遲吾行.' 蓋得時行道者, 聖人之本心, 不遇而去者, 聖人之不得已. 此與孔子去魯之心同. 蓋聖賢憂世濟時之心, 誠非若荷蕢之果於去

---

20) ▲: 是.
21) ▲: 他
22) ▲: 看那兄弟不過.
23) ▲: 其
24) ▲: 堯卿
25) 于: 賀本에서는 於로 되어 있다.
26) 是: 『朱子語類』에서는 時로 되어 있다.
27) ▲: 陳希眞
28) ▲: 孟子去齊處
29) ▲: 集
30) ▲: 李氏說
31) ▲: 如何?

也."【時擧】

「孟子去齊居休章」

54:11 沙隨謂: "▲[32]師命乃師友之'師', 非師旅也. 正齊王欲'授孟子室, 養弟子以萬鍾, 使諸大夫國人皆有所矜式'時事." ▲[33]曰: "舊已有此說. 但欲授孟子室, 乃孟子辭去時事. 所謂 '於崇吾得見王', 則初見齊王時事. 以此考之, 則師旅爲當."【道夫】

---

32) ▲: 繼而有
33) ▲: 先生

『朱子語類』 卷第五十五

「『孟子』五」

「滕文公篇[1]」

「滕 文公爲世子章」

55:1 ▲[2] 須看因何理會箇性善作甚底? 【賜】

55:2 性善, 故人皆可爲堯・舜. "必稱堯・舜"▲[3], 所以驗性善之實. 【德明】

55:3 孔子罕言性. 孟子▲[4]便道性善, 必稱堯・舜, 恰似▲[5]告人躐等▲[6]. 然他亦欲人先知得一箇本原, 則爲善必力, 去惡必勇. 今於義理須是見得了, 自然循▲[7] 有不得不然. 若說我要做好事, 所謂這些意, 能得幾時了[8]! 【端蒙】

55:4 ▲[9] "'道性善'與'稱堯・舜', 二句正相表裏. 蓋人之所以不至於

---

1) 篇: 成化本・賀本에서는 上으로 되어 있다.
2) ▲: "孟子道性善, 言必稱堯・舜"
3) ▲: 者
4) ▲: 見滕 文公
5) ▲: 孟子
6) ▲: 相似
7) ▲: 理,
8) 了: 『朱子語類』에서는 子로 되어 있다.

堯·舜者, 是他力量不至, 固無可奈何. 然人須當以堯·舜爲法, 如射者之於的, 箭箭皆欲其中. 其不中者, 其技藝未精也. 人到得堯·舜地位, 方做得一箇人, 無所欠闕, 然也只是本分事, 這便是'止於至善.'" 【道夫】

55:5 問: "孟子言性, 何必於其已發處言之?" 曰: "未發是性, 已發是善." 【可學】

55:6 "▲10)道性善", 其發於外也, 必善無惡. 惡, 非性也, 性, 不惡矣. 【節】

55:7 問: "'▲11)道性善', 不曾說氣稟." 曰: "是孟子不曾思量到這裡, 但說本性善, 失卻這一節." 問: "氣稟是偶然否?" 曰: "是偶然相値着, 非是有安排等待." 問: "天生聰明, 又似不偶然." 曰: "便是先來說主宰底一般. 忽生得箇人恁地, 便是要他出來作君·作師. 『書』中多說'聰明', 蓋一箇說白, 一箇說黑, 若不是聰明底, 如何遏伏得他衆人? 所以『中庸』亦云: '惟天下至聖, 爲能聰明睿知足以有臨.' 且莫說聖賢, 只如漢 高祖·光武·唐 憲宗·武宗, 他更自了得. ▲12)

55:8 ▲13) 人蓋有恬於嗜欲而不能充其性者, 何故?" 曰: "不蔽於彼, 則蔽於此, 不蔽於此, 則蔽於彼, 畢竟須有蔽處. 物欲亦有多少般. 如白日, 須是雲遮, 方不見, 若無雲, 豈應不見耶! 此等處, 緊要在'性'字

9) ▲: 劉棟問: "人未能便至堯·舜, 而孟子言必稱之, 何也?" 曰:

10) ▲: 孟子

11) ▲: 孟子

12) ▲: 某嘗說, 韓退之可憐. 憲宗也自知他, 只因佛骨一事忤意, 未一年而憲宗死, 亦便休了, 蓋只有憲宗會用得他." 【池錄作: "憲宗也會用人."】 或曰: "用李絳亦如此." 曰: "憲宗初年許多伎倆, 是李絳教他, 絳本傳說得詳. 然絳自有一書, 名「論事記」, 記得更詳, 如李德裕『獻替錄』之類." 【䕫孫】

13) ▲: 李仲實問: "『注』云: '惟堯·舜爲能無物欲之蔽, 而充其性.'

上, 今且合思量如何是性? 在我爲何物? 反求吾心, 有蔽無蔽? 能充不能充? 不必論堯如何, 舜又如何, 如此方是讀書."【僩祖】

55:9 或問: "▲[14]赤子將入井, 有怵惕惻隱之心, 此只就情上見, 亦只說得時暫發見處. 如言'孩提之童, 無不親其親', 亦只是就情上說得他人事, 初無預於己. 若要看得自己日用工夫, 惟程子所謂'天下之理, 原其所自, 未有不善. 喜怒哀樂未發, 何嘗不善. 發而中節, 卽無往而不善, 發不中節, 然後不善', 此語最爲親切. 學者知此, 當於喜怒哀樂未發, 加持敬工夫, 於喜怒哀樂已發, 加省察工夫, 方爲切己." 曰: "▲[15] 如此則成兩截了. 蓋是四者未發時, 那怵惕惻隱與孩提愛親之心, 皆在裏面了. 少間發出來, 卽是未發底物事. 靜也只是這物事, 動也只是這物事. 如孟子所說, 正要人於發動處見得是這物事. 蓋靜中有動者存, 動中有靜者存. 人但要動中見得靜, 靜中見得動. 若說動時見得是一般物事, 靜時又見得別是一般物事, 靜時見得是這般物事, 動時又見得不是這般物事, 沒這說話. 蓋動時見得是這物事, 卽是靜時所養底物事. 靜時若存守得這物事, 則日用流行卽是這物事. 而今學者且要識得動靜只是一箇物事."【燾】

55:10 性圖.

惡.【惡不可謂從善中直下來, 只是不能善, 則偏於一邊, 爲惡.】

性善.【性無不善.】 善.【發而中節, 無往不善.】

55:11 孟子初見滕世子, 想是見其資質好, 遂卽其本原一切爲他啓迪了. 世子若是負荷得時, 便只是如此了. 及其復見孟子, 孟子見其領略未得, 更不說了. 只是發他志, 但得於此勉之, 亦可以至彼. 若更說, 便漏逗了. 當時啓迪之言想見甚好, 惜其不全記, 不得一觀!"【揚】

14) ▲: '孟子道性善'章, 看來孟子言

15) ▲: 不消分這箇是親切, 那箇是不親切.

55:12 ▲[16]『孟子』▲[17]論性處, 只此一處, 已說得盡. 須是日日認一過, 只是要熟." ▲[18]

55:13 問: "▲[19] 成鼴則若參較彼己, 顔子則知聖人學之必可至, 公明儀則篤信好學者也. 三者雖有淺深, 要之皆是尙志." 曰: "也略有箇淺深. 恁地首[20]文字, 且須看他大意." ▲[21] 道夫曰: "這般緊要節目, 其初在'道性善', 其中在'夫道一而已矣', 其終在'若藥不瞑眩, 厥疾弗瘳.'" 曰: "然."【道夫】

55:14 ▲[22] "滕世子從孟子言, 何故後來不濟事?" 曰: "亦是信不篤. 如自楚反, 復問孟子, 孟子已知之, 曰: '世子疑吾言乎?' 則是知性不的. 他當時地步狹, 本難做, 又識見卑, 未嘗立定得志. 且如許行之術至淺下, 且延之, 擧此可見."【可學】

55:15 ▲[23] "滕, ▲[24] 不過如今一鄕. 然孟子與他說時, 也只說'猶可以爲善國'而已. 終不成以所告齊・梁之君者告之. 兼又不多時, 便爲宋所滅." 因言: "程先生說: '孔子爲乘田則爲乘田, 爲委吏則爲委吏, 爲司寇則爲司寇, 無不可者. 至孟子, 則必得賓師之位, 方能行道, 此便是他能大而不能小處. 惟聖人則無不遍, 大小方圓, 無所不可.'" ▲[25] "如孟子說: '諸侯之禮, 吾未之學也.' 此亦是講學之有闕. 蓋他心

16) ▲: 問『集注』云云. 曰: "大槪是如此.
17) ▲: 七篇
18) ▲: 又曰: "程子說才, 與孟子說才自不同, 然不相妨. 須是子細看, 始得."【賀孫】
19) ▲: 三子之事,
20) 首:【附箋紙】"首", "看"之誤.
21) ▲: 又曰: "大抵看文字, 不恁地子細分別出來, 又卻鶻突, 到恁地細碎分別得出來, 不曾看得大節目處, 又只是在落草處尋."
22) ▲: 符舜功問:
23) ▲: 或問: "孟子初教滕 文公如此, 似好. 後來只恁休了, 是如何?" 曰:
24) ▲: 國小, 絶長補短, 止五十里,

量不及聖人之大, 故於天下事有包括不盡處. 天下道理儘無窮, 人要去做, 又做不辨, 極力做得一兩件, 又困了. 唯是聖人, 便事事窮到徹底, 包括淨盡, 無有或遺." 正淳曰: "如夏·商之禮, 孔子皆能言之, 卻是當時杞·宋之國文獻不足, 不足取以證聖人之言耳. 至孟子, 則曰'吾未之學也'而已, '嘗聞其略也'而已."【廣】

「滕 定公薨章」

55:16 ▲[26]世事▲[27]陵夷之後, 乃一向討論典故, 亦果何益! 孟子於滕 文公乃云: "諸侯之禮, 吾未之學." 便說與"齊疏之服, 飦粥之食", 哭泣盡哀, 大綱先正了.【可學】

55:17 ▲[28]

「滕 文公問爲國章」

55:18 ▲[29] "某嘗疑孟子所謂'夏后氏五十而貢, 殷人七十而助, 周人百畝而徹', 恐不解如此. 先王疆理天下之初, 做許多畎溝澮洫之類, 大段費人力了. 若自五十而增爲七十, 自七十而增爲百畝, 則田間許多疆理, 都合更改, 恐無是理. 孟子當時未必親見, 只是傳聞如此, 恐亦難盡信也."【廣】

55:19 ▲[30]『禮記正義』引劉氏·皇氏之說, 正是獃人說話. ▲[31] 自

25) ▲: 又曰:
26) ▲: 今欲處
27) ▲: 於
28) ▲: 古宗法, 如周公兄弟之爲諸侯者, 則皆以魯國爲宗. 至戰國時, 滕猶稱魯爲"宗國"也.【廣】
29) ▲: 因說今日田賦利害, 曰:

五十畝[32]而改爲七十畝[33], 旣是七十畝[34], 卻改爲百畝[35], 便都著那趲動, 此擾亂之道. 如此則非三代田制, 乃王莽之制矣! 【必大】

55:20 ▲[36]

55:21 孟子說制度, 皆擧其綱而已. 如田之十一, 喪之“自天子達”之類. 【方】

55:22 “世祿, 是食公田之人.” 問: “鄰長·比長之屬有祿否?” 曰: “恐未必有.” 問: “士者之[37]▲[38]如何?” 曰: “亦農隙而學.” “孰與敎之?” 曰: “鄕【他[39]錄作“卿.”】大夫有德行而致其仕者, 俾敎之.” 【德明】

55:23 “孟子只把‘雨我公田’證周亦有公田, 讀書亦不須究盡細微.” 【因論“永嘉之學, 於制度名物上致詳.” ○方▲[40]】

○[41] 且如說井田後, 擧『詩』云: ‘雨我公田, 遂及我私.’ ‘惟助爲有公田, 由此觀之, 雖周亦助也.’ 似這般證驗, 也不大故切.” 安卿問: “孟

30) ▲: 孟子說“夏后氏五十而貢, 商人七十而助, 周人百畝而徹”, 恐亦難如此移改.
31) ▲: 蓋田地一方, 溝洫廬舍, 成之亦難.
32) 畝: 賀本에서는 里로 되어 있다.
33) 畝: 賀本에서는 里로 되어 있다.
34) 畝: 賀本에서는 里로 되어 있다.
35) 畝: 賀本에서는 里로 되어 있다.
36) ▲: 孟子說貢·助·徹, 亦有可疑者. 若夏后氏旣定“五十而貢”之制, 不成商·周再分其田, 遞相增補, 豈不大擾! 聖人擧事, 恐不如此. 如王莽之封國, 割某地屬某國, 至於淮陽太守無民可治, 來歸京師, 此尤可笑! 『正義』引劉氏·皇氏·熊氏說, 皆是臆度, 迂僻之甚! 【人傑】
37) 者之: 【附箋紙】“者之”下, 恐脫字.
38) ▲: 學
39) 他: 『朱子語類』에서는 池로 되어 있다.
40) ▲: 子
41) ○: 『朱子語類』 90:42의 일부이다.

子何故不甚與古合?" 曰: "他只是據自家發放做, 相那箇時勢做." 又問: "鄭康成注『王制』, 以爲諸侯封國, 與『周禮』小大不同, 蓋『王制』是說夏·商以前之制. 如何?" 曰: "某便是不甚信此說, 恐不解有此理. 且如孟子說: '夏后氏五十而貢, 殷人七十而助, 周人百畝而徹.' 某自不敢十分信了. 且如一家有五十畝田, 忽然說我要添與你作七十畝, 則要多少心力? 蓋人家各爲定業, 東阡西陌, 已自定了. 這五十畝中, 有溝洫, 有廬舍. 而今忽然變更, 又着分疆界, 制溝洫, 毁廬舍, 東邊住底移過西邊, 這裏住底遷過那裏, 一家添得二十畝田, 卻勞動多少?" 語至此, 大聲云: "恁地天下騷然不寧, 把幾多心力去做? 據某看來, 自古皆是百畝, 不解得恁地. 而今解時, 只得就他下面說放那裏. 【淳錄云: "何解『孟子』, 且隨文如此解."】 若理會着實行時, 大不如此." 義剛問井田: "今使一家得百畝, 而民生生無已, 後來者當如何給之?" 先生笑曰: "今且據見在人數給." 【義剛】

55:24 問: "滕文公爲善, 如何行王道不得, 只可爲後法?" 曰: "他當時大故展拓不去, 只有五十里, 如何做得事? 看得來渠國亦不甚久便亡." 問: "▲[42]'小國七年'者, 非是封建小國, 恐是燕·韓之類." 曰: "然." 【可學】

○[43] 且如孟子當時也自理會那古制不甚得. 如曰'諸侯之禮, 吾未之學, 然而軻也嘗聞其略也.' 恁地便是不曾知得子細, ▲[44]當時說諸國許多事, 也只是大概說如此. 雖說'湯以七十里, 文王以百里', 然及滕文公恁地時, 又卻只說'有王者作, 必來取法, 是爲王者師也.' 元不曾說道便可王. '以齊王, 猶反手也', 便是也要那國大底方做得, 小底也柰何不得. 而今且說道將百里地與你, 教你行王政, 看你做從何處起? 便是某道, 古時聖賢易做, 後世聖賢難做. 古時只是順那自然做將

42) ▲: 所謂
43) ○: 『朱子語類』 90:42의 일부이다.
44) ▲: 他

去, 而今大故費手."

55:25 "'請野九一▲[45], 國中什一▲[46] 此二句, 大率有『周禮』制度. 野, 謂甸・稍・縣・都, 行九一法. 國中什一, 以在王城, 豐凶易察." 【去僞】

55:26 ▲[47] "國中行鄕・遂之法, 如'五家爲比, ▲[48]爲閭[49], 爲[50]閭爲族, 五族爲黨, 五黨爲州.' 又如'伍[51]人爲伍, 五伍爲兩, 四兩爲卒, 五卒爲旅, 五旅爲師, 五師爲軍.' 皆是五五相連屬, 所以行不得那九一之法, 故只得什一使自賦. 如鄕・遂卻行井牧[52]之法, 次第是一家出一人兵. 且如'五家爲比', 比便有一箇長了. 井牧之法, 次第是三十家乃得出[53]士十人, 徒十人. 井田之法, 孟子說'夏五十而貢, 殷七十而助, 周百畝而徹', 此都是孟子拗處. 先是五十, 後是七十, 又是百畝[54], 便是一番打碎一番, 想聖人處事必不如是勞擾. ▲[55]

45) ▲: 而助
46) ▲: 使自賦', 如古注之說如何?" 曰: "若將『周禮』一一求合其說, 亦難.
47) ▲: 或問"請野九一而助, 國中什一使自賦." 曰:
48) ▲: 五比
49) 閭: 【附箋紙】"閭"上下恐有(脫).
50) 爲: 『朱子語類』에서는 四로 되어 있다.
51) 伍: 『朱子語類』에서는 五로 되어 있다.
52) 井牧: 【附箋紙】"井牧", 一字必誤, 詳之.
53) 乃得出: 『朱子語類』에서는 方出得로 되어 있다.
54) 百畝: 『朱子語類』에서는 一百으로 되어 있다.
55) ▲: 又如先儒說封建, 古者'公侯百里, 伯七十里, 子男五十里.' 至周公則斥大疆界, 始大封侯國. 公五百里, 侯四百里, 伯三百里, 子男百里. 如此, 則是將那小底移動, 添封爲大國, 豈有此理! 禹塗山之會, '執玉帛者萬國.' 當時所謂國者, 如今溪・洞之類. 如五六十家, 或百十家, 各立箇長, 自爲一處, 都來朝王, 想得禮數大段藞苴. 後來到夏・商衰時, 皆相呑併, 漸漸大了. 至周時只有千八百國, 便是萬國呑併爲千八百國, 不及五分之一矣, 可見其又大了. 周畢竟是因而封之, 豈有移去許多小國, 卻封爲大國! 然聖人立法, 亦自有低昂, 不如此截然. 謂如封五百里國, 這一段四面大山, 如太行, 卻有六百里, 不成是又挑出那百里外, 加封四百里. 這一段卻有三百五十里, 不成又去別處討一段子五十里來添, 都不如此殺定. 蓋孟子時去周已七八百年, 如今去隋時, 旣無人記得, 又無載籍可考, 所以

55:27 問: "圭田, 餘夫之田, 是在公田私田之外否?" 曰: "卿受田六十邑, 乃當二百四十井, 此外又有'圭田五十畝'也. '餘夫二十五畝', 乃是[56]十六歲以前所受, 在一夫百畝之外也. 孟子亦▲[57]是言大概耳, 未必曾見『周禮』也."【時擧】

「有爲神農之言章」

55:28 德修解君民並耕, 以爲"有體無用." 曰: "如何是有體無用? 這箇連體都不是." 德修曰: "食豈可無? 但以君民並耕而食, 則不可. 不成因君民不可並耕卻不耕, 耕食自不可無, 此是體. 以君民並耕則無用." 曰: "'有大人之事, 有小人之事', 若是以君民並耕, 畢竟體已不是."【文蔚】

55:29 "排淮·泗而注之江." 淮自不與江通, 大綱如此說去.【謨】

55:30 問: "'振德'是施惠之意否?" 曰: "是. 然不是財惠之惠, 只是施之以教化, 上文匡·直·輔·翼等事是也. 彼旣自得之, 復從而教之. ▲[58]." ▲[59]

「墨者夷之章」

55:31 "夷子以謂'愛無差等, 施由親始', 似知所先後者, 其說如何?"

難見得端的. 又周封齊·魯之地, 是'誅紂伐奄, 滅國者五十', 所以封齊·魯之地極廣. 如魯地方千里, 如齊東至海, 西至河, 南至穆陵, 北至無棣, 是多少廣闊!"【燾】

56) 是: 賀本에는 없다.

57) ▲: 只

58) ▲: '放勛曰', '曰'字不當音驛

59) ▲:【螢】

曰: “人多疑其知所先後, 而不知此正是夷子錯處. 人之有愛, 本由親立, 推而及物, 自有等級. 今夷子先以爲‘愛無差等’, 而施之則由親始, 此夷子所以二本矣. 夷子但以此解厚葬其親之言, 而不知‘愛無差等’之爲二本也.” 【去僞】

55:32 ▲[60] “旣是‘愛無差等’, 何故又‘施由親始’? 這便是有差等了[61]. 然[62]‘施由親始’一句, 乃是夷之臨時譜[63]出來湊孟子意, 卻不知‘愛無差等’一句, 已不是了. 他所謂‘施由親始’, 便是把‘愛無差等’之心施之. 然把愛人之心推來愛親, 是甚道理!” 【時擧】

55:33 ▲[64] “‘愛無差等’, 何止二本? 蓋千萬本也.” 退與彦忠論此. 彦忠云: “愛吾親, 又兼愛他人之親, 是二愛並立, 故曰‘二本.’” 【德明】

55:34 ▲[65] “事他人之親, 如己之親, 則是兩箇一樣重了, 如一本有兩根也.” 【燾】

55:35 ▲[66] 夷子卻視他人之親猶己之親, 如牽彼樹根, 强合此樹根.” 曰: “‘愛無差等’, 便是二本.” 至曰: “‘命之矣’, ‘之’字作夷子名看, 方成句法. 若作虛字看, 則不成句法.” 曰: “是.” 【至】

55:36 尹氏曰: “何以有▲[67]差等, 一本故也, 無僞也.” ▲[68]

60) ▲: 亞夫問: “‘愛無差等, 施由親始’, 與‘親親而仁民, 仁民而愛物’相類否?” 曰:
61) 了: 賀本에는 없다.
62) 然: 賀本에서는 又如로 되어 있다.
63) 譜: 『朱子語類』에서는 譔으로 되어 있다.
64) ▲: 問: “愛有差等, 此所謂一本, 蓋親親・仁民・愛物具有本末也. 所謂‘二本’是如何?” 曰:
65) ▲: 或問“一本.” 曰:
66) ▲: 問: “人只是一父母所生, 如木只是一根株.
67) ▲: 是
68) ▲: 旣是一本, 其中便自然有許多差等. 二本, 則二者並立, 無差等矣. 墨子是也.

「滕 文公下」

「陳代曰不見諸侯章」

55:37 ▲[69] "援天下以道. 若枉己, 便已枉道, 則是已失援天下之具矣, 更說甚事! 自家身旣已壞了, 如何直人!"【恪】

55:38 "招虞人以旌, 不至將殺之." 刀鋸在前而不避, 非其氣不餒, 如何强得!【閎祖】

55:39 "詭遇", 是做人不當做底, "行險", 是做人不敢做底.【方子】

55:40 子路, 則"範我馳驅"而不獲者也. 管仲之功, 詭遇而獲禽耳.【燾】

55:41 射者御者都合法度, 方中. ▲[70] 御法而今尙可尋, 但是今人尋得, 亦無用處, 故不肯. 侯景反時, 士大夫無人會騎, 此時御法尙存. 今射亦有法, 一學時, 便▲[71]合其法度. 若只是胡亂射將來, 又學其法不得. 某舊學琴, 且亂彈, 謂待會了, 卻依法. 元[72]來不然, 其後遂學不得, 知學問安可不謹厥始!【揚】

「景春曰公孫衍·張儀章」

【僴】

69) ▲: 問"枉尺直尋." 曰:

70) ▲: 嬖奚不能正射, 王良以詭御就之, 故良不貴之.

71) ▲: 要

72) 元: 賀本에서는 原으로 되어 있다.

55:42 ▲73)此心廓然, 無一毫私意, 直與天地同量, 這便是'居天下之廣居'▲74) 到得自家立身更無些子不當於理, 這便是'立天下之正位'▲75) 及推而見於事, 更無些子不合於義, 這便是行天下之大道▲76) 論上兩句, 則居廣居是體, 立正位是用, 論下兩句, 則立正位是體, 行大道是用. 要知能'居天下之廣居', 自然能'立天下之正位, 行天下之大道.'"【恪】

55:43 ▲77) "廣居, 是廓然大公, 無私欲之蔽, 正位, 是所立處都無差過, 大道, 是事事做得合宜. '居'字是就心上說,【擇之云: "廣居就存心上說." 先生曰: "是."】'立'字是就身上說, '行'字是就施爲上說.【賀孫】

55:44 ▲78) "廣居是不狹隘, 以天下爲一家, 中國爲一人, 何廣如之! 正位・大道, 只是不僻曲. ▲79)"【植】

55:45 居者, 心之所存, 廣居, 無私意也. 才有私意, 則一分爲二, 二分爲四, 四分爲八, 只見分小著. 立者, 身之所處. 正位者, 當爲此官, 則爲此官, 當在此, 則在此. 行者, 事之所由, 大道者, 非偏旁之徑, 荊棘之場. 人生只是此三事.【節】

55:46 ▲80)集義・養氣, 方到此地位. "富貴不能淫, 貧賤不能移, 威武不能屈", 以浩然之氣對着他, 便能如此. "彼以其富, 我以吾仁, 彼

73) ▲: 敬之問"居天下之廣居, 立天下之正位, 行天下之大道." 曰: "大概只是無些子偏曲. 且如
74) ▲: 便是'居仁.'
75) ▲: 便是'守禮.'
76) ▲: 便是'由義.'
77) ▲: 居之問"廣居・正位・大道." 曰:
78) ▲: 居之問"廣居・正位・大道." 曰:
79) ▲: 正位就處身上說, 大道就處事上說.
80) ▲: "居天下之廣居, 立天下之正位, 行天下之大道", 唯

以其爵, 我以吾義." "在彼者, 皆我之所不爲也, 在我者, 皆古之制也. 吾何畏彼哉!"【閎祖】

55:47 ▲81) '居廣居'以下, 是旣有浩然之氣, 方能如此."【大雅】

55:48 ▲82)'授孟子室, 養弟子以萬鍾', 孟子若去那裏立, 便不是正位." ▲83)擇之云: "如'不與驩言'之事, 亦是正位." 曰: "然."

「公孫丑問不見諸侯章」

55:49 問: "公孫丑言孟子不見諸侯, 何故千里來見梁 惠王?" 曰: "以『史記』考之, 此是梁 惠王招之而至. 其曰'千里而來'者, 亦是勞慰之辭爾. 孟子出處, 必不錯了. 如平日在諸侯國內, 雖不爲臣, 亦有時去見他. 若諸侯來召. 則便不去. ▲84)

55:50 孟子之時, 時君重士, 爲士者不得不自重, 故必待時君致敬盡禮而後見. 自是當時做得箇規模如此定了, 如『史記』中列國之君擁篲先迎之類. 卻非是當世輕士, 而孟子有意於矯之以自高也.【因說孟子不見諸侯及此. ○僩】

55:51 至云: "▲85)孟子於辭受取舍進退去就, 莫非天理時中之妙, 無

---

81) ▲: 問: "'居廣居, 立正位, 行大道', 是浩然之氣否?" 曰: "然. 浩然之氣須是養, 有下工夫處.

82) ▲: 問: "'居天下之廣居'云云, 如欲

83) ▲: 林

84) ▲: 蓋孟子以賓師自處, 諸侯有謀則就之. 如孟子一日將見王, 王不合使人來道: '我本就見, 緣有疾, 不可以風, 不知可以來見否?' 孟子才聞此語, 便不肯去." 時坐間有楊方縣丞者, 云: "弟子稱其師不見諸侯, 必是其師尋常如此. 其見梁 惠王, 亦須有說. 但今人不肯便信他說話, 只管信後人言語, 所以疑得孟子如此."【謨】

一毫人欲之私, 無一毫過不及之病. 如謂'▲86) 迫斯可以見矣.' '充仲子之橾87), 則蚓而後可.' '謂非其有而取之者盜也, ▲88) 辭曰'聞戒', '餽贐', 可受則受之, 皆無一毫過不及, 無一毫私意." 曰: "道理固是恁地. 而今有此事到面前, 這道理又卻那裏安頓?" 【至】

「公都子問好辯章」

55:52 ▲89)諸聖賢遭時之變, 各行其道, 是這般時節, 其所▲90)正救之者, 是這般樣子, 這見得聖賢是甚麽樣大力▲91) 恰似天地有闕齾處, 得聖賢出來補得教周全. 補得周全後, 過得稍久, 又不免有闕, 又得聖賢出來補, 這見聖賢是甚力量! 直有闔闢乾坤之功!" 【賀孫 ○齾音遏. 獸食之餘曰, 齾也.92)】

55:53 堯晚年方遭水. 堯之水最可疑, 禹治之, 尤不可曉. 胡安定說不可信. 掘地注海之事, 亦不知如何掘. 蓋堯甚以爲儆, 必不是未有江河而然. 滔天之水, 如何掘以注海? 只是不曾見中原如何, 此中江河皆有路通, 常疑恐只是治黃河費許多力. 黃河今由梁山泊入清河・楚州. 【振】

55:54 問: "▲93)『春秋』, 空言無補, 亂臣賊子何緣便懼? 且何足爲▲94)一治?" 曰: "非說當時便一治, 只是存得箇治法, 使這道理光明燦

---

85) ▲: 看得
86) ▲: 段干木踰垣而避之, 泄柳閉門而不納, 是皆已甚,
87) 橾: 【附箋紙】 橾■從才.
88) ▲: 充類至義之盡.'
89) ▲: 居之問『孟子』"豈好辯"章. 先生令看大意, 曰: "此段最好看. 看見
90) ▲: 以
91) ▲: 量!
92) 齾音遏 … 齾也: 『朱子語類』에는 없다.
93) ▲: 孔子作
94) ▲: 春秋之

爛, 有能擧而行之, 爲治不難. ▲[95]

55:55 孟子苦死要與楊・墨辯, 是如何? 與他有甚冤惡, 所以闢之如不共戴天之讎? "能言距楊・墨者, 聖人之徒也." 才說道要距楊・墨, 便是聖人之徒. 如人逐賊, 有人見了自不與捉, 這便喚做是賊之黨. 賊是人情之所當惡. 若說道賊當捉, 當誅, 這便是主人邊人. 若說道賊也可捉, 可恕, 這只喚做賊邊人!【賀孫】

55:56 ▲[96] 曰: "當時如縱橫刑名之徒, 孟子卻不管他, 蓋他只壞得箇麤底. 若楊・墨則害了人心, 須著與之辯." 時擧謂: "當時人心不正, 趨向不一, 非孟子力起而闢之, 則聖人之道無自而明. 是時真箇少孟子不得!" 曰: "孟子於當時只在私下恁地說, 所謂楊・墨之徒也未怕他. 到後世卻因其言而知聖人之道爲是, 知異端之學爲非, 乃是孟子有功於後世耳."【時擧】

---

95) ▲: 當時史書掌於史官, 想人不得見, 及孔子取而筆削之, 而其義大明. 孔子亦何嘗有意說用某字, 使人知勸, 用某字, 使人知懼, 用某字, 有甚微詞奧義, 使人曉不得, 足以褒貶榮辱人來? 不過如今之史書直書其事, 善者惡者了然在目, 觀之者知所懲勸, 故亂臣賊子有所畏懼而不犯耳. 近世說『春秋』者太巧, 皆失聖人之意. 又立爲凡例, 加某字, 其例爲如何, 去某字, 其例爲如何, 盡是胡說!" 問: "孔子所書辭嚴義簡, 若非三傳詳著事跡, 也曉得筆削不得." 曰: "想得孔子作書時, 事跡皆在, 門人弟子皆曉他聖人筆削之意. 三家懼其久而泯沒也, 始皆筆之於書. 流傳既久, 是以不無訛謬. 然孔子已自直書在其中. 如云: '夫人姜氏會齊侯于某', '公與夫人姜氏會齊侯于某', '公薨于齊', '公之喪至自齊', '夫人孫于齊', 此等顯然在目, 雖無傳亦可曉. 且如楚子侵中國, 得齊 桓公與之做頭抵攔, 遏住他, 使之不得侵. 齊 桓公死, 又得晉 文公攔遏住, 如橫流泛濫, 硬做隄防. 不然, 中國爲渰浸必矣. 此等義, 何難曉?" 問讀『春秋』之法. 曰: "無它法, 只是據經所書之事跡, 準折之以先王之道, 某是某非, 某人是底猶有未是處, 不是底又有彼善於此處, 自將道理折衷便見. 如看『史記』, 秦之所以失如何? 漢之所以得如何? 楚・漢交爭, 楚何以亡? 漢何以興? 其所以爲是非得失成敗盛衰者何故? 只將自家平日講明底道理去折衷看, 便見. 看『春秋』亦如此. 只是聖人言語細密, 要人子細斟量考索耳." 問: "胡文定『春秋解』如何?" 曰: "說得太深. 蘇子由教人看『左傳』, 不過只是看他事之本末, 而以義理折衷去取之耳."【僩】

96) ▲: 問『孟子』"好辯"一節.

55:57 ▲97) “墨氏‘愛無差等’, 故視其父如路人. 楊氏只理會自己, 所謂‘修其身而外天下國家’者, 故至於無君. 要之, 楊・墨卽是逆理, 不循理耳. 如一株98)木, 順生向上去, 是順理. 今一枝乃逆下生來, 是逆理也. 如水本潤下, 今洪水乃橫流, 是逆理也. 禹掘地而注之海, 乃順水之性, 使之潤下而已. 暴君‘壞宮室以爲汙99)池, 棄田以爲園囿’, 民有屋可居, 有地可種桑麻, 今乃壞而棄之, 是逆理也. 湯・武之擧, 乃是順理. 如楊・墨逆理, 無父無君, 邪說誣民, 仁義充塞, 便至於‘率獸食人, 人相食.’ 此孟子極力闢之, 亦只是順理而已.”【此一段多推本先生意, 非全語. ○植】

55:58 ▲100)楊氏見世間人營營於名利, 埋沒其身而不自知, 故獨潔其身以自高, 如荷蕢・接輿之徒是也. 然使人皆如此潔身而自爲, 則天下事教誰理會? 此便是無君也. 墨氏見世間人自私自利, 不能及人, 故欲兼天下之人101)而盡愛之. 然不知或有一患難, 在君親則當先救之102), 在他人則後救之. 若君親與他人不分先後, 則是待君親猶他人也, 便是無父. 此二者之所以爲禽獸也. 孟子之辯, 只緣是放過不得. 今人見佛老家之說者, 或以爲其說似勝吾儒之說, 或又以爲彼雖說得不是, 不用管他. 此皆是看他不破, 故不能與之辯. 若眞箇見得是害人心, 亂吾道, 豈容不與之辯! ▲103)也, 自是住不得也.”【南升】

55:59 問: “▲104)兼愛, 何遽至於無父?” 曰: “人也只孝得一箇父母, 那有七手八脚, 愛得許多! 能養其父無闕, 則已難矣. 想得他之所以養

97) ▲: 因居之看“好辯”一章, 曰:
98) 株: 『朱子語類』에서는 株로 되어 있다.
99) 汙: 賀本에서는 汚로 되어 있다.
100) ▲: 敬之問楊・墨. 曰: “楊・墨只是差了些子, 其末流遂至於無父無君. 蓋
101) 人: 賀本에서는 人人으로 되어 있다.
102) 之: 賀本에는 없다.
103) ▲: 所謂孟子好辯者, 非好辯
104) ▲: 墨氏

父母者, 粗衣糲食, 必不能堪. 蓋他旣欲兼愛, 則其愛父母也必疏, 其孝也不周至, 非無父而何. 墨子尙儉惡樂, 所以說'里號朝歌, 墨子回車.' 想得是箇淡泊枯槁底人, 其事父母也可想見." 又問: "'率獸食人', 亦深其弊而極言之, 非眞有此事也." 曰: "不然. 卽他之道, 便能如此. 楊氏自是箇退步愛身, 不理會事底人. 墨氏兼愛, 又弄得沒合殺. 使天下倀倀然, 必至於大亂而後已, 非'率獸食人'而何? 如東晉之尙淸談, 此便是楊氏之學. 楊氏卽老·莊之道, 小[105]間百事廢弛, 遂啓夷狄亂華, 其禍豈不慘於洪水猛獸之害! 又如楊[106] 武帝事佛, 至於社稷丘墟, 亦其驗也. 如近世王介甫, 其學問高妙, 出入於老佛之間, 其政事欲與堯·舜·三代爭衡. 然所用者盡是小人, 聚天下輕薄無賴小人作一處, 以至遺禍至今. 他初間也何嘗有啓禍[107]亂華, '率獸食人'之意? 只是本原不正, 義理不明, 其終必至於是耳." 或云: "若論其修身行己, 人所不及." 曰: "此亦是他一節好. 其他狠厲偏僻, 招合小人, 皆其資質學問之差. 亦安得以一節之好, 而蓋其大節之惡哉! 吁, 可畏! 可畏!"【僩】

55:60 問: "▲[108]爲我, 何以疑於義?" 曰: "楊朱▲[109]不似義, 他全是老子之學. 只是箇逍遙物外, 僅足其身, 不屑世務之人. 只是他自愛[110]其身界限齊整, 不相侵越, 微似義耳, 然終不似也."【僩 ○論楊·墨, 餘見「盡心上」, 及異端類.[111]】

55:61 ▲[112]

105) 小: 『朱子語類』에서는 少로 되어 있다.
106) 楊: 【附箋紙】"楊", "梁"之訛.
107) 禍: 『朱子語類』에서는 狄으로 되어 있다.
108) ▲: 墨氏兼愛, 疑於仁, 此易見. 楊氏
109) ▲: 看來
110) 愛: 賀本에서는 要로 되어 있다.
111) 論楊·墨 … 及異端類: 賀本에서는 論楊·墨及異端類, 餘見「盡心上」으로 되어 있다.
112) ▲: 孟子言: "我欲正人心." 蓋人心正, 然後可以有所爲. 今人心都不正了, 如何可以理會!

『朱子語類』 卷第五十六

「『孟子』六」

「離婁上」

「離婁之明章」

56:1 "▲[1] 此理只要人信得及, 自然依那箇行, 不敢踰越. 惟其不信, 所以妄作. 如胥吏分明知得條法, 只是他冒法以爲姦, 便是不信度也." ▲[2] 然[3]見世間事才是苟且底, 解[4]有不害事. 雖至小之事, 以苟且行之, 必亦有害, 而況大事乎! 只是信不及, 所以苟且. 凡云且如此作, 且如此過去, 皆其弊也. 凡見人說某人做得事好, 做得事無病, 這便是循理. 若見人說某人做得有害, 其中必有病. 如今人所以苟且者, 只爲見理不明, 故苟且之心多. 若是見得道理熟, 自然有所分別, 而不肯爲惡矣."【卓 ○僩錄略.】

56:2 " ▲[5] 下無學", ▲[6] 此"學"字, 是責學者之事. 惟上無教, 下無學, 所以不好之人並起而居高位, 執進退黜陟之權, 盡做出不好事來, 則國之喪亡無日矣, 所以謂之"賊民." 蠹國害民, 非賊而何! 然其要只

---

1) ▲: '上無道揆', 則'下無法守.' 儻'上無道揆', 則下雖有奉法守一官者, 亦將不能用而去之矣. '朝不信道, 工不信度.' 信, 如憑信之'信.'

2) ▲: 因歎曰: "看得道理熟,

3) 然: 『朱子語類』에는 없다.

4) 解: 『朱子語類』에서는 鮮으로 되어 있다. 【附箋紙】"解", 誤字.

5) ▲: 上無禮,

6) ▲: 此學謂國之俊秀者. 前面"工", 是百官守法度者,

在於"仁者宜在高位", 所謂"一正君而國定"也.【僩】

56:3 ▲[7]"大概也一般, 只恭意思較闊大, 敬意思較細密. ▲[8]不特事君爲然, 爲學之道亦如此. 大立志尚[9], 而細密着工夫. 如立志以古聖賢遠大自期, 便是責難. ▲[10]聖賢爲法於天下, '我猶未免爲鄕人', 其何以到? 須是擇其善者而從之, 其非者而去之. 如日用間, 凡一事, ▲[11]去其非便爲是, 克去己私便復禮. 如此, 雖未便到聖賢地位, 已是入聖賢路了."【淳】

56:4 "'責難於君謂之恭', 以堯·舜望[12]之, 而不敢以中才常主責[13]之, 非尊之而何. '陳善閉邪謂之敬', 此是尊君中細密工夫." 問: "人臣固當望君以堯·舜. 若度其君不足▲[14]爲善而不之諫, 或謂君爲中才, 可以致小康而不足以致大治, 或導之以功利, 而不輔之以仁義, 此皆是賊其君否?" 曰: "然. 人臣之道, 但當以極等之事望其君. 責他十分事, 臨了只做得二三分, ▲[15]少間做不得一分矣. 若論才質之優劣, 志趣之高下, 固有不同. 然吾之所以導之者, 則不可問其才志之高下優劣, 但當以堯·舜之道望他. 如飯必用喫, 衣必用着, 脾胃壯者喫得來多, 弱者喫得來少, 然不可不喫那飯也. 人君資質, 縱說卑近不足與有爲, 然不修[16]▲[17]得否? 不講學得否? 不明德得否? 此皆是必用做

7) ▲: 問: "責難之恭, 陳善閉邪之敬, 何以別?" 曰:
8) ▲: 如以堯·舜三代望其君, 不敢謂其不能, 便是責難於君, 便是恭. 陳善閉邪, 是就事上說. 蓋不徒責之以難, 凡事有善則陳之, 邪則閉之, 使其君不陷於惡, 便是敬. 責難之恭, 是尊君之詞, 先立箇大志, 以先王之道爲可必信, 可必行. 陳善閉邪是子細著工夫去照管, 務引其君於當道. 陳善閉邪, 便是做那責難底工夫.
9) 尙: 賀本에서는 向으로 되어 있다.
10) ▲: 然
11) ▲: 須有箇是, 有箇非,
12) 望: 賀本에서는 責으로 되어 있다.
13) 責: 賀本에서는 望으로 되어 있다.
14) ▲: 以
15) ▲: 若只責他二三分,
16) 不修:【附箋紙】"不修"下, 恐落"身"字.

底. 到得隨他資質做得出來, 自有高下大小, 然不可不如此做也. 孔子曰: '敬事而信, 節用而愛人, 使民以時.' 這般言語是鐵定底條法, 更改易不得. 如此做則成, 不如此做則敗. 豈可謂吾君不能, 而遂不以此望之也!"【僩】

56:5 ▲[18] "恭是就人君分上理會, 把他做箇大底人着[19], 致恭之謂也. 敬只是就自家身上做, 如陳善閉邪, 是在己當如此做."【燾】

56:6 ▲[20]

「規矩方圓之至章」

56:7 ▲[21]

56:8 問: "▲[22]『近思錄』, 如看二『典』, 便當'求堯所以治民, 舜所以事君.' 某謂堯所以治民, 修己而已, 舜所以事君, 誠身以獲乎上而已." 曰: "便是不如此看. 此只是大概說讀書之法而已, 如何恁地硬要椿定一句去包括他得! 若論堯所以治民, 舜所以事君, 是事事做得盡. 且如看『堯典』, 自'聰[23]明文思安安'以至終篇, 都是治民底事. 自'欽明文思'至'格于上下'是一段, 自'克明俊德'至於[24]'於變時雍'又是一段, 自'乃命

---

17) ▲: 身
18) ▲: 問"責難於君謂之恭, 陳善閉邪謂之敬." 曰:
19) 着: 『朱子語類』에서는 看으로 되어 있다.
20) ▲: 賓師不以趨走承順爲恭, 而以責難陳善爲敬, 人君不以崇高富貴爲重, 而以貴德尊士爲賢, 則上下交而德業成矣.【燾】
21) ▲: 問"規矩, 方圓之至也." 曰: "規矩是方圓之極, 聖人是人倫之極. 蓋規矩便盡得方圓, 聖人便盡得人倫. 故物之方圓者有未盡處, 以規矩爲之便見, 於人倫有未盡處, 以聖人觀之便見. 惟聖人都盡, 無一毫之不盡, 故爲人倫之至."【燾】
22) ▲: '欲爲君'至'堯・舜而已矣.' 昨因看
23) 聰: 英祖刊本·賀本에서는 欽으로 되어 있다.
24) 於: 『朱子語類』에는 없다.

羲和'至'庶績咸熙'又是一段, 後面又說禪舜事, 無非是治民之事. 『舜典』自'濬哲文明'以至終篇, 無非事君之事, 然亦是治民之事, 不成說只是事君了便了! 只是大概言觀書之法如此." 或曰: "若論堯所以治民, 舜所以事君, 二『典』亦不足以盡之." 曰: "也大概可見."【僩】

56:9 ▲[25]問: "▲[26] 不仁何以亦曰道?" 曰: "此譬如說, 有小路, 有大路, 何疑之有!"【去僞】

56:10 "道二: ▲[27]", 猶言好底道理, 不好底道理也. 若論正當道理, 只有一箇, 更無第一[28]箇, 所謂"夫道一而已矣"者也. ▲[29]【▲[30]僩】

▲[31]

56:11 ▲[32]

「愛人不親章」

56:12 ▲[33] 皆反求諸己, 其身正而天下歸之." 這都是趲向上去, 更無退下來. 如今人愛人不親, 更不反求諸己, 教你不親也休, 治人不治, 更不反求諸己, 教你不治也休, 禮人不答, 更不反求諸己, 教你不

25) ▲: 或
26) ▲: '道二: 仁與不仁而已矣.'
27) ▲: 仁與不仁而已矣
28) 一: 『朱子語類』에서는 二로 되어 있다.
29) ▲: 因言"胡季隨主其家學"云云.
30) ▲: 已下見胡仁仲類. ○
31) ▲: 「三代之得天下章」
32) ▲: 廢興存亡惟天命, 不敢不從, 若湯・武是也. 呂燾.
33) ▲: 聖人說話, 是趲上去, 更無退後來. 孟子說: "愛人不親, 反其仁, 治人不治, 反其智, 禮人不答, 反其敬, 行有不得者,

答也休, 我也不解恁地得. 你也不仁不義, 無禮無智, 我也不仁不義, 無禮無智, 大家做箇鶻突沒理會底人, 范忠宣所說"以恕己之心恕人." 且如自家不孝, 也教天下人不消得事其親, 自家不忠, 也教天下人不消▲[34]事其君, 自家不弟, 也教天下人不消事其兄, 自家不信, 也教天下人不消信其友, 恁地得不得? 還有這道理否? ▲[35] 又曰: "明道言: '忠恕二字, 惡[36]除一箇, 更除不得. 須是忠, 方可以行其恕.' 若自家不穿窬, 便教你不穿窬, 方喚做恕. 若自家穿窬, 卻教別人不穿窬, 這便不是恕. 若自家穿窬, 也教大家穿窬, 這也不是恕. 雖然, 聖人之責人也輕, 如所謂'以人治人, 改而止', 教他且存得這道理也得. '小人革面', 教他且革面也得. 又不成只恁地, 也須有漸." ▲[37] 【賀孫】

「爲政不難章」

56:13 ▲[38]"只是服得他心."【佐】

「天下有道章」

56:14 ▲[39]

56:15 ▲[40]問: "'小役大, 弱役强', 亦曰'天', 何也?" 曰: "到那時不得

34) ▲: 得
35) ▲: 又曰: "張子韶說『中庸』'所求乎子以事父, 未能也', 到'事父'下點做一句. 看他說'以聖人之所難能', 這正是聖人因責人而點檢自家有未盡處, 如何恁地說了? 而今人多說章句之學爲陋, 某看見人多因章句看不成句, 卻壞了道理."
36) 惡: 【附箋紙】"惡", 恐誤.
37) ▲: 又曰: "'堯・舜其猶病諸!' 聖人終是不足."
38) ▲: 吳伯英問"不得罪於巨室." 曰:
39) ▲: "小德役大德, 小賢役大賢", 是以賢德論. "小役大, 弱役强", 全不睹是, 只是以力論. 【振】
40) ▲: 鄭

不然, 亦是理當如此."【淳】

56:16 ▲[41]仁者無敵, 難做衆去抵當他.【端蒙】

56:17 ▲[42]

56:18 "不能自强, 則聽天所命, 修德行仁, 則天命在我." 今之爲國者, 論爲治則曰, 不消做十分底事, 只隨風俗做便得, 不必須欲如堯·舜三代, 只恁地做天下也治. 爲學[43]者則曰, 做人也不須做到孔·孟十分事, 且做得一二分也得. 盡是這樣苟且見識, 所謂"聽天所命"者也.【僩】

「自暴者章」

56:19 ▲[44]自暴者便是剛惡之所爲, 自棄者便是柔惡之所爲也."【時學】

56:20 ▲[45]

56:21 ▲[46]

---

41) ▲: "仁不可爲衆." 爲, 猶言"難爲弟, 難爲兄"之"爲." 言兄賢, 難做他弟, 弟賢, 難做他兄.

42) ▲: "仁不可爲衆也", 毛公注亦云: "盛德不可爲衆也." "鳶飛戾天", 注亦曰: "言其上下察也." 此語必別有箇同出處. 如"金聲玉振", 兒寬云: "天子建中和之極, 兼總條貫, 金聲而玉振之." 亦必是古語.【螢】

43) 學: 賀本에서는 士로 되어 있다.

44) ▲: 問"自暴·自棄"之別. 曰: "孟子說得已分明. 看來

45) ▲: 自暴, 是非毁道理底, 自棄, 是自放棄底.【賜】

46) ▲: "言非禮義", 以禮義爲非而拒之以不信, "自暴", 自賊害也. "吾身不能居仁由義", 自謂不能, 而絶之以不爲, "自棄", 自棄絶也.【閎祖】

56:22 ▲[47]

56:23 問: "向所說'自暴', 作'自麤[48]暴', 與今▲[49]注[50]』▲[51]不同." 曰: "也只是害底是. 如'暴其民甚', '言非禮義謂之自暴', 要去非議這禮義. 如今人要罵道學一般, 只說道這許多做好事之人, 自做許多模樣. 不知這道理是人人各[52]有底, 他自恁地非議, 是他自害了這道理."【賀孫】 56:24[53] ▲[54] 自人身[55]言之, 則有動靜, 自理言之, 則是仁義.【祖道】

「居下位章」

56:25 誠是天道, 纔[56]人只說得"思誠."【泳】

56:26 ▲[57]問: "▲[58]思誠, 莫須是明善否?" 曰: "明善自是明善, 思誠自是思誠. 明善是格物・致知, 思誠是毋自欺・謹[59]獨. 明善固所以

---

47) ▲: 先生問梁: "自暴・自棄如何?" 梁未答. 先生曰: "'言非禮義', 非, 如'非先生之道'之'非', 謂所言必非詆禮義之說爲非道, 是失之暴戾. 我雖言而彼必不肯聽, 是不足與有言也. 自棄者, 謂其意氣卑弱, 志趣凡陋, 甘心自絶以爲不能. 我雖言其仁義之美, 而彼以爲我必不能'居仁由義', 是不足有爲也. 故自暴者强, 自棄者弱. 伊川云: '自暴者, 拒之以不信, 自棄者, 絶之以不爲.'" 梁云平日大爲科擧累. 曰: "便是科擧不能爲累."【卓】
48) 麤: 成化本·賀本에서는 粗로 되어 있다.
49) ▲: 『集
50) 注: 【附箋紙】"注"宜言.
51) ▲: '暴, 害也'
52) 各: 『朱子語類』에서는 合으로 되어 있다.
53) 56:24: 『小分』에서는 56;23에 이어져 한 항목으로 편집되어 있다.
54) ▲: "仁, 人之安宅, 義, 人之正路."
55) 自人身: 【附箋紙】"自人身", 乃他段之連書.
56) 纔: 英祖刊本·成化本·賀本·萬曆本에서는 在로 되어 있다.
57) ▲: 敬之
58) ▲: '誠者, 天之道也, 思誠者, 人之道也.'
59) 謹: 賀本에서는 愼으로 되어 있다.

思誠, 而思誠上面又自有工夫在. 誠者, 都是實理了, 思誠者, 恐有不實處, 便思去實它. '誠者, 天之道', 天無不實, 寒便是寒, 暑便是暑, 更不待使它恁地. 聖人仁便眞箇是仁, 義便眞箇是義, 更無不實處. 在常人說仁時, 恐猶有不仁處, 說義時, 恐猶有不義處, 便着思有以實之, 始得."【時舉】

56:27 問: "'至誠而不動者, 未之有也, ▲[60].' 此是以實理見之於用, 故便有感通底道理?" 曰: "不是以實理去見之於用, 只是旣有其實, 便自能感動得人也." ▲[61]

「伯夷辟紂章」

56:28 ▲[62]"柳下惠和而不流之事易見, 伯夷中立不倚之事, 何以驗之?" 陳曰: "扣馬之諫, 餓而死, 此是不倚." 曰: "此謂之偏倚, 亦何可以見其不倚?"【▲[63] 文蔚曰: '他雖如此, 又卻不念舊惡.' 日[64]: '亦不相似.'"】劉用之曰: "伯夷居北海之濱, 若將終身焉, 及聞西伯善養老, 遂來歸之, 此可見其不倚否?" 曰: "此下更有一轉, 方是不倚. 蓋初聞文王而歸之, 及武王伐紂而去之, 遂不食周粟, 此可以見其不倚也."【僩 ○文蔚錄意同.】

「求也爲季氏宰章」

56:29 至之問: "如李悝盡地力之類, 不過欲敎民而已, 孟子何以謂

---

60) ▲: 不誠, 未有能動者也

61) ▲: 因言: "孟子於義利間辯得毫釐不差, 見一事來, 便劈做兩片, 便分箇是與不是, 這便是集義處. 義是一柄刀相似, 才見事到面前, 便與他割制了."【時舉】

62) ▲: 才卿問: "伯夷是'中立而不倚', 下惠是'和而不流'否?" 曰:

63) ▲: 文蔚錄云: "'如此, 卻是倚做一邊去.'

64) 日: 『朱子語類』에서는 曰로 되어 있다.【附箋紙】小註"日", 恐是"曰".

任土地者亦次於刑?" 曰: "只爲他是欲富國, 不是欲爲民. 但强占土地開懇[65]將去, 欲爲己物耳, 皆爲君聚斂之徒也." 【時擧】

56:30 ▲[66]

「恭者不侮人章」

56:31 聖人但顧義[67]理之是非, 不問利害之當否, 衆人則反是. 且如恭儉, 聖人但知恭儉之不可不爲爾, 衆人則以爲我不侮人, 則人亦不侮我, 我不奪人, 則人亦不奪我, 便是計較利害之私. 要之, 聖人與衆人做處, 便是五峯所謂"天理人欲, 同行而異情"者也. 【道夫】

「淳于髡曰章」

56:32 "事有緩急, 理有大小, 這樣處皆須以權稱之." 或問: "'執中無權'之'權', 與'嫂溺援之以手'之'權', 微不同否?" 曰: "'執中無權'之'權'稍輕, '嫂溺援之以手'之'權'較重, 亦有深淺也." 【僩】

「人不足與敵[68]章」

56:33 "'大人格君心之非', 此謂精神意氣自有感格處, 然亦須有箇開導底道理, 不但黙黙而已. 伊川解'遇主于恭[69]', 所謂'至誠以感動之, 盡力以扶持之, 明義理以致其知, 杜蔽惑以誠其意', 正此意也." 或曰:

---

65) 懇: 孝宗刊本·成化本·賀本에서는 墾으로 되어 있다.
66) ▲: "辟草萊, 任土地者次之", "如李悝盡地力, 商鞅開阡陌." 他欲致富强而已, 無敎化仁愛之本, 所以爲可罪也. 【僩】
67) 義: 賀本에서는 我로 되어 있다.
68) 敵: 『朱子語類』에서는 適으로 되어 있다.
69) 恭: 『朱子語類』에서는 巷으로 되어 있다.

"設遇暗君, 將如何而格之?" 曰: "孔子不能格魯哀, 孟子不能格齊宣. 諸葛孔明之於後主, 國事皆出於一己, 將出師, 先自排布宮中府中許多人. 後主雖能聽從, 然以資質之庸, 難以變化, 孔明雖親寫許多文字與之, 亦終不能格之. 凡此皆是雖有格君之理, 而終不可以致格君之效者也." 【謨 ▲[70]】

56:34 "人不足與適", 至"格君心之非", 三句當作一句讀. 某嘗說, 此處與"言不必信, 行不必果, 惟義所在", 皆須急忙連下句讀. 若偶然脫去下句, 豈不害事? 【方子】

「人之患章」

56:35 『孟子』一句者, 如"人之患在好爲人師"之類, 當時議論須多, 今其所記者, 乃其要語爾.

「孟子謂樂正子曰章」

56:36 ■修[71]謂: "樂正子▲[72] 未必徒哺[73]啜." 曰: "無此事, 豈可遽然加以此罪!" 【文蔚】

「仁之實章」

56:37 ▲[74]問▲[75] "緊要在五箇實字上. 如仁是'親親而仁民, 仁民而

---

70) ▲: ○可學錄云: "問: '有不好君, 如何格?' 曰: '其精神動作之間亦須有以格之. 要之, 有此理在我, 而在人者不可必.'"

71) ■修: 『朱子語類』에서는 德修로 되어 있다. 【附箋紙】 "德修"

72) ▲: 從子敖之齊,

73) 哺: 賀本에서는 餔로 되어 있다.

74) ▲: 或

愛物', 義是長長・貴貴・尊賢. 然在家時, 未便到仁民愛物, 未事君時, 未到貴貴, 未從師友時, 未到尊賢, 且須先從事親從兄上做將去, 這箇便是仁義之實. 仁民・愛物, 貴貴・尊賢, 是仁義之英華. 若理會得這箇, ▲76)分明見得而守定不移, 便是智之實, 行得恰好, 便是禮之實, 由中而出, 無所勉强, 便是樂之實. 大凡一段中必有緊要處, 這一段便是這箇字緊要."【胡泳】

56:38 ▲77)嘗與伯恭說, "實"字, 有對名而言者, 謂名實之實, 有對理而言者, 謂事實之實, 有對華而言者, 謂華實之實. 今這實字▲78) 正是華實之實. 仁之實, 本只是事親, 推廣之, 愛人利物, 無非是仁. 義之實, 本只是從兄, 推廣之, 忠君弟長, 無非是義. ▲79) 推廣出去者, 乃是仁義底華采.【文蔚】

56:39 ▲80)

56:40 ▲81) 今人將孝弟低看了. '孝弟之至, 通于神明, 光于四海', 直是如此." ▲82)問: "▲83) 實者, 是事親得其驩心, ▲84)否?" 曰: "不然, 此乃'樂之實, 樂斯二者'之事. ▲85)."【德明】

---

75) ▲: "事親・從兄"一段. 曰:
76) ▲: 便知得其他, 那
77) ▲: "仁之實, 事親是也, 義之實, 從兄是也." 此數句, 某煞曾入思慮來.
78) ▲: 不是名實・事實之實,
79) ▲: 事親從兄, 便是仁義之實,
80) ▲: 問仁義之實. 曰: "須是理會得箇實字, 方曉得此章意思. 這實字便是對華字. 且如愛親・仁民・愛物, 無非仁也, 但是愛親乃是切近而眞實者, 乃是仁最先發去處, 於仁民・愛物, 乃遠而大了. 義之實亦然."【夔孫】
81) ▲: "事親是孝, 從兄是弟. '堯・舜之道, 孝弟而已.'
82) ▲: 賓
83) ▲: '仁之實, 事親是也.' 竊謂,
84) ▲: 當此時, 直是和悅, 此是實
85) ▲: 但事親・從兄是仁義之根實處, 最初發得來分曉. 向亦曾理會此實字, 卻對得一箇華字. 親親, 仁也, 仁民・愛物, 亦仁也. 事親是實, 仁民・愛物乃華也

56:41 問: "事親・從兄有何分別?"86) ▲87)曰: "言從兄, 則有可否." 問: "所以同處如何?" 曰: "不當論同." 問: "伊川以爲須自一理中別出, 此意如何?" 曰: "只是一箇道理, 發出來偏於愛底些子, 便是仁, 偏於嚴底些子, 便是義." 又曰: "某怕人便說'理一.'"【節】

56:42 ▲88) "事之當爲者, 皆義也, 如何專以從兄言之?" 曰: "從兄乃事之當爲而最先者." 又問: "事親豈非事之當爲, 而不歸之義, 何也?" 曰: "己與親乃是一體, 豈可論當爲不當爲!"【柄】89)

56:43 ▲90)小兒子▲91)'及其長也, 無不知敬其兄', 此義發端處."【植】

56:44 問: "▲92)『中庸』卻言'義者, 宜也, 尊賢爲大', 甚不同, 如何?" 曰: "義謂得宜, '尊賢之等', 道理宜如此." 曰: "父子兄弟皆是恩合, 今以從兄爲義, 何也?" 曰: "以兄弟比父子, 已是爭得些." 問: "五典之常, 義主於君臣. 今曰'從兄', 又曰'尊賢', 豈以隨事立言不同, 其實則一否?" 曰: "然."【德明】

56:45 問: "▲93)羞惡與從兄之意, 如何相似?" 曰: "不要如此看. 且理會一處上義理教通透了, 方可別看. ▲94)."【木之】

---

86) 問: "事親・從兄有何分別?":【附箋紙】此段刪削, 恐似太沒實, 更詳之如何?
87) ▲: 曰: "事親有愛底意思, 事兄有嚴底意思." 又曰: "有敬底意思." 問: "從兄如何爲義之實?"
88) ▲: 問:
89)【柄】:【附箋紙】"柄"宜小書.
90) ▲: 問"義之實, 從兄是也." 曰: "義是那良知良能底發端處. 雖
91) ▲: 莫不愛父母, 到長大方理會得從兄. 所謂
92) ▲: 孟子言'義之實, 從兄是也',
93) ▲: 孟子言: '羞惡之心, 義之端也.' 又曰: '義之實, 從兄是也.' 不知
94) ▲: 如今理會一處未得, 卻又牽一處來滾同說, 少間愈無理會處. 聖賢說話, 各有旨歸, 且與他就逐句逐字上理會去

56:46 問: "性中雖具四端五常, 其實只是一理. 故孟子獨以仁義二者爲主, 而以禮爲'節文斯二者', 智爲'知斯二者.' 柄謂仁義二者之中又當以仁爲主. 蓋仁者愛之理, 愛之得其當, 則義也." 曰: "義卻是當愛不當愛."【柄】

56:47 問: "▲[95]四者, 只有兩箇. 以禮爲'節文斯二者', 智是'知斯二者', 只是兩箇生出禮智來." 曰: "太極初生, 亦只生陰陽, 然後方有其他底."【節】

56:48 問: "▲[96] 禮・知似無專位. 今以四德言, 卻成有四箇物事?" 曰: "也只是一處如此說. 有言四箇底, 有言兩箇底, 有言三箇底. 不成說道他只說得三箇, 遺了一箇, 不說四箇. 言兩箇, 如扇一面靑, 一面白, 一箇說這一邊, 謂之靑扇, 一箇說那一邊, 謂之白扇. 不成道說靑扇底是, 說白扇底不是."【節】

56:49 專言仁則包三者, 言仁義則又管攝禮智二者, ▲[97].【德明】

56:50 ▲[98]"文是裝裹[99]得好, 如升降揖遜."【節】

56:51 節者, 等級也, ▲[100].【節】

56:52 朱飛卿[101]問"樂則生矣, 生則惡可已也." 曰: "如今恁地勉强安排, 如何得樂　到得常常做得熟, 自然浹洽通快, 周流不息, 油然而

95) ▲: '仁之實, 事親是也'一段, 似無
96) ▲: 孟子言: '禮之實, 節文斯二者, 知之實, 知斯二者.'
97) ▲: 如"智之實, 知斯二者, 禮之實, 節文斯二者"是也
98) ▲: 問"節文"之"文." 曰:
99) 褁: 【附箋紙】"裏", 疑誤.
100) ▲: 文, 不直, 回互之貌
101) 朱飛卿: 賀本에서는 朱蜚卿으로 되어 있다.

生, 不能自已. 只是要到這樂處, ▲[102]. 若只恁地把捉安排, 纔忘記, 又斷了, 這如何得樂, 如何得生." 問: "如今也且着恁地把捉." 曰: "固是且着恁地, ▲[103]. 須知道'樂則生'處, 是當到這地頭. 恰似春月, 草木許多芽蘖一齊爆出來, 更止遏不得." ▲[104]問: "如'核[105]提之童, ▲[106]愛其親, ▲[107]敬其兄', 這箇不是旋安排, 這只就他初發上說." 曰: "只如今不能常會如此. 孩提知愛其親, 如今自失了愛其親意思, 及其長也知敬其兄, 如今自失了敬其兄意思, 須著理會. 孟子所以說'大人者, 不失其赤子之心', 須要常常恁地. 惡[108]之, 須是知得這二者, 使常常見這意思, 方會到得'樂則生矣'處. 要緊卻在'知斯二者, 弗去是也'二句上. 須是知得二者是自家合有底, 不可暫時失了. 到得'禮之實, 節文斯二者', 旣知了, 又須着檢點教詳密子細, 節節應拍, 方始會不間斷, 方始樂, 方始生. 孟子又云: '知皆廣[109]而充之, 若火之始然, 泉之始達, 苟能充之, 足以保四海, 苟不充之, 不足以事父母.' 與'知斯二者, 節文斯二者'一段, 語勢有不同, 一則說得緊急, 一則說得有許多節次, 次序詳密." 又曰: "'樂則生', 如水之流, 撥盡許多擁塞之物, 只恁底[110]滔滔流將去." 【賀孫】

「天下大悅章」

56:53 ▲[111], 不問事之是非, 但能曲爲承順, 則可以得其親之悅. 苟

---

102) ▲: 實是難在
103) ▲: 須知道未是到處
104) ▲: 賀孫
105) 核: 【附箋紙】"核", 宜孑.
106) ▲: 無不知
107) ▲: 及其長也, 無不知
108) 惡: 『朱子語類』에서는 要로 되어 있다. 【附箋紙】"惡", 疑"要"之誤.
109) 廣: 英祖刊本·賀本에서는 擴으로 되어 있다.
110) 底: 賀本에서는 地로 되어 있다.
111) ▲: "不得乎親, 不可以爲人, 不順乎親, 不可以爲子." "得乎親"者

父母有做得不是處, 我且從之, 苟有孝心者皆可然也. "順乎親", 則和那道理也順了, 非特得親之悅, 又使之不陷於非義, 此所以爲尤難也.【僩】

56:54 ▲[112] "'人'字只說大綱, '子'字卻說得重. 不得乎親之心, 固有人承親順色, 看父母做甚麽事, 不問是非, 一向不逆其志. 這也是得[113]親之心, 然猶是淺事. 惟順乎親, 則親之心皆順乎理, 必如此而後可以爲子. 所以又說'烝烝又[114], 不格姦', '瞽叟[115]底豫而天下化, 瞽叟[116]底豫而天下之爲父子者定.'"【賀孫】

56:55 ▲[117]

56:56 ▲[118]

---

112) ▲: 恭父問: "'不得乎親', 以心言, '不順乎親', 以道言, 道謂喩父母於道. 恐如此看得'不可爲人, 不可爲子'兩字出." 曰:
113) 是得: 『小分』에서는 得是를 교정부호로 바로잡았다.
114) 又: 『朱子語類』에서는 乂로 되어 있다. 孝宗刊本에서는 乂인지 又인지 불분명하다.
115) 瞽叟: 英祖刊本·成化本·賀本에서는 瞽瞍로 되어 있다.
116) 瞽叟: 英祖刊本·成化本·賀本에서는 瞽瞍로 되어 있다.
117) ▲: "不順乎親, 不可以爲子", 是無一事不是處, 和親之心也順了, 下面所以說"瞽瞍底豫."
118) ▲: "舜盡事親之道而瞽瞍底豫, 瞽瞍底豫而天下化, 瞽瞍底豫而天下之爲父子者定", 此之謂"盡性."【人傑】

『朱子語類』 卷第五十七

「『孟子』七」

「離婁下」

「舜生於諸馮章」

57:1 ▲[1]“古人符節, 多以玉爲之, 如‘牙璋以起軍旅.’『周禮』中有以玉爲竹節. 又有竹符, 又有英蕩符. 蕩, 小節竹, 令[2]使者謂之‘蕩節’也, 刻之爲符. 漢有銅虎符·竹使符. 銅虎以起兵, 竹使郡守用之. 凡符節, 右留君所, 左以與其人. 有故, 則君以其右合其左以爲信也.『曲禮』曰: ‘獻田地[3]者, 執右契.’ 右者, 取物之劵也. 如發兵取物徵召, 皆以右取之也.”【卓 ○僩同.】

「子產聽鄭國之政章」

57:2 鄭之虎牢, 卽漢之成皐也. 虎牢之下, 卽溱·洧之水, 後又名爲氾水關, 子產以乘輿濟人之所也. 聞人務德以爲孟子之言非是. 其說以爲, 溱·洧之水, 其深不可以施梁柱, 其淺不可以涉, 豈可以濟乘輿! 蓋溱 洧之水底皆是沙, 故不可以施梁柱, 但可用舟渡而已. 李先

---

1) ▲: “古合符節.” “以玉爲之, 篆刻文字而中分之, 彼此各藏其半. 有故, 則左右相合以爲信.” 先生曰:

2) 令: 『朱子語類』에서는 今으로 되어 있다.【附箋紙】“令”, 恐“今”之誤.

3) 田地: 『禮記』「曲禮」上의 獻粟者, 執右契, … 獻田宅者, 操書致.에 의거하면 田地는 粟이라야 한다.

生以爲疑, 惑[4]是偶然橋樑[5]壞, 故子産因[6]用其車以渡人. 然此類亦何必深考. 孟子之意, 但言爲政者當務民之宜, 而不徒以小惠耳.【僩○卓錄云: "或問: '車輿豈可以涉水?' 曰: '想有可涉處.'" 聞人, 秀州人.】

57:3 問: "子産之事, 以『左傳』考之, 類非不知爲政者. 孟子之言, 姑以其乘輿濟人一事而議之耳. 而夫子亦止以'惠人'目之, 又謂其'猶衆人之母, 知食而不知敎', 豈非子産所爲終以惠勝歟?" 曰: "致堂於'惠人也', 論此一段甚詳. 東坡云'有及人之近利, 無經世之遠圖', 亦說得盡. '封[7]鄙有章', 只是行惠人底規模. 若後世所謂政者, 便只是惠."【必大】

「中也養不中章」

57:4 ▲[8] 非速使之中・使之才, "漸民以仁, 摩民以義"之謂也. 下"以善養人"同.【節】

▲[9]

57:5 ▲[10]

「仲尼不爲已甚章」

4) 惑: 『朱子語類』에서는 或으로 되어 있다.
5) 樑: 『朱子語類』에서는 梁으로 되어 있다.
6) 因: 賀本에서는 因이 없다.
7) 封: 英祖刊本·賀本에서는 都로 되어 있다.
8) ▲: "中也養不中, 才也養不才." 養者,
9) ▲: 「言人之不善章」
10) ▲: "言人之不善, 當如後患何?" 恐是孟子因事而言之.【人傑】

57:6 ▲[11] 如人合喫八棒, 只打八棒, 不可說這人可惡, 更添一棒[12]. 稱人之善, 不可有心於溢美, 稱人之惡, 不可溢惡, 皆不爲已甚之事也. 或上龜山書云: "徐行後長, 得堯·舜之道, 不爲已甚, 知仲尼之心." 龜山讀之甚喜, 蓋龜山平▲[13]喜說此兩句也. 【僩】

57:7 ▲[14]問: "'非其君不仕, 非其民不使', '治亦進, 亂亦進, 不羞汚君, 不辭小官', 氣象可謂已甚矣, 而目之曰聖人之淸·和, 似頗難會." 頃之, 乃曰: "雖是聖, 終有過當處." ▲[15] 【道夫】

「大人者章」

57:8 ▲[16] "大人事事理會得, 只是無許多巧僞曲折, 便是赤子之心." 【時舉▲[17] 又云: "事理[18]坦然明白, 事▲[19]會得, ▲[20]."】[21]

---

11) ▲: "仲尼不爲已甚", 言聖人所爲, 本分之外不加毫末.
12) 如人合喫八棒 … 更添一棒: 【附箋紙】此段更詳之.
13) ▲: 日
14) ▲: 問: "'仲尼不爲已甚', 此言本分之外無所增加爾." 曰"已訓太." 又
15) ▲: 又問: "伯夷'不念舊惡, 求仁得仁', 似是淸中之和, 下惠'不以三公易其介', 似亦是和中之淸." 曰: "然. 凡所謂聖者, 以其渾然天理, 無一毫私意. 若所謂'得百里之地而君之, 皆能朝諸侯, 有天下, 行一不義, 殺一不辜, 而得天下者, 皆不爲也', 這便是聖人同處, 便是無私意處. 但只是氣質有偏比之失, 故終有不中節處. 所以易說'中正', 伊川謂: '中重於正, 正不必中也.' 言中, 則正已在其中. 蓋無正, 則做中不出來, 而單言正, 則未必能中也. 夷·惠諸子, 其正與夫子同, 而夫子之中, 則非諸子所及也." 又問: "夷·惠皆言'風', 而不以言伊尹, 何哉?" 曰: "或者以伊尹爲得行其道, 而夷·惠不得施其志, 故有此論. 似不必然, 亦偶然爾." 道夫曰: "以意揣之, 竊恐伊尹勝似夷·惠得些." 曰: "也是伊尹體用較全." 頃之. 復曰: "夷·惠高似伊尹, 伊尹大似夷·惠."
16) ▲: 問"大人不失赤子之心." 徽州本에서는 이 뒤에 曰이 들어 있다.
17) ▲: 加或錄云: "只恁地白直做將去, 無許曲折."
18) 事理: 『朱子語類』에는 없다.
19) ▲: 事理
20) ▲: 都無許多奸巧
21) 【時舉 … 會得】: 【附箋紙】此註, 誤書.

57:9 ▲[22]"這須着兩頭看, 大人無不知, 無不能, 赤子無所知, 無所能. 大人者, 是不失其無所知・無所能之心. 若失了此心, 使些子機關, 計些子利害, 便成箇小底人, 不成箇大底人了. 大人心下沒許多事."【時舉】

57:10 ▲[23]赤子是無知覺底純一無僞, 大人是有知覺底純一無僞.【賀孫 ▲[24]】

57:11 ▲[25]"赤子之心." ▲[26] 未發時雖與聖人同, 然亦無知. 但衆人旣得[27]時多邪僻, 而赤子尙未然耳."【可學】

57:12 ▲[28]孟子所論, 乃指其已發者耳." 良久, 笑曰: "今之大人, 也無那赤子時[29]▲[30]."【義剛】

57:13 ▲[31] 今欲將赤子之心專作已發看, 也不得. 赤子之心, 方其未發時, 亦與老稚賢愚一同, 但其已發未有私欲, 故未遠乎中耳."【銖】

---

22) ▲: 敬之問"大人不失赤子之心." 曰:
23) ▲: 大人無所不知, 無所不能, 赤子無所知, 無所能. 此兩句相拗, 如何無所不知, 無所不能, 卻是不失其無所知・無所能做出? 蓋赤子之心, 純一無僞, 而大人之心, 亦純一無僞. 但
24) ▲: ○夔孫錄云: "大人之所以爲大人者, 卻緣是它存得那赤子之心. 而今不可將大人之心只作通達萬變, 赤子只作純一無僞說. 蓋大人之心, 通達萬變而純一無僞, 赤子之心, 未有所知而純一無僞."
25) ▲: 厚之問
26) ▲: 曰: "止取純一無僞,
27) 得: 『朱子語類』에서는 發로 되어 있다.【附箋紙】"得", 恐誤□.
28) ▲: 問: "赤子之心, 指已發而言, 然亦有未發時." 曰: "亦有本發時, 但
29) 時:【附箋紙】□有"心"字.
30) ▲: 心
31) ▲: 問: "赤子之心, 莫是發而未遠乎中, 不可作未發時看否?" 曰: "赤子之心, 也有未發時, 也有已發時.

57:14 ▲32)赤子饑則啼, 渴則飮, 便是已發." 【寓】

「養生者章」

57:15 ▲33)和靖說▲34) '親之生也, 好惡取舍得以言焉. 及其死也, 好惡取舍無得而言. 當是時, 親之心卽子之心, 子之心卽親之心, 故▲35)〈惟送死可以當大事〉.'" 先生曰: "亦說得好." 【閎祖】

「君子深造之以道章」

57:16 ▲36) 語勢稍倒, "道"字合在"深造"之前. 趙岐云"道者, 進爲之方", 亦不甚親切. 道只是進學之具, 深造者, 從此挨向前去. 如"之以"二字, ▲37) 卻緊切. 如"夜氣不足以存", 與"三代所以直道而行", "以"字皆不虛設. "旣醉以酒, 旣飽以德", 皆▲38)也. 【謨】

57:17 ▲39)

57:18 ▲40) '取之左右逢其原', 到得熟了, 自然日用之間只見許多道理在眼前. 東邊去也是道理, 西邊去也是道理, 都自湊合得着, 故曰'逢其原.' 如水之源. 流出來, 這邊也撞着水, 那邊也撞着水." 【賀孫】

---

32) ▲: 施問"赤子之心." 曰: "程子道是'已發而未遠.' 如
33) ▲: 王德修云: "親聞
34) ▲: '惟送死可以當大事', 曰:
35) ▲: 曰
36) ▲: "君子深造之以道",
37) ▲: 尋常這般去處, 多將作助語打過了. 要之,
38) ▲: 是
39) ▲: 問: "'道者, 進爲之方', 如何?" 曰: "此句未甚安, 卻只是循道以進耳. '道'字在上." 【可學】
40) ▲: 敬之問"道者, 進爲之方." 曰: "是事事皆要得合道理.

57:19 ▲[41] 此政與淺迫相對. 所謂'深造'者, 當知非淺迫所可致. 若欲淺迫求之, 便是强探力取. 只是既下工[42]夫, 又下工夫, 直是深造, 便有自得處在其中." 又曰: "優游饜飫, 都只是深造後自如此, 非是深造之外又別欲自得也. 與下章'博學而詳說之, 將以反[43]▲[44]約'之意同."【螢】

57:20 ▲[45]得. 而今[46]說得多, 又剩了, 說得少, 又說不出, 皆是不自得.【夔孫】

57:21 ▲[47]

57:22 ▲[48]道是造道之方法, ▲[49] 猶言以這方法去深造之也. 今曰'深造之以道', 是深造之以其方法也. '以道'是功[50]夫, '深造'是做功[51]夫. 如'博學・審問・謹[52]思・明辨・力行'之次序, 卽是造道之方法.

---

41) ▲: "深造之以道, 欲其自得之." 曰: "只深造以道, 便是要自得之,
42) 工: 賀本에서는 功으로 되어 있다.
43) 反:【附箋紙】"反"下落"說"字.
44) ▲: 說
45) ▲: "君子深造之以道." 道, 只是道理恁地做, 恁地做. 深造, 是日日恁地做. 而今人造之不以其道, 無緣得自得. "深造之以道", 方始欲其自得. 看那"欲"字, 不是深造以道, 便解自
46) 得. 而今:【附箋紙】"得而今"上存許多字, 文義始通, 未知如何.
47) ▲: "'君子深造之以道, 欲其自得之也', 如何?" 曰: "'深造'云者, 非是急迫遽至, 要舒徐涵養, 期於自得而已. '自得之', 則自信不疑, 而'居之安', '居之安', 則資之於道也深, '資之深', 則凡動靜語默, 一事一物, 無非是理, 所謂'取之左右逢其原'也." 又問: "'資'字如何說?" 曰: "取也. 資, 有資藉之意. '資之深', 謂其所資藉者深, 言深得其力也."【謨 ○去僞略.】
48) ▲: 或問"君子深造之以道"一章. 曰: "'深造之以道', 語似倒了. '以道'字在'深造'字上, 方是. 蓋
49) ▲: 循此進進不已, 便是深造之,
50) 功: 賀本에서는 工으로 되어 있다.
51) 功: 賀本에서는 工으로 되어 있다.
52) 謹: 賀本에서는 愼으로 되어 있다.

若人爲學依次序，便是以道，不依次序，便是不以道．如爲仁而'克己復禮'，便是以道，若不'克己復禮'，別做一般樣，便是不以道．能以道而爲之不已，造之愈深，則自然而得之．旣自得之而爲我有，'則居之安，居之安，則資之深．' ▲[53]這一句，又要人看．蓋▲[54]自家旣自得之，則所以資藉之者深，取之無窮，用之不竭，只管取，只管有，袞袞[55]地出來無窮．自家資他，他又資給自家．如掘地在下，藉上面原[56]頭水來注滿．若源頭深，則源源來不竭，若淺時，則易[57]▲[58]矣．又如富人大寶藏，裏面只管取，只管有．'取之左右逢其原'，蓋這件事也撞着這本來底道理，那件事也撞着這本來底道理，事事物物，頭頭件件，皆撞着這道理．如'資之深'，那[59]原[60]頭水只是一路來，到得左右逢原，四方八面都來．然這箇只在自得上，才自得，則下面節次自是如此．"【又云："'資'字始[61]'萬物資□[62]'，'資於事父以事君'之'資'，皆訓'取'字．"[63] ○燾】

57:23 ▲[64] 原[65]頭便是那天之明命[66]，滔滔汨汨底，似那一池有原[67]底水．他那源頭只管來得不絶，取之不禁[68]，用之不竭，來供自家

---

53) ▲: '資之深'
54) ▲: 是
55) 袞袞: 賀本에서는 滾滾으로 되어 있다.
56) 原: 賀本에서는 源으로 되어 있다.
57) 易:【附箋紙】"易"下落"竭"字.
58) ▲: 竭
59) 深', 那:『小分』에서는 那深을 교정부호로 바로잡았다.
60) 原: 賀本에서는 源으로 되어 있다.
61) 始:『朱子語類』에서는 如로 되어 있다.
62) 資□: 英祖刊本·成化本에서는 資始로 되어 있고, 賀本에서는 之資始로 되어 있다.
63)【又云: "'資'字 … 皆訓'取'字."】: 賀本에서는 본문으로 되어 있다.
64) ▲: 子善問"君子深造之以道，欲其自得之也"一節．曰："大要在'深造之以道'，此是做工夫處．資，是他資助我，資給我，不是我資他．他那箇都是資助我底物事，頭頭撞著，左邊也是，右邊也是，都湊著他道理源頭處．
65) 原: 賀本에서는 源으로 되어 있다.
66) 明命:『小分』에서는 命明을 교정부호로 바로잡았다.
67) 原: 賀本에서는 源으로 되어 있다.

用. 似那魚湊活水相似, ▲[69] 且如爲人君, 便有那仁從那邊來, 爲人臣, 便有那箇敬從那邊來, 子之孝, 有那孝從那邊來, 父之慈, 有那慈從那邊來, 只是那道理原[70]頭處. 莊子說'將原而往', 便是說這箇. 自家靠着他原頭底這箇道理, 左右前後都見是這道理. 莊子說'在谷滿谷, 在坑滿坑', 他那資給我底物事深遠, 自家這裏頭頭湊着他原頭."【植○賀孫錄疑同, 見不[71].】

57:24 ▲[72] 莊子說'庖丁手之所觸, 肩之所倚, 足之所履, 膝之所踦, 砉然嚮然, 奏刀騞然, 莫不中音', 正是此意. ▲[73]【賀孫】

57:25 "居之安", 只是如人之居住得那裏安穩. ▲[74]【謙】

57:26 ▲[75] "此章重處只在自得後, 其勢自然順下來, 才恁地, 便恁地, 但其間自不無節次. 若是全無節次, 孟子何不說'自得之, 則取之左右逢其原'?" 曰: "尹先生卻正如此說." 曰: "看他說意思自別. 孟子之意, 是欲見其曲折而詳言之, 尹先生之言, 是姑擧其首尾而略言之. 自孟子後, 更無人會下這般言語."

---

68) 禁: 賀本에서는 盡으로 되어 있다.

69) ▲: 卻似都湊著他源頭.

70) 原: 賀本에서는 源으로 되어 있다.

71) 不: 『朱子語類』에서는 下로 되어 있다.

72) ▲: 子善問: "'君子深造之以道', 造是造道, 欲造道, 又著'以道', 語意似'以道深造.'" 曰: "此只是進爲不已, 亦無可疑. 公將兩箇'道'字來說, 卻不分曉." 賀孫問: "'深造'之'造'字, 不可便做已到說. 但言進進做將去, 又必以其方." 曰: "然." 又問: "'取之左右逢其原', 是旣資之深, 則道理充足, 取之至近之處, 莫非道理." 曰: "'資'字恰似資給·資助一般. 資助旣深, 看是甚事來, 無不湊著這道理. 不待自家將道理去應他, 只取之左右, 便撞著這道理. 如有源之水滾滾流出, 只管撞著他. 若是所資者淺, 略用出便枯竭了.

73) ▲: 爲人君, 便是撞著箇仁道理, 爲人臣, 便自撞著箇敬道理, 爲人子, 便自撞著箇孝道理, 爲人父, 便自撞著箇慈道理, 與國人交, 便自撞著箇信道理, 無適而不然."

74) ▲: 只是從初本原如此, 到熟處, 左右皆逢之.

75) ▲: 或問: "'自得'章, 文義莫有節次否?" 曰:

57:27 ▲[76)]

「博學而詳說之章」

57:28 ▲[77)] 損[78)]先難而後易, 凡事皆然.【道夫】

57:29 ▲[79)] "約自博中來. 旣博學, 又詳說, 講貫得直是精確, 將來臨事自有箇頭緖. 才有頭緖, 便見簡約. 若[80)]是平日講貫得不詳悉, 及至臨事只覺得千頭萬緖, 更理會不下, 如此則豈得爲約?"【去僞】

57:30 ▲[81)] "貫通處便是約, 不是貫通了, 又去裏面尋討箇約. ▲[82)]伊川說格物處云: '但積累多後, 自然脫然有貫通處.' '積累多後', 便是學之博, '脫然有貫通處', 便是約." ▲[83)]問: "世間博學之人非不博, 卻又不知箇約處者, 何故?" 曰: "他合下博得來便不是了, 如何會約. 他更不窮究這道理是如何, 都見不透徹, 只是搜求隱僻之事, 鉤摘奇異之說, 以爲博, 如此豈能得約! 今世博學之士大率類此. 不讀正當底書, 不看正當注疏, 偏揀人所不讀底去讀, 欲乘人之所不知以誇人. 不問義理如何, 只認前人所未說, 今人所未道者, 則取之以爲博. 如此, 如何望到約處!" 又曰: "某嘗不喜楊子雲'多聞則守之以約, 多見則守之以卓.' 多聞, 欲其約也, 多見, 欲其卓也. 說多聞了, 又更要一箇約去

---

76) ▲: 或問: "程子之說如何?" 曰: "必須以道, 方可'潛心積慮, 優游厭飫.' 若不以道, 則'潛心積慮, 優游厭飫'做甚底!"【燾】
77) ▲: "博學而詳說之, 將以反說約也."
78) 損: 英祖刊本에서는 須로 되어 있고, 賀本에서는 惟로 되어 있다. 『考異』에서는 損이 잘못이라고 되어 있다.
79) ▲: 問: "'博學而詳說之, 將以反說約也', 如何?" 曰:
80) 約. 若: 『小分』에서는 若約을 교정부호로 바로잡았다.
81) ▲: 問"博學詳說, 將以反說約也." 曰:
82) ▲: 公說約處, 卻是通貫了, 又別去尋討箇約, 豈有此理!
83) ▲: 楊楫 通老

守他, 正如公說. 這箇是所守者約, 不是守之以約也." ▲[84)]

「徐子曰章」

57:31 所謂"聲聞過情", 這箇大段務外郎當. 且更就此中間言之, 如爲善無眞實懇惻之意, 爲學而勉强苟且徇[85)]人, 皆是不實. 須就此反躬思量, 方得.【僩】

「人之所以異於禽獸章」

57:32 ▲[86)]"人與萬物都一般者, 理也, 所以不同者, 心也. 人心虛靈, 包得許多道理過, 無有不通. 雖間有氣稟昏底, 亦可克治使之明. 萬物之心, 便包許多道理不過, 雖其間有稟得氣稍正者, 亦止有一兩路明. ▲[87)] 其他道理便都不通, 便推不去. 人之心便虛明, 便推得去. 就大本論之, 其理則一, 纔稟於氣, 便有不同." 賀孫問: "'幾希'二字, 不是說善惡之間, 乃是指這些好底說, 故下云'庶民去之, 君子[88)]存之.'" 曰: "人之所以異於物者, 只是[89)]爭這些子." ▲[90)]

57:33 ▲[91)] 元昭▲[92)]云: "'萬物皆備於我', 此言人能備禽獸之不備."

---

84) ▲:【僩】
85) 徇: 『朱子語類』에서는 徇으로 되어 있다.【附箋紙】"絇"宜從彳.
86) ▲: 敬之問"人之所以異於禽獸者幾希." 曰:
87) ▲: 如禽獸中有父子相愛, 雌雄有別之類, 只有一兩路明,
88) 子: 賀本에서는 不로 되어 있다.
89) 是: 『朱子語類』에는 없다.
90) ▲:【賀孫 ○時舉錄云: "人物之所同者, 理也, 所不同者, 心也. 人心虛靈, 無所不明, 禽獸便昏了, 只有一兩路子明. 人之虛靈皆推得去, 禽獸便推不去. 人若以私慾蔽了這箇虛靈, 便是禽獸. 人與禽獸只爭這些子, 所以謂之'幾希.'"】
91) ▲: 徐元昭問: "'庶民去之, 君子存之', 如何是存之?" 曰: "存, 是存所以異於禽獸者. 何故至'存之'方問?" 因問元昭: "存何物?" 元昭云: "有所見." 曰: "不離日用之間." 曰: "何謂日用之間?" 曰: "凡周旋運用." 曰: "此乃禽獸所以與人同, 須求其

曰: "觀賢此言, 元未嘗究竟."【可學 ○璘錄別出.】

57:34 ▲[93] "存是存其所以異於禽獸之道理, 今自謂能存, 只是存其與禽獸同者耳. 飢[94]食渴飮之類, 皆其與禽獸同者也. 釋氏云: '作用是性.' 或問: '如何是作用?' 云: '在眼曰見, 在耳曰聞, 在鼻辨香, 在口談論, 在手執捉, 在足運奔, 編[95]現俱該沙界, 收攝在一微塵.' 此是說其與禽獸同者耳. 人之異於禽獸, 是'父子有親, 君臣有義, 夫婦有別, 長幼有序, 朋友有信.' 釋氏元不曾[96]▲[97]得."【璘】

57:35 知而不存者有矣, 未有不知而能存者也.【"君子存之." ○僩】

57:36 "明於庶物", 如物格.【閎祖】

57:37 ▲[98] "察深於明. 明只是大概明得這箇道理爾." 又問: "與孝經'事天明, 事地察'之義如何?" 曰: "這箇'明・察'又別. 此'察'字, 卻訓'著'字, '明'字訓'昭'字. 事父孝, 則事天之道昭明, 事母孝, 則事地之道察著. 孟子所謂'明・察', 與物條[99]'明於天之道, 察於人之故'同."【去僞】

所以與人異者. 僧問佛: '如何是性?' 曰: '耳能聞, 目能見.' 他便把這箇作性, 不知這箇禽獸皆知. 人所以異者, 以其有仁義禮智, 若爲子而孝, 爲弟而悌, 禽獸豈能之哉!"

92) ▲: 又

93) ▲: 元昭問"君子存之." 曰:

94) 飢: 賀本에서는 饑로 되어 있다.

95) 編: 孝宗刊本·英祖刊本·成化本에서는 徧으로 되어 있고, 賀本에서는 遍으로 되어 있다.【附箋紙】"編"宜從彳.

96) 曾:【附箋紙】"曾"下落"存"字.

97) ▲: 存

98) ▲: 或問: "'明於庶物, 察於人倫', 明・察之義有淺深否?" 曰:

99) 物條: 孝宗刊本·英祖刊本에서는 易係로 되어 있고, 成化本·賀本에서는『易』·『繫』로 되어 있다.【附箋紙】"物條"兩字, 皆誤.

57:38 ▲100)問: "▲101) 此'物'字, 恐合作禽獸說." 曰: "不然. '明於庶物', 豈止是說禽獸? 禽獸乃一物. 凡天地之間眼前所接之事, 皆是物. 然有多少不甚要緊底事, 舜看來, 惟是於人倫最緊要."【賀孫】

57:39 ▲102) 明・察是見得事103)事物物之理, 無一毫之未盡. 所謂仁義者, 皆不待求之於外, 此身104)▲105), 渾然都是仁義.【賀孫】

57:40 ▲106)問: "▲107)何以只說'舜108) 曰: "堯自是渾然. 舜卻是就事物上經歷, 一一理會過."【賀孫】

57:41 問: "▲109)學者, 須是行仁義▲110)." 曰: "這便如適來說'三月不違'意. 他是平日身常在仁義內, 即恁地行出. 學者身在外了, 且須去求仁義就上行, 然又須以'由仁義行'爲準的, 方得."【賀孫】

57:42 符舜功言: "▲111)'由仁義行', 好行仁義, 便有善利之分." 曰: "此是江西之學. 豈不見上面分明有箇'舜'字? 惟舜便由仁義行, 他人須窮理, 知其爲仁爲義, 從而行之. 且如'仁者安仁, 智者利仁', 既未能安仁, 亦須是利仁. 利仁豈是不好底! 知仁之爲利而行之. 不然, 則以人欲爲利矣!"【德明】

---

100) ▲: 子善
101) ▲: 舜'明庶物, 察人倫.' 文勢自上看來,
102) ▲: "明於庶物, 察於人倫."
103) 得事: 『小分』에서는 事得을 교정부호로 바로잡았다.
104) 此身: 【附箋紙】"此身"下, 似落"此心"字.
105) ▲: 此心
106) ▲: 守約
107) ▲: 孟子
108) ▲: 明於庶物, 察於人倫, 由仁義行, 非行仁義也'?"
109) ▲: '舜由仁義行, 非行仁義也.' 若
110) ▲: 方得
111) ▲: 只是

「禹惡旨酒章」

57:43 問: "'▲112)惡旨酒, ▲113)坐以待旦.' 此等氣象, 在聖人則謂之'兢兢114)業業, 純亦不二115)', 在學者則是'任重道遠, 死而後已'之意否?" 曰: "他本是說聖人." 又曰: "讀此一篇, 使人心惕然而常存也!"【道夫】

57:44 ▲116)

57:45 問: "▲117) 四聖人之事亦多, 周公如何施之?" 曰: "此必是周公曾如此說. 大抵所舉四事極好, 此一處自舜推之至於孔子."【可學】

57:46 ▲118) 恐是周公自有此語. 如"文王我師也, 周公豈欺我哉"? 此直是周公曾如此語, 公明儀但舉之爾119). ▲120)【謨】

57:47 因論"泄邇・忘遠", 老蘇說乖, 曰: "聖人心121)如湖122)水水123)上來, 灣坳浦漵, 一時皆到124), 無有遠邇."【方】

---

112) ▲: 禹
113) ▲: 好善言, 湯執中, 文王望道未之見, 武王不泄邇, 不忘遠, 周公
114) 競競: 『朱子語類』에서는 兢兢으로 되어 있다.【附箋紙】"競競", "兢兢"之誤.
115) 二: 『朱子語類』에서는 已로 되어 있다.
116) ▲: 問: "'湯執中, 立賢無方', 莫是執中道以立賢否?" 曰"不然. 執中自是執中, 立賢自是立賢. 只這'執中', 卻與子莫之'執中'不同. 故『集注』下謂: '執, 謂守而不失.' 湯只是要事事恰好, 無過不及而已."【時學】
117) ▲: '周公思兼三王, 以施四事.' 上文既是各舉一事言,
118) ▲: "周公思兼三王, 以施四事", 此不可考,
119) 爾: 賀本에서는 耳로 되어 있다.
120) ▲: 四事極說得好. "泄"字有狎底意思.
121) 聖人心: 【附箋紙】"聖人心"下, 多有誤字.
122) 湖: 『朱子語類』에서는 潮로 되어 있다.
123) 水水: 『朱子語類』에서는 水로 되어 있다.
124) 到: 『朱子語類』에서는 得으로 되어 있다.

「王者之迹熄章」

57:48 ▲125)

57:49 ▲126)問: "▲127) 「黍離」降爲「國風」▲128). 恐是孔子刪詩之時降之." 曰: "亦是他當時自如此. 要識此詩, 便如「周南」·「召南」當初在鎬·風129)之時, 其詩爲二「南」, 後來在洛邑之時, 其詩爲「黍離」. 只是自二「南」進而爲二「雅」, ▲130)退而爲「王風」. 二「南」之於二「雅」, 便如登山, 到得「黍離」時節, 便是下坡了."【文蔚】

「可以取章」

57:50 ▲131)

57:51 ▲132)

57:52 ▲133) 此段正如134)孔子曰"再斯可矣"相似. 凡事初看尙未定,

---

125) ▲: 問"王者之跡熄而詩亡, 詩亡然後『春秋』作." 曰: "這道理緊要在'王者之跡熄'一句上. 蓋王者之政存, 則'禮樂征伐自天子出', 故「雅」之詩自作於上, 以教天下. 王跡滅熄, 則禮樂征伐不自天子出, 故「雅」之詩不復作於上, 而詩降而爲「國風」. 是以孔子作『春秋』, 定天下之邪正, 爲百王之大法也."【燾】

126) ▲: 莊仲

127) ▲: 王者之跡熄而詩亡, 詩亡然後『春秋』作. 先儒謂自東遷之後,

128) ▲: 而「雅」亡矣

129) 風: 『朱子語類』에서는 豐으로 되어 있다.【附箋紙】"鎬風"之"風", 恐是"豐."

130) ▲: 自二「雅」

131) ▲: "可以取, 可以無取", 是先見得可以取, 後來卻見得可以無取, 如此而取之, 則傷廉矣. 蓋後來見者較是故也. "與·死", 亦然.【閎祖】

132) ▲: 正卿問: "'可以取, 可以無取, 取傷廉', 亦是二聯之義?" 曰: "看來'可以取', 是其初略見得如此, '可以無取', 是子細審察見得如此, 如夫子言'再思'一般. 下二聯放此, 庶幾不礙. 不然, 則不取卻是過厚, 而不與·不死, 卻是過薄也."【壯祖】

再察則已審矣, 便用決斷始得. 若更加之思焉, 則私意起, 而非義理之本然.【僩】

57:53 ▲135) 夫取爲傷廉, 固也. 若與者本惠, 死者本勇, 而乃云"傷惠・傷勇"者, 謂其過子136)與無益之死耳. 且學者知所當予而不至於吝嗇, 知所當死而不至於偷生, 則幾矣.【人傑】

57:54 ▲137)主意只在"取傷廉"上, 且將那"與傷惠"來相對說. 其實與之過厚些子, 不害其爲厚, 若纔過取, 便傷廉, 便是不好. 過與, 畢竟當不138)是好意思, 與了再看之. 方見得傷惠, 與傷廉不同. 所以子華使於齊, "冉子與之粟五秉", 聖人雖說他不是, 然亦不大故責他. 只是纔過取, 便深惡之, 如冉求爲之聚歛而欲攻之, 是也.【僩】

「天下之言性也章」

57:55 ▲139) 如公都子問性, 孟子卻云: '乃若其情, 則可以爲善矣.' 蓋性自是箇難言底物事, 惟惻隱・羞惡之類卻是已發見者, 乃可得而言. 只看這箇, 便見得性. 『集注140)』謂'故'者是已然之迹也. 是無箇字得下, 故下箇'迹'字."【時擧】

---

133) ▲: "可以取, 可以無取",
134) 如: 『朱子語類』에서는 與로 되어 있다.
135) ▲: "可以取, 可以無取"云云.
136) 子: 孝宗刊本에서는 子로 되어 있고, 英祖刊本·成化本·賀本에서는 予로 되어 있다.【附箋紙】"子", 無乃"予"之誤歟?
137) ▲: 孟子言: "可以取, 可以無取, 取傷廉. 可以與, 可以無與, 與傷惠." 他
138) 不: 孝宗刊本·成化本에서는 下로 되어 있고, 英祖刊本·賀本에서는 時로 되어 있다. 『考異』에서는 下가 잘못이라고 되어 있다.
139) ▲: 問: "'則故而已矣', 故是如何?" 曰: "故, 是箇已發見了底物事, 便分明易見.
140) 注: 【附箋紙】"注"宜從言.

57:56 ▲[141] "性是箇糊塗不分明明[142]底物事, 且只就那故上說, 故卻是實有痕迹底. 故有兩件, 如水之有順利者, 又有逆行者. 畢竟順利底是善, 逆行底是惡, 所以說'行其所無事', 又說'惡於鑿', 鑿則是那逆行底. ▲[143]." 【植】

57:57 ▲[144]

57:58 ▲[145]問: "'故者, 以利爲本.' 如火之炎上, 水之潤下, 此是故, 人不拂他潤下炎上之性, 是利." 曰: "故是本然底, 利是他自然底. 如水之潤下, 火之炎上, 固是他本然之性如此. 然水自然潤下, 火自然炎上, 便是利. 到智者行其所無事, 方是人之得自然底, 從而順他." 【時舉 ○僩同.】

57:59 "故, ▲[146] 父子之必有親, 孟子說'四端', 皆是. 然雖有惻隱, 亦有殘忍, 故當以順爲本. 如星辰亦有逆行, 大要循躔度者是順." 問: "南軒說故作'本然.'" 曰: "如此則善外別有本然. 孟子說性, 乃是於發處見其善, 荀·楊[147]亦於發處說, 只是道不著." 問: "既云'於發處見', 伊川云'孟子說性, 乃拔[148]本塞[149]原之理', 莫[150]因發以見其原?" 曰:

---

141) ▲: 問"則故而已矣." 曰:

142) 明明: 『朱子語類』에서는 明으로 되어 있다. 【附箋紙】"明明", 一衍.

143) ▲: 又說'乃若其情, 則可以爲善.' 性是糊塗底物事, 情卻便似實也. 如惻隱·羞惡·辭遜·是非, 這便是情

144) ▲: 敬之問: "故, 是已然之跡, 如水之潤下, 火之炎上. '以利爲本', 是順而不拂之意." 曰: "利是不假人爲而自然者. 如水之就下, 是其性本就下, 只得順他. 若激之在山, 是不順其性, 而以人爲之也. 如'無惻隱之心非人, 無羞惡之心非人', 皆是自然而然. 惟智者知得此理, 不假人爲, 順之而行." 【南升 ○時舉錄別出.】

145) ▲: 敬之

146) ▲: 是已然之跡, 如水之下, 火之上,

147) 楊: 【附箋紙】"楊"宜從扌. 雄之姓, 扌邊

148) 拔: 賀本에서는 極으로 되어 있다.

149) 塞: 賀本에서는 窮으로 되어 있다.

“然.”【可學】

57:60 ▲[151] 孟子怕人將不好底做出去, 故說此. 若將惡者爲利之本, 如水, ‘摶而躍之, 可使過顙’, 這便是將不利者爲本. 如伊川說, 楚子越椒之生, 必滅若敖氏, 自是出來便惡了. 荀子因此便道人性本惡. ▲[152] 他只說得氣質之性, 自是不覺.”【寓】

57:61 ▲[153]水之性固下也, 然摶之過顙, 激之在山, 亦豈不是水哉! 但非其性爾. ▲[154]如荀卿言“性惡”, 楊[155]雄言“善惡混”, 但皆說得下面一截, 皆不知其所以謂之故者如何, 遂不能“以利爲本”而然也. 荀卿之言, 只是橫說如此, 到底滅這道理不得. 只就「性惡」篇謂“塗之人皆可爲[156]禹”, 只此自可見. “故”字, 若不將已然之迹言之, 則下文“苟求其故”之言, 如何可推? 曆家自今日推算而上, 極於太古開闢之時, 更無差錯, 只爲有此已然之迹可以推測耳. 天與星辰間, 或躔度有少差錯, 久之自復其常. “以利爲本”, 亦猶天與星辰循常度而[157]. 苟不如此, 皆鑿之謂也.【謨】

---

150) 莫: 徽州本에서는 이 뒤에 是가 더 들어 있다.

151) ▲: 器之說: “‘故者以利爲本’, 如流水相似, 有向下, 無向上, 是順他去.” 曰: “故是本來底, 以順爲本. 許多惻隱・羞惡, 自是順出來, 其理自是如此.

152) ▲: 據他說, ‘塗之人皆可爲禹’, 便是性善了.

153) ▲: 故, 只是已然之跡, 如水之潤下, 火之炎上. 潤下炎上便是故也. 父子之所以親, 君臣之所以義, 夫婦之別, 長幼之序, 然皆有箇已然之跡. 但只順利處, 便是故之本. 如

154) ▲: 仁義禮智, 是爲性也. 仁之惻隱, 義之羞惡, 禮之辭遜, 智之是非, 此卽性之故也. 若四端, 則無不順利. 然四端皆有相反者, 如殘忍【饒錄作“忮害.”】之非仁, 不恥之非義, 不遜之非禮, 昏惑之非智, 卽故之不利者也. 伊川發明此意最親切, 謂此一章專主“智”言. 鑿於智者, 非所謂以利爲本也. 其初只是性上泛說起, 不是專說性. 但謂天下之說性者, 只說得故而已. 後世

155) 楊: 【附箋紙】“揚”

156) 爲: 賀本에서는 如로 되어 있다.

157) ▲: 行

57:62 ▲158)

57:63 ▲159)

57:64 ▲160) "'則'字不可做助語看了, 則有不足之意. 性最難名狀. 天下之言性者, 止說得故而已矣. ▲161)問: "▲162) 伊川以爲言天下萬物之性, ▲163)?" 曰: "此倒了. 他文勢只是云'天下之言性者, 止可說故而已矣.' 如此, 則天下萬物之性在其間矣." ▲164) 【去僞】

「君子所以異於人者章」

57:65 ▲165) 君子則以仁以禮而有166)之於心, 小人則以不仁以167)不禮而存之於心. 須看他上下文主甚麽說, 始得." 【僩】

---

158) ▲: "'天下之言性, 則故而已矣.' 故, 猶云所爲也. 言凡人說性, 只說到性之故, 蓋故卻'以利爲本.' 利順者, 從道理上順發出來是也, 是所謂善也. 若不利順, 則是鑿, 故下面以禹行水言之. '苟求其故', 此'故'與'則故'卻同, 故, 猶所以然之意." 直卿云: "先生言, 劉公度說此段意云, 孟子專爲智而言, 甚好." 【端蒙】

159) ▲: 問"天下之言性, 則故而已." 先生引程子之言曰: "此章意在'知'字. 此章言性, 只是從頭說下. 性者, 渾然不可言也, 惟順之則是, 逆之則非. 天下之事, 逆理者如何行得! 便是鑿也. 鑿則非其本然之理. 禹之行水, 亦只端的見得須是如此, 順而行之而已. 鯀績之不成, 正爲不順耳." 【力行】

160) ▲: 問: "伊川謂: '則, 語助也, 故者, 本如是者也. 今言天下萬物之性必求其故者, 只是欲順而不害之也.' 伊川之說如何?" 曰:

161) ▲: '故'字外, 難爲別下字. 如故, 有所以然之意. 利, 順也, 順其所以然, 則不失其本性矣. 水性就下, 順而導之, 水之性也. '搏而躍之', 固可使之在山矣, 然非水之本性." 或

162) ▲: 天下之言性,

163) ▲: 是否

164) ▲: 又問: "後面'苟求其故', 此'故'字與前面'故'字一般否?" 曰: "然."

165) ▲: 問: "'君子以仁存心, 以禮存心', 是我本有此仁此禮, 只要常存而不忘否?" 曰: "非也. 便這箇在存心上說下來, 言君子所以異於小人者, 以其存心不同耳.

166) 有: 『朱子語類』에서는 存으로 되어 있다. 【附箋紙】 "有", "存"之誤.

167) 以: 『朱子語類』에는 없다.

57:66 ▲168) 曰: "這箇'存心', 與'存其心, 養其性'底'存心'不同, 只是處心." ▲169) "以仁處於心, 以禮處於心."【『集注』非定本. ○節】

57:67 ▲170)問: "▲171)'以'字?" 曰: "不下'以'字也不得. ▲172)" 問: "程子謂'以敬直內, 則不直矣', 何也?" 曰: "此處又是解'直方'二字. 從上說下來, '敬以直內', 方順, 以敬, 則不順矣."【淳】

57:68 "我必不忠", 恐所以愛敬人者, 或有不出於誠實也.【人傑】

57:69 173) 盡己者, 仁禮無一毫不盡."【節】

57:70 ▲174)

「禹稷當平世章」

57:71 問: "▲175) 若家有父母, 豈可不人176)?" 曰: "固是. 然事亦須量緩急." 問: "何謂緩急?" 曰: "若洪水之患不甚爲害, ▲177) 過家見父母, 亦不妨. 若洪水之患, 其急有傾國溺都・君父危亡之災, 也只得且奔君父之急. 雖不過見父母, 亦不妨也." 又問: "'鄕鄰有鬪者, 雖閉戶

168) ▲: 問: "先生注下文, 言'存仁・存禮', 何也?"
169) ▲: 又問: "如此, 則是君子之所以異於人者, 以其處心也." 曰: "以其處心與人不同." 又問: "何謂處心?" 曰:
170) ▲: 蔡
171) ▲: '以仁存心', 如何下
172) ▲: 呂氏云'以此心應萬事之變', 亦下一'以'字. 不是以此心, 是如何?
173) ▲: 問"自反而忠"之"忠." 曰: "忠者, 盡己也.
174) ▲: "舜, 人也, 我亦人也. 舜爲法於天下, 可傳於後世, 我猶未免爲鄕人也, 是則可憂也." 此便是知恥. 知恥, 則進學安得不勇!【閎祖】
175) ▲: '禹・稷當平世, 三過其門而不入', 似天下之事重乎私家也.
176) 人: 『朱子語類』에서는 入으로 되어 있다.【附箋紙】"人"當作"入."
177) ▲: 只是那九年泛泛底水, 未便會傾國覆都,

可也', 此便是用權. 若鄉鄰之鬪有親戚兄弟在其中, 豈可一例不救?" 曰: "有兄弟固當救, 然事也須量大小. 若只是小小鬪毆[178], 救之亦無妨. 若是有兵戈殺人之事, 也只得閉門不管而已."【僩】

「公都子問匡章▲[179]」

57:72 "▲[180] 據章之所爲, 因責善於父[181]而不相遇, 雖是父不是, 己是, 然便至如此蕩業, '出妻屛子, 終身不養', 則豈得爲孝! 故孟子言'父子責善, 賊恩之大者', 此便是責之以不孝也. 但其不孝之罪, 未至於可絶之地爾. 然當時人則遂以爲不孝而絶之, 故孟子擧世之不孝者五以曉人. 若如此五者, 則誠在所絶爾. 後世因孟子不絶之, 則又欲盡雪匡子之不孝而以爲孝, 此皆不公不正, 倚於一偏也. 必若孟子之所處, 然後可以見聖賢至公至仁之心矣." 或云: "看得匡章想是箇拗强底人, 觀其意屬於陳仲子, 則可見其爲人耳." 先生甚然之, 曰: "兩箇都是此樣人, 故說得合." 味道云: "'舜不告而聚[182]', 蓋不欲'廢人之大倫, 以懟父母'耳, 如匡章, 則其懟也甚矣!"【廣】

178) 毆: 英祖刊本에서는 歐로 되어 있고, 孝宗刊本·成化本·賀本에서는 毆로 되어 있다.

179) ▲: 章

180) ▲: 孟子之於匡章, 蓋憐之耳, 非取其孝也. 故楊氏以爲匡章不孝, '孟子非取之也, 特哀其志而不與之絶耳.'

181) ▲: 母

182) 聚: 『朱子語類』에서는 娶로 되어 있다.【附箋紙】"聚"當作"娶."

『朱子語類』卷第五十八

「『孟子』八」

「萬章上」

「問舜往于田章」【並下章】

58:1 ▲[1] "聖人一身渾然天理, 故極天下之至樂, 不足以動其事親之心, 極天下之至苦, 不足以害其事親之心. 一心所慕, 惟知有親. 看是甚麽物事, 皆是至輕. 施於兄弟亦知[2]. 但知我是兄, 合當友愛其弟, 更不問如何. 且如父母使之完廩, 待上去, 又捐階焚廩, ▲[3]去浚井, 待他入井, 又從而揜之, 到得免死出來, 又當如何? 若是以下等人處此, 定是喫不過. 非獨以下人, 雖平日極知當孝其親者, 到父母以此施於己, 此心亦喫不過, 定是動了. 象爲弟, '日以殺舜爲事.' 若是別人, ▲[4] 也須喫不過. 舜只知我是兄, 惟知友愛其弟, 那許多不好景象都自不見了. 這道理, 非獨舜有之, 人皆有之, 非獨舜能爲, 人人皆可爲. 所以『大學』只要窮理. 舜'明於庶物, 察於人倫', 唯是於許多道理見得極盡, 無有些子未盡. 但舜是生知, 不待窮索. 如今須着窮索教盡. 莫說道只消做六七分, 那兩三分不消做盡, 也得."【賀孫】

1) ▲: 黃先之說: "舜事親處, 見得聖人所以孝其親者, 全然都是天理, 略無一毫人欲之私, 所以擧天下之物, 皆不足以解憂, 惟順於父母可以解憂." 曰:
2) 知: 『朱子語類』에서는 然으로 되어 있다. 【附箋紙】"亦知"之"知", 明是誤字.
3) ▲: 到得免死下來, 當如何? 父母教他
4) ▲: 如何也須與他理會,

58:2 ▲[5] "聖人做出, 純是道理, 更無些子隔礙. 是▲[6]合下渾全, 都無欠闕. 衆人卻是已虧損了, 須加修治之功. 如『小學』前面許多, 恰似勉强使人爲之, 又須是恁地勉強. 到『大學』工夫, 方知箇天理當然之則. 如世上固是無限事, 然大要也只是幾項大頭項, 如'爲人君, 止於仁, ▲[7] 與國人交, 止於信.' 須看見定是着如此, 不可不如此, 自家何故卻不如此? 意思如何便是天理? 意思如何便是私慾? 天理發見處, 是如何卻被私慾障蔽了?"【賀孫】

58:3 ▲[8]問: "舜不能掩父母之惡, 如何是大孝?" 曰: "公惡[9]如何與他掩? 他那箇頑嚚, 已是天知地聞了, 如何地掩? 公須與他思量得箇道理始得. 如此, 便可以責舜."【義剛】

58:4 ▲[10] "象謀害舜者, 舜隨卽化了, 更無一毫在心, 但有愛象之心. 常有今人被弟激惱, 便常以爲恨, 而愛弟之心減少矣."

58:5 舜誠信▲[11]而任管叔, 此天理人倫之至, 其用心一也.【燾】

「象日以殺舜爲事章」

58:6 ▲[12]問: "'仁之至, 義之盡', 是仁便包義, 何如?" 曰: "自是兩義, 如舜封象於有庳, 不藏怒宿怨而富貴之, 是仁之至, 使吏治其國而納

---

5) ▲: 林子淵說舜事親處, 曰: "自古及今, 何故衆人都不會恁地, 獨有舜恁地? 是何故? 須就這裏剔抉看出來, 始得." 默然久之, 曰:
6) ▲: 他
7) ▲: 爲人臣, 止於敬, 爲人子, 止於孝, 爲人父, 止於慈,
8) ▲: 叔器
9) 惡: 【附箋紙】"惡", "要"之誤.
10) ▲: 問"象憂亦憂, 象喜亦喜"事. 曰:
11) ▲: 而喜象, 周公誠信
12) ▲: 或

其貢稅, 是義之盡." 因擧明皇長枕大被, 欲爲仁而非仁云云.【賀孫. ○▲13)】

58:7 "仁與義相拗, 禮與智相拗." 問▲14) "須是'仁之至, 義之盡', 方無一偏之病." 曰: "雖▲15)如此, 仁之至自是仁之至, 義之盡自是義之盡. 舜之於象16), ▲17) '封之有庳, ▲18)是仁之至, '使吏治其國▲19) 便是義之盡. 後世如景帝之於梁王, 始則縱之太過, 不得謂之仁, 後又窘治之甚峻, 義又失之, 皆不足道. 唐 明皇於諸王爲長枕大衾, 雖▲20)親愛, 亦是無以限制之, 無足觀者."

58:8 舜之於象, 是平日見其不肖, 故處之得道. 封之有庳, 但富貴之而已. 周公於管・蔡, 又別. 蓋管・蔡初無不好底心, 後來被武庚煽惑至此. 使先有此心, 周公必不使之也.【燾】

「咸丘蒙問章」

58:9 ▲21)

58:10 ▲22)問"以意逆志." 曰: "此是教人讀書之法. 自家虛心在這裏,

---

13) ▲: 不知何氏錄詳, 別出.
14) ▲: 云:
15) ▲: 然
16) 象:【附箋紙】"象"上下, 疑有脫誤.
17) ▲: 便能如此.
18) ▲: 富貴之也', 便
19) ▲: 而納其貢賦',
20) ▲: 甚
21) ▲: "以意逆志", 此句最好. 逆是前去追迎之之意, 蓋是將自家意思去前面等候詩人之志來. 又曰: "謂如等人來相似. 今日等不來, 明日又等, 須是等得來, 方自然相合. 不似而今人, 便將意去捉志也."【燾】
22) ▲: 董仁叔

看他書道理如何來, 自家便迎接將來. 而今人讀書, 都是去捉他, 不是逆志." 【學蒙】

58:11 ▲[23] "是以自家意去張等他. 臂[24]如有一客來, 自家去迎他. 他來, 則接之, 不來, 則已. 若必去捉他來, 則不可." 【蓋卿】

「問堯以天下與舜章」

58:12[25] ▲[26] "只是要付他事, 看天命如何." ▲[27]問"百神享之." 曰: "只陰陽和, 風雨時, 便是▲[28] 58:13[29] ▲[30] "如祈晴得晴, 祈雨得雨之類." 【蓋卿】

「問人有言章」

58:14 ▲[31]問: "'得之不得曰有命', 是所賦之分, '天命之謂性', 是所賦之理." 曰: "固是. 天便如君, 命便如命令, 性便如職事條貫. 君命這箇人去做這箇職事, 其俸祿有厚薄, 歲月有遠近, 無非是命. 天之命人, 有命之以厚薄修短, 有命之以淸濁偏正, 無非是命. 且如'舜·禹·益相去久遠', 是命之在外者, '其子之賢不肖', 是命之在內者. 聖人'窮理盡性以至於命', 便能贊化育. 堯之子不肖, 他便不傳與子, 傳與

23) ▲: 董仁叔問"以意逆志." 曰:
24) 臂: 【附箋紙】"臂", "譬."
25) 58:12: 【附箋紙】此段無問者名.
26) ▲: 董仁叔問"堯薦舜於天." 曰:
27) ▲: 又
28) ▲: '百神享之.'" 【佐】
29) 58:13: 『小分』에서는 58:12에 이어져 한 항목으로 편집되어 있다.
30) ▲: 問"百神享之." 云:
31) ▲: 莊仲問"莫之致而至者命也." 曰: "命有兩般: '得之不得曰有命', 自是一樣, '天命之謂性', 又自是一樣. 雖是兩樣, 卻只是一箇命." 文蔚

舜. 本是箇不好底意思, 卻被他一轉, 轉得文[32)]."【文蔚】

58:15 ▲[33)]

58:16 問: "'外丙二年, 仲壬四年', ▲[34)]康節之說亦未可據耶?" 曰: "也怎註[35)]便信得他?" 又問: "如此, 則堯卽位於甲辰, 亦未可據也." 曰: "此卻據都[36)]歷書如此說, 恐或有之. 然亦未可必." 問: "若如此, 則二年・四年, 亦可推矣." 曰: "卻爲中間年代不可紀, 自共和以後方可紀, 則湯時自無由可推. 此類且當闕之, 不必深考."【廣】

58:17 ▲[37)]外丙・仲壬, 必是立二年・四年, 不會[38)]不立. 如今人都被『書』序誤. 『書』序云'成湯旣沒, 太甲元年', 故以爲外丙・仲壬不曾立. 殊不知『書』序是後人所作, 豈可憑也!"【子蒙】

「問[39)]伊尹以割烹要湯章」

32) 文: 『朱子語類』에서는 好로 되어 있다.【附箋紙】"文", 恐誤.

33) ▲: 問: "'莫之致而至者命也.' 如比干之死, 以理論之, 亦可謂之正命. 若以氣論之, 恐非正命." 曰: "如何恁地說得! '盡其道而死者', 皆正命也. 當死而不死, 卻是失其正命. 此等處當活看. 如孟子說'桎梏而死者非正命', 須是看得孟子之意如何. 且如公冶長'雖在縲絏, 非其罪也.' 若當時公冶長死於縲絏, 不成說他不是正命. 有罪無罪, 在我而已. 古人所以殺身以成仁. 且身已死矣, 又成箇甚底? 直是要看此處. 孟子謂'舍生取義', 又云: '志士不忘在溝壑, 勇士不忘喪其元.' 學者須是於此處見得定, 臨利害時, 便將自家斬剉了, 也須壁立萬仞始得. 而今人有小利害, 便生計較, 說道恁地死非正命, 如何得!"【賜 ○夔孫錄云: "問: '人或死於干戈, 或死於患難, 如比干之類, 亦是正命乎?' 曰: '固是正命.' 問: '以理論之, 則謂之正命, 以死生論之, 則非正命.' 曰: '如何恁地說!'" 下同.】

34) ▲: 先生兩存趙氏・程氏之說, 則

35) 註: 『朱子語類』에서는 生으로 되어 있다.【附箋紙】"註", 恐誤.

36) 都: 『朱子語類』에서는 諸로 되어 있다.【附箋紙】"都", 恐誤.

37) ▲: 問: "'外丙二年, 仲壬四年', 二說孰是?" 曰: "今亦如何知得? 然觀

38) 會: 賀本에서는 曾으로 되어 있고, 『考異』에서는 會恐曾으로 되어 있다.

39) 問: 賀本에는 없다.

58:18 問寶從周云: "如何是伊尹樂堯・舜之道?" 寶對以"飢食渴飮, 鑿井耕田, 自有可樂." 曰: "龜山答胡文定書是如此說. 要之不然. 須是有所謂'堯・舜之道.' 如『書』云: '人心惟危, 道心惟微, 惟精惟一, 允執厥中!' 此便是堯・舜相傳之道. 如'克明俊德, 以親九族', 至'協和萬邦, 黎民於變時雍', 如'欽[40]明文思, 溫恭允塞'之類, 伊尹在莘郊時, 須曾一一學來, 不是每日只耕鑿食飮過了." 德明問: "看伊尹升陑之事, 亦是曾學兵法." 曰: "古人皆如此. 如東漢 李膺爲度遼將軍, 必是曾親履行陳." 寶問: "傅說版築, 亦讀書否?" 曰: "不曾讀書, 如何有『說命』三篇之文? '舜居深山之中, 與木石居, 與鹿豕遊', 後來乃能作'股肱元首'之歌. 便如顏子, 亦大段讀書. 其問爲邦, 夫子告以'行夏之時, 乘殷之輅, 服周之冕, 樂則『韶』舞.' 顏子平時於四代禮樂・『夏小正』之類, 須一一曾理會來. 古人詳於禮樂之事, 當時自有一種書, 後世不得而見. 如孟子說葛伯事, 以爲'有童子以黍肉餉, 殺而奪之', 便是孟子時有此等書. 今『書』中只有'葛伯仇餉'一句. 上古無書可讀, 今旣有書, 亦須是讀, 此由博以反約之義也."【德明】

58:19 問: ▲[41]注[42]』作'誦其詩, 讀其書', 乃是指其實事而言." 曰: "然. 或謂耕田鑿井, 便是堯・舜之道, 此是[43]不實. 不然, 何以有'豈若吾身親見之哉'一句? 若是不着實, 只是脫空. 今人有一等杜撰學問, 皆是脫空狂妄, 不濟一錢事. ▲[44]【履孫】

58:20 龜山說▲[45] "日用飮食, 出作入息, 便是'樂堯・舜之道.'" 這

40) 飮:【附箋紙】"飮", "欽"之誤.
41) ▲: "'伊尹樂堯・舜之道', 『集
42) 注:【附箋紙】"注", 當作"註."
43) 是:【附箋紙】"此是"之"是", 乃"皆"字之誤.
44) ▲: 如'天下歸仁', 只管自說'天下歸仁', 須是天下說歸仁, 方是. '非禮勿視, 非禮勿聽, 非禮勿言, 非禮勿動', 只管去說. 到念慮起處, 卻又是非禮, 此皆是妄論. 子韶之學正如此. 須是'居處恭, 執事敬', '坐如尸, 立如齊', 方是禮, 不然, 便不是禮."

箇似說得渾全. 卻不思他下面說: "豈若吾身親見之哉!" 這箇便是眞堯·舜, 卻不是泛說底. 道, 皆堯·舜之道. 如論"文·武之道未墜於地", 此亦眞箇指文·武之道. 而或者便說日用間皆是文·武之道. 殊不知聖賢之言自實. 後來如莊子便說"在坑滿坑, 在谷滿谷." 及佛家出來, 又不當說底都說了.【注】[46]

58:21 理不外物, 若以物便爲道, 則不可. ▲[47] 物只是物, 所以爲物之理, 乃道也.【閎祖】

58:22 龜山▲[48] 是言[49]器而遺道, 言物而遺則也.【燾】

58:23 伊尹是二截人, 方其耕於莘野, 若將終身焉, 是一截人, 及湯三聘, 翻然而往, 便以天下之重爲己任, 是一截人.【燾】

58:24 伊尹▲[50] 傅說▲[51] 太公▲[52]天下, 非事事而究其利病也, 非人人而訪其賢否也, 明其在己者而已矣. 及其得志行乎天下, 擧而措之而已.【鎬】

58:25 伊尹·孔明必待三聘三顧而起者, 踐坤順也.

58:26 先知者, 因事而知, 先覺者, 因理而覺. 知者, 因事因物皆可

---

45) ▲: "伊尹樂堯·舜之道"云:

46)【注】:『朱子語類』에는【佐】로 되어 있다.

47) ▲: 如龜山云: "寒衣飢食, 出作入息, 無非道. '伊尹耕於有莘之野, 以樂堯·舜之道.' 夫堯·舜之道, 豈有物可玩哉? 卽'耕於有莘之野'是已." 恁地說, 卻有病.

48) ▲: 以飢食渴飮便是道,

49) 是言:【附箋紙】沒龜山之說, 而云"是言", 似不分明, 未知如何.

50) ▲: 之耕於莘也,

51) ▲: 之築於傅巖也,

52) ▲: 之釣於渭濱也, 其於

以知. 覺, 則是自心中有所覺悟.【敬仲】

58:27 "先覺後覺"之"覺", 是自悟之覺, 似『大學』說格物・致知豁然貫通處. 今人知得此事, 講解得這箇道理, 皆知之之事. 及其自悟, 則又自有箇見解文[53]. "先知覺後知, 先覺▲[54]後覺", 中央兩箇"覺"字, 皆訓喚醒, 是我喚醒他.【僩】

58:28 ▲[55]問"覺." 曰: "程子云: '知是知此事, 覺是覺此理.' 蓋知是知此一事, 覺是忽然自理會得." ▲[56]【道夫】

「問或謂孔子於衛章」

58:29 "進以禮", 揖讓辭遜, "退以義", 果決斷割.【閎祖】

58:30 ▲[57] "三揖而進, 一辭而退."【道夫】

「萬章下」

「伯夷目不視惡色章」

58:31 ▲[58] 三子不惟情[59]不能和, 和不能淸, 但於淸處和處亦皆過.

---

53) 文:【附箋紙】"文", 恐是"處"字之誤. "先覺・後覺"中間, 脫一"覺"字.
54) ▲: 覺
55) ▲: 行夫
56) ▲: 又問"思曰睿." 曰"'視曰明', 是視而便見之謂明, '聽曰聰', 是聽而便聞之謂聰, '思曰睿', 是思而便通謂之睿."
57) ▲: 論"進以禮, 退以義", 曰:
58) ▲: 厚之問: "三聖事, 是當初如此, 是後來如此?" 曰: "是知之不至.
59) 情:【附箋紙】"情", "淸"之誤.

如射者皆中, 而不中鵠." 某問: "旣是如此, 何以爲聖人之淸和?" 曰: "卻是天理中流出, 無駁雜. 雖是過當, 直是無纖毫渣滓." 曰: "三子是資稟如此否?" 曰: "然." 【可學】

58:32 ▲[60] "淸・和・任, 已合於聖人." 問: "如孟子言, 只是得一節." 曰: "此言其所得之極耳." 【可學】

58:33 夷淸惠和, 皆得一偏, 他人學之, 便有隘・不恭處. 使懦夫學和, 愈不恭, 鄙夫學淸, 愈隘也. "可爲百世師", 謂能使薄者敦[61], 鄙者寬[62], 懦者立. "君子不由", 不由其隘與不恭. 【謨】

58:34 ▲[63]問: ▲[64]夷▲[65]惠▲[66]流弊則有隘與不恭之失." 曰: "這也是諸先生恐傷觸二子, 所以說流弊. 今以聖人觀二子, 則二子多有欠闕處, 才有欠闕處, 便有弊. 所以孟子直說他'隘與不恭', 不曾說其末流如此. 如'不念舊惡', '不以三公易其介', 固是淸和處. 然十分只救得一分, 救不得那九分淸和之偏處了, 如何避嫌, 只要回互不說得? 大率前輩之論多是如此. 堯・舜之禪授, 湯・武之放伐, 分明有優劣不同, 卻要都回護教一般, 少間便說不行. ▲[67] 【燾】[68]

60) ▲: 問: "伯夷・下惠・伊尹, 謂之'淸・和・任.' 孟子云'皆古聖人', 如何?" 曰:
61) 敦: 孝宗刊本・英祖刊本・成化本에서는 寬으로 되어 있다.
62) 寬: 孝宗刊本・英祖刊本・成化本에서는 敦으로 되어 있다.
63) ▲: 或
64) ▲: "如伯
65) ▲: 之淸而'不念舊惡', 柳下
66) ▲: 之和而'不以三公易其介', 此其所以爲聖之淸・聖之和也, 但其
67) ▲: 且如孔子謂'『韶』盡美矣, 又盡善也, 『武』盡美矣, 未盡善也', 分明是武王不及舜. 文王'三分天下有其二, 以服事殷', 武王勝殷殺紂, 分明是不及文王. 泰伯'三以天下讓, 其可謂至德也矣'! 分明太王有翦商之志, 是太王不及泰伯. 蓋天下有萬世不易之常理, 又有權一時之變者. 如'君君, 臣臣, 父父, 子子', 此常理也, 有不得已處, 卽是變也. 然畢竟還那常理底是. 今卻要以變來壓著那常底說, 少間只見說不行, 說不通了. 若是以常人去比聖賢, 則說是與不是不得, 若以聖賢比聖賢, 則自有是與不是處, 須與他分箇優劣. 今若隱避回互不說, 亦不可." 又云: "如

58:35 ▲[69]

58:36 ▲[70]問: ▲[71]任', 非獨於'自任以天下之重'處看, 如所謂'祿之以天下弗顧, ▲[72] 一介不以取諸人', 這般也見得任處." 曰: "不要恁底看. ▲[73] 只就[74]他'治亦進, 辭[75]亦進'▲[76] 看其'自任以天下之重'如此. 若如公說, 卻又與伯夷之淸相類." 問: "聖人若處伊尹之地如何?" 曰: "夫子若處此地, 自是不同, 不如此着意." ▲[77] "伊尹'治亦進, 亂亦進', '無可無不可', 似亦可以爲聖之時?" 曰: "伊尹終是有任底意思在." 【賀孫】

58:37 問: ▲[78]他有擔當作爲底意思, 只這些意思, 便非夫子氣象否?" 曰: "然. 然此處極難看, 且放那裏, 久之看道理熟, 自見, 強說不得. 若謂伊尹有這些意思在, 爲非聖人之至, 則孔·孟皇皇汲汲, 去齊去魯, 之梁之魏, 非無意者, 其所以異伊尹者何也?" 【僩】

58:38 ▲[79] 問: "三子▲[80] 各偏於一, 赤[81]各盡其一德之中否?" 曰:

'可與立, 可與權', 若能'可與立'時, 固是好. 然有不得已處, 只得用權. 蓋用權是聖人不得已處, 那裏是聖人要如此!" 又問: "堯·舜揖遜雖是盛德, 亦是不得已否?" 曰: "然."

68) 【燾】: 賀本에는 없다.

69) ▲: 敬之問伊尹之任. 曰: "伊尹之任, 是'自任以天下之重', 雖云'祿以天下弗顧, 繫馬千駟弗視', 然終是任處多. 如柳下惠'不以三公易其介', 固是介, 然終是和處多." 【恪】

70) ▲: 敬之

71) ▲: "'伊尹聖之

72) ▲: 繫馬千駟弗視, 非其義, 非其道, 一介不以與人,

73) ▲: 所謂任,

74) 就: 賀本에서는 說로 되어 있다.

75) 辭: 【附箋紙】"辞", "亂"之誤.

76) ▲: 處,

77) ▲: 或問:

78) ▲: "伊川云'伊尹終有任底意思在', 謂

79) ▲: 問: "孔子時中, 所謂隨時而中否?" 曰: "然."

“非也. 既云偏, 則不得謂之中矣. 三子之德, 但各至於一偏之極, 不可謂之中. 如伯夷‘雖有善其辭命而至者, 不受也’, 此便是偏處. 若善其辭命而至, 受之亦何妨? 只觀孔子, 便不然.” 問: “既云一偏, 何以謂之聖?” 曰: “聖只是做到極至處, 自然安行, 不待勉强, 故謂之聖. 聖, 非中之謂也. 所謂▲[82] 其至, 爾力也, 其中, 非爾力也.’ 中, 便是中處. 如顔子之學, 則已知夫中處, 但力未到耳[83]. 若更加之功, 則必中矣, 蓋渠所知已不差也. 如人學射, 發矢已直而未中者, 人謂之‘箭苗’, 言其已善發箭, 雖未至的, 而必能中的, 若更開拓, 則必能中也.” 僩云: “顔子則已知中處而力未至, 三子力有餘而不知中處否?” 曰: “然.” 【僩】

◯[84] ▲[85]問: “伯夷‘不念舊惡, 求仁得仁’, 似是淸中之和. 下惠‘不以三公易其介’, 似亦是[86]和中之淸.” 曰: “然. 凡所謂聖者, 以其渾然天理, 無一毫私意. 若所謂‘得百里之地而君之, 皆能朝諸侯, 有天下, 行一不義, 殺一不辜, 而得天下者, 皆不爲也’, 這便是聖人同處, 便是無和[87]意[88]處. 但只是氣質有偏比之夫子[89], 終有个中節處. 所以『易』說‘中正’, 伊川謂: ‘正[90]重於中[91], 中[92]不必正[93]也.’ 言中, 則正

---

80) ▲: 之德,
81) 赤: 【附箋紙】“赤”, “亦”之誤.
82) ▲: ‘智譬則巧, 聖譬則力. 猶射於百步之外,
83) 耳: 賀本에서는 且로 되어 있다.
84) ◯: 『朱子語類』 57:7의 일부이다.
85) ▲: 問: “‘仲尼不爲已甚’, 此言本分之外無所增加爾.” 曰“已訓太.” 又問: “‘非其君不仕, 非其民不使’, ‘治亦進, 亂亦進, 不羞汚君, 不辭小官’, 氣象可謂已甚矣, 而目之曰聖人之淸・和, 似頗難會.” 頃之, 乃曰: “雖是聖, 終有過當處.” 又
86) 亦是: 『小分』에서는 是亦을 교정부호로 바로잡았다.
87) 和: 『朱子語類』에서는 私로 되어 있다.
88) 意: 『小分』에서는 글자가 제대로 보이지 않으나 『朱子語類』에 따라 보충하였다.
89) 夫子: 英祖刊本・賀本에서는 失故로 되어 있고, 『考異』에서는 失故誤作夫子라고 하였다.
90) 正: 英祖刊本・賀本에서는 中으로 되어 있다.

已在其中. 蓋無正, 則做中不出來, 而單言正, 則未必能中也. 夷·惠諸子, 其正與夫子同, 而夫子之中, 則非諸子所及也." 又問: "夷·惠皆言'風', 而不以言伊尹, 何哉?" 曰: "或者以伊尹爲得行其道, 而夷·惠不得施其志, 故有此論. 似不必然, 亦偶然邇[94]." 道夫曰: "以意揣之, 竊恐伊尹勝似夷·惠得些." 曰: "也是伊尹體用較全." 頃之. 復曰: "夷·惠高似伊尹, 伊尹大似夷·惠."【道夫】

58:39 ▲[95] 問: "始終條理, 如所謂'始作, 翕如也, 皦如也, 繹如也, 以成'之類否? 言'八音克諧, 不相奪倫', 各有條理脈絡也." 曰: "不然. 條理脈絡如一把草, 從中縛之, 上截爲始條理, 下截爲終條理. 若上截少一莖, 則下截亦少一莖, 上截不少, 則下截亦不少, 此之謂始終條理." 又問: "'始條理者智之事, 終條理者聖之事.' 工[96]夫緊要處, 全在'智'字上. 三子所以各極於一偏, 緣他合下少卻致知工夫, 看得道理有偏, 故其終之成也亦各至於一偏之極. 孔子合下盡得致知工夫, 看得道理周編[97]精切, 無所不盡, 故其德之成也亦兼該畢備, 而無一德一行之或闕. ▲[98] 使其合下工夫不倚於一偏, 安知不如孔子也?" 曰: "然. 更子細看."【僩】

58:40 問: ▲[99] 此一節在'知[100]▲[101]'兩字上面. 源頭若見得偏了,

---

91) 中: 英祖刊本·賀本에서는 正으로 되어 있다.
92) 中: 英祖刊本·賀本에서는 正으로 되어 있다.
93) 正: 英祖刊本·賀本에서는 中으로 되어 있다.
94) 邇: 英祖刊本·成化本·賀本에서는 爾로 되어 있다.【附箋紙】"邇", 似當去辶.
95) ▲: 問孔子集大成. 曰: "孔子無所不該, 無所不備, 非特兼三子之所長而已. 但與三子比並說時, 亦皆兼其所長."
96) 工: 賀本에서는 功으로 되어 있다.
97) 編: 【附箋紙】"編"宜從彳.
98) ▲: 故『集注』云: '所以偏者, 由其蔽於始, 是以闕於終, 所以全者, 由其知之至, 是以行之盡.' '智譬則巧, 聖譬則力.' '三子則力有餘而巧不足', 何以見之? 只觀其淸和之德, 行之便到其極, 無所勉强, 所以謂之聖.
99) ▲: "'孔子之謂集大成',
100) 在知: 【附箋紙】"在知"下脫"行"字.

便徹底是偏, 源頭若知得周匝, 便下來十全而無虧. ▲102)條理▲103) ▲104) 莫是猶一條路相似, ▲105)否?" 曰: "'始條理', 猶箇絲線頭相似. 孔子是挈得箇絲頭, 故許多條絲都在這裏, 三子者106), 則是各拈得一邊耳." 問: "孟子又以射譬喩, 最親切. 孔子是望得那湁107)的正了, 又發得正, 又射得到, 故能中・能至. 三子者是望得箇的不正, 又發得不正, 故雖射得到, 只是不中耳. 然不知有望得正, 發得正, 而射不至者否?" 曰: "亦有之. 如所謂'遵道而行, 半塗而廢'者是也. 如顏子卻是會恁地去, 只是天不與之以年, 故亦不能到也."【時擧】

58:41 問: ▲108)'金聲玉振'盡爲孔子事, 而三子無與, 如何?" 曰: "孟子此一句, 只是專指孔子而言. 若就三子身上說, 則三子自是失於其始, 所以虧於其終. 所謂'聖之淸', 只是就淸上聖, 所謂'聖之和', 只是就和上聖, '聖之任'亦然. 蓋合下便就這上面徑行將去, 更不回頭, 不自覺其爲偏也. 所以偏處, 亦只是有些私意, 卻是一種義理上私意. 見得這淸・和・任是箇好道理, 只管主張這一邊重了, 亦是私意."【謨】

58:42 問: "三子之淸・和・任, 於金聲亦得其一, 而玉振亦得其一否?" 曰: ▲109) 古人作樂, 擊一聲鍾, 衆音遂作, 又擊一聲鍾, 衆音又齊作, 金所以發衆音, 末則以玉振之, 所以收合衆音在裏面. 三子亦有金聲玉振, 但少爾, 不能管攝衆音. ▲110)【淳】

---

101) ▲: 行
102) ▲: 所謂始終
103) ▲: 者,
104) ▲: 『集注』謂'條理猶言脈絡',
105) ▲: 初間下步時纔差, 便行得雖力, 終久是差
106) 子者: 『小分』에서는 者子를 교정부호로 바로잡았다.
107) 湁: 『朱子語類』에서는 準으로 되어 있다.【附箋紙】"湁"冝去八.
108) ▲: "'金聲玉振', 舊說三子之偏, 在其初不曾理會得許多洪纖高下, 而遽以玉振之. 今又卻以
109) ▲: "金聲玉振, 只是解集大成. 聲, 猶'聲其罪'之'聲.'
110) ▲: 蓋伯夷合下只見得淸底, 其終成就, 亦只成就得淸底, 伊尹合下只見得任底,

58:43 ▲[111] 先生因說及樂: "金聲初打聲高, 其後漸低, 於衆樂之作, 必以此聲之. 玉聲先後一般, 初打恁地響, 到住[112]時也恁地響. 但玉聲住時, 截然便住, 於衆樂之終, 必以此振之."【賀孫】

58:44 ▲[113]

58:45 ▲[114] 兒寬: "金聲者, 考其條貫之是非, 玉振者, 斷而歸一."【節】

58:46 ▲[115]大合樂, 六律・五聲・八音, 一齊莫不備擧. ▲[116]以此譬孔子. 如'▲[117]夷▲[118]惠▲[119]如樂器有一件相似. 是金聲底, 從頭到尾只是金聲, 是玉聲底, 從頭到尾只是玉聲, 是絲竹聲底, 從頭到尾只是絲竹之聲."【賀孫】

58:47 ▲[120]

58:48 始條理是致知, 終條理是力行. 如『中庸』說"博學・審問・

其終成就, 亦只成就得任底, 下惠合下只見得和底, 其終成就, 亦只成就得和底."

111) ▲: 至之問"金聲玉振."
112) 住: 賀本에서는 作으로 되어 있다.
113) ▲: "金聲玉振." 金聲有洪殺, 始震終細, 玉聲則始終如一, 叩之其聲詘然而止.【僩】
114) ▲: "金聲玉振"一章甚好. 然某亦不見作樂時如何, 亦只是想象說.
115) ▲: 或問"始終條理"章. 曰: "『集義』一段便緊要. 如這一段未理會, 也未害. 如今樂之始作, 先撞鐘, 是金聲之也, 樂終擊磬, 是玉振之也. 始終如此, 而中間乃
116) ▲: 孟子
117) ▲: 伯
118) ▲: 聖之淸, 伊尹聖之任, 柳下
119) ▲: 聖之和', 都
120) ▲: 問"始終條理." 曰: "條理, 條目件項也. 始終條理本是一件事, 但是上一截爲始, 下一截爲終, 始是知, 終是行."【節】

愼[121]思・明辨", 與『大學』"物格・知至", 這是始條理, 如"篤行"與"誠意・正心・修身"以下, 這是終條理. 【賀孫】

58:49 ▲[122] "以緩急論, 則智居先, 若把輕重論, 則聖爲重. 且如今有一等資質好底人, 忠信篤實, 卻於道理上未甚通曉, 又有一樣資質淺薄底人, 卻自會曉得道理, 這須是還資質忠厚底人做重始重[123]." 【賀孫】

58:50 ▲[124]

58:51 ▲[125]孔子箭箭中的, 三子者皆中垜也." 【大雅】

58:52 ▲[126] 如孔子則箭箭中紅心, 三子則每人各中一邊. ▲[127] 顏子則巧處功夫已至, 點點皆可中, 但只是力不至耳. 使顏子力至, 便與孔子一般." 【文蔚】

58:53 ▲[128]尹和靖乃曰: '〈始條理者〉, 猶可以用智, 〈終條理〉, 則智不容於其間矣.' 則是以聖智淺深而言, 與孟子之意似相戾. 惟伊川引『易』'知至至之, 知終終之', 其意若曰, 夫子所以能集三子而大成者,

121) 愼: 孝宗刊本・英祖刊本・成化本에서는 謹으로 되어 있다.
122) ▲: 敬之問: "'智譬則巧, 聖譬則力.' 此一章, 智卻重." 曰:
123) 重: 『朱子語類』에서는 得으로 되어 있다. 【附箋紙】"始重", "重"字恐誤.
124) ▲: 問"聖智." 曰: "智是知得到, 聖是行得到." 【蓋卿】
125) ▲: 問"巧力." 曰: "伯夷・伊尹・柳下惠力已至, 但射不巧. 孔子則既聖且智, 巧力兼全. 故
126) ▲: 黃子功問: "'其至爾力, 其中非爾力', 還是三子只有力無智否?" 曰: "不是無智. 知處偏, 故至處亦偏.
127) ▲: 緣他當初見得偏, 故至處亦偏." 子功曰: "如此, 則三子不可謂之聖." 曰: "不可謂之聖之大成, 畢竟那淸是聖之淸, 和是聖之和, 雖使聖人淸和, 亦不過如此.
128) ▲: 問: "'集大成'章, 以智比聖, 智固未可以言聖. 然孟子以智譬巧, 以聖譬力, 力既不及於巧, 則是聖必由於智也, 明矣. 而

由其始焉知之之深也. 蓋知之至, 行之必至. 三子之智, 始焉知之未盡, 故其後行之雖各極其至, 終未免各失於一偏. 非終條理者未到, 以其始條理者已差之矣. 不知伊川之意是如此否?" 曰: "甚好. ▲[129] 兒寬亦引金聲・玉振, 欲天子自致其知. 是時未有『孟子』之書, 此必古曲中有此語. 非孟子至[130]德之粤[131], 焉能語此!"【去僞】

58:54 ▲[132]問: ▲[133] 伊川以喻始終. 或者之意, 以此有變有不變. ▲[134]孰是?" 曰: "二說相關, 不可偏廢. 金聲固是喻其始, 然始則有變, 玉振固是喻其終, 至終則無變也."【去僞】

「北宮錡問曰章」

58:55 問: "孟子▲[135] 與『周禮』・「王制」不同[136]." 曰: ▲[137]畢竟『周禮』底是. 蓋『周禮』是箇全書, 經聖人手作, 必不會差. 孟子之時, 典籍已散亡, 想見沒理會. 何以言之? 太公所封, '東至于海, 西至于河, 南至于穆陵, 北至于無棣.' 穆陵今近徐州, 無棣, 今棣州也. 這中間多少闊! 豈止百里! 孟子說'太公之封於齊也[138], 地非不足也, 而儉於百里', 恐也不然." 又問: "天子六卿, 諸侯大國三卿, 次國二卿, 小國孤卿. 一國之土地爲卿・大夫・士分了, 國君所得殊不多." 曰: "'君十卿祿', 祿者, 猶今之俸祿. 蓋君所得, 得爲私用者. 至於貢賦賓客,

---

129) ▲: 金聲者, 洪纖高下有許多節目, 玉振者, 其始末如一.
130) 至: 『朱子語類』에서는 知로 되어 있다.
131) 粤: 【附箋紙】"粤", "奧"之誤.
132) ▲: 或
133) ▲: "'玉振金聲',
134) ▲: 其說
135) ▲: 所答周室班爵祿,
136) 同: 徽州本에서는 이 뒤에 不知孰是가 더 들어 있다.
137) ▲: "此也難考, 然
138) 太公之封於齊也: 徽州本에서는 이 뒤에 亦爲方百里也가 더 있다.

朝覲祭饗[139], 交聘往來, 又別有財儲爲公用, 非所謂祿也. 如今之太守旣有料錢, 至於貢賦公用, 又自別有錢也."【僩】

58:56 問: ▲[140]食九人, ▲[141]八人・七人, ▲[142]六人・五人. 此等差別, 是地有肥瘠耶, 抑糞灌之不同耶?" 曰: "皆人力之不同耳, 然亦大約如此. 緣有此五等之祿, 故百畝所食有此五等." 問: "府・史・胥・徒, 不知皆民爲之, 抑別募遊手爲之?" 曰: "不可曉. 想只是民爲之. 然府・史・胥・徒, 各自有祿以代耕, 則又似別募遊手矣. 以『周禮』考之, 人數極多, 亦安得許多閑祿給之? 某嘗疑『周禮』一書, 亦是起草, 未曾得行[143]. 蓋左氏所紀, 當時官號職位甚詳, 而未嘗及於府・史・胥・徒, 則疑其方出於周公草定之本, 而未經施行也. 使其有之, 人數極多, 何不略見於他書? 如至沒要緊職事, 亦設[144]人甚多, 不知何故. 但嘗觀自漢以來, 及前代題名碑所帶人從胥吏亦甚多, 又不知如何. 皆不可曉."【僩】

58:57 ▲[145] 蓋孟子後出, 不及見王制之詳, 只是大綱約度而說.【廣】

「萬章曰敢問交際章」

58:58 ▲[146]

139) 饗: 【附箋紙】"饗"從乡.
140) ▲: "百畝之田, 可
141) ▲: 其次
142) ▲: 又其次
143) 未曾得行: 徽州本에서는 이 뒤에 何以知之가 더 있다.
144) 設: 孝宗刊本・成化本에서는 破로 되어 있고, 英祖刊本에서는 說로 되어 있다.
145) ▲: 孟子論三代制度, 多與『周禮』不合.
146) ▲: "殷受夏, 周受殷, 所不辭也." 言受天下所不辭, 則舜受天下不爲泰. "於今爲

58:59 ▲147)

58:60 問: ▲148) 孔子仕於定公, 而言威149)子, 何也?" 曰: "當時威150)子執國柄, 定公亦自做主不定151). 孔子之相, 皆由威152)子. 受女樂, 孔子便行矣."【如陳常弑齊君, 孔子沐浴而告魯公, 又告桓子, 事勢可見.】 ▲153)

58:61 ▲154)問孔子仕季氏▲155) 曰: "此亦自可疑, 有難說處." 因言: "三家後來亦被陪臣繞156), 也要得夫子來整頓, 孔子卻因其機而爲之. 如墮邑之事, ▲157)漸漸埽除得去, 其勢亦自削弱, 可復正也. ▲158) "如今且據史傳所載, 亦多可疑處. 如魯國司徒・▲159)・司空之官, 乃是三家世爲之, 不知聖人如何得做司寇." 又問: "群弟子皆仕家臣, 聖人亦不甚責之." 曰: "當時列國諸臣, 皆世其官, 無插手處, 故諸子不擇地而爲之耳."【木之】

烈", 是暴烈之"烈", 如"宣王承厲王之烈."【人傑】

147) ▲: "爲之兆也." 兆, 是事之端, 猶縫罅也.【僩】

148) ▲: "孔子'於季桓子, 見行可之仕.'

149) 威: 英祖刊本・成化本・賀本에서는 桓으로 되어 있다.

150) 威: 英祖刊本・成化本・賀本에서는 桓으로 되어 있다.

151) 定: 孝宗刊本에서는 之, 英祖刊本・成化本・賀本에서는 起로 되어 있다.

152) 威: 英祖刊本・成化本・賀本에서는 桓으로 되어 있다.

153) ▲: 問: "墮三都, 季氏何以不怨?" 曰: "季氏是時自不柰陪臣何, 故假孔子之力以去之. 及既墮三都, 而三桓之勢遂衰. 所以桓子甚悔, 臨死謂康子曰: '使仲尼之去, 而魯不終治者, 由我故也.' 正如五代羅紹威, 不柰魏・博牙軍何, 假朱溫之勢以除之. 既除牙軍, 而魏・博之勢大弱, 紹威大悔, 正此類也. 孔子是時也失了這機會, 不曾做得成."【僩】

154) ▲: 子升

155) ▲: 之義.

156) 繞: 『朱子語類』에서는 撓로 되어 있다.【附箋紙】"繞", 誤.

157) ▲: 若

158) ▲: 孟氏不肯墮成, 遂不能成功." 因說:

159) ▲: 司馬

「仕非爲貧章」

58:62 ▲[160] 聖賢在當時, 只要在下位, 不當言責之地, 亦是聖賢打乖處. 若是合言處, 便須當說, 非是教人都不得言. 若'立乎人之本朝而道不行', 則恥矣! 故'辭予[161]居卑, 辭富居貧.'" 【螢】

58:63 "'位卑而言高, 罪也.' 以君臣之分言之, 固是如此. 然時可以言而言, 亦豈得謂之出位?" 曰: "前世固有草茅韋布之士獻言者, 然皆有所因, 皆有次第, 未有無故忽然犯分而言者. 縱言之, 亦不見聽, 徒取辱爾[162]! 若是明君, 自無壅蔽之患, 有言亦見聽. 不然, 豈可不循分而徒取失言之辱哉! 如『史記』說商鞅・范雎之事, 彼雖小人, 然言皆有序, 不肯妄發. 商鞅初說孝公以帝道, 次以王道, 次[163]後及覇[164]道. 彼非能爲帝王之事也, 特借是爲漸進之媒, 而後吐露其胸中之所欲言. 先說得孝公動了, 然後方深說. 范雎欲奪穰侯之位以擅權, 未敢便深說穰侯之惡, 先言外事以探其君, 曰: '穰侯越韓・魏而取齊之剛壽, 非計也.' 昭王信之, 然後漸漸深說. 彼小人之言, 尙有次序如此, 君子之言, 豈可妄發也! 某嘗說, 賈誼固有才, 文章亦雄偉, 只是言語急迫, 失進言之序, 看有甚事, 都一齊說了, 宜絳・灌之徒不說, 而文帝謙讓未遑也. 且如一間破屋, 教自家修, 須有先後緩急之序, 不成一齊拆下, 雜然並修. 看他會做事底人便別, 如韓信・鄧禹・諸葛孔明輩, 無不有一定之規模, 漸漸做將去, 所以所爲皆卓然有成. 這樣人方是有定力, 會做事. 如賈誼胸次終是鬧, 着事不得, 有些子在心中, 盡要迸出來. 只管跳躑爆�不已, 如乘生駒相似, 制御他未下. 所以言語無序, 而不能有所爲也. 『易』曰: '艮其輔, 言有序, 悔亡.' 聖人之意可見

160) ▲: 說"位卑而言高, 罪也", 曰: "此只是說爲貧而仕.
161) 予: 【附箋紙】"予", 乃"尊"之誤.
162) 爾: 賀本에서는 耳로 되어 있다.
163) 次: 『朱子語類』에서는 而로 되어 있다.
164) 覇: 賀本에서는 伯으로 되어 있다.

矣."【僩】

「萬章問士不託諸侯章」

58:64 ▲[165]問: "孟子所以出處去就辭受, 都從'禮門也, 義路也, 惟君子能由是路, 出入是門也'做出." 曰: "固是不出此二者. 然所謂義, 所謂禮, 裏面煞有節目.【至辭[166]云: "其中毫釐必辭[167]."】 如'往役, 義也, 往見, 不義也', '周之則受, 賜之則不受'之類, ▲[168]都是義之節目. ▲[169] 此便是禮. '以君命將之, 使己僕僕爾亟拜也', 便不是禮. 又如'於齊, 王餽兼金一百而不食[170], 於宋, 餽五十鎰而受, 於薛, 餽七十鎰而受', 這箇都有箇[171]則, 都有義. 君子於細微曲折, 一一都要合義, 所以『易』中說: '精義入神, 以致用也.' 義至於精, 則應事接物之間, 無一非義. 不問小事大事, 千變萬化, 改頭換面出來, 自家應副他, 如如[172]利刀快劍相似, 迎刃而解, 件件剖作兩片去. 孟子平日受用, 便是得這箇氣力. 今觀其所言所行, 無不是這箇物事. 初見梁惠王, 劈初頭便劈作兩邊去."【賀孫 ○▲[173]】

---

165) ▲: 至之
166) 辭:『朱子語類』에서는 錄으로 되어 있다.
167) 辭:『朱子語類』에서는 辨으로 되어 있다.
168) ▲: 便
169) ▲: 如云'廩人繼粟, 庖人繼肉, 不以君命將之'之類, 都是禮之節目,
170) 食:【附箋紙】"食", 是"受."
171) 都有箇: 徽州本은 衍文이라고 하였다.
172) 如如:【附箋紙】"如如", 一衍.
173) ▲: 至錄云: "孟子是義精, 所以不放過. 義是一柄利刀, 凡事到面前, 便割成兩片, 所以精之. 集義者, 蓋毫釐微細各有義. '精義入神以致用也.' 所以要'精義入神'者, 蓋欲'以致用也.'"

『朱子語類』卷第五十九

「『孟子』九」

「告子上」

「性猶杞柳章」

59:1 ▲[1] “告子只是認氣爲性, 見得性有不善, 須拗他方善. 此惟是程先生斷得定, 所謂‘性卽理也[2].’”

59:2 ▲[3] 孟子辯告子數處, 皆是辯倒着告子便休, 不曾說盡道理. 【節】

59:3 桮棬, 想如今卷杉台子模樣. 杞柳, 只是而今做合箱底柳. 北人以此爲箭, 謂之柳箭, 則[4]蒲柳也. 【義剛】

「性猶湍水章」

59:4 人性無不善. 雖桀・紂之爲窮凶極惡, 也知此事是惡. 恁地做

---

1) ▲: 問: “告子謂‘以人性爲仁義, 猶以杞柳爲桮棬’, 何也?” 曰:
2) 也: 『小分』에서는 이 뒤에 원래 【節】이 있었으나 붓으로 지워 놓았다. *『朱子語類』에는 【至】로 되어 있다.
3) ▲: 孟子與告子論杞柳處, 大概只是言杞柳桮棬不可比性與仁義. 杞柳必矯揉而爲桮棬, 性非矯揉而爲仁義.
4) 則: 【附箋紙】“則”, 疑“卽.”

不柰何, 此便是人欲奪了.【銖】

「生之謂性章」

59:5 生之謂氣, 生之理謂性.【閎祖】

59:6 性, 孟子所言理, 告子所言氣.【同】

59:7 ▲[5] 他卻不知生便屬氣稟, 自氣稟而言, 人物便有不同處. 若說'理之謂性', 則可. 然理之在人在物, 亦不可做一等說."【植】

59:8 ▲[6] 正如禪家說: '如何是佛?' 曰: '見性成佛.' '如何是性?' 曰: '作用是性.' 蓋謂目之視, 耳之聽, 手之捉執, 足之運奔, 皆性也. 說來說去, 只說得箇形而下者. 故孟子闢之 ▲[7] 三節謂猶戲謔. 然只得告子不知所答, 便休了, 竟亦不曾說得性之本體是如▲[8]." 或問: "董仲舒: '性者生之質也.'" 曰: "其言亦然."【大雅】

59:9 ▲[9] 孟子當時辨得不恁地平鋪, 就他蔽處撥啓他, 卻一向窮詰他, 止從那一角頭攻將去, 所以如今難理會. 若要解, 煞用添言語. 犬・牛・人, 謂其得於天者未嘗不同. 惟人得是理之全, 至於物, 止得其[10]偏. 今欲去犬牛身上全討仁義, 便不得. 告子止是[11]不曾分曉道

---

5) ▲: 問"生之謂性." 曰: "告子只說那生來底便是性, 手足運行, 耳目視聽, 與夫心有知覺之類.

6) ▲: 問"生之謂性." 曰: "他合下便錯了. 他只是說生處, 精神魂魄, 凡動用處是也.

7) ▲: 曰: '〈生之謂性〉也, 猶白之謂白與?' 又闢之曰: '犬之性, 猶牛之性, 牛之性, 猶人之性與?'

8) ▲: 何

9) ▲: 蜚卿問: "'生之謂性', 莫止是以知覺運動爲性否?" 曰: "便是. 此正與'食色性也'同意.

10) 得其: 『小分』에서는 其得을 교정부호로 바로잡았다.

這子細, 到這裏說不得. 卻道天下是有許多般性, 牛自是牛之性, 馬自是馬之性, 犬自是犬之性, 則又不是." 又曰: "所以謂'性卽理', 便見得惟人得是理之全, 物得是理之偏. 告子止把生爲性, 更不說及理. 孟子卻以理言性, 所以見人物之辨."【賀孫】

59:10 ▲[12] 人之所以異於物者, 以其得正氣, 故具得許多道理, 如物, 則氣昏而理亦昏了." 或問: "如螻蟻之有君臣, 喬[13]梓之有父子, 此亦是理." 曰: "他只有這些子, 不似人具得全, 然亦不知如何只是這幾般物具得些子." 或曰: "恐是元物[14]受得氣如此, 所以後來一直是如此." 曰: "是氣之融結如此."【燾】

59:11 "告子說'生之謂性', 二程都說他說得是, 只下面接得不是. 若如此說, 卻如釋氏言'作用是性', 乃是說氣質之性, 非性善之性." ▲[15] 問: "'形色天性'如何?" 曰: "此主下文'惟聖人可以踐形'而言." 因問: "孔子言'性相近也, 習相遠也', 亦是言氣質之性?" 王德修曰: "據某所見, 此是孔子爲陽貨而說. 人讀『論語』, 多被'子曰'字隔, 上下便不接續." 曰: "若如此說, 亦是說氣質之性."【文蔚】

59:12 犬牛稟氣不同, 其性亦不同.【節】

59:13 問: ▲[16] 天下如何解有許多[17]▲[18]" 曰: "人則有孝悌忠信,

11) 是: 『小分』에서는 글자가 분명하게 보이지 않으나 『朱子語類』에 따라 보충하였다.
12) ▲: "'生之謂性', 只是就氣上說得. 蓋謂人也有許多知覺運動, 物也有許多知覺運動, 人·物只一般. 卻不知
13) 喬: 賀本에서는 橋로 되어 있다.
14) 物: 『朱子語類』에서는 初로 되어 있다.【附箋紙】"物", 恐誤.
15) ▲: 文蔚
16) ▲: "犬牛之性與人之性不同,
17) 許多:【附箋紙】"許多"下, 恐有脫.
18) ▲: 性?

犬牛還能事親孝・事君忠也無?" 問: "濂溪作「太極圖」, 自太極以至萬物化生, 只是一箇圈子, 何嘗有異?" 曰: "人・物本同, 氣稟有異, 故不同." 又問: "'是萬爲一, 一實萬分', 又如何說?" 曰: "只是一箇, 只是氣質不同." 問: "『中庸』說: '能盡其性, 則能盡人之性, 能盡人之性, 則能盡物之性.' 何故卻將人・物滾作一片說?" 曰: "他說'能盡其性, 則能盡人之性, 能盡人之性, 則【重聲言兩"則"字.】能盡物之性', 初未嘗一片說." 【節】

59:14 ▲[19] 知覺運動, 人物皆異, 而其中卻有同處. 仁義禮智是同, 而其中卻有異處. 須是子細與看, 梳理敎有條理." ▲[20] "物也有這性, 只是稟得來偏了, 這性便也隨氣轉了." ▲[21] "畜獸稟得昏塞底氣. 然間或稟得些小淸氣, 便也有明處, 只是不多." 【義剛】

59:15 ▲[22]

59:16 孟子闢告子▲[23] 亦傷急. 要他倒, 只就他言語上拶將去, 己意卻不曾詳說. 非特當時告子未必服, 後世亦未能便理會得孟子意也. 【營】

59:17 ▲[24]答告子"生之謂性"與孟季子"敬叔父乎, 敬弟乎"兩段語, 終覺得未盡. 卻是少些子直指人心, 見性成佛底語, 空如許勞攘重復, 不足以折之也. 只有"長者義乎, 長之者義乎"此二語折得他親切. 【僩】

---

19) ▲: 或說告子"生之謂性"章. 曰: "說得也是, 不須別更去討說, 只是子細看, 子細認分數, 各有隊伍, 齊整不紊, 始得. 今只是恁地說過去, 被人詰難, 便說不得.

20) ▲: 又曰:

21) ▲: 又曰:

22) ▲: 因說"生之謂性", 曰: "旣知此說非是, 便當曳翻看何者爲是, 卽道理易見也." 【閎祖】

23) ▲: "生之謂性"處,

24) ▲: 孟子

「食色性也章」

59:18 ▲[25] "告子以知覺處爲性, 如何與'彼長而我長之'相干?" ▲[26] "告子只知得人心, 卻不知有道心. 他覺那趨利避害, 飢寒飽煖等處, 而不知辨別那利害等處正是本然之性. 所以道'彼長而我長之', 蓋謂我無長彼之心, 由彼長, 故不得不長之, 所以指義爲外也." 【義剛】

59:19 問: "告子已不知性, 如何知得仁爲內?" 曰: "他便以其主於愛者爲仁, 故曰內, 以其制是非者爲義, 故曰外." 又問: "他說義, 固不是, 說仁, 莫亦不是?" 曰: "固然." 【可學】

59:20 ▲[27] "上面'食色性也'自是一截, 下面'仁內義外'自是一截. 故孟子卞[28]告子, 只謂: '何以謂仁內義外也?' 愛便是仁之心, 宜處便是義." 又云: "'彼白而我白之', 言彼是白馬, 我道這是白馬. 如着白衣服底人, 我道這人是着白, 言之則一. 若長馬・長人則不同. 長馬, 則是口頭道箇老大底馬. 若長人, 則是誠敬之心發自於中, 推誠而敬之, 所以謂內也." 【子蒙】

59:21 ▲[29] 謂白馬・白人不異, 亦豈可也! 畢竟"彼白而我白之", 我以爲白, 則亦出於吾心之分別矣. 【僩】

59:22 ▲[30] 曰: "告子此說固不是. 然近年有欲破其說者, ▲[31] 謂義

25) ▲: 衆朋友說"食色性也." 先生問:
26) ▲: 皆未及對. 先生曰:
27) ▲: "告子謂仁愛之心自我而出, 故謂之內, 食色之可甘可悅, 由彼有此, 而後甘之悅之, 故謂之外." 又云:
28) 卞: 英祖刊本・成化本・賀本에서는 辨으로 되어 있다.
29) ▲: "白馬之白也, 無以異於白人之白也." 看來孟子此語, 答之亦未盡.
30) ▲: 李時可問"仁內義外."
31) ▲: 又更不是.

專在內, 只發於我之先見者便是. 如'夏日飮水, 冬日飮湯'之類是已. 若在外面商量, 如此便不是義, 乃是'義襲.' 其說如此. 然不知飮水飮湯固是內也. 如先酌鄕人與敬弟之類, 若不問人, 怎生得知? 今固有人素知敬父兄, 而不知鄕人之在所當先者, 亦有人平日知弟之爲卑, 而不知其爲尸之時, 乃祖宗神靈之所依, 不可不敬者. 若不因講問商量, 何緣會自從裏面發出? 其說▲[32]與佛氏'不得擬議, 不得思量, 直下便是'之說相似, 此大害理. 又說'義襲'二字全不是如此, 都把文義說錯了. 只細看孟子之說, 便自可見."【時擧】

「性無善無不善章」

59:23 ▲[33] 然兩或之說, 猶知分別善惡, 使其知以性而兼言之, 則無病矣. 惟告子"無善無不善"之說, 最無狀. 他就此無善無惡之名, 渾然無所分別, 雖爲惡▲[34] 總不妨也. 與今世之不擇善惡而顚倒是非稱爲本性者, 何以異哉!【僩】

59:24 ▲[35]性中無惡則可, 謂無善則性是何物?【節】

59:25 ▲[36] 告子之意, 謂這性是不受善, 不受惡底物事.【"受"字, 饒本作"管."】 ▲[37] 釋氏說"在目曰視, 在耳曰聞, 在[38]▲[39]執捉, 在足運奔", 便是他意思.【植】

---

32) ▲: 乃

33) ▲: "告子曰: '性無善無不善也.' 或曰: '性可以爲善, 可以爲不善.' 或曰: '有性善, 有性不善.'" 此三者雖同爲說氣質之性,

34) ▲: 爲罪,

35) ▲: 告子說"性無善無不善", 非惟無善, 並不善亦無之. 謂

36) ▲: "性無善無不善",

37) ▲: 他說"食色性也", 便見得他只道是手能持, 足能履, 目能視, 耳能聽, 便是性.

38) 在:【附箋紙】"在"下脫"手"字.

39) ▲: 手

59:26 ▲40) 性無定形, 不可言. 孟子亦說: "天下之言性者, 則41)故而已矣." 情者, 性之所發. 【節】

59:27 問"乃若其情." 曰: "性不可說, 情卻可說. 所以告子問性, 孟子卻答他情. 蓋謂情可爲善, 則性無有不善. ▲42) 【植】

59:28 ▲43) 情本不是不好底. 李翶滅情之論, 乃釋·老之言. 程子'情其性, 性其情'之說, 亦非全說情不好也." 【璘】

59:29 ▲44) "且道性·情·才三者是一物, 是三物?" 德粹云: "性是情45)善, 情是反於性, 才是才料." 曰: "情不是反於性, 乃性之發處. 性如水, 情如水之流. 情旣發, 則有善有不善, ▲46) 才, 則可爲善者也. 彼其性旣善, 則其才亦可以爲善. 今乃至於爲不善, 是非才如此, 乃自家使得才如此, 故曰'非才之罪.'" ▲47)問: "才是能爲此者, 如今人曰才能?" 曰: "然. 李翶復性則是, 云'滅情以復性', 則非. 情如何可滅! 此乃釋氏之說, 陷於其中不自知. 不知當時曾把與韓退之看否?" 【可學】

59:30 ▲48) 才只是資質, 亦無不善. 譬物之白者, 未染時只是白也." 【德明】

40) ▲: "乃若其情, 則可以爲善."
41) 者則: 『小分』에서는 則者를 교정부호로 바로잡았다.
42) ▲: 所謂'四端'者, 皆情也. 仁是性, 惻隱是情. 惻隱是仁發出來底端芽, 如一箇穀種相似, 穀之生是性, 發爲萌芽是情. 所謂性, 只是那仁義禮知四者而已. 四件無不善, 發出來則有不善, 何故? 殘忍便是那惻隱反底, 冒昧便是那羞惡反底."
43) ▲: 問"乃若其情, 則可以爲善矣." 曰: "孟子道性善, 性無形容處, 故說其發出來底, 曰'乃若其情, 可以爲善', 則性善可知. '若夫爲不善, 非才之罪也', 是人自要爲不善耳, 非才之不善也.
44) ▲: 德粹問: "'孟子道性善', 又曰'若其情, 可以爲善', 是如何?" 曰:
45) 情: 『朱子語類』에서는 性으로 되어 있다.
46) ▲: 在人如何耳.
47) ▲: 某問: "下云惻隱·羞惡·辭遜·是非之心, 亦是情否?" 曰: "是情." 舜功
48) ▲: 問: "孟子言情·才皆善, 如何?" 曰: "情本自善, 其發也未有染汚, 何嘗不善.

59:31 孟子論才亦善者, 是說本來善底才.【淳】

59:32 孟子言才, 不以爲不善. 蓋其意謂善, 性也, 只發出來者是才. 若夫就氣質上言, 才如何無善惡!【端蒙】

59:33 ▲[49] 人皆有許多才, 聖人卻做許多事, 我不能做得些子出. 故孟子謂: '或相倍蓰而無算者, 不能盡其才者也.'"【砥】

59:34 ▲[50] "才是能去恁地做底. 性本是好, 發於情也只是好, 到得動用去做也只是好. '不能盡其才', 是發得略好, 便自阻隔了, 不順他道理做去. 若盡其才, 如盡惻隱之才, 必當至於'博施濟衆', 盡羞惡之才, 則必當至於'一介不以與人, 一介不以取諸人, ▲[51] 這是本來自合恁地滔滔做去, 止緣人爲私意阻隔, 多是略有些發動後, 便遏折了. 天, 便似天子, 命, 便似將告勑[52]付與自家, 性, 便似自家所受之職事, 如縣尉職事便在捕盜, 主簿職事便在掌簿書, 情, 便似去親臨這職事, 才, 便似去動作行移[53], 做許多工夫. 邵康節『擊壤集』序云: '性者, 道之形體也, 心者, 性之郛郭也, 身者, 心之區宇也, 物者, 身之舟車也.'"【賀孫】

59:35 ▲[54]視有當視之則, 聽有■[55]聽之則, 如是而視, 如是而聽, 便是, 不如是而視, 不如是而聽, 便不是. 謂如"視遠惟明, 聽德惟聰." 能視遠謂之明, 所視不遠, 不謂之明, 能聽德謂之聰, 所聽非德, 不謂

---

49) ▲: 問: "孟子論才專言善, 何也?" 曰: "才本是善, 但爲氣所染, 故有善・不善, 亦是人不能盡其才.
50) ▲: 或問: "'不能盡其才'之意如何?" 曰:
51) ▲: 祿之千乘弗顧, 繫馬千駟弗視.'
52) 勑: 成化本에서는 敕으로 되어 있다.
53) 行移: 『小分』에서는 移行을 교정부호로 바로잡았다.
54) ▲: "天生蒸民, 有物有則." 蓋
55) 聽有■: 【附箋紙】聽有當.

之聰. 視聽是物, 聰明是則. 推至於口之於味, 鼻之於臭, 莫不各有當然之則. 所謂窮理者, 窮此而已.

59:36 ▲56) 聖人所謂道者是如此, 何嘗說物便是則!

59:37 ▲57)問: ▲58) '才'與'材'字之別▲59)" 曰: "'才'字是就理義上說, '材'字是就用上說. ▲60)未嘗有材', ▲61)'材'字, 便是指適用底說, '非天之降才▲62)', 便是就理義上說." ▲63) 又問: "如說村料64)相似否?" 曰: "是." 【義剛】

59:38 孟子言人之才本無不善, 伊川言人才所遇之有善・有不善也. 【道夫】

59:39 ▲65) "孟子言才, 正如言性, 不曾說得殺, 故引出荀・楊66)來. 到程・張說出'氣'字, 然後說殺了." 【士毅】

59:40 ▲67) "孟子論才, ▲68) 不如程子之備." ▲69)問: "程子謂'才稟

---

56) ▲: 又擧"天生烝民"云云. 孔子曰: "爲此詩者, 其知道乎! 故有物必有則, '民之秉彝'也, 故'好是懿德.'"
57) ▲: 或
58) ▲: "『集注』言: '才, 猶材質.'
59) ▲: 如何?
60) ▲: 孟子上說'人見其濯濯也, 則以爲
61) ▲: 是用'木'旁
62) ▲: 爾殊
63) ▲: 又問: "'才'字是以其能解作用底說, 材質是合形體說否?" 曰: "是兼形體說, 便是說那好底材."
64) 村料: 『朱子語類』에서는 材料로 되어 있다. 【附箋紙】村料材.
65) ▲: 問: "孟子言才與程子異, 莫是孟子只將元本好處說否?" 曰:
66) 楊: 英祖刊本・賀本에서는 揚으로 되어 있다. 【附箋紙】"楊"從才.
67) ▲: 先生言:
68) ▲: 是本然者,

於氣', ▲70)" 曰: "氣亦天也." 道夫曰: "理純而氣則雜." 曰: "然. 理精一, 故純, 氣粗, 故雜." 【道夫】

59:41 ▲71)只是一箇才, 才之初, 亦無不善. 緣他氣稟有善惡, 故其才亦有善惡. 孟子自其同者言之, 故以爲出於性, 程子自其異者言之, 故以爲稟於氣. 大抵孟子多是專以性言, 故以爲性善, 才亦無不善. 到周子・程子・張子, 方始說到氣上. 要之, 須兼是二者言之方備. 只緣孟子不曾說到氣上, 覺得此段話無結殺, 故有後來荀・楊許多議論出. 韓文公亦見得人有不同處, ▲72)亦不知是氣稟之異, 不妨有百千般樣不同, 故不敢大段說開, 只說'情73)有三品.' 不知氣稟不同, 豈三品所能盡耶!" 【廣】 59:4274) ▲75) 退之論才之品有三, ▲76) 但少一箇氣字耳. ▲77)二程先生發出此理, 濂溪論太極便有此意. 漢・魏以來, 忽生文中子, 已不多得. 至唐有退之, 所至尤高. 大抵義理之在天地間, 初無泯滅. 今世無人曉此道理, 他時必有曉得底人.

59:43 ▲78)問: "公都子▲79) 所問者性, 而所對者曰才・曰情・曰心,

---

69) ▲: 蜚卿曰: "然則才亦稟於天乎?" 曰: "皆天所爲, 但理與氣分爲兩路." 又

70) ▲: 如何?

71) ▲: 問孟・程所論才同異. 曰: "才只一般能爲之謂才." 問: "『集注』說'孟子專指其出於性者言之, 程子兼指其稟於氣者言之', 又是如何?" 曰: "固是. 要之, 才

72) ▲: 然

73) 情: 『朱子語類』에서는 性으로 되어 있다.

74) 59:42: 『小分』에서는 59:41에 이어져 한 항목으로 편집되어 있다. 【附箋紙】 此段與上段毆別而連書.

75) ▲: 孟子說才, 皆是指其資質可以爲善處. 伊川所謂"才稟於氣, 氣清則才清, 氣濁則才濁", 此與孟子說才小異, 而語意尤密, 不可不考. "乃若其情", "非才之罪也", 以"若"訓順者, 未是. 猶言如論其情, 非才之罪也. 蓋謂情之發有不中節處, 不必以爲才之罪爾.

76) ▲: 性之品有五, 其說勝荀・揚諸公多矣. 說性之品, 便以仁義禮智言之, 此尤當理. 說才之品, 若如此推究, 則有千百種之多, 姑言其大概如此, 正是氣質之說,

77) ▲: 伊川謂"論氣不論性, 不明, 論性不論氣, 不備", 正謂如此. 如性習遠近之類, 不以氣質言之不可, 正是

78) ▲: 金

更無一路[80]及性, 何也? 明道曰: '稟於天爲性, 感爲情, 動爲心.' 伊川則又曰: '自性之有形者謂之心, 自性之動者謂之情.' 如二先生之說, 則情與心皆自夫一性之所發. 彼問性而對以情與心, 則不可謂不切所問者. 然明道以動爲[81]▲[82] 伊川以動爲情, 自不相侔. 不知今以動爲心是耶, 以動爲情是耶? 或曰: '情對性言, 靜者爲性, 動者爲情.' 是說固然也. 今若以動爲情是, 則明道何得卻云'▲[83] 動爲心'哉? 橫渠云: '心[84]▲[85]性情者也.' 旣是'心統性情', 伊川何得卻云'自性之有形者謂之心, 自性之有動者謂之情耶'? 如伊川所言, 卻是性統心情者也. 不知以心統性情爲是耶, 性統心情爲是耶? 此性・情・心, 道者未有至當之論也. ▲[86] 如孟子之▲[87] 未嘗以才爲不善. 而伊川卻說才有善有不善, ▲[88] 意者, 以氣質爲才也. 以▲[89]質爲才, 則才固有善不善之分也. 而孟子卻止以才爲善者, 何也? 伊川又曰: '孟子言"非才之罪"者, 蓋公都子正問性善, 孟子且答他正意, 不暇一一辨之也.' 審如是說, 則孟子云'非天之降才爾殊', 與夫'以爲未嘗有才焉'者, 豈皆答公都子之[90]正問哉? ▲[91] 此又'才'之一字, 未有至當之論也." 曰: "『近思錄』

---

79) ▲: 問性, 首以情對, 如曰'乃若其情, 則可以爲善矣', 是也. 次又以才對, 如曰'若夫爲不善, 非才之罪', 是也. 繼又以心對, 如曰'惻隱羞惡'之類, 是也. 其終又結之曰: '或相倍蓰而無算者, 不能盡其才者也.'

80) 路: 『朱子語類』에서는 語로 되어 있다.

81) 明道以動爲: 【附箋紙】"明道以動爲"下, 落"心"字.

82) ▲: 心,

83) ▲: 感爲情,

84) 橫渠云: '心: 【附箋紙】"橫渠云心"下, 落"統"字.

85) ▲: 統

86) ▲: 至若伊川論才, 則與孟子立意不同. 孟子此章言才處, 有曰: '非才之罪也.' 又曰: '不能盡其才者也.' 又曰: '非天之降才爾殊也.' 又曰: '以爲未嘗有才焉.'

87) ▲: 意,

88) ▲: 其言曰: '氣淸則才善, 氣濁則才惡.' 又曰: '氣淸則才淸, 氣濁則才濁.'

89) ▲: 氣

90) 子之: 『小分』에서는 之子를 교정부호로 바로잡았다.

91) ▲: 其後伊川又引萬章之問爲證, 謂萬章嘗問象殺舜事, 孟子且答他這下意, 未暇與他辨完廩・浚井之非. 夫完廩・浚井, 自是萬章不能燭理, 輕信如此. 孟子且答正問, 未暇與他言, 此猶可言也. 如此篇論才處, 盡是孟子自家說得如此, 卽非公

中一段云: '心一也, 有指體而言者.' 注[92]云: '〈寂然不動〉是也.' '有指用而言者.' 注[93]云: '〈感而遂通天下之故〉是也.' 夫'寂然不動'是性, '感而遂通'是情. 故橫渠云: '心統性情者也.' 此說最爲穩當. 如前二先生說話, 恐是記錄者誤耳. 如明道'感爲情, 動爲心', 感與動如何分得? 若伊川云: '自性而有形者謂之心.' 某直理會他說不得! 以此知是門人記錄之誤也. 若孟子與伊川論才, 則皆是. 孟子所謂才, 止是指本性而言. 性之發用無有不善處. ▲[94]伊川論才, 卻是指氣質而言也. 氣質之性, 古人雖不曾說着, 考之經典, 卻有此意. 如書云'惟人萬物之靈, 亶聰明, 作元后', 與夫'天乃錫王勇智'之說, 皆此意也. 孔子謂'性相近也, 習相遠也.' 孟子辨告子'生之謂性', 亦是說氣質之性. 近世被濂溪拈掇出來, 而橫渠二程始有'氣質之性'之說. 此伊川論才, 所以云有善不善者, 蓋主此而言也. 如韓愈所引越椒等事, 若不著箇氣質說, 後如何說得他! 韓愈論性比之荀·楊最好. 將性分三品, 此亦是論氣質之性, 但欠一箇'氣'字耳."【謨 ○▲[95]問: '旣是孟子指本性而言, 則孟子謂才無不善, 乃爲至論. 至伊川卻云未暇與公都子一一辨者, 何也?' 曰: '此伊川一時被他門[96]逼, 且如此說了. 伊川如此等處亦多, 不必泥也.'"】

59:44 ▲[97] "孟子之說自是與程子之說小異. 孟子只見得是性善, 便把才都做善, 不知有所謂氣稟各不同. 如后稷岐嶷, 越椒知其必滅若敎[98], 是氣稟如此. ▲[99] 後人看不出, 所以惹得許多善惡混底說來相

都子之言. 其曰未暇一一辨之, 卻是孟子自錯了, 未暇辨也. 豈其然乎? 又說: '孟子旣又答他正意, 亦豈容有一字之錯? 若曰錯了一字, 不惟啓公都子之詰難, 傳之後世, 豈不惑亂學者哉?'

92) 注:【附箋紙】"注"從言.

93) 注:【附箋紙】"注"從言.

94) ▲: 如人之有才, 事事做得出來. 一性之中, 萬善完備, 發將出來便是才也." 又云: "惻隱·羞惡, 是心也. 能惻隱·羞惡者, 才也. 如

95) ▲: 此下去僞·人傑錄皆云: "又

96) 門: 成化本·賀本에서는 們으로 되어 있다.【附箋紙】"門", 恐"問"之誤.

97) ▲: 揚尹叔問: "伊川曰'語其才則有下愚之不移', 與孟子'非天之降才爾殊'語意似不同?" 曰:

98) 敎:【附箋紙】敎, 敖之誤.

炒. 程子說得較蜜[100)]." ▲[101)] 蓋自濂溪「太極」言陰陽・五行有不齊處, 二程因其說推出氣質之性來. 使程子生在周子之前, 未必能發明到此." 又曰: "才固是善. 若能盡其才, 可知是善是好. 所以不能盡其才處, 只緣是氣稟恁地." 問: "才與情何分別? 情是才之動否?" 曰: "情是這裏【以手指心.】發出, 有箇路脈曲折, 隨物恁地去. 才是能主張運用做事底. 同這一事, 有▲[102)]人會發揮得, 有不會發會[103)]得, 同這一物, 有人會做得[104)], 有人不會做得, 此可見其才." ▲[105)] 因指天氣而言: "如天氣時[106)]明舒豁, 便是好底氣, 稟得這般氣, 豈不好! 到陰沉黯淡時, 便是不好底氣, 稟得這般氣, 如何會好! 畢竟不好底氣常多, 好底氣常少. 以一歲言之, 一般天氣晴和, 不寒不暖, 卻是好, 能有幾時如此! 看來不是夏寒, 便是冬暖, 不是愆陽, 便是伏陰, 所以昏愚凶狠底人常多." 又曰: "人之貧富貴賤壽夭不齊處, 都是被氣滾亂了, 都沒理會. 有淸而薄者, 有濁而厚者. 顏夭而跖壽, 亦是被氣滾亂汨沒了. 堯・舜自稟得淸明純粹底氣, 又稟得極厚, 所以爲聖人, 居天子之位, 又做得許大事業, 又享許大福壽, 又有許大名譽. 如孔子之聖, 亦是稟得淸明純粹. 然他是當氣之衰, 稟得來薄了, 但有許多名譽, 所以終身栖栖爲依[107)]人, 又僅得中壽. 到顏子, 又自沒興了."【淳 ○寓同.】

---

99) ▲: 若都把做善, 又有此等處, 須說到氣稟方得. 孟子已見得性善, 只就大本處理會, 更不思量這下面善惡所由起處, 有所謂氣稟各不同.

100) 蜜: 『朱子語類』에서는 密로 되어 있다.【附箋紙】"蜜"宜從山.

101) ▲: 因擧"論性不論氣, 不備, 論氣不論性, 不明, 二之則不是." "須如此兼性與氣說, 方盡此論.

102) ▲: 一

103) 發會: 『朱子語類』에서는 發揮라고 되어 있다.【附箋紙】"發會", "會"字恐誤.

104) 得: 賀本에는 없다.

105) ▲: 又問: "氣出於天否?" 曰: "性與氣皆出於天. 性只是理, 氣則已屬於形象. 性之善, 固人所同, 氣便有不齊處."

106) 時: 『朱子語類』에서는 晴으로 되어 있다.【附箋紙】"時", 恐誤.

107) 依: 『朱子語類』에서는 旅로 되어 있다.【附箋紙】"依", 恐誤.

59:45 ▲108)

59:46 伊川"性卽理也"四字, 攧撲不破, 實自己109)▲110)見得出來. 其後諸公只聽得便說將去, 實不曾就己上111)見112)得, 故多有差處.【道夫】

59:47 ▲113) 蓋本然之性, 只是至善. 然不以氣質而論之, 則莫知其有昏明開塞, 剛柔强弱, 故有所不備. 徒論氣質之性, 而不自本原言之, 則雖知有昏明開塞·剛柔强弱之不同, 而不知至善之源未嘗有異, 故其論有所不明. 須是合性與氣觀之, 然後盡. 蓋性卽氣, 氣卽性也. 若孟子專於性善, 則有些是"論性不論氣", 韓愈三品之說, 則是"論氣不論性."【端蒙】

59:48 ▲114)

59:49 ▲115) 道夫曰: "子雲之說, 雖兼善惡, 終只論得氣." 曰: "他不曾說着性."【道夫】

---

108) ▲: 伊川"性卽理也", 自孔·孟後, 無人見得到此. 亦是從古無人敢如此道.【驤○『集注』】

109) 己:【附箋紙】"己"下, 恐落字.

110) ▲: 上

111) 己上:【附箋紙】己上.

112) 見: 『小分』에서는 글자가 분명하게 보이지 않으나 『朱子語類』에 따라 보충하였다.

113) ▲: "論性不論氣, 不備, 論氣不論性, 不明."

114) ▲: "程子: '論性不論氣, 不備, 論氣不論性, 不明.' 如孟子'性善', 是論性不論氣, 荀·楊異說, 是論氣則昧了性." 曰: "程子只是立說, 未指孟子. 然孟子之言, 卻是專論性."【過】

115) ▲: 問: "氣者性之所寄, 故'論性不論氣, 則不備', 性者氣之所成, 故'論氣不論性, 則不明.'" 曰: "如孟子說性善, 是'論性不論氣'也. 但只認說性善, 雖說得好, 終是欠了下面一截. 自荀·楊而下, 便祇'論氣不論性'了."

59:50 ▲116)

59:51 ▲117) 孟子終是未備, 所以不能杜絶荀・楊118)之口." ▲119)問: "氣稟▲120)" 曰: "稟得木氣多, 則少剛强, 稟得金氣多, 則少慈祥. 推之皆然." 【可學】

59:52 問"二之則不是." 曰: "不可分作兩段說, 性自是性, 氣自是氣. 如何不可分作兩段說? 他所以說不備・不明, 須是兩邊都說, 理方明備, 故云'二之則不是.' 二之者, 正指上兩句也." 【䕫錄云: "'論性不論氣, 論氣不論性', 便是二之."】 ▲121)

○122) 稟得此氣, 理便搭附在上面, 故云'性卽氣, 氣卽性.' 若只管說氣便是性, 性便是氣, 更沒分曉矣." 【僩】

59:53 ▲123) "須是去分別得他同中有異, 異中有同, 始得. 其初那理未嘗不同. 才落到氣上, 便只是那麤處相同. 如飢食渴飮, 趨利避害, 人能之, 禽獸亦能之. 若不識箇義理, 便與他一般也." 又曰: "'惟皇上帝降衷于下民', '民之秉彛', 這便是異處. '庶民去之, 君子存之', 須是

116) ▲: "論氣不論性", 孔荀子言性惡, 揚子言善惡混是也. "論性不論氣", 孟子言性善是也. 性只是善, 氣有善不善. 韓愈說生而便知其惡者, 皆是合下稟得這惡氣. 有氣便有性, 有性便有氣. 【節】

117) ▲: "'論性不論氣, 不備, 論氣不論性, 不明.'

118) 楊: 成化本・賀本에서는 揚으로 되어 있다. 【附箋紙】揚

119) ▲: 厚之

120) ▲: 如何?

121) ▲: 或問: "明道說'生之謂性', 云: '性卽氣, 氣卽性, 便是不可分兩段說.'" 曰: "那箇又是說性便在氣稟上.

122) ○: 『朱子語類』 59:52를 『小分』에서 별도의 항목으로 나누었다. 【附箋紙】連上段.

123) ▲: 或問"二之則不是." 曰: "若只論性而不論氣, 則收拾不盡, 孟子是也. 若只論氣而不論性, 則不知得那原頭, 荀・揚以下是也. 韓愈也說得好, 只是少箇'氣'字. 若只說一箇氣而不說性, 只說性而不說氣, 則不是." 又曰:

存得這異處, 方能自別於禽獸. 不可道蠢動含靈皆有佛性, 與自家都一般."【義剛】

59:54 ▲[124] 韓子言氣不及性. 然韓不知爲氣, 亦以爲性然也.

59:55 ▲[125]

59:56 ▲[126] 人只是一般人, 厚於仁而薄於義, 有餘於禮而不足於智, 便自氣質上來."【去僞】

「富歲子弟多賴章」

59:57 ▲[127]自"富歲子弟多賴"之下, 逐旋譬喩▲[128]【㽦】 59:58[129] ▲[130] "此說理義之在事者."【節】

124) ▲: "性氣"二字, 兼言方備. 孟子言性不及氣,

125) ▲: 橫渠曰: "形而後有氣質之性, 善反之, 則天地之性存焉." 如稟得氣淸明者, 這道理只在裏面, 稟得氣昏濁者, 這道理亦只在裏面, 只被這昏濁遮蔽了. 譬之水, 淸底, 裏面纖微皆可見, 渾底, 裏面便見不得. 孟子說性善, 只見得大本處, 未說到氣質之性細碎處. 程子謂: "論性不論氣, 不備, 論氣不論性, 不明, 二之則不是." 孟子只論性, 不知論氣, 便不全備. 若三子雖論性, 卻不論得性, 都只論得氣, 性之本領處又不透徹. 孔荀子只見得不好人底性, 便說做惡, 揚子只見得半善半惡人底性, 便說做善惡混, 韓子見得天下有許多般人, 故立爲三品, 說得較近. 其言曰: "仁義禮智信, 性也, 喜怒哀樂愛惡欲, 情也." 似又知得性善. 荀·揚皆不及, 只是過接處少一箇"氣"字.【淳】

126) ▲: 問: "橫渠言'氣質之性', 去僞終未曉." 曰: "性是天賦與人, 只一同, 氣質所稟, 卻有厚薄.

127) ▲: "心之所同然者, 謂理也, 義也."『孟子』此章

128) ▲: 至此. 其意謂人性本善, 其不善者, 陷溺之爾. "同然"之"然", 如然否之"然", 不是虛字, 當從上文看. 蓋自口之同嗜·耳之同聽而言, 謂人心豈無同以爲然者? 只是理義而已. 故"理義悅心, 猶芻豢之悅口."

129) 59:58:『小分』에서는 59:57에 이어져 한 항목으로 편집되어 있다.

130) ▲: 問: "'理義之悅我心', 理義是何物? 心是何物?" 曰:

59:59 ▲[131] 且如人之爲事, 自家處之當於義, 人莫不以爲然, 無有不道好者[132]. 如子之於父, 臣之於君, 其分至尊無加於此. 人皆知君父之當事, 我能盡忠盡孝, 天下莫不以爲當然, 此心之所同也. 今人割股救親, 其事雖不中節, 其心發之甚善, 人皆以爲美. 又如臨難赴死, 其心本於愛君, 人莫不悅之, 而皆以爲不易. 且如今處一件事苟當於理, 則此心必安, 人亦以爲當然. 如此, 則其心悅乎, 不悅乎? 悅於心, 必矣." ▲[133] 【子蒙】

59:60 ▲[134]

59:61 ▲[135]問: "'理義之悅我心, 猶芻豢之悅我口.' 顏子'欲罷不能', 便是此意否?" 曰: "顏子固是如此. 然孟子▲[136] 正是爲衆人說, 當就人心同處看. 我恁地, 他人也恁地, 只就麤淺處看, 自分曉, 卻有受用. 若必討箇顏子來證如此, ▲[137] 卻無受用." 【寓】

59:62 ▲[138]問: ▲[139] 以顏子之樂見悅意." 曰: "不要高看, 只就眼

131) ▲: "理義之悅我心"章. 云: "人之一身, 如目之於色, 耳之於聲, 口之於味, 莫不皆同, 於心豈無所同. '心之所同然者, 理也, 義也.'

132) 好者: 『小分』에서는 者好를 교정부호로 바로잡았다.

133) ▲: 先生曰: "諸友而今聽某這說話, 可子細去思量看. 認得某這話, 可以推得孟子意思."

134) ▲: 黃先之問: "心之所同然者何也? 謂理也, 義也. 聖人先得我心之所同然耳." 先生問: "諸公且道是如何?" 所應皆不切. 先生曰: "若恁地看文字, 某決定道都不會將身去體看. 孟子這一段前面說許多, 只是引喻理義是人所同有. 那許多既都相似, 這箇如何會不相似. 理, 只是事物當然底道理, 義, 是事之合宜處. 程先生曰: '在物爲理, 處物爲義.' 這心下看甚麼道理都有之, 如此做, 人人都道是好, 才不恁地做, 人人都道不好. 如割股以救母, 固不是王道之中, 然人人都道是好, 人人皆知愛其親, 這豈不是理義之心人皆有之. 諸公適來都說不切, 當都是不曾體之於身, 只略說得通, 便道是了." 【賀孫】

135) ▲: 器之

136) ▲: 所說,

137) ▲: 只是顏子會恁地, 多少年來更無人會恁地. 看得細了,

138) ▲: 器之

前看, 便都是義理, 都是衆人公共物事. 且如某歸家來, 見說某人做得好, 便歡喜, 某人做得不好, 便意思不樂. 見說人做官做得如何, 見說好底, 自是快活, 見說不好底, 自是使人意思不好. 豈獨自家心下如此, 別人都▲140)如此. 這只緣人心都有這箇義理, 都好善, 都惡不善." 【賀孫】

59:63 ▲141)問: ▲142)天所賦之氣質, 不昏明淸濁其口耳目, 而獨昏明淸濁其心, 何也? 然夷·惠·伊尹非拘於氣稟者, 處物之義, 乃不若夫子之時, 豈獨是非之心不若聖人乎?" 曰: "口耳目等亦有昏明淸濁之異. 如易牙·師曠之徒, 是其最淸者也, 心亦由是而已. 夷·惠之徒, 正是未免於氣質之拘者, 所以孟子以爲不同, 而不願學也."

「牛山之木章」

59:64 孟子激發人. 說放心·良心諸處, 說得人都汗流!

59:65 ▲143) "'日夜之所息'底是良心, '平旦之氣'自是氣, 是兩件物事. 夜氣如雨露之潤, 良心如萌櫱之生. 人之良心, 雖是有牿亡144), 而彼未嘗不生. 梏, 如彼145)他禁械▲146) 更不容他轉動. 亡, 如將自家物失去了." ▲147) "'日夜之所息', 卻是心. 夜氣淸, 不與物接, 平旦之

139) ▲: "理義人心之同然,
140) ▲: 是
141) ▲: 或
142) ▲: "口耳目心皆官也. 不知
143) ▲: 問"牛山之木"一章. 曰:
144) 牿亡: 『朱子語類』에서는 梏亡으로 되어 있다. 【附箋紙】"梏亡"之"梏"從木耶? 從牛耶? 更考之
145) 彼: 【附箋紙】"彼", 恐"被"之誤.
146) ▲: 在那裏,
147) ▲: 又曰:

時, 卽此良心發處. 惟其所發者少, 而旦晝之所梏亡者展轉反覆, 是以'夜氣不足以存'矣. 如睡一覺起來, 依前無狀." ▲148) "良心當初本有十分, 被他展轉梏亡, 則他長一分, 自家止有九分, 明日他又進一分, 自家又退, 止有八分. 他日會進, 自家日會退. 此章極精微, 非孟子做不得許多文章. 別人縱有此意, 亦形容不得. 老蘇門149)只就孟子學作文, 不理會他道理, 然其文亦實是好." 【賀孫】

59:66 ▲150) 問: "凡物日夜固有生長, 若良心旣放, 而無操存之功, 則安得自能生長?" 曰: "放之未遠者, 亦能生長. 但夜間長得三四分, 日間所爲又放了七八分, 卻摺轉來, 都消磨了這些子意思, 所以至於梏亡也."

59:67 ▲151) "氣淸則能存固有之良心. 如旦晝之所爲, 有以汨亂其氣, 則良心爲之不存矣. 然暮夜止息, 稍不紛擾, 則良心又復生長. 譬如一井水, 終日攪動, 便渾了那水. 至夜稍歇, 便有淸水出. 所謂'夜氣不足以存'者, 便是攪動得太甚. 則雖有止息時, 此水亦不能淸矣." 【銖○節錄別出.】

59:68 ▲152) "心之存不存, 係乎氣之淸不淸. 氣淸, 則良心方存立得, 良心旣存立得, 則事物之來方不惑, 如'先立乎其大者, 則小者弗能奪也.'" ▲153) "大者旣立, 則外物不能奪." ▲154) "歇得這些時後, 氣便淸, 良心便長. 及旦晝, 則氣便濁, 良心便着不得. 如日月何嘗不在天

148) ▲: 又曰:
149) 門: 英祖刊本·成化本·賀本에서는 們으로 되어 있다.
150) ▲: 或問: "'日夜之所息', 舊兼止息之義, 今只作生息之義, 如何?" 曰: "近看得只是此義."
151) ▲: 吳仁父問"平旦之氣." 曰:
152) ▲: 仁父問"平旦之氣." 曰:
153) ▲: 又曰:
154) ▲: 又問: "'平旦之氣', 何故如此?" 曰:

上? 卻被些雲遮了, 便不明.” 吳知先問: “夜氣如何存?” 曰: “孟子不曾教人存夜氣, 只是說歇得些時, 氣便清.” 又曰: “他前▲155)說許多, 這裏只是教人操存其心.” 又曰: “若存得此心, 則氣常時清, 不特平旦時清, 若不存得此此156), 雖歇得此時, 氣亦不清, 良心亦不長.” 又曰: “睡夢裏亦七撈157)八攘. 如井水, 不打他便清, 只管去打便濁了.” 【節】

59:69 ▲158)

59:70 ▲159)

59:71 ▲160)‘平旦之氣’甚微小, 如何會養得完全?” 曰: “不能存得夜氣, 皆是旦晝所爲壞了. 所謂‘好惡與人相近者幾希’, 今只要得去這好惡上理會. 日用間於這上見得分曉, 有得力處, 夜氣方與你存. 夜氣上卻未有工夫, 只是去‘旦晝’理會, 這兩字是箇大關鍵, 這裡有工夫. 日間進得一分道理, 夜氣便添得一分, 到第二日更進得一分道理, 夜氣便添得二分, 第三日更進得一分道理, 夜氣便添得三分. 日間只管進, 夜間只管添, 添來添去, 這氣便盛. 恰似使錢相似, 日間使百錢, 使去九十錢, 留得這十錢這裏, 第二日百錢中使去九十錢, 又積161)得二十

155) ▲: 面
156) 此此: 『朱子語類』에서는 此心으로 되어 있다. 【附箋紙】 “此此”一此, 必是誤.
157) 撈: 成化本에서는 擾로 되어 있고, 賀本에서는 勞로 되어 있다.
158) ▲: “平旦之氣”, 只是夜間息得許多時節, 不與事物接, 才醒來便有得這些自然清明之氣, 此心自恁地虛靜. 少間才與物接, 依舊又汩沒了. 只管汩沒多, 雖夜間休息, 是氣亦不復存. 所以有終身昏沉, 展轉流蕩, 危而不復者. 【賀孫】
159) ▲: 器之問: “‘平旦之氣’, 其初生甚微, 如何道理能養得長?” 曰: “亦只逐日漸漸積累, 工夫都在‘旦晝之所爲.’ 今日長得一分, 夜氣便養得一分, 明日又長得一分, 明夜又養得兩分, 便是兩日事. 日日積累, 歲月旣久, 自是不可禦. 今若壞了一分, 夜氣漸薄, 明日又壞, 便壞成兩分, 漸漸消, 只管無. 故曰: ‘旦晝之所爲, 有梏亡之矣. 梏之反覆, 夜氣不足以存.’ 到消得多, 夜氣益薄, 雖息一夜, 也存不得. 又以愛惜錢物爲喻, 逐日省節, 積累自多.” 【賀孫 ○寓錄別出.】
160) ▲: 器之問: “『孟子』

錢, 第三日如此, 又積得二[162]十錢. 積來積去, 被自家積得多了, 人家便從容. 日間悠悠地過, 無工夫, 不長進, 夜間便減了一分氣, 第一[163]日無工夫, 夜間又減了二分氣, 第三日如此, 又減了三分氣. 如此梏亡轉深, 夜氣轉虧損了. 夜氣旣虧, 愈無根脚, 日間愈見作壞. 這處便是'梏之及[164]覆, 其違禽獸不遠矣.' 亦似使錢, 一日使一百[165], 卻侵了一百十錢, 所有底便自減了, 只有九十, 第二日侵有[166]百二十, 所留底又減了, 只有八十. 使來使去轉多, 這裏底日日都消磨盡了." 因擧老子言: "治人事天莫若嗇. 夫惟嗇, 是謂早復, 早復, 謂之重積德, 重積德, 則無不克." "大意也與孟子意相似. 但他是就養精神處說, 其意自別. 平旦之氣, 便是旦晝做工夫底樣子, 日用間只要此心在這裡." 【寓】

59:72 ▲[167]問: ▲[168] 緣氣弱, 易爲事物所勝, ▲[169]" 曰: "這也別無道理, 只是漸漸崖[170]將去, 自有力. 這處只是志不果." 復說第一義云: "如這箇, 只有箇進步崖[171]將去底道理, 這只是有這一義. 若於此不見得, 便又說今日做不得, 且待來日, 這事做不得, 且備員做些子, 這[172]都是第二・第三義."【賀孫】

59:73 ▲[173]

161) 積: 成化本에서는 行으로 되어 있다.
162) 二: 英祖刊本・成化本・賀本에서는 三으로 되어 있다.
163) 一: 賀本에서는 二로 되어 있다.
164) 及: 『朱子語類』에서는 反으로 되어 있다.
165) 一百: 『小分』에서는 百一을 교정부호로 바로잡았다.
166) 有: 【附箋紙】"有", "了"之誤.
167) ▲: 器遠
168) ▲: "'平旦之氣',
169) ▲: 如何?
170) 崖: 徽州本에서는 生으로 되어 있다.
171) 崖: 英祖刊本에서는 挨로 되어 있고, 賀本에서는 捱로 되어 있다.
172) 這: 賀本에는 없다.

59:74 ▲174) "不是靠氣爲主, 蓋要此氣去養那仁義之心. 如水之養魚, 水多則魚鮮, 水涸則魚病. 養得這氣, 則仁義之心亦好, 氣少則仁義之心亦微矣."【僩】

59:75 問: ▲175)說心, 又說氣, ▲176)" 曰: "本是多說心. 若氣清, 則心得所養, 自然存得清氣, 濁, 則心失所養, 便自濁了."【賀孫】

59:76 ▲177) 人多將夜氣便做良心說了, 非也. '夜氣不足以存', 蓋言夜氣至清, 足以存得此良心爾. 平旦之氣亦清, 亦足以存吾良心, 故其好惡之公猶與人相近, 但此心存得不多時也. 至'旦晝之所爲, 則梏亡之矣.' 所謂梏者, 人多謂梏亡其夜氣, 亦非也. 謂旦晝之爲, 能梏亡其良心也."【謨】

59:77 ▲178) 且如氣, 不成夜間方會清, 日間都不會清. 今人日用間, 良心亦何嘗不發見, 爲他又梏亡了. ▲179) 此章前面譬喩甚切, 到得後面歸宿處極有力. 今之學者最當於此用功.

59:78 ▲180) 到那夜氣涵養得好時, 清明如一箇實181)珠相似, 在清水裏, 轉明徹, 若頓在濁水中, 尋不見了." ▲182)【植】

---

173) ▲: 問: "'平旦之氣', 少頃便爲事物所奪. 氣稟之弱, 如何可以得存?" 曰: "這箇不容說. 只是自去照顧, 久後自慣, 便自然別."【卓】

174) ▲: 敬子問: "旦晝不梏亡, 則養得夜氣清明?" 曰:

175) ▲: "'夜氣'一章, 又

176) ▲: 如何?

177) ▲: 或問: "夜氣・旦氣如何?" 曰: "『孟子』此段首尾, 止爲良心設爾.

178) ▲: "夜氣不足以存", 是存箇甚? 人多說只是夜氣, 非也. 這正是說那本然底良心.

179) ▲: 若存得這箇心, 則氣自淸, 氣淸, 則養得這箇心常存. 到"夜氣不足以存", 則此心陷溺之甚, 雖是夜氣淸時, 亦不足以存之矣.

180) ▲: 問"夜氣"一節. 曰: "今人只說夜氣, 不知道這是因說良心來. 得這夜氣來涵養自家良心, 又便被他旦晝所爲梏亡之. 旦晝所爲, 交羇得沒理會.

181) 實: 【附箋紙】"實", "寶"之誤.

59:79 ▲[183] '牛山之木嘗美矣', 是喩人仁義之心. '郊於大國, 斧斤伐之', 猶人之放其良心. '日夜之所息, 雨露之所潤, 非無萌糵之生', 便是'平旦之氣, 其好惡與人相近'處. 旦晝之梏亡, 則又所謂'牛羊又從而牧之', 雖芽糵之萌, 亦且戕賊無餘矣." 道夫問: "此莫是心爲氣所動否?" 曰: "然."【章末所問, 疑有未盡. ○道夫】

59:80 ▲[184] 人心▲[185]梏於事物, ▲[186] 所餘無幾, 惟[187]夜氣靜, 庶可以少存耳. 至夜氣之靜而猶不足以存, 則去禽獸不遠, 言人理都喪也. 前輩皆無明說. 某因▲[188]反覆熟讀, 每一段三五十過, 至此方看得出. 後看程子卻說: '夜氣之所存者, 良知良能也.' 與臆見合. 以此知觀書不可苟, 須熟讀深思, 道理自見."【大雅】

59:81 ▲[189]這箇氣, 日裏也生, 夜間也生. 只是日間生底, 爲物欲梏之, 隨手又耗散了. 夜間生底, 則聚得在那裏, 不曾耗散, 所以養得那良心. 且如日間目視耳聽, 口裏說話, 手足運動, 若不曾操存得, 無非是耗散底時節. 夜間[190]則停留得在那裏. 如水之流, 夜間則閘得許多

---

182) ▲: 又曰: "旦晝所爲, 壞了淸明之氣. 夜氣微了, 旦晝之氣越盛. 一箇會盛, 一箇會微. 消磨得盡了, 便與禽獸不遠."

183) ▲: 景紹問"夜氣・平旦之氣." 曰: "這一段, 其所主卻在心. 某嘗謂, 只有伊川說: '夜氣之所存者, 良知也, 良能也.' 諸家解注, 惟此說爲當. 仁義之心, 人所固有, 但放而不知求, 則天之所以與我者始有所汨沒矣. 是雖如此, 然其日夜之所休息, 至於平旦, 其氣淸明, 不爲利慾所昏, 則本心好惡, 猶有與人相近處. 至'其旦晝之所爲, 又有以梏亡之. 梏之反覆', 則雖有這些夜氣, 亦不足以存養其良心. 反覆, 只是循環. '夜氣不足以存', 則雖有人之形, 其實與禽獸不遠. 故下文復云: '苟得其養, 無物不長, 苟失其養, 無物不消.' 良心之消長, 只在得其養與失其養爾.

184) ▲: 問"夜氣." 曰: "夜氣靜.

185) ▲: 每日

186) ▲: 斲喪戕賊,

187) 惟: 孝宗刊本・英祖刊本・成化本에서는 唯로 되어 있고, 賀本에서는 須로 되어 있다.

188) ▲: 將『孟子』

189) ▲: 問"夜氣"一章. 曰: "氣只是

水住在這裏, 這一池水便滿, 次日又放乾了, 到夜裏, 又聚得些小. 若從平旦起時, 便接續操存而不妨[191], 則此氣常生而不已. 若日間不存得此心, 夜間雖聚得些小, 又不足以勝其旦晝之梏亡, 少間這氣都乾耗了, 便不足以存其仁義之心. 如箇船閣在乾燥處, 轉動不得了. 心[192] ▲[193] 這'存'字, 是箇保養護衛底意." ▲[194] "此章不消論其他, 緊要處只在'操則存'上." 【僩】

59:82 ▲[195]

59:83 ▲[196]

59:84 ▲[197]

59:85 ▲[198]

---

190) 間: 【附箋紙】"□間"之"間"誤.
191) 妨: 『朱子語類』에서는 放으로 되어 있다.
192) 心: 【附箋紙】"心", 疑衍.
193) ▲: 如箇寶珠, 氣如水. 若水淸, 則寶珠在那裏也瑩徹光明, 若水濁, 則和那寶珠也昏濁了." 又曰: "'夜氣不足以存', 非如公說心不存與氣不存, 是此氣不足以存其仁義之心. 伊川云: '夜氣所存, 良知良能也.'
194) ▲: 又曰: "此段專是主仁義之心說, 所以'此豈山之性也哉'下, 便接云: '雖存乎人者, 豈無仁義之心哉?'" 又曰:
195) ▲: 問: "兩日作工夫如何?" 某答略如舊所對. 曰: "'夜氣'章如何?" 答以: "萌櫱生上, 便見得無止息本初之理. 若完全底人, 此氣無時不淸明. 卻有一等日間營管梏亡了, 至夜中靜時猶可收拾. 若於此更不淸明, 則是眞禽獸也." 曰: "今用何時氣?" 曰: "總是一氣. 若就孟子所說, 用平旦氣." 曰: "'夜氣不足以存', 先儒解多未是. 不足以存此心耳, 非謂存夜氣也. 此心虛明廣大, 卻被他梏亡. 日間梏亡旣甚, 則夜一霎時靜亦不存, 可見其都壞了." 【可學】
196) ▲: 蓋卿問"夜氣"一章. 曰: "夜氣是母, 所息者是子. 蓋所息者本自微了, 旦晝只管梏亡. 今日梏一分, 明日梏一分, 所謂'梏之反覆', 而所息者泯, 夜氣亦不足以存. 若能存, 便是息得仁義之良心." 又曰: "夜氣只是不與物接時." 【植】
197) ▲: 問"夜氣"之說. 曰: "只是借夜氣來滋養箇仁義之心." 【炎】
198) ▲: 夜氣存, 則淸過這邊來. 【閎祖】

59:86 ▲[199]

59:87 ▲[200] 天地生生之理, 本自不息, 惟旦晝之所爲, 有所梏亡. ▲[201]雖梏亡之餘, 有以養之, 則仁義之心卽存. 緣是此心本不是外面取來, 乃是與生俱生. 下又▲[202] 擧孔子之言: ▲[203] 見此良心, 其存亡只在眇忽之間, 才操便在這裏, 才舍便失去. 若能知得常操之而勿放, 則良心常存, 夜之所息, 益有所養. 夜之所養愈深, 則旦晝之所爲, 無非良心之發見矣. 又云: "氣與理本相依. 旦晝之所爲不害其理, 則夜氣之所養益厚, 夜之所息旣有助於理, 則旦晝之所爲益無不當矣. 日間梏亡者寡, 則夜氣自然淸明虛靜, 至平旦亦然. 至旦晝應事接物時, 亦莫不然."【賀孫】

59:88 ▲[204]人纔有此善心, 便有不善底心來勝了, 不容他那善底滋[205]長耳." ▲[206] 廣云: "如童蒙誦書, 到氣昏時, 雖讀數百遍, 愈念不得, 及到明早, 又卻自念得. 此亦可見平旦之氣之淸也." 曰: "此亦只就氣上說, 故孟子末後收歸心上去." 曰: "'操則存, 舍則亡.' 蓋人心能操則常存, 豈特夜半平旦?" 又云: "惻隱・羞惡是已發處. 人須是於

---

199) ▲: 子上問"夜氣." 曰: "此段緊要, 在'苟得其養, 無物不長, 苟失其養, 無物不消.'"【璘】

200) ▲: "牛山之木", 譬人之良心, 句句相對, 極分明.

201) ▲: 然雖有所梏亡, 而夜氣之所息, 平旦之氣, 自然有所生長. 自此漸能存養, 則良心漸復. 惟其於梏亡之餘, 雖略略生長得些子, 至日用間依舊汩於物欲, 又依然壞了, 則是"梏之反覆." 雖夜間休息, 其氣只恁地昏, 亦不足以存此良心. 故下面又說: "苟得其養, 無物不長, 苟失其養, 無物不消." 見得

202) ▲: 說存養之要,

203) ▲: "操則存, 舍則亡."

204) ▲: "人心於應事時, 只如那無事時方好." 又擧『孟子』"夜氣"一章云: "氣淸, 則心淸. '其日夜之所息', 是指善心滋長處言之. 人之善心雖已放失, 然其日夜之間, 亦必有所滋長. 又得夜氣澄靜以存養之, 故平旦氣淸時, 其好惡亦得其同然之理. '旦晝之所爲, 有梏亡之矣', 此言

205) 滋: 【附箋紙】滋.

206) ▲: 又曰: "今且看那平旦之氣, 自別."

未發時有工夫, 始得."【廣】

59:89 問: "良心與氣, 合下雖是相資而生, 到得後來或消或長, 畢竟以心爲主?" 曰: "主漸盛則客漸衰, 主漸衰則客漸盛. 客盛然後勝這主, 故曰'志動氣者十九, 氣動志者十一.'" 賀孫云: "若是客勝得主, 畢竟主先有病."【賀孫】

59:90 ▲[207]靜時有這好處發見. 緣人有不好處多, 所以纔有好處, 便被那不好處勝了, 不容他好處滋長. 然孟子此說, 只爲常人言之. 其實此理日間亦有發見時, 不止夜與平旦. 所以孟子收恰[208]在'操則存, 舍則亡'上, 蓋爲此心操之則存也."【人傑】

59:91 ▲[209] 心一般[210]時, 便是斧斤之戕, 牛羊之牧, 一收斂在此, 便是日夜之息, 雨露之潤. ▲[211)]【文蔚】

59:92 ▲[212]病根只在放其良心上. 蓋心旣放, 則氣必昏, 氣旣昏則心愈亡. 兩箇互相牽動, ▲[213]'操則存, 舍則亡', 卻是用功緊切處, 是箇生死路頭." 又云: "'梏之反覆', 都不干別事, 皆是人之所爲有以致之."【燾】

59:93 ▲[214] 出入無時, 莫知其鄕", 只是狀人之心是箇難把捉底物事, 而人之不可不操. 出入, 便是上面操存舍亡. 入則是在這裏, 出則

---

207) ▲: 再三說"夜氣"一章, 曰: "氣淸則心淸. '其日夜之所息, 平旦之氣', 蓋是
208) 恰: 『朱子語類』에서는 拾으로 되어 있다.【附箋紙】"恰"從才.
209) ▲: 劉用之問"夜氣"之說. 曰: "他大意只在'操則存, 舍則亡'兩句上.
210) 般:【附箋紙】"般", 恐"放"之誤.
211) ▲: 他要人於旦晝時, 不爲事物所汨."
212) ▲: 問"夜氣"一章. 曰: "這
213) ▲: 所謂'梏之反覆.' 如下文
214) ▲: 孟子言"操則存, 舍則亡,

是亡失了. 此大約泛言人心如此, 非指已放者而言, 亦不必要於此論心之本體也.【端蒙】

59:94 ▲[215] 求放心, 不是別有一物在外, 旋去收拾回來. 只是此心頻有[216]省察, 才覺不在, 便收之爾.【按先生他語: "只操, 便存, 只求, 便是不放."】

○[217] 如復卦所謂'出入無疾', 出只是指外而言, 入只是指內而言, 皆不出乎一卦. 孟子謂'出入無時', 心豈有出入, 只要人操而存之耳. 明道云: '聖賢千言萬語, 只要人收已放之心.' 釋氏謂'一大藏教, 只是一箇注[218]脚.' 所謂'聖賢千言萬語', 亦只是一箇注[219]脚而已."【謨】

59:95 ▲[220] "心不是死物, 須把做活物看. 不爾, 則是釋氏入定·坐禪. 操存者, 只是於應事接物之時, 事事中理, 便是存. 若處事不是當, 便是心不在. 若只管兀然守在這裏, 驀忽有事至于吾前, 操底便散了, 卻是'舍則亡'也." 仲思問: "於未應接之時如何?" 曰: "未應接之時, 只是戒謹恐懼而已." 又問: "若戒謹[221]恐懼, 便是把持." 曰: "也須是持, 但不得硬捉在這裏. 只要提敎他醒, 便是操, 不是塊然自[222]▲[223]【砥】

59:96 ▲[224]未發之前, 須是得這虛明之本體分曉. 及至應事接物時,

---

215) ▲: "操則存, 舍則亡", 只是人能持此心則心在, 若捨之便如去失了.
216) 有: 『朱子語類』에서는 要로 되어 있다.
217) ○: 『朱子語類』 59:94를 『小分』에서 별도의 항목으로 나누었다.【附箋紙】此段連書.
218) 注:【附箋紙】"注"宜從言.
219) 注:【附箋紙】"注"宜從言.
220) ▲: 問"操則存." 曰:
221) 謹: 賀本에서는 愼으로 되어 있다.
222) 自:【附箋紙】"自"下沒一字.
223) ▲: 守."

只以此處之, 自然有箇界限節制, 揍着那天然恰好處.【廣】

59:97 ▲[225] 舍則亡." 非無也, 逐於物而亡[226]返耳.【驤】[227]

59:98 ▲[228] "若不先明得性善, 有興起必爲之志, 恐其所謂操存之時, 乃舍亡之時也."【璘】

59:99 ▲[229] 須於難易間驗之. 若見易爲力, 則眞能操也. 難, 則是別以[230]一物, 操之未眞也.【伯羽】

59:100 ▲[231]心若不[232]正時, 雖欲强教他正, 也卒乍未能得他正. 若旣正後, 雖欲乍[233], 也[234]卒乍邪未得. 雖曰"操則存, 舍則亡", 也不得恁地快, 自是他勢恁地.【伯羽】

59:101 ▲[235] 人更不知去操舍上做工夫, 只去出入上做工夫.【泳】

59:102 孟子言操舍存亡, 都不言所以操存求放之法, 只操之・求之便是. 『知言』問"以放心求心如何", 問得來好. 他答不得, 只擧齊王見牛事. 殊不知, 只覺道我這心放了底, 便是心, 何待見牛時方求得!【伯羽】

---

224) ▲: 人心"操則存, 舍則亡", 須是常存得, "造次顚沛必於是", 不可有一息間斷. 於
225) ▲: "操則存,
226) 亡: 『朱子語類』에서는 忘으로 되어 있다.【附箋紙】"亡"宜有心.
227)【驤】: 賀本에는 없다.
228) ▲: 子上問"操則存, 舍則亡." 曰:
229) ▲: "操則存",
230) 以: 英祖刊本・成化本에서는 似로 되어 있다.
231) ▲: 某嘗謂, 這
232) 不: 『朱子語類』에서는 未로 되어 있다.
233) 乍: 『朱子語類』에서는 邪로 되어 있다.
234) 乍也:【附箋紙】■卩"乍也"之"乍."
235) ▲: "操則存, 舍則亡, 出入無時, 莫知其鄕."

59:103 ▲[236)]

59:104 求放・操存, 皆兼動靜而言, 非塊[237)]▲[238)]默守之謂.【道夫】

59:105 操存舍亡, 只在瞬息之間, 不可不常常着精采也. 又曰: "孟子'求放心'語已是寬. 若'居處恭, 執事敬'二語, 更無餘欠."【賀孫】

59:106 ▲[239)] 今一箇無狀底人, 忽然有覺, 曰: "我做得無狀了!" 便是此心存處. 孟子言"求其放心", 亦說得慢了.【人傑】

59:107 ▲[240)]今眼下便是用功處, 何待擬議思量! ▲[241)] 只下着頭做便是, 不待問人."【僩】

59:108 因操舍而有存亡出入.【僩】

59:109 入, 不是已放之心入來.【升卿】 59:110[242)] 觸物而放去是出, 在此安坐, 不知不覺被他放去, 也是出. 故學先求放心.【升卿】

59:111 道夫言: "嘗與子昂論心無出入. 子昂謂[243)]心大無外, 固無出

236) ▲: 蓋卿以爲, "操則存", 便是心未嘗放, "舍則亡", 便是此心已放. 曰: "是如此."【蓋卿】

237) 塊:【附箋紙】"塊"下落"然"字.

238) ▲: 然

239) ▲: "操則存, 舍則亡, 出入無時, 莫知其鄕, 惟心之謂與!" "爲仁由己, 而由人乎哉!" 這箇只在我, 非他人所能與也. 非禮勿視聽言動, 勿與不勿, 在我而已.

240) ▲: 問: "『注』云: '出入無定時, 亦無定處.' 旣云操則常存, 則疑若有一定之所矣." 曰: "此四句, 但言本心神明不測, 不存卽亡, 不出卽入, 本無定所. 如今處處常要操存, 安得有定所! 某常說, '操則存', '克己復禮', '敬以直內'等語, 不須講量, 不須論辨, 只去操存・克復便了. 只

241) ▲: 與辨論是非, 講究道理不同. 若此等處,

242) 59:110: 『小分』에서는 59:109에 이어져 한 항목으로 편집되어 있다.【附箋紙】此兩段之連書, 宜圈而別之.

入. 道夫因思心之所以存亡者, 以放下與操之之故, 非眞有出入也." 曰: "言有出入, 也是一箇意思, 言無出入, 也是一箇意思. 但今以夫子之言求之, 他分明道'出入無時.' 且看自家今汩汩沒沒在這裏, 非出入而何? 惟其神明不測, 所以有出入, 惟其能出入, 所以神明不測."【道夫】

59:112 ▲244) "出入便是存亡. 操便存, 舍便亡." 又曰: "有人言無出入, 說得是好. 某看來, 只是他偶然天資粹美, 不曾大段流動走作, 所以自不見得有出入. 要之, 心是有出入. 此亦只可以施於他一身, 不可爲衆人言. 衆人是有出入, 聖賢立敎通爲衆人言, 不爲一人言."【賀孫】

59:113 ▲245) 如今做工夫, ▲246) 這"主一無適"底道理, 卻是一箇大底, 其他道理總包在裏面. 其他道理已具, 所謂窮理, 亦止是自此推之, 不是從外面去尋討. 一似有箇大底物事, 包得百來箇小底物事, 旣存得這大底, 其他小底只是逐一爲他點過, 看他如何模樣, 如何安頓. 如今做工夫, 只是這箇最緊要. 若是閑時不能操而存之, 這箇道理自是間斷. 及臨事方要窮理, 從那裏捉起! 惟是平時常操得存, 自然熟了, 將這箇去窮理, 自是分明. 事已, 此心依前自在. 又云: "雖是識得箇大底都包得, 然中間小底, 又須着逐一點掇過."【賀孫 ○『集義』】

59:114 ▲247)

---

243) 謂: 賀本에서는 論으로 되어 있다.
244) ▲: 或問: "'出入無時', 非眞有出入, 只是以操舍言." 曰:
245) ▲: "操則存, 舍則亡", 程子以爲操之之道, 惟在"敬以直內"而已.
246) ▲: 卻只是這一事最緊要.
247) ▲: "'夜氣'之說, 常在日間, 舊看此不分明. 後來看伊川語有云'夜氣不足以存良知良能也', 方識得破." 可學云: "此一段首末, 自是論心." 曰: "然."【可學】

59:115 人心緣境, 出入無時. 如看一物, 心便在外, 看了卽便在此. 隨物者是浮念, 此是本心, 浮念斷, 便在此. 其實不是出入, 但欲人知出入之故耳. 無出入是一種人, 有出入是一種人. 所以云淳夫女知心而不知孟子. 此女當是完實, 不勞攘, 故云"無出入", 而不知人有出入者多, 猶無病者不知人之疾痛也.【方】

59:116 伯豐問: "淳夫女子'雖不識孟子, 卻識心', 如何?" 曰: "試且看程子當初如何說?" 及▲[248] 伊川之意, 只謂女子識心, 卻不是孟子所引夫子之言耳."【䓪】

59:117 ▲[249]

「魚我所欲章」

59:118 ▲[250] "此不論物之輕重, 只論義之所安耳."【時舉】

59:119 "義在於生, 則舍死而取生, 義在於死, 則舍生而取死. ▲[251] 問: "生, 人心, 義, 道心乎?" 曰: "欲生惡死, 人心也, 惟義所在, 道心也. 權輕重卻又是義." 明道云: "義無對." 或曰: "義與利對." ▲[252]問: "若曰'義者利之和', 則義依舊無對." 曰: "正是恁地."【道夫】

---

248) ▲: 再問, 方曰: "人心自是有出入, 然亦有資稟好底, 自然純粹. 想此女子自覺得他箇心常湛然無出入, 故如此說, 只是他一箇如此. 然孟子之說卻大, 乃是爲天下人說. 蓋心是箇走作底物.

249) ▲: 范淳夫之女謂: "心豈有出入?" 伊川曰: "此女雖不識孟子, 卻能識心." 此一段說話, 正要人看. 孟子舉孔子之言曰"出入無時, 莫知其鄕", 此別有說. 伊川言淳夫女"卻能識心." 心卻易識, 只是不識孟子之意.【去僞】

250) ▲: 問"舍生取義." 曰:

251) ▲: 上蔡謂: '義重於生, 則舍生而取義, 生重於義, 則當舍義而取生.' 旣曰'義在於生', 又豈可言'舍義取生'乎?" 蜚卿

252) ▲: 道夫

59:120 上蔡謂: "義重於生, 則舍生取義, 生重於義, 則舍義取生." 此說不然. 義無可舍之理, 當死而死, 義在於死, 不當死而死, 義在於不死, 無往而非義也. 【閎祖】

59:121 ▲253) "某嘗見一種人汲汲營利求官職, 不知是句254)當甚事. 後來思量孟子說: '所欲有甚於生者, 所惡有甚於死者, 非獨賢者有是心也, 人皆有之, 賢者能勿喪耳.' 他元來亦有此心, 只是他自失了, 今卻別是一種心, 所以不見義理." 文蔚云: "他雖是如此, 想羞惡之心亦須萌動, 亦自見得不是, 但不能勝利欲之心耳." 曰: "只是如此, 濟甚事? 今夜愧恥, 明日便不做, 方是. 若愧恥後, 又卻依舊自做, 何濟於事!" 【文蔚】

59:122 或曰: ▲255) 他日或爲利害所昏, 當反思其初, 則不爲所動矣." 曰: "此是克之之方. 然所以克之者, 須是有本領後, 臨時方知克去得. 不然, 臨時比並, 又卻只是擇利處去耳."256) 【璘】

「仁人心也章」

59:123 "仁, 人心也", 是就心上言, "義, 人路也", 是就事上言. 【伯羽】

59:124 問: ▲257) 路是設譬喩, 仁卻是直指人心否?" 曰: "'路'字非譬喩. 恐人難曉, 故謂此爲人之路, 在所必行爾." 【謨】

---

253) ▲: 因論夜氣存養之說, 曰:
254) 句: 孝宗刊本·成化本에서는 勾로 되어 있다.
255) ▲: "萬鍾於我何加焉?
256) 或曰: … 利處去耳: 【附箋紙】此段宜詳量.
257) ▲: "'仁, 人心, 義, 人路.'

59:125 ▲[258] 心卽人之有知識者, 路卽賢愚之所共由者. 孟子恐人不識仁義, 故以此喩之. 然極論要歸, 只是心爾. 若於此心常得其正, 則仁在其中. 故自'捨正路而不由, 放其心而不知求'以下, 一向說從心上去."【大雅】

59:126 ▲[259] 卻不是把仁來形容人心, 乃是把人心來指示仁也. 所謂'放其心而不知求', 蓋存得此心便是仁, 若此心放了, 又更理會甚仁! 今人之心靜時昏, 動時擾亂, 便皆是放了."【時擧】

59:127 問: "楊氏謂: '孟子言: "心[260], 人心也." 最爲親切.' 竊謂以心之德爲仁, 則可, 指人心卽是仁, 恐未安." ▲[261] 緣人不識仁義, 故語之以仁只在人心, 非以人心訓仁, 義, 只▲[262]人之所行者是也."【必大】

59:128 ▲[263] 心自是仁底物事, 若能保養存得此心, 不患他不仁. 孔門學者問仁不一, 聖人答之亦不一, 亦各因其人而不同, 然大概不過要人保養得這物事. 所以學者得一句去, 便能就這一句上用工. ▲[264] 程子"穀種"之喩甚善. 若有這種種在這裏, 何患生理不存!

59:129 ▲[265]

---

258) ▲: 或問"仁, 人心, 義, 人路." 曰: "此猶人之行路爾.

259) ▲: 敬之問"仁, 人心也." 曰: "仁是無形跡底物事, 孟子恐人理會不得, 便說道只人心便是.

260) 心: 『朱子語類』에서는 仁으로 되어 있다.

261) ▲: 曰: "'仁, 人心也, 義, 人路也.' 此指而示之近.

262) ▲: 是

263) ▲: 孟子說: "仁, 人心也." 此語最親切.

264) ▲: 今人只說仁是如何, 求仁是如何, 待他尋得那道理出來, 卻不知此心已自失了.

265) ▲: "人有雞犬放, 則知求之, 有放心而不知求." 某以爲, 雞犬放則有未必可求者, 惟是心纔求則便在, 未有求而不可得者.【道夫】

59:130 ▲[266] 雞犬之出, 或遭傷害, 或有去失, 且有求而不得之時. 至於此心, 無有求而不得者. 便求便在, ▲[267] 節節求, 節節在. 只恐段段恁地失去, 便不得. 今日這段失去了, 明日那段又失, 一向失卻, 便不是.【子蒙】

59:131 ▲[268] 放心, 不獨是走作喚做放, 才昏睡去, 也是放. 只有些昏惰, 便是放."【愔錄略[269].】

59:132 ▲[270] 愈求則愈昏亂, 如何?" 曰: "卽求者便是賢心也. 知求, 則心在矣. 今以已在之心復求心, 卽是有兩心矣. ▲[271] 雞犬卻須尋求乃得, 此心不待宛轉尋求, 卽覺其失, 覺處卽心, 何更求爲? 自此更求, 自然愈失. ▲[272]只要常知提醒爾. 醒則自然光明, 不假把捉. 今書[273] '操之則在[274]', 又豈在用把捉! 亦只是說欲常常醒覺, 莫令放失, 便是. 此事用力極不多, 只是些子力爾. 然功成後, 卻應事接物, 觀書察理, 事事賴他. 如推車子, 初推卻用些力, 車旣行後, 自家卻賴他以行."【夫[275]】

59:133 ▲[276]

---

266) ▲: 孟子蓋謂, 雞犬不見, 尙知求之, 至於心, 則不知求.
267) ▲: 更不用去尋討. 那失底自是失了, 這後底又在.
268) ▲: 或問"求放心." 曰: "此心非如雞犬出外, 又著去捉他, 但存之, 只在此, 不用去捉他.
269) 略: 賀本에는 없다.
270) ▲: 或問: "求放心,
271) ▲: 雖曰譬之雞犬,
272) ▲: 此用力甚不多, 但
273) 書: 『朱子語類』에서는 言으로 되어 있다.【附箋紙】"書", 恐誤.
274) 則在:【附箋紙】"則在"之"在", 是"存"之誤.
275) 夫: 孝宗刊本에서는 夫推로 되어 있고, 英祖刊本・成化本・賀本에서는 大雅로 되어 있다.
276) ▲: 放心, 只是知得, 便不放. 如雞犬之放, 或有隔一宿求不得底, 或有被人殺, 終身求不得底. 如心, 則才知是放, 則此心便在這裏. 五峰有一段說得甚長, 然

59:134 ▲[277] 適見道人題讐[278]云: '苦海無邊, 回頭是岸.' 說得極好! 『知言』中或問'求放心', 答語擧齊王見牛事. 某謂不必如此說, 不成不見牛時, 此心便求不得! 若使某答之, 只曰: '知其放而求之, 斯不放矣.' '而求之'三字, 亦自剩了."【學蒙】

59:135 ▲[279]

59:136 人心才[280]覺時便在. ▲[281] "求"字早是遲了.【夔孫】

59:137 ▲[282] 只覺道: "我這心如何放了!" 只此念纔起, 此言末[283]出口時, 便在這裏. 不用擬議別去求之, 但常省之而勿失耳.【伯羽】

59:138 ▲[284] 只是求時便在. "我欲仁, 斯仁至矣", 只是欲仁便是仁了.【義剛】

59:139 ▲[285] 心雖放千百里之遠, 只一收便在此, 他本無去來也.【伯羽】

說得不是. 他說齊王見牛爲求放心. 如終身不見此牛, 不成此心便常不見! 只消說知其爲放而求之, 則不放矣. "而求之"三字, 亦剩了.【從周】

277) ▲: 或問"求放心." 曰: "知得心放, 此心便在這裏, 更何用求?

278) 讐: 『朱子語類』에서는 壁으로 되어 있다.【附箋紙】"讐"宜從土.

279) ▲: 季成問: "爲學當求放心?" 曰: "若知放心而求之, 則心不放矣. 知之則心已在此, 但不要又放了可也. 然思之, 尙多了'而求之'三字." 蓋卿從旁而言曰: "蓋卿嘗以爲, '操則存', 便是心未嘗放, '舍則亡', 便是此心已放." 曰: "是如此."【蓋卿】

280) 才: 賀本에서는 纔로 되어 있다.

281) ▲: 孟子說"求放心",

282) ▲: "求放心",

283) 末:【附箋紙】"末", 未之誤.

284) ▲: "求放心", 也不是在外面求得箇放心來,

285) ▲: "求放心", 非以一心求一心, 只求底便是已收之心, "操則存", 非以一心操一心, 只操底便是已存之心.

59:140 ▲[286]

59:141 ▲[287]這物事常常在時, 私欲自無着處. 且須持敬.【祖道】

59:142 收放心, 只是收物欲之心. 如理義之心, 卽良心, 切不須收. 須就這上看教熟, 見得天理人欲分明.【從周】

59:143 ▲[288]問: ▲[289]'求放心'▲[290] 不是但低眉合眼, 死守此心而已, 要須常使此心頓放在義理上." 曰: "也須是有專靜之功, 始得." 時舉因云: "自來見得此理眞無內外, 外面有跬步不合道理, 便覺此心慊然. 前日侍坐, 深有得於先生'醒'之一字." 曰: "若長[291]醒在這裏, 更須看惻隱・羞惡・是非・恭敬之心所發處, 始得. 當一念慮之發, 不知是屬惻隱耶, 羞惡・是非・恭敬耶? 須是見得分明, 方有受用處."【時舉】

59:144 心兼攝性情, 則極好. 然"出入無時, 莫知其鄕", 難制而易放, 則又大不好. 所謂"求其放心", 又只是以心求其心.【"心求心"說, 易入謝氏"有物"之說, 要識得.[292] ○端蒙】

59:145 ▲[293] 初用求, 後來不用求. 所以病翁說: "旣復其初, 無復之者."【文蔚】

---

286) ▲: 季成問"放心." 曰: "如'求其放心', '主一之謂敬'之類, 不待商量, 便合做起. 若放遲霎時, 則失之. 如辨明是非, 經書有疑之類, 則當商量."【蓋卿】
287) ▲: 孟子言"求放心." 你今只理會
288) ▲: 叔重
289) ▲: "所謂
290) ▲: 者,
291) 長: 賀本에서는 常으로 되어 있다.
292) "心求心"說, 易入謝氏"有物"之說, 要識得: 賀本에서는 본문으로 되어 있다.
293) ▲: "求放心",

59:146 ▲[294] 不是學問之道只有求放心一事, 乃是學問之道皆所以求放心. 如聖賢一言一語, 都是道理. 【賀孫】

59:147 ▲[295]身如一屋子, 心如一家主. 有此家主, 然後能洒掃門戶, 整頓事務. 若是無主, 則此屋不過一荒屋爾, 實何用焉? 且如『中庸』言學・問・思・辨四者甚切, 然而放心不收, 則以何者而學・問・思・辨哉! 此事其[296]要. 諸公每日若有文字思量未透, 卽可存着此事. 若無文字思量, 卽收歛此心, 不容一物, 乃是用功也. 【壯祖】

59:148 ▲[297]

59:149 學須先以求放心爲本. 致知是他去致, 格物是他去格, 正心是他去正, 無忿懥等事. 誠意是他自省悟, 勿夾帶虛僞, 修身是他爲之主, 不使好惡有偏. 【伯羽】

59:150 "'學問之道無他, 求其放心而已.' 舊看此[298]只云但求其放心, 心正則自定, 近看儘有道理. 須是看此心果如何, 須是心中明盡萬理, 方可, 不然, 只欲空守此心, 如何用得! 如平常一件事, 合放重, 今乃放輕, 此心不樂, 放重, 則心樂. 此可見此處乃與『大學』致知・格物・正心・誠意相表裏." 可學謂: "若不於窮理上作工夫, 遽謂心正, 乃是告子不動心, 如何守得?" 曰: "然." 又問: "舊看'放心'一段, 第一次看, 謂不過求放心而已. 第二次看, 謂放心旣求, 儘當窮理. 今聞此說, 乃知前日第二說已是隔作兩段. 須是窮理而後求得放心, 不是求放心而

294) ▲: "學問之道無他, 求其放心而已."
295) ▲: "學問之道無他, 求其放心而已." 諸公爲學, 且須於此著切用工夫. 且學問固亦多端矣, 而孟子直以爲無他. 蓋
296) 其: 英祖刊本・成化本・賀本에서는 甚으로 되어 있다.
297) ▲: 學問之道, 孟子斷然說在求放心. 學者須先收拾這放心, 不然, 此心放了, 博學也是閑, 審問也是閑, 如何而明辨! 如何而篤行! 【銖】
298) 看此: 『小分』에서는 此看을 교정부호로 바로잡았다.

後窮理." 曰: "然."【可學】

59:151 問: "孟子只說▲[299]求放心而已, 不曾欲他爲." 曰: "上面煞有事在, 注下說得分明, ▲[300]." 又曰: "說得太緊切, 則便有病. 孟子此說太緊切, 便有病."【節】

59:152 上有"學問"二字在, 不只是求放心便休.【節】

59:153 孟子曰: "求其放心而已矣." 當於未放之前看如何, 已放之後看如何, 復得了又看是如何. 作三節看後, 自然習熟, 此心不至於放.【季禮】

59:154 孟子說: ▲[301] 求其放心而已矣." ▲[302]煞是說得切. 子細看來, 卻反是說得寬了. 孔子只云: "居處恭, 執事敬, 與人忠." "出門如見大賓, 使民如承大祭." 若能如此, 則此心自無去處, 自不容不存, 此孟子所以不及孔子.

59:155 問: ▲[303]「仁說」, 大率以心具愛之理, 故謂之仁. 今集注[304] ▲[305] 只以爲'酬酢萬變之主', 如何?" 曰: "不要如此看, 且理會箇'仁, 人心也', 須見得是箇'酬酢萬變之主.' 若只管以彼較此, 失了本意. 看盡[306][307]▲[308]【德明 ○『集注』】

299) ▲: 學問之道, 在
300) ▲: 公但去看
301) ▲: "學問之道無他,
302) ▲: 可
303) ▲: "先生向作
304) 注:【附箋紙】"注"從言.
305) ▲: '仁, 人心也',
306) 盡:『朱子語類』에서는 書로 되어 있다.
307) 看盡:【附箋紙】"看盡", 恐是刪未盡.
308) ▲: 且逐段看, 如喫物相似, 只咀嚼看如何. 向爲人不理會得仁, 故做出此等文

59:156 ▲[309]只是存得此心, 可以存此仁. 若只收此心, 更無動用生意, 又濟得甚麽! 所以明道又云: '自能尋向上去.' 這是已得此心, 方可做去, 不是道只愧[310]然守得這心便了." 問: "放心還當將放了底心重新收未[311], 還只存此心, 便是不放?" 曰: "看程先生所說, 文義自是如此, 意卻不然. 只存此心, 便是不放, 不是將已縱出了底, 依舊收將轉來. 如'七日來復', 終不是已往之陽, 重新將來復生. 舊底已自過去了, 這裏自然生出來. ▲[312] 這箇初無形影, 忽然而存, 忽然而亡. '誠無爲, 幾善惡', 『通書』說此一段尤好. '誠無爲', 只是常存得這箇實理在這裏. 惟是常存得實理在這裏, 方始見得幾, 方始識得善惡. 若此心放而不存, 一向反覆顚錯了, 如何別認得善惡? 以此知這道理雖然說得有許多頭項, 看得熟了, 都自相貫通. 聖賢當初也不是有意說許多頭項, 只因事而言."【賀孫】

59:157 ▲[313]莫令此心逐物去, 則此心便在這裏. 不是如一件物事[314], 放去了又收回來. 且如渾水自流過去了, 如何會收得轉! 後來自是新底水. 周先生曰: "誠心, 復其不善之動而已", 只是不善之動消

字, 今卻反爲學者爭論." 寶云: "先生之文似藥方, 服食卻在學者." 曰: "治病不治病, 卻在藥方, 服食見效不見效, 卻在人." 寶問: "心中湛然淸明, 與天地相流通, 此是仁否?" 曰: "湛然淸明時, 此固是仁義禮智統會處. 今人說仁, 多是把做空洞底物看, 卻不得. 當此之時, 仁義禮智之苗脈已在裏許, 只是未發動. 及有箇合親愛底事來, 便發出惻隱之心, 有箇可厭惡底事來, 便發出羞惡之心. 禮本是文明之理, 其發便知有辭遜, 智本是明辨之理, 其發便知有是非." 又曰: "仁是惻隱之母, 惻隱是仁之子. 又仁包義禮智三者, 仁似長兄, 管屬得義禮智, 故曰'仁者善之長.'"

309) ▲: 蜚卿問: "孟子說'求放心', 從'仁, 人心也', 說將來. 莫是收此心便是仁, 存得此心可以存此仁否?" 曰: "也

310) 愧: 『朱子語類』에서는 塊로 되어 있다.【附箋紙】"愧"宜從土.

311) 未: 『朱子語類』에서는 來로 되어 있다.【附箋紙】"未", 恐誤.

312) ▲: 這一章意思最好, 須將來日用之間常常體認看.

313) ▲: 明道說"聖賢千言萬語"云云, 只是大概說如此. 若"已放之心", 這箇心已放去了, 如何會收得轉來! 只是

314) 物事: 『小分』에서는 事物을 교정부호로 바로잡았다.

於外, 則善便先[315]於內. ▲[316) 【▲[317]是反復▲[318] ○賀孫】

59:158 ▲[319] 某近因病中兀坐存息, 遂覺有進步處. 大抵人心流濫四極, 何有定止. 一日十二時中有幾時在軀殼內? 與其四散閑走, 無所歸着, 何不收拾令在瞔[320]子中. 且今縱其營營思慮, 假饒求有所得, 譬如無家之商, 四方營求, 得錢雖多, 若無處安頓, 亦是徒費心力耳. 【大雅】

59:159 ▲[321]要知所以講學, 所以讀書, 所以致知, 所以力行, 以至習禮習樂, 事親從兄, 無非▲[322]要收[323]放心. 孟子之意, 亦是爲學問者無他, 皆是求放心爾. 此政與'思無邪'一般, 所謂'詩三百, 一言以蔽之曰: 〈思無邪〉.' 使人知善而勸, 知惡而戒, 亦只是一箇'思無邪'耳." 【螢】

59:160 明道云: ▲[324]將已放之心, 反覆[325]入身來, 自能尋向上去, 下學而上達也." 伊川云: "人心本善, 流而爲惡, 爲[326]放也." ▲[327] 二

---

315) 先: 『朱子語類』에서는 實로 되어 있다.

316) ▲: "操則存, 舍則亡." 只是操, 則此心便存. 孟子曰: "人有雞犬放, 則知求之, 有放心而不知求." 可謂善喩. 然雞犬猶有放失求而不得者. 若心, 則求著便在這裏. 只是知求則心便在此, 未有求而不可得者.

317) ▲: 池本作"便

318) ▲: 入身來."

319) ▲: 孟子說: "學問之道無他, 求其放心而已矣." 此最爲學第一義也. 故程子云: "聖賢千言萬語, 只是欲人將已放之心, 約之使反復入身來, 自能尋向上去."

320) 瞔: 【附箋紙】■從月.

321) ▲: 問: "明道云: '聖賢千言萬語, 只是收放心.'" 曰: "所謂講學讀書, 固是. 然

322) ▲: 只是

323) 要收: 『小分』에서는 收要를 교정부호로 바로잡았다.

324) ▲: "聖賢千言萬語, 只要人

325) 覆: 『朱子語類』에서는 復으로 되어 있다.

326) 爲: 『朱子語類』에서는 乃로 되어 있다.

327) ▲: 初看亦自疑此兩處. 諸公道如何? 須看得此兩處自不相礙, 乃可.

先生之言本不相礙, 只是一時語, 體用未甚完備. 大意以爲此心無不善, 止緣放了. 苟纔自知其已放, 則放底便斷, 心便在此. 心之善, 如惻隱・羞惡・恭敬・是非之端, 自然全得也. 伊川所謂"人心本善", 便正與明道相合. 惟明道語未明白, 故或者錯看, 謂是收拾放心, 遂如釋氏守箇空寂. 不知其意謂收放心只存得善端, 漸能克[328]廣, 非如釋氏徒守空寂, 有體無用. 且如一向縱他去, 與事物相靡相刃, 則所謂惻隱・羞惡・恭敬・是非之善端, 何緣存得?【賀孫】

59:161 ▲[329]伊川此語. 若不知心本善, 只管去把定這箇心教在裏, 只可靜坐, 或如釋氏有體無用, 應事接物不得. 流入不善,【他[330]本云"四端備於吾心. 心存, 然後能廣[331]而充之, 心放, 則顚冥莫覺, 流入不善"云云.】 是失其本心. 如"前[332]爲身死而不受, 今爲妻妾之奉爲之", 若此類是失其本心. 又如心有忿懥・恐懼・好樂・憂患, 則不得其正.【他[333]本下云: "心不在焉, 亦是放. 二說未嘗相□[334]."[335] ○賀孫】

59:162 ▲[336]

59:163 ▲[337]賀孫: ▲[338] 曰: "如程子說: '吾作字甚敬, 只此便是

---

328) 克:【附箋紙】"克", "充"之誤.

329) ▲: 明道曰: "聖賢千言萬語, 只是教人將已放底心, 反復入身來, 自能尋向上去, 下學而上達."【池本下云: "看下二句, 必不至空守此心, 無所用也."】 伊川曰: "心本善, 流入於不善." 須理會

330) 他:『朱子語類』에서는 池로 되어 있다.

331) 廣: 賀本에서는 擴으로 되어 있다.

332) 前:『朱子語類』에서는 向으로 되어 있다.

333) 他:『朱子語類』에서는 池로 되어 있다.

334) □:『朱子語類』에서는 礙로 되어 있다.

335) 伊川此語 … 未嘗相□:【附箋紙】此段宜攷詳量.

336) ▲: 問: "程子說, 聖人千言萬語云云, 此下學上達工夫也. 竊謂心若已放了, 恐未易收拾, 不審其義如何?" 曰: "孟子謂'出入無時, 莫知其鄕', 心豈有出入! 出只指外而言, 入只指內而言, 只是要人操而存之耳, 非是如物之散失而後收之也."【燀】

▲339) 這也可以收放心, 非是要字好也.” 曰: “然. ▲340) 【賀孫】

59:164 “福州 陳烈少年讀書不止341), 因見『孟子』‘求放心’一段, 遂閉門黙坐半月出來, 遂無書無342)讀. 亦是有力量人, 但失之怪耳.” 因曰: “今人有養生之具, 一失之便知求之. 心卻是與我同生者, 因其失而不求?” 或云: “不知其失耳.” 曰: “今聖賢分明說向你, 教你▲343) 又不求, 何也? 孟子於此段再三提起說, 其諄諄之意, 豈苟然哉? 今初求, 須猛勇作力, 如煎藥, 初用猛火, 旣佛344)之後, 方用慢火養之, 久之須自熟也.” 【大雅】

「人之於身也章」

59:165 ▲345) “‘飮食之人, 無有失也, 則口腹豈適爲尺寸之膚哉!’ 此數句被恁地說得倒了, 也自難曉. 意謂使飮食之人, 眞箇無所失, 則口腹之養本無害. 然人屑屑理會口腹, 則必有所失無疑. 是以當知養其大體, 而口腹底他自會去討喫, 不到得餓了也.” 【賀孫】

「公都子問鈞是人也章」

337) ▲: “文字極難理會. 『孟子要略』內說放心處, 又未是. 前夜方思量得出, 學問之道, 皆所以求放心, 不是學問只有求放心一事. 程先生說得如此, 自家自看不出.” 問

338) ▲: “曉得否?”

339) ▲: 學.’

340) ▲: 如洒掃應對, 博學·審問·愼思·明辨, 皆所以求放心.”

341) 止: 英祖刊本·成化本·賀本에서는 上으로 되어 있다.

342) 無: 『朱子語類』에서는 不로 되어 있다.

343) ▲: 求,

344) 佛: 『朱子語類』에서는 沸로 되어 있다. 【附箋紙】 “佛”從氵.

345) ▲: 『孟子』文義自分曉, 只是熟讀, 教他道理常在目前胸中流轉, 始得. 又云:

59:166 耳目之官[346]不能▲[347] 故蔽於物. 耳目, 一物也, ▲[348] 以外物▲[349]交乎[350]耳目之物, 自是被他引去. 唯"心之官則思", 故"思則得之, 不思則不得", 惟在人思不思之間耳. 然此物乃天之與我者, 所謂大者也. 君子當於思處用工, 能不妄思, 是能"先立[351]其大者"也. "立"字下得有力, 夫然後耳目之官小者弗能奪也, 是安得不爲大人哉!【大雅】

59:167 ▲[352] 若不思[353], 卻倒▲[354]不是做▲[355] 時[356]底卻做不是. 心雖主於思, 又須着思, 方得其所思. 若不思, 則邪思雜慮便順他做去, 卻害事.【賀孫】

59:168 ▲[357]

59:169 ▲[358] 耳目謂之物者, 以其不能思. 心能思, 所以謂之大體." ▲[359]【祖道】

---

346) 官:【附箋紙】"官"下落"思"字.
347) ▲: 思,
348) ▲: 外物, 一物也.
349) ▲: 而
350) 交乎:『小分』에서는 乎交를 교정부호로 바로잡았다.
351) 先立:『小分』에서는 立先을 교정부호로 바로잡았다.
352) ▲: 耳目亦物也, 不能思而交於外物, 只管引將去. 心之官, 固是主於思, 然須是思方得.
353) 若不思:【附箋紙】"若不思"以下, 多有落字・誤字.
354) ▲: 把
355) ▲: 是,
356) 時:『朱子語類』에서는 是로 되어 있다.
357) ▲: 問: "'不思而蔽於物.' 蔽, 是遮蔽否?" 曰: "然." 又問: "如目之視色, 從他去時, 便是爲他所蔽. 若能思, 則視其所當視, 不視其所不當視, 則不爲他所蔽矣." 曰: "然. 若不思, 則耳目亦只是一物, 故曰: '物交物, 則引之而已矣.'"【廣】
358) ▲: 問"物交物." 曰: "上箇'物'字主外物言, 下箇'物'字主耳目言. 孟子說得此一段好, 要子細看.
359) ▲: 問: "'官'字如何?" 曰: "官是主. 心主思, 故曰'先立乎其大者.' 昔汪尚書見焦

59:170 ▲[360]元有此思. 只恃其有此, 任他[361]如何, 卻不得. ▲[362]須是人自主張起來.【賀孫】

59:171 ▲[363]

59:172 ▲[364] 今忘前失後, 心不主宰, 被物引將去, 致得膠擾, 所以窮他理不得.【德明】

59:173 ▲[365]

59:174 問: "『集注』所載范浚「心銘」, 不知范曾從誰學?" 曰: "不曾從人, 但他自見得到, 說得此件物事如此好. 向見呂伯恭甚忽之, 問: '須取他銘則甚?' 曰: '但見他說得好, 故取之.' 曰: '似恁說話, 人也多說得到.' 曰: '正爲少見有人能說得如此者, 此意蓋有在也.'"【廣】

「有天爵者章」

先生, 問爲學如何, 焦先生只說一句: '先立乎其大者.'"

360) ▲: "心之官則思", 固是

361) 任他: 徽州本에서는 恁地로 되어 있다.

362) ▲: 須是去思, 方得之, 不思, 則不得也. 此最要緊. 下云"先立乎其大者", 卽此思也. 心元有思,

363) ▲: "孟子說: '先立乎其大者, 則其小者弗能奪也.' 此語最有力, 且看他下一箇'立'字. 昔汪尙書問焦先生爲學之道, 焦只說一句曰: '先立乎其大者.' 以此觀之, 他之學亦自有要. 卓然豎起自心,【方子錄云: "立者, 卓然豎起此心."】 便是立, 所謂'敬以直內'也. 故孟子又說: '學問之道無他, 求其放心而已矣.' 求放心, 非是心放出去, 又討一箇心去求他. 如人睡著覺來, 睡是他自睡, 覺是他自覺, 只是要常惺惺." 趙昌父云: "學者只緣斷續處多." 曰: "只要學一箇不斷續."【文蔚】

364) ▲: "先立乎大者, 則小者不能奪."

365) ▲: "此天之所以與我者", 古本此皆作"比", 趙岐注亦作"比方." 天之與我者則心爲大, 耳目爲小, 其義則一般. 但『孟子』文恐不如此. "比"字不似"此"字較好.【廣】

59:175 ▲[366] 修其天爵, 自有箇得爵祿底道理, 與要求者氣象大故相遠."【去僞】

59:176 ▲[367]

▲[368]

59:177 ▲[369]

「仁之勝不仁也章」

59:178 ▲[370] 以理言之, 則正之勝邪, 天理之勝人欲, 甚易, 而邪之勝正, 人慾之勝天理, 若甚難. 以事言之, 則正之勝邪, 天理之勝人慾, 甚難, 而邪之勝正, 人慾之勝天理, 卻甚易. 蓋纔是蹉失一兩件事, 便被邪來勝將去. 若以正勝邪, 則須是做得十分工夫, 方勝得他, 然猶自恐怕勝他未盡在. 正如人身正氣稍不足, 邪便得以干之矣.【僩】

「五穀種之美者章」

59:179 一日, 擧『孟子』"五穀者, 種之美者也, 苟爲不熟, 不如稊稗", 誨諸生曰: "和尙問話, 只是一言兩句. 稊, 稗之熟者也. 儒者明經, 若

366) ▲: 問"修其天爵, 而人爵從之." 曰: "從, 不必作聽從之'從', 只修天爵, 人爵自從後面來, 如'祿在其中矣'之意.

367) ▲: 黃先之問此章. 曰: "那般處也自分曉, 但要自去體認那箇是內, 那箇是外? 自家是向那邊去? 那邊是是, 那邊是不是? 須要實見得如此." 賀孫問: "古人尙修天爵以要人爵, 今人皆廢天爵以要人爵." 曰: "便是如此."【賀孫】

368) ▲: 「欲貴者人之同心章」

369) ▲: 看「欲貴人之同心說」, 曰: "大槪亦是. 然如此說時, 又只似一篇文字, 卻說不殺. 如孟子於此, 只云'弗思耳'三字, 便實知得功夫只在這裏."【㽦】

370) ▲: "仁之勝不仁也, 猶水勝火."

通徹了, 不用費辭, 亦一言兩句義理便明白. 否則卻是'五穀不熟, 不如稊稗.'"【謨】

59:180 ▲[371] "君子之志於道也, 不成章不達." 如今學者要緊也成得一箇坯模定了, 出始[372]工夫卻在人. 只是成得一箇坯模了, 到做出始[373]工夫, 卻最難, 正是天理人欲相勝之地. 自家這裏勝得一分, 他那箇便退一分, 自家這裏退一分, 他那箇便進一分, 如漢·楚相持於成皐·滎陽間, 只爭這些子.【賀孫】

「告子下」

「任人有問屋廬子章」

59:181 ▲[374] 如古者國有荒凶, 則殺禮而多昏. 『周禮』荒政十二條中, 亦有此法. 蓋貧窮不能備親迎之禮, 法許如此.【僩】

「曹交問曰章」

59:182 孟子道"人皆可以爲堯·舜", 何曾便道是堯·舜更不假修爲! 且如銀坑有鑛, 謂鑛非銀, 不可. 然必謂之銀, 不可. 須用烹煉, 然後成銀.【椿】

371) ▲: "苟爲不熟, 不如稊稗."
372) 始: 孝宗刊本·英祖刊本·成化本에서는 治로 되어 있고, 賀本에서는 治로 되어 있다.【附箋紙】兩"始"字, 疑誤.
373) 始: 孝宗刊本·英祖刊本·成化本에서는 治로 되어 있고, 賀本에서는 治로 되어 있다.【附箋紙】兩"始"字, 疑誤.
374) ▲: "親迎, 則不得妻, 不親迎, 則得妻."

59:183 ▲[375]

59:184 ▲[376] 要知工夫須是自理會, 不是別人干預得底事.【賀孫】

▲[377]

59:185 ▲[378]

「魯欲使愼子爲將軍章」

59:186 ▲[379]問: ▲[380]先生向說齊・魯始封七百里者, 何邪?" 曰: "此等處, 皆難考. 如齊'東至于海, 西至于河, 南至于穆陵, 北至于無棣', 魯跨許・宋之境, 皆不可謂非五七百里之闊." 淳問: "「王制」與『孟子』同, 而『周禮』'諸公之地, 封疆方五百里, 諸侯方四百里, 伯三百里, 子二百里, 男百里.' 鄭氏以「王制」爲夏・商制, 謂夏・商中國方三千里, 周公斥而大之, 中國方七千里, 所以不同." 曰: "鄭氏只文字上說得好看, 然甚不曉事情. 且如百里之國, 周人欲增到五百里, 須併四箇百里國地, 方做得一國. 其所併四國, 又當別裂地以封之. 如此, 則天下諸侯東遷西移, 改立宗廟社稷, 皆爲之騷動矣. 若如此趲去, 不數大國, 便無地可容了. 許多國何以處之? 恐不其然. 切[381]意其初只

375) ▲: "堯・舜之道, 孝弟而已矣." 這只是對那不孝不弟底說. 孝弟便是堯・舜之道, 不孝不弟, 便是桀・紂.【僩】

376) ▲: "歸而求之, 有餘師", 須是做工夫. 若茫茫恁地, 只是如此. 如前夜說讀書, 正是要自理會. 如在這裏如此讀書, 若歸去也須如此讀書. 看『孟子』此一段發意如此大, 卻在疾行徐行上面.

377) ▲: 「淳于髡曰先名實者章」

378) ▲: "乃孔子則欲以微罪行, 不欲爲苟去", 謂孔子於受女樂之後而遂行, 則言之似顯君相之過, 不言, 則己爲苟去. 故因燔肉不至而行, 則吾之去國, 以其不致燔爲得罪於君耳.【人傑】

379) ▲: 毅然

380) ▲: "孟子說齊・魯皆封百里, 而

方百里, 後來呑幷, 遂漸漸大. 如'禹會諸侯於塗山, 執玉帛者萬國.' 到周時, 只有千八百國. 自非呑併, 如何不見許多國? 武王時, 諸侯地已大, 武王亦不奈何, 只得就而封之. 當時封許多功臣之國, 緣當初'滅國者五十', 得許多[382]空地可封. 不然, 則周公·太公亦自無安頓處. 若割取諸國之地, 則[383]寧不謀反如漢 晁錯之時乎? 然則孟子百里之說, 亦只是大綱如[384]此說, 不是實攷[385]得見古制."【淳】

59:187 ▲[386]

「舜發於畎畝章」

59:188 "動心忍性"者, 動其仁義禮智之心, 忍其聲色臭味之性.【銖】

59:189 ▲[387] "困心衡慮"者, 心覺其有過, "徵色發聲"者, 其過形於

---

381) 切: 成化本·賀本에서는 竊로 되어 있다.

382) 十', 得許多: 『小分』에서는 손상되어 보이지 않으나 『朱子語類』에 따라 보충하였다.

383) 國之地, 則: 『小分』에서는 손상되어 보이지 않으나 『朱子語類』에 따라 보충하였다.

384) 大綱如: 『小分』에서는 손상되어 보이지 않으나 『朱子語類』에 따라 보충하였다.

385) 攷: 【附箋紙】"攷", 誤.

386) ▲: "古者制國, 土地亦廣, 非如孟子百里之說. 如齊地'東至于海, 西至于河, 南至穆陵, 北至無棣', 土地儘闊. 禹會塗山, '執玉帛者萬國.' 後來更相呑噬, 到周初, 只有千八百國, 是不及五分之一矣, 想得併來儘大. 周封新國, 若只用百里之地介在其間, 豈不爲大國所呑! 亦緣'誅紂代奄, 滅國者五十', 得許多土地, 方封許多人." 問: "『周禮』所載諸公之國方五百里, 諸侯之國方四百里云云者, 是否?" 曰: "看來怕是如此. 孟子之時, 去周初已六七百年, 旣無載籍可考, 見不得端的. 如'五十而貢, 七十而助', 此說自是難行." 問: "「王制」疏載周初封建只是百里, 後來滅國漸廣, 方添至數百里." 曰: "此說非是. 諸國分地先來定了, 若後來旋添, 便須移動了幾國徙去別處方得, 豈不勞擾!"【僩】

387) ▲: "困心衡慮, 徵色發聲", 謂人之有過而能改者如此.

外.【人傑】

59:190 明道曰: "自'舜發於畎畝之中'云云, 若要熟, 也須從這裏過." 只是要事事經歷過.【賀孫】

59:191 ▲[388] "若不從這裏過, 也不識所以堅牢者, 正緣不曾親歷了, 不識. 似一條路, 須每日從上面往來, 行得熟了, 方認得許多險阻去處. 若素不曾行, 忽然一旦撞行將去, 少間定墮坑落塹去也!"【僩】

▲[389]

59:192 ▲[390]

388) ▲: 問: "'若要熟, 也須從這裏過.' 人須從貧困艱苦中做來, 方堅牢." 曰:

389) ▲: 「教亦多術矣章」

390) ▲: "予不屑之教誨也者." 趙氏曰: "屑, 潔也." 考『孟子』"不屑就"與"不屑不潔"之言, "屑"字皆當作"潔"字解. 所謂"不屑之教誨者", 當謂不以其人爲潔而教誨之. 如"坐而言, 不應, 隱几而臥"之類. 大抵解經不可便亂說, 當觀前後字義也.【人傑】

『朱子語類』 卷第六十

「『孟子』十」

「盡心上」

「盡其心者章」

60:1 ▲[1] "者"字不可不子細看. 人能盡其心者, 只爲[2]知其性, 知性卻在先.【文蔚】

60:2 ▲[3]與'得其民者, 得其心也'相似."【雉】

60:3 人往往說先盡其心而後知性, 非也. 心性本不可分, 況其語脈是"盡其心者, 知其性." 心只是包着這道理, 盡知得其性之道理, 便是盡其心. 若只要理會盡心, 不知如何地盡.【僩】

60:4 ▲[4] "性者, 吾心之實理, 若不知得盡, 卻盡箇甚麼?"

60:5 ▲[5]

---

1) ▲: "盡其心者, 知其性也."
2) 只爲: 徽州本에서는 由於로 되어 있다.
3) ▲: 李問"盡其心者, 知其性也." 曰: "此句文勢
4) ▲: 或問"盡心・知性." 曰:
5) ▲: "盡其心者, 知其性也." 所以能盡其心者, 由先能知其性, 知性則知天矣. 知性知天, 則能盡其心矣. 不知性, 不能以盡其心. "物格而後知至."【道夫】

60:6 ▲[6]

60:7 知性者, 物格也, 盡心者, 知至也. "物"字對"性"字, "知"字對"心"字. 【節】

60:8 ▲[7]先知得[8], 然後見得盡. 【節】

60:9 ▲[9]心, 卻似包着這性情在裏面. ▲[10] 此意橫渠得知, 故說'心統性情者也', ▲[11] 大雅云: "橫渠言'心禦見▲[12] 不弘於性', 則又是心小性大也." 曰: "'禦'字不可作'止'字與'當'字解, 禦有梏之意. 云心梏於見聞, 反不弘於性耳." 【大雅】

60:10 問: "橫渠謂: '心能盡性, 〈人能弘道〉也, 性不知檢其心, 〈非道弘人〉也.' 如『孟子』'盡其心者, 知其性也', 先生謂: '盡其心者, 必其能知性者也. 知性是物格之事, 盡心是知至之事.' 如何?" 曰: "心與性只一般, 知與盡不同. 所謂知, 便是心了." 問: "知是心之神明, 似與四端所謂智不同?" 曰: "此'知'字義又大. 然孔子多說仁·智, 如'元亨利貞', 元便是仁, 貞便是智. 四端, 仁智最大. 無貞, 則元無起處, 無智, 則如何是仁? 『易』曰: '大明終始.' 有終便有始. 智之所以爲大者, 以其有知也." 【廣】

---

6) ▲: 盡其心者, 由知其性也. 先知得性之理, 然後明得此心. 知性猶物格, 盡心猶知至. 【德明】

7) ▲: 知性, 然後能盡心. 先知, 然後能盡, 未有先盡而後方能知者. 蓋

8) 先知得: 徽州本에서는 이 뒤에 性之理가 더 있다.

9) ▲: 王德修問"盡心然後知性." 曰: "以某觀之, 性情與心固是一理, 然命之以

10) ▲: 故孟氏語意卻似說盡其心者, 以其知性故也.

11) ▲: 看得精. 邵堯夫亦云: '性者, 道之形體, 心者, 性之郛郭, 身者, 心之區宇, 物者, 身之舟車.' 語極有理."

12) ▲: 聞,

60:11 ▲[13]信州教授林德久未甚信此說, 過欲因以其易曉者譬之, 如欲盡其爲教授者, 必知其職業, 乃能盡也." 先生云: "'存[14]其心', 恰如教授在此, 方理會得每日職業."【過】

60:12 ▲[15] "知得到時, 必盡我這心去做. 如事君必要極於忠, 爲子必要極於孝, ▲[16] 旣知得到這處, 若於心有些子未盡處, 便打不過, 便不足."【賀孫 ○專論"盡心."】

60:13 問: "盡心, 只是知得盡, 未說及行否?" 曰: "某初間亦把做只是知得盡, 如『大學』'知至'一般, 未說及行. 後來子細看, 如『大學』'誠意'字模樣, ▲[17]【淳 ○此段句意恐未眞.】

60:14 ▲[18]

60:15 ▲[19]

60:16 ▲[20]

---

13) ▲: 問: "先生所解'盡其心者, 知其性也', 正如云'得其民者, 得其心也'語意同." 先生曰: "固自分曉. 尋此樣子亦好." "後見

14) 存: 徽州本에서는 盡으로 되어 있다.

15) ▲: 問"盡心者知至也." 曰:

16) ▲: 不是備禮如此.

17) ▲: 是眞箇恁地盡. '如惡惡臭, 如好好色', 知至亦須兼誠意乃盡. 如知得七分, 自家去做, 只著得五分心力, 便是未盡. 有時放緩, 又不做了. 如知得十分眞切, 自家須著過二十分心力實去恁地做, 便是盡. '盡其心者, 知其性也.' 知性, 所以能盡心."

18) ▲: "某前以『孟子』「盡心」爲如『大學』'知至', 今思之, 恐當作'意誠'說. 蓋孟子當時特地說箇'盡心', 煞須用功. 所謂盡心者, 言心之所存, 更無一毫不盡, 好善便'如好好色', 惡惡便'如惡惡臭', 徹底如此, 沒些虛僞不實." 童云: "如所謂盡心力爲之之'盡'否?" 曰: "然."【砥】

19) ▲: 黃先之問"盡心." 曰: "盡心, 是竭盡此心. 今人做事, 那曾做得盡, 只盡得四五分心, 便道了. 若是盡心, 只是一心爲之, 更無偏旁底心. '如惡惡臭, 如好好色', 必定是如此. 如云盡心力爲之."【賀孫】

60:17 ▲[21)]

60:18 ▲[22)]

60:19 ▲[23)]

60:20 ▲[24)]

60:21 盡心, 就見處說, 見理無所不盡, 如格物・致知之意. 然心無限量, 如何盡得? 物有多少, 亦如何窮得盡? 但到那貫通處, 則纔拈來便曉得, 是爲盡也. 存心, 卻是就持守處說.【端蒙】

60:22 ▲[25)] "這事理會得, 那事又理會不得, 理會得東邊, 又不理會得西邊. 只是從來不曾盡這心, 但臨事恁地胡亂挨[26)]將去. 此心本來無有些子不備, 無有些子不該. 須是盡識得許多道理, 無些子窒礙, 方是盡心. 如今人人有箇心, 只是不曾使得他盡, 只恁地苟簡鹵莽, 便道是了."【賀孫】

60:23 問: "季通▲[27)] 謂'聖人此心纔[28)]見得盡, 則所行無有不盡. 故

20) ▲: "盡心・知性・知天", 工夫在知性上. 盡心只是誠意, 知性卻是窮理. 心有未盡, 便有空闕. 如十分只盡得七分, 便是空闕了二三分. 須是'如惡惡臭, 如好好色', 孝便極其孝, 仁便極其仁. 性卽理, 理卽天. 我旣知得此理, 則所謂盡心者, 自是不容已. 如此說, 卻不重疊. 旣能盡心・知性, 則胸中已是瑩白淨潔. 卻只要時時省察, 恐有汚壞, 故終之以存養之事.【謨】

21) ▲: 盡心者, 發必自慊, 而無有外之心, 卽『大學』意誠之事也.【道夫】

22) ▲: 問: "盡心, 莫是見得心體盡? 或只是如盡性【池錄作"盡忠盡信."】 之類否?" 曰: "皆是."【德明】

23) ▲: 盡心以見言, 盡性以養言.【德明】

24) ▲: "盡心・盡性"之"盡", 不是做功夫之謂. 蓋言上面功夫已至, 至此方盡得耳. 『中庸』言"唯天下至誠爲能盡其性", 『孟子』言"盡其心者知其性"是也.【銖】

25) ▲: 說"盡心", 云:

26) 挨: 徽州本에서는 做로 되어 있다.

程子曰: 〈聖人無俟於力行〉.' 曰: "固是聖人有這般所在. 然所以爲聖人, 也只說'好問, 黙而識之, 好古, 敏以求之', 那曾說知了便了!" 又曰: "盡心如明鏡, 無些子蔽翳. 只看鏡子若有些少照不見處, 便是本身有些塵汚. 如今人做事, 有些子鶻突窒礙, 便只▲[29]自家見不盡. 此心本來虛靈, 萬理具備, 事事物物皆所當知. 今人多是氣質偏了, 又爲物欲所蔽, 故昏而不能盡知, 聖賢所以貴於窮理." 又曰: "萬理雖具於吾心, 還使敎他知, 始得. 今人有箇心在這裏, 只是不曾使他去知許多道理. 少間遇事做得一邊, 又不知那一邊, 見得東, 遺卻西. 少間只成私意, 皆不能盡道理. 盡得此心者, 洞然光明, 事事物物無有不合道理." 又曰: "學問之所以傳不傳者, 亦是能盡心與不能盡心." 問: "若曾子易簀之事, 此時若不能正, 也只是不盡得心." 曰: "然. 曾子旣見得道理, 自然便改了. ▲[30]【賀孫】

60:24 問: ▲[31] '心無體, 以性爲體.' 如何?" 曰: "心是虛底物, 性是裏面穰肚餡草. 性之理包在心內, 到發時, 卻是性底出來. 性, 不是有一箇物事在裏面喚做性, 只是理所當然者便是性, 只是人合當如此做底便是性. ▲[32]【震】

60:25 ▲[33]

60:26 ▲[34]

27) ▲: 說'盡心',
28) 纔: 賀本에서는 才로 되어 있다.
29) ▲: 是
30) ▲: 若不便改了, 這心下便闕了些. 當時季孫之賜, 曾子如何失點檢去上睡? 是不是了. 童子旣說起, 須著改始得. 若不說, 不及改也不妨, 才說, 便著改."
31) ▲: "程子解'盡心・知性'處云:
32) ▲: 惟是孟子'惻隱之心, 仁之端也'這四句, 也有性, 也有心, 也有情, 與橫渠'心統性情'一語, 好看."
33) ▲: 盡心, 謂事物之理皆知之而無不盡, 知性, 謂知君臣・父子・兄弟・夫婦・朋友各循其理, 知天, 則知此理之自然.【人傑】

60:27 ▲[35]問"知其性則知天矣." 曰:【倪錄云: "知天是知源頭來處."】"性, 以賦於我之分而言, 天, 以公共道理【倪錄作"公共之本原."】 而言. 天便脫模是一箇大底人, 人便是一箇小底天. 吾之仁義禮智, 卽天之元亨利貞. 凡吾之所有者, 皆自彼而來也. 故知吾性, 則自然知天矣." 【倪錄此下云: "又問'存心養性.' 曰: '存得父子之心盡, 方養得仁之性, 存得君臣之心盡, 方養得義之性.'" ○時擧】

60:28 ▲[36]李先生云: '盡心者, 如孟子見齊王問樂, 則便對云云, 言貨色, 則便對云云, 每遇一事, 便有以處置將去, 此是盡心.' 舊時不之[37]曉, 蓋此乃盡心之効[38]如此, 得此本然之心, 則皆推得去無窮也. ▲[39]【方】

60:29 "盡心・知性・知天", 此是致知, "存心・養性・事天", 此是力行.【泳 ○盡知存養.】

60:30 "盡心・知性", ▲[40]"知"字重, "盡"字輕. 知性, 則心盡矣. 存養, 有行底意思.【可學】

60:31 ▲[41] "盡知是知底工夫, 存養是守底工夫."【震】

---

34) ▲: 盡心, 如何盡得? 不可盡者心之事, 可盡者心之理. 理旣盡之後, 謂如一物初不曾識, 來到面前, 便識得此物, 盡吾心之理. 盡心之理, 便是"知性, 知天."【去僞 ○末二句恐誤.】

35) ▲: 黃敬之問"盡心・知性." 曰: "性是吾心之實理, 若不知得, 卻盡箇甚麽?" 又

36) ▲: 因看程子『語錄』"心小性大, 心不弘於性, 滯於知思"說, 及上蔡云"心有止"說, 遂云: "心有何窮盡? 只得此本然之體, 推而應事接物皆是. 故於此知性之無所不有, 知天亦以此. 因省

37) 不之: 賀本에서는 之不로 되어 있다.

38) 効: 成化本・賀本에서는 效로 되어 있다.

39) ▲: 如'見牛未見羊'說, 苟見羊, 則亦便是此心矣."

40) ▲: 以前看得"知"字放輕. 今觀之, 卻是

41) ▲: 問: "'盡・知・存・養'四字如何分別?" 曰:

60:32 問"盡心・盡性." 曰: "盡心云者, 知之至也, 盡性云者, 行之極也. 盡心則知性・知天, 以其知之已至也. 若存心・養性, 則是致其盡性之功也."【人傑】

60:33 孟子說"知性", 是知得性中物事. 旣知得, 須盡知得, 方始是盡心. 下面"存其心, 養其性", 方始是做工夫處. ▲42)【泳】

60:34 ▲43)

60:35 孟子說"存其心", 雖是緊切, 卻似添事. 蓋聖人只爲學者立下規矩, 守得規矩定, 便心也自定. 如言"居處恭, 執事敬, 與人忠", 人能如是存守, 則心有不存者乎! 今又說"存其心", 則與此爲四矣. 如此處, 要人理會.【升卿】

60:36 存之養之, 便是事, 心性, 便是天, 故曰"所以事天也."【德明】

60:37 ▲44)問"存心・養性"先後. 曰: "先存心而後養性. 養性云者, 養而勿失之謂. 性不可言存."

60:38 問▲45)事天." 曰"天敎你'父子有親', 你便用'父子有親', 天敎你'君臣有義', 你便用'君臣有義.' 不然, 便是違天矣. 古人語言下得字

42) ▲: 如『大學』說"物格而後知至." 物格者, 物理之極處無不到, 知性也, 知至者, 吾心之所知無不盡, 盡心也. 至於"知至而後意誠", 誠則"存其心, 養其性"也. 聖人說知必說行, 不可勝數.

43) ▲: 蜚卿問: "'盡心, 存心', 盡, 莫是極至地位, 存, 莫是初存得這心否?" 曰: "盡心, 也未說極至, 只是凡事便須理會敎十分周足, 無少闕漏處, 方是盡. 存, 也非獨是初工夫, 初間固是操守存在這裏, 到存得熟後, 也只是存. 這'存'字無終始, 只在這裏."【賀孫】

44) ▲: 仲思

45) ▲: "存心養性以

都不苟, 如‘存其心, 養其性’, 若作‘養其心, 存其性’, 便不得.” 問: “如何是‘天者理之所從出’?” 曰: “天便是那太虛, 但能盡心・知性, 則天便不外是矣. 性便有那天.” 問: “‘四十而不惑, 五十而知天命.’ 不惑, 謂知事物當然之理, 知天命, 謂知事物之所以然, 便是‘知天・知性’之說否?” 曰: “然. 他那裏自看得箇血脈相牽連, 要自子細看. 龜山之說極好. 龜山問學者曰: ‘人何故有惻隱之心?’ 學者曰: ‘出於自然.’ 龜山曰: ‘安得自然如此! 若體究此理, 知其所從來, 則仁之道不遠矣.’ 便是此說.” 【僩】

60:39 “存其心”, 則能“養其性”, 正其情. “養其性”, 如不暴. 【方】

60:40 存心, 便性得所養. 季通說“存心”雖是, 然語性已疏. 【性有動靜.】

○[46] 蓋孟子本文甚切. 【方】

60:41 “夭壽不貳”, 不以死生[47]爲吾心之悅戚也. 【人傑】

60:42 問: “‘立命’, 是豎立得這天之所命, 不以私意參雜, 倒了天之正命否?” 曰: “然.” 問: “‘莫非命也’, ▲[48] 與‘天命謂性’之‘命’同否?” 曰: “孟子之意, 未說到氣稟, 孟子自來不甚說氣稟. 看是此句只是說人物之生, 吉凶禍福, 皆天所命, 人但順受其正. 若桎梏而死, 與立乎巖牆之下而死, 便是你自取, 不干天事, 未說到氣稟在.” 【僩】

60:43 ▲[49] “旣不以夭壽貳其心, 又須修身以俟, 方始立得這命. 自

46) ○: 『朱子語類』 60:40을 『小分』에서 별도의 항목으로 나누었다.
47) 死生: 『朱子語類』에서는 生死로 되어 있다.
48) ▲: 此一句是總說氣稟之命,
49) ▲: 敬之問“夭壽”至“命也.” 曰:

家▲[50]百年在世, ▲[51] 須事事教是當, 自家▲[52]一日在世, ▲[53] 也須教事事是當[54]始得. 若既不以夭壽動其心, 一向胡亂做, 又不可. 如佛氏以絶滅爲事, 亦可謂之'夭壽不貳', 然'修身以俟'一段, 全不曾理會, 所以做底事皆無頭腦, 無君無父, 亂人之大倫."【賀孫】

60:44 ▲[55]問: ▲[56] 壽夭是天命, 修身是順天命. 安於天理之正, 無一毫人慾[57]計'較之私, 而天命在我, 方始流行." 曰: "'夭壽不貳', 是不疑他. 若一日未死, 一日要是當, 百年未死, 百年要是當, 這便是'立命.' '夭壽不貳', 便是知性知天之力, '修身以俟', 便是存心養性之功. '立命'一句, 更用通下章看." 又問: "'莫非命也, 順受其正.' 若是人力所致者, 如何是命?" 曰: "前面事都見不得. 若出門吉凶禍福皆不可知, 但有正不正. 自家只順受他正底, 自家身分無過, 恁地死了, 便是正命. 若立巖牆之下, 與桎梏而死, 便不是正命. 或如比干剖心, 又不可不謂之正命." 直卿說: "先生向嘗譬喩, 一似受差遣, 三年滿罷, 便是君命之正. 若歲月間以罪去, 也是命, 便不是正底命." 先生曰: "若自家無罪, 便歲月間去, 又不可不謂之正命." 子善問: ▲[58] 今人卻道我命若未死, 縱立巖牆之下, 也不到壓死." 曰: "莫非命者, 是活絡在這裏, 看他如何來. 若先說道我自有命, 雖立巖牆之下也不妨, 卽是先指定一箇命, 便是紂說'我生不有命在天'!" 因擧橫渠"行同報異"與"氣遇"等語, "伊川卻道他說遇處不是." 又曰: "這一段文勢直是緊, 若精神鈍底, 眞箇趕他不上. 如龍虎變化, 直是捉搦他不住!"【僩 ○時擧略.】

---

50) ▲: 有
51) ▲: 百年之中,
52) ▲: 有
53) ▲: 一日之內,
54) 是當: 『小分』에서는 當是를 교정부호로 바로잡았다.
55) ▲: 敬之
56) ▲: "'夭壽不貳, 修身以俟之, 所以立命也.'
57) 慾: 英祖刊本・賀本에서는 欲으로 되어 있다.
58) ▲: "孟子謂'知命者不立巖牆之下',

60:45 問"由太虛"云云. 曰: "本只是一箇太虛, 漸漸細分, 說得密耳. 且太虛便是這四者之總體, 而不雜乎四者而言. '由氣化有道之名', 氣化是那陰陽造化, 寒暑晝夜, 雨露霜雪, 山川木石, 金水火土, 皆是只這箇, 便是那太虛, 只是便雜卻氣化說. 雖雜氣化, 而實不離乎太虛, 未說到人物各具當然之理處." 問: "太虛便是「太極圖」上面底圓圈, 氣化便是圓圈裏陰靜陽動否?" 曰: "然." 又曰: "'合虛與氣有性之名', 有這氣, 道理便隨在裏面, 無此氣, 則道理無安頓處. 如水中月, 須是有此水, 方映得那天上月, 若無此水, 終無此月也. 心之知覺, 又是那氣之虛靈底. 聰明視聽, 作爲運用, 皆是有這知覺, 方運用得這道理. ▲59) 又問: "人與鳥獸固有知覺, 但知覺有通塞, 草木亦有知覺否?" 曰: "亦有. 如一盆花, 得些水澆灌, 便敷榮, 若摧抑他, 便枯悴. 謂之無知覺, 可乎? 周茂叔窗前草不除去, 云'與自家意思一般', 便是有知覺. 只是鳥獸底知覺不如人底, 草木底知覺又不如鳥獸底. 又如大黃喫着便會瀉, 附子喫着便會熱. 只是他知覺只從這一路去." 又問: "腐敗之物亦有否?" 曰: "亦有. 如火燒成灰, 將來泡湯喫, 也燂苦." 因笑曰: "頃信州諸公正說草木無性, 今夜又說草木無心矣."【僩 ○『集注』】

60:46 先生問: "'合虛與氣有性之名', 如何看?" 廣云: "虛只是理, 有是理, 斯有是氣." 曰: "如何說'合'字?" 廣云: "恐是據人物而言." 曰: "有是物則有是理與氣, 故有性之名, 若無是物, 則不見理之所寓. '由太虛有天之名', 只是據理而言. '由氣化有道之名', 由氣之化, 各有生長消息底道理, 故有道之名. 旣已成物, 則物各有理, 故曰: '合虛與氣有性之名.'"【廣】

60:47 "由太虛有天之名", 都是箇自然底. "由氣化有道之名", 是虛底物在實上見, 無形底物因有形而見. ▲60) "合虛與氣有性之名", 是

59) ▲: 所以橫渠說: '〈人能弘道〉, 是心能盡性, 〈非道弘人〉, 是性不知檢心.' 又邵子曰: '心者, 性之郛郭.' 此等語, 皆秦・漢以下人道不到."

60) ▲: 所謂道者, 如天道・地道・人道・父子之道・君臣之道・"率性之謂道"是也.

自然中包得許多物事.【夔孫】

60:48 "由太虛有天之名", 這全說理. "由氣化有道之名", 這說着事物上. 如"率性之謂道", 性只是理, 率性方見得是道, 這說着事物上. 且如▲[61] 有那君臣父子, 方見這箇道理. "合虛與氣有性之名." "虛"字便說理, 理與氣合, 所以有人.【植】

60:49 ▲[62] "'由太虛有天之名, 合虛與氣有性之名.' '天命之謂性', 管此兩句. '由氣化有道之名', '率性之謂道', 管此一句. '合性與知覺有心之名', 此又是天命謂性, 這下[63]管此一句."【賜】

60:50 ▲[64] '由太虛有天之名, 由氣化有道之名', 此是總說. '合虛與氣有性之名, 合性與知覺有心之名', 此是就人上說."【賜】

60:51 問: "'由氣化有道之名', 是自陰陽言?" 曰: "方見其有許多節次."【可學】

60:52 林問: "氣化何以謂之道?" 曰: "天地間豈有一物不由其道者!" 問: "合虛與氣何以有性?" 曰: "此語詳看, 亦得其意, 然亦有未盡處. 當言'虛卽是性, 氣卽是人.' 以氣之虛明寓於中, 故'合虛與氣有性之名.' 雖說略盡, 而終無[65]二意." 劉問: "如此, 則莫是性離於[66]道邪?" 曰: "非此之謂. 到這處則有是名, 在人如何看, 然豈有性離於道之理!"【寓】

---

61) ▲: 君臣父子之道,
62) ▲: 問: "知覺是氣之陽明否?" 曰:
63) 下: 賀本에서는 正으로 되어 있다.
64) ▲: 問: "當無事時, 虛明不昧, 此是氣. 其中自然動處, 莫是性否?" 曰: "虛明不昧, 此理具乎其中, 無少虧欠. 感物而動, 便是情. 橫渠說得好.
65) 無: 『朱子語類』에서는 有로 되어 있다.
66) 離於: 『小分』에서는 於離를 교정부호로 바로잡았다.

60:53 ▲[67] 曰: "惟五峰發明得兩句好: '非性無物, 非氣無形.'"【燾】

60:54 ▲[68] "虛, 只是說理. 橫渠之言大率有未瑩處. 有心則自有知覺, 又何合性與知覺之有!"【蓋卿】

60:55 ▲[69] 橫渠如此議論, 極精密.【驤】

60:56 伊川云: "盡心然後知性." 此不然. "盡"字大, "知"字零星.【饒錄無此七字. 卻云: "盡心者, 以其知性."】 若未知性便要盡心, 則懸空無下手處. 惟就知性上積累將去, 自然盡心.【學蒙 ○集義】

60:57 問: "盡心・知性, 不假存・養, 其惟聖人乎! 佛本不假於存・養, 豈竊希聖人之事乎?" 曰: ▲[70] 吾儒・釋氏相似而不同. ▲[71] 如吾儒盡心, 只是盡君臣父子等心, 便見有是理. 性卽是理也. 如釋氏所謂'盡心・知性', 皆歸於空虛. 其所存・養, 卻是閉眉合眼, 全不理會道理."【去僞】

60:58 ▲[72]問: "伊川云: '心具天德. 心有未盡處, 便是天德未能盡.' 切[73]嘗熟味其言. ▲[74]在天爲命, 在人爲性, 性無形質, 而舍[75]之於心. 故一心之中, 天德具足, 盡此心則知性知天矣. 游氏以'心無餘蘊'爲盡心, 謝氏以'擴充得去'爲盡心, 皆此意也. 然橫渠・范侍講之說則

67) ▲: 問"合虛與氣有性之名."
68) ▲: 問"合虛與氣有性之名, 合性與知覺有心之名." 曰:
69) ▲: "由太虛有天之名", 至"知覺有心之名."
70) ▲: "盡・知・存・養,
71) ▲: 只是他所存・所養・所知・所盡處, 道理皆不是.
72) ▲: 或
73) 切: 成化本・賀本에서는 竊로 되어 있다.
74) ▲: 意者
75) 舍: 賀本에서는 含으로 되어 있다.

又不然. 范謂: '窮理者, 孟子之所謂盡心也.' 橫渠曰: '大其心, 則能體天下之物. 物有未體, 則心爲有外.' 不知窮理・體物之說, 亦信然否? ▲76) 游氏▲77)曰: '〈存其心〉者, 閑邪以存其誠也, 〈養其性〉者, 守靜以復其本也. 存・養如此, 則可以事天矣.' 此言事天, 亦伊川所謂奉順之意, 其說恐不出乎此. 但不知存・養之說, 謂存此以養彼耶? 亦旣存本心, 又當養其性耶?" 曰: ▲78)'盡心'二字, ▲79) 伊川最說得完全, 然亦不曾子細開說'盡'字. 大抵'盡其心', 只是窮盡其在心之理耳. 窮得此, 又卻不能窮得彼, 便不可喚做盡心. 范侍講言窮理, 卻是言盡心以前底事. 謝上蔡言充廣80)得去, 卻言盡心以後事. 若橫渠'大其心, 則能體天下之物'之說, 此只是言人心要廣大耳. 亦不知未能盡得此心之理, 如何便能盡其心得. 兼'大其心', 亦做盡心說不得. 游氏▲81) 守靜之說, 近於佛・老, 吾聖人卻無此說. 其言'知天爲智之盡, 事天爲仁之至', 此卻說得好. 事天只是奉順之而已, 非有他也. 所謂存心・養性, 非二事, 存心所以養性也."【去僞】

60:59 問上蔡"盡心・知性"一段. 曰: "說盡心不着."【可學】

60:60 問: ▲82)「盡心說」曰: '心者, 天理在人之全體.' 又曰: '性者, 天理之全體.' 此何以別?" 曰: "分說時, 且恁地. 若將心與性合作一處說, 須有別."【淳】

「莫非命也章」

---

76) ▲: 如下一段言'存心養性, 所以事天也',
77) ▲: 言之詳矣. 其言
78) ▲: "諸家解說
79) ▲: 少有發明得'盡'字出來者.
80) 充廣: 英祖刊本에서는 擴充으로 되어 있다.
81) ▲: '守靜以復其本', 此語有病.
82) ▲: "先生

60:61 "盡其道而死者", 順理而吉者也, "桎梏死者", 逆理而凶者也. 以非義而死者, 固所自取, 是亦前定, 蓋其所稟之惡氣有以致之也. 【人傑】

60:62 問: "'桎梏死者, ▲[83]乃自取, 如何謂之命?" 曰: "亦是自作而天殺之, 但非正命耳. 使文王死於羑里, 孔子死於桓魋, 卻是命." 【可學】

60:63 ▲[84] "在天言之, 皆是正命. 在人言之, 便是[85]不正之命." 問: "有當然而或不然, 不當然而或然者, 如何?" 曰: "如孔・孟老死不遇, 須喚做不正之命始得. 在孔・孟言之, 亦是正命. 然在天之命, 卻自有差." 【恪】

60:64 問: ▲[86] 命是指氣言之否?" 曰: "然. 若在我無以致之, 則命之壽夭, 皆是合當如此者. 如顏子之夭, 伯牛之疾, 是也." 【廣】

60:65 ▲[87]'惠迪吉, 從逆凶', 自天觀之, 也得其正命, 自人得之, 也得其正命. 若惠迪而不吉, 則自天觀之, 卻是失其正命. 如孔・孟之聖賢而不見用於世, 而聖賢亦莫不順受其正, 這是於聖賢分上已得其正命. 若就天觀之, 彼以順感, 而此以逆應, 則是天自失其正命." 【賀孫】

60:66 ▲[88] 直卿云: "如受得一邑之宰, 教做三年, 這是命. 到做得一年被罷去, 也是命." 曰: "有不以罪而枉罷者, 亦是命. 有罪而被罷

83) ▲: 非正命也.' 雖謂非正, 然亦以命言. 此
84) ▲: 敬之問"莫非命也." 曰:
85) 便是: 徽州本에서는 이 앞에 便有正有不正. 如順其道而死者是正命, 桎梏而死者가 더 있다.
86) ▲: "'莫非命也.'
87) ▲: 問"莫非命也, 順受其正." 因推"惠迪吉, 從逆凶"之意. 曰: "若是
88) ▲: "莫非命也, 順受其正."

者, 非正命, 無罪而被罷者, 是正命也."【賀孫】

○89) ▲90) "'莫之致而至者命也.' 如比干之死, 以理論之, 亦可謂之正命. 若以氣論之, 恐非正命." 曰: "如何恁地說得! '盡其道而死者', 皆正論91)也. 當死而不死, 卻是失其正命. 此等處當活看. 如孟子說'桎梏而死者非正命', 須是看得孟子之意如何. 且如公冶長'雖在縲紲, 非其罪也.' 若當時公冶長死於縲紲, 不成說他不是正命. 有罪無罪, 在我而已. 古人所以殺身以成仁. 且身已死□矣, 又成箇甚底? 直是要看此處. 孟子謂'舍生取義', 又云: '志士不忘在溝壑, 勇士不忘喪其元.' 學者須是於此處見得定, 臨利害時, 便將自家斬剉了, 也須壁立萬仞始得. 而今人有小利害, 便生計較, 說道恁地死非正命, 如何得!"【賜 ○夔孫錄云: "問: '人或死於干戈, 或死於患難, 如比干之類, 亦是正命乎?' 曰: '固是正命.' 問: '以理論之, 則謂之正命, 以死生論之, 則非正命.' 曰: '如何恁地說!'" 下同.】

60:67 孟子說命, 至"盡心"章方說得盡.

「萬物皆備於我矣章」

60:68 ▲92) "如今人所以害事處, 只是這些私意難除. 才有些私意隔着了, ▲93)【賀孫】

60:69 ▲94) 須反身而實有之, 無虧無欠, 方能快活. 若反身而不誠,

89) ○: 『朱子語類』 58:15이다.
90) ▲: 問:
91) 論: 『朱子語類』에서는 命으로 되어 있다.
92) ▲: 黃先之問"萬物皆備於我." 曰:
93) ▲: 便只見許多般."
94) ▲: "萬物皆備於我",

雖是本來自足之物, 然物自物, 何干我事!【砥】

60:70 ▲95) 孟子之意主於"誠"字, 言反身而實有此理也. 爲父而實有慈, 爲子而實有孝, 豈不快活. 若反身不誠, 是無此理. 旣無此理, 但有恐懼而已, 豈得樂哉!【驤】

60:71 ▲96) 見得本具是理, 而今亦不曾虧欠了他底.【恪】

60:72 ▲97) "是這知見得最爲要緊."【賀孫】

60:73 ▲98)

60:74 ▲99)

60:75 ▲100)問: ▲101)後面說'强恕而行, 求仁莫近焉', 如何?" 曰: "恕便是推己及物. 恕若不是推己及102)物, 別不是箇什麽. 然這箇强恕者, 亦是他見得'萬物皆備於我'了, 只爭着一箇'反身而誠', 便須要强恕上做工夫. 所謂强恕, 蓋是他心裏不能推己及人, 便須强勉行恕, 拗轉這道理. 然亦只是要去箇私意而已. 私意旣去, 則萬理自無欠闕處矣."【燾】

---

95) ▲: "反身而誠",
96) ▲: "反身而誠",
97) ▲: 或問: "'反身而誠', 是要就身上知得許多道理否?" 曰:
98) ▲: "反身而誠", 則恕從這裏流出, 不用勉强. 未到恁田地, 須是勉强.【此因林伯松問"强恕"說. ○淳】
99) ▲: 所謂"萬物皆備於我", 在學者也知得此理是備於我, 只是未能"反身而誠." 若勉强行恕, 拗轉這道理來, 便是恕.【所謂勉强者, 猶未能恕, 必待勉强而後能也.】 所謂恕者, 也只是去得私意盡了, 這道理便眞實備於我, 無欠闕.【僩】
100) ▲: 或
101) ▲: "萬物皆備於我"章
102) 己及: 『小分』에서는 及己를 교정부호로 바로잡았다.

60:76 ▲[103] "這章是兩截工夫. '反身而誠', 蓋知之已至, 而自然循理, 所以樂. '强恕而行', 是知之未至, 且恁把捉勉强去, 少間到純熟處, 便是仁."【木之】

60:77 ▲[104] "四句二段, 皆是蒙上面一句." 問: "'反身而誠, 樂莫大焉', 是大賢以上事, '强恕求仁', 是學者身分上事否?" 曰: "然." 問: "大賢以上, 是知與行俱到, 大賢以下, 是知與行相資發否?" 曰: "然." 頃之, 復曰: "'反身而誠', 只是箇眞知. 眞實知得, 則滔滔行將去, 見得萬物與我爲一, 自然其樂無涯. 所以伊川云'異日見卓爾有立於前, 然後不知手之舞, 足之蹈', 正此意也."【道尹】[105]

60:78 ▲[106] "强恕而行", 是要求至於誠.【去僞】

60:79 ▲[107] "未至於'反身而誠, 樂莫大焉'處, 且逐事要推己及人, 庶幾心公理得. ▲[108]【賀孫】

60:80 ▲[109]'反身而誠', 則無待於勉强矣." ▲[110]問: "莫須卓然立志方得?" 曰: "也不須如此, 飢時便討飯喫.【夔孫錄云: "才見不恕時, 便須勉强, 如飢便喫飯."】 初頭硬要做一餉, 少時卻只恁消殺了, 到沒意思."【儒用 ○夔孫同.】

60:81 ▲[111] 不可將"恕"字低看了. 求仁莫近於恕, "恕"字甚緊.【蓋

103) ▲: 子武問"萬物皆備於我"章. 曰:
104) ▲: 問: "'萬物皆備於我', 下文旣云'樂莫大焉', 何故復云'强恕'?" 曰:
105)【道尹】: 『朱子語類』에서는【道夫】로 되어 있다.
106) ▲: 强, 是勉强而行, 恕, 是推己及物.
107) ▲: 敬之說: "强恕, 只事事要擴充敎是當. 雖是自家元未免有些病痛, 今且著事事勉强做去." 曰:
108) ▲: 此處好更子細看."
109) ▲: 問"强恕而行." 曰: "此是其人元不曾恕在. 故當凡事勉强, 推己及人. 若
110) ▲: 又

卿】

60:82 ▲[112]

60:83 問: "伊川說'萬物皆備於我', 謂'物亦然, 皆從這裏出去', 如何?" 曰: "未須問此, 枉用工夫, 且於事上逐件窮看. 凡接物遇事, 見得一箇是處, 積習久自然貫通, 便眞箇見得理一. 禪者云: '如捅[113]底脫相似.' 可謂大悟. 到底不曾曉得, 才遇事, 又卻迷去."【德明 ○『集義』】

60:84 ▲[114]問: "明道說: '學者須先識仁, 仁者渾然與物同體. 孟子言〈萬物皆備於我〉, 反身而誠則爲大樂. 若反身未誠, 則猶是二物有對, 又安得樂? 「訂頑」意思乃備言此體.' 橫渠曰[115]: '〈萬物皆備於我〉, 言萬事皆有素於我也. 〈反身而誠〉, 謂行無不慊於心, 則〈樂莫大焉〉.' 如明道之說, 則物只是物, 更不須作事字說[116], 且於下文'求仁'之說意思貫串. 橫渠解'反身而誠'爲行無不慊之義, 又似來不得. 不唯以物爲事, 如下文'强恕而行, 求仁莫近焉', 如何通貫得爲一意?" 曰: "橫渠之說亦好. '反身而誠', 實也. 謂實有此理, 更無不慊處, 則仰不愧, 俯不怍, '樂莫大焉.' '强恕而行', 卽是推此理以及人也. 我誠有此理, 在人亦各有此理. 能使人有此理亦如我焉, 則近於仁矣. 如明道這般說話極好, 只是說得大[117]廣, 學者難入."【去僞 ○銖同.】

---

111) ▲: "强恕而行, 求仁莫近",

112) ▲: 問"萬物皆備於我." 曰: "未當如此. 須從'孟子見梁惠王'看起, 卻漸漸進步. 如看『論語』, 豈可只理會'吾道一以貫之'一句? 須先自「學而」篇漸漸浸灌到純熟處, 其間義理卻自然出."【季札】

113) 捅: 『朱子語類』에서는 桶으로 되어 있다.

114) ▲: 或

115) 橫渠曰: 徽州本에서는 橫渠曰이 없고, 대신 夫「訂頑」一篇, 正橫渠作也. 其說萬物皆備於我一段宜與明道意合. 今觀其說, 似不如此. 其言曰이 더 있다.

116) 字說: 賀本에는 없다.

117) 大: 英祖刊本・成化本・賀本에서는 太로 되어 있다.

60:85 "萬物皆備於我▲118)不是萬物之跡, 只是萬物之理皆備於我. 如萬物莫不有君臣之義, 自家這裏也有, 萬物莫不有父子之親, 自家這裏也有, 萬物莫不有兄弟之愛, 自家這裏也有, 萬物莫不有夫婦之別, 自家這裏也有, 是這道理本來皆備於吾身. 反之於吾身, ▲119) 莫不各盡其當然之實理, 而無一毫之不盡, 則仰不愧, 俯不怍, 自然是快活. 若是反之於身有些子未盡, 有些子不實, 則中心愧怍, 不能以自安, 如何得會樂? ▲120) 【賀孫】

60:86 ▲121) 若事君有不足於敬, 事親有不足於孝, 以至夫婦無別, 兄弟不愛122), 朋友不信, 便是▲123) 反身則是不誠, 其苦有不可言者, 安得所謂樂!【若如今世人說, 卻是無實事. 如禪家之語, 只虛空打箇筋斗, 卻無著力處. ○螢】

60:87 ▲124)

「行之而不着焉章」

60:88 方行之際, 則明其當然之理, 是行之而着, 既行之後, 則識其所以然, 是習矣而察. 初間是照管向前去, 後來是回顧後面, 看所行之道理如何. 如人喫飯, 方喫時, 知得飯當喫, 既喫後, 則知飯之飽如此.

---

118) ▲: 矣. 反身而誠, 樂莫大焉." 萬物

119) ▲: 於君臣必盡其義, 於父子必盡其親, 於兄弟必盡其愛, 於夫婦必盡其別.

120) ▲: 橫渠曰: "'萬物皆備於我矣', 言萬物皆素定於我也. 行有不慊於心則餒矣, 故'反身而誠, 樂莫大焉.'" 若不是實做工夫到這裏, 如何見得恁地?

121) ▲: "萬物皆備於我", 橫渠一段將來說得甚實. 所謂萬物皆在我者, 便只是君臣本來有義, 父子本來有親, 夫婦本來有別之類, 皆是本來在我者.

122) 愛: 『朱子語類』에서는 友로 되어 있다.

123) ▲: 我不能盡之.

124) ▲: 問: "'樂莫大焉', 莫是見得'萬物皆備於我', 所以樂否?" 曰: "誠是實有此理. 檢點自家身命果無欠闕, 事君眞箇忠, 事父眞箇孝, 仰不愧於天, 俯不怍於人, 其樂孰大於此! 橫渠謂'反身而誠', 則不慊於心, 此說極有理."【去僞】

【僩】

60:89 ▲[125)]

60:90 ▲[126)] "習"字重, "察"字輕.【可學】

60:91 ▲[127)] 如今▲[128)] 不曾去習, 便要說察, 不曾去行, ▲[129)]【賀孫】

「待文王而後興章」

60:92 ▲[130)] 豪傑質美, 生下來便見這道理, 何用費力? 今人至於沈迷而不反, 而聖人爲之屢言之, 方始肯求, 已是下愚了. 況又不知求之, 則終於爲禽獸而已! 蓋人爲萬物之靈, 自是與物異. 若迷其靈而昏之, 則是與禽獸何別!【大雅】

「霸者之民章」

60:93 ▲[131)]

60:94 "'所過者化', ▲[132)] 略略▲[133)]這裏過, 便自感化, 不待久留,

---

125) ▲: 著, 曉也, 察, 識也. 方其行之, 而不曉其所當然, 既習矣, 而猶不識其所以然.【人傑】
126) ▲: "習矣而不察",
127) ▲: "習矣不察, 行矣不著."
128) ▲: 人又不如此.
129) ▲: 便要說著. "可與共學, 未可與適道." 今人未曾理會"可與共學", 便要"適道."
130) ▲: "待文王而後興者, 凡民也. 若夫豪傑之士, 雖無文王猶興!"
131) ▲: 自"王者之民皞皞如也"而下, 至"豈曰小補之哉", 皆說王者功用如此.【人傑】

言其化之速也." 謙之云: "'所存者神', 是心中要恁地便恁地否?" 曰: "是. ▲134) 小補, 只是逐片逐些子補綴. '上下與天地同流', 重新鑄一番過相似."【恪】

60:95 ▲135)所經歷處, 才霑著些便化也. 雷一震而萬物俱生動, 霜一降而萬物皆成實, 無不化者. 『書』曰'俾予從欲以治, 四方風動', 是亦此意. '所存主處, 便神妙不測.' '立之斯立, 道之斯行, 綏之斯來, 動之斯和', 莫知其所以然而然也." 問: "'同流'是與天地同其神化否?" 曰: "此難言, 各有一分【去聲】 在裏." 曰: "是箇參贊意否?" 曰: "亦不是參贊."【德明】

60:96 ▲136)

60:97 ▲137)

60:98 ▲138)

60:99 ▲139) 所以荀子云: '仁人之兵, 所過者化, 所存者神.' 只是'簞

132) ▲: 只是身所經歷處, 如舜耕歷山・陶河濱者是也.
133) ▲: 做
134) ▲: '上下與天地同流, 豈曰小補之哉!'
135) ▲: 問: "『集注』云: '所存主處, 便神妙不測, 所經歷處皆化.' 如此, 卽是民化之也, 非'大而化之'之'化.'" 曰: "作'大而化'之'化'有病, 則是過了者化物, 未過時卻凝滯於此. 只是
136) ▲: "存神・過化", 程說甚精, 正得孟子本意. 過, 是身所經歷處, 無不感動, 如"黎民於變", 便是化. 存, 是存主處, 不是主宰, 是存這事, 這事便來應. 二程看文字最精密, 如「中庸說」, 門人多不能曉其意.【淳 ○『集義』】
137) ▲: "過化・存神", 伊川說好. 過, 只是經歷處, 以舜觀之, 可見. 存, 則存主處, 便如"綏來・動和"之意. 都就事上說, 反覆此一段自可見.【端蒙】
138) ▲: "所過者化", 程子經歷之說甚好. 蓋不獨是所居久處, 只曾經涉處便皆化. "所存者神", 存是自家主意處. 便不測, 亦是人見其如此.【銖】
139) ▲: 黃子功問: "伊川說, 過是經歷處, 是否?" 曰: "只是過處人便化, 更不待久."

食壺漿以迎王師'處, 便是神." 子功曰: "如'舞干羽于兩階, 七旬有苗格', 亦是此理." 曰: "然."【文蔚】

60:100 ▲140) 化, 是人化也, 神, 是事之成就如神也."【去僞】

60:101 ▲141) 荀子亦有"仁人過化存神"之語, 此必古語. ▲142)【焘】

60:102 ▲143)

60:103 ▲144)

60:104 問: "'過化, 存神', 有先後否?" 曰: "初無先後. ▲145)【去僞】

60:105 "過化・存神", 舊說, 所應之事過而不留, 便能"所存者神." 神, 即神妙不測. 故上蔡云: "'所過者化', 故'所存者神', '所存者神', 故'所過者化.'" 鄉里李欲才云: "譬如一面鏡, 先來照者既去不見了, 則後來者又可以照. 若先底只在, 則不復能照矣." 將做一事說, 亦自好. ▲146)過▲147)化, ▲148)存▲149)神", 似是見成言語, 如"金聲玉振"之類,

---

問"所存者神." 曰: "此才有所存, 彼便應, 言感應之速也.

140) ▲: 問: "經歷處則無不化. 不經歷處如何?" 曰: "此言經歷處便化, 如在鄉則一鄉化, 在天下則天下化. 過者, 言其感人之速如此, 只被後來人說得太重了. '所存者神', 吾心之所存處, 便成就如神耳. 如『書』云'從欲以治, 四方風動'之意.

141) ▲: "君子所過者化", 伊川本處解略. 『易傳』"大人虎變", 卻說得詳.

142) ▲: 如"克己復禮", 亦是古語. 『左傳』中亦引"克己復禮, 仁也." 如"崇德・修慝・辨惑", 亦是古語, 蓋是兩次問了.

143) ▲: "所過者化, 所存者神." 伊川解「革」卦, 言"所過變化, 事理炳著." 所過, 謂身所經歷處也.【文蔚】

144) ▲: "君子所過者化, 所存者神." 存是存主, 過是經歷. 聖人"綏之斯來, 動之斯和", 才過便化. 橫渠說卻是兩截.【從周】

145) ▲: 便如橫渠之說, 亦無先後."

146) ▲: 但據『孟子』本文, 則只是身所經歷處便化, 心所存主處便神, 如"綏斯來, 動斯和." 又荀子亦言"仁人之兵, 所

故孟・荀皆用之. 荀卿非孟子, 必不肯用其語也.【方子】

60:106 ▲150) "舜▲151) 及見用, 則賓四門之屬, 皆是化. ▲152) 橫渠云: '性性爲能存神, 物物爲能過化.' ▲153)【可學】

「人之所不學而能者章」

60:107 ▲154) 不待達之天下, 方始謂之仁義. ▲155) 只說▲156) 無別道理."【賀孫】

「舜居深山之中章」

60:108 問: ▲157)未有所聞見時, 氣象如何?" 曰: "湛然而已. 其理充塞具備, 一有所觸, 便沛然而不可禦." 問: "學者未有聞見之時, 莫須用持守而不可放逸否?" 曰: "纔知持守, 已自是聞善言, 見善行了."【道夫】

---

147) ▲: 者
148) ▲: 所
149) ▲: 者
150) ▲: 問: "尋常人說, 皆云'所過者化', 便能'所存者神.'" 曰: "他是就心說. 據孟子意, 乃是就事說." 問: "注引舜事, 如何?" 曰:
151) ▲: 在下, 只得如此.
152) ▲: 聖人豈能家至戶曉. 蓋在吾化中者皆是過." 問: "'存神'與'過化'如何別?" 曰: "過化, 言所過卽化, 存神, 便有嚮應意思." 問: "上蔡云: '〈所過者化〉, 便〈所存者神〉, 〈所存者神〉, 便〈所過者化〉.'" 曰: "此是就心說. 事來不留於心, 便是存神, 存神便能過化.
153) ▲: 亦是此說."
154) ▲: 至之問: "'達之天下也', 方爲仁義." 曰: "'親親, 仁也, 敬長, 義也.'
155) ▲: '無他, 達之天下',
156) ▲: 達之天下,
157) ▲: "'舜聞善言, 見善行, 若決江河, 沛然莫能禦.' 其

「無爲其所不爲章」

60:109 ▲[158] "人心至靈, 其所不當爲・不當欲之事, 何嘗不知. 但初間自知了, 到計較利害, 卻自以爲不妨, 便自冒昧爲之・欲之耳. 今旣知其所不當爲・不當欲者, 便要來這裏截斷, 斷然不爲・不欲, 故曰: '如此而已矣.'" 【恪】

「人之有德慧術知章」

60:110 ▲[159] "德慧純粹, 術知聰明. 須看[160]朴實工夫, 方磨得出." 【履孫】

「廣土衆民章」

60:111 ▲[161]問: ▲[162] 君子但當自盡吾心之天理, 雖達而在上, 做出事業功名, 亦只似雲浮於太虛之中, 於我何有哉?" 曰: "'中天下而立, 定四海之民', 固是人所欲. 與其處畎畝之中, 孰若進而得行其道, 使天下皆被其澤! 要得出行其道者, 亦是人之所欲. 但其用其舍, 於我性分之內, 本不相關. 進而大行, 退而窮居, 於我性分之內, 無所加損." 【賀孫】

60:112 ▲[163]

---

158) ▲: 敬之問"無爲其所不爲, 無欲其所不欲." 曰:
159) ▲: 或問"德慧・術知." 曰:
160) 看: 英祖刊本・成化本・賀本에서는 有로 되어 있다.
161) ▲: 敬之
162) ▲: "'君子所性, 雖大行不加焉, 雖窮居不損焉.'
163) ▲: 問"君子所性"章. 曰: "只是這一箇道理. 雖達而爲堯・舜在上, 亦不是添加些子, 窮而爲孔・孟在下, 亦不是減少些子. 蓋這一箇道理, 合下都定了, 更添

60:113 ▲[164] "此是說生來承受之性. '仁義禮智根於心', 便見得四端着在心上, 相離不得. 才有些子私意, 便剗斷了那根, 便無生意. 譬如木根着在土上, 方會生, 其色也睟然, 都從那根上發出來. 且'性'字從'心', 便見得先有這心, 便有許多物在其中."【恪】

60:114 ▲[165] "上說君子, 是通聖人言. 蓋君子氣宇[166]清明, 無物欲之累, 故合下生時, 這箇根便着土, 所以生色形見於外. 衆人則合下生時, 便爲氣稟物欲[167]一重隔了, 這箇根便未着土在. 箇[168]有殘忍底心, 便沒了仁之根, 有頑鈍底心, 便沒了義之根, 有忿狠底心, 便沒了禮之根, 有黑暗底心, 便沒了智之根, 都合[169]有一重隔了. 而今人只要去其氣稟[170]物欲之隔, 敎四者之根著土而已. 如'堯·舜性之', 便是根已著土了. '湯·武反之', 便是元來未曾著土, 而今方移得來著土了."【燾】

60:115 ▲[171]

60:116 ▲[172] "養得到, 見得明, 便自然生根, 此是人功夫做來."【義剛】

60:117 看文字當看大意, 又看句語中何字是切要. 孟子謂"仁義禮智

減不得." 又云: "這'所性'字說得虛, 如'堯·舜性之'之'性'字."【燾】

164) ▲: 敬之問"君子所性." 曰:

165) ▲: 問"仁義禮智根於心." 曰:

166) 宇: 賀本에서는 稟으로 되어 있다.

167) 物欲: 『小分』에서는 欲物을 교정부호로 바로잡았다.

168) 箇: 『朱子語類』에서는 蓋로 되어 있다.

169) 合: 『朱子語類』에서는 各으로 되어 있다.

170) 稟: 『朱子語類』에서는 質로 되어 있다.

171) ▲: 問"仁義禮智根於心." 曰: "雖是自家合下都有這箇物, 若有些子私欲夾雜在其中, 便把好底和根都剗去了."【賀孫】

172) ▲: 安卿問: "'仁義禮智根於心', 何謂根?" 曰:

根於心", 只"根"字甚有意. 如此用心, 義理自出.【季札】

60:118 ▲[173]'手容恭', 不待自家敎他恭而自然恭, '足容重', 不待自家敎他重而自然重, 不待敎他[174][175]如此而自如此也."【燾】

「孔子登東山而小魯章」

60:119 "'遊於聖人之門者難爲言.' 學而不從這裏, 則所爲雖善, 要爲好事, 終是有不是處." 因言: "舊見劉子澄作某處學記, 其中有雖不能爲向上事, 亦可以做向下一等之意, 大概是要退, 如此便不得."【人傑】

60:120 ▲[176] "此一章, 如『詩』之有比興. 比者, 但比之以他物, 而不說其事如何, 興, 則引物以發其意, 而終說破其事也. 如'孔子登東山而[177]小魯', 至'遊於聖人之門者難爲言', 此興也. '觀水有術, 必觀其瀾', 至'容光必照焉', 此比也. '流水之爲物也', 至'不成章不達', 此又是興也. 比者, 如'鶴鳴于九皐'之類, 興者, 如'他人有心, 予忖度之', 上引'毚免'·'柔木'之類是也. '流水之爲物也, 不盈科不行, 君子之志於道也, 不成章不達.' 蓋人之爲學, 須是務實, 乃能有進. 若這裏工夫欠了些分毫, 定是要透過那裏不得."【時擧】

60:121 ▲[178] "若論水之有原本, 則觀其流, 必知其有原. 然流處便

---

173) ▲: 問"四體不言而喩." 曰: "是四體不待命令而自如此. 謂
174) 敎他: 『小分』에서는 他敎를 교정부호로 바로잡았다.
175) 他: 賀本에서는 化로 되어 있다.
176) ▲: 至之問"孔子登東山而小魯"一節. 曰:
177) 山而: 『小分』에서는 而山을 교정부호로 바로잡았다.
178) ▲: 問: "'必觀其瀾', 是因其瀾處, 便見其本耶? 抑觀其瀾, 知其有本了, 又須窮其本之所自來?" 曰:

是那原本, 更去那裏別討本? 只那瀾便是那本了. ▲[179] 若說觀其瀾, 又須觀其本, 則孟子何不曰'必觀其本'? ▲[180] 【僩】

「雞鳴而起章」

60:122 ▲[181]問: ▲[182] 這箇利, 非是有心於爲利. 只見理不明, 才差些, 便入那邊去." 曰: "然. 才差向利邊去, 只見利之爲美." 【賀孫】

60:123 ▲[183]問▲[184] 是兩者相並在這裏. 一條路做這邊去, 一條路做那邊去, 所以謂之間." 60:124[185] ▲[186] 不是冷水, 便是熱湯, 無那中間溫吞煖處也. 【僩】

60:125 "利・善, 若只是利・善, 則易理會. 今人所爲處都是利, 只管硬差排道是善. ▲[187] 只一條大路, 其餘千差萬別, 皆是私路." 因擧張子韶小說云云. 【賀孫】

60:126 "利與善之間." 若讒[188]有心要人知, 要人道好, 要以此求利祿, 皆爲利也. 這箇極多般樣, 雖所爲皆善, 但有一毫歆慕外物之心, 便是利了. 如一塊潔白物事, 上面只着一點黑, 便不得爲白矣. 又如好底物事, 如腦子之屬, 上面只着一點糞穢, 便都壞了, 不得爲香矣. 若

---

179) ▲: 若非本, 何處有那流?
180) ▲: 他說'觀其瀾', 便是就瀾處便見其本."
181) ▲: 敬之
182) ▲: "'利與善之間也',
183) ▲: 或
184) ▲: "利與善之間." 曰: "間,
185) 60:124: 『小分』에서는 60:123에 이어져 한 항목으로 편집되어 있다.
186) ▲: "利與善之間",
187) ▲: 今人直是差處多.
188) 讒: 賀本에서는 才로 되어 있다.

是糞穢上面假饒着一堆腦麝，亦不濟事. 做善須是做到極盡處，方喚做善.【僩】

60:127 ▲189)問: ▲190) '未接物時，只主於敬，便是爲善.' ▲191) 聖人之道不是默然無言. 聖人之心'純亦不已'，雖無事時，也常有箇主宰在這裏. 固不是放肆，亦不是如槁木死灰." 曰: "這便如夜來說只是有操而已一段. 如今且須常存箇誠敬做主，學問方有所歸着. 如有屋舍了，零零碎碎方有頓處. 不然，卻似無家舍人，雖有千萬之寶，亦無安頓處. 今日放在東邊草裏，明日放在西邊草裏，終非己物."【賀孫】

60:128 ▲192)問"爲善・爲利"處. 因擧龜山答廖尙書用中一段，曰: "龜山說得鶻突，廖公認得不子細，後來於利害上頗不分別. 紹興間，秦氏主和，建議不決，召廖公來. 他懵然不知，卻去問他平日所友善之人，如鄭邦達輩. 邦達亦不思量，便云: '和是好事.' 故廖公到闕卽主和議，遂爲中丞，然他亦不肯爲秦氏鷹犬."【秦嘗諷令言趙公鼎，廖竟不從而出. ○燾】 可學問: "孟子何不言氣?" 曰: "孟子只是敎人勇於爲善，前更無阻礙. 自學者而言，則不可不去193)其窒礙. 正如將百萬之兵，前有數萬兵，韓・白爲之，不過鼓勇而進. 至他人，則須先去此礙後可."194)【可學】

「楊子取爲我章」

60:129 "楊朱乃老子弟子，其學專爲己. 列子云: '伯成子羔拔一毛而

189) ▲: 用之
190) ▲: "舜'孳孳爲善.'
191) ▲: 以此觀之，
192) ▲: 或
193) 不去: 『小分』에서는 去不을 교정부호로 바로잡았다.
194) 可學問: "孟子何不言氣?" … 則須先去此礙後可: 『朱子語類』 62:62의 일부이다.

利天下不爲. 其言曰: 〈一毛安能利天下? 使人人不拔一毛, 不利天下, 則天下自治矣〉.'" 問: "老子似不與楊朱同." 曰: "老子窺見天下之事, 卻討便宜置身於安閑之地, 云'淸靜自治', 豈不是與朱同?" ▲[195]【可學】

60:130 問: ▲[196]兼愛雖▲[197] 不合▲[198]正道, 乃是割己爲人, 滅去己私, 猶足立敎. 若爲我, 乃小己自私之事, 果何足以立敎耶?" 曰: "莊子數稱楊子居之爲人, 恐楊氏之學, 如今道流修煉之士. 其保嗇神氣, 雖一句話也不妄與人說, 正孟子所謂'拔一毛而利天下不爲'是也."【柄】

60:131 ▲[199] "子莫見楊·墨皆偏在一處, 要就二者之中而執之, 正是安排尋討也. 原其意思固好, 只是見得不分明, 依舊不是. 且如'三過其門而不入', 在禹·稷之時則可, 在顏子則不可. '居陋巷', 在顏子之時則是中, 在禹·稷之時則非中矣. '居陋巷'則似楊氏, '三過其門而不入'則似墨氏. 要之, 禹·稷似兼愛而非兼愛, 顏子似爲我而非爲我." 道夫云: "常記先生云: '中, 一名而函二義. 這箇中, 要與喜怒哀樂未發之中異, 與時中[200]之中同.'" 曰: "然."【道夫】

「堯·舜性之也章」

---

195) ▲: 又問: "伊川說老子, 謂先語大道, 後卻涉些姦詐. 如云'知其雄, 守其雌, 知其白, 守其黑'之類." 曰: "孔·孟亦知天下有許多事, 何故不壓他?" 曰: "孔·孟見實理, 把作合做底看. 他不見實理, 把做無故不肯爲." 問: "孔子曾見他書否?" 曰: "未必見." 厚之問: "孔子何爲問禮於他?" 曰: "他本周家史官, 自知禮, 只是以爲不足道, 故一切埽除了. 「曾子問」中自見孔子問他處. 邵康節亦有些小似他." 問: "『淵源錄』中何故有「康節傳」?" 曰: "書坊自增耳."

196) ▲: "'墨氏兼愛, 楊氏爲我.' 夫

197) ▲: 無差等,

198) ▲: 聖人之

199) ▲: 問: "楊·墨固是皆不得中. 至子莫, 又要安排討箇中執之." 曰:

200) 時中: 徽州本에서는 『中庸』으로 되어 있다.

60:132 “性之”, 是合下如此, “身之”, 是做到那田地.【端蒙】

60:133 ▲[201] “性”字似“稟”字. ▲[202]身之也”, 是將這道理做成這箇渾身, 將這渾身做出這道理. “五伯[203]假之也. 久假而不歸, 惡知其非有也.” 舊說[204]看此句, 甚費思量. 有數樣說, 今所留二說, 也自倒斷不下.【僩】

60:134 ▲[205] “‘性善’之‘性’字實, ‘性之’之‘性’字虛. 性之, 只是合下稟得, 合下便得來受用.” 又曰: “反之, 是先失着了, 反之而後得. 身之, 是把來身上做起.”【節】

60:135 聖人之心, 不曾有箇起頭處. “堯・舜性之”, 合下便恁地去, 初無箇頭. 到“湯・武反之”, 早是有頭了, 但其起處甚微. 五伯[206]則甚大.

60:136 ▲[207]問: “‘仁, 人心也.’ 若假借爲之, 焉能有諸己哉? 而孟子卻云五伯[208]‘久假而不歸, 惡知其非有’, 何也?” 曰: ▲[209] 前輩多有辨之者, 然卒不得其說. ‘惡知’二字爲五伯[210]假[211]之[212]也, 如云五伯自不知也. 五伯久假而不歸, 安知其亦非己有也.”【去僞】

---

201) ▲: “堯・舜性之也”,
202) ▲: “湯・武
203) 伯: 賀本에서는 覇로 되어 있다.
204) 說: 『朱子語類』에서는 時로 되어 있다.
205) ▲: 黃仁卿問: “‘性善’之‘性’與‘堯・舜性之’之‘性’, 如何?” 曰:
206) 伯: 賀本에서는 覇로 되어 있다.
207) ▲: 或
208) 伯: 『朱子語類』에서는 覇로 되어 있다.
209) ▲: “此最難說.
210) 伯: 『朱子語類』에서는 覇로 되어 있다.
211) 假: 『朱子語類』에서는 設로 되어 있다.
212) 之: 『朱子語類』에는 없다.

60:137 問: ▲[213] 舊解多謂, 使其能久假而不歸, 焉知終非其有?" 曰: "諸家多如此說, 遂引惹得司馬溫公·東坡來闢孟子." 問: "假之之事, 如責楚包茅不貢, 與夫初命·三命之類否?" 曰: "他從頭都是, 無一事不是. 如齊桓尙自白直, 恁地假將去. 至晉文公做了千般蹺蹊, 所以夫子有'正·譎'之論. 「博議」說'譎·正'處甚好, 但說得來連自家都不好了." 又曰: "假之, 非利之之比. 若要識得假與利, 只看眞與不眞, 切與不切. '如好好色, 如惡惡臭', 正是利之之事也." ▲[214] 如'勉强而行', 亦非此比. 安·利·勉强, 皆是眞切, 但有熟不熟耳." 頃之, 歎曰: "天下事誰不恁地! 且如漢高[215]三軍縞素, 爲義帝發喪, 他何嘗知所謂君臣之義所當然者! 但受敎三老, 假此以爲名而濟其欲爾." 問: "如夫子稱管仲'如其仁', 也是從'假'字上說來否?" 曰: "他只是言其有仁之功, 未說到那'假'字上在. ▲[216] 【道夫】

▲[217]

60:138 ▲[218]

「桃應問曰章」

---

213) ▲: "'久假不歸, 惡知其非有?'

214) ▲: 道夫云: "'安仁'便是'性之', '利仁'便是'反之', '假之'之規模自與此別." 曰: "不干涉.

215) 高: 『朱子語類』에서는 祖로 되어 있다.

216) ▲: 且如孺子入井, 有一人取得出來, 人且稱其仁, 亦未說到那'納交·要譽·惡其聲而然.'" 道夫問: "如此說, 則'如'字如何解?" 曰: "此直深許其有仁耳. 人多說是許其似仁而非仁, 以文勢觀之, 恐不恁地, 只是許其仁耳." 道夫云: "假之之事, 眞所謂'幽沉仁義', 非獨爲害當時, 又且流毒後世." 曰: "此孟子所以不道桓·文而卑管·晏也. 且如興滅繼絶, 誅殘禁暴, 懷諸侯而尊周室, 百般好事他都做, 只是無惻怛之誠心. 他本欲他事之行, 又恰有這題目入得, 故不得不擧行." 道夫云: "此邵子所以有'功之首, 罪之魁'之論." 曰: "他合下便是恁地."

217) ▲: 「王子墊問曰章」

218) ▲: 王子墊問士尙志一段, 中間反覆說"仁義"二字, 都有意, 須思量得. 【僩】

60:139 ▲[219] 聖賢之心合下是如此, 權制有未假[220]論. 然到極不得已處, 亦須變而通之. 蓋法者, 天下公共, 在皐陶亦只得執之而已. 若人心不許舜棄天下而去, 則便是天也. 皐陶亦安能違天! 法與理便卽是人心底. 亦須是合下有如此底心, 方能爲是權制. 今人於事合下無如此底心, 其初便從權制去, 則不可."【淳】

60:140 ▲[221] "使舜欲爲天子, 又欲免瞽瞍, 則生議貴之法矣."【人傑】

「孟子自范之齊章」

60:141 問: ▲[222]只論居不論養, ▲[223] 曰: "有是居, 則有是養. 居公卿, 則自有公卿底奉養, 居貧賤, 則自有居貧賤底奉養. 言居, 則養在其中."【去僞】

「形色天性章」

60:142 ▲[224] "有這形, 便自有這色, 所以下文只說'踐形.' 蓋色便在形裏面, 色, 猶言容貌也." ▲[225]【時擧】

60:143 ▲[226]問: ▲[227] 形是耳目口鼻之類, 色是如何?" 曰: "一顰一

---

219) ▲: 問: "瞽瞍殺人, 在皐陶則只知有法, 而不知有天子之父, 在舜則只知有父, 而不知有天下. 此只是聖賢之心坦然直截, 當事主一, 不要生枝節否?" 曰: "孟子只是言聖賢之心耳.
220) 假: 『朱子語類』에서는 暇로 되어 있다.
221) ▲: "桃應之問, 孟子之對, 楊氏有'議貴'之說, 如何?" 曰:
222) ▲: "孟子言'居移氣, 養移體'後, 卻
223) ▲: 豈非居能移人之氣, 亦如養之能移人之體乎?"
224) ▲: 至之問"形・色." 曰:
225) ▲: 時擧問: "'形・色'自是兩字否?" 曰: "固是."

笑, 皆有至理.【時擧錄云: "凡一顰一笑, 一語一默, 無非天理."】 '形'字重, '色'字輕, 故下面但云: ▲228)踐形.'" 直卿云: "形是'動容貌', 色是'正顔色.'" 曰: "固是."【南升】

60:144 ▲229) 如'動容周旋中禮', 則色自正. 如祭祀則必有敬之色, 臨喪則必有哀之色, 故下文只言'踐形.'"【䕫】

60:145 ▲230) "有此形則有此色, 如鳥獸之形自有鳥獸顔色, 草木之形自有草木顔色. 言形, 則色在其中矣."【去僞】

60:146 形色上便有天性. 視, 便有視之理, 聽, 便有聽之理.【閎祖】

60:147 ▲231) 盡得這箇理, 便是踐得這箇形. 耳目本有這箇聰明, 若不盡其聰明時, 便是闕了這箇形, 不曾踐得.【恪】

60:148 ▲232) 踐, 非踐履之謂. 蓋言聖人所爲, 便踏着這箇形色之性耳.【道夫】

60:149 ▲233) "天生形色, 便有本來天理在內. 賢人踐之而未盡, 聖人則步步踏看234)來路也."【方】

---

226) ▲: 敬之
227) ▲: "'形色天性.'
228) ▲: '惟聖人可以
229) ▲: 問: "'色'字如何?" 曰: "有形便有色,
230) ▲: 問: "'形色天性'下, 只說踐形而不云色, 何也?" 曰:
231) ▲: "踐形", 是有這箇物事, 脚實踏著, 不闕了他箇. 有是形便有是理,
232) ▲: "惟聖人可以踐形."
233) ▲: 論"踐形", 云:
234) 看: 『朱子語類』에서는 着으로 되어 있다.

60:150 ▲[235)]

60:151 ▲[236)] 盡性・踐形, 只是一事.【閎祖】

60:152 ▲[237)] "踐, 如掩覆得過底模樣, 如伊川說充其形色, 自是說得好了. 形, 只是這形體. 色, 如'臨喪則有哀色, 介胄則有不可犯之色'之類. 天之生人, 人之得於天, 其具耳目口鼻者, 莫不皆有此理. ▲[238)] 聖人與常人都一般. 惟衆人有氣稟之雜, 物欲之累, 雖同是耳也而不足於聰, 雖同是目也而不足於明, 雖同是口也而不足以別味, 雖同是鼻也而不足以別臭. 是雖有是形, 惟其不足, 故不能充踐此形. 惟聖人耳則十分聰, 而無一毫之不聰, 目則十分明, 而無一毫之不明, 以至於口鼻, 莫不皆然. ▲[239)]【賀孫】

「君子所以教者五章」

60:153 ▲[240)] 曾子學到孔子出地, 故孔子與他說一貫之道, 此所謂'如時雨化之者也.' 時雨云者, 不先不後, 適當其時而已. 成德, 如顏淵・閔子騫者是也. 達財[241)], 如冉有・季路是也. 答問, 如孟子與公孫丑・萬章之徒是也. 有私淑艾者, 橫渠謂'正己而物正', 非然也. 此五

---

235) ▲: 人之有形有色, 無不各有自然之理, 所謂天性也. 惟聖人能盡其性, 故卽形卽色, 無非自然之理. 所以人皆有是形, 而必聖人然後可以踐其形而無歉也. 踐, 如踐言之"踐", 伊川以爲"充人之形"是也.【人傑】

236) ▲: 盡性, 性有仁, 須盡得仁, 有義, 須盡得義, 無一些欠闕方是盡. 踐形, 人有形, 形必有性. 耳, 形也, 必盡其聰, 然後能踐耳之形, 目, 形也, 必盡其明, 然後能踐目之形. 踐形, 如踐言之"踐." 伊川云: "踐形是充人之形."

237) ▲: 蜚卿問: "旣是聖人, 如何卻方可以踐形?" 曰:

238) ▲: 耳便必當無有不聽, 目便必當無有不明, 口便必能盡別天下之味, 鼻便必能盡別天下之臭,

239) ▲: 惟聖人如此, 方可以踐此形, 惟衆人如彼, 自不可以踐此形."

240) ▲: 或問: "'君子之所以教者', 諸先生說得如何?" 曰: "諸先生不曾說得分明.

241) 財: 英祖刊本・賀本에서는 材로 되어 있다.

者一節輕似一節. '大人正己而物正', 大小大事, 不應安排在答問之下. 以某觀之, 此言爲不曾親聖人者設也. 彼雖不曾承聖人之誨, 私得於善治孔子之道者, 亦足以發也, 故又在答問之下."【去僞】

60:154 成德, 成就其德, 如孔子於冉·閔, 德則天資純粹者. 達材, 通達其才, 如孔子於由·賜, 才是明敏者. 答問, 則早費言語. 私淑艾, 卻是不曾及門, 聞風而善者.【端蒙】

60:155 ▲[242]問: "橫渠云: '顏子私淑艾以教人, 隱而未見之人[243]也.' 如何?" 曰: "舊解'有私淑艾者', 謂自善其身, 而示教於人, 故橫渠如此說. 然考孟子所謂'予未得爲孔子徒也, 予私淑諸人也', 此人者, 是孟子指其師友子思之類. 以謂予不得親見孔子而師之, 只是我私竊傳其善於人, 如有私淑艾者, ▲[244] 橫渠集中有祭文云: '私淑祖考之遺訓.' 說得文義卻順."【甃】

「公孫丑曰道則高矣美矣章」

60:156 ▲[245]

60:157 ▲[246] 躍如也', ▲[247]三字屬君子. 言雖引而不發, 而其言意

---

242) ▲: 伯豐

243) 人: 『朱子語類』에서는 仁으로 되어 있다.

244) ▲: 卻是'君子所以教者五', 然亦有次敘, 有如時雨化之者, 他地位已到, 因而發之, 孔子於顏曾是也. 其次成德·達材, 又隨人資材成就. 有答問者, 未及師承, 只是來相答問而已. 私淑艾者, 未嘗親見面授, 只是或聞其風而師慕之, 或私竊傳其善言善行, 學之以善於其身, 是亦君子之教誨也.

245) ▲: "引而不發." 引, 引弓也, 發, 發矢也. 躍如, 如踴躍而出, 猶言"活潑潑地"也.【人傑】

246) ▲: "'君子引而不發,

247) ▲: 下

中躍躍然會動, 如所謂活潑潑地也.” 及入解, 又云: “躍躍然於動靜語默之間.” 【方】

60:158 ▲[248] 如甲中躍出. 【升卿】

60:159 ▲[249] 須知得是引箇甚麽? 是怎生地不發? 又是甚麽物事躍在面前? 須是聳起這心與他看, 教此心精一, 無些子夾雜, 方見得他那精微妙處. ▲[250] 【僩】

60:160 ▲[251]

60:161 ▲[252]問: “范謂: ‘君子之射, 引而不發, 以待彀與的之相偶. 心欲必中, 故躍如也.’ 此說如何?” 曰: ▲[253]此說最好笑! 豈有君子之射常引而不發者乎! ▲[254] 此只是言君子之教人, 但開其端以示人而已, 其中自有箇躍如底道理. 學者須是識得這箇道理, 方知君子教人爲甚忠. 故下云[255]‘中道而立, 能者從之.’” 【去僞】

「於不可已而已章」

248) ▲: 躍如, 是道理活潑潑底發出在面前,
249) ▲: “君子引而不發, 躍如也.”
250) ▲: 又曰: “道理散在天下事物之間, 聖賢也不是不說, 然也全說不得, 自是那妙處不容說. 然雖不說, 只才挑動那頭了時, 那箇物事自跌落在面前. 如張弓十分滿而不發箭, 雖不發箭, 然已知得眞箇是中這物事了. 須是精一其心, 無些子他慮夾雜, 方看得出.”
251) ▲: “‘引而不發, 躍如也’, 與‘擧一隅不以三隅反’, 同意否?” 曰: “這般有問答處, 儘好看. 這見得恁地問, 便恁地答. 最是酬酢處見意思, 且自去看.” 【賀孫】
252) ▲: 或
253) ▲: “范氏
254) ▲: 只管引而不發, 卻成甚射也! ‘引而不發’之語, 只緣上文說射, 故有此語.
255) 云: 賀本에서는 文으로 되어 있다.

60:162 "進銳退速", 其病正在意氣方盛之時, 已有易衰之勢, 不待意氣已衰之後, 然後見其失也.

「知者無不知也章」

60:163 ▲256) 問: "知在先否?" 曰: "也是如此, 亦不專如此. 固是用知得審. 若知不審, 以賢爲否, 以否爲賢, 少間那仁上便安頓不着." 【僩】

60:164 ▲257) "人人各有當務之急. '或勞心, 或勞力, 勞心者治人, 勞力者治於人', 此各有所急也. '堯以不得舜爲己憂, 舜以不得禹·皐陶爲己憂', 此聖人之所急也. '上好禮, 則民莫敢不敬, 上好義, 則民莫敢不服, 上好信, 則民莫敢不用情.' 若學圃·學稼, 則是不急. 今人讀書中亦自有合着急處. 若是稍慢處理會未得, 也且放過不妨, 緊要處須着理會." 又問: "'急親賢也, 急先務也', 治天下莫過於親賢, 知卻隨時因事爲之, 故不指言. 如舜之擧相·去凶, 是舜之先務, 禹之治水, 是禹之先務, 何如?" 曰: "大略是如此. 下文云'此之謂不知務.' 須是凡事都有輕重緩急. 如眼下修緝禮書, 固是合理會. 若只知有這箇, 都困了, 也不得. 又須知自有要緊處, 乃是當務. 又如孟子答'今之樂, 猶古之樂', 這裏且要得他與百姓同樂是緊急. 若就這裏便與理會今樂非258) 古樂, 便是不知務." 【賀孫 ○人傑錄別出.】

60:165 ▲259) 如夫子言'務民之義', 應係所當爲者, 皆是也." 漢卿問:

256) ▲: "知者無不知也."
257) ▲: 正淳問: "'急先務'一段何如?" 曰:
258) 非: 徽州本에서는 若으로 되어 있다.
259) ▲: 問: "如舜擧皐陶, 湯擧伊尹, 所謂親賢者, 乃治天下者不易之務. 若當務之急, 是隨其時勢之不同. 堯之曆象·治水, 舜之擧相·去凶, 湯之伐夏救民, 皆所務之急者." 曰: "也是如此. 然當務之急, 如所謂'勞心者治人, 勞力者治於人. 堯·舜之治天下, 豈無所用其心? 亦不用於耕耳.' 又

“‘不能三年之喪, 而緦小功之察, 放飯流歠, 而問無齒決, 是之謂不知務.’ 卻止說智, 不說仁?” 曰: “便是併與仁說. 所謂‘急親賢之爲務’, 豈不爲仁乎?” 先生因推言: “學者亦有當務. 如孟子論今樂古樂, 則與民同樂, 乃樂之本, 學者所當知也. 若欲明其聲音節奏, 特樂之一事耳. 又如修緝禮書, 亦是學者之一事. 學者須要窮其源本, 放得大水下來, 則如海潮之至, 大船小船莫不浮泛. 若上面無水來, 則大船小船都動不得. 如講學旣能得其大者, 則小小文義, 自是該通. 若只於淺處用功, 則必不免沉滯之患矣.”【人傑】

『朱子語類』卷第六十一

「『孟子』十一」

「盡心下」

「盡信書章」

61:1 孟子說“盡信書不如無書”者, 只緣當時恁地戰鬪殘戮, 恐當時人以此爲口實, 故說此. 然“血流漂杵”, 看上文自說“前徒倒戈, 攻其後以北”, 不是武王殺他, 乃紂之人自蹂踐相殺. 荀子云: “所以殺之者, 非周人也, 商人也.” 【賀孫】

「舜之飯糗茹草章」

61:2 ▲[1]問: “▲[2]趙氏以‘果’爲‘侍’, 有所據否?” 曰: “某嘗[3]推究此. 『廣韻』從‘女’從‘果’者, 亦曰‘侍也.’” 【去僞】

「好名之人章」

61:3 ▲[4]

---

1) ▲: 或
2) ▲: ‘二女果’,
3) 嘗: 賀本에서는 常으로 되어 있다.
4) ▲: 好名之人, 只是偶然能如此. 苟非其人, 苟非眞能讓之人, 則簞食豆羹, 反見於

61:4 讓千乘之國, 惟賢人能之. 然好名之人, 亦有時而能之. 然若不是眞箇能讓之人, 則於小處不覺發見矣. 蓋好名之人本非眞能讓國也, 徒出一時之慕名而勉强爲之耳. 然這邊雖能讓千乘之國, 那邊簞食豆羹必見於色. 東坡所謂“人能碎千金之璧, 而不能不失聲於破釜”, 正此意也. “苟非其人”, 其人指眞能讓國者, 非指好名之人也.【僩】

61:5 ▲[5] 某嘗把此一段對‘向爲身死而不受’一段爲義. 蓋前段是好名之心[6]勝[7], 大[8]處打得過, 小處滲綻也, 動於萬鍾者, 是小處遮掩得過, 大處發露也.”【大雅】

「民爲貴章」

61:6 “伊川云: ‘句龍配食於社, 棄配食於稷. 始以其有功於水土, 故祀之, 今以其水旱, 故易之.’ 夫二神之功, 萬世所賴, 旱乾水溢, 一時之災. 以一時之災, 而遽忘萬世之功, 可乎?” 曰: “‘變置社稷’, 非其[9]易其人而祀之▲[10]. 如[11]伊川之說也, 蓋言遷社稷壇場於他處耳.”【謨】

「仁也者人也章」

色. 想見『孟子』亦少了幾箇字. “其人”者, 指眞能讓底人言.【子蒙】

5) ▲: 徐孟寶問“好名之人能讓千乘之國.” 曰: “會得東坡說‘能碎千金之璧, 不能不失聲於破釜’否?” 曰: “如此, 則‘能讓千乘之國’, 只是好名, 至‘簞食豆羹見於色’, 卻是實情也.” 曰: “然.” 曰: “如此說時, 好名大故未是好事在.” 曰: “只李守約之祖光祖刪定曾如此說來.

6) 心: 賀本에서는 人으로 되어 있다.

7) 勝: 賀本에는 없다.

8) 大: 成化本에서는 人으로 되어 있다.

9) 其: 英祖刊本・賀本・萬曆本에서는 是로 되어 있고 徽州本에서는 謂로 되어 있다.

10) ▲: 也

11) 如: 賀本에는 없다.

61:7 ▲[12]仁, 不可說. 故以人爲說者, 是就人性上說."【節】

61:8 ▲[13] 一心之間, 渾然天理, 動容周旋, 造次顚沛, 不可違也. 一違, 則私慾間乎其間, 爲不仁矣. 雖曰二物, 其實一理. 蓋仁則[14]心也, 不是心外別有仁也.【椿】

61:9 ▲[15] 此▲[16]說▲[17]仁是人底道理, 就人身上體認出來. 又就人身上說, 合而言之便是道也.【螢】

61:10 ▲[18] 猶言"公而以人體之便是仁"也.【端蒙】[19]

61:11 ▲[20] 且如君臣之義, 君臣便是人, 義便是仁, 盡君臣之義卽是道, 所謂"合而言之"者也.【履孫】[21]

61:12 "人之所以得名, 以其仁也. 言仁而不言人, 則不見理之所寓, 言人而不言仁, 則人不過是一塊肉血[22]耳. 必合而言之, 方見得道理出來." 因言: "仁字最難形容, 是箇柔軟有知覺・相酬接之意, 此須是自去體認. '切問而近思, 仁在其中矣.'"【廣】

61:13 問"合而言之, 道也." 曰: "只說仁不說人, 則此道理安頓何處?

12) ▲: 或問"仁者人也." 曰: "仁是
13) ▲: "仁者, 人也." 人之所以爲人者, 以其有此而已.
14) 則: 英祖刊本・成化本・賀本에서는 卽으로 되어 있다.
15) ▲: "仁者, 人也. 合而言之, 道也."
16) ▲: 是
17) ▲: 此
18) ▲: "仁者, 人也. 合而言之, 道也." 只仁與人, 合而言之, 便是道.
19)【端蒙】: 賀本에는【子蒙】로 되어 있다.
20) ▲: "仁者, 人也", 非是以人訓仁.
21)【履孫】: 徽州本에는【賀孫】으로 되어 있다.
22) 肉血: 『朱子語類』에서는 血肉으로 되어 있다.

只說人不說仁, 則人者特一塊血肉耳. 必合將來說, 乃是道也."【必大】

61:14 問: "▲[23]外國本下更有云云者, 何所據?" 曰: "向見尤延之說, 高麗本如此."【廣】

61:15 ▲[24] 程子謂此猶'率性之謂道'也. 如『中庸』'仁者人也', 是對'義者宜也', 意又不同. '人'字是以人身言之. '仁'字有生意, 是言人之生道也. 『中庸』說'仁'字又密. 上言'修身以道, 修道以仁', 便說'仁者人也', 是切己言之. 孟子是統而言之." 徐問: "『禮記』: '仁者右也, 道者左也, 仁者人也, 道者義也.'" 曰: "這般話, 理會作甚?"【淳】

「貉稽曰章」

61:16 ▲[25]問: "▲[26]綿之八章, 孟子以是稱文王, 無足怪. ▲[27]「柏舟」之詩, 何與孔子? 而以此稱孔子, 何也?" 曰: "此不必疑. 如見毁於叔孫, 幾害於桓魋, 皆'慍于群小'也. 辭則衛詩, 意似孔子之事, 故孟子以此言孔子. 至於▲[28]'肆不殄厥慍'▲[29], 注謂說文王. 以詩考之, 上文正說太王, 下文豈得便言文王如此? 意其間須有闕文. 若以爲太王事, 則下又[30]卻有'虞・芮質厥成'之語. 某嘗作『詩解』, 至此亦曾有說."【『集傳』今有定說. ○去僞】

23) ▲: 先生謂
24) ▲: 問"仁也者人也." 曰: "此'仁'字不是別物, 卽是這人底道理. 將這仁與人合, 便是道.
25) ▲: 或
26) ▲: '肆不殄厥慍, 亦不殞厥問', 此
27) ▲: '憂心悄悄, 慍于群小', 此「邶」
28) ▲: 「綿」詩
29) ▲: 之語
30) 又: 徽州本에서는 文으로 되어 있다.

「口之於味也章」

61:17 孟子亦言氣質之性, 如“口之於味也”之類是也.【節】

61:18 ▲31)問: “‘口之於味’, ▲32)是性否?” 曰: “豈不是性? 然以此求性不可, 故曰: ‘君子不謂性也.’”【人傑】

61:19 ▲33) 此分明說‘君子不謂性’, 這‘性’字便不全是就理上說. 夫口之欲食, 目之欲色, 耳之欲聲, 鼻之欲臭, 四肢之欲安逸, 如何自會恁地? 這固是天理之自然. 然理附於氣, 這許多卻從血氣軀殼上發出來. 故君子不當以此爲主, 而以天命之理爲主, 都不把那箇當事, 但看這理合如何. ‘有命焉, 有性焉’, 此‘命’字與‘性’字, 是就理上說. ‘性也, 君子不謂性也, 命也, 君子不謂命也’, 此‘性’字與‘命’字, 是就氣上說.”【賀孫】

61:20 “▲34)不謂命也.” 此“命”字有兩說, 一以所稟言之, 一以所值言之. 『集注』▲35)是以所稟言之. 淸而厚, 則仁之▲36)父子也至, 若瞽瞍之於舜, 則薄於仁矣, 義之於君臣也盡, 若傑37)・紂之於逢38)・干, 則薄於義矣. 禮薄而至於賓主之失其歡, 智薄而至於賢者之不能盡知其極. 至於聖人之於天道, 有“性之・反之”之不同. 如堯・舜之盛德固備於天道, 若“禹入聖域而不優”, 則亦其稟之有未純處, 是皆所謂命也.

---

31) ▲: 徐震
32) ▲: 以至‘四肢之於安佚’,
33) ▲: 敬之問: “‘有命焉, 君子不謂性也.’ ‘有命焉’, 乃是聖人要人全其正性.” 曰: “不然.
34) ▲: 仁之於父子, 義之於君臣, 禮之於賓主, 智之於賢者, 聖人之於天道, 命也, 有性焉, 君子
35) ▲: 之說
36) ▲: 於
37) 傑: 『朱子語類』에서는 桀로 되어 있다.
38) 逢: 孝宗刊本・成化本에서는 逄으로 되어 있다.

【人傑】

61:21 ▲[39]問: "'聖人之於天道', 文勢與上文一否?" 曰: "▲[40]一. '堯·舜性之', 則盡矣, '湯·武身之', 則未也."【履孫】

61:22 ▲[41]

61:23 "性也, 有命焉", "性"字兼氣稟而言. "命也, 有性焉", 此"性"字專言其理.【伯羽】

61:24 問"性也, 有命焉." 曰: "此'性'字兼物欲而言, 說得緩而闊. 如下文'有性焉'之'性', 則說得緊. 兩箇'命'字亦不同."【燾】

61:25 "性也[42], 有命焉", 此性是氣稟之性, 命則[43]是限制人心者. "命也[44], 有性焉", 此命是氣稟有清濁, 性則是道心者.【方子】

61:26 直卿云: "▲[45] 兩'性'字, 兩'命'字, 都不同. 上面'性'字是人心, 下面'性'字是道心. 上面'命'字是氣, 論貧富貴賤, 下面'命'字是理, 論智愚賢不肖."【學蒙】

61:27 ▲[46]上云'性也', 是氣稟之性, '有命焉', 是斷制人心, 欲其不

---

39) ▲: 或
40) ▲: 與上文
41) ▲: "性也, 有命焉, 君子不謂性. 命也, 有性焉, 君子不謂命." 是因甚有兩樣?【閎祖】
42) 性也: 徽州本에서는 口之於味性也로 되어 있다.
43) 命則: 『小分』에서는 則命을 교정부호로 바로잡았다.
44) 命也: 徽州本에서는 仁之於父子命也로 되어 있다.
45) ▲: '不謂性命'章,
46) ▲: 區兄問"有性焉, 有命焉"一段. 先生甚喜, 以謂"某四十歲, 方看透此段意思.

敢過也. 下云'命也', 蓋其所受氣稟亦有厚薄之不齊, '有性焉', 是限制道心, 欲其無不及也."【蓋卿 ○震錄云: "區兄以'性也'之'性'爲氣稟之性, '有性焉'之'性'爲天命之性. 先生云: '某四十歲方得此說. 不易公思量得!'"】

61:28 ▲[47] 孟子恐人只見得一邊, 故就其所主而言. 舜·禹相授受, 只說'人心惟危, 道心惟微.' 論來只有一箇心, 那得有兩樣? 只就他所主而言, 那箇便喚做'人心', 那箇便喚做'道心.' 人心如'口之於味, 目之於色, 耳之於聲, 鼻之於臭, 四肢之於安逸', 若以爲性所當然, 一向惟意所欲, 卻不可. 蓋有命存焉, 須着安於定分, 不敢少過, 始得. 道心如'仁之於父子, 義之於君臣, 禮之於賓主, 智之於賢者, 聖人之於天道', 若以爲命已前定, 任其如何, 更不盡心, 卻不可. 蓋有性存焉, 須着盡此心以求合乎理, 始得." 又曰: "'口之於味, 目之於色, 耳之於聲, 鼻之於臭, 四肢之於安逸', 這雖說道性, 其實這已不是性之本原. 惟性中有此理, 故口必欲味, 耳必欲聲, 目必欲色, 鼻必欲臭, 四肢必欲安佚, 自然發出如此. 若本無此理, 口自不欲味, 耳自不欲聲, 目自不欲色, 鼻自不欲臭, 四肢自不欲安佚."【賀孫】

61:29 ▲[48]命有兩般: 有以氣言者, 厚薄清濁之稟不同也, 如所謂'道之將行·將廢, 命也', '得之不得曰有命', 是也, 有以理言者, 天道流行, 付而在人, 則爲仁義禮智之性, 如所謂'五十而知天命', '天命之謂性', 是也. 二者皆天所付與, 故皆曰命." 又聞[49]: "▲[50]'性也, 有命▲[51]" 曰: "此'性'字指氣質而言, 如'性相近'之類, 此'命'字卻合理與氣而言. 蓋五者之欲, 固是人性, 然有命分. 既不可謂我性之所有而必求

47) ▲: 或問"君子不謂性命." 曰: "論來'口之於味, 目之於色, 耳之於聲, 鼻之於臭, 四肢之於安佚', 固是性, 然亦便是合下賦予之命. '仁之於父子, 義之於君臣, 禮之於賓主, 智之於賢者, 聖人之於天道', 固是命, 然亦便是各得其所受之理, 便是性.

48) ▲: 或問"命"字之義. 曰: "命, 謂天之付與, 所謂天令之謂命也. 然

49) 聞: 『朱子語類』에서는 問으로 되어 있다.

50) ▲: 孟子謂

51) ▲: 焉', 此'性'所指謂何?

得之, 又不可謂我分可以得, 而必極其欲. 如貧賤不能如願, 此固分也, 富貴之極, 可以無所不爲, 然亦有限制裁節, 又當安之於理. 如紂之酒池肉林, 卻是▲[52] 若以其分言之, 固無不可爲, 但道理卻恁地不得. 今人只說得一邊, 不知合而言之, 未嘗不同也. '命也, 有性焉', 此'命'字專指氣而言, 此'性'字卻指理而言. 如舜遇瞽瞍, 固是所遇氣數. 然舜惟盡事親之道, 期於底豫, 此所謂盡性. 大凡淸濁厚薄之稟, 皆命也. 所造之有淺有深, 所遇之有應有不應, 皆由厚薄淸濁之分不同. 且如聖人之於天道, 如堯・舜則是性之, 湯・武則是身之, 禹則'入聖域而不優', 此是合下所稟有淸濁, 而所造有淺深不同. '仁之於父子', 如舜之遇瞽瞍, '義之於君臣', 如文王在羑里, 孔子不得位, '禮之於賓主', 如子敖以孟子爲簡, '智之於賢者', 如晏嬰▲[53]不知孔子, 此是合下來所稟有厚薄, 而所遇有應不應. 但其命雖如此, 又有性焉, 故當盡性. 大抵孟子此語是各就其所重言之, 所以伸此而抑彼, 如『論語』所說審富貴而安貧賤之意. ▲[54] 【"仁之於父子"以下, 與『集注』不同, 讀者詳之. ○銖】

61:30 問: "'命矣夫!' 這只是說他一身氣數止於此否?" 曰: "是他[55]稟受得來只恁地. 這命, 便似向來說人心相似, 是有兩般命, ▲[56]如'口之於味, 耳之於聲, 性之', 這便是人心. 然不成無後也要恁地! 所以說'有命焉, 君子不謂性也', 這命, 便是指理而言. 若是'仁之於父子, 義之於君臣, 命也, 有性焉, 君子不謂命也', 這命, 便是兼氣血而言. 其實只是這一箇理, 就氣稟論則不同. 且如'義之於君臣', 亦有未事君時, 先懷一箇不忠底心者, 子之於父, 亦有常常懷不孝底心者. 不成不管他,

---

52) ▲: 富貴之極而不知限節之意.

53) ▲: 智矣, 而

54) ▲: 張子所謂'養則付命於天, 道則責成於己', 是也. 然又自要看得活. 道理不是死底物, 在人自著力也."

55) 他: 孝宗刊本・成化本・賀本에서는 它로 되어 있다.

56) ▲: 卻不是有兩箇命. 有兼氣血說底, 有全說理底. 如'有命焉', '君子不謂命也', 只是這一箇命. 前面說底是一般, 後面說底是一般.

只聽他自恁地! 須着區處教不恁地, 始得." 蔡仲默問: "'性[57)]相近', 也是兼[58)]氣質而言否?" 曰: "是. 若孟子, 便直說曰: '非天之降才爾殊也, 其所以陷溺其心者然也.'" 說至此, 高聲云: "只是這箇道理! 堯·舜·三王治天下, 只是理會這箇. 千百年來無人曉得, 後都黑了. 到程先生後, 說得方分明."【義剛】

61:31 問[59)]: ▲[60)]前段說性是物欲之性, 命是命分, 後段說性是仁義禮智之性, 命是稟賦之命, ▲[61)]." 曰: "只是一般, ▲[62)]且如嗜[63)]芻豢而厭藜藿, 是性▲[64)]. 然芻豢分無可得, 只得且喫藜藿. 如父子▲[65)], 有相愛底, 亦有不相愛底, 有相愛深底, 亦有相愛淺底, 此便是命. 然在我有薄處, 便當勉强以致[66)]其厚, 在彼有薄處, 吾當致厚, 感他得他亦厚. 如瞽瞍之頑, 舜便能使'烝烝乂, 不格姦.'" ▲[67)]【淳】

61:32 "▲[68)] 只要遏人欲, 長天理. 前一節, 人以爲性我所有, 須要必得, 後一節, 人以爲命則在天, 多委之而不修. 所以孟子到人說性處, 卻曰'有命', 人說命處, 卻曰'有性.'" 或曰: "先生嘗言: '前段要輕看, 後段要重看.'" 曰: "固有此理, 想曾言之."【謨】

61:33▲[69)]

---

57) 性: 賀本에는 없다.
58) 兼: 賀本에서는 指로 되어 있다.
59) 問: 『朱子語類』에는 없다.
60) ▲: 堯卿謂: "'君子不謂性命'章,
61) ▲: 似各不同
62) ▲: 此亦不難解, 有甚麽玄妙? 只將自家身看, 便見.
63) 嗜: 賀本에서는 耆로 되어 있다.
64) ▲: 如此
65) ▲: 有親
66) 致: 賀本에서는 至로 되어 있다.
67) ▲: 叔器問: "瞽瞍之惡彰彰於天下後世, 舜何以謂之'大孝'?" 曰: "公且自與他畫策. 瞽瞍頑嚚, 天知地聞, 舜如何揜得! 且說今遇瞽瞍之父, 公便要如何?"
68) ▲: '君子不謂性命'一章,

61:34 ▲[70]

61:35 ▲[71] 豈非命歟?' ▲[72]此'命'字, 恐作兩般看. 若作所稟之命, 則是嬰稟得智之淺者. 若作命分之命, 則晏子偶然蔽於此, 遂不識夫子. 此是作兩般看."【賜】

61:36 ▲[73]

61:37 ▲[74]

---

69) ▲: 問: "'智之於賢者, 聖人之於天道', 『集注』尙存兩說." 曰: "兩說皆通, 前章又似周密." 問: "賢者必智, 何爲卻有淺深? 天道必在聖人, 何爲卻有厚薄?" 曰: "聖賢固有等差. 如湯・武之於堯・舜, 武王之於文王, 便自可見."【謨】

70) ▲: 或問: "伊川曰: '口目鼻耳四肢之欲, 性也, 然有分焉, 不可謂我須要得, 是有命也.' 又曰: '〈仁之於父子〉, 至〈聖人之於天道〉, 謂之命者, 以其本受有厚薄故也. 然其性善可學而盡, 故謂之性.' 夫人之分量固有厚薄, 所以其口目耳鼻四肢之欲, 不可以言性, 伊川前說是矣. 仁義禮智天道, 此天之所以命於人, 所謂'本然之性'者也. 今曰命有厚薄, 則是本然之性有兩般也. 若曰伊川以厚薄言人氣質稟受於陰陽五行者如此, 孟子不應言命. 若以氣質厚薄言命, 則是天之降才爲有殊矣. 又如言仁則曰'仁之於父子', 言義則曰'義之於君臣', 言禮言智亦然. 至言天道, 則曰'聖人之於天道', 文勢至是當少變邪, 抑自有意邪?" 曰: "孟子言'降才', 且如此說. 若命則誠有兩般, 以稟受有厚薄也, 又不可謂稟受爲非命也. 大抵天命流行, 物各有得, 不謂之命不可也. 命, 如人有富貴貧賤, 豈不是有厚薄? '知之於賢者', 則有小大. '聖人之於天道', 亦有盡不盡處. 只如'堯・舜性之', 則是盡得天道: '湯・武身之', 則是於天道未能盡也. 此固是命, 然不可不求之於性."【去僞】

71) ▲: 問: "'智之於賢者', 或云: '吾旣有智, 則賢者必見之.' 此說如何?" 曰: "如此解, 似語勢倒而不順. 須從橫渠說: '晏嬰之智而不知仲尼,

72) ▲: 然

73) ▲: 劉問: "孟子'性也, 有命焉, 命也, 有性焉', 將性・命做兩件. 子思'天命之謂性', 又合性命爲一. 如何?" 曰: "須隨聖賢文意看. 孟子所謂命, 是兼氣稟而言, 子思專以天所賦而言." 又問: "『易』言'窮理盡性以至於命', 如何?" 先生不答. 少頃, 曰: "不要如此看文字. 游定夫初見伊川, 問'陰陽不測之謂神.' 伊川曰: '賢是疑了問, 只揀難底問?' 後來人便道游將難底問. 大意要且將聖賢言語次第看, 看得分曉, 自然知得. 伊川『易傳』序云: '求言必自近. 易於近者, 非知言者也.' 此伊川喫緊爲人處."【寓】

74) ▲: 或問"聖人之於天道"一段, 以示諸友. 祖道曰: "伯豐擧錢文季之說, 大概言命處, 只將爲所稟之命, 莫是偏了?" 曰: "此說亦是. 如『集注』中擧橫渠說云, 以晏

「浩生不害問曰章」

61:38 "可欲之謂善." 可欲, 只是說這人可愛也. 【淳】

61:39 ▲75)

61:40 ▲76)'有諸己'是說樂正子身上事, '可欲'卻做人說, 恐未安." 曰: "此便是他有可欲處, 人便欲他, 豈不是渠身上事? 與下句非不相協." 【時擧】

61:41 善人能無惡矣, 然未必能不失也. 必真知其善之當然, 而實有於己, 然後能不失. 信77)者, 實有於己而不失之謂. 【端蒙】

61:42 ▲78) "善人只是資質好底人, 孔子所謂'不踐跡, 亦不入於室'者是也. ▲79)而已. '有諸己之謂信', 是都知得了, 實是如此做. 此是就心上說, 心裏都理會得. '充實之謂美', 是就行上說, 事事都行得盡, 充滿卽80)實, 美在其中, 而無待於外. ▲81) 無待於外底, 他善都是裏面流出來. 韓文公所謂'足乎己無待於外之謂德', 是也. 有待於外底, 如

子之賢而不識孔子, 豈非命也? 已有此意了. 如伯豐見識所立, 亦甚難得." 【祖道】

75) ▲: 問"可欲之善." 曰: "爲君仁, 爲臣敬, 爲父慈, 爲子孝是也. 外是而求, 則非." 【大雅】

76) ▲: 問: "'可欲之謂善', 若作人去欲他, 恐與'有諸己之謂信'不相協. 蓋

77) 失. 信: 『小分』에서는 信失을 교정부호로 바로잡았다.

78) ▲: 問"可欲之謂善, 有諸己之謂信, 充實之謂美." 曰:

79) ▲: 是箇都無惡底人, 亦不知得如何是善, 只是自是箇好人

80) 卽: 英祖刊本・賀本・徽州本에서는 積으로 되어 있다.

81) ▲: 如公等說話, 都是去外面旋討箇善來栽培放這裏, 都是有待於外. 如仁, 我本有這仁, 卻不曾知得, 卻去旋討箇仁來注解了, 方曉得這是仁, 方堅執之而不失. 如義, 我元有這義, 卻不曾知得, 卻旋去討箇義來注解了, 方曉得這是義, 堅守之而勿失. 這都是有待於外.

伊川所謂富人多寶貧子借看之喩, 是也.” 又曰: “‘可欲之謂善’, 如人有百萬實[82]錢, 世界他都不知得, 只認有錢使, 有屋住, 有飯喫, 有衣着而已. ‘有諸己之謂信’, 則知得我有許多田地, 有許多步畝, 有許多金銀珠玉, 是如何營運, 是從那裏來, 盡知得[83]了.” 【僩】

61:43 ▲[84] “善, 渾全底好人, 無可惡之惡, 有可喜可欲之善. ‘有諸己之謂信’, 眞箇有此善. 若不有諸己, 則若存若亡, 不可謂之信. 自此而下, 雖一節深如一節, 卻易理會. 充實, 謂積累. 光輝, 謂發見於外. 化, 則化其大之之跡, 聖而不可知處便是神也. 所以明道言: ‘仲尼無跡, 顏子微有跡, 孟子其跡著.’” 或問顏子之微有跡處. 曰: “如‘願無伐善, 無施[85]勞’, 皆是. 若孔子有跡, 只是人捉摸不着.” 【去僞】

61:44 ▲[86]

61:45 ▲[87]

61:46 ▲[88]

61:47 ▲[89]須是有箇善, 方推得. 譬如合一藥, 須先有眞藥材, 然後

---

82) 實: 英祖刊本 · 賀本 · 徽州本 · 萬曆本에서는 貫으로 되어 있다.
83) 知得: 賀本에서는 得知로 되어 있다.
84) ▲: 問“可欲之謂善”, 至“聖而不可知之謂神.” 曰:
85) 施: 成化本에서는 於로 되어 있다.
86) ▲: 古人用“聖”字有兩樣: “大而化之之謂聖”, 是一般, 如“知 · 仁 · 聖 · 義”之“聖”, 只通明亦謂之聖. 【可學】
87) ▲: “樂正子, 二之中”, 是知好善而未能有諸己, 故有從子敖之失. 【人傑 ○營錄云: “‘二之中, 四之下’, 未必皆實有諸己者, 故不免有失錯處.”】
88) ▲: “可欲之謂善.” 人之所同愛而目爲好人者, 謂之善人. 蓋善者人所同欲, 惡者人所同惡. 其爲人也, 有可欲而無可惡, 則可謂之善人也. 橫渠曰: “志仁無惡之謂善, 誠善於身之謂信.” 【人傑 ○『集注』】
89) ▲: 問“可欲之謂善.” 曰: “橫渠說, 善人者志於仁而無惡. 蓋可欲底便是善, 可惡底便是惡. 若是好善又好惡, 卻如何得有諸己? 此語脈亦不必深求, 只是指人說,

和合羅碾得來成藥. 若是藥材不眞, 雖百般羅碾, 畢竟不是. ▲[90)]
【𦳝】

61:48 ▲[91)] "可欲, 只是都無可憎惡處. 學者必欲於'善'字上求用功[92)]處, 但莫做可憎可惡事便了." 問: "'充實之之[93)]謂美[94)]', 充實云者, 始信有是善而已. 今乃充而實之, 非美乎? 易曰'美在其中, 而暢於四肢', 此之謂也. '充實而有光輝'云者, 和順積於中, 英華發於外, 故此有所形見, 彼有所觀睹, 非大乎? 孟子曰'大人正己而物正', 此之謂也. 橫渠謂'充內形外之謂美, 塞乎天地之間, 則有光輝之意.' 不知此說然乎?" 曰: "橫渠之言非是." 又問: "'〈大而化之之謂聖, 聖而不可[95)]知之謂神〉, 非是聖上別有一般神人, 但聖人有不可知處, 便是神也.' 又以上竿弄瓶, 習化其高爲喩, 則其說亦旣明矣. 但大而化之之聖, 此句各有一說, 未知其意同否? 伊川曰: '〈大而化之〉, 只是理與己一. 其未化者, 如人操尺度量[96)]物, 用之尙不免有差. 至於化, 則己便是尺

只是說善人信人." 又問: "至'大而化之', 皆是指人否?" 曰: "皆是." 又問: "只自善推去否?" 曰: "固是. 然

90) ▲: 大凡諸人解義理, 只知求向上去, 不肯平實放下去求. 惟程子說得平實, 然平實中其義自深遠. 如『中庸』中解'動則變, 變則化', 只是就外面說. 其他人解得太高. 蓋義理本平易, 卻被人求得深了. 只如'明則誠矣, 誠則明矣', 橫渠皆說在裏面. 若用都收入裏面, 裏面卻沒許多節次, 安著不得. 若要强安排, 便須百端撰合, 都沒是處."

91) ▲: 或問: "'可欲之謂善', 伊川云: '善與"元者善之長"同理.' 又曰: '善便有箇元底意思.' 橫渠云: '求仁必求於未惻隱之前, 明善必明於可欲之際.' 二先生言善, 皆是極本窮源之論, 發明'善'字而已. 至於可欲之義, 則未有說也. 近世學者多要於'可欲'上留意. 有曰: '一性之眞, 其未發也, 無思無爲, 難以欲言. 無欲, 則無可無不可. 及其感而遂通, 則雖聖人未免有欲, 有欲, 則可不可形焉. 可者, 天理也, 不可者, 人欲也. 可者欲之, 不可者不欲, 非善己乎?' 不知此說是否? 曰: "不須如此說. 善人只是渾全一箇好人, 都可愛可欲, 更無些憎嫌處." 問: "如是, 則惟已到善人地位者乃可當之. 若學者, 可欲爲善, 當如何用工?" 曰:

92) 功: 『朱子語類』에서는 工으로 되어 있다.

93) 之: 『朱子語類』에는 없다.

94) 充實之之謂美: 徽州本에서는 이 뒤에 充實有光輝之謂大, 某竊謂가 더 있다.

95) 可: 孝宗刊本 · 英祖刊本 · 成化本에는 없다.

96) 度量: 『小分』에서는 量度을 교정부호로 바로잡았다.

度, 尺度便是己.' 横渠云: '大能成性謂之聖.' 近又聞先生云: '化其大之跡謂聖.' 竊嘗玩味三者之言, 恐是一意, 不知是否?" 曰: "然."【謨 ○『集義』】

61:49 程子曰: "乾, 聖人之分也, 可欲之善屬焉, 坤, 賢人之分也, 有諸己之信屬焉. ▲[97] 又曰: "善・信・美・大・聖・神是六等人. '可欲之謂善', 是說資稟好. 可欲, 是別人以爲可欲. '有諸己之謂信', 是說學." 又曰: "'直方大', 直方然後大. 積習而至, 然後能'不習無不利.'"【閎祖】

61:50 令[98]思"乾, 聖人之分▲[99], 坤, 賢人之分▲[100]." 對曰: "乾者, 純陽之卦, 陽氣之始也, 始無不善. 聖人之心純乎天理, 一念之發, 無非至善, 故曰'乾, 聖人之分也, 可欲之善屬焉.' 坤者, 純陰之卦, 陰氣之終, 所以成始者也. 賢人學而後復其初, 欲有諸己, 必積習而後至, 故曰'坤, 賢人之分也, 有諸己之信屬焉.'" 先生曰: "只是一箇是自然, 一箇是做工夫. ▲[101]."

61:51 「乾」九二, 聖人之學, "可欲之善屬焉." 可欲之善, 是自然道理, 未到修爲, 故曰聖人之學. 「坤」六二, 賢人之學, "有諸己之信屬焉." 有諸己, 便欲執持保守, 依文按本做, 故曰賢人之學. "忠信進德, 修辭立誠", 乾道也, 是流行發用, 朴實頭便做將去, 是健之義. "敬以直內, 義以方外", 坤道也, 便只簡靜循守, 是順之義. 大率乾是做, 坤是守, 乾如活龍相似, 有猛烈底氣象, 故九五曰"飛龍在天", 「文言」說得活鱍鱍[102]地. 到坤, 便善了, 六五只說"黃裳元吉", 「文言」中不過說

---

97) ▲: 一箇是自然, 一箇是做工夫積習而至."
98) 令: 英祖刊本에서는 今으로 되어 있다.
99) ▲: 也, 可欲之善屬焉
100) ▲: 也, 有諸己之信屬焉
101) ▲: '可欲之謂善', 是說資稟可欲, 是別人以爲可欲. '有諸己之謂信', 是說學
102) 鱍鱍: 英祖刊本・賀本에서는 潑潑로 되어 있다.

“黃中通理, 正位居體”而已. ▲[103)] 【罃】

「逃墨必歸於楊章」

61:52 ▲[104)]問: “孟子云‘逃墨必歸於楊, 逃楊必歸於儒’, 蓋謂墨氏不及楊氏遠矣. 韓子卻云: ‘孔墨必相爲用.’ 如此, 墨氏之學比之楊朱又在可取.” 曰: “昌黎之言有甚憑據? 且如「原道」一篇雖則大意好, 終是疏. 其引『大學』只到‘誠意’處便住了. 正如子由『古史』引『孟子』自‘在下位不獲乎上’, 只到‘反諸身不誠’處便住. 又如溫公作『通鑑』, 引『孟子』‘立天下之正位, 行天下之大道’, 卻去了‘居天下之廣居’, 皆是搯[105)]卻一箇頭, 三事正相類也.” 【文蔚】

「盆成括仕於齊章」

61:53 盆成括恃才忘[106)]作, 謂不循理了, 硬要胡做. 【僩】

「人皆有所不忍章」

61:54 ▲[107)] 惡不仁, 而不能使不仁者不加乎其身, 便是不能充無受爾汝之實.” 【義剛】

61:55 不直心而私意如此, 便是穿窬之類. 【又云: “裏面是如此, 外面卻不如此, 外面恁地, 裏面卻不恁地.”[108)] ○燾】

---

103) ▲: 看『易』, 記取“陰陽”二字, 看「乾」·「坤」, 記取“健順”二字, 便不錯了.
104) ▲: 或
105) 搯: 成化本·賀本에서는 掐로 되어 있다.
106) 忘: 孝宗刊本·成化本에서는 妄로 되어 있다.
107) ▲: 叔器問“充無受爾汝之實.” 曰“‘惡不仁者, 其爲仁矣, 不使不仁者加乎其身.’

61:56 問: "此章前面雙關說仁義, 後面卻專說義, 如何?" 曰: "前一截是衆人所共曉, 到這後又較細密難曉, 故詳說之." 又問: "莫有淺深否?" 曰: "後面也是說得漸漸較密."【道夫】

61:57 ▲109)'實'字對'名'字說. 不欲人以爾汝之稱加諸我, 是惡爾汝之名也. 然反之於身, 而去其無可爾汝之行, 是能充其無受爾汝之實也. 若我自有未是處, 則雖惡人以爾汝相稱, 亦自有所愧矣." 又問: "'餂者, 探取之意', 猶言探試之'探'否?" 曰: "餂, 是鉤致之意. 如本不必說, 自家卻强說幾句, 要去動人, 要去悅人, 是'以言餂之也.' 如合當與他說, 卻不說, 須故爲要難, 使他來問我, '是以不言餂之也.'" 又問: "政使當言而言, 苟有悅人之意, 是亦穿窬之類否?" 曰: "固是. 這穿窬之心, 便是那受爾汝之實." 又問: "此章首言仁義, 而後專言義者, 何也?" 曰: "仁只是一路, 不過只是箇不忍之心, 苟能充此心便了. 義卻頭項多." 又問: "'人能充無穿窬之心', 是就至麤處說? '未可以言而言'與'可以言而不言', 是說入至細處否?" 曰: "然. '能充無受爾汝之實'處, 工夫卻甚大了. 到這田地時110), 工111)夫人段周密了. 所以說'無所往而不爲義也.' 使行己有一毫未盡, 便不能'無受爾汝之實'矣. 達者, 推也, 是展去充塡112)滿也, 塡113)塞教滿." 又曰: "此段最好看."【僩】

61:58 ▲114) "須是就這惡其名處, 充到那'無受爾汝之實'處, 則無所往而不爲義矣. 如今面前惡穿窬之名, 而背後卻爲穿窬, 便有穿窬之

---

108) 又云…裏面卻不恁地." : 賀本에서는 본문으로 되어 있다.

109) ▲: 問: "'人能充無受爾汝之實', 『集注』云: '實, 誠也. 人不肯受爾汝之實者, 羞惡之誠也.' 須是自治其身無不謹, 然後無爾汝之稱否?" 曰: "這些子, 注中解得不分曉. 記得舊時解得好, 卻因後來改來改去, 不分曉了. 看來

110) 時: 賀本에는 없다.

111) 工: 賀本에서는 功으로 되어 있다.

112) 塡: 『朱子語類』에서는 塡으로 되어 있다.

113) 塡: 『朱子語類』에서는 塡으로 되어 있다.

114) ▲: 問"人能充無受爾汝之實." 曰: "某舊說恐未然. 看來人皆惡爾汝之名. 須是充此心, 使無受爾汝之實." 又曰:

實. 須是無穿窬之實, 始得." 莊仲問: "伊川爲東坡所玩侮, 是如何?" 曰: "公是倒看了'充無受爾汝之實.' 孔子之伐木削迹, 不成也是有'受爾汝之實'?"【子蒙】

「言近而指遠章」

61:59 ▲[115] "四方八面皆看得見. 此理本是遠近博約如一, 而行之則自近約始. 道理只是一, 但隨許多頭面去說, 又不可不逐頭面理會也."【方】

61:60 ▲[116]問: "▲[117] '不下帶', 或作心說." 曰: "所謂心者, 是指箇潛天潛地底說, 還只是中間一塊肉底是? 若作心說, 恐未是."【時舉】

「堯・舜性者也章」

61:61 ▲[118]

61:62 湯・武固皆反之. 但細觀其書, 湯反之之工, 恐更精密. 又如「湯誓」與「牧誓」數傑[119]・紂之罪, 詞氣亦不同. 『史記』但書湯放傑[120]而死, 武王遂斬紂頭, 懸之白旗. 又曰: "湯'有慚德', 如武王恐亦未必有此意也."【儒用】

---

115) ▲: 說"言近指遠, 守約施博",

116) ▲: 時可

117) ▲: '君子之言也, 不下帶而道存焉.'

118) ▲: "湯・武反之", 其反之雖同, 然細看來, 武王終是疏略, 成・湯卻孜孜向進. 如其伐桀, 所以稱桀之罪, 只平說過. 又放桀之後, "惟有慚德." 武王數紂, 至於極其過惡, 於此可見矣.【人傑】

119) 傑: 『朱子語類』에서는 桀로 되어 있다.

120) 傑: 『朱子語類』에서는 桀로 되어 있다.

61:63 ▲[121]問: "▲[122]言語以正行, 莫有[123]害否?" 曰: "言語在所當信. 若有意以此而正行, 便是有所爲而然也."【燾】

61:64 聖人是人與法爲一, 己與天爲一. 學者是人未與法爲一, 己未與天爲一, 固須"行法以俟命"也.【道夫】

61:65 ▲[124]

「說大人則藐之章」

61:66 ▲[125] "這爲世上有人把大人許多崇高富貴當事, 有言不敢出口, 故孟子云爾. ▲[126]『論語』說: '畏大人', 此卻說'藐大人.' 大人固當畏, 而所謂'藐'者, 乃不是藐他, 只是藐他許多'堂高數仞, 榱題數尺'之類."【賀孫】

「養心莫善於寡欲章」

61:67 ▲[127] "緊要在'寡'字'多'字. ▲[128]那事又要, 這事又惡[129], 便是多欲."【子蒙】

61:68 ▲[130] 欲是好欲, 不是不好底欲, 不好底欲不當言寡.【振】

---

121) ▲: 或
122) ▲: '言語必信, 非以正行.' 信
123) 有: 『朱子語類』에서는 無로 되어 있다.
124) ▲: 注云: "無意而安行, 性也." "性"下合添"之者"二字.【僩】
125) ▲: 敬之問"說大人則藐之"章. 曰:
126) ▲: 『集注』說自分明.
127) ▲: 問"養心莫善於寡欲." 曰:
128) ▲: 看
129) 惡: 『朱子語類』에서는 要로 되어 있다.

61:69 ▲[131] 只是言天理・人欲相爲消長分數. “其爲人也寡欲”, 則人欲分數少, 故“雖有不存焉者寡矣”, 不存焉寡, 則天理分數多也. “其爲人也多欲”, 則人欲分數多, 故“雖有存焉者寡矣”, 存焉者寡, 則是天理分數少也.【端蒙】

61:70 ▲[132]問養心也只是中虛.” 曰: “固是. 若眼前事事要時, 這心便一齊走出了. 未是說無, 只減少, 便可漸存得此心. 若事事貪, 要這箇, 又要那箇, 未必便說到邪僻不好底物事, 只是眼前底事, 才多欲, 便將本心都紛雜了. 且如秀才要讀書, 要讀這一件, 又要讀那一件, 又要學寫字, 又要學作詩, 這心一齊都出外去. 所以伊川敎人, 直是都不去他▲[133]用其心, 也不要人學寫字, 也不要人學作文章. 這不是僻, 都[134]理是合如此. 人只有一箇心, 如何分做許多去! 若只管去閑處用了心, 到得合用處, 於這本來底都不得力. 且看從古作爲文章之士, 可以傳之不朽者, ▲[135]那箇喚做知道? ▲[136] 只是要得寡欲存這心, 最是難. 以湯・武聖人, 孟子猶說‘湯・武反之也.’ 反, 復也, 反復得這本心. 如‘不邇聲色, 不殖貨利’, 只爲要存此心. 觀「旅獒」之書, 一箇犬[137], 受了有甚大事, 而反覆切諫. 以此見欲之可畏, 無小大, 皆不可忽.”【賀孫】

61:71 ▲[138] “未說到事, 只是纔有意在上面, 便是欲, 便是動自家心. 東坡云: ‘君子可以寓意於物, 不可以留意於物.’ 這說得不是. 纔

---

130) ▲: “養心莫善於寡欲.”
131) ▲: “孟子曰, 其爲人也寡欲”章,
132) ▲: 敬之問: “‘養心莫善於寡欲’,
133) ▲: 處
134) 都: 『朱子語類』에서는 道로 되어 있다.
135) ▲: 今看來
136) ▲: 也是此初心下只趨向那邊, 都是做外去了.
137) 犬: 賀本에서는 獒으로 되어 있다.
138) ▲: 敬之問“寡欲.” 曰:

說寓意, 便不得. 人好寫字, 見壁間有碑軸, 便須要看別是非, 好畫, 見掛畫軸, 便須要識美惡, 這都是欲, 這皆足以爲心病. 某前日病中閑坐無可看, 偶中堂掛幾軸畫, 才開眼, 便要看他, 心下便走出來在那上. 因思與其將心在他上, 何似閉着眼坐得此心寧靜?" 子善問: "如夏葛冬裘, 渴飮飢食, 此理所當然. 才是葛必欲精細, 食必求飽美, 這便是欲." 曰: "孟子說'寡欲.' 如今且要得寡, 漸至於無."【賀孫】

61:72 ▲[139)]

▲[140)]

61:73 ▲[141)]

「萬章問孔子在陳章」

61:74 ▲[142)] 觀孟子意, 是言好, 不是言不好. 然此一等人只是如此了, 自是不可進了.

61:75 ▲[143)] 旣不肯做狂, 又不肯做狷, 一心只要得人說好, 更不理會自己所見所得, 與夫[144)]理之是非. 彼狂者嘐嘐然以古人爲志, 雖行之未至, 而所知亦甚遠矣. 狷者便只是有志力行, 不爲不善. 二者皆能

---

139) ▲: 『集注』云: "多而不節, 未有不失其本心者." "多"字對"寡"字說. 才要多些子, 便是欲.【僩】

140) ▲: 「曾皙嗜羊棗章」

141) ▲: 羊棗, 只是北邊小棗, 如羊矢大者.【義剛】

142) ▲: "鄕原", "原"與"愿"同. 孔『荀子』"原慤", 注讀作"愿", 是也.

143) ▲: 問"鄕原"之義. 曰: "'原'字與'愿'字同義. 以其務爲謹愿, 不欲忤俗以取容, 專務徇俗, 欲使人無所非刺,

144) 夫: 賀本에서는 天으로 되어 있다.

不顧流俗汙世之是非, 雖是不得中道, 卻都是爲己, 不爲他人. 彼鄕原便反非笑之, ▲145) 彼其實所向, 則是'閹然媚於世'而已. 孔子以他心一向外馳, 更不反己, 故以爲德之賊. 而孟子又以爲不可與入堯・舜之道." 又問: "孔門狂者如琴張・曾晳146)輩是也. 如子路・子夏輩, 亦可謂之狷者乎?" 曰: "孔門亦有狂不成狂, 狷不成狷, 如冉求之類是也. 至於曾晳147), 誠狂者也, 只爭一撮地, 便流爲莊周之徒."【大雅】

61:76 狂狷是箇有骨肋底人. 鄕原是箇無骨肋底人, 東倒西擂, 東邊去取奉人, 西邊去周全人, 看人眉頭眼尾, 周遮掩蔽, 惟恐傷觸了人. ▲148)反經, 去其不善, 爲其善者而已.【僩】

61:77 ▲149)問: "▲150)只是躬行, 亦及政事否?" 曰: "這箇不通分做兩件說. 如堯・舜雖是端拱無爲, 只政事便從這裏做出, 那曾恁地便了! 有禹・湯之德, 便有禹・湯之業, 有伊周之德, 便有伊周之業. 終不如萬石君不言而躬行, 凡事一切不理會. 有一家便當理會一家之事, 有一國便當理會一國之事." 又曰: "孟子當楊・墨塞道, 其害非細. 孟子若不明白說破, 只理會躬行, 教他自化, 如何得化!" ▲151)問. "此卽『大學』明德新民之至否?" 曰: "然. 新民必本於明德, 而明德所以爲新民也."【賀孫】

61:78 ▲152)

---

145) ▲: 曰'何以是嘐嘐也? 言不顧行, 行不顧言, 則言古之人', 此是鄕原笑狂者也. '行何爲踽踽涼涼? 生斯世也, 爲斯世也, 善斯可矣', 此是鄕原笑狷者也.

146) 曾哲: 『朱子語類』에서는 曾晳으로 되어 있다. 『論語』에 의하면 曾晳으로 되어야 한다.

147) 曾哲: 『朱子語類』에서는 曾晳으로 되어 있다. 『論語』에 의하면 曾晳으로 되어야 한다.

148) ▲: "君子反經而已矣." 所謂

149) ▲: 敬之

150) ▲: '經正則庶民興', 這箇'經正', 還當

151) ▲: 賀孫

61:79 ▲[153] "經便是大經, 君臣・父子・夫婦・兄弟・朋友五者. 若便集義, 且先復此大經. 天下事未有出此五者, 其間卻煞有曲折. 如『大學』亦先指此五者爲言. 使大綱旣正, 則其他節目皆可擧. 若不先此大綱, 則其他細碎工夫如何做! 謂如造屋先有柱脚, 然後窗牖有安頓處." 【螢】

「由堯・舜至於湯章」

61:80 問"然而無有乎爾, 則亦無有乎爾." 曰: "惟三山 林少穎向某說得最好. '若禹皐陶則見而知之, 湯則聞而知之.' 蓋曰若非前面見而知得, 後之人如何聞而知之也. 孟子去孔子之世如此其未遠, 近聖人之居如此其近, 然而已無所[154]見而知之者, 則五百歲之後, 又豈復有聞而知之者乎?" 【去僞】

61:81▲[155]問: "▲[156] 所知者何事?" 曰: "只是這道理, 物物各具一理." 又問: "此道理如何求? 謂反[157]之於心, 或求之於事物?" 曰: "不知所求者何物. 若不以心, 于[158]何求之? 求之於事物, 亦是以心." 【震】

152) ▲: 『集義』: "反經, 經者天下之大經, 如'父子有親, 君臣有義, 夫婦有別, 長幼有序, 朋友有信.'" 又如『大學』中說"止於仁, 止於敬"之類, 是提起大綱. 然而天下之事, 雖至纖悉, 擧不出於此理, 非集義不可. 【人傑 ○『集義』】
153) ▲: 問: "『集義』'反經'之說如何?" 曰:
154) 所: 『朱子語類』에서는 有로 되어 있다.
155) ▲: 蔣端夫
156) ▲: 聞知・見知,
157) 反: 賀本에서는 見으로 되어 있다.
158) 于: 賀本에서는 於로 되어 있다.

『朱子語類』 卷第六十二

「『中庸』一」

「綱領」

62:1 『中庸』一書, 枝枝相對, 葉葉相當, 不知怎生做得一箇文字齊整.【方子】 62:2[1) 『中庸』, 初學者未當理會.【升卿】

62:3 『中庸』之書難看. 中間說鬼說神, 都無理會. 學者須是見得箇道理了, 方可看此書, 將來印證.【賜 ○夔孫錄云"『中庸』之書, 如箇卦影相似, 中間"云云.】

62:4 ▲[2) 須是且著力去看『大學』, 又著力去看『論語』, 又著力去看『孟子』. 看得三書了, 這『中庸』半截都了, 不用問人, 只略略恁看過. 不可掉了易底, 卻先去攻那難底. 『中庸』多說無形影, 如鬼神, 如'天地參'等類, 說得高, 說下學處少, 說上達處多. 若且理會文義, 則可矣." 問: "『中庸』精粗本末無不兼備否?" 曰: "固是如此. 然未到精粗本末無不備處."【淳】

62:5 問『中庸』·『大學』之別. 曰: "如讀『中庸』求義理, 只是致知功夫, 如謹[3)獨修省, 亦只是誠意." 問: "只是『中庸』直說到'聖而不可知'處." 曰: "如『大學』裏也有如'前王不忘', 便是'篤恭而天下平'底事."【胡

---

1) 62:2: 『小分』에서는 62:1에 이어져 한 항목으로 편집되어 있다.
2) ▲: 問『中庸』. 曰: "而今都難恁理會. 某說箇讀書之序,
3) 謹: 賀本에서는 愼으로 되어 있다.

泳】

62:6 讀書先須看大綱, 又看幾多間架. 如"天命之謂性, 率性之謂道, 修道之謂敎", 此是大綱. 夫婦所知所能, 與聖人不知不能處, 此類是間架. 譬人看屋, 先看他大綱, 次看幾多間, 間內又有小間, 然後方得貫通."【銖】

62:7 問: "▲[4]名篇之義, 中者, 不偏不倚・無過不及之名. 兼此二義, 包括方盡. 就道理上看, 固是有未發之中, 就經文上看, 亦先言'喜怒哀樂未發之謂中', 又言'君子之『中庸』也, 君子而時中.'" 先生曰: "他所以名篇者, 本是取'時中'之'中.' 然所以能時中者, 蓋有那未發之中在. 所以先開說未發之中, 然後又說'君子之時中.'"【至 ○以下論名篇之義.】

62:8 ▲[5]問: "'隨時之中, 猶日中之中', 何意?" 曰: "本意只是說昨日看得是中, 今日看得又不是中. 然譬喩不相似, 亦未穩在."【直卿云: "在中之中, 與在事之中, 只是一事. 此是體, 彼是尾." ○方子 ○與上條蓋同聞.】

62:9 ▲[6]未發之中是體, '時中'之'中'是用, '中'字兼中和言之." 直卿云: "如'仁義'二字, 若兼義, 則仁是體, 義是用, 若獨說仁, 則義・禮・智皆在其中, 自兼體用言之."【蓋卿】

62:10 "'中庸'之'中', 是兼以[7]發而中節・無過不及者得名. 故周子

---

4) ▲: 『中庸』

5) ▲: 至之問: "'中'含二義, 有未發之中, 有隨時之中." 曰: "『中庸』一書, 本只是說隨時之中. 然本其所以有此隨時之中, 緣是有那未發之中, 後面方說'時中'去." 至之又

6) ▲: "'中庸'之'中', 本是無過無不及之中, 大旨在時中上. 若推其中, 則自喜怒哀樂未發之中, 而爲'時中'之'中.'

7) 以: 英祖刊本・賀本에는 已로 되어 있다.

曰: '惟中者, 和也, 中節也, 天下之達道也.' 若不識得此理, 則周子之言更解不得. 所以伊川謂'中者, 天下之正道.' 『中庸章句』以'中庸'之'中', 實兼'中和'之義, 『論語集注』以'中者, 不偏不倚, 無過不及之名', 皆此意也."【人傑】

62:11 ▲8)

62:12 問: "明道以'不易'爲庸, 先生以'常'爲庸, 二說不同?" 曰: "言常, 則不易在其中矣. 惟其常也, 所以不易. 但'不易'二字, 則是事之已然者. 自後觀之, 則見此理之不可易. 若庸, 則日用常行者便是."【僩】

62:13 ▲9)

62:14 "▲10) 若非常, 則不得久矣. ▲11) 廣因擧釋子偈有云: "世間萬事不如常, 又不驚人又久長." 曰: "便是它那道理也有極相似處, 只是說得來別. 故某於『中庸章句』序中著語云: '至老佛之徒出, 則彌近理而大亂眞矣!' 須是看得它那'彌近理而大亂眞'處, 始得." ▲12)【廣】

---

8) ▲: "'中庸'之'中', 兼不倚之中?" 曰: "便是那不倚之中流從裏出來."【炎】

9) ▲: 或問: "'中庸'二字, 伊川以庸爲定理, 先生易以爲平常. 據'中'之一字大段精微, 若以平常釋'庸'字, 則兩字大不相粘." 曰: "若看得不相粘, 便是相粘了. 如今說這物白, 這物黑, 便是相粘了." 廣因云: "若不相粘, 則自不須相對言得." 曰: "便是此理難說. 前日與季通說話終日, 惜乎不來聽. 東之與西, 上之與下, 以至於寒暑晝夜生死, 皆是相反而相對也. 天地間物未嘗無相對者, 故程先生嘗曰: '天地萬物之理, 無獨必有對, 皆自然而然, 非有安排也. 每中夜以思, 不知手之舞之, 足之蹈之也!' 看得來眞箇好笑!"【廣】

10) ▲: 惟其平常, 故不可易,

11) ▲: 譬如飮食, 如五穀是常, 自不可易. 若是珍羞異味不常得之物, 則暫一食之可也, 焉能久乎! 庸, 固是定理, 若以爲定理, 則卻不見那平常底意思. 今以平常言, 則不易之定理自在其中矣."

12) ▲: 廣云: "程子'自私'二字恐得其要領, 但人看得此二字淺近了." 曰: "便是向日王順伯曾有書與陸子靜辨此二字云: '佛氏割截身體, 猶自不顧, 如何卻謂之自私

62:15 "惟其平常, 故不可易, 如飮食之有五穀, 衣服之有布帛. 若是奇羞異味, 錦綺組繡, 不久便須厭了. 庸固是定理, 若直解爲定理, 卻不見得平常意思. 今以平常言, 然定理自在其中矣." 公晦問: "'中庸'二字, 舊說依程子'不偏不易'之語. 今說得是不偏不倚·無過不及而平常之理. 似以不偏不倚無過不及說中, 乃是精密切至之語, 而以平常說庸, 恰似不相粘着." 曰: "此其所以粘着. 蓋緣處得極精極密, 只是如此平常. 若有些子咤異, 便不是極精極密, 便不是中庸. 凡事無不相反以相成, 東便與西對, 南便與北對, 無一事一物不然. 明道所以云: '天下之物, 無獨必有對, 終夜思之, 不知手之舞之, 足之蹈之!' 直是可觀, 事事如此."【賀孫 ○與廣錄蓋聞同.】

62:16 問: "▲[13] 庸只是中底常然而不易否?" 曰: "是."【淳】

62:17 ▲[14]"中亦要得常, 此是一經一緯, 不可闕."【可學】

62:18 ▲[15]中如一物豎置之, 常如一物橫置之. 唯中而後常, 不中則不能常." 因問曰: "不惟不中則不能常, 然不常亦不能爲中." 曰: "亦是如此. 中而後能常, 此以自然之理而言, 常而後能有中, 此以人而言." 問: "龜山言: '高明則中庸也. 高明者, 中庸之體, 中庸者, 高明之用.' 不知將體用對說如何?" 曰: "只就'中庸'字上說, 自分曉, 不須如此說亦可." 又擧荊公"高明處己, 中庸處人"之語爲非是. 因言: "龜山而[16]有

得!" 味道因擧明道答橫渠書云: "大抵人患在自私而用智." 曰: "此卻是說大凡人之任私意耳." 因擧下文"豁然而大公, 物來而順應", 曰: "此亦是對說. '豁然而大公', 便是不自私, '物來而順應', 便是不用智. 後面說治怒處曰: '但於怒時遽忘其怒, 反觀理之是非, 則於道思過半矣.' '忘其怒', 便是大公, '反觀理之是非', 便是順應, 都是對說. 蓋其理自如此." 廣因云: "太極一判, 便有陰陽相對." 曰: "然."

13) ▲: 中庸不是截然爲二,

14) ▲: 問: "明道曰: '惟中不足以盡之, 故曰〈中庸〉.' 庸乃中之常理, 中自已盡矣." 曰:

15) ▲: 蜚卿問: "'中庸之爲德.' 程云: '不偏之謂〈中〉, 不易之謂〈庸〉.'" 曰: "中則直上直下, 庸是平常不差異.

功於學者. 然就他說, 據它自有做工夫處. 高明, 釋氏誠有之, 只緣其無'道中庸'一截. 又一般人宗族稱其孝, 鄉黨稱其弟, 故[17]十項事其八九可稱. 若一向拘攣, 又做得甚事! 要知中庸・高明二者皆不可廢."【寓】

62:19 ▲[18]問: "中與誠▲[19]?" 曰: "中是道理之模樣, 誠是道理之實處, 中卽誠矣." 又問: "智仁勇於誠如何?" 曰: "智仁勇是做底事, 誠是行此三者都要實." 又問"中・庸." 曰: "中・庸只是一事, 就那頭看是中, 就這頭看是庸. 譬如山與嶺, 只是一物. 方其山, 卽是謂之山, 行着嶺路, 則謂之嶺, 非二[20]物也.【方子錄云: "問: '『中庸』旣曰〈中〉, 又曰〈誠〉, 何如?' 曰: '此古詩所謂〈橫看成嶺側成峰〉也.'"】 ▲[21] 堯授舜, 舜授禹, 都是當其時合如此做, 做得來恰好, 所謂中也. 中, 卽平常也, 不如此, 便非中, 便不是平常. 以至湯・武之事亦然. 又如當盛夏極暑時, 須用飮冷, 就凉處, 衣葛, 揮扇, 此便是中, 便是平常. 當隆冬盛寒時, 須用飮湯, 就密室, 重裘, 擁火, 此便是中, 便是平常. 若極暑時重裘擁火, 盛寒時衣葛揮扇, 便是差異, 便是失其中矣."【廣】[22]

62:20 問: "『或問』言: '旣曰當然, 則自君臣父子日用之常, 以至堯・舜之禪授, 湯・武之放伐, 無適而非平常矣.' 切[23]謂堯・舜禪授, 湯・武放伐, 皆聖人非常之變, 而謂之平常, 何也?" 曰: "堯・舜禪授, 湯・武放伐, 雖事異常, 然皆是合當如此, 便只是常事. 如伊川說'經・權'

16) 而:『朱子語類』에는 없다.
17) 故: 成化本에서는 考로 되어 있다.
18) ▲: 或
19) ▲: 意如何
20) 二: 成化本에서는 一로 되어 있다.
21) ▲: 中・庸只是一箇道理, 以其不偏不倚, 故謂之'中', 以其不差異可常行, 故謂之'庸.' 未有中而不庸者, 亦未有庸而不中者. 惟中, 故平常.
22)【廣】: 賀本에는 없다.
23) 切: 成化本・賀本에서는 竊로 되어 있다.

字, '合權處, 卽便是經.'" 銖曰: "程『易』說「大過」, 以爲'大過者, 常事之大者耳, 非有過於理也. 聖人盡人道, 非過於理.' 是此意否?" 曰: "正是如此."【銖】

62:21 問▲[24]"守常底固是是. 然到守不得處只著變, ▲[25]硬守定則不得. 至變得來合理, 斷然着如此做, 依舊[26]是常." 又問: "前日說經權云: '常自是着還他一箇常, 變自是着還他一个變.' 如『或問』擧'堯・舜之禪授, 湯・武之放伐, 其變無窮, 無適而非常', 卻又皆以爲平常, 是如何?" 曰: "是他到不得已處, 只得變. 變得是, 仍舊是平常, 然依舊著存一个變."【燾】

62:22 ▲[27]

62:23 中必有庸, 庸必有中, 能究此而後可以發諸運用.【季札】

62:24 ▲[28]

62:25 ▲[29]

62:26 "向見劉致中說, 今世傳明道『中庸義』是與叔初本, 後爲博士演爲講義." 先生又云: "尙恐今解是初著, 後掇其要爲解也."【方 ○諸

24) ▲: 道之常變. 擧『中庸或問』說曰:
25) ▲: 而
26) 依舊: 『小分』에서는 舊依를 교정부호로 바로잡았다.
27) ▲: 有中必有庸, 有庸必有中, 兩箇少不得.【賜】
28) ▲: 『中庸』該得中和之義. 庸是見於事, 和是發於心, 庸該得和.【僩】
29) ▲: 問: "'中庸'二字孰重?" 曰: "庸是定理, 有中而後有庸." 問: "『或問』中言: '中立而無依, 則必至於倚.' 如何是無依?" 曰: "中立最難. 譬如一物植立於此, 中間無所依著, 久之必倒去." 問: "若要植立得住, 須用强矯?" 曰: "大故要强立."【德明】

家解.】

62:27 呂『中庸』, 文滂沛, 意浹洽.【方】

62:28 李先生說: "陳幾叟輩皆以楊氏『中庸』不如呂氏." 先生曰: "呂氏飽滿充實."【方】

62:29 龜山門人自言龜山『中庸』枯燥, 不如與叔浹洽. 先生曰: "與叔卻似行到, 他人如登高望遠."【方】

62:30 游・楊・呂侯諸先生解『中庸』, 只說他所見一面道理, 卻不將聖人言語折衷, 所以多失.

62:31 游・楊諸公解『中庸』, 引書語皆失本意.

62:32 "理學最難. 可惜許多印行文字, 其間無道理底甚多, 雖伊洛門人亦不免如此. 如解『中庸』, 正說得數句好, 下面便有幾句走作無道理了, 不知是如何. ▲30)【明作】

○31) 中庸自首章以下, 多是對說將來. 不知它古人如何做得這樣文字, 直是恁地整齊!" 因言: "某舊年讀中庸, 都心煩, 看不得, 且是不知是誰做. 若以爲子思做, 又卻時復有箇'子曰'字, 更沒理會處.【賀孫

30) ▲: 舊嘗看『欒城集』, 見他文勢甚好, 近日看, 全無道理. 如「與劉原父書」說藏巧若拙處, 前面說得儘好, 後面卻說怕人來磨我, 且恁地鶻突去, 要他不來, 便不成說話. 又如蘇東坡「忠厚之至論」說'舉而歸之於仁', 便是不柰他何, 只恁地做箇鶻突了. 二蘇說話, 多是如此. 此題目全在'疑'字上. 謂如有人似有功, 又似無功, 不分曉, 只是從其功處重之. 有人似有罪, 又似無罪, 不分曉, 只得從其罪處輕之. 若是功罪分明, 定是行賞罰不可毫髮輕重. 而今說'舉而歸之於仁', 更無理會." 或舉老蘇「五經論」, 先生曰: "說得聖人都是用術了!"

31) ○: 『朱子語類』의 64:160의 일부이다.

二[32]云: "漢中[33]看文字惑[34]快. 如今理會得了, 更要熟讀, 方有汁水. 某初看中庸, 都理會不得云云. 只管讀來讀去, 方見得許多章段分明."】 蓋某僻性, 讀書須先理會得這樣分曉了, 方去涵泳它義理. 後來讀得熟後, 方見得是子思參取夫子之說, 著爲此書. 自是沉潛反覆, 逐漸得其旨趣, 定得今章句一篇. 其擺布得來, 直恁麽細密! 【廣】

62:33 游丈【開】[35]問: "『中庸』編集得如何?" 曰: "便是難說. 緣前輩諸公說得多了, 其間儘有差舛處, 又不欲盡駁難他底, 所以難下手, 不比『大學』都未曾有人說."【雉】

62:34 先生以『中庸或問』見授, 云: "亦有未滿意處, 如評論程子·諸子說處, 尙多粗."【螢】[36]

62:35 問: "趙書記欲以先生『中庸解』鋟木, 如何?" 先生曰: "公歸時, 煩說與, 切不可! 某爲人遲鈍, 旋見得旋改, 一年之內改了數遍不可知." 又自笑云: "那得個人如此著述!"【浩】

「章句序」

62:36 問: "▲[37] 形氣[38]則是口耳鼻目四肢之屬." 曰: "固是." 問: "如此, 則未可便謂之私?" 曰: "但此數件物事屬自家體段上, 便是私有底物, 不比道, 便公共. 故上面便有个私底根本. 且如危, 亦未便是不

---

32) 賀孫二: 英祖刊本·成化本에서는 賀孫錄으로 되어 있고 賀本에서는 賀錄으로 되어 있다.
33) 中: 英祖刊本·成化本·賀本에서는 卿으로 되어 있다.
34) 惑: 英祖刊本·成化本·賀本에서는 忒으로 되어 있다.
35) 【開】: 賀本에서는 본문으로 되어 있다.
36) 【螢】: 『小分』에서는 손상되어 보이지 않으나 『朱子語類』에 따라 보충한다.
37) ▲: 先生說, 人心是'形氣之私',
38) 形氣: 『小分』에서는 氣形로 되어 있던 것을 교정부호로 바로잡았다.

好, 只是有箇不好底根本."【士毅】

62:37▲39)

62:38 問: "▲40)人心對道心▲41)" 曰: "有恁地分別說底, 有不恁地說底. 如單說人心, 則都是好. 對道心說著, 便是勞攘物事, 會生病痛底."【夔孫】

62:39 ▲42)"形氣非皆不善, 只是靠不得. 季通云: '形氣亦皆有善.' 不知形氣之有善, 皆自道心出. 由道心, 則形氣善, 不由道心, 一付於形氣, 則爲惡. 形氣猶船也, 道心猶拖43)也. 船無拖44), 縱之行, 有時入於波濤, 有時入於安流, 不可一定. 惟有一拖45)以運之, 則雖入波濤無害. 故曰: '天生烝民, 有物有則.' 物乃形氣, 則乃理也. 渠云'天地中也, 萬物過不及', 亦不是. 萬物豈無中? ▲46)【可學】

---

39) ▲: 問"或生於形氣之私." 曰: "如飢飽寒煖之類, 皆生於吾身血氣形體, 而他人無與, 所謂私也. 亦未能便是不好, 但不可一向狗之耳."【植】

40) ▲: 人心本無不善, 發於思慮, 方始有不善. 今先生指

41) ▲: 而言, 謂人心'生於形氣之私', 不知是有形氣便有這箇人心否?

42) ▲: 季通以書問『中庸』序所云"人心形氣." 先生曰:

43) 拖: 英祖刊本에서는 柂로 되어 있고 成化本・賀本에서는 柁로 되어 있다.

44) 拖: 英祖刊本에서는 柂로 되어 있고 成化本・賀本에서는 柁로 되어 있다.

45) 拖: 英祖刊本에서는 柂로 되어 있고 成化本・賀本에서는 柁로 되어 있다.

46) ▲: 渠又云: '浩然之氣, 天地之正氣也.' 此乃伊川說, 然皆爲養氣言. 養得則爲浩然之氣, 不養則爲惡氣, 卒徒理不得. 且如今日說夜氣是甚大事, 專靠夜氣, 濟得甚事!" 可學云: "以前看夜氣, 多略了'足以'兩字, 故然." 先生曰: "只是一理. 存是存此, 養是養此, 識得更無走作." 舜功問: "天理人欲, 畢竟須爲分別, 勿令交關." 先生曰: "五峰云: '性猶水, 善猶水之下也, 情猶瀾也, 欲猶水之波浪也.' 波浪與瀾, 只爭大小, 欲豈可帶於情!" 某問: "五峰云'天理人欲, 同行而異情'卻是." 先生曰: "是. 同行者, 謂二人同行於天理中, 一人日從天理, 一人專徇人欲, 是異情. 下云'同體而異用', 則大錯!" 因擧『知言』多有不是處. "'性無善惡', 此乃欲尊性, 不知卻鶻突了它. 胡氏論性, 大抵如此, 自文定以下皆然. 如曰: '性, 善惡也. 性・情・才相接.' 此乃說著氣, 非說著性. 向呂伯恭初讀『知言』, 以爲只有二段是, 其後卻云: '極妙, 過於『正蒙』!'"

62:40 問: "旣云上智, 何以更有人心?" 曰: "掐[47]着痛, 抓着癢, 此非人心而何? 人自有人心・道心, 一个生於血氣, 一个生於義理. 饑寒痛癢, 此人心也, 惻隱・羞惡・是非・辭遜, 此道心也. 雖上智亦同. ▲[48]." 【僩】

62:41 "因鄭子上書來問人心・道心, 先生曰: '此心之靈, 其覺於理者, 道心也, 其覺於欲者, 人心也.' 可學▲[49]向來專以人可以有道心, 而不可以有人心, 今方知其不然. 人心出於形氣, 如何去得! 然人於性命之理不明, 而專爲形氣所使, 則流於人欲矣. 如其達性命之理, 則雖人心之用, 而無非道心, 孟子所以指形色爲天性者以此. 若不明踐形之義, 則與告子'食・色'之言又何以異? '操之則存, 捨之則亡', 心安有存亡? 此正人心・道心交界之辨, 而孟子特指以示學者. 可學以爲必有道心, 而後可以用人心, 而於人心之中, 又當識道心. 若專用人心而不知道心, 則固流入於放僻邪侈之域, 若只守道心, 而欲屛去人心, 則是判性命爲二物, 而所謂道心者, 空虛無有, 將流於釋・老之學, 而非「虞書」之所指者. 未知然否?" 大雅云: "前輩多云, ▲[50]人心是人欲之心 ▲[51]" 曰: "▲[52]人心如此不好, 則須絶滅此身, 而後道心始明. 且舜何不先說道心, 後說人心?" 大雅云: "▲[53] 人心可以爲善, 可以爲不善, 而道心則全是天理矣." 曰: "人心是此身有知覺, 有嗜欲者, 如所謂'我欲仁', '從心所欲', '性之欲也, 感於物而動', 此豈能無! 但爲物誘而至於陷溺, 則爲害爾. 故聖人以爲此人心, 有知覺嗜欲, 然無所主

47) 掐: 成化本・賀本에서는 掐으로 되어 있다.

48) ▲: 一則危殆而難安, 一則微妙而難見. '必使道心常爲一身之主, 而人心每聽命焉', 乃善也.

49) ▲: 竊尋『中庸』序, 以人心出於形氣, 道心本於性命. 蓋覺於理謂性命, 覺於欲謂形氣云云. 可學近觀『中庸』序所謂'道心常爲一身之主, 而人心每聽命焉', 又知前日之失.

50) ▲: 道心是天性之心,

51) ▲: 今如此交互取之, 當否?

52) ▲: 旣是

53) ▲: 如此, 則人心生於血氣, 道心生於天理,

宰, 則流而忘反, 不可據以爲安, 故曰危. 道心則是義理之心, 可以爲人心之主宰, 而人心據以爲準者也. 且以飮食言之, 凡饑渴而欲得飮食以充其飽且足者, 皆人心也. 然必有義理存焉, 有可以食, 有不可以食. 如子路食於孔悝之類, 此不可食者. 又如父之慈其子, 子之孝其父, 常人亦能之, 此道心之正也. 苟父一虐其子, 則子必狠然以悖其父, 此人心之所以危也. 惟舜則不然, 雖其父欲殺之, 而舜之孝則未嘗替, 此道心也. 故當使人心每聽道心之區處, 方可. 然此道心卻雜出於人心之間, 微而難見, 故必須精之一之, 而後中可執. 然此又非有兩心也, 只是義理與[54]人欲之辨爾. 陸子靜▲[55]云: '舜若以人心爲全不好, 則須說不好, 使人去之. 今止說危者, 不可據以爲安耳. 言精者, 欲其精密[56]而不爲所雜也.' 此言亦自是. 今鄭子上之言都是, 但於道心下, 卻一向說是个空虛無有之物, 將流爲釋・老之學. 然則彼釋迦是空虛之魁, 饑能不欲食乎? 寒能不假衣乎? 能令無生人之所欲者乎? 雖欲滅之, 終不可得而滅也."【大雅】

「章句」

62:42 問『中庸』"始言一理, 中散爲萬事, 末復合爲一理"云云. 曰: "如何說曉得一理了, 萬事都在裏面? 天下萬事萬物都要你逐一理會過, 方得. 所謂'中散爲萬事', 便是『中庸』. 近世如龜山▲[57]以爲'反身而誠', 則天下萬物之理皆備於我. 萬物之理, 須你逐一去看, 理會過方可. 如何會反身而誠了, 天下萬物之理便自然備於我? 成个甚麽?" 又曰: "所謂'中散爲萬事', 便是『中庸』中所說許多事, 如智仁勇, 許多爲學底道理, 與'爲天下國家有九經', 與祭祀鬼神許多事. 聖人經書所以好看, 中間無些子罅隙, 句句是實理, 無些子空缺處."【僩】

54) 與: 賀本에는 없다.
55) ▲: 亦自說得是,
56) 密: 『朱子語類』에서는 察로 되어 있다.
57) ▲: 之論, 便是如此,

62:43 ▲[58]"始合而開, 其開也有漸, 末後開而復合, 其合也亦有漸." 【賜 ○夔孫錄同.】

「第一章」

62:44 "天命之謂性", 是專言理, 雖氣亦包在其中, 然說理意較多. 若云兼言氣, 便說"率性之謂道"不去. 如太極雖不離[59]乎陰陽, 而亦不離[60]乎陰陽. 【道夫】

62:45 ▲[61]問: "▲[62]以其流行而付與萬物者謂之命, 以人物稟受者謂之性. 然▲[63] 以其具仁義禮智而謂之性, 以貧賤而[64]壽夭言謂之命, 是人又兼有性命." 曰: "命雖是恁地說, 然亦是兼付與而言." 【賀孫】

62:46 ▲[65]"萬物皆只同這一个原頭. 聖人所以盡己之性, 則能盡人之性, 盡物之性, 由其同一原故也. 若非同此一原, 則人自人之性, 物自物之性, 如何盡得?" ▲[66]問: "以健順五常言物之性, 如'健順'字亦恐有礙否?" 曰: "如牛之性順, 馬之性健, 卽健順之性. 虎狼之仁, 螻蟻之義, 卽五常之性. 但只稟得來少, 不似人稟得來全來[67]耳." 【燾】

62:47 ▲[68]"五行, 乃五常也. '健順'乃'陰陽'二字. 某舊解未嘗有此,

58) ▲: 問: "『中庸』始合爲一理, 【"天命之謂性."】 末復合爲一理." 【"無聲無臭."】
59) 離: 【附箋紙】上"離", 恐"雜"訛.
60) 離: 『朱子語類』에서는 雜으로 되어 있다.
61) ▲: 用之
62) ▲: '天命之謂性.'
63) ▲: 人物稟受,
64) 而: 『朱子語類』에서는 壽夭 뒤에 있다.
65) ▲: 問: "'天命之謂性', 此只是從原頭說否?" 曰:
66) ▲: 又
67) 來: 孝宗刊本・英祖刊本・成化本・賀本에는 來가 없다.

後來思量, 旣有陰陽, 須添此二字始得."【枅】

62:48 問: "'木之神爲仁, 火之神爲禮', ▲69)" 曰: "'神'字, 猶云意思也. 且如一枝柴, 卻如何見得他是仁? 只是他意思卻是仁. 火那裏見得是禮? 卻是他意思是禮."【僩 ○古注.】

62:49 ▲70) 鄭氏以金木水火土, 從"天命之謂性"說來, 要須71)從氣說來方可.【泳】

62:50 "率性之謂道", "率"字輕.【方子】

62:51 ▲72)循此理便是道. ▲73)便是"仁者人也, 合而言之道也."【營】

62:52 ▲74) "率"是呼喚字, ▲75)不是用力字, ▲76)【營】

62:53 ▲77)

62:54 ▲78)

68) ▲: 問: "'天命之謂性', 章句云'健順五常之德', 何故添卻'健順'二字?" 曰:
69) ▲: 如何見得?
70) ▲: "率性之謂道",
71) 須: 賀本에서는 順으로 되어 있다.
72) ▲: "率"字只是"循"字,
73) ▲: 伊川所以謂
74) ▲: "率性之謂道",
75) ▲: 蓋曰循萬物自然之性之謂道. 此"率"字
76) ▲: 伊川謂"合而言之道也", 是此義.
77) ▲: 安卿問"率性." 曰: "率, 非人率之也. 伊川解'率'字, 亦只訓循. 到呂與叔說'循性而行, 則謂之道', 伊川卻便以爲非是. 至其自言, 則曰: '循牛之性, 則不爲馬之性, 循馬之性, 則不爲牛之性.' 乃知循性是循其理之自然爾."【伯羽】
78) ▲: "率, 循也. 不是人去循之, 呂說未是. 程子謂: '通人物而言, 馬則爲馬之性,

62:55 ▲[79] 呂氏說以人行道. 若然, 則未行之前, 便不是道乎?【淳】

62:56 ▲[80] 物物各有這理, 只爲氣稟遮蔽, 故所通有偏正不同. 然隨他性之所通, 道亦無所不在也."【銖】

62:57 ▲[81] 性是个渾淪物, 道是性中分派條理, 隨分派條理去, 皆是道. 穿牛鼻, 絡馬首, 皆是隨它所通處. 仁義禮智, 物豈不有, 但偏耳. 隨他[82]性之所通處, 道皆無所不在." ▲[83]又問: "鳶有鳶之性, 魚有魚之性, 其飛其躍, 天機自完, 便是天理流行發見之妙處, ▲[84]否?" 曰: "是."【淳】

62:58 ▲[85]

62:59 "天命之謂性", 指迥然孤獨而言. "率性之謂道", 指著於事物

又不做牛底性, 牛則爲牛之性, 又不做馬底性.' 物物各有箇理, 卽此便是道." 曰: "總而言之, 又只是一箇理否?" 曰: "是."【淳】

79) ▲: "率性之謂道", 只是隨性去, 皆是道.

80) ▲: 問: "'〈率性之謂道〉, 率, 循也.' 此'循'字是就道上說, 還是就行道人上說?" 曰: "諸家多作行道人上說, 以率性便作修爲, 非也. 率性者, 只是說循吾本然之性, 便自有許多道理. 性是箇渾淪底物, 道是箇性中分派條理. 循性之所有, 其許多分派條理卽道也. '性'字通人物而言. 但人物氣稟有異, 不可道物無此理. 程子曰: '循性者, 牛則爲牛之性, 又不做馬底性, 馬則爲馬底性, 又不做牛底性.'

81) ▲: 問: "率性通人物而言, 則此'性'字似'生之謂性'之'性', 兼氣稟言之否?" 曰: "'天命之謂性', 這性亦離氣稟不得. '率, 循也.' 此'循'字是就道上說, 不是就行道人說. 性善只一般, 但人物氣稟有異, 不可道物無此理.

82) 他: 英祖刊本·成化本에서는 它로 되어 있다.

83) ▲: 曰: "此'性'字亦是以理言否?" 曰: "是."

84) ▲: 故子思姑擧此一二以明道之無所不在

85) ▲: 孟子說"性善", 全是說理. 若『中庸』"天命之謂性", 已自是兼帶人物而言. "率性之謂道", 性是一箇渾淪底物, 道是支脈. 恁地物, 便有恁地道. 率人之性, 則爲人之道, 率牛之性, 則爲牛之道, 非謂以人循之. 若謂以人循之而後謂之道, 則人未循之前, 謂之無道, 可乎.【砥】

之間而言. ▲[86]或以▲[87]順性命之理, ▲[88]謂之道. 如此, 卻是道因人做, 方始有也!"【夔孫】

62:60 萬物稟受, 莫非至善者, 性, 率性而行, 各得其分者, 道.【端蒙】

62:61 ▲[89] 性與道相對, 則性是體, 道是用. 又曰: "道, 便是在裏面做出底道理[90]."【義剛】

62:62 問: "▲[91] 伊川謂通人物而言. 如此, 卻與告子所謂人物之性同." 曰: "據伊川之意, 人與物之本性同, 及至稟賦則異. 蓋本性理也, 而稟[92]賦之性則氣也. 性本自然, 及至生賦, 無氣則乘載不去, 故必頓此性於氣上, 而後可以生. 及至已生, 則物自稟物之性[93], 人自稟人之氣. 氣最難看. 而其可驗者, 如四時之間, 寒暑得宜, 此氣之正. 當寒而暑, 當暑而寒, 乃氣不得正. 氣正則爲善, 氣不正則爲不善. 又如同是此人, 有至昏愚者, 是其稟得此濁氣太深." ▲[94] 吳宜之問: "學者治此氣, 正如人之治病." 曰: "亦不同. 須是明天理, 天理明, 則自[95]去. 『通書』'剛柔'一段, 亦須著且先易其惡, 既易其惡, 則致其中在人."

---

86) ▲: 又云: "天命之性, 指理言, 率性之道, 指人物所行言.
87) ▲: 率性爲
88) ▲: 則
89) ▲: "天命之謂性, 率性之謂道."
90) 理: 賀本에는 없다.
91) ▲: '天命之爲性, 率性之謂道',
92) 稟: 賀本에서는 本으로 되어 있다.
93) 性: 賀本에서는 氣로 되어 있다.
94) ▲: 又問: "明道云: '論性不論氣, 不備, 論氣不論性, 不明.'" 曰: "論性不論氣, 孟子也, 不備, 但少欠耳. 論氣不論性, 荀揚也, 不明, 則大害事!" 可學問: "孟子何不言氣?" 曰: "孟子只是敎人勇於爲善, 前更無阻礙. 自學者而言, 則不可不去其窒礙. 正如將百萬之兵, 前有數萬兵, 韓白爲之, 不過鼓勇而進, 至他人, 則須先去此礙後可."
95) 自: 賀本에는 없다.

▲96)【可學 ○ ▲97) ○方子錄云: "至之問: '〈率性之謂道〉, 『或問』中98)言〈馬首之可絡, 牛鼻之可穿〉, 都是說以人看物底. 若論飛潛動植, 各正其性, 與人不相干涉者, 何莫非道? 恐如此看方是.' 先生曰: '物物固皆是道. 如螻蟻之微, 甚時胎, 甚時卵, 亦是道. 但立言甚難, 須是說得實. ▲99)】

62:64 ▲100)

---

96) ▲: 問: "惡安得謂之剛?" 曰: "此本是剛出來." 語畢, 先生又曰: "'生之謂性', 伊川以爲生質之性, 然告子此語亦未是." 再三請益, 曰: "且就伊川此意理會, 亦自好."

97) ▲: 62:63 問"'天命之謂性, 率性之謂道', 皆是人物之所同得. 天命之性, 人受其全, 則其心具乎仁義禮智之全體, 物受其偏, 則隨其品類各有得焉, 而不能通貫乎全體. '率性之謂道', 若自人而言之, 則循其仁義禮智之性而言之, 固莫非道, 自物而言之, 飛潛動植之類各正其性, 則亦各循其性於天地之間, 莫非道也. 如『中庸或問』所說'馬首之可絡, 牛鼻之可穿'等數句, 恐說未盡.【所舉『或問』, 非今本.】 蓋物之自循其性, 多有與人初無干涉. 多有人所不識之物, 無不各循其性於天地之間, 此莫非道也. 如『或問』中所說, 恐包未盡." 曰: "說話難. 若說得闊, 則人將來又只認'目之於色, 耳之於聲, 鼻之於臭, 四肢之於安佚'等做性, 卻不認'仁之於父子, 義之於君臣, 禮之於賓主, 智之於賢者, 聖人之於天道'底是性." 因言: "解經立言, 須要得實. 如前輩說'伊尹耕於有莘之野而樂堯・舜之道', 是飢食渴飮, 夏葛冬裘, 爲樂堯・舜之道. 若如此說, 則全身已浸在堯・舜之道中, 何用更說'豈若吾身親見之哉'? 如前輩說'文武之道未墜於地', 以爲文武之道常昭然在日用之間, 一似常有一物昭然在目前, 不會攧下去一般, 此皆是說得不實. 所以'未墜於地'者, 只言周衰之時, 文武之典章, 人尙傳誦得在, 未至淪沒." 先生旣而又曰: "某曉得公說底. 蓋馬首可絡, 牛鼻可穿, 皆是就人看物處說. 聖人'修道之謂敎', 皆就這樣處. 如適間所說, 卻也見得一箇大體."【至】

98) 中: 成化本・賀本에서는 只로 되어 있다.

99) ▲: 如龜山說〈堯・舜之道〉, 只夏葛冬裘・飢食渴飮處便是. 如此, 則全身浸在堯・舜之道裏, 又何必言〈豈若吾身親見之哉〉?' 黃丈云: '若如此說, 則人心・道心皆是道去.' 先生曰: '相似〈目之於色, 耳之於聲, 鼻之於臭, 四肢之於安佚, 性也〉底, 卻認做道, 〈仁之於父子, 義之於君臣, 禮之於賓主, 智之於賢者, 有性焉〉底, 卻認不得. 如〈文・武之道未墜於地, 在人〉, 李光祖乃曰: 〈日用之間, 昭然在是〉. 如此, 則只是說古今公共底, 何必指文武? 孔子蓋是言周家典章文物未至淪沒, 非是指十方常住者而言也.' 久之, 復曰: '至之卻亦看得一箇大體.'" 蓋卿同.

100) ▲: 問: "伊川云: '〈天命之謂性, 率性之謂道〉, 此亦通人物而言, 〈修道之謂敎〉, 此專言人事.'" 曰: "是如此. 人與物之性皆同, 故循人之性則爲人道, 循馬牛之性則爲馬牛之道. 若不循其性, 令馬耕牛馳, 則失其性, 而非馬牛之道矣, 故曰'通人物而言.'"【璘】

62:65 ▲[101]

62:66 問: "▲[102] '修道之謂敎', 是專就人事上言否?" 曰: "道理固是如此. 然'修道之謂敎', 就物上亦有个品節. 先王所以咸若草木鳥獸, 使庶類蕃殖, 如『周禮』掌獸・掌山澤各有官, 如周公驅虎豹犀象龍蛇, 如'草木零落然後入山林, 昆蟲未蟄不以火田'之類, 各有个品節, 使萬物各得其所, 亦所謂敎也."【德明】

62:67 問"修道之謂敎." 曰: "游・楊說好, 謂修者只是品節之也. 明道之說自各有意."【去僞】

62:68 問: "▲[103] 揚雄言: '學者, 所以修性.' ▲[104]伊川謂揚雄爲不識性. ▲[105]如何?" 曰: "性不容修, 修是揠苗. 道亦是自然之理, 聖人於中爲之品節以敎人耳, 誰能便於道上行!"【浩】

62:69 "修道之謂敎"一句, 如今人要合後面"自明誠"謂之敎卻說作自修. 蓋"天命謂性"之"性"與"自誠明"之性, "修道謂敎"之"敎"與"自明誠"之敎, 各自不同. 誠明之性, "堯・舜性之"之"性", 明誠之敎, 由敎而入者也.【木之】

62:70 問: "▲[106]今先生說云'瞬息不存, 便是邪妄', 方悟本章可離與

101) ▲: 問: "'率性之謂道', 通人物而言, 則'修道之謂敎', 亦通人物. 如'服牛乘馬', '不殺胎, 不夭殀', '斧斤以時入山林', 此是聖人敎化不特在人倫上, 品節防範而及於物否?" 曰: "也是如此, 所以謂之'盡物之性.' 但於人較詳, 於物較略, 人上較多, 物上較少."【砥】

102) ▲: 『集解』中以'天命之謂性, 率性之謂道'通人物而言.

103) ▲: 明道曰: '道卽性也. 若道外尋性, 性外尋道, 便不是.' 如此, 卽性是自然之理, 不容加工.

104) ▲: 故

105) ▲: 『中庸』卻言'修道之謂敎',

106) ▲: 『中庸』舊本不曾解'可離非道'一句.

不可離, 道與非道, 各相對待[107]而言. 離了仁便不仁, 離了義便不義. 公私善利皆然. 向來從龜山說, 只謂道自不可離, 而先生舊亦不曾爲學者說破." 曰: "向來亦是看得太高."【今按: "可離非道", ▲[108]"瞬息不存, 便是邪妄", 與『章句』·『或問』說不合, 更詳之. ○德明】

62:71 ▲[109]問: "▲[110] 伊川▲[111]云'存無不在道之心, 便是助長', 何也?" ▲[112]是爲闢釋氏而發. 蓋釋氏不理會常行之道, 只要空守着[113]這一个物事, 便喚做道, 與『中庸』自不同." 說畢又曰: "闢異端說話, 未要理會, ▲[114]取自家事. 自家事旣明, 那箇自然見得."【與立】

62:72 ▲[115]問: "『▲[116]或問』引楊氏所謂'無適非道'之云, 則善矣, 然其言似亦有所未盡. 蓋衣食作息, 視聽擧履, 皆物也, 其所以如此之義理準則, 乃道也." 曰: "衣食動作只是物, 物之理乃道也. 將物便喚做道, 則不可. 且如這个椅子有四隻脚, 可以坐, 此椅之理也. 若除去一隻脚, 坐不得, 便失其椅之理矣. '形而上爲道, 形而下爲器.' 說這形而下之器之中, 使有那形而上之道. 若便將形而下之器作形而上之道, 則不可. ▲[117]又曰: "天地中間, 物物上有這个道理, 雖至沒緊要底物

107) 待: 孝宗刊本·成化本에서는 持로 되어 있다.
108) ▲: 云
109) ▲: 觽
110) ▲:『中庸』曰'道不可須臾離',
111) ▲: 卻
112) ▲: 曰: "『中庸』所言是日用常行合做底道理, 如'爲人君止於仁, 爲人臣止於敬, 爲人子止於孝, 爲人父止於慈, 與國人交止於信', 皆是不可已者. 伊川此言,
113) 着: 英祖刊本·成化本·賀本에는 著로 되어 있다.
114) ▲: 且理會
115) ▲: 楊通老
116) ▲: 中庸
117) ▲: 且如這箇扇子, 此物也, 便有箇扇子底道理. 扇子是如此做, 合當如此用, 此便是形而上之理. 天地中間, 上是天, 下是地, 中間有許多日月星辰, 山川草木, 人物禽獸, 此皆形而下之器也. 然這形而下之器之中, 便各自有箇道理, 此便是形而上之道. 所謂格物, 便是要就這形而下之器, 窮得那形而上之道理而已, 如何便將形而下之器作形而上之道理得! 飢而食, 渴而飲, '日出而作, 日入而息',

事, 也有這道理. 蓋'天命之謂性', 這道理卻無形, 無安頓處. 只那日用事物上, 道理便在上面. 這兩个元不相離, 凡有一物, 便有一理, 所以君子貴'博學於文.' 看來博學似个沒緊要物事, 然那許多道理便都在這上, 都從那源頭上來. 所以無精粗小大, 都一齊用理會過, 蓋非外物也. 都一齊理會, 方無所不盡, 方周遍無疏缺處." 又曰: "'道不可須臾離, 可離非道也.' 所謂不可離者, 謂道也. 若便以日用之間擧止動作便是道, 則無所適而非道, 無時而非道, 然則君子何用恐懼戒謹[118]? 何用更學道爲? 爲其不可離, 所以須是依道而行. 如人說話, 不成便以說話者爲道, 須是有个仁義禮智始得. 若便以擧止動作爲道, 何用更說不可離得?" ▲[119) 【僩】

62:73 ▲[120) 【時擧錄云: "叔重問: '〈道不可離〉, 自家固不可離, 然他也有不

其所以飮食作息者, 皆道之所在也. 若便謂食飮作息者是道, 則不可, 與龐居士'神通妙用, 運水搬柴'之頌一般, 亦是此病. 如'徐行後長'與'疾行先長', 都一般是行. 只是徐行後長方是道, 若疾行先長便不是道, 豈可說只認行底便是道! '神通妙用, 運水搬柴', 須是運得水, 搬得柴是, 方是神通妙用. 若運得不是, 搬得不是, 如何是神通妙用! 佛家所謂'作用是性', 便是如此. 他都不理會是和非, 只認得那衣食作息, 視聽擧履, 便是道. 說我這箇會說話底, 會作用底, 叫著便應底, 便是神通妙用, 更不問道理如何. 儒家則須是就這上尋討箇道理方是道. 禪老云'赤肉團上, 有一無位眞人, 在汝等諸人面門上出入'云云. 他便是只認得這箇, 把來作弄." 或問: "告子之學便是如此?" 曰: "佛家底又高. 告子底死殺了, 不如佛家底活. 而今學者就故紙上理會, 也解說得去, 只是都無那快活和樂底意思, 便是和這佛家底也不曾見得. 似他佛家者雖是無道理, 然他卻一生受用, 一生快活, 便是他就這形而下者之中, 理會得似那形而上者. 而今學者看來, 須是先曉得這一層, 卻去理會那上面一層方好. 而今都是和這下面一層也不曾見得, 所以和那下面一層也理會不得."

118) 謹: 賀本에서는 愼으로 되어 있다.

119) ▲: 又曰: "『大學』所以說格物, 卻不說窮理. 蓋說窮理, 則似懸空無捉摸處. 只說格物, 則只就那形而下之器上, 便尋那形而上之道, 便見得這箇元不相離, 所以只說'格物.' '天生蒸民, 有物有則.' 所謂道者是如此, 何嘗說物便是則! 龜山便只指那物做則, 只是就這物上分精粗爲物則. 如云目是物也, 目之視乃則也, 耳物也, 耳之聽乃則也. 殊不知目視耳聽, 依舊是物, 其視之明, 聽之聰, 方是則也. 龜山又云: '伊尹之耕于莘野, 此農夫田父之所日用者, 而樂在是.' 如此, 則世間伊尹甚多矣! 龜山說話, 大概有此病."

120) ▲: 問: "'道不可離', 只言我不可離這道, 亦還是有不能離底意思否?" 曰: "道是

能離底意.' 曰: '當參之於心, 可離·不能離之間. 純說不能離, 也不得, 不成錯行了也是道!"】 因問: "龜山言: '飢食渴飲, 手持足行, 便是道.' 切[121]謂手持足履未是道, '手容恭, 足容重', 乃是道也, 目視耳聽未是道, 視明聽聰乃道也. 或謂不然, 其說云: '手之不可履, 猶足之不可持, 此是天職. 〈率性之謂道〉, 只循此自然之理耳.' 不審如何?" 曰: "不然. 桀·紂亦會手持足履, 目視耳聽, 如何便喚做道! 若便以爲道, 是認欲爲理也. 伊川云: '夏葛冬裘, 飢食渴飲, 若着些私吝心, 便是廢天職.' 須看'着▲[122]私吝心'字."【銖[123] ▲[124]】

62:74 ▲[125]

62:75 "戒謹[126]不睹, 恐懼不聞", 卽是道不可須臾離處.【履孫】

62:76 ▲[127]"所不聞, 所不見, 不是合眼掩耳, 只是喜怒哀樂未發時. 凡萬事皆未萌芽, 自家便先恁地戒謹[128]恐懼, 常要提起此心, 常在這裏, 便是防於未然, 不見是圖底意思." ▲[129)]【淳 ○寓錄云: "問: '講求義理, 便是此心在否?' 曰: '講求義理, 屬思慮, 心自動了, 是已發之心.'"】

不能離底. 純說是不能離, 不成錯行也是道!"

121) 切: 成化本·賀本에는 竊로 되어 있다.

122) ▲: 些

123) 銖: 하본에서는 錄으로 되어 있다.

124) ▲: ○時擧錄云: "夜來與先之論此. 先之云'手之不可履'云云, 先生曰云云."

125) ▲: 此道無時無之, 然體之則合, 背之則離也. 一有離之, 則當此之時, 失此之道矣, 故曰: "不可須臾離." 君子所以"戒愼不睹, 恐懼不聞", 則不敢以須臾離也.【端蒙】

126) 謹: 賀本에서는 愼으로 되어 있다.

127) ▲: 問: "日用間如何是不聞不見處? 人之耳目聞見常自若, 莫只是念慮未起, 未有意於聞見否?" 曰:

128) 謹: 賀本에서는 愼으로 되어 있다.

129) ▲: 徐問: "講求義理時, 此心如何?" 曰: "思慮是心之發了. 伊川謂: '存養於喜怒哀樂未發之前則可, 求中於喜怒哀樂未發之前則不可.'"

62:77 ▲[130]問: "不知無事時如何戒謹[131]恐懼? 若只管如此, 又恐執持太過, 若不如此, 又恐都忘了." 曰: "也有甚麼矜持? 只不要昏了他, 便是戒懼."【與立】

62:78 ▲[132] 大段着意, 又卻生病, 只恁地略約住. 道着戒謹[133]恐懼, 已是剩語, 然又不得不如此說.【賀孫】

62:79 "戒謹[134]恐懼是未發, 然只做未發也不得, 便是所以養其未發. 只是聳然提起在這裏, 這个未發底便常在, 何曾發?" 或問: "恐懼是已思否?" 曰: "思又別. 思是思索了, 戒謹[135]恐懼, 正是防閑其未發." 或問: "卽是持敬否?" 曰: "亦是. 伊川曰: '敬不是中, 只敬而無失卽所以中.' '敬而無失', 便是常敬, 這中底便常在."【淳】

62:80 問: "戒謹[136]恐懼, 以此涵養, 固善. 然推之於事, 所謂'開物成務之幾', 又當如何?" 曰: "此卻在博文. 此事獨脚做不得, 須是讀書窮理." 又曰: "只是源頭正, 發處自正. 只是這路子上來往."【德明】

62:81 問: "▲[137]'戒謹[138]恐懼', ▲[139]'格物致知', 皆是爲學知・利行以下底說否?" 曰: "固然. 然聖人亦未嘗不戒謹[140]恐懼. '惟聖罔念作狂, 惟[141]狂克念作聖.' 但聖人所謂念者, 自然之念, 狂者之念, 則勉

---

130) ▲: 劉黻
131) 謹: 賀本에서는 愼으로 되어 있다.
132) ▲: "戒謹乎其所不睹, 恐懼乎其所不聞", 這處難言.
133) 謹: 賀本에서는 愼으로 되어 있다.
134) 謹: 賀本에서는 愼으로 되어 있다.
135) 謹: 賀本에서는 愼으로 되어 있다.
136) 謹: 賀本에서는 愼으로 되어 있다.
137) ▲: 『中庸』所謂
138) 謹: 賀本에서는 愼으로 되어 있다.
139) ▲: 『大學』所謂
140) 謹: 賀本에서는 愼으로 되어 있다.

强之念耳."【閎祖】

62:82 所謂"不睹不聞"者, 乃是從那盡處說來, 非謂於所睹所聞處不謹[142]也. 如曰"道在瓦礫", 便不成不在金玉.【義剛】

62:83 問: "'道也者, ▲[143]'與'莫見乎隱'兩段, ▲[144] 前輩都作一段▲[145]" 曰: "此分明是兩節事. 前段有'是故'字, 後段有'故'字. 聖賢不是要作文, 只是逐節次說出許多道理. 若作一段說, 亦成是何文字! 所以前輩諸公解此段繁雜無倫, 都不分明."【銖】

62:84 ▲[146]問: "戒懼不睹不聞, 是起頭處, 至'莫見乎隱, 莫顯乎微', 又用緊一緊." 曰: "不可如此說. 戒謹[147]恐懼是普說, 言道理偪塞都是, 無時而不戒謹[148]恐懼. 到得隱微之間, 人所易忽, 又更用謹[149], 這个卻是喚起說. 戒懼無个起頭處, 只是普遍都用. 如卓子有四角頭, 一齊用著工夫, 更無空缺處. 若說是起頭, 又遺了尾頭, 說是尾頭, 又遺了起頭, 若說屬中間, 又遺了兩頭. 不用如此說. 只是無時而不戒謹[150]恐懼, 只自做工夫, 便自見得. 曾子曰: '戰戰兢兢, 如臨深淵, 如履薄冰.' 不成到臨死之時, 方如此戰戰兢兢. 他是一生戰戰兢兢, 到那[151]死時方了!"【僩】

---

141) 惟: 孝宗刊本・成化本에서는 爲로 되어 있다.
142) 謹: 賀本에서는 愼으로 되어 있다.
143) ▲: 不可須臾離
144) ▲: 分明極有條理, 何爲
145) ▲: 滾說去?
146) ▲: 用之
147) 謹: 賀本에서는 愼으로 되어 있다.
148) 謹: 賀本에서는 愼으로 되어 있다.
149) 謹: 賀本에서는 愼으로 되어 있다.
150) 謹: 賀本에서는 愼으로 되어 있다.
151) 那: 賀本에는 없다.

62:85 ▲[152]問先生云'人所不知而己所獨知處', 自然見得愈是分曉. 如做得是時, 別人未見得是, 自家先見得是, 做得不是時, 別人未見得非, 自家先見得非. 如此說時, 覺得又親切." 曰: "事之是與非, 衆人皆未見得, 自家自是先見得分明." 問: "'「復」小而辨於物.' 善端雖是方萌, 只是昭昭靈靈地別, 此便是那不可揜處?" 曰: "是如此. 只是明一明了, 不能接續得這意思去, 又暗了."【胡泳】

62:86 問: "'莫見乎隱, 莫顯乎微', 程子擧彈琴殺心事, 是就人知處言. 呂・游・楊氏所說, 是就己自知處言. 『章句』只說己自知, 或疑是合二者而言否?" 曰: "有動於中, 己固先自知, 亦不能掩人之知, 所謂誠之不可揜也."【銖】

62:87 問: "伊川以鬼神憑依語言爲'莫見乎隱, 莫顯乎微', 如何?" 曰: "隱微之事, 在人心不可得而知, 卻被他說出來, 豈非'莫見乎隱, 莫顯乎微'? 蓋鬼神只是氣, 心中實有是事, 則感於氣者, 自然發見昭著如此." 文蔚問: "今人隱微之中, 有不善者甚多, 豈能一一如此?" 曰: "此亦非常之事, 所謂事之變者." 文蔚曰: "且如人生積累愆咎, 感召不祥, 致有日月薄蝕, 山崩川竭, 水旱凶荒之變, 便只是此類否?" 曰: "固是如此."【文蔚】

62:88 ▲[153]

62:89 黃灝謂: "戒懼是統體做工夫, 謹[154]獨是又於其中緊切處加工

---

152) ▲: 問: "舊看'莫見乎隱, 莫顯乎微'兩句, 只謂人有所愧歉於中, 則必見於顏色之間, 而不可揜. 昨聞

153) ▲: 戒愼恐懼乎其所不睹不聞, 是從見聞處戒愼恐懼到那不睹不聞處. 這不睹不聞處是工夫盡頭. 所以愼獨, 則是專指獨處而言. 如"莫見乎隱, 莫顯乎微", 是愼獨緊切處.【燾】

154) 謹: 賀本에서는 愼으로 되어 있다.

夫, 猶一經一緯而成帛.” 先生以爲然. 【僩】

62:90 問“謹[155]獨.” 曰: “▲[156]是無所不謹[157], 而謹[158]上更加謹[159]也.”◇[160]

62:91 問: “‘不睹不聞’者, 己之所不睹不聞也, ‘獨’者, 人之所不睹不聞也. ▲[161]此章分兩節事分明. ▲[162]曰: ▲[163]‘其’之一字, 便見得是說己不睹不聞處, 只是諸家看得自不仔細耳.” 又問: “如此分兩節工夫, 則致中・致和工夫方各有着落, 而‘天地位, 萬物育’亦各有歸着.” 曰: “是.” 【銖】

62:92 ▲[164]“戒愼▲[165]恐懼▲[166]”, 如言“聽於舞[167]聲, 視於無形”, 是方[168]之於未然, 以全其體, “謹[169]獨”, 是察之於將然, 以審其幾. 【端蒙】

62:93 問: “‘戒懼[170]’與‘謹[171]獨’▲[172], 便是‘惟精惟一’底工夫. 戒

155) 謹: 賀本에서는 愼으로 되어 있다.
156) ▲: 是從見聞處至不睹不聞處皆戒愼了, 又就其中於獨處更加愼也.
157) 謹: 賀本에서는 愼으로 되어 있다.
158) 謹: 賀本에서는 愼으로 되어 있다.
159) 謹: 賀本에서는 愼으로 되어 있다.
160) ◇: 【燾】
161) ▲: 如此看, 便見得
162) ▲: 先生
163) ▲: ‘其所不睹不聞’,
164) ▲: “戒謹”一節, 當分爲兩事,
165) ▲: 不睹,
166) ▲: 不聞
167) 舞: 『朱子語類』에서는 無로 되어 있다.
168) 方: 『朱子語類』에서는 防으로 되어 있다. 【附箋紙】 “方”, 疑“防”訛.
169) 謹: 賀本에서는 愼으로 되어 있다.
170) 戒懼: 『朱子語類』에서는 戒謹不睹, 恐懼不聞로 되어 있다.
171) 謹: 賀本에서는 愼으로 되어 있다.

謹[173]恐懼, 持守而不失, 便是惟一底工夫, 謹[174]獨, 則於善惡之幾, 察之愈精愈密, 便是惟精底工夫. 但『中庸』論'道不可離', 則先其戒謹[175], 而後其謹[176]獨, 舜論人心・道心, 則先其惟精, 而後其惟一." 曰: "兩事皆少不得'惟精惟一'底工夫. 不睹不聞時固當持守, 然不可不察, 謹[177]獨時固當致察, 然不可不持守."【廣 ○人傑錄▲[178] '不必分〈惟精惟一〉於兩段上. 但凡事察之貴精, 守之貴一. 如戒謹[179]恐懼, 是事之未形處, 謹[180]獨, 幾之將然處. 不可不精察而謹[181]守之也.'"】

62:94 問: "'戒懼[182]'與'謹[183]獨'▲[184]下工夫皆是敬否?" 曰: "敬只是常惺惺法. 所謂靜中有个覺處, 只是常惺惺在這裏, 靜不是睡着了."【賀孫】

62:95 ▲[185] "上一節說存天理之本然, 下一節說遏人欲於將萌." 又問: "能存天理了, 則下面謹[186]獨, 似多了一截." 曰: "雖是存得天理, 臨發時也須點檢, 這便是他密處. 若只說存天理了, 更不謹[187]獨, 卻是只用致中, 不用致和了." 又問: "致中是未動之前, 然謂之戒懼, 卻是動了." 曰: "公莫看得戒謹[188]恐懼太重了, 此只是略省一省, 不是恁

---

172) ▲: 兩段事, 廣思之
173) 謹: 賀本에서는 愼으로 되어 있다.
174) 謹: 賀本에서는 愼으로 되어 있다.
175) 謹: 賀本에서는 愼으로 되어 있다.
176) 謹: 賀本에서는 愼으로 되어 있다.
177) 謹: 賀本에서는 愼으로 되어 있다.
178) ▲: 云: "漢卿問云云. 先生曰:
179) 謹: 賀本에서는 愼으로 되어 있다.
180) 謹: 賀本에서는 愼으로 되어 있다.
181) 謹: 賀本에서는 愼으로 되어 있다.
182) 戒懼: 『朱子語類』에서는 戒謹不睹, 恐懼不聞로 되어 있다.
183) 謹: 賀本에서는 愼으로 되어 있다.
184) ▲: 雖不同, 若
185) ▲: 問: "'不睹不聞'與'謹獨'何別?" 曰:
186) 謹: 賀本에서는 愼으로 되어 있다.
187) 謹: 賀本에서는 愼으로 되어 있다.

驚惶震懼, 略是个敬模樣如此. 然道著'敬'字, 已是重了. 只略略收拾來, 便在這裏. 伊川所謂'道个"敬"字, 也不大段用得力.' 孟子曰: '操則存.' 操亦不是着力把持, 只是操一操, 便在這裏. 如人之氣, 才呼便出, 吸便入."【賜】

62:96 問"『中庸』戒懼謹[189]獨, 學問辨行, 用工之終始." 曰: "只是一箇道理, 說着要貼出來, 便有許多說話." 又問: "是敬否?" 曰: "說著'敬', 已多了一字. 但略略收拾來, 便在這裏."【夔孫】

62:97 ▲[190]

62:98 問: "'謹[191]獨'是念慮初萌處否?" 曰: "此是通說, 不止念慮初萌, 只自家自知處. 如小可可[192]沒緊要處, 只胡亂去, 便是不謹[193]. 謹[194]獨是已思慮, 已有些小事, 已接物了. '戒謹[195]乎其所不睹, 恐懼乎其所不聞', 是未有事時, 在'相在爾室, 尙不愧于屋漏', '不動而敬, 不言而信'之時, '謹[196]獨', 便已有形迹了. '潛雖伏矣, 亦孔之昭!' 詩人言語, 只是大綱說. 子思又就▲[197]面[198]剔出這話來敎人, 又較緊密. ▲[199]【寓 ▲[200]】

188) 謹: 賀本에서는 愼으로 되어 있다.
189) 謹: 賀本에서는 愼으로 되어 있다.
190) ▲: 問: "'不聞不睹'與'愼獨'如何?" 曰: "'獨'字又有箇形跡在這裏可愼. 不聞不見, 全然無形跡, 暗昧不可得知. 只於此時便戒愼了, 便不敢."【卓才】
191) 謹: 賀本에서는 愼으로 되어 있다.
192) 可: 『朱子語類』에는 없다.
193) 謹: 賀本에서는 愼으로 되어 있다.
194) 謹: 賀本에서는 愼으로 되어 있다.
195) 謹: 賀本에서는 愼으로 되어 있다.
196) 謹: 賀本에서는 愼으로 되어 있다.
197) ▲: 裏
198) 面:【附箋紙】"面"上, 恐脫"裡"字.
199) ▲: 大抵前聖所說底, 後人只管就裏面發得精細. 如程子・横渠所說, 多有孔孟所未說底. 伏羲畫卦, 只就陰陽以下, 孔子又就陰陽上發出太極, 康節又道: '須

62:99 問: "'謹[201]獨', 莫只是'十目所視, 十手所指'處, 也與那暗[202]室不欺時一般否?" 先生是之. 又云: "這獨也又不是恁地獨時, 如與衆人對坐, 自心中發一念, 或正或不正, 此亦是獨處."【椿】

62:100 ▲[203]

62:101 ▲[204]如何卻說'跡未形, 幾先動'?" 曰: "'莫見乎隱, 莫顯乎微', 這是大綱說."【賀孫】

62:102 "呂子約書來, 爭'〈莫見乎隱, 莫顯乎微〉, 只管衮[205]作一段看.' 某答它書, 江西諸人將去看, 頗以其說爲然. 彭子壽卻看得好, 云: '前段不可須臾離, 且是大體說. 到謹[206]獨處, 尤見於接物得力.'" 先生又云: "呂家之學, 重於守舊, 更不論理." 德明問: "'道不可須臾離, 可離非道', 是言道之體段如此, '莫見乎隱, 莫顯乎微', 亦然. 下面君子戒謹[207]恐懼, 君子必謹[208]其獨, 方是做[209]工夫. 皆以'是故'二字發

信畫前元有易.' 濂溪『太極圖』又有許多詳備." 問: "氣化形化, 男女之生是氣化否?" 曰: "凝結成箇男女, 因甚得如此? 都是陰陽. 無物不是陰陽." 問: "天地未判時, 下面許多都已有否?" 曰: "事物雖未有. 其理則具."

200) ▲: ○可學錄云: "愼獨已見於用. 孔子言語只是混合說. 子思恐人不曉, 又爲之分別. 大凡古人說話, 一節開一節. 如伏羲『易』只就陰陽以下, 至孔子又推本於太極, 然只曰'『易』有太極'而已. 至濂溪乃畫出一圖, 康節又論畫前之易."

201) 謹: 賀本에서는 愼으로 되어 있다.

202) 暗: 『朱子語類』에서는 闇으로 되어 있다.

203) ▲: 問: "'愼獨'章: '跡雖未形, 幾則已動. 人雖不知, 己獨知之.' 上兩句是程子意, 下兩句是游氏意, 先生則合而論之, 是否?" 曰: "然. 兩事只是一理. 幾既動, 則己必知之, 己既知, 則人必知之. 故程子論楊震四知曰: '〈天知・地知〉, 只是一箇知.'"【廣】

204) ▲: 問: "'跡雖未形, 幾則已動.' 看'莫見・莫顯', 則已是先形了,

205) 衮: 賀本에서는 滾으로 되어 있다.

206) 謹: 賀本에서는 愼으로 되어 있다.

207) 謹: 賀本에서는 愼으로 되어 있다.

208) 謹: 賀本에서는 愼으로 되어 있다.

209) 是做: 『小分』에서는 做是를 교정부호로 바로잡았다.

之, 如何衮[210]作一段看?" 曰: "'道不可須臾離', 言道之至廣至大者, '莫見乎隱, 莫顯乎微', 言道之至精至極者."【德明】

62:103 ▲[211]謹[212]其獨." ▲[213]就中有一念萌動處, 雖至隱微, 人所不知而己所獨知, 尤當致謹[214]. 如一片止水, 中間忽有一點動處, 此最緊要着工夫處.【閎祖】

62:104 ▲[215]只看兩箇'故'字, 便是方說入身上來做工夫也. 聖人敎人, 只此兩端."【大雅】

62:105 ▲[216]德明指坐閣問曰: "此處便是耳目所睹聞, 隔窗便是不睹也." 曰: "不然. 只謂照管所不到, 念慮所不及處. 正始[217]防賊相似, 須盡塞其來路." ▲[218] 如『或問』中引'不見是圖', 旣是不見, 安得有圖? 只是要於未有兆朕・無可睹聞時而先戒懼取[219]." ▲[220]【德明】

---

210) 衮: 賀本에서는 滚으로 되어 있다.

211) ▲: "戒愼不睹, 恐懼不聞", 非謂於睹聞之時不戒懼也. 言雖不睹不聞之際, 亦致其愼, 則睹聞之際, 其愼可知. 此乃統同說, 承上"道不可須臾離", 則是無時不戒懼也. 然下文愼獨旣專就已發上說, 則此段正是未發時工夫, 只得說"不睹不聞"也. "莫見乎隱, 莫顯乎微, 故君子必

212) 謹: 賀本에서는 愼으로 되어 있다.

213) ▲: 上旣統同說了, 此又

214) 謹: 賀本에서는 愼으로 되어 있다.

215) ▲: 問: "'道也者不可須臾離也'以下是存養工夫, '莫見乎隱'以下是檢察工夫否?" 曰: "說'道不可須臾離', 是說不可不存. '是故'以下, 卻是敎人恐懼戒愼, 做存養工夫. 說'莫見乎隱, 莫顯乎微', 是說不可不愼意. '故君子'以下, 卻是敎人愼獨, 察其私意起處防之.

216) ▲: 問: "'戒愼乎其所不睹, 恐懼乎其所不聞', 『或問』中引'聽於無聲, 視於無形', 如何?" 曰: "不呼喚時不見, 時常準備著."

217) 始: 『朱子語類』에서는 如로 되어 있다.

218) ▲: 次日再問: "'不睹不聞', 終未瑩." 曰: "此須意會.

219) 先戒懼取: 英祖刊本에서는 先戒懼耳로 되어 있고 賀本에서는 戒懼耳로 되어 있다.

220) ▲: 又曰: "'不睹不聞'是提其大綱說, '愼獨'乃審其微細. 方不聞不睹之時, 不惟人所不知, 自家亦未有所知. 若所謂'獨', 卽人所不知而己所獨知, 極是要戒懼.

62:106 ▲[221] "覺得戒謹[222]恐懼與謹[223]獨也難分動靜. 靜時固戒謹[224]恐懼, 動時又豈可不戒謹[225]恐懼?" 曰: "上言'道不可須臾離', 此言'戒懼其所不睹不聞'與'謹[226]獨', 皆是不可離." ▲[227]又曰: "'戒謹[228]恐懼'是由外言之以盡於內, '謹[229]獨'是由[230]▲[231]言之以及於外." 問: "自所睹所聞以至於不睹不聞, 自發於心以至見於事, 如此方說得'不可須臾離'出." 曰: "然."【胡泳】

62:107 聞[232]: "戒懼[233]與'謹[234]獨.' ▲[235]二者工夫, 其頭腦又在道不可離處. 若能識得全體・大用皆具於心, 則二者工夫不待勉强, 自然進進不已矣." 曰: "便是有箇頭腦. 如'天命之謂性, 率性之謂道, 修道之謂敎.' 古人因甚冠之章首? 蓋頭腦如此. 若識得此理, 則便是勉强, 亦有箇着落矣." ▲[236]【人傑】

自來人說'不睹不聞'與'愼獨', 只是一意, 無分別, 便不是."

221) ▲: 問: "林子武以愼獨爲後, 以戒懼爲先. 愼獨以發處言, 覺得也是在後." 曰: "分得也好." 又問: "余國秀謂戒懼是保守天理, 愼獨是檢防人欲." 曰: "也得." 又問:
222) 謹: 賀本에서는 愼으로 되어 있다.
223) 謹: 賀本에서는 愼으로 되어 있다.
224) 謹: 賀本에서는 愼으로 되어 있다.
225) 謹: 賀本에서는 愼으로 되어 있다.
226) 謹: 賀本에서는 愼으로 되어 있다.
227) ▲: 又問: "泳欲謂戒懼是其常, 愼獨是愼其所發." 曰: "如此說也好." 又曰: "言'道不可須臾離', 故言'戒愼恐懼其所不睹不聞', 言'莫見乎隱, 莫顯乎微', 故言'愼獨.'"
228) 謹: 賀本에서는 愼으로 되어 있다.
229) 謹: 賀本에서는 愼으로 되어 있다.
230) 由:【附箋紙】"下由"下, 恐脫"內"字.
231) ▲: 內
232) 聞: 『朱子語類』에서는 問으로 되어 있다.
233) 戒懼: 『朱子語類』에서는 『中庸』工夫只在'戒愼恐懼'로 되어 있다.
234) 謹: 賀本에서는 愼으로 되어 있다.
235) ▲: 但
236) ▲: 又問: "'費隱'一章云: '夫婦之愚, 可以與知能行, 及其至也, 雖聖人有所不知不能.' 先生嘗云: '此處難看.' 近思之, 頗看得透. 侯氏說夫子問禮, 問官, 與夫

62:108 ▲[237]"'中'字是狀性之體. 性具於心, 發而中節, 則是性自心中[238]發出來也, 是之謂情."【時擧 ○以下中和.】

62:109 ▲[239]未發, 如處室中, 東西南北未有定向, 所謂中也. ▲[240]旣發, 如已出門, 東者不復能西, 南者不復能北. 然各因其事, 無所乖逆, 所謂和也."【升卿】

62:110 問: "▲[241]未發, 不偏不倚, 固其寂然之本體. 及其酬酢萬變, 亦在是焉, 故曰'天下之大本.' 發而皆中節, 則事得其宜, 不相凌奪, 固感而遂通之和也. 然十中其九, 一不中節, 則爲不和, ▲[242]不可謂之達道矣." 曰: "然." 又問: "於學者如何皆得中節?" 曰: "學者安得便一一恁地! 也須且逐件使之中節, 方得. 此所以貴於'博學, 審問, 謹[243]思, 明辨.' 無一事之不學, 無一時而不學, 無一處而不學, 各求其中節, 此所以爲難也."【道夫】

子不得位, 堯·舜病博施, 爲不知不能之事, 說得亦粗. 止是尋得一二事如此, 元不曾說著'及其至也'之意. 此是聖人看得徹底, 故於此理亦有未肯自居處. 如'所求乎子以事父未能'之類, 眞是聖人有未能處. 又如說: '默而識之, 學而不厭, 誨人不倦, 何有於我哉?' 是聖人不敢自以爲知. '出則事公卿, 入則事父兄, 喪事不敢不勉, 不爲酒困, 何有於我哉?' 此是聖人不敢以爲能處." 曰: "夫婦之與知能行是萬分中有一分, 聖人不知不能是萬分中欠得一分." 又問: "以實事言之, 亦有可言者, 但恐非立敎之道." 先生問: "如何?" 曰: "夫子謂'事君盡禮, 人以爲諂.' 相定公時甚好, 及其受女樂, 則不免於行, 是事君之道猶有未孚於人者. 又如原壤登木而歌, '夫子爲弗聞也者而過之', 待之自好. 及其夷俟, 則以杖叩脛, 近於太過." 曰: "這裏說得卻差. 如原壤之歌, 乃是大惡, 若要理會, 不可但已, 且只得休. 至於夷俟之時, 不可敎誨, 故直責之, 復叩其脛, 自當如此. 若如正淳說, 則是不要管他, 卻非朋友之道矣."

237) ▲: 共父問"喜怒哀樂未發謂之中, 發而皆中節謂之和." 曰:
238) 心中: 『小分』에서는 中心을 교정부호로 바로잡았다.
239) ▲: 答徐彦章問"中和", 云: "喜怒哀樂
240) ▲: 及其
241) ▲: 喜怒哀樂之
242) ▲: 便自有礙,
243) 謹: 賀本에서는 愼으로 되어 있다.

62:111 ▲[244]

62:112 中和亦是承上兩節說.【閎祖】

62:113 中, 性之德, 和, 情之德.【僩】[245]

62:114 喜怒是陰陽. 發各有中節, 不中節, 又是四象.【營】

62:115 "喜怒哀樂未發之中, 未是論聖人, 只是泛論衆人亦有此, 與聖人都一般." 或曰: "恐衆人未發, 與聖人異否?" 曰: "未發只做得未發. 不然, 是無大本, 道理絶了." 或曰: "恐衆人於未發昏了否?" 曰: "這裏未有昏明, 須是還他做未發. 若論原頭, 未發都一般. 只論聖人動靜, 則全別, 動亦定, 靜亦定. 自其未感, 全是未發之中, 自其感物而動, 全是中節之和. 衆人有未發時, 只是他不曾主[246]靜着[247], 不曾知得."【淳】

62:116 問: "▲[248]未惻隱羞惡, 喜怒哀樂之前, 便是寂然而靜時, 然豈得皆塊然如槁木! 其耳目亦必有自然之聞見, 其手足亦必有自然之舉動, 不審此時喚作如何?"【寓錄云: "不知此處是已發未發?"】 曰: "喜怒哀樂未發, 只是這心未發耳. 其手足運動, 自是形體如此."【淳 ○寓錄云: "其形體之行動則自若."】

---

244) ▲: 自"喜怒哀樂未發謂之中"至"天地位焉, 萬物育焉", 道怎生地? 這箇心纔有這事, 便有這箇事影見, 纔有那事, 便有那箇事影見? 這箇本自虛靈, 常在這裏. "喜怒哀樂未發謂之中, 發而皆中節謂之和." 須恁地, 方能中節. 只恁地黑淬淬地在這裏, 如何要得發必中節.【賀孫】

245)【僩】: 賀本에는 없다.

246) 主: 孝宗刊本・英祖刊本에서는 向으로 되어 있다.

247) 着: 英祖刊本・成化本・賀本에서는 看으로 되어 있다.

248) ▲: 惻隱羞惡, 喜怒哀樂, 固是心之發, 曉然易見處. 如

62:117 未發之前, 萬理備具. 纔涉思, 卽是已發動, 而應事接物, 雖萬變不同, 能省察得皆合於理處. 蓋是吾心本具此理, 皆是合做底事, 不容外面旋安排也. 今說爲臣必忠・爲子必孝之類, 皆是已發. 然所以合做此事, 實具此理, 乃未發也.【人傑】

62:118 "▲[249]若以爲截然有一時是未發時, 一時是已發時, 亦不成道理. 今學者或謂每日將半日來靜做工夫, 卽是有此病也." 曰: "喜怒哀樂未發而不中者如何?" 曰: "此卻是氣質昏濁, 爲私欲所勝, 客來爲主. 其未發時, 只是塊然如頑石相似, 劈斫不開, 發來便只是那乖底." 曰: "如此, 則昏時是他不察, 如何?" 曰: "言察, 便是呂氏求中, 卻是已發. 如伊川云: '只平日涵養便是.'" 又曰: "看來人逐日未發時少, 已發時多." 曰: "然."【端蒙】

62:119 ▲[250]

62:120 大本用涵養, 中節則須窮理之功.【方】

62:121 問: "'發而皆中節', 是無時而不戒謹[251]恐懼而然否?" 曰: "是他合下把捉, 方能發而中節. 若信口說去, 信脚行去, 如何會中節?"【燾】

62:122 ▲[252]"謹[253]獨是結上文一節之意. 下文又自是一節, 發明中

---

249) ▲: '喜怒哀樂未發謂之中', 只是思慮未萌, 無纖毫私欲, 自然無所偏倚. 所謂'寂然不動', 此之謂中. 然不是截然作二截, 如僧家塊然之謂. 只是這箇心自有那未發時節, 自有那已發時節. 謂如此事未萌於思慮要做時, 須便是中是體, 及發於思了, 如此做而得其當時, 便是和是用, 只管夾雜相滾.

250) ▲: 已發未發, 只是說心有已發時, 有未發時. 方其未有事時, 便是未發, 纔有所感, 便是已發, 卻不要泥著. 愼獨是從戒愼恐懼處, 無時無處不用力, 到此處又須愼獨. 只是一體事, 不是兩節.【炎】

251) 謹: 賀本에서는 愼으로 되어 있다.

與常行之道. 欲其中節, 正當加謹[254)]於欲發之際."【佐】

62:123 問: "▲[255)]此心至虛, 都無偏倚, 亭亭[256)]當當, 恰在中間. 『章句[257)]』所謂'獨立而不近四傍, 心之體, 地之中也.'" 曰: "在中▲[258)], 未動時恰好處, 時中者, 已動時恰好處. 才發時, 不偏於喜, 則偏於怒, 不得謂之在中矣. 然只要就所偏倚一事, 處之得恰好, 則無過・不及矣. 蓋無過・不及, 乃無偏倚者之所爲, 而無偏倚者, 是所以能無過・不及也."【銖】

62:124 ▲[259)] "事事有箇恰好處. 因言滎陽王哀樂過人, 以其哀時直是哀, 纔過而樂, 亦直是樂. 情性之變如此之易, '不恒其德'故也."【燾】

62:125 ▲[260)] 某舊有一說, 謂已發之中, 是已施去者, 未發是方來不窮者, 意思大故猛. 要之, 卻是伊川說'未發是在中之義', 最好."【大雅】

62:126 ▲[261)]

---

252) ▲: 問: "『中庸』一篇, 學者求其門而入, 固在於'愼獨.' 至下「文言」中之已發未發者, 此正根本處. 未發之時, 難以加毫末之功. 當發之際, 欲其中節, 不知若何而用工? 得非卽其所謂'戒愼恐懼', '莫見乎隱'之心而乃底於中節否?" 曰:
253) 謹: 賀本에서는 愼으로 되어 있다.
254) 謹: 賀本에서는 愼으로 되어 있다.
255) ▲: '渾然在中', 恐是喜怒哀樂未發,
256) 亭亭: 賀本에서는 停停으로 되어 있다.
257) 章句:【附箋紙】"章句", 恐作"或問."
258) ▲: 者
259) ▲: 問"渾然不待勉强而自中乎當然之節." 曰:
260) ▲: 問: "未發之中, 寂然不動, 如何見得是中?" 曰: "已發之中, 卽時中也, 中節之謂也, 卻易見. 未發更如何分別?
261) ▲: 問: "伊川言'未發之中是在中之義', 如何?" 曰: "是言在裏面底道理, 非以'在中'釋'中'字." 問: "伊川又云: '只喜怒哀樂不發, 便是.' 如何說'不發'?" 曰: "是言

62:127 ▲[262)]

62:128 喜怒哀樂未發, 程子"敬而無失"之說甚好.【閎祖】

62:129 ▲[263)]未發已發, 只是一項工夫, 未發固要存養, 已發亦要審察. 遇事時時復提起, 不可自怠, 生放過底心. 無時不存養, 無事不省察.【人傑】

62:130 因論呂與叔說"中"字, 大本差了. 曰: "他底固不是, 自家亦要見得他不是處." ▲[264)] 如今點檢他過處都是, 自家卻自要識中." ▲[265)] 且如今在此坐, 卓然端正, 不側東, 不側西, 便是中底氣象. 然人說中, 亦只是大綱如此說, 比之大段不中者, 亦可謂之中, 非能極其中. 如人射箭, 期於中紅心, 射在貼上亦可謂中, 終不若[266)]他射中紅心者. 至如和, 亦有大綱喚做和者, 比之大段乖戾者, 謂之和則可, 非能極其和. 且如喜怒, 合喜三分, 自家喜了四分, 合怒三分, 自家怒了四分,

---

不曾發時."【德明】

262) ▲: 伊川言: "'喜怒哀樂之未發謂之中', 中也者, 言'寂然不動'者也, 故曰'天下之大本.'" 喜怒哀樂未發, 無所偏倚, 此之謂中. 中, 性也, "寂然不動", 言其體則然也. 大本, 則以其無不該遍, 而萬事萬物之理, 莫不由是出焉. "'發而皆中節謂之和', 和也者, 言'感而遂通'者也, 故曰'天下之達道.'" 喜怒哀樂之發, 無所乖戾, 此之謂"和." 和, 情也, "感而遂通", 言其事則然也. 達道, 則以其自然流行, 而理之由是而出者, 無不通焉.【先生後來說達道, 意不如此. ○端蒙】

263) ▲: "喜怒哀樂未發謂之中", 程子云: "敬不可謂之中, 敬而無失, 卽所以中也, 未說到義理涵養處." 大抵

264) ▲: 文蔚曰: "喜怒哀樂未發之中, 乃在中之義. 他引「虞書」'允執厥中'之'中', 是不知'無過・不及之中', 與'在中'之義本自不同. 又以爲'赤子之心', 又以爲'心爲甚', 不知中乃喜怒哀樂未發而赤子之心已發. '心爲甚', 孟子蓋謂心欲審輕重, 度長短, 甚於權度. 他便謂凡言心者, 便能度輕重長短, 權度有所不及, 尤非孟子之意, 卽此便是差了." 曰: "

265) ▲: 文蔚曰: "伊川云: '涵養於喜怒哀樂未發之前, 則發自中節矣.' 今學者能戒愼恐懼於不睹不聞之中, 而愼獨於隱微之際, 則中可得矣." 曰: "固是如此, 亦要識得.

266) 若: 成化本에서는 求로 되어 있다.

便非和矣."【文蔚】

62:131 問: "呂氏言: '中則性也.' 或謂此與'性卽理也'語意似同. 銖疑不然." 先生曰: "公意如何?" 銖曰: "理者, 萬事萬物之道理, 性皆有之而無不具者也. 故謂性卽理則可. 中者, 又所以言此理之不偏倚·無過不及者, 故伊川只說'狀性之體段.'" 曰: "'中'是虛字, '理'是實字, 故中所以狀性之體段." 銖曰: "然則謂性中可乎?" 曰: "此處定有脫誤, 性中亦說得未盡." 銖因言: "『或問』中, 此等處尙多, 略爲說破亦好." 先生曰: "如何解一一嚼飯與人喫!"【銖】

62:132 ▲267)

62:133 問: "呂與叔云: '未發之前, 心體昭昭具在, 已發乃心之用.' 南軒辨昭昭爲已發, 恐太過否?" 曰: "這辨得亦沒意思. ▲268)伊川所謂'凡言心者, 皆指已發而言', 呂氏只是辨此一句. 伊川後來又救前說曰: '〈凡言心者, 皆指已發而言〉, 此語固未當. 心一也, 有指體而言者, 〈寂然不動〉是也, 有指用而言者, 〈感而遂通〉是也, 惟觀其所見如何.' 此語甚圓, 無病. ▲269)問: "心本是箇動物, 不審未發之前, 全是寂然而靜, 還是靜中有動意?" 曰: "不是靜中有動意. 周子謂'靜無而動有.' 靜不是無, 以其未形而謂之無, 非因動而後有, 以其可見而謂之有耳. 橫渠'心統性情'之說甚善. 性是靜, 情是動. 心則兼動靜而言, 或指體, 或指用, 隨人所看. 方其靜時, 動之理只在. 伊川謂: '當中時, 耳無聞, 目無見, 然見聞之理在, 始得. 及動時, 又只是這靜底.'" ▲270)【淳】

---

267) ▲: 呂氏"未發之前, 心體昭昭具在", 說得亦好.【德明錄云: "伊川不破此說." ○淳】

268) ▲: 敬夫太聰明, 看道理不子細.

269) ▲: 大抵聖賢之言, 多是略發箇萌芽, 更在後人推究, 演而伸, 觸而長, 然亦須得聖賢本意. 不得其意, 則從那處推得出來?"

270) ▲: 淳擧伊川以動之端爲天地之心. 曰: "動亦不是天地之心, 只是見天地之心. 如十月豈得無天地之心? 天地之心流行只自若. '元亨利貞', 元是萌芽初出時,

62:134 ▲[271] "楊・呂諸公說求之於喜怒哀樂未發之時, 伊川又說於已發處觀, 如此則是全無未發時放下底. 今且四平着地放下, 要得平帖, 湛然無一毫思慮. 及至事物來時, 隨宜應接, 當喜則喜, 當怒則怒, 當哀樂則哀樂. 喜怒哀樂過了, 此心湛然者, 還似[272]未發時一般, 方是兩下工夫. 若只於已發處觀, 則是已發了, 又去尋[273]已發, 展轉多了一層, 卻是反鑑. 看[274]來此語只說得聖人之止, 如君止於仁, 臣止於敬, 是就事物上說理, 卻不曾說得未發時心, 後來伊川亦自以爲未當." 銖曰: "此須是動靜兩下用工, 而主靜爲本. 靜而存養, 方始動而精明." 曰: "只爲諸公不曾說得靜中未發工夫. 如胡氏兄弟說得已發事太[275]猛了." 銖曰: "先生中和舊說, 已發其義." 先生因言當時所見次第云云.【銖】

62:135 ▲[276]

62:136 ▲[277]"已發未發, 不必太[278]泥. 只是旣涵養, 又省察, 無時不涵養省察. 若戒懼不睹不聞, 便是通貫動靜, 只此便是工夫. 至於

亨是長枝葉時, 利是成遂時, 貞是結實歸宿處. 下梢若無這歸宿處, 便也無這元了. 惟有這歸宿處, 元又從此起. 元了又貞, 貞了又元, 萬古只如此, 循環無窮, 所謂'維天之命, 於穆不已', 說已盡了. 十月萬物收斂, 寂無蹤跡, 到一陽動處, 生物之心始可見." 曰: "一陽之復, 在人言之, 只是善端萌處否?" 曰: "以善言之, 是善端方萌處, 以德言之, 昏迷中有悔悟向善意, 便是復. 如睡到忽然醒覺處, 亦是復底氣象. 又如人之沉滯, 道不得行, 到極處, 忽少亨達, 雖未大行, 已有可行之兆, 亦是復. 這道理千變萬化, 隨所在無不渾淪."

271) ▲: 先生問銖曰: "伊川說: '善觀者, 卻於已發之時觀之.' 尋常看得此語如何?" 銖曰: "此語有病. 若只於已發處觀之, 恐無未發時存養工夫." 先生曰:

272) 似: 賀本에서는 與로 되어 있다.

273) 尋: 賀本에는 尋이 없다.

274) 鑑. 看: 『小分』에서는 看鑑을 교정부호로 바로잡았다.

275) 太: 賀本에서는 大로 되어 있다.

276) ▲: 龜山說"喜怒哀樂未發", 似求中於喜怒哀樂未發之前.【方】

277) ▲: 罃以所論湖南問答呈先生. 先生曰:

278) 太: 賀本에서는 大로 되어 있다.

謹[279]獨, 又是或恐私意有萌處, 又加緊切. 若謂已發了更不須省察, 則亦不可. 如曾子三省, 亦是已發後省察. 今湖南諸說, 卻是未發時安排如何涵養, 已發時旋安排如何省察."【必大錄云: "存養省察, 是通貫乎已發未發功夫. 未發時固要存養, 已發時亦要存養. 未發時固要省察, 已發時亦要省察. 只是要無時不做功夫. 若謂已發後不當省察, 不成便都不照管他. ▲[280]" ○謍】

62:137 再論湖南問答, 曰: "已發未發[281], 只是一件功[282]夫, 無時不涵養, 無時不省察耳. 謂如水長長地流, 到高處又略起伏則箇. 如恐懼戒謹[283], 是長長地做, 到謹[284]獨, 是又提起一起. 如水然, 只是要不輟地做. 又如騎馬, 自家常常提掇, 及至遇險處, 便加些提控. 不成謂是大路, 便更都不管他, 任他[285]自去之理!" 正淳曰: "未發時當以理義涵養." 曰: "未發時着理義不得, 纔知有理有義, 便是已發. 當此時有理義之原, 未有理義條件. 只一个主宰嚴肅, 便有涵養功[286]夫. 伊川曰: '敬而無失便是, 然不可謂之中. 但敬而無失, 卽所以中也.'" 正淳又曰: "平日無涵養者, 臨事必不能强勉省察." 曰: "有涵養者固要省察, 不曾涵養者亦當省察. 不可道我無涵養工夫後, 於已發處更不管他. 若於發處能點檢, 亦可知得是與不是. 今言涵養, 則曰不先知理義底涵養不得, 言省察, 則曰無涵養, 省察不得. 二者相睚[287], 卻成擔閣." 又曰: "如涵養熟者, 固是自然中節. 便做聖賢, 於發處亦須審其是非而行. 涵養不熟底, 雖未必能中節, 亦須直要中節可也. 要知二者

279) 謹: 賀本에서는 愼으로 되어 있다.
280) ▲: 胡季隨謂譬如射者失傅弦上始欲求中, 則其不中也必矣. 某謂'內志正, 外體直', 梁取親所以可中, 豈有便閉目放箭之理?
281) 已發未發: 『朱子語類』에서는 未發已發로 되어 있다.
282) 功: 賀本에서는 工으로 되어 있다.
283) 謹: 賀本에서는 愼으로 되어 있다.
284) 謹: 賀本에서는 愼으로 되어 있다.
285) 任他: 賀本에서는 恁地로 되어 있다.
286) 功: 賀本에서는 工으로 되어 있다.
287) 睚: 英祖刊本・賀本에서는 捱로 되어 있다.

可以交相助, 不可交相待."【螢】

62:138 論中: ○五峰與曾書. ○呂書. ○朱『中庸說』. ○『易傳』說"感物而動", 不可無"動"字, 自是有動有靜. ○據伊川言: "中者, 寂然不動."【已分明】[288] ○未發意, 亦與戒謹恐懼相連, 然似更提起自言. 此大本雖庸・聖皆同, 但庸則憒憒, 聖則湛然. 某初言此者, 亦未嘗雜人欲而說庸也. ○如說性之用是情, 心卽是貫動靜, 卻不可言性之用. ○"在中", 只言喜怒哀樂未發是在中. 如言一箇理之本, 後方就時上事上說過與不及之中. 呂當初便說"在中"爲此"時中", 所以異也.【方】

62:139 ▲[289]

62:140 問: "『▲[290]或問』曰: '若未發時, 純一無僞, 又不足以名之.' 此是無形影, 不可見否?" 曰: "未發時, 僞不僞皆不可見. 不特赤子如此, 大人亦如此." 淳曰: "只是大人有主宰, 赤子則未有主宰." 曰: "然."【淳】

62:141 問: "▲[291]平常著衣喫飯, 是已發, 是未發?" 曰: "只心有所主著, 便是發. 如着衣喫飯, 亦有些事了. 只有所思量, 要恁地, 便是已發."【淳 ○義剛同.】

62:142 問: "『或問』▲[292]'「坤」卦純陰不爲無陽'之說, ▲[293]"雖十月爲「坤」, 十一月爲「復」, 然自小雪後, 其下面一畫, 便有三十分之一分

---

288)【已分明】: 賀本에서는 본문으로 되어 있다.
289) ▲: "在中"之義, 大本在此, 此言包得也. 至如說"亭亭當當, 直上直下", 亦有不偏倚氣象.【方】
290) ▲: 中庸
291) ▲: 『中庸或問』說, 未發時耳目當亦精明而不可亂. 如
292) ▲: 中
293) ▲: 如何?" 曰:

陽生, 至冬至, 方足得一爻成爾. 故十月謂之'陽月', 蓋嫌於無陽也. 自「姤」至「坤」亦然." 曰: "然則陽畢竟有盡時矣." 曰: "「剝」盡於上, 則「復」生於下, 其間不容息也." 【廣】

62:143 ▲[294]問: "'達'字, 舊作'感而遂通'字看, 而今見得是古今共由意思." 曰: "也是通底意思. 如喜怒不中節, 便行不得了. 而今喜, 天下以爲合當喜, 怒, 天下以爲合當怒, 只是這箇道理, 便是通達意. '大本・道達[295]', 而今不必說得張皇, 只將動靜看. 靜時這箇便在這裏, 動時便無不是那底. 在人工夫卻在'致中和'上▲[296] '致'字是要得十分中・十分和." 又問: "看見工夫先須致中?" 曰: "這箇也大段着脚手不得. 若大段着脚手, 便是已發了. 子思說'戒懼[297]不睹, 恐懼不聞', 已自是多了, 但不得不恁地說, 要人會得. 只是略略地約住在這裏." 又問: "發雖[298]中節, 亦是倚於一偏否?" 曰: "固是." 因說: "周子云: '中也者, 和也, 天下之達道也.' 別人也不敢恁地說. '君子而時中', 便是恁地看." 【夔孫 ○以下"致中和"】

62:144 "致中和", 須兼表裏而言. 致中, 欲其無少偏倚, 而又能守之不失, 致和, 則欲其無少差繆, 而又能無適不然. 【銖】

62:145 ▲[299] 孟子所謂"存心・養性", "收其放心", "操則存", 此等處乃致中也. 至於充廣其仁義之心等處, 乃致和也. 【人傑】

---

294) ▲: 問"喜怒哀樂未發謂之中." 曰: "喜怒哀樂如東西南北, 不倚於一方, 只是在中間." 又問"和." 曰: "只是合當喜, 合當怒. 如這事合喜五分, 自家喜七八分, 便是過其節, 喜三四分, 便是不及其節." 又

295) 道達: 『朱子語類』에서는 達道로 되어 있다.

296) ▲: ." 又問"致"字. 曰: "而今略略地中和, 也喚做中和.

297) 懼: 孝宗刊本・賀本에서는 愼으로 되어 있다.

298) 雖: 賀本에서는 須로 되어 있다.

299) ▲: "致中和." 所謂致和者, 謂凡事皆欲中節. 若致中工夫, 如何便到? 其始也不能一一常在十字上立地, 須有偏過四旁時. 但久久純熟, 自別.

62:146 ▲[300]"'致'字是只管挨排去之義. 且如此煖閣, 人皆以火爐爲中, 亦是須要去火爐中尋箇至中處, 方是的當. 又如射箭, 纔上紅心, 便道是中, 亦未是. 須是射中紅心之中, 方是. 如'致知[301]'之'致', 亦同此義. '致'字工夫極精密也."【自修】

62:147 ▲[302]"'致中和', 只是無些子便[303]倚, 無些子乖戾. 若大段用倚靠, 大段有乖戾底, 固不是, 有[304]些子倚靠, 有些子乖戾, 亦未爲是. 須無些子倚靠, 無些子乖戾, 方是'致中和.'"【至】

62:148 ▲[305]其靜時, 思慮未萌, 知覺不昧, 乃復所謂"見天地之心", 靜中之動也. 其動時, 發皆中節, 止於其則, 乃「艮」之"不獲其身, 不見其人", 動中之靜也. 窮理讀書, 皆是動中工夫.【祖道】

62:149 問: ▲[306]"'致'之一字, 豈全無所用其力耶?" 曰: "致者, 推至其極之謂. 凡言'致'字, 皆此意. 如『大學』之'致知', 『論語』'學以致其道', 是也. 致其中, 如射相似, 有中貼者, 有中垛者, 有中紅心之邊暈者, 皆是未致. 須是到那中心, 方始爲致. 致和亦然, 更無毫釐絲忽不盡, 如何便不用力得!" 問: "先生云: '自戒謹[307]而約之, 以至於至靜之

---

300) ▲: 周樸 純仁問"致中和"字. 曰:
301) 知: 賀本에서는 和로 되어 있다.
302) ▲: 問: "未發之中是渾淪底, 發而中節是渾淪底散開. '致中和', 注云: '致者, 推而至其極.' '致中和', 想也別無用工夫處, 只是上戒愼恐懼乎不睹不聞, 與愼其獨, 便是致中和底工夫否?" 曰:
303) 便: 『朱子語類』에서는 偏으로 되어 있다.【頭註】偏
304) 有: 徽州本에서는 앞에 若이 더 있다.
305) ▲: 存養是靜工夫. 靜時是中, 以其無過不及, 無所偏倚也. 省察是動工夫. 動時是和. 才有思爲, 便是動. 發而中節無所乖戾, 乃和也.
306) ▲: 中有二義: 不偏不倚, 在中之義也, 無過不及, 隨時取中也. 無所偏倚, 則無所用力矣. 如呂氏之所謂'執', 楊氏之所謂'驗'・所謂'體', 是皆欲致力於不偏不倚之時, 故先生於『或問』中辨之最詳. 然而經文所謂'致中和, 則天地位焉, 萬物育焉',
307) 謹: 賀本에서는 愼으로 되어 있다.

中, 無所偏倚, 而其守不失, 則天地可位.' 所謂'約'者, 固異於呂·楊所謂'執'·所謂'驗'·所謂'體'矣, 莫亦只是不放失之意否?" 曰: "固是不放失, 只是要存得." 問: "孟子所謂'存其心, 養其性', 是此意否?" 曰: "然. 伊川所謂'只平日涵養底便是也.'" 【枅 ○▲[308] 延平卻云: "默坐澄心, 以驗夫喜怒哀樂未發之時氣象爲如何." "驗"字莫亦有呂·楊之失否?' 曰: '它只是要於[309]平日間知得這箇, 文[310]不是昏昏地都不管也."】

62:150 ▲[311]問: "致中和, 位天地, 育萬物, 與喜怒哀樂不相干, 恐非實理流行處." 曰: "▲[312] 世間何事不係在喜怒哀樂上? 如人君喜一人而賞之, 而千萬人勸, 怒一人而罰之, 而千萬人懼, 以至哀矜鰥寡, 樂育英材[313], 這是[314]萬物育▲[315] 以至君臣·父子·夫婦·兄弟·朋友·長幼相處相接, 無不是這箇. 卽這喜怒中節處, 便是實理流行, 更去那處尋實理流行!" 【子蒙】

62:151 問: "▲[316]'君君·臣臣·父父·子子'之分定, 便是天地位否?" 曰: "有地不得其平, 天不得其成時." 問: "如此, 則須專就人主身上說, 方有此功用?" 曰: "規模自是如此. 然人各隨一箇地位去做, 不道人主致中和, 士大夫便不致中和!" 【學之爲王者事】[317] 問: "向見南軒上殿文字, 多是要扶持人主心術." 曰: "也要在下人心術是當, 方可扶持得." 問: "今日士風如此, 何時是太平?" 曰: "卽這身心, 亦未見有

---

308) ▲: 僩錄云: "問'致'字之義. 曰'致者, 推至其極之謂'云云. 問: '呂氏所謂"執", 楊氏所謂"驗"·所謂"體", 『或問』辨之已詳.
309) 於: 賀本에서는 于로 되어 있다.
310) 文: 英祖刊本·成化本·賀本에서는 又로 되어 있다.
311) ▲: 或
312) ▲: 公何故如此看文字?
313) 材: 賀本에서는 才로 되어 있다.
314) 是: 『小分』에서는 손상되어 보이지 않으나 『朱子語類』에 따라 보충한다.
315) ▲: 不是?
316) ▲: '致中和, 天地位焉, 萬物育焉.' 只
317) 【學之爲王者事】: 賀本에서는 본문으로 되어 있다.

太平之時."【三公燮理陰陽, 須是先有箇胸中始得. ○德明】

62:152 "天地位, 萬物育", 便是"裁成輔相", "以左右民"底工夫. 若不能"致中和", 則山崩川竭者有矣, 天地安得而位! 胎夭失所者有矣, 萬物安得而育.【升卿】

62:153 ▲[318]問: "▲[319] 此指在上者而言. 孔子如何?" 曰: "孔子已到此地位."【可學】

62:154 問: "'致中和, 天地位, 萬物育', 此以有位者言. 如一介之士, 如何得如此?" 曰: "若致得一身中和, 便充塞一身, 致得一家中和, 便充塞一家, 若致得天下中和, 便充塞天下. 有此理便有此事, 有此事便有此理. 如'一日克己復禮, 天下歸仁.' 如何一日克己於家, 便得天下以仁歸之? 爲有此理故也."【賜】

62:155 "致中和, 天地位, 萬物育", 便是形和氣和, 則天地之和應. 今人不肯恁地說, 須要說入高妙處. 不知這箇極高妙, 如何做得到這處. 漢儒這幾句本未有病, 只爲說得迫切了, 他便說做其事卽有此應, 這便致得人不信處.【佐】

62:156 ▲[320]"天高地下, 萬物散殊, 各有定所, 此未有物相感也, 和則交感而萬物育矣." 問: "未能致中和, 則天地不得而位, 只是日食星隕·地震山崩之類否?" 曰: "天變見乎上, 地變動乎下, 便是天地不位."【德明】

---

318) ▲: 元思
319) ▲: '致中和, 天地位, 萬物育',
320) ▲: 問: "'靜時無一息之不中, 則陰陽動靜各止其所, 而天地於此乎位矣.' 言陰陽動靜何也?" 曰:

62:157 問: “▲[321]在上者旣日有以病之, 則夫灾異之變, 又豈窮而在下者所能救也哉?’ 如此, 則前所謂‘力’者, 是力分之‘力’也.” 曰: “然.” 又問: “‘但能致中和於一身, 則天下雖亂, 而吾身之天地萬物不害爲安泰.’ 且以孔子之事言之, 如何是天地萬物安泰處?” 曰: “在聖人之身, 則天地萬物自然安泰.” 曰: “此莫是以理言之否?” 曰: “然. 一家一國, 莫不如是.”【廣】

62:158 問: “▲[322]‘吾身之天地萬物’, 如何?” 曰: “尊卑上下之大分, 卽吾身之天地也, 應變曲折之萬端, 卽吾身之萬物也.”【銖】

321) ▲: ‘善惡感通之理, 亦及其力之所至而止耳. 彼達而

322) ▲: 『或問』所謂

『朱子語類』卷第六十三

「『中庸』▲[1]」

「第二章」

63:1 ▲[2] “君子只是說箇好人, 時中只是說做得箇恰好底事.”【義剛】

63:2 問“時中.” 曰: “自古來聖賢講學, 只是要尋討這箇物事.” 語訖, 若有所思然. 他日又問, 先生曰: “從來也只有六七箇聖人把得定.”【炎】

63:3 “君子而時中”, 與『易傳』中所謂“中重於正, 正者未必中”之意同. 正者且是分別箇善惡, 中則是恰好處.【夔孫】

63:4 問: “▲[3]橫渠說▲[4] ‘時中’之義甚大, 須精義入神, 始得‘觀其會通, 以行其典禮’, 此方眞是義理也. 行其典禮而不達會通, 則有時而不中者矣. 君子要‘多識前言往行, 以蓄其德’者, 以▲[5]看前言往行熟, 則自能見得時中, 此是窮理致知功夫. 惟如此, 乃能‘擇乎『中庸』’否?” 曰: “此說亦是. 「橫渠行狀」述其言云: ‘吾學旣得於心, 則修其辭, 命

---

1) ▲: 二
2) ▲: 或問“君子之『中庸』也, 君子而時中.” 曰:
3) ▲: 諸家所說‘時中’之義, 惟
4) ▲: 所以能時中者, 其說得之.
5) ▲: 其

□[6]辭無差, 然後斷事, 斷事無失, 吾乃沛然精義入神者, 豫而已矣.' 他意謂須先說得分明, 然後方行得分明. 今人見得不明, 故說得自儱侗, 如何到行處分明!"【銖】

63:5 ▲[7] "有君子之德, 而不能隨時以處中, 則不免爲賢知之過. 故有君子之德, 而又能隨時以處中, 方是到恰好處." ▲[8]問: "然則小人而猶知忌憚, 還可似得愚不肖之不及否?" 曰: "小人固是愚, 所爲固是不肖, 然畢竟大抵是不好了. 其有忌憚・無忌憚, 只爭箇大膽小膽耳. 然他本領不好, 猶知忌憚, 則爲惡猶輕得些. 程先生曰: '語惡有淺深則可, 謂之『中庸』則不可也.' 以此知王肅本作'小人反中庸'爲是, 所以程先生亦取其說."【銖】

63:6 ▲[9] 君子而處不得中者有之, 小人而不至於無忌憚者亦有之. 惟其反『中庸』, 則方是其無忌憚也."【廣】

63:7 ▲[10] "當看'而'字, 既是君子, 又要時中, 既是小人, 又無忌憚."【過】

63:8 ▲[11] 以中對庸而言, 則又折轉來, 庸是體, 中是用. ▲[12] 以中和對『中庸』而言, 則中和又是體, 中庸又是用.【端蒙】

---

6) □:【附箋紙】依本書之.

7) ▲: 問: "'有君子之德, 而又能隨時以處中', 蓋君子而能擇善者." 曰:

8) ▲: 又

9) ▲: 問: "如何是'君子之德'與'小人之心'?" 曰: "爲善者君子之德, 爲惡者小人之心.

10) ▲: 至之疑先生所解"有君子之德, 又能隨時以得中." 曰:

11) ▲: 以性情言之, 謂之中和, 以禮義言之, 謂之『中庸』, 其實一也. 以中對和而言, 則中者體, 和者用, 此是指已發・未發而言.

12) ▲: 如伊川云"中者天下之正道, 庸者天下之定理"是也. 此"中"卻是"時中"・"執中"之"中."

63:9 ▲[13]問子思稱▲[14]仲尼. 曰: "古人未嘗諱其字. 明道嘗云: '予年十四五, 從周茂叔.' 本朝先輩尙如此. 伊川亦嘗呼明道表德. 如唐人尙不諱其名, 杜甫詩云: '白也詩無敵.' 李白詩云: '飯顆山頭逢杜甫.'"【卓】

63:10 近看『儀禮』, 見古人祭祀, 皆稱其祖爲"伯某甫", 可以釋所疑子思不字仲尼之說.【灝】

「第四章」

63:11 ▲[15] 此▲[16]交互說, 知者恃其見之高, 而以道爲不足行, 此道所以不行, 賢者恃其行之過, 而以道爲不足知, 此道之所以不明. ▲[17]."【舜聖矣而好問, 好察邇言, 則非知者之過, 執兩端, 用其中, 則非愚者之不及. 回賢矣而能擇乎『中庸』, 非賢者之過, 服膺勿失, 則非不肖者之不及. ○ 銖】

63:12 ▲[18] "知者緣他見得過高, 便不肯行, 故曰'不行', 賢者資質旣好, 便不去講學, 故云'不明.' 知如佛・老皆是, 賢如一種天資好人皆是."【炎】

63:13 ▲[19]問: "▲[20] 這受病處只是知有不至, 所以後面說'鮮能知味.'" 曰: "這个各有一般受病處. 今若說'道之不明也, 智者過之▲[21],

---

13) ▲: 或
14) ▲: 夫子爲
15) ▲: 問"道之不明・不行." 曰: "今人都說得差了.
16) ▲: 正分明
17) ▲: 如舜之大知, 則知之不過而道所以行, 如回之賢, 則行之不過而道所以明
18) ▲: 問: "知者如何卻說'不行'? 賢者如何卻說'不明'?" 曰:
19) ▲: 子武
20) ▲: '道之不行也'一章,
21) ▲: 曉

愚者不及也, 道之不行也, 賢者過之, 不肖者不及也', ▲[22]說得順. 今卻恁地曉[23]說▲[24], 緣是智者過於明, 他只去窮高極遠後, 只要見得便了, 都不理會行. 如果老[25]之屬, 他便只是要見得. 未見得時是恁地, 及見得後也只恁地, 都不去行. 又有一般人, 卻只要苦行, 後都不去明. 如老子[26]之屬, 他便只是說不要明, 只要守得自家底便了, 此道之所以不明也." 【義剛】

63:14 問: "楊氏以極高明而不道中庸, 爲賢知之過, 道中庸而不及[27]高明, 爲愚不肖之不及." 曰: "賢者過之與知者過之, 自是兩般. 愚者之不及與不肖者之不及, 又自是兩般. 且先理會此四項, 令有著落. 又與極高明・道中庸之義全不相關. 況道中庸最難, 若能道中庸, 卽非不及也." 【必大】

「第六章」

63:15 舜固是聰明睿知, 然又能"好問而好察邇言, 樂取諸人以爲善", 併合將來, 所以謂之大知. 若只據一己所有, 便有窮盡. 【廣 ○賀孫同.】

63:16 ▲[28] "其言之善者播揚之, 不善者隱而不宣, 則善者愈樂告以善, 而不善者亦無所愧而不復言也. 若其言不善, 我又揚之於人, 說他底不是, 則其人愧恥, 不復敢以言來告矣. 此其求善之心廣大如此, 人

---

22) ▲: 恁地便
23) 曉: 英祖刊本・成化本・賀本에서는 曉로 되어 있다.
24) ▲: 時
25) 果老: 英祖刊本에서는 杲老로 되어 있고, 賀本에서는 佛氏로 되어 있다.
26) 老子: 英祖刊本에서는 老了로 되어 있고, 成化本에서는 了老로 되어 있고, 賀本・萬曆本에서는 老子로 되어 있다.
27) 及: 賀本에서는 極으로 되어 있다.
28) ▲: 問"隱惡而揚善."

安得不盡以其言來告? 而吾亦安有不盡聞之言乎? 蓋舜本自知, 能合天下之知爲一人之知, 而不自用其知, 此其知之所以愈大. 若愚者既愚矣, 又不能求人之知而自任其愚, 此其所以愈愚. 惟其知也, 所以能因其知以求人之知而知愈大, 惟其愚也, 故自用其愚, 而不復求人之知而愈愚也."【僴】

63:17 "執其兩端"之"執", 如俗語謂把其兩頭.【節】

63:18 ▲29)

63:19 ▲30)

63:20 兩端如厚薄輕重. "執其兩端, 用其中於民", 非謂只於二者之間取中. 當厚而厚, 卽厚上是中, 當薄而薄, 卽薄上是中. 輕重亦然.【閎祖】

63:21 ▲31)

63:22 ▲32)

63:23 ▲33)

---

29) ▲: "執其兩端", 是摺轉來取中.【節 ○愚按: 定說在後.】

30) ▲: 或問"執其兩端而用其中." 曰: "如天下事, 一箇人說東, 一箇說西. 自家便把東西來斟酌, 看中在那裏?"【燾】

31) ▲: 兩端不專是中間. 如輕重, 或輕處是中, 或重處是中.【炎】

32) ▲: 兩端未是不中. 且如賞一人, 或謂當重, 或謂當輕, 於此執此兩端, 而求其恰好道理而用之. 若以兩端爲不中, 則是無商量了, 何用更說"執兩端"!【義剛】

33) ▲: 問: "'執兩端而量度以取中', 當厚則厚, 當薄則薄, 爲中否?" 曰: "舊見欽夫亦要恁地說. 某謂此句只是將兩端來量度取一箇恰好處. 如此人合與之百錢, 若與之二百錢則過, 與之五十則少, 只是百錢便恰好. 若當厚則厚, 自有恰好處, 上面更過厚則不中. 而今這裏便說當厚則厚爲中, 卻是躐等之語." 或問: "伊川曰: '執,

63:24 ▲[34]

63:25 才卿問: "'兩端, 謂衆論不同之極致.' 且如衆論有十分厚者, 有一分薄者, 取極厚極薄之二說而中折之, 則此爲中矣." 曰: "不然, 此乃'子莫執中'也, 安得謂之中? 兩端只是箇'起止'二字, 猶云起這頭至那頭也. 自極厚以至極薄, 自極大以至極小, 自極重以至極輕, 於此厚薄・大小・輕重之中, 擇其說之是者而用之, 是乃所謂中也. 若但以極厚極薄爲兩端, 而中折其中間以爲中, 則其中間如何見得便是中? 蓋或極厚者說得是, 則用極厚之說, 極薄之說是, 則用極薄之說, 厚薄之中者說得是, 則用厚薄之中者之說. 至於輕重大小, 莫不皆然. 蓋惟其說之是者用之, 不是棄其兩頭不用, 而但取兩頭之中者以用之也. 且如人有功當賞, 或說合賞萬金, 或說合賞千金, 或有說當賞百金, 或又有說合賞十金. 萬金者, 其至厚也, 十金, 其至薄也. 則把其兩頭自至厚以至至薄, 而精權其輕重之中. 若合賞萬金便賞萬金, 合賞十金也只得賞十金, 合賞千金便賞千金, 合賞百金便賞百金. 不是棄萬金十金至厚至薄之說, 而折取其中以賞之也. 若但欲去其兩頭, 而只取中間, 則或這頭重, 那頭輕, 這頭偏多, 那頭偏少, 是乃所謂不中矣, 安得謂之中!" 才卿云: "『或問』中卻說'當衆論不同之際, 未知其孰爲過孰爲不及而孰爲中也. 故必兼摠[35]衆說, 以執其不同之極處而半折之, 然後可以見夫上一端之爲過, 下一端之爲不及, 而兩者之間之爲中.' 如先生今說, 則『或問』'半折'之說亦當改." 曰: "便是某之說未精, 以此見作文字難. 意中見得了了, 及至筆下依舊不分明. 只差些字[36], 便意思都錯了. 合改云'故必兼摠[37]衆說, 以執其不同之極處而審度之, 然

謂執持使不得行.' 如何? 某說此'執'字, 只是把此兩端來量度取中." 曰: "此'執'字只是把來量度."【至】

34) ▲: 問: "注云: '兩端是衆論不同之極致.'" 曰: "兩端是兩端盡處. 如要賞一人, 或言萬金, 或言千金, 或言百金, 或言十金. 自家須從十金審量至萬金, 酌中看當賞他幾金."【賜】

35) 摠 : 成化本・賀本에서는 總으로 되어 있다.

36) 字 : 英祖刊本・成化本・賀本에서는 子로 되어 있다.

後可以識夫中之所在, 而上一端之爲過, 下一端之爲不及'云云. 如此, 語方無病." 或曰: "孔子所謂'我叩其兩端', 與此同否?" 曰: "然. 竭其兩端, 是自精至粗, 自大至小, 自上至下, 都與它說, 無一毫之不盡. 舜之'執兩端', 是取之於人者, 自精至粗, 自大至小, 摠[38]括包盡, 無一善之或遺."【僩 ○▲[39]以量度之. 如一人云長八尺, 一人云長九尺, 又一人云長十尺, 皆長也, 又皆不同也. 不可便以八尺爲不及, 十尺爲過, 而以九尺爲中也. 蓋中處或在十尺上, 或在八尺上, 不可知. 必就三者之說子細量度, 看那說是. 或三者之說皆不是, 中自在七尺上, 亦未可知. 然後有以見夫上一端之爲過, 下一端之爲不及, 而三者之間爲中也. ▲[40]】

63:26 "舜其大知", 知而不過, 兼行說, "仁在其中▲[41]." □[42]回"擇乎『中庸』", 兼知說. "索隱行怪"不能擇,【不知.】"半塗而廢"不能執.【不仁.】"依乎『中庸』",【擇.】"不見知而不悔."【執.】

63:27 問: "舜是生知, 如何謂之'擇善'?" 曰: "聖人也須擇, 豈是全無所作爲! 他做得更密. 生知・安行者, 只是不似他人勉强耳. 堯稽于衆, 舜取諸人, 豈是信采行將去? 某嘗見朋友好論聖賢等級, 看來都不消得如此, 聖人[43]依舊是這道理. 如千里馬也須使四脚行, 駑駘也是使四脚行, 不成說千里馬都不用動脚便到千里! 只是它行得較快爾."【夔孫錄而今且學他如何動脚[44]】 又曰: "聖人說話, 都只就學知利行上

---

37) 摠 : 成化本・賀本에서는 總으로 되어 있다.
38) 摠 : 成化本・賀本에서는 總으로 되어 있다.
39) ▲: 一作: "才卿問: '『或問』以程子執把兩端, 使民不行爲非. 而先生所謂"半折之", 上一端爲過, 下一端爲不及, 而兩者之間爲中, 悉無以異於程說.' 曰: '非是如此. 隱惡揚善, 惡底固不問了, 就衆說善者之中, 執其不同之極處
40) ▲: "半折"之說, 誠爲有病, 合改'云云."
41) ▲: 矣
42) □:【附箋紙】依本書之.
43) 人: 賀本에서는 賢으로 되어 있다.
44) 夔孫錄而今且學他如何動脚 : 『朱子語類』에서는 이 부분이【賜】뒤에 이어져 있다.

說."【賜 ▲[45]】

○[46] 又問: "以舜聰明睿智, 由仁義行, 待'好問, 好察邇言, 隱惡揚善', 又須執兩端而量度以取中?" 曰: "此所以爲舜之大知也. 以舜之聰明睿智如此, 似不用著力, 乃能下問, 至察邇言, 又必執兩端以用中, 非大知而何! 蓋雖聖人亦合用如此也."【銖】

「第八章」

63:28 問: "▲[47]擇中與▲[48]用中▲[49]?" 曰: "舜本領大, 不大故著力."【夔孫】

63:29 ▲[50]

63:30 呂氏說顏子云: "隨其所至, 盡其所得, 據而守之, 則拳拳服膺而不敢失, 勉而進之, 則旣竭吾才而不敢緩. 此所以恍惚前後而不可爲像, 求見聖人之止, 欲罷而不能也." 此處甚縝密, 無些滲漏.【淳】

「第九章」

45) ▲: ○夔孫錄云: "問: '〈舜大知〉章是行底意多, 〈回擇中〉章是知底意多?' 曰: '是.' 又問: '〈擇〉字, 舜分上莫使不得否?' 曰: '好問好察, 執其兩端, 豈不得擇? 嘗見諸友好論聖賢等級, 這都不消得, 他依舊是這道理. 且如說聖人生知・安行, 只是行得較容易, 如千里馬云, 只是他行得較快爾, 而今且學他如何動脚.'"
46) ○: 『朱子語類』의 63:39의 일부이다.
47) ▲: 顏子
48) ▲: 舜
49) ▲: 如何
50) ▲: 正淳問: "呂氏云: '顏子求見聖人之止.' 『或問』以爲文義未安."【人傑錄云: "若曰'求得聖人之中道', 如何?"】 曰: "此語亦無大利害. 但橫渠錯認'未見其止'爲聖人極至之地位耳. 作'中道'亦得, 或只作'極'字亦佳."【僩】

63:31 ▲51)

63:32 ▲52) 且如顏子瞻前忽後, 亦是未到『中庸』處." 問: "卓立處是中庸否?" 曰: "此方是見, 到從之處方是行. 又如'知命・耳順', 方是見得盡, '從心所欲', 方是行得盡."【賜】

63:33 ▲53) "中庸便是三者之間, 非是別有箇道理. 只於三者做得那恰好處, 便是中庸. 不然, 只可謂之三事."【賀孫】

63:34 ▲54) 急些子便是過, 慢些子便不及. 且如天下國家雖難均, 捨得便均得,【今按: "捨"字恐誤.】 爵祿雖難辭, 捨得便辭得, 蹈白刃亦然. 只有中庸卻便如此不得, 所以難也." 徐曰: "如此也無難. 只心無一點私, 則事事物物上各有箇自然道理, 便是中庸. 以此公心應之, 合道理順人情處便是, 恐亦無難." 曰: "若如此時, 聖人卻不必言致知・格物. 格物者, 便是要窮盡物理到箇是處, 此箇道理至難. 揚子雲說得是: '窮之益遠, 測之益深.' 分明是." 徐又曰: "只以至公之心爲大本, 卻將平日學問積累, 便▲55)格物. 如此不輟, 終須自有到處." 曰: "這箇如何當得大本! 若使如此容易, 天下聖賢煞多. 只公心不爲不善, 此只做得箇稍稍賢於人之人而已. 聖賢事業, 大有事在. 須是要得此至公之心有歸宿之地, 事至物來, 應之不錯方是." 徐又曰: "'爲人君, 止於仁, 爲人臣, 止於敬, 爲人子, 止於孝', 至如'止於慈, 止於信.' 但只言'止', 便是心止宿之地, 此又皆是人當爲之事, 又如何會錯?" 曰: "此

---

51) ▲: "中庸不可能"章是"賢者過之"之事, 但只就其氣稟所長處著力做去, 而不知擇乎中庸也.【銖】

52) ▲: 問: "'天下國家可均', 此三者莫是智仁勇之事否?" 曰: "他雖不曾分, 看來也是智仁勇之事, 只是不合中庸. 若合中庸, 便盡得智仁勇.

53) ▲: 公晦問: "'天下國家可均也, 爵祿可辭也, 白刃可蹈也', 謂資質之近於智而力能勉者, 皆足以能之. 若中庸, 則四邊都無所倚著, 淨淨潔潔, 不容分毫力." 曰:

54) ▲: 徐孟寶問: "中庸如何是不可能?" 曰: "只是說中庸之難行也.

55) ▲: 是

處便是錯. 要知所以仁, 所以敬, 所以孝, 所以慈, 所以信. 仁少差, 便失於姑息, 敬少差, 便失於沽激. 毫釐之失, 繆[56]以千里, 如何不是錯!"【大雅】

「第十章」

63:35 忍耐得, 便是"南方之强."【僩】

63:36 問: "▲[57]君子居之', 此'君子'字稍稍輕否?" 曰: "然."【僩】

63:37 問: "'南・北方之强', 是以風土言, '君子・强者居之', 是以氣質言, '和而不流'以下, 是學問做出來?" 曰: "是."【夔孫】

63:38 ▲[58]通衢所在. 蓋有四方人雜往來於中, 自然易得變遷. 若僻在一隅, 則只見得這一窟風俗如此, 最難變. 如西北之强勁正如此.【時因論"南方之强"而言此. ○義剛】

63:39 問: "'寬柔以敎, 不報無道', 恐是風氣資稟所致. ▲[59] 未得爲理義之强, 何爲'君子居之'?" 曰: "雖未是理義之强, 然近理也. 人能'寬柔以敎, 不報無道', 亦是箇好人, 故爲君子之事." 又問: "'和而不流', '中立而不倚', '國有道, 不變未達之所守', '國無道, 至死不變': 此四者勇之事. 必如此, 乃能擇『中庸』而守之否?" 曰: "非也. 此乃能擇後工夫. 大知之人無俟乎守, 只是安行, 賢者能擇能守, 無俟乎强勇. 至此樣資質人, 則能擇能守後, 須用如此自勝, 方能徹頭徹尾不失." ▲[60]

---

56) 繆: 成化本・賀本에서는 謬로 되어 있다.
57) ▲: '南方之强,
58) ▲: 風俗易變, 惟是
59) ▲: 以比'北方之强', 是所謂不及乎强者,
60) ▲: 又問: "以舜聰明睿智, 由仁義行, 何待'好問, 好察邇言, 隱惡揚善', 又須執兩

【銖】

63:40 ▲61) 中而不硬健, 便難獨立, 解倒了. 若中而獨立, 不有所倚, 尤見硬健處! 【本錄云: "柔弱底中立, 則必欹倚. 若能中立而不倚, 方見硬健處." ○義剛】

63:41 ▲62)

63:42 ▲63) 凡或勇或辨, 或聲色貨利, 執著一邊, 便是倚著. 立到中間, 久久而不偏倚, 非强者不能. 【震】

63:43 ▲64)人多有所倚靠, 如倚於勇, 倚於智, 皆是偏倚處. 若中道而立, 無所偏倚, 把捉不住, ▲65)畢竟又靠取一偏處. 此所以要强矯工夫, 硬在中立無所倚也." 【謙】

63:44 ▲66) "凡人中立而無所依, 則必至於倚著, 不東則西. 惟强壯有力者, 乃能中立, 不待所依, 而自無所倚. 如有病底人, 氣弱不能自持. 它若中立, 必有一物憑依, 乃能不倚, 不然, 則傾倒而偃仆矣. 此正說强處. 强之爲言, 力有以勝人之謂也." 【銖】

○67) 問: "'中庸'二字孰重?" 曰: "庸是定理, 有中而後有庸." 問: "『或

端而量度以取中?" 曰: "此所以爲舜之大知也. 以舜之聰明睿智如此, 似不用著力, 乃能下問, 至察邇言, 又必執兩端以用中, 非大知而何! 蓋雖聖人亦合用如此也."

61) ▲: "和而不流, 中立而不倚." 如和, 便有流. 若是中, 便自不倚, 何必更說不倚? 後思之,

62) ▲: 中立久而終不倚, 所以爲强. 【閎祖】

63) ▲: "中立而不倚",

64) ▲: 或問"中立而不倚." 曰: "當中而立, 自是不倚. 然

65) ▲: 久後

66) ▲: 問"中立而不倚." 曰:

67) ○: 『朱子語類』의 62:25이다.

問』中言: '中立而無依, 則必至於倚.' 如何是無依?" 曰: "中立最難. 譬如一物植立於此, 中間無所依著, 久之必倒去." 問: "若要植立得住, 須用强矯?" 曰: "大故要强立."【德明】

63:45 ▲[68]

63:46 ▲[69]

63:47 ▲[70] "國有道, 則有達之理, 故不變其未達之所守. 若國無道, 則有不幸而死之理, 故不變其平生之所守. 不變其未達之所守易, 不變其平生之所守難."【僩】

63:48 ▲[71]

「第十一章」

63:49 ▲[72] 索隱是'知者過之', 行怪是'賢者過之.'"【德明】

63:50 問: "'索隱', ▲[73] 如漢儒災異之類, 是否?" 曰: "漢儒灾[74]異猶自有說得是處. 如戰國 鄒衍推五德之事, 後漢讖緯之書, 便是隱僻."

---

68) ▲: "强哉矯!" 贊歎之辭. 古注: "矯, 强貌."【人傑】
69) ▲: "强哉矯!" 矯, 强貌, 非矯揉之'矯.' 詞不如此.
70) ▲: 問"國有道, 不變塞焉, 國無道, 至死不變." 曰:
71) ▲: 塞, 未達. 未達時要行其所學, 既達了卻變其所學! 當不變未達之所守可也.【泳】
72) ▲: 問: "漢「藝文志」引『中庸』云: '素隱行怪, 後世有述焉.' '素隱'作'索隱', 似亦有理, 鉤索隱僻之義. '素索'二字相近, 恐誤作'素', 不可知." 曰: "'素隱', 從來解不分曉. 作'索隱'讀, 亦有理.
73) ▲: 「集注」云: '深求隱僻之理.'
74) 灾: 成化本・賀本에서는 災로 되어 있다.

【賜】

63:51 "'素隱行怪'不能擇, '半塗而廢'不能執. '依乎中庸', 能擇也, '不見知而不悔', 能執也."【閎祖】

63:52 問: "'遵道而行, 半塗而廢', 何以爲'知及之而仁不能守'?" 曰: "只爲他知處不曾親切, 故守得不曾安穩, 所以半塗而廢. 若大知之人, 一下知了, 千了萬當. 所謂'吾弗能已'者, 只是見到了自住不得耳." 又曰: "'依乎中庸, 遯世不見知而不悔.' 此兩句結上文兩節意. '依乎中庸', 便是吾弗爲之意, '遯世不見知而不悔', 便是'吾弗能已'之意."【銖】

「第十二章」

63:53 ▲[75]

63:54 問: "或說形而下者爲費, 形而上者爲隱, 如何?" 曰: "形而下者甚廣, 其形而上者實行乎其間, 而無物不具, 無處不有, 故曰費. 費, 言其用之廣也. 就其中其形而上者有非視聽所及, 故曰隱. 隱, 言其體微妙也."【銖】

63:55 ▲[76] 以物與理對言之, 是如此. 只以理言之, 是如此, 看來費是道之用, 隱是道之所以然而不可見處." ▲[77]

63:56 ▲[78] "形而上下者, 就物上說, '費而隱'者, 就道上說."【人傑】

---

75) ▲: 費, 道之用也, 隱, 道之體也. 用則理之見於日用, 無不可見也. 體則理之隱於其內, 形而上者之事, 固有非視聽之所及者.

76) ▲: "費是形而下者, 隱是形而上者." 或曰: "季丈謂, 費是事物之所以然. 某以爲費指物而言, 隱指物之理而言." 曰: "這箇也硬殺裝定說不得, 須是意會可矣.

77) ▲:【燾】

63:57 ▲[79] 和亦有費有隱, 不當以中爲隱, 以和爲費. "得其名"處, 雖是效, 亦是費. "君子之道四", 亦是費.【節】

63:58 ▲[80] 費有極意, 至意. ▲[81] 聖人亦必有一兩事不能知不能行, ▲[82] 若曰理有已上難曉者, 則是聖人亦只曉得中間一截道理, 此不然也.【端蒙】

63:59 問: ▲[83] 不知是'過此以往未之或知'之理否?" 曰: "至, 盡也. 論道而至於盡處, 若有小小閑慢, 亦不必知, 不必能, 亦可也."【寓】

63:60 ▲[84] "至者, 非極至之'至.' 蓋道無不包, 若盡論之, 聖人豈能纖悉盡知! 伊川之說是."【去僞】

63:61 ▲[85] 天地間固有不緊要底事, 聖人不能盡知. 緊要底, 則聖人能知之, 能行之. 若至妙處, 聖人不能知, 不能行, 粗處卻能之, 非聖人, 乃凡人也. 故曰: "天地之大也, 人猶有所憾."【節】

63:62 "及其至也", 程門諸公都愛說玄妙, 游氏便有"七聖皆迷"之說. 設如把"至"作精妙說, 則下文"語大語小", 便如何分? 諸公親得程子而師之, 都差了!【淳】

63:63 問: "以孔子不得位, 爲聖人所不能. 切[86]謂祿位名壽, 此在天

78) ▲: 問: "形而上下與'費而隱', 如何?" 曰:
79) ▲: "君子之道費而隱."
80) ▲: "費而隱", 只費之中理便是隱.
81) ▲: 自夫婦之愚不肖有所能知能行, 以至於極處.
82) ▲: 如夫子問官名·學禮之類是也.
83) ▲: "至極之地, 聖人終於不知, 終於不能, 何也?
84) ▲: 或問"聖人不知不能." 曰:
85) ▲: 聖人不能知不能行者, 非至妙處聖人不能知不能行.

者, 聖人如何能必得?" 曰: "『中庸』明說'大德必得其位.' 孔子有大德而不得其位, 如何不是不能?" 又問: "'君子之道四, 丘未能一.' 此是大倫大法所在, 何故亦作聖人不能?" 先生曰: "道無所不在, 無窮無盡, 聖人亦做不盡, 天地亦做不盡. 此是此章緊要意思. 侯氏所引孔子之類, 乃是且將孔子裝影出來, 不必一一較量." 【銖】

○[87] 又問: "'費隱'一章云: '夫婦之愚, 可以與知能行, 及其至也, 雖聖人有所不知不能.' 先生嘗云: '此處難看.' 近思之, 頗看得透. 侯氏說夫子問禮, 問官, 與夫子不得位, 堯·舜病博施, 爲不知不能之事, 說得亦粗. 止是尋得一二事如此, 元不曾說著'及其至也'之意. 此是聖人看得徹底, 故於此理亦有未肯自居處. 如'所求子[88]子以事父未能'之類, 眞是聖人有未能處. 又如說: '黙而識之, 學而不厭, 誨人不倦, 何有於我哉?' 是聖人不敢自以爲知. '出則事公卿, 入則事父兄, 喪事不敢不勉, 不爲酒困, 何有於我哉?' 此是聖人不敢以爲能處." 曰: "夫婦之與知能行是萬分中有一分, 聖人不知不能是萬分中欠得一分."

63:64 問: "'語小天下莫能破', 是極其小而言之. 今以一髮之微, 尙有可破而爲二者. 所謂'莫能破', 則足見其小. 注中謂'其小無內', 亦是說其至小無去處了." 曰: "然." 【至】

63:65 ▲[89]

63:66 ▲[90]

---

86) 切: 成化本·賀本에서는 竊로 되어 있다.

87) ○: 『朱子語類』의 62:107의 일부이다.

88) 子: 【附箋紙】上"子"疑"乎"訛.

89) ▲: "莫能破", 只是至小無可下手處, 破他不得. 【賜】

90) ▲: 問"至大無外, 至小無內." 曰: "如云'天下莫能載', 是無外, '天下莫能破', 是無內. 謂如物有至小, 而尙可破作兩邊者, 是中著得一物在. 若云無內, 則是至小, 更不容破了." 【燾】

63:67 問: "'其大無外, 其小無內'二句, 是古語, 是自做?" 曰: "『楚詞』云: '其小無內, 其大無垠.'"【至】

63:68 ▲[91)]

63:69 問: "鳶有鳶之性, 魚有魚之性, 其飛其躍, 天機自完, 便是天理流行發見之妙處. 故子思姑舉此一二, 以明道之無所不在否?" 曰: "是."【淳】

63:70 ▲[92)]

63:71 ▲[93)] 若鳶魚初不自知. 察, 只是著. 天地明察, 亦是著也. ▲[94)]【去僞】

63:72 ▲[95)] 問▲[96)]鳶飛魚躍, 無非道體之所在? 猶言動容周旋, 無非至理, 出入語默, 無非妙道. ▲[97)] 曰: "固是." 又曰: "恰似禪家云'青青綠竹, 莫匪眞如, 粲粲黃花, 無非般若'之語."【端蒙】

63:73 ▲[98)]鳶飛亦是費, 魚躍亦是費. 而所以爲費者, 試討箇費來看[99)].

---

91) ▲: "鳶飛魚躍", 胡亂提起這兩件來說.【人傑】
92) ▲: 問"鳶飛魚躍"之說. 曰: "蓋是分明見得道體隨時發見處. 察者, 著也, 非'察察'之'察.'【去僞錄作: "非審察之'察.'"】『詩』中之意, 本不爲此. 『中庸』只是借此兩句形容道體. 『詩』云: '遐不作人!' 古注幷諸家皆作'遠'字, 甚無道理. 『記』注訓'胡'字, 最妙."【謨】
93) ▲: 鳶飛魚躍, 道體隨處發見. 謂道體發見者, 猶是人見得如此,
94) ▲: 君子之道, 造端乎夫婦之細微, 及其至也, 著乎天地. 至, 謂量之極至.
95) ▲: "鳶飛魚躍"兩句.
96) ▲: 曰: "莫只是
97) ▲: '言其上下察也', 此一句只是解上面, 如何?"
98) ▲: 皆是費, 如

○[100] 又曰: "鳶飛可見, 魚躍可見, 而所以飛, 所以躍, 果何物也? 『中庸』言許多費而不言隱者, 隱在費之中." 【節】

63:74 ▲[101] "鳶飛魚躍, 費也. 必有一箇什[102]麽物使得它如此, 此便是隱. 在人則動靜語默, 無非此理, 只從這裏收一收, 【謂心】 這箇便在." 【賜】

63:75 問: "'鳶飛魚躍'如何與它'勿忘·勿助長'之意同?" 曰: "孟子言'勿忘·勿助長'本言得粗. 程子卻說得細, 恐只是用其語句耳. 如明道之說, 卻不曾下'勿'字, 蓋謂都沒耳. 其曰'正當處'者, 謂天理流行處, 故謝氏亦以此論曾點事. 其所謂'勿忘·勿助長'者, 亦非立此在四邊做防檢, 不得犯著. 蓋謂俱無此, 而皆天理之流行耳. 欽夫『論語』中誤認其意, 遂曰: '不當忘也, 不當助長也.' 如此, 則拘束得曾點更不得自在, 卻不快活也." 【必大】

63:76 "活潑潑地." 所謂活者, 只是不滯心[103]一隅. 【德明】

63:77 ▲[104]"『詩』中只是興'周王壽考, 遐不作人'! 子思之意卻是言這道理昭著, 無乎不在, 上面也是恁地, 下面也是恁地." 曰: "程子卻於'勿忘·勿助長'處引此, 何也?" 曰: "此又是見得一箇意思活潑潑地." 曰: "程子又謂'會不得時, 只是弄精神', 何也?" 曰: "言實未會得, 而揚眉瞬目, 自以爲會也. '弄精神', 亦本是禪語." 【端蒙】

---

99) 來看: 成化本·徽州本에서는 來看看으로 되어 있다.
100) ○: 『朱子語類』의 63:73을 『小分』에서 별도의 항목으로 나누었다.
101) ▲: 問"鳶飛魚躍"「集注」一段. 曰:
102) 什: 賀本에서는 甚으로 되어 있다.
103) 心: 賀本에서는 於로 되어 있다.
104) ▲: 邵老問: "'鳶飛戾天, 魚躍于淵', 『詩』中與子思之言如何?" 曰:

63:78 子合▲105)問: ▲106) 先生引君臣父子爲言此吾儒之所以異於佛者, 如何?" 曰: "鳶飛魚躍, 只是言其發見耳. 釋氏亦言發見, 但渠言發見, 卻一切混亂. 至吾儒須辨其定分, 君臣父子皆定分也. 鳶必戾於107)天, 魚必躍于108)淵." 【可學】

63:79 ▲109) 氣便載得許多理出來. 若不就鳶飛魚躍上看, 如何見得此理?" 問: "程子云'若說鳶上面更有天在, 說魚下面更有地在', 是如何?" 先生黙然微誦曰: "'天有四時, 春秋冬夏, 風雨霜露, 無非敎也. 地載神氣, 神氣風霆, 風霆流形, 庶物露生, 無非敎也.' ▲110)" 【炎】

63:80 "鳶飛魚躍." 上文說天地萬物處, 皆是. 【"洋洋乎發育萬物, 峻極于天"也, 道體無所不在也.】 又有無窮意思, 又有道理平放在彼意思. 上鳶下魚, 見者皆道, 應之者便是. 明道答橫渠書意是"勿忘·勿助長", 卽是私意, 著分毫之力是也.

○111)"弄精神", 是操切做作也, 所以說: "知此, 則入堯·舜氣象."

○112)"不與天下事", "對時育物"意思也.

○113)理會"鳶飛魚躍", 只上蔡語二段·明道語二段看.

---

105) ▲: 以書
106) ▲: "『中庸』'鳶飛魚躍'處, 明道云: '會得時活潑潑地, 不會得只是弄精神.' 惟上蔡看破.
107) 於: 英祖刊本·成化本에서는 于로 되어 있다.
108) 于: 賀本에서는 於로 되어 있다.
109) ▲: "鳶飛魚躍", 某云: "其飛其躍, 必是氣使之然." 曰: "所以飛·所以躍者, 理也.
110) ▲: 便覺有悚動人處!
111) ○: 『朱子語類』의 63:80을 『小分』에서는 별도의 항목으로 나누었다.
112) ○: 『朱子語類』의 63:80을 『小分』에서는 별도의 항목으로 나누었다.
113) ○: 『朱子語類』의 63:80을 『小分』에서는 별도의 항목으로 나누었다.

○[114]上蔡言“與點”意, 只是不矜負作爲也. 五峰說妙處, 只是弄精神意思.

○[115] “察”字亦作“明”字說.【欽夫卻只說飛躍意, 與上文不貫. ○方】

63:81 問: “▲[116]程先生借孟子此兩句形容天理流行之妙, 初無凝滯倚著之意. 今說卻是將‘必有事焉’作用功處說, 如何?” 曰: “必是如此, 方能見得這道理流行無礙也.”【銖】

63:82 問▲[117]‘誠’之一字足以貫之, 卽所謂隱.” 曰: “不是如此, 費中有隱, 隱中有費. 凡事皆然, 非是指誠而言.” ▲[118] 曰: “不然也. 鳶飛魚躍, 上下昭著, 莫非至理. 但人視之不見, 聽之不聞, 分[119]將出來不得, 須是於此自有所見.” 因謂: “明道言此, 引『孟子』‘必有事焉而勿正心, 勿忘勿助長’爲證. 謝上蔡又添入夫子‘與點’一事.” 且謂: “二人之言, 各有著落.” 文蔚曰: “明道之意, 只說天理自然流行, 上蔡則形容曾點見道而樂底意思.” 先生默然. 又曰: “今且要理會‘必有事焉’, 將自見得.” 又曰: “非是有事於此, 卻見得一箇物事在彼. 只是‘必有事焉’, 便是本色.” 文蔚曰: “於有事之際, 其中有不能自已者, 卽此便是.” 曰: “今且虛放在此, 未須强說. 如虛著一箇紅心時, 復射一射, 久後自中. 子思說鳶飛魚躍, 今人一等忘卻, 乃是不知它那飛與躍, 有事而正焉, 又是迭[120]敎它飛, 捉敎它躍, 皆不可.” 又曰: “如今人所言, 皆是說費,

114) ○: 『朱子語類』의 63:80을 『小分』에서는 별도의 항목으로 나누었다.
115) ○: 『朱子語類』의 63:80을 『小分』에서는 별도의 항목으로 나누었다.
116) ▲: 先生舊說程先生論‘子思喫緊爲人處, 與“必有事焉, 而勿正心”之意同, 活潑潑地’, 只是
117) ▲: “『中庸』言‘費而隱.’” 文蔚謂: “中庸散於萬事, 卽所謂費, 惟
118) ▲: 文蔚曰: “如天道流行, 化育萬物, 其中無非實理. 洒埽應對, 酬酢萬變, 莫非誠意寓於其間, 是所謂‘費而隱’也.”
119) 分: 英祖刊本・成化本에서는 夯으로 되어 있다.
120) 迭: 英祖刊本・成化本에서는 送으로 되어 있다.

隱元說不得. 所謂'天有四時, 春秋冬夏, 風雨霜露, 無非教也. 地載神氣, 神氣風霆, 風霆流形[121], 庶物露生, 無非教也.' 孔子謂'天何言哉? 四時行焉, 百物生焉', '吾無行而不與二三子'是也."【文蔚】

63:83 問: "'必有事焉', 在孟子論養氣, 只是謂'集義'也. 至程子以之說鳶飛魚躍之妙, 乃是言此心之存耳." 曰: "孟子所謂'必有事焉'者, 言養氣當用工夫, 而▲[122]程子則借以言是心之存, 而天理流行之妙▲[123]耳, 只此一句已足. 然又恐人大以爲事得重, 則天理反塞而不得行, 故又以'勿正心'言之, 然此等事易說得近禪去." 廣云: "所謂'易說得近禪'者, 莫是如程子所謂'事則不無, 擬心則差'之說否?" 曰: "也是如此." 廣云: "若只以此一句說, 則易得近禪, 若以全章觀之, 如'費而隱'與'造端乎夫婦'兩句, 便自與禪不同矣." 曰: "須是事事物物上皆見得此道理, 方是. 他釋氏也說'佛事門中, 不遺一法', 然又卻只如此說, 看他做事, 卻全不如此." ▲[124] 廣云: "若釋氏之說, 鳶可以躍淵, 魚可以戾天, 則反更逆理矣!" 曰: "是. 他須要把道理來倒說, 方是玄妙." ▲[125]【廣】

---

121) 形: 賀本에서는 行으로 되어 있다.

122) ▲: 所謂工夫, 則集義是也, 非便以此句爲集義之訓之. 至

123) ▲: 自見

124) ▲: 廣云: "舊來說, 多以聖人天地之所不知不能及鳶飛魚躍爲道之隱, 所以易入於禪. 唯謝氏引夫子'與點'之事以明之, 實爲精切. 故程子謂: '〈浴乎沂, 風乎舞雩, 詠而歸〉, 言樂而得其所也. 蓋孔子之志在於〈老者安之, 朋友信之, 少者懷之〉, 要使萬物各得其性. 曾點知之, 故孔子喟然歎曰: 〈吾與點也!〉'" 曰: "曾點他於事事物物上眞箇見得此道理, 故隨所在而樂."

125) ▲: 廣云: "到此已兩月, 蒙先生教誨, 不一而足. 近來靜坐時, 收斂得心意稍定, 讀書時亦覺頗有意味. 但廣老矣, 望先生痛加教誨!" 先生笑曰: "某亦不敢不盡誠. 如今許多道理, 也只得恁地說. 然所以不如古人者, 只欠箇古人眞見爾. 且如曾子說忠恕, 是他開眼便見得眞箇可以一貫. 忠爲體, 恕爲用, 萬事皆可以一貫. 如今人須是對冊子上安排對副, 方始說得近似. 少間不說, 又都不見了, 所以不濟事." 正淳云: "某雖不曾理會禪, 然看得來, 聖人之說皆是實理. 故君君臣臣, 父父子子, 夫夫婦婦, 皆是實理流行. 釋氏則所見偏, 只管向上去, 只是空理流行爾." 曰: "他雖是說空理, 然眞箇見得那空理流行. 自家雖是說實理, 然卻只是說耳, 初不曾眞箇見得那實理流行也. 釋氏空底, 卻做得實, 自家實底, 卻做

63:84 問: "▲126)『或問』中論此云: '程子離人而言, 直以此形容天理自然流行之妙. 上蔡所謂'察見天理, 不用私意', 蓋小失程子之本意.' 據上蔡是言學者用功處. '必有事焉而勿正心'之時, 平舖放著, 無少私意, 氣象正如此, 所謂'魚川泳而鳥雲飛'也, 不審是如此否?" 曰: "此意固是, 但它說'察'字不是也."【德明】

63:85 ▲127)

63:86 問: "『或問』中謂: '循其說而體驗之, 若有以使人神識飛揚, 眩瞀迷惑, 無所底止.' 所謂'其說'者, 莫是指楊先生'非體物不遺者, 其孰能察之'之說否?" 曰: "然. 不知前輩讀書, 如何也恁鹵莽? 據'體物而不遺'一句, 乃是論鬼神之德爲萬物之體幹耳. 今乃以爲體察之'體', 其可耶?"【廣】

63:87 ▲128)

63:88 ▲129)

得空, 緊要處只爭這些子. 如今伶利者雖理會得文義, 又卻不曾眞見21, 質朴者又和文義都理會不得. 譬如撐船, 著淺者既已著淺了, 看如何撐, 無緣撐得動. 此須是去源頭決開, 放得那水來, 則船無大小, 無不浮矣. 韓退之說文章, 亦說到此, 故曰: '氣, 水也, 言, 浮物也. 水大, 則物之小大皆浮. 氣盛, 則言之短長與聲之高下皆宜.'" 廣云: "所謂'源頭工夫', 莫只是存養修治底工夫否?" 曰: "存養與窮理工夫皆要到. 然存養中便有窮理工夫, 窮理中便有存養工夫. 窮理便是窮那存得底, 存養便是養那窮得底."

126) ▲:『語錄』云: '〈鳶飛戾天, 魚躍于淵〉, 此與〈必有事焉而勿正心〉之意同.'

127) ▲: 楊氏解"鳶飛魚躍"處云: "非體物者, 孰能識之?" 此是見處不透. 如上蔡卽云: "天下之至顯也." 而楊氏反微之矣!【方】

128) ▲: 問: "'上下察', 是此理流行, 上下昭著. 下面'察乎天地', 是察見天地之理, 或是與上句'察'字同意?" 曰: "與上句'察'字同意, 言其昭著遍滿於天地之間."【至】

129) ▲: 問: "'上下察'與'察乎天地', 兩箇'察'字同異?" 曰: "只一般. 此非觀察之'察', 乃昭著之意, 如'文理密察', '天地明察'之'察.' 經中'察'字, 義多如此."【廣 ○圀祖錄云: "'事地察', '天地明察', '上下察', '察乎天地', '文理密察', 皆明著之意."】

63:89 ▲[130] “夫婦者, 人倫中之至親且密者. 夫人所爲, 蓋有不可告其父兄, 而悉以告其妻子者. 昔宇文泰遺蘇綽書曰: ‘吾平生所爲, 蓋有妻子所不能知者, 公盡知之.’ 然則男女居室, 豈非人之至親且密者歟? 苟於是而不能行道, 則面前如有物蔽焉, 旣不能見, 且不能行也. 所以孔子有言: ‘人而不爲『周南』·『召南』, 其猶正墻[131]面而立也歟!’” 【壯祖】

63:90 ▲[132]

63:91 ▲[133]問: “▲[134]道之費隱, 如是其大且妙, 後面卻只歸在‘造端乎夫婦’上, 此『中庸』之道所以異於佛·老之謂道也.” 曰: “須更看所謂‘優優大哉! 禮儀三百, 威儀三千’處. 聖人之道, 彌滿充塞, 無少空闕處. 若於此有一毫之差, 便於道體有虧欠也. 若佛則只說道無不在, 無適而非道, 政使於禮儀有差錯處, 亦不妨, 故它於此都理會不得. ▲[135] 【廣】

63:92 ▲[136] “惟是不說, 乃所以見得隱在其中. 舊人多分畫將聖人不知不能處做隱, 覺得下面都說不去. 且如‘鳶飛戾天, 魚躍于淵’, 亦何嘗隱來?” 又問: “此章前說得恁地廣大, 末梢卻說‘造端乎夫婦’, 乃是

---

130) ▲: 亞夫問: “『中庸』言‘造端乎夫婦’, 何也?” 曰:
131) 墻: 英祖刊本·賀本에서는 牆으로 되어 있다.
132) ▲: “造端乎夫婦”, 言至微至近處, “及其至也”, 言極盡其量. 【端蒙】
133) ▲: 或
134) ▲: 『中庸』說
135) ▲: 莊子卻理會得, 又不肯去做. 如「天下」篇首一段皆是說孔子, 恰似快刀利劍斫將去, 更無些子窒礙, 又且句句有著落. 如所謂‘『易』以道陰陽, 『春秋』以道名分’, 可煞說得好! 雖然如此, 又卻不肯去做. 然其才亦儘高, 正所謂‘知者過之.’” 曰: “看得莊子比老子, 倒無老子許多機械.” 曰: “亦有之. 但老子則猶自守箇規模子去做, 到得莊子出來, 將他那窠窟盡底掀番了, 故他自以爲一家. 老子極勞攘, 莊子較平易.”
136) ▲: 公晦問“君子之道費而隱”, 云: “許多章都是說費處, 卻不說隱處. 莫所謂隱者, 只在費中否?” 曰:

指其切實做去, 此吾道所以異於禪・佛?" 曰: "又須看'經禮三百, 威儀三千.' 聖人說許多廣大處, 都收拾做實處來. 佛・老之學說向高處, 便無工夫. 聖人說箇本體如此, 待做處事事著實, 如禮樂刑政, 文爲制度, 觸處都是. 緣他本體充滿周足, 有些子不是, 便虧了它底. 佛是說做去便是道, 道無不存, 無適非道, 有一二事錯也不妨."【賀孫】

「第十三章」

63:93 問: "'道不遠人, 人之爲道而遠人, 不可以爲道', 莫是一章之綱目否?" 曰: "是如此. 所以下面三節, 又只是解此三句."【義剛】

63:94 "人之爲道▲[137] 如"爲仁由己"之"爲", "不可以爲道", 如"克己復禮爲仁"之"爲."【閎祖】

63:95 "君子以人治人, 改而止." 未改以前, 卻是失人道, 旣改, 則便是復得人道了, 更何用治它. 如水本東流, 失其道而西流, 從西邊遮障得, 歸來東邊便了.【夔孫】

63:96 問: "▲[138]有過, 旣改之後, 或爲善不已, 或止而不進, 皆在其人, 非君子之所能預否?" 曰: "非然也. 能改卽是善矣, 更何待別求善也? 天下只是一箇善惡, 不善卽惡, 不惡卽善. 如何說旣能改其惡, 更用別討箇善? 只改底便是善了. 這▲[139] 人人本自有許多道理, 只是不曾依得這道理, 卻做從不是道理處去. 今欲治之, 不是別討箇道理治他, 只是將他元自有底道理, 還以治其人. 如人之不[140]孝, ▲[141] 君

137) ▲: 而遠人",

138) ▲: '君子以人治人, 改而止.' 其人

139) ▲: 須看他上文, 它緊要處全在'道不遠人'一句. 言人人有此道, 只是人自遠其道, 非道遠人也.

140) 不: 成化本・賀本에는 없다.

子治之, 非是別討箇孝去治它, 只是與他說: '你這箇不是. 你本有此孝, 卻如何錯行從不孝處去?' 其人能改, 卽是孝矣. 不是將他人底道理去治他, 又不是分我底道理去治他, 又不是分我底道理與他. 他本有此道理,142) 我但因其自有者還以治之而已. 及我自治其身, 亦不是將它人底道理來治我, 亦只是將我自思量得底道理, 自治我之身而已, 所以說'執柯伐柯, 其則不遠.' ▲143)只那手中所執者便是則. 然▲144)睨而視之, 猶以爲遠.' 若此箇道理, 人人具有, 纔要做底便是, 初無彼此之別. 放去收回, 只在這些子, 何用別處討? 故『中庸』一書初間便說'天命之謂性, 率性之謂道.' 此是如何? 只是說人人各具此箇道理, 無有不足故耳. 它從上頭說下來, 只是此意." 又曰: "'所求乎子, 以事父未能也.' 每常人責子, 必欲其孝於我, 然不知我之所以事父者果孝否? 以我責子之心, 而反推己之所以事父, 此便是則也. '所求乎臣, 以事君未能也.' 常人責臣, 必欲其忠於我, 然不知我之事君者盡忠否? 以我責臣之心, 而反求之於我, 則其則在此矣." 又曰: "▲145) 須要如舜之事父, 方盡得子之道. 若有一毫不盡, 便是道理有所欠闕, 便非子之道矣. ▲146) 須要如舜·周公之事君. 若有一毫不盡, 便非臣之道矣. 無不是如此, 只緣道理當然, 自是住不得."【僩】

63:97 ▲147) "道者, 衆人之道, 衆人所能知能行者. 今人自做未得衆人耳."【此衆人, 不是說不好底人. ○銖】

63:98 問: "'以衆人望人▲148)" 曰: "此語似亦未穩."【時舉】

---

141) ▲: 他本有此孝, 它卻不曾行得這孝, 卻亂行從不孝處去.

142) 又不是分我底道理去治他, 又不是分我底道理與他. 他本有此道理,:『朱子語類』에서는 又不是分我底道理與他. 他本有此道理,로 되어 있다.

143) ▲: '執柯以伐柯', 不用更別去討法則,

144) ▲: '執柯以伐柯,

145) ▲: '所求乎子, 以事父未能也.'

146) ▲: '所求乎臣, 以事君未能也.'

147) ▲: 問"以衆人望人則易從." 曰:

63:99 ▲149)問: "忠恕卽道也, 而曰'違道不遠', 何耶?" 曰: "道是自然底. 人能忠恕, 則去道不遠."【道夫】

63:100 "施諸己而不願, 亦勿施於人", 此與"己所不欲, 勿施於人"一般, 未是自然, 所以"違道不遠", 正是學者事. "我不欲人之加諸我也, 吾亦欲無加諸人", 此是成德事.□150)

63:101 ▲151) "忠恕兩箇離不得. 方忠時, 未見得恕, 及至恕時, 忠行乎其間. '施諸己而不願, 亦勿施諸人', 非忠者不能也. 故曰: '無忠, 做恕不出來.'"【銖】

○152) 又問: "以實事言之, 亦有可言者, 但恐非立教之道." 先生問: "如何?" 曰: "夫子謂'事君盡禮, 人以爲諂.' 相定公時甚好, 及其受女樂, 則不免於行, 是事君之道猶有未孚於人者. 又如原壤登木而歌, '夫子爲弗聞也者而過之', 待之自好. 及其夷俟, 則以杖叩脛, 近於太過." 曰: "這裏說得卻差. 如原壤之歌, 乃是大惡, 若要理會, 不可但已, 且只得休. 至於夷俟之時, 不可敎誨, 故直責之, 復叩其脛, 自當如此. 若如正淳說, 則是不要管他, 卻非朋友之道矣."【人傑】

○153) 又曰: "張子韶說『中庸』'所求乎子以事父, 未能也', 到'事父'下點做一句. 看他說'以聖人之所難克', 這正是聖人因責人而點檢自家有未盡處, 如何恁地說了? 而今人多說章句之學爲陋, 某看見人多因章句看不成句, 卻壞了道理."

---

148) ▲: 則易從', 此語如何?
149) ▲: 蜚卿
150) □:【附箋紙】連書.
151) ▲: "凡人責人處急, 責己處緩, 愛己則急, 愛人則緩. 若拽轉頭來, 便自道理流行." 因問: "'施諸己而不願, 亦勿施諸人', 此只是恕, 何故子思將作忠恕說?" 曰:
152) ○:『朱子語類』의 62:107의 일부이다.
153) ○:『朱子語類』의 56:12의 일부이다.

「第十四章」

63:102 “行險僥倖”, 本是連上文“不願乎其外”說. 言强生意智, 取所不當得.【僴】

「第十六章」

63:103 ▲[154] 此言鬼神實然之理, 猶言人之德. 不可道人自爲一物, 其德自爲德.”【力行】

63:104 有是實理, 而後有是物, 鬼神之德所以爲物之體而不可遺也.【升卿】

63:105 問: “‘體物而不可遺’, 是有此物便有鬼神, 凡天下萬物萬事皆不能外夫鬼神否?” 曰: “不是有此物時便有此鬼神, 說倒了. 乃是有這鬼神了, 方有此物, 及至有此物了, 又不能違夫鬼神也. ‘體物而不可遺’, 用拽轉看. 將鬼神做主, 將物做賓, 方看得出是鬼神去體那物, 鬼神卻是主也.”【僴】

63:106 ▲[155]

63:107 鬼神主乎氣而言, 只是形而下者. 但對物而言, 則鬼神主乎氣, 爲物之體, 物主乎形, 待氣而生. 蓋鬼神是氣之精英, 所謂‘誠之不可掩’者. 誠, 實也. 言鬼神是實有者, 屈是實屈, 伸是實伸. 屈伸合散, 無非實者, 故其發見昭昭不可掩如此.【銖】

---

154) ▲: 問: “鬼神之德如何?” 曰: “自是如此.

155) ▲: 誠者, 實有之理. “體物”, 言以物爲體. 有是物, 則有是誠.【端蒙】

63:108 問: "鬼神, 上言二氣, 下言祭祀, 是如何?" 曰: "此'體物不可遺'也. '體物', 是與物爲體." 【炎】

63:109 ▲[156]問: "萬物皆有鬼神, 何故只於祭祀言之?" 曰: "以人具是理, 故於人言." 又問: "體物何以引'幹事'?" 曰: "體幹是主宰." 【按: "體物"是與物爲體, "幹事"是與事爲幹, 皆倒文. ○可學】

63:110 精氣就物而言, 魂魄就人而言, 鬼神離乎人而言. 不曰屈伸往來, 陰陽合散, 而曰鬼神, 則鬼神蓋與天地通, 所以爲萬物之體, 而物之終始不能遺也. 【銖】

63:111 ▲[157]問: "鬼神▲[158]卻以祭祀言之, 是如何?" 曰: "此是就其親切著見者言之也. 若不如此說, 則人必將風雷山澤做一般鬼神看, 將廟中祭享者又做一般鬼神看. 故卽其親切著見者言之, 欲人會之爲一也." 【廣】

63:112 ▲[159] "惟是齊戒祭祀之時, 鬼神之理著. 若▲[160]人, 亦是未曉得[161], ▲[162]須道風雷山澤之鬼神是一般鬼神, 廟中泥塑底又是一般鬼神, 只道有兩樣鬼神. 所以如此說起, 又歸向親切明著處去, 庶幾人知得不是二事也." ▲[163]問: "鬼神之德, 如何是良能·功用處?" 曰: "▲[164]只是陰陽屈伸之氣, 只謂之陰陽亦可也. 然必謂之鬼神者, 以其

---

156) ▲: 林一之
157) ▲: 或
158) ▲: '體物而不可遺', 只是就陰陽上說. 末後又
159) ▲: 問: "'鬼神之德其盛矣乎!' 此止說噓吸聰明之鬼神. 末後卻歸向'齊明盛服以承祭祀, 洋洋乎如在其上', 是如何?" 曰:
160) ▲: 是他
161) 亦是未曉得: 徽州本에서는 是 뒤에 卒이 더 들어 있다.
162) ▲: 它
163) ▲: 漢卿
164) ▲: 論來

良能功用而言也. 今又須從良能功用上求見鬼神之德, 始得. 前夜因漢卿說箇修養, 人死時氣衝突, 知得焄蒿之意親切, 謂其氣襲人, 知得悽愴之意分明. 漢武李夫人祠云: '其風肅然.' 今鄕村有衆戶還賽祭享時, 或有肅然如陣風, 俗呼爲'旋風'者, 卽此意也." 因及修養, 且言: "萇宏[165]死, 藏其血於地, 三年化爲碧, 此亦是漢卿所說'虎威'之類." 賀孫云: "應人物之死, 其魄降於地, 皆如此. 但或散或微, 不似此等之精悍, 所謂'伯有用物精多, 則魂魄强', 是也." 曰: "亦是此物稟得魄最盛. 又如今醫者定魄藥多用虎睛, 助魂藥多用龍骨. 魄屬金, 金西方, 主肺與魄. 虎是陰屬之最强者, 故其魄最盛. 魂屬木, 木東方, 主肝與魂. 龍是陽屬之最盛者, 故其魂最强. 龍能駕雲飛騰, 便是與氣合, 虎嘯則風生, 便是與魄合. 雖是物之最强盛, 然皆墮於一偏. 惟人獨得其全, 便無這般磊魂." ▲[166] 因言: "鬼火皆是未散之物, 如馬血, 人戰鬥[167]而死, 被兵之地皆有之. 某人夜行淮甸間, 忽見明滅之火橫過來當路頭. 其人頗勇, 直衝過去, 見其皆似人形, 髣彿[168]如廟社泥塑未裝飾者. 亦未散之氣, 不足畏. '宰我問鬼神'一章最精密, 包括得盡, 亦是當時弟子記錄得好." 【賀孫】

63:113 問: "▲[169]首尾皆主二氣▲[170] 而中間▲[171] 乃人物之死氣, ▲[172]前後▲[173]不合, 何也?" 曰: "死便▲[174]屈, 感召得來, 便是伸."

---

165) 萇宏: 英祖刊本・成化本에서는 萇弘으로 되어 있다.
166) ▲: 因言: "古時所傳安期生之徒, 皆是有之. 也是被他煉得氣淸, 皮膚之內, 肉骨皆已融化爲氣, 其氣又極其輕淸, 所以有'飛昇脫化'之說. 然久之漸漸消磨, 亦澌盡了. 渡江以前, 說甚呂洞賓・鍾離權, 如今亦不見了."
167) 鬥: 英祖刊本에서는 鬭로 되어 있고, 成化本에서는 鬪로 되어 있다.
168) 彿: 英祖刊本・成化本에서는 髴로 되어 있다.
169) ▲: 『中庸』'鬼神'章
170) ▲: 屈伸往來而言,
171) ▲: '洋洋如在其上', 乃引'其氣發揚于上, 爲昭明・焄蒿・悽愴', 此
172) ▲: 似與
173) ▲: 意
174) ▲: 是

問: "'昭明・焄蒿・悽愴', 是人之死氣, 此氣會消了?" 曰: "是." 問: "伸底只是這旣死之氣復來伸否?" 曰: "▲[175] 這伸底又是別新生了." 問: "如何會別生?" 曰: "祖宗氣只存在子孫身上, 祭祀時只是這氣, 便自然又伸. 自家極其誠敬, 肅然如在其上, 是甚物? 那得不是伸? 此便是神之著也. 所以古人燎以求諸陽, 灌以求諸陰. 謝氏謂'祖考精神, 便是自家精神', 已說得是." 【淳】

63:114 ▲[176] 上[177]下章自恁地說, 忽然中間插入一段鬼神在這裏, 也是鳶飛魚躍底意思. 所以末梢只說'微之顯, 誠之不可揜也如此.'" 【夔孫】

63:115 ▲[178]

63:116 ▲[179] "但以一屈一伸看, 一伸去便生許多物事, 一屈來更無一物了, 便是'良能'・'功用.'" 問: "便是陰陽去來?" 曰: "固是." 問: "在天地爲鬼神, 在人爲魂魄否?" 曰: "死則謂之'魂魄', 生則謂之'精氣', 天地公共底謂之'鬼神', 是恁地模樣." 又問: "體物而不可遺." 曰: "只是這一箇氣. 入毫釐絲忽裏去, 也是這陰陽, 包羅天地, 也是這陰陽." 問: "是在虛實之間否?" 曰: "都是實, 無箇虛底. 有是理, 便有是氣, 有是氣, 便有是形, 無非實者." 又云: "如夏月噓[180]出固不見, 冬月噓[181]出則可見矣." ▲[182] "春夏陽, 秋冬陰. 以陽氣散在陽氣之中, 如以熱

175) ▲: 這裏便難恁地說.
176) ▲: 問: "'洋洋如在其上, 如在其左右', 似亦是感格意思, 是自然如此." 曰: "固是. 然亦須自家有以感之, 始得.
177) 上: 英祖刊本・成化本에서는 微로 되어 있다.
178) ▲: "微之顯, 誠之不可揜如此夫!" 皆實理也. 【僩】
179) ▲: 問: "鬼神是'功用'・'良能'?" 曰:
180) 噓: 成化本에서는 虛로 되어 있다.
181) 噓: 成化本에서는 虛로 되어 있다.
182) ▲: 問: "何故如此?" 曰:

湯入放熱湯裏去, 都不覺見. 秋冬, 則這氣如以熱湯攙放水裏去, 便可見." 又問: "'使天下之人, 齊明盛服以承祭祀', 若有以使之." 曰: "只是這箇氣. 所謂'昭明・焄蒿・悽愴'者, 便只是這氣. 昭明是光景, 焄蒿是蒸羃, 悽愴是有一般感人, 使人慘慄, 如所謂'其風肅然'者." 問: "此章以「太極圖」言, 是所謂'妙合而凝'也." 曰: "'立天之道, 曰陰與陽, 立地之道, 曰柔與剛, 立人之道, 曰仁與義', 便是'體物而不可遺.'"【夔孫○『章句』】

63:117 ▲[183]問"▲[184] 造化之跡." 曰: "風雨霜露, 四時代謝." 又問: "此是跡[185], 可得而見. 又曰'視之不可得見, 聽之不可得聞', 何也?" 曰: "說道無, 又有, 說道有, 又無. 物之生成, 非鬼神而何? 然又去那裏見得鬼神? 至於'洋洋乎如在其上', 是又有也. '其氣發揚于上, 爲昭明・焄蒿・悽愴', 猶今時惡氣中人, 使得人恐懼悽愴, 此百物之精爽也."【賀孫】

63:118 ▲[186]

63:119 ▲[187] 橫渠"物之始生"一章尤說得分曉.【端蒙】

63:120 ▲[188]

---

183) ▲: 或
184) ▲: 鬼神者,
185) 跡: 英祖刊本・成化本에서는 迹으로 되어 있다.
186) ▲: 蕭增光問"鬼神造化之跡." 曰: "如日月星辰風雷, 皆造化之跡. 天地之間, 只是此一氣耳. 來者爲神, 往者爲鬼. 譬如一身, 生者爲神, 死者爲鬼, 皆一氣耳."【雉】
187) ▲: "鬼神者, 造化之跡." 造化之妙不可得而見, 於其氣之往來屈伸者足以見之. 微鬼神, 則造化無跡矣.
188) ▲: "鬼神者, 二氣之良能", 是說往來屈伸乃理之自然, 非有安排布置, 故曰"良能"也.【端蒙】

63:121 “伊川謂‘鬼神者, 造化之迹[189]’, 卻不如橫渠所謂‘二氣之良能.’” ▲[190]問: “如何?” 曰: “程子之說固好, 但在渾淪在這裏. 張子之說分明, 便見有箇陰陽在.” 曰: “如所謂‘功用則謂之鬼神’, 也與張子意同.” 曰: “只爲他渾淪在那裏.” 閭丘曰: “明則有禮樂, 幽則有鬼神.” 曰: “只這數句, 便要理會. 明, 便如何說禮樂? 幽, 便如此說鬼神? 須知樂便屬神, 禮便屬鬼. 它此語落著, 主在鬼神.” 直卿曰: “向讀『中庸』所謂‘誠之不可揜’處, 切[191]疑謂鬼神爲陰陽屈伸, 則是形而下者, 若『中庸』之言, 則是形而上者矣.” 曰: “今且只就形而下者說來, 但只是他皆是實理處發見. 故未有此氣, 便有此理, 旣有此理, 必有此氣.” 【道夫】

63:122 ▲[192]

63:123 ▲[193] 人自方生, 而天地之氣只管增添在身上, 漸漸大, 漸漸長成. 極至了, 便漸漸衰耗, 漸漸散. 言鬼神, 自有迹者而言之, 言神, 只言其妙而不可測識.【賀孫】

63:124 ▲[194] 一氣卽陰陽運行之氣, 至則皆至, 去則皆去之謂也. 二氣謂陰陽對峙, 各有所屬. 如氣之呼吸者有魂, 魂卽神也, 而屬乎陽, 耳目鼻口之類爲魄, 魄卽鬼也, 而屬乎陰. “精氣爲物”, 精與氣合而生者也, “遊魂爲變”, 則氣散而死, 其魄降矣. ▲[195]

---

189) 迹: 賀本에서는 跡으로 되어 있다.

190) ▲: 直卿

191) 切: 英祖刊本·成化本·賀本에서는 竊로 되어 있다.

192) ▲: 問: “‘鬼神者, 造化之跡也.’ 此莫是造化不可見, 唯於其氣之屈伸往來而見之, 故曰跡? ‘鬼神者, 二氣之良能.’ 此莫是言理之自然, 不待安排?” 曰: “只是如此.” 【端蒙】

193) ▲: “鬼神者, 造化之跡.” 神者, 伸也, 以其伸也, 鬼者, 歸也, 以其歸也.

194) ▲: 以二氣言, 則鬼者, 陰之靈也, 神者, 陽之靈也. 以一氣言, 則至而伸者爲神, 反而歸者爲鬼.

195) ▲: 【謨】

63:125 ▲[196]二氣之分, 實一氣之運. ▲[197]故以二氣言, 則陰爲鬼, 陽爲神, 以一氣言, 則方伸之氣, 亦有伸有屈. 其方伸者, 神之神, 其既屈者, 神之鬼. 旣屈之氣, 亦有屈有伸. 其旣屈者, 鬼之鬼, 其來格者, 鬼之神. 天地人物皆然, 不離此氣之往來屈伸合散而已, 此所謂'可錯綜言'者也□[198]." ▲[199]問: "'精氣爲物', 陰精陽氣聚而成物, 此總言神, '游[200]魂爲變', 魂遊魄降, 散而成變, 此總言鬼, 疑亦錯綜而言?" 曰: "然. 此所謂'人者, 鬼神之會也.'"【銖】

63:126 ▲[201] 人須是於那良能與功用上認取其德."【廣】

63:127 "視之而不見, 聽之而不聞"是性情, "體物而不可遺"是功效.【燾】

63:128 問: "▲[202] 性情乃鬼神之情狀, 不審所謂功效者何謂?" 曰: "能'使天下之人齊明盛服以承祭祀'便是功效." 問: "魄守體, 有所知否?" 曰: "耳目聰明爲魄, 安得謂無知?" 問: "然則人之死也, 魂升魄降, 是兩處有知覺也." 曰: "孔子分明言: '合鬼與神, 教之至也.' 當祭之時, 求諸陽, 又求諸陰, 正爲此, 況祭亦有報魄之說."【德明】

63:129 ▲[203] 問: "▲[204]'功效', 如何?" 曰: "鬼神會做得這般事." 因

196) ▲: "'陽魂爲神, 陰魄爲鬼.' '鬼, 陰之靈, 神, 陽之靈.' 此以二氣言也. 然
197) ▲: 故凡氣之來而方伸者爲神, 氣之往而既屈者爲鬼, 陽主伸, 陰主屈, 此以一氣言也.
198) □: 【附箋紙】依本書之.
199) ▲: 因
200) 游: 賀本에서는 遊로 되어 있다.
201) ▲: 問: "性情功效, 固是有性情便有功效, 有功效便有性情. 然所謂性情者, 莫便是張子所謂'二氣之良能'否? 所謂功效者, 莫便是程子所謂'天地之功用'否?" 曰: "鬼神視之而不見, 聽之而不聞,
202) ▲: 性情功效,
203) ▲: 問: "'鬼神之爲德', 只是言氣與理否?" 曰: "猶言性情也."

言: "鬼神有無, 聖人未嘗決言之. 如言'之死而致死之, 不仁, 之死而致生之, 不知', '於彼乎? 於此乎'之類, 與明道語上蔡'恐賢問某尋'之意同." 問: "五廟・七廟遞遷之制, 恐是世代浸遠, 精爽消亡, 故廟有遷毁." 曰: "雖是如此, 然祭者求諸陰, 求諸陽, 此氣依舊在, 如嘘吸之, 則又來. 若不如此, 則是'之死而致死之'也. 蓋其子孫未絶, 此氣接續亦未絶."【又曰: "天神・地祇・山川之神, 有此物在, 其氣自在此, 故不難曉. 惟人已死, 其事杳茫, 所以難說." ○德明】

63:130 問: "南軒: '鬼神, ▲205) "誠"而已.' 此語如何?" 曰: "誠是實然之理, 鬼神亦只是實理. 若無這理, 則便無鬼神, 無萬物, 都無所該載了. '鬼神之爲德'者, 誠也. 德只是就鬼神言, 其情狀皆是實理而已. 侯氏以德別爲一物, 便不是." 問: ▲206) "伸是▲207), 屈是鬼否?" 先生以手圈卓上而直指其中, 曰: "這道理圓, 只就中分別恁地. 氣之方來皆屬陽, 是神, 氣之反皆屬陰, 是鬼. 日自午以前是神, 午以後是鬼. 月自初三以後是神, 十六以後是鬼." 童伯羽問: "日月對言之, 日是神, 月是鬼否?" 曰: "亦是. 草木方發生來是神, 彫殘衰落是鬼. 人自少至壯是神, 衰老是鬼. 鼻息呼是神, 吸是鬼." 淳擧程子所謂"天尊地卑, 乾坤定矣. 鼓之以雷霆, 潤之以風雨." 曰: "天地造化, 皆是鬼神, 古人所以祭風伯雨師." 問: "風雷鼓動是神, 收斂處是鬼否?" 曰: "是. 魄屬鬼, 氣屬神. 如析木煙出, 是神, 滋潤底性是魄. 人之語言動作是氣, 屬神, 精血是魄, 屬鬼. 發用處皆屬陽, 是神, 氣定處皆屬陰, 是魄. 知識處是神, 記事處是魄. 人初生時氣多魄少, 後來魄漸盛, 到老, 魄又少, 所▲208)耳聾目昏, 精力不强, 記事不足. 某今覺陽有餘而陰不足,

204) ▲: 『章句』說
205) ▲: 一言以蔽之曰,
206) ▲: "『章句』謂'性情功效', 何也?" 曰: "此與'情狀'字只一般." 曰: "橫渠謂'二氣之良能', 何謂'良能'?" 曰: "屈伸往來, 是二氣自然能如此." 曰:
207) ▲: 神
208) ▲: 以

事多記不得. 小兒無記性, 亦是魄不足. 好戲不定疊, 亦是魄不足."【淳】

63:131 侯師聖解『中庸』"鬼神之爲德", 謂"鬼神爲形而下者, 鬼神之德爲形而上者." 且如"『中庸』之爲德", 不成說中庸爲形而下者, 中庸之德爲形而上者!【文蔚】

63:132 問: "侯氏▲[209]曰: '揔[210]攝天地, 幹[211]旋造化, 闔闢乾坤, 動役鬼神, 日月由之而晦明, 萬物由之而死生者, 誠也.' 此語何謂?" 曰: "這箇亦是實有這理, 便如此. 若無這理, 便都無天地, 無萬物, 無鬼神了. 不是實理, 如何'微之顯, 誠之不可揜'?" ▲[212]因擧謝氏"歸根"之說. 先生曰: "'歸根'本老氏語, 畢竟無歸, 這箇何曾動?" 問: "性只是天地之性. 當初亦不是自彼來入此, 亦不是自此往歸彼, 只是因氣之聚散, 見其如此耳." 曰: "畢竟是無歸. 如月影映在這盆水裏, 除了這盆水, 這影便無了, 豈是這▲[213]飛上天去歸那月裏去! 又如這花落, 便無了, 豈是歸去那裏, 明年復來生這枝上?" 問: "人死時, 這知覺便散否?" 曰: "不是散, 是盡了, 氣盡則知覺亦盡." 問: "世俗所謂物怪神姦之說, 則如何斷?" 曰: "世俗大抵十分有八分是胡說, 二分亦有此理. 多有是非命死者, 或溺死, 或殺死, 或暴病卒死, 是它氣未盡, 故憑依如此. 又有是乍死後氣未消盡, 是它當初稟得氣盛, 故如此, 然終久亦消了. 蓋精與氣合, 便生人物, '游魂爲變', 便無了. 如人說神仙, 古來神仙皆不見, 只是說後來神仙. 如『左傳』伯有爲厲, 此鬼今亦不見." 問: "自家道理正, 則自不能相干." 曰: "亦須是氣能配義, 始得. 若氣

209) ▲: 『中庸』
210) 揔: 成化本・賀本에서는 總으로 되어 있다.
211) 幹: 英祖刊本・成化本・賀本에서는 斡으로 되어 있다.
212) ▲: 問: "'鬼神造化之跡', 何謂跡?" 曰: "鬼神是天地間造化, 只是二氣屈伸往來. 神是陽, 鬼是陰. 往者屈, 來者伸, 便有箇跡恁地." 淳
213) ▲: 影

不能配義, 便餒了." 問: "謝氏謂'祖考精神, 便是自家精神', 如何?" 曰: "▲214) 祖孫只一氣, 極其誠敬, 自然相感. 如這大樹, 有種子下地, 生出又成樹, 便卽是那大樹也."【淳】

63:133 ▲215)問: "'顔子死而不亡'之說, 先生旣非之矣. 然聖人制祭祀之禮, 所以事鬼神者, 恐不止謂但有此理, 須有實事?" 曰: "若是見理明者, 自能知之. 明道所謂'若以爲無, 古人因甚如此說? 若以爲有, 又恐賢問某尋', 其說甚當."【人傑】

63:134 問: "『中庸』十二章, 子思論道之體用, 十三章言人之爲道不在乎遠, 當卽夫衆人之所能知能行, 極乎聖人之所不能知不能行. 第十四章又言人之行道, 當隨其所居之分, 而取足於其身." 曰: "此兩章大綱相似." ▲216) "第十五章又言進道當有序, 第十六章方言鬼神之道'費而隱.' 蓋論君子之道, 則卽人之所行言之, 故但及其費, 而隱自存. 論鬼神之道, 則本人之所不見不聞而言, 故先及其隱, 而後及於費." 曰: "鬼神之道, 便是君子之道, 非有二也."【廣】

「第十七章」

63:135 問"因其材而篤焉." 217) 曰: "是因材而加厚些子."【節】

○218) 叔器問: "瞽瞍之惡彰彰於天下後世, 舜何以謂之'大孝'?" 曰: "公且自與他畫策. 瞽瞍頑嚚, 天知地聞, 舜如何揜得! 且說今□219)瞽

214) ▲: 此句已是說得好.
215) ▲: 或
216) ▲: 曰:
217) "因其材而篤焉": 成化本・徽州本에서는 篤字何謂가 더 들어 있다.
218) ○: 『朱子語類』의 61:31의 일부이다.
219) □: 『朱子語類』에서는 遇로 되어 있다.【附箋紙】依本書之.

瞍之父, 公便要如何?"【淳】

63:136 問"氣至而滋息爲培, 氣反而流散曰覆." 曰: "物若扶植, 種在土中, 自然生氣湊泊他. 若已傾倒, 則生氣無所附著, 從何處來相接? 如人疾病, 此自有生氣, 則藥力之氣依之而生意滋長. 若已危殆, 則生氣流散, 而不復相湊矣."【銖】

63:137 問: "舜之大德受命, 止是爲善得福而已. 『中庸』卻言天之生物栽培傾覆, 何也?" ▲[220] 曰: "只是一理. 此亦非是有物使之然. 但物之生時自節節長將去, 恰似有物扶持也[221], 及其衰也, 則自節節消磨將去, 恰似箇物推倒它. 理自如此. 唯我有受福之理, 故天旣佑之, 又申之. 董仲舒曰: '爲政而宜于民, 固當受祿于天.' 雖只是疊將來說, 然玩味之, 覺他說得自有意思." ▲[222] 又曰: "『嘉樂』詩下章又卻不說其他, 但願其子孫之多且賢耳. 此意甚好, 然此亦其理之常. 若堯・舜之子不肖, 則又非常理也."【廣 ○賀孫錄同.】

「第十八章」

63:138 問: "▲[223]文王'以王季爲父, 武王爲子', 此殆非人力可致, 而以爲無憂, 何也?" 曰: "文王自公劉・太[224]王積功累仁, 至文王適當天運恰好處, 此▲[225]所以言無憂. 如舜大德, 而祿位名壽之必得, 亦是天道流行, 正得恰好處耳." 又曰: "追王之事, 今無可證, 姑闕之可也.

220) ▲: 【賀孫錄云: "漢卿問: '栽培傾覆, 以氣至・氣反說. 上言德而受福, 而以氣爲言, 何也?"】
221) 也: 成化本・徽州本에서는 它로 되어 있다.
222) ▲: 【賀孫錄云: "上面雖是疊將來, 此數語卻轉得意思好."】
223) ▲: 舜'德爲聖人, 尊爲天子', 固見得天道人道之極致. 至
224) 太: 英祖刊本・成化本에서는 大로 되어 있다.
225) ▲: 文王

如三年之喪, 諸家說亦有少不同, 然亦不必如呂氏說得太密. 大概只是說'三年之喪通乎天子'云云, 本無別意."【銖】

63:139 問: "'▲226)不失▲227)顯名'與'必得其名', 須有些等級▲228)?" 曰: "▲229)堯·舜與湯·武□230)箇爭分數, 有等級. 只看聖人說'謂「韶」盡美矣, 又盡善也, 謂「武」盡美矣, 未盡善也'處, 便見."【燾】

63:140 問: "▲231) 考之「武成」「金縢」『禮記』「大傳」, ▲232) 疑武王時已追王." 曰: "武王時恐且是呼喚作王, 至周公制禮樂, 方行其事, 如今奉上冊寶之類. 然無可證, ▲233) 又問: "'上祀先公以天子之禮', 是周公制禮時方行, 無疑." 曰: "禮家載祀先王服袞234)冕, 祀先公服鷩冕, 鷩冕諸侯之服. 蓋雖上祀先公以天子之禮, 然不敢以天子之服臨其先公, 但鷩冕·旒玉與諸侯不同. 天子之旒十二玉, 蓋雖與諸侯同是七旒, 但天子七旒十二玉, 諸侯七旒七玉耳."【銖】

63:141 問: "古無追王之禮, 至周之武王·周公, 以王業肇於大235)王·王季·文王, 故追王三王. 至於組紺以上, 則止祀以先公236)之禮, 所謂'葬以士, 祭以大夫'之義也." 曰: "然. 『周禮』, 祀先王以袞237)冕, 祀先公以鷩冕, 則祀先公依舊止用諸侯之禮, 但乃是天子祭先公之禮

226) ▲: 身
227) ▲: 天下之
228) ▲: 不同
229) ▲: 游楊是如此說, 尹氏又破其說, 然看來也是有此意. 如
230) □: 『朱子語類』에는 眞으로 되어 있다.
231) ▲: '周公成文·武之德, 追王太王·王季',
232) ▲: 【「武成」言: "太王肇基王跡, 王季其勤王家, 我文考文王."「金縢」冊"乃告太王·王季."「大傳」言牧野之奠, "追王太王·王季歷·文王昌."】
233) ▲: 姑闕之可也."
234) 袞: 賀本에서는 冕로 되어 있다.
235) 大: 賀本에서는 太로 되어 있다.
236) 先公: 賀本에서는 天子로 되어 있다.
237) 袞: 賀本에서는 冕로 되어 있다.

耳." 問: "諸儒之說, 以爲武王未誅紂, 則稱文王爲'文考', 以明文王在位未嘗稱王之證. 及至誅紂, 乃稱文考爲'文王.' 然旣曰'文考', 則其謚定矣. 若如其言, 將稱爲'文公'耶?" 曰: "此等事▲238) 皆不可曉, ▲239)." 【僩】

63:142 ▲240)夏·商而上, 大槪只是親親長長之意. 到得周來則又添得許多貴貴底禮數. 如'始封之君不臣諸父昆弟, 封君之子不臣諸父而臣昆弟.' 期之喪, 天子諸侯絶, 大夫降. 然諸侯大夫尊同, 則亦不絶不降. 姊妹嫁諸侯者, 則亦不絶不降. 此皆貴貴之義. 上世想皆簡略, 未有許多降殺貴貴底禮數. 凡此皆天下之大經, 前世所未備. 到得周公搜剔出來, 立爲定制, 更不可易." 【僩】

63:143 "'三年之喪, ▲241) 『中庸』之意, 只是主爲父母而言, 未必及其它者. 所以下句云: '父母之喪, 無貴賤一也.'" 因言: "大凡禮制欲行於今, 須有一箇簡易底道理. 若欲盡拘古禮, 則繁碎不便於人, 自是不可行, ▲242) 孔子嘗曰: '如用之, 則吾從先進.' 想亦是厭其繁." 文蔚問: "伯叔父母, 古人皆是期喪. 今禮又有所謂'百日制, 周期服.' 然則期年之內, 當服其服. 往往今人於此多簡略." 曰: "居家則可, 居官便不可行. 所以當時橫渠爲見天祺居官, 凡祭祀之類, 盡令天祺代之, 他居家服喪服. 當時幸而▲243)一天祺居官, 故可爲之. 萬一無天祺, 則又當如何? 便是動輒窒礙難行." 文蔚曰: "今不居官之人, 欲於百日之內, 略如居父母之喪, 期年之內, 則服其服, 如何?" 曰: "私居亦可行之." 【文蔚】

---

238) ▲: 無證佐,
239) ▲: 闕之可也
240) ▲: 問: "喪祭之禮, 至周公然後備. 夏商而上, 想甚簡略." 曰: "然. '親親長長', '貴貴尊賢.'
241) ▲: 達於天子',
242) ▲: 不曉他周公當時之意是如何.
243) ▲: 有

63:144 正淳問: "三年之喪, 父母之喪, 呂氏卻作兩般." 曰: "呂氏所以如此說者, 蓋見『左氏』載周穆后薨, 太子壽卒, 謂周'一歲而有三年之喪二焉.' 『左氏』說禮, 皆是周末衰亂不經之禮, 【方子錄云: "『左氏』定禮皆當時鄙野之談, 據不得."】 無足取者. 君舉所以說禮多錯者, 緣其多本『左氏』也." ▲[244]【賀孫 ○廣錄同. 方子錄略.】

63:145 問: "『中庸解』載游氏辨文王不稱王之說, 正矣. 先生卻曰: '此事更當考.' 是如何?" 曰: "說文王不稱王, 固好, 但『書』中不合有'惟九年大統未集'一句. 不知所謂九年, 自甚時數起? 若謂文王固守臣節不稱王, 則'三分天下有其二', 亦爲不可. 又『書』言'大[245]王肇基王迹', 則到大[246]王時, 周家已自强盛矣. 今『史記』於梁惠王三十七年書'襄王元年', 而「竹書記[247]年」以爲後元年, 想得當時文王之事亦類此. 故先儒皆以爲自虞·芮質成之後, 爲受命之元年."【廣】

「第十九章」

63:146 ▲[248]

---

244) ▲: 賀孫云: "如陳鍼子送女, 先配後祖一段, 更是沒分曉, 古者那曾有這般禮數?" 曰: "便是他記禮皆差. 某嘗言左氏不是儒者, 只是箇曉事該博·會做文章之人. 若公穀二子卻是箇不曉事底儒者, 故其說道理及禮制處不甚差, 下得語恁地鄭重."【廣錄云: "只是說得忒煞鄭重滯泥, 正如世俗所謂山東學究是也."】賀孫因擧「公羊」所斷謂孔父"義形於色", 仇牧"不畏强禦", 荀息"不食言", 最是斷得好. 曰: "然." 賀孫又云: "其間有全亂道處, 恐是其徒插入, 如何?" 曰: "是他那不曉事底見識, 便寫出來, 亦不道是不好. 若『左氏』便巧, 便文飾回互了." 或云: "以蔡仲廢君爲行權, 衛輒拒父爲尊祖, 都不是." 曰: "是他不曉事底見識, 只知道有所謂'嫡孫承重'之義, 便道孫可以代祖, 而不知子不可以不父其父. 嘗謂「學記」云'多其訊', 注云: '訊, 猶問也.' 公穀便是'多其訊.' 沒緊要處, 也便說道某言者何? 某事者何?"

245) 大: 賀本에서는 太로 되어 있다.

246) 大: 賀本에서는 太로 되어 있다.

247) 記: 英祖刊本·成化本·賀本에서는 紀로 되어 있다.

248) ▲: "旅酬"者, 以其家臣或鄉吏之屬【大夫則有鄉吏.】 一人先擧觶獻賓. 賓飮

63:147 "旅酬", 是客先勸主人, 主人復勸客, 客又勸次客, 次客又勸第三客, 以次傳去. 如客多, 則兩頭勸起.【義剛】

63:148 ▲[249)]

63:149 問: "如何是'導飮[250)]'?" 曰: "主人酌以獻賓, 賓酬主人曰酢. 主人又自飮, 而復飮賓曰酬. 其主人又自飮者, 是導賓使飮也.【諺云"主人倍食于賓", 疑卽此意.】 但賓受之, 卻不飮, 奠於席前, 至旅時亦不擧, 又自別擧爵, 不知如何." 又問: "行旅酬時, 祭事已畢否?" 曰: "其大節目則已了, 亦尙有零碎禮數未竟." ▲[251)]【廣】

63:150 漢卿問: "'導飮'是如何?" 先生歷擧『儀禮』獻酬之禮. 旅酬禮, 下爲上交勸. 先一人如鄕吏之屬升觶, 或二人擧觶獻賓. 賓不飮, 卻以獻執事. 執事一人受之, 以獻于長, 以次獻, 至於沃盥, 所謂"逮賤"者也. 旅酬後, 樂作, 獻酬之俎未徹, 賓不敢旅酬. 酬酒, 賓奠不擧, 至旅酬亦不擧. 更自有一盞在右, 爲旅盞也. ▲[252)]【賀孫】

畢, 卽以觶授于執事者, 則以獻於其長, 遞遞相承, 獻及於沃盥者而止焉. 沃盥, 謂執盥洗之事, 至賤者也. 故曰: "旅酬下爲上, 所以逮賤也."【廣】

249) ▲: 問"酬, 導飮也." 曰: "『儀禮』: 主人酌賓曰獻, 賓飮主人, 主人又自酌而復飮賓, 曰酬. 賓受之, 奠於席前, 至旅而後擧."【主人飮二杯, 賓只飮一杯. 疑後世所謂"倍食於賓"者, 此也. ○銖】

250) 如何是'導飮: 徽州本에서는 如何 앞에 章句云: 酬, 導飮也.가 더 들어 있다.

251) ▲: 又問: "想必須在飮福受胙之後." 曰: "固是. 古人酢賓, 便是受胙. '胙'與'酢''昨'字, 古人皆通用."

252) ▲: 受胙者, 古者"胙"字與"酢"字通. 受胙者, 猶神之酢己也. 『周禮』中"胙席", 又作昨昔之"昨." 謂初未設, 只跪拜, 徹後方設席. 『周禮』王享先公亦如之. 又擧尸飮酢之禮. 其特祭, 每獻酬酢甚詳, 不知合享如何. 『周禮』旅酬六尸. 古者男女皆有尸, 女尸不知廢於何代. 杜佑乃謂古無女尸, 女尸乃本夷虜之屬, 後來聖人革之. 賀孫因擧『儀禮』「士虞禮」云: "男, 男尸, 女, 女尸. 是古男女皆有尸也." 先生因擧陶侃廟南昌南康. 每年祭祀, 堂上設神位, 兩廂設生人位. 凡爲勸首者, 至祭時具公服, 設馬乘儀狀甚盛, 至于廟, 各就兩廂之位. 其奉祭者獻飮食, 一同神位之禮. 又某處擇一鄕長狀貌甚魁偉者爲之. 至諸處祭, 皆請與同享. 此人遇冬春祭多時節, 每日大醉也. 厭祭, 是不用尸者. 古者必有爲而不用,

63:151 ▲[253]"燕時擇一人爲上賓, 不與衆賓齒, 餘者皆序齒."【燾】

63:152 問: "呂氏分'修其祖廟'以下一節作'繼志', '序昭穆'以下一節作'述事', 恐不必如此分?" 曰: "看得追王與所制祭祀之禮, 兩節皆通上下而言. 呂氏考訂甚詳, 卻似不曾言得此意." 又問: "呂氏又分郊社之禮, 作立天下之大本處, 宗廟之禮, 言正天下之大經處. 亦不消分." 曰: "此不若游氏說郊社之禮, 所謂'惟聖人爲能享帝', 禘嘗之義, 謂'惟孝子爲能享親', 意思甚周密."【銖】

63:153 問: "楊氏曰: '玉幣以交神明, 祼鬯以求神於幽.' 豈以天神無聲臭氣類之可感, 止用玉幣表自家之誠意, 人鬼有氣類之可感, 故用芬香之酒耶?" 曰: "不然. 自是天神高而在上, 鬱鬯之酒感它不著. 蓋灌鬯之酒卻瀉入地下去了, 所以只可感人鬼, 而不可以交天神也."【僩】

63:154 "『或問』▲[254], 所謂'高祖'者何也?" 曰: "四世祖也. '世'與'大[255]'字, 古多互用, 如大[256]子爲世子, 大[257]室爲世室之類."【廣】

63:155 ▲[258]問: "『中庸』二昭二穆以次向南, 如何?" 曰: "太祖居中, 坐北而向南. 昭穆以次而出向南. 某人之說如此乃是. ▲[259]疏中謂太祖居中, 昭穆左右分去列作一排. 若天子七廟, 恐太長闊[260]." 又曰: "大率論廟制, 劉歆之說頗是."【義剛】

如祭殤, 陰厭・陽厭, 是也.

253) ▲: 問"燕毛所以序齒也." 曰:

254) ▲: 中說廟制處

255) 大: 英祖刊本・賀本에서는 太로 되어 있다.

256) 大: 英祖刊本・賀本에서는 太로 되어 있다.

257) 大: 英祖刊本・賀本에서는 太로 되어 있다.

258) ▲: 林安卿

259) ▲: 如

260) 闊: 徽州本에서는 些로 되어 있다.

63:156 孫䖒云: “外爲都宮. 太祖在北, 二昭二穆, 以次而南, 出『江都集禮』.” 向作『或問』時, 未見此書, 只以意料. 後來始見, 乃知學不可以不慱[261]也. 【銖】

261) 慱: 英祖刊本·成化本·賀本에서는 博으로 되어 있다.

『朱子語類』 卷第六十四

「『中庸』三」

「第二十章」

64:1 "'脩道以仁.' 脩道, 便是說上文脩身之道, 自'爲政在人'轉說將來. '脩道以仁', 仁是築底處, 試商量如何?" 伯豐言: "克去己私, 復此天理, 然後得其脩." 曰: "固是. 然聖賢言'仁'字處, 便有箇溫厚慈祥之意, 帶箇愛底道理. 下文便言'親親爲大.'"【螢】

64:2 ▲[1]"仁便有義, 如陽便有陰. 親親尊賢, 皆仁之事. 親之尊之, 其中自有箇差等, 這便是義與禮. 親親, 在父子如此, 在宗族如彼, 所謂'殺'也, 尊賢, 有當事之者, 有當友之者, 所謂'等'也."【僩】

64:3 問: "仁亦是道, 如何卻說'脩道以仁'?" 曰: "道是汎[2]說,【"汎"字, 疑是"統"字.】 仁是切要底." 又問: "如此, 則這'仁'字是偏言底?" 曰: "'仁者人也, 親親爲大.' 如此說, 則此是偏言."【節】 64:4[3] ▲[4]"此處卻是倒看, 根本在脩身. 然脩身得力處, 卻是知天. 知天, 是知至・物格, 知得箇自然道理. 學若不知天, 便記得此, 又忘彼, 得其一, 失其二. 未知天, 見事頭緒多. 旣知天了, 這裏便都定, 這事也定, 那事也定."【淳】

---

1) ▲: 問: "'修道以仁', 繼之以'仁者人也', 何爲下面又添說義禮?" 曰:
2) 汎: 成化本에서는 泛으로 되어 있다.
3) 64:4: 『小分』에서는 64:3에 이어져 한 항목으로 편집되어 있다.
4) ▲: 問: "思修身, 不可不事親, 思事親, 不可不知人, 思知人, 不可不知天." 曰:

64:5 ▲[5] 知人, 只如"知人則哲"之"知"[6], 不是思欲事親, 先要知人. 只是思欲事親, 更要知人. 若不好底人與它處, 豈不爲親之累? 知天, 是知天道.

64:6 知天是起頭處. 能知天, 則知人・事親・脩身, 皆得其理矣. 聞見之知與德性之知, 皆知也. 只是要知得到, 信▲[7]及. 如君之仁, 子之孝之類, 人所共知而多不能盡者, 非眞知故也. ▲[8]

64:7 ▲[9] "理會得底是知, 行得底是仁, 著力去做底是勇."【德明】

64:8 ▲[10] "大槪知底屬知, 行底屬仁, 勇是勇於知, 勇於行." 又云: "'生知安行', 以知爲主, '學知利行', 以仁爲主, '困知勉行', 以勇爲主."【燾】

64:9 ▲[11] 生知安行主於知而言. 不知, 如何行? 安行者, 只是安而行之, 不用著力, 然須是知得, 方能行得也.【故以生知安行爲知.】 學知利行主於行而言. 雖是學而知得, 然須是著意去力行, 則所學而知得者不爲徒知也."【故以學知利行爲仁.】 銖退思所謂三者, 皆兼知行而言. 大知固生知, 非生知何以能安而行? 至仁固力行, 非學知何以能利而行? 勇固是知行不可廢. ▲[12]."【銖】

---

5) ▲: "思事親不可不知人."
6) 只如"知人則哲"之"知": 徽州本에서는 只如"知人則哲"之"知人"으로 되어 있다.
7) ▲: 得
8) ▲:【謨】
9) ▲: 問"知仁勇." 曰:
10) ▲: 問"知仁勇"之分. 曰:
11) ▲: 問: "'生知安行'爲知, '學知利行'爲仁, '困知勉行'爲勇, 此豈以等級言耶?" 曰: "固是. 蓋
12) ▲: 翌日再問. 先生曰: "更須涵養

64:10 ▲[13] "『論語』說'仁者安仁', 便是說得仁高了, '知者利仁', 便是說得知低了. 此處說知, 便是仁在知中, 說得知大了. 蓋既是生知, 必能安行. 若是學知, 便是知得淺, 須是力行, 方始至仁處, 此便是仁在知外. 譬如這箇桌子, 『論語』說仁, 便是此脚直處, 說知, 便是橫處. 『中庸』說仁, 便是橫處, 說知, 便是直處. 而今且將諸說錄出來看, 看這一邊了, 又去看那一邊, 便自見得不相礙."【夔孫 ▲[14]】

64:11 仁則力行工夫多, 知則致知工夫多. "好學近乎知, 力行近乎仁", 意自可見.【道夫】

64:12 ▲[15] "交互說都是. 三知都是知, 三行都是仁, 三近都是勇. 生知安行好學, 又是知, 學知利行力行, 又是仁, 困知勉行知恥, 又是勇."【淳】

64:13 呂與叔"好學近仁"一段好.【璘】

64:14 知恥, 如"舜, 人也, 我亦人也. 舜爲法於天下, 可傳於後世, 我猶未免爲鄉人也, 是則可憂也"! 旣恥爲鄉人, 進學安得不勇!

64:15 爲學自是▲[16]勇, 方行得徹, 不屈懾. 若纔行不徹, 便是半塗而廢. 所以『中庸』說"知仁勇三者." 勇本是沒緊要物事, 然仁知了, 不是勇, 便行不到頭.【僩】

---

13) ▲: 問: "『中庸』以'生知安行'爲知, '學知利行'爲仁, 何也?" 曰:

14) ▲: ○賜錄云: "'問諸說皆以生知安行爲仁, 學知利行爲知, 先生獨反是, 何也?' 曰: '『論語』說"仁者安仁, 知者利仁"與『中庸』說"知仁勇", 意思自別. 生知安行, 便是仁在知中. 學知利行, 便是仁在知外. 旣是生知, 必能安行, 所以謂仁在知中. 若是學知, 便是知得淺些了, 須是力行, 方始至仁處, 所以謂仁在知外.' 問'智仁勇.' 曰'理會得底是知, 行得底是仁, 著力去做底是勇.'"

15) ▲: 問: "'力行近乎仁', 又似'勇者不懼'意思." 曰:

16) ▲: 要

64:16 問: "▲[17]天下之事, 固不止此九件, 此但擧其可以常行而不易者否?" 曰: "此亦大概如此說, 然其大者亦不出此." 又問: "呂氏以'有此九者, 皆德懷之事, 而刑不與焉', 豈以爲此可以常行, 而刑則期於無刑, 所以不可常行而不及之歟?" 曰: "也不消如此說. ▲[18]禮樂亦不及. 此只是言其大者, 而禮樂刑政固已行乎其間矣." 又問: "養士亦是一大者, 不言何也?" 曰: "此只是大概說. 若如此窮, 有甚了期? ▲[19], 如'忠信重祿', '尊賢', '子庶民', 則敎民之意固已具其中矣."【僩】

64:17 "柔遠"解作"無忘賓旅." ▲[20] 古者爲之授節, 如照身·憑子之類, 謹[21]時度關皆給之. "因能授任以嘉其善", 謂願留於其國者也.【德明】

64:18 ▲[22] "旣有箇國家, 則百工所爲皆少不得, ▲[23] 若百工聚, 則事事皆有, 豈不足以足財用乎?"【如織絍[24]可以足布帛, 工匠可以足器皿之類. ○燾】

64:19 ▲[25] "餼, 牲餼也. 如今官員請受, 有生羊肉. 廩, 卽廩給, 折送錢之類是也."【賜】

64:20 ▲[26] "遠人▲[27], ▲[28]去時, 有節以授之, 過所在爲照. 如漢之

---

17) ▲: '爲天下有九經', 若論
18) ▲: 若說不及刑, 則
19) ▲: 若論養士
20) ▲: 【『孟子』注: "賓客羈旅."】
21) 謹: 賀本에서는 近으로 되어 있다.
22) ▲: 問"來百工則財用足." 曰:
23) ▲: 都要用.
24) 絍: 成化本·賀本에서는 紝으로 되어 있다.
25) ▲: 問"餼廩." 曰:
26) ▲: 問: "'送往迎來', 「集注」云: '授節以送其往.'" 曰:
27) ▲: 來

出入關者用繻, 唐謂之‘給過所賜[29].’”

64:21 ▲[30]曰: “正[31]「文言」‘天下之達道五, 所以行之者三, 天下之達德三, 所以行之者一. 凡爲大下國家有九經, 所以行之者一.’ 遂言‘凡事豫則立’, 則此‘凡事’正指‘達道・達德・九經’可知. ‘素定’, 是指先立乎誠可知. ▲[32]【銖】

64:22 豫, 先知也, 事未至而先知其理之謂豫. “凡事豫則立, 不豫則廢.” 橫渠曰: “事豫吾內, 求利吾外也.” 又曰: “精義入神者, 豫而已.” 皆一義也.【僩】

64:23 ▲[33]問“言前定則不躓.” 曰: “句句著實, 不脫空也. 今人纔有一句言語不實, 便說不去.”【賀孫】

64:24 “事前定則不困.” 閑時不曾做得, 臨時自是做不徹, 便至於困. “行前定則不疾[34].” 若所行不前定, 臨時便易得屈折枉道以從人矣. “道前定則不窮.” 這一句又包得大, 運[35]那上三句都包在裏面, 是有箇妙用, 千變萬化而不窮之謂. 事到面前, 都理會得. 它人處置不得底事, 自家便處置得, 它人理會不得底事, 自家便理會得.【僩】

64:25 ▲[36] 須是實有這孝之心. 若外面假爲孝之事, 裏面卻無孝之

---

28) ▲: 至
29) 賜: 成化本·賀本에서는【賜】로 되어 있다.
30) ▲: 問: “‘凡事豫則立’以下四句, 只是泛擧四事, 或是包‘達道・達德・九經’之屬?”
31) 正: 英祖刊本·成化本·賀本에서는 上으로 되어 있다.
32) ▲: 中間方言‘所以行之者一’, 不應忽突出一語言‘凡事’也.”
33) ▲: 或
34) 疾: 『朱子語類』에서는 疚로 되어 있다.
35) 運: 『朱子語類』에서는 連으로 되어 있다.
36) ▲: 問“反諸身不誠.” 曰: “反諸身, 是反求於心, 不誠, 是不曾實有此心. 如事親以孝,

心, 便是不誠矣."【燾】

64:26 ▲[37]『孟子』言"萬物皆備於我", 便是"誠", "反身而誠", 便是"誠之." 反身, 只是反求諸己. 誠, 只是萬物具足, 無所虧欠.【端蒙】

64:27 ▲[38] 聖人之生, 其稟受渾然, 氣質清明純粹, 全是此理, 更不待修爲, 而自然與天爲一. 若其餘, 則須是'慱[39]學・審問・謹[40]思・明辨・篤行.' 如此不已, 直待得仁義禮智與夫忠孝之道, 日用本分事無非實理, 然後爲誠. 有一毫見得與天理不相合, 便於誠有一毫未至. 如程先生說常人之畏虎, 不如曾被虎傷者畏之出於誠實, 蓋實見得也. 今於日用間若不實見得是天理之自然, 則終是於誠爲未至也."【大雅】

64:28 ▲[41]在天固有眞實之理, 在人當有眞實之功. 聖人不思不勉, 而從容中道, 無非實理之流行, 則聖人與天如一, 卽天之道也. 未至於聖人, 必擇善, 然後能實明是善, 必固執, 然後實得是善, 此人事當然, 卽人之道也. 程子所謂'實理'者, 指理而言也, 所謂'實見得是, 實見得非'者, 指見而言也. 此有兩節意." 曰: "如此見得甚善."【銖】

64:29『中庸』言天道處, 皆自然無節次,【不思不勉之類.】 言人道處, 皆有下功夫節次.【擇善與固執是二節.】 言天道, 如至誠之類, 皆有"至"字. "其次致曲", 卻是人事. "久則徵", 是外人信之. 古注說好.【璘】

---

37) ▲: "誠者, 天之道." 誠是實理, 自然不假修爲者也. "誠之者, 人之道", 是實其實理, 則是勉而爲之者也.

38) ▲: 問"誠者天之道, 誠之者人之道." 曰: "誠是天理之實然, 更無纖毫作爲.

39) 慱: 英祖刊本・成化本・賀本에서는 博으로 되어 있다.

40) 謹: 賀本에서는 愼으로 되어 있다.

41) ▲: 問: "'誠者, 眞實無妄之謂, 天之道也.' 此言天理至實而無妄, 指理而言也. '誠之者, 未能眞實無妄, 而欲其眞實無妄之謂, 人之道也.' 此言在人當有眞實無妄之知行, 乃能實此理之無妄, 指人事而言也. 蓋

64:30 ▲[42]問: “明善・擇善, 何▲[43]先?” 曰: “譬如十箇物事, 五箇善, 五箇惡. 須揀此是善, 此是惡, 方分明.” 【從周】

64:31 聖賢所說工夫, 都只一般, 只是一箇“擇善固執.” 『論語』則論[44]“學而時習之”, 『孟子』則說“明善誠身.” 只是隨它地頭所說不同, 下得字來各自精細, ▲[45] 須是盡知其所以不同, 方知其所謂[46]同也.

64:32 “慱[47]學”, 謂天地萬物之理, 修己治人之方, 皆所當學. 然亦各有次序, 當以其大而急者爲先, 不可雜而無統也.

64:33 先生屢說“謹[48]思之”一句. 言: “思之不謹[49], 便有枉用工夫處.” 【人傑】

64:34 ▲[50] 思之▲[51]不及, 固是不謹[52], ▲[53]思之過▲[54], 亦是不謹[55]. 所以他聖人不說深思, 不說別樣思, 卻說箇“謹[56]思.” 【道夫】

64:35 ▲[57] “篤厚也是心之懇惻.” 【履孫】

---

42) ▲: 或
43) ▲: 者爲
44) 論: 賀本에서는 說로 되어 있다.
45) ▲: 眞實工夫只是一般.
46) 謂: 賀本에서는 以로 되어 있다.
47) 慱: 英祖刊本・成化本・賀本에서는 博으로 되어 있다.
48) 謹: 賀本에서는 愼으로 되어 있다.
49) 謹: 賀本에서는 愼으로 되어 있다.
50) ▲: 『中庸』言“愼思之.”
51) ▲: 粗淺
52) 謹: 賀本에서는 愼으로 되어 있다.
53) ▲: 到
54) ▲: 時
55) 謹: 賀本에서는 愼으로 되어 있다.
56) 謹: 賀本에서는 愼으로 되어 있다.

64:36 ▲[58]問而不[59]知, 弗可讓下. 須當硏窮到底, 使答者詞窮理盡, 始得.【砥】

64:37 ▲[60]問: "'有弗學'至'行之弗篤弗措也', 皆是勇之事否?" 曰: "此一段卻只是虛說, 只是應上面'博[61]學之'五句反說起. 如云不學則已, 學之而有不[62]能, 定不休. 如云'有不戰, 戰必勝矣'之類也. '弗措'也未是勇事. 到得後面說'人一己百, 人十己千', 方正是說勇處. '雖愚必明', 是致知之效, '雖柔必强', 是力行之效."【僩】

64:38 ▲[63]

64:39 ▲[64]

64:40 ▲[65]

64:41 ▲[66] "前輩多是逐段解去. 某初讀時但見'思修身'段後, 便繼

57) ▲: 或問: "'篤行'是有急切之意否?" 曰:
58) ▲: "有弗問, 問之弗知弗措也."
59) 不:『朱子語類』에서는 弗로 되어 있다.
60) ▲: 問: "'博學之'至'明辨之', 是致知之事, '篤行'則力行之事否?" 曰: "然." 又
61) 博: 英祖刊本·成化本·賀本에서는 博으로 되어 있다.
62) 不:『朱子語類』에서는 弗로 되어 있다.
63) ▲: 或問"人一己百, 人十己千." 曰: "此是言下工夫, 人做得一分, 自己做百分."【節】
64) ▲: 呂氏說"博學·審問·愼思·明辨·篤行"一段煞好, 皆是他平日做工夫底.【淳】
65) ▲: 漢卿問"哀公問政"章. 曰: "舊時只零碎解. 某自初讀時, 只覺首段尾與次段首意相接. 如云'政也者, 蒲盧也. 故爲政在人, 取人以身, 修身以道, 修道以仁.' 便說'仁者, 人也, 親親爲大. 義者, 宜也, 尊賢爲大.' 都接續說去, 遂作一段看, 始覺貫穿. 後因看『家語』, 乃知是本來只一段也.『中庸』三十三章, 其次第甚密, 古人著述便是不可及. 此只將別人語言鬥湊成篇, 本末次第終始總合, 如此縝密!"【賀孫 ○廣錄意同, 別出.】
66) ▲: 問: "『中庸』第二十章, 初看時覺得渙散, 收拾不得. 熟讀先生『章句』, 方始見

以'天下之達道五', '知此三者'段後, 便繼以'爲天下國家有九經', 似乎相接續. 自此推去, 疑只是一章. 後又讀『家語』, 方知是孔子一時間所說." 廣云: "豈獨此章? 今次讀章句, 乃知一篇首尾相貫, 只是說一箇『中庸』底道理." 曰: "固是. 它古人解做得這樣物事, 四散收拾將來. 及併合聚[67], 則便有箇次序如此, 其次序又直如此縝密!" 【廣】

64:42 問: "『或問』引'『大學』論小人之陰惡陽善, 而以誠於中者目之', 且有'爲善也誠虛, 爲惡也何實如之'之語, 何也?" 曰: "'小人間[68]居爲不善', 是誠心爲不善也. '掩其不善, 而著其善', 是爲善不誠." 因擧往年胡文定嘗說: "朱子發雖脩謹, 皆是僞爲." 是時范濟美天資豪傑, 應云: "子發誠是僞爲, 如公輩卻是至誠." 文定遜謝曰: "某何敢當'至誠'二字?" 濟美卻戲云: "子發是僞於爲善, 公卻是至誠爲惡也." 乃是此意. 【德明】

「第二十一章」

64:43 "自誠明, 謂之性", 此"性"字便是"性之"也. "自明誠, 謂之敎", 此"敎"字是學之也. 此二[69]字卻是轉一轉說, 與首章"天命之謂性, 脩道之謂敎"二字義不同. 【螢】

64:44 "自誠明", 性之也, "自明誠", 充之也, ▲[70] "天命之謂性"以下, 擧體統說. 【人傑】

64:45 ▲[71] 誠, 實然之理, 此堯・舜以上事. 學者則▲[72] 明此性而

血脈貫通處." 曰:

67) 聚: 賀本에서는 衆으로 되어 있다.

68) 間: 英祖刊本・賀本에서는 閒으로 되어 있다.

69) 二: 成化本에서는 一로 되어 있다.

70) ▲: 轉一轉說.

求實然之理. 經禮三百, 曲禮三千, 無非使人明此理. 此心當提撕喚起, 常自念性如何善? 因甚不善? 人皆可爲堯・舜, 我因甚做不得? 立得此後, 觀書亦見理, 靜坐亦見理, 森然於耳目之前!【可學】

64:46 以誠而論明, 則誠明合而爲一, 以明而論誠, 則誠明分而爲二.【壽昌】

「第二十二章」

64:47 ▲[73]天下至誠, 非止一家一國而已. 不須說至于[74]實理之極. 才說箇'至于[75]', 則是前面有未誠底半截. 此是說聖人, 不說這箇未實底. 況聖人亦非向有未實處, 到這裏方實也. '贊化育與天地參', 是說地頭."【履孫】

64:48 "唯天下至誠", 言做出天下如許大事底本領子. 至, 極也, 如『易』"至神・至變."【方】

64:49 問"▲[76]性中有這仁, 便眞箇盡得仁底道理, 性中有這義, 便眞箇盡得義底道理"云云. 曰: "如此說, 盡說不著. 且如仁, 能盡父子之仁, 推而至於宗族, 亦無有不盡, 又推而至於鄕黨, 亦無不盡, 又推而至於一國, 至於天下, 亦無有不盡. 若只於父子上盡其仁, 不能推之於宗族, 便是不能盡其仁. 能推之於宗族, ▲[77]鄕黨, 而不能推之於一國

71) ▲: "自誠明, 謂之性."
72) ▲: "自明誠, 謂之敎",
73) ▲: 或問: "如何是'唯天下至誠'?" 曰: "'唯天下至誠', 言其心中實是
74) 于: 賀本에서는 於로 되어 있다.
75) 于: 賀本에서는 於로 되어 있다.
76) ▲: '唯天下至誠爲能盡其性'一段. 且如
77) ▲: 而不能推之於鄕黨, 亦是不能盡其仁. 能推之於

天下, 亦是不能盡其仁. 能推於己, 而不能推於彼, 能盡於甲, 而不能盡於乙, 亦是不能盡. 且如十件事, 能盡得五件, 而五件不能盡, 亦是不能盡. 如兩件事盡得一件, 而一件不能盡, 亦是不能盡. 只這一事上, 能盡其初, 而不能盡其終, 亦是不能盡, 能盡於蚤, 而不能盡於莫[78], 亦是不能盡. 就仁上推來是如此, 義禮智莫不然. 然自家一身, 也如何做得許多事? 只是心裏都有這箇道理. 且如十件事, 五件事是自家平生曉得底, 或曾做來, 那五件平生不曾識, 也不曾做, 卒然至面前, 自家雖不曾做, 然旣有此道理, 便識得破, 都處置得下, 無不盡得這箇道理. 如'能盡人之性.' 人之氣稟有多少般樣, 或淸或濁, 或昏或明, 或賢或鄙, 或壽或夭, 隨其所賦, 無不有以全其性而盡其宜, 更無些子欠闕處. 是它元有許多道理, 自家一一都要處置敎是. 如'能盡物之性', 如鳥獸草木有多少般樣, 亦莫不有以全其性而遂其宜. 所以說'惟天下之至誠, 爲能盡人物之性.' 蓋聖人通身都是這箇眞實道理了, 拈出來便是道理, 東邊拈出東邊也是道理, 西邊拈出西邊也是道理. 如一斛米, 初間量有十斗, 再量過也有十斗, 更無些子少欠. 若是不能盡其性, 如元有十斗, 再量過卻只有七八斗, 少了二三斗, 便是不能盡其性. 天與你許多道理, 本自具足, 無些子欠闕, 只是人自去欠闕了它底. ▲[79] 須是心地大段廣大, 方看得出, 須是大段精微, 方看得出, 精密而廣闊, 方看得出." 或曰: "『中庸』之盡性, 卽『孟子』所謂盡心否?" ▲[80]曰: "盡心是就知上說, 盡性是就行上說." 或曰: "能盡得眞實本然之全體是盡性, 能盡得虛靈知覺之妙用是盡心." 曰: "然. ▲[81]心就所知上說, 盡性就事物上說. 事事物物上各要盡得它道理, 較零碎, 盡心則渾淪."【蓋行處零碎, 知處卻渾淪. 如盡心, 才知些子, 全體便都見.】 又問:

---

78) 莫: 賀本에서는 暮로 되어 있다.

79) ▲: 所以『中庸』難看, 便是如此.

80) ▲: 曰: "只差些子." 或問差處. 曰: "不當如此問. 今夜且歸去與衆人商量, 曉得箇'至誠能盡人物之性'分曉了, 卻去看盡心, 少間差處自見得, 不用問. 如言黑白, 若先識得了, 同異處自見. 只當問黑白, 不當問黑白同異." 久之, 又

81) ▲: 盡

“盡心了, 方能盡性否?” 曰: “然. 孟子云‘盡其心者, 知其性也, 知性則知天’, 便是如此.”【僩 ○枅錄別出.】

64:50 ▲82)

64:51 問: “▲83)盡人物之性, 是曉得盡否?” 曰: “非特曉得盡, 亦是要處之盡其道. 若凡所以養人敎人之政, 與夫利萬物之政, 皆是也. 故下文云: ‘贊天地之化育, 而與天地參矣!’ ▲84)【大雅】

64:52 ▲85) 人雖稟得氣濁, 善底只在那裏, 有可開通之理. 是以聖人有敎化去開通它, 使復其善底. 物稟得氣偏了, 無道理使開通, 故無用敎化. 盡物性, 只是所以處之各當其理, 且隨他所明處使之. 它所明處亦只是這箇善, 聖人便是用他善底. 如馬悍者, 用鞭策亦可乘. ▲86)是隨他天理流行發見處使之也. 如虎狼, 便只得陷而殺之, 驅而遠之.

82) ▲: 問: “‘至誠盡性, 盡人, 盡物’如何是‘盡’?” 曰: “性便是仁義禮智. ‘盡’云者, 無所往而不盡也. 盡於此不盡於彼, 非盡也, 盡於外不盡於內, 非盡也. 盡得這一件, 那一件不盡, 不謂之盡, 盡得頭, 不盡得尾, 不謂之盡. 如性中之仁, 施之一家, 而不能施之宗族, 施之宗族, 不能施之鄕黨, 施之鄕黨, 不能施之國家天下, 皆是不盡. 至於盡禮, 盡義, 盡智, 亦如此. 至於盡人, 則凡或仁或鄙, 或夭或壽, 皆有以處之, 使之各得其所. 至於盡物, 則鳥獸蟲魚, 草木動植, 皆有以處之, 使之各得其宜. 盡性盡人盡物, 大概如此.” 又問: “盡心亦是如此否?” 曰: “未要說同與不同. 且須自看如何是心? 如何是性? 便自見得不同處. 如問黑白, 且去認取那箇是白? 那箇是黑? 則不必問, 而自能知其不同矣.” 因曰: “若說大概: 則盡心是知, 盡性是行, 盡心是見得箇渾淪底, 盡性是於零碎事物上見, 盡心是見得許多條緖都包在裏許, 盡性則要隨事看, 無一之或遺. 且如人之一身, 雖未便要歷許多事, 十事盡得五事, 其餘五事心在那上, 亦要盡之. 其他事, 力未必能爲, 而有能爲之理, 亦是盡也. 至誠之人, 通身皆是實理, 無少欠闕處, 故於事事物物無不盡也.”【枅】

83) ▲: 至誠

84) ▲: 若只明得盡, 如何得與天地參去? 這一箇是無不得底, 故曰‘與天地參而爲三矣.’”

85) ▲: 盡人性, 盡物性, 性只一般, 人物氣稟不同.

86) ▲: 然物只到得這裏, 此亦是敎化,

【淳】

64:53 盡己之性, 如在君臣則義, 在父子則親, 在兄弟則愛之類, 己無一之不盡. 盡人之性, 如黎民時雍, 各得其所. 盡物之性, 如鳥獸草木咸若. 如此, 則可以"贊天地之化育", 皆是實事, 非私心之倣像也.【人傑】

64:54 "能盡其性, 則能盡人之性, 能盡人之性, 則能盡物之性." 只是恁地貫將去, 然卻有箇"則"字在.【節】

64:55 ▲[87] 然天人所爲, 各自有分, 人做得底, 卻有天做不得底. 如天能生物, 而耕種必用人, 水能潤物, 而灌漑必用人, 火能熯物, 而薪爨必用人. 財[88]成輔相, 須是人做, 非贊助而何? 程先生言: "'參贊'之義, 非謂贊助." 此說非是.【閎祖】

64:56 ▲[89]天下事有不恰好處, 被聖人做得都好. 丹朱不肖, 堯則以天下與人. 洪水汎[90]濫, 舜尋得禹而民得安居. 桀・紂暴虐, 湯・武起而誅之.

64:57 程子說贊化處, 謂"天人所爲, 各自有分", 說得好!【淳】

64:58 ▲[91] 只聖人之至誠, 一齊具備. 『中庸』於此皆分作兩截言. 至誠則渾然天成, 更無可說. 如下文卻又云'誠之者人之道', '其次致曲,

87) ▲: "贊天地之化育." 人在天地中間, 雖只是一理,
88) 財: 賀本에서는 裁로 되어 있다.
89) ▲: 聖人"贊天地之化育." 蓋
90) 汎: 成化本에서는 泛으로 되어 있다.
91) ▲: 問: "惟天下至誠, 爲能盡其性." 曰: "此已到到處, 說著須如此說, 又須分許多節次.

曲能有誠', 皆是教人做去. ▲[92] 問: "贊化育, 常人如何爲得?" 曰: "常人雖不爲得, 亦各有之." 曰: "此事惟君相可爲." 曰: "固然. 以下亦有其分, 如作邑而禱雨之類, 皆是."【可學】

64:59 問: "『中庸』兩處說'天下之至誠', 而其結語一則曰'贊天地之化有[93]', 一則曰'知天地之化有[94].' '贊'與'知'兩字如何分?" 曰: "前一段是從裏面說出, 後段是從下面說上, 如'修道之謂敎'也. '立天下之大本', 是靜而無一息之不中. 知化育, 則知天理之流行."[95] ▲[96]

「第二十三章」

64:60 "其次致曲"▲[97] "只緣氣稟不齊, 若至誠盡性, 則查[98]滓便渾化, 不待如此."【炎】

64:61 曲, 是氣稟之偏, 如稟得木氣多, 便溫厚慈祥, 從仁上去發, 便不見了發強剛毅. 就上推長充擴, 推而至於極, 便是致. 氣稟篤於孝, 便從孝上致曲, 使吾之德渾然是孝, 而無分毫不孝底事. 至於動人而變化之, 則與至誠之所就者無殊.【升卿】

64:62 ▲[99]至誠盡性, 則全體著見. 次於此者, 未免爲氣質所隔. 只

---

92) ▲: 如'至誠無息'一段, 諸儒說多不明, 卻是古注是. 此是聖人之至誠, 天下久則見其如此, 非是聖人如此節次. 雖堯·舜之德, 亦久方著於天下."

93) 有: 『朱子語類』에서는 育으로 되어 있다.

94) 有: 『朱子語類』에서는 育으로 되어 있다.

95) 則知天理之流行.": 徽州本에서는 이 뒤에 【廣】이 더 들어 있다.

96) ▲: 【賀孫錄云: "或問: '贊化育與知化育, 何如?' 曰: '〈盡其性〉者, 是從裏面說將出, 故能盡其性, 則能盡人物之性以贊天地之化育. 〈經綸天下之大經〉者, 是從下面說上去, 如〈修道之敎〉是也'云云."】

97) ▲: 先生云:

98) 查: 賀本에서는 渣로 되어 있다.

99) ▲: 劉潛夫問"致曲." 曰: "只爲氣質不同, 故發見有偏. 如

如人氣質溫厚, 其發見者必多是仁, 仁多便侵卻那義底分數, 氣質剛毅, 其發見者必多是義, 義多便侵卻那仁底分數." 因指面前燈籠曰: "且如此燈, 乃本性也, 未有不光明者. 氣質不同, 便如燈籠用厚紙糊, 燈便不甚明, 用薄紙糊, 燈便明似紙厚者, 用紗糊, 其燈又明矣. 撤去籠, 則燈之全體著見, ▲[100]理正如此也."【文蔚】

64:63 ▲[101]

64:64 ▲[102]

64:65 ▲[103]

64:66 ▲[104] 問: "如此, 恐將來只就所偏處成就." 曰: "不然. 或仁或義, 或孝或弟, 更互而發, 便就此做致曲工夫."【德明】[105]

64:67 ▲[106]

64:68 ▲[107]四端, 隨人所稟, 發出來各有偏重處, 是一偏之善."

100) ▲: 其
101) ▲: 問"致曲." 曰: "須件件致去, 如孝, 如悌, 如仁義, 須件件致得到誠處, 始得."【賜】
102) ▲: 問"致曲." 曰: "曲是逐事上著力, 事事上推致其極. 如事君則推致其忠, 事親則推致其孝, 與人交則推致其信, 皆事事上推致其極."【謙】
103) ▲: 問: "'致曲'莫是就其所長上推致否?" 曰: "不只是所長, 謂就事上事事推致. 且如事父母, 便就這上致其孝, 處兄弟, 便致其恭敬, 交朋友, 便致其信, 此所謂'致曲'也. 能如此推致, 則能誠矣. 曲不是全體, 只是一曲."【洽】
104) ▲: 問: "'致曲'是就偏曲處致力否?" 曰: "如程子說'或孝或弟, 或仁或義', 所偏發處, 推致之各造其極也."
105)【德明】: 賀本에서는【明德】으로 되어 있다.
106) ▲: 問: "'致曲', 伊川說從一偏致." 曰: "須件件致去. 如孝悌, 須件件致得到誠孝誠弟處. 如仁義, 須件件致到仁之誠・義之誠處."【夔孫】
107) ▲: 問: "'其次致曲', 注所謂'善端發見之偏', 如何?" 曰: "人所稟各有偏善, 或稟

【寓】

64:69 ▲108) "隨其善端發見於此, 便就此上推致以造其極, 發見於彼, 便就彼上推致以造其極, 非是止就其發見一處推致之也. 如『孟子』'充其無欲害人之心, 而仁不可勝用, 充無穿窬之心, 而義不可勝用', 此正是致曲處. 東坡文中有一處說得甚明. 如從此惻隱處發, 便從此發見處推致其極, 從羞惡處發, 便就此發見處推致其極, 孟子所謂擴充其四端是也. 曲無不致, 則德無不實, 而明著動變積而至於能化, 亦與聖人至誠無異矣." 【銖】

64:70 問"致曲." 曰: "伊川說得好, 將曲專做好處, 所以云'或仁或義, 或孝或弟', 就此等處推致其極." ▲109)問: "『或問』卻作'隨其所稟之厚薄', 而以伊川之言爲未盡, 不可專就偏厚處說者, 如何?" 曰: "不知舊時何故如此說." 或曰: "所稟自應有厚薄, 或厚於仁, 薄於義, 或厚於義, 薄於仁. 須是推致教它恰好, 則亦不害爲厚薄矣." 曰: "然. 也有這般處. 然觀其下文'曲能有誠'一句, 則專是主好說. 蓋上章言'盡性', 則統體都是誠了. 所謂'誠'字, 連那'盡性'都包在裏面, 合下便就那根頭一盡都盡, 更無纖毫欠闕處. '其次致曲', 則未能如此, 須是事事上推致其誠, 逐旋做將去, 以至於盡性也. ▲110) 蓋曲處若不能有其誠, 則其善端之發見者, 或存或亡, 終不能實有諸已. 故須就此一偏發見處, 便推致之, 使有誠則不失也." 又問: "'明・動・變・化', 伊川以'君子所過者化'解'動'字, 是和那'變化'二字都說在裏面否?" 曰: "動, 是方感動他, 變, 則已改其舊俗, 然尙有痕瑕在, 化, 則都消化了, 無復痕迹矣." 【僩】

得剛强, 或稟得和柔, 各有一偏之善. 若就它身上更求其它好處, 又不能如此. 所以就其善端之偏而推極其全. 惻隱・羞惡・是非・辭遜

108) ▲: 問: "'其次致曲', 是'就其善端發見之偏而悉推致之', 如何?" 曰:

109) ▲: 又

110) ▲: '曲能有誠'一句, 猶言若曲處能盡其誠, 則'誠則形, 形則著'云云也.

64:71 ▲111) 直卿以爲▲112) 旣是四端, 安得謂之'曲'?" 曰: "四端先後互發, 豈不是曲? 孟子云'知皆擴而充之', 則自可見. 若謂只有此一曲, 則是夷・惠之偏, 如何得該偏? 聖人具全體, 一齊該了, 然而當用時亦只是發一端. 如用仁, 則義禮智如何上來得?" 問: "聖人用時雖發一端, 然其餘只平鋪在, 要用卽用, 不似以下人有先後間斷之異, 須待擴而後充." 曰: "然." 又問: "顏・曾以下皆是致曲?" 曰: "顏子體段已具, 曾子卻是致曲, 一一推之, 至答一貫之時, 則渾合矣." 問: "所以必致曲者, 只是爲氣稟隔, 必待因事逐旋發見?" 曰: "然." 又問: "程子說'致曲'云: '於偏勝處發.' 似未安. 如此, 則專主一偏矣." 曰: "此說甚可疑. 須於事上論, 不當於人上論."【可學】

64:72 問: "▲113)與『易』中'納約自牖'之意, 亦略相類. '納約自牖'是因人之明而導之, '致曲'是因己之明而推之. ▲114)" 曰: "正是如此."【時擧】

64:73 ▲115)

64:74 ▲116)問: "'曲能有誠', 若此句屬上句意, 則曲是能有誠, 若是屬下句意, 則曲若能有誠, 則云云. 此有二意, 不知孰穩?" 曰: "曲也是能有誠, 但要之不若屬下意爲善." ▲117)【義剛】

---

111) ▲: 問: "前夜與直卿論'致曲'一段, 『或問』中擧『孟子』四端'擴而充之',

112) ▲: 未安.

113) ▲: '其次致曲'

114) ▲: 是如此否?

115) ▲: 元德問"其次致曲, 曲能有誠." 曰: "凡事皆當推致其理, 所謂'致曲'也. 如事父母, 便來這裏推致其孝, 事君, 便推致其忠, 交朋友, 便推致其信. 凡事推致, 便能有誠. 曲不是全體, 只是一曲. 人能一一推之, 以致乎其極, 則能通貫乎全體矣."【時擧】

116) ▲: 子武

117) ▲: 又問"誠者自成, 道者自道." 曰: "'自成', 是就理說, '自道', 是就我說. 有這實理, 所以有此萬物. 誠者, 所以自成也, 道卻在我自道."

64:75 ▲118) 誠則不曲矣. 蓋誠者, 圓成無欠闕者也.【方】

64:76 ▲119)

64:77 ▲120)問: "動非明, 則無所之, 明非動, 則無所用." 曰: "徒明不行, 則明無所用, 空明而已. 徒行不明, 則行無所向, 冥行而已."【伯羽】

64:78 ▲121) 動與變化, 皆主乎外而言之.【人傑】

「第二十四章」

64:79 ▲122) "在我無一毫私僞, 故常虛明, 自能見得. 如禎祥・妖孽與蓍龜所告, 四體所動, 皆是此理已形見, 但人不能見耳. 聖人至誠無私僞, 所以自能見得. 且如蓍龜所告之吉凶甚明, 但非至誠人卻不能見也."【銖】

「第二十五章」

64:80 ▲123) "誠者, 是箇自然成就底道理, 不是人去做作安排底物事. 道自道者, 道卻是箇無情底道理, 卻須是人自去行始得. 這兩句只是一樣, 而義各不同. 何以見之? 下面便分說了." 又曰: "誠者自成, 如這箇草樹所以有許多根株枝葉條幹者, 便是它實有. 所以有許多根

118) ▲: "曲能有誠", 有
119) ▲: "明則動." 伊川云: "明, 故能動人也."【振】
120) ▲: 仲思
121) ▲: "明則動, 動則變, 變則化."
122) ▲: 問"至誠之道, 可以前知." 曰:
123) ▲: 問"誠者, 自成也, 而道自道也." 曰:

株枝葉條幹, 這箇便是自成, ▲124)你自實有底. 如人便有耳目鼻口手足百骸, 都是你自實有底道▲125). 雖是自然底道理, 然卻須你自去做, 始得."【僩】

64:81 ▲126) 上句是孤立懸空說這一句, 四旁都無所倚靠. 蓋有是實理, 則有是天, 有是實理, 則有是地. 如無是實理, 則便沒這天, 也沒這地. 凡物都是如此, 故云'誠者自成', 蓋本來自成此物. 到得'道自道', 便是有這道在這裏, 人若不自去行, 便也空了." ▲127)問: "既說'物之所以自成', 下文又云'誠以心言', 莫是心者物之所存主處否?" 曰: "'誠以心言'者, 是就一物上說. 凡物必有是心, 有是心, 然後有是事. 下面說'誠者物之終始', 是解'誠者自成'一句. '不誠無物', 已是說著'自道'一句了. 蓋人則有不誠, 而理則無不誠者. 恁地看, 覺得前後文意相應."【賀孫】

64:82 ▲128) 兩句語勢相似, 而先生之解不同, 上句工夫在'誠'字上, 下句工夫在'行'字上." 曰: "亦微不同. '自成'若只做'自道'解, 亦得." 某因言: "妄意謂此兩句只是說箇爲己不得爲人, 其後卻說不獨是自成, 亦可以成物." 先生未答, 久之, 復曰: "某舊說誠有病. 蓋誠與道, 皆泊在'誠之爲貴'上了. 後面卻便是說箇合內外底道理. 若如舊說, 則誠與道成兩物也."【義剛】

64:83 問: "'誠者自成', 便是'鬼神體物而不可遺', '而道自道', 便是'道不可離.' 如何?" 曰: "也是如此. '誠者物之終始', 說得來好."【廣】

---

124) ▲: 是
125) ▲: 理
126) ▲: "'誠者, 自成也, 而道自道也.'
127) ▲: 賀孫
128) ▲: 問: "'誠者, 自成也, 而道自道也.'

64:84 “誠者, 自成也.” 下文云: “誠者物之終始, 不誠無物.” 此二句便解上一句. 實有是理, 故有是人, 實有是理, 故有是事. 【夔孫】

64:85 “誠者, 物之終始”, 徹頭徹尾. 【方】

64:86 ▲129) 人之生, 固具此理, 及其死時, 此理便散了.” 因問“朝聞夕死.” “程子云: ‘皆實理也.’” 又云: “實理者, 合當決定是如此. 爲子必孝, 爲臣必忠, 決定是如此了.” 【燾】

64:87 “誠者物之終始”, 猶言“體物而不可遺”, 此是相表裏之句. 從頭起至結局, 便是有物底地頭, 著一些急不得. 又曰: “有一尺誠, 便有一尺物, 有一寸誠, 便有一寸物.” 【高】

64:88 ▲130) 未可恁地執定說了. 誠有主事而言者, 有主理而言者. 蓋‘不誠無物’, 是事之實然. 至於參贊化育, 則便是實然之理.” 【道夫】

64:89 ▲131) 自開闢以來, 以至人物消盡, 只是如此. 在人之心, 苟誠實無僞, 則徹頭徹尾, 無非此理. 一有間斷, 則就間斷處, 卽非誠矣. 如聖人至誠, 便是自始生至沒身, 首尾是誠. 顏子不違仁, 便是自三月之初爲誠之始, 三月之末爲誠之終, 三月以後, 便不能不間斷矣. ‘日月至焉’, 只就至焉時便爲終始, 至焉之外卽間斷而無誠, 無誠卽無物矣. 不誠, 則‘心不在焉, 視不見, 聽不聞’, 是雖謂之無耳目可也. 且如

---

129) ▲: 問: “‘誠者, 物之終始.’ 看來凡物之生, 必實有其理而生. 及其終也, 亦是此理合到那裏盡了.” 曰: “如

130) ▲: 蜚卿嘗言: “‘誠’字甚大, 學者未容驟語.” 道夫以爲, “誠者物之終始”, 始學之士所當盡心, 而聖人之所以爲聖人者, 亦不過如此, 正所謂徹上徹下之理也. 一日, 以語曹丈進叔. 曹曰: “如何?” 曰: “誠者, 實然之理而已.” 曹曰: “也說實然之理未得. 誠固實, 便將實來做誠, 卻不是.” 因具以告先生. 曰: “也

131) ▲: 問: “‘誠者, 物之終始, 不誠無物.’ 是實有是理, 而後有是物否?” 曰: “且看他聖人說底正文語脈, 隨‘誠者物之終始’, 卻是事物之實理, 始終無有間斷.

‘禘自旣灌而往不欲觀’, 是方灌時誠意存焉, 卽有其祭祀之事物, 及其誠意一散, 則雖有升降威儀, 已非所以爲祭祀之事物矣.”【大雅 ▲132)】

64:90 ▲133)如▲134)今對人說話, 若句句說實, 皆自心中流出, 這便是有物. 若是脫空誑誕, 不說實話, 雖有兩人相對說話, 如無物也. 且如草木自萌芽發生, 以至枯死朽腐歸土, 皆是有此實理, 方有此物. 若無此理, 安得有此物!【僩】

64:91 ▲135)

64:92 ▲136)

64:93 ▲137) 且如讀書, 一遍至三遍無心讀, 四遍至七遍方有心讀, 八遍又無心, 則是三遍以上與八遍, 如不曾讀相似.【節】

64:94 ▲138)

64:95 ▲139) 如視不明, 則不能見是物, 聽不聰, 則不能聞是物, 謂之無物亦可. 又如鬼怪妖邪之物, 吾以爲無, 便無, 亦是.”【今按: 無物

---

132) ▲: ○閎祖錄云: “不誠雖有物猶無物, 如禘自旣灌, 誠意一散, 如不祭一般.”
133) ▲: “誠者, 物之終始.” 來處是誠, 去處亦是誠. 誠則有物, 不誠則無物. 且
134) ▲: 而
135) ▲: “誠者, 物之終始, 不誠無物.” 誠, 便貫通乎物之終始, 若不誠, 則雖爲其事, 與無事同.【炎】
136) ▲: “誠者, 物之終始”, 以理而言, “不誠無物”, 以人而言. 不誠, 則有空闕, 有空闕, 則如無物相似.【節】
137) ▲: “誠者, 物之終始, 不誠無物.” 誠者, 事之終始, 不誠, 比不曾做得事相似.
138) ▲: “誠者, 物之終始, 不誠無物.” 如讀書, 半版以前, 心在書上, 則此半版有終有始. 半版以後, 心不在焉, 則如不讀矣.【閎祖】
139) ▲: “誠者, 物之終始.” 物之終始, 皆此理也, 以此而始, 以此而終. 物, 事也, 亦是萬物. “不誠無物”, 以在人者言之. 謂無是誠, 則無是物.

謂不能聞見是物, 及以爲無便無, 皆與章句不合. 姑存之. ○德明】

64:96 ▲[140]問: "▲[141] 先生於'不誠無物'一句亦以人言, 何也?" 曰: "'誠者, 物之終始', 此固汎[142]說. 若是'不誠無物', 這箇'不'字, 是誰不它? 須是有箇人不它, 方得." 【賀孫】[143]

64:97 問: "'誠者, 物之終始', 恐是就理之實而言. '不誠無物', 恐是就人心之實此理而言?" 曰: "非也. 此兩句通理之實・人之實而言. 有是理, 則有是物, ▲[144] 無是理, 則雖有是物, 若無是物矣. 蓋'物之終始', 皆實理之所爲也. 下「文言」'君子誠之爲貴', 方說人當實乎此理而言. 大意若曰, 實理爲'物之終始', 無是理, 則無是物, 故君子必當實乎此理也." 【銖】

64:98 "'誠者, 物之終始, 不誠無物.' 做萬物看亦得, 就事物上看亦得. 物以誠爲體, 故不誠則無此物. 終始, 是徹頭徹尾底意." ▲[145] 問: "楊氏云: '四時之運已, 卽成物之功廢.'" 曰: "只爲有這些子, 如無這些子, 其機關都死了." 再問: "爲其'至誠無息', 所以'四時行, 百物生', 更無已時. 此所以'維天之命, 於穆不已'也." 曰: "然." 【德明】

64:99 ▲[146] 且如人爲孝, 若是不誠, 恰似不曾, 誠便是事底骨子." 【文蔚】

---

140) ▲: 正淳

141) ▲: '誠者, 物之終始, 不誠無物.' 此二句是汎說. '故君子誠之爲貴', 此卻說從人上去.

142) 汎: 成化本에서는 泛으로 되어 있다.

143) 【賀孫】: 賀本에서는 【人傑】로 되어 있다.

144) ▲: 天下之物, 皆實理之所爲. 徹頭徹尾, 皆是此理所爲. 未有無此理而有此物也.

145) ▲: 問: "『或問』中云'自其間斷之後, 雖有其事, 皆無實之可言', 何如?" 曰: "此是說'不誠無物.' 如人做事, 未做得一半, 便棄了, 卽一半便不成."

146) ▲: 問"不誠無物." 曰: "誠, 實也.

64:100 ▲147)

64:101 ▲148)

64:102 "不誠無物." 人心無形影, 惟誠時方有這物事. 今人做事, ▲149)做到九分, 這一分無誠意, 便是▲150)一分無功.

○151) 因問: "舊嘗聞有人問'不誠無物', 先生答曰: '秉彝不存, 謂之無人可也, 中和不存, 謂之無禮樂可也.' 還是先生所言否?" 曰: "不記有無此語. 只如此說, 也卻無病." 【道夫】

64:103▲152)

64:104 ▲153)

64:105 ▲154)

64:106 ▲155) 此"自成"字與前面不同. 蓋怕人只說"自成", 故言"非自

---

147) ▲: 或問"不誠無物." 曰: "誠, 實也. 且如爲孝, 若不實是孝, 便是空說, 無這孝了, 便是'不誠無物.'"

148) ▲: 或問"不誠無物." 曰: "孝而不誠於孝則無孝, 弟而不誠於弟則無弟. 推此類可見. 誠, 只是實然之理, 然有主於事而言者, 有主於理而言者. 主於事而言, '不誠無物'是也, 主於理而言, '贊天地化育'之類是也."

149) ▲: 若初間有誠意, 到半截後意思懶散, 謾做將去, 便只是前半截有物, 後半截無了. 若

150) ▲: 這

151) ○: 『朱子語類』의 69:150의 일부이다.

152) ▲: 問"不誠無物." 曰: "實有此理, 便實有此事. 且如今日向人說我在東, 卻走在西, 說在這一邊, 卻自在那一邊, 便都成妄誕了!" 【榦】

153) ▲: 問"不誠無物." 曰: "不誠實, 則無此事矣. 如不雨言雨, 不晴言晴, 旣無誠實, 卻似不曾言一般." 【銖】

154) ▲: "誠者, 物之終始", 指實理而言, "君子誠之爲貴", 指實心而言. 【僩】

成己, 乃所以成物." 故成己便以仁言, 成物便以知言. 蓋成己·▲156)物, 固無內外之殊, 但必先成己, 然後能成物, 此道之所以當自行也.【夔孫】

64:107 ▲157) 自成己言之, 盡己而無一毫之私僞, 故曰仁, 自成物言之, 因物成就而各得其當, 故曰知. 此正與'學不厭, 知也, 敎不倦, 仁也'相反. 然聖賢之言活, 當各158)隨其所指而言, 則四通八達矣. ▲159)【銖】

64:108 問: "成己合言知, 而言仁, 成物合言仁, 而言知, 何也?" 曰: "'克己復禮爲仁', 豈不是成己? '知周乎萬物而道濟天下', 豈不是成物? 仁者, 體之存, 知者, 用之發."【燾】

64:109 ▲160)

64:110 "學不厭", 所以成己, 而成己之道在乎仁. "敎不倦", 所以成物, ▲161)之功由乎知.【因看呂氏『中庸解』"誠者自成"章未辨論, 爲下此語. ○方】

64:111 ▲162) 問: "'時措之宜', 是顏·稷閉戶纓冠之義否?" 曰: "亦有此意. 須是仁知具, 內外合, 然後有箇'時措之宜.'" 又云: "如平康無事

155) ▲: "誠者非自成己而已."
156) ▲: 成
157) ▲: 問: "誠者非自成己而已也, 所以成物也. 成己, 仁也, 成物, 知也." 曰: "誠雖所以成己, 然在我眞實無僞, 自能及物.
158) 各: 孝宗刊本·英祖刊本·成化本에서는 合으로 되어 있다.
159) ▲: 仁, 如'克己復禮'皆是, 知, 如應變曲當皆是."
160) ▲: "成己, 仁也", 是體, "成物, 知也", 是用. "學不厭, 知也", 是體, "敎不倦, 仁也", 是用.【閎祖】
161) ▲: 而成物
162) ▲: 問: "'成己, 仁也, 成物, 知也.' 成物如何說知?" 曰: "須是知運用, 方成得物."

時, 是一般處置, 倉卒緩急時, 又有一樣處置."【德明】

「第二十六章」

64:112 ▲[163] "不息, 只如言無息, 游·楊氏分無息爲至誠, 不息所以體乎誠, 非是."【銖】

64:113 ▲[164] "除是久, 然後有徵驗. 只一日兩日工夫, 如何有徵驗!"【德明】

64:114 ▲[165]問: "以存諸中者而言, 則悠久在高明·愽[166]厚之前, 見諸用者而言, 則悠久在愽[167]厚·高明之後, 如何?" 曰: "此所以爲悠久也. 若始初悠久, 末稍[168]不悠久, 便是不悠久矣."【燾】

64:115 愽[169]則能厚.【節】

64:116 ▲[170] 自'徵則悠遠', 至'愽[171]厚·高明·無疆', 皆是功業著見如此. 故鄭氏云: '聖人之德, 著于[172]四方.' 又'致曲'章'明則動', 諸說多就性分上理會. 惟伊川云: '〈明則動〉, 是誠能動人也.'" 又說: "'著則明', 如見面盎背是著, 若明, 則人所共見, 如'令聞廣譽施於身'之類."

---

163) ▲: 問: "'至誠無息, 不息則久', 果有分別否?" 曰:
164) ▲: 問: "'久則徵', 徵, 是徵驗發見於外否?" 曰:
165) ▲: 或
166) 愽: 英祖刊本·成化本·賀本에서는 博으로 되어 있다.
167) 愽: 英祖刊本·成化本·賀本에서는 博으로 되어 있다.
168) 稍: 英祖刊本·賀本에서는 梢로 되어 있다.
169) 愽: 英祖刊本·成化本·賀本에서는 博으로 되어 있다.
170) ▲: 問"悠久·博厚·高明." 曰: "此是言聖人功業,
171) 愽: 英祖刊本·成化本·賀本에서는 博으로 되어 있다.
172) 于: 賀本에서는 於로 되어 있다.

【德明】

64:117 問: "'▲[173] 自是聖人與天爲一處, ▲[174] 學者正[175]此不免有望洋之嘆[176]." 曰: "亦不須如此, 豈可便道自家終不到那田地! 只是分別義理令分明, 旋做將去." 問: "▲[177]『章句』中取鄭氏說, ▲[178] 豈以聖人之誠自近而遠, 自微而著, 如『書』稱堯'光被四表, 格于上下'者乎?" 曰: "亦須看它一箇氣象, 自'至誠無息, 不息則久', 積之自然如此."【德明】

64:118 "至誠無息"一段, ▲[179] 諸家多將做進德次第說. 只一箇"至誠"已該了, 豈復更有許多節次, ▲[180]【閎祖】

64:119 問: "▲[181]'悠'與'久'字, 其義恐亦各別?" 先生良久曰: "悠, 長也. 悠, 是自今觀後, 見其無終窮之意, 久, 是就他骨子裏說, 鎭常如此之意." 翌早又云: "昨夜思量下得兩句: '悠是據始以要終, 久是隨處而常在.'"【廣】

64:120 呂氏說: "有如是廣愽[182], 則其勢不得不高, 有如是深厚, 則其精不得不明." 此兩句甚善. 『章句』中雖是用他意, 然當初只欲辭簡,

---

173) ▲: 至誠無息'一章,
174) ▲: 廣大淵微,
175) 正: 『朱子語類』에서는 至로 되어 있다.
176) 嘆: 『朱子語類』에서는 歎으로 되어 있다.
177) ▲: '悠遠 · 博厚 · 高明',
178) ▲: 謂'聖人之德, 著於四方',
179) ▲: 鄭氏曰: "言至誠之德, 著于四方." 是也.
180) ▲: 不須說入裏面來. 古注有不可易處, 如"非天子不議禮"一段, 鄭氏曰: "言作禮樂者, 必聖人在天子之位." 甚簡當.
181) ▲: '博厚 · 高明 · 悠久'六字, 先生解云: '所積者廣博而深厚, 則所發者高大而光明.' 是逐字解. 至'悠久'二字, 卻只做一箇說了. 據下文'天地之道, 博也, 厚也, 高也, 明也, 悠也, 久也', 則
182) 愽: 英祖刊本 · 成化本 · 賀本에서는 博으로 되어 있다.

故反不似他說得分曉. 譬如爲臺觀, 須是大做根基, 方始上面可以高大. 又如萬物精氣蓄於下者深厚, 則其發越于[183]外者自然光明.【廣】

64:121 ▲[184]

64:122 ▲[185]

64:123 ▲[186]

64:124 ▲[187]

「第二十七章」

64:125 ▲[188] 此一段, 有大處, 做大處, 有細密處, 做細密處, 有渾淪處, 做渾淪處.【方子】

64:126 ▲[189]春生夏長・秋收冬藏便是聖人之道. 不成須要聖人使他發育, 方是聖人之道. '峻極于天', 只是充塞天地底意思."【學蒙】

64:127 ▲[190]

183) 于: 賀本에서는 於로 되어 있다.
184) ▲: 或問"天昭昭之多." 曰: "昭昭, 小明也. 管中所見之天也是天, 恁地大底也是天."【節】
185) ▲: 問: "'天斯昭昭', 是指其一處而言, '及其無窮', 是舉全體而言. 向來將謂天地山川, 皆因積累而後大." 曰: "擧此全體而言, 則其氣象功效自是如此."【銖】
186) ▲: 天地山川非由積累而後大, 讀『中庸』者不可以辭害意耳.【振】
187) ▲: 問"純亦不已." 曰: "純便不已. 若有間斷, 便是駁雜."【燾】
188) ▲: "大哉聖人之道!"
189) ▲: 或問"聖人之道, 發育萬物, 峻極于天"! 曰: "卽
190) ▲: "禮儀三百, 威儀三千, 優優大哉!" 皆是天道流行, 發見爲用處.【祖道】

64:128 "優優大哉! 禮儀三百, 威儀三千." 一事不可欠闕. 才闕一事, 便是於全體處有虧也.【佛釋之學, 只說道無不存, 無適非道, 只此便了, 若有一二事差也不妨. ○人傑】

64:129 聖人將那廣大底收拾向實處來, 教人從實處做將去. 老・佛之學則說向高遠處去, 故都無工夫了聖人雖說本體如此, 及做時, 須事事着實. 如禮樂刑政, 文爲制度, 觸處都是. 體用動靜, 互換無端, 都無少許空闕處. 若於此有一毫之差, 則便於本體有虧欠處也. "洋洋乎, 禮儀三百, 威儀三千." 洋洋是流動充滿之意.【廣】

64:130 ▲191)"至德固是誠, 但此章卻漾了誠說192). 若牽來說, 又亂了. 蓋它此處且是要說道非德不凝, 而下文遂言修德事." ▲193)【賀孫】

64:131 "'德性'猶言義理之性?" 曰: "然."【閎祖】

64:132 不"尊德性", 則懈怠弛慢矣, 學問何從而進?【升卿】

64:133 ▲194)

64:134 "廣大"似所謂"理一", "精微"似所謂"分殊."【升卿】

64:135 ▲195)

---

191) ▲: 問"苟不至德, 至道不凝焉." 曰:
192) 但此章卻漾了誠說: 徽州本에서는 但此章卻漾了誠不說로 되어 있다.
193) ▲: 或問: "'大德必得其位, 必得其祿, 必得其壽.' 堯・舜不聞子孫之盛, 孔子不享祿位之榮, 何也?" 曰: "此或非常理. 今所說, 乃常理也." 因言: "董仲舒云: '固當受祿于天.' 雖上面疊說將來不好, 只轉此句, 意思儘佳."
194) ▲: 問: "如何是'德性'? 如何可尊?" 曰: "玩味得, 卻來商量."【祖道】
195) ▲: "致廣大", 謂心胸開闊, 無此疆彼界之殊, "極高明", 謂無一毫人欲之私, 以累

64:136 問: "'高明'是以理言, '中庸'是以事言否?"[196] 曰: "不是理與事. '極高明'是言心, '道中庸'是言學底事. 立心超乎萬物之表, 而不爲物所累, 是高明, 及行事則恁地細密, 無過不及, 是『中庸』." 【淳】

64:137 ▲[197] 此心本廣大, 若有一毫私意蔽之, 便狹小了, 此心本高明, 若以一毫私欲累之, 便卑污了. 若能不以一毫私意自蔽, 則其心開闊, 都無此疆彼界底意思, 自然能'致廣大', 惟不以一毫私欲自累, 則其心峻潔, 決無汙下昏冥底意思, 自然能'極高明.'" 因擧張子言曰: "陽明勝則德性用, 陰濁勝則物欲行." 【廣】

64:138 問: "「章句」▲[198]私意▲[199]私欲▲[200] 曰: "私意是心中發出來要去做底. 今人說人有意智, 但看此'意'字, 便見得是小, 所以不廣大. 私欲是耳目鼻口之欲, 今纔有欲, 則昏濁沉墜, 卽不高明矣. 某解此處, 下這般字義, 極費心思." 【枅】

64:139 ▲[201] "某本意解'廣大・高明', 不在接物與未接物 與未接物上[202], ▲[203]全在自蔽與自累上. 蓋爲私意所蔽時, 這廣大便被他隔了, 所以不廣大, 爲私欲所累時, 沉墜在物欲之下, 故卑汙而無所謂高

於己. 纔汩於人欲, 便卑汙矣! 【賀孫】

196) "'高明'是以理言, '中庸'是以事言否?": 成化本・徽州本에서는 "'極高明'是以理言, '道中庸'是以事言否?"로 되어 있다.

197) ▲: 問: "'致廣大', 『章句』以爲'不以一毫私意自蔽', '極高明', 是'不以一毫私欲自累.' 豈以上面已說'尊德性'是'所以存心而極乎道體之大', 故於此略言之歟?" 曰: "也只得如此說.

198) ▲: 云: '不以一毫

199) ▲: 自蔽, 不以一毫

200) ▲: 自累.' 如何是私意? 如何是私欲?"

201) ▲: 問: "注云: '不以一毫私意自蔽, 不以一毫私欲自累.' 意是心之所發處言, 欲是指物之所接處言否?" 曰:

202) 不在接物與未接物 與未接物上: 『朱子語類』에서는 不在接物與未接物上로 되어 있다.

203) ▲: 且看何處見得高明・廣大氣象. 此二句

明矣."【義剛】

64:140 ▲204) "極高明是就行處說, 言不爲私欲所累耳. 楊氏將作知說, 不是. 大率楊氏愛將此等處作知說去."【"尊德性・致廣大・極高明・溫故・敦厚", 皆是說行處, "道問學・盡精微・道中庸・知新・崇禮", 皆是說知處. ○銖】

64:141 "極高明"須要"道中庸", 若欲高明而不道中庸, 則將流入於佛・老之學. 且如儒者遠庖廚, 佛・老則好高之過, 遂至戒殺食素. 儒者"不邇聲色, 不殖貨利", 他是過於高明, 遂至絶人倫, 及欲割己惠人之屬. 如陸子靜, 天資甚麽高明! 卻是不道中庸後, 其學便誤人. 某嘗說, 陸子靜說道理, 有箇黑腰子. 其初說得瀾翻, 極是好聽, 少間到那緊處時, 又卻藏了不說, 又別尋一箇頭緒瀾翻起來, 所以人都捉他那緊處不着.【義剛】

64:142 問: "▲205)耳之於聲, 目之於色, 雖聖人亦不免此, 但盡其當然而已." 曰: "纔說得'不免'字, 便是聖人只勉强爲206)此, 其說近於佛・老, 且更子細看這一句."【佐】

64:143 ▲207) 溫故有七分工夫, 知新有三分工夫. 其實溫故則自然知新, 上▲208)五句皆然.【人傑】

64:144 ▲209)

---

204) ▲: 問: "楊氏說: '極高明而不知中庸之爲至, 則道不行, 此"知者過之"也, 尊德性而不知道問學, 則道不明, 此"賢者過之"也.' 恐說得不相似否?" 曰:

205) ▲: '極高明而道中庸.' 心體高明, 如天超然於萬物之上, 何物染著得他? 然其行於事物之間, 如

206) 爲: 賀本에서는 如로 되어 있다.

207) ▲: "溫故而知新."

208) ▲: 下

64:145 ▲[210] 厚是資質恁地朴[211]實, 敦是愈加他重厚, 此是培其基本.【夔孫】[212]

64:146 "溫故", 只是存得這道理在, 便是"尊德性." "敦厚", 只是箇朴[213]實頭, 亦是"尊德性."【閎祖】

64:147 ▲[214] "溫故自知新, '而'者, 順詞也. 敦厚者又須當崇禮始得. '以'者, 反說上去也. 世固有一種人天資純厚, 而不曾去學禮而不知禮者."【廣】[215]

64:148 問: "▲[216]溫故, 恐做不得大▲[217]?" 曰: "就知新言之, 便是新來方理會得那枝分節解底, 舊來已見得大體, 與他溫尋去, 亦有大小之意. '敦厚以崇禮', 謂質厚之人, 又能崇禮, 如云'質直而好義.'" 問: "'高明・中庸', 龜山每譏王氏心迹之判." 曰: "王氏處己處人之說固不是, 然高明・『中庸』亦須有箇分別."【德明】

64:149 ▲[218] 問學功[219]夫, 節目卻多, 尊德性工夫甚簡約. 且如伊

---

209) ▲: "敦厚"者, 本自厚, 就上更加增益底功.【升卿】
210) ▲: "敦厚以崇禮."
211) 朴: 成化本에서는 樸으로 되어 있다.
212)【夔孫】: 成化本에서는【蕞孫】으로 되어 있고, 徽州本에서는【賜】로 되어 있다.
213) 朴: 成化本에서는 樸으로 되어 있다.
214) ▲: 問: "'溫故而知新, 敦厚以崇禮', '而'與'以'字義如何?" 曰:
215)【廣】: 賀本에는 없다.
216) ▲: '德性・問學, 廣大・精微, 高明・中庸', 據『或問』中所論, 皆具大小二意. 如
217) ▲: 看
218) ▲: 文蔚以所與李守約答問書請教. 曰: "大概亦是如此. 只是'尊德性'功夫, 卻不在紙上, 在人自做. 自'尊德性'至'敦厚', 凡五件, 皆是德性上工夫. 自'道問學'至'崇禮', 皆是問學上工夫. 須是橫截斷看.
219) 功: 賀本에서는 工으로 되어 있다.

川只說一箇'主一之謂敬, 無適之謂一.' 只是如此, 別更無事. 某向來自說得尊德性一邊輕了, 今覺見未是. 上面一截便是一箇坯子, 有這坯子, 學問之功方有措處." 文蔚曰: "昔人多以前面三條分作兩截. 至'溫故而知新', 卻說是問學事, '敦厚以崇禮', 卻說是尊德性事. 惟先生一徑截斷, 初若可疑, 子細看來, 卻甚稹[220]密." 曰: "溫故大段省力, 知新則所造益深. 敦厚是德性上事. 纔說一箇'禮'字, 便有許多節文. 所以前面云'禮儀三百, 威儀三千', 皆是禮之節文. '大哉聖人之道! 洋洋乎, 發育萬物, 峻極于天!' 卻是上面事. 下學上達, 雖是從下學始, 要之只是一貫."【文蔚】

64:150 ▲[221] 如伊川言: '涵養須用敬, 進學則在致知.' 道問學而不尊德性, 則云云, 尊德性而不道問學, 則云云."【節】

64:151 爲學纖毫絲忽, 不可不察. 若小者分明, 大者越分明. 如『中庸』說"發育萬物, 峻極于天", 大也, "禮儀三百, 威儀三千", 細也. "尊德性・致廣大・極高明・溫故・敦厚", 此是大者▲[222], "道問學・盡精微・道中庸・知新・崇禮", 此是小者▲[223]. 然不先立得大者, 不能盡得小者. 此理愈說愈無窮, 言不可盡, 如"小德川流, 大德敦化", 亦此理. 千蹊萬壑, 所流不同, 各是一川, ▲[224]【從周】

64:152 ▲[225]

220) 稹: 孝宗刊本에서는 積으로 되어 있고, 英祖刊本・賀本·徽州本에서는 縝으로 되어 있다.

221) ▲: 問: "'尊德性而道問學', 何謂尊?" 曰: "只是把做一件物事, 尊崇抬起它." "何謂道?" 曰: "只是行, 如去做它相似. 這十件相類. '尊德性・致廣大・極高明・溫故・敦厚', 只是'尊德性', '盡精微・道中庸・知新・崇禮', 只是'道問學.'

222) ▲: 五事

223) ▲: 五事

224) ▲: 須是知得, 然其理則一.

225) ▲: "尊德性・致廣大・極高明・溫故・敦厚", 是一頭項, "道問學・盡精微・道中庸・知新・崇禮", 是一頭項. 蓋能尊德性, 便能道問學, 所謂本得而末自順

64:153 ▲226) "聖賢所謂愽227)學, 無所不學也. 自吾身所謂大經・大本, 以至天下之事事物物, 甚而一字半字之義, 莫不在所當窮, 而未始有不消理會者. 雖曰不能盡究, 然亦只得隨吾聰明力量理會將去, 久久須有所至, 豈不勝全不理會者乎! 若截然不理會者, 雖物過乎前, 不識其名, 彼亦不管, 豈窮理之學哉!"【燾】

64:154 ▲228) 細分則有十事. 其實只兩事, 兩事又只一事. 只是箇'尊德性', 卻將箇'尊德性'來'道問學', 所以說'尊德性而道問學'也."【枅】

64:155 "尊德性而道問學", 至"敦厚以崇禮", 自有十件了. 固是一般, 然又須有許多節奏, 方備. 非如今人云略見道理了, 便無工夫可做也.【璘】

64:156 ▲229) "愽230)我以文, 約我以禮", 兩邊做工夫都不偏.

64:157 問: "'溫故'如何是'存心之屬'?" 曰: "言涵養此已知底道理常在我也." "'道中庸'何以是'致知之屬'?" 曰: "行得到恰好處, 無些過與不及, 乃是知得分明, 事事件件理會得到一箇恰好處, 方能如此. 此足以見知與行互相發明滋養處." 又問: "'其言足以興', 興, 如何言'興起在位'?" 曰: "此古注語. '興', 如'興賢・興能'之'興.' '倍'與'背'同, 言忠於上而不背叛也."【銖】

也. 其餘四者皆然. 本卽所謂"禮儀三百", 末卽所謂"威儀三千." "三百"卽"大德敦化"也, "三千"卽"小德川流"也.【壽昌】

226) ▲: 聖賢之學, 事無大小, 道無精粗, 莫不窮究無餘. 至如事之切身者, 固未嘗不加意, 而事之未爲緊要, 亦莫不致意焉. 所以『中庸』曰: "君子尊德性而道問學, 致廣大而盡精微, 極高明而道中庸, 溫故而知新, 敦厚以崇禮." 這五句十件事, 無些子空闕處. 又云:

227) 愽: 英祖刊本・成化本・賀本에서는 博으로 되어 있다.

228) ▲: 問"尊德性而道問學"一段. 曰: "此本是兩事,

229) ▲: "尊德性・道問學"一段,

230) 愽: 英祖刊本・成化本・賀本에서는 博으로 되어 있다.

64:158 ▲231) 其下言“居上不驕, 爲下不倍. 國有道, 其言足以興, 國無道, 其默足以容.” 擧此數事, 言大小精粗, 一齊理會過, 貫徹了後, 盛德之效自然如此. 【閎祖】

64:159 問: “‘尊德性而道問學’, 行意在先, ‘擇善而固執’, 知意又在先. 如何?” 曰: “此便是互相爲用處. ▲232)道體之大處直是難守, 細處又難窮究. 若有上面一截, 而無下面一截, 只管道是我渾淪, 更不務致知, 如此則茫然無覺. 若有下面一截, 而無上面一截, 只管要纖悉皆知, 更不去行, 如此則又空無所寄. 如有一般人實是敦厚淳朴233), 然或箕踞不以爲非, 便是不崇禮. 若只去理會禮文而不敦厚, 則又無以居之. 所以‘忠信之人可以學禮’, 便是‘敦厚以崇禮.’” 【淳】

64:160 廣謂: “‘洋洋乎發育萬物, 峻極于天!’ 此是指道體之形於氣化者言之. ‘優優大哉! 禮儀三百, 威儀三千’, 此是指道體之形於人事者言之. 雖其大無外, 其小無內, 然必待人然後行.” 曰: “如此說, 也得, 只說道自能如此, 也得, 須看那‘優優大哉’底意思. 蓋三千三百之儀, 聖人之道無不充足, 其中略無些子空闕處, 此便是‘語小, 天下莫能破’也.” 廣云: “此段中間說許多存心與致知底工夫了, 末後卻只說‘居上不橋234), 爲下不倍. 國有道, 其言足以興, 國無道, 其默足以容’, 此所以爲中庸之道.” 曰: “固是. 更須看中間五句, 逐句兼小大言之, 與章首兩句相應, ▲235) 【▲236)廣】

---

231) ▲: “尊德性而道問學”一句是綱領. 此五句, 上截皆是大綱工夫, 下截皆是細密工夫. “尊德性”, 故能“致廣大・極高明・溫故・敦厚.” “溫故”是溫習此, “敦厚”是篤實此. “道問學”, 故能“盡精微・道中庸・知新・崇禮.”

232) ▲: ‘大哉聖人之道! 洋洋乎發育萬物, 峻極于天!’ 是言道體之大處. ‘禮儀三百, 威儀三千’, 是言道之細處. 只章首便分兩節來, 故下文五句又相因. ‘尊德性’至‘敦厚’, 此上一截, 便是渾淪處, ‘道問學’至‘崇禮’, 此下一截, 便是詳密處.

233) 朴: 成化本에서는 樸으로 되어 있다.

234) 橋: 『朱子語類』에서는 驕로 되어 있다.

235) ▲: 工夫兩下皆要到. ‘尊德性而道問學’, 此句又是總說.” 又問: “二十九章‘君子之道本諸身’以下, 廣看得第一第二句是以人己對言, 第三第六句是以古今對言,

64:161 問: "'居上不驕', 是指王天下者而言否?" 曰: "以下章'君子之道'處觀之, 可見." 【銖】

64:162 ▲[237)]

「第二十八章」

64:163 ▲[238)]

64:164 "有位無德而作禮樂, 所謂'愚而好自用', 有德無位而作禮樂, 所謂'賤而好自專.' 居周之世, 而欲行夏·殷之禮, 所謂'居今之世, 反古之道', 道卽指'議禮·制度·考文'之事. 議禮所以制行, 故'行同倫', 制度所以爲法, 故'車同軌', 考文所以合俗, 故'書同文.'" 問: "章句云'倫是次序之體', 如何?" 曰: "次序, 如等威節文之類. 禮[239)], 如'辨上

第四第五句是以隱顯對言, 不知是否?" 曰: "也是如此. '考諸三王而不謬, 百世以俟聖人而不惑', 猶釋子所謂以過去未來言也. 後面說知天知人處, 雖只擧後世與鬼神言, 其實是總結四句之義也. 『中庸』自首章以下, 多是對說將來. 不知它古人如何做得這樣文字, 直是恁地整齊!" 因言: "某舊年讀『中庸』, 都心煩, 看不得, 且是不知是誰做. 若以爲子思做, 又卻時復有箇'子曰'字, 更沒理會處. 【賀錄云: "漢卿看文字忒快. 如今理會得了, 更要熟讀, 方有汁水. 某初看『中庸』, 都理會不得云云. 只管讀來讀去, 方見得許多章段分明."】 蓋某僻性, 讀書須先理會得這樣分曉了, 方去涵泳它義理. 後來讀得熟後, 方見得是子思參取夫子之說, 著爲此書. 自是沉潛反覆, 逐漸得其旨趣, 定得今『章句』一篇. 其擺布得來, 直恁麽細密! 又如「太極圖」, 【賀孫錄云: "經許多人不與他思量出. 自某逐一與他思索, 方見得他如此精密."】 若不分出許多節次來, 後人如何看得? 但未知後來讀者知其用功如是之至否?"

236) ▲: 賀孫錄云: "亦如前人恁地用心否?" ○

237) ▲: 聖人說話, 中正不偏. 如揲蓍, 兩手皆有數, 不可謂一邊有道理, 一邊無道理. 它人議論, 才主張向這一邊, 便不信那邊有. 【因論橫渠·呂氏"尊德性·道問學"一段, 及此. ○螢】

238) ▲: 鄭康成解"非天子不議禮"云: "必聖人在天子之位然後可." 若解經得如此簡而明, 方好. 【大雅】

239) 禮: 賀本에서는 體로 되어 있다.

下, 定民志', 君臣父子貴賤尊卑相接之體[240], 皆是. 天子制此禮, 通天下共行之, 故其次第之體, 等威節文, 皆如一也."

64:165 問: "▲[241] 注云: '文, 書名也.' ▲[242] 曰: "如'大'字喚做'大'字, '上'字喚做'上'字, ▲[243] 此之謂書名, 是那字底名." ▲[244] 如看此兩段, 須先識取聖人功用之大, 氣象規模廣闊[245]處. '非天子不議禮, 不制度, 不考文.' 只看此數句, 是甚麼樣氣象! 若使有王者受命而得天下, 改正朔, 易服色, 殊徽號, 天下事一齊被他改換一番. 其切近處, 則自他一念之微而無毫釐之差, 其功用之大, 則天地萬物一齊被他剪截裁成過, 截然而不可犯. 須先看取這樣大意思, 方有益. ▲[246] 又曰: "'考文'者, 古者人不甚識字, 字易得差, 所以每歲一番, 使大行人之屬巡行天下, 考過這字是正與不正. 這般事有十來件, 每歲如此考過, 都匝了, 則三歲天子又自巡狩一番. 須看它這般做作處."【僩】

「第二十九章」

64:166 問"▲[247] 諸說以'下焉者'爲霸者之事, 不知霸者之事安得言善!" 曰: "如此說卻是."【銖】

---

240) 體: 賀本에서는 禮로 되어 있다.
241) ▲: 『中庸』: '非天子不議禮, 不制度, 不考文.'
242) ▲: 何以謂之'書名'?"
243) ▲: '下'字喚做'下'字,
244) ▲: 又問數處小節. 曰: "不必泥此等處. 道理不在這樣處, 便縱饒有道理, 寧有幾何!
245) 闊: 賀本에서는 大로 되어 있다.
246) ▲: 而今區區執泥於一二沒緊要字之間, 果有何益!"
247) ▲: 王天下有三重"章. 曰: "此章明白, 無可商量. 但三重說者多耳." 銖曰: "呂氏以三重爲議禮·制度·考文, 無可疑." 曰: "但'下焉者', 人亦多疑, 公看得如何?" 銖曰: "只據文義, '上焉者'指周公以前, 如夏商之禮已不可考, '下焉者'指孔子雖有德而無位, 又不當作, 亦自明白.

64:167 ▲[248] "此天地只是道耳, 謂吾建於此而與道不相悖也."【時擧】

64:168 問"'質諸鬼神而無疑', 只是'龜從, 筮從', '與鬼神合其吉凶'否?" 曰: "亦是. 然不專在此, 只是合鬼神之理." 問: "'君子之道本諸身', 『章句』中云'其道卽議禮・制度・考文之事', 如何?" 曰: "君子指在上之人. 上章言'雖有德, 苟無其位, 不敢作禮樂', 就那身上說, 只做得那般事者."【德明】

○[249] 又問: "二十九章'君子之道本諸身'以下, 廣看得第一第二句是以人己對言, 第三第六句是以古今對言, 第四第五句是以隱顯對言, 不知是否?" 曰: "也是如此. '考諸三王而不謬, 百世以俟聖人而不惑', 猶釋子所謂以過去未來言也. 後面說知天知人處, 雖只擧後世與鬼神言, 其實是總結四句之義也.【廣】

「第三十章」

64:169 問: "'下襲水土', 是因土地之宜否?" 曰: "是所謂'安土敦乎仁故能愛', 無往而不安."【文蔚】

64:170 大德是敦那化底, 小德是流出那敦化底出來. 這便如忠恕, 忠便是做那恕底, 恕便是流出那忠來底. 如中和, 中便是"大德敦化", 和便是"小德川流." 自古亘今, 都只是這一箇道理. "天高地下, 萬物散殊, 而禮制行矣, 流而不息, 合同而化, 而樂興焉." 聖人做出許多文章制度禮樂, 顚來倒去, 都只是這一箇道理做出來. 以至聖人之所以爲

---

248) ▲: 問: "'建諸天地而不悖', 以上下文例之, 此天地似乎是形氣之天地. 蓋建諸天地之間, 而其道不悖於我也." 曰:

249) ○: 『朱子語類』의 64:160의 일부이다.

聖, 賢人之所以爲賢, 皆只是這一箇道理. 人若是理會得那源頭, 只是這一箇物事, 許多頭項都有歸著, 如天下雨, 一點一點都著在地上.【僩】

64:171 問: "'此天地之所以爲大也', 是說聖人如天地之大否?" 曰: "此是巧說, 聖賢之言不如此. 此章言'仲尼祖述堯·舜, 憲章文·武, 上律天時, 下襲水土,【此兩句兼本末內外精粗而言.】 是言聖人功夫. '譬如天地之無不持載, 無不覆幬, 譬如四時之錯行, 如日月之代明', 是言聖人之德如天地. '萬物並育而不相害, 道並行而不相悖, 小德川流, 大德敦化', 是言天地之大如此. 言天地, 則見聖人."

「第三十一章」

64:172 問: "'至誠·至聖'如何分?" 曰: "▲[250] 至聖, 是其德之發見乎外者, 故人見之, 但見其'溥博[251]如天, 淵▲[252] 見而民莫不敬, 言而民莫不信', 至'凡有血氣者莫不尊親', 此其見於外者如此. 至誠, 則是那裏面骨子. 經綸大經, 立大本, 知化育, 此三句便是骨子, 那箇聰明睿知卻是這裏發出去. 至誠處, 非聖人不自知, 至聖, 則外人只見得到這處."【自"溥博[253]如天"至"莫不尊親"處.】 或曰: "至誠至聖, 亦可以體用言否?" 曰: "體用也不相似, 只是說得表裏."【僩】

64:173 ▲[254]問: "'▲[255] 禮智是自然之性能辨是非者, 睿知是說聖人聰明之德無所不能者." 曰: "便只是這一箇物事. 禮智是通上下而

250) ▲: '至聖·至誠', 只是以表裏言.
251) 博: 英祖刊本·成化本·賀本에서는 博으로 되어 있다.
252) ▲: 泉如淵,
253) 博: 英祖刊本·成化本·賀本에서는 博으로 되어 있다.
254) ▲: 安卿
255) ▲: 仁義禮智'之'智'與聰明睿知, 想是兩樣.

言, 睿知是充擴得較大. 爐中底便是那禮智, 如睿知, 則是那照天燭地底. '聰明睿知, 足有臨也', 某初曉那'臨'字不得. 後思之, 大概是有過人處, 方服得人. 且如臨十人, 須是强得那十人方得, 至於百人・千人・萬人皆然. 若臨天下, 便須强得天下方得. 所以道是'亶聰明, 作元后.' 又曰: '天生聰明', ▲[256] 又曰'聰明時憲.' 便是大故地[257]要那聰明."【義剛】

64:174 "睿"只訓通, 對"知"而言. 知是體, 睿是深通處.【端蒙】

64:175 問: "'文理密察', 龜山解云: '理於義也.'" 曰: "便是怕如此, 說這一句了未得, 又添一句, 都不可曉. 此是聖人於至纖至悉處無不謹審. 且如一物, 初破作兩片, 又破作四片, 若未恰好, 又破作八片, 只管詳密. 文是文章, 如物之文縷, 理是條理. 每事詳密審察, 故曰'足以有別.'"【德明】

64:176 聰察便是知, 强毅便是勇.【季札】

64:177 "溥愽[258]淵泉." 溥, 周遍, 愽[259], 宏大, 淵, 深沉, 泉, 便有箇發達不已底意.【道夫】

64:178 問: "▲[260]'如天如淵', ▲[261]'其天其淵', 不同▲[262]" 曰: "此意當以表裏觀之: '至聖'一章說發見處, '至誠'一章說存主處. 聖以德言, 誠則所以爲德也. ▲[263] 惟其如天▲[264]淵, 故'日月所照, 霜露所墜,

256) ▲: 又曰'聰明文思',
257) 地: 英祖刊本・賀本에서는 也로 되어 있다.
258) 愽: 英祖刊本・成化本・賀本에서는 博으로 되어 있다.
259) 愽: 英祖刊本・成化本・賀本에서는 博으로 되어 있다.
260) ▲: '至聖'章言
261) ▲: '至誠'章
262) ▲: 何也?

凡有血氣者, 莫不知尊而親之', 謂自其表而觀之則易也. 惟其天其淵, 故非'聰明聖知達天德者'不足以知之, 謂自其裏而觀之則難也."【枅】

64:179 ▲[265] "此亦不是兩人事. 上章是以聖言之, 聖人德業著見於世, 其盛大自如此. 下章以誠言之, 是就實理上說, '其淵其天', 實理自是如此."【德明】

「第三十二章」

64:180 ▲[266]問"▲[267]經綸"以下. 曰: "從上文來, 經綸合是用, 立本合是體." 問: "'知天地之化', 是與天地合否?" 曰: "然." ▲[268]【大雅】

64:181 ▲[269] 天地化育, 如春夏秋冬, 日月寒暑, 無一息之差. 知化者, 眞知其必然. 所謂知者, 言此至誠無僞, 有以默契也. '肫肫其仁'者, 人倫之間若無些仁厚意, 則父子兄弟皆不相管涉矣. 此三句從下說上."【"知天地之化育", 故能"立天下之大本", 然後能"經綸天下之大經." ○銖】

64:182 或問"夫焉有所倚." 曰: "自家都是實理, 無些欠闕. 經綸自經

---

263) ▲: 以德而言, 則外人觀其表, 但見其如天如淵, 誠所以爲德, 故自家裏面卻眞箇是其天其淵.

264) ▲: 如

265) ▲: 問: "上章言'溥博如天, 淵泉如淵', 下章只言'其淵其天', 章句中云'不但如之而已', 如何?" 曰:

266) ▲: 魏材仲

267) ▲: 惟天下至誠爲能

268) ▲: 又問: "四'强哉矯', 欲騈合爲一." 曰: "不然." 大雅云: "此是說强底體段, 若做强底工夫, 則須自學問思辨始." 曰: "固是. 智仁勇, 須是智能知, 仁能守, 斯可言勇. 不然, 則恃箇甚!"

269) ▲: 問"'經綸皆治絲之事, 經者, 理其緖而分之, 綸者, 比其類而合之.' 如何?" 曰: "猶治絲者, 先須逐條理其頭緖而分之, 所謂經也, 然後比其類而合之, 如打條者必取所分之緖, 比類而合爲一, 所謂綸也.

綸, 立本自立本, 知化育自知化育, 不用倚靠他物事然後能如此. 所謂‘爲仁由己, 而由人乎哉’之意, 他這道▲270) 經綸大經, 他那日用間底, 都是君臣父子夫婦人倫之理, 更不必倚著人, 只是從此心中流行於經綸人倫處, 便是法則. 此身在這裏, 便是立本. ‘知天地之化育’, 則是自知得飽相似, 何用靠他物?” 直卿云: “便是‘不思不勉’之意思, 謂不更靠心力去思勉他. 這箇實理, 自然經綸大經, 立大本, 知化育, 更不用心力.” 【高】

64:183 ▲271) 聖人自是無所倚. 若是學者, 須是靠定一箇物事做骨子, 方得. 聖人自然如此, 它纔發出來, 便“經綸天下之大經, 立天下之大本.” 【僩】

64:184 ▲272) “堂堂然流出來, 焉有倚靠?” 【節】

64:185 問“▲273) 上面聖人是人, 下面聖人只是聖人之道耳.” 曰: “亦是人也. 惟有其人, 而後至誠之道乃始實見耳.” 【時擧】

「第三十三章」

64:186 ▲274)

64:187 ▲275)

---

270) ▲: 更無些空闕.
271) ▲: “夫焉有所倚?”
272) ▲: 林正卿問“焉有所倚.” 曰:
273) ▲: ‘惟天下至誠爲能經綸天下之大經’一章, 鄭氏注云: ‘唯聖人乃能知聖人.’ 恐
274) ▲: 問絅衣之制. 曰: “古注以爲禪衣, 所以襲錦衣者.” 又問“禪”與“單”字同異. 曰: “同. 沈存中謂絅與𦆀同, 是用𦆀麻織疏布爲之, 不知是否.” 【廣】
275) ▲: 問: “禪家‘禪’字甚義?” 曰: “他們‘禪’字訓定.” “‘尙絅’, 注謂‘禪衣’, 是甚衣?” 曰: “此‘禪’字訓單. 古人朝服必加絅, 雖未能曉其制, 想只如今上馬著白衫一般.

64:188 ▲[276]"『中庸』後面愈說得向裏來, 凡八引『詩』, 一步退似一步, 都用那般'不言・不動・不顯・不大'底字, 直說到'無聲無臭'則至矣."【廣 ○賀孫錄云: "賀孫云: '到此方還得他本體?' 曰: '然.'"】

64:189 問: "▲[277]'尙絅'一章▲[278]有窮理意思否?" 曰: '也須是知得道理如此, 方肯去謹[279]獨, 方肯去持養, 故'可與入德矣.' 但首章是自裏面說出外, 蓋自天命之性, 說到'天地位, 萬物育'處. 末章卻自外面一節收斂入一節, 直約到裏面'無聲無臭'處, 此與首章實相表裏也."【銖】

64:190 ▲[280] "只是收斂向內, 工夫漸密, 便自見得近之可遠, '風之自, 微之顯.'【黃錄無"近之"以下十字.】 君子之道, 固是不暴著于外. 然▲[281]'惡其文之著', 亦不是無文也, 自有文在裏. 淡則可厭, 簡則不文, 溫則不理. 而今卻不厭而文且理, 只緣有錦在裏. 若上面著布衫[282], 裏面著布襖, 便是內外黑窣窣地. 明道謂: '『中庸』始言一理, 中散爲萬事, 末復合爲一理.' 雖曰'合爲一理', 然自然有萬事在. 如云'不動而敬, 不言而信', 也是自有敬信在. 極而至於'無聲無臭', 然自有'上天之載'在. 蓋是其中自有, 不是都無也."【賀孫 ○義剛錄云: "天下只是這道理走不得. 如佛・老雖滅人倫, 然他卻拜其師爲父, 以其弟子爲子, 長者謂之師兄, 少者謂之師弟, 只是護得箇假底."】

裘以皮爲之, 袍如今夾襖."【寓】

276) ▲: 問: "'衣錦尙絅'章, 首段雖是再敘初學入德之要, 然也只是說箇存養致知底工夫, 但到此說得來尤密. 思量來'衣錦尙絅'之意, 大段好. 如今學者不長進, 都緣不知此理, 須是'闇然而日章.'" 曰:

277) ▲: 『中庸』首章只言戒懼愼獨, 存養省察兩節工夫而已. 篇末

278) ▲: 復發此兩條. 然學者須是立心之初, 眞箇有爲己篤實之心, 又能知得'遠之近, 風之自, 微之顯', 方肯做下面愼獨存養工夫. 不審'知遠之近, 風之自, 微之顯', 已

279) 謹: 成化本・賀本에서는 愼으로 되어 있다.

280) ▲: 子武說"衣錦"章. 曰:

281) ▲: 曰

282) 衫: 賀本에서는 衣로 되어 있다.

64:191 問"知風之自." 曰: "凡事自有箇來處, 所以與'微之顯'相[283]對着[284]. 只如今日做一件事是, 也是你心下正, 一事不是, 也是你心下元不正. 推此類以往, 可見."【大雅】

64:192 人之得失, 卽己之得失, 身之邪正, 卽心之邪正.【"知遠之近, 知風之自." ○人傑】

64:193 "知風之自"好看, 如孟子所謂"聞伯夷之風"之類是也.【炎】

64:194 ▲[285]此三句, '知遠之近'是以己對物言之, 知在彼之是非, 由在我之得失,【如"行有不得, 反求諸己."】'知風之自'是知其身之得失, 由乎心之邪正, '知微之顯'又專指心說就裏來. ▲[286]【謍】

64:195 "潛雖伏矣", 便覺有善有惡, 須用察. "相在爾室", 只是教做存養工夫.【大雅】

64:196 "亦孔之昭"是謹[287]獨意, "不媿[288]屋漏"是戒謹[289]恐懼意.【謨】

64:197 ▲[290]

---

283) 相: 成化本・賀本에서는 厮로 되어 있다.
284) 著: 成化本에서는 看으로 되어 있다.
285) ▲: 先生檢"知風之自"諸說, 令看孰是. 伯豐以呂氏略本, 正淳以游氏說對. 曰: "游氏說, 便移來'知遠之近'上說, 亦得. 呂氏雖近之, 然卻是'作用是性'之意, 於學無所統攝.
286) ▲: 大抵游氏說話全無氣力, 說得徒膀浪, 都說不殺, 無所謂'聽其言也厲'氣象."
287) 謹: 賀本에서는 愼으로 되어 있다.
288) 媿: 賀本에서는 愧로 되어 있다.
289) 謹: 賀本에서는 愼으로 되어 있다.
290) ▲: 李丈問: "『中庸』末章引『詩』'不顯'之義, 只是形容前面'戒愼不睹, 恐懼不聞', 而極其盛以言之否?" 曰: "是也. 此所引與『詩』正文之義同."【義剛】

64:198 "不大聲以色", 只是說至德自無聲色. 今人說篤恭了, 便不用刑政, 不用禮樂, 豈有此理! 古人未嘗不用禮樂刑政, 但自有德以感人, 不專靠他刑政爾. 【學蒙】

64:199 ▲[291] "此章到'篤恭而天下平', 已是極至結局處. 所謂'不顯維德'者, 幽深玄遠, 無可得而形容. 雖'不大聲以色', '德輶如毛', 皆不足以形容. 直是'無聲無臭', 到無迹之可尋, 然後已. 他人孰不恭敬, 又不能平天下. 聖人篤恭, 天下便平, 都不可測了." ▲[292] 此段自'衣錦尙絅', '闇然日章', 漸漸收斂到後面, 一段密似一段, 直到聖而不可知處, 曰: '無聲無臭, 至矣!'" 【德明】

64:200 『中庸』末章, 恐是說只要收斂近裏如此, 則工夫細密. 而今人只是不收向裏, 做時心便麤[293]了. 然而細密中卻自有光明發出來. 『中庸』一篇, 始只是一, 中間卻事事有, 末後卻復歸結于[294]一. 【義剛】

64:201 問: "末章自'衣錦尙絅', 說至'無聲無臭', 是從外做向內, 首▲[295]自天命之性說至'天地位, 萬物育', 是從內做向外?" 曰: "不特此也. '惟天下聰明睿知', 說到'溥博[296]淵泉', 是從內說向外, '惟天下至誠經綸天下之大經'至'肫肫其仁', '聰明聖智達天德', 是從外說向內. 聖人發明內外本末, 大小巨細, 無不周徧, 學者當隨事用力也." 【銖】

---

291) ▲: 問: "卒章引『詩』'不大聲以色', 云: '聲色之於化民, 末也.' 又推至'德輶如毛', 而曰'毛猶有倫', 直至'無聲無臭', 然後爲'至矣'! 此意如何?" 曰:
292) ▲: 問: "'不顯維德', 按『詩』中例, 是言'豈不顯'也. 今借引此詩, 便眞作'不顯'說, 如何?" 曰: "是箇幽深玄遠意, 是不顯中之顯.
293) 麤: 成化本 · 賀本에서는 粗로 되어 있다.
294) 于: 賀本에서는 於로 되어 있다.
295) ▲: 章
296) 慱: 英祖刊本 · 成化本 · 賀本에서는 博으로 되어 있다.

64:202 ▲[297]『中庸』'無聲無臭', 本是說天道. ▲[298] 蓋言天德之至, 而微妙之極, 難爲形容如此. 爲學之始, 未知所有, 而遽欲一蹴至此, 吾見其倒置而終身迷[299]亂矣!"【大雅】

64:203 公晦問: "'無聲無臭', 與『老子』所謂'玄之又玄', 『莊子』所謂'冥冥默默'之意如何分別?" ▲[300] 曰: "也只說得到這裏, 由人自看. 且如孔子說: '天何言哉? 四時行焉, 百物生焉.' 如今只看'天何言哉'一句耶? 唯復是看'四時行焉, 百物生焉'兩句耶?" 又曰: "'天有四時, 春秋冬夏[301], 風雨霜露, 無非教也. 地載神氣, 神氣風霆, 風霆流形, 庶物露生, 無非教也.' 聖人說得如是實."【廣 ○賀孫錄別出.】

64:204 ▲[302]"開闊中又著細密, 寬緩中又著謹嚴, 這是人自去做. 夜來所說'無聲無臭', 亦不離這箇. 自'不顯維德'引至這上, 豈特老・莊說得恁地? 佛家也說得相似, 只是他箇虛大. ▲[303]【賀孫】

---

297) ▲: 因問孔子"空空"・顏子"屢空"與『中庸』所謂"無聲無臭"之理. 曰: "以某觀『論語』之意, 自是孔子叩鄙夫, 鄙夫空空, 非是孔子空空. 顏子簞瓢屢空, 自對子貢貨殖而言. 始自『文選』中說顏子屢空, 空心受道, 故疏『論語』者亦有此說. 要之, 亦不至如今日學者直是懸空說入玄妙處去也.

298) ▲: 彼其所引詩, 詩中自說須是'儀刑文王', 然後'萬邦作孚', 詩人意初不在'無聲無臭'上也. 『中庸』引之, 結『中庸』之義. 嘗細推之, 蓋其意自言愼獨以修德. 至『詩』曰'不顯維德, 百辟其刑之', 乃'篤恭而天下平'也. 後面節節贊歎其德如此, 故至'予懷明德', 以至'〈德輶如毛〉, 毛猶有倫, 〈上天之載, 無聲無臭〉, 至矣!'

299) 迷: 賀本에서는 迷로 되어 있다.

300) ▲: 先生不答. 良久, 曰: "此自分明, 可子細看." 廣云: "此須看得那不顯底與明著底一般, 方可." 曰: "此須是自見得." 廣因曰: "前日與公晦論程子'鳶飛魚躍, 活潑潑地.' 公晦問: '畢竟此理是如何?' 廣云: '今言道無不在, 無適而非道, 固是, 只是說得死搭搭地. 若說"鳶飛戾天, 魚躍于淵", 與"必有事焉, 而勿正, 心勿忘, 勿助長", 則活潑潑地."'

301) 春秋冬夏: 賀本에서는 春夏秋冬으로 되어 있다.

302) ▲: 公晦問: "『中庸』末章說及本體微妙處, 與『老子』所謂'玄之又玄', 『莊子』所謂'冥冥默默'之意同. 不知『老』・『莊』是否?" 先生不答. 良久, 曰: "此自分明, 可且自看. 某從前趁口答將去, 諸公便更不思量." 臨歸, 又請教. 曰:

303) ▲: 凡看文字, 要急迫亦不得. 有疑處, 且漸漸思量. 若一下便要理會得, 如何會見得意思出!"

『朱子語類』卷第六十五

「『易』一」

「綱領上之上」

「陰陽」

65:1 陰陽只是一氣, 陽之退, 便是陰之生. 不是陽退了, 又別有箇陰生. 【淳】

65:2 陰陽做一箇看亦得, 做兩箇看亦得. 做兩箇看, 是"分陰分陽, 兩儀立焉", 做一箇看, 只是一箇消長. 【文蔚】

65:3 陰陽各有淸濁偏正. 【僩】

65:4 陰陽之理, 有會處, 有分處, 事皆如此. 今浙中學者只說合處・混一處, 都不理會分處. 【去僞】

65:5 天地間道理, 有局定底, 有流行底. 【淵】

65:6 陰陽有箇流行底, 有箇定位底. "一動一靜, 互爲其根", 更是流行底, 寒暑往來是也, "分陰分陽, 兩儀立焉", 便是定位底, 天地上下四方是也. "易"有兩義: 一是變易, 便是流行底, 一是交易, 便是對待[1)]

1) 待: 徽州本에서는 峙로 되어 있다.

底. 魂魄[2], 以二氣言, 陽是魂, 陰是魄, 以一氣言, 則伸爲魂, 屈爲魄. 【義剛 ○方子錄云: "陰陽, 論推行底, 只是一箇, 對峙底, 則是兩箇. 如日月水火之類是兩箇."】

65:7 陰陽, 有相對而言者, 如東陽西陰, 南陽北陰是也, 有錯綜而言者, 如晝夜寒暑, 一箇橫, 一箇直是也. 伊川言: "易, 變易也." 只說得相對底陰陽流轉而已, 不說錯綜底陰陽交互之理. 言易, 須兼此二意. 【體在天地後, 用起天地先. 對待底是體, 流行底是用, 體靜而用動. 端蒙 ○又一條云: "陰陽有相對言者: 如夫婦男女, 東西南北是也, 有錯綜言者, 如晝夜, 春夏秋冬, 弦望晦朔, 一箇間一箇輥去是也. 季通云."】

65:8 陽氣只是六層, 只管上去. 上盡後, 下面空缺處便是陰. 【方子】

65:9 方其有陽, 那裏知道有陰? 有乾卦, 那裏知道有坤卦? 天地間只是一箇氣, 自今年冬至到明年冬至, 是他地[3]氣周匝. 把來折做兩截時, 前面底便是陽, 後面底便是陰. 又折做四截也如此, 便是四時. 天地間只有六層陽氣, 到地面上時, 地下便冷了. 只是這六位陽, 長到那第六位時, 極了無去處, 上面只是漸次消了. 上面消了些箇時, 下面便生了些箇, 那便是陰. 這只是箇噓吸. 噓是陽, 吸是陰, 喚做一氣, 固是如此. 然看他日月男女牝牡處, 方見得無一物無陰陽, 如至微之物也有箇背面. 若說流行處, 卻只是一氣. 【佐 ○淵同.】

65:10 ▲[4]問: "自十一月至正月, 方三陽, 是陽氣自地上而升否?" 曰: "然. 只是陽氣既升之後, 看看欲絶, 便有陰生, 陰氣將盡, 便有陽生, 其已升之氣便散矣. 所謂消息之理, 其來無窮." 又問: "雷出地奮, 豫之後, 六陽一半在地下, 是天與地平分否?" 曰: "若謂平分, 則天卻包

---

2) 魂魄: 徽州本에서는 如魂魄으로 되어 있다.
3) 地: 徽州本에는 없다.
4) ▲: 徐元震

著地在, 此不必論.” 因擧康節「漁樵問對」之說甚好.【㽦】

65:11 陰陽有以動靜言者, 有以善惡言者. 如“乾元資始, 坤元資生”, 則獨陽不生, 獨陰不成, 造化周流, 須是並用. 如“履霜堅冰至”, 則一陰之生, 便如一賊. 這道理在人如何看, 直看是一般道理, 橫看是一般道理, 所以謂之“易.”【道夫】

65:12 天地間無兩立之理, 非陰勝陽, 卽陽勝陰, 無物不然, 無時不然.【寒暑晝夜, 君子小人, 天理人欲. ○道夫】

65:13 陰陽不可分先後說, 只要人去其中自主靜. 陰爲主, 陽爲客.【僩】

65:14 ▲[5)]

65:15 無一物不有陰陽・乾坤. 至於至微至細, 草木禽獸, 亦有牝牡陰陽. 康節云: “坤無一, 故無首, 乾無十, 故無後.” 所以坤常是得一半.【砥】

65:16 天地之間, 無往而非陰陽, 一動一靜, 一語一默, 皆是陰陽之理. 至如搖扇便屬陽, 住扇便屬陰, 莫不有陰陽之理. “繼之者善”, 是陽, “成之者性”, 是陰. 陰陽只是此陰陽, 但言之不同. 如二氣迭運, 此兩相爲用, 不能相無者也. 至以陽爲君子, 陰爲小人, 則又自夫剛柔善惡而推之, 以言其德之異爾[6)]. “繼之者善”, 是已發之理, “成之者性”, 是未發之理. 自其接續流行而言, 故謂之已發, 以賦受成性而言, 則謂之未發. 及其在人, 則未發者固是性, 而其所發亦只是善. 凡此等處,

5) ▲: 都是陰陽. 無物不是陰陽.【淳】
6) 爾: 賀本에서는 耳로 되어 있다.

皆須各隨文義所在, 變通而觀之. 才拘泥, 便相梗, 說不行. 譬如觀山, 所謂"橫看成嶺側成峰"也.【謨】

65:17 ▲[7] "一物上又自各有陰陽, 如人之男女, 陰陽也. 逐人身上, 又各有這血氣, 血陰而氣陽也. 如晝夜之間, 晝陽而夜陰也, 而晝陽自午後又屬陰, 夜陰自子後又是[8]陽, 便是陰陽各生陰陽之象."【學履】

65:18 ▲[9]

65:19 ▲[10]

65:20 『易』只是箇陰陽. 莊生曰"『易』以道陰陽", 亦不爲無見. 如奇耦·剛柔, 便只是陰陽做了『易』. 等而下之, 如醫技養生家之說, 皆不離陰陽二者. 魏伯陽參同契, 恐希夷之學, 有些自其源流.【㽦】

65:21 至之曰: "「正義」謂: '易者, 變化之總號, 代換之殊稱, 乃陰陽二氣生生不息之理.' 竊見此數語亦說得好." 曰: "某以爲'易'字有二義: 有變易, 有交易. 「先天圖」一邊本都是陽, 一邊本都是陰, 陽中有陰, 陰中有陽, 便是陽往交易陰, 陰來交易陽, 兩邊各各相對. 其實非此往彼來, 只是其象如此. 然聖人當初亦不恁地思量, 只是畫一箇陽, 一箇陰, 每箇便生兩箇. 就一箇陽上, 又生一箇陽, 一箇陰, 就一箇陰上, 又生一箇陰, 一箇陽. 只管恁地去. 自一爲二, 二爲四, 四爲八, 八爲十六, 十六爲三十二, 三十二爲六十四. 旣成箇物事, 便自然如此齊整. 皆是天地本然之妙元如此, 但略假聖人手畫出來. 如乾一索而得

7) ▲: 問: "自一陰一陽, 見一陰一陽又各生一陰一陽之象. 以圖言之, '兩儀生四象, 四象生八卦', 節節推去, 固容易見. 就天地間著實處如何驗得?" 曰:

8) 是: 賀本에서는 屬으로 되어 있다.

9) ▲: "易"字義只是陰陽.【閎祖】

10) ▲: 『易』, 只消道"陰陽"二字括盡.

震, 再索而得坎, 三索而得艮, 坤一索而得巽, 再索而得離, 三索而得兌. 初間畫卦時, 也不是恁地. 只是畫成八箇卦後, 便見有此象耳." 【義剛】

65:22 問: "'易'有交易·變易之義如何?" 曰: "交易是陽交於陰, 陰交於陽, 是卦圖上底. 如'天地定位, 山澤通氣'云云者是也. 變易是陽變陰, 陰變陽, 老陽變爲少陰, 老陰變爲少陽, 此是占筮之法. 如晝夜寒暑, 屈伸往來者是也." 又問: "聖人仰觀俯密[11], 或說伏羲見天地奇耦自然之數, 於是畫一以爲奇, 所以象陽, 畫兩以爲耦, 所以象陰. 恐於方圓之形見得否? 或說以天是渾淪圓底, 只是一箇物事, 地則便有闕陷分裂處否?" 曰: "也不特如此. 天自是一, 地自是二, 凡物皆然. 蓋天之形雖包乎地之外, 而其氣實透乎地之中. 地雖是一塊物事在天之中, 然其中實虛, 容得天許多氣." 或引先生注『易』"陽一而實, 陰二而虛"爲證. 曰: "然. 所以『易』中言: '夫乾, 其靜也專, 其動也直, 是以大生焉, 夫坤, 其靜也翕, 其動也闢, 是以廣生焉. 乾之靜專動直, 都是一底意思. 他這物事雖大, 然無間斷, 只是鶻淪一箇大底物事, 故曰'大生.' 地則靜翕動闢, 便是兩箇物事. 其翕也, 是兩箇物事之聚, 其闢也, 是兩箇物事之開. 他這中間極闊, 盡容得那天之氣, 故曰'廣生.'" 【燾】

65:23 龜山過黃亭 詹季魯家. 季魯問『易』. 龜山取一張紙畫箇圈子, 用墨塗其半, 云: "這便是『易』." 此說極好. 『易』只是一陰一陽, 做出許多般樣. 【淵】

65:24 "諸公且試看天地之間, 別有甚事? 只是'陰'與'陽'兩箇字, 看是甚麽物事都離不得. 只就身上體看, 纔開眼, 不是陰, 便是陽, 密拶拶在這裏, 都不著得別物事. 不是仁, 便是義, 不是剛, 便是柔. 只自家

11) 密: 『朱子語類』에서는 察로 되어 있다.

要做向前, 便是陽, 纔收退, 便是陰意思. 纔動便是陽, 纔靜便是陰. 未消別看, 只是一動一靜, 便是陰陽. 伏羲只因此畫卦以云[12]人. 若只就一陰一陽, 又不足以該衆理, 於是錯綜爲六十四卦, 三百八十四爻. 初只是許多卦爻, 後來聖人又繫許多辭在下. 如他書則元有這事, 方說出這箇道理. 『易』則未曾有此事, 先假託都說在這裏. 如『書』, 便有箇堯·舜, 有箇禹·湯·文·武·周公出來做許多事, 便說許多事. 今『易』則元未曾有. 聖人預先說出, 待人占考, 大事小事無一能外於此. 聖人大抵多是垂戒." 又云: "雖是一陰一陽, 『易』中之辭, 大抵陽吉而陰凶. 間亦有陽凶而陰吉者, 何故. 蓋有當爲, 有不當爲. 若當爲而不爲, 不當爲而爲之, 雖陽亦凶." 又云: "聖人因卦爻以垂戒, 多是利於正[13], 未有不正[14]而利者. 如云: '夕惕若厲, 無[15]咎.' 若占得這爻, 必是朝兢夕惕, 戒謹[16]恐懼, 可以無[17]咎. 若自家不曾如此, 便自有咎." 又云: "'直方大, 不習無[18]不利.' 若占得這爻, 須是將自身己體看: 是直, 是方, 是大, 去做某事必得其利, 若自家未是直, 不曾方, 不曾大, 則無所往而得其利, 此是本爻辭如此. 到孔子又自添說了, 如云: '敬以直內, 義以方外.' 本來只是卜筮, 聖人爲之辭以曉人, 便說許多道理在上. 今學易, 非必待遇事而占, 方有所戒. 只平居玩味, 看他所說道理, 於自家所處地位合是如何. 故云: '居則觀其象而玩其辭, 動則觀其變而玩其占.' 孔子所謂'學『易』', 正是平日常常學之. 想見聖人之所謂讀, 異乎人之所謂讀. 想見胸中洞然, 於易之理無纖毫蔽處, 故云'可以無大過.'" 又曰: "聖人繫許多辭, 包盡天下之理. 止緣萬事不離乎陰陽, 故因陰陽中而推說萬事之理. 今要占考, 雖小小事都有. 如占得'不利有攸往', 便是不可出路, '利涉大川', 便是可以乘舟. 此類不

12) 云: 『朱子語類』에서는 示로 되어 있다.
13) 正: 英祖刊本에서는 貞으로 되어 있다.
14) 正: 英祖刊本에서는 貞으로 되어 있다.
15) 無: 英祖刊本·賀本에서는 无로 되어 있다.
16) 謹: 賀本에서는 愼으로 되어 있다.
17) 無: 英祖刊本·賀本에서는 无로 되어 있다.
18) 無: 賀本에서는 无로 되어 있다.

一.” 賀孫問: “「乾卦」『文言』聖人所以重疊四截說在此, 見聖人學『易』, 只管所[19]出許多意思. 又恐人曉不得, 故說以示教.” 曰: “大意只管怕人曉不得, 故重疊說在裏[20], 大抵多一般, 如云‘陽在下也’, 又云‘下也.’” 賀孫問: “聖人所以因陰陽說出許多道理, 而所說之理皆不離乎陰陽者, 蓋緣所以爲陰陽者, 元本於實然之理.” 曰: “陰陽是氣, 纔有此理, 便有此氣, 纔有此氣, 便有此理. 天下萬物萬化, 何者不出於此理? 何者不出於陰陽?” 賀孫問: “此程先生所以說道: ‘天下無性外之物.’” 曰: “如云: ‘天地間只是箇感應.’ 又如云: ‘誠者, 物之終始, 不誠無物.’” 【賀孫】

65:25 程子言: “『易』中只是言反復・往來・上下.” 這只是一箇道理. 陰陽之道, 一進一退, 一長一消, 反復・往來・上下, 於此見之. 【道夫】

65:26 『易』中說到那陽處, 便扶助推移他, 到陰處, 便抑遏壅絶他. 【淵】

65:27 問: “陰何以比小人?” 曰: “有時如此. 平看之, 則都好, 以類言之, 則有不好. 然亦只是皮不好, 骨子卻好. 大抵發生都則是一箇陽氣, 只是有消長. 陽長[21]一分, 下面陰生一分. 又不是討箇陰來, 卽是陽消處便是陰. 故陽來謂之復, 復者是本來物事, 陰來謂之姤, 姤是偶然相遇.” 【夔孫】

65:28 天下之理, 單便動, 兩便靜. 且如男必求女, 女必求男, 自然是動. 若一男一女居室後, 便定. 【端蒙】

---

19) 所: 『朱子語類』에서는 體로 되어 있다.
20) 裏: 成化本에서는 앞에 這가 더 들어 있다.
21) 長: 賀本에서는 消로 되어 있다.

「數」

65:29 ▲22)問『易』數. 曰: “都不要說聖人之畫數何以如此. 譬之草木, 皆是自然恁地生, 不待安排. 數亦是天地間自然底物事, 才說道聖人要如何, 便不是了.”【植】

65:30 ▲23)“有是理, 便有是氣, 有是氣, 便有是數, 蓋數乃是分界限處.” 又曰: “‘天一地二, 天三地四, 天五地六, 天七地八, 天九地十’, 是自然如此, 走不得. ▲24)【夔孫】

65:31 問: “理與數, 其本也只是一.” 曰: “氣便是數. 有是理, 便有是氣, 有是氣, 便有是數, 物物皆然. 如水數六, 雪片也六出, 這又不是去做將出來, 他是自恁地. 如那龜, 聖人所以獨取他來用時, 也是這箇物事分外靈. 嘗有朋友將龜殼來看, 背上中心有五條文, 出去成八, 外面又成二十四, 皆是自然恁地, 這又未爲巧. 最是七八九六與一二三四極巧: 一是太陽, 餘得箇九在後面, 二是少陰, 後面便是八, 三是少陽, 後面便是七, 四是太陰, 後面便是六, 無如此恰好. 這皆是造化自然如此, 都遏他不住.”【義剛 ○至錄云: “因一二三四, 便見六七八九在裏面. 老陽占了第一位, 便含箇九, 少陰占第二位, 便含箇八, 少陽占第三位, 便含箇七, 老陰占第四位, 便含箇六, 數不過十. 惟此一義, 先儒未曾發, 先儒但只說得他中間進退而已.” ○淵同.】

65:32 某嘗問季通: “康節之數, 伏羲也曾理會否?” 曰: “伏羲須理會過.” 某以爲不然. 伏羲只是據他見得一箇道理, 恁地便畫出幾畫. 他也那裏知得疊出來恁地巧? 此伏羲所以爲聖. 若他也恁地逐一推排,

---

22) ▲: 石子餘

23) ▲: 問理與數. 曰:

24) ▲: 如水數六, 雪花便六出, 不是安排做底.” 又曰: “古者用龜爲卜, 龜背上紋, 中間有五箇, 兩邊有八箇, 後有二十四箇, 亦是自然如此.”

便不是伏羲天然意思.『史記』曰: "伏羲至淳厚, 作『易』八卦." 那裏恁地巧推排!【賀孫 ○按: 後劉砥「先天圖」曰段, 亦與此意同.】

65:33 大凡『易』數皆六十: 三十六對二十四, 三十二對二十八, 皆六十也. 以十甲十二辰, 亦揍[25]到六十也. 鍾[26]律以五聲十二律, 亦積爲六十也. 以此知天地之數, 皆至六十爲節.【大雅】

65:34 數三百六十六. 三百六十, 天地之正數也.【此更不可易.】 自餘進退不過六, 故陽進不過六分.【人之善亦只進得許多, 惡亦只退得許多, 大體畢竟不可易. ○端蒙】

65:35 季通云: "天下之萬聲, 出於一闔一闢,【聲音皆出於乾坤. "坤"音鏖, 以韻脚反之, 乃見.】 天下之萬理, 出於一動一靜, 天下之萬數, 出於一奇一耦, 天下之萬象, 出於一方一圓, 盡只起於乾·坤二畫."【端蒙】

65:36 天下道理, 只是一箇包兩箇.『易』便只說到八箇處住.『洪範』說到十數住. 五行五箇, 便有十箇: 甲乙便是兩箇木, 丙丁便是兩箇火, 戊己便是兩箇土, 金·水亦然. 所謂'兼三才而兩之', 便都是如此.『大學』中明◇[27]德便包得格物·致知·誠意·正心·脩身五箇, 新民便包得齊家·治國·平天下三箇. 自暗室屋漏處做得去, 到得無所不周, 無所不徧[28], 都是這道理. 自一心之微, 以至於四方之遠, 天下之大, 也都只是這箇.【義剛】

65:37 數只有二, 只有『易』是. 老氏言三, 亦是二共生三, 三其子也.

---

25) 揍: 賀本에서는 湊로 되어 있다.
26) 鍾: 賀本에서는 鐘으로 되어 있다.
27) ◇: 明『朱子語類』에는 없다.
28) 徧: 賀本에서는 遍으로 되어 있다.

三生萬物, 則自此無窮矣. 後人破之者非. 揚子雲是三數, 邵康節是四數, 皆不及『易』也. 【楊】[29]

65:38 康節數四, 孔子數八, 料得孔子之數又大也. 季通自謂略已見之. 【方】

65:39 有氣有形便有數. 物有衰旺, 推其始終, 便可知也. 有人指一樹問邵先生, 先生云: "推未得." 少頃一葉墮, 便由此推起. 蓋其旺衰已見, 方可推其始終. 推, 亦只是卽今年月日時以起數也. 【楊】[30]

「河圖洛書」

65:40 先生謂甘叔懷曰: "曾看「河圖」「洛書」數否? 無事時好看. 雖未是要切處, 然玩此時, 且得自家心流轉得動." 【廣】

65:41 「河圖」常數, 「洛書」變數. 【淵】

65:42 「河圖」中宮, 天五乘地十而得. 七八九六, 因五得數. 積五奇五耦[31], 而爲五十有五. 【淵】

65:43 中數五, 衍之而各極其數以至於十者, 一箇衍成十箇, 五箇便是五十. 聖人說這數, 不是只說得一路. 他說出這箇物事, 自然有許多樣通透去. 如五奇五耦成五十五. 又一說, 六七八九十因五得數, 是也. 【淵】

29) 【楊】: 英祖刊本·成化本·賀本에서는 【揚】으로 되어 있다.
30) 【楊】: 英祖刊本·成化本·賀本에서는 【揚】으로 되어 있다.
31) 耦: 成化本에서는 偶로 되어 있다.

65:44 「河圖」五十五, 是天地自然之數. 大衍五十, 是聖人去這「河圖」裏面, 取那天五地十衍出這箇數. 不知他是如何. 大槪「河圖」是自然底, 大衍是用以揲蓍求卦者. 【淵】

65:45 天地生數, 到五便住. 那一二三四遇著五, 便成六七八九. 五卻只自對五成十. 【淵】

65:46 ▲[32]

65:47 一二三四九八七六最妙. 一藏九, 二藏八, 三藏七, 四藏六. 【德功[33]云: "一得九, 二得八, 三得七, 四得六, 皆爲十也. 觀「河圖」可見. 丙丁[34]合, 辛壬[35]合之類, 皆自此推." ○德明】

65:48 "一[36]始"者, 一爲陽始, 二爲陰始. "二中"者, 五六. "二終"者, 九十. 五便是十干所始, 六便是十二律所生. 圓者, 星也. "圓者, 「河圖」之數", 言無那四角底, 其形便圓. 【以下皆『啓蒙』·「圖」·「書」. ○淵】

65:49 "一與六共宗", 蓋是那一在五下, 便有那六底數. "二與七同位", 是那二在五邊, 便有七底數. 【淵】

65:50 成數雖陽, 固亦本【㬊作"生"字.】之陰也. 如子者, 父之陰, 臣者, 君之陰. 【節 ○淵】[37]

---

32) ▲: 或問: "「河圖」自五之外, 如何一便成六七八九十?" 曰: "皆從五過: 則一對五而成六, 二對五而成七, 三對五而成八, 四對五而成九, 到末梢五又撞著箇五, 便成十." 【高】
33) 德功: 賀本·萬曆本에서는 德明으로 되어 있다.
34) 丙丁: 徽州本에서는 丙辛으로 되어 있다.
35) 辛壬: 徽州本에서는 丁壬으로 되어 있다.
36) 一: 『朱子語類』에서는 二로 되어 있다.
37) 【節○淵】: 賀本에서는 【淵】으로 되어 있다.

65:51 陰少於陽, 氣・理・數皆如此. 用全用半, 所以不同.【淵】

65:52 問: "前日承敎云: '老陽少陰, 少陽老陰, 卽除了本身一二三四, 便是九八七六之數.' 今觀『啓蒙』陽退陰進之說, 似亦如此." 曰: "他進退亦是自然如此, 不是人去攢敎他進退. 以十言之, 卽如前說, 大故分曉. 若以十五言之, 九便對六, 七便對八, 曉得時也好則劇." 又問: "「河圖」, 此數控定了." 先生曰: "天地只是不會說, 倩他聖人出來說. 若天地自會說話, 想更說得好在. 如「河圖」・「洛書」, 便是天地畫出底."【夔孫】

65:53 ▲[38]

65:54 老陰老陽所以變者, 無他, 到極處了, 無去處, 便只得變. 九上更去不得了, 只得變回來做八. 六下來, 便是五生數了, 也去不得, 所以卻去做七.【淵】

65:55「河圖」・「洛書」於八卦九章無相著, 不知如何.【楊】[39]

「伏羲卦畫先天圖」

65:56 問: "先生說: '伏羲畫卦皆是自然, 不曾用些子心思智慮, 只是借伏羲手畫出爾.' 唯其出於自然, 故以之占筮則靈驗否?" 曰: "然. 自'太極生兩儀', 只管畫去, 到得後來, 更畫不迭. 正如磨麪相似, 四下都恁地自然撒出來."【廣】

65:57 伏羲當時畫卦, 只如擲珓相似, 無容心. 『易』只是陰一陽一,

38) ▲: 所謂"得五成六"者, 一纔勾牽著五, 便是箇六. 下面都恁地.【淵】
39)【楊】: 英祖刊本・成化本·賀本에서는【揚】으로 되어 있다.

其始一陰一陽而已. 有陽中陽, 陽中陰, 有陰中陽, 陰中陰. 陽中陽⚌, ▲40)上面所得▲41), 再得陽, 卽是☰, 故乾一, 或得陰, 卽是☱, 故兌二. 陽中陰⚍, ▲42)上所得▲43), 或是陽, 卽是☲, 所以離三, 或得陰, 卽是☳, 所以震四. 陰中陽⚎, ▲44)上面所得▲45), 或得陽, 卽是☴, 所以巽五, 或得陰, 卽是☵, 所以坎六. 陰中陰⚏, ▲46)上所得▲47), 若得陽, 卽是☶, 所以艮七, 再得陰, 卽是☷, 所以坤八. 看他當時畫卦之意, 妙不可言.【文蔚】

65:58 問: "「先天圖」陰陽自兩邊生, 若將坤爲太極, 與「太極圖」不同, 如何?" 曰: "他自據他意思說, 卽不曾契勘濂溪底. 若論他太極, 中間虛者便是. 他亦自說'圖從中起', 今不合被橫圖在中間塞卻. 待取出放外, 他兩邊生者, 卽是陰根陽, 陽根陰. 這箇有對, 從中出卽無對."【文蔚】

65:59 "「先天圖」如何移出方圖在下?" 曰: "是某挑出."【泳】

65:60 又說: "康節方圖子, 自西北之東南, 便是自乾以之坤, 自東北以之西南, 便是否48)以至泰49). 其間有咸恒損益旣濟未濟, 所以又於此八卦見義. 蓋爲是自兩角尖射上與乾坤相對, 不知得怎生恁地巧. 某嘗說伏羲初只是畫出八卦, 見不到這裏. 蔡季通以爲不然, 卻說某與太史公一般. 某問云: '太史公如何說?' 他云: '太史公云: 〈伏羲至淳

40) ▲: 看
41) ▲: 如何
42) ▲: 亦看
43) ▲: 如何
44) ▲: 看
45) ▲: 如何
46) ▲: 看
47) ▲: 如何
48) 否: 賀本에서는 泰로 되어 있다.
49) 泰: 賀本에서는 否로 되어 있다.

厚, 畫八卦〉.' 便是某這說. 看來也是聖人淳厚, 只據見定見得底畫出. 如伊川說: '若不因時, 則一箇聖人出來, 許多事便都做了.'" 【砥】

65:61 所問「先天圖」曲折, 細詳圖意, 若自乾一橫排至坤八, 此則全是自然. 故「說卦」云: "『易』, 逆數也." 【皆自已生以得未生之卦.】 若如圓圖, 則須如此, 方見陰陽消長次第. 【震一陽, 離兌二陽, 乾三陽. 巽一陰, 坎艮二陰, 坤三陰.】 雖似稍涉安排, 然亦莫非自然之理. 自冬至至夏至爲順, 蓋與前逆數者相反. 【皆自未生而反得已生之卦.】 自夏至至冬至爲逆, 蓋與前逆數者同. 其左右與今天文家說左右不同, 蓋從中而分, 其初若有左右之勢爾. 【自北而東爲左, 自南而西爲右. ○顥[50)]】

65:62 四象不必說陽向上. 更合一畫爲九, 方成老陽, 到兌便推不去了. 兌下一畫卻是八卦, 不是四象. 【淵】

65:63 陰陽老少, 以少者爲主. 如震是少陽, 卻奇一耦二. 【淵】

65:64 老陰老陽交而生艮兌, 少陰少陽交而生震巽. 離坎不交, 各得本畫. 離坎之交是第二畫, 在生四象時交了. 老陽過去交陰, 老陰過來交陽, 便是兌艮第三畫. 少陰少陽交, 便生震巽上第三畫. 所以知其如此時, 他這位次相挨傍. 兼山謂聖人不分別陰陽老少, 卜史取動爻之後卦, 故分別老少. 若如此, 則卦遂無動, 占者何所用觀變而玩占? 【淵】

65:65 一卦又各生六十四卦, 則本卦爲內卦, 所生之卦爲外卦, 是十二爻底卦[51)]. 【淵】

---

50) 顥: 賀本에서는 灝로 되어 있다.
51) 是十二爻底卦: 徽州本에서는 是個十二爻底卦로 되어 있다.

65:66 問: "昨日先生說: '程子謂: "其體則謂之易." 體, 猶形體也, 乃形而下者. 『易』中只說箇陰陽交易而已.'. 然先生又嘗曰: '在人言之, 則其體謂之心.' 又是如何?" 曰: "心只是箇動靜感應而已. 所謂'寂然不動, 感而遂通'者是也. 看那幾箇字, 便見得." 因言: "易是互相博[52]易之義, 觀「先天圖」便可見. 東邊一畫陰, 便對西邊一畫陽. 蓋東一邊本皆是陽, 西一邊本皆是陰. 東邊陰畫. 皆是自西邊來, 西邊陽畫, 都是自東邊來. 姤在西, 是東邊五畫陽過, 復在東, 是西邊五畫陰過, 互相博[53]易而成. 『易』之變雖多般, 然此是第一變." 廣云: "程子所謂'『易』中只說反復往來上下'者, 莫便是指此言之否?" 曰: "看得來程子之意又別. 邵子所謂『易』, 程子多理會他底不得. 蓋他只據理而說, 都不曾去問他." 【廣】

65:67 乾坤相爲陰陽. 乾後面一半, 是陽中之陰, 坤前面一半, 是陰中之陽. 【方子】

65:68 乾巽一邊爲上, 震隨坤爲下. 【淵】

65:69 陽上交於陰, 陰下交於陽, 而生四象, 便是陰陽又各生兩畫了. 陰交剛, 陽交柔, 便是陰陽又各生兩畫了. 就乾兩畫邊看, 乾兌是老陽, 離震是少陰, 就坤兩畫邊看, 坤艮是老陰, 坎巽是少陽. 又各添一畫, 則八卦全了. 【淵】

65:70 陰下交生陽, 陽上交生陰. 陰交陽, 剛交柔, 是博[54]易之▲[55]. 這多變, 是變易之易. 所謂"易"者, 只此便是. 那箇是『易』之體, 這是『易』之用. 那是未有這卦底, 這是有這卦了底. 那箇喚做體時, 是這

52) 博: 英祖刊本·成化本·賀本에서는 博으로 되어 있다.
53) 博: 英祖刊本·成化本·賀本에서는 博으로 되어 있다.
54) 博: 英祖刊本·成化本·賀本에서는 博으로 되어 있다.
55) ▲: 易

『易』從那裏生, 這個喚做用時, 揲蓍取卦, 便是用處.【淵】

65:71 問: "邵先生說'無極之前.' 無極如何說前?" 曰: "邵子就圖上說循環之意. 自姤至坤, 是陰含陽, 自復至乾, 是陽分陰. 復坤之間乃無極, 自坤反姤是無極之前."【驤】

65:72 "無極之前"一段. 問: "旣有前後, 須有有無?" 曰: "本無前後[56]."【閎祖】

65:73 康節云"動靜之間", 是指冬至夏至.【閎祖】

65:74 安卿問: "「先天圖」說曰: '陽在陰中, 陽逆行, 陰在陽中, 陰逆行. 陽在陽中, 陰在陰中, 皆順行.' 何謂也?" 曰: "圖左一邊屬陽, 右一邊屬陰. 左自震一陽, 離兌二陽, 乾三陽, 爲陽在陽中, 順行, 右自巽一陰, 坎艮二陰, 坤三陰, 爲陰在陰中, 順行. 坤無陽, 艮坎一陽, 巽二陽, 爲陽在陰中, 逆行, 乾無陰, 兌離一陰, 震二陰, 爲陰在陽中, 逆行." 又問: "'「先天圖」心法也. 圖皆自中起, 萬化萬事生乎心', 何也?" 曰: "其中白處者太極也. 三十二陰・三十二陽者, 兩儀也, 十六陰・十六陽者, 四象也, 八陰・八陽, 八卦也." 問: "'圖雖無文, 終日言之, 不離乎是', 何也?" 曰: "一日有一日之運, 一月有一月之運, 一歲有一歲之運. 大而天地之終始, 小而人物之生死, 遠而古今之世變, 皆不外乎此, 只是一箇盈虛消息之理. 本是箇小底, 變成大底, 到那大處, 又變成小底. 如納甲法, 乾納甲[57]▲[58], 坤納乙[59]▲[60], 艮納丙, 兌納丁, 震納庚, 巽納辛, 離納壬[61], 坎納癸[62], 亦是此. 又如「火珠林」, 若占

56) 本無前後: 徽州本에서는 本無間斷으로 되어 있다.
57) 乾納甲: 徽州本에서는 黃本此下有壬字 라는 注가 달려 있다.
58) ▲: 壬
59) 坤納乙: 徽州本에서는 이 뒤에【黃本此下有癸字】가 있다.
60) ▲: 癸

一屯卦, 則初九是庚子, 六二是庚寅, 六三是庚辰, 六四是戊午, 九五是戊申, 上六是戊戌, 亦是此. 又如道家以坎離爲眞水火, 爲六卦之主, 而六卦爲坎離之用. 自月初三爲震, 上弦爲兌, 望日爲乾, 望後爲巽, 下弦爲艮, 晦爲坤, 亦不外此." 又曰: "乾之一爻屬戊, 坤之一爻屬己. 留戊就己, 方成坎離. 蓋乾坤是大父母, 坎離是小父母." 【義剛】

65:75 「先天圖」更不可易. 自復至乾爲陽, 自姤至坤爲陰. 以乾坤定上下之位次[63], 坎離列左右之門爲正. 以象言之, 天居上, 地居下, 艮爲山, 故居西北, 兌爲澤, 故居東南, 離爲日, 故居于[64]東, 坎爲月, 故居于[65]西, 震爲雷, 居東北, 巽爲風, 居東[66]南. 【方子】

65:76 康節"天地定位, 否泰反類"詩八句, 是說方圖中兩交股底. 且如西北[67]角乾, 東北[68]角坤, 是"天地定位", 便對東南[69]角泰, 西南角否. 次乾是兌, 次坤是艮, 便對次否之咸, 次泰之損. 後四卦亦如是. 共十六卦. 【淵】

65:77 康節"乾南坤北, 離東坎西"之說, 言人立時全見前面, 全不見後面, 東西只見一半, 便似他這箇意思. 【淵】

65:78 「先天圖」直是精微, 不起於康節. 希夷以前元有, 只是秘而不傳. 次第是方士輩所相傳授底. 『參同契』中亦有些意思相似, 與曆不

---

61) 壬: 賀本・徽州本에서는 己로 되어 있다.
62) 癸: 賀本・徽州本에서는 戊로 되어 있다.
63) 次: 徽州本에는 없다.
64) 于: 賀本에서는 於로 되어 있다.
65) 于: 賀本에서는 於로 되어 있다.
66) 東: 賀本에서는 西로 되어 있다.
67) 北: 孝宗刊本·英祖刊本·成化本에서는 南으로 되어 있다.
68) 北: 『朱子語類』에서는 南으로 되어 있다.
69) 南: 成化本・賀本에서는 北으로 되어 있다.

相應. 季通云: "紐[70]捻將來, 亦相應也. 用六日七分." 某卻不見康節說用六日七分處. 文王卦序亦不相應. 他只用義理排將去. 如復只用一陽生處, 此只是用物, 而此也不用生底次第, 也不應氣候. 揚雄『太玄』全摸[71]放『易』. 他底用三數, 『易』卻用四數. 他本是摸[72]『易』, 故就他摸[73]底句上看易, 也可略見得易意思. 溫公「集注」中可見也." 康節云: "「先天圖」心法, 皆從中起. 且說圓圖[74]." 又云: "文王八卦, 應地之方." 這是見他不用卦生底次第, 序四正卦出四角, 似那方底意思. 這箇只且恁地, 無大段分曉證左. 【未甚安. ○淵】

65:79 "『易』之精微, 在那'兩儀生四象, 四象生八卦', 八卦生六十四卦, 萬物萬化皆從這裏流出. 緊要處在那復姤邊. 復是陽氣發動之初." 因擧康節詩"冬至子之半." "六十四卦流布一歲之中, 離坎震艮[75]兌巽做得那二十四氣, 每卦當六十[76]四分, 乾坤不在四正, 此以文王八卦言也."【淵】

65:80 「先天圖」八卦爲一節, 不論月氣先後.【閎祖】

65:81 「先天圖」今所寫者, 是以一歲之運言之. 若大而古今十三[77]萬五[78]千六百年, 亦只是這圈子, 小而一日一時, 亦只是這圈子. 都從復上推起去.【方子】

70) 紐: 賀本에서는 扭로 되어 있다.
71) 摸: 『朱子語類』에서는 模로 되어 있다.
72) 摸: 『朱子語類』에서는 模로 되어 있다.
73) 摸: 『朱子語類』에서는 模로 되어 있다.
74) 且說圓圖: 成化本에서는 且如說圓圖로 되어 있다.
75) 艮: 英祖刊本・成化本에는 없다.
76) 十: 徽州本에서는 日로 되어 있다.
77) 三: 英祖刊本・賀本에서는 二로 되어 있다.
78) 五: 英祖刊本・賀本에서는 九로 되어 있다.

65:82「先天圖」, 一日有一箇恁地道理, 一月有一箇恁地道理, 以至合元・會・運・世, 十二萬九千六百歲, 亦只是這箇道理. ▲79)【廣】

65:83「先天圖」與納音相應, 故季通言與『參同契』合. 以圖觀之, 坤復之間爲晦, 震爲初三, 一陽生, 初八日爲兌, 月上弦, 十五日爲乾, 十八日爲巽, 一陰生, 二十三日爲艮, 月下弦. 坎離爲日月, 故不用.『參同契』以坎離爲藥, 餘者以爲火候. 此圖自陳希夷傳來, 如穆・李, 想只收得, 未必能曉. 康節自思量出來, 故墓誌云云.【『參同契』亦以乾坤坎離爲四正, 故其言曰: "運轂正軸."】

65:84 問: "「先天圖」卦位, 自乾一兌二離三右行, 至震四住, 揭起巽五作左行, 坎六艮七至坤八住, 接震四. 觀卦氣相接, 皆是左旋. 蓋乾是老陽, 接巽末姤卦, 便是一陰生, 坤是老陰, 接震末復卦, 便是一陽生. 自復卦一陽生, 盡震四離三, 一十六卦, 然後得臨卦, 又盡兌二, 凡八卦, 然後得泰卦, 又隔四卦得大壯, 又隔大有一卦, 得夬, 夬卦接乾, 乾卦接姤. 自姤卦一陰生, 盡巽五坎六, 一十六卦, 然後得遯卦, 又盡艮七, 凡八卦, 然後得否, 又隔四卦得觀, 又隔比一卦得剝, 剝卦接坤, 坤接復. 周而復始, 循環無端. 卦氣左旋, 而一歲十二月之卦皆有其序. 但陰陽初生, 各歷十六卦而後爲一月, 又歷八卦, 再得一月. 至陰陽將極處, 只歷四卦爲一月, 又歷一卦, 遂一併三卦相接. 其初如此之疏, 其末如此之密, 此陰陽贏縮當然之理歟? 然此圖於復卦之下書曰: '冬至子中.' 於姤卦之下書曰: '夏至午中.' 此固無可疑者. 獨於臨卦之下書曰: '春分卯中.' 則臨卦本爲十二月之卦, 而春分合在泰卦之下. 又於遯卦之下書曰: '秋分酉中.' 則遯卦本爲六月之卦, 而秋分合在否卦之下. 昨侍坐復庵, 聞王講書所說卦氣之論, 皆世俗淺近之語, 初無義理可推. 竊意此圖'春分卯中'・'秋分酉中'字, 或恐後人誤隨

79) ▲: 且以月言之, 自坤而震, 月之始生, 初三日也, 至兌, 則月之上弦, 初八日也, 至乾, 則月之望, 十五日也, 至巽, 則月之始虧, 十八日也, 至艮, 則月之下弦, 二十三日也, 至坤, 則月之晦, 三十日也.

世俗卦氣之論, 遂差其次, 卻與文王卦位相合矣. 不然, 則離兌之間所以爲春, 坎艮之間所以爲秋者, 必當別有其說?" 曰: "伏羲『易』自是伏羲說話, 文王『易』自是文王說話, 固不可以交互求合. 所看先天卦氣贏縮極子[80]細, 某亦嘗如此理會來, 尙未得其說. 陰陽初生, 其氣固緩, 然不應如此之疏, 其後又卻如此之密. 大抵此圖布置皆出乎自然, 不應無說, 當更共思之."【謨】

65:85 問: "伏羲始畫八卦, 其六十四者, 是文王後來重之耶? 抑伏羲已自畫了耶? 看「先天圖」則有八卦便有六十四, 疑伏羲已有彷彿之畫矣, 如何?" 曰: "『周禮』言三易經卦皆八, 其別皆六十有四, 便見不是文王漸畫." 又問: "然則六十四卦名是伏羲元有? 抑文王所立?" 曰: "此不可考." 子善問: "據十三卦所言, 恐伏羲時已有." 曰: "十三卦所謂'蓋取諸離, 蓋取諸益'者, 言結繩而爲網罟, 有離之象, 非觀離而始有此也."【銖】

65:86 問: "伏羲畫卦, 恐未是敎人卜筮?" 曰: "這都不可知. 但他不敎人卜筮, 畫作甚?"

---

80) 子: 賀本에서는 仔로 되어 있다.

『朱子語類』卷第六十六

「『易』二」

「綱領上之下」

「卜筮」

66:1 『易』本爲卜筮而作. 古人淳質, 初無文義, 故畫卦爻以"開物成務." 故曰: "夫『易』, 何爲而作也? 夫『易』, 開物成務, 冒天下之道如斯而已." 此『易』之大義[1]如此. 【謨】

66:2 古人淳質, 遇事無許多商量, 旣欲如此, 又欲如彼, 無所適從. 故作易示人以卜筮之事, 故能通志・定業・斷疑, 所謂"開物成務"者也. 【人傑】

66:3 上古民淳, 未有如今士人識理義嶢崎, 蠢然而已, 事事都曉不得. 聖人因做『易』, 敎他占, 吉則爲, 凶則否, 所謂"通天下之志, 定天下之業, 斷天下之疑"者, 正[2]此也. 及後來理義明, 有事則便斷以理義. 如舜傳禹曰: "朕志先定, 鬼神其必依, 龜筮必協從." 已自吉了, 更不用重去卜吉也. 周公營都, 意主在洛矣, 所卜"澗水東, 瀍水西", 只是對洛而言. 其他事惟盡人謀, 未可曉處, 方卜. 故遷國・立君, 大事則卜. 『洪範』"謀及乃心, 謀及卿士", 盡人謀, 然後卜筮以審之. 【淳】

1) 義: 『朱子語類』에서는 意로 되어 있다. 【附箋紙】"義", 印本作"意."
2) 正: 英祖刊本・成化本・賀本에서는 卽으로 되어 있다.

66:4 且如『易』之作, 本只是爲卜筮. 如"極數知來之謂占", "莫大乎蓍龜", "是興神物, 以前民用", "動則觀其變而玩其占"等語, 皆見得是占筮之意. 蓋古人淳質, 不似後世人心機巧, 事事理會得. 古人遇一事理會不下, 便須去占. 占得乾時, "元亨"便是大亨, "利貞"便是利在於正. 古人便守此占. 知其大亨, 卻守其正以俟之, 只此便是"開物成務." 若不如此, 何緣見得"開物成務"底道理? 卽此是『易』之用. 人人皆決於此, 便是聖人家至戶到以敎之也. 若似後人事事理會得, 亦不待占. 蓋"元亨"是示其所以爲卦之意, "利貞"便因以爲戒耳. 又曰: "聖人恐人一向只把做占筮看, 便以義理說出來. '元亨利貞', 在文王之辭, 只作一[3]事, 止是大亨以正, 至孔子方分作四件. 然若是'坤, 元亨, 利牝馬之貞', 不成把'利'字絕句! 後云'主利', 卻當[4]▲[5]句. 至於他卦, 卻只作'大亨以正.' 後人須要把乾坤說大於他卦. 畢竟在占法, 卻只是'大亨以正'而已." 【䓨】

66:5 問: "『易』以卜筮設敎. 卜筮非日用, 如何設敎?" 曰: "古人未知此理時, 事事皆卜筮, 故可以設敎. 後來知此者衆, 必大事方卜." 【可學】

66:6 ▲[6]伏羲之卦, 又也難理會, 故文王從而爲之辭於其間, 無非敎人之意. 如曰'元亨利貞', 則雖大亨, 然亦利於正. 如不貞, 雖有大亨之卦, 亦不可用. 如曰'潛龍勿用', 則陽氣在下, 故敎人以勿用. '童蒙'則又敎人以須是如童蒙而求資益於人, 方吉. 凡言吉, 則不如是, 便有箇凶在那裏. 凡言不好. 則莫如是, 然後有箇好在那裏, 他只是不曾說出

3) 一: 『朱子語類』에서는 二로 되어 있다. 【附箋紙】"一事", 印本作"二事."

4) 當: 【附箋紙】以印本考之, "當"下落"如此絕"三字.

5) ▲: 如此絕

6) ▲: 魏丙材仲問"元亨利貞." 曰: "'夫『易』, 開物成務, 冒天下之道.' 蓋上古之時, 民淳俗樸, 風氣未開, 於天下事全未知識. 故聖人立龜以與之卜, 作『易』以與之筮, 使之趨利避害, 以成天下之事, 故曰'開物成務.' 然

耳. 物只是人物, 務只是事務, 冒只是罩得而[7]下許多道理在裏. 自今觀之, 也是如何出得他箇."【道夫】

66:7 『易』本卜筮之書, 後人以爲止於卜筮. 至王弼用老·莊解, 後人便只以爲理, 而不以爲卜筮, 亦非. 想當初伏羲畫卦之時, 只是陽爲吉, 陰爲凶, 無文字. 某不敢說, 竊意如此. 後文王見其不可曉, 故爲之作彖辭, 或占得爻處不可曉, 故周公爲之作爻辭, 又不可曉, 故孔子爲之作十翼, 皆解當初之意. 今人不看卦爻, 而看「繫辭」, 是猶不看『刑統』, 而看『刑統』之「序例」也, 安能[8]▲[9]! 今人須以卜筮之書看之, 方得, 不然, 不可看『易』. 嘗見艾軒與南軒爭, 而南軒不然其說. 南軒亦不曉.【節】

66:8 八卦之畫, 本爲占筮. 方伏羲畫卦時, 止有奇耦[10]之畫, 何嘗有許多說話! 文王重卦作繇辭, 周公作爻辭, 亦[11]▲[12]是爲占筮設. 到孔子, 方始說從義理去. ▲[13]將乾坤分作四德說, 此亦自是孔子意思. 伊川云: "元亨利貞, 在乾坤爲四德, 在他卦只作兩事." 不知別有何證據. 故學『易』者須將『易』各自看, 伏羲『易』, 自作伏羲『易』看, 是時未有一辭也, 文王『易』, 自作文王『易』[14], 周公『易』, 自作周公『易』[15], 孔子『易』, 自作孔子『易』看. 必欲牽合作一意看, 不得.. ▲[16]【廣】

---

7) 而: 英祖刊本·成化本·賀本에서는 天으로 되어 있다.
8) 安能:【附箋紙】"安能"下落"曉"字. 初本又落.
9) ▲: 曉
10) 耦: 賀本에서는 偶로 되어 있다.
11) 亦:【附箋紙】"亦"下落"只"字. 初本亦落.
12) ▲: 只
13) ▲: 如"乾, 元亨利貞, 坤, 元亨, 利牝馬之貞", 與後面"元亨利貞"只一般. 元亨, 謂大亨也, 利貞, 謂利於正也. 占得此卦者, 則大亨而利於正耳. 至孔子乃
14) 自作文王『易』: 徽州本에서는 이 뒤에 看이 더 들어 있다.
15) 自作周公『易』: 徽州本에서는 이 뒤에 看이 더 들어 있다.
16) ▲: 今學者諱言『易』本爲占筮作, 須要說做爲義理作. 若果爲義理作時, 何不直述一件文字, 如『中庸』·『大學』之書, 言義理以曉人? 須得畫八卦則甚? 「周官」唯太卜掌『三易』之法, 而司徒·司樂·師氏·保氏諸子之教國子·庶民, 只是教以

66:9 ▲[17]聖人要說理，何不就理上直剖判說？何故恁地回互假托，敎人不可曉？又何不別作一書？何故要假卜筮來說？又何故說許多'吉凶悔吝'？此只是理會卜筮後，因其中有些子理，故從而推明之．所以「大象」中只是一句兩句子解了．但有「文言」與「係[18]辭」中數段說得較詳，然也只是取可解底來解，如不可曉底也不曾說．而今人只是眼孔小，見他說得恁地，便道有那至理，只管要去推求．且孔子當時敎人，只說'『詩』·『書』·執禮'，只說'學『詩』乎'，與'興於詩，立於禮，成於樂'，只說'人而不爲「周南」「召南」'，'『詩』三百，一言以蔽之曰：〈思無邪〉．' 元不曾敎人去讀『易』．但有一處說：'假我數年，五十以學『易』，可以無大過矣．' 這也只是孔子自恁地說，不會將這箇去敎人．如周公做一部『周禮』，可謂纖悉畢備，而『周易』卻只掌於太卜之官，卻不似大司樂敎成均之屬樣恁地重．緣這箇只是理會卜筮，大槪只是說箇陰陽，因陰陽之消長，卻有些子理在其中．伏羲當時偶然見得一便是陽，二便是陰，從而畫放那裏．當時人一也不識，二也不識，陰也不識，陽也不識．伏羲便與他剔開這一機，然才有箇一二，後來便生出許多象數來．恁地時節，他也自遏他不住．然當初也只是理會罔罟等事，也不曾有許多嶢崎，如後世『經世書』之類，而今人便要說伏羲如神明樣，無所不曉．伏羲也自純朴[19]，也不曾去理會許多事來．自他當時剔開這一箇機，後世間生得許多事來，他也自不奈何，他也自不要得恁地．但而今所以難理會時，蓋緣亡了那卜筮之法．如『周禮』太卜'掌〈三易〉之法'，『連山』·『歸藏』·『周易』，便是別有理會『周易』之法．而今卻只有「上·下經」兩篇，皆不見許多法了，所以難理會．▲[20]問："▲[21]

『詩』·『書』，敎以禮樂，未嘗以『易』爲敎也．

17) ▲：或問："『易』解，伊川之外誰說可取？" 曰："如『易』，某便說道聖人只是爲卜筮而作，不解有許多說話．但是此說難向人道，人不肯信．向來諸公力來與某辨，某煞費氣力與他分析．而今思之，只好不說．只做放那裏，信也得，不信也得，無許多氣力分疏．且

18) 係：成化本·賀本에서는 繫로 되어 있다.

19) 朴：成化本·賀本에서는 樸으로 되어 있다.

20) ▲：今人卻道聖人言理，而其中因有卜筮之說．他說理後，說從那卜筮上來做什

先生於先天後天・無極太極之說, 卻留意甚切, 不知如何.” 曰: “卜筮之書, 如「火珠林」之類,【淳錄云: “公謂卜筮之書, 便如今「火珠林」樣.”】 許多道理, 依舊在其間. 但是因他作這卜筮後, 卻去推出許多道理來. 他當初做時, 卻只是爲卜筮畫在那裏, 不是曉盡許多道理後方始畫. 這箇道理難說. 向來張安國兒子來問, 某與說云: ‘要曉時, 便只似靈棋課模樣.’ 有▲[22]朋友言: ‘恐只是以其人未能曉, 而告之以此說.’ 某云: ‘是誠實恁地說.’” 良久, 曰: “通其變, 遂成天下之文, 極其數, 遂定天下之象.” ▲[23]問: “「先天圖」有自然之象數, 伏羲當初亦知其然否?” 曰: “也不見得如何. 但圓圖是有些子造作模樣, 如方圖只是據見在底畫.【淳錄云: “較自然.”】 圓圖便是就這中間拗做兩截,【淳錄云: “圓圖作兩段來拗曲.”】 恁地轉來底是奇, 恁地轉去底是偶[24], 便有些不甚依他當初畫底. 然伏羲當初, 也只見太極下面有陰陽[25], 便知是一生二, 二又生四, 四又生八, 恁地推將去, 做成這物事.【淳錄云: “不覺成來卻如此齊整.”】 想見伏羲做得這箇成時, 也大故地立[26]歡. 目[27]前不曾見箇物事恁地齊整.” ▲[28]『通書』言: ‘聖人之精, 畫卦以示, 聖人之蘊, 因卦以發.’ 精是聖人本意, 蘊是偏旁帶來通[29]理. 如『春秋』, 聖人本意只是載那事, 要見世變, ‘禮樂征伐, 自諸侯出’, ‘臣弑其君, 子殺[30]其父’, 如此而已. 就那事上見得是非美惡曲折, 便是因以發底. 如‘『易』

麽? 若有人來與某辨, 某只是不答.” 次日, 義剛

21) ▲: 先生昨言『易』只是爲卜筮而作, 其說已自甚明白. 然

22) ▲: 一

23) ▲: 安卿

24) 偶: 賀本에서는 耦로 되어 있다.

25) 也只見太極下面有陰陽: 成化本・徽州本에서는 也只見個太極下面有個陰陽으로 되어 있다.

26) 立: 『朱子語類』에서는 喜로 되어 있다.【附箋紙】“立歡”之“立”, 印本作“喜.”

27) 目: 英祖刊本・成化本에서는 自로 되어 있다.

28) ▲: 因言: “夜來有一說, 說不曾盡.

29) 通: 『朱子語類』에서는 道로 되어 있다.【附箋紙】“通理”之“通”, 印本・初本作“道.”

30) 殺: 『朱子語類』에서는 弑로 되어 있다.【附箋紙】“子殺”之“殺”, 印本・初本作“弑.”

有太極, 是生兩儀, 兩儀生四象, 四象生八卦.' 這四象生八卦以上, 便是聖人本意底. 如「彖辭」「文言」「繫辭」, 皆是因而發底, 不可一例看. 今人只把做占去看, 便活. 若是的定把卦爻來作理看, 恐死了. 國初講筵講'飛龍在天, 利見大人', 太祖遽云: '此書豈可令凡民見之!' 某便道是解『易』者錯了. 這'大人'便是'飛龍.' 言人若占得此爻, 便利於見那大人. 謂如人臣占得此爻, 則利於見君而爲吉也. 如那'見龍在田, 利見大人', 有德者亦謂之大人. 言人若尋師, 若要見好人時,【淳錄作"求師親賢."】 占得此爻則吉. 然而此兩箇'利見大人', 皆言'君德'也者, 亦是說有君德而居下者. 今卻說九二居下位而無應, 又如何這箇無頭無面? 又如何見得應與不應? 如何恁地硬說得? 若是把做占看時, 士農工商, 事事人用得. 這般人占得, 便把做這般用, 那般人占得, 便把做那般用. 若似而今說時, 便只是秀才用得, 別人都用不得了. 而今人便說道解明理[31], 事來便看道理如何後作區處. 古時人蠢蠢然, 事事都不曉, 做得是也不知, 做得不是也不知. 聖人便作『易』, 教人去占, 占得恁地便吉, 恁地便凶. 所謂'通天下之志, 定天下之業, 斷天下之疑'者, 卽此是也. 而今若把作占說時, 吉凶悔吝便在我, 看我把作甚麼用, 皆用得. 今若把作文字解, 便是硬裝了." 安卿問: "如何恁地?" 曰: "而今把作理說時, 吉凶悔吝皆斷定在九二・六四等身上矣.【淳錄云: "彼九二・六四, 無頭無面, 何以見得如此? 亦只是在人用得也."】 如此則吉凶悔吝是硬裝了, 便只作得一般用了." 林擇之云: "伊川『易』, 說得理也太多." 曰: "伊川求之太深, 嘗說: '三百八十四爻, 不可只作三百八十四爻解.' 其說也好. 而今似他解時, 依舊只作得三百八十四般用." ▲[32]問: "「彖」「象」莫也是因爻而推其理否?" 曰: "「彖」「象」「文言」「繫辭」, 皆是因而推明其理." ▲[33]問: "吉凶是取定於揲蓍否?" 曰: "是." "然則『洪範』'龜從, 筮從', 又要卿士・庶民從, 如何?" 曰: "決大事也不敢不恁地競謹. 如遷國・立君之類, 不可不恁地. 若是其他小事, ▲[34]亦取必於卜

31) 而今人便說道解明理: 徽州本에서는 今人說道明理로 되어 있다.

32) ▲: 安卿

33) ▲: 叔器

筮而已. 然而聖人見得那道理定後, 常不要卜. ▲[35] 擇之言: "'筮短龜長, 不如從長', 看來龜又較靈." 曰: "揲蓍用手, 又不似鑽龜較自然. 只是將火一鑽, 便自成文, 卻就這上面推測." 叔器問: "龜卜之法如何?" 曰: "今無所傳, 看來只似而今五兆卦. 此間人有五兆卦, 將五莖茅自竹筒中寫出來, 直向上底爲木, 橫底爲土, 向下底爲水, 斜向外者爲火, 斜向內者爲金. 便如文帝兆得大橫, 橫, 土也. 所以道'予爲天王, 夏啓以光', 蓋是得土之象."【義剛 ○淳錄略.】

66:10 『易』所以難讀者, 蓋『易』本是卜筮之書, 今卻要就卜筮中推出講學之道, 故成兩節工夫.【賀孫】

66:11 ▲[36]

66:12 ▲[37] 孔子卻就這上依傍說些道理教人. 雖孔子也只得隨他那物事說, 不敢別生說.【僩】

66:13『易』爲卜筮而作, 皆因吉凶以示訓戒, 故其言雖約, 而所包甚廣. 夫子作傳, 亦略擧一端, 以見凡例而已.

○[38] 又曰: "看『易』, 不當更去卦爻中尋求道理當如何處置這箇. 與人卜筮以決疑惑, 若道理當爲, 固是便爲之, 若道理不當爲, 自是不可

---

34) ▲: 則

35) ▲: 且如舜所謂'朕志先定, 詢謀僉同, 鬼神其依, 龜筮協從.' 若恁地, 便是自家所見已決, 而卜亦不過如此, 故曰: '卜不習吉.' 且如周公卜宅云: '我卜河朔黎水, 我乃卜澗水東, 瀍水西, 惟洛食. 我又卜瀍水東, 亦惟洛食.' 瀍・澗只在洛之旁, 這便見得是周公先自要都洛, 後但夾將瀍・澗來卜, 所以每與洛對說. 而兩卜所以皆言'惟洛食', 以此見得也是人謀先定後, 方以卜來決之."

36) ▲:『易』乃是卜筮之書, 古者則藏於太史・太卜, 以占吉凶, 亦未有許多說話. 及孔子始取而敷繹爲「文言」雜卦「彖」「象」之類, 乃說出道理來.【學履】

37) ▲:『易』只是箇卜筮之書.

38) ○:『朱子語類』의 73:1의 일부이다.

做, 何用更占? 卻是有一樣事, 或吉或凶, 成兩岐道理, 處置不得, 所以用占. 若是放火殺人, 此等事終不可爲, 不成也去占! 又如做官贓汚邪僻, 由徑求進, 不成也去占!"【僩 ○學履錄略.】

○[39] 因云: "上古之時, 民心昧然不知吉凶之所在, 故聖人作『易』教之卜筮, 使吉則行之, 凶則避之, 此是開物成務之道. 故「繫辭」云: '以通天下之志, 以定天下之業, 以斷天下之疑.' 正謂此也. 初但有占而無文, 往往如今之环珓相似耳. 但如今人因「火珠林」起課者, 但用其爻而不用其辭, 則知古者之占, 往往不待辭而後見吉凶. 至文王·周公方作彖爻之辭, 使人得此爻者, 便觀此辭之吉凶. 至孔子, 又恐人不知其所以然, 故又復逐爻解之, 謂此爻所以吉者, 謂以中正也, 此爻所以凶者, 謂不當位也, 明明言之, 使人易曉耳. 至如「文言」之類, 卻是就上面發明道理. 非是聖人作易, 專爲說道理以教人也. 須見聖人本意, 方可學易."【時擧】

66:14 ▲[40] 孔子恐義理一向設[41]卜筮中, 故明其義. 至如曰"義無咎也", "義弗乘也", 只是一箇義.【方】

66:15 "民可使由之, 不可使知之." 上古聖人不是著此垂敎, 只是見得天地陰陽變化之理, 畫而爲卦, 使因卜筮而知所修爲避忌. 至周公·孔子, 一人又說多了一人. 某不敢敎人看『易』, 爲這物闊大, 且不切己. 兼其間用字, 與今人皆不同. 如說田獵祭祀, 侵伐疾病, 皆是古人有此事去卜筮, 故爻中出此. 今無此事了, 都曉不得.【礪】

66:16 "看「繫辭」, 須先看『易』, 自'大衍之數'以下, 皆是說卜筮. 若不是說卜筮, 卻是說一無底物. ▲[42] "聖人丁寧曲折極備.【因擧「大畜」

39) ○: 『朱子語類』의 70:152의 일부이다.
40) ▲: 『易』本爲卜筮作.【古人質朴, 作事須卜之鬼神.】
41) 設: 『朱子語類』에서는 沒로 되어 있다.【附箋紙】"設"字, 印本·初本作"沒."

"九三良馬逐."】 讀『易』當如筮相似, 上達鬼神, 下達人道, 所謂'冒天下之道', 只如此說出模樣, 不及作爲, 而天下之道不能出其中." 可學云: "今人皆執畫前易, 皆一向亂說." 曰: "畫前易亦分明, 居則玩其占, 有不待占而占自顯者."【可學】

66:17 ▲43)

66:18 ▲44) 若人卜得一爻, 便要人玩此一爻之義. 如利貞之類, 只是正者便利, 不正者便不利, 不曾說道利不貞者. 人若能見得道理已十分分明, 則亦不須更卜. ▲45)【時舉】

66:19 ▲46)『易』自有一箇本意, 直從中間過, 都不著兩邊. 須要認得這些子分曉, 方始橫三竪四說得. 今人不曾識得他本意, 便要橫三竪四說, 都無歸著." 文蔚曰: "『易』本意只是爲占筮." 曰: "便是如此. 『易』當來只是爲占筮而作. 「文言」「彖」「象」卻是推說做義理上去, 觀乾坤二卦便可見. 孔子曰: '聖人設卦觀象, 「繫辭」焉而明吉凶.' 若不是占筮, 如何說'明吉凶'? ▲47)

42) ▲: 今人誠不知『易』." 可學云: "今人只見說『易』爲卜筮作, 便群起而爭之, 不知聖人乃是因此立敎." 曰:

43) ▲:『易』書本原於卜筮. 又說: "邵子之學, 只把'元・會・運・世'四字貫盡天地萬物."【友仁】

44) ▲:『易』本是卜筮之書.

45) ▲: 如舜之命禹曰: "官占, 惟先蔽志, 昆命于元龜. 朕志先定, 詢謀僉同, 鬼神其依, 龜筮協從, 卜不習吉." 其, 猶將也. 言雖未卜, 而吾志已是先定, 詢謀已是僉同, 鬼神亦必將依之, 龜筮亦必須協從之. 所以謂"卜不習吉"者, 蓋習, 重也. 這箇道理已是斷然見得如此, 必是吉了, 便自不用卜. 若卜, 則是重矣.

46) ▲: 劉用之問坤卦"直方大, 不習無不利." 曰: "坤是純陰卦, 諸爻皆不中正. 五雖中, 亦以陰居陽. 惟六二居中得正, 爲坤之最盛者, 故以象言之, 則有三者之德, 而不習無不利. 占者得之, 有是德則吉.

47) ▲: 且如需九三: '需于泥, 致寇至.' 以其逼近坎險, 有致寇之象. 象曰: '需于泥, 災在外也. 自我致寇, 敬愼不敗也.' 孔子雖說推明義理, 這般所在, 又變例推明占筮之意. '需于泥, 災在外', 占得此象, 雖若不吉, 然能敬愼則不敗, 又能堅忍以需

○[48] 文蔚曰: "常愛先生『易本義』云: '伏羲不過驗陰陽消息兩端而已. 只是一陰一陽, 便分吉凶了. 只管就上加去成八卦, 以至六十四卦, 無非是驗這兩端消息.'" 曰: "『易』不離陰陽, 千變萬化, 只是這兩箇. 莊子云: '『易』道陰陽.' 他亦自看得[49]." 【文蔚 ○僩錄詳.】

66:20 ▲[50] 學者須曉某之正意, 然後方可推說其他道理. 某之意思極直, 只是一條路徑去. 若才惹著今人, 便說差錯了, 便非『易』之本意矣." 【他錄[51]云: "如過釖[52]門相似, 須是驀直攛過, 脫得釖[53]門了, 卻以之推說『易』之道理, 橫說豎說都不妨. 若纔挨近兩邊觸動那劍, 便是攛不過, 便非『易』之本意矣."】 才卿云: "先生解『易』之本意, 只是爲卜筮爾." 曰: "然. 據某解, 一部『易』, 只是作卜筮之書. 今人說得來太精了, 更入䴥[54]不得. 如某之說雖䴥[55], 然卻入得精, 精義皆在其中. 若曉得某一人說, 則曉得伏羲・文王之『易』, 本是作如此用, 已[56]未有許多道理在, 方不失『易』之本意. 今未曉得聖人作『易』之本意, 便先要說道理, 縱饒說得好, 【他錄[57]云: "只是無情理."】 只是與『易』元不相干. 聖人分明說: '昔

待, 處之得其道, 所以不凶. 或失其剛健之德, 又無堅忍之志, 則不能不敗矣."

48) ○: 『朱子語類』의 66:19를 『小分』에서는 별도의 한 항목으로 나누었다.

49) 他亦自看得: 成化本・徽州本에서는 他亦自看得好로 되어 있다.

50) ▲: 用之問: "坤六二: '直方大, 不習無不利.' 學須用習, 然後至於不習." 曰: "不是如此. 聖人作『易』, 只是說卦爻中有此象而已. 如坤六二'直方大, 不習無不利', 自是他這一爻中有此象. 人若占得, 便應此事有此用也, 未說到學者須習至於不習. 在學者之事, 固當如此. 然聖人作『易』, 未有此意在." 用之曰: "然. '不習無不利', 此成德之事也." 曰: "亦非也. 未說到成德之事, 只是卦爻中有此象而已. 若占得, 便應此象, 都未說成德之事也. 某之說『易』, 所以與先儒・世儒之說皆不同, 正在於此.

51) 他錄: 英祖刊本・成化本・賀本에서는 池錄으로 되어 있다.

52) 釖: 英祖刊本・成化本・賀本에서는 劍으로 되어 있다.

53) 釖: 英祖刊本・成化本・賀本에서는 劍으로 되어 있다.

54) 䴥: 成化本에서는 粗로 되어 있다.

55) 䴥: 成化本에서는 粗로 되어 있다.

56) 已: 英祖刊本・成化本・賀本에서는 元으로 되어 있다. 【附箋紙】 "元"字, 誤書 "已"字.

57) 他錄: 英祖刊本・成化本・賀本에서는 池錄으로 되어 있다. 【附箋紙】 小註"他錄", 印本作"池錄", 更考.

者聖人之作『易』, 觀象設卦, 「繫辭」焉以明吉凶.' 幾多分曉! 某所以說『易』只是卜筮書者, 此類可見. 『易』只是說箇卦象, 以明吉凶而已, 更無他說. 如乾有乾之象, 坤有坤之象, 人占得此卦者, 則有此用以斷吉凶, 那裏說許多道理? ▲[58] 讀伏羲之易, 如未有許多「彖」「象」『文言』說話, 方見得『易』之本意, 只是要作卜筮用. 如伏羲畫八卦, 那裏有許多文字言語, 只是說八箇卦有某象, 乾有乾之象而已. 其大要不出於陰陽剛柔・吉凶消長之理. 然亦未[59]嘗說破, 只是使人知卜得此卦如此者吉, 彼卦如此者凶. 今人未曾明得乾坤之象, 便先說乾坤之理, 所以說得都無情理. 及文王・周公分爲六十四卦, 添入'「乾」元亨利貞', '「坤」元亨利牝馬之貞', 早不是伏羲之意, 已是文王・周公自說他一般道理了. 然猶是就人占處說, 如卜得「乾卦」, 則大亨而利於貞[60]耳. 及孔子繫『易』, 作「彖」「象」「文言」,則以'元亨利貞'爲乾之四德, 又非文王之『易』矣. 到得孔子, 盡是說道理. 然猶就卜筮上發出許多道理, 欲人曉得所以凶, 所以吉. 卦爻好則吉, 卦爻不好則凶. 若卦爻大好而己德相當, 則吉, 卦爻雖吉, 而己德不足以勝之, 則雖吉亦凶, 卦爻雖凶, 而己德足以勝之, 則雖凶猶吉, 反覆都就占筮上發明誨人底道理. 如云: '需于泥, 致寇至.' 此卦爻本自不好, 而象卻曰: '自我致寇, 敬愼不敗也.' 蓋卦爻雖不好, 而占之者能敬愼畏防, 則亦不至於敗. 蓋需者, 待也. 需有可待之時, 故得以就需之時思患預防, 而不至於敗也. 此則聖人就占處發明誨人之理也." 又曰: "文王之心, 已自不如伏羲寬闊, 急要說出來. 孔子之心, 不如文王之心寬大, 又急要說出道理來. 所以本意侵[61]失, 都不顧元初聖人畫卦之意, 只認各人自說一副當道理. 及至伊川, 又自說他一樣, 微似孔子之『易』, 而又甚焉. 故其說『易』, 自伏羲至伊川, 自成四樣. 某所以不敢從, 而原『易』

---

58) ▲: 今人讀『易』, 當分爲三等: 伏羲自是伏羲之『易』, 文王自是文王之『易』, 孔子自是孔子之『易』.

59) 未: 『朱子語類』에는 없다. 【附箋紙】 "然亦"下, 印本無"未"字.

60) 貞: 英祖刊本・成化本・賀本에서는 正으로 되어 있다.

61) 侵: 英祖刊本・成化本・賀本에서는 浸으로 되어 있다.

之所以作而爲之說, 爲此也." 用之云: "聖人作『易』, 只是明箇陰陽剛柔・吉凶消長之理而已." 曰: "雖是如此, 然伏羲作『易』, 只畫八卦如此, 也何嘗明說陰陽剛柔吉凶之理? 然其中則具此道理. 想得箇古人教人, 也不甚說, 只是說箇方法如此, 使人依而行之. 如此則吉, 如此則凶, 如此則善, 如此則惡, 未有許多言語. 又如舜命夔教胄子, 亦只是說箇'寬而栗, 柔而立'之法, 教人不失其中和之德而已, 初未有許多道理. 所謂'民可使由之, 不可使知之', 亦只要你不失其正而已, 不必苦要你知也." 又曰: "某此說, 據某所見且如此說, 不知後人以爲如何." 因笑曰: "東坡注『易』畢, 謂人曰: '自有『易』以來, 未有此書也.'"【僩 ○蜀錄析爲三, 池錄文差略.】

66:21 『易』申[62]言占者有其德, 則其占如是, 言無其德而得是占者, 卻是反說. 如南蒯得"黃裳元吉", 疑吉矣, 而蒯果敗者, 蓋卦辭明言黃裳則元吉, 無黃裳之德則不吉也. 又如適所說"直方大, 不習無不利", 占者有直方大之德, 則不習而無不利, 占者無此德, 卽雖習而不利也. 如奢侈之人, 而得共儉則吉之占, 明不共儉者, 是占爲不吉也. 他皆放此. 如此看, 自然意思活.【銖】

66:22 論『易』云: "其他經, 先因其事, 方有其文. 如『書』言堯・舜・禹・湯・伊尹・武王・周公之事, 因有許多事業, 方說到這裏. 若無這事, 亦不說到此. 若『易』, 只則是箇空底物事, 未有是事, 預先說是理, 故包括得盡許多道理, 看人做甚事, 皆撞著他." 又曰: "'『易』無思也, 無爲也', 『易』是箇無情底物事, 故'寂然不動', 占之者吉凶善惡隨事著見, 乃'感而遂通.'" 又云: "『易』中多言正[63], 如'利正[64]', '正[65]吉', '利永貞'之類, 皆是要人守正." 又云: "人如占得一爻, 須是反觀諸身,

62) 申: 賀本·徽州本에서는 中으로 되어 있다.
63) 正: 英祖刊本에서는 貞으로 되어 있다.
64) 正: 英祖刊本・成化本・賀本에서는 貞으로 되어 있다.
65) 正: 英祖刊本・成化本・賀本에서는 貞으로 되어 있다.

果盡得這道理否? 「坤」之六二: '直方大, 不習無不利.' 須看自家能直, 能方, 能大, 方能'不習無不利.' 凡皆類此." 又云: "所謂'大過', 如當潛而不潛, 當見而不見, 當飛而不飛, 皆是過." 又曰: "如坤之初六, 須知'履霜堅冰'之漸, 要人恐懼修省. 不知恐懼修省便是過. 『易』大概欲人恐懼修省." 又曰: "文王繫辭, 本只是與人占底書, 至孔子作十翼, 方說'君子居則觀其象而玩其辭, 動則觀其變而玩其占.'" 又曰: "夫子讀『易』, 與常人不同. 是他胸中洞見陰陽剛柔・吉凶消長・進退存亡之理. 其贊『易』, 卽就胸中寫出這道理." 味道問: "聖人於「文言」, 只把做道理說." 曰: "有此氣, 便有此理." 又問: "「文言」反覆說, 如何?" 曰: "如言'潛龍勿用, 陽在下也', 又'潛龍勿用, 下也', 只是一意重疊說. 伊川作兩意, 未穩." 【時擧】

66:23 ▲[66]

66:24 ▲[67]如'潛龍勿用', 便教人莫出做事. 如卜得'見龍在田', 便教

66) ▲: 聖人作『易』, 本爲欲定天下之志, 斷天下之疑而已, 不是要因此說道理也. 如人占得這爻, 便要人知得這爻之象是吉是凶, 吉便爲之, 凶便不爲. 然如此, 理卻自在其中矣. 如「剝」之上九: "碩果不食, 君子得輿, 小人剝廬." 其象如此, 謂一陽在上, 如碩大之果, 人不及食, 而獨留於其上, 如君子在上, 而小人皆載於下, 則是君子之得輿也. 然小人雖載君子, 而乃欲自下而剝之, 則是自剝其廬耳. 蓋唯君子乃能覆蓋小人, 小人必賴君子以保其身. 今小人欲剝君子, 則君子亡, 而小人亦無所容其身, 如自剝其廬也. 且看自古小人欲害君子, 到害得盡後, 國破家亡, 其小人曾有存活得者否? 故聖人「象」曰: "'君子得輿', 民所載也. '小人剝廬', 終不可用也." 若人占得此爻, 則爲君子之所爲者必吉, 而爲小人之所爲者必凶矣. 其象如此, 而理在其中矣. 卻不是因欲說道理而後說象也.【時擧 ○植錄云: "『易』只是說象, 初未有後人所說許多道理堆架在上面. 蓋聖人作『易』, 本爲卜筮設. 上自王公而下達于庶人, 故曰"以通天下之志, 以定天下之業, 以斷天下之疑." 但聖人說象, 則理在其中矣.' 因擧「剝」之上九'碩果不食', 五陰在下, 來剝一陽, 一陽尙在, 如碩大之果不食. '君子得輿', 是君子在上, 爲小人所載, 乃下五陰載上一陽之象. '小人剝廬'者, 言小人旣剝君子, 其廬亦將自剝. 看古今小人旣剝君子, 而小人亦死亡滅族, 豈有存者! 聖人之象只如是. 後人說『易』, 只愛將道理堆架在上面, 聖人本意不解如此."】

67) ▲: 先之問『易』. 曰: "坤卦大抵減乾之半. 據某看來, 『易』本是箇卜筮之書, 聖人

人可以出做事. 如說'利見大人', 一箇是五在上之人, 一箇是二在下之人, 看是甚麽人卜得. 天子自有天子'利見大人'處, 大臣自有大臣'利見大人'處, 群臣自有群臣'利見大人'處, 士庶人自有士庶人'利見大人'處. 當時又那曾有某爻與某爻相應? 那自是說這道理如此, 又何曾有甚麽人對甚麽人說? 有甚張三李四? 中間都是正吉, 不曾有不正而吉. 大率是爲君子設, 非小人盜賊所得竊取而用. 如'黃裳元吉', 須是居中在下, 方會大吉, 不然, 則大凶. ▲68) 【賀孫】

66:25 ▲69) 如五雖主君位而言, 然實不可泥. 【人傑】

66:26 ▲70)

66:27 『易』爻只似而今發課底「卦影」相似. 如云: "初九, 潛龍勿用." 這只是戒占者之辭. 解者遂去這上面生義理, 以初九當"潛龍勿用", 九二當"利見大人." 初九是箇甚麽? 如何會潛? 如何會勿用? 試討這箇人來71)▲72). 九二爻又是甚麽人? 他又如何會"見龍在田, 利見大人"? 嘗

因之以明教, 因其疑以示訓. 如卜得乾卦云'元亨利貞', 本意只說大亨利於正, 若不正, 便會凶. 如卜得爻辭

68) ▲: 此書初來只是如此. 到後來聖人添許多說話, 也只是怕人理會不得, 故就上更說許多教分明, 大抵只是因以明教. 若能恁地看, 都是教戒. 恁地看來, 見得聖人之心洞然如日星, 更無些子屈曲遮蔽, 故曰'聖人以通天下之志, 以定天下之業, 以斷天下之疑.'" 又曰: "看他本來裏面都無這許多事, 後來人說不得, 便去白撰箇話. 若做卜筮看, 說這話極是分明. 某如今看來, 直是分明. 若聖人有甚麽說話, 要與人說, 便分明說了. 若不要與人說, 便不說. 不應恁地千般百樣, 藏頭伉腦, 無形無影, 教後人自去多方推測. 聖人一箇光明盛大之心, 必不如此. 故曰'君子居則觀其象而玩其辭, 動則觀其變而玩其占', 看這般處自分曉. 如今讀書, 恁地讀一番過了, 須是常常將心下溫過, 所以孔子說'學而時習之.' 若只看過便住, 自是易得忘了, 故須常常溫習, 方見滋味."

69) ▲: 『易』只是古人卜筮之書,

70) ▲: 『易』本爲卜筮設. 如曰"利涉大川", 是利於行舟也, "利有攸往", 是利於啓行也. 後世儒者鄙卜筮之說, 以爲不足言, 而所見太卑者, 又泥於此而不通. 故曰: "『易』者, 難讀之書也. 不若且從『大學』做工夫, 然後循次讀『論』·『孟』·『中庸』, 庶幾切己有益也." 【義剛】

見林艾軒云: "世之發六壬課者, 以丙配壬則吉." 蓋火合水也. 如「卦影」云: "朱鳥翾翾, 歸于海之湄, 吉." 這箇只是說水火合則吉爾. 若使此語出自聖人之口, 則解者必去上面說道理, 以爲朱鳥如何, 海湄如何矣. 【僩】

66:28 問: "『易』中也有偶然指定一兩件實事言者, 如'亨于岐山', '利用征伐', '利遷國'之類是也." 曰: "是如此. 亦有兼譬喩言者, '利涉大川'[73], 則行船之吉占, 而濟大難大事亦如之." 【賜 ○學履】

66:29 ▲[74]

66:30 「說卦」中說許多卜筮, 今人說『易』, 卻要掃去卜筮, 如何理會得『易』? 每恨不得古人活法, 只說得箇半死半活底. 若更得他那箇活法, 卻須更着[75]得高妙在. 古人必自有活法, 且如筮得之卦爻, 卻與所占底事不相應時如何? 他到這裏, 又須別有箇活底例子括將去, 不只恁死殺著. 或是用支干相合配處, 或是因他物象. 揲蓍雖是占筮, 只是後人巧去裏面見箇小小底道理, 旁門曲徑, 正理不只如此. 【淵】

66:31 ▲[76] 某所恨者, 不深曉古人卜筮之法, 故今說處多是想象古人如此. 若更曉得, 須更有奧義可推." 或曰: "布蓍求卦, 卽其法也." 曰: "爻卦與事不相應, 則推不去, 古人於此須有變通." 【或以支干推之. ○方子】

66:32 ▲[77] 魯可幾曰: "古之卜筮, 恐不如[78]今日所謂「火珠林」之類

71) 人來: 【附箋紙】 "人來"下落"看"字.
72) ▲: 看
73) '利涉大川': 徽州本에서는 如'利涉大川'로 되어 있다.
74) ▲: 古人凡事必占, 如"田獲三禽", 則田獵之事亦占也. 【僩】
75) 着: 成化本·賀本에서는 看으로 되어 있다.
76) ▲: "今之說『易』者, 先掊擊了卜筮. 如「下繫」說卜筮, 是甚次第!

否?" 曰: "以某觀之, 恐亦自有這法. 如左氏所載, 則支干納音配合之意, 似亦不廢. 如云'得屯之比', 旣不用屯之辭, 亦不用比之辭, 卻自別推一法, 恐亦不廢這理也." 【道夫】

66:33 ▲[79] 如『楚辭』以神爲君, 祀之者爲臣, 以見其敬奉不可忘之義. 固是說君臣, 但假託事神而說. 今也須與他說事神, 然後及他事君之意. 今解直去解作事君, 也未爲不是, 但須先爲他結了事神一重, 方及那處, 『易』便是如此. 今人心性偏[80]急, 更不待先說他本意, 便將理來衮[81]說了. 【學履】

66:34 ▲[82] 如讀『易』不曾理會揲法, 則說『易』亦是懸空. 如『周禮』所載蒐田事云: "如其陣之法." 便是古人自識了陣法, 所以更不載. 今人不曾理會陣法, 則談兵亦皆是脫空. 【道夫】

66:35 問: "今之揲蓍, 但見周公作爻辭以後之揲法. 不知當初只有文王彖辭, 又如何揲?" 曰: "他又須別有法, 只是今不可考耳. 且如『周禮』所載, 則當時煞有文字. 如今所見占法, 亦只是大概如此, 其間亦自有無所據底, 只是約度如此. 大抵古人法度, 今皆無復存者. 只是這些道理, 人尚胡亂說得去. 嘗愛陸機『文賦』有曰: '意翻空而易奇, 文質實而難工.' 道理人卻說得去, 法度卻杜撰不得. ▲[83] 【榦】

77) ▲: "熟讀六十四卦, 則覺得「繫辭」之語直爲精密, 是『易』之括例. 要之, 『易』書是爲卜筮而作. 如云: '定天下之吉凶, 成天下之亹亹者, 莫大乎蓍龜.' 又云: '天生神物, 聖人則之.' 則專爲卜筮也."
78) 不如: 『朱子語類』에서는 不如로 되어 있고 『老異』에서는 "如 ,一 誤知"라고 되어 있다. 【附箋紙】 "不如", 印本作"不知."
79) ▲: 『易』以卜筮用, 道理便在裏面, 但只未說到這處.
80) 偏: 英祖刊本・成化本・賀本에서는 編으로 되어 있다.
81) 衮: 英祖刊本에서는 滾으로 되어 있다.
82) ▲: 大凡人不曾著實理會, 則說道理皆是懸空.
83) ▲: 且如樂, 今皆不可復考. 今人只會說得'凡音之生, 由人心也, 人心之動, 物使之然也.' 到得制度, 便都說不去." 問: "『通書』注云: '而其制作之妙, 眞有以得乎

○84) 又問: "如何便是爻辭與所占之事相應?" 曰: "自有此道理. 如世之抽籤者, 尙多有與所占之事相契." 又曰: "何以見得『易』專爲占筮之用? 如'王用亨于岐山', '于西山', 皆是'亨'字. 古字多通用. 若卜人君欲祭山川, 占得此卽吉. '公用亨於天子', 若諸侯占得此卦, 則利於近天子耳. 凡占, 若爻辭與所占之事相應, 卽用爻辭斷之. 萬一占病, 卻得'利建侯', 又須別於卦象上討義." 正淳謂: "二五相應, 二五不相應, 如何?" 曰: "若得應爻, 則所祈望之人, 所指望之事, 皆相應, 如人臣卽有得君之義. 不相應, 則亦然. 昔敬夫爲魏公占得睽之蹇, 六爻俱變. 此二卦名義自是不好. 李舜85)翁斷其占云: '用兵之人, 亦不得用兵, 講和之人, 亦不成講和. 睽上卦是離, "離爲甲冑, 爲戈兵", 有用兵之象, 卻變爲坎, 坎險阻在前, 是兵不得用也. "兌爲口舌"又"悅也", 是講和之象, 卻變爲艮. 艮, 止也, 是議和者亦無所成.' 未幾魏公旣敗, 湯思退亦敗, 皆如所占."【謍 ○人傑錄見下.】

66:36 "以四約之者", "揲之以四"之義也.【以下『啓蒙』「占門」. ○淵】

66:37 "五四爲奇", 各是一箇四也, "九八爲偶", 各是兩箇四也.【淵】

66:38 老陰老陽爲乾坤, 然而皆變, 小86)陰小87)陽亦爲乾坤, 然而皆不變.【淵】

66:39 老陰老陽不專在乾坤上, 亦有小88)陰小89)陽. 如乾坤, 六爻皆

聲氣之元.' 不知而今尙可尋究否?" 曰: "今所爭, 祇是黃鍾一宮耳. 這裏高, 則都高, 這裏低, 則都低, 蓋難得其中耳." 問: "胡安定樂如何?" 曰: "他亦是一家."

84) ○: 『朱子語類』의 73:54의 일부이다.
85) 舜: 『朱子語類』에서는 壽로 되어 있다.【附箋紙】"壽"字, 誤書"舜."
86) 小: 『朱子語類』에서는 少로 되어 있다.
87) 小: 『朱子語類』에서는 少로 되어 있다.
88) 小: 『朱子語類』에서는 少로 되어 있다.
89) 小: 『朱子語類』에서는 少로 되어 있다.

動底是老, 六爻皆不動底是少. 六卦上亦有老陰老陽.【淵】

66:40 所以到那三畫變底第三十二卦以後, 占變卦彖・爻之辭者, 無他, 到這裏時, 離他那本卦分數多了. 到四畫五畫, 則更多.【淵】

66:41 問: "卜卦, 二爻變, 則以二變爻占, 仍以上爻爲主. 四爻變, 則以之卦二不變爻占, 仍以下爻爲主." 曰: "凡變, 須就其變之極處看, 所以以上爻爲主. 不變者是其常, 只順其先後, 所以以下爻爲主. 亦如陰陽老少之義, 老者變之極處, 少者便只是初."【賀孫 ○學履錄云: "變者, 下至上而止. 不變者, 下便是不變之本, 故以之爲主."】

66:42 內卦爲貞, 外▲[90]爲悔[91].【因說: "生物只有初時好, 凡物皆然. 康節愛說." ○僩】

66:43 貞悔, 卽"占用二"之謂. 貞是在裏面做主宰底, 悔是做出了末後闌珊底. 貞是頭邊.【淵】

66:44 問: "'內卦爲貞, 外卦爲悔.' 貞悔何如?" 曰: "此出於『洪範』. 貞, 看來是正, 悔, 是過意. 凡'悔'字都是過了方悔, 這'悔'字是過底意思, 亦是多底意思. 下三爻便是正卦, 上三爻似是過多了, 恐是如此. 這貞悔亦似今占卜, 分甚主客." 問: "兩爻變, 則以兩變爻占, 仍以下爻爲主, 何也?" 曰: "卦是從下生, 占事都有一箇先後首尾."【賀孫】

66:45 ▲[92]問: "'內卦爲貞, 外卦爲悔', ▲[93]" 曰: "'貞'訓'正', 事方正如此. '悔', 是事已如此了. 凡悔吝者, 皆是事過後, 方有悔吝. 內卦之

---

90) ▲: 卦
91) 外▲爲悔: 孝宗刊本・英祖刊本・成化本에서는『小分』과 같다.
92) ▲: 陳日善
93) ▲: 是何義?

占, 是事方如此, 外卦之占, 是事之已然者如此. 二字又有終始[94]之意."【雉】

66:46 貞是事之始, 悔是事之終, 貞是事之主, 悔是事之客, 貞是在我底, 悔是應人底. 三爻變, 則所主不一, 以二卦彖辭占, 而以本卦爲貞, 變卦爲悔. 六爻俱不變, 則占本卦彖辭, 而以內卦爲貞, 外卦爲悔. 凡三爻變者有二十卦, 前十卦爲貞, 後十卦爲悔. 後十卦是變盡了, 又反來. 有圖. 見『啓蒙』.【義剛】

66:47 ▲[95]問"一貞八悔." 曰: "如乾[96]▲[97]大有大壯小畜需大畜泰內體皆乾, 是一貞, 外體八卦是八悔. 餘放此."【義剛】

66:48 問: "'貞悔'不止一說, 如六十四卦, 則每卦內三畫爲貞, 外三畫爲悔, 如揲蓍成卦, 則正卦爲貞, 之卦爲悔, 如八卦之變, 則純卦一爲貞, 變卦七爲悔." 曰: "是如此."【過】

66:49 問: "卦爻, 凡初者多吉, 上者多凶." 曰: "時運之窮, 自是如此. ▲[98]【礪】

66:50 占法: 陽主貴, 陰主富.【淵】

66:51 悔陽而吝陰.【方子】

66:52 ▲[99]

---

94) 終始: 『朱子語類』에서는 始終으로 되어 있다.
95) ▲: 叔器問"內卦爲貞, 外卦爲悔." 曰: "'貞悔'出『洪範』. 貞是正底, 便是體, 悔是過底, 動則有悔." 又
96) 乾: 【附箋紙】"乾"下落"夬"字.
97) ▲: 夬
98) ▲: 內卦爲貞, 外卦爲悔. 貞, 是貞正底意, 悔, 是事過有追不及底意."

66:53 ▲[100)]

66:54 『易』中言"帝乙歸妹", "箕子明夷", "高宗伐鬼方"之類, 疑皆當時帝乙・高宗・箕子曾占得此爻, 故後人因而記之, 而聖人以入爻也. 如『漢書』"大橫庚庚, 余爲天王, 夏啓以光", 亦是啓曾占得此爻也. 「火珠林」亦如此. 【僩】

66:55 今人以三錢當揲蓍, 不能極其變, 此只是以納甲附六爻. 納甲乃漢 焦贛・京房之學. 【可學】

66:56 「火珠林」猶是漢人遺法. 【方子】

66:57 ▲[101)]

66:58 ▲[102)]

66:59 因言筮卦, 曰: "卦雖出於自然, 然一爻成, 則止有三十二卦, 二爻成, 則止有十六卦, 三爻成, 則止有八卦, 四爻成, 則止有四卦, 五爻成, 則止有二卦, 是人心漸可以測知. 不若卜, 龜文一兆, 則吉凶便見, 更無移改. 所以古人言'筮短龜長.'" 廣因言: "浙人多尚龜卜, 雖盜賊亦取決於此." 曰: "『左傳』載臧會卜信與僭, '僭吉', 此其法所以不

99) ▲: 巽離兌, 乾之所索乎坤者, 震坎艮, 坤之所索乎乾者. 『本義』揲蓍之說, 恐不須恁地. 【方子】

100) ▲: 凡爻中言人者, 必是其人嘗占得此卦. 如"大橫庚庚", 必啓未歸時曾占得. 【淵】

101) ▲: 問: "'筮短龜長', 如何?" 曰: "筮已費手." 【可學】

102) ▲: "筮短龜長", 近得其說. 是筮有筮病, 纔一畫定, 便只有三十二卦, 永不到是那三十二卦. 又二畫, 便只有十六卦, 又三畫, 便只有八卦, 又四畫, 便只有四卦, 又五畫, 便只有二卦. 這二卦, 便可以著意揣度了. 不似龜, 纔鑽拆, 便無救處, 全不可容心. 【賀孫】

傳. 聖人作『易』, 示人以吉凶, 卻無此弊. 故言‘利貞’, 不言利不貞, ‘貞吉’, 不言不貞吉, 言‘利禦寇’, 不言利爲寇也.”【廣】

66:60『易』占不用龜, 而每言蓍龜, 皆具此理也. 筮, 卽蓍也. “筮短龜長, 不如從長”者, 謂龜有鑽灼之易, 而筮有扐揲之煩. 龜之卦, 一灼便成, 亦有自然之意. 『洪範』所謂“卜五占用二”者, 卜五卽龜, 用二卽蓍. “曰雨, 曰霽, 曰蒙, 曰驛, 曰克”, 卽是五行, 雨卽水, 霽卽火, 蒙卽土, 驛卽[103)]木, 克卽[104)]金. “曰貞, 曰悔”, 卽是內・外卦也.【謨】

66:61 占龜. 土兆大橫, 木兆直,【或曰: “火兆直.” 只周禮曰: “木兆直.”】金兆從右邪上, 火兆從左邪上,【或曰: “木兆從左邪上.”】 水兆曲, 以大小・長短・明暗爲吉凶. 或占凶事, 又以短小爲吉. 又有旋者吉, 大橫吉. “大橫庚庚”, 庚庚, 是豹起恁地庚庚然, 不是金兆也.【賀孫】

66:62 程沙隨說“大橫庚庚”爲金兆, 取庚辛之義. 他都無所據, 只云“得之卜者.” 不知大橫只是土兆. 蓋橫是土, 言文帝將自諸侯而得天下, 有大土之象也. 庚庚, 乃是龜文爆出也.【卜兆見『洪範』「疏」云: “橫者爲土.” ○燾】

66:63 漢卿說鑽龜法云: “先定四嚮, 欲求甚紋兆, 順則爲吉, 逆則爲凶.” 正淳云: “先灼火, 然後觀火之紋, 而定其吉凶.” 曰: “要須先定其四向, 而後求其合, 從逆則凶, 如‘亦惟洛食.’ 乃先以墨畫定看食墨如何. ‘筮短龜長’, 古人固重此. 『洪範』謂‘龜從筮逆’, 若‘龜筮共違于人’, 則‘用靜吉, 用作凶.’” 漢卿云: “今爲賊者多卜龜, 以三龜連卜, 皆順則往.” 賀孫云: “若‘石祁子兆, 衛人以龜爲有知’, 此卻是無知也.” 曰: “所以古人以『易』而捨龜, 往往以其難信. 『易』則有‘貞吉’, 無不貞吉, ‘利

103) 卽: 孝宗刊本・英祖刊本・成化本에서는 是로 되어 있다.
104) 卽: 孝宗刊本・英祖刊本・成化本에서는 是로 되어 있다.

禦寇', 不利爲寇."【賀孫】

66:64 卜, 必先以墨畫龜,【看是卜何事, 要得何兆, 都有定例. 或火或土, 便以墨畫之.】 要折[105),【鑽處折[106)痕.】 依此墨然後灼之,【以火鑽鑽鑽略過久.】 求其兆.【折[107)痕.】 順食此墨畫之處, 謂之食.【振】

66:65 南軒家有眞蓍, 云: "破宿州時得之." 又曰: "卜『易』卦以錢擲, 以甲子起卦, 始於京房."【璘】

○[108) 見一朋友說, 有八卦之金木水火土, 有五行之金木水火土. 如"乾爲金",『易』卦之金也, 兌之金, 五行之金也. "巽爲木", 是卦中取象. 震爲木, 乃東方屬木, 五行之木也, 五行取四維故也.【去僞】

「象」

66:66 嘗謂伏羲畫八卦, 只此數畫, 該盡天下萬物之理. 陽在下爲「震」, 震, 動也, 在上爲「艮」, 艮, 止也. 陽在下自動, 在上自止. 歐公卻說「繫辭」不是孔子作, 所謂"書不盡言, 言不盡意"者非. 蓋他不會[109)看"立象以盡意"一句. 惟其"言不盡意", 故立象以盡之. 學者於言上會得者淺, 於象上會得者深.【廣】

66:67 伊川說象, 只似譬喩樣說. 看得來須有箇象如此, 只是如今曉

---

105) 折: 成化本에서는 坼으로 되어 있고, 孝宗刊本・英祖刊本・賀本에서는 拆로 되어 있다.
106) 折: 成化本에서는 坼으로 되어 있고, 孝宗刊本・英祖刊本・賀本에서는 拆로 되어 있다.
107) 折: 成化本에서는 坼으로 되어 있고, 孝宗刊本・英祖刊本・賀本에서는 拆로 되어 있다.
108) ○: 『朱子語類』의 72:92의 일부이다.
109) 曾: 賀本에서는 會로 되어 있다.

他不出.【淵】

66:68 某嘗作『易』「象說」, 大率以簡治繫[110], 不以繁御簡.【煇】

66:69 前輩也曾[111]說『易』之取象, 似詩之比興. 如此卻是虛說, 恐不然. 如"田有禽", 須是此爻有此象, 但今不可考. 數, 則只是"大衍之數五十"與"天數五, 地數五"兩段. "大衍之數"是說蓍, 天地之數是說造化生生不窮之理. 除此外, 都是後來人推[112]▲[113]出來底.【淵】

66:70 以上底推不得, 只可從象下面說去. 王輔嗣・伊川皆不信象. 如今卻不敢如此說, 只可說道不及見這箇了. 且從象以下說, 免得穿鑿.【淵】

66:71 問: "『易』之象似有三樣, 有本畫自有之象, 如奇畫象陽, 偶畫象陰是也,【六十四卦之爻, 一爻各是一象.】 有實取諸物之象, 如乾坤六子, 以天地雷風之類象之是也, 有只是聖人以意自取那象來明是義者, 如'白馬翰如'・'載鬼一車'之類是也. 實取諸物之象, 决不可易. 若聖人姑假是象以明義者, 當初若別命一象, 亦通得, 不知是如此否?" 曰: "聖人自取之象, 也不見得如此, 而今且只得因象看義. 若恁地說, 則成穿鑿了."【學履】

66:72 他所以有象底意思不可見, 卻只就他那象上推求道理. 不可爲求象不得, 便喚做無. 如潛龍, 便須有那潛龍之象.【淵】

66:73 取象各不同, 有就自己身上取底, 有自己當不得這卦象, 卻就

---

110) 繫: 【附箋紙】"繫", 印本作"繁", 初本誤書.
111) 曾: 賀本에서는 會으로 되어 있다.
112) 推【附箋紙】"推"下落"說"字.
113) ▲: 說

那人身上取. 如"潛龍勿用", 是就占者身上言, 到那"見龍", 自家便當不得, 須把做在上之大人, 九五"飛龍"便是人君, "大人"卻是在下之大人.【淵】

66:74 『易』之象理會不得. 如"乾爲馬", 而乾之卦卻專說龍. 如此之類, 皆不通.【恪】

○[114] 又曰: "聖人取象, 亦只是箇大約彷彿意思如此. 若纔著言語窮他, 便有說不去時. 如後面「小象」, 若更教孔子添幾句, 也添不去."【僩】

66:75 『易』中取象, 不如卦德上命字較親切. 如蒙"險而止", 復"剛動而順行", 此皆親切. 如"山下出泉", "地中有雷", 恐是後來又取[115]那上面添出. 所以『易』中取象處, 亦有難理會者.【學履】

66:76 "『易』畢竟是有象, 只是今難推. 如旣濟'高宗伐鬼方'在九三, 未濟卻在九四. 損'十朋之龜'在六五, 益卻在六二, 不知其象如何? 又如履卦・歸妹卦皆有'跛能履', 皆是艮[116]體, 此可見." 問: "諸家『易』除『易傳』外, 誰爲最近?" 曰: "難得. 其間有一二節合者卻多, 如'渙其群', 伊川解卻成'渙而群.' 卻是東坡說得好: 群謂小隊, 渙去小隊, 使合於大隊." 問: "孔子專以義理說『易』, 如何?" 曰: "自上世傳流至此, 象數已分明, 不須更說, 故孔子只於義理上說. 伊川亦從孔子. 今人旣不知象數, 但依孔子說, 只是說得半截, 不見上面來歷. 大抵去古旣遠, 書多散失. 今且以占辭論之, 如人占婚姻, 卻占得一病辭, 如何用? 似此處, 聖人必有書以教之. 如『周禮』中所載, 今皆亡矣." 問: "『左氏傳』卜『易』與今異?" 曰: "亦須有所傳. 向見魏公在揆路, 敬夫以『易』

---

114) ○: 『朱子語類』의 72:84의 일부이다.
115) 取: 『朱子語類』에서는 就로 되어 있다.
116) 艮: 賀本에서는 兌로 되어 있다.

卜得睽卦, 李壽翁爲占曰: ‘離爲戈兵, 兌爲說. 用兵者不成, 講和者亦不成.’ 其後魏公罷相, 湯思退亦以和反致虜寇而罷.” ▲117) “今世學者言『易』, 多要入玄妙. 卻是「遺書」中有數處, 如‘不只是一部『易』書’之類. 今人認此意不著, 故多錯了.” 曰: “然.” 【可學】

66:77 嘗得郭子和書云, 其先人說: “不獨是天地・雷風・水火・山澤謂之象, 只是卦畫便是象.” 亦說得好. 【學蒙】

66:78 “川壅爲澤”, 坎爲川, 兌爲澤. 澤是水不流底. 坎下一畫閉合時, 便成兌卦, 便是川壅爲澤之象. 【淵】

66:79 『易』象自是一法. 如“離爲龜”, 則損益二卦皆說龜. 『易』象如此者甚多. 【僩】

66:80 凡卦中說龜底, 不是正得一箇離卦, 必是伏箇離卦, 如“觀我朵頤”是也. “兌爲羊”, 大壯卦無兌, 恐便是三四五爻有箇兌象. 這說取象底是不可曉處也多. 如乾之六爻, 象皆說龍, 至說到乾, 卻不爲龍. 龍卻是變化不測底物, 須著用龍當之. 如“夫征不復, 婦孕不育”, 此卦是取“離爲大腹”之象. 本卦雖無離卦, 卻是伏得這卦. 【淵】

66:81 或說『易』「象」云: “‘果行育德’, 育德有山之象, 果行有水之象. ‘振民育德’, 則振民有風之象, 育德有山之象.” 先生云: “此說得好. 如‘風雷, 益’, 則遷善當如風之速, 改過當如雷之決. ‘山下有澤, 損’, 則懲忿有摧高之象, 窒慾有塞水之象. 次第『易』之卦象都如此, 不曾一一推究.” 又云: “遷善工夫較輕, 如己之有善, 以爲不足, 而又遷於至善. 若夫改過者, 非有勇決不能, 貴乎用力也.” 【人傑】

---

117) ▲: 問: “康節於『易』如何?” 曰: “他又是一等說話.” 問: “渠之學如何?” 曰: “專在數上, 卻窺見理.” 曰: “可用否?” 曰: “未知其可用. 但與聖人之學自不同.” 曰:

○[118] 移易綱領

○[119] 凡陽在下, 便是震動意思, 在中, 便是陷在二陰之中, 如人陷在窟裏相似, 在上, 則沒去處了, 只得止, 故曰'艮其止.' 陰是柔媚底物事, 在下則巽順陰柔, 不能自立, 須附於陽, 在中, 則是附麗之象, 在上, 則說, 蓋柔媚之物, 在上則歡悅."【賀孫】

66:82 ▲[120]

66:83 鄭東卿 少梅說『易』象, 亦有是者. 如鼎卦分明是鼎之象. 他說革是爐之象, 亦恐有此理. "澤中有火, 革." ䷰[121]上畫如[122]爐之口, 五四三是爐之腹, 二是爐之下口, 初是爐之底. 然亦偶然此兩卦如此耳.【廣】

66:84 鄭東卿說『易』, 亦有好處. 如說中孚有卵之象, 小過有飛鳥之象. "孚"字從"爪"從"子", 如鳥以爪抱卵也. 蓋中孚之象, 以卦言之, 四陽居外, 二陰居內, 外實中虛, 有卵之象. 又言鼎象鼎形, 革象風爐, 亦是此義. 此等處說得有些意思. 但『易』一書盡欲如此牽合附會, 少間[123]便疏脫. 學者須是先理會得正當道理了, 然後於此等些少[124]零碎處收拾以相資益, 不爲無補. 若未得正路脈, 先去理會這樣處, 便疏略.【僩 ○文蔚同.】

---

118) ○:『朱子語類』에는 없다.
119) ○:『朱子語類』의 96:43의 일부이다.
120) ▲: 卦中要看得親切, 須是兼象看, 但象不傳了. 鄭東卿『易』專取象, 如以鼎爲鼎, 革爲爐, 小過爲飛鳥, 亦有義理. 其他更有好處, 亦有杜撰處.【礪】
121) ䷰: 英祖刊本・成化本・賀本에서는 ☱로 되어 있다.
122) 如: 英祖刊本・成化本에서는 是로 되어 있다.
123) 間: 賀本에서는 閒으로 되어 있다.
124) 少: 『朱子語類』에서는 小로 되어 있다.

66:85 程沙隨以井卦有"井谷射鮒"一句, 鮒, 蝦蟆也, 遂說井有蝦蟆之象. "木上有水, 井." ䷯云: '上, 前兩足, 五, 頭也, 四, 眼也, 三與二, 身也, 初, 後兩足也.' 其穿鑿一至於此! 某嘗謂之曰: '審如此, 則此卦當爲"蝦蟆卦"方可, 如何卻謂之井卦!"【廣】

○[125] 又曰: "公所說蒙與蠱二象, 卻有意思. 如'山下有澤, 損, 君子以懲忿・窒慾', 必是降下山以塞其澤, 便是此象. 六十四卦象皆如此."【祖道 ○儒用同.】

○[126] 某嘗問以「易說」, 其解亦有好處. 如云'見險而止爲「需」, 見險而不止爲訟,【「需」・「訟」下卦皆「坎」.】

○[127] 能通其變爲「隨」, 不能通其變爲「蠱」'之類. 想有成書, 近來解『易』者多引之."【僩】

125) ○: 『朱子語類』의 72:93의 일부이다.
126) ○: 『朱子語類』의 84:21의 일부이다.
127) ○: 『朱子語類』의 84:21의 일부이다.

定本 朱子語類小分 (二)

초판 1쇄 발행 2010년 12월 24일

편 자 | 송시열 외
표점·교감 | 충북대학교 우암연구소 우암자료집성및정본화사업팀
펴낸이 | 최원필
편 집 | 양상모
펴낸곳 | 심산출판사
주 소 | 서울시 은평구 불광동 219-7 예은 101
전 화 | 02-357-0633
팩시밀리 | 02-357-0631
E-mail | simsan@korea.com
등 록 | 제1-2114호(1996년 11월 28일)
ISBN | 978-89-94844-02-2 93150
978-89-94844-00-8 (전4권)